前　言

　　用"缀玉联珠六十年"来形容浙江艺术职业学院走过的六十年历程，十分恰当。回顾浙江艺术职业学院经历的六十年岁月，正是这些在艰辛与理想共行、坎坷与希望并进的道路上行进的师生们用汗水和心血绘就了一幅连珠合璧的图卷。

　　从浙江艺术学校、浙江省电影学校到现在的浙江艺术职业学院，浙江艺术职业学院用整整六十年的坚持和守望不断孕育着新的艺术生命。六十年的执着前行，浙江艺术职业学院用艺术教育演绎"求真尚美、精艺修为"的校训精神，坚持"教学与实践相融合，教学与创研相融合，教学与艺术职业素养相融合"的办学特色，形成"综合实践打造优势，三个融合丰富内涵，为文化大省建设催生高素质高技能艺术人才"的人才培养特色，用累累硕果描绘着艺术教育的继往开来。

　　六十年来，尤其是高职办学以来，浙江艺术职业学院在科研和创作方面已经取得了长足进步。在科研方面，各级科研课题越来越多，课题的学术含量也越来越厚重，有些课题在国内外产生了很大影响；教师们发表的学术论文也屡屡见诸国内各重要学术期刊。这些学术成果主要集中在以下几个方面：舞台表演艺术研究，艺术教育研究，非物质文化遗产研究，党建和思想政治研究等。另外，浙江艺术职业学院参与主办的"浙江潮"文化论坛，在国内外享有很高的学术声誉，论坛的主讲专家都是在各自领域具有较高声望的国内外学者、专家和文学家，他们的演讲稿经过整理后有不少已在《浙江艺术职业学院学报》上作为专栏文章刊载。在创作方面，浙江艺术职业学院教师创作的艺术作品越来越多地受到关注，并得以在舞台、银幕和荧屏上展现，在国内外各项大赛中屡获佳绩。这些剧本既有话剧剧本和戏曲剧本，又有电影剧本和电视剧本，还有戏剧、音乐、舞蹈、小品等剧本，都具有较高的文学价值，且能较好地与舞台、银幕、荧屏相结合。

为了展现浙江艺术职业学院在科研和创作方面六十年来所取得的成绩，这次我们组织出版《浙江艺术职业学院科研与创作成果丛书》。该丛书从党建与思想政治研究、舞台艺术研究、教育与文化研究、非物质文化遗产研究、剧本创作和"浙江潮"文化论坛六个方面进行组稿编纂，结集成《润物无声——浙江艺术职业学院党建与思政工作研究论文集》《舞台传声——浙江艺术职业学院教师论文选萃》《谈文论教——浙江艺术职业学院教师论文选萃》《风起民间——非物质文化遗产研究论文选集》《栏杆拍遍——浙江艺术职业学院教师剧作选》《钱塘有约——"浙江潮"文化论坛讲座汇编》六个分册。这六个分册里所选的内容基本体现了浙江艺术职业学院六十年来在以上诸方面所取得的成就。

当然，我们在科研和创作方面还有很大的提升空间，今后的路还很长，我们将继续坚持我们的办学方针，在特色科研、团队科研及艺术创作上力争取得更大的成绩。"学大艺焉，履大节焉"，我们将在继承六十年光荣传统的基础上，以科研和创作为两翼，培养更多德艺双馨的人才。

《浙江艺术职业学院科研与创作成果丛书》编委会

2015 年 9 月

浙江艺术职业学院科研与创作成果丛书　　丛书主编：朱海闵
　　　　　　　　　　　　　　　　　　　　　　　林国荣

舞 台 传 声

——浙江艺术职业学院教师论文选萃

主编　周立波

WUHAN UNIVERSITY PRESS

武汉大学出版社

图书在版编目(CIP)数据

舞台传声:浙江艺术职业学院教师论文选萃/朱海闵,林国荣主编.—武汉:武汉大学出版社,2015.10
浙江艺术职业学院科研与创作成果丛书
ISBN 978-7-307-17064-3

Ⅰ.舞⋯ Ⅱ.①朱⋯ ②林⋯ Ⅲ.艺术教育—教学研究—高等职业教育—文集 Ⅳ.J-4

中国版本图书馆 CIP 数据核字(2015)第 252116 号

责任编辑:杨赛君 邓 瑶 责任校对:李嘉琪 装帧设计:吴 极

出版发行:**武汉大学出版社** (430072 武昌 珞珈山)
　　　　　(电子邮件:whu_publish@163.com 网址:www.stmpress.cn)
印刷:武汉科源印刷设计有限公司
开本:635×965 1/16 印张:22.75 字数:336 千字
版次:2015 年 10 月第 1 版 2015 年 10 月第 1 次印刷
ISBN 978-7-307-17064-3 定价:268.00 元(全套六册)

目　录

第一编　另眼看戏

第二编　聆　音　察　理

乐感·乐议

歌唱·表演

乐器·演奏

第三编　析　舞　弄　文

特色·风格

感觉 · 感悟

第一编

另眼看戏

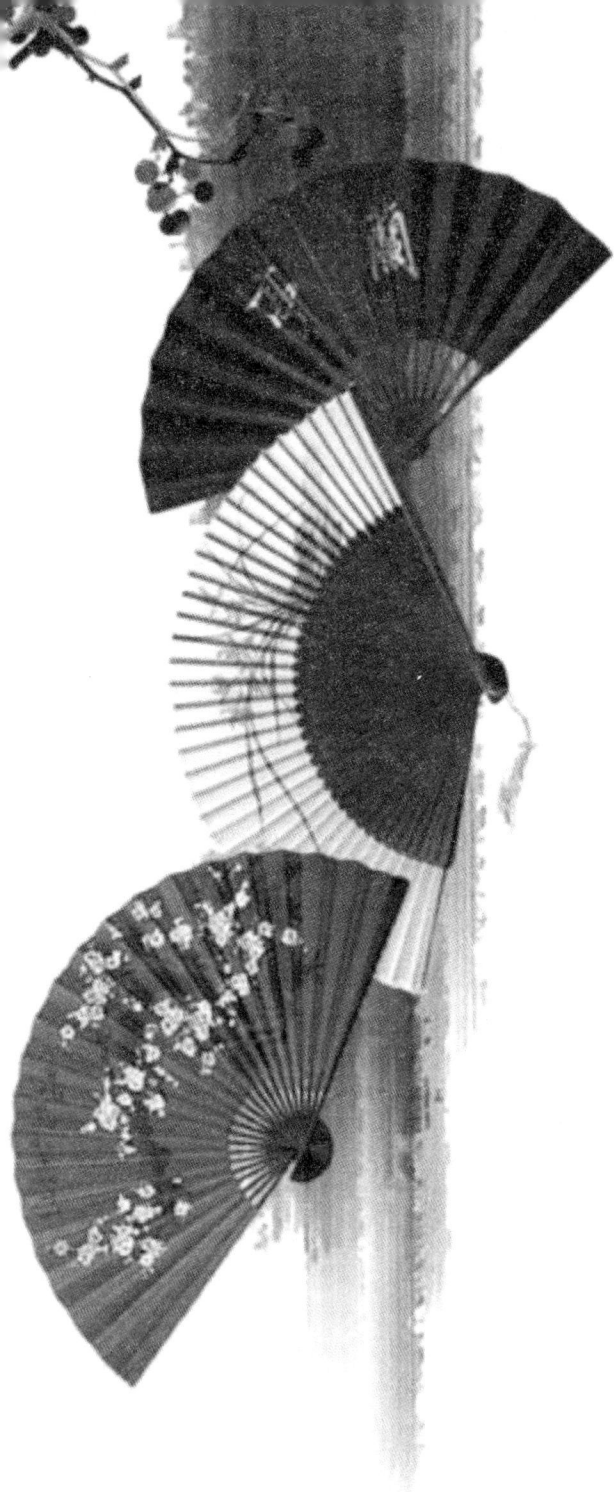

生存・发展

走出误区　走向彼岸①
——浅说越剧艺术的生存空间
沈祖安

　　两点说明：本文是根据近19年来在上海、北京、宁波和杭州等地先后举行的有关越剧艺术的生存与发展、开拓与创新战略研讨会上的发言写成，曾经整理成文并发表过。这次作为书面发言稿向与会代表求教。会后，根据江、浙、沪三地多位代表的热情关注，加上在此番研讨中的聆听，又在原基础上重新整理了一遍。原先有些认识和提议，随着时间的推移和情况的变化，作了补充和纠正。因为这十余年间，不仅在越剧领域，同时在戏曲界，从事艺术实践和艺术研究的人，都面临新的挑战和考验，有些是猝然出现又不能不面对的严酷现实。也难免在长期艰难挫折中因困顿而焦虑，由惶惑到失措，尤其为了急于走出低谷，想变被动为主动，由此或多或少地产生一点焦急以至于浮躁的心情。说到这个浮躁，上海越剧界一位前辈问：为什么不用"冒进"这个词？我想这两个词虽然比较接近，但是并不相同。冒进是在当年工农业生产的"大跃进"中出现的浮夸风。而浮躁是一种心理状态，在此状态下，对现实中的事物还没看清楚，就跃跃欲试，原因还在于心理失控。这一种浮躁，有时像一阵风，互相急骤影响，传染很快，顷刻传遍长江南北、大河上下，似乎很少有人能幸免。

　　近数年来人们似乎开始冷静下来。我想这开非繁华落尽，也不是尘埃落定，而是"浊浪散时潮渐落，无言崖石托清波"。在午潮与晚

---

　　①　本文发表于《浙江艺术职业学院学报》，2004年第3期。

潮之际是大战前的宁静,在平静后的头脑就比较清醒。人生百年,都在挑战中度过,近百年的越剧艺术,更在面对各种挑战中迎接考验,在考验中得以生存,在挑战中继续发展。

一、正本清源,殊途同归

(一)

其实,越剧在我国戏曲领域中,还是个相对年轻的剧种。除了落地唱书的那一二十年,从它正式开始演戏以来,总共不过九十多年的时间,却已成为当代戏曲界一个影响较大的剧种。按剧团的数量和流动的地域来说,它在京剧、豫剧以后,位列第三。若以地区分布来说,则仅次于京剧而居第二。除西藏、内蒙古和东北等地外,差不多各地区都有过越剧的踪迹。过去青海、新疆、四川、陕西和宁夏等地有过越剧团,近年来又因该地区南方(尤其是江南)人增多,又有重建的可能。在江南人口稠密的地区,除浙江是越剧之乡外,江苏、安徽、福建、湖南、湖北、江西都有越剧团。上海则在近六十多年来集越剧精华之大成。因此,这一次由浙江发起举行的越剧艺术生存与发展的学术讨论会,上海和江苏等地同行的经验很是重要。

我想先谈谈我们越剧走过的近百年的坎坷历程,以求得相对的共识。

越剧产生的时期——胚胎时期有多久?从它的胚胎时期——"落地唱书"阶段算起,迄今也不过一百年左右的历史。这还包括它那近二十年的茶馆清唱(俗称"清唱班"),和有一段已略有化装的双人或多人的演唱时期。但严格地讲,那时它还不能算"戏",它和浙东的莲花落、莲子行"双人走书"等相仿,基本上是属于曲艺的范畴。

从什么时候开始算起呢?应该是第一副男子的笃班成立,正式粉墨登场,扮角色演戏,才能算是越剧的产生阶段的起点。这种情况,嵊州文化局越剧史编写组编写的一本小册子《早期越剧发展史》写得较为翔实,很值得参考。浙江和上海有不少考证,其年限大致在

1900 年至 1906 年,我想应该作为越剧产生的第一个时期——胚胎时期的开始。

这个问题,曾有人撰文和我辩论,认为我没有把"落地唱书"这段时间当作戏剧活动。我认为:既要肯定"落地唱书"时期在演唱上对后来"的笃班"的影响,也要研究当时茶馆酒肆的演唱活动和后来戏台演出的关系,但是重要的一个原则不能突破,就是一个剧种诞生的标志,应是它作为戏剧的形式(哪怕它是十分简陋的形式),出现在舞台上,不论是庙台上或草台上。

譬如上海的沪剧,它在 19 世纪到 20 世纪初,有过一个漫长的茶馆坐唱、走唱和街头、田间的化装对唱的阶段,直到有了《卖草囤》《庵堂相会》的对子小戏(完整的故事也是后来陆续丰富发展的),观众才承认它是戏,才从"听申曲"改为"看滩簧",以至于后来作为戏剧形式出现,为与宁波滩簧(上海最早所谓的宁波滩簧实际上是余姚滩簧)和曲牌体的苏州滩簧区别,才沿称"本滩"(本地滩簧)。更早些,还有江苏的苏滩。它在"钱滩"时期的经历更长。

究竟是先有戏还是先有唱书,具体时间应该从何时算起?

有的专家提到"小歌班"(的笃班)原来能演戏,因康熙驾崩,改为"唱书",这是不确实的,因清帝玄烨驾崩的那一年,也就是康熙六十年辛丑,即公元 1721 年,连湖广的花鼓戏尚没有随大水漂来江南,浙东何来小歌班演戏?这中间距离太远,空白无法填补。

也有前辈说是公元 1795 年(乾隆六十年乙卯),就是弘历退位的那年。看来还是说得远了,因为落地唱书——四工唱书调在咸丰、同治以前尚无据可查。

更有人说是公元 1861 年(咸丰十一年辛酉,就是奕詝死的那一年)。

上述三说,都为了说明小歌班原来就是戏班,因国丧期间不能动锣鼓,始改唱书。这是本末倒置的说法。唱书以前不可能有戏演出。因国丧停锣唱戏,在乾隆和慈禧死后的徽戏、京剧和昆曲中都有,但即使京剧用胡琴吊嗓、昆曲拍曲子清客串,都有本子,有曲谱和曲文,这是尽人皆知的。虽然经常也会有一个剧种在衰微后剧团无力演出,只能在茶坊酒肆卖唱,或沦落为坐唱班,如词调、滩簧、乱弹皆有,但是戏的规范不能没有,已有的格局不会消失。

我比较赞成小歌班的正式出现是在 1900 年(光绪二十六年庚子)前后。八国联军打进北京,清廷丧权辱国,不遑顾及对民间小戏的镇压,因此在光绪初年时立碑查禁的"四工唱书"就开始恢复,并且逐步粉墨登台演戏了。所以,从 20 世纪初到现在,除了女子越剧的七十多年历史,男子笃班的演出包括它的草创时期,加起来不到一百年。它的始终当在光绪三十余年间,即使加上同治那几年,也不过一百余年。当时这种归属在"花鼓"类的说唱形式,官府认为它是"诲淫诲盗的小歌班"。从清末到民国后,对唱书班和小歌班也还是多次遭查禁了的。这段历史的时间是可信的。因此,许多专家都认为马潮水、张云标、魏梅朵、金荣水、花碧莲和支维永等最早出现的男子的笃班,"始于民国初年",当属于 20 世纪初年。同时,施银花、屠杏花、赵瑞花及沈兴妹等的第一副女子的笃班的兴起,就是越剧的第二个时期——萌芽时期的开始,应该是 1920 年前后,当然还需丁一、钱永林等老专家帮助核实。我以为:考证一个文化落后的地方小戏,不要在缺乏证据前就斩钉截铁,须留适当余地。1906 年也是匡计,不必再苛求。

(二)

越剧究竟从何处发源?大多数同志认为是发源于剡溪两岸的新昌嵊县,这是无可置疑的。虽然落地唱书的吟哦调可能是由浙西流传来的,但是绍兴地区八县的农村说唱形式,如"莲花落""莲子行""鹦歌调"等,确实对后来的笃班的腔调影响很大。《双看相》《卖青炭》等的帮腔和拖腔(包括吟哦),与上述形式近似或酷似。《方玉娘哭塔》中拜四方的唱腔,明显地来自浙东的"宣卷"和"莲子行"。因为上述形式也有"吟哦"和"啊吟"的拖腔。而浙西湖州、长兴一带的唱书,除了"吟哦"的帮腔接近外,其余在语言等方面则是完全不同的。

至于唱书调中出现的打击乐"三挑"(沿称为"三跳"应有误,因为两块板打击,另一块中间挑动,是曲艺中习用的打击器),是鼓板出现前的原始乐器。周大风先生对越剧最初发源地曾有两次考证:一是说落地唱书源于吴兴，这是因当地有"三挑"；二是他后来考证为发源于他的故乡宁波镇海。我想他不会信口而言，但都有待进一步论证。

近二十年来，我们研究宁波走书的腔调及其演唱形式的形成，一时还找不到有越剧吟哦调、四工唱书调的因素。因为镇海的蛟川走书、舟山的瀛洲走书和鄞县的三北走书，以及浙东的四明南词，它是源出佛教的讲唱（"梵呗"），又从宣卷发展而来的，与宁波、余姚滩簧倒有血缘关系。一个剧种考证其发源何处，研究语言特征最重要。温州的乱弹——瓯剧与和剧，皆源自金华乱弹（婺剧原名），因为变化再多，语言、曲调和基本剧目大都一致。研究戏曲的流变，主要研究它的语言走向，这是考查的要旨。

越剧的名称究竟何时所定？现在说法有三种。

第一种说法是1938年。姚水娟大姐当年曾对我说，可能是一位上海有学问的人提出来的，由樊迪民写在文章里，登在当时介绍她演出的一份特刊上。

第二种说法是1945年。樊迪民在他的《我与越剧》一文中写道，20世纪40年代中期姚水娟到皇后大戏院演出。因为场子大，有人怕卖不出票，姚说："我们唱的戏就是要在大场子里唱，场子大，可以越唱越高，越唱越响，观众越唱越多"。樊由此产生联想，又想到绍兴府旧属越郡，所以用了越剧的名字。

第三种说法是1943年。魏绍昌在《戏文》1983年第3期《漫话越剧》中说，是蔡莫英在当时的《戏剧世界》上介绍姚水娟，因觉得"女子绍兴文戏"这名称太长，嫌啰唆，才简化为"女子越剧"，其中也想到越国旧郡的典故。

这三种说法都有一定根据，但是并不完全确切。因为1950年以前，各地方戏班的名称五花八门，无法统一，各种提法都可以。

实际上，在1952年后各剧种始有统一的名称。越剧名称虽早已传开，但各地演出仍有用"绍兴文戏"的。1949年，上海出了许多50开本的越剧小唱本，还叫"绍兴女子文戏"。新中国成立初期，杭州演出的剧团，也有用"女子的笃班"，可见称呼并不统一。新中国成立前，丹桂剧团、水云剧团、雪声剧团、芳华剧团和玉兰剧团，尚无一个"越"字，倒是东山越艺社带有一个"越"字。1950年年初，上海成立了华东越剧实验剧团,这是第一次在剧团命名中用越剧的名称。中共浙江省委文工团越剧队是第二个用越剧的名称。时间都是1950年下半年,尔后,各地才陆续沿用。这是当时全国进行演出团体登记时,初步统一的称谓。因此,真正为越剧正名的,是人民政府。

(三)

越剧改革应从何时算起?人们比较熟悉、成绩比较显著的,就是雪声剧团在1942年以后在进步力量的影响下从事的越剧改革。《祥林嫂》的演出,开创了越剧改革的新时期,这是在国民党统治时期进步戏曲团体为人民大众服务的一个标志。有人认为这是越剧发展史中一个里程碑。我觉得,从某种意义上来说,是可以讲的。如果按一般容易接受的概念来定,应该说雪声剧团从1942年开始的改革,乃是越剧在形成时期的一个很重要的新起点。

但是越剧实际进入改革时期并非自1942年开始的。20世纪30年代中后期,20世纪到40年代初,施银花、姚水娟和筱丹桂等在浙东、杭州和上海先后都有不同程度的舞台艺术的各种改革。尤其是姚水娟在樊篱(樊迪民)、闻钟等帮助下,20世纪30年代末期从脚本文字到舞台布景、灯光都有了改革。应该说,越剧产生的第三个时期——草创时期开始就有了改革的意向,哪怕它还未具规模。

在雪声剧团同期或在它稍后的一些班社和个人,为试图开创越剧新生面所进行的各种新的尝试,都属于改革的范畴,如尹桂芳、徐玉兰、傅全香等越剧十姐妹以及其他前辈艺人所作的不同贡献,都应纳入越剧改革之列。自男子的笃班进而到女子的笃班时代,为了生存和立脚,就在兼收并蓄中形成自己的要求,虽无自己的格局,却有了自我的端倪,这就是越剧形成前后的草创时期比较显著的现象。

我认为,改革不能有现成的标准。因为越剧发展的每个阶段都是意味着相对的改革。譬如男子的笃班时期,也有两个阶段——小衣小裤的民间小戏阶段和穿蟒着靠的唱大戏的阶段。前一阶段演的是《卖青炭》《箍桶记》和《双看相》,而后一阶段则是根据旧小说、话本改编的《粉妆楼》《华丽缘》《再生缘》《文武香球》《慈云太子走国》和全文《龙图公案》——其中包括《龙凤锁》《狸猫换太子》《云中落绣鞋》《双钉奇案》《三官堂》和《秦雪梅》等在内,大都是多本和连台本戏。从形式到内容来看,前后变化很大。但是除了模仿京剧和绍剧(当时称绍兴大班)外,还没有自己的风格特色,真正在艺术上的变化并不大。但是从男班时期到女班初期,在舞台艺术——特别是唱腔和表演艺术上并无多大突破和开拓,但毕竟有了明显的发展。因此,从20世纪20年代中后期到40年代中后期这二十年间,主要是男子越剧到女子越剧的兴替时期,广义上说,都属于改革。有人会问:那么改革的概念是什么呢?应该是一种艺术(从内容到形式)在时代发展中为了逐渐满足和适应观众的普遍需要,急待寻找自己的出路,在实践中进行相应的尝试。它是随着时代的潮流而动,顺应潮流前进的趋向,扬弃自身的一些不适应潮流的东西,破旧立新、标新立异,都是为了创新,即使不成熟和不合适,在实践中探寻更新的发展方向,以摆脱完全陈旧的东西。在潮流之中,不进则退,进则发展。如海浪之层层推动,后者汹涌,前者澎湃,进而发展为浪花,形成洪涛激浪,在岩石前轰然飞散,波及各处。这就是潮流发展的结果。戏曲的改革,也莫不如此。因此,改革是相对的,是在发展中自然形成的。改革也是很自然的,它是在现实生活中必然出现的趋势。

年轻女子的笃班比过去农民出身的比较粗犷的中年男子的表演要好看得多。更由于嗓音的不同,唱的功夫也加强了。作为一个戏曲剧种,它的特点与特征主要就是演唱。从第一代女子的笃班开始,越剧的雏形就逐渐形成了。"三花"的出名,也就是它在艺术上更具有吸引力的标志。女子越剧是一次较大的改革,但是它不能否定男班时期的发展与改革。

(四)

姚水娟和筱丹桂所进行的尝试,是越剧形成初期最早的改革。姚水娟在1930年学戏时,已经15岁。当时施银花已作为"三花"之首,为女子的笃班开创了越剧艺术在初创时期的新生面。这是与男子的笃班比较而言的。同时,施银花的演唱,开创了女子的笃班初期新的腔调。它是在吟哦调和四工调之间出现得最早的女声尺调,可以说是独树一帜的。但是从舞台(草台)演出来看,也是和男子的笃班一样模仿京剧。当然,这也是一种相对的改革。姚水娟在同班姐妹中年龄较大,但是她能刻苦学艺,不久成为女子的笃班中的佼佼者。这主要的还不在于她的聪明和好学,而是她在当时的条件下眼光较远。由于不满足现状,因此她在改革中迈出了较大的步子。如吸取京剧化装的贴片、包头、绉纱网巾和服装的长处,采用京剧表演程式中的一些形式,开创了越剧表演中的"麻(雀)步"。特别是她第一个聘请了编导,采用剧本制排戏,在演出比较进步的剧目《西施》《花木兰》中用比较先进的方法排练,这是从内容到形式进行的新的尝试。姚水娟文化程度不高,但是她置身于当时(1937—1940 年)当地(尤其在处于英美法租界和敌伪侵略文化包围下的小市民欣赏趣味弥漫中的上海演艺界),能够毅然从事改革,并宣扬民族抗战意识,这是很不容易的。因此,姚水娟能从自己的生活环境和艺术氛围中下决心从事改革,并且使自己的改革在社会上产生一定的影响——从"女子的笃班"进入"绍兴女子文戏"的阶段,这应归功于她的头脑冷静和眼光远大。其中,竺素娥、李艳芳和商芳臣的贡献也不小。当然,对她们的作为与贡献要实事求是,不能拔高,更不能贬低。她们的努力,发展了初期的女子越剧,这就是一种改革。当然,她们和后来雪声剧团的改革又不能同日而语,但也不能因为后来较大规模的改革就否定了姚水娟和筱丹桂时期的改革,历史人物的作为往往受历史所局限,这也是时代的局限。最初的哪怕是较小的改革也是弥足珍贵的。当然,她们从事改革的动机,主要是为了生存的需要,其次,也是爱国意识的驱使,这是很现实的。但是在客观上产生的影响,我们应该主要从社会和时代的意义上着眼。所以,当时姚水娟在越剧迷中获得越剧皇后的美誉,也不是偶然的。虽也有樊迪民和魏绍昌等的作用,却不能笼统说成"炒作"。相对来说,是一种实至名归。

同样,筱丹桂也是在她力所能及的范围内从事越剧改革的。筱丹桂的演唱,以及她对艺术强烈的求知欲和进取心,都是难能可贵的,譬如她在那样压抑的环境中,还毅然参加了《山河恋》的演出,成为"十姐妹"之一。她的努力,使她在 20 世纪 40 年代初期继姚水娟之后,很快成为当时与她平分秋色的人物。她和张湘卿、贾灵凤等共同付出的劳动,是值得纪念的。可惜的是她过早地死了。她是被旧社会黑暗势力吞噬的。当然,她的不足,就是由环境造成的思想上的局限。如果在当时她有一个较好的环境影响,她不但不会死,而且还可能会有更大的成就。

同时,还有一位在 20 世纪 30 年代末期和 20 世纪 40 年代初很杰出的越剧小生马樟花。她和袁雪芬同台合作多年,在聪明才智和演唱条件上,都是当时最好的小生。她在性格上的倔强和艺术探索上的顽强精神,都给同行和观众们留下了深刻的印象。有人写文章形容她为一颗转瞬即逝的陨星,这很恰当。我们不应该忘记马樟花这样一位才华横溢的好演员。

这个时期——加上徐玉兰、尹桂芳、竺水招、范瑞娟、傅全香和李艳芳等的先后蜚声,就是越剧第四个时期——形成时期的全面开始。

（五）

戏曲剧种发展的重要标志是唱腔的发展。戏曲剧种形成自己特色和区别于其他剧种的主要特征,在于它声腔上的特点。

因此,研究越剧的改革,不能不研究它在唱腔上的变化情况。最初,男班的魏梅朵、白玉梅、支维永、金荣水、马潮水和王永春等的唱腔,已较唱书时期要生动、和悦得多。但是施银花的出现,大大超过了男班老师。这不但是女声清脆、圆润的长处,而且注意了人物性格。尔后,小白玉梅、竺素娥和筱丹桂等的唱腔又有了发展。到 20 世纪 30 年代后期,袁雪芬以后,又出现了不少新流派。但是我认为,从改革的角度上,应该很好地研究一下袁雪芬、尹桂芳、傅全香、范瑞娟、徐玉兰、王文娟、戚雅仙和陆锦花的唱腔。她们几位的唱腔是最具艺术魅力的。

袁雪芬的"袁派"之外,其主要继承者张云霞、吕瑞英和金采风的演唱,在近代越剧旦角中也是相当有代表性的。尤其是张云霞的演唱,婉转蕴藉,在浙江效学者特别多。20 世纪 50 年代末到 20 世纪

60 年代中期的浙江青年旦角中,几乎达到"十旦九张"的程度。可是很多青年学她时,单纯追求花哨和缠绵,而忽略了她柔中有刚的特征和讲究收音力度的特点。但是也正因为她的唱腔有较多变化,比较难学,也不容易记,所以一般爱好者就不敢问津,这是很可惜的。据我所知,上海著名的戏曲音乐家,如刘如曾、连波等声腔教授,都称赞傅全香和张云霞在声腔上的功力。尤其是傅全香的唱腔,在 20 世纪 50 年代初就吸引了音乐学院的众多专家。她中年的唱腔,造诣很高,功力很深,表现力也最强。但进入老年后,因体力和气力不佳,高音区和强音部分运用乏力,因此常用假嗓以借力,这是有修养的演员藏拙以炫能的好处。但有些青年却模仿她在 20 世纪 80 年代的唱腔,因此假音部虚浮无力,真音部鼻窦音特别重。这是技巧问题,也是修养问题。尤其是年轻人急于显示强度,找共鸣时,脑后音和额前音不容易到位,而喉间音和颊腮音较方便。这是普遍易走的"捷径"。

尹桂芳的"尹派",当前青年学得最多。但一味强调圆、柔、糯,失去挺、秀、展的好处,因此唱来有气无力,讲唱不分。从改革的角度来看,这都要进一步研究的。譬如男演员学尹派,如不重视从人物性格和男子气概上着力,就会脂粉气较多,娘娘腔很重。赵志刚中年以后走出了这个"瓶颈口",就逐步形成了他的风格,演唱水平上了新的台阶。茅威涛是尹派唱腔艺术比较突出的继承者和发展者,在尹小芳和胡梦桥老师的指导下,二十多年来,她把尹派唱腔逐渐推向了新的境界。

同样,学范(瑞娟)派和徐(玉兰)派皆应掌握特性。范派昂扬而悠长,云卷云舒;而徐派跌宕有致,铿锵有力。若只从形式出发,不但失去她们的神韵,反给人以"叹息"和"喊叫"的感觉。这方面,她们自己都有很精辟的论述。因此,吴凤花和钱惠丽的后来居上,也是她们在正确的师承中个人努力的结果。

(六)

改革者的能力和所处时代的局限,皆是早期改革中不可冲破的局限。改革是一种适应时代需要的艺术上的新突破。有的是前人无法突破,由后人来突破的。因此,改革者前进中的每一个脚印,都受到时代的局限，不能任意逾越。当然，时空也容许适当地超越，但不能无视时空的存在。我们讲历史的穿透力，而历史是不能穿透的。

每一个演员和每一个剧团，在当时当地根据观众的欣赏要求，顺应时代发展的潮流，在艺术上从事新的尝试以适应时代的需要，都是一种在原有基础上的改革。但改革的内容、程度、幅度和速度的深浅、大小与快慢，完全由从事改革者的实际条件——智力、精力、功力和毅力来决定的。它如同运动员进行长跑接力赛，有的跑了五百米，有的只跑了两百米，有的能跑一千米，有的却能跑五千米。根据各人的条件尽了自己的努力，都应该受到鼓励和赞扬。这是对待历史进程中人的主观能动作用的唯物辩证的态度。对越剧改革，也应如此。

但是，身处不同时代和不同环境下的演员，都有着不同程度的局限，包括姚水娟、筱丹桂这样优秀的代表人物，都无法超越所处环境给予她们的制约。也有些是由于旧社会的黑暗势力阻碍了她们的艺术发展，是不以她们的主观意志为转移的。我们不能用今天的标准去苛求她们的过去，更不能混淆过去和现在不同时代的不同思想境界，同时也不能为了感谢和纪念她们的劳绩，而人为地把她们形容得完美无缺。这些都不是历史唯物主义评价艺术家及其艺术发展的态度。这个时期——从1945年开始，进入了越剧的发展时期，也是越剧在形成时期的新发展。

（七）

六十多年来越剧改革的经验与教训是我们宝贵的财富。半个多世纪以来，越剧的发展离不开各兄弟剧种——尤其老大哥剧种的支援。没有他们，就不会有当时的越剧。但是不考虑越剧在发展中形成自己的特征和特点，片面地模仿他人的特长，便会失去自己的特色。因此，我们应该对如下四个方面进行思考。

1. 关于学习京剧的思考

从20世纪20年代至20世纪30年代末期，施银花、姚水娟、筱丹桂等已从京剧中先后不同程度地汲取了化装、服装、表演和其他方面的长处，丰富了越剧。尤其是一直在水乡和山村演出的"水路班子"与"沿山班子"，由于经常要演出于庙台和草台，需要让观众听得清楚和看得真切，就采用大锣大鼓配合高亢激越的演唱，需要有浓重的化装以适应汽油灯和电灯的强光，用强烈的表演程式来夸张地表达感情。所以，京剧是越剧发展中"第一个奶娘"。但是，越剧终究在实践中扬长避短地发展成具有自己的特点和特色，既没有发展成京剧的锣鼓大戏，也没有照搬京剧"出将入相"和繁多的程式亮相。但是今天有些剧团还有盲目照搬的倾向。我曾经多次向绍兴小百花越剧团的领导和老师们讲过历史上的一些教训，譬如，20世纪40年代浙江的鲁家班（郦家班），打下了京剧毯子功和把子功的基础。所以鲁芳桂、鲁芳亮（郦秋明、郦秋芳）等的表演，连京剧观众也欣赏，但是既失去了越剧的特色，又缺乏京剧的过硬功夫，并且盲目搬演京剧武戏，女子越剧的演员在生理上也不能适应，终究还是打不开局面，一时轰动，还是湮灭了。那些"戏不够，锣鼓凑"的现象，也是编导们技穷的表现。这和"戏不足，加跳舞"的毛病是一码事。

2. 关于学习话剧表演的思考

20世纪40年代以后，袁雪芬的雪声剧团演出了不少新编的戏，其中有历史剧、传统剧和近代剧，如《绝代艳后》《香妃》《凄凉辽宫月》《花月痕》《一缕麻》和《祥林嫂》等，尹桂芳的《沙漠王子》和《浪荡子》，姚水娟的《蒋老五》《如此家庭》，徐玉兰的《龙凤花烛》《是我错》等，都在话剧界的支持下，在灯光、布景和音响效果上采用了话剧的手法。尤其那些"今天月亮正好""我的心里在流血""你终于来了——可是我要走了"的"八股"台词，已经是老戏迷心目中的经典，在当年也是戏曲界的一种时尚。但是话说回来，当年学话剧的舞台对白，为了营造一种文化气氛，这是无可厚非的。甚至也聘请从事话剧、电影的作家编写剧本。吴琛（吴村）就是当时话剧界著名的编导，后来成为越剧界的权威了。当然，越剧学话剧也不是一帆风顺的，其中有过一些话剧加唱等缺乏戏曲艺术特点的弊病。但是，从话剧中汲取营养，对刻画人物性格，帮助演员掌握人物内在的思想感情，的确有很大帮助。它从根本上打破了老师傅说戏的"路头"和"幕表"的旧习。应该说,这是越剧改革中从内容出发的一个至关重要的借鉴。但是过分仿效话剧,失去戏曲演、唱和歌、舞的特色与特征,观众还是不能接受的。这几年,上海和浙江都有一些片面模仿影视剧表演的弊病。那些拼命眨眼睛,大哭大叫,捶胸顿足,甚至狂喊"你是我的生命""我爱你到死"的煽情言行,在现代剧里已是"另类",在古装戏里实在滑稽。

3. 关于学习昆曲和歌舞的思考

因为戏曲艺术讲究程式美,尤其讲究人物内在体验的内涵美,与外在造型的形式美的完美结合,是戏曲表演的最高境界。在外在造型和内心体验上,京剧和话剧起了很大的作用。但是对一个演员来说,要真正适合戏曲艺术的以虚带实的舞台表演的需要,必须在手、眼、身、发、步各个方面下功夫,仅仅从京剧舞台上搬用一些,不足以提高和丰富越剧演员的艺术素养。因此,细腻、丰富、优美和生动的昆曲表演艺术程式,让越剧演员十分倾心。从 20 世纪 40 年代后期开始,昆剧传字辈的郑传鉴、方传芸、朱传茗和张传芳,就先后当了许多越剧团的技导。越剧在今天很受称赞的表演特色,是水袖、身段和台步。实际上,它是从昆曲吸收了养料,经过近六十年的不断丰富和发展,形成了自己的特色,又被其他剧种所吸收。但是我们还要保持头脑清醒,近年来上海和浙江个别剧团也有片面追求"高雅"和"工细",过分讲究移步换形的板眼和节奏,与越剧的板腔节奏脱离,这是舍本求末的弊病。不要盲目地去向昆曲靠拢和变成唱越剧的昆曲的这种"提高",不能轻易否定越剧淡雅的服装色彩而去向昆曲的浓妆艳抹看齐。如果脱离了越剧的土壤,就失去了越剧的特色——雅俗共赏和演唱并重的特长。同样,越剧舞台表演上盲目借鉴歌舞表现手法,片面追求动作上的弹跳力和感情上的爆发力,以追求观众感官上的刺激性,不仅会使人物变形和走形,还会将强烈和狂野混淆。我看过有的越剧团在舞蹈界帮助下演出的新戏,喜中有忧。越剧艺术的特征,就是外在造型上的形式美和人物性格的内涵美相结合,它追求的是"清水出芙蓉,天然去雕饰"的江南水乡女子的造型。这是六十年来几代越剧人努力的结果。我们有义务和责任继续丰富和发展它,而不能以种种"外化"和"延伸"的理由去"重塑"它。这恐怕是我们当前需要努力平复的另一种浮躁心理。

4.关于对知识界支援的思考

自20世纪40年代以来,知识界,尤其是有剧本写作经验的专家的参加,使越剧的面貌大不一样。雪声、芳华、玉兰、东山、云华和天鹅等剧团都先后聘请了不少专业编剧。几十年来,各越剧团由于有了好剧本,艺术境界得以进一步提高。更早些,水云剧团、丹桂剧团也开始有专职编导。还有不少剧团也有一些来自各个方面的不同编导,有专门从事剧本创作的剧作家,有剧团专业编导,也有在社会上另有职业的业余爱好者,也还有一些当时的小报记者、帮闲文人。由于编导的经历、阅历和见解不同,思想境界、艺术趣味也不同,因此笔下的人物、故事和倾向也不同。尤其是由于对戏曲的艺术功能和基本要素不能掌握,他们写出来的作品还需要戏曲行家帮忙修正,但弄不好反要伤感情。这里有"店大欺客"和"客大欺店"的问题。同样,今天邀请散文作家和现代诗人加盟,合作既是一件好事,但也不能不考虑实践中出现的实际问题,否则,会出现事倍功半的遗憾,甚至虎头蛇尾的无奈。五十多年前上海与作家冯和仪(苏青)、孙了红、冯玉奇等合作的前车之鉴值得参考,对此进行一番回顾是很有意义的。这中间,确实也可以看到所走过的一些弯路,由此总结出一些前进道路上的经验教训。当然,我必须说明:当前有些新颖作家的加入,充实和拓展了越剧乃至戏曲创作的阵容,其成绩也是很显著的。但是,盲目的赞成和片面的否定,都是对当前越剧的发展与生存有误导作用的。这也是需要平复的又一种浮躁心理。

二、温故知新,继往开来

(一)

现在人们都习惯这样的说法:浙江是越剧的发源地,上海是越剧的发祥地。

但是实际上越剧形成初期,从嵊县、新昌至上海之间,还有两块重要的跳板——杭州和宁波。20 世纪 20 年代后期到 20 世纪 30 年代中前期,杭州的大世界和宁波的天然舞台,应该是越剧向城市发展的两大基地。正如越剧前辈编导刘涛所说的:"先在宁波、杭州立脚,再到上海出头。"当然,进入全面发展是在上海。

说得确切些,越剧从生根萌芽时期进入伸枝舒叶时期是在杭州和宁波,而茁壮成材、繁茂成荫时期是在上海。从 20 世纪后期开始,越剧从内容到形式进入全方位改革之后,方能以上海为大本营向大江南北乃至全国拓展。

为此,我们不妨稍稍回顾一下上海近百年文化变革的历史。

上海是中国南方的大都市。最早因列强瓜分中国使上海沦为各国的殖民地,这是中国的大不幸。但是,从另一角度看,由于上海的地位变化,封建王朝不能令行于上海,上海受欧风美雨东渐的影响最大,在全国开风气之先。从文化发展来说,这又是不幸中的大幸。上海的文化结构及其形式和内容较早产生变化,尤其在辛亥革命之后,文明戏(话剧在中国最初的称谓)和电影陆续在上海盛行。中国传统文化的精华——京剧,在上海也随之发生重大的变革——也是从内容到形式的变革;上海成为近代京剧艺术在南方的新发展——海派京剧(这是与京朝派京剧相对而言)的诞生地,这是中国文化进步的显著标志。由此,也带动和推动了江南众多地方剧种——乱弹、滩簧和花鼓等声腔的发展与变革。

世界上任何一种艺术,从发生和萌芽开始,就会产生变革。这是它生存的需要,为了适应赖以生存的环境和土壤,就需要不断地调整自己,变革自己。如同自然界任何有生命的东西一样,任何一种有生命力的艺术,为保存和完善自己,必须也亟须这样不停地运动。这是任何物种起源和发展的规律,也是艺术创造和发展的规律。

再说到当时文化方面的变革,还没有"改革"这个词,就都打出一个共同的口号:"改良"。"改良"这个词,以今天来解释,似乎有不彻底的含义,但在当时,它实际上是革命的代名词。上海的京剧改革家们(包括冯子和、赵君玉、夏月珊及夏月润兄弟,甚至盖叫天、周信芳、赵如泉、林树森和郑法祥等前辈),都把自己的时装新戏和连台本戏称为"改良新京戏"。

越剧从男子的笃班到女子的笃班，也是顺应时代潮流的一次改良。与京剧一样，这种改良包括改进和革新，也属于戏剧界的一场革命。这里顺便说一下，"革命"这个词并非舶来品，在殷商初期就有，商夏兴替，就叫"成汤革命"，而殷商鼎革，用的是"吊民伐罪"和"西岐革命"。所以，有些好文字游戏的"冬烘先生"，往往用拆字先生的手法来望文生义，容易走入歧途，又引人至迷宫。

从 20 世纪 30 年代初到 20 世纪 40 年代中期的十多年间，虽然"越剧"这个词已经多次在报刊文字中被引用，但是人们还是习惯地称之为"女子的笃班"和"绍兴女子文戏"，因为嵊县、新昌旧属越郡（会稽郡），后隶属绍兴府。20 世纪 30 年代到 20 世纪 40 年代，越剧从萌芽时期到形成时期，已经迭有改革，并且逐渐从量变到质变，改革的幅度逐渐增大。

普遍地说，20 世纪 30 年代中期左右，从浙江的女子的笃班到绍兴女子文戏，也是越剧两种不同的发展阶段（虽然中间并非泾渭分明），后者有了不同程度的改革。以施银花为代表的"三花"（包括屠杏花、赵瑞花）之崛起，后来以姚水娟、筱丹桂等为代表的同时期名角的出现，已经开始从剧本的"路头"到"幕表"，从舞台服装、化装到灯光都有所改革。就浙江来看，这种改革，至今将近八十年了。但是，限于环境和条件，这种改革是局部的。一直到 20 世纪 30 年代中期和 20 世纪 40 年代初，越剧的许多主要代表人物相继进入上海。因为上海是戏剧领域中的一个重要基地，也是中国南方的文化中心，它进入上海后，受京剧、昆曲、话剧乃至电影等影响，从内容到形式，都具有较内地有利的改革条件，改革的幅度必然较大，影响也自然深广。上海的越剧改革如头尾相接，到 20 世纪末，已有六十多年。而在浙江——杭州和宁波的越剧就更要早一些。今天回顾越剧改革走过的道路，对我们整个越剧事业的承前启后和继往开来，都是至关重要的。前段时间，我们在宁波和杭州都举行过研讨会，并且从杭州大世界和宁波开明大戏院的越剧改革说起。

也许鉴于上述的历史原因，有的专家认为从 20 世纪 40 年代开始是改革，20 世纪 40 年代以前属于改良。如果苛求于词义，或许可以这样说。但是在我看来，为了尊重各地情况，不必区分过细，1993 年上海举行越剧的五十周年研讨时，我们曾经有个共识：上海确定的这个时间表是有其根据的。但是这并不影响各地（尤其宁波和杭州等地）对自己改革时间的估量，应该是求同存异，各抒己见，尊重历史，相对而言。

但是有一点应该取得一致的共识，就是真正的越剧全方位的改革，包括编剧、导演、表演、音乐和舞台美术五者结合的改革，只有在新中国成立以后，人民政府投入了大量人力、物力，使各个艺术部门都配备了相应的力量，才能从事深入的改革。当然，我们在新中国成立以后半个世纪的越剧改革中也走了许多弯路，成绩不小，教训也不少，这是另一回事了。

（二）

我想先说一下女子的笃班出现的历史背景。

随着当时——20 世纪 20 年代末期时代潮流的影响，京剧出现了"髦儿班"——女子小京班。这在海（南）派京剧女角兴起后，男女合演，风光无限。北方京朝派京剧为了挽回颓势，创办了女子髦儿班，这是北方京剧界焕然一新的盛事。不久，上海亦办起了女子小京班，被称为南方髦儿戏，不但文武皆备，而且在舞台布景、灯光和戏码内容上焕然一新。南方的张文艳、汪碧云、张织云，不输于北方的露兰春和九岁红。"髦儿"是满洲话，后来成了北京人的日常生活用语，是指留着前刘海的十余岁小姑娘的头发式样，南方人称为"童花头"。但是为了争一时盛名，也称上海髦儿戏。这"髦儿"二字，随着髦儿戏也传遍了江南。上海人也梳髦儿头，后来改称为时髦头，连剪了头发的成年女子也梳了。我们越剧前辈李艳芳梳这种头，有家烟草公司用她的照片作为香烟商标，并名为"时髦牌"。因为女子小京班演员都梳这种头，所以就把这个班称为"髦儿戏"。越剧最早的女子的笃班，正是在京剧髦儿戏走红后，男子的笃班的老师傅们开始在浙东家乡开创的新的髦儿班。

京剧"髦儿戏"的特点有二：一是皆以十岁以下的女孩子扮演生、

旦、净、末、丑以及龙套、杂行；二是文武昆乱全面发展。越剧男班虽然后来也向京剧学了开打，但都是在成年后学的，把子功可以对付，毯子功却缺乏幼工，如后来的邢胜奎、石玉明等虽都不错，较之自幼学艺的女子的笃班，自然不能同日而语。当然，女子的笃班的女孩子们的基本功力不可能像京剧髦儿戏小姑娘那样扎实，不仅是剧种不同，要求也不相同。但是像高升舞台等科班出来的，武功更好些。譬如像徐玉兰、徐春凤、毛佩卿、吴剑芳、商芳臣、钱鑫培等前辈演员，武功都很好。我记得1949年后尚活跃在杭嘉湖地区的鲁家班，是越剧硕果仅存的一副文武班，都身手不凡。杭州的邓翠云、鲍玲贞也会演武戏。当然在上海也不少，"忠"字辈的演员中毯子功极好的也有。当年郑逸梅先生曾形容女子的笃班的一首诗曰："浙东亦有髦儿戏，二八佳人色艺佳；文武香球惊四座，绝技不肯让京华。"但是考虑越剧艺术发展的特点和特色，尤其是女子越剧中妇女的生理特性，武戏终究不是也不应该是它的强项，所以越剧"髦儿戏"多向文戏发展，譬如《香罗带》《香罗帕》《碧玉簪》《拾玉镯》和《双珠凤》便成了看家戏。《文武香球》和《大闹三门街》1958年以后就没人能演了。

当年京剧髦儿戏好景并不长，在20世纪20年代红极一时，到了20世纪30年代便衰落了。其代表人物张文艳、露兰春和汪碧云等都成昙花一现的人物。这不仅是因为南北军阀及豪门巨绅用名利诱惑的结果，也是女性演全武行具有难以逾越的生理局限，这就不必细说了。而女子的笃班（包括后来绍兴女子文戏）中的许多著名人物，都历经沧桑，矢志不渝，坚持了半个多世纪的艺术历程。女子的笃班开始以来，越剧艺术因演员的素质和条件改善，剧目更加丰富（移植和改编了京剧和其他剧种的剧目），首先在浙东和杭嘉湖地区，后来进入上海，成为一个人才荟萃的新兴剧种。这是越剧形成之前的第一次重大的变革。从越剧整体来说，这是它第一次的飞跃——从胚胎时期进入萌芽时期。

（三）

从20世纪40年代前后开始，越剧进入第二个重大变革时期，并以此使自己成为一个具有比较鲜明的艺术特色而后来居上的新兴剧种。这个变革的过程,是从渐变到突变,从小变到大变的,越剧也因此基本形成了格局。在20世纪40年代,上海越剧风靡一时,不但因为有一批年轻、具有相当功力和才华横溢的好演员,而且有像袁雪芬那样为了艺术而严于律己、诚以待人又矢志不渝的青年演员。为了坚持自己的信念,她们能在黑暗的旧势力包围中战斗过来,不仅靠个人的毅力和魄力,还有姐妹班中大家的勇气、志气和义气(当时可作团结一心来解释)。除人们所称颂的雪声剧团之外,还有玉兰、芳华、东山和许多朝气蓬勃的姐妹班的相互支持和相互影响,形成了女子越剧敢和旧势力挑战的新生力量。因此,我想起十多年前第四次全国文学艺术工作者代表大会期间邓颖超同志在接见上海十余位老大姐之后对我们说:"袁雪芬她们真不容易,她们这些老姐妹一直很团结,所以这些年能过来,有了那么多成绩。"这是生动的概括。

我们不少上海越剧界的老前辈,也是最初受京剧髦儿戏影响才兴起的女子的笃班的成员。京剧髦儿戏连同它的许多名角大都被旧社会所吞噬而湮没和消逝了,但女子越剧却始终保持自己旺盛的艺术生命力,并非这些姐妹有迥异于京剧髦儿戏小姑娘们的非凡的免疫力,更没有特异功能,而是因为有过去越剧班社中蔚成风气的那种可以出污泥而不染和敢于悖逆于恶势力的品格和素质。由于环境和地位不同,"清清白白做人,认认真真演戏",实际上已成为大多数越剧姐妹们共同恪守的信念。当然,这里还有当时上海进步文化人士的影响。今天还健在的戏剧界老前辈刘厚生,就是以编戏的身份在雪声剧团工作的地下党员。

1945年,中国共产党在上海公开活动之后,越剧姐妹们直接和间接地受到以周恩来同志为首的中共南方局上海办事处的关怀,以及田汉、洪深等许多进步文化人士的帮助和指导。包括以袁雪芬为代表在内的一批要求进步又献身于艺术的女青年们,勤奋好学,明辨是非,尤其在雪声剧团编演越剧《祝福》(《祥林嫂》)面临严峻的考验,和为筱丹桂之死与恶势力斗争的生活实践中,越剧十姐妹以及许多青年演员都经受住了严峻的考验。这就是上海越剧在20世纪40年代中期之后的实际状况。上海越剧界这种为艺术奉献的勤奋刻苦的风气,为上海戏曲界增添了一股新鲜的空气,也有利于在 20 世纪 50 年代之后戏曲投入改人、改戏、改制的巨大变革中。夏衍同志曾经说过:1949 年初期,上海越剧界是朝气蓬勃的。以袁雪芬为代表的都是二十多岁的女孩子,思想很单纯,为上海越剧的改革大业各自作出了自己的贡献。确实,以艰苦奋斗为荣,为投身革命立志,不仅是华东实验越剧团的同志,许多民营剧团都有不少先进事例。史行和黄宗江同志多次和我谈起了越剧界同志要求参军的故事,徐玉兰和王文娟等一批青年在那时光荣地参加了总政文工团。但据我所知,年轻的戚雅仙等也曾有参军的可能,只是一些偶然原因,未能成行。

但是,越剧界 20 世纪 50 年代初的政治热情,并非听几场报告和开几个会就能激发起来的,而是在于 20 世纪 40 年代中期开始的进步的艺术实践和艰难的社会经历所奠定的思想基础。附带提一下,毛泽东同志《在延安文艺座谈会上的讲话》的内容,在当时是不可能很快传至上海的,到了 20 世纪 40 年代中期,通过进步文化界间接的影响,尤其是后来在周恩来同志的关怀下,《在延安文艺座谈会上的讲话》的精神始逐步影响上海文化领域以及越剧界的进步人士。《祝福》演出的前后,《在延安文艺座谈会上的讲话》中的精神自然地似一股清泉流淌在部分越剧姐妹的心田。这种潜移默化的影响,不仅在上海,还在许多未解放的大中城市的青年中间,或多或少都会有一些。

(四)

参加这次研讨会之前,我在苏州参加了中国戏曲表演学会的年会。当地戏剧界的前辈从苏剧的兴起到衰落,说起上海越剧形成的历史,使我想到郭汉城、刘厚生等多位前辈当年应邀到宁波参加越剧研讨会和在杭州参加京剧麒派艺术研讨会时谈到京剧南(海)派艺术在上海的形成,又谈到越剧在上海发展的历史。我们有三点共识。

一是上海越剧六十年改革的历史,也是上海许多越剧艺术家成长的历史。剧种的发展是一条经线,个人的成长是一条纬线,经纬相交,便形成越剧艺术绚丽纷呈的历史长卷。因此,回顾上海越剧改革的六十年历史,是研究整个越剧发展史中至关重要的一个阶段,这是非常可贵的一段历史。其中,以雪声剧团在上海越剧院的资料为基础的越剧发展史料非常珍贵,也比较完整。但是要全面回顾上海越剧发展的轨迹,还是不够的。需要各方面,尤其是众多前辈艺术家、研究家们集思广益,众志成城,方能编出一部更加客观和完备的上海越剧发展史。对研究中国越剧史,尤其是地方戏曲发展史,会有更大的推动。

二是上海越剧(以至整个当代越剧)的历史,是许多前辈艺术家共同战斗的历程。这中间有大家的心血,也是大家在过去的六十年中团结一致,相依相存,作出牺牲,为之奉献了自己宝贵青春的结果。因此,这些弥足珍贵的过去,应当十分珍惜。我以为:编史撰志,关键还在写人,为优秀的人物立传,为越剧艺术传统立传,传之后世,流传千古。这就不仅仅是为几位名人树碑立传而已。

三是越剧在今天和其他剧种一样,也面临着严峻的现实考验。我们讲危机、低谷太久了,今后可能会柳暗花明,但是从前越剧在江浙沪一统天下的局面不可能再有了。因为今天可供选择的精神食粮太丰富了,各种艺术的竞争越来越激烈,危机和困难是不可逆转的,但却可以转化。一个剧种的盛衰兴替,没有上帝可援救,全靠从业者自己的努力,努力的结果,就可能将重重危机转为勃勃生机。因此,今天更加需要老中青三代人团结合作,共同奋斗。有人曾说到越剧界的宗派山头的问题,我看这是夸大了。由于过去旧时代旧戏班中为抢饭碗而争地盘出现的嫉妒等行帮行为,确是今天新社会演艺界的陋规旧习,宗派情绪或许还会有,但成规模的宗派山头不可能存在。据我所知,江浙沪越剧界不会也不容许它的出现。通过我们这样的长三角研讨会,进一步明确了越剧振兴发展还在于众志成城。任何人为的宗派山头,应是越剧也是整个戏曲界健康发展的大害和公害。

我看这三点共识,也是越剧界共同的愿望。

（五）

任何一种艺术,尤其是戏曲艺术,在开创时期都有自己的代表人物,都有举起大旗领头前进的人物,就像成群高飞的鸿雁,必然有领头的大雁,袁雪芬就是当代越剧界的领头雁。从 20 世纪 40 年代中期开始,袁雪芬同志便自然地成为公认的代表。这里不仅有她自己的成就,也有大家的信任。因此,1949 年 4 月,在上海解放前夕,夏衍同志在北平近郊接受党中央命令,担任上海第一任市委常委、宣传部长兼文化局长时,周恩来同志对他说:"你这次回到上海,再不是地下工作时的文化人,已是党政方面的主要领导,对戏剧界的梅兰芳、周信芳、盖叫天和袁雪芬,不是把他们找到办公室来,而是去登门拜访,向他们请教。"当时夏衍已经年届半百,而袁雪芬同志还不到而立之年。周恩来竟对她如此推重,这也是历史的必然。

袁雪芬同志给我最鲜明的印象,就是她把一切奉献给了自己毕生追求的事业,包括她的青春和家庭生活。她是以殉道者的精神,为越剧事业作出了一般人不容易作出的牺牲。从 20 世纪 60 年代中期起,在她还不满五十岁的时候,为了培养青年,提携后进,就毅然退出舞台生活。实际上,她对舞台艺术的爱好,是久而弥深、老而弥坚的。她对青年演出队十分关注,从本子到表演,从化装造型到幻灯字幕都很操心,这不仅仅是老院长或老前辈的关切,更是一位前辈艺术家对艺术的不能忘情。情之所钟,自然爱之弥切。她早年在舞台上急流勇进和今天的园丁精神是矛盾对立的统一。

（六）

"江山代有才人出,各领风骚数百年",这是前人的名句。我们的越剧艺术也庶乎近矣。但是很可惜,自 20 世纪 80 年代至今,越剧界的新秀迭起,新星频现,可惜常常是流光骤闪,顷刻消失。越剧舞台上的水土流失和换代更替太快。对此,人们很有感慨,现在的年轻人缺少一点创业和敬业精神,所以进取心少了点。对此,文化部门应该相应有所举措。江、浙、沪三地不少有才华的中青年离开越坛是可惜的。当然,她(他)们和有些因追求奢华生活而中途遁去的青年是不同的。浙江也有不少这种情况。人才的发展和使用、保护和培养,不仅是越剧界,也是文艺界一项综合治理的大事。我姑妄借前人诗"打油":"越坛时有才人出,暂领风骚三五年",情况实在令人焦虑。当然,现在又涌现了不少优秀的越剧演员,可是根据现实的需要,还是远远不够的。根据现实的状况,流失还是常有的事。因此,为了保护和尊重人才,我们不仅对重返艺坛的人才要表示欢迎,对那些从国外回来的海归派演员更应该欢迎她(他)们,支持她(他)们重返舞台,而不是冷嘲热讽地加以排斥。"心猿意马"的典故出在《西游记》。孙悟空和白龙三太子也曾经开过"小差",因为观音菩萨的感化,最后成正果。浙江绍剧艺术研究院的小孙悟空刘建扬不是在大家关心和领导支持下重又皈依三宝了吗?我也想起越剧界不少有才华的演员因为各种缘故离开了故土热地,有的流落在异地他乡。她(他)们的才华和功力,是祖国人民用多少心血积聚的精神财富,如今在国外打工混日子,艺术财富就不值一文了,想来弥觉痛心。往事难追悔,唯望今天的文化部门和艺术团体的领导,务必要关心人才和保护人才,千万要爱惜人才,要兼爱,不要偏爱,更不要溺爱。由于多种说不清的原因,再优秀的戏曲演员,较之歌星和明星要清贫得多。但是至少要使犹在这方净土安贫乐道的可造和可用之才,能够有一点穷家虽贫还温馨的感觉。

(七)

于此想说几个流派艺术的继承和发展的问题,这也是老生常谈。但是越剧界对流派艺术的静止看法,不仅仅是受制于社会上一部分文化不高又相当保守的老越迷们,我们自己也缺乏一个比较接近的观点。虽然,流派艺术不能凭主观创立,而是在长期实践中经观众认可而自然形成的。但是一味迁就部分落后观众和偏安于现状的态度,对艺术发展是有害的。我们要呼吁:应该允许并不太年轻的后辈从事新的创造,允许尝试,也允许尝试不成功。对流派认识的正误,也关系到剧种的兴衰。京剧谭鑫培之后若无创造，何来汪笑侬、汪桂芬？何来言菊朋、余叔岩？何来谭富曲和马连良？若墨守梅兰芳，何来程砚秋？越剧在袁雪芬之后，出了傅全香和王文娟，袁派唱腔又带出了戚雅仙、张云霞、金采凤和吕瑞英。可是今天却有派而不流了。如果再过几十年，依然是十二个越剧流派，今天三十岁到五十岁的优秀演员就会于心不安。但是，现在真要发展流派和在流派基础上创新也还是困难重重的。试想，今天的前辈流派宗师，都是在三十岁左右开始形成自己的流派，而今天快五十岁的演员要创新，就是"数典忘祖"了吗？这个问题，关系到剧种的继往开来和承前启后。我们应有一个共识：流派要发展，更需要健康地发展。因此，我呼吁要反对各种人际关系形成的宗派情绪。要求大同，存小异，顾大局，弃小局，拆小台，搭大台。同时要坚持越剧界全面发展的一盘棋。说一句危言耸听的话，流派艺术不能健康发展，是一个剧种文化落后和思想愚昧的客观反映。

我想，这也属于综合治理范围，因为问题不完全出在老师和学生的身上，与有的领导和领导部门的掉以轻心和疏于关心也有关系。这关系到一个剧种的生存和延续的问题。

（八）

于此要说到一件百年大计，也是越剧界共同的愿望：大家通力合作，编写一本中国越剧发展史。

说句大实话，这是件功德无量的事，也是一件比较麻烦的事。编志修史，无论是国家的正史，还是民间的稗史，无论是以集体的名义还是个人署名，都不能急功近利，更不能心存浮躁。这不是一项将本求利或沽名钓誉的商业行为，更不是名利驱使下的一项求取功名和为自己或为自己身边的伙伴争权夺利的记功碑。若无博大的胸怀，真诚的爱心，不可能把事情办好。否则，即使能勉强完成煌煌巨卷，日后也会灰飞烟灭。试看自明清两朝起，曾被钦定的好几任翰林院和国史馆名公大臣领衔的班子编撰的数以千计的志书史册，竟然不及明末的《小腆纪年》、清代的《录鬼簿》这样的薄薄的小册子能够传世。可见，真要认真编好一本剧种的发展史，必须要集思广益和群策群力。当然，总成其稿，必须要专人执笔，否则文思断续，文笔支离，文风苟且，读者就会不耐烦，你的愿望和心血便要落空。至于编写艺文史料，尤其像越剧这样不算古老的地方剧种，如果要做到使人要看，首先要从本剧种的特点与特色着眼，尤其在长期舞台实践中形成的特长中抓住特征，方能引人入胜和耐人寻味。真正生动的戏曲艺术史料不应该是枯燥的，不但人们要看，而且也好看、耐看。

请原谅我的鲁莽，我们要编好越剧发展史，还得重温中国戏曲史的三个阶段。

第一个阶段是古代戏曲史，完全是以文人的文字功夫的游戏为主导的。家班的戏子按照汤显祖、孔尚任和李笠翁的意图按拍演唱，所谓"文人珠玉女儿喉"。

第二个阶段是近代戏曲史，按照挑大梁的大老板（名角）的戏路打戏，编戏的文人是没有地位的（包括早期的越剧），完全以名角的演唱来充分发挥。因此，自 1900 年前后至 1930 年前后的戏曲演出，戏单上只有演员，没有作者。

但是到了第三阶段——现代戏曲史，也是越剧开始形成以后，即编剧、导演、演员、音乐、舞美五个方面开始合作之后，演员的唱腔和表演也更精彩了。作家也为演员打本子，也量体裁衣，但和六十年前不一样了，不仅仅要体现文学创作的完整性，更要使舞台艺术完美和谐。于是，从近代戏曲史到当代戏曲史的编写，除了剧种发展的经线不可松弛，而众多优秀演员的艺术探索和成就形成丰富多彩的纬线，就成为戏曲史——越剧史的编著者的着眼和着力所在。这一幅经纬交织的百年越剧锦绣图，便是中国越剧史的大纲。

但是，我们近百年间，除了王国维和赵景深等自己会粉墨客串之外，许多大学教授缺乏舞台艺术的实践。他们笔下的戏曲史自然是见戏不见艺，说事不说人，理念清楚，而感情枯燥。这种理压了情的记叙史料，违背了情胜于理的戏曲艺术原则。

近五十年来，不少有心人都尝试编写越剧的发展史。上海、嵊州和杭州、宁波先后撰写了越剧发展史料，都是弥足珍贵的，但是上海主要是以雪声剧团的创业为基础的史料比较翔实，还有待充实各方面的史料。浙江曾经出版图集《中国越剧》，浙江人民出版社给予了大力支持，无论在人力和财力上都是相对较多的。因主持者未能全面掌握史料，视野不够开阔，涉及面欠广泛。而应志良同志编的越剧发展史，又囿于浙江小百花的一隅，对江南各地的发展轨迹缺乏全面了解和研究。这两部书，都有成绩，亦都有不足。以浙江越剧界的实际编剧、写作力量，应该编写得更精密的，可惜因多种原因，忽略了浙江越剧界的两桩大事：浙江在1953年的男女合演和1983年小百花的崛起，对越剧界作出的两次有影响的重要贡献。

我们仔细地想一下，为什么我们多位文学水平比较高，并且在宏观上比较见解不群、艺术观念上也不俗的史论家们竟然不及从前文化不高的老戏师傅，甚至像丁一、孙世基这样"土专家"能达到的我们尚难做到呢？道理很简单：我们没有集中一个主要方面。近百年来，尤其是近六十多年来从越剧艺术的舞台实践中深入探索越剧的表演和唱腔上的发展轨迹，特别是没能抓住几代优秀和杰出的代表人物的成长和成功的实践史，作为越剧发展史的艺术上的枢纽来写，而是单纯地从文人的角度来任意挥洒，对作者和读者都起了误导作用。可见，虚心求教和通力合作有多么重要！

这次在杭州的研讨会期间，我建议在会后成立一个写作班子，出一本比较完备的发展史。得悉浙江省文化厅准备给予有力的支援，浙江艺术职业学院和浙江艺术研究所、上海越剧艺术研究中心和杭州越剧研究会能够通力合作。浙江的应志良、蒋中崎和袁开祥都是比较理想的主持人选。上海的高义龙、卢时俊和李惠康也一定能在道义上慷慨相助。南京的计大为、宁波的孙世基和嵊州的丁一等都可以发挥自己的长处，出一本真正符合江、浙、沪三地五代人愿望的中国越剧发展史。我想，这就是我们长三角地区文化接轨的工作落到了实处。现在有一个比较有力的参考，就是由浙江音像出版社花了多年时间组织编著的《中国越剧大考》已经出版在即，将为我们提供探讨和研究的生动资料。我们的当务之急，就是着手组织力量，各展其能，互通有无，统筹协调，集成信史。

（九）

现在大家都在关心女子越剧如何健康地继承和发展的问题。目前，男女合演虽不可能有很大发展，但还应该继续存在，所以要"优生优育"。至于女子越剧，也需要"计划生育"。根据文化市场供求关系失调，需要合理安排的原则，是不是今后还要大批大批地招收和培训各种市地县的越剧训练班？省和地市的艺校招生的比例如何掌握？如何招？如何培养？虽然女子越剧在艺术上的形式美已达成共识，但不能把男女合演排斥在越剧的门外。尤其是女小生的脂粉气（娘娘腔），更不应该成为男小生的"传统"。是否这就是越剧无法改变的所谓"审美定式"？什么叫"定式"？它决非教学和物理上的定律。同时，我们应如何面对业余团队的繁荣发展？实际上，业余演员很多是在专业演员指导下登台的。这几年来，不少是从专业转为业余的。而业余剧团的演出水平在不断提高，队伍也在不断扩大。因此，是否影响了市场运作中艺术欣赏的供求关系？是不是破坏了艺术领域的生态平衡的规律？同时，业余剧团不仅经济上不背包袱，当天收入，当夜分账，收费低廉，不辞劳苦，农村、厂矿乐于邀请"物美价廉"的业余剧团。而专业剧团的体制和心理状态都存在一些不利因素，似乎在市场竞争上乏力。同时，民间的业余剧团也出现了一些消极因素，主要是思想素质和团队风气的散漫，文化部门限于力量难以进行管理。看来因势利导和防微杜渐是必需的，等到造成泛滥后再来纠正就困难了。目前还是演出剧目和演出风气上，需要及时把住演出质量关和队伍发展关。对这些问题不仅仅是从经济上考虑，更重要的是为了越剧的健康发展。但是，我们也不能不看到：由于业余剧团尤其是民间职业剧团在艺术上的提高和演出中的发展，客观上也惊醒了那些不求进取的"吃大锅饭"的专业剧团，如果不奋起拼搏，更走不出低谷了。这或许是一种"逼上梁山"的艺术上的促进，也许会成为一种与时俱进的良性循环。我们应该怎样面对这个形势呢？这或许也是我们应该全面思考的问题。因势利导，耐心开导，诚恳引导，这是当前的重中之重。

关于男女合演如何把好质量关的问题，也是继续为男女合演创牌子的问题。譬如男女不同声，男女对唱不合弦怎么办？是不是为了上座率的需要，就应该根据女小生的特点来强求男小生？对于男女合演，过去已经有了共识，不能因为 1977 年后，因为恢复女子越剧团之后而出现的越迷们因怀旧而掀起的女子越剧的流派热，就无形中否定了男女合演。这应该是艺术研究部门尤其是文化职能部门在宏观上失控导致微观上的失策。这个问题，是当时上海和杭州有些粗心浮气的文化干部一时冲动造成的。下面的演出团体就闻风而动，不久习惯成了自然，大势所趋，难以调控了。

譬如越剧的音乐问题，还是故步自封地照演员唱的记谱再教唱吗？究竟是记谱落后，还是作曲先进呢？记谱前后和演员合作，然后定腔定调难道不科学吗？还是随心所欲地作曲，让演员依样画葫芦地学唱就算先进了呢？这些老问题谁都清楚，因为有些麻烦，尤其当年的名演员有的文化低，又是音盲，为了回避矛盾，一直拖到现在。说句实话，这也是一个剧种文化落后的客观反映。

（十）

这里更有一个科学地对待继承与发展的问题。尤其在艺术教学上讲究科学性和提倡针对性，这是关系百年大计的重要课题。现在的青年光听录音带模仿，完全忽视了本身的具体条件，更不用说根据青年的创作个性予以引导。使之能在继承中求发展，在发展中讲继承，这也是我们应当注意的。这个问题，也应该和上海越剧界的连波、何孝忠，浙江的顾达昌、卢竹音、谈声贤、袁开祥和金钦夫等有实践经验的专家商量。浙江的周大风先生应该是有发言权的。但是后来女子越剧流派盛行，浙江男女合演的男声唱法，就被贬为"大风歌"，这是极不公平的论调。黄龙洞艺校的越剧唱腔，今天上海众多流派宗师还是一致肯定的。关于越剧艺术的教学问题，更为重要的是教材内容问题。浙江、上海和江苏都存在着越剧艺术的教学内容和教学方法上的问题，尤其是越剧青少年学员的教材和科目内容的问题，既是继承与发展的问题，也是青少年德育和智育健康发展的问题。这在全国戏曲艺术教学上恐怕是一个比较普遍但又关注度不够的问题。

三、加深共识，放眼未来

（一）

前述三点，都讲过去。真正的目的，还是放眼未来。

一是人才问题。要大力造就一代新人。吸取过去科班和随团带学生中的平均主义和放任自流的教训，特别总结三十余年来主观主义形而上学进行教学的弊端，要培养德、才、智全面发展的年轻一代，必须把好教师和中年演员的思想作风关和艺术质量关。除了年老的教师和演员在文化和身体条件上有局限外，中年以下的教师和演员，都应该要求他们在政治、业务、文化、历史、地理和社会科学等各方面争取力所能及的提高。要造就崭新的一代，要培养出众多的越坛新秀，而不是像过去那样教出一批"小老艺人"。有些令人不愉快的例子从略了。应该大声呼吁：越剧界的老师们一定要在品德和情操各方面起示范作用。这不能仅靠规章制度，而是要形成一种思想风气。风气改变，队伍面貌就能大变。

二是剧目问题。必须大力提倡编新戏，演新戏，但是关键还在演新戏。具有新道德、新风尚和新的艺术修养的演员，才能以新的作风学戏和演戏，才能真正演好新编的优秀剧目。这是时代的需要，也是越剧界的当务之急。

三是定位的问题。有人说越剧就是市民艺术，才子佳人"私订终身后花园，落难公子中状元"。也有人认为，市民艺术的观念是落后的意识，必须要扬弃。今天需要把越剧和昆曲一样列为"高雅艺术"，就要大力提高观众的审美水平，要以"城市艺术"为主旨，以知识分子为对象，否则，越剧就要被淘汰了。这两种观念是两种极端，虽然都想走出低谷，但很可能走上歧路。

越剧的特点（包括优点、弱点和缺点），并不是一成不变的。随着时代的发展和社会的进步,昨天的优点可能会成为今天的弱点,今天的弱点也许会变成明天的缺点。优势变颓势,最后成为劣势的例子,在激烈竞争中的演艺界并不新鲜。不认真作调查就盲目拼搏,可能会将老本都拼完。脚踏实地的研究至关重要。随着形势变化,艺术需要相应变革,但是变的目的是为了保持自己不变的艺术魅力。从变中求不变,这是艺术生存与发展的必然规律。它如同笋之解箨、蝉之解蜕,亦如荷之解脱,是为了进一步完美自己,绝非为了趋奉而肢解自己。

譬如随着越剧基本观众的老化,它原有的舞台节奏、生活情趣,和今天的观众特别是年轻观众的距离越来越大。这的确是事实。但是我们在冷静思考之前,千万不要急躁。

譬如随着社会的进步,观众平均的文化水平和艺术欣赏水平的提高,一般传统越剧中展示的内容(包括新编的古今新传奇),越来越不能满足当今观众的欣赏要求和审美情趣。特别是它以个人得失为准绳的悲欢离合中的是非界限,甚至以对立双方的财势和心计来解决矛盾,与今天依然需要提倡的理想信念是格格不入的。因此,在当前来说,特别重要的是:越剧需要许多在思想内容和艺术趣味上更高的作品,而不是光供消遣的剧目。为此,我们呼吁越剧艺术上的"三高":高标准、高境界和高质量。以此推出"三名":名演员、名剧和名团。以此为"三名""三高"恢复名誉,也为越剧的开拓打造新的闪光点,这才能从根本上解决越剧的生存与发展。

(二)

这几年来,有些现象的出现,究其原因有多种。

目前有些急于想走出低谷,又挡不住社会上低级趣味的诱惑,也出现了低级、庸俗的新戏。有的是打着"干预生活"和"直面人生"的幌子,有的是托言古代传奇,借古人而暴露当代丑恶的。有一首顺口溜,说出了观众上当后的感受:

　　　　频频搂舞煽情歌,光怪陆离刺激多。
　　　　恐怖尽现黑社会,香艳胜过好莱坞。

打完大小擦边球，首场只卖三成座。

当然，好莱坞的歌舞和影片并非都是"黄色"的东西，这里是泛指。同时，我们的演艺界也不都是坏作品。有的出发点是好的，也想宣传主旋律。譬如有的剧团干脆以大投资、大制作和大排场为号召，但是观众也不买账：

　　　煌煌巨制啥名堂？投资千万演三场。

　　　两成人叫看不懂，两成鼾睡呼噜响。

　　　中间两成是嘉宾，拼命捧场瞎鼓掌。

　　　还有四成空座位，居然"好戏"没市场。

当然也有比较清高的戏剧工作者，不肯随波逐流，并且坚持要以高雅深邃的艺术去影响观众，以提高文化不高的观众的艺术欣赏水平。这份心思是很好的，这种自我感觉也是好的，但是任何时候做任何事，感觉一定要好，又不能自我感觉太好，否则，观众就找不到感觉。

有这样一首通俗诗，形容这样一场高雅的演出：

　　　高雅高深高格调，精微宏博妙文章。

　　　补天填海发宏愿，醒世指迷消魔障。

　　　对白深奥听不懂，气氛朦胧实虚妄。

　　　不知今夕是何夕？北极洋又印度洋！

这就是高深莫测的结果，使大作家和大艺术家悲天悯人、普度众生的苦心都落空了。其实，看戏首在娱乐。以通俗易懂来引人入胜，使一只脚在门外，一只脚在门里的半信半疑的观众能够毅然地把另一只脚也跨了进来。但是你只成功了一半，因为另一只脚还可能会随时跨出去。这就需要借助越剧艺术传统的艺术功能，它能够使观众从半信半疑到全心全意。这里有很深刻的道理。因此，寓意还是要以通俗易懂、贴近观众的心理和心情为要旨。

　　　深浅适宜剖是非，传奇原本成炫奇。

　　　正邪未必须看相，美丑何尝靠换衣？

　　　莫在权宜衡得失，应从信念识高低。

　　　高台教化须平易，娱乐功能不可废！

（三）

我认为，重要的还是一个定位问题。主题和主旋律是需要的，但不能耳提面命，需要潜移默化，更需要从艺术的角度讲究引人入胜和耐人寻味，不能丢掉艺术的特征去苛求发人深省。因此，越剧要走向市场，必须丰富多彩。需要从艺术的角度进行改革，也需要进行各种有益的尝试。无论是形式还是内容，都允许探索。但在探索中尚不成熟的东西，不应该当作一种模式，更不能称之为"主流"和"方向"，不能离开现实去寻找幻想中的出路。这就需要文化职能部门的领导始终保持清醒的头脑，但是决不能丢弃越剧的本体去横向借鉴，尤其不能用美国百老汇的轻歌剧和日本歌舞伎来改造越剧，更不能半生半熟地搬用外国人的"城市艺术"和"都市文化"。自己尚未读懂的书本，不可轻易给人当教材。因此，越剧艺术发展了九十多年，今天还是要重复这个老生常谈：定位问题。虽然今天越剧的观众，文化程度较从前有很大变化，但是越剧还是定位于民间通俗艺术上。虽然可以由俗趋雅，但必须雅俗共赏。这是不可动摇的。每个剧种由于自身的文化素养和艺术格局，都有相对的侧重，也相应地有自己的基本定位。在可见的将来，观众可能年轻化了，平均文化水平提高了，趋雅成为主流了，但是通俗艺术的定位不能改变。通俗决非俚俗，更非庸俗，又遑言恶俗？

随着高科技的发展，也由于长期在大都市工作的戏曲各门类的专家的观念不断更新，戏曲舞台上的高精尖舞台设备在大城市有了充分发展。当然，我们不能不加分析地笼统反对大制作和大投入。高科技和高标准的舞台艺术，是需要研究、开发的。但是，决不能因此排斥甚至淡化了由人创造的舞台艺术，不能在台上见物不见人。这种倾向不能不引起关注。至关重要的是：越剧艺术需要人的创造，需要一大批艺术上有才华、有造诣和有胆识的，在唱、做、念各方面都有特色的年轻的优秀演员来发展和开拓，这是越剧发展的大势所趋。一个剧种的兴旺与衰落，代表人物是它的标志，年轻化是它的基础。而恰如其分的定位，是其生命力的象征。

（四）

同样重要的是,观众要求编、导、演和作曲、舞美都讲究艺术的功能,并且要求尊重他们的艺术创造的个性。尤其重要的是,越剧尚要普及。因为它的老观众逐步减少,新观众亟须扩大。为此目的,越剧在当前必须多普及,要使更多的观众从不了解到了解,从不熟悉到熟悉,逐步看得舒服,听得适意,记得真切。为此目的,越剧更需要提高自己,需要强化通俗生动、由俗趋雅和雅俗共赏的特点。

上海是越剧的充分发展之地。当代越剧流派的主要创始人都在上海,各方面的人才较集中,包括近二十年来浙江许多优秀青年涌入上海。因此,探讨越剧的改革,上海的实践经验是很重要的。这也是从长三角地区考虑文化接轨必不可少的一个因素。作为杭州和宁波两个重要发祥地,应该大力支持浙东剡溪之滨的发源地。

但是当前发展的情况不一样。浙江全省现在专业的越剧团从近两百个锐减到几十个。但是现在浙东和浙西北尚有数以百计的民间剧团,还不至于萧条。如今,全省各地还有数以百计的县以下的半职业和业余剧团,已经成为群众文化生活的重要力量,在浙东地区,成为当地文化活动的主力军。所以,文化部在六年前就陆续对业余剧团"开了口子",逐步允许民间职业剧团参评文华奖和五个一工程奖,中国剧协也开了梅花奖参评的"口子"。仅从越剧来说,杭州黄龙越剧团获得了映山红戏剧节十个金奖,两个戏剧梅花奖。映山红戏剧节原是湖南省的民间比赛,现在已纳入文化部的工作规划。越剧的业余活动声势也更大了。相比之下,省市地县专业团体的比重较小。当然,在艺术影响和文化市场上的杠杆作用,专业团体还是举足轻重的。但是真正形成地方文化气候的,业余力量不可低估和轻视。例如,杭州市园文局主办的黄龙越剧团,其影响已超出了越剧界。因此,浙江越剧的继承和改革,前进或徘徊,尤其是专业和业余的相辅相成,关系到整个浙江戏曲界。所以,必须要认真研究他们在实践中的实际情况,不能仅仅从研究的角度来看问题,应该从生存的角度来研究具体的实际。浙江剧协会同各方面力量,成立了越剧艺术委员会,打算做一点实事。这就是我们今天的立足点和新的出发点。不把握住今天,将会失去明天。

当前正面临改革的大潮。我们越剧界的同行最关心的还是自己在市场经济影响下如何适应现状的问题。我想,关键还在剧本的质量和演出的水平上,还在于人的主观能动性上;关键的关键还在于人才的发现和人才的培养上,更在于充分发挥人才的作用上。没有让人才充分施展聪明才智的平台,我们培育人才又有什么用?

我们越剧界应该是后继有人的。但是对人才的发现和培养,尤其对人才的使用和保护这四个方面,我们是有不少教训,也有许多遗憾。当前从江、浙、沪长三角地区来看,确实涌现了不少难得的人才。有不少人才的出现和崛起,确实是令人高兴的。尤其是当前一批优秀的中青年演员,现在已成为越剧舞台的领军人物。

上海的赵志刚、萧雅、陈颖、钱惠丽、华怡青、方亚芬、单仰萍、王芝萍、章瑞红等不仅上海人喜爱,江南的越迷也都喜爱。南京的竺小招、袁小云、赵世莺、陶琪、华洁、朱蔺等多位,不仅江苏人喜爱,江南的越迷也都喜爱。浙江是越剧人才的基地,剧团也多,主要有茅威涛、何赛飞、董柯娣、陈辉玲、黄依群、周云娟、张伟忠、舒锦霞、李丽、王滨梅、吴凤花、吴素英、陈飞、谢群英、陈晓红、陈雪萍、黄美菊、赵海英等。

尤其是我们浙江小百花越剧团的崛起,二十余年来在浙江越剧界甚至在整个戏曲界来说,都是影响深远的。她们在中国戏剧界乃至在人民的文化生活中引起的注视与关切,都是令人鼓舞的。从"小百花现象"到"小百花精神",充分说明了这一支年轻的戏曲领域的生力军,在我国20世纪和21世纪的交替中,为当代戏曲史谱写了生动的篇章。这不仅是由于二十三年前中共浙江省委为解决浙江戏曲界在"文化大革命"之后人才断层、舞台上青黄不接而作出的及时而正确的决策,也是浙江文化职能部门在当时拨乱反正后百废待兴中所作的可贵贡献,同时是袁雪芬、尹桂芳、范瑞娟、傅全香、徐玉兰、王文娟、张桂凤、张云霞、金采凤和吕瑞英等十多位流派名师和浙江京剧、昆剧、越剧、话剧等各方面老师共同的心血,浇灌了年轻的小百花。这二十多年来,在上海、南京、绍兴、宁波、杭州的小百花遍地盛开。

他们的实践经验,都值得我们借鉴。

如今,茅威涛和她的浙江小百花越剧团依然在与时俱进的拼搏中前进,无论得失成败,这种锐意进取的精神是十分可贵的。茅威涛在她同辈中来说,是一位比较杰出的代表人物,她的可爱之处,就在于那股敢于拼搏并且一往无前的进取精神。这种精神,在上海、江苏多位代表人物身上都有不同程度的闪光,成为当代越剧的亮点和热点。我们要关心和珍惜并且保护她们。这次研讨会上,江、浙、沪的专家学者热情地为她们在前进道路上提出的建议与期望,也正是我们长三角戏剧界共同的期望。

出人出戏,戏要人演,人因戏出。流传下来的保留剧目,都与演员独到的精彩表演和流派唱腔密切相关。因此,回顾过去长三角地区越剧改革的八十年,我想,未来还在于如何培养出一代新秀。后浪推前浪,还靠前浪引力的带动。因此,还是应该向雪芬大姐和所有我们所尊敬的江、浙、沪三地尚健在的老大姐们,向为越剧事业作出很大贡献的前辈们致敬。希望在你们的影响下,继续奋发,努力拼搏,走出误区,走向彼岸。

论新时期戏曲"导演中心制"的新倾向^①

支 涛

　　新时期是我们戏曲的一段繁荣发展的时期。及时总结这段时期内戏坛的成功经验,是进一步繁荣梨园艺术的有效途径。在以往的戏曲创作中,导演一直是我们的薄弱环节,而在这些成功的剧目当中,导演的作用日益重要。所以,我想就新时期戏曲导演的一些经验谈谈自己的体会。

　　近几年来,导演在戏曲创作中的作用日益提高,相对于以往戏曲缺乏真正意义上的专职导演这一实际而言,是一件好事。但以往戏曲创作中的习惯因素,导致了目前仍然存在对导演在戏曲创作中作用的忽视,以及对其分工不明确的现实,导演能力的发挥在目前的创作中受到了很大的制约。

　　那么,如何解决这个问题呢? 近年来,一些成功的导演用实践经验告诉我们,加强导演在戏曲创作中的"参与"是十分必要的。我强烈地感受到,近年来大量的优秀剧目中,都或多或少渗入了导演的这种创作意念。这不仅加强了导演的专业作用,还很好地提升了作品的艺术水准。这是我们大家所企盼的。但是这种"参与"不仅仅导演应该自身具备,同时应该得到其他各个创作部门的认可,这是相辅相成的。

　　不过,这些导演们的辛勤工作往往因为中国戏曲程式化特色的存在而被淡化,让人们忽视了他们所做的这些大量的工作。我们知

---

　　① 本文发表于《浙江艺术职业学院学报》,2014 年第 4 期。

道,在一台演出中,观众能够看到表演、舞美、音乐、文学等各创作部门在舞台上的实际显现,却难以看到导演为这台演出所耗费的艺术匠心。因为所有的实际工作都由各部门完成,所以很多人误认为导演只是一台演出中的组织者。实际上,导演的职能远比一个组织者要重要得多。因此,我们在强调导演的重要性的时候,首先要让大家看到导演的存在。而这种存在就应该通过强化导演的"主体性"来体现。如果我们在观看演出的时候,随时随处(表演、舞美、音乐等)都能感受到有一个看不见的创作者——导演——在向我们默默地传达他的思想,那么大家就不会再忽视导演的存在了!

现在,许多导演已经开始转变以往单一组织演出的创作状态,由外围的组织工作,转为实际的创作参与。只有这样,大家才能真正认可导演在实际创作中的中心地位和作用。当一个导演对于一台演出真正拥有自己的理解,并能够将这些理解贯穿到实际创作的各个部门,使得整个创作团队齐心协力地进行创作时,导演才真正发挥了其"参与"的作用。

"参与"不是"掺和",而是一种系统理念的贯穿,是一种整体理论体系和工作方法的建立。它不仅是一种对导演工作的肯定,更是对成功经验的总结。我希望在此通过对于新时期导演"主体性"的强调和解析,使我们能够更加清晰地理解导演在现今实际的创作中所作出的贡献,并通过梳理目前导演所做的大量工作来证明这种主体性对我们艺术创作的重要性,同时使我们对于这种新的导演中心制的理解不再停留在某些方面,而是更加直观地理解它对于戏曲演出方方面面的重要性。

一、新时期戏曲导演职能的拓展

导演的职能在戏曲界一直是个老生常谈的问题。就在话剧界已经清晰地提出"导演中心制"的时候,我们却还在喋喋不休地争论在戏曲中到底是以表演为中心还是以导演为中心的问题。

其实,如果从演出来看,表演是"中心",这是不争的事实,即使话剧界也同样肯定了表演的重要性。一切的创作过程都是为演员最终的舞台表演服务的。然而,在演员的表演中却渗透着导演的创作理念,不同程度地体现出导演的创作风格。戏剧是一门综合艺术,文学、舞美、音乐在创作中即使不是中心,但也同样在整个创作中各自承担了自己的重要任务。

那么导演呢? 从实际演出来看,导演不像表演、舞美、音乐、文学那样显现,加之戏曲表现的程式化特性,在离开了导演的设计、安排的时候,演员、乐队等仍然可以出色地完成演出。因此,许多人认为,导演不过是演出的一个简单的组织者而已。

其实,一场演出的整个创作队伍,就好像奥运会上的运动队。尽管最终出成绩是要靠队员的努力,但若没有教练在平时的训练中的整体规划、合理指导,在技术、战术上的运筹帷幄,要想战胜强有力的对手而取得很好的成绩无异于痴人说梦。事实上,教练不仅仅是技术、战术上的指导,更是团队凝聚力的核心,虽然最终站到领奖台上的都是队员,但是谁也不会抹杀教练的功劳。

值得庆幸的是,随着戏剧艺术的进一步发展,人们渐渐理解了导演在舞台艺术中的重要性。但是仅别人意识到还不够,导演自己也应该具有同样的意识。那么这种意识到底如何体现呢? 这就是我们先前提到的"导演中心制"了。

当然,这个"导演中心制"绝对不是简单地将导演的意识强加给其他演出部门,而是通过自身的参与行动,使整个演出形成自己的风格和特色。这种"参与"在某种程度上意味着导演职能的转变。现今的时代要求导演不再像以往那样,仅仅被动地完成一台演出的组织工作,而是要求导演以一种全新的"主体精神"参与具体的演出创作当中,完成自己应尽的职责。

那么,导演应该如何"参与"呢? 下面就从编剧、表演、舞美等几个方面,结合近年来的成功剧目,谈谈导演在演出过程中对其他部门的"参与"。

二、对编剧的"参与"

"对编剧的'参与'"这句话让很多编剧听起来也许非常不顺耳。

其实,在此我并不是想让导演取代编剧,而仅仅是"参与"。

以往我们的导演一般是坐等着编剧或剧团拿着剧本找上门来。如果剧本还可以,才会同意进行二度创作。而编剧也是自己写好了一个剧本,然后交到剧团或导演的手里。这种运作模式的弊端在于导演和编剧基本是割裂,甚至是对立的,导致许多剧本上演后,编、导之间相互诘责。其实,这些现象我们都可以理解。因为编剧独自完成了剧本创作,他非常珍惜这种原始的状态,一旦改动太大,就看不到自己的创作痕迹了。或者剧本没有被改编,但是呈现在舞台上的演出,与编剧的初衷已大相径庭。因此,编剧的要求是合理的。有些"大腕"编剧更是要求自己的剧本一个字都不能改。此外,导演的要求也不过分,毕竟他们是二度创作,没有创作空间,不就是照搬了吗?

我们可以设想,如果导演从编剧开始创作的初始阶段就参与其中,编剧也就不会过分"敝帚自珍"。

此外,随着时代的发展,戏曲也不满足于仅仅只讲一个故事或是在舞台上单纯地表现技巧了。现代化的剧场演出对戏曲提出了新的要求,观众不断提高的审美需求对戏曲剧本的编写也提出了更高的要求。于是,传统剧作法则不再适用,导演的提前介入对改变这样的剧作法则是非常有利的。

具有借鉴意义的是:如今国外很多演出团体都已经实现了制作人制度,整个演出在制作人的指导、协调下进行。因此,创作的各个方面比较容易统一意见。就我国目前的状况,这种制度还没有实行,但是导演完全可以从艺术质量的角度出发,承担制作人的职能。

（一）参与题材

以往我们觉得选取题材是编剧的事情。但是,我们也经常碰到编剧选取的题材虽然非常感人,却很难在舞台表现的例子。如果导演主动寻找一些自己感兴趣的题材,那么这种剧本与实际演出相矛盾的情况就不大会出现了。

我们从新时期所涌现出来的优秀剧本的题材上来看,会发现一个问题。

这些新创剧目中有半数以上都是移植、整理、改编的,而且有些在近几年中频繁地被搬演。如川剧《金子》《死水微澜》,京剧《骆驼祥子》,原著是小说或话剧,后来被改编成电视连续剧,又被改编成电影、话剧,最终才有了戏曲;又如《张协状元》,首先是中国戏曲学院上演的复古学术版,然后才是永嘉昆曲版、中国京剧院的小剧场实验版;越剧《孔乙己》,原著是鲁迅的小说,后有绍剧,再有越剧,现又有话剧;京剧《宰相刘罗锅》,先有电视剧,后有了京剧……

之所以会出现这么多移植、整理、改编的剧目,主要有两个原因。

一是被移植、整理、改编的剧目,已经具有了一个相对比较完善的结构,只要编剧不出大毛病,基本能够保证剧本的质量,而且容易得到大家的认可。

二是移植、整理、改编剧目的基础很好,某些唱词甚至一些场次都可以直接保留下来,即使不能保留的,起码已经给编剧提供了很好的基础。面对这样的题材,哪个编剧会不动心呢?固然,当今剧坛不乏整理、移植或改编得成功的例子,但是如果形成一种风气,使充斥舞台的剧作大都是陈旧的题材的话,我们新时期的戏曲舞台创作就很难繁荣。

诚然,移植、整理、改编剧目一直以来都是戏曲创作的一种重要的途径,许多优秀剧目的成功也的确是有赖于移植、整理、改编,但是一味地翻新旧题材,并且形成了一股风气,这绝对不是新时期戏曲创作实践的出路。我们可以看到,现今获奖剧目中,属于移植、整理、改编的题材已经占到了很大的份额,完全意义上的新创剧目越来越少,而贴近人民生活的原创现代戏就更少了。

如《死水微澜》,这个题材是在被其他艺术形式广泛运用以后,又被戏曲拾起来的。类似情况在近几年的戏曲舞台上频繁出现,这种情况严重削弱了戏曲创作的题材优势,使某些剧目在创作开始,就已经让观众失去了对题材的新鲜感、好奇心。我们怎么能够要求观众对缺乏新奇感的剧目产生浓厚的兴趣呢!中国戏曲讲究"无奇不传"。现在这"奇"字完全没了,还能"传"些什么呢?于是,某些剧目的创作一开始就不得不落入了一个自己设计的怪圈:只能依赖于戏曲的形式特色,去博些可怜的彩头!这直接导致戏曲剧目内容的贫乏,戏剧性因素的缩水,使得戏曲向形式艺术靠近,而远离了其戏剧的本体。

我们渴望原创,导演从创作时候即介入是鼓励原创的一个非常直接有效的途径。导演完全可以发挥自己的积极性和能动性,选择与舞台表现相适应的题材,或与编剧进行沟通,共同发掘一个大家都满意的题材,然后交付编剧进行剧本创作。那么此时,导演就完全有理由对整个剧本的结构、主题等提出自己的意见和建议,达到导演与编剧的完全契合。

导演可以通过对自己感兴趣的某一历史人物、事件或现实生活中的某一故事、人生感悟,乃至新闻等素材和编剧沟通、磋商,直至拿出有关的方案。这种导演从一开始就介入的方法可以使导演十分有效地掌控全剧的风格,也为在二度创作中充分地体现导演的创作理想、表现方法提供了很大的便利,有的时候可以少走弯路,甚至不走弯路,缩短创作时间、节约创作经费,也为整个剧组以最短的时间进入创作状态奠定基础。

(二)参与剧本创作

我们知道,戏曲剧种大约有三百来种(其中大剧种就有十多种)。每个剧种都有自己的方言音韵体系和创作特色,没有一个剧作家敢说自己对所有剧种的音韵体系、创作特色都了如指掌。因此,在剧本创作过程中,了解某一剧种音韵特征和艺术特色的导演介入创作过程,无疑对剧本最终质量的提高,是能够起到积极作用的。

我们所选的剧目,既包括"曲牌联套体"的昆曲,又包括以"板腔体"的代表——京剧,还有一些相对比较自由的地方剧种。在这些剧种的剧本创作中,抛开戏剧性因素不谈,仅就戏曲剧本创作技巧而言,也存在着很大的差异。

戏曲的创作十分注重音乐性,音乐性和唱词的韵律性是戏曲之所以为戏曲的本色。对于地方戏而言,虽然音韵要求相对自由,但是为了使戏曲的音乐得到更好的体现,就必须要求其方言的唱词与相应的地方音乐相结合,这样才能使得地方戏的音乐与唱腔紧密相连,文辞、音乐相得益彰。近年来,越剧新创剧目很多,但是在音乐与方言的结合上仍然有很多可以改进的地方。一味追求文辞的优美,会忽视音乐与文字在戏曲中相得益彰的特色。

就京剧而言,这种音韵上的要求又要严格一些。它不仅要求唱词符合音韵学的格律,同时对于"韵白"也有严格要求。而且它的音韵学依据的不是现今的北京话的音韵,而是古老的湖广韵。这对于编剧的要求就更高一些,诸如"十三辙"、入声字等都应该掌握并能够运用自如。

这些剧种中,创作难度最大的应该是昆曲了。这种戏曲历史上的"活化石",至今仍保留了"曲牌联套体"的传统音乐模式,给当代剧作家的创作增加了很大的难度。作者不仅必须深入了解音韵学知识,同时应该对昆曲相应曲牌的填写规律烂熟于心。这种扎实的古典文学基础是昆曲剧本创作不可或缺的重要前提。可惜的是,目前能够具备这种写作能力和文字造诣的作家真是凤毛麟角,从而直接影响昆曲这一古老剧种在当代的生命活力。

以昆剧《班昭》为例,在音乐上,我们可以看到,《班昭》运用了大量"破套存牌"的做法,从创新的角度来说,这不失为一种有益的尝试,但是,如果破坏了剧中人物的情绪,那就未免得不偿失了。剧中用得最多的是北曲。北曲的规律性较强,完全可以在一场或数场中使用较完整的套数,不必另起炉灶。而且,多此一举地摘用不同套数的某些曲牌拼凑在一起,未必能带来更好的听觉效果,反而会影响演员的情感表达。该剧中的曲牌运用也存在一些问题,比如将不同宫调套数中不同感情色彩的曲牌凑在一起,显得很不协调。相反,班昭和马续分别在一场戏中套用了《秋江》中南曲原有的[南越调·小桃红],用字行腔是否符合格律韵律不谈,仅就实际效果而言,使得演员和观众同角色产生了共鸣,这就要比破套、乱套的实际效果好得多。显然,该剧编剧并不谙熟演出实践对剧本的要求。"案头"和"台前"这两者之间难免产生隔阂,如果某个熟悉剧种的导演介入编剧,对消除隔阂是有效的。至少导演提前介入创作,可对舞台冲击力不够的场面进行加工。如杨小青导演《荆钗记》时,原来剧本中描写王十鹏与钱玉莲相认一场,采用了钱玉莲在后面敲屏风的动作,王十鹏应答一个问题无误,她就拍打屏风一次。连续三次,终于真相大白,劫后重逢。编剧写完初稿,大家都觉得剧情比较动人,也很有趣,但是杨小青导演不满意,认为拍打屏风的舞台动作不够强烈,作为全剧情感的高潮,大悲过后的大喜气氛也不够浓烈。杨小青老师就设计了在望江亭上"盘夫",钱玉莲自己不出场,盘问的结果让小丫环做"传声话筒":"原来太守是温州人哪",飞出一盏红灯笼;"原来少夫人是投江而死的",又飞出一盏红灯笼……最终编剧将这一动作改为"飞"灯笼。如此才有舞台上灯笼满台的壮观场面。这样钱玉莲比在台上更有情趣,观众也似乎"看"到了幕后钱玉莲的喜悦激动,这种飞出来的花灯,似乎把观众的心——为受尽折磨的主人公终究得以团聚的欢跃之心也统统点亮了,全场的情绪也被推到了沸点。另外,原剧本中没有设置《序》这一场,但是导演为宣扬一种现世的精神而加了《序》,它体现出的是人的"诚信"——一个当代社会正缺少和逐渐丢失的东西。而且"序"和后面的"投江"形成了照应,在这点上,《序》场的投江女不是一个简单引出故事的引子,而是全剧中的一个精神寄托,精神的标的。一开始,遭遇负心汉以后,薄命女子投江,这已经展示了红颜女未来的命运。所以到后来,钱玉莲投江的时候,在提到负心郎的情况下,她当时想到的是走投无路,想到她在儿时看见过那么一个薄命女性,所以,那是她的影子。这两个人在一起的舞蹈,增加整场戏的表演力度,增加了表现力。这场戏,你怎么想都可以,你说是鬼魂或河死鬼也行。但是可以看得出来,她在剧中是作为一种象征和喻示。编剧虽然编了故事,但是编剧不能够在剧本中完全地体现导演的要求,所以导演早些介入一度创作,就能够完善剧本,使剧本体现更为丰富的内涵。我们可以设想,如果导演和编剧一起选择题材,一起相互切磋剧本创作,这不但能够加强编剧和导演之间的交流,而且也不会存在编剧在这种状态下要求导演不改一个字!同时,这也可以摆脱目前大量剧本创作停留在移植、整理、改编的层面上的尴尬境地。这不仅有利于编剧,也有利于导演,更加有利于提高剧本的创作水平,可谓是一举多得。

三、对表演的"参与"

许多朋友看到"对表演的参与"的时候,往往会想起这样一种排练方式:许多导演在排演一出戏的时候,为了让演员更加清楚地按照自己的要求进行表现,不惜亲自出马,为演员编排好所有动作,甚至作出示范。这种排练方式,不但导演很累,而且演员的想象力被束缚,有人将这种导演称之为"教演",反而限制了演员的自如发挥。

我们需要的不是"教演",而是"导演",即导演在排练过程中将自己的意图,结合演员的表演风格,以启发的方式传达给演员,以便演员来创造"这一个"角色。

(一)参与是启发

我们知道,像前面提到的取代演员来塑造人物的方式,类似于我们戏曲教育中传统的"口传心授"。导演的苦心往往换来的只是演员的依样画葫芦,从而丧失了演员这一层次的二度创作,使得那些在表演中并不是出自演员自身主动性的形体动作和唱腔变得过于生硬或成为行尸走肉。

毋庸置疑,作为中心,导演对舞台的总体把握必须深入方方面面。这样做的最终目的是协调各部门把人物形象丰满地表现出来,重中之重无疑是帮助演员认识自己所塑造的人物的心理空间,包括客观的心理空间和主观的心理空间。把人物的心理内容通过各种手段的表演来展现给大家,要帮助演员以最准确、最激奋、最令人思索的表演将人物的心理空间传递到观众的心理中,以达到与观众的共鸣。上面说到单纯地表现技巧和敷衍故事已经不再是当代戏曲发展的主流了,观众需要的是活生生的人物。导演需要"死"在舞台的各个角落,当然也需要"死"在演员身上。

在此,我们强调的"参与"首先是一种对演员表演的"启发"。这种启发并不是直接体现在演员的具体动作和唱腔的表现上,而是一种对于他们所塑造的人物性格、感情线索、情感起伏的挖掘,并将这些相对抽象的内容传递给演员,让他们在体会了这些内容以后,沿着导演的创作思路进行相对独立、自由的自我创造,最终达到成功塑造人物的目的。

如果我们能够做到这一点,我们会发现,演员对于自己塑造的角色的表演,是建立在理解、感受的基础上的。这些表演不再是一张被迫覆盖在人物身上的皮(或脸谱、面具),而是加入了大量对于人物解读以后所产生的理解。之所以这样,是因为目前演员的表演能力的不断提高。相对于导演而言,表演是另外一个创作部门,我们不应该抹杀创作过程中任何一种创作因素的艺术表现力。新时期导演的职能不再是取代其他的部门来创作,而是应该启发他们展开想象空间,延伸表演的心理空间。在导演对全剧理解的基础上,沿着一条完整的线索进行相对统一的创作。

我们看看演员在杨小青导演的《洗马桥》一剧中的一个片段:

剧中女主人公肖月英盟誓守节苦等丈夫多年。当她确信丈夫刘文龙的死亡后,在婆婆苦口婆心的百般劝说下,终于同意改嫁。但是,为了安慰丈夫的在天之灵,她决定到江边祭奠丈夫的亡灵。正在此时,丈夫刘文龙却奇迹般活生生地出现在她的面前。一段她历尽艰难终于决定放弃的情感突然重新回到了她的面前。惊喜、怨恨、委屈、无奈……一系列丰富的情感瞬息之间都涌上心头。一系列的动作、唱腔表现了此时肖月英的复杂情感。最终,她在向丈夫提出"三告"之后,毅然决定投河自尽……

在这一过程中,我们可以看到,主人公经历了一段多么跌宕的情感起伏。由苦等到心死,由心死到断情,由断情到哀痛,由哀痛到情感的复燃,由复燃到委屈、怨恨,由怨恨到艰难的选择……我们完全可以理解,仅仅完成那些复杂的动作和唱腔,是不足以表现此时肖月英复杂的情感的。演员只有将自己融入人物之中,将这些动作、唱腔,真正转变为人物情感外化的本能,才有可能打动所有的观众。而在这一过程中,挖掘人物的深层情感,并启发演员深入地理解人物的心理状态,这种"导演"对于演员来说其实是一种共同创作的过程。

(二)参与是辅助

导演不仅要启发演员的表演,还应该运用各种手段来辅助演员的表演。这不仅是为了让演员更加深入地理解人物,也是为了让观众更加清晰地感受人物的情感变化。戏曲是一门综合艺术。各种表现手段的配合是非常重要的,音乐、舞美、灯光可以增强演员的表现力。演员进行人物塑造的时候,演出的其他部门应以导演为中心加入其中。居于中心的导演此时需要考虑的就是如何帮助舞台上的演员更好地完成艺术的创作。导演此时的工作是调动一切因素,在舞台上营造一种更好的表现氛围,帮助演员传达他们的情感。

我们上面谈到的《荆钗记》里男女主人公王十鹏与钱玉莲相认的一场戏，钱玉莲为了确认来人就是王十鹏，于是借助义父、义母和丫环盘问王十鹏，每答对一个问题，便挂出一盏灯笼。导演为了渲染舞台情绪，帮助演员表现钱玉莲此时的心情，于是将"挂"变为了"飞"。观众眼看着大红的灯笼一盏盏飞上台来，内心的情绪也被逐渐调动起来。到最后，舞台上满台大红灯笼一齐亮起，观众的情绪也随着这种喜庆的场面达到了顶点。演员此时的表演得到了最大限度的外力辅助，由此我们可以看到，导演对于表演的参与本身加强了舞台各种功能对于表演的辅助，从而使得演员的表演更加打动观众。这种成功的做法值得发扬。

四、对舞美的"参与"

戏曲舞台美术在这几年的发展非常迅速，表现力明显增强了。这种状况之下，导演对于舞美的参与也同样应该加强。因为作为戏曲舞台上一个具有较强表现力的手段，导演的参与正好可以最大限度地发挥它的作用，并借助这种强大的力量帮助导演完成自己的整体舞台创作。

(一)参与舞台风格的设计

一个完整的演出，人们首先看到的或者说是最直观感受到的就是舞美的风格。一个风格确定的舞美设计，首先就决定了整出戏的演出风格。因此，导演对于舞台整体风格的把握直接影响整个演出的成败。

在中国戏曲的历史上，人们对于舞台美术的重视不够。我们大多以简单的大白光营造一个朴素的演出空间，希望观众通过想象来完成时空变换以及场景的变更。但是随着舞台科技的日新月异，以及观众对于舞台美术的进一步要求，舞美已经不再像以往那样可有可无了。

以往有些导演仅仅跟舞美设计师谈谈自己对于全剧的理解，然后具体的舞美设计就交到了设计师的手里，只是最终再由导演对舞美设计进行一次确定就足够了。但是现在,舞美设计对于演出来说越来越重要,而且对舞美的投入也越来越大。因此,必要的参与是必需的。舞美所表现出的潜藏在导演心中的形象,为演员向观众传递着复杂的情愫。每一个成功的舞台造型都蕴涵着诗意。

比如《徽州女人》中的舞美设计,在观众一走入剧场的时候,就已经为其所折服。加之在剧场外就已经开始渲染的那种包含着历史感和沉重感的徽派建筑,已经在戏剧开始之前,将所有的观众带到了那样一个时代。也许观众在看完整个演出后,并不记得某些场次或唱段。但是,每一个人都对演员的造型印象深刻。女人穿上嫁衣后,端坐在婚床上的那长达几分钟的静止造型,在其他戏剧中是不多见的。又比如陈薪伊在为上海越剧院排演的新版《红楼梦》中,把哭灵从屋里的灵台前挪到了一片竹林中,扩大了舞台的张力,增加了舞台美术的渲染力、冲击力,契合了原著精神,把林妹妹"我本潇湘一枝竹"的超凡脱俗的理想具象地展现了出来,把宝黛这两个纯洁尚美的青年的真挚情感和对肮脏世界的唾弃表现得淋漓尽致。在一片绿中体现生命的尊严,在一片绿中让人们回想起那一句"质本洁来还洁去,强于污淖陷渠沟"。

在《陆游与唐琬》中,杨小青导演提炼出统率全剧的是陆游那种"零落成泥碾作尘,只有香如故"的梅花一样高洁的精神。于是导演把梅花作为统率全剧的"诗化的种子",与舞台美术设计一起,设计了以梅花为主体形象的意象空间。这是一个空灵的、写意的、虚拟的表现空间。同时,又继承了中国传统戏曲的"一桌两椅"美学精神,舞台上摆了几组绘有梅花图案、形如木桩的中性支点。这样,通过演员的表演,既可以成为表演的物理空间,又可以成为外化情绪的心理空间,为揭示人物的内心世界和时空的自由转换创造条件。这个戏,以梅花的形象贯穿全剧,使陆游的悲剧形象表现得更加深刻,也成为"诗化越剧"的一个成功范例。陆游在第一场里看到梅花飘落,伸手去接时,唐琬也正好伸手去接,两人相视一笑,不用一句言辞,人们就已经感受到了他们俩心心相印的情愫。在这里,也是梅花在起作用。剧终时,陆游浪迹天涯回到沈园,看到的又是缤纷的落英。这时去接落英的只有陆游,而没有了唐琬,一种悲凉之感油然而生,陆游书剑飘零的苍凉心境也被表现得淋漓尽致,产生了点化主题的强烈的艺术感染力。而陆游的那些绣有梅花的戏装,也给人一种"未成曲调先有情"的感觉。这些都依赖于导演在人物的理解、剖析基础上对舞台美术风格的把握。

(二)参与舞台设置

对于舞台的设置,我们可以从两方面来理解:一是静立或置放在舞台上的一些布景道具;二是舞台机关布景。

以往曾经出现过这样的事情:一个非常精致的舞美设计最终在舞台上得以实现,还令人十分震撼,与全剧的基调也非常和谐,单独来看绝对是一个精美的美术作品。但是舞台上各种四处摆放的布景、道具,却令演员在舞台上的表演空间受到了很大的束缚,戏曲中许多技巧无法在这样的舞台上运用。这种舞美和表演不默契的舞台美术,即使再有诗意,也因失却导演的主导性协调而导致了失败。

因此,导演对于这样的舞台美术应该在它还没有被付诸实施时就提出修改意见。导演应该将自己打算如何利用舞台空间的具体想法,与舞美设计事先进行良好的沟通,比如让设计师明白哪块演出区应该为演员空出来,自己的设计如何配合演员的舞台表演,即如何体现导演的整体构想。

在谢平安导演的《变脸》中,舞美设计对于导演整体构想的体现就非常到位。不但舞台灯光在营造那种压抑的情绪,而且道具、布景无时无刻不在替人物诉说内心的情感。同时,广阔灵动的戏剧空间,空旷的舞台前区也为演员提供了足够的表演空间。这样,谢导在戏中设计的大量造型和动作都没有受到太多阻碍,使得剧中大量戏曲的传统表现手段都完整地保留了下来。

川剧《变脸》虽然分为六场,但时空的转换极其灵活、自由。在同一场中,也往往随着故事情节的发展(时间的推移)而多次变更环境(场景),发挥了虚实结合、以虚代实的优势,最大限度地拓展了有效的戏剧空间,把小小的舞台变成了自由驰骋、浮想联翩的广阔天地。第一场开始是川江边一座小城的热闹街市,一声"快看水上漂变脸喽",赶场的群众围成卖艺圆圈,引出主人公;紧接着转到十字街头的

"观音会",演员转身背对观众,争睹出现在高台上的"活观音"(川剧男旦)梁素兰的风采;梁素兰钦佩"水上漂"的变脸绝技,步下莲台,同进茶馆"叙谈";随后"水上漂"转到市场,目击卖儿卖女的惨状,花钱买下狗娃。

同一场中的时空转换,导演的处理也非常自由,一般都不用下场、上场,由演员在"原地"换个方向,或者变个队形完成。第三场"水上漂"和狗娃从戏院看完戏出来,在路上被拥挤的人群绊了一跤,爬起来听到哗哗的水声,"嘿,一转身挤到河边上来了!"接着二人上船、入舱,"水上漂"放下背上的木箱当作"神",供奉带回来的"瓷观音",狗娃则从台口乐队处搬来桌子和小凳。这种景随人变、戏从景出的假定性手法,既加快了节奏,又增强了动感,景中全是情,情具象而为景,使整个演出过程仿佛一条涓涓流淌的清泉,每个情节和细节,则如同因"险阻"(戏剧冲突)而激起的一朵朵溅珠撒玉的晶莹浪花;对于不同含义的"浪花",各种"镜头"(全景、中景、近景、特写)交替使用,给人以变幻莫测之感,尤其是在延伸舞台上的"定格"处理,可谓深得"此时无声胜有声"之妙,让人回味无穷。这样的舞台美术设计无疑将为演出增光增色。

此外,在西方,歌剧、音乐剧甚至话剧的演出,大量的机关布景都被运用到舞台上,而且起到了相当重要的作用。比如,音乐剧《西贡小姐》中直升机的从天而降,法国音乐剧《巴黎圣母院》中悬挂的大钟、演员的升空等,瓦格纳歌剧《尼伯龙根指环》系列中河妖在空中的游荡……

所有这些机关布景都人人提升了演出的表现力,受到观众的欢迎。但是这些设计首先要来源于导演对舞台演出的要求和需要。舞美设计不可能在舞美设计稿件中就体现出各种机关布景,而只能在导演提出具体要求以后,再帮助导演实现这种设想。因此,导演的空间感、运动感、创新意识将直接影响整个舞台美术设计中机关布景的运用。有句俗话:"没有做不到,只有想不到。"因此,导演对舞美的参与其实是戏剧演出对导演提出的新要求。

可是,机关布景在我国运用并不广泛。机关布景在我国发展相对缓慢,并不是技术的差距,而是合作精神的欠缺,或者说是我们导演意识的滞后。

当年杨小青在导演《西厢记》的时候,为了创新,决定在舞台上运用转台。由于技术水平的限制,剧团无法制作机械动力的转台。但是敬业的演职员们竟然自己爬到了转台下面,用人力推动舞台的转动。正是这种敬业的精神和对艺术的神圣职责,致使《西厢记》中利用转台转换场景,表现人物内心情绪变化的大胆设想得以实现,并得到了广大专家和观众的一致好评。如果没有杨导演对舞美的参与,依照当年的技术,剧团里的舞美人员不会想到运用转台,也就不会出现这个成功的创作。

浙江省小百花越剧团演出的《西厢记》,以其转台的旋动,为古典剧创造了不新颖却别致的演出形式。早在 20 世纪 20 年代,上海的"海派"京剧就经常使用,那时转台主要是一种制造新奇效果以招徕观众的手段。但这出戏却不同,导演通过转台改变了越剧惯用的块状结构形式,使剧情进展更富有流动性,得到了观众的赞赏和专家的高度评价,被誉为当代越剧的辉煌大作。转台在话剧中是常用的一种舞台手段,民族戏曲在近代才开始有所运用。但用得很成功,与全剧演出风格融合成有机整体的例子并不多见。

"转台"通过艺术性的运用,可显其多种功能。物理时空的转换,除了暗场转动,配上一定的景物造型,以表现客观环境的变迁以外,更有利的是它可以随着人物的行为而流动,不使剧情和人物的感情中断,并能层层递进,将人物情绪推向高潮。《西厢记》所运用的转台则发挥了全方位、多功能的效应,用出自己的特色与动律,充分发挥了戏曲虚拟写意的时空观念,成为戏曲艺术的同台演出者。

转台一:戏一开始,张生出场,舞台上佛幡垂地,平台正面向观众展示普救寺殿堂及僧侣准备佛事活动的场面气氛。当莺莺将出场时,平台从正面缓缓地移动到斜侧面,为她缓步登场提供了从舞台左后区到右前区的大斜线,充分地抒发了莺莺当时"人随春色到蒲东,门掩重关萧寺中,花落水流红,闲愁万种,徘徊无语怨东风"的心境。随后她左转身登平台,则是张生与莺莺的"猛然见五百年前风流孽冤",位于舞台中区。从舞台区位上,这个大斜线从左右的弱区到右前的较强区,进而转向台中的最中心区,十分流畅,突出地处理了这对情人初次相逢心灵感应的流程。无怪乎一开始就锁住了观众的兴趣,让观众觉得新鲜。

转台二:当法事结束,莺莺"临去秋波那一转"的段落中,平台又转出从左前到右后的大斜线,为玉人匆匆归去,张生怅然若失。这样的转台处理所产生的效果,提供了从强到弱、余波未尽的意境。

转台三:在孙飞虎兵围普救寺的突发事变中,转台以几次强烈旋动,造成天旋地转的震慑感,强化了激变事件的紧张氛围,也烘托了场上人物对事变惊慌失措的心理特征,这个转动为戏剧情势营造了浓郁的舞台气氛。

转台四:"赖婚"与"赖简"这一场戏,利用转台几乎同时展开了三个时空,而张生的书斋、莺莺的闺房、老夫人的客堂。先是张生兴高采烈准备与莺莺定亲,接着180度转台,莺莺的闺房,她对镜梳妆,充满喜悦,然后再转180度为厅堂。这一动一静的对比画面,使观众看得非常清楚,到客厅家宴开始,转台由动入静,迎来意外的激变。这里转台不但使场景的转换非常迅速,而且有利于渲染主人公的心情。"赖简"则是在万籁俱寂、月色朦胧的花园里,以相对静态空间反衬莺莺急剧的心潮起伏与思虑万千,以景之静衬心之动。"赖简"事件发生后,舞台旋律则由静入动,通过平台的急遽转动与灯光的强化,在舞台运转中交错显现张生抚琴与莺莺听琴的两个人物特写,宛如影视中的叠影手法,将封建礼法的重压下,一对恋人在情感上痛苦挣扎,在心灵上呐喊与抗争,表达得淋漓尽致。在这里杨小青导演赋予转台以超越现实局限的组合,发挥其强化心理空间的功能,掀起全剧的情绪高潮。

转台五:"佳期"这一场戏。它与布景、灯光、道具、音响、效果结合,营造浓郁的艺术氛围,产生耐人寻味的意境感。一组翩翩起舞的象征莲花的少女环绕张生和莺莺的旋转,在中心小转台上张生、莺莺也同时旋转,犹如一对并蒂莲,情爱之波在其中律动,焕发圣洁的光辉,让观众看到这一对玉人在皎洁月光下实现夙愿,犹如天人合一,产生一种宇宙感的意境美。

转台六:也就是全剧最后一场"长亭"。转台360度旋转,配以音乐和一大片红叶的布景,张生挥手远去,也营造了凄凉怅惘的意境,让人久久回味。

人之情,感于物而动。转台之动,基于情动。动则变,变则生机焕发,变则情趣盎然。动变中展开人物行动,推动情节流畅,激发人物情感的波涛,揭示心灵的脉动,催使内涵深化,使古典名著《西厢记》在崭新的旋律中,焕发艺术青春。

因此我们可以看到,导演对于舞台美术的参与是何等的重要!

五、对音乐的"参与"

顾名思义,在"戏曲"中"曲"是非常重要的。如何合理地运用音乐来搬演戏剧,这是戏曲中非常重要的一个环节,甚至可以说是演出成败的关键。

(一)参与唱腔设计

在戏曲中,唱腔是非常重要的音乐因素。在古代"曲牌连套"体戏曲中,在音乐的基础上固定下来的"曲牌",是文学剧本创作的依据,由此足见音乐的重要性。而这些当年的曲牌组成的"套曲",其实就非常类似于现今"板腔体"剧种中的成套唱腔。在戏曲中成套唱腔的设计是十分关键的。但是,由于中国戏曲"程式化"的特性,许多唱腔都有现成的形式可以拿来套用,这将直接影响戏曲唱腔的创新和艺术表现力。

一个熟悉某一剧种的导演,应该在唱腔设计上与唱腔设计者进行必要的沟通,共同探讨以传统唱腔为依据的新腔的设计和运用。而此时,唱腔设计者也可以通过交流,了解导演对于人物和剧情的理解,并依据这种线索,设计出更多、更能表达人物当时复杂情感的唱腔。这样,随着我们对于人物情感的日趋深入的挖掘,唱腔也同时更新,并会逐渐增强其自身的艺术表现力,使得戏曲唱腔摆脱以往一成不变的旧貌,从而吸引更多的观众。如杨小青导演的越剧《陆游与唐婉》:"情难求,理难辩,悲难述,苦难言。"导演在帮助演员塑造陆游这一人物时表现出了与以往完全不同的演唱风格,深沉蕴藉,不失尹派委婉之本,唱腔设计掺和了更多时代精气。陆游爱恨之情,激荡之心,于茅威涛一唱一吟之中见精髓,在陆游身上则体现出深刻的悲剧精神,陈辉玲出演的唐琬,通过吕派华丽、流畅的唱腔,把唐琬这一才女在爱情悲剧中的内心勾画得可痛可悯。音乐的设计,融昆曲与越剧于一体,可谓匠心独具,典雅之极。《陆游与唐琬》里,最著名的莫过于被广泛传唱、带着浓重的萧瑟氛围的《浪迹天涯》。在此段唱词中,可挖掘很多东西,"浪迹天涯三长载",说明了他在为实现他的政治理想而江南江北四处辗转,但一次次受到当权者的打击。他满腹才华,但却无处施展,只能用"浪迹"一词来形容。"三长载"本不算长,但在这位忧国忧民的爱国诗人来看,度过这三年是如何的不容易,其中包括了他对唐琬的思念,后面几句也就随之而来,当他辗转天涯重回故地时,有无限的感慨,心里是一种"垂杨双燕"的失落,它们虽然没有像人那样的灵性,但春去秋来,随时而动。他虽然始终漂泊不定,但他决不会像它们那样随时而动,奉承权贵,而是做到洁身自好。后面的"为什么寒风吹折雪中梅",他自比梅花,但却在春天被寒风吹折,可见当时各种势力对他的迫害之深。从"无情柳"到"落絮"是当时暮春的自然环境,是否也象征着他和唐琬感情将要走向尽头?另外,还要设计两段并不常常提及却非常有特色的唱段:"回家来惊大变风狂雨骤"和"入梅林此心炯炯无人知"——前者是陆游返回勾留唐琬的小红楼,却发现人去楼空伤心欲绝时的内心独白;后者是陆游终成报国志向在唐琬的墓前话别的一番景象。"红梅啊,不知香墓在何方,几年来我何曾忘却寄哀思",这段唱词里,导演没有让茅威涛的澎湃奔涌地发泄,却让茅威涛展现出一贯具有的书卷气和无限的深情,这真的是一种属于文人特殊的、苍茫的凭吊氛围,虽然很短,但是每回听,都忍不住要让人感动很久很久——它不同于《题诗壁》中大发作的萦回的感动,而是那种让心灵深深的、挥之不去的痛。

(二)参与其他音乐的创作

以往我们处理戏曲中除去唱腔以外的音乐部分时,相对比较死板,大多运用固定的曲牌或锣鼓经。新时期的戏曲则日益重视剧中其他音乐部分的作用。如川剧《金子》的音乐形式主要是以传统川剧高腔梆、打、唱相结合为基本构架,同时大量吸收融合了现代及民间音乐的曲调和元素,通过重新设计、整体布局,形成了特色鲜明、丰富华美的音乐风格。比如,音乐中选用了四川民歌《槐花几时开》的曲调,将其融会于全剧的背景音乐中,以此来丰富川剧高腔的旋律;为烘托戏剧气氛,采用了男女混声、和声帮腔等方式;在传统高腔与现代音乐语汇融合的基础上,结合了色彩丰富的背景音乐,但演员的唱腔仍保持了高腔徒歌式的清唱,这样也充分展示了金子扮演者沈铁梅那亮丽婉转、韵味醇正的唱腔艺术。戏曲中除去唱腔外,可以运用音乐来表达人物情感、烘托气氛、营造氛围的地方非常多。在一台演出中,音乐也应该是一个整体,而不是一些片段的简单组合。而戏曲中的音乐大多自身便是一个完整的片段,因此,如果仍一味沿用已经成型的音乐,只是稍加改动,那么只会是不同片段的连串。现代的戏曲应该开始为一部作品寻找属于它自己的旋律主题。我们的创作应该围绕这个主题逐层展开。而这一主题则应该由导演通过与作曲沟通,再用戏曲音乐的形式表现出来。此时,导演的主体性主要表现在为剧目寻找凸现的主题上。

六、结语

综上所述,从实际的成功范例中可知,实际创作中导演并非简单地组织、排练,而应认识导演的主体性,并将自己对于作品的理解通过各种参与贯穿到演出的各个职能部门,最终形成一种以导演为中心的创作关系。导演这种新时期的职能转换(或者称之为职能的拓展),对于我们的戏曲创作是十分必要和有益的,同时对导演的工作提出了更高的要求。

通过以上对新时期导演创作实践的分析,我们可以总结大量的经验和教训,我想这就是这些探索者们留给我们的最大财富。目前,在戏曲创作中导演的作用在一步步地加强,但是否还有更多值得我们开掘的职能,能够更进一步推动戏曲的发展,这是我们不能忽视的关键问题。因此,总结新时期戏曲导演的手段、方法,梳理他们的理论思路,对于强化导演在创作中的实际价值是很有帮助的。

我诚心希望,新时期戏曲导演将创作中的"中心制"倾向在戏曲创作中发挥更加积极的作用!

参考文献

[1] 刘厚生,顾颂恩.小百花《西厢记》创作评论集[M].天津:百花文艺出版社,1994.

[2] 杨小青.西厢记[A].导演阐述,2002年录音资料.

[3] 马科.曹操与杨修[A].导演阐述,1990年录音资料.

[4] 舒乙.话说京剧《骆驼祥子》[J].剧本,1999(5):007.

[5] 郭汉城.众说纷纭《孔乙己》[J].中国戏剧,1999(3).

[6] 刘连群.期待已久的突破——评京剧现代戏《骆驼祥子》[J].中国戏剧,1999(2):001.

[7] 沈正钧.剧本《孔乙己》后记[J].剧本,1999(6):001.

[8] 谢平安.让戏曲艺术本体在当代审美中回归——川剧《死水微澜》导演札记[J].四川戏剧,1993(3).

[9] 田蔓莎.不重复别人,不重复自己——我演邓幺姑[J].四川戏剧,1999(3):18-19.

[10] 龚和德,毛时安.守望者说——昆曲《班昭》文集[M].上海:上海辞书出版社,2003.

[11] 黄在敏.戏曲导演概论[M].北京:文化艺术出版社,1994.

[12] 杨非.中国戏曲导表演专论[M].北京:中国戏剧出版社,2003.

[13] 王炎,王小民.秦腔表导演艺术[M].北京:黄河文化出版社,1993.

[14] 杨村彬.导演艺术民族化求索集[M].北京:中国戏剧出版社,1991.

[15] 卢昂.导演的阐述[M].上海:上海社会科学院出版社,2000.

[16] 陈多.戏曲美学[M].成都:四川人民出版社,2001.

[17] 魏明伦.戏海弄潮[M].上海:文汇出版社,2001.

[18] 朱文相.朱文相戏曲文集:剧学四论(上)[M].北京:中国戏剧出版社,2004.

[19] 朱文相.朱文相戏曲文集:梨缘四寄(下)[M].北京:中国戏剧出版社,2004.

"曲""唱"正议[①]

洛 地

本文言"曲",乃指"南北曲"即"律曲"。

一

1. 古代,诗词曲皆无律亦无大别。唐,格律化之齐言韵文"律诗"成;宋,格律化之长短句韵文"律词"成;于是,"诗""词""曲"三分。

古曲漫漶无格无律。"律词"之进程为蒙元灭宋所中断,其格律寖渐入"曲",乃使"曲"亦大分为二:以俗语应口,漫漶如古曲者,世称"俚歌";"以格律辞"者,有"南北曲"——是元·周德清谓:"古人云:有文章者为'乐府';如无文饰者谓之'俚歌',不可与乐府共论也。又云:'作乐府,切忌有伤于音律'。"[1]元明而至清中叶,四五百年间,有律、谱之"曲",即"南北曲"——称之"律曲"可也。

于是,律诗、律词、律曲,乃为我国韵文之主体。

2. "诗言志,歌永言",古代诗词曲皆"诗",皆可"永言"而"歌"者也。蒙古灭宋,汉文化受严重摧残,元明以下,律诗、律词已为"纯文学"案头之作;与唱同行同在者,唯"曲",入唱之格律韵文者,唯"律曲"。

明·王骥德《曲律》云:"古乐先有词而后有律,而今乐则先有律而后有词";其意固在鼓吹曲牌"句之长短、字之多寡、声之平仄,不得凌越"[2],然而谓南北曲"先有律而后有词(辞)",亦可谓管窥矣。

---

① 本文发表于《上海戏剧学院学报》,2006 年第 1 期。

　　律词者,格律化之长短句,故谓"律诗'发展'为律词",或"格律韵文之齐言'律诗'扩展至长短句乃有'律词'"。曲本无律,依傍词律而有元明"南北曲",以现今说法,为"向律词学习"者,故曰曲"先有律而后有"南北曲;盖"无律"之"俚歌"犹漫漶如古曲也。

　　于乐,"诗言志,歌永言,声依永,律和声",诗咏、"词唱""'歌永言'—'依字声行腔'"之唱也;"曲唱"(律曲之唱)②,"词唱"之余耳,以现今说法,为"向'词唱'学习"而"依字声行腔"者也;盖俚歌之特征原为"以腔传辞"而非"依字声行腔"。

　　"律曲与律词关系"与"律词与律诗关系"不可模拟。明·王世贞谓:"三百篇亡而后有骚、赋,骚、赋难入乐而后有古乐府,古乐府不入俗而后以唐绝句为乐府,绝句少宛转而后有词,词不快北耳而后有北曲,北曲不谐南耳而后有南曲"[3]云云,皮相之谈耳。

　　3.元明以下,入唱之格律韵文,为"律曲"即"南北曲"。然而,"南北曲",其基本指义系"文"而非"乐"。

　　"南北曲"之本义,为"文"而非"乐",可于"文""乐"两方面见之。

　　于"文",有律:无论"南曲""北曲",无论何种句式,皆以律句为其基本要求;无论南曲、北曲,任一曲调(俗称曲牌,为便文、便目,以"曲牌"行文)无论作何曲辞,皆以一定之韵断、句数、句式为其基本格范。是"北曲"有《中原音韵》《太和正音谱》等,"南曲"有《南词全谱》《南词新谱》等,及合"南北曲"之清《钦定曲谱》。

　　于"乐",则异:同一曲牌(同样句数、句式,同样平仄)之不同曲辞,在不同类如"高腔""昆腔"中必以完全不同腔调唱出,即在"同一路高腔""同一支昆腔"中,亦必以不同之唱腔唱出。即使同一曲牌之同一曲辞,于不同类如"高腔""昆腔"中亦必以完全不同腔调唱出;在不同路之"高腔"、在"正昆"与各路"草昆"间亦必以完全不同之唱腔唱出。

　　"南北曲"之"曲",其本义为"文"而非"乐",明而显然。今人视

<hr/>

　　②　"词唱""曲唱",我用作为"律词""律曲"按"歌永言"—"依字声行腔"这一类歌唱之特称,详见拙著《词乐曲唱》(中国音乐出版社,1995年8月第一版,2001年3月第2次印刷)。

"曲牌"为"音乐体式",谓"每一曲牌都有一定的曲调、唱法"(《辞海》③),谓"每支曲牌唱腔的曲调,都有自己的曲式、调式和调性"(《中国大百科全书·戏曲曲艺卷》④)云云,乃"想当然"之臆说,与事实严重不符;或系将"南北曲"与"俚歌(小调)"混为一谈(称"曲牌体")之混乱观念;切不可从。

二

所谓"昆腔",昆班之剧唱也。四方昆班之宗为"正昆"。"正昆"之唱"律曲",源自"清曲唱"。在"清曲唱",则本无定腔。

"曲唱",即使同一曲牌之同一曲辞,可以不同之节奏、旋律唱出——予尝谓:"本来,对于清曲唱家,'曲唱'是没有即无须有定腔的",即"没有即无须有确定的旋律、唱腔的。"⑤人多以为异说而索据。尝未作答,今试申言之。

1."南北曲"之唱谱,始见者,元《中原音韵》(1324)录北曲,为"文辞谱";明初,北曲有《太和正音谱》,于文辞旁注平仄,为"声调谱";明末清初之"南曲"谱,于文辞旁注四声及板位,为"板眼谱";清·康熙五十九年(1720)《南词定律》始,"工尺谱"方见——前后四百年。工尺指字、五音二变,宋代已甚齐全;有明一代,曲家如云,唱家如林,"声则平上去入之婉协,字则头腹尾音之毕匀"⑥,丝毫必辨,斤斤计较,若曲唱为"以腔传辞"之唱,若曲牌各有其"定腔",四百年间岂无一人以工尺传谱?何须迟至康熙朝末?惟其本无可定腔也,故原无

---

③ 《辞海》,中国辞书出版社,1979缩印本,第1556页。

④ 《中国大百科全书·戏曲曲艺卷》,中国大百科全书出版社,1983年8月,第301页。

⑤ 引自《戏史辨》第三辑拙文《昆——剧·曲·唱——班》第17页。并请参看拙文《律词之唱,"歌永言"之演化——视词为"隋唐燕乐"之"音乐文学"是20世纪词学研究的一个根本性大失误》,《浙江艺术职业学院学报》2005年第1期第1~28页。

⑥ 沈宠绥《度曲须知》中对魏良辅"曲唱"之评介语,《中国古典戏曲论著集成五》第198页。

工尺之谱也。

　　盖,曲唱之为"曲唱",导自"词唱",要在"依字声行腔"。"依字声行腔"者,依四声调值起伏化为乐音旋律进行——其行腔有则,而非有"确定唱腔(定腔)"者也。故,文辞可为唱谱,平仄即为唱谱,具板眼则唱谱益详;宫商因行腔,工尺随律调;其原无可定腔,奈何以定腔求之? 试看——

　　元·夏庭芝《青楼集》(张玉莲):"南北旧曲,其音不传者,皆能寻腔依韵唱之"[4]。

　　"寻腔(语音语调)依韵(韵读字读)"唱之,即传"南北曲(律曲)"之"音"矣;何须又何有"定腔"哉?

　　明·李开先《词谑·词乐》中记有"善唱南北词"之周全者,其教授唱曲:"必以昏夜,师徒对坐,点一炷香,师执之,高举则(其徒)声随之高,香住则声住,低亦如之。"[5]若曲唱有"定腔",此"行香"之法,何能为之? "行香"者,示"依字声行腔"之起伏也,恰矣!

　　明(末)·沈宠绥《度曲须知·中秋品曲》:"犹忆客岁中秋……有唱'拜星月'曲者,听之亦犯此病……方骇声场胜会,何以败笔偏多。未几,有皤然老翁,危坐启调,听之,亦'拜星月'曲也。其排腔则古朴而无媚巧,其运喉则颇颣涩而少清脆,然出口精确,良为绝胜……越宵,复有女郎唱'瑶琴镇日'之曲,见其发调高华,出口雅丽,吐字归音,各各绝顶,堪胜须眉百倍。设使中秋无是老翁、女子,宁有完音哉?!"[6]试读此记,"拜星月"前后二唱者:老翁之唱"排腔古朴而无媚巧,运喉颣涩而少清脆";其前者之"排腔"如何? 沈著虽无记,想必"排腔不古朴而媚巧,运喉不颣涩而多清脆"者也。唱"瑶琴镇日"之女郎,"发调高华",他者之"发调"如何? 沈著虽无记,想必"发调不甚高华"者也。按其说,若无此老翁、女子,该中秋曲会竟无"完音"。

　　律词,按署名作者之存作计,一词牌使用两个(以上)不同宫调者达 57 之数,如【木兰花】使用[大石调][双调][高平调][仙吕调][林钟商]不同五调,如【倾杯】,柳永一人即使用[大石调][歇指调][仙吕宫][林钟商][黄钟调]不同五调,……

　　元之北曲,按《元曲选》等实录及《中原音韵》等文著,一曲牌"出入"两个(以上)宫调者达 144 之数,其中"出入"两宫调者 97,"出入"

三宫调者38，"出入"四宫调者7，"出入"五宫调者3，如【村里迓鼓】可"出入"于［仙吕］［商调］［正宫］［黄钟］［中吕］不同五调，【水仙子】可"出入"于［双调］［黄钟］［南吕］［商调］［中吕］不同五调，……

明之南曲，按《南词新谱》，一曲牌有二"体"（以上）者达123之数，其中如【望歌儿】有五"体"，【山羊五更】【沉醉海棠】【红绣鞋】四"体"……

曲唱之本，原无定腔；故曰：同一曲牌以至同一曲辞，唱家"可以按'曲唱'规则个个唱出不同旋律、唱法，各显其长，各逞其能，评厘甲乙"[7]，是为"曲会""品曲"。

2.诗词曲之格律，篇章止于韵断（联），韵断至于句数，句止于句式，声调止于平仄；于文作，则：仄有上去入三声，句有"一三五不论"及"领句""首拗""尾变"之通变，且，律诗有二"式"，律词有诸调诸"体"。故，格律最为确定之律诗而诗作无数，律词词牌各有体式而词作无数；无数诗作词作，其具体用声不能尽同。"南北曲"则尤其，其曲牌谱式，仅止于"正字"；于其作也，篇可叠章（"幺"），章可叠句，句可有分句，"正"外可用"衬"，南用四声，北则"入派三声"，更兼辞情悲欢、意境宏幽——同一曲牌之诸曲作之具体字句声调必各异。付诸歌唱也，则更有：七宫五调、促拍赠板、四声并具阴阳（如同为仄声之上去在唱其行腔大异）等事；"依字声行腔"而唱：每一曲作、每一文句、每一个字，皆须按"字清、板正、腔纯"等规则——"打谱"——"阴平一工尺"，可宫、可商、可角、可征、可羽；"阳平二工尺"，可宫商、可商角、可角征、可征羽，可羽宫⑦……焉有"定腔"哉？

3.律词、律曲有律谱而其作各异；词唱、曲唱有规则而其乐音旋律各异，事之必然也。夫事物皆有"本"有"文"，"本，根也"（《吕览·先己》高注），"文，饰也"（《集韵》《广雅》）；"据'本'而演'文'"，事物之理也。于诗词曲，体式（格律）为"本"，具体曲牌、文辞为"文"；其唱，"依字声行腔"为"本"，具体乐音、旋律为"文"。"本"为根，事物及其类种之据也，不可移易（若移易则非该事物）；而"文"，其末也，必个个

---

⑦　四声字腔腔格口诀："阴平一工尺；阳平二工尺；上声'口罕''口霍'去声'豁'；入声'断腔'便是格。"见拙著《词乐曲唱》。

不同,乃有支、派及个体之繁丰;是《淮南子·俶真》所云:"万物之疏跃枝举,百事之茎叶条梓,皆本于一根而条循千万也。"

又岂仅词曲然,

于"经",如《易》,"本"也;彖、象、言、系、说、序、杂等,"文"也。

于"史",如《春秋》,"本"也;左氏、公羊、谷梁三家之传,"文"也。

于"学",如儒学,孔子之教,"本"也;传导孔教之著,"文"也。

于"释",其经,"本"也,故称"经本";嬗变张其说者,"文"也,故谓"(经)变文"。

于说话,其故事梗概,"本"也,故有"话本";具体繁备而丽彩之说,"文"也,故为"话文"。

总之"据本而演文",事物之理也;亦我国文艺演化之道也⑧。

4. 满清代明,汉士人层瓦解,曲运渐转而系于戏工。"依字声行腔"而打谱敷唱,旧时不识字之戏艺人无能为力也,于是,(由清曲唱家所打之)曲唱"工尺谱"乃出。是,时所使然,事所使然,势所使然也。自乾隆以下,众谱纷灿(工尺亦非全然划一),至今亦近三百年矣,曲唱以工尺传乐,曲运命系戏场,人们已习以为常,竟以所传工尺为定腔,以戏艺为马首,反而向本无可定腔之"曲唱"索取无定腔之据,不无胶柱乎?

三

曲运系于戏场殆三百年,世人多但闻有"昆曲"而不知有"南北曲"者。"昆",无论按我说为"昆班"或按世人之说为"昆剧";"南北曲"固为"昆"之"曲"欤?"曲唱"固属"昆"之"唱"欤?虽今"南北曲""曲唱"主要存现于"昆班"演出之中,虽"昆班"之演出能较最妥善表现"曲"及运用"曲唱";然而,视杂剧、传奇中"南北曲"为"昆(剧之)曲",视"曲唱"为"昆(剧之)唱",终为期期。何者?

1. "曲""曲唱"与戏剧演出,根本非一回事。

---

⑧　我国文化上"据本而演文"及其阐述,最早提出是在拙文《元本中的"咱""了"及其所谓"本"》(《中华戏曲》1988 年第 1 期);其后曾在多处说道。

2.今日,"昆"被视为一个"剧种",而"南北曲""曲唱"即被视为"昆剧"之局部、具体"特点"——我国传统韵文"南北曲"及"歌永言"之最高成就"曲唱",竟成为依附于四百"剧种"中某一"剧种"之某些具体表现手段、具体技巧。

3.更者,现今之社会实际,即绝大多数文化官员、民众,包括绝大多数"昆班"演员,视我国传统戏剧(及其演出)为"娱乐"——"昆班"出演历史名著如《牡丹亭》《长生殿》,与出演《滚灯》《偷笋》无异,皆为取悦于观众之"娱乐活动";而令"南北曲(唱)"取悦于众,无异驱骐骥之驾盐车也;于是,"形体表演"成为"昆班"演出场上之主体——"昆班"之出演也,"曲"大量被删,演员对"曲"及"曲唱"略无要求,表演则往往过分强调,或有弄媚至流于恶俗者——庶不知"昆班"精致之形体表演,盖出于表现其"曲"及"曲唱";"曲""曲唱"既弃,"昆班"之形体表演必趋溃散。

如此,即使所谓"昆剧"尚存("昆剧团"尚未散尽),或一时"赢得观众",其所得,一无根之"剧种"耳;所失,"曲"及"曲唱"——我国民族文化。

然而,可责之(昆)剧团、责昆班演员否耶? 不,绝不可。其为剧团、为演员,求生存、取悦观众,无可非议者也;剧团、演员,原本无有保存、发展"民族文化中'南北曲''曲唱'"之任,亦无从担当此任。于今抬所谓"昆曲"(实指演出之"昆剧")惟恐不高,捧"昆班演员"惟恐不极,称为"'南北曲''曲唱'"之唯一传承者:"老师""艺术家""艺术大师"(联合国定"昆曲"为"世界文化遗产"更极大强化此捧、抬),实大误导。其状也,尊矣、崇矣、敬矣;其实也,乃将原不当担负之重任无端加压其身。"捧杀"演员,事犹小可,民族文化之流失、"世界文化遗产"之消亡,无可避免,势必罪之于(昆)剧团、演员。杞忧谔谔,岂危言哉? 何须观于日后,众昆剧团目下之困境在在可见矣。

故,联合国定"昆曲"(实指"昆剧")为"世界文化遗产",喜忧参半可也。

四

按历史现象，"律曲——南北曲"，有散曲、剧曲，元明至清，盛行数百年，与律诗、律词并为古典韵文三支，我国文字学、文体学、音韵学及文辞学，几千年演化积累之结晶也。然而，律诗、律词早于"南北曲"，现今凡有华人处皆有"诗、词"之作、社会遍地；而"律曲——南北曲"，世人但闻知有"昆曲"（"昆剧"之"曲"）而不知"南北曲"，剧曲作者既鲜，散曲可谓已绝。

"曲唱"，以我国古典格律韵文为体式、以（曾）通用南北之字读为其语音声调、以"依字声行腔"为特征、以有规范之"板眼、字腔、过腔"组成唱腔，"字清、板正、腔纯"，乃最具我华夏特色之歌唱，亦我国传统"歌永言"之结晶。然而，自 19 世纪末百余年至今日，我国音乐（包括概念、观念、构成、结构等以致称谓、术语，一切一切）已为"西洋音乐"所全面覆盖，人们，包括"文界""乐界"以及"戏界"，无不视"ABC"为圭臬，视自家民族音乐为"低级"，以为凡歌唱必有"定腔"，反视无"定腔"之"歌永言——依字声行腔"为异物！昔日传誉"只应天上有"之"曲唱"，而今人们视而不见，过而不顾。

律曲、曲唱，何萧索之甚也？

对待传统事物，每首鼠两端，一"保"、一"革"，公婆其理，各有其辞。窃以为，无所谓"保"亦无所谓"革"，要在事物自身是否已完成（其发展）。如律诗，其体式已成熟地完成，或承或废，皆可也，无从"保"亦无从"革"。"南北曲"及"曲唱"之所以有"保""革"之说，盖在其自身（发展）尚未完成之故。

如上所言，"南北曲"与"曲唱"并非一事，试分别述说之。

1."南北曲——律曲"。今人言及"昆曲"——"昆剧"之"曲"，往往着眼其"唱"（乐）而鲜顾其"曲"（文）。曾屡言："文""乐"结合而为歌唱；我国歌唱之构成，就总体而言，必以"'文'为主，'乐'为从"，因"声"——字句之字读语音声调与乐音旋律起伏关系而大分为二："依字声行腔"之唱、"以腔传辞"而歌。"曲唱"为前者，且具规则、型范，故为我国"以文化乐"之歌唱典型⑨。"曲唱"以"曲"为本,言"曲唱"焉能不及"曲"哉。

"律曲——南北曲",其所以萧索也,窃以为:

(1)文之传世,多赖名篇。诗词名篇,不可胜数:锦官森柏、白帝闻猿、大江东去、残月晓风,脍炙人口,千古传诵;后主离愁,人称"血书";东坡把酒,历代争和;怒发冲冠,举国同仇;风流人物,天下折腰。而"曲",即以"有名家传咏"、亦为静安先生誉为"一代之文学"之"元曲",其传诵于人口者,唯散曲中"枯藤老树"、剧曲中脱胎于词作之"碧云黄叶"有数耳。纵昔谓"珍馐百味《赵贞女》",今日"九州争唱丽娘曲",几人能背诵《琵琶记》《牡丹亭》中几段曲文哉?是一也。

(2)韵文之有类种,在其体式结构。韵文之有体式,在其有所规范,故惟格律韵文之有体式而有类种;然后诗作、词作、曲作生矣。各类种格律韵文之成熟,在其体式规则之完整、稳定。五七齐言之律诗:①两联为绝,四联为律;②联处限用平韵,出句用仄;③句内步步相对,联间步步相粘。律诗主要规则尽此,乃分(末句)"仄仄平""仄平平"二式,极为简明、确定且完整,故律诗为我国古典韵文中体式最成熟者。长短句之律词:①以上下片之"双(章)调"为基本结构,上下两片各二韵断者为"令"、各四韵断者为"慢"、各三韵断者为"破";②平、上去、入分别用韵;③句型有奇、偶;句式有长短。故,律词由众多词调(牌)组成,其体式较为繁复。而南北曲,则:①章式无定;②平仄通押,用韵无定;③任意用衬,句式无定;句内步式无定。质言之,南北曲,作为古典韵文之一支,其文体之格律化远未完成。此,所以"曲"以散曲兴而以剧曲行,可奏于歌场而难存于案头,不得与律诗、律词相并而传者也。

(3)然而,就句式而言,我国古典韵文唯二:齐言、长短句;"曲(牌)"完成其格律化即为"词(牌)"。如北曲(牌)300余,出于词(牌)者115,且有因完成格律化之小令而入后世《词谱》者11;南曲更其如

---

⑨ 关于我国歌唱中"文""乐"关系及"曲唱"之为"以文化乐"之歌唱,请参看拙著《词乐曲唱》。

此。故,古人多不以"词""曲"为二事,明清曲家多称"曲"为"词"⑩。"曲"之有异于"词"者,要在"曲"有联章同韵之"套"⑪然而,"(北)曲"之联章结构,章无定数、关连乏则,亦未完成其规范⑫。

文体之规范程度与其作品、名篇之多寡相应,诗、词、曲,由之也。

2.词在案头,曲在歌场,即"曲唱"。"曲唱",我国"歌永言"传统之产物;其特征亦其核心为"依字声行腔"——"字腔"。其长在此,短亦由此。

就"乐"而论,"曲唱"未完成之处亦多矣。曾数言:"'字腔'所能及的极限是'腔句',不能更多"[8]。于是——

(1)"曲唱"之乐式结构,仅止于"乐句"。在剧唱,(至少在理论上)每一"腔句"后皆可接念白,即为明证。如《琵琶记·扫松》中末(扮张广才)与丑(扮李旺)一段:

末(唱【风入松】):　　　　　不须提起蔡伯喈——

丑(白):为啥了嚷起来?

末(唱):　　　　　　　　说着他每忒歹。

丑(白):他做官清正,没有什么歹处呀!

----

⑩　明清曲家多称"曲"为"词"——如曲论之书题,有《南词旧谱》《南词全谱》《南词新谱》《南词叙录》《词谑》等直至清《新定九宫大成南北词宫谱》等;文中更不胜枚举。

⑪　"曲"有联章同韵之"套"——其一为文体上之所谓"套",要在其联章同韵。其二为文体之"套","词"中已有见,如沈瀛《野庵曲》、杨万里《归去来兮引》(由今人胡忌指出),惟未成通例。

⑫　"北曲"之"套"未成规范——后人多按周德清《中原音韵》中所谓"宫调"解"套",对看诸如《元刊杂剧三十种》《元曲选》等存作,差异极大。如《中原音韵》【中吕】,不计【煞尾】为31曲牌,按实际,除首曲【粉蝶儿】及【乔捉蛇】(仅小令1、剧唱1)外,29曲牌皆可"出"【中吕】"入"他"宫调",又有47曲牌"出"其他"宫调"而"入"【中吕】;余者亦大致如此——其一,按《中原音韵》之"宫调"解"套",不可据;其二,"北曲"之"套"未成规范。请看看拙文《元曲及诸宫调之所谓"宫调"疑探》《元曲及诸宫调之所谓"宫调"再疑探》(《(浙江)艺术研究6第20期、第22期,1989、1990)、《诸宫调"诸'宫调'"疑议》(《九州学林》三卷二期,2005年4月)。至于"南曲",实无"套";请参看拙著《戏曲与浙江》(浙江人民出版社,1991年2月)中有关章节。

末（唱）：　　　　　　　　　他去做官。

丑（白）：有几年了？

末（唱）：　　　　　　　　　有六七载。

丑（白）：正是，有六七年了。末（唱）：撇父母，抛妻不睬。

丑（白）：他父母如今在哪里？

末（唱）：　　　　　　　　　兀的这砖头土堆。

丑（白）：是什么在里头？

末（唱）：　　　　　　　　　是他双亲在此中埋。

丑（白）：原来太老爷太奶奶死了。怎么样死的呢？

末（白）：小哥，你有所不知，

（唱【前腔】）：　　　　　　一从别后遇荒灾。更无人依赖。

丑（白）：谁人承值这两个老人家？

末（白）：小哥，

（唱）：　　　　　　　　　　亏他媳妇相看待。

丑（白）：他是女流家，哪里看待得来？

末（唱）：　　　　　　　　　把衣服钗梳都解。

丑（白）：就是钗梳典当，也是有尽期的。

末（白）：便是。小哥，这小娘子，将钗梳解得钱来，买米做饭给公婆吃，

（唱）：　　　　　　　　　　他背地里把糟糠自捱。

丑（白）：有这等事！

末（唱）：　　　　　　　　　公婆的反疑猜。

……………

（2）"曲唱""（腔）句"后无腔，致使其"（腔）句"与"（腔）句"间之连接，出现两种状态：

①前"句"末字后紧接后"句"（后"句"首步"前蹉"）。如《牧羊记·望乡》中一段【画眉序】：

鲰一生｜愧　不——｜才　历—尽｜艰—辛—｜受狼——　｜狈,对尊前欢笑｜自—觉—　｜—含——｜哀。

若非曾读其曲文，或能闻声辨韵者，不能辨其句读。

②各"句"皆为独立自成，"句"间无连接关系。如上引《扫松》中

【风入松】；即使"腔句"间无插白亦如此，如《牡丹亭·惊梦》中一段【山坡羊】（各"句"末字后标其落音）：

没　乱　里———春　情———难———｜遣6———

蓦—｜地—里——怀人｜———幽———｜怨6———

　　　　则为俺｜生小——婵—｜娟1

拣名门　一例　一例里｜神———仙—｜眷6———

　　　　　　　　　　｜甚—良—｜缘6———

　　　　把｜青春——｜抛的—｜　远6……

以上二者，节奏不同，视若相反，其实则一：反映"曲唱"中"（腔）句"与"（腔）句"间缺乏连接关系——按今音乐术语："曲唱"仅有"乐句"结构，而无"乐段"结构。

（3）"曲唱"，于"乐段"结构尚且不具备，更无"乐章""乐篇"之终止结构。唱段终了，惟用"渐慢"而已。若由两（以上）曲牌组成唱段，则曲牌并无终止或半终止结构，曲牌与曲牌间亦全无连接（断续）关系。如《牡丹亭·游园》中【步步娇】与【醉扶归】之连接（乐谱排印繁难，且略，烦请各位自检）：

袅　晴　丝，吹来——　　｜闲———庭———｜院6———

　　　　　　｜摇漾——　春——如——｜线6……

我步香闺　｜怎便—把　｜全———身——

｜现6你道翠生生｜出落的—｜裙———衫—儿—

｜茜6—艳晶晶｜花簪——　｜八—宝———｜王真6……

按音乐，凭听而能知"我步香闺怎便把全身现"系【步步娇】之结句，"你道翠生生……"系【醉扶归】之首句？绝无可能——曲牌及曲牌连接于"曲唱"音乐并无意义。"曲唱"，其中步、节、句、章、篇等全属"文"事，其"乐"并无段、章、篇结构。"曲"之"文"（包括文体、文辞及字读）决定"曲"之"乐"——"曲唱"产生于"文"，亦受制于"文"。

（4）"依字声行腔"与"辞情"关系。如《疯僧扫秦（桧）》中待机"扫秦（桧）"之疯僧与《扫花》中驾云闲游之吕洞宾，一个是"休笑俺垢面疯痴。怎可也参不透我的本来主意。"一个是"秋色萧疏，下的来几重云树。"截然不同之场景,截然不同之人物,截然不同之情绪,然而二者所用为同一曲牌(【粉蝶儿】),二者所"唱"之行腔(用现今之说即为"音乐形象")亦为同一。"依字声行腔"而打谱,与按"辞情"而布乐,二者音乐思维迥然不同,无须赘说。

以上种种,皆属事实。人们言及"推陈出新"也,每将昨日一切贬至一无是处;言及"尊重传统"也,每将古代一切褒至无以复加;窃以为俱不合实际。必要尊重、继承而且发展我国格律韵文传统、"歌永言"传统,同时亦必要看到"曲"及"曲唱"之不完整性。

论及古代事物之某种"不完整"也,又往往有一说,谓"历史局限性"。窃以为亦欠妥。"历史局限性"者,当指在一定历史条件下,事物所能达到之最高层次、最高水平,并非指其"未完成"。"律曲""曲唱"之不完整,乃其发展之未完成——清中叶,"律曲""曲唱"之势,本方兴而未艾,《长生殿》即为例证;其后之萎缩,非其自身"生命"之衰竭,乃内外条件限制所致也。换言之,"律曲""曲唱"之发展,耽误已数百年,固然大失;在此数百年间,我国文字学、音韵学、文辞学、音乐学已有极大长进,大有助于今天对"律曲""曲唱"之推进。

结　　语

于是,有望于今日——愿现今学者学子、各界人士,包括演员们,能摆脱"南北曲""曲唱"依附于"昆"场上演出之观念,展开对"曲"和"曲唱"之研究及活动:

1. 展开"曲学研究",推进词曲之格律化进程——既整理既有即前人之词调曲牌,亦可遵循词曲之结构规律,重组词调曲牌,填写新词曲、化大工夫填写便于"歌唱"之词曲、能成为"文学名篇"之新词曲,包括在剧作中之词曲。在学校中、在曲社中、剧场上,交流、切磋。

2. 更希望展开"曲唱"研究,建立我国"曲唱"之"作曲法"(打谱法)——既整理(包括调整)既有即前人之"曲唱"谱,亦为未有唱谱之前人词曲及今人词曲打"曲唱"谱,化大工夫谱写能"朗朗上口"便于传唱之"曲唱"。在学校中、在曲社中、剧场上,交流、切磋。

3. 在学校中、在曲社中、剧场上,举行"曲唱"性"曲会",包括"散唱"及"剧唱",既有前人所打"曲唱谱"、今人新打"曲唱谱",以及各种不同"唱腔"、各种"唱派"之"曲唱"会。

　　"曲"(包括"曲唱")之兴衰,要在学校。设若,"曲学""曲作""曲唱"由学校教育,推至社会,形成风气,人们对"词曲"、对"曲唱"有足够认识及要求,"昆班"演出即可将精力集中致力于舞台演出——"昆"这条"鱼"之生存便有了"活水",也就不必为"振兴"、是"保"还是"革"烦恼了。

　　以上,姑妄之言,请各位批判。

参考文献

[1]　周德清.中原音韵[M]//中国戏曲研究院.中国古典戏曲论著集成一.北京:中国戏剧出版社,1959.

[2]　王骥德.曲律[M]//中国戏曲研究院.中国古典戏曲论著集成四.北京:中国戏剧出版社,1959.

[3]　王世贞.曲藻[M]//中国戏曲研究院.中国古典戏曲论著集成四.北京:中国戏剧出版社,1959.

[4]　夏庭芝.青楼集[M]//中国戏曲研究院.中国古典戏曲论著集成二.北京:中国戏剧出版社,1959.

[5]　李开先.词谑[M]//中国戏曲研究院.中国古典戏曲论著集成三.北京:中国戏剧出版社,1959.

[6]　沈宠绥.度曲须知[M]//中国戏曲研究院.中国古典戏曲论著集成五.北京:中国戏剧出版社,1959.

[7]　胡忌,洛地.戏史辨:第三辑.北京:中国戏剧出版社,2002.

[8]　洛地,魏良辅,汤显祖,等.汤显祖研究在遂昌.北京:中国文学艺术出版社,2002.

历史·表演

金元杂剧路歧的表演艺术①

徐宏图

北杂剧诞生于金,而鼎盛于元。金、元两代,在中国历史上均属较短的朝代,皆仅百年左右,但在戏剧发展史上,却分别为院本与北杂剧盛极一时的辉煌时期。金代除院本、杂剧外,诸宫调亦称绝一世;元代的杂剧则与先它而出的、主要流布于我国东南沿海一带的南戏相对峙,堪称戏曲史上两座突兀而起的奇峰,标志着中国戏曲已经发展到成熟的阶段。金、元两代,不但产生了董解元、王实甫、关汉卿、马致远等一大批伟大的剧作家及千古不朽的名作,而且造就了众多诸如刘耍和、珠帘秀、顺时秀、天然秀、曹锦秀等一批著名表演艺术家。可谓剧作荟萃,名家辈出。其时的艺人,有称"散乐""伶伦""乐人""乐官""角妓""末尼",等等,而更多的却是称作"行院"和"路歧"。"行院"作为艺人的一种特称,多指金元院本艺人,"路歧"在元代多指民间杂剧演员。它们有时亦被用以对诸宫调等其他各种艺人的称呼。对金元杂剧路歧的表演艺术,前人仅在一些大著中涉及,未见有专文论述。本文则在前人研究的基础上试作进一步的探讨。

一、杂剧路歧的分类

金代杂剧艺伶的具体情形因缺乏史料而无法详知。元代是北杂剧风行全国并主盟戏曲舞台的黄金时代,元杂剧的繁盛,培育了一大

---

① 本文发表于《浙江艺术职业学院学报》,2003 年第 1 期。

批技艺精绝的演员,大致可分为四类。

其一为宫廷乐部艺伶,隶属仪凤司。所谓仪凤司、教坊司,实则为承应宫廷各种宴庆活动而设置的皇家剧团。各色艺人达几千人,元高启《听教坊旧妓郭芳卿弟子陈氏歌》诗,写元文宗出驾宸游,有"仗中乐部五千人"之咏。这些艺人大多来自于民间,《元宫词》有"江南名妓号穿针,贡入天家抵万金"可证。

其二为地方祗候官妓,隶属地方政府礼案令史管辖,为承应地方官员宴乐而设置,在其所穿的"褙子冠儿"上,缝有"官员祗候"四字以作标记。元戴善夫《风光好》杂剧第四折《上小楼》说:"他许我夫人位次,妾除了烟花名字,再不曾披着带着官员祗候褙子冠儿。"

其三为官僚贵族蓄养的家伶。据元姚桐寿《乐郊私语》载:海盐人、嘉议大夫杭州路总管杨梓蓄有"家僮千指,无有不善南北曲者"。《元史·星吉传》亦载:武昌镇守威顺王宽彻普化"起广乐园,多萃名倡巨贾,以网大利,有司莫敢忤"。足见当时的大官僚一般都蓄有家伶。

其四为冲州撞府四处卖艺的"路歧",是流动的民间职业艺伶。

元代杂剧演员,主要集中于上述宫廷乐部与路歧艺人两类中,而其中又以路歧为主体。此处所谓"路歧",就是指那些经常流动演出的艺人。《蓝采和》杂剧第四折《庆东原》道:"那里是一伙路歧,料应在那公科地,持着些枪刀剑戟,锣板和鼓笛,更有那账额牌旗。"《独角牛》杂剧第一折白道:"路歧路歧两悠悠,不到天涯未肯休;有人学得轻巧艺,敢走南州共北州。"这正是路歧艺人生活的真实写照。由于杂剧路歧经常冲州撞府、沿街转庄,直接为广大人民群众演出,他们长期活动于城市勾栏或乡村庙台中,最能感受各阶层人民的脉搏和呼吸,最了解他们的审美观,最广泛吸收各兄弟技艺的精华,使自身的表演艺术日趋完美。因此,只有他们最能体现元代杂剧优伶的本质与主流。

元杂剧路歧大都出身于贫穷家庭,往往夫妇、子女以致包括媳妇、女婿等,一起沦作"乐人"。如燕山秀,"夫妇乐艺皆妙";事事宜,"其夫玳瑁脸,其叔象牛头,皆副净色";赵真真的女婿江闰甫,"教坊流辈,咸不逮焉";孔千金,"其儿妇王心奇,善花旦,杂剧尤妙";小玉梅,其夫安太平、其女匾匾、其外孙女宝宝,二代皆为杂剧艺伶。此外,如张玉梅、宋六嫂、周人爱、天锡秀、时小童等,亦都如此。他们往往以一家人或外加一些亲戚组成一个家庭戏班。《蓝采和》杂剧就反映这种情况:戏班由蓝采和领衔,戏班成员由其妻喜千金、儿子小采和、媳妇蓝山景、姑舅兄弟王把色、两姨兄弟李薄头等组成。

元杂剧路歧多数为汉人,亦有少数民族的,如《青楼集》所记的米里哈(回族)及《元诗纪事》所载的河西伶人火倪赤等人均是。

杂剧路歧们以卖艺为生,在演技上精益求精。由于他们以女性占优势,时人往往用"色艺两绝"来概括坤角演员的艺术魅力。如夏庭芝在《青楼集》中称曹娥秀"色艺俱绝",周人爱"姿艺并佳",王金带"色艺无双",等等。有的在称赞她们"姿容""技艺"并佳的同时,还强调"意度""丰神""举止"等方面的不凡。如说李娇儿"姿容姝丽,意态闲雅,人号小天然,花旦杂剧特妙";天然秀"丰神青色雅,殊有林下风致。才艺尤度越流辈,闺怨杂剧为当时第一手";张奔儿"姿容丰格,妙于一时,善花旦杂剧",等等。夏庭芝的叙述,反映了包括作者在内的元代观众心目中理想的坤角演员的标准,那就是她们必须具备外形、技艺和气质三者的完美结合。《青楼集》对坤角演员"色艺两绝"的强调,也并非出于作者个人的偏爱和溢美,而正是演员真实情况和当时观众普遍趣向的反映。如顺时秀,夏庭芝说她"姿态闲雅,杂剧为闺怨最高",陶宗仪说她"色艺超群,教坊之白眉"(《辍耕录》卷十九),高启说她"姿态歌舞总能奇"(《高太史全集》卷八《听教坊旧妓郭芳卿弟子陈氏歌》),张光弼则又叹道:"教坊女乐顺时秀,岂独歌传天下名;意态从来看不足,揭帘半面已倾城。"(《张光弼诗集》卷三《辇下曲》)对她的"色""艺",几乎众口皆碑。而对一些相貌不扬,或甚至生理有某些缺陷,而以超越流辈的技艺赢得观众赏爱的演员,《青楼集》则赞美她们的难能可贵。前者,如说朱锦秀,"虽姿色不逾中人,高艺实超流辈";和当当,"虽貌不扬,而艺甚绝",等等。后者,如说珠帘秀和王奔儿,均"背微偻",珠却"杂剧为当今独步",王亦"长于杂剧"闻名;平阳奴和郭次香,均"眇一目",由于精于杂剧,"皆驰名金陵",等等。[1] 由此可见,元代坤角虽以色、艺同时见赏于观众,而起首要与主导作用的,毕竟还是她们高超的"艺"。

二、杂剧路歧的高超演技

杂剧路歧的高超演技,主要表现在以下两方面。

第一,从表演剧目与脚色行当看,有的一专多能,般般皆妙;有的专工一行,精益求精。一专多能者,如珠帘秀,"杂剧为当今独步,驾头、花旦、软末泥等,悉造其妙"。另据元胡紫山《朱氏诗卷序》载:珠帘秀戴上高帽即成道士,剃了圆头便为和尚,穿上宽袍即为儒生,戴上武冠便成兵士;演占卜能断祸福,扮医生能决死生。扮什么像什么,无不形象逼真。又如天然秀,"闺怨杂剧为当时第一手,花旦、驾头,亦臻其妙";顺时秀,"杂剧闺怨最高,驾头、诸旦本亦得体"。此外,如朱锦秀、燕山秀等,亦均"旦末双全"。这种一人兼演各类剧目,甚至同时兼擅旦、末两行脚色的现象,与路歧班社冲州撞府、走南闯北的演出活动有关。为了便于流动演出,戏班规模不允许过大,如蓝采和戏班就只有六个人,所扮演的剧中人常常要超过六人。为解决这一矛盾,一专多能即成为势在必行。这样促使演员得到多方面的艺术实践,在表演上获得全面发展,同时可以减轻戏班经济负担,增加演员收入。

专工一行的,如喜温柔、李娇儿等,专工花旦杂剧;南春宴等,专工驾头杂剧;米里哈等,专工贴旦杂剧;平阳奴、天锡秀等,专工绿林杂剧。这种专工现象的出现,使演员有可能根据自己的特点集中精力于一门。即使同工一种脚色,又可以做到各具一格。如张奔儿和李娇儿,同以花旦见称,但"时人目张奔儿为温柔旦,李娇儿为风流旦"。可见,她们在专工的同时,又十分注重发挥个人的艺术风格和特长。胡紫山在《优伶赵文益诗序》中说:"后世民风机巧,虽郊野山村之人亦知谈笑,亦解弄舞娱嬉……发新巧之笑,极天下之欢,反有同于教坊之本色人者。于斯时也,为优伶者,亦难矣哉。然而时既好尚,超绝者亦有人焉。"(《紫山大全集》卷八)可见元代广大观众的欣赏能力是不断提高的,他们随时把自己的审美需求反馈给戏班和演员,路歧们必须根据观众的反应,随时改进自己的艺术追求和表演技巧,力求精益求精,然后又通过舞台的实践继续接受观众的检验,以求进一步提高。元杂剧盛极一代而不衰,与路歧们这种不断创新和改革而获得的精湛技艺密不可分。

第二,从演出技巧看,杂剧路歧们在唱、念、做、打诸方面均达到相当的高度,其中尤以唱工见长。杂剧"一人主唱"的艺术体制,决定了演员演唱艺术的重要性。《青楼集》记述的演员中,许多以演唱出色而闻名。如赛帘秀,"声遏行云,乃古今绝唱";和当当,"老而歌调高如贯珠";米里哈,"歌喉清宛",王玉梅,"声韵清圆",等等,多不胜举。在"一人主唱"体制的限制下,演员们往往更多地借歌唱敷衍故事,揭示人物的内心世界,塑造舞台形象,从而在历代声乐艺术的基础上,形成一套特有的歌唱技巧。元燕南芝庵《唱论》曾对当时演员们在歌唱技巧如格调、节奏、声韵等诸方面作了总结,其中如"字真,句笃,依腔,贴调""声要圆熟,腔要彻满""有字多声少,有声多字少,所谓一串骊珠"等论述[2],既是对一般歌唱艺术的高度要求,也是对杂剧演唱艺术的概括,反映了元杂剧演员在演唱艺术方面所取得的重要成就。这种高度歌唱艺术的取得,除了有赖于演员本人具备好嗓子的天赋条件外,有的还同家传或师承有关。如"歌调高如贯珠"的和当当,"其女西夏秀,亦得名淮、浙间";而"善唱"的荆坚坚,曾有"小顺时秀"的称号,此或由于她是"歌传天下名"的顺时秀的亲徒,或是她成功地师法后者的结果。元杨维桢《铁崖先生古乐府·演歌》就曾描写过当时一位演员勤奋学唱的情景:"鹦鹉舌巧言犹獠,字字使君亲口教。今日金钱初受赏,倚声同合凤凰巢。"[3]

歌唱艺术只有同动作表演相结合,构成整体,才能共同完成杂剧舞台艺术创造的任务。据《青楼集》等书记载,元杂剧路歧在做工(包括武工)方面亦达到相当的高度。有的功底扎实,技艺至老不衰。如赛帘秀,她在中年双目失明的情况下,表演甚至"有目莫之及焉",可见其少年功底之深。赛帘秀是珠帘秀的高足,珠"杂剧为当今独步","后辈以朱娘娘称之",其演技之高超,更可以推想。关汉卿在散曲【南吕·一枝花】《赠珠帘秀》中,曾用"金钩光错落,绣带舞蹁跹"来赞美珠帘秀的舞姿轻盈与优美;用"摇四壁翡翠浓阴,射万瓦琉璃色浅"来形容她装扮的舞台形象的光彩照人。胡紫山赞颂她的表演,是"外则曲尽其态,内则详悉其情,心得三昧,天然老成",还对她众艺兼备,能成功扮演各种各样人物的才能,作了形象、生动的描述(详见《朱氏诗卷序》)。同赛帘秀一样永葆艺术青春的,还有顾山山。她"技艺绝伦",晚年"老于松江,而花旦杂剧,犹少年时体态"。

擅长武工的坤角演员,如国玉第、天锡秀、天生秀、赐恩深、张心哥、平阳奴、郭次香、韩兽头等,均很出名。国玉第因"长于绿林杂剧"而"得名京师";天锡秀"善绿林杂剧,足甚小,而步武甚壮",其女天生秀"稍不逮";赐恩深因工武打,被称作"邦老赵家";平阳奴"四体文绣,精于绿林杂剧";张心哥"驰名淮、浙";郭次香、韩兽头"皆驰名金陵"。男演员侯耍俏(副净),"筋斗最高"。《青楼集》对路歧们的演技记录虽过于简略,但从中仍然可以反映出他们武技的精妙。而难能可贵的是,擅长武打的竟大部分是坤角演员,这在中国戏曲表演史上不但是空前的,而且是后所罕见的。

元杂剧路歧可考者,大多为女演员,主要见于元夏庭芝《青楼集》。本书记述坤角演员共 117 人,其中大半属杂剧演员。涉及的男演员仅 35 人,其中多数为坤角演员的丈夫。《青楼集》是唯一一部传世的元代戏曲演员史料专著,它提供了当时一批著名杂剧演员较为翔实、可靠的艺术和生涯情景,是我们研究元剧史不可或缺的参考依据。元陶宗仪《辍耕录》对元代坤角演员珠帘秀、连枝秀、顺时秀、解语花、王巧儿、李翠娥、汪怜怜、天生秀、赵买儿等人的事迹,亦有所介绍,与《青楼集》所载大致相同而互有详略。此外,从元人的诗文集和笔记以及发掘的文物中亦间有发现。其中可以确定为杂剧演员的,除上文及下文提及的陈氏、宜时秀、金文石、褚仲良、红字李二、花李郎、赵文敬、张酷贫(张国宾)等人外,尚有曹锦秀(见元王恽《秋涧集》卷四十三《乐府曹氏诗引》)、赵文益(元胡紫山《紫山集》卷七)、秀英(元商正叔【南吕·一枝花】《叹秀英》)、忠都秀(山西洪洞县广胜寺明应殿杂剧壁画)、张德好(山西万荣县孤山风伯雨师庙元代戏曲舞台前石柱大德五年刻字)等。

元杂剧男伶见诸记载得不多,但有一点颇值得注意,这就是他们之中兼作剧本的不乏其人。如教坊色长赵文敬,作有《渡孟津武王伐纣》《宦门子弟错立身》(次本)、《张果老度脱哑观音》三种,俱佚;教坊勾管张国宾,作有《汉高祖衣锦还乡》《薛仁贵衣锦还乡》《相国寺公孙汗衫记》三种，后两种今存；刘耍和的女婿红字李二，作有《病杨雄》《板踏儿黑旋风》《折担儿武松打虎》《全火儿弘》《窄袖儿武松》五种，俱佚；刘耍儿的另一个女婿花李郎，作有《钉一钉》《勘吉平》《酷寒亭》《相府院》四种，其中《钉》《酷》二剧存，《勘》剧存有佚曲，《相》剧佚。红字李二与花李郎还和马致远合编《黄粱梦》杂剧（以上均见《录鬼簿》）。此外，《青楼集》提到女艺人杨买奴之父杨驹儿，也可能是一位艺伶出身的杂剧作家，《录鬼簿》于孔文卿《秦太师东窗事犯》下，注云："或云一本为杨驹儿作。"

　　元代的杂剧路歧，其中尤其是坤角，一时名家辈出，大放异彩，她们精湛的表演，曾赢得广大观众的击节欣赏。自夏庭芝的《青楼集》为她们立传之后，事迹久传不衰。其中，较著名有珠帘秀、顺时秀、赛帘秀、天锡秀、天然秀、匾匾、顾山山、张奔儿、李芝秀等，而珠帘秀、顺时秀、樊事真等人的事迹，还被编成剧本搬上舞台。除此之外，其他如曹娥秀、南春宴、司燕奴、国玉第、王奔儿、平阳奴、赵偏惜、朱锦秀、赵真真、翠荷香、汪怜怜、米里哈、大都秀、小春宴、孙秀秀、帘前秀、燕山秀、荆坚坚、李定奴等，都是擅名一时的元代杂剧女演员。有关她们的生平及其表演艺术，可参阅拙作《青楼集笺注》，恕不再一一罗列。

三、杂剧路歧在戏曲史上的地位

　　戏曲的发展与演员们的技艺是密不可分的。正如郑振铎所说："演员们的活动，也常是主宰着戏曲技术的发展。演员是传播、发扬戏曲文学之最有力者。读剧本者少，而看演戏者多。往往因一二位演员的关系而变更了听众的嗜好与风尚。"[4]在中国戏曲发展史上，金元杂剧盛极一时，是与路歧们的精湛表演艺术休戚相关的。以往在讨论元杂剧兴盛原因时，大都从都市经济繁荣、元统治者爱好戏曲、文学艺术的发展为其提供可以敷衍的故事等方面予以探讨，而对于杂剧路歧在表演艺术上所作的贡献，则未见有专门的论述，这是一种很大的忽略。杂剧路歧为元杂剧的兴盛与后世戏曲艺术的发展所作的贡献，主要表现于以下几个方面。

一是通过他们的演唱实践,创造性地发展和确立了杂剧的演唱体制。杂剧虽然孕育于金院本之中,而真正确立其独立的艺术体制并加以发展的还在于入元之后。元胡紫山《紫山先生大全集·赠宋氏序》说:"乐音与政通,而伎剧亦随时尚而变,近代教坊院本之外,再变而为杂剧。"院本"乐音""变而为杂剧"演唱体制,其功当归于"伎剧"即杂剧艺人的舞台艺术实践。注重演唱艺术的杂剧艺人,通过其演唱实践,改造了以副净和副末为主要脚色,以滑稽调笑见长的院本体制,使之成为以正旦、正末为主要脚色,以演唱为主的杂剧体制,从而使杂剧从院本中彻底分离出来,变成更为完整的戏曲形式。杂剧艺人在改造金院本的同时,还广泛吸收当时北方流行的诸宫调、唱赚、鼓子词等说唱艺术及各少数民族歌曲等多种艺术精华。其中特别是吸收了诸宫调的联套形式,使杂剧形成一本戏通常由一种脚色演唱到底的所谓"末本"剧或"旦本"剧的传统。这种一人主唱的形式,可以充分发挥演员的艺术优势,把剧中主要人物复杂的思想感情表达得淋漓尽致,开创了中国戏曲以大段唱腔刻画人物性格的全新局面。当然,这种吸收过程,同时还包含着改造和创新。如将诸宫调的叙述体改造为杂剧的代言体,并使套曲增长乐曲支数,宫调配置更加严密,等等。除吸收、改造诸宫调之外,杂剧艺人还大量吸收北方各族的民歌俚曲,如番曲【六国朝】、女真曲【风流体】【阿那忽】【也不罗】【倘兀歹】【忽都白】以及【黑漆弩】【穆护沙】【么么序】【木兰花】【阿忽令】【者刺古】,等等,曲牌名目繁多,极大地丰富、充实了杂剧北曲的音乐成分。

二是金元杂剧路歧在表演艺术方面,对后世戏曲产生了深远的影响。第一,路歧们在扮演人物上有了较之宋杂剧、金院本更为细致、明确的行当脚色分工。金元杂剧的行当,据《元刊杂剧三十种》可分为末、旦、外、净、杂五行,《元曲选》又增出丑一行。每一行中又细分出许多不同脚色,如末行中有正末、外末、小末,旦行中有正旦、外旦、小旦、老旦、搽旦等等,其中正末、正旦居主导地位。这种细密而又主次分明的行当脚色,为后世戏曲脚色行当体制的健全发展奠定了基础。同时由于杂剧演唱体制为一人主唱,凡主唱的男角均由正末扮演,主唱的女角均由正旦扮演。他们所扮演的人物只有性别之差,而无年龄、身份、性格等限制。如正末既可扮演文弱的书生,亦可扮演英勇的武将,既可扮演风流倜傥的少年,又可扮演沉稳持重的老人,等等;正旦既可扮演大家闺秀,亦可扮演小家碧玉,乃至娼妓、侠女、嫔妃、侍婢,等等。这种分工,能充分发挥演员表演人物类型广泛的长处,为培养戏路宽、一专多能的戏曲演员提供了典范。第二,杂剧路歧在以唱为主的同时,还充分地运用唱、念、做、打各种表演手段来塑造人物。他们中,有的众技皆长。如珠帘秀,其唱,如"巧织珠千串"(关汉卿《赠珠帘秀》);其做,"危冠而道,圆颅而僧",演道士像道士,演和尚像和尚;其打,"武弁而兵,短袂而骏奔走"。因而,她所塑造的各类人物,无不形神兼备,形象逼真。杂剧路歧艺人在表演中还准确把握中国戏曲写意性的特点,运用了各种虚拟化动作再现生活,如《潇湘雨》杂剧中的开船、行船、沉船;《黄鹤楼》杂剧中的上楼、下楼之类。这些虚拟动作反复运用,有的渐渐定型化、规范化,结果形成一定的程式,如文官升堂的"排衙"、官吏出行的"头踏"、武戏开打的"调阵子"等等。元杂剧路歧创造的虚拟化、程式化的表演手法,是表现生活的一种特殊的艺术方法,它为我国戏曲形成别具一格的表演艺术奠定了基础,对后世戏曲的发展影响极其深远。另外,元代杂剧路歧在表演上的各种不同特色和风格,直接影响了戏曲流派的形成与发展。元代杂剧路歧,有的善"闺怨",有的善"驾头",有的善"绿林"……展现了各人表演人物与搬演题材方面的特长。而在每一行当中,如旦角,有的以"风流"取胜,如李娇儿;有的以"温柔"见长,像张奔儿,展现了表演上的多种风格。这种表演上多种特长与风格的差异,使元杂剧表演异彩纷呈,同时给后世戏曲表演流派的形成和发展以影响。流派是戏曲表演发展到至高境界的标志,是戏曲艺术高度成熟的结果。而元杂剧艺人在这一方面的建树,可以说是迈出了最初也是影响最深远的一步。

三是杂剧路歧为传播和繁荣杂剧艺术作出了重要贡献。元初,杂剧路歧以大都为其活动中心,这从《青楼集》记元初杂剧路歧多为"京师名妓""京师旦色""京师角妓""都下小旦""京师之表表者""得名京师者"等的叙述中得到反映。与此同时,杂剧路歧艺人也巡回演出于整个中书省,包括现今河北、山东、山西及河南等黄河以北的广大地域,这从近年来这些地区出土的有关元杂剧演员活动的文物中可以得到证实。自元灭南宋之后,随着南北隔绝局面的打开,杂剧路歧纷纷南下,集聚杭州,并流布江南各省,于是又促使元杂剧出现了以杭州为中心的繁荣局面。据《青楼集》载,其时南方的江浙、淮浙、湖广、江西各地,如浙江的杭州、湖州、婺州(今金华),江苏的金陵(今南京)、扬州、松江,湖北的武昌,江西的赣州等许多城市,都有杂剧路歧的足迹。夏庭芝在《青楼集志》中说:"内而京师,外而郡邑,皆有所谓勾栏,群优萃而隶乐,观者挥金与之。"其演出之盛况可知。杂剧路歧南下与戏文弟子汇合之后,向南戏吸收长处,不断地改进和丰富杂剧艺术。如吸收南曲音乐,创造了南北合腔的歌唱体制,打破一人主唱的定规,创造成了有两人或两人以上互唱的方式,就是比较突出的两例。另外,杂剧路歧南下作场的结果,还促使南方杂剧作家的大批涌现。仅据《录鬼簿》所记,当时杭州籍的杂剧作家,就有萧德祥、沈和甫、金仁杰等 15 人之多。此外,还有浙江的湖州、建德、庆元、衢州,江苏的南京、松江、扬州、苏州,安徽的饶州等的南方作家,为数不少,他们为杂剧创作了不少的著名作品。正所谓"演员们的活动,也常是主宰着戏曲技术的发展",元代杂剧路歧的表演艺术实践活动,正是促使元代杂剧全面繁荣广泛传播而成为一代文学艺术代表的重要因素。

参考文献

[1]　夏庭芝.青楼集笺注[M].北京:中国戏剧出版社,1990.

[2]　燕南芝庵.唱论[M]//中国戏曲研究院.中国古典戏曲论著集成一.北京:中国戏剧出版社,1959.

[3]　杨维桢.铁崖先生古乐府[M].北京:商务印书馆,1937.

[4]　郑振铎.中国文学研究[M].北京:作家出版社,1957.

简论述盖派表演艺术①

杜　钦

一、什么是盖派

　　周信芳先生在 20 世纪 70 年代评论盖叫天，说他改变了《三岔口》《武松打店》，创造了乾坤圈，《西游记》的鞭。武打的干净，身上的边式。他已经成为一派。这当然是不错的。再看看盖老对自己这一派又是怎样认识的？"要有强劲，你说我不能，我偏要能。作为武生，没有这股强劲，趁早改行；没有这股强劲，就是没有出息。我就是爱剽，不认输，使内外练成一体，才蒙你们称为一种盖派。"这是从武生的气质角度，指出盖派表演的核心动力所在，这是表演成败的关键，十分重要！必不可少！

　　我们不妨再从盖派这一概念作些考查和补充。盖叫天有自己的人生观和戏剧观。盖老夫人说他的一生，就是斗、斗、斗，同封建恶势力斗，和流氓地痞斗，和恶劣环境斗，与自身的先天条件斗，甚至和自己的薄弱意志斗。这种斗争精神反映在艺术创造上，就是要和保守僵化的艺术观点斗。他有独特的见解，不同凡响的主张，他说：我的艺术要绕开别人走……我的玩意儿你学也学不去。别人继承传统是"五祖传六祖，越传越糊涂（知其然不知其所以然）"，他继承传统是"五祖传六祖，越传越清楚（知其然也知其所以然；如一个立起身来的

---

　　①　本文发表于《浙江艺术职业学院学报》，2004 年第 1 期。

动作,要找'寄托'——即为什么)",这就是所谓的"盖派"。

二、盖派如何形成

盖派是我国戏曲传统表演体系中颇具特色的一个分支。"这盖派,是内行送给他的,不是鼓吹宣传出来的。"(周信芳)

它的形成,有历史的和个人的因素。从历史角度看,南方京剧,民初曾风光一时,颇为繁荣,20世纪20年代逐渐衰退,20世纪30年代已显颓势,艺人为顺应潮流,挽救颓势,自求生存,纷纷变革,于是,本戏、彩头戏流行一时,沪上不少一流大剧院竞相上演,如《狸猫换太子》一演数年,上座率始终不衰。盖叫天为求出路,同能不如独胜,迫使他另辟蹊径,独树一帜,全力创新。老艺人说他:每次演出,必有新鲜玩意儿拿出来。日久养成"爱飘",不认输的"强劲"个性,反作用于艺术创造,便形成盖派。

盖派青出于蓝。盖老常说:我的玩意儿,传统都有,我只不过会化用。"化用"也是创造或说再创造,并非移植、挪用,移植是用而不化。"四功、五法"多种程式,经过融会化合,相互作用质量互变,已具有新的内容。"斜身绕步"原是花旦柔媚优美的传统身段程式,经过一化,线条由坚挺替代了柔媚,形式变化,内容更新,花旦身段又可化用为武松的刚健身段。

盖老经历了70年的艺术实践,艺术厚积沉淀,博大精深,涉及门类极广。举凡哲学、文艺心理学、表演、导演学、音乐、舞蹈、绘画、雕刻、武术、力学、建筑学等等均有接触,取得了极为丰富的经验和研究成果。更可贵的是,他摸索出了一些艺术创造规律、独到的艺术见解、深邃的艺术和生活的格言警语。特别值得一提的是,他把老子《道德经》中所说的"道生一,一生二,二生三,三生万物,万物负阴而抱阳,冲气以为和"撷取前面一段,删去后面两句,改为"一生二,二生三,三生万物,万物(法)归一",作为自己指导艺术创造的思想基础。但过去几十年不为人们所理解,甚至有人批评为"玄而又玄的唯心主义"思想,加以唾弃。也有人持二元论观点,认为"生"是指发展创造,属唯物论;"归一"是指皈依佛法,无疑是唯心论,研究时回避完整引用。

这条法则,究竟是唯心论还是唯物论,让我们看看著名物理学家、诺贝尔奖金获得者李政道博士是怎样认识的。他说:"自古以来,中国的哲学就基于一个概念,即所有的复杂性都是从简单性产生的。如老子所说'道生一,一生二,二生三,三生万物,万物负阴而抱阳,冲气以为和',那么世界的复杂性又是怎样从简单中来的?世界是由带负电和带正电的粒子构成的。通过它们之间的相互作用,形成原子、分子、气体、固体、地球、太阳……这种负电荷与正电荷的对偶结构,或称'阴'和'阳',可以用著名的'太极'符号恰当地表现出来。"这充分说明老子的"一生二……"的哲学观点,与"粒子"之间的相互作用,由简单到复杂的物理现象是一致的,因而它是唯物辩证的,把它理解为唯心论是错误的。

这条艺术创造法则,也是盖派艺术中的有机组成部分,非常重要。虽非来自传统戏曲体系,但它却是对传统戏曲体系的重大贡献。

盖叫天自幼勤奋学习,练功数十年如一日,从不稍辍,又擅于总结经验教训。他说:我设计一个身段,就要联系到观众看了怎么想的,因此精益求精。接近晚年,艺术登峰造极,炉火纯青。尤其是在中华人民共和国成立以后,当了人民代表、政协委员,政治社会地位提高,如鱼得水,心情舒畅,又获得专家学者的启发帮助,从心所欲,总结出一系列具有规律性的艺术创造法则,诸如《戏曲是走的艺术》《武生的气质》《暗关于不暗》《身段结构"六合"》《不到一处一处迷》《"冷不防"出新》《"惊堂木"垫戏作用》《真中有假,假中有真,真假难分;不能纯假,不能纯真》《抬头看天,低头看地》《四两拨千斤》《精气神》《子午相》《看得破、跳得过》《会睡没有被,有被不会睡》《要让人看又不要人看》等等,大大丰富充实了盖派艺术的内涵。这些经验之谈是取之不竭、用之不尽的艺术"富矿"。

三、盖派表演艺术特征

因篇幅所限,这里不可能全面完整地介绍盖派表演,只以管见勾画轮廓,供专家作为研究参考之用。

（一）戏要"抓人"

"抓人"是指表演具有巨大的艺术魅力。看过盖老表演的人，都会异口同声地说："盖老的戏真'抓人'。"不仅外行人看戏有此感觉，就是看戏比较理性的行家，也都这么说。著名武丑张春华看戏后著文称赞"盖老在台上的疾风骤雨般的武打，变幻莫测的优美身段，常常使看戏的我目不暇接，甚至失了神。那优美的技巧，鲜明的形象，看后好像刻在脑中一样，经久难忘。"

"抓人"是句行话，意思是表演奇巧出色，常常出人意料，有极大的吸引力。观众一经接触，犹如被磁铁紧紧吸住一般，欲罢不能，非要聚精会神，一看到底，才会满足。例如，人物出场，早年在《请宋灵》中扮岳云，"他在台上一站，在几个靠将中，就只看见他——他的臂膀，他的腿脚，他的眼神，他全身的功架，尤其是他的神采——一个美丽的雕像，透出了少年英雄内在的充沛精力。这个戏岳云不是正角，而他一出场，不必卖弄，就把观众的注意力集中在他身上。"（欧阳予倩）

就因为一出场就有吸引力，1937年上海更新舞台邀请他去演出，进剧场见到老板说：腿是好了，可功也回了……老板鼓励他：腿回功不要紧，您只在台上出场一站就行了……为什么说"出场一站就行了？"因老板是行家，深知盖叫天的表演，不完全靠翻滚跌扑取胜，火爆风格，已改为"武戏文演"，靠的是刻画人物，出戏。"他出场一站，精神抖擞的样儿，就够瞧的。"行家这样说。

（二）戏要有新鲜感

表演的新鲜感，是舞台艺术最"抓人"、最感人，也最难得的可贵因素。盖老说戏或是演出，都要苦心孤诣地追求这种品格。

什么是新鲜感？"新"的反面是旧，"鲜"是鲜明，"旧"是陈旧。陈腔滥调，因循守旧，以及老的套子解数，均可归于陈旧之列，它们与新鲜感无缘。演员在表演实践中体现人物生活，要使人看了觉得真实、可信，获得美感享受。在表演过程中，就必须达到假使"此时此刻我就是"的境界。角色之间，能够在"给"与"接"中都有"到了才知"的真情实感，自然产生新鲜感，或者说是戏有了生命。但一般演员往往不易做到这一点。演员初次接触台词,得到的第一印象,或是头次排练,也都会有新鲜感觉的。可是经过反复排练,戏由生到熟,特别是遇到技术性强、变化多端、似疾风骤雨般的武打场面,"假使我就是"的感觉容易被冲淡,甚至被遗忘,而以"未到先知"代替了像盖老所说的"冷不防"。"冷不防"是出新的要诀,知道容易,做到贯穿表演始终却难。因为演员在武打中,只求安全熟练,回避风险,容易抹去人物棱角,淡化人物心理活动,难以时刻坚持"冷不防"。表演的新鲜光彩,自然难以焕发。有人以花比喻表演,"要像散发着芳香的鲜花而不是精致、艳丽的绢花和塑料花,虽然表面上好看,但没有生命",这是再恰当不过的生动比喻。

我们再来看看盖老在导演《鸳鸯楼》的两小场戏时,武松与蒋忠在剧烈格斗中,是如何启发演员运用"冷不防"代替"早知道",发掘出新鲜感,显示戏剧生命的。

头场是"劈刀"。盖老对扮蒋忠的演员说:"这夺那杀,可还不能忘了'一'"。"一"便是"冷不防"。"一"指剧情中初次发生,或突然遇到的情境,要以事情来到才知的思想态度去对待。否则,只凭"未到先知"的思想感情表演,戏就平庸陈旧,没有生气,缺少新鲜感。

第二场戏是"削帽"。盖老教蒋忠在"削帽"之前,"要提着气,梗着头,被削时不能点头"。试排几遍,为什么总要"点头",改不过来?因蒋忠见盖老(扮武松)已届耄耋之年,使的又是真钢刀,来势凶猛,动作仿真,不怕一万,只怕万一,动作原是削头,因刀使不准,只削掉罗帽,但要是使准了怎么办?心想避免风险,迁就老人一些,使他容易掌握尺寸,出手稳当,所以还是"点"头。但这是演员的心态,不是蒋忠誓死不屈,要拼死一搏的神情,盖老续排时反复强调"人要矮,头要梗",是为了既要保持削前相对稳定的尺寸,好让武松出手更有把握,又要维持"门神"的威武气度不变。心态是时时"冷不防"。但排练数次,演员总难做到,盖老情知演员有心理障碍,是顾虑弄假成真,真的"玩命"。这是问题的症结,如不首先解决,戏就难排下去……后来盖老采用声东击西的即兴动作,先说使刀技术的易难,趁演员琢磨话音"冷不防"时,突然举刀朝着饰蒋忠的演员迎面猛砍一刀,吓得演员大吃一惊!刀却距面孔半寸之遥停住,有惊无险,丝毫没有碰着皮肉。盖老此举，一是表现功夫到家，二是解除演员的心理障碍，三是激活演员本能的表演素质。盖老继续启发他行动中要有个"找"的心事，撇开思想削帽。找什么？找武松的刀法，找夺刀的有利位置……重排时他把注意力集中在"找"上，果然在出其不意中，蒋忠的硬罗帽被削飞一丈多远。表演真实、新鲜，盖老满意。

（三）"打头不打尾"

"打头不打尾"是句行话。一般人都懂，也都这样做。但"八仙过海"各显其能，方法迥异，收效不同。盖老对此有自己的独特见解，他认为：就一个戏班来说，到那里演出，要把别人没有见过的、自己所有的露出去，或是老戏新演也行。就一出戏来说，是要把头一场写好、演好，吸引住观众，观众才有兴趣等着看下去。如果头一场（折）就不吸引人，那第二场第三场再好也没有人看下去。就一个演员来说，出场要出好，给人留下深刻印象，才不觉得平淡。所以有经验的演员，对怎样出场，非常讲究。

人物的特殊造型，也是"打头"的另一种手法。例如，孟获的造型，传统演出是勾脸，以架子花的功架，花脸的开打应工。盖叫天改为武生扮演，化装、服装自己设计。他买只野鸡来，把肉挖掉，留着皮毛，用药水浸过，戴在头上，做个假的像鸡嘴一样的大鼻子，扮成一个剽悍凶猛的蛮王。

不单是人物造型特殊怪异，出场也不同凡响。出场之前，台下灯光若明若暗，先上狮形虎形在暗光下蹦跳一阵。然后孟获从山岭中走出来，从右下走到左下，再由左中转右中，最后走出来到台中，灯光骤然大亮，趁机亮相。观众一见他那副稀奇古怪的尊容，惊奇不已，叫好声不绝于耳。《七擒孟获》从此红起来。

"打头不打尾"这句话，盖叫天并不完全同意，他既注重"打头"，也不轻视"打尾"。他以事实诠释了这句话。如武松在鸳鸯楼一刀一个杀了蒋忠、张都监等人，题完字，大仇已报，就好滚楼逃走，落幕了。这样的收场显得草率随便，给观众留下的印象不深。而在电影中的《鸳鸯楼》，他给武松和蒋忠的搏杀，增加了"劈刀"和"削帽"两场绝活，高潮跌宕起伏，使"打尾"的精彩不亚于"打头"。让观众看得张口结舌,流连忘返。一位老艺人看了样片后说:"他的对刀像真的一样。"

(四)坚持以情动人

《武松》电影拍摄剧组有些人员对武松的看法与盖老相左。他们认为:"武戏就是看看舞蹈之美,把武打尽量保留下来。一些与武打关系不大的情节,像'回家'一场,武松被轰出门去又转回来的过场戏,可以删掉。"在讨论时,盖老听了意见,不忍割爱。他解释说,光考虑我(武松)的戏,我的艺术身段,不行,还要考虑情节。舞蹈身段只是一些高级知识分子爱欣赏,一般劳动人民要看的,还是蒋忠是个大恶霸,霸占了别人的酒馆,武松打抱不平打得好……这些地方。像"别兄"这场戏,潘金莲调戏武松被拒绝后,恼羞成怒把武松轰出门去。武松想到与兄长分别很久,原以为可以住在一起,一来可以谈谈家常,二来对忠厚老实的哥哥有些照顾,免受外人欺负。如今自己被逐出家门不打紧,只是嫂嫂不守妇道,哥哥又软弱怯懦,若受到屈辱,自己又出门在外,身不由己,实在无奈!……只得分手离家。但走都走了,又转身回来,一想要是遇见她,脸面往哪儿搁……再一想这一别,又要很久才能回家。念在手足之情,不见哥哥说几句离别的话,实在放心不下,何况家是哥哥的,又不是你潘金莲的。回来说几句,也没有什么难为情的,想来想去想到最后,还是按捺着性子跨进门去,自言自语:"说不来不来,倒又来了!……"说这句话,真有难言之苦,心情沉重。接下去是送武大二十两银子,留作安家费用,帮助他维持生计,叮嘱他:"不要出外卖炊饼了……少吃酒,少外出,凡事忍耐,有话等我回来再说。"这些有情有义的地方,观众很爱看,掐掉了可惜。剧组人员听了盖老对武松此时内心活动的分析,也似乎受了感动,一致同意盖老的意见,保留这一场以情动人的戏。

(五)独到的表演技巧

1."惊堂木"

什么是"惊堂木"?"惊堂木"就是说书人放在桌上的一条小木

板,说书说到重要地方,拿起小木板在桌上一拍,听书人受拍声惊动,知道下面有好听的了,振作精神注意听。戏曲演员运用动作或锣鼓垫戏,作用与"惊堂木"拍桌相似。说"垫戏",不如说"惊堂木"拍桌更为具体清楚。因此,盖老说戏,常常喜欢用"惊堂木"这个词比喻"垫戏"。

以《狮子楼》为例,如士兵说:"二爷!那西门庆难道还胜似那景阳冈的猛虎不成。"一句话激怒了武松,他向台左走两步向前方一看,表示:他是这样说的。好像是向观众表示,又好像不是向观众表示。然后一甩罗帽亮相,显示对恶霸的蔑视和自己的无畏神情。这左走两步看看,正如盖老所说的起"惊堂木"作用,目的是叫观众拎起精神看甩罗帽亮相。如果士兵说完话,武松呆站着不动,表演就显得刻板单调,不生动,也失去刻画武松的良机。这种表演技巧,在《武松》中多次用到,此为一例而已。

2. 以闹托静

在《狮子楼》中,武松告状不准,被屈打四十大板,轰出府门,有几种演法:一种是喊"叫头"("洒狗血"),叫得人心烦意乱;另一种是出场翻"倒毛",也能使人注意,但戏不"抓人"。盖老都不这样演。他是出场之前,用"乱锤"把紧张气氛造足,武松从容不迫,缓步出场,微摸臀部,想着官府贪赃枉法,被害人遭毒打,害人者反倒逍遥法外,心里犹如揣着只小兔子非常难受。这时观众入戏了。这是一种以闹托静的表演技巧,剧中常常用到。

3. 移神隐技

盖老常说,表演有些关节处"要叫观众看,又不要叫观众看。要叫观众看艺术,不叫观众看技术"。例如,武松在"打店"中的脱褶身段,让观众看的是褶子脱得干净利落,获得愉快的美感享受。至于用什么方法,脱得如此漂亮,一般观众不是来学戏,看明白技巧也无用处,所以隐去。老先生还说,演员在台上,心窝里好像有根"线",老是和台下连着。这根"线"牵着观众的眼神,戏演到哪里牵到哪里。好的表演,这根"线"始终不断,而且随意牵动到要叫观众看的地方,不叫观众看的不去牵引。如快要脱褶了,武松上前一步,头偏右转前方一看,那边"有人来没有"? 观众的视"线"也被引向那边,一看没有出现什么。就在一看的同时,双手早已拎着褶子大小襟,手腕飞快往外一翻,两肩往后一垂,褶子已经"刷"地滑落手中。观众回过神来,看到的是褶子爽快利落地拎在手上了。

盖老的高足,著名武生陈幼亭说,以前在台下看盖老脱褶,只觉好看,但不知如何脱得这样好看。看了几遍才看清楚了,完全是靠手上的泛儿,和臂上的阴劲,这个"泛儿"和"阴劲",不是轻易能够做到的。

陈幼亭的体会是不错的。可是另外还有一窍,好像没有听到。盖老说过,褶子里子定要选用杭州线衬做。这种料子光滑,有坠力,容易脱。

4.垫戏技巧

排练《武松打店》时,盖老先教孙二娘拳打武松四下,作为武松打她耳光的衬垫。初排一遍,盖老扮武松,再一琢磨,觉得不行。又叫孙二娘改为打两下。为什么? 盖老解释:四下多了,多了反而不能引人注意下面的精彩处,两下刚好叫人注意,接连打个耳光,这耳光正好打在节骨眼上。

重排,孙二娘打武松两下。接着武松还孙二娘一个清脆响亮的耳光。我们观摩的人,果然刚见孙二娘举拳虚晃两下,便被武松打耳光的举动声响吸引过去,见到的是武松的威武形象。盖老解释为什么打四下就多,打两下恰到好处,假如我们把两下比作"惊堂木"一拍,那么打四下,岂不等于"惊堂木"拍两拍。两拍反会把观众的注意力引到拍板上,不能起到衬托打耳光的作用了。又补充说,那么打两下难道就是标准? 当然不是,它是针对孙二娘当时的情景,在这里才合适,另外地方,不一定这样垫。怎么垫? 要在台上多次演出中,体会观众如何看的,用心研究,才能取得经验,掌握火候。

武松打死了猛虎,亮英雄相,展示神威。这是个小高潮。为了突出它,盖老教学"打虎"的演员亮相前加"绕手"垫戏。那位演员觉得动作简单容易做,人作蹲裆式,双手飞快绕几圈后亮相。盖老看后,觉得演员需及时掌握好速度节奏,说:"只快不慢。'绕手'和举拳亮相两个身段,只连不分,眉毛胡子一把抓,层次不清,身段不美……因为观众看'绕手'还来不及,绕着亮相,观众也就没有注意,改一改,'绕手'少来两下,由快逐渐放慢,慢后一停,正好。"盖老即兴示范表演一次。演员仿照着做几遍,动作由快渐慢,做完一遍,接着亮打虎英雄相,节奏疾徐变化,过程明确,层次清楚,亮相威武,盖老看了觉得不错。

5.留有余韵

《快活林》中有一小场戏。武松在店内酒喝足了,等蒋忠回来,交出被占的酒店。久等不见人,见蒋忠老婆坐在店内招呼生意,想让她去把蒋忠叫回来,故意挑逗,叫她过来陪酒。酒保刘槐听见,吓了一跳。他这时立在小边台前,大声警告:"要被大爷听见,打死你,吓死我,逼死大奶奶……"刘槐声色俱厉地念完台词,就没事了,面对台下呆站着。盖老觉得表演不生动,教他:身子微蹲,说这三句话时,双手一涮指武松。演员照样做了涮手一指的身段,站着不动。盖老觉得他只念了台词,做了涮手的程式,言外之意没有表示出来。戏没做足,人物不活。即时指点,双手指出去,不要忙放手,神情似乎是说:你小子胡言乱语,不分轻重,三条人命哪!你可知道我们大爷的厉害!这些弦外之音,用神情显示出来,留有余韵,人物才算有了生命。

四、盖派艺术美学

过去京剧界有种说法:北真南美。其是指杨小楼、盖叫天两位表演艺术大师各有特点,无疑是正确的。但是不够全面,只能说明他们各有侧重,不能排除他们真中有美、美中有真。否则怎能创造出"活赵云""活武松",真善美兼备的古代英雄典型来呢?

盖派表演讲究美学,的确比比皆是,琳琅满目,美不胜收。诸如人物精气神、子午相、直观性、过程性、平衡美、不平衡美、曲线美、塑型美、装饰美、乐舞和谐美等等,一系列美学典范。

因篇幅字数所限,且有些项目,过去已有人写过,故暂且从略。这里只抽出过去少谈的几项,扼要简介,以飨读者。

(一) 直观性、过程性美

盖老异常重视舞台艺术的直观性和过程性，并力求两者有机统一。

戏曲表演特点是时间、空间处理上的绝对自由。表演艺术家善于利用这一特点，显示自己的美学观，盖老对舞台场景设置及人物的调度，皆充分注意表演的直观性和过程性。如《武松打店》中，武松从下场门进去，观众感觉卧室门好像是在下场门一边。但武松搜店，又是从舞台右前进门，卧室门改在台前正中。这样，武松关门，孙二娘锁门、开门、拨门等等身段动作，都可以在台前正中做，让观众能在最近的距离、宽阔的视角、显著的地位，清清楚楚地直接观赏表演，以获得最大的美感享受。这是盖派艺术运用直观性原理的成功之处。

又如有人演武松，听孙二娘逃出卧室，反锁上门走下，立即跳下床来，使出打虎的神力，把颈上的铁链挣断，手上的铁铐用猛劲砸开。观众对身段动作倒也看得明白，却不知武松为何要急于砸铐。因内心活动没有一一表现出来，剧情不是按层次逐步发展，而是间断跃进，也即是表演缺少过程性。盖老的表演却不然。武松听到孙二娘反锁了门出去，回到床边，坐在床上，寻思刚才发生的事情，她为什么要反锁门？必定是不甘心，还要来反击。再次进来，不是聚众，便是带刀，免不了与她要有一番恶斗。要斗才想到（做被刀砍状）自己颈上有锁链，手上有铐，怎样相斗，要方便只有解开链铐。这才笃地跳下床来，上前几步，一甩罗帽，显出神威，双手用力扯断颈链，在膝盖上猛力砸开铁铐，做好迎敌的准备。离床走到台中砸铐，直观性更强，又能与内心活动的过程有机统一。这是表演运用美学原则成功的范例。

盖老之所以能够高度重视、非常强调表演的直观性和过程性，是因为他在长期的艺术实践中深刻体会到，这是使观众满足审美情趣的前提。如果不能让观众清清楚楚地看到和感觉到表演的全貌，观众便会丧失欣赏兴趣，就意味着表演的失败。那么再精彩的表演也是白搭，岂不要叫观众乘兴而来，扫兴而归。

(二)平衡美,不平衡中含平衡更美

盖老导戏,在人物调度中,极为注意人物之间的平衡、匀称。他曾说,元帅派将要一左一右地派。如元帅抛出令箭,派左边的一员大将,元帅身子偏右。再派,不能光派左边(光派左边,容易偏台),要改派右边,元帅身子偏左。继续再派,也是一左一右。这样,台上对称、平衡,不偏台,让人看了愉快才美。

但台上的物体,老是半斤对八两地放置,匀称是匀称,用得多了,却也落俗、刻板、单调,令人看了厌烦。为此,盖老常常变换手法,采用传统"四两拨千斤"来调度。

什么是"四两拨千斤"? 比如用秤称东西秤砣虽小,却能称起体积比自己大,分量比自己重的物体,这就叫作"四两拨千斤"。盖老巧妙地运用它的原理,处理舞台调度。如《醉打蒋门神》,按照 1954 年田淞、陈西汀协助盖先生整理的《武松》演出本来看,蒋忠"进得酒店,用目望"(进店左右两望寻找。武松从下场门上),打蒋忠背脊,蒋摔倒爬起,说明打斗是在店内进行。而在电影中,盖老将场景改在后花园。这一改非常重要。店内场地狭窄,又有桌椅碍事,武打施展不开。改在后花园,不但场地宽敞,而且调度开阔,特别是对刻画武松有利。如在店内,蒋忠身材魁梧,盖老个子矮小,形象上强弱对比明显,武松的神威受到影响,尽管后来也用了"四两拨千斤"的打法,蒋忠一脚踢来,被武松抓住脚腕一扭,蒋忠跌倒(摔壳子)认输。但前面一段戏,武松还是显弱。电影将冲突地点改在花园,盖老用"四两拨千斤"技巧,处理舞台调度,取得成功。如武松在店内酒喝足了,久等不见蒋忠踪影,缓步走进后花园寻找,在上场门与下场门之间来回踱步。走到上场门一边,突见一魁伟大汉,匆匆走进花园,立在下场门上角,东张西望。武松在台里,蒋忠在台前,你走东,我往西,两人相距甚远。这是运用大"半推磨"方法调度。蒋忠背向观众,武松正面对台下,二人斜面打量对方。蒋忠【扑灯蛾】中,加白:"怎么没有呢?"横走几步,武松由上场门横走到下场门,心想,他是什么人? 两人你左我右,我右你左,"半推磨。"武松微踮脚后跟,增加高度。蒋忠多用前弓后箭,或骑马式、使人降矮,回到下场外角。二人横走,来回重

复。武松的神气表明,莫非他就是恶霸蒋忠。蒋忠心忖,他可能就是肇事的小子。假如把武松比作"四两",蒋忠便可当作"千斤",他在武松意图下被"拨"动。假如蒋忠与武松,一左一右同立在台口平行线上中心,一大一小当然不平衡。现在两人拉开距离,一远一近。如果把蒋忠比作"秤钩"上的重大物体,武松就是个小"秤砣",拉在秤杆尾端,拎起秤纽,秤杆还是平衡的,这就是不平衡中含平衡,它比半斤对八两的匀称更美。

这种原理,与西方的"代替的平衡"美学不谋而合。"代替的平衡",它的原则是"一个固定的平面之上,如果要把东西摆得美观,轻的东西须离中心较远,重的东西须离中心较近"(朱光潜),这与上述武松和蒋忠的舞台调度完全一致。

(三)身段装饰美

"浇头",即装饰美。什么是"浇头"? 盖老有个通俗易懂的形象比喻:鸡汤面固然好吃,没有"浇头",只能卖给识货的人吃,不识货的人见鸡汤面和阳春面无甚分别,把鸡汤面当作阳春面吃。所以阳春面要加"浇头",鸡汤面也要加"浇头",人才喜欢吃。戏也一样,演员挺认真、挺卖力,唱得好,演得也不错,只是缺少点"浇头",观众还是不喜欢看。因此,盖老在武打身段中,加了点"浇头",增强美感。如《武松杀嫂》中,武松在狮子楼杀了西门庆回来,见了嫂嫂,怒火中烧,"迈头"一刀杀了也可以,但少点"浇头"不好看。盖老改为,一"迈头",二"抓帔",潘金莲从"座子"上站起来,三劈面一刀。这"抓帔"就是"浇头"(电影中未摄入,不知何故)。另有一例,也是在《狮子楼》中,武松斗败西门庆,可以"绕脖"一刀把他杀了。但为剧情有个顿挫曲折,在"绕脖"前,增加抓他右肩推过去,又像杀不着,再抓住拉过来几个动作,这才"绕脖"一刀。这推过去、拉过来,也是"浇头"。还有《鸳鸯楼》中杀蒋忠,原可以两人要了"夺刀""绕脖"就杀。但为未扬先抑,武松夺刀在手,威风凛凛,立在有利地位,朝蒋忠猛砍一刀,看来准死无疑,谁知他一躲闪,削中的不是头,却是硬罗帽。让他侥幸逃脱一刀,重新追杀后才结果了他的性命。这里增加的"削帽"也可以说是"浇头"。尽管盖老主张身段动作要适当地加点装饰美,却也反对与生活相悖,歪曲人物形象,矫揉造作,哗众取宠,故意卖弄噱头的做法。他说:"有人演武松在快活林喝酒等待蒋忠。一大碗酒喝光了,把碗翻扑在桌上也就可以了。但他加'颠碗'(扔高翻个),接住再翻扑桌上。'颠碗'玩花样也是'浇头',但用在这里不合理。武松此时急于要帮助施恩夺回被蒋忠霸占的酒店,等蒋忠等得实在不耐烦,心里急躁不安,哪有闲工夫玩花样。"

我还见过《鸿鸾禧》中金玉奴的表演,她当着莫稽的面,对金松说:"女儿我放心不下,出得门去,实指望探望你老人家,不想就看见他了!"说这句话时,先是面对金松,看着金松。当说到"他"字,就用手一指莫稽,眼神随着对莫稽一看,然后嫣然一笑,这一指的身段动作用得恰到好处。它把观众的视线吸引过去,使观众看清了她的面部表情和莫稽的反应。戏到这里已经做足。但有的演员,为了美化手的动作,不适当地再加上一个小云手,像擦鼻涕似地再指过去,那就难看了。为什么难看?因为动作是多余的,好像前面说的"颠碗"一样,是画蛇添足。

有人以为装饰性的细节,可多可少,无伤大雅。实际上,仔细琢磨一下,每个细节都是塑造人物形象必不可少的有机组成部分,不可盈或缺。多一分就显得拖泥带水,不干净;少一分又觉空而不圆,定要不多不少,恰到好处,才能达到形象身段的装饰美。

(四)身段曲线美

盖叫天有位高足,20世纪50年代初,住在盖府学戏三年。笔者某次访问,请他谈谈学艺心得。他说盖派精华,就在一个云手,一个跨腿上。乍听起来,似有以偏概全之嫌,仅仅依赖"一个云手、一个跨腿",再精再美,恐怕也难塑造出一个"活武松",但从表演身段来观察,此言又无疑是切中要害了。

云手,是戏曲传统表演程式之一。凡是一般初学戏的演员都要学,也都会用。但盖派的云手与一般的云手大相径庭。一般的云手,多是云手、跨腿、转身,朝着一个方向同时运行。时间、空间没有矛盾,表演太直接而不好看。盖派的云手,却大有讲究,别具一格,与众不同。盖派的正云手,分为四个层次:① 手动(云手)、眼送;② 腰随

（"扭麻花"），有个曲线美；③ 步跟（跨腿、斜身）；④ 反转身。

盖老还作进一步的具体解释：我就这样扭着腰转身，上身很快转过去了，可下身却在隐隐地、缓缓地跟着来时，连带着照样地把臀部藏起来了。这样转身，露给观众的，首先上身是眼神，是剧中人的神气。这样转身，就能和花旦的转身一样，有了曲线形美了。"线中最美的是有波纹的曲线"（画家霍切斯）。为什么曲线最美呢？因为曲线能引起快感。"最普通的解释是肌肉感觉说：眼球在看曲线时比较看直线不费力，所以曲线的筋肉感觉比较直线的筋肉感觉为舒畅"（朱光潜）。

曲线形的身段，盖老又是如何创造出来的呢？盖老年轻时学过花旦、武旦，对花旦的"斜身（绕步）"身段、曲线美，有深刻体会，逐步琢磨着把花旦、武旦的"斜身绕步"经过再创造，化用到武生身上，曲线不变，但"已不是花旦原来妩媚窈窕的'斜身绕步'，而是武生雄健挺拔的斜身跨步，成了既柔又刚、刚柔相济的优美身段了"。

（五）乐、舞谐和美

什么是谐和？不协调的东西的协调一致，便是谐和，或说是一切组成部分有机地相互联系更为明确。表演身段有身段谱，它由各种复杂的程式，按照表现人物的需要组合舞蹈身段，它有自身的规律。一般情况下，运用时，不能逾矩。戏曲音乐，鼓有鼓套子，锣有锣经，它也有自身的法则，内在的旋律。打乱容易，重新组合困难。

锣鼓与身段，各有特点，原来是不相协调的表演工具，如果能够创造性地、巧妙地使两者相互作用、相互促进，有机地协调一致，共创音乐与舞蹈的谐和美，舞台艺术效果定有丰硕收获。

身段与锣鼓，各有特殊性，相互不协调，但也各有共性。比如"武戏文唱"，"文唱"可以说便是盖派表演的"共性"；而锣鼓也有"文点子""武点子"之分。若要身段与锣鼓协调一致，必须找出其性质相近、节奏疾徐强弱、尺寸长短方圆的共同之处，才能互相适应，合成有机又协调的一个整体。

盖老创造人物，一般是根据锣鼓设计身段，但盖老曾说他是不对锣鼓让步的。当然，身段与锣鼓的结合，也应分出主次，不能喧宾夺主,表演是舞台艺术的中心,锣鼓与表演谁服从谁,不言而喻。但有时锣鼓与身段联系紧密,难免没有出入。如身段伸长,锣鼓嫌短,彼此难以协调统一。如盖老演《狮子楼》的武松,士兵说:二爷！钢刀在此(递上刀的演法)。武松见刀眼红。接刀,颠刀后踢大带,就在手勒大带勾腿时,原打"嘣咚呛",可是身段比锣鼓伸长,很不协调。怎么办？砍身段,身段是完整的舞蹈,一砍就支离破碎,不好表演。想到自己从来不对锣鼓让步,决不能削足适履。若加长锣鼓,可锣鼓又是凝固程式,加长了,老派观众听了会不舒服。反复考虑后,觉得只要锣鼓与身段吻合,严丝合缝,和谐完美第一就行,不计其余。于是即命鼓师,在"嘣咚呛"后,破格再加个"呛"成为"嘣咚呛呛",不协调中的协调一致,取得和谐之美。

盖老还善于运用不和谐衬托和谐,犹如锦上添花,使和谐更美。史文恭是个英雄,英雄出场,一般都用"四击头"打上亮相,他觉得"四击头"太"武",不符合武戏文演的精神。因为"四击头"节奏紧凑,有棱有角,配英雄人物亮相,威武神气。史文恭虽也是英雄,但他此时出场,不是在格斗前后,也非在教场教练,用不着端架子显威风,用"四击头"就不合适。此时他所处的环境是在室内徐缓走动,所以盖老改用"原场""∥都∕拉台∥:呛七七七∕台七七七∥"。节奏徐缓舒畅,恰好衬托出史文恭此时怡然自得、潇洒自如的风度。改用"原场"比较合情合理,身段与锣鼓协调一致。

特别是史文恭在"原场"打上,传统的走法,脚步踩在锣鼓尾,他嫌"武"了,改为踩在锣鼓的空当上,就"文"了。身段与锣鼓错位进行,犹谐和之中偶尔夹声不谐之音,更使人觉得新鲜别致,出奇增色,成为谐中之谐,美中之美！

王传淞表演艺术研究述略①

周立波

王传淞在昆剧丑行和副行中塑造了许多经典形象,如《十五贯》中的娄阿鼠、《鸣凤记》中的赵文华、《孽海记》中的本无、《连环记》中的曹操、《燕子笺》中的鲜于佶等。王传淞总能抓住人物的内心活动,通过独立思考,将人物刻画得惟妙惟肖。因此,王朝闻对他评价道:"王传淞之所以能成为一个有独特个性和特创精神的艺术家,首先在于他是一个能独立思考和有独创见解的演员。"[1]王传淞在昆曲舞台上的精湛技艺,引起了众多专家学者的兴趣,纷纷对其展开研究。从时间跨度来看,从1938年愚翁在《十日戏剧》第2卷第34期上发表的《看王传淞之〈燕子笺〉》算起,迄今已有76年。而真正对其进行全面研究还得从20世纪50年代《十五贯》演出算起,此后,经历了五六十年代"一出戏救活一个剧种"的昆剧复苏、七八十年代的昆剧振兴、九十年代迄今的昆剧复兴。从研究范畴来看,对王传淞的研究主要涉猎生平研究、表演艺术研究和昆剧传承研究三个方面。

一、王传淞生平研究

全面介绍王传淞生平的资料首次见诸文字的是王传淞自己的《我的艺术生涯》(《浙江文史资料》第25辑,浙江人民出版社,1983:77-106),文章由柳河、王世瑶、王德良记录整理,共分八个部分,讲述

---

① 本文发表于《浙江艺术职业学院学报》,2014年第1期。

了王传淞从出生到 20 世纪 80 年代 77 年的人生历程。后来,《浙江文史集萃·文化艺术卷》收录了该文,删去了后面的三个部分。1987 年,王传淞辞世。史行、沈祖安发表《江南昆丑王——悼昆丑表演艺术家王传淞》(《戏剧报》,1987 年第 7 期)一文,介绍了王传淞的一生及其在艺术上所取得的成就。该文章的五个小标题,高度概括了王传淞的一生:"好看·好动·好问""勤学·勤记·勤想""善改·善化·善用""求精·求深·求新""爱艺术·爱事业·爱观众"。

2005 年,时值王传淞 100 周年诞辰暨《十五贯》晋京 50 周年,于平在纪念大会上做了《一个人·一出戏·一个剧种——纪念昆剧表演艺术大师王传淞诞辰百年感言》的发言,于平认为:"尽管王传淞对昆丑的表演技巧精深娴熟,尽管王传淞借'鼠'的神态状人的形态,但他角色塑造的成功首先还是基于对人物内心的把握。"[2]顾笃璜在《记王传淞》(顾笃璜《昆剧漫谈》,上海人民出版社,2009:180-185)一文中回忆了王传淞在苏州培训班的经历,并对王传淞扮演的贾主文、娄阿鼠等角色进行评价。阿潘在《一只让人百年不忘的"老鼠"——著名昆剧表演艺术家王传淞丑趣》(《文化交流》2005 年第 2 期)一文中则通过两个故事(1957 年在贵阳演出《十五贯》救场的事和"文化大革命"后在新市觉海寺被人认出的事),表达了作者对王传淞的缅怀。其他纪念文章还有钮骠和沈世华的《心香一瓣祭先师——缅怀王传淞老师》(《中国戏剧》,2005 年第 6 期)、周子清的《王传淞先生乃丑中美的典范——纪念〈十五贯〉晋京 50 周年王传淞诞生百周年活动》(周子清《梨园寻梦》,北京:大众文艺出版社,2007:42-45)、薛年勤的《两代名丑昆坛铸辉煌——记昆曲名师王传淞和嫡系弟子林继凡》(《戏文》,2005 年第 2 期)等。

桑毓喜在《幽兰雅韵赖传承——昆剧传字辈评传》一书中有王传淞的小传,介绍了王传淞一生的艺术历程,对他在表演艺术上所取得的成就评价道:"数十年来,王传淞在昆剧舞台上之所以能挥洒自如成功地塑造形形色色的众多人物形象,这是由于他有着丰富的生活经验和知识积累,并善于独立思考、深刻剖析、体会角色的性格与心理活动,在表演上既注重师承,又不墨守成规,而且能巧妙地或跨行当吸收某些表演技巧,为'我'所用,充实丰富自己饰演的角色。"[3]该书初版于 2000 年,由江苏文史资料编辑部编印,2010 年由上海古籍出版社正式出版。

　　熊姝和贾志刚在他们的著作《昆剧表演艺术论》的第七章,专论"王传淞的'丑中美'",其中第一节(学艺与登台)就是对王传淞生平研究的成果进行评述。该节从"'看野眼'乐无穷""昆剧传习所的培养""两位老师"三个部分对王传淞的一生进行述评,最后评价王传淞"虽读书不多,但在艺术生涯中勤学、勤问、勤记,因而有着渊博的生活知识和丰富的舞台经验,思维敏捷,言谈诙谐"。[4]

二、王传淞表演艺术研究

　　对王传淞表演艺术的研究主要集中在两方面:一是对王传淞舞台表演的研究,二是对王传淞昆剧家门的研究。

　　对王传淞舞台表演的研究,主要体现在对其在昆剧舞台上所扮演的角色的研究。1956 年,《十五贯》的演出获得成功,王传淞在剧中饰演的娄阿鼠形象深入人心。王传淞在《我演"十五贯"里的娄阿鼠》一文中首次谈了自己的感受:"我刻画娄阿鼠缩颈等动作一向用老先生教的'鼠'的动作,并不是真去扮一只老鼠,是取'獐头鼠目'的性格,在外形上也把人物性格明显地刻画出来。"[5]一些戏剧名家纷纷撰文,对王传淞的表演进行评论。田汉认为:"王传淞的娄阿鼠自然是十分出色的……庙里测字一场他以精湛的技巧做了十分真实生动的犯罪心理的表现,跟周传瑛的假测字先生的演技真是相得益彰。"[6]梅兰芳则说:"他又丰富和发展了这个角色的形象,歪着面孔,斜着肩膀,一望而知是个獐头鼠目的流氓。他的表演,每一个阶段都十分符合剧情的发展。"[7]阿甲则认为:"王传淞所扮演的这一丑角,也并非一切务求鼠化,单纯去模仿老鼠的形体动作,而只是在体验这个流氓心理活动中借用老鼠那种机敏狡诈的特性来帮助他完成角色的形象创造而已。"[8]俞振飞也称赞王传淞"演的娄阿鼠其可贵之处,正在于既无不足,又不过分,刚刚恰如其分"[9]。谢振东对王传淞成功塑造娄阿鼠形象,归纳其原因有二:一是"他对自己这个角色的社会身份、心理状态、思想性格是透彻了解的";二是"他对这种人物的生活方式,是达到通透的纯熟",因此,"他的表演方法,在灵活地应用了戏曲中丑角的固有身段上,始终包含着饱满的生活气味,使它逼真、生动,成功地完成了戏剧所给予的使命"[10]。沈祖安对王传淞在《写状》《下山》等戏中的表演颇有研究,他认为王传淞在《写状》中的表演,"一出场给人的第一印象是造型神似"[11]。张屯则在文章中回忆了王传淞1956年参加在苏州举办的第一次昆剧观摩汇演时与朱传茗合演《活捉》的情景,"戏演到高潮处,开始了所谓'转台角'。人们注意到:王传淞在面向观众的不停顿的走动中,他的脸色竟逐渐在'变'了!直至最后,竟然能变到'面如土色'。有人认为,这固然是'技艺',也就是他的'绝活'。至于他的身段水袖等,那就更见花哨了"[12]。

对王传淞昆剧家门的研究,是对王传淞昆曲表演的整体评价,也是对王传淞昆剧表演特征的总结,更是对王传淞昆剧表演艺术的美学探寻。

20世纪七八十年代,王传淞与王朝闻有过两次谈话,谈话内容主要针对王传淞的舞台表演。王朝闻通过与王传淞的谈话,认识到:"认识生活的才能和知识,才是艺术构思有无独创性的可靠依据;基于演员对生活的确切认识,美化的舞蹈程式才能深入表现娄阿鼠这么丑恶的灵魂;青年一代的演员能不能把老一辈那精湛的艺术学到手,主要看他对他所要再现的生活有没有比较深入的认识;昆曲和其他戏曲的所谓危机能不能克服,也要看演员在程式化的运用上有没有创造性,要看他的表演中能否保证生活的真实感。"[13]1963年,王传淞也曾与潘天寿有过一次谈话,两人就戏曲与绘画互相交换意见,很多话题涉及美学范畴(柳河、田夫《异曲同工脉络相通——王传淞和潘天寿畅谈艺术创造》,《艺术研究资料》,1983年第4辑)。

通过对王传淞所扮演的娄阿鼠、鲜于佶和贾主文等角色的具体分析,陈朗认为:"如果我们说王传淞扮演娄阿鼠的成功只是体会了娄阿鼠的性格特征和寻求他的犯罪心理根据的结果,而没有遵循并创造出足以适应他的这种性格和心理特征的动作,而这些动作又是产生于一定的舞蹈化并符合昆曲中丑的表演艺术的基础之上的,或者说他没有具有长期的对于丑(包括副)的丰富知识和可以用之于丑和副的渊博的技术经验,这是难以想象的。"[14]台湾学者黄思超就《十五贯》的表演将王传淞与刘异龙进行对比,认为:"舞台演出是《十五贯》最为成功之处,周传瑛、王传淞、朱国梁等三人打破原本行当家门的限制,从'人物性格'来构思、运用行当的程序动作,在表演方面的成就是相当可观的。"[15]

马彦祥则从王传淞饰演的娄阿鼠拓展到整个戏曲丑角,他认为:"王传淞塑造的娄阿鼠这个人物,不仅丰富和发展了《十五贯》这个新改编本,更拓展了丑角艺术的领域,为戏曲界的丑角演员提供了一笔宝贵的艺术财富。"[16]陈望衡从艺术美的高度来评价王传淞塑造的娄阿鼠形象,认为:"昆剧名丑王传淞扮演《十五贯》中的娄阿鼠,可谓惟妙惟肖,比起平庸的演员的扮演,他所创造的艺术美就要高得多。王传淞的创造当然不只是技巧的运用,其中还有对角色的体验、认识等,但技巧无疑是重要的方面。"[17]戴平更是以美与丑的美学理念来解读王传淞的表演,他认为,观众之所以欣赏王传淞扮演的娄阿鼠、鲜于佶等,其一在于王传淞"在这个人物身上倾注了正确的审美判断",其二"还在于艺术家在揭露、批判丑的时候,仍然运用了美的艺术形式和高超的艺术技巧,使观众得到了美的享受"。[18]

熊姝和贾志刚在他们的著作《昆剧表演艺术论》的第七章第二节"以形传神形神兼备"中对王传淞的表演作了全面论述,认为王传淞是"从人物出发,把'观察之眼'与'传达之眼'辩证地统一起来,他所塑造的娄阿鼠是一个以形传神、形神兼备的靠眼睛来做戏的成功典范"。[5]208书中对王传淞塑造的"卑鄙猥琐的赵文华""丑态百出的鲜于佶""青春萌动的本无""工于心计的曹操"进行详细剖析,认为:"王传淞始终把观众当作昆曲的审美主体,他尊重观众的审美趣味和审美习惯,反对自然主义,力戒简单地模仿生活,力求能动地反映生活,力主做到从人物出发,使人物符合生活和戏剧的逻辑,并且不断从生活中提炼形神具备的特征,由此,他创造出了许许多多个性鲜明的人物形象。"[4]229

三、王传淞昆剧传承研究

1978 年 4 月,由江苏省昆剧院发起,在南京举行了苏、浙、湘、沪三省一市昆曲工作者座谈会,会议的主要议题就是讨论昆曲艺术的继承和改革问题。在这次座谈会上,王传淞作了《关于培养昆艺术接班人》的发言。王传淞在发言中针对培养昆曲接班人问题提出了两点看法:① 对于"年富力强、有雄心壮志把昆剧事业搞好"的"中坚力量","应该充分调动和发挥他们的承前启后的重要作用,给予他们充分的学习和实践的机会,为他们创造一切有利条件,使之多学、多演、多传,不断提高,精益求精";② "应当立即采取行之有效的措施,争取时间,培养新人""组织人力,筹调师资,一地或一团把有教学能力的人员集中起来,按文武行当,尽量把师资配备齐全""组织力量,逐步整理编辑出一套实用于教学的昆曲教材"。[19] 由此可见,王传淞是十分重视昆剧传承的。

据王世瑶回忆,当年王传淞经常跟他们说:"要把人物演活,生活是唯一的依据,因为戏上有,世上有;世上有,戏上有。要观众承认你演得像,演得真,也是以他们的生活为依据的。"能否很好地认识生活,表现生活,是衡量一个艺术家是否具有创新性的标尺。塑造好舞台上的人物形象,不仅要在课堂上学,更要到社会上去学,因此,王传淞经常到茶馆、街头,去观察形形色色的人。[20]

林继凡是王传淞在 1982 年两省一市昆剧汇演期间所收的弟子,也是王传淞唯一一位入室弟子。他对王传淞的教诲深有体会,他印象最深的一句话就是:"勿要像我王传淞,要像剧中人。"王传淞曾经教育他:"表演的动作、部位等,应是演员理解人物、深入角色以后,随着感情的变化而产生的,不是凭空而来的。只有当演员心目中有了人物,又有了得心应手的工具,就可以使人物活起来了。"[21]薛年勤在回忆师徒二人时说:"身怀绝技的老艺术家,因为从心里喜爱这个徒弟,倾囊相授《十五贯》《游殿》《狗洞》《议剑》等 20 多出传统昆剧。林继凡一一继承了下来,并有不少戏进一步完善和发展。"薛年勤认为:"继承和强化戏曲传统的审美取向,运用传统技法,使用现代手段,依据不同类型剧情进行局部或整体的人物造型样式的创新,以塑造不同性格的鲜活形象,通过艺术理论在自己的舞台实践中来体现。我以为这是林继凡在艺术创造中取得成功的理论依据。"[22]朱继勇也曾经跟随王传淞学艺,他在《忆我的恩师》(苏州市文化广播电视管理局《昆剧继字辈》,2004 年)一文中介绍了自己接受王传淞教授《访鼠·测字》的经历。

钮骠和沈世华也是受到王传淞教诲过的演员,他们在《心香一瓣祭先师——缅怀王传淞老师》(《中国戏剧》,2005 年第 6 期)一文中详细回顾了当年聆听教诲的细节。林淳钧、许实铭则介绍了京剧青衣姚璇秋向王传淞学艺的经历(林淳钧、许实铭《姚璇秋》,湖南人民出版社,1985:70-71)。婺剧演员周子清也曾经得到过王传淞的指点,他认为:"王传淞先生为人师表,身体躬行,在舞台上陪青年演员演戏,一个大艺术家,多少年来,善于提携后辈,甘为人梯,带领了一批批青年演员走向成熟。"[23]

沈祖安则在《既"承旧",又"创新"——看王传淞教昆曲折子〈下山〉》一文中介绍了王传淞在 1961 年浙江省青年演员表演艺术班教授《双下山》的情景,他认为:"王传淞教学上的长处,主要在于善能启发青年演员自己创作,尽量发挥他们的创作想象力;既要教他们传统的表现程式,又告诫他们不要光搬程式,要创新。"[24]台湾学者李贞仪在对王传淞、周传瑛、华传浩等传字辈艺术家进行分析后,认为:"传字辈更鼓励学生不要单纯地满足于模仿老师,而是能对于角色人物再思考,同时传字辈本身也不断地精益求精,期望角色的呈现能够更符合当下社会的审美观、价值观,他们这种不断追求的精神,同时也影响了他们的学生,就是依靠着这种精神,我们今日才得以看到昆剧舞台上各种精彩纷呈的表演。"[25]胡斌通过对"传字辈"艺术家在昆曲教育活动进行研究后认为:"事实上,这些'传字辈'艺人的教学活动都不限于一个地方,他们突破地域限制,为全国各地的昆曲演员传承技艺,'多师合授一徒'和'一师教授多徒'的情况不胜枚举。除了地域上的突破,还有时间上的跨越,新中国成立后的几代昆曲演员,都曾经受过'传字辈'艺人的教诲。甚至在五十年后的二十一世纪初,健在于世的'传字辈'艺人还在为昆曲教育事业尽心尽力。"[26]

王传淞对昆剧艺术的贡献,特别是对昆剧丑行和副行舞台表演的贡献,为昆剧艺术的发展和传承起到了十分重要的作用。用东村居士的话来评价他,就是"如登高山观闲云野鹤,瞬息万变,固知聪明人自有天才也"。[27]纵观半个多世纪对王传淞的研究,所涉猎的领域十分广泛,既有对其生平资料的研究,也有对其舞台表演的研究,还有对其昆剧家门的研究,但同时也存在着缺憾。一方面是对其生平的研究尚嫌单薄,缺乏深入的研究和理性的思考;另一方面是对其全方位的研究还不够深入。相信在不久的将来有关方面的专家必将出现新的成果来弥补这些缺憾。

参考文献:

[1] 王朝闻,王传淞,沈祖安,等.戏在眼睛里(代序)[M]//王传淞.丑中美——王传淞谈艺录.上海:上海文艺出版社,1987:序2-序3.

[2] 于平.一个人·一出戏·一个剧种——纪念昆剧表演艺术大师王传淞诞辰百年感言[N].中国文化报,2005-04-09.

[3] 桑毓喜.幽兰雅韵赖传承:昆剧传字辈评传[M].上海:上海古籍出版社,2010.

[4] 熊姝,贾志刚.王传淞的"丑中美"[M]//熊姝,贾志刚.昆曲表演艺术论.沈阳:春风文艺出版社,2005.

[5] 王传淞.我演"十五贯"里的娄阿鼠[J].中国戏剧,1956(6):004.

[6] 田汉.看昆苏剧团的《十五贯》[N].光明日报,1956-04-14.

[7] 梅兰芳.谈昆剧《十五贯》的表演艺术[J].戏剧报,1956(6).

[8] 阿甲.向《十五贯》的表演艺术学习什么[N].人民日报,1956-05-18.

[9] 俞振飞.周传瑛和王传淞在《十五贯》中的表演[M]//俞振飞.俞振飞艺术论集.上海:上海文艺出版社,1985:254.

[10] 谢振东.谈王传淞对娄阿鼠形象的创造[N].贵州日报:乌江,1957-11-20.

[11] 沈祖安.杂谈王传淞的昆曲折子《写状》[J].中国戏剧,1961(Z5).

［12］ 张屯.昆剧中也有不少"俗戏"——兼忆朱传茗、王传淞之《活捉》［M］//张屯.戏迷大观园.南京：南京大学出版社，1990：87-88.

［13］ 王朝闻.与王传淞谈娄阿鼠［N］.新民晚报，1982-06-07.

［14］ 陈朗.出"丑"与出戏——谈王传淞所饰演的几个角色［J］.戏剧论丛，1981(4).

［15］ 黄思超.浙昆改编戏研究——以《十五贯》《风筝误》《西园记》为主要研究对象［D］.台北：国立中央大学中国文学研究所，1992.

［16］ 马彦祥，王传淞，沈祖安.王传淞的昆丑艺术［M］//王传淞.丑中美——王传淞谈艺录.上海：上海文艺出版社，1987.

［17］ 陈望衡.化丑为美的点金术——谈生活丑与艺术美［M］//陈望衡.艺苑谈美.重庆：重庆出版社，1985：112.

［18］ 戴平.论丑角之美［M］//隗芾，詹慕陶，闻起.戏曲美学论文集.北京：中国戏剧出版社，1984：317-319.

［19］ 王传淞.王传淞同志发言——关于培养昆曲艺术接班人［C］//昆剧工作座谈会文集.南京：江苏省昆剧院，江苏省文化局剧目室，1978：45-46.

［20］ 王世瑶.父亲王传淞的三瓣［J］.大雅，1999(1)：52-53.

［21］ 林继凡.勿要像我王传淞，要像剧中人——王传淞老师的教诲［J］.人民戏剧，1982(8).

［22］ 薛年勤.两代名丑昆坛铸辉煌——记昆曲名师王传淞和嫡系弟子林继凡［J］.戏文，2005(2)：53-55.

［23］ 周子清.王传淞先生乃丑中美的典范——纪念《十五贯》晋京50周年王传淞诞生百周年活动［M］//周子清.梨园寻梦.北京：大众文艺出版社，2007.

［24］ 沈祖安.既"承旧"，又"创新"——看王传淞教昆曲折子《下山》［M］//沈祖安.纵横谈艺录.郑州：河南人民出版社，1984：114.

［25］ 李贞仪.近代昆剧艺术的传承——"传"字辈与当代昆剧艺人的传承关系研究［D］.台北：国立清华大学,2006.

［26］ 胡斌.近现代昆曲教育研究［D］.上海：上海戏剧学院,2010.

［27］ 东村居士.谈王传淞［N］.申报,1939-09-17.

身段·形体

独辟蹊径　自成一家[①]
——越剧身段与戏曲程式

俞珍珠　史　昕

越剧表演身段动作的剧种本体化,是越剧成熟的一个重要标志,也是越剧区别于其他戏曲剧种的一个重要标志。

戏剧演出,运用什么样的形体动作进行表演,是不同戏剧美学在塑造人物形象上的要求,不同样式的形体动作,又有不同的动作法则。

歌舞演故事,概述了中国戏曲的构成要素和美学定位,即以歌化的语言动作,舞化的形体动作演绎故事,塑造舞台艺术形象,构建戏曲艺术美。

戏曲舞化的形体动作,有多种称谓,称它为"动作",是从戏剧特性而言;称它为"语言",是从其功能而言;从其语词总汇讲,又曰"语汇";从其规范化角度说,又曰"程式";传统习惯叫"身段",它包含了语言载体和动作舞化两层意思。实在是名目繁多,颇有应接不暇之感。不过种种称谓又从不同角度反映了"动作"的性能特征。

上述"动作",是戏曲表演的通用性形体语言。但各个剧种在运用上,又有其差异性。在此是美,在彼可能是丑;在彼是丑,在此又可能是美。

越剧是中国戏曲中个性特色比较鲜明的一个地方剧种,形体动作也有其独特的艺术追求。

---

① 本文发表于《中国戏曲学院学报》,2005 年第 1 期。

一

戏曲,在中国艺术品类中是产生得比较晚的一个艺术品种。而在她的孕育、形成中,又是吸纳了文学、舞蹈、音乐、美术、武术、杂技于一体的艺术品种。因此,戏曲的形成表现为两大特点:一是其继承性,二是其综合性。所谓继承性,是说早于戏曲存在的诗歌、舞蹈、音乐、美术等艺术品类,一经成为戏曲的构成实体,必然会把民族传统的美学意蕴带进戏曲中,为构建戏曲美输送基因;所谓综合性,是说一旦被吸纳到戏曲中的各个艺术品类,就不再是独立的自我存在,而是经过变形、化合,统一在歌舞演故事中,成为戏曲美不可或缺的有机实体。于是这种"继承"与"综合",便把原有单一艺术品类的叙事性、抒情性、直观性、流动性、想象性的特长,融汇于戏曲美之中,造就了戏曲直观而空灵,有规则而自由、飘逸、流动的艺术态势。

戏曲的形体语言,随着戏曲的形成而同步产生,造就了虚虚实实、似与不似、规范化、舞蹈化的戏曲形体动作。

越剧,又是中国戏曲中产生得比较晚的一个地方剧种。她的孕育、形成期,正是中国戏曲发展处于成熟、稳定的鼎盛时期,她的发祥,又是处于文化艺术大聚会的现代化大都市上海滩。传统文化与新文化,乡土文化与都市文化,民族文化与外来文化,在竞争、碰撞中,又互相影响,互相吸纳,优胜劣汰。越剧犹如从农村闯进上海滩的花季少女,具有顽强的生命力与冲击力,在继承戏曲成果中发展自我。从学习老剧种、大剧种的表演程式,搬演他们的传统戏,到引进话剧、电影的表演方法、艺术体制,改造传统表演程式,建立自己的演出剧目,使写意性表演艺术与写实性表演艺术合流融化,自成一家,确立了越剧发展的艺术走向,奠定了越剧风格的艺术基础,由此也确立了越剧表演身段动作的艺术原则。

二

这里,让我们从一般意义上来论述戏曲形体语言。

人们知道,舞台形体语言是交流思想、传递情感、塑造艺术形象的工具。形,是义的载体;动作,是语言表义的结构方式。无形,义无从依托,无从传递;无义,动作便不能称为语言。正如文字语言以音声为载体,无义的音声,便不能称为语言。

中国戏曲表演,塑造舞台艺术形象,是"追求神似,离形得似,神形兼备。"[1]这是戏曲表演的美学追求,也是形体语言的结构原则。美学追求决定语言形态,语言形态服务于美学追求,这是统一体的两个方面。

"离形得似,神形兼备",这是从形与神的关系而言。从形体语言角度说,又可谓"离形得似,形义兼备"。又要"离",又要"似",形体动作语言该是个什么样式? 这就要从动作的结构成分、形态、作用加以论析。

概括来说,大体可分为三类动作:形似动作、变形动作、修饰性动作。

①形似,并非照搬生活动作原形之"似",而是取生活动作或物具的某些典型形态特征,作为动作的"指事"性部分,是形体语言传递信息的符号性成分。就手势动作说,有生理部位指事性、情感态度指事性、物品物态指事性、行为做活指事性等等。它告诉观众剧中人在干什么,舞台上在表现什么。如揾泪,便知是哭;曲肱而枕,便知是睡觉;喝酒,取酒杯;诉状,取长条白纸。其实,这些虚空揾泪的哭、曲肱而枕的睡觉、有杯无酒的喝酒、有纸无字的诉状,只是一种象征意义的"似"。

②变形,即超脱生活动作原有之形——离形,既可以是动作本体的变形,又可借彼物动作之意态喻此动作之意,着力于强化、渲染动作语词之义。如杨贵妃喝酒,不用手拿杯而以嘴叼杯,把喝酒可能出现的仰头、敞身,变形夸张到下腰;《夜奔》中林冲那个睡觉,把跳到神案隐蔽处的"跳",变形夸张到飞脚,把伸腿睡卧变形夸张到跨转踹腿,坐盘而卧。一个简单的喝酒、睡觉,由于变形动作的介入,大大加强了艺术表现力。这是动作本体的变形。借喻性变形动作如盘水袖、甩甩发、抖翎子、颤头盔,则是借它物动作之意态,喻人物的心理状态。而惊愕、激愤的斗眼珠子,急切思考的转眼珠子,则是形似与变形的统一体——眼和眼珠子是形似,"斗"与"转"则是变形的。

此外,如动作的取舍、动作的虚拟,以及意到笔不到的动作,都是离生活动作之形的变形动作。

③修饰,戏曲形体动作,是舞化动作。"舞化",是戏曲美的修饰润色。有无此种"修饰",是生活动作与戏曲舞台动作的本质区别,也是写实化戏剧与写意性戏曲在表演上的本质区别。因此,戏曲形体动作要遵循形式美法则进行规范,加工润色。如在动作结构上讲究平衡对称,比例匀称;姿态上讲究子午阴阳,圆式柔和;动质上讲究刚柔相济,强弱对比;动势上讲究抑扬顿挫,疾徐动静;动线上讲究迂回婉转,划圈圈,等等。经过如此规范化修饰的形体动作,就呈示出舞化的节奏韵律,成为具有审美价值的艺术语言。

铺垫,也是一种修饰。为了烘托表义的主体动作,往往会安排一些铺垫性动作,可谓形体语言的"修辞"。如杨贵妃叼杯喝酒前,先做个双手腕花叉腰动作,醉眼视杯;林冲睡觉,先做个栽垂托掌动作,吸腿立姿眺望。一个醉眼视杯,一个立姿眺望,均提示下面有戏看。如果把贵妃喝酒、林冲睡觉两组动作称为"短句",斗眼、转眼可谓"单词"了。

严格地说,无论哪类形体动作,都是心理动作的外化形式,必须心到、眼到、手到,一神一态,抬手投足,都要体现人物的心理动作,才能构成传情达意的形体语言。

各类动作,巧妙组合,变化无穷,可以表现丰富的戏剧内容,呈现出迷人的戏曲美。

三

越剧作为一个年轻的地方戏曲剧种,虽然产生得比较晚,但已是一个具有独特艺术风格的成熟剧种。那么在表演艺术的形体动作上有何特色?与戏曲表演总体特征相比有何差异?似乎还没有一个比较妥帖的概述。这正是本文要讨论的中心议题。

应该说戏剧演出的本质特征,是"化身表演"。如何"化身",如何"表演",不同的戏剧体系有不同的美学追求和不同的艺术法则。写实化的戏剧表演,是"摹写真实,以形传神,神形并重"。[2]写意性的中国戏曲,是"追求神似,离形得似,神形兼备"。一个"摹写真实",一个"离形得似",越剧恰恰在两者之间选择了自己的位置。通观越剧表演,其基本特征可以概述为"以似求变,以假拟真,神形兼备",从而创造了自己情真意切、优美自然的形体表演特色。

(一)疏离与贴近

戏曲形体动作源于生活,但经过"离形得似"的提炼加工,就疏离了生活,拉开了与生活的距离。对此,越剧却来了个相反的疏离,即疏离程式化而贴近生活。

1. 扬弃空灵性,注重具体性

在戏曲演出中,有不少上场诗、坐场白,大都是自我介绍性的,意在表现"这一个",勾勒人物的总体风貌。剧本的程式化,决定了舞台调度、形体动作的程式化。还有些肢体动作,是程式化的结构性存在,像抖袖,有时不抖袖就叫不起锣鼓,开不了唱,而演员做这类动作时,人物心理动作比较空灵。亮相也有此种情况。

对于亮相,有人物出场亮相,有演出过程中亮相,有情感流程中停顿式亮相,有精神意蕴释放式亮相,即捕捉人物内存素质或思想情感刹那间的最佳外化形式,创造出具有雕塑性美感的艺术形态。就人物出场而言,蟒带怎么亮,巾生怎么亮,青衣怎么亮,大体都有个格式,可以套用,也就是亮出"这一个"。

《二堂舍子》是不少剧种都会演出的一个传统剧目。京剧演出,刘彦昌迈着方步出场,九龙口一停,抖袖捋髯,眼珠子左右一摆、二摆,再抬眼向前看一亮,走到台口,念:"乌鸦喜鹊同噪,吉凶事全然不晓。"(也有念"身为罗州令,为民断冤情")转身向内入座。从形式看,是常见的程式化处理;从人物心理讲,比较空灵——坐在二堂等"戏"。

同一个戏,到越剧那里就变了。具体处理为:刘彦昌左手持书至目视高度,却又心不在焉,缓步走上,至九龙口右手捋髯,仰视沉思,念:"天上人间迢迢,心中事谁人知晓。"开唱"我彦昌自别圣母后……"这一组出场亮相动作,是以文字语言与形体动作相辅相成,表现了刘彦昌此时此地的心理动作:深深怀念圣母,寄希望于沉香救母。这是一个合乎人物心理逻辑的戏剧铺垫,也是越剧在塑造人物形象上摆脱程式化而寻求新的表现方式的体现。

在越剧的演出剧目中,如《二堂舍子》这样经过整理加工的传统戏不少,如《梁山伯与祝英台》《碧玉簪》等等。虽然在艺术表现上只是对程式化动点"小手术",但已明显看出其剧种新的艺术追求和美学取向。而在新编戏的演出中,则是完整地体现了剧种特性和美学追求。下面仍以出场亮相为例来说明:

《红楼梦》贾宝玉第一次出场,由上场门出,右手环绕佛珠,兴冲冲从长廊横场走过,再由下场门走至台中,一见林黛玉,似被磁石吸住,定了神,佛珠停绕了,呼吸屏住了,左手食指指黛玉,渐渐抬起眼皮,思索性地放出光彩——"咦! 好像哪里见过!"

王熙凤第一次出场,由下场门上,走至台中,双袖小环绕,左手背于身后,右手于左胸肩部,在小敲中一个停顿,注目林黛玉,再右抖袖,左小抛袖,目视黛玉,走向老祖宗,边走边收袖,风风火火,显得她见了老祖宗的宝贝外孙女,热情尤甚,无人可比。

亮相经过这么一"化",使程式化动作变成了个性化、情感化的动作,变成人物情感流程中的必然停顿,鲜活起来了。

这就是以生活逻辑为基础——似,按照戏曲艺术法则进行加工处理——变,是"似"与"变"的有机统一。

2.扬弃游离性,注重真情投入

戏演给观众看,就要与观众有交流。交流,有自然交流,还有特意交流。传统戏的上场诗,定场白,都有相应的与观众交流的形体语言。前面讲的刘彦昌九龙口抬眼直面观众那一亮,台口直面观众再一亮,念那个"对子",都是与观众的交流。在戏剧演出过程中,剧中人还常常会抛开舞台交流对象,直面观众指着舞台对象表示"瞧他那德性",或来个赞美式表示"好! 真不错"。特意交流还有个程式化格式——"背躬"。以手或物具把自己与舞台交流对象间隔,面对观众眼珠子那么一转或左右摆动,再微微晃头一点,表示"原来如此"或"我就是这个主意"。有时还用语言直接与观众交流,似乎在提示观众："戏是演给你们看的,请你们也来参与"。京剧《柳荫记》"送别"时,祝英台与梁山伯论说婚配,12句唱腔用了五个"背躬",这就是说,凡舞台上有交流对象的人物内心独白,都可以用"背躬"方式表达。

这种"背躬"式交流,实则是一种游离于人物心理动作,游离于舞台交流对象的表演方式。

以情感人,是越剧的审美定位。这就要求演员真情投入,表演贯穿,才能引人入胜,令人动情。若是剧中人从戏里进进出出,必然会损伤观众的审美情趣。所以越剧不用或少用背躬,即使用,也是以内心独白形式出现,而不是"游离"。刘彦昌出场,是在仰天自我感叹中与观众有了交流。林黛玉走进贾府,"记住了,不可多说一句话,不可多走一步路",并没有直面观众表示"我要小心谨慎从事",而是在小心翼翼地回目环顾陌生的新环境中,完成了与观众的交流。《三盖衣》中李秀英的大段唱,舞台交流对象是"不理不睬"的王玉林,从表演角度讲,她是在与观众交流,向观众表述她复杂的心理苦衷。虽然唱词中也有"官人他""他怒气冲冲""可怜我啊,有满腹的委屈向谁诉?"种种词语,但形体语言都没有直面观众特意交流,而是始终心系王玉林,在与"他"的交流中自然而然地与观众进行了交流。这就是以技术化的语言动作之假,情真意切地表现了生活之真。而不是戏里戏外,亦真亦假,力求避免游离于人物心理动作的身段动作。

3. 收缩夸张度,贴近真实

戏曲舞台动作,都有夸张,或多或少,或大或小,只是度的差别。夸张愈大,变形愈盛,离形愈远。表现激烈思考,把眼珠子的环动转得电动似的,蹲身闻花变成"卧鱼"闻花。人物心理外化到形体,又从形体延伸到物具,气得发抖,可以延伸到抖髯、抖盔、抖翎子;气得吹胡瞪眼,可以瞪到斗眼珠子,可以只吹中间一小缕胡须。对于这些"离形"夸张动作,越剧十分注意把握分寸,收缩夸张度数,讲究选择,力求贴近真实。看则真看,听则真听,思考时也会环动或摆动眼珠子,但不会斗眼珠子;气急时也会抖手、抖髯,但不会只吹动中间一小缕胡须。大耍翅子、大耍翎子、大耍胡子种种"绝活",在越剧表演中很难见。这并不是他们不能掌握,而是越剧贴近生活的总体格调很难容纳,弄得不好,就可能损害艺术的统一性、完整性。茅威涛在《西厢记》中引进川剧的踢褶子,就那么一下子,恰到好处,是亮丽的一笔,若是多了,也许就成了败笔。但是,随后她于新编《藏书之家》又引进了舞袖,范容在回溯先祖的时间隧道里,忽然甩出四尺来长的单袖,又是旋舞,又是盘舞,不是一下、两下,而是一二十下,令人为之一惊,正所谓"意料之外,情理之中"。两者的区别在于:前者表述的是人物的具体情态,后者是超脱具体性的人物精神意蕴的释放,一少一多,都很得当。无疑,这是对越剧形体语言的丰富与发展,也反映了越剧表演艺术的发展变化。

4. 削弱修饰性,注重实在性

舞化的形体动作,包含两种动作成分,一是载义的动作实体,二是修饰性的动作虚体。对此,越剧又取了中间道路,既有舞化的修饰,又不像京剧、昆曲那么强,那么重,表现在划圈圈上就有明显差异。

戏曲前辈们说:"戏曲形体动作就是划圈圈,大圈套小圈"。比如右手向左指,要经过一个外划手动作再向左指,若是右手向右前侧指,又要经过里划手再指出,也就是划个大圈圈,凡手臂内收外展或上提下按,手一般也要相应地划个小圈圈。京剧《坐楼杀惜》阎惜娇唱:"我这里",右手向前划个圈再回收"我",唱"走向前",右手向外划一个圈再左指宋江,唱"将他抱定",走向宋江双手外划圈(外翻袖),欲抱又止。一个三、三、四唱句,划了四个圈。此种表述方法在京剧中比较普遍。

越剧很少划圈圈,《三盖衣》中李秀英那段唱,虽然也有"官人他""不理我""那婆婆"之类可以划圈圈的动作,但都没有划。贾宝玉哭灵的大段唱腔中的身段动作,似乎也没划圈圈。削弱了这种划圈圈修饰性的动作虚体,也就凸显表意的动作实体,并拉近了舞台动作与生活动作的距离。

修饰性动作有多方面,如动序中的引动、迂回,旦行的兰花指形态,生行台步方面的方步、亮靴底等等,越剧都不像京剧、昆剧那么

"讲究",而是力求贴近生活自然,突出动作实体。记得当年艺校越剧表演剧目教学中曾经出现的一种情况:越剧老师说京剧老师教得太刻板,京剧老师说越剧老师教得不讲究、不规范,这恰恰反映出剧种间形体动作的差异性。从教学打基础说,立足越剧,吸纳京剧、昆剧的"讲究",化入越剧的"不讲究"——贴近生活,是十分必要的,而不是互相排斥。

人们论说中国戏曲演出有一句俗话,"假戏真做"。评说演员表演是"做"得像不像,"做"得好不好,前提是"假"。所以戏曲可以把语言歌化,形体动作舞化,表演可以真真假假、虚虚实实,角色可以从戏中进进出出,演员可以与扮演的人物离离合合,剧中人可以为剧作者代言等等。这个"假",也是中国戏曲程式化的基础。越剧的所谓疏离程式化、贴近生活,实质是削弱"假戏"成分,强化"真做"成分,为"假戏"引进写实性表演基因。

(二)独树一帜的柔美特色

艺术表现,是通过一定的物质载体而体现的。不同的物质载体,透发出不同的质感。以雕刻为例,有木雕、石雕、冰雕、沙雕,冰雕显着晶莹剔透,沙雕显着雄伟厚重。戏曲表演以人为载体,人分男女,男刚女柔,发挥本体优势,男演男,女演女,是中国戏曲的一般现象。越剧特别,由全女性担纲演出,这就使她从中国几百个戏曲剧种中跳了出来,独树一帜。

越剧的女演男,并不求性别艺术"变性"质的变化,而是发挥女性温柔、细腻和情感丰富的优势去演男性,这又是独树一帜。

但是,柔性的物质载体,只是一个物质基础,自在的物质本体,并不能呈示柔美的艺术韵律。艺术的柔韵,是载体遵循动作法则经过技术处理而呈现出的。

1.曲线运动

越剧形体动作虽然削弱了修饰性,不划或少划圈圈,但"削弱"并非取消,她的舞台动作仍然是经过修饰的技术动作。曲线运动,就是一个重要修饰。比如手臂内收示"我"或伸展示"他",是走下曲线,上提示"口"、示"面",是走内曲线,在手臂的曲线运动中,以腕为枢纽,手还走个小曲线半环动作。因此,动作就显着流畅柔和。

2.调和圆浑

舞台动作,是肢体在力的作用下的点线运动,越剧在形体动作过程中的点线交替,力度的强弱变移,都力求调和圆浑,少用强烈对比。

3.环环驱动

形体动作的有序性,不仅表现在动作的节奏性、动作与动作之间转换的衔接性,还表现在动作生理部位之间的有序性。老先生们说,形体动作"发于心,奔于肋,行于肩",行肩带臂,以腕带手,一环带动一环,环环紧扣,环环驱动,任何一个环节出现障碍,动作就会失之协调或出现僵硬。越剧也不例外,只是越剧追求婉转舒缓,风韵自然。

经过技术处理的越剧表演身段动作,人们在舞台上看到的便是轻盈的台步,婀娜的身姿,委婉的手势,舒卷自如的水袖,这与轻柔淡雅的服饰,婉转抒情的声腔曲调融为一体,透发出江南水乡秀丽优美的风韵。

越剧善演青年男女婚恋悲剧,与其女演男的特性是分不开的。这也是与生活的贴近,正如儿童剧的男性少年由女性扮演,京剧小生用大、小嗓,就是以性别的天然优势和技术手段,尽可能地满足表演对象的要求。

(三)以歌为重的歌舞表演方式

歌与舞,是戏曲表演难分难解的一对伙伴,它们相互依存,相互制约,但又因不同剧种而有不同的歌与舞关系。越剧,就是一种"不平等"的歌与舞关系。

第一,越剧在其形成初期曾经演过的武戏,身上功夫戏,都没能流传,连《叶香盗印》这样的戏都没能流传下来,没有艺术实践这个条件,本体形体语汇的形成、建立也就有了局限性。同时也说明演这类戏不是越剧之长,缺乏市场竞争力,也就只好优胜劣汰,无须再去下功夫创建什么自己的形体表演方式。所以,越剧的剧目积累都是文戏。

第二,越剧以唱为主,以声腔传情,必然要突出文字语言动作的主导地位。正如风平与浪静,狂风与巨浪,谁也离不开谁,但风与浪,风是主导,风制约着浪的存在性质与表现形态。因此,越剧表演在与程式化的疏离中,也减少了形体动作——舞的量与舞的度。

在一般戏曲演出中,文字语言与形体动作是"平等"的相辅相成关系(具体戏也会有所侧重)。凡文字语言涉及身体部位,如心、胸、肚、眼、口、耳,或涉及情感态度,如喜、怒、惊、急、愿意、不愿意,或涉及外部事物,如书、信、花、草、风、雪等等,在表现相应的面部表情的同时,还要以"指事"性手势动作和体态进行表述,若是一句唱词中有两个或三个这样的词意,就可能做两个或三个肢体动作,如前述阎惜姣一句唱"做示我""指他""欲抱又止"三个动作。

京剧《柳荫记》送别"提亲"一段戏,有唱有念,形体动作与文字语言并用并重,相得益彰。祝英台唱"千言万语"时,便抬手示"口";唱"一片心事"时,便以手在胸前虚空揉动;唱"付汪洋"时,便在胸前摊手示意;唱"无计想"时,便以扇连敲额头;而唱到"做一个换柱来偷梁"时,先以扇柄向下环绕表示"心计",再双手于胸前反复交叉平划表示"偷换",最后以扇头向下环绕再一点,表示"就是这个主意"。以形象、生动的形体动作,表述了人物的情感与心意。

此种表演方式在京剧中比较普遍。

越剧就不同了,仍以"提亲"为例加以比照。

越剧这段戏,以流畅明快的唱腔一气呵成,形体表演与唱腔并行却非并重,每句唱词一般只有一个"指事"性手势动作,与京剧相比,不但动作量少得多,而且动作幅度也小,动作中的修饰性成分如腕花、划圈圈、曲线运动也都削弱了,表现了越剧以歌为重的歌舞表演方式。但这并非是越剧忽视"舞"的作用,李秀英"盖衣"时的身段动作,林黛玉"葬花"时的身段动作,是与"歌"相间运用的"舞",都充分发挥了形体动作在人物行动中的表述和抒情作用,而又没有改变以"歌"为重的总体格局。

归根结底,这也是一种贴近生活。一般来说,生活中当人们运用文字语言传递信息时,肢体动作也是辅助性的。

四

越剧的形体表演,在其剧种的发展中是一个不断进取、不断攀登的历程。

20世纪的八九十年代,以改革开放为契机,以《西厢记》《陆游与唐琬》为代表的舞台演出,把越剧艺术推进到新的历史高度。与此同时,越剧又开始了新的突破与探索。题材的拓展,样式的出新,中性角色,群体伴舞,变形夸张动作,抽象性、意态性表演词语大量出现在越剧舞台。孔乙己用了"跑城"式的圆场台步,敫桂英舞起了七尺长袖,陆游虚空题诗这样拟态性叙事动作,也异化成意态性抒情动作,把变形夸张动作与贴近生活的动作杂糅于一体,使越剧形体表演动作得到了空前丰富的发展。与此相应,戏剧时空也出现了超脱具体性的表现形态,有景而自由,天马行空,与演员的身段动作和谐统一,"虚空中传出动荡,神明里透出幽深,超以象外,得其环中"。[2]这便是越剧表演艺术的新的突破与拓展。

此种"进取"与"攀登",从照搬其他剧种身段动作到有选择地加以利用、改造、创新与发展,也有一个从不自觉到自觉的过程。所谓自觉,就是知道服从和服务于本剧种的艺术特性和美学定位:优美、自然、真切,淡化传统程式,浓化生活内涵,真听真看,注重内心体验,以"剧种本体化"为原则,决定其取舍幅度和变化程度,诚如文中举例茅威涛的踢褶子、舞袖一样。

语言动作	形体动作
祝(唱)你我鸿雁两分开,	双手稍抬外分平划。
未知梁兄可曾妻房配?	右扇搭靠左手。
梁(唱)你早知愚兄未婚配,	微摇头。
今日相问为何来?	右扇抬起示"何来"?
祝(唱)若是你梁兄亲未定,	左手稍抬示"问"?
小弟替你做大媒。	跷起二郎腿,拎褶搭于腿,右扇示"怎么样"?
梁(唱)贤弟我做大媒,	以扇柄示"我"。

未知千金哪一位？	抬左手示"问"？
祝（唱）就是我家小九妹，	以扇示"我"，
不知梁兄可喜爱？	扇立于腿，目示"问"？
梁（唱）九妹今年有几岁？	跷二郎腿，双手示"问"？
祝（唱）她与我同年乃是	双手平划内合示"同年"；
双胞胎。	再翻手内合示"双胞胎"。
梁（唱）九妹与你可相像？	以扇柄指祝。
祝（唱）她品貌就像我英台。	右扇外划内收示"我"。
梁（唱）未知仁伯肯不肯？	双手左外指示"仁伯"。
祝（唱）家父嘱我选英才。	右手示"我"，再伸左手示"梁"。
梁（唱）如此多谢贤弟来玉成，	站起恭手施礼，拜谢。
祝（唱）梁兄你花轿早来抬。	起身托起梁，左指梁"早来抬"，二人含羞回脸。

参考文献

［1］ 张庚，郭汉城.中国戏曲通论.北京：中国戏剧出版社，2010.

［2］ 宗白华.美学散步.上海：上海人民出版社，1981.

越剧形体表演风格之探索①②

孙丽萍

"戏曲者,谓以歌舞演故事也。"这是王国维在《戏曲考源》中对戏曲艺术形态特征的阐述。在戏曲表演中,运用什么样的形体动作进行表演,是戏曲在美学上对塑造人物形象上的要求。不同样式的形体动作,有不同的动作法则。它是戏曲表演程式化的外在表现。这种程式化是生活动作的舞蹈化。在表演过程中,演员的动作一方面要求具体细腻,能够让人看懂;另一方面又要求不是对生活动作的照搬,而是把生活动作美化、节奏化,即舞蹈化。齐如山曾指出,国剧的表演特色在于"无声不歌,无动不舞"(齐如山《国剧的原则》)。王国维所说的"歌舞演故事",即以歌化的语言动作、舞化的形体动作来演绎故事,塑造舞台形象。

作为在中国戏曲中一个相对而言比较年轻的剧种——越剧,在百余年的发展历程中,逐渐形成了其鲜明的个性和独特的艺术追求,并以此为出发点,积极探索具有自身特色的形体表演风格。

在改革和发展的进程中,越剧既善于学习其他剧种已有的程式化规范,又根据本剧种在艺术表现上的需要不断创新和发展,寻求符合本剧种特点的表演手段,在形体表演风格上不断进行探索。越剧形体动作逐步形成了独特的表演风格。

---

① 本文发表于《浙江艺术职业学院学报》,2009 年第 4 期。

② 本文为浙江艺术职业学院 2008 年度科研项目"越剧形体表演风格特征之探索"结题论文。

一、越剧所呈现出来的整体表演风格

（一）剧目的文戏化

在 19 世纪二三十年代，越剧曾有"绍兴文戏"之称，这固然是与武戏较多的"绍兴大班"（绍剧的旧名）相区别，但也在一定程度上说明越剧擅演文戏的特点。越剧的剧目大多为男女情爱和家庭伦理，注重以情动人，以情感人。事实上，在形成初期，越剧也曾从京剧、昆剧、绍剧中搬演过不少武戏，如《挑滑车》《叶香盗印》等。但是，随着时间对剧目的大浪淘沙，这些武戏并未得到很好的流传。这其中可能有多方面的因素，但至少可以说明一点，那就是演这类戏并不是越剧所长，因而缺乏市场竞争力。

而从现今越剧舞台上仍然保留的一部分具有武戏内容的剧目看，也与京昆的同题材剧目区别甚大，如越剧《十一郎》之于京剧《白水滩》，越剧《陆文龙》之于京剧《八大锤》，在武戏的篇幅、强度和技巧的丰富性上都大有差异。

绍兴小百花越剧团在全国越剧界被称为"文武兼备"的越剧团，但剧团也同样是在文戏的基础上，融入武戏元素，加上一定的打斗场面，来烘托剧目的武戏内涵。在这里要提到该团的新编剧目《李慧娘》，此戏是为了国家一级演员吴素英"争梅"所排：李慧娘生前是个手无缚鸡之力的柔弱女子，因为屈死，判爷就赐予李慧娘阴阳宝山扇，同时也赐予了她一身武功。导演杨小青利用吴素英本身的武功基础，在第五场戏"救裴"中，加入了大量的打斗场面，还运用了秦腔的喷火来展现李慧娘是一个鬼魂而不是人。其实在《李慧娘》之前，绍兴小百花越剧团已经排过由秦腔引用过来的《红梅阁》，此《红梅阁》刚开始被编为类似于昆曲的勾栏戏，以文戏为主，只是加了少量的喷火。后来经杨小青导演将《红梅阁》改为《李慧娘》，加入了大量的打斗场面，以丰富此戏的剧情及可看性。但是，毕竟越剧的武戏开打有它的局限性，没有大量的男演员来进行翻、打，很难达到京剧、昆剧等剧种的武打效果。

我们应当承认,某种特定的审美方式总是与某种艺术的本体概念紧密相连的。文戏,尤其是才子佳人戏本来就是越剧最重要的题材,如果打破了这一审美方式,如果舍弃了以越剧文戏为表现内容的传情达意的手段(包括形体),也就违背了其自身的发展规律,越剧的特色就会被消解,越剧就会失去灵魂而最终丧失生命力。

(二)演员的女性化

在越剧艺术发展的早期,越剧和其他很多剧种一样,也是采取了全男班的阵容,并数次进入大上海,但效果均不理想。到了20世纪30年代,随着社会经济的发展,女性独立意识的增强,以及越剧在上海的进一步发展,女子参加演唱戏曲的环境有了一定的改善,大批女子科班纷纷出现,女子越剧进入了一个大发展时期。

一方面,女子越剧科班的迅猛崛起,引导和改变着观众的欣赏情趣,并帮助越剧"走上城市文化之路";另一方面,女子科班培养了一大批著名的越剧女艺人,从"三花一娟"到"越剧十姐妹",都是女性。在此期间,曾经以旦角为主的越剧舞台上,女小生逐渐崛起。这一改变,更加确立了越剧抒情、优美的特点。越剧女小生这一特殊的艺术形式,使越剧具有了更加独特的魅力。从老一辈的尹桂芳、徐玉兰、范瑞娟,到中青代的茅威涛、吴凤花、钱惠丽、王君安等,塑造了一个个深情俊秀、儒雅敦厚的男子形象,深受广大戏迷的喜爱。事实上,越剧女小生在建构越剧的女性叙事中至关重要。以女儿之身扮演男角的越剧小生,并不刻意追求性别艺术的"变性"式的变化。总体来说,是以女性的好恶来塑造男性形象,大多是针对女性观众的口味演绎的如梁山伯和贾宝玉这样的温情男子。女子越剧从女性视角对男女主角的处理,有效地降低了盛行于主流戏剧舞台上之男性中心的影响和干扰,使完整的女性叙事成为可能。女子越剧中围绕女主角展开的女性叙事传统,支撑了越剧舞台上对妇女与革命、就业、家庭、爱情等主题的探讨,成就了越剧作为深刻挖掘女性心理、具有独特艺术魅力的戏曲剧种。例如,陈飞专场中的《女吊》一折,是由传统的绍剧移植为越剧,绍剧是男女合演的剧种,在绍剧的《女吊》中,后面的鬼魂是由男演员扮演。而到了越剧中，因为剧种演员的特殊，所以把后面小鬼全都换成女演员，虽然没有男演员的翻斗，但是在导演的精心编排下，由女演员饰演的鬼魂运用了绸缎来展示其鬼气，这样更加体现了一种阴森的感觉，让戏本身增加另外一种诡异的色彩，也让观众感受到了一种毛骨悚然的感觉。

新中国成立以后，在党和国家的关心与支持下，越剧的男女合演又开始了进一步的探索和发展，虽然也出现了一批优秀的男演员和男女合演剧目，但男演员无论是在人数规模上还是剧目积淀上，仍然无法与女子越剧相抗衡。从某种意义上来说，"男女合演"是对女子越剧的有益补充。

(三)表演的柔美化

任何艺术品种都有自己擅长的风格和题材，比如意大利歌剧善演宫廷以及欧洲上流社会的故事，以展现华丽的唱段以及精致的布景；中国京剧擅演帝王将相，以展示花脸、老生唱腔的力度；而越剧全女性班底的特长自然擅长才子佳人，以展现花旦的柔媚以及女小生特有的亮丽和飘逸。

越剧的发源地在绍兴嵊州，地处浙东。农业经济与农业文明的发展，为越乡文化的孕育打下了厚实的基础；唐诗之路文化的积淀，在剡溪两岸的土地上形成了深厚的文化积淀；传统民间艺术的丰富性，为越剧这一剧种形式的产生提供了可能，为越剧脚本提供了多样的素材；源远流长的浙东戏曲文化，为越剧的产生创造了良好的文化氛围，培养了嵊县人演戏看戏由来已久的传统。剡地的明山澈水，赋予了越剧独有的灵性，以及如水般的轻灵优美、柔婉清丽。百余年来，越剧形成了鲜明的剧种风格，越剧在剧目上和演员上的特点，决定了越剧不可能像一些剧种一样，以高亢激越的方式传情达意。在剧目上，越剧多为文戏，以"才子佳人"戏见长，剧情设置上也是悲多于喜，这就要求越剧在唱腔和形体上都要以委婉柔美为主。

越剧女小生更是以其潇洒、风流、温柔体贴、深情委婉赢得了舞台上多情佳人的爱慕，也赢得舞台下多情观众之青睐，以其独特的魅力成为女子越剧形体审美特征的主要标志。

越剧的表演,是以轻盈的舞步、婀娜的身姿、委婉的手势、舒卷自如的水袖作为特点的,它与轻柔淡雅的服装、婉转抒情的声腔融为一体,透出江南水乡柔美秀雅的风致。

(四)节奏的音乐化

由于越剧表演是以柔美、女性、文戏来取胜的,那么很多戏曲风格中特有常用的众多打击乐器,在越剧的剧目中几乎是听不到的,如[急急风][走马锣鼓][冲头][抽头][九槌半][马腿儿][大水底鱼][收头],等等,越剧中都不太用。早期的越剧,司鼓和主胡是主要的声音来源,而演员如果要听节奏,主要是按照司鼓和主胡,很少有琵琶或其他乐器的独奏。而越剧中如果持有太多的打击乐,就会失去其可观性,会让观众觉得很厌烦,感觉不是在欣赏,而是在遭罪。因为越剧舞台上很少有打斗的场面,打击乐器主要配给打斗的场面,所以很多为越剧排戏的导演,都会考虑音乐的美感。这里不得不又提到《李慧娘》,第三场中李慧娘变孤魂野鬼后的一段清唱,没有司鼓,也没有主胡,给角色配乐的是埙和大鼓,这两种乐器配合在一起,并且都是以轻音乐的方式来演奏,让观众一下子就能和演员一起进入剧中角色,感受其深受迫害的悲惨命运。近几年来,活跃在越剧舞台上的音乐,很多都不是现场配乐,而是制作 midi,这种处理效果,更能烘托越剧的剧情,以及剧种的人物,让演员能更好地释放自己饰演时的感觉,同时让观众在观看的时候更加振奋。如陈飞的《情探》,这出戏中,导演和作曲就用了大量的 midi 音乐,着实很振奋人心,让观众和敫桂英这个角色一起哭泣,一起愤怒,一起憎恨……

不过,近几年很多打击乐和音乐的配合相继活跃在舞台上,如绍百新编历史剧《一钱太守》,第四场赴宴中的音乐,在绍剧二凡的曲调运用上,借鉴了京剧器乐曲《夜深沉》模式——板胡大鼓的重奏和乐队协奏的形式作为《赴宴》一幕中喝酒智斗的一段重要配乐,大鼓抑扬顿挫的鼓点子与板胡酣畅流利的演奏相结合,使曲牌音乐趣而不俗,秀丽而不失刚劲。舞台演员和乐队演奏员相互作用,交相辉映,成为一个好听好看好玩的片断,此曲也是全剧音乐表现中一道较为亮丽的色彩。《一钱太守》在选用乐器时,选用了民乐的高音乐器——板胡,作为音乐主题的主奏乐器,它表现了太守刘宠亲民廉节、体恤民情的清官形象,主题通过板胡的演绎,让刘宠在音乐形象上拉近了官民之间的距离。毛竹罐的音色则代表着带有乡音并掺杂着一些土气的老百姓,在感官上带来新鲜感和亲切感,使音乐形象更具有亲和力和感染力。此剧还运用了戏曲舞台上从未出现过的毛竹罐作为配乐器,毛竹罐的敲打声音,给观众在听觉上带去了一种别出心裁的感觉,特别能找到一种乡土气息。

二、越剧所呈现出来的形体表演风格

(一)淡化程式 注重生活

越剧善于用接近生活形态的表演传达角色感情。对于程式,无论是从京剧还是昆剧中学来,都不采取全盘保留的态度,而是打碎整套程式,有所取舍,有所改造,融入越剧的整个表演体系之中为我所用。

程式与生活是一对矛盾,戏曲的程式要求以严格的技术来规定生活,而生活则以其生动活泼的特性来冲破程式的规范束缚。在解决这对矛盾时,越剧舍弃了某些传统戏曲中变形较大而且刻板的程式,代之以接近生活形态的动作。所谓接近生活形态的动作,或称为生活动作,不等于话剧动作,更不等于实际生活中的动作,而是节奏鲜明的优美的舞蹈化动作,即从越剧柔美温婉的特性出发,根据所要表现的人物性格和生活的需要变革程式,努力追求美的自由创造。而对那些比较抽象的表演程式,则能加以改造,依据铺叙情节和刻画人物性格的需要,赋予程式以具体内容。试以"亮相"为例,传统"亮相"的塑像式姿势集中显示人物精神状态,这种人物精神状态不一定有特定内容。无特定内容,就容易导致脱离人物和情节,单纯卖弄技巧。越剧把"亮相"糅合进生活流程,保持其雕塑美,于瞬间表现人物的气质和心理,虚为实用,把写意的"亮相"改为写实的"亮相"。如祥林嫂第一次出场,挑着柴担,右肩前,左肩后,观众看不到她的脸,却用矫健的步履,给了观众一个勤劳体健的第一印象。当她从眼梢发觉卫癞子走来,预感到将要发生什么事,于是她随着柴担的换肩回身看卫癞子,形成一个不露痕迹的"亮相",从而透露出祥林嫂对自己命运的忧虑,为剧情的发展埋下伏笔。

越剧通过这种对传统程式的变化改造,实质是削弱"假戏"成分,强化"真做"成分,在"假戏"中引进写实性的表演基因,实现形体表演上虚和实的结合,写意和写实的结合。

(二)外形表演　内心体验

戏剧人物内在本质要求艺术家在以神为主的基础上,做到形神皆备,形神相生,这样方能入化境。这是一种写意化的体现。越剧则介于写实与写意之间,要求情真意切,优美自然。因此,越剧对外在表演上采取的是一种较为艺术生活化的态度,不刻意追求形体动作的丰富性和复杂性,而更为重视从内心的体验出发来刻画人物。

越剧在20世纪40年代改革之初,非常重视演员学习话剧和电影的表演方法,用表现人物真情实感、刻画人物性格的现实主义方法,要求演员在舞台上有充实的内心体验,并将这种通过体验之后的动作表情展现在舞台上。如在越剧改革之前,表演人物受到精神刺激时,总是"哎呀"一声,随着锣鼓点对眼,装作昏倒。袁雪芬却一反常规,她演《断肠人》时,为表现方雪影听到姑母悔婚时的震惊和悲痛,借鉴葛丽亚·嘉逊在影片《居里夫人》中的演技,作长时间停顿,四顾茫然,后把视线落在一个木鱼上,才放声哭出来。这个新的处理,细致而强烈地表现了人物的感情。以此为始,真哭、真笑的表演在越剧中被推广开来。后来,袁雪芬主演越剧改革奠基的剧目《香妃》,演到第三场幕外,香妃发现丈夫小和卓木的头颅而痛不欲生时,又一次以充实的内心体验征服了观众。王实甫《西厢记》的《传简》中张生这一角色,茅威涛就大胆地运用了川剧中的"踢袍"这一程式表演手法和戏中表演的内心体验相结合。红娘的带信让张生的情绪大喜大悲,当红娘说"事情不济事"的时候,张生的反应是不敢相信,带着怀疑的眼光,且很失落,呆若木鸡地坐在凳子上。当红娘拿出书简的时候,张生带着一股兴奋劲儿去拿,但红娘的表情又让他有点不敢去拿,红娘把书简放在地上,张生犹豫了很久,最终还是选择捡起地上的书简去看,当他慢慢地翻开书简观看时,表情从忧虑到惊喜,再到大笑,最后用了踢袍这一表演手法来表现当时的激动与兴奋的心情,以至于红娘被张生弄得莫名其妙。同样在绍兴小百花越剧团最近新排的新编剧目《李慧娘》中,对于裴舜卿这一角色,演员张琳也大量地运用了踢袍的动作来表现当时戏中角色的大喜大悲。在第四场戏《放裴》中,当裴舜卿听到李慧娘是一个屈死的冤鬼的时候,一个踢袍动作,加上僵尸倒地,足以表演当时裴舜卿的震惊与悲痛。在《红楼梦》的《焚稿》一折中,王文娟饰演的黛玉躺于榻上,所能表现的形体动作非常少,但因为对剧中人的情感和命运有着深刻的体会和感悟,并通过几个形体造型的艺术手段细致地表现出来,因此,更具有强烈的感染人的力量。

(三)警惕动作的图解性　注重舞蹈性

中国戏曲在漫长的历史发展中,形成了自己独特的一套表演上的程式和规范。这种程式和规范是具有浓郁舞蹈气息的表现方式,可以称之为身段。它与纯粹的舞蹈是有一定区别的。身段是具有戏剧性的舞蹈化动作,具有一定的模拟性。但中国传统戏曲的形体动作,更多的是修饰性的动作虚体,表现为程式严谨,需要步步到位,规范讲究。越剧却与京、昆不同,它表现出了更大的自由度和随意性,通过在内心指导下的外在舞化动作来塑造人物。

戏曲前辈说过,戏曲形体动作上就是划圈圈,大圈套小圈,比如右手向左指,就要经过一个外划手动作,再向左指。但在越剧中,这种情况很少。越剧削弱了划圈圈的修饰性动作虚体,以此凸显了表义的动作实体,并拉近了舞台与生活动作的距离。《梁山伯与祝英台》中的"回十八"和《情探》中的"行路",都采取了传统的超脱时空的表现方式,表现人物一路上的心情,表演用了许多程式,但并不是对程式的简单重复,而是根据人物的不同性格和具体情境,对各种程式进行了重新设计和重新组合:梁山伯是喜气洋洋去访祝英台,脚步欢快,挥扇、投水袖、抬足都体现着兴奋心情;敫桂英是复仇的鬼魂,行路时不是一般的"圆场",而是拖着长水袖高低起伏地向前行进,带有冤魂飘然游弋的样子。特别说一下陈飞的这个被称为"天下第一路"

的"行路"。陈飞的唱腔和身段在行内具有有目共睹的优势，她的身段中融入了很多舞蹈的元素。特别是在这折戏中，她在继承老师傅全香的基础上，把自身的优势发挥得淋漓尽致。在这里，她一改越剧花旦比较含蓄，动作幅度比较小的传统，强调动作舒展，大开大阖，再配上九尺长袖一抛、一抖、一甩，很好地表现了人物此时此刻的心境以及敫桂英善良、美好的情怀。

　　从这些方面可以看出，越剧正是服从和服务于本剧种的艺术特性和美学定位，优美、自然、真切，重个性、重内心，淡化传统程式，浓化生活内涵，在以歌为主的基础上，充分发挥形体动作在人物行动中的表述和抒情作用，使每个人物形象都有各自的生命，这是越剧为现代观众所喜爱的原因之一。

三、形体风格的借鉴与自我完善

（一）传承发展　改革创新

　　随着舞台实践的不断深入，越剧艺人开始摸索新的表演手段，特别是进入女班时期以后，通过一代代越剧艺人的努力，在继承传统的基础上不断发展与创新，逐渐形成了独有的表演风格。1931 年，第一女班重进上海时，以优美动听、沁人心脾的声腔和风采，令广大观众刮目相看，从此在上海站稳了脚跟，并茁壮成长，迅速发展。到20 世纪40 年代，袁雪芬开始了越剧的进一步改革，建立起正规的编导制，并进一步摸索越剧的表演风格。随之的尹桂芳、范瑞娟、傅全香、徐玉兰等人也不断创造，丰富了自身的表演，这些艺术家在 20 世纪 40—60 年代，在声腔、表演、形体、身段上相继形成特色，构建了各自精彩纷呈的艺术流派，并在 20 世纪五六十年代，使越剧艺术步入了最为繁荣的黄金时代。但是，老一辈艺术家的表演形式都取材于其他剧种，很多老一辈艺术家都是继承了昆曲或京剧以及其他传统戏曲的表演形式，表现的手法不免都限于程式化，"老祖宗传承下来的"这句话似乎更加根深蒂固。

　　经过"文化大革命"十年沉寂后，特别是改革开放后，越剧艺术重获新生,焕发了青春,浙江小百花越剧团、上海越剧院、绍兴小百花越剧团等剧团在继承前辈艺术家的基础上,又以新的艺术理念拓展了越剧的表演风格和舞台气质,得到了戏曲理论界的好评。此时的越剧在以茅威涛为领军人物的时代中,逐渐走向开放式的表演,形体表演不仅仅拘泥于圆场、指法及水袖,而更强调体验加舞化的风格,从而展现演员的情感。王志萍的《蝴蝶梦》也加入了大量创新的表演手法。当田氏见到十年未见的丈夫归来时,兴奋得去梳妆打扮,那一段的身段表演和唱腔也不同于传统越剧的表现手法,王志萍在形体表演中大量地融入了一些新的元素。另外一段《扇坟》,以一个农村小村妇听信丈夫临终前遗言"坟干方可嫁人",因为改嫁心切,所以天天拿着扇子在丈夫的坟头扇坟,以求快点干涸,自己早点解脱,却不料自己已经中了丈夫之计。《扇坟》这段戏也大量地改革了传统越剧的表演形式,运用了很多夸张的类似舞蹈的动作。著名戏曲导演杨小青在为绍兴小百花指导的《越女三章》中,还借用了大量的舞蹈演员,这也说明越剧柔美舞化的形体风格,受到了现代观众的认可。

所以继老一辈之后,茅威涛等代表的一批新秀,都在极力探索和研究不同于前辈的表演手法,力争把越剧推广到能让现代人接受的传统戏曲剧种。

(二)借鉴其他 自我完善

越剧的发展史,是不断从其他剧种学习、借鉴、融合、提升的历史。在越剧创始之初,就有了借鉴其他艺术和剧种的传统。一开始是向鹦歌戏学习,学习鹦歌班善于反映近代故事,生活气息浓厚、情节生动的优点,借鉴和改编了鹦歌班的一些戏文;在表演上也与鹦歌班相似,作清水装扮,不穿红绿蟒靠。同时,越剧也从绍兴大班,即绍剧中汲取了营养,因为演员少、行头少、伴奏乐器少,就搬演绍剧中角色少的"家庭戏"来演,并向绍兴大班艺人学习表演程式和技巧。

20世纪三四十年代,越剧进入大上海,各姐妹剧种在上海众多的演出机会,为越剧提供了更多借鉴和学习的机会,这是其他任何城市无可企及的最优越、最方便的条件。

在上海,越剧非常注重向传统戏曲样式,特别是向昆曲、京剧学习优美的舞蹈身段和程式动作,尤其是昆曲细腻丰富、优美生动的表演艺术程式,对越剧演员的演技提高和完善起到了很大作用。20 世纪 40 年代初,昆曲不甚景气,"仙霓社"的一批"传"字辈艺人有时在东方饭店的一个小场子里演折子戏,袁雪芬经常去看,并学了几出戏。进行改革时,她有意识地把昆剧的舞蹈吸收到越剧中来,后来又专门请郑传鉴到剧团来担任技导,这是中国戏曲中第一次设置"技导"这一岗位。以后,其他一些昆剧"传"字辈演员也相继应邀当了许多越剧团的技导。程砚秋等京剧名家的表演也使越剧演员们倾倒,袁雪芬、傅全香等都从中汲取了一些精湛的技艺,如水袖功等。这种学习,起初带有生吞活剥的缺点,但她们没有停留在单纯的模仿上,而是在实践中以新角色的创造为基点加以融合,逐渐形成自己的独特风格。这种融合,为中国戏曲表演体系增添了新的内容,开拓了新的领域,并对其他剧种也产生了深远影响。

在越剧的整体表演风格形成后,越剧演员们仍然不忘从别的剧种中汲取营养:20 世纪 50 年代,傅全香从川剧移植了《情探》,通过向绍剧《女吊》学习台步,创造了一系列轻盈飘忽、急徐有致的优美身段;范瑞娟在《打金枝》中借鉴了川剧的踢褶子;1994 年的小百花越剧节,除越剧外,还吸纳了黄梅戏、秦腔、雁剧、婺剧、川剧、绍剧等剧团参演,这也表明越剧一直坚持从其他剧种中汲取丰富的养料。

(三)形式多样 吸收养分

越剧作为中国戏曲中产生得比较晚的一个地方剧种,她的孕育、形成期,正是中国戏曲发展处于成熟、稳定的鼎盛时期。她的发祥地,又是处于文化艺术大聚会的现代化大都市上海滩。传统文化与新文化,乡土文化与都市文化,民族文化与外来文化,在竞争、碰撞中互相影响,互相吸纳,优胜劣汰。在这一过程中,越剧吸收了很多养料,包括传统戏曲,也包括其他门类的艺术,如话剧、电影、舞蹈等。

其中,越剧向话剧、电影学习的力度之大,成为当时各剧种中的翘楚。姚水娟在改良女子文戏时期虽然提出过"电影化、话剧化"的口号,但没有解决好写实与写意结合的问题。20 世纪 40 年代越剧改革以来,通过艺术实践把这个问题较好地解决了。袁雪芬、尹桂芳等一批年轻演员怀着改变剧种面貌的强烈愿望,广泛汲取着古今中外的各种艺术营养,尝试各种新的表现方法。袁雪芬就从美国文艺片中学了许多表演技巧,如嘉宝的《茶花女》、费雯丽的《魂断蓝桥》、露薏丝·蕾娜的《翠堤春晓》、却尔斯·劳顿和玛琳·奥哈兰的《钟楼怪人》、葛丽亚·嘉逊的《居里夫人》,等等。许多演员也经常利用演出间隙去看电影、话剧,通过观摩,学习话剧、电影重视刻画人物性格,表现人物真情实感的现实主义方法,进行表演艺术改革。新越剧剧团聘请的编导,几乎都是业余或专业的话剧、电影工作者,他们很自然地把话剧、电影的表演观念、表演方法带进越剧。话剧和昆曲是越剧的两个奶娘,越剧演员以新角色的创造为基点,融合两者之长,逐渐形成了越剧在表演上写意与写实相结合的风格。

此外,越剧形体的柔美舞化也是日趋成熟,"指事性"的手势动作比较少,而写意的、唯美的舞姿较多。比如,王文娟在《葬花》中的表演,借鉴了古代仕女的形体特点和动作风韵;傅全香在《行路》中借鉴了长绸舞。《蝴蝶梦》里的王志萍充满动感、美感、时尚感的载歌载舞,在借鉴昆剧传统程式的同时,又吸收了现代舞蹈的肢体语言,并把它们融入了越剧本体,显得自然得体而又不乖张。特别是"真是庄周隐身把妻引诱"时的大段内心唱,既有酣畅淋漓、如火如荼的声腔抒发,又有身姿婀娜的大圆场,碎步如飞而气息不乱,手眼身法浑然一体,准确而优美地传递了田秀既情急如大浪翻腾,又敢于果断应变的心意愈坚的复杂的内心波澜。

长水袖和长绸虽说是从川剧和京剧的表演形式中借鉴过来的,但发展到今天已经基本区别于原先的母体了。越剧在自身的发展中更多的是根据自身剧种的特点加以舒展、唯美地舞化了。更值得一提的是,在浙江艺术职业学院的越剧专业中,专门设置了一些现代舞的课程。"浙江小百花越剧团"在青年演员的形体训练上,经常聘请一些如金星这样的现代舞蹈专家,传授一些现代舞的基本元素和肢体的表演,从而大大地丰富了越剧演员的肢体训练。就这样,越剧的形体表演在不断的改革创新中,通过向昆曲和舞蹈等不同表演形式的学习,逐步形成了既有程式规范又自如随性的柔美舞化的风格。

越剧是在不断地探索和学习中成长起来的,一代代的越剧人大胆地吸收各种新的知识,推动自身的创新意识,不管是在传统剧目的延续上还是在创新剧目上,既不失老一辈艺术家的表演特征,又融入了现当代的表演形式,在创编、人才培养、综合艺术等方面的改革中,使越剧得到了巨大的发展,也使越剧从一个地方性小剧种演变成一个全国知名的地方性的大剧种,并且走出国门,扬名世界。"小百花"的崛起,大量优秀剧目的出现,人才培养机制的完善,电视传媒的传播,给这个百年剧种带来了新的生机和活力。

参考文献

[1] 宋光祖.从梅兰芳到袁雪芬——略论戏曲的戏剧观的嬗变[J].上海戏剧,1994(2):27-28.

[2] 高义龙.重新走向辉煌——越剧改革五十年的启示[M].北京:中国戏剧出版社,1994.

[3] 姜进.《蝴蝶梦》与中国戏剧中有关性与道德话语的女性重构[J].戏剧:中央戏剧学院学报,2007(2):81-95.

[4] 傅谨.中国戏剧艺术论[M].太原:山西教育出版社,2000.

[5] 张庚,何为.中国戏曲通论[M].上海:上海文艺出版社,1989.

[6] 周博琪.永乐大典(珍藏本)[M].北京:中国戏剧出版社,2008.

[7] 应志良.中国越剧发展史[M].北京:中国戏剧出版社,2002.

多维视野下的戏曲形体：
以盖派形体为例①②

王新新

从追求对盖派艺术形体美的理解中意识到一个问题：我们能运用怎样的方法和视角，对构成中国戏曲表演最本质特性来源的形体表演形成更有效和更深入的理解？提出这一问题是基于以下认识。

中国戏曲最本质的东西是呈现在舞台上的，诸如写意性、虚拟性、假定性、程式性、规范性、流畅性、雕塑性等特性的概括几乎也都来自于舞台，且多半是来自由形体表演而生成的空间呈现，故形体表演实为中国戏曲最具特色的地方，是其本质规定性显现之处。

盖老一生用心最多的无疑是以形体动作演文词、塑人物、显意境，内求戏情文理的表达，外求形式的美化，使人物与动作浑然天成，达至"圆顺"的表演境界。此或构成盖派艺术最显著的特征。从盖老对形体的塑形、变化、节奏、动静的探索中，似乎更能领悟到形体动作的"应然"状态，形体表演在中国戏曲中的显要性，以及中西戏剧在表演形态上的差异。

我们曾将戏曲的形体称作"科""介""式""状"、身段、舞姿、程式，甚至肢体语言等等。相对于它在中国戏曲中的核心地位与美学价值而言，我们的认识仍然是模糊的，甚至是不充分的。这种不充分源于

① 本文发表于《戏剧艺术》，2014 年第 3 期。
② 本文为浙江省文化厅 2012—2013 年度文化科研项目"盖派艺术的形体美与舞台接受"结题论文之一。

传统,显于现今。由于研究者们大多习惯于勾勒曲腔的流布,长于文本的考证,而拙于对形体演变的梳理,疏于对表演原理的探究,诸种不足就较集中地体现在戏曲形体艺术的研究方面。当传统的表演绝技随着名角的消逝而日渐衰落时,传承的危机使得这种研究的不足更加彰显。

这种认识上的不充分也与戏曲形体的特殊性有关。长期的"口传心授"依靠的是师徒间的机缘、天资与勤奋,一旦或缺,就会一代不如一代。而知者不言与言者不知所形成的"演""研"分离,使得一份完整的"形体谱"也留不下来,即使有——如齐如山曾做过的,但那形体中的神采、法儿、韵味又能捕捉到几分? 由这种研究对象的特殊性所造成的研究难度可想而知。以至于今日,在谈及盖派形体时,我们仍被一个最基本的问题所困惑:我们应该怎样研究戏曲形体,这其中暗含的方法与视角确实是问题的关键。

戏曲形体无疑是极具中国特色的表演元素,但无论是从形体,还是面对观众而呈现于舞台的表演而言,慎择某些西方视角,或能有助于我们改进形体研究的方法,更易使我们看清戏曲形体。毕竟,现代学术研究或学科的建立得益于西方甚多,现代意义上的戏曲研究是从王国维融通西方文艺理论起步的。本文拟借用现象学、符号学和格式塔心理学等相关理论,以盖派形体艺术为例,结合描述与解析,对戏曲形体的生成与舞台接受过程作一粗略的考查,以期为戏曲形体的研究探寻一个有益的认识维度。

一、从符号学的视角看戏曲之"形"

"形"为何物? 按符号学美学的观点看,形体是一种专为知觉而存在的虚的实体。[1]5 这种虚的实体首先来自于演员的表演,是一种直接作用于视觉的艺术形式,它能让我们真实地看到,供我们欣赏。但我们看到的其实并不是扭动的人体,而是"几种相互作用的力",正是凭借这些力,才能显现那些神秘的变幻。因此,它又不是仅靠感知的实体,而是一个"通常是通过我们的眼睛和耳朵对我们全身起作用的浸透着情感的形象"。[1]6 尽管舞台上的幻影是由虚幻的要素构成,而虚幻的要素是由人体这一真实的材料组合而成，但当幻影生成时，材料已经完全隐没于艺术家所创造的形式里了。这个道理其实是从欣赏者的角度说的，因为当幻影生成时，欣赏者只能感知到构成形式的要素，而不能感知到材料的安排，就"鹰展翅"而言，观众只能感知到舞动和造型的优美，而无法察觉其动作变化的奥妙。因此，苏珊·朗格断语："材料永远是真实的，但组成艺术的要素却永远是虚幻的，而艺术家用以构成一种幻象——一种表现性形式的东西却恰恰就是这些虚幻的要素。"[1]40 由此，我们可以将戏曲形体看作是一种"虚的实体"，是一种虚实相生的舞台幻影。

这种舞台幻影的作用通常是："直接展示情感活动的结构模式"，即"表达创造者对于那些直接情感和情绪活动所具有的概念"。[1]7 这里理解的关键是展示情感与表达概念。形体之所以能表达情感，也是源于内外力的相似性，那些用语言无法呈现的情感活动可以由舞台幻影细腻而深刻地表现出来。换言之，创造这一舞台幻影的目的是为了使"主观生活对象化"。手舞足蹈，以形显情，本是人的情感表达之需，而所谓获得形式亦即获得了一种对象化的表达方式，由此，我们不难明白，戏曲形体本是情感表达的产物。至于概念，是指演员对与表现形式相联系的情感的认知。在戏曲形体中，包含以下要素：①动作——在两个以上的组合之间可以提取或抽象出共同的要素，如云手、跨腿、拧腰，它们是表达的"部件"，是表演的基本形式，可不断重复，构成戏曲形体表演的基础。②形式——动态形式与静止形式是形体的两种基本形式，也是生命形式的舞台表达，可分别呈现为"鹰展翅"的造型或"云遮半月"的舞动，可演化出动中有静、静中有动的不同变式，形成繁多的形体变化，观众只有通过它们，才能对舞台表演形成认识，因为动与静也是两种最基本的知觉形式。③直觉——苏珊认为，人们有将符号与符号意义等同起来的习惯。例如，看到地球仪，就会说"地球"，见到台上的演员，就会说"黄天霸"或"武生"，这其中固然有约定俗成的文化积淀的影响，但就思维而言，"这种借助于某一事物去'理解'另一事物的'理解'过程"，[1]19 是一种直觉思维。它能"使尚未获得任何形式的内心情感获得形式"。[2]164 盖老由青烟而了悟形体，烟的袅绕帮助他获取动作的要领就属于此类。

而观众也由动作的变化感受到演员内心的动与静,因此这里的直觉可从观与演两端理解:演员凭直觉取物与表演,观众也凭直觉领悟与欣赏。④表现——苏珊将形式分为推论性与表现性两种,推论是一种语言形式,凡是不能被推论表达的东西,都可容纳进表现性形式。表现性形式本身是一种特殊的力的结构,它来自于人的心智创造,内在情感与外在形式的同构与契合,使得我们无须解释与推论,仅凭审美知觉就能"透过事物的形式达到对它们的情感表现性的把握"。[2]56在戏曲中,通过特定的姿态动作,能使人同时感受到完美的感性形式和隐含其中的深刻含义。透过"鹰展翅"这个动作,人们就能领悟它同时既是一个类似鹰的英雄,又是一只类似英雄的鹰,它凭借形象所呈现的意义要比用文字所表述的更广泛、更具体、更直接,甚至更深刻,这正是一个真正的艺术符号的独特性之所在。因此,苏珊认为"一种表现性的形式能够表现任何一种由多种概念组合的综合体"。[1]20就以"鹰展翅"为中心的"走边"来看,它展示了雄鹰、英雄、黄天霸、演员个体等多种概念,并以一种"叠加"的方式融合在一种表现性形式之中。艺术家一旦掌握了这一形式,就能在情感的表达上获得极大的自由。

从符号学对情感形式与概念要素的认知看戏曲,形体不是情感的象征,而是情感的直觉呈现,"一件优秀的艺术品所表现出来的富有活力的感觉和情绪是直接融合在形式之中的"。[1]24当然,盖老所表现的情感也不是他自己的个人情感,而是他对于剧情、人物、舞台的理解后的情感,以及自己对形体表演的清醒认知。形体使这种认知获得了一种表现形式,这一形式当然也须符合美化的原则,但更重要的是为了表现——表现一个特定英雄的特定境遇。因此,就表演艺术家而言,形体是从类型化向个性化的方向演进的。令人惊叹的"鹰展翅"在舞台上只用过一次,后来在《武松打店》中只用过一次变形的"鹰展翅"。那已经不能名之为"鹰展翅"了,只是在动作的变化中借用了某些"鹰展翅"的线条,而那次也是为了表现特定的情感需要——展示武松对武艺的自信。可见,情感即形式,目的不同,功用不同,形体的造型与变化也就不同,这或许也是盖老自觉自律的形体艺术法则。

二、"鹰展翅"：一个舞台意象的描述

为了与前后的论述相互印证，在此插入一段描述，以阐明我的理解。

极漠旷野，一只雄鹰从深暗的远空迅疾地扑掠而来，滑翔至一棵虬龙状的枯树根，站定，展开惊人的大翅，遮蔽了身后那轮昏黄的圆月。它回望那轮圆月，形成一种怪异的对峙，月中有鹰的身影，鹰的身影披上了一层银色的光。倏忽，它又遁入远方的夜。

那个夜行人的身姿绝不亚于那只大鸟，不，他比大鸟更迅疾，更突兀，更有力。他在夜的路中疾驰，那并不是夜的路，有的是高墙、沟壑、溪流、篱笆、陷阱，他攀过一根根树枝，越过一顶顶屋脊。村中的黄狗刚欲吠叫，便变更了主意，它拿不定那团黑影是什么。那黑影越上了庄园中那座最高的塔楼，一脚踏定塔尖，双臂平展，斜过头，回望。那月，如大漠初见时，那般昏黄、圆润、苍茫。他长啸一声，遁入夜的黑暗中。

在通明的舞台上，我们将那人——那大鸟看得分明。一身短打抱衣，罗帽下，英气袭人，气宇轩昂，一根鸾带不停地在腰间身后飞舞。从那炯炯的双眼中，我们可以看出刚毅、细心、判断、果敢、迟疑，甚至忧虑。他盘起左腿，上身俯探、下压，右腿缓缓地弯曲下蹲，双肩下压，双臂平展，剑指上翘，随之上身展向左侧，头也从左侧扭向了舞台的天幕。呛！定格住瞬间的风流——这个优美的招牌动作，迎来了台下的阵阵掌声。

这阵阵掌声分明来源于舞台上的形体动作，动作则来源于三者的组合：英雄、雄鹰、鹰之舞者——表演者。他们分属于生活、自然、舞台，是表演者——鹰之舞者依想象与舞姿将这三者结合在了一起，你中有我，我中有你，化合为一。于是，在舞台上出现了如雄鹰般的英雄，扮演英雄的表演者，表演者雄鹰般的展翅。动物的习性、自然界的状况、戏文的情景、人物的遭际、英雄的心境，以及表演者的模仿、领悟、展露的心理，在观众的注目中融化为扑朔迷离的舞台幻影。

那幻影来自于舞台中央的走边，或英雄末路，或神捕寻踪，或侠

盗探径,在众目睽睽之中展露夜的秘密,向现时代的观众演绎一个古代英雄的心迹。他不仅表演英雄,还向观众展示他怎样表演英雄,既展现角色所需的规定动作,以符合行当类型的美化需求,更将形体细化为个体——人物的遭际、心理和情感的展现。于是,黄天霸的走边——中国戏曲中最具特色的走边呈现在观众的眼前。

观众似乎忘却了这是一个舞台,有灯光、有人体、有服装、有声响——这一切似乎都已悄然消失,留存着的唯有幻影,无数的幻影叠加在了一起,有盖叫天,有黄天霸,有鹰,有鹰展翅,有大小云手,有拧腰、跨腿、翻身,有似断似续的组合,有凝固的造型、有繁复的变化,有流动的线条、有无数个圆的幻影。观众与演员有约定的默契,他们认同这种抽象,认同这种抽象与具象相结合的美感,以及这种美化的演绎。

在美化的演绎中,生成的分明是一个舞台意象。

它诉诸观众的视觉,在一个空间呈现出可明见的观相。[③] 观众以直观的方式,观赏这一经典造型的孕育、生成、消失。它是一种实在的在场,随着演员的出现而出现,但并未随着演员的消失而消失——它虽去若存,它将转为一种记忆,一种印象的残留,一种缺席状态的回味。

它来源于一种想象。演员将自己想象成了一只雄鹰、一个英雄、一个剧中的人物——黄天霸,想象一个英雄的"品局",一个英雄的遭际。不仅如此,它还想象情景,想象心理,想象一个演员在此时此刻能想象的一切——但须臾未忘,这是个舞台,面对的是观众——将最优美的一面展露给观众。观众随演员想象到人物的境遇,但分明又没有离开过那幻影片刻,在叠加的同时,留有一分清醒、一分距离。就如同演员知道自己不是戏中人物、不是黄天霸、不是鹰——这种想

---

③ "观相"是波兰美学家英加登提出的术语,在戏剧表演中指可明见的"人物和事物的状况",与对白这一"具体发音的形式",共同成为戏剧作品再现世界的两个主要手段,构成"现在"与"过去"两种客体或"在场"与"缺席"两种状态。参见罗曼·英加登,《论文学作品——介于本体论、语言理论和文学哲学之间的研究》,张振辉译,河南大学出版社,2008年,第352页。

象的分寸存在于演员内心,存在于观众内心,存在于观与演的交流之中。

它由演员赋情而生。此情是对人物的理解,对人物的附魂,他将内心情感化为一种有意味的形式。尽管演员与人物的距离始终清醒地存在,但舞动出的幻影却是浑然天成,气韵合一。它是视觉美化与人物塑造的结合,是类型与个性的统一,是形体与内涵的合一,是体验后的表现,是假定中的拟真。它不是一种观念的存在,也不同于一种纯客观的实体再现,而是一种主客一体的意向性存在,现象并不离本质而独存,形式与意蕴形成对应。

它具有情绪弥散性。它以实带虚,意随形显,是一种"虚的实体"。具体的观相与想象的观相互补,演员的解读与观众的解读互通。生活、自然、情理、舞式,合于舞者之心,显于舞者之形,寄存于特定的空间,达于观者之目,化于观者之心——在生成、传达、接受的过程中,依次产生出一条意象链:演员意象、舞台意象、观众意象。在线条的舞动中显现出一个英雄的风采,一个鹰之舞者的魅力,一种"生命的形式"。在观众的"具体化"中,舞台上生成了一尊流动的雕像,一曲形象化的乐章,一行行韵律和谐的诗句。

三、"形"之解析:格式塔三原则

在审美心理的研究中,描述不失为一种方法。之所以描述要从自然物开始,是因为舞台形体暗含自然的影子。心与物合,合为心象,象随形显,显于舞台,实从物合开始。因此,戏曲意象的生成也有一个类似于诗歌意象取物时的心物相悦的过程。从"鹰姿"中取形,表现一个戏中英雄在黑夜"走边"的情形,是个以点显面的例子,我们可以借这个例子看清戏曲意象生成的方法和过程。认识的关键是:戏曲之形来自于哪里?形体为什么具有表现力?有一种观点认为,形体之"形"来自于梨园先辈们的场上实践与累积。但这种观点揭示的或许只是传承的流而非形体的源。欲解释形体,必须尝试看清它的源。

格式塔心理学对艺术的"形"有过较系统的探讨,对形的形态、本质、效果及象征含义有独到的见解,因其研究的有效性而被多种艺术研究所应用。慎择其观点和视角,有助于我们看清戏曲形体之"形"。格式塔所说的形是"知觉进行了积极组织或建构的结果或功能,而不是客体本身"[2]94。换言之,它是人对事物的形状、色彩、光线、空间等各个组合要素主动性解释或理解的产物。戏曲的形体几乎都取形于自然或生活,取此而非彼,取"鹰"而非"鸭",本有内在的"图式"期待。这一过程与其说是"模仿",不如说是"读物",展现的是一种行动事实,更是一种心理事实。这种行动与心理的双重性,伴随着戏曲意象从生成到接受的整个过程:如观物取物时神的感遇与形的摹写,表演时的表演与体验表演,欣赏时的欣赏表演与欣赏怎样表演。其结果是一个形,即一个格式塔的诞生——一首诗、一幅画、一曲乐调、一个舞姿都会呈现为一种意象、一个特定的视觉空间,它可以被理解成一个规则、简约、清晰的格式塔。如果说,以心观物、以心交心、以物感心是诗画等意象生成共守的方式,那么,这种与过程相伴的双重性是戏曲意象生成较显著的特征。

一个格式塔之所以具有表现力,第一是因为外物与内心是一种同构关系。格式塔心理学派认为,当客观自然物的力的结构与审美主体的主观情感结构达成一致时,就有可能激起审美经验。因为,他们都是力的运动。阿恩海姆曾以"垂柳"为例分析,外物之所以具有表现力正是源于主观与客观的力的相似性和客观状况本身固有的表现性。[3]619从外物的表现性到形体的表现力是一个内化的过程,形体表演者并不在乎外在的"像",而取意于内在的"似",形体与自然之间是一种"似又不似"的关系。由于是写意性表达,故动作并不受自然物之形的限制。而观物取物时的视而不见是为了突出主体视野中的最具代表性的形,用于表现生命内在的情感观照点。在"鹰展翅"中,盖老的用意似乎并不在雄鹰之形,也不是以此让人去辨认一只鹰,而是追求用形体的线条创造出一种抽象而复合的关系,以此追求一种对英雄的心理,甚至一种对生命活力的具体展示。故透过"鹰展翅"我们看到的是鹰最本质的东西——雄壮、凶猛与矫健,而不是鹰的所有习性,形体的演绎与表演者的情感形成一种内外对应关系。

第二是简化原则。简化是知觉的最优先要求,被简化才能被表达,这是艺术表达的一条重要规则。以人体为材料的艺术表达,确实会遭遇到困难,阿恩海姆曾有过一个著名论断:"对于艺术表现来说,人体是一个最困难的,而不是一种最容易的媒介物。"其原因是"人体是一种十分复杂的样式,而且很不容易被简化成一种简单的形状或简单的动作,还容易引起观赏者过多的非视觉联想。"[3]619 我认为这种困难类似于以语言表达诗歌意象的困难,因为,以同一种语言区别日常用语与艺术用语,会遭遇到一个如何陌生化、如何变形的问题,戏曲形体表演也同样如此,如何以同一个人体将艺术的表达与日常的形体相区别,这是戏曲表演首先需面对解决的一个问题。可以设想,因表演之需而创设戏曲形体,或是其诞生的原因。从本质上说,从"古舞"开始,因内心表达之需而进行的形体简化就已经开始。简化的实质是一种概括和抽象——将经内化的生活与自然融合于内在的情感生活并作高度概括化的表达,而这种概括化在戏曲舞台上体现为一整套类型化的形体组合,它能在最大限度上满足戏曲表演的通常需要。我们在舞台上看到的一组组丰富多样而又简洁明快的身段就是概括和抽象的结果,它们是无数戏曲前辈创造—沿袭—再创造的产物,更是对无限丰富的生活动作简化的结晶。

尽管,形体以虚拟性、写意性为其特征,但它是以拟真为底色的写意处理,是对真实生活的虚拟表达。"人们常说的多样统一的形,是艺术能力成熟的表现,无论用于再现自然还是用于表现内在情感生活,它都是胜任的",[2]105 由于"胜任"是缘于这些动作与自然和生活具有内在的联系而不是表面的契合,故而它们能反映最真实且最本质的生活,也能用于显现生命力和人类内在情感。"简化就是抽象化和典型化,愈是简化的东西,表现的人类情感就愈普遍,因而看上去就愈深刻。"[2]178 可以说,正是由于简化,才使得人体具备了对外物与情感作对应性表达的可能。

第三条规则是暗示。如果说同构揭示了形体表现力的来源,简化是形体表现力的呈现方式,那么暗示则是形体表现力的传递方式。任何一种成功的艺术表达,都离不开暗示因素。那些代表着生活本质的线条舞动与造型,是表演者对外物悉心体察后心醉神迷的感悟,是将外物本身固有的暗示性精练地再现于舞台的结果。"云雾遮柳行"又怎能再现呢?《洗浮山》中,盖老饰演的贺天保在唱到《石榴花》"昏惨惨云雾遮柳行"中的"遮"字时,[4]161马鞭由后甩向前,以平指轻点作柳波起伏状,再加一"遮"字的动作将云雾与柳行相连,呈现迷蒙之境。这是一种巧妙的暗示性表达,同时暗示出情感与景象,给观众提供一种想象性线索。观众由舞台上的动静之变,感受到的不仅是来自视觉的审美快乐,更是贯穿到情感、想象、理解的整个心理结构。这种贯通性,会使整个意识兴奋起来,多种心理因素发生相互作用,产生出一种轻松自由的快乐体验。在这种快乐中,既有对形体的赞美和对情感意味的共鸣,又有对暗示了悟的欣慰。

舞台上的形体动作几乎都来自于基本形,它们从同一母体产生,拥有同一血源,简单而又规则,扎靠来段起霸,箭衣来段趟马,短打来段走边,久而久之,这类套路就唤不起一种紧张感和刺激性,也区分不出人物的个性。这是戏曲的方法,可借此完成表演,也暗藏着戏曲表演的局限。其原因或在于:当我们将这些由基本形所组合的复杂关系当作程式固定下来时,表演就显出了程式化倾向,而程式化容易表面化或公式化,它会给表演带来一种消极的束缚力,使演员习惯性地依着简单的格式做近似机械性的运动,形成"动作代代相传""缺少明显的演变"[5]203的现象。我们姑且将这种现象称为"表演的惰性",其实质是对简单的格式塔的过分依赖。当这种带有明显文化守成主义特征的表演方式,形成习惯性流弊且大量充斥于戏曲舞台时,戏曲形体的活力就渐渐消逝,表现力也日益受限,自身危机的凸显也就难以避免。

问题不在于基本形,离开了基本形也就离开了戏曲的基本表演手段,关键在于对其简单依赖而缺乏变化。换言之,"程式"并没有问题,舍弃"程式"也就舍弃戏曲,而在于变"程式化"为"程式'化'",唯有"化"才能使得"程式"重获消逝的活力。王元化曾就此说过一段话:"把程式化当作千篇一律的公式化对待是不对的,程式化也同样给演员提供创造性的广阔天地,正如格律诗不会拘囿好的诗人一样,只有当演员把自己所体会到的真情实感投入角色中去的时候,他才能使程式化的动作是活的,有性格、有生命的。"[6]22"程式"犹如"格律",要让戏曲的"格律"活起来就离不开"真情实感投入",脱离了剧情与人物性格,"绝活"就成了"杂耍",当"程式"只剩下外形,其内涵被剥离时,犹如一件华丽的外套,内里却失去了血肉与灵魂,是没有活力可言的。

活力只能来自于形体与生活、情感和观众的交互过程,这一交互过程体现在形体动作上,就是对重复与变化这对关系的辩证把握。

我们都知道,就舞台形体而言,平板不美,通过变形、倾斜、快慢、大小、繁简、断续的变化,"会造成另一种导致审美愉快的特有紧张",[2]108这种由变化而来的特有的张力可以使形体重新获得一种陌生化效果,可重新唤起观众的紧张和刺激感。在"鹰展翅"这组动作中,纷繁的手上动作大多由云手变化而来,但不觉腻烦,就因为重复中有变化。通过倾斜、扭曲、方位的变化,手、腰、腿的配合,变化出大、小、正、反、立、斜云手,生出不同的动与静的造型与线条,给人以同中有异、非简非繁、似断似续的感受。变化可以是空间定向上的倾斜,也可以是曲线长短的收缩;可以是动作节奏的快慢,也可以是角度的变化。"当这个比较不规则和不简化的格式塔与人体其他部分组合在一起时,便变成看上去最舒服、最规则、最好的格式塔。"[2]109盖老动作的独特性、表现力与美是否也在于这不规则,倾斜,繁非真繁、在繁却简,简又非简、简中见繁的变化之中?但在变化中又似有规则可寻。"鹰展翅"的一组动作始终沿着舞台的左前方与右后方形成一个对角的斜线舞动变化,这种变化中的不变,或是舞台规则的体现。因为舞台讲究对称与平衡,在视觉中心点——即盖老所言之"子午相"中求变,可使得观众获取一种最佳的视觉享受。就拿这看似普通的"走边"与"趟马"而言,盖老的黄天霸"走边"与贺天保"趟马"至今仍堪称"梨园双绝",曾让李少春、张云溪等武生名家景仰不已。其中固然有借身段演人物,以个性"化"程式这一盖派固有的表演因素,动作编排上的美化设计恐也不失为一个可供分析的节点。在《洗浮山》"趟马"中,盖老饰演的贺天保在唱到"马嘶尘滚风声狂"之"风"时,马鞭呈"张良背剑式",冲舞台左边,直伸肚前抓大襟的左手朝舞台右前方,眼和直伸勾起的左脚脚尖朝舞台左前方,形成上(马鞭鞭梢和眼睛)、中(左手)、下(左脚尖)不同角度的"三点式",再顺势拧腰,眼跟左脚尖,身子略带倾斜地左转两圈,在转至身向舞台左前角时,由左向右甩髯口,持马鞭的右手甩向左腰部位时耍一个小腕花,双手交叉,马鞭回撤,收住,亮相。这一组动作无论从造型或变化看,都极为优美。其中的左手动作取之于生活中的勒马、提缰动作,而又依据表演之需有所简化,"三点式"的造型、旋转的身姿,以及依次的甩髯口和耍马鞭的变化让人看得妥帖、舒服、层次分明,给人以美感享受,更重要的是盖老借这组动作暗示出一个侠客在"尘滚""风狂"情景中飘逸、洒脱的风采,从中确能体悟出盖老在其中浸润的心血。盖老曾言:"动作是不是美,不只靠塑型本身的说明性,而且更要靠塑型所显示的连续着的在大动作之中的小动作那种强弱变化。"[7]34 而这种变化中的规则,又是重复的体现,或者说重复也是变化之一种。"在艺术中,从母体作的最简单的变化方式是重复。"[2]110 可以说,变化与重复是戏曲形体敷演的关键,也正是在对变与不变的拿捏中显出了盖老形体艺术的创造性,在对"流弊"的克服中显现了盖派独特的艺术价值。

四、"形"的生成与接受过程

观与演交流本是中西戏剧共守的本质规定性,接受美学与读者反应理论有关"作者—文本—读者"的艺术作品的生成理论亦可移用于这种舞台交流现象的解释,在此不再赘述。作为其理论先导,罗曼·英加登(Roman Ingarden)在 20 世纪 50 年代研究"戏剧作品的语言功能"时,曾重申了他基于意向性理论而提出的"具体化"概念,尽管"具体化"的基础是由观相与语言再现功能提供的,但"具体的观相"与"想象的观相"的聚合在于观众自身,故观众的审美反应中自含有建构客体的意义。[8]352 而且,这种观众建构的意义比在文本作品中要显著得多,因为,由创作方式与创作结果的"同一性"所构成的审美"即时性"和交流"共同性",使得戏剧成为了过分依赖观众的艺术形式。因此,"具体化"是一种观众行为,发生在现场观赏的过程中。美国学者理查德·鲍曼(Richard Bauman)在 20 世纪 70 年代,从民俗学表演理论的视域看出,表演是交流行为的一种方式或类型,通常标示着一种在审美上是显著的、被升华的交流模式,因此,对于表演的分析,可以凸显出交流过程的社会、文化和审美的维度。他曾提出过一种现象:"一个表演者会改造自己的表演,以影响、感动、说服、开导、愉悦他的观众,并期待得到观众的品评作为回应。同样,观众的反应对于表演的展开过程也具有相应的影响。"[9]104 这种现象在中国的戏曲演员与观众之间体现得更为充分。

有一种有意思的说法:"京剧观众走进戏院,目的不在于看戏,而是看演戏。"并认为,这种欣赏的特点是由"京剧意象生成的特点和意象构成的特点规定的"。[10]191 对于意象生成和构成,我们可另作理解,但这里点出的观众欣赏与戏曲意象生成间的关系确是耐人寻味的。中国戏曲观众的欣赏重点是表演,看"角",重于看"戏",看"演戏",重于看"戏演"。故戏情烂熟于胸,唱段随口吟唱,非但丝毫没有减弱观赏的乐趣,反而平添了一份观赏时的自我陶醉,从重复的体验中获取一份超越戏情的额外快感。这份快感是由"角"的演技所提供的,似乎如何演超越了演什么本身,这或许就是表演,也是戏曲意象的魅力。

与此相应,中国戏曲的演员在表演时,有双重的任务:既表演人物,也表演演员自己怎样表演人物。正如布莱希特曾表述过的那样"演员作为双重形象站在舞台上",表演者始终没有消逝在被表演者之中,使得"表演的一半获得独立意义"。[11]25 如何理解存在于中国戏曲表演中的双重性?美国戏剧符号学学者马文·卡尔森曾说过一句点中要害的话:"表演过程本身就是一种解读。"[12]264 我们可以据此将双重表演理解为:演员在表演的同时,对自己的表演本身作了解读,表演与自我对表演的解读同步进行。因此,表演不仅仅是一种扮演的过程,也是演员体验扮演的过程,"瞧,我在表演呢,看我精湛的技艺"。演员在扮演时的自我暗示,既是一种交流,也是一种陶醉。有美学家曾言:"任何艺人都对自己的媒介感到特殊的愉快,而且赏识自己媒介的特殊能力。这种愉快和能力感当然并不仅仅在他实际进行操作时才有的。他的受魅惑的想象就生活在他的媒介的能力里;他靠媒介来思索,来感受;媒介是他的审美想象的特殊身体,而他的审美想象则是媒介的惟一特殊灵魂。"[13]31 来自媒介的特殊愉悦和能力感已融于演员的身体与灵魂之中,鲍山葵这段话用来形容中国戏曲演员的表演心理是适宜的。

演员对表演的解读与表演时的自我暗示心理,与他们对中国戏曲观众的欣赏习惯的了解相关。演员知道,戏是演给懂戏的人看的,他们拥有对戏曲表演的解读经验,好比是读者反应理论中的"理想读者",其重要性与舞台上呈现的东西不相上下——他们是戏曲表演的另一半。观众甚至能从演员对表演的解读"心领神会"后作出演员所期待的反应,故演一台好戏,不仅满足的是捧角的人,也满足了被捧的角。尽管,如何演总是不能偏离演什么,以观众喜爱的表演方式将自己理解的情节和人物演绎出色似乎是戏曲表演的目的,这与观众欣赏表演的目的是有偏差的——一者是"技"在"戏"中,一者是"戏"中看"技"。但由于共同的解读行为——演员对表演的解读与观众对表演的解读是即时互动的,故"技"与"戏"仍处高度融合的状态,观众能从演员的双重表演中获得双重享受,因此,在中国戏曲中观与演的互动就显得更为积极。盖老之所以能取得这么大的表演成就,实与他重视这门"观众学"有莫大的关系。他不仅强调"和剧本拉手",以求得表演的内涵和动作的依据,同时强调"和观众拉手",求得表演的效果与形体功用的落实,这"双重拉手"体现了盖老对形体表演的精到领悟。他曾说过:"你的血和观众的血连上了,演员与观众都归一了,甚至忘了是在看戏,这才能把人给抓住。"[4]268这种认识不可谓不深刻,他追求的是观与演之间的"血"的联姻,是台上与台下"归一"——在另一种意义上的心理同构。

略观上引观点,从舞台接受与交流的角度研究戏剧,已成为表演研究的一种趋势,而这种注重交流的研究趋势与戏曲形体的研究具有良好的融通性。因为,无论是英加登的"具体化",还是理查德·鲍曼的表演分析,或者马文·卡尔森关于表演学的解读理论,都是从戏剧观众的角度来讨论表演问题的,这就使得被已往研究有所忽视的表演的另一半重新获得了关注。这种关注对于还原表演现象或解释戏曲形体的生成与接受过程无疑相当重要,因为真正的生成离不开舞台接受。

五、结语

从"鹰展翅"的描述中可以看到,戏曲形体是一种"虚的实体",它取之于生活与自然的形,但决不同于简单的复现或摹写。形体与自然之形处于一种"似又不似"的关系之中,表演者运用简化的形体、变形的处理、暗示的手法,努力表达内心与自然在结构上对应的形象,从而取得以简驭繁、以形显意、以刹那见永恒的效果。可以说,同构中的力的相似、简化中的优美表达、暗示含义的传递,三条原则决定了形体动作编排的规则。这三条规则暗含了取物时的主客相悦、表演时的形意合一、传达时的观演交流的道理,并不仅仅来自表层的"做动作"或"看动作"。依据这种编排规则,身体的各个部分首先形成各种可供表演选用的基本形,比如云手、山膀、翻身、踢腿等,这些基本形可组合成数种复杂关系,这种复杂关系体现为走边、趟马、起霸等形体套路。它们区别于人体的日常形态,用于表演。假如能注意形体与生活、情感和观众的交互过程,处理好变化与重复这对辩证关系,就能起到形体陌生化的效果,并可形成由个性化与美化、虚与实、气与韵所构成的一种舞台特有的张力,体现出表演的活力,甚至可以代表生命本身。从盖老的艺术追求中,我们似乎能看到戏曲形体之"形"的应然要求。

参考文献

[1] [美]苏珊·朗格.艺术问题[M].滕守尧,朱疆源,译.北京:中国社会科学出版社,1983.

[2] 滕守尧.审美心理描述[M].成都:四川出版集团,1998.

[3] [美]鲁道夫·阿恩海姆.艺术与视知觉[M].滕守尧,朱疆源,译.成都:四川人民出版社,1998.

[4] 盖叫天,何慢,龚义江.粉墨春秋[M].北京:中国戏剧出版社,1980.

[5] [德]布莱希特.论中国人的传统戏剧[M]//布莱希特.布莱希特论戏剧.丁扬忠,译.北京:中国戏剧出版社,1990.

[6] 王元化.京剧与传统文化[M]//翁思再.京剧丛谈百年录(增订本).北京:中华书局,2011.

[7] 王朝闻.访问盖叫天[M]//田汉.盖叫天表演艺术.杭州:浙江文艺出版社,1984.

［8］　［波兰］罗曼・英加登.论文学作品——介于本体论、语言理论和文学哲学之间的研究［M］.张振辉,译.郑州:河南大学出版社,2008.

［9］　［美］理查德・鲍曼.作为表演的口头艺术［M］.杨利慧,安德明,译.桂林:广西师范大学出版社,2008.

［10］　叶朗.京剧的意象世界——为纪念徽班进京二百周年而作［M］//翁思再.京剧丛谈百年录(增订本).北京:中华书局,2011.

［11］　［德］布莱希特.戏剧小工具篇［M］//布莱希特.布莱希特论戏剧.丁扬忠,译.北京:中国戏剧出版社,1990.

［12］　［美］马文・卡尔森.戏剧观众及其对表演学的解读［M］//［法］福柯等.激进的美学锋芒.周宪,译.北京:中国人民大学出版社,2003.

［13］　［英］鲍山葵.美学三讲［M］.周熙良,译.上海:上海译文出版社,1983.

小剧场话剧中的微相表演及演员训练[①②]

那　　刚　　姚春宏

一

半个世纪以来,戏剧舞台有着三条定律:戏剧所创造的是一种特殊的交流情境;空间被分成意义完全不同的两个区域——给演员的(舞台)和给感受者的(观众厅),这两个区域被明显的界线所分开(脚灯、乐池、舞台框);演员在富于假定性的布景环境里表演。这似乎已成为一种戏剧模版。

在传统的话剧演出中,观众和演员的分区是非常明显的,即演员只在舞台上活动,那是演员"演"的空间,观众是不能进入这个空间的。而观众则坐在观众席里,那是观众"观"的空间,演员也是不能进入这个空间的,二者之间的分割则由台口、幕线、脚灯等组成。两个空间泾渭分明,造成了某种程度上观众与演员的心理距离。而"小剧场话剧"的基本理念是要打破二者的界线,改变演出区与观众席不可逾越的观念。让观众进入表演区,同时也让演员进入观众席,通过这种互相进入,使"观""演"两个空间的界线消失而合为一体,从而也使观众和演员在心理上合为一体。

---

①　本文发表于《浙江艺术职业学院学报》,2009 年第 4 期。

②　本文为浙江艺术职业学院 2004 年度科研项目"小剧场话剧中的微相表演"结题论文。

在近代戏剧中,"小剧场话剧"和"实验戏剧"的概念经常是重叠的。第一,它从不满足于约定俗成的范式,不对所谓的权威"俯首称臣",而是追求标新立异,总是从不同的视角、不同的层面对各式各样的戏剧样式、舞台形态和表演艺术进行广泛试验,探索新的舞台语汇、新的手段媒介、新的表演空间;第二,由于打破了"第四堵墙"的禁锢,把观众不再当成观看者,而是将他们当成了自己私密的朋友、诉说的对象,拉近了观演关系,小剧场话剧与观众席传递信息的方式最接近于人们的日常交流,因此小剧场话剧演出有可能更多地与观众互动、互通,使观演双方共同参与其中,直面真实,思考人生;第三,小剧场话剧中还蕴涵着反叛禁忌、要求突破的反叛性、抵抗主流的边缘性等显著特点。

新时期探索性小剧场话剧,演员表演越来越生活化,几乎完全摆脱大舞台腔调。但场景则突破传统现实主义模式,追求假定性戏剧风格的时空自由转换,大量运用象征、隐喻、荒诞、变形,追求人的内心世界外化和潜意识的表现。演出方式也追求贴近观众心理和物理距离,突出人的意识觉醒,追求探索实验性小剧场话剧的多元化审美需求。

发展到今天,小剧场话剧已经成为炙手可热的戏剧样式,也成为当代观众追捧的时尚元素之一。那么,在这个由读字的年代过渡到读画的信息时代,我们应该赋予当代小剧场话剧中演员的表演什么样的更符合当代观众欣赏口味的美学标准呢? 笔者认为,第一,要求演员的表演要做到绝对自然,排除任何夸张的手势和语调(因为,观众是同我们在一起,简直就是近在咫尺)。随着小剧场中舞台布景转向当代生活的真实场面,演员将在与生活一样真实的布景里表演,不再需要习惯上摆姿势的那套做法。观众将欣赏到一种直接而亲切的戏剧,简单而自然地向前发展,一个生活在我们日常生活中的现代人的朴实姿态和自然动作。随着小剧场中戏剧行动的简化及其返璞归真,单纯的机械动作、声音效果、经验式和重复冗长的姿势动作都将消失。演员将恢复到纯粹自然的姿态,并且以综合效果取代单纯用声音手段取得的效果。将以人们熟悉的、真实的道具作为表现情感的基础:一个意味深长的停顿或一双紧握的双手就会像浪漫戏剧那种豪言壮语式的夸张表演一样具有意义,同样能在观众的心中产生深刻的效果。第二,要求演员具备其他跨行业的专业技能,比如乐器弹奏、唱歌、跳舞、脱口秀、魔术……以适应当今戏剧舞台表演样式的多元性。第三,演员还要在能够掌握扎实的现实主义表演功底以外,具备超强的想象力、适应力以及创造力。

在这种现代话剧审美观念的改变,这种多元化的话剧发展趋势下,面对诸如迅速地转换规定情境、转换角色或人称、转换交流对象,以及准确地感觉时空序列倒置等创作任务,不仅对编剧、对导演提出了新的课题,对现代话剧演员以及相关演员的训练方法也提出了更高的要求。

当代的小剧场话剧演出对我们传统的表演方式和表演训练都提出了挑战。传统写实主义话剧往往是"三一律"的戏剧结构方式,或是由生活到生活。对于剧中人物的言行举止,或是故事的发生发展、戏剧的"起承转合"都是比较容易为观众所理解和接受的。然而在现代话剧演出中,这种情形越来越稀少,取而代之的是时空的"急速转换"、叙事的"颠来倒去",甚至是逻辑的"荒诞不稽"。在现今这种戏剧发展趋势之下,如果我们依旧抱着传统戏剧观念不放手或是"吃老本"是不行的,仅仅依靠写实主义心理体验的表演方法是无法完成这样一种形式的艺术创作,更无法适从现代话剧多元、灵动的发展走向的。

那么面对这种戏剧发展趋势的可能性,现当代的话剧演员应该具备哪些素质应对多种多样的戏剧创作要求,如何革新我们的表演意识,如何探求戏剧新的表现方式面对不断变化、不断革新的现代话剧演出呢? 这就成为我们亟须解决的问题。面对不断变化、不断革新的现代话剧演出,我认为在坚持以斯坦尼斯拉夫斯基体系为表演教学的核心内容,以它为基础,有效地加强对学生素质、方法与技能的训练的同时,还需进一步拓宽写实主义表演艺术的范畴,引进新的表演理念和方法,将表演教学中的教学内容、教学措施作一些改革和补充,来适应这种需要。

二

基于这样的演出空间理论,传统的戏剧演员训练方法已不能满足当今及未来戏剧发展的多元和信息密集等特点。这就要求我们去重新审视、借鉴现当代戏剧前沿的演员训练方法为我所用,丰富原有的演员训练方法,找寻出真正适合小剧场话剧的表演方式。

(一)想象力强化训练

在小剧场话剧中,越来越多的多媒体影像技术应用于演出,这就要求演员加强舞台适应性,具有极强的想象力。当然,在写实主义的戏剧中,想象力也是一个表演的重要能力,但是在多媒体影像技术大量应用的非写实主义的话剧中,演员的想象力被提升到了一个极其重要的高度。我们都知道,表演就是要做到假戏真做,以假当真。一个演员在假定的场景中同假定关系的对手做假定的事情从而形成一个假定的故事,为了使演员在剧作家的创作所形成的基础上建立起来的那一想象世界中,能在情绪上把它抓住并吸引他进入舞台行动,必须使演员相信这个世界,让"演员的眼睛开始按另一种方式去看,耳朵按另一种方式去听,脑筋也重新去估计周围的一切。结果,所设想的虚构就自然而然地激起为实现当前目的所必需的相应的实际动作。把它当作如同它周围现实世界一样现实的东西"[1]69。最基本也是最重要的一点就是依靠演员的想象。

根据这个判断,斯坦尼斯拉夫斯基曾指出:"在创作过程中,想象是引导演员的先锋。"[1]85"我们在舞台上的每一个动作、每一句话,都应该是正确的想象生动的结果"。美国著名"方法派"表演教师丝黛拉·阿德勒也认为:"想象力是演员表演的源泉。"因为"在舞台上演员永远不可能以你自己的名字和自己的性格出现,或者说你不可能是生活在自己的房子里。所有和你谈话的人都是剧作家创造性地写出来的。你所生活的所有规定情境也都是想象出来的。因此,每一句台词,每一个动作都必须是来自于演员的想象"[2]。对她来说,舞台上99%的事件至少部分是来源于想象力。

舞台想象绝非一般的想象,它必须是艺术的想象,是动作性的想象;它不是一种幻想、臆想,而是具体的,能用动作、声音来表现的想象。在进行话剧基础训练时,想象对表演的学习已经起到重大的作用。而当演员进入表演阶段之后,艺术想象在话剧作品的表现方面所起的作用便更加显而易见。话剧演员在进行舞台想象时,还必须注意:第一,进行舞台想象一定要有主动性,想象只可诱导,不能强迫,诱导使表演者变旁观为主动,积极活跃的艺术想象才会自然出现;第二,进行舞台想象时必须集中注意力,表演者必须促进自己的想象。

斯坦尼斯拉夫斯基体系重视演员把虚构的规定情境通过证实,变成真实的现实的能力,把角色的内心世界的细节视觉化的能力和对戏中的事件进行想象或幻想的能力。斯坦尼斯拉夫斯基要求在说话的时候心里必须有具体的视像,他建议演员在扮演角色的时候要在自己的脑子里放有关这个角色的电影,用增强内心视像的方法来进行想象训练视觉化。如闭上眼睛,想象你自己是一棵树,确定是那一种具体的树木(树的形状,树叶的颜色,等等),年龄有多大(树干有多粗,树枝有多高),想象这棵树木长在什么地方。然后,选择你(树木)生命中的某一特定的时刻,创造性地进行想象。在什么季节里,天气怎么样,具体是一天中的哪个时刻,你感觉到了什么,看到了什么,听到了什么,那天在你的树干下面具体发生了什么事情(也许是历史性的事件,也许是一件浪漫的事情,比如情人的幽会),尽可能地把所有的细节想象得越详细越好。

阿德勒则要求演员把注意力集中在创造性的想象上,而不是他们自己能够意识到、能够回忆得到的过去所经历过的事情。这样一来,他们就能够最有效地运用一种认同感来为他们所扮演的角色创造他们的过去。对于阿德勒来说,无论是演传统的戏剧还是演那些具有强烈风格的非写实主义的戏剧,想象都是决定性的。然而想象并不意味着凭空捏造,它必须是建立在深入极其丰富的人类社会生活、精神生活、情感生活的基础上获得的大量第一手资料的前提下,运用想象力,创造性地进行工作。

那么,在应用多媒体影像技术的话剧中,为什么需要强化演员的想象力呢？因为现代影像技术应用下的话剧演出不但在时间上、叙事方法上有了突破,打破了"三一律"的传统叙事方式,而且突破了写实主义舞台空间的突破,在舞台上可以表现世界万物、意识流,不再是单纯的生活原质状态的戏剧演出,舞台空间甚至可以是意念性的、概念性的、情感性的,可以变成任何一个人能够想象得到的空间。于是,在这种情形之下,演员纯粹的现实主义的想象和现实生活思维逻辑就显得力有余而"心"不足了。比如,在一些多媒体影像应用下的话剧中,除了生活本原似的规定情境以外,更多的规定情境设置离真实的生活太过遥远、太过陌生,甚至是荒诞离奇、瞬息万变的,或是在想象中,或是在睡梦里,或是在天堂,或是在地狱,还有很多是一些心理空间、情感空间的表现。对于演员的表演来说,往往要通过具象的形象揭示生活历史的抽象本质,有时还要求演员善于创造和体现象征形象。这类戏剧要求舞台人物形象呈现出高度概括的抽象,表现人物群体共有的本质特征,着重哲理意蕴的作品,要求人物形象体现出某种哲理的象征,有时又要求对形象作诗意的夸张、变型,演员除了要演绎现实生活中的人物,还要扮演除此以外的包括物理的物体,所有感觉的、心理的或想象的物体、情景、事件、关系和其他的角色。一句话:当今的话剧演员在舞台上的表现范围是无所不包的。

在这种前提背景下,我认为,在训练现代话剧演员的过程中,除了有必要对现实生活想象训练以外,还要强化抽象事物想象力的训练。我们首先要让学生做好创作观念上的准备——要求演员能坚定地把一些荒诞的事物当成真实的存在,能执著地把某种悖谬的逻辑当作正常的思维。要让不可能相信的变成可能!

(二)即兴表演训练

在应用多媒体影像技术的话剧中,不仅要求演员在流动着的现实时空中去驾驭序列被倒置的时空,通过具体的行动,或借助虚拟动作表现虚幻的形象或虚幻的事物,还要求演员有诗的幻想,以及用自己的台词、歌唱、动作、舞蹈去创造和体现诗化意象的能力。而这种能力的产生,往往要借助即兴表演训练,使演员能够在一个自由的空间身心得到彻底的解放,创作能力得以自由的翱翔,从而创作出演员

157

独具其自身特点的、最有表现力的舞台行动来。

现当今的戏剧流行趋势,正如美国方法派表演的三大宗师之一的桑福德·梅斯纳(Sanford Meisner)所强调的:"一个演员所做的事情并不取决于他自己而是取决于其他演员对他做的事情。"由于活生生的对象的具体客观存在,给予演员提供了注意力集中的焦点,正由于演员能够把自己的注意力自始至终、高度集中地聚焦于他的对象,细心而认真地接受来自于对方所给予的所有刺激,他的思考和判断就有了坚实的物质基础,他作出的反馈动作也就有了具体的对象。同时,这种思考、判断和反应的准确性、真实性,也就有了非常具体的客观判断参照。很多初学者不懂得如何在舞台上倾听对手的讲话。当他们接到了剧本以后,他们就开始背自己的台词,认真研究如何使自己的每一句台词都能够让观众听清楚,然后逐步地把每一句台词的声调、语速、节奏都固定下来,在演出的时候就尽量不走样地重复这些处理。当他们在舞台上演出的时候,渐渐地,就没有必要倾听对手说些什么,只要是不忘记台词,他们就安全了。真实生活不是这样的。我们对于外界事物的反应远远不限于语言一种方法。我们经常对人们说话的方式作出反应。如果有人叫你傻瓜,你也许会很生气,但也有可能大笑——完全取决于你如何来判断说话人的语气和说话时的肢体语言。因此,在即兴表演训练阶段,重点要强调演员"此时此地"的接受不可预知信息的真实反应。

这一部分的练习目的在于训练演员真听、真看,把注意力真正集中在对手身上,以及从对手说话的语气、态度、语速、节奏、能量及脸部表情、形体姿势等等从对手表达意向、情感的多种渠道上获取信息,判断对手的真正态度(潜台词)。适应对手,根据对方假定的人物关系,成为其中人物;察言观色,判断对方的动机和目的,需要发展的事件,并作出适当的反应。沟通交流技巧的训练,能正确捕捉对方信息,善于倾听和解读,作出正确、及时的反馈。日常人际沟通如此,艺术层面上更是如此。

(三)情绪记忆训练

多媒体影像应用于话剧以后,舞台上的变化加快了,对于演员的表演来说,更要强调情感的即时投入和即时跳出。在多媒体技术应用的话剧演出中,有的剧作强调非理性因素,或用意识流写作技巧对人物心理意识进行剖析或要求人物按照超越生活状态的非正常的逻辑思索和行动。一会儿他们是叙述者,一会儿他们又成为了剧中人,一会儿又成为了现场"观众",有的戏剧甚至一个演员要扮演二三十个角色,这就要求演员能够做到情感的快进快出,有迅速、敏捷地进出规定情境,迅速、敏捷地转换人称、交流对象、时空感觉的种种能力。

　　然而,演员在排练中能够获得对角色的体验是一件并不容易的事情,要想在每一次正式演出的时候都能够重复那种体验就更加困难,斯坦尼斯拉夫斯基为了解决这一问题,不得不提出"剧目轮换制",以保持演出的新鲜和活力。而表现派则把公演时演员的表演当作技术性的操作,用纯熟的表现技巧把它表演得如同有体验一般,但往往因缺乏真情实感,容易走上虚假做作的创作道路,从而失去了戏剧表演创作有血有肉的人物形象这一根本任务。因此,在戏剧表演艺术中,对演员情绪的感受、引发、控制和转换等一系列技术的训练至关重要。现实主义戏剧大都是按照生活逻辑发展的,传统的斯坦尼斯拉夫斯基训练方法,虽能有效地帮助了演员进入规定情境,找到角色的特定的情绪状态,将自我与角色融为一体,但这种情感调动需要花费较长的时间。然而,现代话剧的文本叙事结构是灵活多样的,往往会遇到时空颠倒无序且转换迅速的叙事结构,一旦破坏了现实有序的逻辑,当情境要求表演者在不同的情绪状态间迅速地转换时,就需要演员有一种极快速、有效调配心理情感的手段,强启动、快速地调动和凝聚情感。这个时候,传统写实主义表演的训练方法就显得有些应接不暇了。那么有没有一种比较有效的、比较具体的训练方法,用来训练、提高演员的心理技巧呢? 在我百思不得其解之时,庆幸地发现了李·斯特拉斯堡的"情绪记忆"训练。

　　"情绪记忆"训练是帮助演员唤起与剧情有关的所有情感,以便更好地进行人物创造的比较有效的方法之一。他是这样阐述"情绪记忆"训练的:"'情绪记忆'是在舞台上再体验的基本工具,因此它是在舞台上创造出真实体验的基本工具。演员在一场又一场演出中重复的不仅仅是他在排练中操练的台词和行动,而是感觉的回忆。通过思想和感觉的回忆,来唤起这种情感。"[3]

"情绪记忆"的基本主张并不是回忆感情。因为在舞台上演员的感情永远不可能是完全真实的。它始终应当仅仅是记忆中的感情。在此时此刻自发产生的感情是不受控制的——你不知道这种感情会导致什么样的结果,而演员不能总是保持和重复这样的感情。记忆中的感情是某种演员可以创造和重复的东西,而不是什么会失控的东西。"情绪记忆"是"演员本体的基本因素",它来自于根深蒂固的存在于人们心里和身体里的过去曾经经历过的感情,而不是对于剧本所作的"文学"的或者说是示意性的诠释。"经历的情感性质也许已经改变了",但是"通过试图获得许许多多的感觉记忆,演员逐渐地获得了大量永久性的感情的记忆,当他在以后继续使用这些记忆作为自己创作的材料时,这些感情的记忆就会很容易被唤醒"。耶鲁大学戏剧学院院长、著名的戏剧导演和教授罗伯特·刘易斯说,在当演员重复"情绪记忆"的练习时,演员从回忆过去经历的事件中所得到的感情"非常有可能在程度上在性质上都会有所不同"。这种现象不但是正常的,而且是非常好的。因为当你在回忆过去的那些经历过的事件时,你的注意力投入到这些事件中,你的感情也相应地投入了进去。事实上,当你在多次做这个练习时,每做一次,都会有细微的不同。这个练习的重要性在于通过它,演员的情感变得非常敏锐,随时随地都能及时地、本能地对任何感情需求作出反应。

在"情绪记忆"练习里,演员必须创造出真实、有独创性的和自发性的感觉和情感对现实的戏剧事件作出反应。比如,演员被要求再现过去曾经深深影响过他的一个事件,而这个事件发生的时间至少比做练习时候早几年。要求学生排一件曾经发生在他身上最激烈的或是记忆最深刻的事情。学生要用全部的感觉来努力再现那个场景的感觉和情感,不断地提示他在哪里,和谁在一起,穿的什么衣服,你在做什么,等等。告诉演员不要选最近发生的事,不是因为最近发生的事不能做这个练习,而是这个事情过去时间越久,练习效果就会越好,因为有些近期的事情现在可能有作用,但是两年之后就没有作用了。如果某些事情已发生很长一段时间,并且现在是重新被捕捉到,说明它永远都留在那里,说明它永远都会根植于你的记忆中。

演员开始练习,他不用告诉我是什么故事,只需要关注感觉的对象——他看到的是什么,听到什么,触到什么,尝到什么,闻到什么。学生不应该告诉我,他(她)在房间里。他应该做的是用感觉记忆来再次捕捉它们,就好像他在做集中注意力的练习一样。

我不想知道是一个什么样的故事,演员告诉我的越少越好,仅仅在觉得他们有困难的时候或是当我想弄清他注意力在什么地方的时候再和他讲话。

(四)单人剧和无对象交流训练

在多媒体影像技术运用的话剧中,通过时空序列的倒错,采用诗化、虚拟的表演来表现人物心灵的自由联想,表现人物深层的意识,等等,演员往往要进行与对手间的交流表演,有时是演员和影像的交流,有时是和自我内心的视像交流、与想象对象的交流,等等,所有这些实际上都要求演员具备无对象交流表演的能力。针对这种话剧表演的需求,我们可以借用国外单人剧和无对象交流训练的方法来解决这一问题,从而达到使演员能够在舞台上不依靠其他的支撑,扮演各种不同性格的人物或者不同表现的人物之间的互动和交流,同时依靠和调动自己的各种表演手段(声台形表)来创造出各种各样的环境、氛围。

首先要说明的是,这种练习必须是在学生完成了一定数量的写实主义剧目演出,比较牢固地掌握了写实主义戏剧的表演技巧的基础上,"为了加强表演训练的难度,进一步提高演员的心理技巧和外部表现技巧"[4]63而进行的。

事实上,单人剧的发展也是包括前面所提到的这些革新大师在内的戏剧艺术家长期努力的一种结果。因此,我要强调的是,单人剧中的无对象交流是建立在坚实的写实主义表演的心理体验和交流技巧的基础上的,是对斯坦尼斯拉夫斯基体系的一种继承和发展,而并非是对它的一种否定和摒弃。单人剧最主要的特点就是高度的非写实性和假定性,并最终通过观众想象的补充来共同完成戏剧演出。在表演方面,舞台上只有一个演员,舞台布景往往非常简单,有的时候甚至就是一个空空的舞台,全靠演员的表演,包括他的感觉、眼神、他的形体动作,在观众的想象中创造出一个戏剧空间,或者是一系列流动变化着的戏剧空间。在角色的扮演方面,除了少数剧目以外,绝大多数的单人剧表现的都是人与人之间的关系,会有众多人物出现。所以,在人物的表现方面基本上有这样两种类型:第一种是演员直接地表演众多的人物,也就是说这个演员需要扮演多个角色,在演出的过程中必须不断地从这一角色跳出来,变成另一个角色,也就是我们常说的"跳进跳出"。要求演员以快速而不间断的改变形体状态、动作节奏、面部表情、声音造型、语言速度等一系列的外部手段,以及心理感觉、情感节奏等内部手段,来清晰而准确地表现不同的人物形象,同时准确地表现他们相互之间的行动以及这些行动对他们产生的影响。第二种是演员只是扮演某个角色,用自己的表演来表现和各种不同的角色之间的互动(情感交流、语言交流、形体动作交流),间接地表现众多的角色。它付诸的手段不是直接地去扮演,而是通过表现主体(演员扮演的角色)作用于这些客体(其他角色)的主动行动和主体(演员扮演的角色)对于客体(其他角色)在内心情感、外部形体方面所给予的刺激和作用力所作出的被动行动,以及围绕这些行动所必须调动的心理、情感、形体手段,通过观众的想象把其他这些角色间接地表现出来。无论是直接表现众多角色还是间接表现众多角色,这种戏剧样式都对演员的演技具有极高的要求。

除此之外,"单人剧这种戏剧形式的非写实性和高度假定性决定了它的叙事往往是以一种非线性、非直接因果关系、跳跃性的、非逻辑性的方式来进行的,也就是说它不同于写实主义的戏剧,事件的展开和发展都是按照生活的原质状态的顺序,按照起、承、转、合这样一种严格的线性和逻辑的顺序展开和进展。它往往是把一个完整的故事全部解构成若干情节元件,然后按照剧作家对于生活的理解和解释,用表现主义的手法重新予以组合,这样的组合结构经常是从事件的结尾或者中间开始,以非逻辑性前后跳跃的方式来讲述故事"[4]60。

这种叙事方式导致的直接结果是,它要求演员以一种与写实主义戏剧中那种严密的循序渐进、有因果关系的符合生活逻辑的角色心理、情感的创作完全不同的方法来体验和表现角色的情感和心路历程。演员必须以一种和表现主义的叙事结构相似的非线性、非直接因果关系、跳跃性的、非逻辑性的方式来进行表演创作。在有些单人剧中,演员还要同时具备"表"和"说"两重功能,所谓的"表",就是表演,即演员以角色的身份生活和行动在规定情景之中;而"说"是指说白,即演员以角色的身份或者以旁观者的身份暂时离开规定情景,直接向观众讲述剧情的发展、变化或者进行评论。在单人剧中,演员承担的这两种功能必须高度有机地结合在一起,清晰、灵活而不间断地相互转换。毫无疑问,单人剧这种戏剧形式对传统的话剧样式、传统的表演观念和表现手段都是一种突破,它极大地丰富了话剧的表现功能,同时使话剧演员的表演技巧获得了质的突破和提高。在国外的戏剧舞台上出现了许许多多单人剧,在这些演出中,戏剧演出的审美品质,即演员演技的艺术性、观赏性得到了极大的提升。

在单人剧里,演员表演的一个最基本的特征是他自始至终在舞台上进行一种"无对象的交流"。这一基本的特征决定了演员必须以一种与写实主义的表演完全不同的方法和技巧来进行创作。在以往的表演教学中"无对象交流"是一个十分敏感的课题,特别是在教学观念、教学程序、教学方法讲究科学、严谨的专业戏剧表演院校里,是一个少有人敢于触及的禁区。在一些人们的观念里,这种表演是违背写实主义的斯坦尼斯拉夫斯基表演体系的基本原则的。按照斯坦尼斯拉夫斯基体系的交流学说,演员在舞台上的任何行动都是内部主观因素(角色的动机和最高任务)和外部客观因素(来自于对手或环境的障碍或者阻力)共同相互作用的结果。这种相互作用必须是现场活生生地发生的,演员在舞台上规定情境的空间里,接受的是一种真实的、具体可感的、来自于人或者是环境的刺激。而演员也必须通过直接地接受这种刺激信息,像在真实的生活中一样下意识地感受这种刺激,并对这种刺激信息作出有机而准确的分析判断,并作出相应的反应。在这里,具体客观存在的交流对象是这种表演创作的基本前提。离开了这个对象,斯坦尼斯拉夫斯基体系中有关的交流学说就失去了其最关键和最根本的物质基础,学说中的注意力集中、思考、感受判断和反应等重要表演元素也就失去了最基本的凭借,表演的真实、有机和自然就无从谈起。正由于交流客体在写实主义戏剧表演中的这种须臾不可或缺的重要地位,无对象交流就在一定的时间和空间范围里成为一种表演中最遭人忌讳、最容易受到非议和排斥的"非正统的表演方法"。

结　语

今天,伴随着人们对世界认知的逐渐深入,科学技术的快速发展,戏剧的多元化已成为一种不可逆转的趋势。随之而来的是表演观念和训练方式方法也随着纷繁多彩的戏剧样式、流派的出现而呈现出一种百花齐放、百家争鸣的局面。小剧场话剧的蓬勃发展对现代话剧产生了深远意义的影响。它不但给观者带来许多新鲜感受和独特发现,而且使观众在赏析中认同剧作所传达的价值观念和行为方式,从而为现代话剧的进一步发展提升了更多样的戏剧理念。所以,加强这方面的研究和探索,是我们从事话剧工作者的一个重要的任务。它将有助于我们与时俱进地,更准确、更全面地以发展的眼光、创新的态度来看待当今世界表演理论和实践的新发展和新变化,从而能够真正形成一套完善而全面的现代话剧艺术体系。

参考文献

[1]　斯坦尼斯拉夫斯基.斯坦尼斯拉夫斯基全集:第二卷[M].北京:中国电影出版社,1958.

[2]　Hodge A. Twentieth century actor training[M]. London: Psychology Press,2000.

[3]　Strasberg L. A dream of passion: The development of the method[M]. New York: Plume,1988.

[4]　范益松.单人剧和无对象交流[J].戏剧艺术,2005(6):59-66.

第二编

聆音察理

乐感·乐议

乐者之魂——乐感①

周大风

无论是音乐爱好者，还是专业的音乐工作者，都会经常听到一个词——乐感。

那么，什么叫作乐感呢？从字面上作简单的解释，那就是"对音乐的感觉"（或对音乐的感知），似乎已得到音乐界的共识。并且，许多人还认识到在学习音乐及各种音乐活动中，技术、技巧及知识虽重要，而乐感似乎比技巧及知识更重要。有了它，学习音乐，会有事半功倍之效，并会带来更强大的音乐艺术的活力和魅力。

但乐感却是看不见、听不到、摸不着，只能感觉到的一种精神性质之现象，甚至有一些连自己也感觉不到，而只有有一定音乐修养的人，才会对你在音乐的接受能力或表达能力、创作能力等，发现或评说你的音乐感觉有多少。

假如再详细一些来解释"乐感"的含义，即是指人们对音乐艺术感知上的灵敏度、准确度、接受能力、模仿能力、理解能力、辨别能力、生活联想能力、艺术想象能力，以及艺术上平衡及对比、统一及变化的感知能力，并反映在音乐表演及音乐创作过程中，具体反映在表达能力、组织能力、发展延伸能力、创造能力等各个方面，特别是创造能力（包括二度创造）。至于乐感的具体范围，那就相当广深了，几乎可包含组成音乐艺术的所有分支项目（或因素）。若单从技能方面谈，又有音乐基本技能、音乐表演技能及创作技能等。现把目前能经常

---

① 本文发表于《浙江艺术职业学院学报》，2013 年第 3 期。

听到的,所指"乐感"的范围,与具体内容联系起来。大致上就有:

①对节拍的稳定及变换、复合、交替的感知能力,或能准确地表现出来。

②节奏(或节奏型、音型)的疏密、变换、复合、叠置、呼应等的感知能力,或能准确地表现出来。

③对音律、音阶、音高的感知能力(即音准),以及能准确地表现出来。

④对音区高低对比等的辨别和感知能力。

⑤对旋律(曲调)起伏、疏密、重复、移位、再现、变奏、高潮、韵味等的感知能力。

⑥对各种曲体组织结构,如句、逗、段落(包括重复、再现、压缩、延伸、插句)、主题音调、变奏、对比、对称、对仗、呼应、排比等的感知能力。

⑦对调式的辨别和感知能力如动静、主属、明暗、转换的感知(也包括无调性);对调性(调高及宫系)的交替、转折、变换、复合、叠置、隐置等的感知能力。

⑧对多声部乐曲中的和声及复调的感知能力(如主次感、层次感、对答感、线条感、对比感,以及协和感、动静感、清浊感、转折感、厚薄感、色彩感、明暗感、变奏感知等)。

⑨对织体变化及其内涵的形象、意境、背景、转折、统一、平衡、对比、变换等的感知能力。

⑩对乐器组合中(包括人声)各种乐器的纯音色,以及混合音色的浓淡、音区变换、层次、统一、对比等的感知能力。

⑪对速度及力度上的稳定感、层次感及渐突、变换、交替、对比的感知能力,要相当细腻及灵敏,并能体现在唱奏表演之中。

上面这些还是属于技术性方面的感知为多,更重要的灵敏、准确、生动的乐感,还应该反映在思维活动中、艺术想象中。故上述各项,每一项都还要再加上"内在"两个字(如"内在和声感""内在音响感""内在调式调性感""内在织体感"……),特别是指挥者、作曲者,一看到总谱就会在脑海中响起乐曲的音响,且非常准确、生动;并且还要从音乐的本义上来考虑(音乐是表现人们内心最隐深感情的艺术)。因此,乐感的给人的感知,还应该加上:

①对接触到的音乐,立即有正邪感、雅俗感、时代感、美丑感、良莠感等等。而不是正邪不辨,良莠不明,美丑不分,中外不清等。这是最起码的,这一点主要是对某些"音乐爱好者"而言。

②对于音乐所表现出来的感情,能感知到多少,能理解多少(主要指聆听音乐或默读乐谱时的反应),即对整个乐曲内容的理解,对音响中所表现出来的感情,其综合属性、层次、转折等的感知能力,以及心灵上的感受程度……

③对音乐中的感情、形象、意境等,能体会到多少,表达出多少。

④音乐中赋有的内涵及外延,能感知到多少,能表达出多少(主要指表演及创作中的收放、藏露)。这似乎是最重要的(当然也要结合前述各个技术因素表现出来,或与之密切联系)。

⑤在聆听、演唱、演奏、指挥、作曲过程中,能否感知及辨别乐曲的风格,能否辨别出乐曲所具有的特色所在,是否能分清中、外、古、今、东、南、西、北(指地域或民族风味的特色),甚至能否分辨出艺术上的流派或作家的特点所在。

如能较全面地具备上述诸项,那当然是一位乐感相当强的人,他必定会在学习音乐时接受程度特别快,感受特别多,想象能力特别丰富,模仿及创造力特别强。或在演奏演唱乐曲时,会展示出艺术表演力、艺术魅力、艺术感染力等,都相当惊人。

如果只对上述诸项目中某一项或某几项,有相当好的感觉,以及有特别强的表达能力,而在其他某些项目方面却平平常常,虽嫌美中不足,但还该说是可以的。只要扬长补短,把不足之处,在随需随学、急需急学、专需专学的学习过程中去多加琢磨,多加注意,或有意识、有目的、有毅力地去"补课",再加上平时多加留意,逐个攻克,也就可以达到较全面的境地了。

如果是其他方面都还不错,唯独对内中某一主要的单项的感知能力却很差(如速度不稳,或节奏感不强,或音准感不强,等等),应有自知之明,能感知到自己在某一方面有缺憾,也只要有决心攻克,则大多是通过音乐环境熏染及加强学习锻炼,也可纠正或攻克的。只怕自己对不足之处尚未感知到,这就比较难办,或者是不足之处已养成了极顽固的习惯,那纠正起来就比较费力。

在社会上,上述这些现象都还是比较常见的,不足为奇,因大部分人多多少少都会存在一些不足之处。只要通过训练也不难解决。"金无足赤,人无完人",除非是丰子恺先生所说的"音乐的绝缘体",或马克思所说的"非音乐的耳朵"。但此种人毕竟是极为个别或极为稀少的。

下面谈谈在音乐活动中,有关乐感方面的常见现象。

先从欣赏音乐方面谈,某些听乐者虽已具备了一定的音乐知识,也了解一些乐曲的大致内容和特点,但听来听去就是难以进入更深的境界,于是影响了听乐时的兴趣及美感,或需要花相当多的时间及精力去探索、琢磨,才能稍有头绪;而某些人一听到音乐,就能饶有兴味地进入音乐的特定境界,很快产生丰富生动的生活联想,或在一点半星的音调启迪后,能发展更丰富的艺术想象的能力(带创造性的想象),并能很快地、较透彻地领悟到乐曲的特点和精髓所在。其关键是各人所具备的生活经历、平时接触音乐的广深度、学习音乐基础知识程度的不同,于是反映出的乐感程度就不同了,故要求更多地能享受听音乐时的乐趣,达到能更快地接受乐曲所具有的美感和魅力,更多地获取乐曲奥秘所在,得到音乐艺术的真趣。其关键还是个乐感问题,故非要在培养乐感上多下功夫不可。

再从学习某一音乐分支项目谈,为什么同一首练习曲,几个人花去的练习时间是相同的,都很努力,且是由同一教师指导,某些人一学就会,某些人却是结结巴巴,久而难入其门。因此,如何能更快更多地、事半功倍地结出学习成果,得到优异的成绩,其关键还是乐感问题。

再看看,为什么同一首乐曲,某些人演奏(或演唱),能沁人肺腑,极有艺术魅力,而被某些人演奏(唱)起来,就只有机械式的音符的堆积,只能"照谱宣奏"或"照谱宣唱",缺乏诱人的魅力。其关键问题还是平时只注重技术,而忽略或不重视对"乐感"的锻炼,因而影响了演唱或演奏效果,故对他们来说,应加强乐感的培育。

对于音乐创作也是一样,某些人作曲技术虽然很高,但苦思冥想,写来写去就是写不出动听的曲子来,而只有技术堆砌;而某些人灵感一来,新鲜生动的音调就会像悬河泻水,源源不绝,随需随供,且写出来的乐曲很动听，伴奏也珠联璧合，很有意境形象，质量很高。因此，要创作出脍炙人口的佳曲来，虽有许多因素或许多原因，但乐感仍是最最重要的，它是写曲时的"促媒素"或"生命素"。

因此，许多有经验的音乐教师及演奏家、作曲家、指挥家，都把乐感喻为"乐者的灵魂"。有无这个灵魂，或程度上的多少，都关系着艺术成品的成败良莠。

那么，乐感从哪里来呢？乐感能否培育，或进行自我锻炼呢？

乐感的高下，一部分来自天赋。如"前无古人，（至今为止）后无来者"的天才音乐家莫扎特（1756—1791）出身于一个宫廷乐师家庭，他4岁学钢琴，一方面是家庭环境对他的熏陶，另一方面则是他音乐天才的流露，可以在无师自通之下，5岁就能演奏三重奏，8岁能写交响曲，10岁能写歌剧。在他一生短暂的35年内，共写了622部传世名作（包含22部歌剧、49部交响曲、29部钢琴协奏曲、19部小提琴协奏曲等，尚有132部未完成，总共754部）。这不是天才吗？

乐感的培育，一部分要依靠平时多接触音乐。例如，数以万计的旧时代民间优秀乐师和优秀戏曲曲艺演员，他们大部分未在小学读过书，有的还不识字、不识谱，从未上过音乐课，更没有受过视唱练耳的专业训练，只从小随着民间班社生活。因日日夜夜观看及聆听前辈艺人或同台艺人的演出，在长期的艺术生活中，无形地接受及熏染了各种音准、节奏、力度、速度、音色、曲体等的辨别能力及模仿能力，使自己在参加演出时，也有着较强的音准感、力度感、速度感、节奏感，有的还能即兴编曲，甚至还会创造出经典性乐曲传世，这样的例子太多了。故初学音乐者，不仅要"见缝插针"地争取多听中外古今的音乐，从中得到音乐艺术的熏染，扩大听域，增进知识，在无形中得到乐感的培育，同时，聆听音乐时，还要养成"闻乐而思""闻乐见形""闻乐入境""闻乐知情"的习惯，以锻炼艺术想象力及对生活的联想能力，它本身也属于乐感的范畴。在方法上，可采用同一首乐曲多听几遍，或同类乐曲作互相比较（类比），在反复听乐过程中去悟得。这"悟"字相当重要，许多艺术上的"灵性"，多是从"感悟""顿悟"中骤然而得的（顿悟即灵感所至）。

乐感的培育，要平时广交音乐朋友，或得到良师的指导，或在浓厚的音乐环境中得到熏陶及感染,如有一位音乐家告人说:"我在音乐院里学了几年,正式上课时间是极少的,主要是一天 16 个小时,都是在浓厚的音乐环境中生活着,时时能听到钢琴、歌唱、各种乐器的演奏音响,故而音准感、节奏感、内在和声感、内在音响感,等等,就无形中会自然地获得。""另外,只要自己感兴趣,碰到疑问,请教老师或高手,一经点拨,或经画龙点睛地一启发,在心有灵犀一点通之下,生动的答案,就会无形中泛上心头。"再如被世人誉称"西洋音乐之父"的作曲家巴赫(1685—1750)出身于一个音乐家庭,父亲是位小提琴家。巴赫自己也生有 20 个子女,又因为在音乐家庭的氛围中长期熏陶,个个都对音乐有较高的造诣,其中,长子、三子、九子、十一子等,都成为了作曲家。再如中国有位小提琴演奏家盛中国,一门都是搞音乐的,在这种浓厚的音乐家庭中长期熏染,当然会促使他的事业出成就,并影响其他家庭成员。这样的音乐世家的例子还可以举出许许多多,这里不赘述了。这些都是环境对人的影响。"蓬生麻中,不扶自直""耳濡目染,不学而能",应该看到熏染的力量是巨大的。如果有音乐环境的熏染,学习的兴趣也会加速地增长,且会在无形中、潜移默化中、感性的或潜意识中,得到乐感的培育。

乐感的培育,一部分来自对音乐知识和其他有关知识的广泛学习。因触类可以旁通,能力有时也可以自然迁移,故学习音乐领域中某个单项的人,也必须对本单项以外的有关知识进行学习及了解。它可以通过两种方法获得,一种是"急需急学,专需专学",它有立竿见影的效果,这样积少成多,聚沙成塔,因长期积累,使自己的知识逐步丰富起来。另一种则是平时广泛地接触及学习,在"厚积薄发""有备无患"下,可随需随供。即使对本专业关系不大的知识,也应学习及关心。应看到事物的发展形成,并不是孤立的,总是互相联系、互相制约、互相促进的。最简单的实例,如识谱法及音乐基础理论,它与音乐各分支项目的关系,是工具与基称性的关系,是水涨船高式的关系。即使是音乐以外的知识,也是相辅相成的关系,也该了解一些。例如,化学之对于音乐上的配器,对不同音色的融合,有一定的迁移作用;音响物理学原理之对于共鸣以及泛音技巧的掌握,有一定借鉴作用;数学对于音律的计算是关键的;哲学中的对立与统一的原理,与和声学中动与静、和谐与不和谐的辩证关系,也有一定的参考作用……至于了解有关历史,熟悉有关环境,熟悉有关的各类人物的生活及思想感情,更是音乐欣赏、音乐表演、音乐创作者所不可缺少的必要艺术想象的基础,故知识应越丰富越好。否则,缺少上述各种知识和生活,必将限制你的艺术想象力,那留下的只有干巴巴的技术,会使人陷入死板、机械式、无灵性的泥淖中去,变成一个机械式的吹鼓手了。因为内中缺少音乐的灵魂和音乐的生命线"乐感"。

乐感的培育,还有一部分来自对音乐某一具体项目中技巧的勤学苦练,它会在熟而生巧过程中去自然"悟得"艺术的精髓,去获得内中奥秘所在,有时"踏破铁鞋无觅处,得来全不费工夫"(悟得)。故而对指导者说,在枯燥乏味的技术训练中,随时随地要渗透"技巧"和促人美感的因素(技巧不同于技术,技巧是在技术基础上渗透表现情感的活的因素),使技术赋予一定的生命活力及感染力。换句话说,即是掺进了"乐感"的因素。举例说,初学乐器或学习唱歌者,当练习一个慢速度的四拍时值的音符(或唱或奏),如能分别有"自强渐弱""自弱渐强""自强突弱""自弱突强""渐强又渐弱""连续断音或圆滑音"等等,并在音色上,也有刚有柔,感情上有放有藏等变化,而不是简单地只把四拍唱足或奏足就完事。再如对练习曲的学习也是一样,决不可"照谱唱奏",而要挖空心思,寻找及运用可资"对比"的因素,使音与音之间,句与句之间,段与段之间,曲与曲之间,赋有快慢、强弱、高低、浓淡、断连、渐突、动静、刚柔、收放、明暗等变化,达到"死曲活奏"的境地。这样一曲、二曲、三曲……养成习惯。实际上,这就是在培育技巧及乐感,同时也是在培育"再创造"的习惯,使学习死的技术变成学习活的技巧。这一点,应是作为指导教师的首要任务——既训练技术,又培育技巧及乐感。这更是学校音乐教学及一切指导学习音乐的教师,随时要贯彻的(目前,有相当多的声乐、钢琴等指导教师,只注意到技术的传授,而忽略了以听乐为先导的技巧培育,对乐感的培育,以及兴趣的诱发,这是一个普遍性的倾向问题)。

综上所述,乐感是可以培养的,也可以自我锻炼的。但具体的乐感,殊难用文字或语言所能表达出来,因它是艺术,艺术是难以用文字或语言来表达的(但可以用旁喻侧引方法来启发)。只能打开你心扉中的"灵性"之门,去自我"悟得"。有时候,还可在"心有灵犀一点通"中,得到"灵感"和"乐感"。正如宋·罗大经在《鹤林玉露》一诗中说:"尽日寻春不见春,芒鞋踏遍陇头云。归来喜拈梅花嗅,春在枝头已十分。"故要多接触,多学习,尽量想得多一些(由此及彼,从一星半点联想出更多事、景、人、情),建议听乐者、唱歌者、奏乐者、指挥者、作曲者、评论者,每天都要雷打不动地安排一定时间听音乐,以扩大听域,增进知识,在广听博闻中无形地培养乐感,这是自我锻炼乐感的好办法。另外,还应该提倡"行万里路,读万种书,交万般友,做万类事,听万首曲,赏万幅画,观万出戏,看万方舞,悟万首诗"。内中"听万首曲"又是关键的关键(万是形容词,即要多听各种不同题材、不同体裁、不同形式、不同风格、不同流派的中外古今名曲)。这样,"观万剑而然后知器""登高山而知平地""熟吟唐诗三百,自然会做诗"等等。这就是熟能生巧的道理。

愿普天下搞音乐的同行,以及广大的音乐爱好者,人人都能锻炼成一个思维活跃、反应灵敏、想象丰富、转机敏捷、情感深邃、知识广博、阅历丰富、生活多彩、见识开阔的极富乐感的人。

戏曲套式唱腔结构中的节奏布局模式[①]

黄大同

在古汉语中"节奏"有不同的含义,广义是指法度的具体规定。《荀子·强国》中说的"彼国者亦有砒厉,礼义、节奏是也"[②]便是这个意思。狭义是一个动宾词组,"节"是"节制","奏"则是指音乐的进行。《乐记·疏》中说:"节奏,谓或作或止,作则奏之,止则节之。"[③]这里的"节奏"是指节制音乐进行,相当于我们现在所说的"控制节奏"。在现代汉语中,节奏亦有两种不同的含义,一是指音乐中交替出现的有规律的强弱、长短的音;另一个是指一事物有规律地均匀进行。[④] 这一含义明显地承袭了古汉语中"法度"的意思。

文中所称的"节奏"也就包括这两层意义:狭义是指音有规律的强弱与长短,广义是指戏曲中构成唱腔在狭义"节奏"方面的"法度""法则"和"规律"。因为交替出现的、音的有规律的强弱与长短是音乐最根本的表现形式要素,而在戏曲音乐中,无论是在板式唱腔旋律的系统形成方面,还是在打击乐的运用或是唱腔与伴奏的关系方面,都有规律和法则可循。可以说,在这两方面,"节奏"在戏曲音乐中的功能,是中国戏曲有别于西洋歌剧音乐的一个重要个性特征,戏曲套

---

①　本文发表于《戏曲研究》(第 64 辑)。

②　王先谦. 荀子集解[M]. 北京:团结出版社,1999:236.

③　缪天瑞. 音乐百科词典[M]. 北京:人民音乐出版社,1998:298.

④　中国社会科学院语言研究所词典编辑室. 现代汉语词典[M]. 北京:外语教学与研究出版社,2002:990.

式唱腔的结构布局，又是其中最重要的一个问题。

然而，以往在对戏曲套式唱腔结构的研究中，关注的目光聚焦于"散——慢——中——快——散"的速度布局上，而或多或少忽略了研究"节奏"在其间的关键作用。我认为，速度和节奏固然有着千丝万缕的关系，但它们毕竟是音乐上的两个概念和两种指向，不能混为一谈，更不能互相替代。因此，本文就戏曲套式唱腔的节奏布局，提出自己的分析心得，以期有助于中国传统音乐结构特征的研究。

一

戏曲唱腔结构主要有曲牌联缀体和板腔变化体两种。昆腔、高腔等历史悠久的剧种采用曲牌联缀体；而后出现的梆子腔、皮黄腔等，则属于板腔变化体。

曲牌联缀体是由一二首独立的曲调（被称为曲牌）变化反复组合成套，或由若干首独立曲调组合成套来构成唱腔，以表现戏剧内容和人物情感的进展过程。曲牌联缀体的每一首曲牌都有一定的节奏、节拍形式，如散板、一眼板（一板一眼）、三眼板（一板三眼）和赠板（暗七眼）等。戏剧情节的发展变化和人物情感的跌宕起伏需用这些不同节拍的曲牌来表现。

板式变化体，主要是以某一基本唱腔曲调为基础，通过节奏、节拍和速度的变化从而衍变出一系列不同的板式唱腔，进而由它们组合成套来表现戏剧内容和人物情感的进展过程。以京剧西皮腔为例，在"原板"的基础上，将速度放慢并加花，把"一板一眼"变为"一板三眼"，就形成"慢板"或"快三眼"；将速度加快并减花，变其为"有板无眼"，就形成"流水板"或"快板"；用"叫散"的方法变其为自由节奏，就形成了"导板""散板"或唱腔无板而伴奏有板的"摇板"。在这里，节奏、节拍的变化是各种板式唱腔形成的关键所在。

在戏曲音乐中，绝大多数单个曲牌或板式唱腔都可独立使用，但更多的是把它们连接起来组合成成套唱腔。无论是曲牌联缀体还是板式变化体，在组成成套唱腔时，都遵循一定的法则。在组成套式结构时，首先要考虑选用哪些节拍的曲牌或板式唱腔，其次要考虑如何把它们有机地连接起来,才能适应戏剧情节的推进和剧中人物思想感情的发展。明王骥德在其《曲律》一书中谈到唱腔的选择和连接问题:"过搭之法,杂见古人词曲中,须各宫各调,自相为次。又须看其腔之粗细,板之紧慢。"如果"紧慢相错",便不符合节奏布局的"法度"。⑤

　　戏曲以程式化的音乐、歌舞来演绎故事,必须对戏剧矛盾从引发、展开、激化到解决等全过程进行显示和渲染。因此,在戏曲中,戏剧矛盾的展现节奏,总体上都是由松趋紧直到高潮,包括戏剧整体故事中的各个小故事的节奏以及剧中人物的内心节奏一般都作如此趋向性的安排。这种从松到紧的节奏趋向与人的外部动作和内心活动从起始到展开的规律相吻合。既然与人的外部动作和内心活动的节奏规律同构的戏剧节奏是由松趋紧,那么,与之紧密配合的、揭示戏剧矛盾进程和人物内心情感发展的成套唱腔的节奏也必将遵循这一规律。在长期的演出实践中,戏曲艺人们吸取了前人的经验,总结出一种选择和连接不同节奏节拍的曲牌或板式唱腔的节奏布局方式,经各声腔音乐广泛使用后形成了套式唱腔的节奏布局规律,那便是由松趋紧、渐层发展的"层递趋紧节奏布局模式"⑥。节奏、节拍宽松的唱腔在前,中等节奏、节拍的唱腔随次,紧节奏、节拍的唱腔在后,两头则为散板节奏的唱腔。曲牌联缀体和板腔变化体的这两种套式结构中的不同唱腔,就以这一节奏的趋向性为基础而被选择和被连接起来。

　　需要指出的是,套式唱腔两头的散板部分虽然都是自由节奏形式,但它们所传递的情绪并不一致。其结构开始处的散板唱腔一般都是整个套曲的引子,以散的节奏和松的情绪为表现特征。但其结构末尾处的散板唱腔常常是整个套曲的高潮所在。这一高潮的获

---

　　⑤　王骥德.曲律[M]//中国戏曲研究院.中国古典戏曲论著集成四.北京:中国戏剧出版社,1959:128.

　　⑥　单就戏曲而言,这一节奏布局的模式可称之为"程式",但考虑它是中国传统音乐有关原则、法则的体现,涉及范围不限于戏曲,因此本文使用"模式"一词。

得,除音区高、力度强和高潮顶点自由延长音的使用等因素外,在其之前的整板节奏与其散板节奏突然切换,形成节奏强烈对比也是一个重要因素。因此,其结构末尾处的散板唱腔,虽然是散节奏的尾声,但也常表现出紧的情绪特征。

二

在戏曲套式唱腔中,完整的层递趋紧节奏布局模式是"散——松——中——紧——散"。梅兰芳的代表作之一,传统京剧西皮旦腔《洛神》的套式唱腔,几乎包括了西皮腔的所有板式,体现了完整的节奏序列:

散	松	中松 中	紧	散
导板 →	慢板 →	原板 →	二六 →	快板 → 散板
自由节奏	一板三眼	一板三眼	一板一眼	有板无眼 自由节奏[7]

套式唱腔的节奏序列不一定都以完整形式出现。根据戏剧表现的需要,有时某些节奏节拍的环节可以被省略,但趋紧的排序一般不能倒置。如京剧裘派代表作《铡美案》一折之中包拯质问陈世美的西皮生腔花脸套式唱腔,就因剧情而不出现"慢板"的环节:

松	中	散
慢板 →	原板 →	散板
一板三眼	一板一眼	自由节奏[8]

京剧二黄生腔《除三害》和二黄生、旦腔《二进宫》的套式唱腔中,更省略了起头的"散板"和情绪高涨的"快板":

散	中	紧	散
导板 →	原板 →	快板 →	散板
自由节奏	一板一眼	有板无眼	自由节奏[8]

⑦ 梅兰芳.演出剧本选集曲谱[M].北京:人民音乐出版社,1959.

⑧ 江詟,刘国杰.西皮二黄音乐概论[M].上海:上海音乐出版社,1989:119-209.

　　受程式化的制约和影响，戏曲的套式唱腔中还呈现出具有固定搭配现象的序列节奏模式。如京剧的二黄腔，就常用"导板"（上句）接"回龙"（下句）的固定连接，再转"慢板""原板"和"快板"，最后用"散板"结尾。

　　从以上数例中可以看出，板腔变化体套式唱腔的节奏安排先后有序，环环相扣，并呈现出层层递进、由松趋紧的特点。而形成年代早于板腔变化体的曲牌联缀体，其节奏的层次安排常不如前者那样严谨、细密，但它总体上仍然具有趋紧的节奏布局。如湘剧高腔《马前泼水》的套曲形式如下：

```
引子 ┌────────────────── 正曲 ──────────────────┐
【新水令】→【步步娇】→【折桂令】→【江儿水】→【雁儿落】
散板       2/4        2/4        2/4        2/4

┌──────────────────────────────────┐   尾声
→【侥侥令】→【收江南】→【园林好】→【沽美酒】→【清江引】
2/4        2/4        2/4        2/4        2/4    1/4⑨
```

　　在此套曲的十首曲牌中，第一首和最后一首作为引子和尾声，中间的八首作为正曲部分，以此构成了曲牌联缀体常见的"引子——正曲——尾声"的曲式结构。从第一首引子的散节奏节拍开始，中间八首都是中等节奏节拍，直到尾声曲牌才从中等节奏节拍转到紧的节奏节拍。这种节奏安排并未显露出规范的层递式特点，但此套曲对曲牌节奏的选择和连接时所运用的仍然是一种趋紧的节奏布局。

　　戏剧的情节发展并非总是直线式的，剧中人物的情感发展也不总是均衡层递型的。常需要有起有伏、有高有低、有强有弱、有松有紧的对比，复杂的戏剧矛盾和人物内心世界也要求运用复杂的趋紧节奏模式。这样，复式的趋紧节奏模式就应运而生了。如湘剧高腔套曲《昭君出塞》的节奏布局就体现在整体结构、部分结构和单一曲牌结构这三个层次方面：

---

　　⑨　张九，石生潮.湘剧高腔音乐研究［M］.北京：人民音乐出版社，1981：275，250.

```
                    ┌─────────────── 松 ───────────────┐
【杂牌令】 ──→ 【梧桐雨】 ──→ 【山坡羊】 ──→ 【竹枝词】
   散  2/4        散  2/4        散  2/4  1/4       1/4
          ┌──────────────── 中紧 ────────────────┐
──→【楚江吟换头】──→ 【牧羊关】──→ 【故园煞】──→ 【黑麻序】
    散  2/4  1/4      散  1/4  散  1/4        1/4          1/4
          ┌──────── 紧 ────────┐
──→ 【番桂枝】──→ 【石竹花】
   散  2/4  1/4        2/4  1/4  2/4  1/4⑩
```

这一套曲的音乐布局可分为三个阶段。第一阶段音调抒缓、节奏平稳,表现王昭君哀怨不平的心情;第二阶段的唱腔由散板、慢板转到较快的流水,体现了王昭君"人到分关"时深一层的悲痛;第三阶段的音乐从哀怨的散板起到快速的夹板收尾,展示了王昭君"望不见汉长城"时更深的悲怨。因此,这一套曲的节奏与速度结合起来,形成了层层递进的"松——中紧——紧"的总体布局。但每一层次内部又有错综复杂的情感交织,如仅仅是第三阶段的【石竹花】内,就既有"要全个忠义名"的心情,又有"知音人儿失去了哪里找"的伤心;既有"恨琵琶弹不尽内心焦"的怨恨,又有难忘父母、故土和百姓等"五难忘"的怀念以及"回头再望不见长城的"绝望。由此,无论在单一曲牌的内部结构,还是在三个阶段中每一分阶段部分的内部结构,都呈现出节奏节拍的多次转换和整体上趋紧的节奏布局。

由于专业作曲家介入戏曲音乐的创作,现代戏曲套式唱腔的节奏布局更显逻辑性和表现性。如现代京剧《海港》"忠于人民忠于党"的套式唱腔如下:

```
         ┌──────── 中 ────────┐       ┌──────────── 中快 ────────────┐
反二黄·慢板 ──→  原板 ──→ 垛板 ──→ 摇板 ──→ 吟板 ──→ 摇板 ──→ 垛板
   4/4          2/4       1/4    1/4(伴奏) 自由节奏 1/4(伴奏)  1/4
    松           中         紧      散        散        散        紧
      ┌──────────── 紧 ────────────┐   ┌──── 散 ────┐
──→ 摇板 ──────→  垛板 ──→  快垛板 ──→ 散板
  1/4(伴奏)       1/4        1/4
    散            紧         更紧      自由节奏⑩
```

⑩ 《弦乐钢琴五重奏伴唱海港〈海港〉(总谱)》,上海京剧团1974年版,第67页。

从曲式的角度分析,这一套式唱腔中的音乐可分为三个部分:第一部分从"常想起当年景象"的回忆开始,由慢板、原板和垛板组成,以原板唱腔为主干并采用趋紧的节奏样式;第二部分的内容是对小韩深切的规劝,以中上紧度的紧拉慢唱的摇板为基础,分别插入无伴奏清唱的吟板和快速的垛板,形成了既是 ABACA 的循环体式,又是趋紧的节奏模式;第三部分内容是对小韩的亲切期望,由紧节奏的垛板上升到更紧的快垛板,最后突然转散板,在强烈的节奏对比中,唱腔旋律到达最高音域,从而形成了整套唱腔的高潮。很明显,这整套唱腔呈现出了整体和部分这两个层次的复式趋紧节奏模式。

三

这种趋紧性质的节奏模式不仅在戏曲音乐的套式唱腔中有充分的展示,它还是在大型民族传统器乐曲之中,使各种对比的音乐段落按层递式节奏排序,连接成套式整体的纽带。如演奏长度达 45 分钟的大型套曲苏南十番鼓【甘州歌】的结构如下:

┌───中（前奏）───┐┌──────松──────┐┌───────中───────┐
【雨中花】【凝瑞草】【甘州歌】慢鼓段【一封书】【小立春风】【接头】中鼓段【这一风】
　中板　　中板　　慢板　　慢板　　慢板转中板　中板　　中板　　中板　　中板

┌──────紧──────┐
【青鸾舞】【浪淘沙】【接头】快鼓段【收江南】【效丈】

　中板　　快板　　快板　　快板　　快板　　快结[11]

与戏曲套式唱腔中的节奏模式略有不同,大型传统器乐套曲往往用中速或快速的音乐段落作为前奏(这种前奏的作用,犹如一出戏开场时的开场锣鼓和吹打),然后接以"松——中——紧"的不同乐段。凭借着这一趋紧节奏的贯穿线,【甘州歌】中繁复的曲牌和鼓段结合成了三个层次递进的套式结构。更为典型的是浙江传统吹打乐曲【九连环】,它由九首曲牌组成套曲结构。除第一首快板曲牌【双劝酒】

───────────────

[11]　李民雄.民族器乐概论[M].上海:上海音乐出版社,1997:182.

起前奏作用外,它从第二首【上游子】这一篇幅长大的散板曲牌开始,一直到第九首急板曲牌【红绣鞋】以及散板形式的结束句为止,完整地呈现出"散——松——中——紧——散"的节奏布局,与戏曲套式唱腔的趋紧节奏模式如出一辙。[12] 此外,在各民族舞蹈音乐中,也有从慢板舞歌到快板舞歌(乐)的趋紧节奏布局;在曲艺音乐的牌子曲类和鼓书类的套曲结构中,这种节奏布局更为多见。这样看来,趋紧性质的节奏布局模式不但体现在戏曲套式唱腔结构之中,而且它也是民族民间器乐、民族民间舞蹈音乐和曲艺音乐两段体以上乐段进行连接并组合成整体时的一种结构法则。这种结构法则,在我国传统音乐的范畴里得到了长期和广泛的应用。

四

对层递趋紧节奏布局模式的历史渊源进行探寻,可发现它直接承沿了汉魏相和大曲和隋、唐、宋、燕乐大曲等大型乐曲结构的传统。这一节奏布局模式是中国音乐传统中的重要"法则"之一。汉魏时期,在乐府相和歌基础上,发展形成了歌、舞、乐并用的多段体大型歌舞"相和大曲"。其完整的曲式结构包括"艳"——主曲——"趋"或"乱"三个段落。"艳"一般在乐曲前面,有时在乐曲中间,这是优美的音乐、舞蹈抒情段落;中段部分为主曲,包括多节歌曲,每节歌曲之后都有加舞蹈的器乐演奏段落,节奏欢快,称之为"解";后段部分为"趋"或"乱",是节奏紧促,带有结束性的声乐和舞蹈部分。[13] 可以看出,"相和大曲"的三个部分以及中间的主体部分都以趋紧节奏的趋向性来安排音乐舞蹈段落的顺序并组成整体结构。

白居易在其长诗《霓裳羽衣歌》中,为我们提供了唐燕乐大曲的内部结构名称,即:"散序——中序(拍序)——曲破"三大部分。[14] 王

---

⑫ 李民雄.民族器乐概论[M].上海:上海音乐出版社,1997:364.

⑬ 杨荫浏.中国古代音乐史稿:上册[M].北京:人民音乐出版社,1981:119.

⑭ 彭定求.全唐诗(下)[M].上海:上海古籍出版社,1986:1110.

灼在其《碧鸡漫志》一书中,进一步记录了唐代燕乐大曲的结构:"凡大曲有散序、䫻、排遍、撷、正撷、入破、虚催、实催、衰遍、歇指(歇拍)、杀衰,始成一曲,谓之大遍"。[15] 经杨荫浏先生解译,其内容大致如下:

①散序——节奏自由,器乐独奏、轮奏或合奏,散板若干遍;

䫻——过渡到慢板的乐段。

②中序(拍序)——慢板,歌唱为主,器乐伴奏,或舞或不舞;

排遍——慢板若干遍;

撷、正撷——节奏过渡到略快。

③破——由散板入节奏,逐渐加至极快;舞蹈为主,器乐伴奏,或歌或不歌;

入破——散板;

虚催——由散板入节奏;

实催——节奏过渡到更快;

衰遍——极快的节奏乐段;

歇指(歇拍)——入散板尾声;[16]

杀衰——结束。[17]

从上述内容可知,唐大曲节奏的总体结构是"散——松——紧",同时,在三个部分的节奏分结构中,也都有从松到紧的向度体现。尤其是在"破"的部分,音乐完整地呈示了后世常用的"散——松——中——紧——散"的趋紧性节奏布局。由此,唐大曲组成了节奏布局的纵向复结构。

从汉魏时期的相和大曲、隋唐宋的燕乐大曲到宋元明清的戏曲、

---

⑮ 王灼.碧鸡漫志[M]//中国戏曲研究院.中国古典戏曲论著集成(一).北京:中国戏剧出版社,1982:131.

⑯ 《碧鸡漫志》一书内有"歇指"和"歇拍"两种称谓。杨荫浏先生取"歇拍"一词,并解释其意为"节奏慢下来"。我认为"歇指"与"歇拍"都是指器乐停止演奏,而此处为规整节拍的器乐一停,其声乐就很可能转入了散板节奏。

⑰ 杨荫浏.中国古代音乐史稿:上册[M].北京:人民音乐出版社,1981:221.

曲艺和大中型歌舞、器乐等音乐作品,层递趋紧节奏布局模式的历史传承支脉是显而易见的。与其他音乐体裁的趋紧性节奏模式相比,这一模式的呈现,在高度程式化的戏曲特别是板腔体戏曲音乐之中尤为鲜明和规范。它把各种节奏节拍和速度的板式或曲牌唱腔,按由松到紧、层层递进的趋向有机地连接起来,使前一唱腔节奏成为后一唱腔节奏的铺垫,又使后一唱腔节奏成为前一唱腔节奏的渐层发展,以此构成戏曲套式唱腔节奏布局的严密逻辑关系。这充分体现了中国传统音乐以"渐变""层递"为特点的发展原则和结构法则。

论歌剧《弄臣》中伯爵的形象塑造[①]

沈 恒

　　《弄臣》是意大利浪漫派歌剧大师威尔第根据法国文豪雨果最动人的脚本《国王寻乐》改编而成的歌剧作品。这个题材之所以吸引威尔第,在于它那"永恒人性"的主题。曼图亚伯爵是个纵情声色的浪荡公子,而驼背弄臣黎戈莱托为虎作伥,是宫廷中的小丑。黎戈莱托不让美丽纯洁的女儿与外人接触,但最终还是被伯爵给玷污了。愤怒之至的黎戈莱托决心请刺客刺杀伯爵,以维护其作为人、作为慈父的尊严,但为情所迷的吉尔达甘愿牺牲。当黎戈莱托打开尸袋发现静卧其中奄奄一息的不是伯爵竟是自己的爱女时,才发现诅咒终于报应在自己身上。

　　《弄臣》中的音乐具有强大的震撼力,反映出作曲家理性的人生哲学和美学观念。其是威尔第迈向创作成熟期的首部杰作。它深刻地讽刺了统治者荒淫无耻的生活。在这部作品中,威尔第进行了大胆的创新,运用各种艺术手法塑造了一系列鲜明的音乐形象。在众多的艺术形象中,伯爵形象的塑造上所体现出来的艺术价值和艺术特点格外引人注意和耐人寻味。

一、鲜明的时代烙印

　　任何艺术作品都会被其所处的时代打上深深的烙印。分析、把

---

① 本文发表于《艺术百家》,2005 年 4 月。

握、体现作品的时代背景与基调,是创作角色最基本的、必不可少的依据之一。

19世纪中叶,整个欧洲社会动荡,统治阶级日益腐朽,人民生活困苦,资产阶级革命风起云涌。一切具有复兴精神的文艺作品均被扼杀。雨果的社会思想深深地吸引着威尔第,他钟爱大师笔下的名著具有强烈戏剧性和冲突对比。同时,瓦格纳"乐剧"理论的形成引起了整个欧洲社会歌剧观念的嬗变。在创作手法上,威尔第转向了以性格刻画、心理刻画为主,打破意大利传统歌剧公式化的结构,即打破了"分曲"局限,使音乐布局变得灵活、有机,一气呵成;其中的人物和他们的命运在威尔第的构思中化成音乐展现出来,赋予人们性格和戏剧情节以现实主义的生命力,用自己的歌剧表达出民族的心声。其笔下那个损人利己、四处寻欢作乐的伯爵形象,威尔第在出场人物的介绍中,就把他定位成最高统治阶级的代表。如第一幕开始的叙事曲"不管是哪个她,对我都一样"。

"这位小姐,那位太太,在我看来都一样可爱。对于她们,我从不偏爱,但我也不会真心相爱。"从此段音乐中可以看出,旋律激昂、有力。伴奏音型采用柱式和弦加休止符交替进行的手法,其音响效果对出场人物伯爵的性格特征做了恰到好处的暗示。其唱出了封建贵族的人生哲学——不管他人痛苦,一切为了自己,风流倜傥、纵欲好色、玩世不恭、到处留情的处世态度。

二、音乐元素的综合运用

音色:在科学文化发展的历史进程中,人们不断发掘自身发声器官的表现潜能,追求美好的音色。由于每个时代的审美观念、审美习惯不同,各个时期对歌唱者的音色要求也有所不同。歌剧发展到十九世纪,人声的音域、音色及表现功能有了广阔的天地,声音的运用更趋于科学化,使得各种音色能够在歌剧表演中充分地发挥其特点,从而很大程度上增强了歌剧艺术的感人魅力。

在歌剧发展史上,男高音占有十分重要的地位,第一男主角多为男高音歌唱家扮演。《弄臣》中威尔第把伯爵的形象交给男高音来完成,是因为男高音具有明亮的音色,流畅的气息,声音优美柔和,富有歌唱性,适合扮演诸如纯情王子、浪漫少年之类的角色。此种音色特征与剧中伯爵的性格相吻合,即所谓类型化的角色,同时又与第一主人公黎戈莱托深沉、压抑、愤怒的音色形成鲜明的对比。这种处理方式在西方歌剧表演艺术中似乎已经成为不成文的审美定式。伯爵的唱段尽管是短小的,但在戏剧性或悲剧性特定情境中通过声音的特点显示出慷慨激昂的炽烈情感,以其音色和声调的跳跃程度造成情节展开的重要转折点,对推动戏剧情节的进一步发展起到积极的作用,揭示了伯爵轻浮放荡的性格特征。

节奏:在音乐形象的体现上,音乐艺术和其他艺术一样都要经过对其他客观事物、人物的典型概括。但音乐艺术有特长,它是抽象、抒情艺术,长于抒情,长于更加集中、概括地表现形象。作为音乐构建材料之一的节奏,是音乐章法的重要组成部分。不同的节奏,其律动规律、起伏形态以及所表现出戏剧角色的主要情感特征也有所不同。所以,运用准确、合理的节奏是作曲家塑造人物形象的主要手段之一。威尔第在《弄臣》中为伯爵所设计的音乐,其主要唱段节奏形态均为 3/4、6/8 或 3/8 拍。

三拍子、六拍子节奏本身律动感很强,具有鲜明的舞蹈性,化哨跳跃、激动、活泼。这一特征恰恰与戏中伯爵的性格、心路历程相吻合。威尔第将此节奏型贯穿伯爵唱段始终,有利于更好地将伯爵这一形象刻画得更加鲜明、生动、统一、淋漓尽致。

抒情短歌:抒情短歌是歌剧中的一种独唱形式,在传统的观念上是相对于朗诵、说话式的喧叙调,内容含量不及咏叹调,是一种既讲究旋律线条的优美动听,又注重发挥声乐表演技巧的抒情歌调,是歌剧中描绘人物内心世界、刻画人物性格的华彩之笔。在戏剧情节发

展的重要关头,由某一角色在特定的戏剧情境中集中抒发内心情感,发出声声感叹,倾诉人物的喜怒哀乐。如第二幕中伯爵不知吉尔达去向时所唱的短歌,伯爵那天很不高兴,他刚刚从黎哥莱托的住处回来,发现那房子已经人去楼空,他深感惋惜,发出"清泪为你滴"的咏叹。曲调深情、委婉、优美悦耳,表达了伯爵失去吉尔达的痛苦及虚心假意的表白。第四幕中,伯爵在旅店饮酒作乐时所唱的《女人善变》是一首家喻户晓的传世佳作。

"女人爱变卦,像羽毛风中飘,不断变主意,不断变腔调……"歌曲讽刺女人都水性杨花,朝三暮四,很不可靠。此段音乐在 B 大调上陈述,在跳跃节奏的预示下,前四小节使用连断音的旋律形态,紧接着是下行带装饰音的音调,与前两句形成鲜明的对比。伴奏音型节奏明快,和声主属交替。旋律舒畅而华丽,高音"B"具有非凡的力量和戏剧紧张性,可以说是男高音的试金石。篇幅虽短,但戏剧含量不亚于咏叹调,符合剧情需要,又恰恰出自花花公子、寡廉鲜耻的伯爵之口,从反面暴露了他的虚伪。《女人善变》是西方歌剧选段中的一颗明珠,美轮美奂。

《女人善变》在剧情的发展中被反复使用,以三拍子轻盈、摇曳的节奏,极具歌唱性格的民歌风的旋律,透露出一种风流、潇洒而又轻浮的气质,这不仅使它和周围的环境,尤其与悲剧人物黎戈莱托的音乐唱段形成强烈的对比,而且全剧的思想感情上也具有了特别的意义,十分准确而又传神地刻画出伯爵那种对女性、对爱情玩世不恭的戏剧形象,也是他人生哲学的音乐速写。

重唱:重唱是歌剧中表现戏剧矛盾冲突、塑造人物形象的主要音乐手段之一,也是戏剧任务得以表现、得以完成的需要。在歌剧中,戏剧的发展总是由单一角色的戏剧行为和心理阐述转向多角色的行为和心里的错综交织的发展,因此,重唱的进入、发展是顺乎戏剧进程的。当主要人物的情感矛盾与冲突达到一种无法遏制的跌宕或纠葛的时刻,必须用重唱来表现,否则剧情就表达不充分。《弄臣》中威尔第根据剧情的发展恰到好处地掌握了那首举世闻名的四重唱《爱之骄子》进入的契机。

伯　爵:赞美你。我的爱神,我是你忠实的仆人……

玛达琳娜:哈哈,你开这样的玩笑,我觉得十分好笑……

吉尔达:多么丑恶啊,同样的谎言,我曾倾听,我曾相信。

黎戈莱托:他欺骗了你,我要立刻报仇雪恨。

四重唱出现之前,伯爵在向玛达琳娜调情,黎戈莱托为了让女儿能够彻底看清伯爵的为人,躲在远处偷偷地观望。巧妙的戏剧进程为四重唱的进入提供了得天独厚的条件。从此段音乐中可以看出,以挑起事端的伯爵声部率先开始,其他几个声部随戏剧进程的需要依次进入,旋律线条各具特色,在各自心里阐释的过程中,充分显示了每个角色的音调特征和人物性格,与伯爵声部形成鲜明的对比。声音上四个主题和谐地融合在一起,布局层次清晰合理,时而交错,时而重叠,用复杂的多声技巧组合起来,表达四个登场人物此时此刻的情感状态和心理冲突,构成了强烈的戏剧效果,堪称重唱中的精品,体现了威尔第把握歌唱艺术规律的成熟性。

三、歌剧是人的戏剧

人们对形象的理解是在欣赏作品之后,是在欣赏者的意识与作品本身的关系中逐步确立起来的。因此,形象塑造对创作者来说是一个过程,对欣赏者来说同样也是一个过程。伯爵的首次出场只能算是剧中人物之一,不能上升到形象的高度。其形象的最终确立是在充分戏剧化之后才完成的。从第一幕叙事曲《不管哪个她,对我都一样》,到假扮学生骗取吉尔达的爱情,到对玛达琳娜的调情,到逃过一劫仍然发出《女人善变》的咏叹等等,这一情节铺陈的过程,作曲家动用了一切艺术手段,才使伯爵形象逐渐明朗、清晰、鲜活。

《弄臣》的全部精髓在人物命运、形象的塑造上。伯爵以权谋色,利用形象英俊、潇洒、多情,对每个女人都很"真诚"。威尔第将其刻画成整个悲剧的始作俑者。从伯爵的"浪漫曲"到对吉尔达表达爱情,到"女人善变",都被威尔第有步骤而又动人地刻画完成,与第一主人公黎戈莱托形成鲜明的对比。威尔第的创作始终坚持以人为本,创新中不忘传统。他心目中的歌剧是人的戏剧,是能够使人心灵震颤的激情倾诉。歌不是理念,也不是悦耳或戏谑的娱乐,应是用意大利人所看重的如歌旋律去重塑文学中的人物及情境,揭示出活生生的各类不同人的丰富性格和复杂心理。对伯爵这样一个反面角色,威尔第却将优美动听的旋律赋予了他,使其形象勿脸谱化。如果说黎戈莱托是歌剧的主人公,那么伯爵就是推动戏剧情节发展、冲突的动力。

威尔第笔下的音乐形象被赋予生命的灵性,让所有观众产生情感上的共鸣,这也正是音乐家高妙所在。

浙江舟山民歌风格特征探析[①]

郭义江　刘　琼

一、舟山民歌的生成环境

　　舟山渔场是我国著名的渔场,也是我国最大的近海渔场。自开发以来,该渔场一直为沿海渔民共同捕捞。每逢渔汛高峰季节,江苏、福建、上海、黑龙江、辽宁、天津、河北、山东等地的渔船便陆续来舟山渔场捕捞,另有日本、朝鲜等国的渔船到渔港里避风修船,补增给养。到 20 世纪六七十年代,舟山渔场渔汛高峰时渔船有一万多艘,渔民多达十五万人。这些来自四面八方的渔民在互相交流中带来了不同地域的文化内容,为舟山民间文化艺术的良好发展起到了很大的促进作用,使舟山民歌的生成在这一特殊环境里得到了充分的浸润,在本质上形成了独特而又富有异域文化的综合风格。如《嵊山柯带鱼》里有这样的描述[1]:

> 嵊山岛,小来西,
> 一生生在大洋边。
> 地方委实好,渔民统来到,
> 辽宁、福建、青岛、大连外加舟山岛。
> 要柯透鲜大带鱼,
> 统统要到嵊山岛。

---

　　①　本文发表于《中国音乐(季刊)》,2008 年第 2 期。

> 嵊山人,带鱼船,
>
> 船头翘翘交关嵊。
>
> 船上勿烧饭,好用铜罐蝉,
>
> 个个渔民向上统穿火热毛线衫。
>
> 油衣油裤油布毡,
>
> 高筒雨靴套脚板。
>
> ···········

又如《船》中描述[1]:

> 东海渔场满洋船,
>
> 灵活如鼠带角船,
>
> 船头尖尖白底船,
>
> 船头加船背对船,
>
> 四张帐篷沙飞船,
>
> 漂漂亮亮打洋船,
>
> 小钓溜网独只船,
>
> 闲话难懂福建船,
>
> 温州还有八桨船,
>
> 吭桨吭噜机帆船,
>
> 捕捞公司渔轮船,
>
> 红旗飘飘高产船,
>
> 找寻鱼群带头船,
>
> 洋地收鲜冰鲜船,
>
> 通风报信指导船,
>
> 海军开出护洋船,
>
> 港口管理港监船,
>
> 方便上落交通船,
>
> 马力足足拖驳船,
>
> 大大小小都是船,
>
> 千船万船似一船,
>
> 同坐共产主义大轮船。

二、舟山民歌的体裁样式

舟山民歌的体裁品种多样、内容丰富,主要分为号子、田歌、渔歌、小调、风俗歌、叙事歌等。

1. 号子

号子是我国民间歌曲中产生最早的音乐体裁之一,舟山渔歌号子是渔民物质生产和精神生活紧密联系而萌生的音乐艺术形式,具有实际生产和娱乐的双重功能,距今有五千多年的历史。舟山渔歌号子直接伴随着集体劳动而歌唱,在劳动过程中起着统一劳动节奏和劳动步伐的作用,能够激发劳动者的激情,鼓舞劳动者的精神。"号子是捕捞作业中用来统一步伐、组织协调动作的命令与总指挥。舟山渔歌号子从节奏上分快(急)号、中号、慢(缓)号,从功用上分摇橹号子、拔网号子、抬网号子、打夯号子、起锚号子、拔篷号子、起水(即从船舱里往外取鱼货)号子等,就各地的号子比较而言,数量较多的是摇橹号子。至于舟山渔歌从歌词内容和功能上则有统一劳动节奏的,有抒发渔民冲天豪情的,也有反映民俗风情的,等等。那些雄壮奔放的或抒情豪迈的渔歌,不仅体现了渔民豪爽、粗犷和开朗的性格,体现了海洋文化的壮美风格,亦能在瞬间把人们带到那战风斗浪、惊心动魄的场合中去。"[2]

2. 田歌

田歌,顾名思义,就是在田野里劳作时演唱的歌曲,舟山的田歌主要分布在舟山渔岛的西乡、小沙、盐仓等以田间农业生产为土的地区。由于劳作者在野外旷地,没有程式化的劳作形式,动作和形体不受太大的限制,因此产生的田歌曲调和节奏都比较自由,曲调悠长流畅,演唱时的自由度也较大,采用小调成分较多。

田歌所用的语言比较通俗生动,风格上直接而具体,完全从农耕者的心底出发,表达他们内心真挚而纯朴的感情。田歌善于用比喻手法来形容描写,如《可比画眉落鸟笼》中旧社会的长工们将自身比作"画眉",渴望摆脱被地主压迫欺凌的状态,获得自由、幸福的生活,把"鸟笼"比作封建统治的剥削制度。

隐晦的讽刺是田歌中的另一种表现手法。对于剥削阶级的无理欺压，老百姓虽恨之入骨却敢怒不敢言，只有通过歌词中隐晦的讽刺来表达心中的仇恨。如《有理无钱莫进来》中"大人发洋财""小人弄韭菜"，反映了压迫者和被压迫者的特殊关系，"等于做买卖"讽刺了官僚视民事如草芥，如买卖做生意，有钱者则成，无钱必亏的悲惨结局。

3. 渔歌

舟山渔歌既有民间歌曲普遍意义上的特点，又具有自身海洋文化的艺术创作特色。如《招宝山外渔歌》中节奏和音调变化较多，使得曲调生动、自然，画面如景展现于眼前，整曲抑扬顿挫、轻重缓急等特点表现得恰如其分，在歌词的表现方面也描写得真实、感人、形象、准确，如：

> 张大哥，李大哥，
>
> 大家一道来唱山歌。
>
> 唱山歌，唱啥歌，
>
> 招宝山外柯鱼人的歌。
>
> 你理网，我把舵，
>
> 一面做生活，一面来唱歌。
>
> 风在飘，船在摇，
>
> 一阵风来一阵波。

呵呵呵呵呵，那个金鸡虎蹲（金鸡、虎蹲：地名，金塘洋面附近）两面过，

> 天连天来水连波，
>
> 张大哥，你放下那个风帆把住舵，
>
> 李大哥，你撒起那个大网摇起橹。
>
> 这里的鱼群大又多。
>
> 呵呵呵，你摇着橹慢慢走，
>
> 呵呵呵，我拉着网慢慢拖。
>
> 呵！来呀！

张大哥，你放落舵一同来拖，李大哥，你紧拉着网头用力拖。

杀拉拉拉拉拉拉拉,大鱼小鱼入网罗,

呵呵呵,昨日子黄鱼柯得多,

呵呵呵,今朝子收成也勿错。

呵!

柯鱼柯得满筐箩,

一重租税两重苛,

再加海盗多折磨,

鱼价便宜米价大,

叫我咋能养老婆。

4. 小调

由于舟山渔港特殊的地理位置,来舟山渔港捕鱼和避风的各地渔民很多,因此舟山的小调也融汇了周围地区乃至全国很多地域的民歌特点。如《苏武牧羊》《五更小调》《孟姜女》等属于江南地区的典型民间歌曲曲调,而《马灯调》《卖花线》是宁波地区的风格。这些民歌对舟山小调的影响尤其明显,主要是因为宁波与舟山毗邻,舟山语言中的许多音调与宁波语言极为相似,两地群众的生活习俗也较为相同,所以舟山小调与宁波当地民歌的曲调旋律、演唱方式等联系较为紧密。

舟山小调在自身方面的特色也是十分明显的。经过当地一代代歌手的传唱,舟山小调凝聚了许多本地的音乐素材,在演唱的内容以及风格上别具一格,如《幸福生活步步高》《贺朗调》《红绣花鞋》等。

小调的歌词比较固定,一般通过师徒传授。长短句形式是小调的显著特点,变化丰富,句式结构多种多样,不追求对偶。歌词内容丰富多样,反映社会矛盾时直接而犀利,如《清朝政府真腐败!》《斗地主》《一只螃蟹八字脚》等。

5. 风俗歌

在舟山地区,当地风俗活动比较盛行,风俗歌就是在这一类活动中演唱使用的。风俗歌有特定的演唱传统,过去舟山老百姓在举行婚礼过程中要唱《贺郎调》。"它分《始曲》与《敬酒》两个阶段,当吹打乐队或歌手想起《贺郎始曲》时,一对新婚夫妻就要从新房里出来,坐于来宾贺客之中，然后由村庄中最有威望的长者带头献贺词或者敬酒，贺词产生是即兴创作，或者触景生情，以物抒情，贺词的内容全是一些吉祥、幸福的祝愿。"[3]在整个婚礼进行过程中大都以歌声来代替说话，把心中所想的意思全通过歌声表达出来，《贺郎调》时间有长有短，时间长的一直要唱到把新郎新娘送进洞房才逐渐停下。

普陀山位于舟山群岛东南部海域，是我国著名的佛教圣地。普陀山佛教音乐中的"梵音"也具有《风俗歌》的特点，"梵音"在语言发声和旋法规律等方面虽然还保留着印度原始音乐的特点，但由于普陀山地处舟山，长期以来也浸润了舟山本地的风土民情和本土音乐元素，这对研究中印文化艺术的发展具有一定的意义。

6. 叙事歌

叙事歌在舟山民间音乐中也富有特色和具有较大的影响，主要以在舟山地区流传甚广的"唱新闻"和"翁洲走书"的基本腔调为主。

"唱新闻"又称"唱隆隆"，农闲时的每日傍晚，"唱新闻"的锣鼓声便会响起，演唱者以盲艺人居多，伴奏的乐器大多只有一个小镗锣、小腰鼓和小竹板，演唱形式为一人单唱单奏、一人多角唱白相夹，说白为辅，唱为主。说白的语言用的就是舟山地区老百姓日常的生活语言，通俗、易懂、亲切，富有田园乡土气息。常见的曲目有:《杨家将》《周德顺开豆腐店》《石门冤》《黄金印》《红色种子》《赌博腐化错》《烈火金刚》等。据统计，20世纪50年代"唱新闻"演唱艺人大约有60人，20世纪80年代末有近20人，但大部分艺人已经年老体弱，很少演唱。这种"唱新闻"类型的叙事歌曾在舟山地区广为流传，深为人民群众喜爱。

舟山古称翁洲，叙事歌中的"翁洲走书"是流传于翁洲地区的一种地方曲艺，距今有四百多年历史了，在普陀和定海两区的今天仍然能听到这种曲调的演唱。另有资料记载:"翁洲走书产生于定海马吞，唐代浙东沿海寺院僧侣宣讲经义、教义，元明时，此讲义唱形式逐渐流传民间，至清嘉庆五年(1800年)，马吞民间说唱艺人安阿小，首创翁洲走书，其后卖唱传入六横，故亦称'六横走书'。道光二十年(1840年)前后第二代传人六横阿福演唱，内容多时兴短词，1人自鼓自唱。光绪年间(1875—1908)第三代六横艺人沃阿来及沃阿定(第四代传人)吸取戏剧中走、唱、做表演手法,改单档坐唱为两人走唱(1唱1鼓板伴奏、帮腔和唱),改革原曲调。期间,由六横半职业艺人传至镇海,演变为'蛟川走书'。20世纪40年代第五代六横艺人虞定玉复加改进,二胡伴奏,曲调更优美和谐。1973年,曲目《筑海塘》参加省文艺会演,加笛子、琵琶、扬琴等乐器伴奏,主要曲目有《白鹤图》《金龙鞭》《送花楼会》等24部。第六代传人虞振飞、镇海县汪康章,1983年仍演唱。"[4]

三、舟山民歌的音乐特点

舟山民歌无论在调式上还是在旋律进行方面都与我国其他地区的民歌有着千丝万缕的联系,但它们也存在着各自鲜明的音乐特点。

1. 节拍

舟山民歌既有二拍子按"强、弱"交替,三拍子按"强、弱、弱"进行,四拍子按"强、弱、次强、弱"进行,也有四拍子是"强弱弱强",如岱山民歌中的《摇橹号子》和《拔锚号子》。

在劳动过程中,由于劳动强度以及操作过程所用的力度规律等关系,这些歌曲中的强弱规律也会随之改变。如果不改变,将无法很好地配合劳动操作程序,歌曲的实用性也会丧失。

三拍子中也有"强、弱、强"的特点,这与传统三拍子的节拍规律不同,但这更适合当地生产劳动的操作特点,渔民在劳动中唱起来更有热情,手脚会也更利索,如《抬网号子》便是此类三拍子。

还有一种"复合拍子"在舟山民歌中存在,即一首乐曲中四、二拍子混杂,二、三、一拍子混杂,如嵊泗的《摇橹号子》便是二、一拍子混合,田歌《把牛喂得壮》中把二、三拍子混合使用。这些拍子的混合使用可以使歌曲效果呈现出轻松、活泼、整齐,利于劳动者的统一操作。

2. 音节

舟山民歌与大多数传统民歌一样以五声音阶为主,有些歌曲中出现少量的"fa""sol",但仅在弱音上出现,多以"经过音""装饰音""辅助音"出现。

3.调式

舟山民歌中,《田歌》以徵调式为主,如《衣裳补补去上工》,五声徵调式在《山歌》和《小调》中也较为普遍。由于与外地渔民的交流,本区的《号子》中商调式运用很多,宫调式在《号子》和《小调》中的使用仅次于徵调式。

4.曲式

"单句变化体"是舟山民歌的主要特点,每个乐句基本一样,乐句的结束音也基本上落在同一个音上,如《叙事歌》中的《新闻歌》就具有这种特点,AB式的两段体在《号子》和《小调》中有一定的运用。

5.旋律

"音阶之间跳动较小,同一个音上连续反复"是舟山民歌旋律的主要特点,如《号子》中的《打水篙子》、嵊泗的《摇橹号子》。

6.唱法

普通话分阴平、阳平、上声、去声,在舟山地方话中分为阴平、阳平、阴上、阳上、阴去、阳去、阴入、阳入。舟山话有入声,普通话中不用入声,入声的运用使舟山民歌的唱法有了别具一格的味道。

总之,舟山民歌具有浓郁的地方民间特色,无论从其题材样式还是音乐特点等方面均能感受到它丰富多彩的内容和独特的艺术风格。随着时间的推移,由于生产技术和生产方式的更新,很多民歌已渐渐失传,如劳动歌中的部分渔民号子、哼唱号子已很难再听到,一些揭露封建剥削阶级凶残、贪婪,记录旧社会渔民凄苦生活的渔歌,也随着时间推移渐渐被人们忘记,取而代之的是具有时代内容的新渔歌。另外,还有《风俗歌》中的《醮杠歌》《醮梁歌》等,本来是民间丧葬、造屋上梁时唱的仪式歌,如今也难以听到了。但是,这些濒临失传或已经湮灭的民间音乐属于劳动人民的口头文化遗产,有很大的文学价值和历史意义,我们有责任对其展开全面、系统、扎实、有序的研究,借此梳理和弘扬历史传统,保护文化资源,进一步繁荣和丰富文化建设活动。

参考文献

［1］ 中共舟山县委宣传部.舟山渔歌选［M］.上海：上海文艺出版社,1960.

［2］ 徐波.东海渔歌语言的韵律美［J］.浙江海洋学院学报：人文科学版,2004(1).

［3］ 何直晟.人民创作的瑰宝［A］//舟山市委宣传部.舟山渔歌集［C］.1981.

［4］ 浙江省地方志编纂委员会办公室.定海县志［M］.杭州：浙江人民出版社,1994.

戏曲音乐不同剧种间的"趋同现象"刍议①

卢竹音

近二十年来,笔者观摩、聆听了一些戏曲表演,刻意留心戏曲音乐。总的感觉是戏曲音乐得到不断的改革,产生了许多变化,有的变化还比较大。在演出的剧目说明书中,以往是"唱腔设计""音乐设计"的位置,现在很多都改写为"作曲"了,这也就是改革力度比较大的表现或标志。也可能正因为如此,就出现了不同剧种之间的戏曲音乐创作雷同化趋向的现象,本文简称"趋同现象",并提出对此应该加以关注。

一、在戏曲音乐创作和演出中趋同现象的主要表现

①唱段歌曲化,全剧歌剧化。

一些地方戏的舞台和荧屏的演出、音像制品和媒体的播放,有着比较明显的感觉,即编曲的手法越来越丰富,兼收并蓄,五花八门,但是离传统越来越远,多数还比较喜欢把戏曲表演中的音乐往歌曲、歌剧方向靠近。他们把本剧种的音乐特色或搁置一旁,或当成"调味品",大量模照歌曲或者西洋歌剧咏叹调、宣叙调的写法,在句式、结构、旋法等方面,乃至唱法、舞台调度等表现手法方面进行临摹,对本剧种作"隔山呼牛"式的"远距离操作",有的唱段甚至已经比较难以找回本剧种音乐的痕迹。那种唱段像歌曲、全剧像歌剧的状况有愈

① 本文发表于《浙江艺术职业学院学报》,2010年第1期。

演愈烈的趋势。有些时候,偶听一段唱腔,都不知道唱的是什么剧种,但却可以将它列为歌曲类或参与歌剧音乐行列。近年来,笔者看过的一些越剧就有这种迹象,从剧场出来,始终有一个问题环绕脑间:这音乐也改得太多了!

②编配手法西洋化。

听到不少的戏曲音乐,是按照西洋作曲法"四大件""五大件"中的和声、织体、复调、配器等那套经典的程式和规律,来对唱腔和音乐进行设计和编配的。这就像按照西药的分类来归编中药入橱屉,按照西药的配伍来编写中药的药方。于是,大、小三和弦音的音响效果占据着演出剧场的主要时空,把西洋的咖啡放在中国的萝卜汤里煮着,不知是一种什么滋味。本来各个剧种有着自己传承的那套音乐程式和表演手法,因为各地语言、生活环境、发展过程的不同,所以有着千变万化的元素组合法和音乐结构法。现在几乎都由西洋程式与手法(那是从音乐学院和有关书本等知识媒介中学到的,都是一些大同小异的理论和方法)来指导运行,所以很容易雷同化。

③乐队结构中西混合化。

戏曲伴奏乐队器乐组成品种中,西乐成分不断增加。为了求得新鲜、优美的音色,今天加一支长笛,明天加一支双簧管,后天又加入一支黑管或者圆号、大管什么的,因此较大比例的地方戏曲乐队都用上了西洋的弦乐和木管乐器,有的甚至还用铜管乐器。让角色穿着明朝的戏服,踏着小号的雄壮旋律,挥着马鞭上场……从开幕到谢幕,始终是中西乐混奏的音响。因此,各个剧团的乐队结构十分相似,除了主奏乐器不同,乐队"班底"几乎成了"统一格局",就像开森林动物聚会,本来应该是几十种甚至上百种动物聚会,大大小小、形形色色,该是多么丰富啊!现在却是一个模式,本体都是大象,只是大小、品种或者服饰有所不同而已,结果成了"大象聚会"。本体的结构互相雷同,甚至"百曲一面",纵横交错,难分难解,所以比较乏味。特别是多数乐队与电脑音乐结下了不解之缘,这样,乐队的"底板"发音质体相同,所以在大乐队演奏中发出来的音色也会基本相同,那种"拖不动""音墙化"的状态也是彼此彼此,同病相怜。

④在音乐设计和作曲中,乐思雷同。

例如,用一两个主调进行发展,用一个音乐主题表现一个人物;有几段重要唱段,其中,一、二段是核心唱段,核心唱段的结构也是相同或相近的板式套子。这样在剧种剧目的互相移植中更容易产生相同的音乐素材和表现手法。比如大家演《智取威虎山》,那就用原来京剧中用过的"角色主调",杨子荣用《人民解放军进行曲》,少剑波用《三大纪律八项注意》,等等,这样更容易产生雷同的唱腔旋律和结构。因此,往往听到上一句,就可以猜想接着下一句是怎么个唱法,其乐思既在情理之中,但又在意料之中。此剧种彼剧种,互相彼此彼此。

还可以举出一些趋同表现,主要是以上这四个方面。

二、趋同现象所产生的不良影响

①减弱了剧种的音乐特色,影响了剧种的音乐魅力和地域风格的体现。

一个剧种的传统音乐特色,不是哪一个作曲家可以体现得出来的,而是从演剧专业人员的百十年甚至更长时间几代人的努力洗练和较为漫长的演变过程获得的,其中还要不断听取观众的反映,适应群众的要求和吸收民间音乐元素。这样百炼成钢、"修炼得道"的优秀传统,如果被作曲者轻易否定、抛开,实在可惜!其后果是脱离了戏曲音乐传统而影响了原剧的艺术魅力,是不会受绝大多数群众欢迎的。而且,如果仅是"拾人牙慧""鹦鹉学舌"式地艺术搬运(可能年代远些),很可能成为那个剧种戏曲音乐的"昙花"一现而已。

②使戏曲音乐与本剧种的地方语言的音韵性脱节。

传统戏曲音乐内中旋律、旋法都与本剧种所使用的语言有着密切关系,其属性正如古人所言是"言不足而咏之"的体现。而现代许多新作曲的戏曲中一些唱腔和音乐,似乎与本剧种的语言音韵性相距甚远,是一种歌曲化的腔调处理法,往往还以普通话为声调依据。笔者认为,歌的作曲中是以服从音乐旋律发展需要为主的,在必要的时候,可以置语言四声不顾而行曲,但是在戏曲中却不行。戏曲唱腔设计的基本原则是要和语言紧密结合,包括它的节奏和四声,否则就会"破句"和"倒词"。如果没有留意解决本剧种语言性在音乐中的表达问题,很可能会因此忽视了本剧种语言与音乐良好结合的内在机制,限制或者损害了音乐表达中与本剧种语言的良好结合。虽然现在演出一般打有字幕,但一旦没有字幕的演唱(比如播放 CD 和听收音机,这可是戏曲欣赏的主要方式),就会使人听不懂或者误解唱词。再者,戏曲音乐本身的风格就因此而被大大减分,会被人称为"不地道"或者"有点生人气"。

③在潜移默化中逐渐失去了优秀的传统。

一种优秀文化的传承,不是光有资料或者工具就行了,而往往是要和民众的接受和流传相结合的。很可能因为失去了这种接受和流传,而影响这种传统文化的继承和发扬。在语言、音乐、舞美等地方戏曲剧种特色的要素中,舞美已经差不多各剧种"相融相通"了,几乎各剧种间可以互相通借共用,现在还有语言和音乐这两个重要的戏曲剧种的"标志"。所以,作为戏曲剧种主要标志的变化,对于剧种的发展来说,是非常重大的事情。正如毛泽东说过关于"政策和策略是党的生命,各级领导同志务必充分注意,万万不可粗心大意"一样,对待戏曲音乐的继承、改革和发展,不是拿起笔就可以对传统任加处置、说改就改的,也必须"务必充分注意"和"万万不可粗心大意"的。否则,作曲者大笔一挥,百年积累将失于几年改变,毁于当今一代或几代。

④影响本剧种的生存和发展。

艺术贵在有独创和特色,有者,就是质量高;反之,就是质量不高或不够高。如果大家都成为一种"通用戏曲模式"中的一个成员,或者有许多雷同之处,那就会使欣赏者失去选择。就好比在美食一条街的夜市中,看来看去都是"知味观包子""奎元馆爆鳝面"和"张生记老鸭煲"那几种,再有名气的饮食也会使人厌食,去过一两趟就不想再去了。当本剧种一旦缺乏个性和特色,融入这种通用模式之后,就会降低艺术的吸引力、感染力,影响观赏价值,从而失去大量观众。这就影响了本剧种的市场竞争力,也会因此而影响剧团的生存和发展,在存有诸多"天下第一团"(一个剧种唯一的剧团)形态的今天,就会直接威胁着剧种的生存发展。

三、发生趋同现象的原因探讨

①从大的背景来说,当前正处于社会急剧变革、高速发展的新时代,浮躁心态和急功近利思潮正在泛滥。

许多机构和剧作家编创剧目(包括策划、文字脚本、音乐和舞美设计等)的目的,主要是参加比赛获奖或者完成何种活动的任务。为了扩大地方和剧团的影响,使得一出戏能够"打响"而产生良好的社会效应,也是为了吸引观众,提高上座率走向市场,使众人一听就感到新鲜而"倏然竖耳恭听",因此必须标新立异,认为只要是本剧种以前未曾用过、新鲜的东西,就可以拿来"尝鲜"。这样,顾着本剧种的特色就少了,加入的新成分就多了,就会较多地脱离传统的根基,抛开历史的积淀,自己重新做了一套。总以为只要自己创新了,人家就一定会叫好。例如,本文开头提到的戏曲音乐创作署名为"作曲",可以说就是这种心态的一种表现。严格地说,地方戏曲音乐创作的问题,关键不在于如何"创作",而在于如何编撰。就像农村工匠编制柳条筐或者竹筐一样,编制的是柳条筐,就应该以柳条为主体编制,而不应该以塑料条为主。所以,戏曲音乐创作是以编制为主的,而不是重新寻找什么新材料。当然,如何编制,其中确实是有粗细、文野之分的。如果仅是为了提高身价,攀比其他音乐形式的音乐创作,一概称为"作曲"的话,这是一种浮躁心态的表现,是不可取的。要么作一段主题音乐(主题歌或者主题曲),可以注明此歌的"作曲"。但对于全剧来说,真正的中国戏曲是不大可能由某人"作曲"的,一般来说可以署名为"唱腔设计"或者"音乐设计",至多是"编曲"。要真的是全剧都由某人"作曲",那这个戏很可能就很难属于这个剧种了。

②戏曲专业知识缺乏。

想把戏曲音乐作一个改革创新,走出新的一步,其动机是好的,但是实际效果是不够好的。例如,要改一个剧本,总得先把本剧种的语言特色、表现手段、剧本基本结构形式等常规东西了解了,把原作读懂了,分析过了(最好是比较"透"),再去思考音乐创作方针、方案、方法,然后才能动手。要是你刚一接触,在没有了解这个本子的来龙去脉之前,或下车伊始,或浅尝辄止,拿到手就开始"创作",这很容易偏离剧种属性的本体,甚至有"离经叛道"的迹象,最后弄得事与愿违,传统面目走了样,新的面目不咋样。当然,这些都是改革发展的探索过程中出现的问题,是前进中的曲折和挫折,也可能是必经之路,我们的要求则是尽量减少一些,同时能尽快改进和提高。尤其是剧团特地从外地请来的作曲家,来为本剧种的新戏作曲,如果缺乏戏曲知识和本剧种音乐知识,对这个剧种的音乐传统不太熟悉而又缺乏虚心学习和努力钻研的心态,且要在较短的时间里突击出来,就容易产生上述现象,很可能作出"太新"的戏曲音乐来。我们音乐学院出来的许多学生,总是拿课堂上学到的西洋音乐理论,直接应用于戏曲音乐创作中,这样容易造成"嫁接裂痕"和"串味拉面"。所以,还是最好在实践中先补上本剧种戏曲音乐这一课,比如多观赏本剧种的戏曲表演或是音像制品,多和乐队、演员接触,等等。

四、关于防止、纠正趋同现象和改进戏曲音乐创作的几点建议

①端正创作指导思想。

要正确认识中国戏曲音乐的属性,尤其要知道它的历史地位和文化价值,了解它的传统意义和艺术内涵。要认识到祖先留下来的艺术传统是民族文化瑰宝,凝聚着多少代人的心血,其中有着浓浓的民族情愫和地方风格。所以,传统是基础,是前提。对于传统,我们只能加强,不能减弱;只能增厚,不能削薄;只能继承,不能断档;只能发展,不能停止。我们对戏曲音乐的改革,不是要"推翻一个旧世界,开创一个新天地",而是要坚持在继承传统的基础上实施改革创新,对地方戏曲尤其如此。好比美容和整形,你总是要在原来身体的基础上进行的,尤其是那些标志性的东西,例如头部,你割个双眼皮可以,垫一下鼻子,削一下腮帮可以,但总不能把整个头颅都换了吧。当然,对于那些非标志性的内容,改革力度可以大一些,就像在治疗中,可以切除脾脏,甚至一个肾脏或者一个乳房,换一个膝盖骨或者

装一个金属关节。对于戏曲音乐的标志性东西来说,改革创新可不能换头更面,不能"焕然一新",否则就会成为"替身"了。所以,从这个角度上来说,我们的戏曲音乐改革只能是逐步的、渐进的,作"有限的改革",或者叫作"改良"。我们说,对于中国地方戏曲某一剧种整个戏来说,其音乐创作是没有"作曲"的,其意就是强调戏曲音乐改革的这种特殊性。不但戏曲音乐是这样,作为重要标志之一的戏曲语言也是这样。曾经听说有人主张为了便于越剧的普及,可以改用普通话。笔者不是说不行,因为没有经过实践。但是从戏剧发展的理论上来推断,这很可能是不可行的。因为戏曲语言和音乐就像人五官中的两只眼睛,是要互相配对的,如果语言变了,音乐也要作相应的改变。从嵊州话变到普通话这么大的跳跃,音乐也要随之作大的改变,那么作为越剧重要特点的语言和音乐都大改了,就不能再称之为越剧了,至多是越剧风味的歌剧罢了。要么为了表示有别于原越剧,就叫作"新越剧",就像杭州的"老余杭"和"新余杭",城西城北,各处一所,同有其名。依笔者之见,语言和音乐一样,都可以作渐进式的、少量的、逐步的、潜移默化式的改革,若要"一步到位",可能会出现意想不到的问题。

②要把学传统和应用现代文明的先进技艺结合起来,克服居高临下、拿到就改和墨守成规、拒绝改革这两种片面现象。

一个戏曲音乐创作者,要对某一种剧种的戏曲音乐进行改革,尤其是要对全剧音乐进行创作,就必须要认真学习本剧种的发展史及其艺术内涵,弄通其音乐与本剧种语言和表演相结合等规律性的方面,并且要亲自参与实践,掌握实际本领。好比说,应该至少唱会它的几个传统唱段,熟悉它伴奏的基本套路。因为,对一个东西,你只有了解它,才能熟悉它;只有熟悉它,才能分析它;只有分析它,才能知道它的性质和优缺点,才能设法改进它,扬长避短,扬优弃劣。与此同时,我们要用现代文明成果指导和应用于戏曲音乐的改革创新。比如,在应用好我们不断发掘和总结出来的中国音乐理论的同时,借鉴和吸收西洋音乐理论,将它吸收消化,"中国化"了之后加以应用。这方面,现代革命京剧音乐的改革为我们作出了很好的榜样(但对那些戏几乎都使用中西混合乐队和"班底",一概以管弦乐为主的做法及其效果,笔者认为也是一种"趋同现象")。虽然这些都是许多戏曲专家们、演职人员们经过多年积累和努力实践探索的结果,但是在音乐改革上的成就,应主要归功于那些对京剧音乐深入钻研和不断实践、精益求精的作曲家。没有他们对传统的"烂熟"和"吃透",没有他们与演职人员们的密切合作和长期切磋,是不可能把唱腔和音乐编写得这么地道、这么生动的;同样,没有对中国音乐理论和京剧音乐的内涵理念,以及对表演中的唱腔唱法、伴奏乐队的伴奏法和编配法方面的很深造诣和实际掌握,是不可能使编出来的音乐变成实际演出时的轰动效果,而且成为经典的。其实,他们对京剧音乐的改革力度还是比较大的,掌握好根本一点,那就是始终记着"这是京剧"。同时,也正是因为他们继承得好,观众几乎都承认"这是京剧"。同样,只有改革发展得好,才能使人们感到它的时代精神和新的生命力,几乎都说"好听,听得懂"。同样,我们有时能听到有的地方戏曲音乐改革很有成效,受到多数人的称赞,这就应该很好地总结经验,予以推广。

③建议党和政府,或是有关戏曲和戏曲音乐的组织,对地方戏曲音乐改革给予鼓励和指导,有效防止和纠正"趋同现象"的发生和蔓延。

要在布置任务之后,组织举行戏曲音乐创作研讨会和创作经验交流会,在不断的探讨中以求共识,并且树立好的榜样,供大家学习和参照。即使对有争议的,或是把握不准的问题,要允许专家们提出问题和支持做些试验。比如,唱腔的旋律要不要有较大的突破和怎样突破,以及配器手法是以"支声复调"为主还是以西洋的"和声对位"手法为主等问题;又比如,现在有的专家提出戏曲的唱腔要加大作曲力度,搞"专曲专用",这就是说要为每一段重要唱腔作曲,这个尺度怎么把握,都需要研讨和引导。在戏曲音乐创作中,可以作成本剧种风格的曲子,也可以是完全创新的曲子(如越剧《孔雀东南飞·惜别离》)。这些都是当前戏曲音乐改革中的重要课题,建议是否可以有所选择地列入讨论范围,有的还应该组织专题研讨会,并支持在一定范围和规模内的试验。另外,也有人提出,鉴于中国传统民族乐器有音量较小且难以控制,音准精密度不够高,音色不够丰富和不够优美等问题,建议今后戏曲乐队除主奏乐器之外,改用管弦乐队结构等,这也不是没有道理的。虽然笔者担心上述两点做法会增加不同剧种互相之间"趋同"的速度和力度,但这不应成为不赞成他们试行的理由,而应仍然表示支持试验的态度。因为实践是检验真理的唯一标准,只有通过实践和理论探讨的多次反复,才能使我们有比较正确的认识,比较有效地解决问题。

笔者呼吁:对于不同剧种之间的戏曲音乐"趋同现象",必须引起高度关注! 如果不予以应有的重视,不采取积极有效的措施,或置若罔闻,或掉以轻心,那么,中国某些地方戏曲剧种的戏曲音乐特色将日渐枯黄萎缩(谁不坚持自己的特色谁先枯萎,有的剧种也许由此面临自灭的厄运),从而影响中国戏曲的健康发展。防止和纠正"趋同现象",是时候了!

歌唱·表演

对中国民族声乐界定的思考①

黄 琦

中国当代的民族声乐,经过了几代艺术家、教育家们的艰辛努力,走过了一段充满探索的道路。刻印着中华文化精髓的传统声乐艺术在与西洋声乐艺术的互相沟通、借鉴、融合中,形成了富有特色的民族声乐艺术。然而,目前对"民族声乐"的界定尚有不同的看法,亟须作出科学、合理的界定,以求达成共识,更利于我国民族声乐艺术的健康发展。

一、民族声乐发展的脉络

中国的民族声乐从 20 世纪初发展到现在,大致上经过了以下三个阶段。

(一)民族声乐与西洋声乐并行阶段

20 世纪初,中国由封建社会沦为半殖民地半封建社会,随着"西学东渐",我国的社会文化和观念形态发生了变化。1919 年的"五四"运动,唤醒了民众思想的解放,"学堂乐歌"的广泛传唱拉开了传统民族声乐向现代民族声乐发展的帷幕。

"20 世纪 30—40 年代,当城市文化阶层流行和传唱萧友梅、黄自、赵元任等音乐家创作的艺术歌曲的同时,以延安为中心的广大农

---

① 本文发表于《浙江艺术职业学院学报》,2006 年第 2 期。

村根据地,开展了轰轰烈烈的民歌搜集、改编、创作和演出活动。"[1]《兄妹开荒》《夫妻识字》等作品的演出,开创了有别于传统民族声乐演唱的先河。1945 年 4 月,中国第一部民族歌剧《白毛女》在延安首演成功。该剧在很大程度上为中国歌剧的发展定下了基调。以王昆、李波、孟于为代表的歌唱家,以继承为主,对新时期的民族声乐发声方法、演唱风格进行了积极的探索与实践,形成了一种既有民歌演唱的亲切自然、戏曲演唱的运腔韵味,又有别于一般民歌手和戏曲演员演唱的新型唱法——戏歌唱法(史学界称之为"新歌剧唱法")。其代表人物是郭兰英。郭兰英是继王昆之后成长起来的一位民族声乐表演艺术家。她实现了从新中国成立初期的"改戏从歌"到戏歌表演艺术的完美结合,不仅将 20 世纪 40 年代催生的"新歌剧唱法"推进到更加完善的艺术层面,还在中国民族声乐艺术发展中起到了承前启后的作用,为我国歌剧事业的繁荣和中国民族声乐学派的创立作出了不可磨灭的贡献。

新中国成立初期,开始了广泛的"土洋之争"。其初衷是探讨民族传统声乐演唱方法与西洋演唱方法如何进行借鉴与创新,以便加快中国民族声乐艺术发展的步伐。然而,一些音乐工作者简单地把它理解为洋嗓子与土嗓子的互相对立、排斥。随着争执的深入,人们越来越清醒地意识到,中国民族声乐艺术要发展,就必须尽快结束这种争论,把注意力集中在如何客观、辩证地认识和处理"土""洋"之间的关系,科学地解决"土""洋"唱法的矛盾上。经过几年的争论,基本达成了共识:"新中国唱法应以与中国人民的斗争生活紧密联系,摄取中国民间传统唱法的精华,有机地接受外来进步的理论和方法,创造出一种以表现新中国人民思想感情,具有民族气派,富有地方色彩,同时又为人民大众所喜闻乐见的新的歌唱方法"[2]。这次的"土洋之争",促使声乐界学会用客观的眼光去看待美声唱法这一外来艺术,引发了人们对传统民族声乐艺术理论进行挖掘、整理、总结的思考,对新中国声乐艺术的发展起到了重要的作用。

(二)民族声乐向西洋声乐借鉴的阶段

1957 年在中华人民共和国文化部举办的北京声乐教学会议上,

提出了"民族化"问题,会议指出,"我们的历史任务是努力创造民族的声乐新文化,对西洋欧洲唱法要民族化,对民族传统唱法要继承、学习,并进一步提高。只有很好地解决这两个问题,才能在长期的发展中创造与丰富音乐艺术"[3]。这次会议为中国民族声乐事业的发展打下了良好的基础。继沈阳音乐学院开办了民间演唱班之后,中华人民共和国文化部和中央人民政府民族事务委员会委托上海音乐学院开办了民族声乐班,要求民族声乐班要"在保持民族风格的基础上提高和发展演唱能力"[4]。本着这一宗旨,那时的专业音乐院校和表演艺术界在重视对传统声乐艺术继承的基础上,学习西洋发声的科学方法,涌现了一大批优秀的声乐人才,如郭兰英、才旦卓玛、何纪光、郭颂、胡松华、王玉珍、万馥香等。通过沟通、借鉴,他们的音域更加宽广,音色更具变化和表现力,声音的张力和戏剧耐久力得到了增强。

20 世纪 60 年代中期到 20 世纪 70 年代中期经历了十年"文化大革命",虽然整个中国的文化事业遭到了无情的摧残,但民族声乐艺术却以其顽强的生命力找到了一片透气的空间。尽管那时的声乐作品良莠不齐,政治性色彩浓厚,但笔者以为 20 世纪 70 年代初、中期的民族声乐倒是秉承了 20 世纪 60 年代立足传统、借鉴美声的演唱宗旨,风格多样,个性鲜明,没有固定的框框,没有固定的模式。马玉涛、贾世峻、吕文科、李双江、陆青霜、刘秉义、耿莲凤、加米拉等歌唱家,人人都熟悉他们,热爱他们。不用花絮,不用炒作,他们的歌声就是他们的名片和身份证。没有电视机、录音机,没有急功近利的机会和市场,听众和观众接受的是演员们最真实的演唱,演员是靠自身本体的东西来体现作品的思想情感和自身艺术修养的。也正是这种"无模式"的、不带"功利色彩"的歌声不仅开启了民众对歌唱的热情,还给在那个令人窒息的年代下广大民众的生活带去了非常宝贵的慰藉。

(三)民族声乐与西洋声乐融合的阶段

20 世纪 70 年代末 80 年代初,我国开始实行改革开放,随着中西文化交流日益频繁,西方声乐教育家、歌唱家来华讲学,我国青年美声歌唱家在世界上频频获奖,澄清了我国声乐界以往对美声唱法认识上的偏差,美声唱法的合理性、规范性和科学性被广为借鉴,从而对中国民族声乐艺术的发展起到了推波助澜的作用,使中国的民族声乐艺术在演唱技法上和气质风貌方面都发生了很大的变化。

20世纪70年代末,原花鼓戏演员李谷一在金铁霖的培育下,以一曲《边疆的泉水清又纯》在全国观众面前亮相,其清新脱俗、甜美圆润、韵味绕梁的演唱征服了全国的听众。李谷一的成功不仅焕发了经过"文化大革命"的人民大众热爱声乐艺术的热情,更让金铁霖"感受到民族声乐那无与伦比的巨大艺术魅力及其在广大人民群众中的崇高地位。作为有心人,他敏锐地把握住了发展民族声乐艺术的历史机遇"[4]。他把在沈湘先生那里学习美声唱法的经验与体会运用到民族声乐的教学当中,开始了他有意识地、积极地将美声发声方法运用到我国民族声乐的艺术实践发展活动中。

20世纪80年代初,饱受山东民歌浸润的彭丽媛经过金铁霖的培养,受到了全国人民由衷的喜爱。"彭丽媛的唱法具有典型的西洋唱法与民族唱法相结合的现代民族唱法的特征。她的演唱风格既具有西方审美追求的'通畅、集中、宽泛、有穿透力'的特点,又具有传统民族唱法的'质朴、柔美、亲切、亮丽、传神'等特点。"[5]她的演唱集中地传达出了金铁霖在民族声艺术中"甜、亮、水、脆、柔"的声音审美追求。一时间,彭丽媛的演唱风格随着电视传播业的发展而影响了全国各专业团体的演出及音乐院校的招生、教学,甚至中央电视台一些最具影响力的比赛,都无形中以彭丽媛的唱法作为衡量演唱水平高低的标尺。民族声乐逐渐形成了以彭丽媛为代表的演唱模式。

"民族声乐只有从创作到演唱都具有鲜明的时代感,才能适应时代发展的客观需要,才能具有旺盛的生命力。倘若要民族声乐拒绝与时俱进,它只能凝固于共时性的状态。"[4]金铁霖将美声的科学发声方法运用到民歌演唱中,在一定程度上克服了以往民歌演唱中普遍存在的紧、挤、卡,音域窄,音色干,缺少共鸣的不足,在作品的表现上也凸显了一种符合时代发展的大气与细腻、正气与甜美并举的艺术精神。从彭丽媛的演唱中,我们既可以听到具有浓郁传统风格的《谁不说俺家乡好》《包楞调》《五哥放养》《绣荷包》,又能听到糅进美声发声法的《在希望的田野上》《我爱你塞北的雪》。李谷一、彭丽媛的成功使金铁霖的教学方法开始受到各方面的关注。

二、对当前民族声乐界定的质疑

随着民族声乐的发展,对民族声乐的界定出现了许多不同的看法与争议。20 世纪 60 年代我国声乐教育家汤雪耕在 1963 年 2 月《人民音乐》发表的《民族声乐的发展和提高》中,将"民族声乐"概括为"民族声乐从广义上讲,包括传统的戏曲、曲艺的演唱和民间演唱,形式繁多,十分丰富"[6]。从狭义上讲,民族声乐是"指上个世纪 30 年代以来,在中国传统声乐基础上发展起来的民族声乐艺术"[7]。可是 20 世纪 80 年代起,各个院校的教学与招生、各类大型的演出,尤其是中央电视台举办的极具影响力的青年歌手比赛中,对民族唱法的导向已将戏曲、曲艺和民间演唱从民族声乐的概念中剔除了。民族声乐被进一步界定为"是以目前我国音乐(艺术)院校中民族声乐为代表的,既不同于民歌、说唱、戏曲的演唱,又是在继承并发扬了这些传统演唱精华与特点的基础上,借鉴、吸收西欧美声唱法的歌唱理论和优点而形成的独树一帜的,具有科学性、民族性、艺术性和时代精神特征的新民族歌唱艺术"[8]。很明显,在这里民族声乐被定性为"学院派的歌唱艺术"。这样的界定削减了"民族唱法"本身所包含的丰富多元的内涵,在一定程度上影响和制约了我国民族声乐事业的繁荣与发展。我国著名歌唱家廖昌永在 2005 年"全国民族声乐论坛"上的发言中就向大家提出了几个问题:"什么是民族声乐? 什么是美声? 德德玛老师的演唱是民族唱法还是美声唱法? 殷秀梅的演唱应属于哪一种唱法? 民族声乐的界定缺乏科学依据。"[9]一些专家学者也对民族声乐现有的界定发出了质疑。

(一)对风格单一、千人一声的质疑

应该说,在百废待兴的改革开放初期,金铁霖的民族声乐理论"客观辩证地处理土洋关系并使二者较好的结合,将科学的带有共性的发声方法运用于每一位民歌学生的教学当中,从而为 20 世纪 80

年代以后的中国民族声乐教学艺术带来了新的突破。"[10]但随着"彭丽媛的演唱模式出现以后,企图在民族歌坛显山露水的歌手们找不到突破彭丽媛模式的新路子,便一再模仿她的风格,造成了民族歌坛风格单一,千人一面的局面"[11]。对此,老艺术家王昆谈道:金铁霖只代表了民族唱法的一种,民族唱法应当是丰富多彩的、百花齐放的,不能只有一种唱法。郭兰英在第十届全国青年歌手大赛上,回答观众提问时也说道:现在民族唱法的歌手,演唱单一、缺乏个性,更谈不上多样性了。是的,人们离开现场画面,已很难单从听觉上来辨别一些歌手们的演唱了,他们的音色、咬字、风格甚至手势、表情都是如此的相近。而艺术的可贵,就在于它是主体的心灵借助于媒介之后走向客体心灵的艺术实践过程,因此,它的个性特色就成了该艺术能否被人们接纳的标杆之一。尽管彭丽媛的演唱很完美,但若人人都去模仿,艺术最本真的东西就失去了。

　　我想,究其原因,首先是训练规格过于统一。虽说声乐学习离不开科学的发声方法,但艺术不等于科学,方法不是模具。沈湘先生曾说过,"教学原则是一样的,但具体到每个人身上,出现的现象是不一样⋯⋯所有的嗓音都被教成一种声音,任何的学生都被教成一个'味儿',也许其中一个是对的,应该是这个'味儿',其余的都被牺牲了"[12]。另外,中央电视台"青歌赛"在民族唱法上推崇单一类型歌手的导向负有不可推卸的责任。因为,这种观念是通过中央电视台这个国内权威性媒体反馈给广大观众群体的,它必然深刻影响到观众乃至教育界、歌唱者对民族唱法的认识,具有强烈的导向性作用。其产生的结果是"排斥和影响了我们许多根植于不同地域、不同民族的丰富多样且极富个性、生命力的民族唱法的发展,否定了我们许多长期从事不同民族声乐流派教育及歌唱工作者已取得的成果,打击了他们科研探索和艺术实践积极性"[13]。同时也催生了一些歌手及曲作者盲目趋同、刻意模仿、急功近利、急于求成的心理,如此一来,民族声乐的"模式化、单一化"也就不可避免。对此,我国著名音乐评论家金兆钧提出过自己的看法:1992年以后,中央电视台的电视歌手大赛,可以说走入了一个误区,⋯⋯民族唱法越来越单一,基本上是学院化,这在艺术上是灾难,艺术是应当多元化的。正是在这样的质疑声中,"青歌赛"上出现了索郎旺姆,就此对民族声乐的界定问题正式展开了学术争论。

(二)对待"继承"与"借鉴"引发的质疑

任何艺术都是在继承与借鉴中发展的,因为"艺术本身是艺术的一个阶段,这个阶段迟早会被超越"[14]。民族声乐也是如此,"相和歌""唐大曲""诸宫调"等歌唱形式以及唱赚、鼓词等说唱形式,都是中国早期民族声乐艺术的佐证;"学堂乐歌""秧歌剧""新歌剧唱法""学院派"也显现出现代民族声乐发展的轨迹。正是在不断的吸纳、借鉴、融合中,我们的民族声乐艺术才得到了发展。

但就目前民族声乐产生的"千人一声"现象,一些人士认为,现在的民族声乐"借鉴""结合"多了,"继承""寻根"少了;"技巧""声音"多了,"风格""韵味"少了。田青在第二届中国南北擂台赛学术研讨会上的发言中谈道,现在"所谓的民族唱法其实哪个民族都不代表,它实际上是借鉴美声唱法来唱中国歌曲。它本身也是'百花齐放'中一朵美丽的花,到今天为止,它达到了一个相当的高度,很了不起。但再好吃的东西天天吃也会腻,艺术在精致化之后就容易单一、缺乏个性"[15]。北京师范大学教授、长期从事民族艺术理论研究的刘铁梁认为,我们学院派的民歌还停留在教学阶段,说是民族美声更加确切,它把民族唱法标准化、模式化了,而事实上,民歌是需要个体经验的。潘乃宪先生就觉得一些演员以美声唱法融入民歌风格的歌曲演唱虽然大大改善了音质,却有着破坏歌曲风格"本性"的危险趋势,是"令人担忧的"[16]。王昆老师也谈道,现在的民族唱法走了味,如果不注重字、腔的韵味,就会使喜欢民歌的人感到很失望……音乐学院不能排斥像才旦卓玛这样的人才,一些民族声乐学生到了音乐学院就改掉了原本的特色,像才旦卓玛这样优秀的歌手直到现在我也没有看到第二个。

确实,在继承与借鉴的问题上,才旦卓玛是被公认的,在经过音乐学院学习后,既掌握了科学的发声方法,又非常好地保持了浓郁的本民族演唱特色。毫无疑问,这得归功于王品素老师有着非常明确的民族声乐教学指导思想。然而,从另一个角度讲,当时对美声唱法的认识不是很准确,民族声乐教学也刚刚起步,没有现成的经验可以借鉴,也就没有必须遵守的固定模式,更没有追名逐利的市场,这就为王品素老师的教学和才旦卓玛的学习提供了一个相对单纯的学习空间。而现在的民族声乐已形成了以"学院派"为载体、以"青歌赛"为平台、以市场经济利益为标杆的格局。市场经济对文化艺术的冲击,极大地影响了民族声乐的发展,那些承载着中华民族优秀文化传统的戏曲、民间演唱艺术都成了边缘文化而难登大雅之堂。殊不知,失去了民族自己的东西,任何民族艺术都将成为无源之流,流失在"文明"的沙漠之中。只有摆正"继承"与"借鉴"二者之间的关系,跳出现有"界定"的思维框架,才能使我们的民族声乐传承中华民族的优秀文化,向着健康的方向发展。

(三)"原生态"与"学院派"之争引发的质疑

由于对民族唱法过于模式化、虚假化的不满,2004 年起连续举办了几届南北民歌擂台赛。韵味浓郁、风格强烈的民间歌曲,不仅让观众耳目一新,更让观众发现民族声乐真正的宝藏还没有被开发出来,由此而引发了"原生态"与"学院派"之争。争论的核心"无形中影射到现代民族唱法在传承民族传统声乐文化这条道上是不是游离得太远了,同时也促发了音乐界对民族声乐的唱法与界定的再讨论"[17]。

大力倡导并发起"原生态"歌唱活动的音乐理论家田青曾就"学院派"指责"原生态"唱法不够科学时说道:"对艺术而言,规范和统一是致命的敌人。""当某种艺术精致严密到一定地步后,只有两种方式可以拯救它的消亡:一种是回头向这种文化的根源回溯;另一种,就是等待外来文化的入侵与融合。""'原生态'是我们的魂,是有价值的独立的门类,原生态唱法和民族唱法是平等的。"是的,"原生态"民歌往往积淀着丰厚的文化内涵,并以传统的文化形态方式扎根于民间,其特有的语言、音乐形成了其特有的合理的演唱方法,因此民歌的演唱不可能有统一的唱法。因为欣赏习惯的不一样而指责"原生态"唱法不科学未免有些武断。民歌最大的生命力在于个性化,它是不能被复制的,是一个民族独特的东西。

对此,有些人也有另外的看法。我国著名歌唱家李谷一认为:学院、民间双方的东西各有特色,不是说选择一个就一定要排斥另一个。学院派和民间派都有自己的受众群体,也都有自己不同的社会功能。她的基本观点是:在对待民歌的态度上一定要百花齐放,学院、民间都是不可或缺的。金兆钧也谈道:"学院派"唱法无疑是重要的一支,但不能是民族唱法的全部,换句话说,各民族民间唱法也未必全是"原生态"。廖昌永在 2005 年全国民族声乐论坛研讨会上说过:"'学院派'与'原生态'的关系,应该是'鱼'和'水'的关系。"[9]应该说他们都是根植于中国传统文化之树的两颗果实,是民族声乐百草园里的两朵美丽的花,谁也无法取代谁。周巍峙在第二届中国南北民歌擂台赛学术研讨会议上说道:"现在的民族声乐没有多样化了,风格比较雷同。希望舞台上的歌唱家们都能'下凡',深入到群众中间,多听一听,立志于发展民族唱法的歌唱家们要多向民间学习。"[15]是的,我们如果离开了对民族传统精髓的把握,就会迷失自我、迷失方向。当然,继承不等于抱残守缺,而是要通过借鉴,让我们的传统声乐艺术焕发出新生。

(四)从审美的角度对演唱形式和演唱内容的质疑

民族声乐发展到现在,在音色、音域、力度、张力等方面有了长足的进步,歌手们在完成一些难度较大的歌曲时也表现出了很好的驾驭能力。但"尽管一些歌手的演唱技巧几乎达到了无可挑剔的地步,艺术手段的运用从视觉到听觉上也的确很美,但其艺术效果过于'甜、艳、媚',令人感到生硬,缺乏'真与美'的内涵(最突出的是电视MTV 对民族唱法歌手的过度包装现象)。这种对民族唱法技巧的误读,远远超过对民族风格的尊重与个性的创造,甚至在唱法上雷同、音色上模仿的现象,暴露出当前民族声乐中某些艺术品格的幼稚或艺术风格衰落之点"[17]。

我们知道,音乐作品的风格是"音乐作品的形式和内容的有机统一所呈现出的总的艺术特色。表演者对音乐作品风格的把握,就是对这种总的艺术特色的把握"[18]。审美上的媚俗,必然导致创作上的媚俗,虽不乏有些较好的作品,但从"春晚"及各种名目繁多的"晚会"上看,"应时性的作品多了,艺术水平高的作品少了"[9],出现了一大批"晚会歌曲"。有人认为："现在所谓的民族唱法歌手所演唱的民歌是一件'皇帝的新衣'。那些盛大的晚会,都是穿着华丽的服装,用固定的口型,固定的唱法,以及假笑的表情来演绎所谓的宏大与叙事。"……也许这些发表在网上的民间的批评有些尖刻,但确实需要我们反思,我们的民歌是否已经远离了人民,远离了土地,远离了生活。

(五)对声部缺失的质疑

一个完整的教学体系必须能涵盖它的方方面面,而目前民族声乐教学体系尚有不完善之处。我们看到,除了女高音和男高音声部外,我们没有看到或听到一个带有浓郁民族韵味、风格的中低声部的民族歌手出现。人的思想情感和嗓音千差万别,不可能只用一种类型的声音就能够涵盖。我国京剧的行当有声、旦、净、末、丑;美声唱法分男高音、女高音、男中音、女中音、男低音、女低音,甚至仅一个女高音声部就能分出花腔女高音、戏剧女高音、抒情女高音等。而在音乐学院的招生中,我们却经常看到,那些音色宽厚、声区低沉的男女学生因他们的音色不够"甜、亮、尖、脆、水"而往往被老师们认定无法学唱民歌。同时,这些学生又因找不到适合自己音色、声部的带有浓郁民族风格的演唱作品,要么改学美声,要么挤捏嗓子尖声唱。我想,这样的民族声乐教学体系肯定有它值得商榷的地方。

三、对民族声乐界定的再认识

中国民族声乐是在中华文化这个母体下衍生发展的,对其进行科学、合理的界定,有助于我们正确处理好继承与借鉴之间的关系,使民族声乐向着健康、有序的方向发展和提高。民族声乐的界定应具有更大的包容性与开放性。它必须是历史的、现实的、多元的、发展的。但由于方方面面的原因,我们不无遗憾地看到,民族声乐的包容性越来越窄,民族声乐仿佛就等同于"学院派"。笔者以为,民族声乐不等同于"以目前我国音乐(艺术)院校中民族声乐为代表的……新民族歌唱艺术",因为"学院派"无法承载民族声乐的全部。因此,无论是继承传统、民间的演唱方法还是借鉴美声的演唱方法，无论是"原生态"唱法还是"学院派"唱法，只要具有民族文化神韵、浓郁地域特色，传承中华民族精神文脉的演唱，都应纳入"中国民族声乐"的范畴。这样的认识是基于以下几个前提的。

（一）由中华民族的语言所决定

什么样的语言产生什么样的音乐，不同地域、不同语言、不同方言引起的声乐风格变化使民族声乐始终具有活泼的个性和顽强的生命力。因为，不同的语言决定不同的咬字位置，不同的咬字位置决定不同的发声腔体，不同的发声腔体决定了不同的演唱风格。正是这种语言特色，主宰着民族声乐风格，而不同语种、语音的特性又决定了世界各国演唱风格的丰富多彩。

中国的传统声乐艺术历来讲究"韵味"。美声也好，戏曲也好，"原生态"也好，所有的唱法都只是"工具"，只要你能熟练而又巧妙地运用"工具"传达出中国民族声乐艺术所特有的"韵味"，表达出中华民族的精神气，这样的歌唱艺术就应归属于中国民族声乐艺术的范畴。马玉涛、骆玉笙、殷秀梅、德德玛的演唱按目前对"民族声乐"的界定是无法归属到民族唱法的范畴中去的，我们也可以料想，她们若去参加现在的民族唱法比赛，一定会面临参加什么组别的困惑。因为她们的音色醇厚、圆润、结实、宽广，不符合时下所流行的"甜、亮、水、脆、柔"的评判标准。但她们的演唱既有宏大辽阔的美声气势，又有民族声乐的细腻委婉，展现出的是韵味深远的民族特色，理所当然应该属于民族声乐艺术的范畴。同样，"原生态"的演唱，曲调优美流畅，语言生动精练，情感炽烈深沉，风格浓郁淳朴，传达出的是一份纯净透明、不事雕琢、水灵灵的情感世界，是民族声乐艺术百花园中的一朵奇葩。

法国艺术评论家克莱尔认为：一个民族存在一种艺术精神，正如一个民族存在一种语言精神一样。是的，语言作为五千年中华文明最重要的载体，决定了我们的民族声乐必须是百花争艳、五彩缤纷的。

（二）由时代的发展所决定

任何一个民族的文化艺术只有和它的时代同步，才能具有旺盛的生命力，而在继承基础上的变革是顺应时代的根本保证。"旧形式是采取，必有所删除，既有删除，必有所增益，这结果是新形式的出现，也就是变革"[19]。我国现代民族声乐近百年的发展历史验证了"发展是硬道理""适者生存""坚持不是发展，发展才是坚持"[20]的辩证哲理。从"西学东渐"的"学堂乐歌"到延安时期的"新歌剧唱法"，从新中国成立初期的"土洋之争"到 20 世纪 60 年代的"百花齐放"，从 20 世纪 80 年代的"借鉴西洋、为我所用、以我为主"到现在的对"民族声乐多元"的呼唤，都说明是时代的发展选择了王昆、郭兰英、胡松华、马玉涛，也是社会历史的进程造就了金铁霖、彭丽媛、殷秀梅、吴碧霞。因此，我们的"民族声乐"必须具有"源"与"流"的丰富内涵与外延。

（三）由艺术审美本质所决定

每个民族、每个国家、每个时代都有各自特有的审美习惯、审美需求及审美标准。"就声乐演唱艺术而言，人的审美关系是审美主体（听众与观众）与审美客体（歌唱家的艺术创造）之间的美学关系。审美主体的审美意识和对美的规律的掌握能力和创造能力，不仅制约着他对审美客体认识的深度与广度，也左右着他对客体的改造和对新的审美对象的创造。"[21]延安时期，人们迫切需要的是一种能反映边区人民翻身做主精神面貌的演唱形式，那时的审美定位是质朴、率真；新中国成立后蓬勃发展的中国社会呼唤各种声音的讴歌，因此，热情、高昂是当时的审美基调；改革开放以后，长期被压制的对美好生活的渴望决定了审美定位的甜美、鲜活；而市场经济对文化艺术的冲击及信息技术的快速发展，审美取向逐渐偏向唯美、艳俗。这一切都说明，随着社会的发展进步，人们在不断充实、更新"美"的内涵与外延的同时，审美需求心理也在不断变化。目前，围绕对"民族声乐"的定位而展开的一系列学术争鸣，其实就是审美主体对现有审美模式进行挣脱的一个过程。现在当审美的客体已被成名的功利所驱使,演唱上的趋同、媚俗、迎合就变得不可避免;而审美主体的审美求变心理逐渐成熟,本能地拒绝趋同、媚俗,"原生态"与"学院派"之争也就成了这种"挣脱"的一个"爆发点"。因此,对"民族声乐"的科学界定是现代人审美需求决定的,它有利于满足现代人"既偏重于内蕴丰富、跌宕隽永,又倾向于求新、求变、立体多元的审美需求"[21]。

(四)由多元的中国文化所决定

中国悠久灿烂的历史,辽阔宽广的地域,博大精深的文化,56 个民族多彩的声乐风格,是滋养民族声乐多元发展的基础。陕北的"信天游"、青海的"花儿"、东北的"二人转"、江南的小调、蒙古族的"长调""呼麦"、维吾尔族的"木卡姆""麦西来普"、苗族的"水腔"、彝族的"海菜腔",等等,这些不同民族、地域的演唱,在语言、音调、嗓音的运用等方面,都有着各自不同的演唱技巧和风格。民族声乐绚烂的百花园正是由这些丰富多彩、各具特色的民族民间歌唱艺术组成的。多元的民族决定了多元的文化,多元的文化决定了民族声乐的多元。21 世纪是全球多元文化并存的世纪。在多元文化视野中,中国民族声乐艺术应该在珍惜中华民族传统唱法的基础上,从开放、豁达、多元的角度去思考多种不同形态、不同层面以及不同唱法的艺术活动及艺术创新,从而使我们民族声乐艺术的内涵更为充实、更为丰满。

四、结论

中国民族声乐经过了近一个世纪的发展,有很多经验值得总结。继承是发展的前提,发展是继承的根本。"民族声乐"的界定无论其内涵还是外延,应该具有更大的包容性与开放性。无论是继承传统、民间的演唱方法还是借鉴美声的演唱方法,无论是"原生态"唱法还是"学院派"唱法,只要是具有民族文化神韵、浓郁地域特色,传承中华民族精神文脉的演唱,都应纳入"中国民族声乐"的范畴。在经济文化日益"全球化"的今天,彰显中华民族的文化特性,不仅关系到固守我们民族的精神家园,还有助于我们向世人展示中华文化的丰厚底蕴。这可能是我们要正确认识"民族声乐"的根本目的所在。

中国民族声乐艺术从远古奔流而来，从 960 万平方公里的大地走来，它的丰厚与博大使它应该走进"学院"，但其必定会走出"学院"。因为民族声乐艺术是中华民族文化的一颗珍宝，不单单属于"学院"或"电视台"，更应该属于"滋养"它的土地和人民。

参考文献

[1]　汪毓和.中国近代音乐史[M].北京：人民音乐出版社，1984.

[2]　许讲真.民族声乐 50 年的辉煌历程[J].中国音乐，2000(2)：7-11.

[3]　李焕之.当代中国音乐[M].北京：当代中国出版社，1991.

[4]　杨仲华.民族性科学性艺术性时代性——论金铁霖民族声乐学派的学术定位[J].中国音乐，2005(3)：6-16.

[5]　乔新建.确立民族声乐双重发展途径的构想[J].音乐研究，2003(2)：004.

[6]　汤雪耕.民族声乐的发展和提高[J].人民音乐，1963(2)：7-10.

[7]　刘辉.再论中国民族声乐的文化定位问题[J].中国音乐，2006(1)：122-127.

[8]　王瑞江.大力发展民族声乐[J].中国音乐，2005(4)：168-170.

[9]　廖昌永.在"2005 全国民族声乐论坛"上的发言[J].中国音乐，2006(1)：85-86.

[10]　郭建民，赵世兰.六十年来中国民族声乐"土""洋"关系的微妙变化[J].黄钟：武汉音乐学院学报，2004(2)：22-27.

[11]　乔新建.对民族声乐风格的哲学思考[J].中国音乐，2002(3)：44-45.

[12]　沈湘，李晋伟，李晋瑗.沈湘声乐教学艺术[M].上海：上海音乐出版社，1998.

[13]　吴华山，龙毛兰.关于"民族唱法"思考[J].星海音乐学院学报，2004(1)：105-106.

[14]　[英]科林伍德 R G.艺术哲学新论[M].北京：工人出版社，1988.

[15] 徐天祥.中国民歌何处去?——第二届中国南北民歌擂台赛学术研讨会综述[J].音乐研究,2005(2):124-128.

[16] 潘乃宪.声乐使用指导[M].上海:上海音乐出版社,1994.

[17] 李素娥."游离"与"扎根"——由"现代民族唱法"与"原生态唱态"问题引发的思考[J].中国音乐,2006(2):100-104.

[18] 张前.音乐表演艺术论稿[M].北京:中央民族大学出版社,2004.

[19] 鲁迅.且介亭杂文[A]//鲁迅全集[C].北京:人民文学出版社,1958.

[20] 李泽厚.美学四讲[M].天津:天津社会科学院出版社,2001.

[21] 杨仲华.融会贯通 批判继承 振奋精神——论金铁霖民族音乐学派的历史地位[J].中国音乐,2006(1):33-45.

不同歌唱类型歌手共振峰特征及音色形成的机理研究①

于善英

　　"音色"也被称作"音质",主要由每个音的"声谱"所决定,即由每个音所含泛音的数量以及各泛音的强度所决定。② 声谱用于嗓音研究,不仅能直观地明示不同音色的音所包含的泛音数量和各泛音的强度关系,还能对音色的优劣加以鉴定。

　　对美声歌手嗓音的声学特性研究在西方音乐声学界已越来越受到重视,并引发业内人士的广泛关注。如瑞典皇家理工学院的桑伯格博士于 1977 年 3 月发表于《科学美国人》的研究论文《歌唱的音响学》,美国国家声乐教师协会前主席威廉·文纳博士的《歌唱——机理与技巧》中的"共鸣"章节,均科学地解释了嗓音的声学现象。另外,巴塞洛缪博士根据在美国皮博迪音乐学院近五年的试验,对 40 位男女歌手的嗓音录音声谱分析也指出:优秀歌手们的嗓音具有四种明确标准,即均匀的颤音、音的最低强度、突出的约 500 周的低泛音或共振峰和突出的约 2900 周的高泛音。③ 中国科学院声学研究所的王士谦先生在 20 世纪 80 年代,对歌唱理论进行的研究结果也指出:不同发声技巧的歌手在亮频带内有 2～4 个比语声突出或密集的

---

① 本文发表于《音乐研究》,2010 年第 6 期。

② 缪天瑞.音乐百科词典[M].北京:人民音乐出版社,1998:709.

③ [美]维克托·亚历山大·菲尔兹.训练歌声[M].李维渤,译.上海:上海音乐出版社,2003.

高能共振峰(群),它的分布频带为 1800～3800 Hz,与人耳最敏感的声音频带 1000～4000 Hz 是一致的,具有这样歌唱共振峰的声音易引起听觉兴奋且响度增加。这个特点与唱声的低共振峰 F1 和 F2 特点结合在一起,就使得唱声听上去明亮、悦耳。④

笔者曾于 1998—2002 年间从声学及生理学的角度对我国美声唱法歌手的嗓音进行了研究,并探讨了我国戏曲唱法如越剧、昆曲优秀嗓音声谱中是否也存在着美声唱法所特有的歌手共振峰及其特性的问题,最后认为无论哪一类唱法,尽管都有其特定的艺术审美特性,但从科学的角度来说对音色的要求应该是具有共性特征的;认为抓住共性、突出个性地对不同类型唱法歌手共振峰及其形成特性进行对比分析与研究,应该是可行性的。于是,笔者通过截取不同类型唱法的元音声谱进行分析,并对嗓音中存在歌手共振峰的不同类型唱法的歌手的喉腔机理进行了 CT 成像分析。其实验仪器为目前国内最先进的、由西门子公司所生产的 64 排螺旋 CT 及丹麦 B&K2260 型声学测量系统和 B&K3560C 型 Pulse 多分析仪系统。实验对象为浙江省歌舞剧院、浙江省昆曲艺术剧院、浙江省越剧团的专业演员及中央音乐学院声歌系、中国音乐学院声乐系、浙江艺术职业学院等相关的专业歌者。需要指出的是,本课题的民族唱法实验对象均为学院派民族唱法歌手。

一、关于歌手共振峰

"歌手共振峰"(Singer's Formant)作为一个专门研究美声专业歌手嗓音音质的声学特征术语,包括高的歌手共振峰和低的歌手共振峰两个不同的概念。但国际上有关歌手共振峰的研究通常指的都是高的歌手共振峰。然而,训练有素的歌手的嗓音中实际上存在着高的和低的两个歌手共振峰,因此他们的嗓音具有既明亮、富于金属

---

④ 王士谦.关于歌唱共振峰及其有关问题的探讨——兼评 Sundberg 的歌唱共振峰概念及其降喉解释[J].南京艺术学院学报:音乐与表演版.1986(04):2-8,41.

感与穿透力,又浑厚有力且丰满流畅的特点。⑤ 据研究,高的歌手共振峰通常为2400～3200 Hz,低的歌手共振峰在500 Hz左右。

桑伯格在对美声歌剧男歌手演唱的元音声谱上又发现了一个新的额外共振峰,在由巴塞洛缪发现的高的歌手共振峰理论基础上又提出了新的见解和概念(桑伯格最初将他所发现的共振峰定义为"歌唱共振峰",后来经过反复研究论证又改称为"歌手共振峰"⑥)。通过对美声歌手歌唱音色、喉位关系的深入研究和探索,桑伯格指出了歌手共振峰是在优秀美声歌手的歌唱声谱中出现的3000 Hz频率附近的明显谱峰,它是三阶、四阶、五阶谐振峰值的集合。⑦ 由于这一共振峰的频率范围恰巧是人的听觉最敏感的区域,而且其高度正好是交响乐队声音能量减弱的地方,因此桑伯格指出它是最有利的频率,也是美声歌手的歌声能够穿透交响乐队庞大音量掩盖的必然条件。

笔者通过多年来对美声唱法嗓音的声谱分析与研究认为:优秀歌手的嗓音在声谱上的亮频带内集合第三($F3$)、第四($F4$)和第五($F5$)多个共振峰产生的一个极具穿透力的、响亮的在2400～3200 Hz频率附近的以2800 Hz为中心的高能共振峰,并结合歌声的低能共振峰($F1$、$F2$)特点,即为歌手共振峰。无论是哪一声部,无论音高、元音类别或声音的紧张度如何,它们总是存在于优秀美声歌手的嗓音中。归根结底,嗓音优劣差异的决定因素其实是共鸣,而"使嗓音获得共鸣",实际上就是获得2800 Hz的频率。⑦ 这种以2800 Hz为中心的歌手共振峰特性是美声唱法歌手获得优美音质的秘籍。鉴于歌手共振峰的科学性及对歌唱音质的决定性作用,笔者认为它已不仅仅是优秀美声歌手嗓音必备的品质,也完全可以作为其他类型

⑤　倪瑞霖.美声唱法——它的发展轨迹及嗓音科学对其发声机理的若干重要阐释[J].音乐艺术:上海音乐学院学报,2007(1):71-93.

⑥　王士谦.关于歌手共振峰概念的由来及一些讨论[J].应用声学,1987,6(4):10.

⑦　Sundberg J. Level and center frequency of the singer's formant[J].Journal of Voice,2001,15(2):176-186.

专业歌手嗓音音质及喉腔机制调节优劣的参照标准,成为不同类型专业歌手获得银铃般鸣响的优美音质的根本所在。

二、各唱法歌手共振峰实验过程及结果

笔者首先根据主观听辨选择出不同类型唱法的优秀嗓音,然后进行声谱取样实验,以记录不同唱法的歌手共振峰状况。在实验过程中,根据各唱法的不同发声技术要求进行声音频谱的截取,主要以元音 a、e、i、o、u 的长音来截取其声谱。通过研究发现:歌手共振峰不只在美声歌手的嗓音中出现,在民族唱法和昆曲及越剧演员的优秀嗓音的声谱中也同样存在。不同的是,各类型唱法的歌手共振峰的高度和频域及密度具有各自不同的特性。结论如下。

①美声歌手:女高音歌手共振峰峰值为 3200 Hz、90 dB[8],女中音歌手则为 2800 Hz、87 dB。男高音嗓音的歌手共振峰频率主要集中在 2900 Hz 左右,较少达到 3200 Hz,低音强度约为 500 Hz,总体声强为 87 dB 或以上;男中音的歌手共振峰主要集中在 2700 Hz,低音强度约为 450 Hz,总体声强为 85 dB;男低音歌手嗓音高频在 2600 Hz,低音强度约为 450 Hz,总体声强为 80 dB。

②中国民族唱法优秀嗓音的歌手共振峰主要集中在 2600～3200 Hz。其中,男高音为 2700～2900 Hz,总体声强为 87 dB;女高音为 2700～3200 Hz,总体声强为 85 dB。民族唱法总体低音频率在 450 Hz 附近。

③昆曲演员的歌手共振峰主要集中在 2500～2800 Hz。根据行当的不同,各共振峰也有差异:旦角演员为 2800 Hz,低频为 400 Hz,总体声强为 82 dB;生角为 2700 Hz,总体声强为 85 dB,低频为 450 Hz。

④越剧演员的歌手共振峰主要集中在 2600～2800 Hz,总体声强为 80 dB。其中,花旦为 2800 Hz 左右,低频共振约为 450 Hz,声

---

⑧ dB,即分贝,计量声强、电压或功率相对大小的单位。参见《现代汉语词典》,商务印书馆 2006 年版,第 398 页。

强为 82 dB；小生为 2700 Hz，低频为 400 Hz，总体声强为 80 dB；老生为 2650 Hz，低频为 450 Hz，总体声强为 78 dB。

　　下文中选取的频谱图图 1～图 4 均为不同歌手发元音 i 时的截取。实验对象分别是：天津音乐学院声乐系教师男高音歌唱家杨博，上海歌舞团国家一级演员民族唱法女高音歌唱家于丽红（第八届中央电视台青年歌手大奖赛民族组金奖），浙江省昆剧团国家一级演员老生程伟兵，浙江省越剧团一级演员花旦王滨梅等。鉴于以上不同唱法专业歌手突出的专业演唱水平，笔者认为其歌手共振峰频谱图亦具有一定的专业代表性。需要说明的是，针对我国民族唱法歌手共振峰特性的研究，目前国内外都尚未发现有公认标准，本文对我国民族唱法歌手共振峰特点的描述是本课题组从民族歌手的嗓音声谱中分析而来。当然，如要得出民族唱法一般性的结论，还需要更大数量的声音样本采集与分析，这将有待于我们下一步的完成。

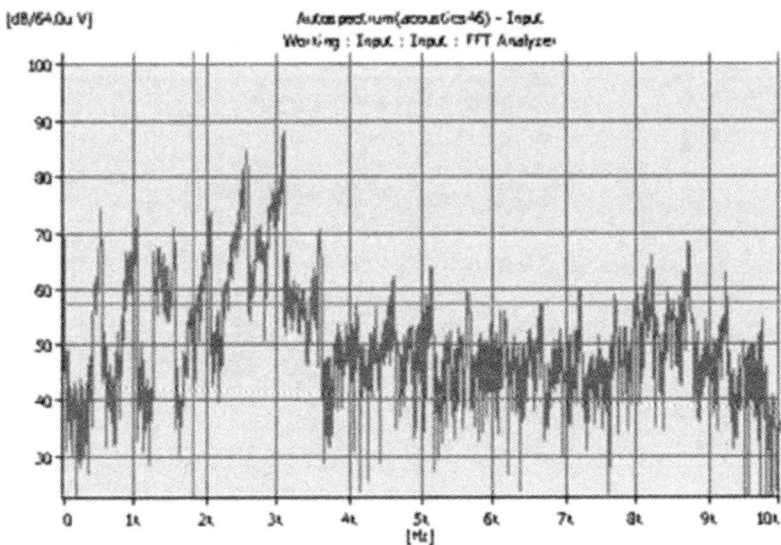

图 1　美声唱法男高音声谱

　　通过对以上歌唱类型频谱图的分析，笔者又得出以下结果。

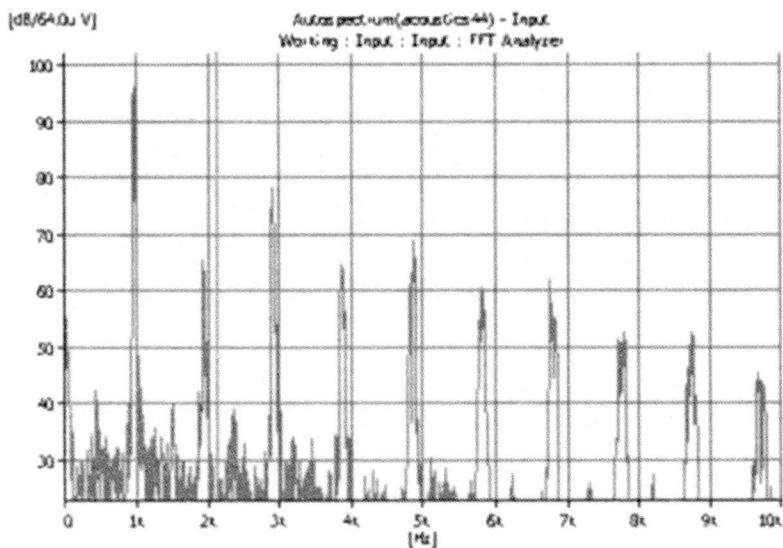

图 2　民族唱法女高音声谱

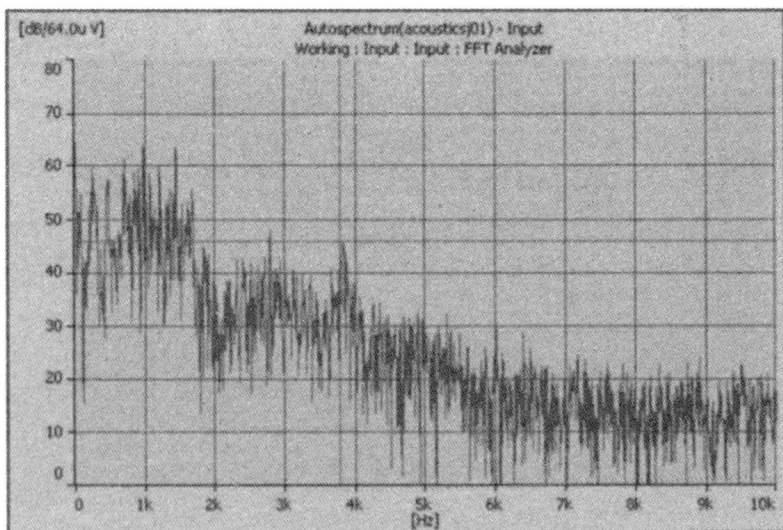

图 3　昆曲老生声谱

①美声唱法歌手由于歌唱力度强，因此其共振峰的高度及各个

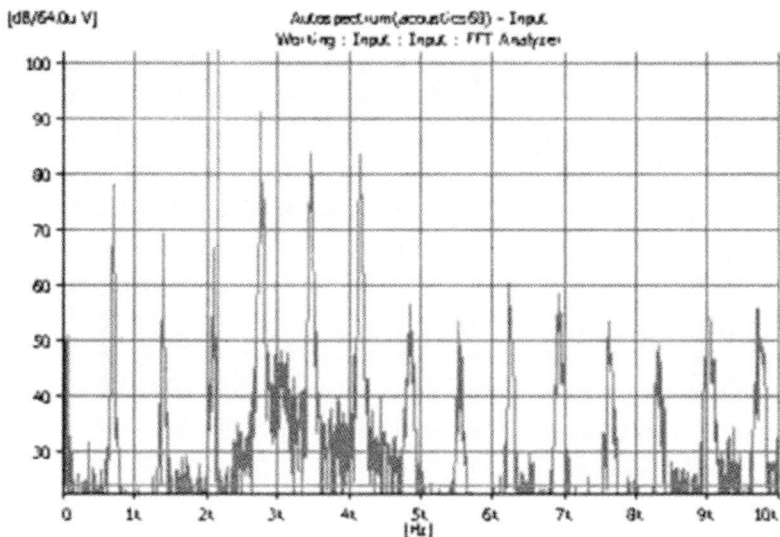

图4 越剧花旦声谱

泛音能量的分布密度均大于民族及戏曲唱法歌手。

②民族唱法歌手在共振峰的频域上与美声唱法歌手比较接近，这与民族唱法较多借鉴了美声唱法的发声技巧有关。

③越剧、昆曲演员唱法的元音共振峰宽度相对较小，频域也相对较窄，这与其歌唱方法声音比较靠前，声道较浅有一定关系。

④美声、民族唱法歌手的 a、e、i、o、u 这五个元音的发声频谱显示：a 和 i 的第 1、2 泛音均强于基音；而发元音 i 时，美声、民族、越剧和昆曲歌者的共振峰在频域上普遍比元音 a、o 窄。

实验过程中我们发现：不同类型歌手在歌唱过程中，某种频率的声音如果适应于一种独特的共振腔，它就能变得更强，发出的声音就具有较大的振幅；而声音的频率与共振腔的差距越大，则发出的声音越弱；只有一定的共振峰频率在频谱的包络线上出现高峰，才能形成具有穿透性的声音。美声、民族、越剧及昆曲等不同唱法只要是做到了频率与共振腔的相互适应，其唱法就能够提升其第一共振峰频率，从而获得优美的音质。因此，毫无疑问，我国民族和戏曲唱法的歌手嗓音中是能够获得歌手共振峰的，其亦具备了优美的音色和科学的

231

发声法。

三、对以上结果的讨论

根据桑伯格提出的产生歌手共振峰的必要条件是降喉歌唱的原理,笔者认为:由于美声唱法主张"打开喉咙"歌唱,要求喉头保持低的位置,因此无形当中导致了声道的拉长,加强了共鸣,也使得音量宏大并富有穿透力,确实容易获得歌手共振峰。而王士谦先生根据他对歌手共振峰的实证研究,对桑伯格的降喉唯一论提出了新的见解。他根据对美声唱法及我国民族唱法、京剧嗓音声谱的研究指出:降喉歌唱并非是产生歌手共振峰的唯一条件,高喉歌唱的嗓音机制也存在歌手共振峰。④ 笔者根据研究则认为:我国民族唱法和戏曲唱法的歌手发声时,喉头是处在高于静止状态的位置,单凭其歌唱音色的质感就能判断其声音比较靠前,声道窄,明亮有余而厚度不足。而从其频谱图也显示出其高频丰富而低频不足,因此有时会显得音色逼紧。然而,笔者经过实验测试,现在已经证实民族唱法和戏曲唱法的优秀嗓音中是存在歌手共振峰的。同时,我们也可以通过频谱图清楚地看见其不但存在歌手共振峰,而且谐振峰清晰、波纹均匀。其中,男声频谱显示其声音泛音能量较强,歌手共振峰均匀、严密,嗓音刚劲,富有力度美;女声声音泛音能量虽不及男声,但频谱规则、均匀。但是,由于这些唱法的发声机制毕竟较多用的是轻机制发声,声带振动面积小。比如昆曲唱法中的旦角演员,由于是以假声发声为主,阻气相对较弱,泛音也就相对少而弱,因此难免声音的幅度小,低的共振峰比较微弱,导致的结果是音色柔美、细腻而穿透力不足。

所以笔者认为,降喉歌唱由于扩大了咽腔,拉长了声道,必然加强了低频共振的产生,而丰满厚实的低音是获得光彩华丽的高频泛音的基础条件,这就是为什么美声唱法的优秀嗓音不仅高频丰富,低频也非常饱满的主要原因所在。

四、各唱法喉腔发声机制 CT 实验

我们曾做过试探性研究,比如使用电子喉镜,但是无法观察到喉腔及声带的具体变化规律,并且歌唱演员的机体难以忍受;又曾试图用核磁共振成像技术来测量喉腔的变化状态,但检查过程中有振动及噪声,歌手亦不适应,而且喉腔边界模糊,测出的数据不够可靠。耳鼻喉科医师认为,人在发音时与发声有关的肌肉运动都要收缩,喉腔肯定要相对缩小,否则无法发音。因此,我们预计各种唱法的喉腔在发音时均会缩小,只是程度上会有所不同,当然也有可能喉腔同时缩小并无显著差别,然而这需要大量样本才有说服力。

最终课题组决定以螺旋 CT 来观察不同类型唱法的歌手发声以及平静时的喉腔状态。实验过程中,歌手采取平卧姿势,由计算机进行喉腔静止和歌唱状态下声带平面以上 5 mm、10 mm 的层面面积测定,分别在 e1、e2 音区进行元音的长音发声,其实验结果(表 1)如下(CT 图略)。

①美声唱法:在发声状态下喉腔扩大至静态的 1.5～2 倍。

②越剧唱法:喉腔在发声状态时明显缩小于静止状态。

③昆曲唱法:发声状态下显示喉腔整体几乎缩小至静态的 1/2,中声区发声时比静态缩小 1/2,高声区发声时咽腔扩张接近于喉腔静止状态。

④民族唱法:喉腔动态改变非常接近美声唱法,发声状态下喉腔明显扩大。

声带平面以上 5 mm、10 mm 的喉腔静态和

表 1		动态层面面积表			(单位:cm²)	
CT 号		5 mm	10 mm	5 mm 处与平静比值	10 mm 处与平静比值	
1004 越剧	平静	1.79	1.43			
	低音	0.87	0.74	0.486	0.517	
	高音	0.84	0.89	0.469	0.622	

续表

CT 号		5 mm	10 mm	5 mm 处与平静比值	10 mm 处与平静比值
1008 昆曲	平静	1.91	2.22		
	低音	0.82	0.73	0.429	0.329
	高音	1.34	0.97	0.702	0.437
1006 美声 男高音	平静	1.81	1.76		
	低音	2.21	1.1	1.221	0.625
	高音	3.12	2	1.724	1.136
1005 美声 男中音	平静	1.21	1.38		
	低音	2.4	2.19	1.983	1.587
	高音	3.13	2.07	2.587	1.5
1001 美声 女中音	平静	2.19	2.09		
	低音	1.98	1.89	0.904	0.904
	高音	2.14	1.95	0.977	0.933
1003 民族 男高音	平静	2.56	2.7		
	低音	2.64	2.87	1.031	1.063
	高音	2.79	2.49	1.09	0.922
1007 美声 女高音	平静	2.05	1.63		
	低音	2.22	2.1	1.083	1.288
	高音	2.03	1.8	0.99	1.104
1009 民族 女高音	平静	1.43	1.78		
	低音	1.74	1.72	1.217	0.966
	高音	1.23	0.95	0.86	0.534

注:以上实验对象为严圣民(男高音)、宋晓花(女中音)、刘雅旭(女高音)、叶勇(男中音)、吴婷婷(民族女高音)、王滨梅(越剧花旦)、廖琪英(越剧小生)、张侃侃(昆曲青衣)、高宇(民族男高音)。

五、对实验结果的分析与总结

根据以上实验数据可以发现,发声过程中气流冲过声带时在喉腔形成基音,歌手的长期专业训练已然形成了喉腔的固定变化,对于不同歌唱类型,其自身专业唱法稳定,致使形成不同的唱法特点。

①美声唱法喉腔的扩大比其他任何类型唱法都充分,因此其低频丰富,声音洪亮、浑厚,高频极具穿透力,音色辉煌。

②越剧唱法发声时由于咽腔动态不够大,因此声音轻柔、细腻、婉转而响度不足。

③昆曲唱法发声时中声区咽腔不够扩张,因此共鸣不足,但是高音区动态下显示其咽腔扩大明显,致使这一区域音色富有响度及穿透性。

④最早由戏曲唱法发展演变而来的民族唱法,近年来由于受美声发声体系的影响,尤其在专业艺术院校的基础发声训练过程中已借鉴了许多美声唱法的技术,因此其声音音质具有类似美声唱法的共鸣特征。然而,由于它毕竟是由戏曲唱法演变而来的,对于声音的审美要求又或多或少地保留着戏曲唱法的一些特征,因此民族唱法发声状态下的 CT 摄影显示,其喉腔状态的改变既接近于美声唱法,又接近于戏曲唱法。

另外,我们发现不同唱法歌手的喉腔变化在 e1、e2 音区发声时喉腔的变化趋向一致。虽然任何一种唱法都有其自身对音色的审美追求,不应强行要求其都与美声唱法的发声体系一致。但是,无论是戏曲的唱腔还是歌剧的演唱,听众最先感受到的是歌唱的音色,优美而富有穿透力的歌声将能够迅速地把听众带入音乐的情境,从而引起他们的共鸣。反过来说,即使再复杂、再戏剧性强烈的音乐,如果演唱者的音色暗淡无光,使听众没有了聆听或者被感染的欲望,那么一切都是徒劳。况且对任何一位听众来说,音乐的功效恐怕要比音乐的表面复杂性或简单性重要得多。⑨ 我国戏曲唱腔经历了几百年的发展变化,在几代艺术家的不懈追求和探索之下也具有其自身独特的科学发声技法。如我国著名京剧表演艺术家梅兰芳的音色音质脆、亮、甜、润、宽、圆均具备,而作为一个男旦演员最难得的是嗓音又甜又亮,其自成一派的"梅派"唱腔就有着醇厚流丽的特点。⑩ 因此,民族及戏曲唱法的优秀歌手的嗓音中具备美声唱法的歌手共振峰特性也是必然的。笔者曾通过 CD 唱片对罗西尼时期以前的美声唱法进行声谱分析后发现,那时的美声唱法在高音区发声时,可能也用了喉结往上跑的办法,因为声谱显示其低频泛音较弱,高频泛音也普遍不足。虽然声音很干净,但是越往高音唱声线就越窄、越细,穿透力不足。可见,美声唱法要求在歌唱过程中降低喉头位置以获得丰满的高频泛音与低频泛音的技术,也不是自美声唱法产生时就同时具备的,这一歌唱技巧的得来是在前人长时期的实践中逐渐摸索得到的。歌手共振峰是美声、民族、戏曲唱法优秀嗓音的共同特征,获得了歌手共振峰,当然也就找到了嗓音中最优美的音色。我们研究不同类型唱法歌手共振峰的目的并非是为了强行要求各种不同唱法都去追随符合美声唱法的歌手共振峰标准,而是要以美声唱法歌手共振峰为标尺,去发现民族和戏曲唱法中优秀嗓音自身的歌手共振峰特点。因此,笔者认为:无论是美声还是民族、戏曲唱法歌手的歌声训练,如果在早期就关注其歌手共振峰的形成,那么对良好歌唱嗓音机制的发展将会更加具有针对性,从而缩短专业歌唱演员的培养周期,便于多出人才,出好人才。

一直以来,我国音乐及戏曲院校、专业艺术团体对歌手音质的评价主要是以经验主义的主观判断为主,但是从科学的角度看,个体差异对歌声音色的感知是不同的,它涉及心理学、美学、史学的范畴。因此,用于评价歌唱嗓音音质优劣的标准,单凭人的听觉经验和心智进行主观的判断是远远不够的,还应当从科学的角度加以参照。而

⑨ [英]约翰·布莱金.人的音乐性[M].马英珺,译.北京:人民音乐出版社,2007:76.

⑩ 徐城北.中国京剧[M].北京:五洲传播出版社,2003:82-83.

且,声乐这一独特的音乐形式由于是以人的身体作为乐器表现的,歌手在演唱时无法直接观察歌唱器官的调节状况,只能通过对声音和神经系统的感知进行控制。况且,由于歌手对自身嗓音的感知主要是通过内耳知觉实现的,主观性较强。有时,演唱者的技术能力也会对其音色的感知产生影响。[11] 从声音传输的声学理论上来说,声音经由空气的传递到达人耳和直接以内耳听到的声音效果是具有一定差异性的。因此笔者认为,科学而客观地辨别和发展美声、民族及戏曲唱法专业歌手嗓音音色的必经途径,就是阶段性地对其音色进行声谱跟踪。这种通过对歌声进行频谱截取分析的方法,将抽象的声音模式转换成了直观的图形模式,从而实现了声音的直观化,这无疑对歌手音色的发展和评价具有客观性和科学性。

著名的歌手卡鲁索的喉科医生马拉费奥蒂曾检查和研究过他那个时代大都会歌剧院很多歌手的嗓音器官。他的发现是:大多数歌剧歌手的声带与普通非歌手的声带在结构与生理上并无明显不同。所以可以认为,伟大的歌唱才华并不全是由天赋和独特的发音器官所决定的,实际上,后天的科学训练才是成就一个伟大歌手的根本。

因此,关注美声、民族及戏曲等不同唱法歌唱演员的嗓音声谱特性,让其对自身喉腔机理变化有一个科学的了解和认识,是造就歌唱演员优美音质的重要途径之一。

作者附言:本文为中华人民共和国文化部国家青年基金课题(05CD076)的结题论文。本课题声谱采集实验及螺旋 CT 测定不同类型唱法歌手的喉腔 X 摄影实验,分别得到浙江大学物理分析测试中心池万刚教授及浙江省中医院丁国苗、程志刚医师的大力协助,特此致谢!

---

⑪　韩宝强.音的历程——现代音乐声学导论[M].北京:中国文联出版社,2003:66.

京剧青衣"梅""程"二派在唱法上的同与异①②

李海涓

京剧是我国最具代表性的戏曲剧种,其演唱艺术征服了国人 200 余年至今不衰,从各行当、各流派到各自声腔的运用,都形成了一套从气息到发声、从咬字到行腔的科学训练的唱法规范,其特点概括如下:①在嗓音的训练上均要求具备响、甜、脆、亮、水、美的金属般的音色成分,善于用气息的调节以及共鸣与真假声的灵活运用来达到对声音的控制;②将"字正腔圆"与"以字带声,字声结合,以声传情,声情并茂"作为演唱时的重要美学追求,形成唱法上"以字行腔"的咬字吐字原则;③重视演唱结果的韵味美,注重唱"字"与唱"情"的结合。

梅兰芳(1894—1961)和程砚秋(1904—1958)是中国京剧史上具有鲜明艺术特征,在演唱方面成就卓越的两位艺术家,都主攻青衣。二人在前辈演唱的基础上,根据自己的艺术个性,经过自身独特的创造,形成了具有独特风格、较为完备的演唱体系,创立了京剧青衣行当中的两大流派,世称"梅派"与"程派",对京剧唱法的建立与发展作出了巨大的贡献。在唱法上,他们既统一于京剧青衣演唱的音色规范之下,有着共同的声音追求,又各具演唱特色,艺术特征明显。本文将从声乐演唱的技法角度来谈谈"梅""程"青衣二派在唱法上的同与异。

---

① 本文发表于《浙江艺术职业学院学报》,2013 年第 1 期。
② 本文系浙江省教育厅 2011 年度科研项目"美声女高音与京剧青衣两种唱法的互相借鉴"成果之一。

一、"梅""程"二派在唱法上的"同"

青衣是京剧里的主要行当,通常在京剧中担任主角,与其他各行当相比,它的特点是以唱功见长,主要扮演庄重的青年或中年妇女,大多数是贤妻良母,或者是贞节烈女之类的人物。为了准确地表达这类人物的鲜明特征,与其他行当相区别,青衣在声音要求上具有共同的美学标准,在具体的演唱技法方面即人声歌唱的呼吸、发声、共鸣和语言等基本要素[1]上存在着诸多共性。下面我们就先来分析下"梅""程"二派在唱法上的"同"。

(一)在呼吸用气方面

青衣行当以唱功为主,因此动作幅度比较小,行动比较稳重。所以,二派都非常讲究用丹田气托着唱,反对气浮上胸,着力点不在胸腔,而在小腹。

(二)在发声方面

青衣行当为了贴切地表现青年女子的艺术形象,选用以小嗓(假嗓)为主,大嗓(真嗓)为辅,即以假声成分多、真声成分少的混合声进行演唱,故"梅""程"二派的演唱都采用假声为主的混声。两者为了使真假嗓的声音听起来自然、优美、统一,都掌握了在歌唱中高、中、低音衔接无痕、腔圆动听的"音堂相聚"的方法,认识到在高低声区上必须消除歌唱发声时真假嗓方式转换时的痕迹,无论高低音,都能圆顺,行腔连贯、流畅。

(三)在共鸣方面

笔者认为,"梅""程"二派都是较多地用到了口咽腔与头腔部分的共鸣。因为人的共鸣体一般可分胸腔、口腔、鼻腔、头腔,在这些共鸣腔体中,不同共鸣器官使用上的具体差别,都会造成声音上的相应差异。比如,头腔共鸣器官对高音的发声有利,有利于高泛音的形成,因此,就会导致高音发声的明亮、高亢、悠扬的特点;反之,胸腔共鸣器官就有利于中、低音的发声,对低泛音的生成有利,因此,就会造成低音浑厚、浓郁、丰满的音色特点;而口咽共鸣器官介于二者之间,泛音则相对丰富,可以兼顾高、低泛音,因此,音色就比较明朗、实在、饱满。"梅""程"二派的演唱,在基本发声上用的都是以假声为主的混声歌唱,高泛音较多,音色又饱满,因此,二派都是较多地用到了口咽腔与头腔部分的共鸣。

(四)在语言方面

"以字行腔"是京剧演唱的重要原则。"梅""程"二派的唱腔严格地遵循这个原则,形成各自完美的唱腔特色。他们在唱法上都要求字字唱真、收清、送足,每个字的"字头、字腹、字尾"都是非常重要的,吐字不能虎头蛇尾,也不能吃字。字的五音四呼,开齐合撮,都必须掌握好。每个字都要归韵,一定要把每个字收尾收好,这样每个字听着才会饱满。

二、"梅""程"二派在演唱上的"异"

京剧中的流派是京剧舞台上以主要演员的艺术个性和独特创造为导向形成的艺术潮流和学派。"梅派"演唱的总体风格雍容大方、典雅清新,善于表现善良、温柔、华贵、典雅而具有正义感的古代妇女形象人物;"程派"演唱的总体风格深邃精密,善于塑造遭遇悲惨、具有外柔内刚性格的中下层妇女。这两种不同演唱风格的形成主要有以下两点原因。

第一,两大流派创始人客观上的嗓音条件与艺术经历方面存在较大差异。梅兰芳出身于京剧世家,音色甜美、脆亮而柔和。在唱法上,他广泛吸收前面各派青衣演唱所长,所学极广,青衣戏主要师承吴菱仙、陈德霖。启蒙老师吴菱仙是著名青衣名家时小福的得意弟子,在早期的演唱中吸收了时小福的许多优点,其演唱声调激昂、喷口有力,唱法刚劲。陈德霖的唱法接近时小福,嗓音圆润、气力充沛,唱来高亢嘹亮,以刚劲为特点,虽音色纤细,但旋律非常优美。前辈艺术家的成就及其影响,与"梅派"唱法的形成有着密切的关系。梅兰芳十分尊重传统,在他各个时期的演唱都渗透了前辈留下的精华。而程砚秋幼时嗓音极佳,所学也十分广博,师承荣蝶仙、陈啸云等,继又拜梅兰芳、王瑶卿为师。后却因变声期过度用嗓而使嗓音受损,音色因而偏暗并稍虚。王瑶卿针对程砚秋如何运用其本人的嗓音进行演唱及如何进行唱腔音乐设计方面给予了正确的指导,鼓励并支持他要有所创新。1932—1933 年,程砚秋又赴法国、德国、意大利及瑞士四国考察欧洲歌剧、戏剧和音乐,他在演唱中借鉴了许多西方音乐的东西。

第二,二派在主观追求上存在差异。梅兰芳的演唱是将个人特点与京剧青衣唱法的共性几乎融为一体,梅兰芳主张"移步"而"不换形"的观念,即在对各项艺术手段进行发展的同时,不影响、不干扰京剧艺术的内在要求与精神。梅兰芳曾经说过:"因为京剧是一种古典艺术,有它千百年的传统,因此我们修改起来也就更要慎重,改要改得天衣无缝,让大家看不出一点痕迹来,不然的话,就一定会生硬、勉强,这样,它所得到的效果也就变小了。"[2]在对前人唱法成就和规范的继承与创新的关系上,梅兰芳朝着创新是为了更好地继承的方向思考和实践。而程砚秋则因变声期嗓音受损,与梅兰芳所代表的京剧青衣的音色规范相去甚远。程砚秋意识到,要在京剧舞台上成功扮演青衣的角色,就必须闯出一条与众不同而又能被观众承认的演唱道路,于是他通过苦练,设计出适合自身条件的唱法,后又有对西方音乐的吸收与借鉴的思索,形成了自成一格的演唱方法,创立了不同于传统京剧青衣的"程派"唱法,程砚秋在青衣唱法上是个有较强个性的创新者。

根据以上原因,笔者认为二者在具体唱法上的差异如下。

(一)呼吸

人声在呼吸时气流在出和进之间的调节和控制,我们称为气息控制。二派虽都讲究以气托腔,但在对气息进行控制时的使用力度是不同的。程派的演唱在润腔时音量收放对比特别鲜明,这是因为"程派"是倚仗着气息的稳定将音量收、放到极强或极弱的范围内,一口气下来,该轻的地方轻,即使最细的地方也有力量,演唱力度多变化。而"梅派"在气息控制上的运气原则是"欲以气胜之,必整体完整",讲究气息的贯通,不一味地追求声音上的高亢,在力度上表达含蓄,音量内收。

然而,在碰到气口时,程砚秋的做法是:如果需要吸足,就一定要把前面的一口气用力推出去,这样才换得进来,也才能换得饱满;换气以前,必须将气都压出,这样才能吸得进来,也才能吸得饱满。在处理气口时,呼吸的"吸"与"呼"之间所用到的力量较大,故而形成"程派"独有的抑扬顿挫、收放吞吐的唱法风格。程砚秋曾说:"无论唱或作,都要有刚有柔,有阴有阳,要顿挫适宜,缓急适当而不落于平庸。……没有轻重,没有抑扬顿挫,平铺直叙一直响到底就不容易打动观众。"[3]与"程派"相比,"梅派"讲究唱戏要心平气和,强调的是自然沉气的状态,在碰到气口时自然、平稳地换气,更讲究乐句的连贯性,呼吸的"吸"与"呼"之间所用到的力量相较"程派"要小。如梅兰芳在晚年唱《穆桂英挂帅》时,他的唱在用气上的提沉之感几乎没有痕迹,故听来十分沉稳。

(二)发声

前面提到,二派在发声的状态上都使用混声来演唱,且声区统一,但两者在具体做法上却差异较大。有评论认为:"程砚秋并不是违背自身的条件,单纯去追求'圆润悦耳'的音色,而是扬优藏拙发挥自己的特点,追求'变化自如'地将激情融贯在演唱中,赋予声音以各种不同的色彩。"[4]笔者同意此观点。程砚秋的演唱是使用"立音"的方式将声音竖立起来,使发音结实、宽厚、圆润,上下贯通,更便于自如地运转。在中音区,他保持假声音色控制的柔和音色,在发较高及较低的音时,为避免发声的不稳定,以一种声带略欠闭合的状态来引领高音和较低的音,在高音状态稳定后,以较好的呼吸支持,发出挺拔、有力的高音,形成的音色结果是幽咽婉转、吞吐有致,声区间的音色变化较大,有虚有实。而梅兰芳本身就具备甜美、脆亮的音色特点,他在达到声区统一时得到气息的贯通、共鸣腔体的打开等技术上的支持时遇到的困难应不算大,所以他在获得声区统一时,各声区间的音色变化也是不大的。

(三)共鸣

"梅""程"二派在共鸣上都较多地用到了口咽腔与头腔部分的共鸣,但在具体的使用上有所差别。声学原理告诉我们,通过音箱的作用,可以产生不同的声音效果。音箱越小,产生的音色越明亮;音箱越大,声音就会越低沉、浑厚,形成闷暗的音色。"程派"主张打开一定的口腔开度来演唱,这种口腔的打开主要是指打开口腔的内空,即口咽腔的后面部分。程砚秋认为:"口不张、牙不张,音就不能出来,用功时嘴形可开得大些。"[5]所以,形成其音色偏暗,但却幽咽婉转、吞吐有致的演唱风格。而"梅派"演唱时的口腔开度没有"程派"演唱那样大,就如同一个"小音箱",所以,音箱效应也就相对小、窄、浅,演唱时让声音位置保持在口咽腔的前面部位,以靠前的共鸣,取得圆润、宽甜、明亮的嗓音。"脑后音"是京剧里唱高音的一种技巧,较多使用口咽腔后部及头腔的共鸣,因此我们经常会在程砚秋的演唱中听到这种技巧,如对《春闺梦》[南梆子](例1)中"被纠缠"的"纠缠"二字的演唱以及《荒山泪》[西皮慢板](例2)中"声声送听"的"听"字的演唱等。

【例1】《春闺梦》

被　　　纠　　　缠

【例2】《荒山泪》

声　　　声　　　送

听

关于"梅""程"二派的共鸣,也有很多研究者提出"程派"较多地使用了胸腔共鸣,如卢文勤认为,"程善使脑后音,胸腔共鸣极好"[6]。张丽民认为:"程派则侧重头腔、口腔、胸腔,所以他的音色具有一定的厚度和凝重感。"[6]美国的声乐学者伊丽莎白·魏莉莎认为:"程派的声音位置比梅派靠后一些,它还用了脑后音和喷口发音,并借助胸腔共鸣强化音色效果。"[7]关于这一点,笔者认为:"程派"在声区统一的条件下,在高低音区的音色上是有变化的,所以在共鸣腔体的使用上也是有变化的,在低音区的演唱上他们还会出现一些喉音的运用,这跟他们胸腔共鸣的使用有关。因为胸腔共鸣有助于喉头稳定,避免气息上涌冲击声带,但是"程派"在高中音区的音色仍以头腔和口咽腔为主。由此,才形成"程派"声音的状态统一但音色变化较多的特点。

所以,笔者总结,"梅""程"二派在共鸣运用上的另一区别是:"程派"在共鸣运用中位置变化较多,"程派"由于容易发出脑后音,在演唱时有效地利用了这一点,以良好的呼吸支持,在演唱中适当运用共鸣前后上下各位置的变化来形成"程派"的特有音色。所以,"程派"青衣的声音常被人形容成"幽咽回环""深邃曲折""吞吐有致"等。而"梅派"在共鸣运用中的位置是比较统一的,"梅派"能把所有的字音都保持在一个最大限度的共鸣位置上,京剧行内人称"'梅派'共鸣使各种不同类型的字,都能似莺声一样滴溜滚圆"[8]。

(四)语言

第一,二派对字音与唱腔旋律的结合有着不同的处理。"梅派"演唱的咬字在京剧"以字行腔"的大原则下,十分注意在音乐进行时不"以字害腔",即不因字音的原因而影响唱腔旋律的流畅性。如梅兰芳《霸王别姬》[南梆子原板](例3)中演唱"口声声露出了离散之心"这句词时,此"心"字出口,它的唱腔旋律唱"mi"音,按照字音来说,这是倒字的,但梅兰芳在唱腔旋律上的处理是随即上行到"sol"音,这样便使字音归正了,这是采用"先倒后正"的手法。所以,"梅派"唱法的这种"字腔兼顾"的做法,使旋律自然、流畅,避免了为保证字音的准确,使旋律拐弯抹角而显得迁就与勉强。

【例3】　《霸王别姬》虞姬唱

之　　　心

"程派"也是严格地遵循"以字行腔"的演唱原则,但他们不因旋律的进行而影响字音的正确表达。程派唱腔旋律的一大特点就是明辨四声,"程派"安排旋律的规律可总结为(见表1):

表1　　　　　　　**"程派"安排旋律的规律**

阴平字	由高起落低
阳平字	由低往高
上声	平而上滑
去声	直而远稍往下带

在传统戏《二进宫》[二黄慢板](例4)"天地泰日月光秋高气爽"一句中"天""光""秋""高"等阴平字,程砚秋均将其改成高唱,把"地"这样的去声字则改为低唱。

【例4】　《二进宫》李艳妃唱

天　　地(地)泰　　　　日　月　光

(过门)　　　　　　　　　秋　　高　　气　　　爽

第二,"梅派"咬字时口腔内部活动较多,而"程派"咬字时嘴皮力度大,口腔外部的动作多。梅兰芳说过:"唱戏咬字发声要注意口腔内部的活动。""梅派"要求演唱时口形小,但口腔内部开阔,注意口腔内部的活动。因此,"梅派"在演唱时,字头的口腔动作不做刻意的强调,字头咬着的时间也不做夸张性的延长,从字头到字腹的过渡放得早,自然流畅,但进入字腹的演唱时口腔的内部开阔。而"程派"咬字

245

时的力度变化多,时常将咬字过程用嘴皮的动作进行明确展示。程砚秋的弟子刘迎秋讲到程砚秋的演唱好,形容他"含茹于口,两唇似颤"[9]。"程派"演唱时,字头的口腔动作有一定的力度要求,字头的咬放时间需作延长。如"程派"在演唱《龙凤呈祥》[西皮慢板](例5)中的"王"字时,就要双唇稍使劲成阻,在 w 音的持阻时间要长一些,再慢慢打开双唇。而"梅派"演唱《霸王别姬》[南梆子](例6)中的"王"字时,在声母"w"出口时,上下唇稍许加重一点力度,随即就吐出了 w(乌)音。

【例5】　《龙凤呈祥》孙尚香唱

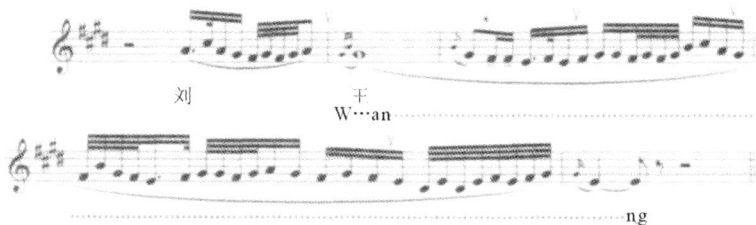

【例6】　《霸王别姬》虞姬唱

第三,两者对于字尾收音上的力度不同。"梅派"在每个字的韵尾收音时,都是采用对每个字韵尾的字音与口腔动作不作刻意强调,使字音收束产生一种气息往下落、声音往下滑,在咬字上很流畅,没有停顿感的特点。如"怀来"的"怀"(huai)字,最后收音时应呈现"i"音口型,但不是发出"i"(衣)这样清晰的声音。"梅派"的字尾收音整体显示出力度适中、自然大方的风格特征。"程派"演唱字尾的收音,与"梅派"演唱字尾时要求的柔滑收音的方法是有区别的:"程派"在收音时要求提拎着足够的气息,不让气、声往下落,字尾仍须提气,归韵收声,这样唱比把一个字同时一下子唱出来要费力得多。所以,"程派"演唱时字尾收音的力度比"梅派"收音大,有一种停顿的棱角感与收束感。正如程砚秋所讲:"尾音不能唱浊,唱浊了就笨而无韵味。""要注意字,把字唱好才能有韵味,特别是一句中最后的一点尾音,对唱有很大的影响。尾音的气一定要足,音的位置要保持好,不要以为唱到最后了,就漫不经心地让音掉了下来。"

三、结语

京剧各行当唱法的艺术魅力与技术水准在世界上独树一帜,堪称演唱中华民族音乐的典范之一,故认真研究京剧演唱艺术不仅对我国戏曲声乐艺术有进一步的认知,并予以弘扬的意义,还会对我国目前各种唱法的声乐学习者们有着很好的借鉴作用。虽然我国的京剧界已形成一套行之有效的传授演唱艺术的教学传统,但对其唱法的理论研究却尚未系统开展。笔者是一名中国声乐演唱教学工作者,在本文中从声乐演唱的技法角度探讨了京剧青衣行当中的"梅派"与"程派"在唱法上的同与异,从歌唱技法的呼吸、发声、共鸣、语言等方面对"梅""程"二派的唱进行了较详细的比较与论述。其目的只有一个,即对我国的京剧各流派唱法,得以更科学、更系统、更全面的研究,但所述难免浅薄,唯望能给京剧声乐乃至民族声乐研究工作起到抛砖引玉的作用,望得到专家学者的指正。

参考文献

[1] 刘志,李海涓.京剧唱法之青衣与美声唱法之女高音在唱法上的比较[J].浙江艺术职业学院学报,2007,5(3):41-50.

[2] 刘彦君.梅兰芳传[M].石家庄:河北教育出版社,1996.

[3] 程砚秋.谈戏曲演唱[J].戏剧报,1957(6):25.

[4] 张丽民.试论程砚秋的唱腔特色[J].中央音乐学院学报,1990(4):59-66.

[5] 田汉.程砚秋的舞台艺术[M].北京:中国戏剧出版社,1959.

[6] 卢文勤.京剧声乐研究[M].上海:上海文艺出版社,1984.

[7] 伊丽莎白·魏莉莎.听戏——京剧的声音天地[M].耿红梅,译.上海:上海音乐学院出版社,2008.

[8] 梅兰芳.梅兰芳文集[M].北京:中国戏剧出版社,1962.

[9] 北京市政协文史资料委员会.京剧谈往录[M].北京:北京出版社,1985.

卷四・济贫

论笛子循环换气呼吸技法①

王 彦

笛子循环换气呼吸技法是一种特殊的运气技巧和方法,它产生和发展的历史并不长,其产生是缘于人在吹奏笛子时,人体所具备的自然气息对吹奏所造成的限制。

与别的乐器相比,笛子这种乐器在演奏中所相关联的人体器官比较多,其他乐器的演奏,仅仅是运用手指的功能;而笛子演奏不仅运用手指的功能,还需运用体内器官所产生的气和舌的功能。于是,在具体技巧的表演中,根据乐曲内容的需要,视使用器官的不同,会产生两种不同的形式——气、指功能所表演的形式与气、指、舌功能所表演的形式。前者在气的运用上具体表现为连贯或连续的长音,后者在气的运用上具体表现为连贯或连续的短音——吐音或花舌。气是吹奏笛子的前提条件,无论是长音还是短音,气息对笛子吹奏都存在着制约。

笛子是以气息作为动力发出音响的乐器。由于人的生理结构的关系,笛子演奏者在吹奏过程中,受气息时长的限制不可能随心所欲地运用气息进行演奏,从而使这种人们喜闻乐见的吹管乐器,在技巧运用及表现力方面都受到了很大的限制,因此,冲破(克服)这种气息限制成了笛子演奏者渴望解决的一个重要课题。

20世纪50年代,著名笛子演奏家赵松庭先生借鉴唢呐吹奏技巧上的长音循环换气呼吸方法,将其成功地应用到笛子吹奏上,解决了

---

① 本文发表于《浙江艺术职业学院学报》,2005年第3期。

笛子吹奏特长音的困难,使笛子的表现力得到了解放,从而推动了笛子演奏技巧的发展。在这以后,经赵松庭先生不断地实践和传授,长音循环换气呼吸技法在笛子演奏中已得到普遍的应用。

本文就笛子循环换气呼吸技法的原理及过程,结合人的生理呼吸及器官的动作功能,对"气"在笛子吹奏过程中的应用,进行了系统、深入的论述,从而揭示笛子循环换气呼吸技法的抽象内涵,帮助笛子爱好者正确地掌握笛子循环换气呼吸技法,以达到推而广之的目的,进而全面掌握长音和吐音两种不同的循环换气呼吸技法并能将其运用于实际演奏中。

一、循环换气呼吸技法的概念、特点、作用和种类

(一)概念

说到循环换气,人们会产生这样的疑问,这到底是怎样一种技巧和方法。所谓循环换气呼吸技法,具体地讲是指在笛子吹奏过程中,一边不停地吹奏,一边呼气,在声音不中断的情况下,使气息得到补充而超常地延长,以达到吹奏特长旋律或特长效果的一种演奏技巧和方法。

(二)特点

循环换气呼吸技法有五个显著的特点:

①它是用口和鼻分别承担呼气与吸气功能的一种演奏技巧和呼吸方法。

②它是口呼鼻吸同时进行功能动作的一种演奏技巧和呼吸方法。

③它是违反人的生理结构和呼吸规律的一种演奏技巧和呼吸方法。

④它能产生超常规的、不间断的长音效果。

⑤一边吹奏一边吸气是笛子演奏中的一种高难度的演奏技巧和呼吸方法。

(三)作用

笛子循环换气呼吸技法在舞台演出中可以极大地丰富和提高笛子演奏的音乐表现力,从而能更好地表现乐曲的思想内容和所描写的情感,同时以显示高超演奏技巧的炫技,给人留下深刻的印象。

(四)种类

笛子循环换气呼吸技法按表现形式的不同可分为长音循环换气和吐音循环换气两种演奏技巧和呼吸方法。

循环换气是笛子演奏中的一种呼吸方法,它的运用涉及人体的许多呼吸器官,因为其属于笛子演奏中"气"的技法,它不能离开人体器官的自然功能而存在。因此,在论述循环换气基本原理时,很有必要先认识和了解与之有关的人的生理呼吸及笛子的吹奏呼吸。

二、人的生理呼吸

人的呼吸是与生俱来的一种生理功能。人维持生命的呼和吸是一个相互矛盾的统一体,有吸必有呼,有呼必有吸,光吸不呼不行,光呼不吸也不行。呼与吸的这对矛盾的运动,一直要延续到人生命的终结。

(一)呼吸与呼吸运动

人为了维持生命需要不断从外界摄取氧,在消耗氧的过程中产生的二氧化碳气体需要及时排出体外,这种机体与外界环境之间进行的气体交换总称为呼吸。而把外界空气摄入到肺脏的过程称为吸气,把体内废气排出体外的过程称为呼气。

呼吸是一种运动,它是由肋骨、胸骨及附着的肌肉和膈肌所组成的呼吸肌有节奏、有规律地收缩(缩小)与舒张(扩大)而形成的。当吸气时,肋骨向上移位,下缘略向外侧偏转,从而使胸腔的左右径增大;当呼气时,肋骨下移向前偏斜,使胸腔的前后、左右径缩小。

在呼吸运动过程中,肋骨、胸骨和膈的运动是协同的。主要由肋骨和胸骨运动产生的呼吸运动称为胸式呼吸,主要由膈肌舒缩引起的呼吸运动则称为腹式呼吸。在正常的情况下,这两种形式可以同时存在。

(二)呼吸系统与呼吸器官

整个呼吸运动的过程是由人体各相关器官协作而完成的。这些器官组成了一个呼吸系统,它由肺和呼吸道两部分组成。肺是呼吸气体交换的场所,习惯上称为呼吸器官;呼吸道是气体进出肺的通道,由鼻、咽、喉、气管、支气管及其分支组成。

虽然肺是呼吸器官,但气体进出肺的推动力却是由各部分器官之间的压力变化产生的压力差所形成的。当吸气肌收缩,肋骨、胸骨上抬,膈肌下降,胸腔容积变大,肺内的压力低于大气压,气体就进入肺部。当吸气肌松弛,胸廓被动回缩,膈肌上升,肺内压力高于大气压,肺内的气体就排出。呼吸过程中,肺内压力变化的大小,根据呼吸的急缓、深浅和气道的通畅程度而定。在吹笛子时,呼出的气流受到阻碍,肺内的压力会上升得很高。

(三)呼吸运动对笛子吹奏的影响

呼吸运动的频率和深度是随着机体活动的改变而变化的。在安静状态下的呼吸称为平静呼吸,机体活动时的呼吸称为用力呼吸或深呼吸。笛子吹奏中采用的是用力呼吸方式,因为只有用力呼吸才能使气吸得多,这是吹奏笛子的需要。平静呼吸时气息量吸得少,这种呼吸方式不适合笛子的吹奏。

在平静呼吸过程中,吸气动作是主动的,呼气动作是被动的。在用力呼吸过程中,不仅吸气动作是主动的,呼气动作也是主动的。吹奏笛子属于用力呼吸,因此呼与吸都是主动的。

呼吸运动可以是一种不随意的运动,如平静呼吸;呼吸运动在一定限度内也可以是一种随意的运动——呼吸的频率、深度可以受人主观意志的控制。对照这一理论,可以断定笛子在吹奏时对呼吸的控制是随意的,但这种随意呼吸是有一定限度的。吹笛子时屏气不能过长,这是因为呼吸运动有其自己的节律性,这是由人的生理结构所决定的。

在呼吸运动中,膈肌的舒缩活动起着重要的作用。膈肌状如钟罩,位于胸腔与腹腔之间,成为胸腔的底壁,由于胸腔内的负压和腹腔器官的推挤,膈肌向上隆起。当吸气时,膈肌收缩,隆起部分向下移位,向腹部下降,从而增大了胸腔上下径距离,扩大了胸腔的容积,这时,由于腹腔内的器官受到压迫而使腹部鼓气;呼气时,膈肌舒张,向上升高,缩短了胸腔上下径距离,使胸腔容积缩小,这时,腹腔内的器官也随之恢复原位。平静吸气时,膈肌向下移位 1～3 cm;用力吸气时,膈肌向下移位可达 7～10 cm,腹内气息也就装得多。了解了膈肌在呼吸中的作用,对我们在笛子吹奏中选择正确、科学的呼吸方法有着重要的启示。

三、笛子的吹奏呼吸

笛子是吹管乐器,与其他乐器(如弹拨乐器、拉弦乐器等)的最大不同之处在于它是以气息作为动力来发声的。笛子上所有演奏技巧的表现都与气有着密不可分的关系,笛子有声必有气,有气才有声。因此,气是笛子吹奏中表现各种演奏技巧的基础。

人人都会呼吸,但笛子吹奏中的呼吸与人在生活中维持生命所进行的呼吸是不一样的。它比生活中的呼吸变化要多,也更讲究,不是每个人都能掌握的,所以说它是一种方法。

所谓吹笛子,就是将体内的气呼出去并以此为动力使笛子发出声音。要将气吹出,体内先要有气,而不断地吹出,就需要不断地得到气的补充,这样才能使体内有足够吹响笛子的气息量。这体内所需的气息来源于体外,它是不能由人体自身来制造产生的。体外的气息通过人体的有关器官的吸气动作进入体内,然后由人体有关器官进行转换再将气吹出。笛子吹奏中的这种呼吸运动称为笛子吹奏呼吸。

"呼吸"这个词其实包含了两种不同的形式,即呼气与吸气。两者的目的和作用是不相同的,吸的目的是为了摄取人的生命体所需要的养分,呼的目的是为了排出人的生命体中不需要的二氧化碳。而笛子吹奏,除了以上的目的和作用外还有另外的一个目的和作用,那就是:吸,是为了提供更多的气息来源;呼,是为了吹响笛子。因此,如果说人的生理呼吸是一种本能的话,那么笛子的吹奏呼吸则是一种技能。特别是在吸气方面,相比呼气更为复杂,因为在一定程度上吸气方法影响并决定着呼气方法的运用。

四、笛子吹奏呼吸的种类

根据人生理呼吸中器官功能动作的不同,吹奏呼吸可分为以下四种形式。

(一)胸式吹奏呼吸法

所谓胸式吹奏呼吸法,是指以肋骨和胸骨运动来扩大或缩小胸腔空间所进行的一种呼吸动作和方式。呼吸时由于胸部起伏,故称为胸式呼吸。这种呼吸方法在吸气时,腹部不动或稍微内收,通过肺的功能将气吸到胸部,致使两肋及胸腔空间增大。

在人类中,女性一般都是胸式呼吸,这是因为女性的身体力量相对较弱,所吸的气息量能满足女性体力所消耗的氧。另外,人在激烈运动时也会被迫采用这种呼吸方法,如在快速跑步时,因为来不及深呼吸,只能采用频率较快的浅呼吸办法来补充所消耗的氧。这种呼吸方法,由于吸气时腹部基本没有运动,横膈膜保持原位,因此吸气深度不够,气吸得较少,难以满足吹奏笛子的需要,在吹奏时极易产生疲劳甚至头晕,并且明显感到气不足而不能持久。另外,由于这种方法的呼吸动作是在胸廓部位进行的,因此在笛子吹奏吸气时容易产生耸肩的现象。采用这种呼吸方法的一般都是还不懂得笛子吹奏呼吸原理的初学者。

呼吸时是否耸肩是区别胸式呼吸方法与其他呼吸方法的外在标准,其内在的结果也是不同的。若不耸肩,所吸入的空气必然向下流进腹腔(只是深度不同而已),再由腹部的扩张到胸部的扩张,空气的吸入量相对就大。若耸肩,所吸入的空气必然向上浮而停留在胸腔内,空气的吸入量相对就小。因此,胸式吹奏呼吸法不适用于笛子吹奏而不被笛子吹奏者所采用。

(二)腹式吹奏呼吸法

所谓腹式吹奏呼吸法,是指以膈肌的上下运动来扩大或缩小腹腔空间所进行的一种呼吸动作和方式。呼吸时,由于腹壁起伏故称为腹式呼吸。

这种呼吸方法主要依靠横膈膜的作用,吸气时横膈膜下降,扩大胸腔及上腹间的容积以增加气息量;呼气时横膈膜上升,将气排出。

这种呼吸的动作范围,主要是胸廓以下与上腹部之间,胸部和下腹部基本上不动。呼吸时,腰部以上周围肌肉舒张、收缩,导致上腹一起一伏。

这种呼吸在人的生理呼吸中属于平静呼吸,虽然呼吸时上腹容积比胸式呼吸有所增大,但仍然有局限性,呼吸的气息量还不够大,虽可以满足一般的笛子吹奏,但不能满足需气量要求高的笛子乐曲的吹奏。

(三)胸腹式吹奏呼吸法

所谓胸腹式吹奏呼吸法,是指以肋间肌的运动来扩大或缩小胸腔为主,以膈肌的上下运动来扩大或缩小腹腔为辅所进行的一种呼吸动作和方式。这种呼吸法是以胸部动作为主,腹部动作为辅的共同联合运动。

这种形式的呼吸法,在吸气时先是两肋向外扩张,同时,胸锁乳突肌、胸肌和背肌也不同程度地参与运动向外扩张。随着不断地吸气,体内气体增多气压增大,压迫横膈膜向下移位,使胸廓前后、左右径增大,肺容积也随之增大;腰部向四周扩张,使大腹向外鼓起,腹腔也随之得到扩张。

这种呼吸法的优点是充分利用了胸廓及各器官的扩张,使胸腔容积达到最大限度;由于大腹的鼓起,使吸气能达到一定深度,气息量基本能满足笛子吹奏的需要。

这种呼吸法一直以来是广大笛子吹奏者所采用和推崇的。但笔者的实践证明,这种呼吸法尚存在一定的不足,特别是在循环换气时,它必须不停顿地吸气才能维持吹奏所需要的气息量,使演奏者感到很累。另外,在演奏强弱对比明显的特长音时,胸腹式吹奏呼吸法也很难达到理想的效果。

(四)腹胸式吹奏呼吸法

所谓腹胸式吹奏呼吸法,是指以膈肌的上下运动来扩大或缩小腹腔为主,以肋间肌的运动来扩大或缩小胸腔为辅所进行的一种吸、呼动作和方式。这种呼吸法是以腹部动作为主,胸部动作为辅的共同联合运动,因此,相对于胸腹式吹奏呼吸法,笔者称其为腹胸式吹奏呼吸法。

这种形式的呼吸法,在吸气时先将肚子向外鼓起,其范围是以肚脐为圆心,10 cm左右为半径,即大、小腹都外凸,目的是让横膈膜下垂挤压腹内器官,促使腹腔脏器下移,增大上下径,使腹腔空间达到最大限度的扩张。由于腹腔容积的增大,腹内压力降低,因此,吸入体内的空气会很容易地迅速向下沉到腹底而将整个腹腔装满,随着空气的不断进入,气一步步地往上满直至将胸腔也装满。在整个过程中,腹肌向外扩张的同时腰肌向外扩张,体内空气向上满的时候,胸肌和背肌同时向外扩张。这时,最明显的感觉是裤腰带(皮带)会绷得很紧。由于整个体内都装满了气,体内的气压很高,因此,在将气呼出吹奏笛子时,不能急于收腹,而应先用力顶住腹部,待吹奏一阵子,腰部肌肉和胸肌松弛后,再慢慢收缩腹部将余气逼吹出去。这就是腹胸式吹奏呼吸法的整个经过程序。

腹胸式吹奏呼吸法的优点为:

第一,由于所有的呼吸肌都参加了运动,产生的力量大,因此呼吸轻松而不感到累。

第二,由于腹部是有意识地向外鼓起,横膈膜随着吸进的空气很快下降至腹腔最底层,使上下空间达到了最大深度,腹腔容积达到了最大值,吸入的空气也达到了最大量。因此,在吹奏笛子时,就会感到气很足且相对持久。

第三,由于横膈膜最大限度地下移,腹内气压降低,增大了内外气压差,因此,在吹奏笛子时,吸气速度相应会加快,从而缩短了吸气时间,在相同时间内可以增加吸气量。

关于腹胸式吹奏呼吸法,在笔者翻阅过的笛子专著中,都没有文字记载,也没听说其他笛子吹奏者采用过这种吹奏呼吸法。笔者在数十年的笛子演奏和教学实践中,经过反复比较和鉴别,觉得腹胸式吹奏呼吸法比胸腹式吹奏呼吸法更具科学性,尤其是在循环换气时更显出它的优越性——吸气速度快,吸入的气息量大,不会有气供不应求的情况发生或气接不上的感觉。

腹胸式吹奏呼吸法与胸腹式吹奏呼吸法的区别为:

①腹胸式吹奏呼吸法是一种以腹部动作为主,胸部动作为辅的呼吸方法;胸腹式吹奏呼吸法却是一种以胸部动作为主,腹部动作为辅的呼吸方法。

②腹胸式吹奏呼吸法在吸气时的腹部鼓起是人的有意识动作,鼓起的范围大,包括大腹和小腹;胸腹式吹奏呼吸法在吸气时的腹部鼓起不是人的有意识动作,鼓起的范围只是大腹。

③腹胸式吹奏呼吸法的横膈膜下降,主要是由于腹部向外鼓起所产生的;胸腹式吹奏呼吸法却是由吸入的空气产生的动力将横膈膜向下推移所导致的。

④腹胸式吹奏呼吸法的空气进入腹腔是由于腹部隆起,腹内压降低而导致的;胸腹式吹奏呼吸法是空气先进入胸腔,使胸膜腔内压升高,再将空气推向腹部的。

⑤腹胸式吹奏呼吸法是先扩张腹部,后扩张胸部;胸腹式吹奏呼吸法是先扩张胸部,后扩张腹部。

五、生理呼吸、笛子吹奏呼吸及笛子循环换气呼吸之间的关系

笛子吹奏呼吸、笛子循环换气呼吸都是建立在生理呼吸基础上的,它们与生理呼吸有着必然的联系。三者之间有相同之处,也有不同之处。

(一)相同之处

①都是人的呼吸器官的运动。

②都是人体胸腔或腹腔的扩张和收缩运动。

③呼吸的环境条件相同,必须是在有氧的空气环境中进行。

④气体交换过程相同,都是人体内部空气与外界空气的交换流动。

⑤呼吸的目的有相同点,均是为了维持人的生命。

(二)不同之处

①呼吸的目的存在差异。生理呼吸仅仅是为维持生命而进行的氧气与二氧化碳之间的转换,二氧化碳是人体不需要的废弃物。笛子吹奏呼吸、笛子循环换气呼吸既有这必然的空气转换,又有利用废弃物产生动力的目的。

②呼与吸的时间长短不同。人的生理呼吸是均匀而有节律性的,呼与吸的时间长短通常是一样的。而笛子吹奏呼吸是不均匀,也没有节律性的,呼与吸的时间也是不对称的,即呼长吸短。笛子循环换气呼吸的呼与吸在时间上则是呼短吸更短。

③呼与吸的速度不同。一般来说,人的生理呼吸,速度上是相同的,呼与吸的快慢是一样的。而笛子吹奏呼吸在速度上是不相同的,即呼慢吸快。笛子循环换气呼吸的呼与吸的速度则是呼快吸更快。

④呼与吸的主动性不同。人的生理呼吸,吸是主动的,呼是被动的。而笛子吹奏呼吸、笛子循环换气呼吸的呼与吸都是主动的。

⑤呼与吸的阻力程度不同。人的生理呼吸过程中,呼与吸的阻力是相同的,都来自呼吸器官的自然阻力。而笛子吹奏呼吸、笛子循环换气呼吸过程中,呼气是在吹奏笛子,其阻力远远大于吸气的阻力。

⑥呼与吸的通道不完全相同。生理呼吸过程中,空气的进出都经过鼻腔。笛子吹奏呼吸过程中,空气进入经由口和鼻,空气的呼出只经过口腔。笛子循环换气呼吸,进气经鼻腔,出气经口腔。

同样的器官,同样的空气进出,为什么会经由不同的呼吸通道呢?

人的生理呼吸以鼻咽部作为必经通道,这是人先天的生理结构所决定的。因特别需要而不经鼻呼吸,则被认为是非生理性呼吸。

笛子吹奏呼吸属于非生理性呼吸,它在吸气时,不仅以鼻咽部作为必经通道,还要以口腔作为通道,这是因为吹笛子需要充足的气息,只有口鼻一起吸气才能获得吹笛子所需的最大气息量,单用鼻子吸气所获得的气息量是无法达到吹笛子的要求的。而笛子吹奏呼吸的呼气与生理呼吸的呼气则完全不同,必须以口腔作为必经通道,否则也就不叫吹笛子了。

笛子循环换气呼吸也属于非生理呼吸,进气、出气通道的选择,是由其特殊的吹奏要求所决定的,目的是为了能保持笛音在较长时间内连续不断。

⑦呼与吸的同步程度不一样。生理呼吸和笛子吹奏呼吸的呼与吸是不能同步进行的,吸气就不能呼气,呼气就不能吸气。而笛子循环换气呼吸的呼与吸必须是同步进行的。

六、笛子循环换气呼吸技法的原理及过程解析

前面我们了解了人的生理呼吸、笛子吹奏呼吸和笛子循环换气呼吸的概况及相互关系,下面再来谈谈笛子循环换气呼吸技法。

(一)笛子循环换气呼吸技法的原理

大家都知道,人用来维持生命的空气是通过气管进出人体的。因为人只有一个气管,又是空气进出的唯一必经通道,所以人在呼气时就不能吸气,在吸气时也无法呼气,两者不能同时进行。这种状态是人的生理结构所决定的,是无法改变的规律。

人们在用气息作动力吹奏笛子时,为了使气息得到及时的补充,就必须不断吸气,而在吸气时声音必然会中断。在一般的音乐旋律中,根据旋律的变化和音的时值长短进行吸气,在乐曲进行时,吸气造成的停顿并不影响整个音乐旋律的完整性。但是有些音乐形象的描写,规定某个要延续很长的时间音或某一段较长旋律中间不允许有停顿,这就产生了气息不够的矛盾。

如何解决这个矛盾?人们想出了一个办法:借用口腔中的空气,通过嘴唇和两腮肌肉的收缩及舌头等器官的功能,将口腔里的空气

进行压缩,然后从风门挤吹出去。用这种非自然的呼气代替自然呼气来吹响笛子,从而使气管得以停止呼气动作,腾出来用以吸气,在把口腔里的空气向外挤压出去的同时,用鼻子将空气迅速吸入丹田,然后马上接通气管,把丹田里的空气从口腔中吹出来,从而使气息连续不断。这整个过程就是循环换气。

(二)循环换气过程中的不同阶段及人体器官的动作功能

循环换气的过程是在瞬间完成的,它的不可视性使人感到十分的抽象而不可思议。为了让大家对其有一个比较清晰而完整的了解,笔者对这瞬间的过程,从人体所涉及的器官功能方面进行分解论述。

根据在循环换气过程中各器官的不同作用及先后次序,可将循环换气的整个过程分解为四个阶段,即鼻咽口咽隔离阶段、口腔空气压缩阶段、口呼鼻吸同步动作阶段和呼吸转换阶段。

第一阶段——鼻咽口咽隔离阶段。

人体只有一个气管,但空气的进出口却有两处——口和鼻。循环换气之所以成为可能,就是因为人具备了这样一个先天的生理结构条件。

人的口和鼻是相通的,但是为什么口或鼻吸进的空气都只会通过气管进入胸肺和腹腔,而不会产生鼻吸后不经气管直接从口出或者口吸后不经气管直接从鼻出的情况呢?从医学的生理解剖图中可以找到答案。原来人体气管的咽,可分为鼻咽、口咽和喉咽三部分,而咽壁从内到外有四层,其中的一层是肌肉层,肌肉层按其功能的不同又分为三组,其中的一组是腭帆肌组,包括腭帆提肌、腭帆张肌、咽腭肌、舌腭肌和悬雍垂肌等。它们具有缩小咽峡,关闭鼻咽或口咽,分隔鼻咽和口咽的作用(功能)。当用鼻吸气时,腭帆肌组就关闭口咽,使空气沿着咽部经过喉咽的声门进入胸肺和腹腔;当用口吸气时,腭帆肌组就关闭鼻咽,使空气沿着相同的线路进入相同的部位。循环换气的前提条件是使鼻咽和口咽相隔离而互不贯通。

这是循环换气过程的第一阶段,这一阶段是前期的准备阶段。

第二阶段——口腔空气压缩阶段。

腭帆肌组关闭口咽为空气吸入胸肺腾出了通道,此时吹响笛子的动力只有口腔中的空气,但这还无法达到吹响笛子的目的,因为口腔里的空气少而弱。要使口腔里的空气能够吹响笛子,必须使口腔里仅有的少量空气具有一定的冲击力,于是需要将口腔里的空气进行加压,这个任务就由口腔中有关部位的器官来完成。口腔顶盖称为腭,前方为硬腭,由腭骨组成;后方为软腭(组成软腭的肌肉群就是腭帆肌组)。软腭上提与咽后壁接触,就关闭鼻咽,软腭向下即关闭口咽,这时鼻咽与口咽就隔开了。为了使口腔里的空气加压,软腭在关闭口咽时,继续向下压,以缩小口腔空间,同时舌头往后缩,使整个舌头拱起,舌根上抬,继续缩小口腔空间,使口腔里的空气压力增至最大限度,气息作待射状态。

这是循环换气过程的第二阶段,这一阶段是循环换气动作实施前的蓄势阶段。

第三阶段——口呼鼻吸同步动作阶段。

前两个阶段准备完毕,大脑将支配口和鼻同时进行呼与吸的动作。这时,两腮的肌肉和下巴的肌肉同时向里收紧,两唇用力,风门缩小,将口腔里的空气继续增压,使其具有符合要求的冲击力度,然后向外挤压出去吹响笛子,与此同时鼻子进行吸气的动作。

这个阶段是循环换气的关键阶段,其关键在于使用不同的器官,在极短的时间内,同时进行呼与吸的动作,并且要求配合密切,协调一致,不能有丝毫的先后差别,否则循环换气就不能发挥应有的功能。

这是循环换气过程的第三阶段,这一阶段是循环换气的具体实施阶段。

第四阶段——呼吸转换阶段。

当第三阶段完成后,体内有了补充的空气,但须使之转变成为继续吹响笛子的动力,因此,还要进行变吸气为呼气的转换过程,这个任务就由气管、支气管来完成。气管、支气管是进行气体交换的主要通道,并有调节呼吸的作用。吸气时,气管、支气管扩张,刺激位于气管、支气管内平滑肌中的感受器,兴奋由迷走神经纤维传至延髓呼吸中枢,抑制呼吸中枢,使吸气转换为呼气,并将扩张的腹部立即收缩,使待呼出的气息增压而具有冲击力度,然后排挤出去继续吹响笛子。

至此,完成了由借用口腔里的空气吹响笛子,再回到用气管里的空气吹响笛子的全过程。

这是循环换气过程的第四阶段,这一阶段是循环换气的完成阶段。

循环换气整个过程的四个阶段依次关联,相互依存,它们是一个整体且密不可分,若任何一个环节出问题,都将使循环换气归于失败。这四个阶段必须是在几分之一秒甚至十几分之一秒的瞬间完成的。这就是循环换气呼吸法被称为高难度技法的原因所在。

笛子循环换气呼吸技法的原理及过程的四个阶段,无论是长音循环换气还是吐音循环换气都是完全相同的。

七、笛子循环换气呼吸技法的掌握

循环换气呼吸法的关键是呼与吸在同时进行时的密切配合,这个密切配合的含义是:①循环换气的呼与吸,在同时进行动作时不能有明显的先后差别;②呼气的时间必须要长于吸气的时间;③鼻子吸气的速度要极快,并且必须在呼气结束之前完成。这是因为气管通道腾出的吸气时间极为有限,而吸进的空气通过气管进入胸腹后,还要迅速转换成呼气并在口腔里的气用完之前接上。否则,将前功尽弃。

笛子循环换气呼吸技法的具体练习方法和顺序以及要求如下。

(1)离开笛子,练习将口腔里所存的空气排挤出去的动作,反复进行同时呼与吸的动作配合练习,使这种违反生理规律的动作逐渐成为习惯动作。具体步骤为:

①先将腮鼓起,再用手指捏一下鼓起的腮,使口腔里的空气排挤出去。目的是体会一下这口腔里的气非气管里的气的感觉。

②再在用手捏腮将口腔里的空气排挤出去的同时,用鼻子进行吸气动作。

③不鼓腮,用吹笛的口形练习发“补”字音的动作,将口腔里的空气排挤出去。

④在练习用嘴发“补”字音动作的同时,用鼻子进行吸气动作。

练习时,可以将手心放在嘴前,感觉一下在鼻子吸气时,是否有气从嘴里出来,以作为口腔排气的检验标准。

⑤用吸管在盛水的容器中进行吹气泡的可视性的练习,并逐步加大吸管的内径,目的是提高气息量。如果在较长时间内气泡不断,说明初步掌握了循环换气的动作规律。在练习中要注意的是,鼻子吸气动作要快,嘴呼气的时间尽量延长,以便有时间使体内的气能够接上而不出现停顿中断。

⑥在校音器上进行循环换气的有声练习。吹校音器比吹吸管需要的气息量大,而且可以用听觉鉴别,如果声音能较长时间连续不断,说明循环换气的练习达到了预期的效果。

(2)在笛子上进行循环换气的吹奏练习。

前一步骤的练习,仅仅是掌握了循环换气的一般规律,要想在笛子上成功应用,尚有一段较长的路要走。因为笛子上的应用要涉及许多方面,如"口劲"、气息力度、音的高低强弱等。但只要坚持不懈地努力训练,最终必定会取得成功。具体步骤为:

①在笛子"i"音上进行循环换气的吹奏练习。

②在 i～3 高音区之间进行单音循环换气的吹奏练习。

③在 5～7 中音区之间进行单音循环换气的吹奏练习。

④在 1～4 中音区之间进行单音循环换气的吹奏练习。

⑤在 4～6 高音区之间进行单音循环换气的吹奏练习。

⑥最后在 5～7 的低音区之间进行单音循环换气的吹奏练习。

⑦在以上基础上再进行交叉音区和旋律的循环换气的吹奏练习。

为什么要按这样的顺序并且首先选择在"i"音上进行循环换气的吹奏练习? 这是因为在循环换气的过程中将口腔里的空气挤压出去时,需要很强的口劲,它要求紧闭嘴唇,缩小风门才能使口风细长且具有吹响笛子的冲击力度。另外,不同的音高所使用的气息力度不相同,口劲的控制力度也不相同,对相近的一个音区适应后再换一个音区练习,容易找到口劲控制力度的感觉,便于掌握。

据笔者多年的摸索,吹奏高音"i"的口劲力度最适合进行循环换气——即"i"音最容易吹响。而 5～7 低音区由于口劲较松,因此一时难以使口腔里的空气达到吹响笛子所要求的冲击力度;而4～6高音区由于口劲力度要求更高,气息冲击力度要求更强,很难一下子将笛子吹响,因此将这些音放在最后练习。实践证明,以上顺序的循环换气练习较为适宜,也能取得较好的效果。

(3)练习的要求和注意的问题。

①练习的要求。

口呼鼻吸要协调一致,听不出换气痕迹。

换气时音量不能有强弱的明显变化。

换气时音高不变,音准如一。

换气时喉咽要放松而不紧张,面部做到自然而不僵硬。

②其他要注意的问题。

在换气时要避免发出不必要的声音。有的吹奏者在进行循环换气时会发出"欧"的声响,这是想利用喉部发音来激发口腔中的有关部位进行功能动作。这对于正确掌握循环换气呼吸技法是很不利的,也是不足取的,容易使整个换气动作走样并影响实际演奏效果。

在进行循环换气时,不能像吹唢呐那样鼓腮,这样容易使吹奏口型变形且影响演奏时的面部形象。

在练习的过程中,长音中不要同时使用颤音。否则,不但有悖于前面的练习要求,而且有碍于对掌握循环换气程度的检测。如果在演奏中,乐曲要求在进行循环换气的同时使用颤音,那又另当别论了。

以上是笔者就笛子循环换气呼吸技法对笛子吹奏在"气"方面的应用的一些个人见解,愿拙文对广大笛子爱好者正确地掌握和应用笛子气功技巧有所帮助。

参考文献

[1]　龚西玲.人体解剖心理学[M].北京:人民卫生出版社,2001.

[2]　周衍椒,张镜如.生理学[M].北京:人民卫生出版社,1984.

[3]　中国医科大学.局部解剖学[M].北京:人民卫生出版社,1980.

[4]　朱贵卿.呼吸内科学[M].北京:人民卫生出版社,1984.

印度的乐器及其器乐表演范式①

饶文心

在古代印度音乐中,乐器与器乐都得到了充分的发展。印度古老的吠陀文献中有一个词语"vadya"专门用于乐器的称谓,意即"发出声音的器物"。

在约公元 2 世纪婆罗多(Bharat)的《乐舞论》(*Natya Shastra*)与 13 世纪沙楞伽提婆(Sharangadeva)所著《乐艺渊海》(*Sangeet Ratnakara*)等艺术理论典籍中有着大量对乐器的描述记载。其中,对弦乐器、管乐器和击奏乐器三大类别中的每种乐器皆给予其特定的称谓、形制、演奏技艺及其音质音色的规范。印度乐器的形制有着与众不同的独特之处,弦鸣、膜鸣、体鸣、气鸣,每一类乐器都显示出非同凡响的独有形制和音色,不仅在南亚,历史上印度乐器对东方诸国均产生过极其深远的影响。

一、南北印度的乐器

由于伊斯兰文化的入侵,从 13 世纪开始,印度古典音乐传统逐渐分化为北部印度斯坦音乐体系(Hindustani)与南部卡纳塔克音乐体系(Karnatak)。北印度斯坦音乐是古代波斯、突厥、蒙古等中亚西亚音乐文化与印度本土音乐传统的融合,并在 16—17 世纪

---

① 本文发表于《星海音乐学院学报》,2013 年第 4 期。

的莫卧儿王朝时期达到了鼎盛。卡纳塔克在达罗毗荼语里是古老、传统之意。尽管两者的乐器具有同宗同源的亲缘性,然而为适应不同音乐体系的需要,南北乐器随之产生了变化,在乐器的种类、材质、制作、外形乃至演奏技艺、乐队构成等均呈现出鲜明的差异。南印度卡纳塔克所用的弦鸣乐器有维纳琴、小提琴、弹不拉;气鸣乐器有班苏里笛、唢呐;膜鸣乐器有木丹嘎鼓、塔维尔鼓;体鸣乐器有脚铃、陶罐等。北印度斯坦弦鸣乐器有鲁德拉·维纳(槟)、锡塔尔、萨若德、苏巴哈、弹不拉、萨让吉、小提琴、桑图尔、拉巴布等;气鸣乐器有班苏里笛、唢呐;膜鸣乐器有塔布拉鼓、帕卡瓦吉鼓等;体鸣乐器有脚铃、铃夹等。

就乐器种类而言,北印度斯坦音乐的乐器种类较南印度卡纳塔克音乐要更为丰富多样。在乐器种类与形制上,其更多地吸收来自西亚乃至北非阿拉伯乐器的因素,并且不断地从种类到形制加以借用和创新,仅就弦鸣乐器而言就多达数十种,逐渐形成北印度斯坦的乐器特色。而南印度卡纳塔克乐器则显示出对传统的固守和专一,每一类乐器仅有一两件主要乐器,品种相对单一。

印度乐器在传统的惯用分类中被分为旋律性乐器与节奏性乐器两大类,在第一大类中按乐器的激发方式分为弦乐器、管乐器和簧乐器三个亚属,其中,弦乐器又按演奏方式分为弹拨乐器与弓弦乐器;在第二大类中按乐器制造材质分为革类、金类及土类三个亚属。节奏性乐器一般都处于为声乐或器乐伴奏的地位,但塔布拉鼓与陶罐例外,它们通过众多演奏家们精湛技艺的丰富发展从而跻身于音乐会的独奏地位。印度乐器由于历史上受伊斯兰文化艺术的深远影响,体现在乐器制作工艺上的精雕细刻、描金点朱,镶银箔嵌象牙,装饰繁复。印度民族乐器形制特征分类见表 1。

表1 　　　　　　　　　印度民族乐器形制特征分类

弦鸣乐器		北印度斯坦音乐	南印度卡纳塔克音乐
弹拨乐器	持续音乐器	弹不拉/tanpura/tambura	弹不拉/tambura
	有品乐器	鲁德拉·维纳（槟）/rudra veen/been/bin	萨拉丝娃蒂·维纳/Saraswati Vina/tanjauri veena
		锡塔尔琴/sitar	
		苏巴哈琴/surbahar	
		桑图尔/santoor	
		卡拵/Swar Mandal	
	无品乐器	维奇特拉·维纳/vichitra veena	葛图·瓦费姆/gottu vadyam
		克什米尔拉巴布/kashmiri Rabab	
		印度斯坦拉巴布/Hindustani Rabab	
		苏尔辛嘎/sursringar	
		萨若德/sarod	
弓弦乐器	无品乐器	萨让吉/sarangi	
		小提琴/Violin	小提琴/Violin
		拉反纳塔/ravanhatha	
		克曼切/kemanche	
	有品乐器	孔雀琴/taus/Mayuri Vina	
		迪尔挈巴/dilruba	
		厄丝拉杰/esraj	
气鸣乐器		班苏里笛/bansuli	姆拉里/murali
		唢呐/shahnai	唢呐/Nagasvaram
		簧风琴/harmonium	持续音唢呐/ottu

续表

弦鸣乐器	北印度斯坦音乐	南印度卡纳塔克音乐
膜名乐器	塔布拉鼓/tabla	塔维尔鼓/tavil
	帕卡瓦吉鼓/pakhawaj	木丹嘎鼓/mrdangam
	锅状对鼓都喀/dukkad/naqqara/nagara	
	细腰鼓/damaru	
体鸣乐器	铃鼓/khanjari/kanjira/khanjeera	陶罐/Ghatam/ghata
	响鼓/Manjeera/jhanj/taal	口弦/mursing
	脚铃/Ghunghroo/ghungru	脚铃/gejjai/gejjalu
	钹/nattuva talam	钹/ilatalam

(一)弦鸣乐器

弦鸣乐器是印度乐器的主体。从音响功能上,印度弦鸣乐器一般分为两类:一类是演奏曲调或拉嘎的弦鸣乐器,如锡塔尔、维纳、萨若德、萨让基、小提琴等,这类都是属于具有独奏地位的弹拨乐器和弓弦乐器;另一类是仅产生持续音或提供节奏的弦鸣乐器,如弹不拉、恩克塔拉、多塔拉等伴奏乐器。

1.维纳琴(veena)

维纳琴为弦鸣琉特类弹拨乐器。北印度斯坦最有代表性的乐器是维纳琴。在古代印度,维纳一词可以是所有弦鸣乐器的总称。早在公元 2 世纪婆罗多所著《乐舞论》中就有对不同维纳琴的记载,在印度音乐中维纳琴一直是最受尊崇的乐器。在当代印度古典音乐当中,维纳琴共有 4 种主要的形制:鲁德拉·维纳(rudra veena)、维奇特拉·维纳(vichitra veena)、萨拉丝娃蒂·维纳(saraswati veena)和齐特拉·维纳(chitra veena)。前两种主要用于北印度斯坦音乐,后两种主要用于南印度卡纳塔克音乐。鲁德拉·维纳被认为与印度湿婆神联系在一起,而萨拉丝娃蒂·维纳则与智慧女神萨拉丝娃蒂联系在一起。

在当代南印度卡纳塔克音乐中普遍认为维纳即为萨拉丝娃蒂·维纳,又称为坦贾里·维纳(tanjauri veena)。琴体除匏形共鸣箱外,还在琴头一端另附有一个起共鸣作用的小匏,指板上有 24 个固定音品,4 根主弦和 3 根持续音弦,以四五度定弦。主弦演奏曲调,持续音弦所起作用一是对拉嘎主音产生持续音效果,二是可以表明塔拉节拍节奏的循环。萨拉丝娃蒂·维纳琴一般采用怀抱式与平卧式两种演奏姿势,后者更为普遍,演奏者用手指或在食指与中指上箍套一个金属拨子弹奏。

鲁德拉·维纳又称作槟(been/bin),是北印度斯坦音乐的典型乐器。鲁德拉·维纳有 4 根主弦和 3 根持续音弦,在圆棒颈杆型指板上布有 24 个固定品位,两端均有一个同等大小的共鸣匏,琴身各处构件与湿婆神、婆罗门、太阳等神灵联系在一起而被赋予为诸神的象征。演奏者右手食指与中指各箍套一个金属拨子,琴身上端的共鸣匏体恰好斜枕在左肩上,下端匏体搁在右腿上。历史上鲁德拉·维纳曾以匏琴之名传至东南亚古国乃至中国,今柬埔寨吴哥寺的回廊浮雕上就保存有鲁德拉·维纳的石刻图像。

2. 锡塔尔琴(sitar)

锡塔尔琴为弦鸣琉特类颈杆形弹拨乐器。锡塔尔琴是北印度斯坦音乐的主要弹拨乐器,是与中亚西亚琉特类乐器经过数世纪混融,而于 19 世纪最终定型的产物。锡塔尔琴与维纳琴在造型略有差异。当代音乐会锡塔尔分为单匏与双匏两种,标准形制的琴体长约122 cm,琴体为直杆,多用柚木制作,传世的宫廷锡塔尔琴周身还以象牙镶嵌精美的纹饰。锡塔尔琴下端为葫芦制成的主共鸣匏,在琴头一端为较小的附匏,指板上约有 20 个可移动调节的环形品位,张 7 根主弦(其中 5 根曲调弦,2 根持续音弦),10～20 根共鸣弦,以箍套在食指上的金属拨子弹奏。低音锡塔尔琴即为苏巴哈琴。

3. 萨若德琴(sarod)

萨若德为弦鸣琉特类颈箱形弹拨乐器。萨若德是北印度斯坦另外一件重要的弹拨乐器,被认为是阿富汗乐器鲁巴布的后裔。萨若德琴体由一块完整的柚木制成,共鸣箱上蒙以羊皮,琴颈一端另附一个共鸣匏,8 根左右的主弦,两根持续音弦依附在无品的金属指板上,约有 16 根共鸣弦张在琴体一侧。萨若德一般采用椰壳或象牙制成的拨片来弹奏。

4. 弹不拉琴(tambura)

弹不拉琴为弦鸣琉特类弹拨乐器。弹不拉琴张有 4～6 根弦,无品,共鸣箱为半梨形的葫芦匏,琴体镶嵌着精美的花纹。弹不拉琴演奏时不带指套,仅用中指和食指拨奏,不弹奏曲调,专门用来提供贯穿拉嘎作品中的特定持续音,使表演者和听众自始至终都能意识到拉嘎基本音的存在。张 4 弦的弹不拉琴中间两根弦调成拉嘎主音,低音弦调成主音的低八度音,另一根调成相当于属音的拉嘎五度音。张 6 弦的弹不拉琴除按上述调弦外,另外两根可对应选择拉嘎的其他音级调弦。弹不拉琴同时为北印度斯坦与南印度卡纳塔克古典音乐所使用,是声乐和器乐表演中不可缺少的一件重要弹拨乐器,通常委身于主奏乐器之后,演奏者将琴竖立弹拨,亦可平卧演奏。

5. 萨让吉琴(sarangi)

萨让吉琴为弦鸣费斗类弓拉乐器。萨让吉琴由整块长方形木材挖凿而成,下半部共鸣箱蒙皮,腹腰对称略收,张有 3 根主弦和多达 40 根的共鸣弦,其中一根高音主弦采用金属弦。萨让吉的音色委婉纤细,既有天生的忧伤气质又有欢娱的激情,宛若一位娇媚的印度女子,缠绵悱恻,柔情似水。

印度是弹拨乐器的世界,弓拉乐器相对较少,萨让吉是印度音乐中广为使用的一件弓拉乐器,不仅用于各地区的民间音乐,还用于古典音乐。历史上由于萨让吉是低种姓阶层使用的乐器而一度地位卑微,但现在萨让吉已成为北印度斯坦古典音乐中一件重要的弓拉乐器,其地位和作用相当于南印度卡纳塔克音乐中的小提琴。萨让吉因其绵延柔和的音色,常用于为德鲁帕德、卡雅尔和图姆里等歌唱风格伴奏,现在也作为一件独奏乐器使用。

6. 印度小提琴(violin)

欧洲小提琴于 18 世纪末—19 世纪初引入到南印度卡纳塔克音乐之中。当初小提琴只是作为一件为歌唱伴奏的乐器,经过 200 多年的本土化濡染,保留的仅仅是欧洲小提琴的躯壳,从触弦到持琴方式业已脱胎换骨蜕变为地道的印度小提琴,其地位堪比北印度斯坦音乐中的萨让吉,成为既是南印度卡纳塔克音乐弓拉乐器的主角,又作为不可或缺的独奏乐器出现在北印度斯坦音乐会舞台上。

印度小提琴以四五度定弦,其左手技巧伊始搬自于维纳琴,上行滑奏用中指,下行滑奏用食指。印度音乐家席地而坐,用琴腹一端抵在前胸或肩窝处,琴头一端抵在脚踝,使左手可自如地在指板上滑动。如今欧洲小提琴的许多演奏技巧也被吸收并服从于印度音乐风格的需要,印度小提琴已成为一种独特的非欧洲民族演奏体系。

7. 拉凡纳塔(ravanhatha)

拉凡纳塔为弦鸣费斗类弓拉乐器。拉凡纳塔是印度西北部拉贾斯坦邦、古吉拉特邦民间音乐中的重要弓拉乐器,张两根弦(其中一根为演奏曲调的主弦,一根为持续音弦),另有 10 根左右共鸣弦,椰壳共鸣箱上蒙皮,琴弓上缚系铃铛拉奏时可提供节奏音响。拉凡纳塔主要为民间说唱歌手的伴奏乐器,演奏时将琴筒斜置于腰间,琴弓在弦外拉奏。

8. 孔雀琴(taus/mayuri vina)

孔雀琴为弦鸣费斗类弓拉乐器,又称作鬏丝,源于波斯语,意为孔雀,因整个共鸣箱体造型形似孔雀而得名。孔雀琴的指板类似锡塔尔琴,布有 20 个左右可移动的环状金属音品,4 根主弦与 16 根共鸣弦,用弓演奏。孔雀琴约于 19 世纪出现在印度西北部,主要用于伴奏颂神音乐。

9. 迪尔挈巴(dilɪuba)

迪尔挈巴为弦鸣费斗类弓拉乐器。迪尔挈巴被看作是锡塔尔琴与萨让吉相嫁接的产物,整个琴杆和指板与锡塔尔琴雷同,而共鸣箱部分则类似萨让吉琴,并且用琴弓拉奏。指板上布有 19 个可移动的环形金属音品,4～6 根主弦和 20 根左右共鸣弦。迪尔挈巴主要用于为歌唱伴奏,一度盛行于印度西北部地区,现逐渐被簧风琴所取代。

10. 厄丝拉吉(esraj)

厄丝拉吉为弦鸣费斗类弓拉乐器。厄丝拉吉指板上布有 4 根主弦和 15 根左右的共鸣弦,并设有 19 个环形音品,共鸣箱呈鸭梨形,腰腹对称凹进且蒙皮,用琴弓拉奏。厄丝拉吉主要用于为歌唱伴奏,一度盛行于印度中东部地区,现逐渐被簧风琴所取代。

(二)气鸣乐器

在印度传统音乐中使用最为广泛的气鸣乐器为横笛与唢呐,其形制在南北印度略有差异,而它们的应用功能、场合则基本一致。

1. 班苏里(bansuri)

班苏里为横吹笛,在古印度梵语里笛被称作瓦姆萨(vamsa),即为竹、笛的意思,泛指各种材质、形制的笛。印度教三大主神之一毗湿奴的化身黑天神克里须那(Krishna)为在诸神中的持笛造像,使得人们将横笛与黑天神联系在一起。笛曾经是古代戏剧表演中的重要乐器组成,在古印度典籍《乐舞论》中横笛是唯一与维纳琴相提并论的乐器,在古代乐舞艺术中具有主要地位。此后在很长一段时期横笛曾销声匿迹,直到 20 世纪才重新焕发出异彩,同时出现在卡纳塔克和印度斯坦古典音乐中。当代班苏里为北印度横笛的称谓,南印度泰米尔语里则将其称作姆拉里(murali)或维努(venu)。班苏里因高中低不同音高而长短不一,管身一侧布有 6 个指孔和一个吹孔,不设膜孔。它在南印度为古典舞蹈伴奏,在北印度多为古典声乐克雅尔与图姆里伴奏,同时与塔布拉鼓一起合作演奏古典音乐拉嘎曲目。成套的班苏里笛长短定音不一,以适应不同的拉嘎音阶。哈里普拉萨德·查拉希亚(Pt. Hariprasad Chaurasia,1938—)是当代北印度杰出的班苏里笛演奏大师。

南印度维努笛长 30～45 cm,音域达两个半八度,为声乐演唱和古典婆罗多舞伴奏。

2. 唢呐(nadaswaram/sahnai)

唢呐为双簧类吹管乐器。南印度唢呐长约 95 cm,木制管身有 7 个匀距指孔,没有拇指孔,底部另有 5 个小孔,可通过填蜡调节音准,音域达两个半八度。

唢呐的音色喜庆热闹,广泛使用于婚礼庆典、神庙宗教祭祀仪式、游行参拜等活动和民俗歌舞戏剧当中，同时作为主奏乐器出现在音乐会上。在南印度唢呐常用两支成对吹奏，有时加上一支无指孔的持续音唢呐(ottu)以及一对塔维尔鼓组合在一起，曲目多来自卡纳塔克声乐传统。北印度唢呐略短，长约 50 cm，其应用功能类似于南印度，常与一种吹打乐队结合，用于婚嫁、丧葬、寺庙等不同的民俗场合以及音乐会上。

3.簧风琴(harmonium)

簧风琴为一种便携式键盘弹奏乐器。簧风琴呈长方体匣状，音域达三个八度，主要流传于印度北部的伊斯兰文化当中，多为古典声乐卡雅尔、图姆里伴奏，尤其是为巴基斯坦苏菲神秘教派的歌唱风格和表演形式"夸瓦里"伴唱所用的乐器。簧风琴是根据脚踏风琴改良过来的一种特色乐器，约 19 世纪由西方传教士引入。演奏者席地而坐，一手弹奏，另一手不断开合琴背部的风囊。由于其便携性，簧风琴已成为巴基斯坦苏菲教徒夸瓦尔和孟加拉国的同一教派保乌尔宗教歌唱的专属乐器。

(三)膜鸣乐器

南印度最重要的膜鸣乐器为木丹嘎鼓和塔维尔鼓，北印度为帕卡瓦吉鼓和塔布拉鼓。木丹嘎鼓与帕卡瓦吉鼓两者大同小异，均为双锥形桶鼓。南印度卡纳塔克音乐称之为木丹嘎(mridangam)，北印度斯坦音乐则称之为帕卡瓦吉(pakhawaj)，两者都在各自的音乐体系中扮演着重要角色。木丹嘎鼓面两端中心蒙以羊皮，外圈为牛皮，鼓身勒以皮条，常用红色绒布包裹；帕卡瓦古鼓则用短圆木箍紧周身皮条调节鼓面张力，以产生音高变化。鼓面直径小的一端为高音，用右手拍击；大的一端为低音，用左手拍击。通常在高音鼓面中心敷有经过特别配方调制的胶泥，以产生优质音色。木丹嘎与帕卡瓦吉鼓在传统的声乐演唱和器乐表演中担当重要的伴奏功能，有着特定的节拍节奏循环程式和速度变化。帕卡瓦吉鼓主要为德鲁帕德歌唱风格伴奏，此外也为鲁德拉·维纳(槟)、苏林嘎、苏巴哈琴等弦鸣乐器伴奏。直至 19 世纪，帕卡瓦吉鼓在北印度仍声名显赫，受到极高的推崇,只是后来由于德鲁帕德歌唱风格的衰弱以及卡雅尔歌唱风格的兴起,才一蹶不振,让位于塔布拉鼓。即便如此,帕卡瓦吉鼓在庙宇神殿等宗教场合仍占有一席之地,为仪式吟唱鼓拍击节。表演时,木丹嘎鼓与帕卡瓦吉鼓皆横置于演奏者盘坐的双腿之前,徒手击奏。

塔布拉(tabla)为一大一小的一对锅状鼓,小的高音鼓即称作塔布拉,由右手击奏;大的低音鼓称作班亚(banya),由左手击奏。塔布拉鼓的音域可调节达一个八度,主要用于为轻古典声乐风格的卡雅尔或图姆里、器乐以及卡塔克舞蹈伴奏,其主要功能是维持节奏节拍塔拉(tala)的循环,烘托音乐的情绪。塔布拉鼓已成为诸多北印度器乐合奏中的主要节奏类伴奏乐器,同时有属于自己的传统曲目,作为技艺复杂、极富表现力的独奏乐器出现在音乐会舞台上。

有学者认为塔布拉鼓并不是印度本土乐器,很可能是由穆斯林带进来的,因为在 14 世纪之前,印度文献遗迹中并没有出现有关塔布拉的任何信息。直至 17 世纪塔布拉鼓也只是在民间音乐中使用,然而此后便发展成为北印度音乐中演奏技艺复杂完备、不可或缺的重要乐器了。

塔维尔(tavil)为双面桶鼓,但鼓身较短,以鼓棒或徒手横置击奏。在南印度,塔维尔鼓常和唢呐一起使用,为寺庙仪式音乐伴奏。

(四)体鸣乐器

体鸣击奏乐器中有钹、锣、脚铃、口弦等,主要用于各种戏剧舞蹈中的节奏配乐。最有代表性,且既是伴奏乐器又作为主奏乐器的体鸣乐器是陶罐。陶罐本身是用于盛水的器皿,早在公元 2 世纪左右,印度古代文艺理论家婆罗多就在其著述《乐舞论》中对陶罐作为当时重要乐器的使用有过描述。这是一件聚集了土、水、火、大气与宇宙五种元素并充满了灵气的乐器。陶罐在烧制时糅进多种金属细屑,故因其特殊材质和空穴形制能发出独特的音色。演奏者盘交双腿将陶罐贴近身体,运用手掌、手指及指尖拍击陶罐的颈口、腹腔的不同部位,其复杂的技巧产生出的丰富节奏和音色变化,令人难以相信陶罐竟蕴含着如此巨大的能量,从雷霆万钧到树梢婆娑。

在北印度斯坦音乐中,陶罐也用于民间音乐活动,但它更为广泛地应用在南印度卡纳塔克音乐中,且常常作为主要击奏乐器出现。

二、南北印度器乐的表演范式

印度音乐无论古典音乐抑或民间音乐都是东方音乐中的奇葩。它从形式到内容都迥异于西方音乐,并以其博大精深的传承和表演体系称著于世,无论器乐或声乐表演,均有着特定的呈现方式。它是以器乐独奏或声乐独唱为主体的小型表演组合,其中包括特定搭配的伴奏者。

在印度传统乐器中,最受人们偏爱的莫过于弦乐器,而在弦乐器中又莫过于琉特类弹拨乐器。南印度卡纳塔克音乐中的维纳琴与北印度斯坦音乐中的槟和锡塔尔琴是享有独奏地位的传统弹拨乐器。弓拉乐器萨让吉和小提琴则以伴奏身份与独奏者进行模仿应答,但如今它们也以独奏者的身份成为当代音乐会的主角。

印度的古典器乐传统本质上是以个体为中心的,即某一件乐器常常以独奏或主奏的身份出现。器乐表现形式多为三五乐师组成的小型合奏,彼此间围绕着主奏乐师的核心地位在乐曲速度的疾徐张弛、情绪的跌宕起伏中,或相互竞奏,或对话呼应。无论是声乐抑或器乐表演,印度音乐家们皆席地而坐,或吟哦,或演奏。印度古典器乐合奏由三个基本要素构成:一是由主奏乐器演奏的拉嘎曲调,二是由歌者击掌或鼓手掌控的塔拉节奏循环与速度变化,三是由持续音乐器对拉嘎主音自始至终的萦绕和强调。

北印度斯坦的典型器乐组合多以锡塔尔、鲁德拉·维纳(槟)、萨若德、萨让吉、小提琴、班苏里笛、唢呐等为主奏乐器,塔布拉鼓与弹不拉琴为伴奏乐器。同时,除持续音乐器不具主奏地位之外,其他乐器都有可能从主奏转换为伴奏。在古典声乐的演唱中,萨让吉或簧风琴担任卡雅尔与图姆里的伴奏乐器,槟通常为德鲁帕德伴奏。南印度卡纳塔克音乐中的典型器乐组合多以萨拉丝娃蒂·维纳琴、印度小提琴、姆拉里笛、唢呐、陶罐为主奏乐器,木丹嘎鼓与弹不拉琴为伴奏乐器。同时,维纳、小提琴、唢呐亦具有伴奏功能。

印度音乐家常常说一句古老谚语:"没有装饰的曲调就好比没有流水的河床。"因此,印度音乐两音之间几乎是凭借滑动到达的。如果说西方音乐是一把刻度分明的尺子,那么印度音乐则是一条镶嵌花边的彩带,每个音符都在吟唱,婉转曲折。

从旋律关系上看,西方音乐是基于多声性的音乐思维,而印度音乐则是单声部的旋律走向,音乐只表达一个主旨,所有的伴奏均服从于主旋律的意趣。西方音乐有着浩如烟海的乐谱文本可供选择,而印度音乐却凭口传心授、薪火相传。当西方音乐严格地按谱演奏,全力诠释作曲家的意图时,印度音乐却围绕着特定的拉嘎即兴演绎表达自我的意蕴。从结构上看,西方音乐表现为单乐章到多乐章、单乐段到奏鸣曲式等纷纭复杂的形式结构,而印度古典音乐则类似于中国唐大曲的艳趋乱三段式。从体裁上看,西方音乐有奏鸣曲、协奏曲、交响曲种种不胜枚举的表现样式,而印度古典音乐仅有拉嘎这一乐曲发展模式。除此之外,印度古典音乐还有动辄数小时的表演长度,一年四季、一天到晚不同时辰的表演规定,席地而坐的表演方式以及人对音乐的态度和观念,皆体现出与西方音乐的千差万别。

当我们接触西方音乐之初,需要掌握一些基本乐理知识,而要走进印度音乐的殿堂,同样也需要熟悉一些相关的表现要素,才不至于只见香火缭绕不识何方寺庙。印度古典音乐中有两个涉及曲调与节奏的最重要范畴,在北印度斯坦音乐中分别称之为拉嘎(raga)与塔拉(tala),在南印度卡纳塔克音乐中分别称之为拉嘎姆(ragam)与塔拉姆(thaalam)。所谓"拉嘎",源自于梵语,意为"心灵的色彩"。拉嘎在音乐中表现为某种曲调音型或框架以及一定形态的音高组织关系,类似于中国传统音乐中的曲牌或板式,蕴含着音乐发展的基本组织结构以及情绪心境,携带着整首音乐作品的生命基因。

在印度古典音乐中至少有200多种拉嘎,主要运用的大致有70来种。每一种拉嘎都有特定的称谓,其中蕴含着乐曲性质的基本信息;每一种拉嘎都有特定的主音和上下行音阶结构以及旋律音型,它们犹如孕育着强劲生命力的胚胎,或是日后汇聚成滔滔江海的最初泉眼。在大师富有个性和充满灵感的即兴创造中,拉嘎中的音或被强调突出，或被装饰变化，由此拉嘎的能量被逐渐传递和释放，每一种拉嘎在每一场表演中都被赋予为变幻无穷、瑰丽万千的音乐世界。

印度古典音乐另一个重要的范畴——塔拉，是指在特定的节拍组合里构成的节奏循环。一个节奏循环从 3 拍起长达至 108 拍不等。一定的塔拉与一定的拉嘎相适应，再配合以不同的速度变化，印度音乐的个性风格就是在主奏乐师与鼓手的默契中最终体现出来的。

印度古典音乐的表演通常是以一段散板开始，这在北印度斯坦音乐中称为阿拉普（alap），在南印度卡拉提克音乐称为阿拉帕纳（alapana）。主奏者弹奏锡塔尔或萨若德，以自由的节奏营造特定拉嘎的情境，弹不拉琴以主音持续音烘托伴奏。听众在阿拉普的引导与渲染中逐步登堂入室、渐入佳境，塔布拉鼓的加入意味着进入中段。拉嘎表演有着从数拍到数十拍不等的节奏循环，在不同的塔拉中有不同的强拍重音或强位弱位的变化交替。音乐家在此充分展示自己的演奏技艺，竭尽装饰发展之能事。当拉嘎进入第三部分散嘎特（sangat）时，主奏乐器与塔布拉鼓形成气氛，加剧趋向高潮的热烈场景，并在极其辉煌华彩的竞奏中戛然而止。

由于地缘文化的影响，北印度斯坦音乐的广义范畴也包括巴基斯坦、孟加拉、尼泊尔、不丹等国家和地区。较之于北印度斯坦音乐，南印度卡纳提克音乐则要严谨质朴些，在有所节制的即兴中约束时间与情绪。

北印度锡塔尔琴大师拉维·香卡（Ravi Shankar，1920—2013）是最早把印度古典音乐向世界传播的伟大演奏家之一，正是通过他精湛的演奏技艺和通俗的解说以及几十年来的不懈传播，这种与西方音乐全然不同的艺术形式以其巨大的感染力赢得了世界范围内的声誉。应该提到的还有一位几乎与香卡齐名的同时代的萨若德琴演奏大师乌斯塔德·阿里·阿卡巴·可罕（Ustad Ali Akbar Khan，1922—2009），几十年来同样以一己之力活跃于西方世界并传播印度音乐文化。

参考文献

［1］ Stanley Sadie. The new grove dictionary of music and musici-
ans. London：Macmillan Publishers Limited,2001.

［2］ Stanley Sadie. The New Grove Dictionary of Musical Instru-
ments［M］. London：Macmillan Publishers Limited,1984.

［3］ Suneera Kasliwal. Classical Musical Instruments［M］. New
Delhi：Rupa,2001.

行为习惯与器乐演奏习惯研究①②

吴樟华

一、引言

音乐演奏家的行为习惯和器乐演奏习惯是一个很有意思的话题。许多音乐家都有着极其强烈的个性,伴随着这些个性形成了自身独特的行为习惯。而这些行为习惯又深深地影响着他们的演奏和表演。加拿大著名钢琴演奏家古尔德(Glenn Gould,1932—1982)素来以技术表现闻名。他擅长演奏巴赫(J. S. Bach,1685—1750)的键盘乐作品。其演奏声部清晰,层次明显,对比与衬托和谐而富于变化,音色变化也很丰富。不过,我们从演奏家的行为上来观察,不难看出古尔德演奏时坐的位置很低,总是保持着一个让钢琴教师看着不舒服的姿势。正是因为他的类似行为,一方面,他以演奏时所做出的各种奇怪身体动作而闻名;另一方面,我们对他那看似不合乎标准的演奏行为似乎并无非议。因为多数人常常为其演奏所折服。从古尔德成长的经历来分析,这位演奏家自幼坚持要坐在他父亲为他制作的一把折叠椅上才能演奏。当这把椅子伴随着他走遍世界,虽然历经多年十分残旧,但他仍然视其为宝,坚持使用。许多音乐评论家、乐迷都对他的姿势很感兴趣,琢磨他的行为习惯,一时成为乐坛

---

① 本文发表于《交响—西安音乐学院学报》,2012 年第 2 期。

② 本文是浙江省教育厅科研项目(编号:Y201121745)成果。

津津乐道的话题。在心理学和音乐表演理论分析背后,古尔德的类似行为实际上揭示出这样一个道理:演奏家主体和演奏家的表现之间存在着某种相互依赖的关系,正是由于一种相互作用的观点,成就了古尔德。同样的例子在我们身边也随处可见。譬如我国古代古琴演奏,就有许多要求,如焚香、沐浴更衣、净手等,这些行为习惯就给古琴音乐带来了丰富的文化内涵。因此,古琴文化也因这些行为习惯和演奏习惯成为中国音乐研究者的重要研究课题。由此可见,在器乐演奏中,某一行为习惯与演奏学习关系紧密,甚至可谓参与了某种关系系统的建构。

不过,音乐演奏家的行为习惯与器乐演奏习惯之间究竟有什么关系?演奏家的这些行为习惯和演奏习惯与在心理上有哪些依存关系?两者之间的关系对于不同音乐风格的形成,不同演奏流派的形成和传承又有什么关系?本文拟从演奏心理学和表演美学两方面对这一系列问题进行分析,供方家指正。

二、基于心理学层面看行为习惯与器乐演奏习惯的关系

习惯在心理学上一般被理解为"带给个体心理压力较小的经常性行为"。可见,在心理选择上人们屈服于本能(自动选择自己熟悉的、心理压力小的行为方式),正如水往低处流类似的物理选择。音乐家也是如此,选择自己熟悉的、经常性的、最放松的行为,有利于演奏出自己内心想要的音乐形象,也能较为持久地演奏乐器。这些乐器演奏的行为方式与演奏者平时的生活习惯联系密切。比如,笛子演奏家中有左架和右架之分,也就是笛子在左和在右的区别。左撇子的人笛子往往在左边,右撇子则正好相反,当然也有不少例外,因为这样的姿势给演奏者的心理压力最小。

但由于习惯的可观察性,我们不难看出它合乎逻辑机能的特性,因此,习惯的形成、习惯的结合带有典型的行为特征,从心理学上加以分析,器乐演奏习惯与行为习惯会形成如下意识状态。

(一)行为习惯带来器乐演奏习惯的心理定势的产生

策动心理学家(目的心理学家)麦孤独(William McDougall, 1871—1938)认为:"行为是有目的的,而且目的性活动则发生在主客体的关系之中。一个主题面对一个情境。产生一定的欲望和目的,为了达到目的,于是有了行为。"[1]198麦孤独还认为目的性行为的原动力是本能(instinct)。按照他的理论,每个人的习惯性行为都是受到本能驱动,而且伴随着这些心理选择形成相对固定的心理定势。在音乐演奏家的演奏习惯中也能清晰地看到这些生活习惯产生的心理定势对演奏风格的影响。以马林巴演奏为例,所有演奏者都是靠琴槌的击打发出声响,然而在演奏过程中不同演奏家的演奏姿势有着明显区别。在演奏快速弱音时,有的演奏家会低头侧耳倾听,用耳朵体会音量的细微控制;有的演奏家则仍然保持强音演奏的神态只是放松了手腕的力量,他用控制手指力量来控制音量。再以钢琴演奏为例,大部分钢琴家都追求音色的纯净、优美,生怕在录音时出现任何杂音,然而加拿大著名钢琴演奏家古尔德有着自己的行为习惯,由于手本能的促使,他离不开他那把破旧的椅子,因此,在他留下的差不多全部录音中,都留有大量他弹奏时的哼唱声和破旧椅子发出的吱吱声。这些演奏的习惯完全是生活习惯产生的心理定势。

(二)行为习惯和乐器演奏习惯中形成的条件反射

理论建立在生理学基础之上的俄罗斯心理学家巴甫洛夫(Ivan Petrovich Pavlov,1849—1936)说:"神经系统的全部活动都是有条件反射与分析器的技能组成的。"[2]76巴甫洛夫的决定论原则认为:"有机体的一切活动都是受因果关系制约的;外部世界乃是有机体变化的第一源泉,哪怕最内部的动力过程,也无不以最外部的周围现实为其第一个源泉。"[1]209人的许多行为习惯受到了外部环境的制约和影响,许多父子走路神态极其相似,就是因为儿子是看着父亲走路开始学步的,于是他不由自主地模仿了父亲的姿势和神态。乐器演奏也是如此,一个演奏家在演奏技法上肯定会受到最重要的一个或几个老师的影响。他会模仿老师的手形、胳膊位置、身体姿势,乃至神态,因此形成了一种本能。每当某一特定环境、特定曲目、特定小节和乐句出现时,条件反射使他出现了练习和课堂上的演奏习惯,这种习惯与之平时的行为习惯相结合,我们称之为演奏风格。以二胡演奏为例,许多演奏家在演奏抒情乐句时都会伴随着音乐而摇动自己的身体,使人乐合一。这些动作好似一个品茶人在喝了一口香茶之后的撇嘴和摇头感慨一般,成为一种行为习惯。然而大部分演奏家他们晃动身体的方法都是老师教授给他们的:遇到什么样的音乐应该如何用肢体语言来表达音乐,使得二胡的弓子与琴弦的结合更为和谐、紧密,如音乐速度快应该如何摇动身体,音乐速度慢又应该如何运用身体,同一乐段的反复如何用身体体会出音乐的层次变化和情感对比,等等。这些老师们强加的教学环境使学生们逐渐形成了条件反射。这种条件反射建立在一种结构性的思维分析器之上。演奏家们遇到自己演奏的曲目,神经系统首先会本能地告诉外围感受器;然后外部感受器带着自然的刺激和兴奋将信息传送给内部神经系统,最终到达大脑;大脑再经过迅速的信息整合和处理,得出适合乐曲的总体行为习惯模式,乐曲演奏的总体设计形成。而具体乐句的演奏方法,大脑也会迅速及时地传达出平时积累的信号反应,形成不同乐句的具体演奏技法。

(三)行为主义心理学视角下的行为习惯与器乐演奏习惯关系

不管是以华生(John Broadus Watson,1878—1958)为代表的早期行为主义和以赫尔托尔曼、斯金纳为代表的新行为主义,还是后期新的新行为主义,他们都主张从研究人的行为入手来研究心理。他们的核心理念是:环境决定人的心理和行为习惯。这种观点有一定道理。器乐演奏家人格的形成肯定会受到他们生长环境的影响,同时形成了他们的演奏行为习惯。生活行为习惯影响演奏习惯,演奏习惯反作用于行为习惯,乃至影响人格的形成。华生认为"人格就是个体一切动作的总和,是个体各种习惯系统的最终产物……人的行为类型完全是由环境造成的"。[1]229经历过太多风雨的二胡演奏家刘天华跟随俄籍教授托诺夫学习小提琴,同时悉心钻研西洋音乐理论,正是看到了西方小提琴演奏的科学性，才产生革新二胡演奏技法的想法。他选择二胡作为改革国乐的突破口，借鉴了小提琴的大段落颤弓等技法和西洋器乐创作手法，融合了琵琶的轮指按音、古琴的泛音演奏等技巧，并确立和运用了多把位演奏法。所有这些使二胡从乐曲到演奏上都增添了艺术表现的深刻性，从而使这件古代并不受人重视的民间乐器变成近代专业独奏乐器，成为中国民乐的主角与代表，因此刘天华被视为近现代二胡演奏学派的奠基人。当下，受电声乐队的影响，许多民族乐器也开始电声化，形成了新的音乐演奏风格。从某种意义上讲，这些都是社会环境改变了人的行为，进而改变了音乐家的演奏方式和表演模式。

(四)行为习惯与器乐演奏习惯关系在心理学关系上的背离

尽管前面谈到了两者关系上的契合和相互影响，然而他们之间也存在明显的背离关系。一方面，前者对后者的影响是有限的，也就是说两者之间在大部分时间存在顺对应关系，但在时间和空间上并不完全对应。许多音乐演奏家在生活里的行为习惯(如站姿、神态、表情、语言等)在音乐会演奏过程中大大改变，仿佛成了另外一个人。有时生活中从容大方的他们，偶尔在舞台上由于受特定原因如紧张、兴奋等情绪的影响，会变得语无伦次、无所适从。另一方面，大部分演奏家在生活状态里表现出的是自身独立的人格和行为模式，而在舞台演奏过程中呈现出来的行为习惯则反映出他们的指导教师的授课风格，从而形成了舞台与生活行为习惯的明显反差。

三、基于音乐表演美学的分析

音乐表演在整个音乐创作过程中，是一个相当重要的环节，是音乐文本赖以实现的基础。这一环节主要通过演奏家的再创造即表演来实现。因此，娴熟的演奏技能无疑是作品实现的基础中的基础。同时，娴熟的演奏技能的获得靠的是长期的技术训练。然而怎么才能使音乐演奏传情、传声、传意，充满感人的力量呢？从音乐表演美学角度来看行为习惯与器乐演奏习惯问题，有着积极的现实意义。

(一)在行为习惯影响下器乐演奏习惯的立美、审美

与其他艺术创作相比,音乐表演创作有着鲜明的个性和特点。它要通过立美主体动作把现实生活中主客体的动态美艺术化,还要转化为相应的音响。这种创作过程既体现了创作者的思想意识和情感,又包含了大量的行为习惯信息。它既是一种将思维信息转化为具体表演行动与音乐声响的一个过程,又是一种讲乐谱展示、再造、传播行为。人在长期的实践活动中逐渐形成了自己的行为习惯,同时也形成了这些行为习惯的规律与原则,这些规律与原则也可称作个人行为习惯的美学原则。器乐演奏无疑是行为习惯的一个方面,这种行为一定要经过刻意的训练和遵循一定的规范才能形成,同时也受个人行为习惯的影响和牵制。这也是演奏家表演个性的一部分。它与演奏家受教育过程中形成的审美习惯与美学原则相结合共同构成完整的表演个性和风格。20世纪七八十年代,瑞士著名的音乐教育家达尔克罗兹(Emile Jaques-Dalcroze),作为当时日内瓦音乐学院的视唱练耳、和声与作曲教授,教学时深为学生节奏感的贫乏而苦恼。一次,他无意中从一个节奏困难的学生走起路来很有节奏而得到启发,经过长期的实践与研究,创建了体态律动学,对世界音乐教育作出了杰出贡献。这一系统的教学体系最突出的特点就是通过学生自身不同部位的律动来体验音乐的核心——节奏。由此,一个习惯性行为变成了一个音乐学习、表演行为。一个器乐演奏家正是因为经过大量类似的立美教育,将一个个音乐语言转化为行为习惯,选择了适合自己的、最生动的、最恰当的音乐表现因素,最生动的表现形式,最具个性的表演模式,将作曲家的心理格式、语言元素,实现不同语言之间的转换,也完成了艺术美内涵的意味强化、深化、声响化。由于音乐创造者个性倾向性和个性心理特点有常人的共性,因此就会表现出大众共同的行为习惯和器乐演奏习惯,这成为行为习惯的常态化。又因为这种常态化不能表现出演奏家自身的艺术理解、音乐理解,促使艺术家寻求独立的音乐人格,这又形成了非常态化的音乐行为习惯。

中国民族演奏家面临的音乐立美、审美难题更多。在民族器乐

发展史中由于我们记谱法中的先天不足,缺少对于音值的记录方法,音乐家们在演奏古曲时不免会产生一些迷茫,大部分曲目只能通过师傅口传心授的教育硬生生地记下音乐的节奏,这就形成了演奏差异。然而面对曲谱时会更麻烦,因为音乐的节奏完全是由个人理解把握的,产生歧义就会更大。许多音乐流派(如古琴流派)的形成与中国记谱法有着密切联系。因此,在中国传统音乐演奏中个人行为习惯对音乐的异化更为明显。演奏家完全是声音的主人,夸张点说,音乐的节奏几乎完全可以自由地创作。因此,良好行为习惯的培养对器乐演奏的发展至关重要。

(二)行为习惯与器乐演奏习惯关系音乐文化学定位

"文化",笔者理解为"人化",是人的一切行为方式。行为习惯是音乐表演文化的基础,而音乐表演文化也必将影响和异化人的行为文化。音乐美学家韩钟恩先生说过:"世上每一种文化或者更确切地说每一次文化的'诞生',都意味着'人'的一次限定和延长:一方面在从事自己的活动之前总是先确定一个对象和一个目的,无论这种对象和目的在'物'还是在'人',作为主题的人必定在某种程度上受到这种对象和目的的制约;另一方面人为了自己得以活动也总是要为自己制定一种工具、知识或技能,认识理解或者拥有参与,人毕竟因此而有所增长"。[3]352曲谱文本不等于音乐,音乐存在方式的特殊性决定了音乐表演是实现音乐创作的唯一途径。因此,笔者认为这种"诞生"不仅可以理解为文化的创新性活动,还可以理解为文化的展现过程,因为每一次音乐文化的表演都充满了演奏家和指挥家们的二度创作。音乐是一次性艺术作品,在音乐会结束时音响随即消失,所以真正与观众接触的音乐家就是歌唱家和器乐演奏家们。他们是文化的传播者,他们的行为习惯、演奏习惯也是文化的一部分,成为一种媒介——承载着音乐文化、表演文化,凝聚成一种综合艺术,是受众者视觉和听觉共同感知、理解音乐的重要途径。这一点,我们可以从许多演奏家的谈艺文丛中了解到,譬如赵松庭的《怎样演奏〈早晨〉》,他从文化学层面指出,即便是演奏一首创作于 20 世纪 50 年代的笛子作品,我们不仅要从文化背景上加以理解,还要从演奏技巧上予以分析认识,最后基于"立足传统,但不受其局限""技巧为内容服务,只要有助于内容,应尽可能地广泛吸收、创造各种表达的手段,并使二者完美地结合",那样我们就能领略到一首具有醇厚民族风味的优秀笛曲。[4]

(三)中国哲学与中国文化经纬之下的音乐习惯行为

北京大学哲学系张岱年教授总结中国哲学与文化特点:天人合一与天人交胜、知行合一与知行相资、刚健自强、以德代教(宗教)、德力分离等。中国传统音乐尤其是以古琴音乐为代表的文人音乐,有着丰富的音乐文化内涵和礼俗文化元素。当代中国民族器乐演奏家们秉承了中国传统思想文化之精髓,强调音乐的独立性、纯洁性,反政治化、庸俗化,他们的身上也体现出乐德、乐思、乐行的高度统一。[5]13-25当下,传统文化伴随着中华文明的伟大复兴而得以再受重视,国家提出振兴文化产业的国策。各大琴行传统器乐如古筝、琵琶、胡琴,尤其是古琴受到了大众的热捧。如同欧洲文艺复兴给西方带来生机与活力一般,传统思想、传统文化的复兴,必将引领中华民族再次走向富强与兴旺。中国器乐演奏家身上的担子很重,肩负着推广和传播中国民族音乐的使命,他们的行为习惯、演奏习惯,必将影响着文化的传播方向和品质。

四、结语

行为习惯和器乐演奏习惯联系密切,两者之间的辩证关系是你中有我、我中有你的同位变化体,是音乐文化与生活文化的结合体。我们强调器乐教学环境中"习惯"的作用,就是运用人类生活中形成某些生活习惯的客观规律,刻意地培养学生形成器乐专业化动作习惯的过程;并运用自我对话、自我检验、自我调整等方法来逐步掌握各种演奏技巧,使我们的器乐教学在新行为主义的视野下获得突破性进展。而从音乐表演美学层面上来看,因为人们对知识的掌握与技能的训练获得除了有良好的学习行为之外,还与其不断观察、学习和练习,以及其在下位学习过程中人的思维、调节与主动参与有着密切联系。正是由于这些原因形成多种不同风格流派,使乐曲听上去有多样音色,并且,他们的演奏技法在一定程度上还充实了音响的宝库。所以,无论在心理学方面还是音乐学、表演美学、表演文化学方面,行为习惯与器乐演奏习惯都体现出了相辅相成的关系,尽管有时二者也会出现背离和偏差,但在形成独具特征是演奏风格与个体对音乐文本解读时的视角时,作用却是一致的、不言而喻的。这一点对于我们来讲,更为重要。中国音乐文化人、器乐演奏家们的行为习惯决定着中国未来音乐表演的走势,因此强调演奏家德艺双馨和良好行为习惯的养成至关重要。

参考文献

[1]　杨鑫慧.新编心理学史[M].广州:暨南大学出版社,2003.

[2]　[俄]巴甫洛夫.条件反射:动物高级神经活动[M].周先庚,荆其诚,李美格,译.北京:北京大学出版社,2010.

[3]　韩钟恩.守望并诗意作业——韩钟恩音乐文集[M].上海:上海音乐学院出版社,2007.

[4]　赵松庭.怎样演奏《早晨》[M]//赵松庭.笛子演奏技巧十讲.北京:文化艺术出版社,2001.

[5]　张岱年.文化与哲学[M].北京:中国人民大学出版社,2006.

越剧主胡的演奏技巧和表现功能[①]

谢　青

越剧音乐作为整个越剧艺术的重要组成部分,长期以来,从"落地唱书"的原始状态,经过[吟吓调][正调][四工调][尺调]四个不同时期艺人的发展和创造,并吸收了其他戏曲、民间音乐加以变革和创造,逐渐形成了一套完整的独具特色的音乐形态和伴奏形式。而其主奏乐器——主胡,则以其不同于其他弦索乐器的演奏技法和音响效果,成为越剧的唱腔主奏乐器,在不断的舞台实践中形成了独具一格的伴奏方法和演奏技巧。

然而,随着近几十年来越剧表演艺术的发展,其表演范围、形式、戏路的不断拓宽,观众审美观念不断更新和提高,能否使主胡的伴奏在传统方法和演奏技巧的"定式"中有所突破与创新,一直是一个有待进一步研究的课题。作为一名越剧主胡教学工作者,笔者多年从事主胡演奏和教学,在此谈几点粗浅的认识,以期引起同行和专家们的共同关注和思考。

一、主胡 E 调定弦的实际演奏技巧

但凡一种音乐形态的产生和形成,都必定有着与别的音乐形态不完全相同的结构方法和组合方式,并在这种不同的结构和组合中形成基本的音乐特性,越剧音乐也不例外。例如,其较少使用 E 调

---

①　本文发表于《浙江艺术职业学院学报》,2014 年第 4 期。

($^♭$7 4 定弦)调高进行演唱和伴奏。

众所周知,在戏曲音乐中,动人的演唱往往借助乐队的精彩伴奏来获得艺术上的完美。而乐队的伴奏,则又常常是通过"润饰性的衬托"[1]111和"对比性的衬托"[1]112来达到满意的伴奏效果,尤其是采用不同调高的定弦来适应实际演唱对调式、调性演奏风格不同的需求。以越剧主奏乐器主胡为例,在调高定弦上,因受越剧音乐传统唱腔([四工调][尺调][弦下调])音区音域的制约,通常多用 G 调(5 2 定弦)、D 调(1 5 定弦)、C 调(2 6 弦)、F 调(6 3 定弦),却极少使用 E 调($^♭$7 4 定弦)。究其原因,有以下几个方面:第一,受演唱者嗓音区域高低的局限。越剧的演唱,E 调对演员演唱传统唱段来说,往往会因唱腔旋律太低或太高,使演唱者的演唱无法达到声情并茂的艺术效果。第二,乐队演奏难度增加,缺乏演奏趣味。与其他民族器乐演奏一样,E 调定弦也是一般越剧音乐演奏者不太喜欢的一种调高。因为,E 调定弦实质是带有变音的定弦,如主胡内外弦为$^♭$7 4,琵琶四根弦则为 4 $^♭$7 1 4 等。这种带有音变的空弦定弦指法,往往会给演奏者的指法演奏带来一定程度的困难,有一种别扭感,从而破坏了演奏者在演奏过程中所应有的"演奏乐趣"。

那么,E 调定弦在越剧唱腔里是否不可用? 并非绝对如此。1989 年 4 月,在浙江省中青年演员调演中,笔者在担任《花中君子》一戏的主胡演奏时,根据演员与剧情的需要,就曾大胆地在其中的一个大段唱腔中采用 E 调定弦的伴奏。的确,当时在演奏《花中君子》"姐弟痛别"一场中的"一个买字情一片"这段唱腔时,E 调定弦的指法存有一定难度,尤其是在换把音准上,由于唱腔的开始部分速度快,而且多用 32 分音符,不易把握音准。然而,根据唱腔和演员的演唱音域,通过舞台多次的比较,都觉得 F、G、D 调的演唱及演奏效果不如E 调鲜明,符合人物性格和规定情境。按照戏曲伴奏"一切从演员需要出发,一切从剧情需要出发"的原则,笔者在这段唱腔的伴奏中除了注意把握换把、音准,还在演奏技巧上进行了一些探索,如在左手的指法上,采用切指法和内外弦快速交替技法;在弓法上借用了京剧京胡演奏的小抖弓技巧,以增加演奏上的两手配合及速度。此外,由于 E 调定弦内弦最低音是"$^\flat 7$",这样在有些地方碰到比"$^\flat 7$"更低的音（如"6"）时,则采用翻高八度加附带装饰音"5"给予表现。如"1 6 1"

演奏成"1　　5`6"（五度跳进,连弓"6"单打）,而

（五线谱）则演奏成（五线谱）,不仅解决了演奏上存在的困难,还使演唱与主胡伴奏之间因时而出现的高低音强烈反差迭现,在唱腔旋律上形成了多彩的变化,产生了十分明显的艺术效果。

又如越剧唱段《凄凉辽宫月》（吕瑞英演唱）,以"深宫不识征战途"一段前两句唱腔的伴奏为例,其唱腔旋律为:

（五线谱乐曲）

深　宫　不　识　　征　战

途　　　苦

愁　只　愁　　王　　　履

险　　　阻

这段 E 调的唱腔,主胡演奏的音区以中把位为主,特别是一开始的三小节前奏,由于主胡是（$^\flat 7$ 4 定弦）,从第一把位换把至第二把位音准控制较难,这就要求演奏者必须注意换把时的音准;同时在连接第二小节第四拍后半拍的"$^\sharp 4$"这个音时,在演奏上将"$^\sharp 4$"作为经过音来处理,用连弓的方法来演奏并引出唱腔。另外,在演奏第 4～12 小节的过程中,唱腔的速度处理尤为重要。笔者的演奏方法是:一是

要把握演奏唱腔速度的快慢，在音乐时值的控制上，做到既不能"抢拍"，又不能"拖拍"。用橡皮筋形象来比喻，我们可将橡皮筋作长短的拉伸，但回归到原处还是一条橡皮筋。二是要把握主胡唱腔与过门的对比关系，在演奏唱腔时，尽可能用连弓的方法，到演奏过门时用分弓来突出表现唱腔与过门的对比关系。

实践证明，一种不常用的定调若能在演奏技巧上加以创造和正确使用，是能够产生出令人意想不到的奇异光彩的。

二、主胡伴奏的舞台性与表现功能

由戏曲虚拟性的表演形式所决定，越剧舞台上的表演与其他剧种的表演一样，其时间和空间的结合变化是十分灵活和写意的。主胡作为越剧音乐演奏的主奏乐器，如何充分发挥其演奏（伴奏）的舞台性（即一切从舞台的实际需要出发）就显得十分重要。

显然，在舞台的实际演出中，主胡演奏的功能非同于一般伴奏。它不仅需要率领整个乐队用"扶、保、领、带"的方法对演员的演唱起"托腔保调"的作用，以协助演唱者对每段唱腔的音高、音准、演唱速度进行把握，对演唱过程中可能产生的各种字音的不足进行润色、弥补，还常常借助自己特殊的音响效果和所处的特殊地位，单独或率领整个乐队对剧情的规定情境、人物性格和内心情感进行表现。其具体的表现形式，归纳起来可主要分为以下几点：一是利用主胡的特殊音响效果和演奏功能，对自然界的各种声音进行模仿，如鸟鸣、鸡叫、开门声等。比较典型的有《拾玉镯》一戏，结合孙玉姣的穿针引线，用主胡演奏出"依"的长音，以特定的演奏音响表现出演员特定舞台穿针引线动作，使观众通过视听，调动其对穿针引线的想象，使舞台的虚拟性表演产生真实感，从而获得一种美的享受。二是率领乐队对舞台演出的规定情境和人物性格情感进行表现。这方面的例子可谓是俯拾皆是。就以《白蛇传》"断桥·西湖山水还依旧"一段唱的前四句唱腔的伴奏为例。"西湖山水还依旧"是一段广为传唱的唱腔，其前四句的唱腔旋律为：

以上这四句唱腔主要表现了白素贞为救许仙,在"水漫金山"后又来到了西子湖畔断桥边,她触景生情,忆想当年与许仙初会断桥,从此相亲相爱,而如今许仙竟听信谗言,负情而去,致使山水虽依旧,却让人"不堪回首忆旧游"这样一种悲、喜、愁、怒交加的复杂心情。笔者在演奏这段唱腔时,根据特定的情境,着重通过运用各种主胡的演奏技巧,率领整个乐队最大限度地对白素贞的情感在音乐上给予烘托和渲染。如在唱腔的开头三小节过门,采用主胡大幅度的演奏弓法,以强烈地表现白素贞又见断桥时的激荡情怀。而四句唱腔的伴奏则一反传统内外弦交替的演奏方法,改为 G 调,纯用内弦演奏手法,用低衬、高衬、减花、加花等[2]演奏手段,使音色变得深沉浑厚,并用大臂配以平稳有力的弓法,充分体现了白素贞面对西湖山水所产生的对昔日的怀念以及今日的怒愁心情。此外,在唱腔旋律的进行过程中,还采用了打音、滑音、揉弦加花等一系列指法技巧,较好地刻画出了白素贞因"西湖山水还依旧"而引起的对许仙的爱与怨的百转千回情怀的潜在心理,从而使这段唱腔的演唱和乐队的伴奏达到了较高的和谐。

除了以上所说的两个方面,主胡的舞台性表现功能还表现在与演员、鼓板三位一体的关系上,与整个乐队关系的独立和协调上,尤其如何通过主胡不同的演奏技巧,调动和提高乐队的"演奏乐趣",也是主胡舞台性表现功能的一个重要方面。

一般来说,在戏曲伴奏中,有时为了能较为灵活地配合演员表演,有些乐段、乐句、曲牌往往是采用同一旋律的不断反复演奏来加以体现的。然而,这种同一旋律的不断反复,在实际运用中往往会使乐手们在听赏上产生一种厌烦心理和疲劳现象,从而破坏了演奏情趣,影响了演奏水平的充分发挥。作为乐队的领奏者,主胡有责任避免此现象,借助自己的演奏技巧对此加以改变。如演奏[柳青娘]这一类丝弦曲牌,笔者通常是交替采用下列方法:①保持节奏不变,旋律稍变;②利用旋律的四、五度移位手法,将中段旋律往下属方向移;③用[四工调]演奏方法,即运用右手有规律的运弓,特地将规则的2/4拍节奏打乱,变弱拍为强拍,左手指法作小三度打音、滑音、回转滑音、附加倚音、换音等技法。这就使得同一首[柳青娘]每一次的重复演奏给人视听上的感觉似乎都是一次重新组合,并由此激发乐手在演奏时的"演奏乐趣"和参与意识,从而提高了整体演奏水平。关于这方面的例子还很多,这里就不一一列举了。

三、主胡在多声部乐曲中的演奏技巧

鉴于戏曲音乐写作技巧的发展和提高,音乐工作者大量使用多声部的配器手段来丰富音乐的表现力。在多声部的乐曲演奏中,主胡已不再始终处于主奏的地位,有时也仅仅演奏一个一般的声部。随着伴奏形式的改变,人们对主胡的舞台实践提出了更高的要求,不仅要求其掌握和声、复调等基本知识,还要求其必须掌握一些其他民族拉弦乐器的演奏技法和表现性能。

长期的舞台实践表明,在演奏多声部配器的乐曲旋律时,主胡演奏者适当地掌握一些民乐的演奏方法和演奏技能,如二胡的揉弦、压弦、运弓等,对于增强主胡的表现力,无疑是十分重要的。就以《红楼梦》"宝玉哭灵"的主胡独奏(配音)为例,经过多声部配器后,主胡作为其中的一个独奏声部,其演奏若按传统的表现手法,在乐曲中随意加花、减花,其结果不但会破坏舞台表演特定场合、特定人物的内心情绪,而且将破坏整个音乐形象的完整、音响的平衡、和声的丰满,给人一种画蛇添足之感。因此,笔者在演奏这段曲子时,在适当地保持乐曲完整性的前提下,充分利用主胡的实际地位,吸收采用了一些二

胡的演奏技巧。"宝玉哭灵"中的这段乐曲共四句十小节,其旋律为:

在演奏开始的部分,笔者根据乐曲的情绪和风格,采用二胡"迟到揉弦"的技法,使音色变得十分扎实,特别是第一句 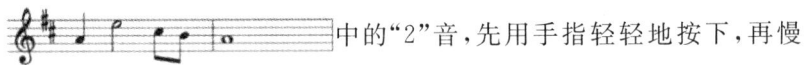 中的"2"音,先用手指轻轻地按下,再慢慢地揉弦,逐渐加快手掌上下摆动的速度[3],通过力度变化,产生从 mp～mf 的音量变化。接着,从"2"音作小三度的下滑到"7"音,使旋律明显呈现下行级进,从而在视听上产生一种下沉和失落感,以表现宝玉哭灵时的悲痛心情。对于第二句的 ,笔者则采用二度移位法,使演奏同上句保持统一,以协调乐段四句中第二句与第一句相互间的起承关系。第三句为"转"句,笔者在"2"音上用压弦加揉弦,弓法从弱到强;在 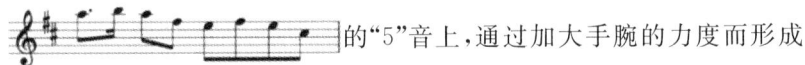 的"5"音上,通过加大手腕的力度而形成有力的音头、弓速与运弓量[4],在第八小节后的音高 re—中音 mi 二拍用下滑音,"3"不揉弦,使其与"2"音形成鲜明的对比,继而使"合句"  给人一种暂时不完全终止的艺术效应,以表现宝玉对林黛玉的无尽怀念之情。

四、结语

越剧主胡的使用虽已有 70 余年的历史,并已形成了一套较为完整的伴奏技法和基本程式,但是,从理论上对其演奏技法和实际运用形式进行的研究却较为缺乏,特别是越剧主胡的演奏技巧和表现功能。主胡 E 调定弦的实际演奏技巧值得戏曲音乐工作者去思考。要在越剧音乐主胡演奏唱腔上有所创新,改变唱腔的调式、调性是可以作为一种演奏手段来运用的。以上所谈的有关主胡演奏的几点看法,是笔者在长期的实际演奏和教学过程中获得的一些粗浅认识,今谨以一孔之见,求教于专家,并望得到同行好友的指正。

参考文献

[1] 王艺,骆峰.绍兴莲花落[M].杭州:浙江摄影出版社,2008.

[2] 周大风.周大风音乐教育文集[M].成都:四川教育出版社,1999.

[3] 王国潼,赵寒阳.二胡基础练习三百首[M].北京:人民音乐出版社,1993.

[4] 居文郁.试论二胡运弓的基本原理[M]//王建民,陈春园.琴思弦韵.上海:上海书店出版社,2010:189.

第三编

析舞弄文

论中国舞蹈特色保护与发展①

管继华

如何在经济全球化深入发展的今天保护和发展中国舞蹈的民族特色已经成为当今舞坛广为关注的重大课题。

一、应对挑战——与时俱进,在发展中求保护

一般地说,在社会发展过程中,各国、各民族因其生存环境、劳动方式、生活情态以及历史遭遇的差异,形成了不同的风俗习惯、民族性格和文化传统,同时形成了各国、各民族舞蹈的不同特色。这种特色艺术体现了一个民族比较稳定的个性心理特征和精神风貌,具有不可替代的风格魅力和美学蕴涵,为广大人民群众所喜闻乐见,而且具有一定的民族亲和力和民族凝聚力。从某种意义上来讲,正因为各国、各民族舞蹈各有自己的特色,才使我们生活的这个世界更显得千姿百态。

然而,当我们跨入新世纪门槛,欢庆我国加入 WTO(世界贸易组织)的时候,似乎蓦然发现,我们这个拥有 5000 年文明、56 个民族、上万种舞蹈资源的舞蹈大国,在全球化的浪潮面前不得不考虑一个往昔不认为是问题的问题——中国舞蹈的民族特色的保护与发展问题。

---

① 本文是首届"中国舞蹈节·中国舞蹈论坛"第一主题入选论文,发表于《浙江艺术职业学院学报》,2003 年第 2 期。

细想起来,潜伏的危机早就存在了。一方面,我们引为自豪的"上万种舞蹈",大部分也只见之于文献,能够经常看见的舞蹈种类基本上屈指可数;另一方面,随着社会转型和经济全球化的影响,新时期大量涌现的舞蹈舞剧新作品,虽然不乏上品佳作,但就多数而言,本国和本民族特色已经淡化。产生上述两方面情况的原因是多方面的,有历史变迁原因,有舞种自身生命力或表现力原因,还有社会对艺术的保护机制的原因等。其中一个重要原因是,虽然我们重视了挖掘、整理,但对于传统舞蹈的保护和发展问题,我们毕竟还缺乏必要的危机感、紧迫感,缺乏前瞻性的宏观举措,微观上又常常忽视作品形式的审美属性和舞蹈形象的艺术特色等,致使许多作品的舞蹈语言和艺术表现形式一旦离开内容便不能相对独立存在,甚至在作品形式和语言的运用上越来越藐视艺术的一般规范;在某些新作品的创作及评论过程中,有时几乎不知道谁还在意本国和本民族的舞蹈风格特色。加之急功近利的浮躁心态,让人们忘却了艺术"活于死,死于活"的辩证规律。

随着改革开放的不断扩大,中外舞蹈艺术交流日益增多,欧美现代舞和国外各种流行舞几乎是"破门而入",的确给我国的舞蹈运动带来了勃勃生机。但由于我国的传统舞蹈乃至传统文化既有许多趋向变革、力求进取的积极因素,也有一些落后、满足感、不合时宜的惰性因素,是一个多种因素糅合并存的复杂体,再加上一部分国人缺乏本民族舞蹈的主体精神,在弱势文化的大氛围中,自觉或不自觉地表现出对外来舞蹈的新奇感和对民族传统舞蹈的一种轻视态度甚至是厌倦心理。虽然我们可以经常看到有组织的群众舞龙、舞狮,看到老妈妈们扭秧歌、打腰鼓,但很少看到代表国家未来的青少年自发地去跳一些前辈们希望他们喜欢的传统舞蹈,他们热衷的是街舞、劲舞、霹雳舞、爵士舞。舞台上用传统的舞蹈语汇去演绎现代生活的不是很多,吸收现代舞编舞手段与技法创作的作品倒成为当今舞蹈的主流。我国舞蹈的这一由守成到突破,由传统形态到现代形态的变革性格局,又一次向人们表明,年代久远的未必是生命旺盛的,而大家觉得优秀的也不等于强势的。记得中央电视台讲述了这样一种情况:贵州有个"苗寨生态博物馆",也是个旅游景点,博物馆希望村民们的生活习惯、头饰服装、舞蹈形式都保持原生态,但村民们却不愿配合,不接待外宾他们不穿民族服饰,都爱穿现代服装;不喜欢原来的取水方式,喜欢用自来水;记者请村民跳舞,他们跳的是迪斯科、十六步,总不能按照博物馆希望他们喜欢的去喜欢。如此等等,这就不能不让人想起肯德基、《哈利·波特》《生命之舞》和由国际著名电影导演执导、由在外国工作的中国艺术家和本来就是外国人的艺术家为主创人员创作的那个芭蕾舞剧《大红灯笼高高挂》,面对滚滚而来的全球化浪潮和现实的文化生态,任何一名清醒的舞蹈家,都不能不加重民族舞蹈艺术的危机感和保护民族舞蹈特色的紧迫感。

美国著名学者塞缪尔·亨廷顿认为:不同文明之间会产生冲突和排斥。而且历史也证明:文明、信息的流动不是等值的,它总是从先进的流向落后的。这说明文化潜移默化的"示范"作用是十分强大的。也就是说,在不同文明的交汇中,相互的冲击是不可避免的。

凡此种种,给本国和本民族舞蹈特色的保护提出了一些值得探讨的问题:经济全球化会形成艺术的趋同化吗? 本国、本民族舞蹈特色会随着文化交流的增多而被异化吗? 本国、本民族舞蹈特色的保护条件是什么? 如何增添本国、本民族舞蹈的时代审美情趣? 本国、本民族舞蹈的呈现样式如何与时俱进? 票房价值与本国、本民族舞蹈的艺术价值怎样结合? 等等。

我们知道,不是所有的物种都可以靠人们的主观努力永远保存的,它们必须自身具备强大的独立生存能力,经得起物竞天择。熊猫、中华鲟、新疆野马都属于活化石般濒临灭绝的物种,人们对它实行了抢救性保护。其实,它们的生命力是很强的。熊猫本来食肉,吃不到肉改吃竹子,虽然种群数量减少了,但它依然能活到今天;而与它同期进化的动物基本上都灭绝了,那么了不起的恐龙,如今也只能看到它的化石骨架,反证了适者生存的规律。舞蹈的兴亡与物种消长有相似的地方,《中国民族民间舞蹈集成》和《中国舞蹈史》中所记录的舞蹈大都消失了;从原始氏族社会歌颂黄帝的《云门大卷》算起,历史上不知有多少乐舞,至今谁真正看到过它的动态踪影! 但有些离开乐舞内容而能相对独立存在并具有广泛适应性的演艺性舞蹈,却能寻觅到适合自己生存的环境(被元代之后的戏曲吸收),以至于保存和发展到现在,新中国成立后又被继承发展为中国古典舞,修复了传统舞蹈的历史记忆。那些散存于民间的原生态舞蹈(即我们通常所说的中国民间舞)因其独具特色又为民众喜闻乐见,流传于民间经久不衰。可以说现在依然存活的具有民族特色的舞蹈,都是历史积淀的精华,是具有强大生命力的生动体现。然而,这些精神范畴的物种,虽说它们有别于自然界自生自长自灭的动植物,但也不是什么永不凋谢的花朵。宛如戏曲作为中华文化的艺术瑰宝,像一个庞然大物,风行几百年,曾几何时也面临生存危机,何况舞蹈!因此,在经济日趋全球化的今天,对本国和本民族舞蹈特色的保护再不可漫不经心,必须以积极的姿态,采取多管齐下的措施。

①保持本国和本民族舞蹈特色,要始终与民众的喜闻乐见紧密地联系在一起,千方百计地让各类舞蹈活动深入民众中间去,真正使具有本国、本民族特色的舞蹈艺术成为人民大众的精神食粮。这样才能把根基扎深,强化自身的生命力,所以要求舞蹈编导家们首先要肩负起历史的艺术重任,摒弃那种把各种舞蹈比赛当作自己艺术追求的实验室或作品成败的试金石的人生价值取向。尽力在创作中既摆好参赛与演出的关系,又摆好创新与传承的关系;既要考虑民众的喜闻乐见,又必须引导人们克服弱势文化心理。舞蹈批评家们也应该注意防止过分张扬自我、脱离群众和轻视民族特色的倾向。基层文化部门的舞蹈干部也应该不负众望,扎扎实实地普及好本民族本地区的舞蹈,用它来编织新颖的舞蹈呈现样式。

②本国和本民族舞蹈特色的保护,需要社会各界的关爱与呵护,特别是需要政府的正确引导和经济扶持。因为随着经济全球化的不断推进,各种艺术形式和各类呈现方式的日臻丰富多样和受众选择范围的极大扩展,具有本国和本民族特色的表演性舞蹈能占一席之地已属不易,更难以保持理想的票房。所以,"要叫马儿跑,马儿要吃草"。尤其对那些具有本国和本民族特色的优秀舞蹈,应该建立相应的(专项)激励机制。

③传统是一个动态概念,它是在不断发展中形成并不断优化的。因此它必须与时俱进,做到在发展中求保护。首先要使本国和本民族的传统舞蹈,在保存其特色的同时,积极寻求以现代形态表现自己

民族特色的方式,并在实践中逐渐与当代人的情趣相接近,使它和当代人尤其是当代青年人的心灵相沟通,受他们欢迎;同时要发展更多的语境和表达空间,尽力表达当代人的精神风貌和他们的情绪、情感、情愫、情怀,而不可以用保护的名义把我国传统舞蹈凝固化,仅仅满足于"原汁原味"的民俗展示。在这方面,现代舞有突破,芭蕾舞在探索,流行舞就像各式各样的快餐,不管人们对它们作何种评价,但它们的特色都一直保存完好,这是值得我们思考和借鉴的。

④组织力量,继续对具有民族特色的舞蹈种类进行科学整理,并借助高科技手段,建立包括音像、图谱、文字记载说明的原始资料库、教材教法库、特色浓郁的优秀作品库。此项工作乃功在当代,利在千秋。

⑤尽管如此,保护和保存依然是两个概念。不可把保护消极地误认为是把祖先留下的文化供起来,把它们当作"活标本"养起来,那样便无异于把活的当成死的保。中国社会科学院的耿志云先生曾作过一个比喻:"传统文化好比一捆干草,人们像驴子一样驮着它走。各人的驮法不同。聪明的人把它化为养料轻松地走向未来,愚蠢的人把它当作祖传财宝永远是沉重的负担。"

二、善待机遇——趋利避害,在融合中谋发展

经济全球化的历史进程必将给包括中国在内的各个国家带来多种文化的交汇、碰撞、激活和融合,这是中国文化和中国舞蹈吸收他国和其他民族优秀文化,发展中国舞蹈本国和本民族特色的大好时机。我们应该抓住这个历史机遇,趋利避害,吸纳人家好的东西,丰富和完善本国和本民族的传统文化和传统舞蹈。

海纳百川,有容乃大,包括中国舞蹈在内的中华文化一向被公认为博大精深,其原因是中华文化是一个开放度、包容度很高的系统,封闭性和排他性并非它固有的本性。从历史上看,每当中华文化与其他文化竞争共处的时候,中华文化都能吸纳外来文化的优秀成分,为我所用,使之激活传统文化的创新和发展,例如,唐代、元代前期、清代前期都是这样。著名史学家陈寅恪说:"唐代与外国、外族之交

最为频繁,不仅限于武力之征和宗教之传播(景教),唐代内政亦受外民族之决定性的影响。"唐代在对外交往中采取"对外开放、兼容并蓄"的政策,而并未影响唐朝作为东方大国的地位。陈寅恪的解释是"李唐一族之所以崛兴,盖取塞外野蛮精悍之血,注入中原文化颓废之躯,旧染既除,新机重起,扩大恢强,遂能另创空前之世局"。舞蹈史学家王克芬也说:"唐代,是我国古代舞蹈艺术发展的高峰,这个高峰是在政治局面相对稳定,经济比较繁荣的社会环境中,在广阔、深厚的民族民间传统乐舞的基础上形成的。……唐初,中外各族乐舞,仍以他们本来的面目,带着各自不同的、浓郁的民族风格在中原流传。在长期的流传过程中,他们逐渐相互吸收融化,创造了丰富多彩,具有较高艺术水平的唐代舞蹈。"

改革开放以来,我国舞蹈战线(包括专业团体、群众业余,特别是部队)紧紧依托本国和本民族深厚的文化底蕴,大胆突破舞蹈的种种局限,全方位地吸收欧美现代舞以及有利于表达内容的其他舞种的表现手法和舞蹈语汇,结合从生活中提炼的创作素材,成功地编导出许多精彩的舞蹈和舞剧作品。有些还能以内容的表达需要,推动了形式的发展,形成了新舞蹈和舞剧创作的主流格局,先后在历次大赛中获奖,被人们誉为"新舞蹈""创新舞""当代舞""当代中国舞剧"。这类现实的例证足以说明:吸收他人之强用来弥补自身之弱是可行的;引导得好,也是发展本国和本民族舞蹈的一种优选途径。

诚然,这些舞蹈和舞剧作品在艺术形式上欠缺的也正是本国和本民族的特色。尽管如此,我们还要看到,从广采博纳到形成本国、本民族舞蹈的新特色,还需要一个(可能是曲折漫长的)过程,需要学术界的深入探讨和正确引导。但是,解决这一问题的关键还是在于你在艺术风格样式的建立上,是否树立了明确的主体意识——洋为中用。好比人们喝牛奶是为了自身获取营养,而不是为了把自己变成牛。在艺术多种精神取向交织发展和日益多元化的艺术生态中,你在乎艺术形式上的本国和本民族特色,你在吸取外来艺术的时候其选择性就强,或许创作起来难度较大,因为它有限制,就像芭蕾舞也吸收现代舞的表现手法,以使其更新颖、更具表现力,但是等创作完成,其作品形式还必须是芭蕾舞,这就是有限制。如果不在乎艺术形式上的本国和本民族特色,在吸收应用外来舞蹈的创作手法和舞蹈语汇时,你当然可以信手拈来,随心所欲地直奔内容表现,无须受风格的限制。不过,这种舞蹈功利色彩一般都比较浓厚。或许它很精彩,但它是"节目"的精彩,而非舞蹈本体的精彩。这类舞蹈也并不等同于欧美国家的现代舞。不管怎样,我们应该坚信,生活在中国大地上的中国舞蹈家,离不开自己民族的文化背景,在全球化的今天,你尽可以大胆地往前走,大胆地去吸纳,经过长时期的磨合、升华,哪怕到最后出现一个"新新舞蹈",它还是中国的,这就是我们应该具备的文化气度。

同时,发展中国舞蹈的本国和本民族特色,还必须增强文化和艺术的鉴别能力,这是趋利避害的关键而并非俗语套话。因为只有能鉴别才能分清良莠,不为谬误所惑,不为迷雾障眼;只有会批判才能有选择,才能避开歧途,真正做到一方面善于吸收他国和他民族的舞蹈精华,另一方面又善于摒弃那些落后、颓废,甚至是腐朽淫秽的糟粕,也不至于简单地见到"新鲜"的就以为是先进的,看到本土的就认定是落后的。

为此,我们必须清醒地看到,处于弱势地位的人们,最需要的是自尊自信,对他国和他民族的舞蹈艺术既不要傲慢抵触,不屑一顾,也不能妄自菲薄,顶礼膜拜。这些肤浅的表现都是非常不可取的。

总之,进入经济全球化历史进程的中国舞蹈,必须直面文化市场的开放和各国舞蹈演出的公平竞争,冷静对待西方文化对相对弱势文化的各种影响,波澜不惊,有吸取有扬弃,并要以自信的心态参与日益增多的中外文化交流,乐观地看待中西文化的碰撞,热情地融入不同舞蹈文化的融合中,在融合中保护、发展、强化本国和本民族舞蹈特色。既然不存在文化孤岛,也无须回避全球化带来的文化冲击,只要应对措施得当,谁也取代不了根基深厚的中国舞蹈;既然已经你来我往,交流增多,自当虚怀若谷,不失时机地吸收、消化他人的精华,以强大自己。需要强调指出的有以下两点:

①保护本国、本民族舞蹈特色就要保护民众对本国、本民族舞蹈的喜闻乐见,并让它经时代风雨,见当今世面。因此,更要求与时俱进、在发展中求保护的理念。

②发展要广采博纳、兼容并蓄,但又始终保持自己的文化品格,而且更要求以本国和本民族舞蹈为主体,凭借中华文化的深厚底蕴,趋利避害,于交融时谋发展,决不可在频繁的文化交流中眼花缭乱,找不着北。

从寻根溯源到返璞归真①

——对中国古典舞创作的思考

褚 琳

　　第九届"桃李杯"在 2009 年 8 月隆重地落下了帷幕,笔者所在的浙江艺术职业学院再一次以优异的成绩为比赛画上了一个圆满的句号。与往届相比,我们无论在作品创作还是演员表现方面都有巨大的突破。在为收获奖项欣喜的同时,笔者不禁回头反思整个比赛过程。通过比赛,笔者感受最深的就是本次比赛中中国古典舞剧目创作当中的问题。在中国古典舞 B 组比赛当中,笔者认为关于古典舞剧目创作中的问题突出的表现为:其一,剧目的题材陈旧,剧目编排创新不够,尤其是一些剧目有相似或者雷同的现象;其二,观看个别舞蹈剧目之后有种不知所云的感觉,舞蹈语汇缺乏表达性,情感和内蕴的传达更是模糊不清。对这种问题的认识不仅仅来自普通的观众,更来自于专业舞人。这种现象应该引起我们的重视,创作问题是艺术发展的核心问题,因此处理好中国古典舞的剧目创作问题,对于中国古典舞事业的长足发展具有举足轻重的作用。

　　难道是我们现在的舞蹈比赛不重视舞蹈创作吗? 答案是否定的。实际上,在当今的教学实践中,几乎所有的艺术院校都非常重视创作,尤其是原创。以笔者所在的学校为例,在这次"桃李杯"比赛中有很多老师参与了创作,同时学院领导狠抓创作并要求必须拿新创作的节目才能去参赛,为此学院投入了大量的人力、物力,由此可见

---

　　① 本文发表于《浙江艺术职业学院学报》,2011 年第 2 期。

创作的重要性和必要性。值得肯定的是,在本次的"桃李杯"比赛过程中,我们自主创作的舞蹈剧目得到了实践的检验,同时在与兄弟院校的比较与交流学习中收获了很多可贵的经验。赛事归来,如何提高中国古典舞作品创作的水准及创作的自主性,成为笔者不断思考的问题。

一、寻根问底——明确中国古典舞创作所遵循的原则

记得在学生时代,老师曾经讲过,一些创作上不严谨的中国古典舞作品塑造出的人物很容易成为"粥状人物"。所谓"粥状人物",就是性格不鲜明或是多重性格特点汇聚一身的人物。成功的人物塑造往往既要有历史性又要有个性,而恶劣个性化塑造之后的人物就很容易变成"粥状人物"。很多舞蹈作品虽然以某一人物或者历史故事为题材,但是我们看到的人物并不是我们所熟知的"这一个"历史人物,而是带有历史人物符号的"粥状人物"。有些作品如果换一个题目换一身服装就可以表现另外一个主题或人物。在从事了中国古典舞的教学之后,笔者更是感觉到课堂教学、艺术创作与舞台表演三者之间的关系应该掌握得恰到好处。

孙颖老师在《中国古典舞评说集》中《我的创作观》一文里是这样阐述中国古典舞创作的:首先,在中国古典舞创作中要先立一个意境。意境在中国古典文化当中具有重要的地位。无论是中国传统音乐、绘画还是书法,都追寻着一种意境的营造。因此,她进一步讲到"立一个什么意境,就关系到对要表现的事物了解的多少、深浅,因此就尽量寻找自己所熟悉的,不搞没影没谱的事"。在编创作品当中,一定要做到心中有数,有感而发。这是创作中非常重要的一点,只有编导自己心中有了想要带给观众的情感或意境,才能够让作品立住,不随波逐流。纵观现在舞台上的中国古典舞作品大都像是浸染过了一阵"空灵之风",让观众感觉空灵、缥缈,在比赛奖项评比后真正能够长演不衰的作品寥寥无几,而这些作品所表现的空灵古风也就"风过无痕"了。怎样立古典舞的意境以及立怎样的意境,要依据编导自

己内心深处想要追寻的艺术效果。需要注意的是,我们要记住"立意、构思,设定要表现的内容,不能忘了我们这个行当的特点,得想到可行性,能否通过古典舞表现"。

其次,关于题材选择与形象塑造。题材的选择关系到中国古典舞的文化品位。中国古典舞创作要先考虑民族个性,再考虑编导自我的创作个性。编导在选择题材的过程中一定要考虑选材的文化品位。因此,在题材的选择上脑海中要明确是为古典舞的创作选择题材,而不是随便捕捉一个历史故事或者感受到一种缥缈空灵的感觉就拿来当作古典舞的题材。

只有在选择了满意的题材之后才能谈形象塑造。"古典舞的形象思维,大体有两种情况。一个是泛古,另一种是断代。当前,我们还没有形成古代舞蹈的断代教材,而创作又不可能花上大量工夫先去研究所选题材那个时代的舞蹈,因此也只能以古典舞的基本形式为基础,考虑、寻求时代特色,这也是从课堂到舞台,从训练教材到节目创作必然出现的发展和变化。"孙颖老师讲到的关于形象塑造的观点也间接反映了当前古典舞创作中出现的一些问题,如何解决舞蹈创作中的有形无象,这就要求编导不要一味地用技法来"出动作",而要在确立题材构筑意境的基础上围绕形象而编创。

再次,关于舞蹈语言的编创。对于学习过编创技法的编导而言,会出现"动作好编,韵味难求"的情况。尤其是对于中国古典舞而言,其不同于现代舞的舞蹈语言和编创理念。因此,我们要明确"创作语言之前要先学语言"。中国古典舞无论是体现泛古的舞蹈意境还是表现断代中的舞蹈人物形象,都需要通过古典舞的语汇进行表达。当今舞台上之所以会出现对于某一作品是不是古典舞的争议,实际上与舞蹈所用的语汇是否是古典舞有很大关系。笔者认为,在编创作品时不管如何创新,最起码编古典舞就要像古典舞,不要让古典舞和现代舞混淆在一起。另外,古典舞不是声韵素材、技术技巧和现代舞编创技法的拼贴组合。舞蹈语汇运用是个很重要的问题,因为所有的题材、构思、意境最终都要通过舞蹈肢体语言呈现出来,因此,肢体语言的遣词造句是一个呈现的过程。作为艺术性的舞蹈不应该只停留在好看和优美的层面上,尤其是作为中国古典舞更应该展现它本应焕发的文化和内涵。

我们当前在舞蹈创作中对技法有些过分依赖。舞蹈创作需要方法,但是不能拘泥于舞蹈编创技法。而对于古典舞作品的创作,我们也不能仅仅是每到创作之时就从历史那里"借光儿",而是应该真正深入历史,深入所要塑造的人物并进行揣摩。针对"桃李杯"比赛的独舞创作来说,我们不可回避地是比赛中必须以突出参赛演员为重,但是突出演员不等于仅仅突出演员的技巧,技巧本身其实也是为塑造形象服务的。因此,在编创作品时我们一定要明确不仅仅要展现学生精湛的技术,更要在比赛过程当中让学生体会怎样表现舞蹈的内涵和意境,而要想实现学生们在艺术领悟力上的提高,就要在创作的作品中突出文化内涵和审美意境。正所谓"道中无术,术上可求;术中无道,止于术",对于一个中国古典舞老师来说,教学与创作应该是互相促进的,只有这样才能够更好地培养学生的综合素质。

最后,适度把握"以我为主,多元吸收"的方针。"以我为主,多元吸收"是中国古典舞在当代建构初期,为弘扬中国传统舞蹈文化,体现古典文化精神及中华民族气质和神韵而提出的方针策略。"我"是指中国传统舞蹈文化,主要特指戏曲中的京、昆及其他大剧种的舞蹈。"多元吸收"中"多元"的成分包括武术、体操、民间舞、芭蕾以及文献和文物遗存中的舞蹈形象,后来还加入了现代舞。

唐满城教授在《从"桃李杯"大赛的古典舞谈起》一文中讲道:"一种艺术形式是否成熟,表现在它是否有自己独特的审美追求和独具特点的形式和程式。"然而在当今的古典舞剧目当中,我们看到的剧目大多只体现了"多元吸收",中国古典舞近年来创作的作品在一定程度上并没有很好地围绕"以我为主"的轨迹前行,以至于出现了一些争议性的问题。例如,舞蹈的舞种归属问题,剧目的内容、题材是否具有古典精神等,足以见得"以我为主"中"我"的概念越来越模糊了。

因此,唐满城教授指出:"我们的中国古典舞从诞生的第一天起即是在'继承'与'发展'中波浪式前进的,过去往往强调了一方面而忽略了另一方面,因此古典舞尽管有飞速的发展,但剧目不是略显'陈旧'就是像'现代舞',归根到底是对自己民族文化深厚的根继承不够,对如何吸收当代其他舞种经验的度掌握得不好。分不清什么是自己的'主体',什么是必须具备的'排他'性。"笔者认为,在中国古典舞的创作当中,一定要将"我"与"多元"之间的度把握好,在创作之初就在脑海中树立古典的概念,在继承与发展之间找好创作的维度。

二、另辟蹊径——在本土文化上下功夫

在创作中我们应该认识到题材的选择对作品创作的重要性。因此,针对不同地域的文化可以选择不同的创作素材和创作题材。对于编导来说,挖掘本土文化进行创作是一种可取的方法。笔者针对自己所在的地区以小见大地谈一下自己对于中国古典舞创作时题材选择与创作方面的想法。

针对笔者所在的浙江地区,自古就是吴越文化的聚集地,可以选择的题材繁多,如历史名人有王羲之、陆游、西施等,风景名胜有雷峰夕照、西湖美景等。假如我们选取西施这个历史人物作为编创的题材,首先应该在脑海中形成一个有历史感的人物形象,西施的故事可以说是家喻户晓。公元前491年,越国在与吴国的争霸中战败,西施被越王送往吴国之前,曾于绍兴土城练习歌舞仪容,到了吴国以后以美貌歌舞迷惑吴王夫差,吴王"盛陈伎乐,日与西施行乐歌舞为水嬉……荒于国度"(清《诸暨县志》)。西施进入"馆娃宫"后,常率众宫女脚穿木屐、裙系小铃,在木板上跳舞。明张岱在《陶庵梦忆》中曾描述明人所演之西施歌舞,长袖缓带,绕身若环,扶旋猗那,弱如秋药……因此,在本土文化的熏陶下,在了解了西施这个历史人物形象的基础上,再进行编创就会比空穴来风 个历史人物或者历史故事要真实生动得多。与此同时,对于当今舞台上出现的较多以单个的历史中女子形象为题材的作品而言,怎样让西施看起来就是西施而不变成貂蝉或者罗敷,杜绝出现混淆不清的现象:一方面,在舞蹈语汇的组织上一定要尽量追寻当时的风貌,在留下的历史文献和古代诗词中寻找到西施身上动作语汇的特点;另一方面,在形象塑造上要尽量明确人物的形象特征和性格特点。

这里之所以选择本土文化中的内容作为素材,不是为了讨巧而

恰恰是为了避免讨巧向历史借光。挖掘本土文化是我们在创作中找寻发展的一个突破口,其实对于编创来说"法无定法",编导眼中之所见、内心之所感才是最重要的。我们只要记住不要浮躁,要静下心来搞创作,找寻自己的方向和个性化创作,不要人云亦云,也不要不知所云,心中有形象才能表现出来。因此,只有热爱本土文化,对本土文化有感情、有体会,才能够编创出有情感、有内涵的舞蹈作品。立足本土文化,不仅有利于宣传本土文化,还可以避免创作题材"撞车"和作品的千篇一律。

三、继往开来——创作团队的建设

创作团队的形成不是一蹴而就的,因此,对于院校来说,培养教师创作团队对于教学和实践来说都具有举足轻重的作用。

①在平时的教学当中有意识地关注创作,多和学生交流创作,在教学相长的基础上促进形成编创的思维路线。在平时的教学当中,师生之间的交流是十分重要的。教师不仅要了解学生的学习状况和课堂表现,还应该在课下和学生交流思想,了解不同学生的特点和长处,只有建立在了解和沟通的基础之上才能够帮助学生作品的创作。创作之路不是一朝一夕的事情,需要我们坚持不懈地实践,在实践的基础上多沟通交流感受,然后总结经验。只有这样,才能够创作出有生命力、有感染力的舞蹈作品。

②在教学过程中增强教师之间的交流,建立健全一个促进编创的平台和机制。要想在教师团队中形成一种良好的创作氛围,需要一个良好的机制。因此,在平时的教学过程或者是学期结业课的时间段,鼓励教师在剧目课的结课上有所创新或者编排创作的剧目。这样将自主创作的理念贯穿到平时,有利于教师创作队伍的梯度建设。定期举办新创作剧目的交流研讨会,及时总结编创中的得与失,在鼓励创作的同时杜绝盲目创作。在这种良好机制的带动下,不仅可以提高创作团队的整体水平,还有利于走出自主创作的道路,减少对外聘编导的依赖。

③组织创作团队结合本地文化资源进行采风活动,深入编创题

材和选择素材的发源地,身临其境地寻找艺术创作的灵感。对于身处不同地域的院校来说,地方文化资源是非常丰富并且值得研究和用舞蹈表现的。因此,定期在教学之余增加一些采风活动,让教师们从课堂中深入地方生活的文化氛围当中,加深对本土文化的理解和感悟。众所周知,艺术来源于生活,只有深入本土文化的氛围当中,对本土文化追根溯源、切身感悟,才能够由心而发编创出既有文化内涵又有真挚情感的舞蹈作品。

纵观当今舞坛,能够展示的平台和机会越来越多,已经不局限于一些传统的赛事。因此,本文也仅仅是以小见大地从"桃李杯"比赛后的感触阐述自己对于中国古典舞创作的一些想法和建议。特别是针对自己教学实践所依托的平台,提出对于地方院校在创作中遇到的问题以及建议。笔者认为,在我们完成对中国古典舞创作以及本土文化的寻根溯源之后,应该返璞归真地从内心出发,从真实而深厚的本土文化出发,用一颗艺术的真诚之心来创作体现"善"与"美"的舞蹈作品。中国古典舞剧目的创作问题,将决定着中国古典舞未来的发展,艺术的成就最终还是要通过作品来评判。因此笔者认为,中国古典舞的创作、教学、表演发展到今天,更要为今后的可持续发展解决目前制约发展的创作瓶颈问题。

参考文献

[1] 孙颖.中国古典舞评说集[M].北京:中国文联出版社,2006.

[2] 袁禾.中国舞蹈意象论[M].北京:文化艺术出版社,1994.

[3] 唐满城.从"桃李杯"大赛的古典舞谈起[J].舞蹈,2004(1):12-13.

[4] 王伟.感应时代主题建设先进文化——中国古典舞学科发展的新使命[J].北京舞蹈学院学报,2003(1):14-21.

[5] 慕羽.从中国社会转型的角度解读当代中国舞蹈创作的转型——献给中国改革开放三十周年[J].北京舞蹈学院学报,2008(4):27-33.

感觉 · 感悟

舞蹈感觉探析[①]

李人麟

当我们着重思考舞蹈时,"舞蹈感觉"成为我们最直接和最经常探讨的问题。作为舞蹈能力的基本因素之一,它与舞蹈表演、舞蹈教学及其他舞蹈门类关系如此密切,是舞者追寻的目标。关于"舞蹈感觉"的分析和阐述,中外舞蹈家和舞蹈理论家包括艺术哲学者都有各自的论述。本文希望在此基础上,以一个舞者的实践角度,从纵向层面来解析"舞蹈感觉"。

一

我们知道,人的感觉是人对客观世界的主观反映。它来自于人的感官接受外界的刺激。其中,一部分由眼睛、耳朵等得到机体外部的信号,另一部分则通过体内的感受器得到机体内部的信号。这种另一部分的感觉也包括动作感觉,各个感觉器官可在肌肉与关节的组织中找到,它们对动作的反应非常像眼睛对光线、耳朵对声音的反应。通过动作感觉的作用,我们就能够规范自己动作的力,以便使动作协调起来。从真正意义上讲,人这种对外界的反应而产生的动作能力,应称为动作直觉。除了我们对事物采取的行动之外,还存在着对这些行为的感觉,我们称为感情。通过每种感情经验,输入性的感觉印象和对其作出反应的输出性动作之间的通道就通过了灵魂的领

---

① 本文发表于《浙江艺术职业学院学报》,2004年第2期。

地并赋予一定的感情色彩,这就是完整意义上的动作感觉。动作感觉存在于每一个有生命的实体中。

每一个有生命的实体的动作感觉能力是有差异的。我们从动作反应能力和动作协调能力来分析,当一个物体飞速向某生命实体冲击时,反应能力强的可以躲避,反之则被击中。体育项目在某种程度上讲就是对动作能力的训练和测试,我们最常看到的是当教练喊口令起步走、向左转、向右转时,有些人的反应能力和协调能力非常好,而有些人则经常出错或出现同手同脚踏步走的情况,在舞蹈模仿中的例子更是不胜枚举。人的内外感觉器官对动作的反应能力和协调能力是动作感觉的物质基础,而人类生活在感情的世界中,带着感情产生动作或准备产生动作,这就赋予动作感觉更深、更广泛的内涵和意义。

二

人的自身形体动作对于主观而言也是客观的感觉对象,它是通过内部感官获得的信号,反馈传递给大脑,经过大脑皮层效应产生知觉,经过思维而获取认识,构成动感意识,这就是心理学家所称的"动感"。作为一种心理现象,其自然带着人类强烈的感情色彩。

舞蹈感觉作为一个特定的概念,是人们在舞蹈动作中表现出来的一种感觉,它只反映在舞蹈动作中,而不包括除此之外生活中的感觉,如寒冷、疼痛的感觉,或者温暖、恐惧的感觉等,又如舞蹈者对舞台情景的感受,对各种人物、角色的感觉等,尽管生活中大量的感受对于舞蹈表演极为有用,但那只属于表演体验范围。如果我们把生活中与舞蹈表演关联的感觉统统归入舞蹈感觉的话,势必将舞蹈感觉的概念扩大到不恰当的范围,那么也就无法真正研究什么是舞蹈感觉,也就无法寻求提高和培养舞蹈感觉的正确途径。

舞蹈感觉首先是建立在"动感"基础上的,因此舞蹈动感也是舞蹈感觉的重要组成部分。如前所述,就普通人或自然形态的人而言,动感存在着个性的差异,就像人们对音准的感觉、旋律的感觉先天有差异一样,个人对于动作的反应速度和协调性具有先天性的不同。

有人天生应变能力强、协调性好,有人就比较弱。为此,作为一种特殊职业的要求,我们在选择舞蹈苗子时要进行相应的测试。

　　然而,舞蹈的动感不是普通意义上的自然层次的动感,而是对自身各部位动作的高度敏感力和协调性,即一定高度的动感意识,这才是舞蹈感觉的基础。这种高度的动作敏感力需要先天的资质,而不仅仅来自先天遗传,它可以也必须从实践中挖掘和培养。躺在摇篮中的婴儿在自娱中翻动小手,得到了手的动作感觉,也得到了愉悦,然后根据自己的感受重复去做,于是他找到了最简单的舞蹈感觉。舞蹈训练实际上也就是这一简单道理的延伸与提高,学生通过规范的专业训练逐步扩大舞蹈形体技术范围,同时不断地提高蕴藏于肌肉组织、关节韧带之内的感觉器官对自身形态的感受力,无论是静止的造型还是激烈的动作,都在不断地增进这种动感的敏锐度和准确度。例如,舞蹈训练中常规的"擦地"动作训练,舞蹈者长期练习"擦地",不仅加深了对绷脚、外开、延伸等腿的形态的准确感觉,还大大加强了脚底、脚尖与地面之间相互关系的敏感程度,大量的练习,不断地接受体内感官信号的反馈,使舞蹈者能对自己的动作迅速地作出准确的反应。假定要求一个人在不能观察到的情况下,将腿抬到一定高度,舞蹈者应能准确地感觉出自己所抬腿的高度,而一个未经训练的人就很难准确地判断自己抬腿的高度或者说很难把握好自己抬腿的高度。因此,包括那些先天动作感觉条件特别好的在内,舞蹈演员都需要一个规范的训练过程。这个过程一方面是训练技能,另一方面就是对自身动感准确性的培养,它是一个由外而内的循环过程。在训练过程中,学生或演员总是需要教员或编导从外部给予检查和纠正,即使是有了较好的基础,也还需经常借助镜子这一外部客体的检验,这些对于内部准确动感的获得是十分重要的。错误的动作形态必然传递错误的动作信号,只有通过外部的审看与检验,才能巩固正确的动感信号。训练中,教师常常在纠正学生的动作之后,又要求他们"自己找找感觉",这就是一个从外部视觉检查向内部动感转换,然后反馈到外部动作检查的过程,这也正是提高自身感官反应准确性和敏锐力的正确途径。

三

对自身各部位舞蹈动作的准确性和敏感力,是舞蹈感觉的基础,但它仅仅是基础。事实上,一些演员或学生也能够完成某一动作和舞姿,似乎也合乎动作规格的要求,但是却缺乏甚至没有舞蹈感觉。这是因为,舞蹈感觉并不是只停留在认识性过程的感性阶段,即一般的动感阶段,而是将取得的感受灌注于动作的一种能力,是主观意识灌注于形体动作的结果。例如,从吸腿起到伸前腿的简单动作,假如没有主观意识的参与,动作就会显得呆板、乏味,而只有当表演者内心主动运用已经得到的直立、推脚背、向前延伸等一系列的认识,重新去感受自己的动作,舞蹈感觉的火花才会点燃。在此层面上,主观认识的高低和意识灌注的程度,就成为直接影响舞蹈感觉优劣的核心因素。意识对自己动作的灌注首先包含着意识的领先,所谓"身未动,意先行",也就是强调感觉的领先,这对于舞蹈中任何一个动作舞蹈感觉的提高都很重要;灌注还意味着充足和饱满,只有这样,动作才会显得"到家""做足",才会"有味"。我们常说的"用心去跳舞"正是此意。邓肯在谈到舞蹈表演时也用了"灌注"一词,说她的舞蹈是以灵魂灌注的,假如抛开舞蹈作品创作层面的含义,相信也一定包含了舞蹈动作感觉的解释。

舞蹈感觉来源于自身的动感和由教员等他人的感受转化成的自身感受,进而成为舞蹈者的主观意识,又将意识灌注到自身的舞蹈动作,于是带有鲜明的主观能动性,因此更将其作为一种能力显示在舞蹈表演中。事实上,经过反复锻炼得到的这种感觉能力,已经上升到知觉甚至更高的层次,已经被认识、被理解、被掌握,但仍旧称之为感觉,是因为它具有鲜明的实践性。它在主观意识中还是保持着具体、生动、形象的特征,同时也只有在具体、生动、形象的舞蹈动作中显示出来,这也是艺术的普遍性特征。正如黑格尔在论述艺术感觉时说:"它不仅是一种认识性的想象力、幻觉性的感觉力,而且是一种实践性的感觉力,即实际完成作品的能力。"

四

仅仅从对自我舞蹈动作的动感反应再到主观意识主动的反作用,舞蹈感觉似乎还只局限于动作的规格要求、动律、要领等技术性体现的范围,实际上,意识的能动作用远远不限于范围。凡是优秀舞蹈者除了完善地塑造角色人物之外,他们所展现给观众的良好感觉总是能给人以美的享受。换言之,舞者不一定需要表演完整的作品,却能通过使人赏心悦目的舞蹈动作展示他的舞蹈才能。因为舞蹈感觉给人的美不仅表现在舞台上,还体现在舞蹈动作本身过程中的各项准确的规范、造型的空间感、过程的韵律和全身的协调、时间和力度的适当处理,等等,漂亮、准确的舞蹈造型和动作还完全可以脱离作品,成为美的一空间、一时间、一物件,因此有理论家把舞蹈视作"流动的雕塑"。由此可见,即使不涉及作品、人物、情感等艺术表演相关的内容,舞蹈感觉本身的美也是能够独立于作品之外存在,舞蹈感觉优劣的标准也是客观存在的。事实上,对于观看舞蹈的人来说,舞蹈感觉这种能力是被作为美的事物来欣赏的,于是,舞蹈感觉毫无疑问地被带进了审美的范畴。关于舞蹈审美的观念,有别于普通意义上的审美。它的美感是多维空间的,每个欣赏者都有不同的审美标准和取向,我们无法在这里说明舞蹈感觉美的所有具体表现,但有一个规律是共有的,即良好的舞蹈感觉总是反映出舞蹈者的美感意识。什么因素使得舞蹈动作更趋于美感,成为舞蹈者永远探究的课题,这就是舞蹈感觉的实质所在。

既然舞蹈感觉是审美的对象,必然具有与其他艺术共性的东西,艺术理论中的"激发情绪说"认为艺术的共同理想是:唤醒各种本来睡着的情绪、愿望和情欲,使它们更活跃起来;把心填满,使一切有教养的或无教养的人都能深切感受到凡是人在内心最深处和最隐私处所能体验和创造的东西,凡是可以感动和激发人心最深处的无数潜在力量的东西,凡是心灵可以满足情感和观照的那些重要的高尚的思想和观念,如尊严、永恒和真实这些高尚品质;并且还要使不幸和灾难、邪恶和罪行成为可以理解的;使人深刻地认识到邪恶、罪过以及快乐幸福的内在本质;最后还要使想象在制造形象的悠闲自得的游戏中来去自如,在赏心悦目的观照和情绪中尽情欢乐(黑格尔《美学第一卷》第57页)。例如,流畅感,给人以轻松、飘逸的美;节奏感,给人以律动的美;旋律感,给人以视听和谐的美。还有如对比感、延伸感,以及呼吸的感觉等,都是以舞蹈动作特有的美使人得以赏心悦目。因此,主观意识的灌注实质上已成为审美意识的灌注,舞蹈感觉的高低在这时已变为舞蹈者审美能力的差异。

构成舞蹈者审美能力的一个重要因素是艺术直觉,在一切形式的艺术创造和艺术欣赏中存在着一种相通的感觉,即很多艺术家和学者称为艺术感觉或艺术直觉的东西。关于艺术直觉的探讨,历代美学和哲学家各有论述,法国当代著名的哲学家、文艺理论家和美学家雅克·马利坦(Jacques Maritain)在《艺术与诗中的创造性直觉》一书中认为,艺术直觉是存在于人的灵魂的最高级地带的一种纯精神性的活动。这种直觉的存在,并非只有艺术家所独有,而是存在于一切人的身上,一些并不从事舞蹈的人由于具有较强的审美能力,尽管没有舞蹈的技能,却在做简单的舞蹈动作时显露出很好的感觉,可见审美直觉是相通的,只是艺术家能够通过不同的艺术手段把直觉表达或展示或创造出来。例如,诗人借助文字,音乐家借助音符,画家借助构图和色彩,舞蹈家则借助舞蹈动作。舞蹈感觉归根结底正是人的审美直觉的展示,是舞蹈趋于美和灵魂的重要因素。

五

既然舞蹈感觉本身具有审美价值,必然具有艺术审美的一般特性,它所反映出的强弱优劣,也必然关系到表演者的审美能力的高低。但是,由于舞蹈艺术的特殊性,舞蹈感觉还有其不同的特点。舞蹈作为一种动作艺术,有别于其他的一些艺术形式,如诗歌、音乐、绘画、文学等,因为它是用人体作为创作和表演的材料。对于舞蹈编导和观众来说,舞蹈表演者是审美对象;对于舞蹈表演者来说,自己同时是审美对象又是审美主体。舞蹈者主观对于形体动作来说是审美的主体,自身舞蹈动作就是审美对象。舞蹈者在作为审美客体给别人欣赏的同时,也通过体内感官给表演者自己观赏。这种两者合一的形态应当称为自我审美。舞蹈者主观的审美意识对动作的灌注又要在自己身上体现出结果。因此,所谓舞蹈感觉,就是表演者的自我审美活动。表演艺术活动往往是当众进行,这就特别需要强烈的当众表演意识。舞者认为美的并不一定就是客观表现出来的美的舞蹈感觉,能否将自己的主观意识与客观标准相统一,使之真正成为美的意识对自身动作的灌注,这就是当众自我审美能力的差异,也是舞蹈感觉的升华或谓之舞蹈感觉的本质体现。通常评论一个舞者"自我感觉好",正是自我审美能力强的表现。另一种现象是"自我感觉太好",则因主观意识与客观标准不相符。当众即兴舞蹈表演应当是这种能力的展现,从幼儿天真无邪的自我表现到老艺术家炉火纯青的即兴舞蹈,虽有层次之分,却是一脉相承。其共同之处不仅在于即刻完整地展示了当众自我审美的过程,更重要的是揭示舞蹈感觉的创造性本质。这时优秀的舞蹈感觉就像连接舞蹈技术与舞蹈作品之间的链条,总能为舞蹈的一度创作、二度创作以至各个领域的创造带来成果,一个完美的即兴舞蹈离作品近在咫尺;同样一个作品,优秀的舞者可以表演得光彩夺目,主要在于当众审美能力的高超。升华了的舞蹈感觉蕴藏着强大的艺术创造的能量,虽然它像一个精灵,难以捉摸,却能体现舞蹈的真谛,最接近艺术的女神。

六

　　舞蹈感觉是实践中经常用到的一个概念,因此也成为关心和研究的论题。然而,由于它既是舞者艺术才能的反映,又具有很强的实践性,因此我们的研究常常进入两个误区:一是只停留于物质和技术的层面,二是将舞蹈感觉扩大到体验角色、创造人物等表演理论的范畴。本文试图在实践基础上进行剖析,从而在舞蹈感觉恰当的界定之内,分析其实质。人的动作感觉先天存在个体差异,但是可以也必须靠后天培养提高;高度敏锐的动感是舞蹈感觉的真正基础;主观意识在规范和审美两个层面对自身动作的灌注是舞蹈感觉的核心;舞蹈者当众自我审美能力是舞蹈感觉的本质所在;舞蹈感觉是舞蹈者在动感基础上当众自我审美意识对自身舞蹈动作灌注的能力。这就是本文的结论。

舞蹈专业训练会否导致学生腿形改变的跟踪观测分析①②

韩　磊　章丽莉

一、前言

　　舞蹈表演专业通常招收小学毕业年龄段的学生(12～13 周岁)，在入学考试(目视与测量)时，老师对学生腿形的要求是比较严格的，即两条腿要直或比较直，两腿之间不能有明显的空隙，更不能招收"畸形腿"("膝反屈"——双膝后倾、膝伸展过度，"膝外翻"——X 形腿，"弓形腿"——O 形腿、膝内翻)，因为这类腿形非但不符合舞蹈审美要求，反而会影响肢体的活动量、速度和未来可能造成的损伤。但我们在毕业生中，已发现不少人出现较为明显的畸形腿倾向，其中几位早几届毕业的比较优秀的男演员的腿形问题更为明显，主要为弓形腿。这一情况的发现，引起我们的高度重视与思考：是当初招生时对腿形的目测出现疏漏，还是训练不当导致学生腿形的改变？我们在拉乌尔·格拉伯特的《舞蹈解剖学》中发现这样的说法："膝反屈，医学上又称翻膝。这是一种腿形，控制这种腿的膝部的前后韧带和

---

　　① 本文发表于《浙江艺术职业学院学报》，2007 年第 2 期。

　　② 本文为浙江省文化厅 2003 年度课题"关于舞蹈专业训练会否导致学生腿形改变的跟踪观测分析"结题论文，课题组成员为韩磊、章丽莉、管继华、杨林荣。

肌肉长时期伸展过度,将髋骨向后牵引,使它越出了在腿部的正常排列位置。"这种结构上的缺陷是幼年时代膝部因承受重量而向后过度弯曲,使其背侧的韧带长期处于伸展状态的结果。其又说:"弓形腿往往是幼年时代养成的某些姿势习惯的结果,譬如让幼儿过早地开始走路。"拉乌尔·格拉伯特的这些话,表明后天对骨骼、腿形改变的可能性。同时,解剖学的相关知识告诉我们:骨具有高度的可塑性,是一种具有生命力的活的器官,并在人的一生中不断发展变化着,变化最剧烈的阶段是 18 岁以前人的生长发育期。而且,骨在其生长发育过程中会受到各种因素的影响,其中包括运动合理与否对骨骼发育的正面或负面影响。因此,我们决定在浙江艺术职业学院 2003 年招进的 2003 级芭蕾班对其较有强度的训练内容会否导致学生腿形改变问题进行了为时 3 年的跟踪观测分析。

二、跟踪观测的对象、内容和方法

(一)跟踪观测对象

本课题确定当年入学的 2003 级芭蕾班部分学生(A 组——受训练组)和杭州市滨江区浦沿初中部分同龄学生(B 组——非受训练的对照组)为跟踪观测对象,开始时无明显差异($P>0.05$)(表 1、表 2、表 3)。

表 1   跟踪观测对象概况

组别	班级	性别	人数	观测起始年龄/岁	专业条件
A 组	2003 级芭蕾班	男	6	13	软开度较差
		女	5	13	软开度较好
B 组	2003 级初中班	男	5	13	(略)
		女	5	13	(略)

表 2　　**A、B 两组 2003 年两膝关节内侧间距情况$(\overline{x}\pm s)$**

组别	N	性别		膝盖间距
		男	女	
A 组	10	6	4	0.40±0.84
B 组	10	5	5	0.00±0.00

2003 年 A、B 两组两膝关节内侧间距比较 $P>0.05$（注：其中 A 组一女生退学离校）。

表 3　　　　**A、B 两组 2003 年 X 线摄片情况$(\overline{x}\pm s)$**

组别	例数	年龄/岁	性别		外翻角		过伸角	
			男	女	左	右	左	右
训练组 A	10	13	6	5	2.90±2.23	2.70±2.91	3.70±3.91	4.10±4.58
训练组 B	10	13	5	5	4.90±2.64	7.50±1.84	6.10±3.51	3.70±4.85

2003 年 A、B 两组外翻角、过伸角比较 $P>0.05$。

（二）跟踪观测内容与方法

①观察三年来六门课程训练情况。

2003 学年上学期：

软度：周课时为 5 节，训练课时为 26 节，训练强度为较强。

毯功：周课时为 3 节，训练课时为 16 节，训练强度为一般。

芭蕾基本功：周课时为 10 节，训练课时为 50 节，训练强度为较强。

2003 学年下学期：

软度：周课时为 5 节，训练课时为 95 节，训练强度为强。

毯功：周课时为 3 节，训练课时为 62 节，训练强度为较强。

芭蕾基本功：周课时为 10 节，训练课时为 204 节，训练强度为较强。

2004 学年上学期：

毯功：周课时为 6 节，训练课时为 120 节，训练强度为较强。

芭蕾基本功：周课时为 10 节，训练课时为 270 节，训练强度为强。

性格舞:周课时为 4 节,训练课时为 80 节,训练强度为较强。

2004 学年下学期:

毯功:周课时为 6 节,训练课时为 120 节,训练强度为较强。

芭蕾基本功:周课时为 10 节,训练课时为 146 节,训练强度为较强。

性格舞:周课时为 4 节,训练课时为 80 节,训练强度为较强。

2005 学年上学期:

毯功:周课时为 4 节,训练课时为 80 节,训练强度为较强。

芭蕾基本功:周课时为 10 节,训练课时为 110 节,训练强度为较强。

性格舞:周课时为 4 节,训练课时为 80 节,训练强度为较强。

剧目:周课时为 4 节,训练课时为 80 节,训练强度为较强。

2005 学年下学期:

毯功:周课时为 4 节,训练课时为 80 节,训练强度为较强。

芭蕾基本功:周课时为 10 节,训练课时为 204 节,训练强度为强。

性格舞:周课时为 4 节,训练课时为 80 节,训练强度为较强。

剧目:周课时为 4 节,训练课时为 80 节,训练强度为较强。

中国民间舞:周课时为 2 节,训练课时为 40 节,训练强度为较强。

②定期定位为 A 组、B 组对象下肢拍照,记录其腿形发育及外观征貌的变化情况。

③定期定位为 A 组、B 组对象膝关节进行 X 线摄片,记录其骨骼发育及变化情况。

④聘请省内运动生理学、运动解剖学专家进行指导。

三、统计学方法

采用 SPSS10.0 统计软件包进行统计。各组数据采用 $\bar{x} \pm s$ 表示,各组数据间比较用 t 检验。

四、结果

（一）3年后两膝关节内侧间距的变化

经过3年对A、B组每个对象两膝关节内侧间距进行测量，并纵向比较，发现A、B两组两膝关节内侧间距均无差异（表4）。

表4　　3年训练以后A组两膝关节内侧间距变化（$\bar{x}\pm s$）

组别	N	性别		两膝关节内侧间距
		男	女	
训练前	10	6	4	0.40±0.84
训练后	10	6	4	1.30±1.72

训练前后比较 $P>0.05$。

（二）3年后A、B两组腿形发育及外观征貌的变化情况

对A组与B组腿形照片的对照与比较，A组对象腿形一般显示较为修长，B组对象腿形一般显示较为粗壮（表5）。

表5　　A、B两组3年后膝关节X线摄片变化情况（$\bar{x}\pm s$）

组别	例数	年龄岁	性别		外翻角		过伸角	
			男	女	左	右	左	右
训练组A	10	16	6	4	−1.60±3.86	0.00±3.86	9.80±2.86	8.00±1.71
训练组B	10	16	5	5	2.70±5.29	3.40±4.99	9.60±1.90	7.40±3.63

A、B两组3年后外翻角，过伸角比较 $P>0.05$。

（三）3年后A、B两组X线摄片变化情况

对A、B两组X线摄片进行测量分析，发现A组外翻角、过伸角训练前后无明显差异，经统计分析后 $P>0.05$，无统计学意义（表6）；B组3年前后外翻角、过伸角均无明显差异（$P>0.05$）（表7）。

表6　　　　　　　**A组3年后X线摄片变化情况($\overline{x}\pm s$)**

组别	例数	性别		外翻角		过伸角	
		男	女	左	右	左	右
3年前	10	6	4	2.90±2.23	2.70±2.91	3.70±3.91	4.10±4.58
3年后	10	6	4	−1.60±3.86	0.00±3.86	9.80±2.86	8.00±1.71

A组3年前后外翻角、过伸角比较 $P>0.05$。

表7　　　　　　**B组3年前后X线摄片变化情况（$\overline{x}\pm s$）**

组别	例数	性别		外翻角		过伸角	
		男	女	左	右	左	右
3年前	10	5	5	4.90±2.64	7.50±1.84	6.10±3.51	3.70±4.85
3年后	10	5	5	2.70±5.29	3.40±4.99	9.60±1.90	7.40±3.63

B组3年前后外翻角、过伸角比较 $P>0.05$。

五、讨论

解剖学知识告诉我们：骨是具有生命力的活的器官，在人体的生长发育期，骨骼不断增长，若人体营养充足，生活环境好，保持适量运动，保持正确的习惯姿态，则能促进骨骼的良好发育；相反，则会造成骨骼发育不良和畸形。而骨骼变化最剧烈的阶段是25岁以前，特别是18岁以前的生长发育期。由于我们对以往舞蹈表演专业毕业生的初步观察，发现有部分学生出现较为明显的畸形腿倾向，因此我们选择2003级芭蕾班新生进行为期3年的训练与腿形改变的跟踪观测，并与普通同龄学生进行对比，以了解其变化情况，为我们制订舞蹈训练方案提供客观依据。

本课题A组对象是2003级芭蕾班学生，2003年9月入学后按照学校制订的教学计划、教学大纲进行软度、毯功、芭蕾基本功、性格舞、剧目、中国民间舞六门课程训练。从一般意义上讲，芭蕾训练有数百年的历史，有一整套科学的训练方法，包括课堂组织的逻辑性、教学内容的系统性和训练程序的严谨性。其训练方法不强压硬搬或无休止地练一个项目;其教材与年龄、运动量与年级合理配置,训练内容与训练方法基本决定了训练强度和运动量,使其保持在一个适度水平上。我校的训练内容与训练方法就是按上述要求来制定的,从目前来看是比较规范、合理的。

从 3 年的跟踪观察来看,发现仅有个别学生有"弓形腿"——O形腿情况,没有发现有膝反屈情况。但是,对 A、B 组两组观测、摄片比较,发现 A 组的大部分学生腿形变化不明显:A 组训练前后两膝关节内侧间距、外翻角、过伸角,经统计分析显示均无明显差异($P>0.05$);B 组 3 年前后两膝关节内侧间距、外翻角、过伸角亦无明显差异($P>0.05$);A、B 两组 3 年后以上 3 个指标亦无明显差异($P>0.05$)。

学生的体形、腿形变化与先天因素及训练内容与训练方法有着密切的关系。训练体系的科学与否,直接关系到学生的体形、腿形的变化。通过 3 年的跟踪观测,没有发现学生出现膝内翻、膝反屈等情况,大部分学生没有"弓形腿"——O 形腿,仅有个别学生出现了"弓形腿"——O 形腿。经纵向观测分析,个别学生训练前就有 O 形腿情况,亦有可能与非训练因素有关。从性别上讲,A 组 4 位女生基本无变化,2 位男生稍有变化,可能与男女性别不同而导致生理差异有关。

舞蹈训练实际上是对学生骨骼肌的训练(作为舞蹈教学用语,一般称骨骼肌为肌肉)。因为绝大多数骨骼肌附着于骨骼上,所以它能在人的意识支配下,进行收缩与放松,从而引起人体运动。舞蹈语言以肢体运动为载体,舞蹈者的肢体运动幅度必须能够小至心领神会,大至超越常人所能。所以,舞蹈者需要对肌肉进行各种各样的训练,尤其是对下肢的训练。不软的要练软,无力的要练出力,弹性差的要练得能跳快、跳高。然而从人体生理解剖学的角度看,除年龄关系外,其柔软度、肌肉能力是与性别有关的。首先,女性软组织弹性好,关节活动幅度通常较男性大;男性肌肉发达,软组织弹性较差,必须要承受更大的训练强度,通过各种方法,日积月累地将肌肉、韧带、关节囊等软组织抻拉开,以提高其伸展能力。例如,压腿、掰腿强度最甚,所抻拉的股二头肌、半腱肌、半膜肌以及撕横叉涉及的耻骨肌、长收肌、缝匠肌、大收肌、股薄肌等肌肉群,它们都附着在下肢骨骼上,如果长期抻拉不当,天长日久有可能导致不同程度的畸形腿。由于男性需要练得更狠,因此,更有可能引起男性的弓形腿——O形腿。然而,在跟踪观测过程中,基本没看到那种强压硬掰和无休止地练一个项目的现象,运动量处于一般状态。即使腿的软度不佳而又练功较为刻苦的学生,由于方法得当,强度并不过猛,因此也未出现明显的膝外翻改变。

六、结论

经过 3 年的跟踪观测与分析表明,作为观测对象的 2003 级芭蕾班部分学生的腿形总体上无明显变化,舞蹈学生的训练内容与训练方法较为规范、合理、科学。

参考文献

[1] 拉乌尔·格拉伯特.舞蹈解剖学[M].郭北海,译.北京:北京舞蹈学院资料室,1986.

[2] 高云.舞蹈解剖学[M].北京:高等教育出版社,2004.

[3] 体育院系教材编审委员会编写组.运动解剖学[M].北京:人民体育出版社,1978.

"六舞纵歌，礼乐传承"[①]
——试论西周纪功乐舞兴盛的原因

莫　非

一、引言

纪功舞蹈是中国古代舞蹈的一种重要表现形式，它是以表现、反映和歌颂统治者功绩为主要内容的大型舞蹈形式，是先秦时期舞蹈的一个缩影，也是包容先秦众多舞蹈形式的一个集合体。它的发展和变化决定了当时舞蹈的变化和发展。因此，纪功舞蹈也是研究先秦舞蹈形式的重要手段和参照物。

纪功舞蹈是对先贤、古帝文德、武功的膜拜和歌颂，它表达了统治者统治天下、顺服民心的意愿。在原始的黄帝部落，就已经开始出现了纪功舞蹈的影子。黄帝的乐舞《云门大卷》（又名《承云》）就是当时歌颂黄帝的英雄功绩，赞美他团聚万民、盛德如云、无尚崇高的一个典型的例子。黄帝之后的各个远古部落也都拥有赞美部落首领的舞蹈，如有赞美尧帝仁德如天、智能如神的《大章》，赞美舜帝前途无量、功德若尧的《大韶》，以及赞美禹帝治水有功、昭明千秋的《大夏》，还有就是赞美商王成汤救护万民、造福百姓的《大濩》和赞美武王克商、为民除害的《大武》。这些跨越数千年的纪功舞蹈，始终保持着一种高尚的文德意识和强烈的英雄情节，它们的出现和发展对周代乐

---

①　本文发表于《浙江艺术职业学院学报》，2008 年第 1 期。

舞繁荣昌盛局面的出现起到了至关重要的作用。

西周纪功乐舞可以说在中国古代舞蹈发展史上起着承上启下的重要地位。第一,它处于中国古代史上由奴隶制社会向封建制社会转变的过渡时期,同时处于中国古代社会思潮第一次大变革的阶段。它既是一次总结,又是一次开始。像这样的特殊阶段,往往就是一个事件或者是一个现象发生发展的最佳时机,所有有关这种现象和事件的外在特征都会对今后的历史发展和变革产生巨大的影响。

第二,作为与政治制度高度结合的西周纪功舞蹈,其本身所具有的社会意义对今后的中国乐舞思想发展道路的确定奠定了基础。它所具有的舞蹈思想影响着后人对雅乐文明的种种看法,同时决定了今后中国舞蹈从尚雅到通俗的转变过程。在此,我们可以看出,西周的纪功舞蹈作为一个缩影,全面反映了先秦舞蹈兴盛的各个不同方面。可以说,中国古代的纪功舞蹈在这时表现出来的气概和凝聚力是今后各个朝代所不具有的。对西周纪功舞蹈昌盛原因的追寻有助于理解之后中国舞蹈发展的种种变化,也能够对现在传统的舞蹈表演形式有一点舞蹈思想上的启示。

二、神道观念向人本主义的转变

在谈起这个话题之前,我们必须明确纪功舞蹈存在的实际意义。它在不同的阶段有着不同的实际意义,也有着不同的实际内涵。首先,纪功舞蹈一直是通过深入人心的神道观念来达到对百姓领导的目的。所谓神道观念,就是指无论是在纪功舞蹈的表演过程还是在纪功舞蹈的表现对象上,都是以对神的意志的最终体现以及对神的外化表现和崇拜为主要目的,它追求的是对"王权神授"的肯定和拥护。西周之前的纪功舞蹈都带有双重的性质,一个是前面提到的政治领导作用,另一个则是其具有十分明显的祭祀功能。例如,黄帝的乐舞《云门大卷》,它的内容是歌颂黄帝创制万物、团聚万民,盛德就像天上的祥云一般。但是在黄帝的这个乐舞中,更多的是将黄帝的功绩与祭祀中的"云图腾"结合起来,祈求上天能够更多地给予百姓风调雨顺的日子,以确保生活的基本保障与生命的继续繁衍。综合起来,我们可以看出,《云门大卷》就是黄帝部落的一个祭祀性的图腾舞蹈,黄帝在这个乐舞中是作为一个具体的能够和神进行直接对话的代表人物出现的。在那个农业科学尚不发达的时代,人们心中的粮食丰收与"老天爷"的旱涝以及部落首领黄帝的直接祭祀活动有着直接的、内在的联系。因此,《云门大卷》作为乐舞的表演,在当时是一项极其重要的仪式化祭祀的行为,从它对"云图腾"的崇拜到后来的祭祀上苍,只是为了得到物质利益上的满足,这可能是当时的纪功舞蹈在神道观念上的一种成形的动机。因为这种娱神的方法在当时就是唯一能够将人们心中的渴望与上天进行直接交流的工具,其舞蹈目的只是为了得到神的肯定和赏赐,从而继续进行本部落的生产活动。换句话说,这样的纪功舞蹈,多是将神的统治观念与人们的生产意识相结合,从而让人们产生了对神的仰视心理,这种心理是决定当时纪功舞蹈具有神道观念的主要原因。与此同时,古书上的资料还表明,像《云门》这样的祭祀性舞蹈,根本上还是具有原始民族对神秘和神圣的意念的追求。[1]《庄子·天运》中曾经通过北门成与黄帝的对话比较详细地记载了黄帝的纪功舞蹈给人的感受:乐舞一开始就惊之以雷霆,表现天地万物周而复始、无始无终、循环往复的规律,以及宇宙无头无尾之状态和相比之下生命的短暂,它让人看过之后觉得心神不定;接着,乐舞表现的是世间万物的规律运行,阴阳相济,刚柔调和,它让人感觉到安心、舒畅以至于神经懈怠;最后,乐舞表现的是或生或死、无声无形的境界,这一段又让人感觉到迷惑不解。这样的三个过程其实就是人类在生存的时候与自然界所进行抗争的三个过程:一个民族,如果能够在开始的时候感到害怕,之后对灾难有所警觉,继而通过懈怠而懂得逃避,最后在迷惑中认清自己的本性。可以说,这样的乐舞表现和原始祭祀的宗教特征十分吻合,它所具有的神秘力量和神秘世界的无形张力是当时的人们无法掌握和理解的。同样,这种通过对神的寄托,让其成为原始祭祀中直接与神对话的舞蹈形式,逃脱不了神道的压迫和神道的直接决定,这样的纪功舞蹈在一定程度上可以说只是一个祭祀的宣泄口,也就是我们现在所说的替代品,它离真正具有对人本身的崇拜的舞蹈膜拜还有很大一段距离。然而,这样的情况到了西周却发生了巨大的变化,像黄帝那样的具有巫师和神道替代品的作用保留了下来；这一时期，巫术的不断发展为统治阶级找到了"神仙覆身"的借口，他可以从自身出发找到并且确立自身在统治阶级内部乃至整个国家的神权统治的形象，并且通过这种形象获得权利，降服人心。在这一时期，舞蹈的功能是在神道观念和人本主义两个方面同时发展和进行的。从巫术的发展过程中，我们还看到了舞蹈功能的一个很大转变——舞蹈的作用已经不仅仅停留在对神像意识进行表现，而开始转向对人本身的传诵，这使得纪功乐舞影响着老百姓对统治者这一真正推动历史发展关键作用的人的崇拜达到了最高峰。

　　所谓人本主义，是与神道观念并存的，是指无论任何事情的发生、发展如何，结果都是从人所需要的本质要求出发，从而达到对人的主体进行强调的目的。纪功舞蹈从单纯的神道观念向人本主义的转变过程中，夏、商两朝代的推动作用不可忽视。夏是我国第一个奴隶制王国，原始社会生产力的提高，促使了生产资料私有制的形成，社会出现阶级分化。在这个时候，原始舞蹈所具有的局限性——生产的、生活的物质需要被社会地位的分化所打破。夏王朝的建立，把远古部族首领的"禅让制"变成了"世袭制"，社会结构这一质的变化使这一时期的纪功舞蹈也在舞蹈的本体性上发生了巨大的变化。[2]在之前的尧的纪功舞蹈《大章》中就已经开始出现反映地位较低下者的思想情感和生活状态的乐舞苗头：在尧治理部族时期，出现了一种民间自娱的游戏性乐舞——"击壤"，在"击壤"的时候人们要顿足，人们要击土而作歌。有人以为这是尧将国家治理得有条不紊而出现的状况，可老百姓却并不这样认为，他们唱道："太阳一出我下地，太阳落山我休息；喝水自掘井，吃饭自耕耘，帝德和我啥相干？"从这我们可以看出，纪功舞蹈开始不仅仅是对神的单一崇拜，人们开始有了自己对生活的想法，它暗示着纪功舞蹈将会朝着以人为中心的方向发展。到了夏商时期，社会分工的明确，既提高了物质生活的水平，也促使乐舞奴隶大量出现。随着社会的稳定，开始形成纪功舞蹈在娱人和娱神两个轨道上发展的局面。在此，政治制度的确立使乐舞开始用于政治斗争与阶级斗争，这对于歌颂帝王个人的英雄情节、强化百姓对帝王的顶礼膜拜有很现实的意义。另外一点，就是统治者自身的作用。就像夏启时的乐舞《九韶》，本来这是一个赞美舜帝的纪功舞蹈，但是由于统治者的生活水平大大提高，对享乐也就产生了更多的要求，于是在纪功乐舞的对待上也就偏向于对色空享乐的追求。夏朝不仅在中国社会制度的转变上是一个重要的分水岭，在中国古代乐舞的性质上也是一个极为重要的转变关口。与此同时，夏朝的"女乐三万"也在这场人本观念的转变中起到了很大的作用。[2]《管子·轻重甲》中有记载："昔者桀之时，女乐三万人，晨噪于端门，乐闻于三衢。"从这条记载中可以看出，夏桀时女乐的阵容已经相当庞大，特别是针对当时生产力尚不发达的情况而言，这"三万"女乐所制造的"乐音"已经能够传遍宫廷内外的大街小巷。由此可见，在夏朝之时，乐舞在对人本身的影响上已经到了十分重要的地位。从以上我们可以看出，原始社会的纪功舞蹈多用于祭祀和庆功之用，而到了夏朝则慢慢开始变为统治者自身享受娱乐之用。乐舞性质的变化促使了纪功舞蹈在表现内容上的转变，也使乐舞在娱神与娱人双轨上开始逐步走向了娱人的这一边。

商代更加确立纪功舞蹈中表现人本主义的内容。由于商代是一个巫术思想盛行的朝代，它的兴起使乐舞开始频繁地出现在各种各样的巫术场合。商代的纪功舞蹈《大濩》就是一个求雨的祭祀舞蹈，它与黄帝的《云门》不一样，后者是以荒地作为祭祀的对象，起到的作用就是一个祭祀的法师；而前者则颂扬了商汤的英勇伟大，不但通过骁勇的战争解除了夏桀的暴政，而且他是一个神，可以呼风唤雨，使老百姓远离干旱的痛苦状态，这样的一个君王，是任何人都需要五体投地进行崇拜的。《大濩》建立起来的不仅仅是商汤为民英勇作战的英雄作风，还把他推向了神的位置，将他在老百姓的心中神化，这样就使天下更加顺从他的领导。这样的纪功舞蹈开始慢慢摆脱了只为神道主体进行的祭祀意义，虽然它的主题还没有真正体现出君王无所不能的意志，但这样的结果已经开始推动甚至决定了西周纪功舞蹈的发展方向。之后西周的纪功舞蹈正是在这样的基础上变得更加成熟，也变得更加人性化，这是中国舞蹈发展过程中一个重要的变形和发展阶段。

西周的纪功舞蹈是以严密的等级制度进行划分的，它对人物神化意义的肯定,达到了另外一个高度。周代的纪功舞蹈《大武》自周代起就被列为"六代舞"之一。周人把自己的功绩与传说中的祖先们相提并论,可见其气魄是很大的。《大武》与同属于"六代舞"中的前五个舞蹈不一样,它是周代自己创作的乐舞,高度赞扬了周武王联合进步力量灭商伐纣、除暴安良的伟大功绩,赞美周武王的文武功德。它具有的最为明显的特点就是,《大武》并不是以神的主导为出发点,而是从人本身出发,将人的重要性提至神之前,将神的客观力量摆在了次要的位置上;而且,这时的纪功舞蹈主题鲜明,以实际的描写为舞蹈的切入点,从而从视觉和听觉两方面都给欣赏者以最佳的震撼效果。[3]舞蹈史学家孙景琛认为:"《大武》这个舞蹈的动作、队形变化都是表现着具体的情节的,根据孔子的分析,它所表现的就是一种'武王之事''太公之志',这实际上就是一种夸耀,显示自己的武力强盛,以此来威慑诸侯和百姓,并客观上强调了统帅这支队伍的周武王的英勇过人,智勇双全。"从这里我们可以看出,西周的纪功舞蹈在很大程度上摆脱了过去纪功舞蹈在神道方面的约束,转向了对人本精神的追求。这样的转变一是因为社会体制的改变,即阶级的出现。没有阶级之前,人们是以一种单一的娱神目的来进行自身的一切生活生产活动,其中就包括了对乐舞纪功舞蹈的外在表现;而在阶级出现之后,由于等级势力的压迫和人与人之间的财富占有不平衡,人与人的关系成为了社会的主要表现形态。二是纪功舞蹈中的人本主义现象的逐步浓化,使纪功舞蹈开始逐步向更加真实的方面发展。也就是说,在这时,纪功舞蹈达到了其存在所具有的最为重要的意义,即对社会的统治以及对于一个民族或一个国家思想的统治。至此,统治者不再是一个虚拟的存在对象,而是一个真真实实存在的力量和精神的统一体。只有到了这时,才有可能稳定住社会对各个方面的需求;也只有在这时,统治者才能够以一个真实的、存在于人们心中的真正的神的身份去统治和治理这个国家。纪功舞蹈在西周的发展和昌盛,决定了人们在与自然进行斗争之后,必将会改变被神无休止的控制约束的局面。生产力的提高和阶级的出现,推动了纪功舞蹈在主题和内质上的发展,加上经过了夏、商这两个奴隶制王国的不断完善和发展,最终达到了在乐舞表演上对人本身的一种解放。同时,这种解放还意味着人开始利用神道这一手段,来进行对自身的完善和强大,从而将神的光辉套在了自己的脖子上,用以去统治人民,治理国家。

三、《巴渝舞》功能转变的"利用"

公元前 1027 年,周武王联合率领我国西部许多部族东进伐商,这就是历史上著名的"武王伐纣"。此次战役史书上记载很多,广为传诵的是"武王伐纣前歌后舞"。[4]《华阳国志·巴志》记载:"周武王伐纣,实得巴蜀之师……巴师勇锐,歌舞以凌,殷民倒戈。故世称之曰:'武王伐纣前歌后舞也'。"这场三千多年前的改朝换代的大决战,史载有我国西部和西南部地区的少数民族参与,并对这场战争中的"前歌后舞"都认定确有其事。范文澜在《中国通史》第一册中谈到武王出征在"行军中前歌后舞士气旺盛",这是一种深得民心的欢乐而又铿锵有力的舞蹈;《华阳国志》中也提到:"此乃武王伐纣之歌也……今所谓'巴渝舞'也。"[5]汪宁生用现今凉山彝族和景颇族的民族学资料论释,"前歌后舞"不是一般的欢乐的舞蹈,而是一种古老的战俗,是先头部队的一种冲锋陷阵的方法;正如旧时凉山彝族"打冤家"时的先锋"扎夸"和景颇族掠夺性械斗时的"兵头",他们都在队伍的前面一手舞刀,一手舞盾,打头阵。在此,我们且不管"前歌后舞"的舞蹈表现特征是否真实、可靠,我们所肯定的只是,说明了"巴渝舞"作为一种战术、一种蛊惑人心的手段在战争过程中对于用武力获得胜利,用武力获得政治统治权的重要作用。它的表现过程说明其就是纪功舞蹈中"武舞"的一种重要的表现形式。

古书记载《巴渝舞》是汉代时流传在今四川东部賨人,即板盾蛮中的一种"武舞"。[6]"賨人"是我国西南部地区的一个古老的少数民族。《后汉书·南蛮传》记载,这个民族"天性劲勇""俗喜歌舞",汉高祖平定三秦时,派賨人"初为先锋,数陷阵"。高祖看了他们的歌舞,很感兴趣,说这就是周武王伐纣时的歌舞,并命乐府宫人学习,命名为《巴渝舞》。同时,《巴渝舞》也是一种民间武舞。《尚书·牧誓》记载,武王伐纣,抵达商郊誓师时,是"逖矣,西上之人……称尔戈,比尔干,立尔矛,予其誓"。其意思是:参加伐纣的西部诸侯,把戈高高地举起,把盾排得整整齐齐,把矛竖起来,在一手执牦牛尾,一手执斧戚的武王的率领下宣誓。[7]《隋书·音乐志》称:"汉高祖自汉中归,巴渝之兵执仗(仗就是兵器)而舞。"在此,我们可以看出"巴渝舞"自身所具有的内容本质,它的内容既是宣扬武功威德,又是对人心、士气的一种鼓励和表现。因此,周武王在灭殷商之后,即制作《大武》舞,歌颂武王克商的丰功伟绩。《大武》的制作和内容在《吕氏春秋·仲夏记·古乐》《礼记·乐记》和《明堂位》中都有记载,共有六段舞蹈,舞者戴高冠,持彩绘盾牌和以玉装饰的戈跳舞,表演武王征战的事迹,场面十分辉煌。其风格很像武王在商郊"牧誓"时,左手执黄铜长斧,右手持白牦牛尾前歌后舞的情景。

由此可见,"巴渝舞"在当时的战争时期,具有很强的统治人心的作用,这和西周的纪功乐舞在表现的内容和最终目的上是一致的。到了西周统治的稳定时期,"巴渝舞"所具有的这种使敌人战栗,蛊惑人心的目的已经不再适应社会发展的需要。但是,统治阶级发现,"巴渝舞"中所具有的那种对人心的控制和对敌方的威慑可以用来威慑人心并巩固自己的统治。在此,西周统治者开始大规模地推行乐舞的思想教育,并且通过对"六代舞"中"武舞"的学习以达到延续这种威慑精神并进行长期思想和精神教育的目的。

从这一点上,我们不难引申出西周乐舞的一个特征,即对正式的舞蹈教育的重视。这种重视表现在西周对"六代舞"中"文舞"和"武舞"的教育上。西周的"六代舞"体现了周人乐舞制度的核心——"礼",它鲜明地体现了西周政治制度和血族制度的原则精神。礼不但在政治、思想、文化等方面得到尊重和体现,而且通过教育的手段灌输给贵族的青年子弟们,使西周形成了以尊礼为目标的礼乐教育体系。学习的内容,除礼仪射御之外,音乐方面有歌唱和乐器演奏,此外还有有关乐舞的理论知识,而舞蹈教育是其中的重要部分。西周的舞蹈教育包括"文舞""武舞"两个方面,对文舞的学习重在对统治者文德的歌颂,而武舞的学习则强调了统治阶级对祖先用武力获得胜利的歌颂。虽然它们都有祭祀舞蹈的特征,但在舞蹈教化的过程中却将西周统治者对武力的颂扬和文德的统治着重强调出来,再通过对贵族子弟的熏陶,用对艺术的强调和传承来达到统治国家、顺服民心的目的。西周的舞蹈教育是奴隶制社会乐舞发展的一个重要的举措,在之前的夏、商两朝都没有正式的舞蹈教育的开展。舞蹈从一开始就具有娱乐的作用,但是在原始社会里,它主要是一种群众性的自娱活动,不存在专门供人欣赏娱乐的表演舞蹈。到了夏、商两代,这样的局面被打破,开始出现了专职的乐舞奴隶,如夏朝的"女乐三万";而到了西周,统治者看到了社会的发展不能仅仅依靠一群会跳舞的奴隶满足的统治阶级自身的需要,要使国家能够长久地发展下去,就必须将这种统治人心的方法一直延续和保存下去,这样才能使国家的政治保持更加长久和稳定。

试想,我们可以这样认为,在周武王伐纣之时借用"巴渝舞"以提高士兵的战斗士气,并笼络人心,使商兵倒戈,助武王破纣灭商,获得战斗的胜利;到了西周的礼乐建设时期,西周的统治者借鉴了"巴渝舞"这样的教化作用,将众多的不利局面转化为有利的因素,并且使西周的乐舞不但用来满足统治者的享乐之用,而且使这样的功能得以继续发展下去,让之后的统治者仍然能够在这样的制度下治理国家。从这点上,我们已经能够理解到,西周纪功舞蹈的功能延续就是通过乐舞教育得以完成的,以至于今后封建社会的纪功舞蹈依然能够在这样的功能驱使下不断地完善。当然,之后的纪功舞蹈在舞蹈的性质上和功能上不能与西周的纪功舞蹈相提并论,但是这样的思想延续和之后中国古代舞蹈所出现的雅俗共赏,已经是纪功舞蹈在乐舞的功能上所作的重大突破,且这时乐舞的教育也为今后的乐舞发展奠定了一定的基础。

可以说,周代统治者对"巴渝舞"功能的利用,是在继续了周人对武力征服天下的心理中迸发出的一种对社会管理的手段。它表现出周代统治者对于"乐舞"教育的大力重视,也在一个层面上肯定了西周对于纪功乐舞在社会发展中所起到的作用。有人认为,西周的乐舞教育并没有对今后的舞蹈发展起到启蒙的作用,其实不然,作为一种教育的体制和教育的方式方法,西周所建立起来的一整套乐舞教育为纪功乐舞乃至古代舞蹈的雅乐体系都起到了奠定基础的作用;至于说它对舞蹈本体艺术功能的启发作用,却远远达不到艺术本身发展所需要的条件!

四、"制礼作乐"决定了纪功舞蹈兴盛局面的出现

西周纪功舞蹈的繁荣昌盛有一个决定性的因素,那就是西周的乐舞制度。这样的制度不但决定和影响了西周的纪功舞蹈,而且对之后的中国古代乐舞发展起到了直接的推动作用。当时周代灭了商朝,在建国之时通过和采取了一项重大的乐舞制度举措:它参照殷礼,制礼作乐,对上古氏族祭祀乐舞进行了一次大规模的整理。这不但树立了周朝在其他诸侯国中的权威,而且表达了对祖先的敬畏之心。西周在建国时对国家礼仪与规则的规定,使得西周的政治制度向更加集中的方向发展,同时使西周的乐舞制度更加适应统治阶级的需要,在这一点上,就决定了西周的纪功舞蹈达到了上下和谐的统一地位。它既符合统治阶级的统治要求,又符合社会的发展要求,在这样的历史条件下发展乐舞本身的娱乐性质和乐舞祭祀功能是具有很强的现实意义的。

从周代的社会制度上看,它完善了奴隶制度,并逐渐开始从奴隶制进入封建制,它在经济上比过去有了较大的发展,文化思想也有了很大的进步。如周朝的统治阶级对百民的看法就有了改变。商朝把百民完全视为国王的财产,国王有权任意殄灭民命;而周朝则主张众民是天生下来的,皇帝、上帝是众民的宗主,天选择敬天、有德的国君做天的儿子,赋给他国家、人民和疆土,代天保民,因此实行裕民政策,以取得民心。他们认为统治人民最好的办法就是用严格的等级制度和礼仪的约束,使众民都能够守法。这也就由商朝的尊神文化,发展为周朝的尊礼文化。

说到这里,不得不提到西周的礼乐制度"制礼作乐"。它在很大程度上将西周的纪功舞蹈引到舞蹈发展的正轨上来,并且最终以它为参照,影响着后代舞蹈的发展方向。周王朝的建立,在政治上是封土建邦,而文化上是"制礼作乐"。也可以说,"制礼作乐"是周王朝巩固起政治上封土建邦的成果而采取的文化措施。所谓"制礼",即制订的各种典章制度,几乎涉及了敬奉神灵、政治、经济、军事、刑法、人

们的言谈举止等社会生活的所有方面。从行为规矩到祭祀祖先,从婚丧嫁娶到日常用语,"礼"作为一种"规矩"无所不在。[2]具体地说,"礼"主要分五类:第一,"吉礼",这是一种祭祀和敬奉邦国鬼神的礼仪;第二,"凶礼",是一种痛哀忧患、丧亡殡葬的礼仪;第三,"宾礼",这是关于朝聘盟会的礼仪;第四,"军礼",是关于兴师动众的礼仪;第五,"嘉礼",这是婚姻宴饮的礼仪。以上的五种"礼"既是一种规章制度,又是乐舞表现的主要对象,这是规定好的,不能够随随便便改动的。所谓"作乐",主要就是指每逢礼仪,就要用不同的"乐"来配合。西周人说的"乐",即舞蹈和音乐,特指配合着不同的礼仪而采用的不同音乐和舞蹈动作。礼仪用来区别贵贱,判断是非;乐舞用来缓和上下,整合人心。周代的礼乐制度是政治和艺术教养的结合,它讲究礼乐的相互配合,相互支持;西周统治者就是想用礼乐互补的方式来治国治民,以保持社会有序,并最终巩固统治,调和人心。由此可见,周代乐舞的兴盛和纪功舞蹈的繁荣正是在这样的社会背景和社会制度下形成的,这种独特的社会制度使西周的乐舞具有了很强的功利目的,这样的功利目的是统治阶级极力支持的。因此,在它的发展过程中,就会出现一枝独秀的局面,任何的乐舞包括歌功颂德的舞蹈,都必须在它的背景下存在,在这样的条件下存在和发展的纪功乐舞,能有不壮大、不繁荣的理由吗?纪功舞蹈在此时已经由前代的祭祀舞蹈开始转变为政治性很强的功利舞蹈,它既是社会发展的需要,又是艺术发展的必然阶段。无论它是否具有艺术本身的艺术功能,我们必须肯定一点,那就是它作为一种手段加强了舞蹈在社会发展中所起的作用,这种作用同样是决定今后舞蹈艺术在自身艺术功能上大放异彩的主要因素。

　　西周的礼乐制度促使宫廷雅乐体系的确立。西周初年,周公旦制礼作乐,集中、整理了前代遗留的《云门》《大章》《大韶》《大夏》《大濩》,加上新创作的表现周武王伐纣克商内容的《大武》,制定为"六代舞",这就是周初宫廷雅乐的主要内容。周代统治者制订这六代之舞,是统一于制礼作乐的政治目的下的。当然,这也是一种权威的象征。所以,宫廷雅乐的实际应用和统治者所规定的礼制是紧密结合在一起的,礼制中规定着不同等级的区别和限制。这种区别和限制也反映在乐舞活动中[8]，如演出仪制、用途都有明文规定，是不能随便乱来的；乐舞的排列、舞队的人数都有不同等级的限制，违反了，就是"僭越"，是接近于造反的大罪。同时为了掌握管理繁复的礼仪乐舞，周王室中有着相当庞大的乐舞机构。据史书记载，周王室的乐舞机构自"大司乐"以下，共有奏乐、歌唱、舞蹈及其他工作人员将近一千五百人，他们一方面负责各种场合的演出，另一方面负责乐舞教育。虽然它没有夏朝的"女乐三万"，但是它属于正规的乐舞管理机构，它开始具有了较之前更加科学和规范的管理体系。正是由于这样正规和严格的乐舞管理制度和管理机构的作用，西周的乐舞才会在一个层面上显得更加有条不紊，才会使西周的纪功舞蹈在这时得以名正言顺地存在于西周乐舞的正统范围内。

同时，当时乐舞制度的规范使得这一时期的纪功舞蹈和其他乐舞确定了舞蹈艺术前提的本体功能，虽然它相对于真正的舞蹈艺术的本体功能还其自身的局限性，但是在当时却是一种大大的进步。作为西周正统乐舞的纪功舞蹈，在此由一个局限性的祭祀功能开始扩大为具有既是歌颂功德、纪念祖先，又是划分诸侯等级，规定各诸侯社会行为和服从周王朝行为制度的"宪法制度"，这种功能的确定和扩大使西周的纪功舞蹈得到了西周统治阶级的高度重视，并使它在西周的政治、文化生活中起着重要的作用。

但是，西周的"制礼作乐"并非尽善尽美。在艺术的本质发展上，西周的纪功舞蹈可以说并没有达到应该有的高度，究其原因，最为重要的一点就是西周的纪功乐舞并没有发挥舞蹈艺术本身所应该具有的审美本性。在西周，礼与乐的统一，在艺术上追求的就是内容和形式的统一，理性与情感的统一，伦理观念和审美意象的统一。乐舞要从它"纵情声色，万舞翼翼"的一面走向"礼乐刑政，其极一也"的另一端，其改造的规范程度和艺术追求是很难得以统一的。有可能它经过正统改造规范了乐舞，但之后也必将远离现实，和人世间的七情六欲绝缘，从而扼杀了舞蹈艺术的美育功能，也不可调和地加重了舞蹈艺术的政治功能。西周建立起来的雅乐体系经过了这样的过程之后慢慢走向了衰落[9]。于是到了春秋战国，魏文侯每次欣赏雅乐时就会忍不住要打瞌睡，而齐宣王更是一听到雅乐这个名字就吓得脸色全无。从这不难看出,西周所建立起来的"雅乐正声"已经到了何等不得人心的地步。随着周王朝政治势力的不断衰落,各个诸侯势力的不断强大,这套雅乐体系也就到了"礼崩乐坏"的末路。虽然此后的各个朝代都不断为它补充新鲜的血液,如汉高祖引进"巴渝舞",唐太宗引入秦王破阵乐,却都没能改变雅乐舞蹈的衰亡之势。它开始慢慢地引入祭祀舞蹈的单一形式中,用来调和人神之间的基本关系,就像现在每年都还有的"祭孔乐舞"。

当然,在艺术本身审美功能的提高上,西周的纪功乐舞没有能够发挥真正的审美功能和艺术本体的美育作用,但是我们还是要承认西周制定的礼乐制度在一定程度上维护了当时统治阶级对诸侯的政治控制和对民心的稳定的需要。这在当时高度发达的政治体系下,是对纪功乐舞一次有意义的发展和创新。

五、总结

从上面的论述中我们可以看出,西周的纪功舞蹈经过了无数次的变化和转型,得到了巨大的发展。同时可以看出,西周的纪功舞蹈已经达到了十分成熟的一面,它促使西周纪功舞蹈的繁荣和昌盛局面的出现,这对中国舞蹈的发展来说具有十分重要的作用。当然,我们还必须明确的是,这样繁荣局面的出现并不代表西周乐舞发展已经达到十分成熟的地步,相反,它是由于当时落后的政治制度的局限性造成的。究其原因有二:其一,正是由于西周统治者制定的种种具有局限意义的乐舞制度,才使得西周的纪功舞蹈能够出现当时昌盛的一面,这样并不开放的乐舞制度只能够存在于一个闭塞的王国之中,其与外界的联系与沟通是达不到艺术发展所需要具备的条件的;其二,西周纪功舞蹈的发展和兴盛,只重视了其功利目的的存在,而没有考虑艺术发展本身该如何发挥自身的艺术功能。这样的局限性使得之后的封建社会的纪功舞蹈的发展之路越来越窄,并使得后来的各个朝代的纪功舞蹈慢慢出现了程式化的轨迹。到了中国古代舞蹈发展的末期,这种歌功颂德的乐舞已经很难再像西周这样得到统治阶级的高度重视了,俗文化在当时已经能够超过它的存在意义与表现内容了,这使得纪功舞蹈在西周之后的其他朝代的发展中显得越来越单薄。这也是为什么西周的纪功舞蹈是我国古代舞蹈发展前期能够达到的最高峰的原因所在。

我们常说舞蹈应该具有自身存在的真正意义,这也就是说舞蹈艺术应该具有其自身的艺术功能,这种艺术功能表现在舞蹈上应该体现为:其一,文化思想和艺术精神的体现,不应该受到其他方面过多的干扰和决定;其二,在艺术功能的表现上应该不拘泥于一种单一的模式和方法,这样的发展结果只会造成舞蹈艺术的停滞不前。"艺术应该成为社会发展的探路石。"对于在条件和目的驱使下的纪功舞蹈,又怎么能够在艺术本体的舞台上大放异彩呢?社会精神文明的需要和物质文明的补给应该是处于同一起跑线上的。西周的纪功舞蹈虽然在形式与表现上获得了巨大的成功和收获,但是对于艺术本身来说,它却是导致艺术停滞不前的主要因素。

我们从西周乐舞的发展特点中可以得出结论,舞蹈艺术要想得到真正发展,就应该在其自身的艺术的本体功能上多下工夫;并且我们在进行艺术实践时,应该将舞蹈艺术的发展与社会的发展真正结合在一起,这样才有可能使舞蹈跟上时代的步伐,才能够被不同时代的欣赏者接受。西周乐舞艺术的不足之处正是在于它的接受手段和接受人群有很大的局限性,他们只是将它作为介于正式与非正式之间的过渡品,而并没有将艺术真正的美的教育手段融入对舞蹈的欣赏中去,这样就抹杀了舞蹈艺术在本体上发展的可能性。为此,对于当代的舞蹈发展来说,我们应该借鉴其在美育上不足的因素,并将它转化为可以利用的条件,在欣赏舞蹈的同时将舞蹈的美化教育融入真实的社会中。这样的舞蹈发展才有可能作为一种手段,在创作和表演间起传播和交流的双向作用。

参考文献

[1]　彭松,于平.中国古代舞蹈史纲[M].北京:北京舞蹈学院 1998.

[2]　冯双白,王宁宁,刘晓真.图说中国舞蹈史[M].杭州:浙江教育出版社,2001.

［3］　孙景琛.中国舞蹈史:先秦部分［M］.北京:文化艺术出版
社,1983.

［4］　纪兰慰,邱久荣.中国少数民族舞蹈史［M］.北京:中央民族大
学出版社,1998.

［5］　汪宁生.民族考古学论集［M］.北京:文物出版社,1989.

［6］　范晔.后汉书·南蛮传［M］.北京:中华书局,1965.

［7］　董其祥.巴渝舞源流考［C］//徐中舒.巴蜀考古论文集.北京:文
物出版社,1987.

［8］　袁禾.中国舞蹈［M］.上海:上海外语教育出版社,1999.

［9］　资华筠.中国舞蹈［M］.北京:文化艺术出版社,1999.

试论舞蹈演员的艺术感悟力①

曹亮红

舞蹈是一个丰富的艺术世界,作为一名舞蹈演员对舞蹈艺术的自我把握,在某种意义上首先是一种对舞蹈语言的把握。无论是艺术创作方面的审美构思、艺术欣赏方面的审美沉思,还是艺术批评方面的审美反思,都是借助既定的语言系统去澄清那些飘忽朦胧的印象。而这种把握既是理智的认识,又是情感的创造,更是心灵上的感悟。一个舞蹈演员的艺术感悟力并不是与生俱来的天性,而是对舞蹈语言把握的深度和厚度的结果。

一、舞蹈演员艺术感悟力的三个层次

所谓舞蹈演员的艺术感悟力,是指一个舞蹈演员在对舞蹈语言的把握中所体现出来的一种综合能力,它包括三个方面的内容:对形体语言的把握能力、对情感内涵的把握能力、对生命人格的诠释能力。舞蹈演员的艺术感悟力的高低直接反映了一个舞蹈演员的艺术素质的优劣。

众所周知,舞蹈艺术是一门形体艺术,它把人体动作作为自己的表现手段和语言载体。换句话说,运动人体的形体语言是舞蹈艺术构成的基本材料。不言而喻,一个舞蹈演员对舞蹈语言把握的内涵有很多,最基本的首先是对形体语言的把握。多少年来,代代舞者都

---

① 本文发表于《大舞台》,2010 年第 4 期。

为此进行孜孜不倦的追求。确实,我们也看到了抬腿的高度越来越高了,各种舞姿越来越多了,动作的连接越来越难了……形体语言在其丰富性、技艺性、创造性上有了极其广阔和深层的发展。这也对舞蹈演员的形体素质、控制能力、技术技巧都提出了更新更高的要求。然而,尽管对形体语言的把握已成为舞者的共识,但舞蹈作为艺术而言,对形体语言的把握仅仅只是舞蹈演员把握舞蹈语言的基础,是艺术感悟力的第一个层次。

那么,把握舞蹈语言的再深一层次又是什么呢?有些人认为:把握舞蹈语言内涵就是把握其风格,把握舞蹈语言中难以掌握的高难度技巧……但这种把握依然停留在技艺层面上。诚然,不可否认技艺对舞蹈演员来说是必须具有的素质,不具备技艺素质也难以成为一名优秀的舞蹈演员,但问题是同样拥有技艺素质的舞蹈演员在表演时展示给观众的感受却是不同的。就拿经典舞蹈《黄土黄》来说,多少演员跳过这个剧目、这套动作,在技艺上几乎没有差别,但于晓雪的表演总是与众不同,一出场就给观众留下强烈的印象,她的舞姿令人激动、令人兴奋。你会感到情从表演中流淌出来,毫无阻滞。有人说,那是于晓雪的乐感好,情感深刻,此话道出了她与众不同的真谛。一个舞蹈演员对舞蹈语汇情感内涵的把握程度决定了他的舞蹈语言能否打动观众,能否有感染力,也鲜明地反映出演员的艺术感悟力。当然,情感的激发和起伏跟演员对音乐的感受和理解是密不可分的。苏珊·朗格说:"音乐的最大作用是把我们的情感概念组织成一个感情潮动的非偶然性的认识,也就使我们透彻地了解什么是'真正的情感生命',了解作为主观整体的经验。"一个乐感好的演员也确实在表演上善于处理心理节奏,体现舞蹈作品的情感意义。但更加重要的是,舞蹈演员是以自己的精神主体为中介去感受作品的情感,参与作品现实中的情感经历,从而体现出情感的内涵,最后把情感作为与观众沟通对话的桥梁。因此,同样的舞蹈语言效果是完全不一样的,有情无情成为衡量舞蹈演员艺术素质的重要标志,也成为艺术感悟力的第二个层次,即对情感内涵的把握。

舞蹈艺术展示了人类内心活动与感性世界的丰富性与流动性,展示了生命的意义和美丽,它还促进了舞蹈者能力、情感、意志、人格和追求的升华。而对这样一个丰富的艺术世界,作为舞蹈演员对其的认识往往有一种直觉式的敏感力,这是一种职业特性和职业能力,并且更多的是凭着直觉对其把握的,这表明舞蹈演员的艺术感受是其心灵感悟的表现。这种心灵的感悟既是外在世界对演员感官的诉诸,又是超越感官的信息积累,它既诉诸感官而又超越感官,并集中反映了演员的人生观、价值观、道理伦理、精神、情操、生命情调以及对世界万事万物的心灵感受和情理认识。这种感受和认识往往凝聚在对作品形象的深刻探求和塑造中,因此说演员在表演时里里外外都渗透着作为一个生命自身对舞蹈形象独一无二的生命直觉式的把握。如舞蹈《一个扭秧歌的人》《中国妈妈》等,它体现了生命的灵动性,展示了生命的内在力度和人性的魅力,舞蹈演员要"理解生命、表现生命,从人类追求物质的、情感的、精神的价值而产生的矛盾冲突里去研究身体——心灵的运动……获得生命的纪律性和表现性"。这就是一个舞蹈演员把握舞蹈语言的最高境界,它完全超越了形体语言和情感体现,成为艺术感悟力的第三个层次——对生命人格的诠释能力。

二、舞蹈演员的艺术感悟力是舞蹈艺术自身的要求

从前文中,我们不难得出舞蹈演员具备感悟能力是作为一个优秀的舞蹈表演者自身所需要的。同时从接受美学的角度来看,又是观赏者的要求,况且舞蹈表演又具有自我审美性特征,加之舞蹈作为一个美的事物、美的艺术,所以作为舞蹈演员一定要具备全面把握舞蹈语言的能力,而具备这种能力的条件就是要求舞蹈演员具有很优秀的艺术感悟素质。

换个角度,我们不妨从舞蹈艺术作品意象构成的角度对其作进一步的探讨。一般来说,舞蹈艺术作品中蕴涵着编导所赋予的情感世界和生命哲理,它通过舞蹈而体现为意象。称它为意象正是突出作品中的内涵,如果意象没有"意",只有各种风格的舞蹈样式,就不会产生具有生命力的艺术形象。而各种意象必须有舞蹈演员的表演才能体现。比如舞蹈《翻身农奴把歌唱》,动作语言是大家熟悉的藏

族旋子和卓,然而两者之间相互转换表现"翻身"的内在逻辑却需要表演者去体现。换言之,作品对表演者有两个层面的体现,一是已设计好的程式化的动作,二是意象成立的内在逻辑。然而在表演过程中,后者往往容易被忽略,演员往往单纯地认为完成程式化的动作语言就满足了作品的要求,这种理解是与艺术规律背道而驰的。相反,越是程式化的表演,越应演出意象的个性。这不仅是舞蹈艺术的要求,戏曲表演亦是如此,国粹京剧在唱、念、做、打中,同样是旦角就出现梅、程、荀、尚四大流派。之所以如此,正是因为他们都是在表演中闪现着意象的个性光彩,而这些具有个性的意象,恰是这些表演艺术家自身所具有的优秀的艺术感悟力在表演中具体体现的结果。

因此,舞蹈演员对舞蹈作品的理解必须有自己的艺术感悟,这既由艺术作品自身的规律所决定,也是演员自身艺术生命组成的活力因素的体现。

三、提高舞蹈演员艺术感悟力的途径

作为一个舞蹈演员,其艺术感悟力或者说是把握舞蹈语言的深度和厚度的能力,从本质上看,可以称作演员的艺术素质或者艺术修养。它的提高是一个日积月累、潜移默化的过程,并且是没有尽头的。舞蹈演员除了要不断提高形体语言的把握能力以外,更重要的是通过各种途径来提升艺术感悟能力:第一,提高音乐修养,这是直接的、见效最快的方法;第二,深入生活,体验生活,这是被历史证明了行之有效的方法;第三,对间接获得的信息积累,也就是把别人对舞蹈的、艺术的、美学的等认识消化吸收作为开拓自身、丰富自身、提高自身艺术功能的捷径;第四,加强自身精神世界的修养,作品即人品,只有具备高尚情操和正确的价值观才能把舞蹈形象演绎得更加纯粹,才能有新的突破、新的创造,走向一个新的境界。读书无疑是很好的方法。

在这个各种艺术门类腾飞的年代里,每一个舞蹈者是否把自己所热爱的舞蹈艺术提高一个境界,让自己的艺术感悟升华,让自己的艺术素质升华,让自己做一名真正的舞蹈艺术家、真正的舞蹈文化人,这是一个值得我们认真思考的学术问题。

参考文献

[1]　平心.舞蹈感觉与自我意象——舞蹈艺术的灵魂、舞蹈心理学的精髓[J].北京舞蹈学院学报,1997(3):40-44.

[2]　于平.舞蹈形态学(内部资料).北京:北京舞蹈学院,1998.

[3]　苏珊·朗格.情感与形式[M].北京:中国社会科学出版社,1986.

中国古典舞"云手"与太极图的关联①

杨伊竹云

每一种独立的文化都有其基本象征物,具体地表象它的实质特征,抽象地蕴涵它的基本精神,而我们的志趣也在于透过所谓的"现象"去探寻、解求事物与事物之间的内在本质关联。太极文化作为东方哲学的最高范畴,是中国传统文化中《易经》的分支,是古代先哲们智慧的结晶,具有相对独特的思维方式和理论体系。而中国古典舞深受中国传统文化中太极图的影响,其独特的风格气质、内涵特征与太极图中的阴阳学说有着千丝万缕的渊源,其阴阳交合所产生的动律以及衍生出来的审美原则也渗透于古典舞之中,是古典舞文化的核心要素和内在精髓。

本文试以古典舞"云手"为切入点,通过分析《易经》中太极阴阳图和"云手"的意识形态、动势规律及审美范式,探究中国古典舞"云手"与太极阴阳图的内在关联,审视二者之间的文化美学价值。

一、太极图与中国古典舞"云手"的意识形态

(一)太极图

"太极图"即"阴阳鱼图"或"天地自然之图",是《易经》中"太极"思想在儒、道两家结出的硕果。道家的太极图与乾坤同构,儒家的

---

① 本文发表于《艺海》,2014 年第 11 期。

"中华神圣图"与内宇宙全息。太极图是观念的物化,是中华民族文化的提炼与抽象。其图以黑为阴,白为阳,白鱼黑眼谓阳中有阴,黑鱼白眼谓阴中有阳,黑白相依,阴阳环转相抱,彼此交融,呈现出一种平衡、对称、和谐、有序的美,这与古典舞"形神兼备、身心互融、内外统一"的身韵理念有着异曲同工之妙。

(二)中国古典舞"云手"

中国古典舞是在传统民族民间舞蹈的基础上,借鉴中国戏曲、武术等元素,经历代舞蹈工作者的提炼、加工、整理、创造,通过较长时期的艺术实践和检验流传下来具有一定典范意义和古典风格特色的舞蹈。它的渊源可追溯到中国古代的宫廷舞蹈,新中国成立初期,舞蹈工作者们为发展、创新本民族舞蹈艺术,突破局限于戏曲维度下的古典舞,参考西方芭蕾舞的基础训练方法,在深厚传统舞蹈美学基础上对中国古典舞进行了新的建构和发展。"云手"一词最早来源于武术,在宋元戏曲艺术蓬勃发展的趋势下融入了纷繁多样的武术云手,后经舞蹈行业者们兼收并蓄戏曲的内涵身韵和武术的力度幅度,将"云手"引入中国古典舞身韵体系中,并根据云手的表演形式、情感属性、精神内涵等要素归纳出基本云手、冲靠云手、大开大合云手和波浪云手,在步伐的缓急、身段的张弛、眼神的虚实等方面具有了更多的派生性和延展性。

二、太极图与中国古典舞"云手"的动势规律

太极图中的"阴阳学说"是一种朴素的辩证唯物主义哲学思想,任何事物都可以用阴阳来辨别,具有一定的相关性、普遍性、相对性和可分性特征。阴阳学说认为:"阴阳之间的对立制约、互根互用,并不是处于静止和不变的状态,而是始终处于不断的运动变化之中。"而太极图中波浪形的曲线,透出一种动势,仿佛两条"阴阳鱼"在水中畅游旋转,亦是宇宙间一切变化和过程中动中有静、静中有动的直接体现。

太极图中的阴阳变化规律是中国古典舞蹈建立体系的思想观之

一,其阴阳相合、圆融归一的表现特征,在云手动势规律中起着重要的导引作用。传统的云手已形成一套严格的规范要求,即要"圆",线要圆,面要圆,而且"大圆"中要套"小圆",正如著名京剧文武小生演员茹富兰先生所言拉一个云手要五个圆。云手动势的精华主要体现在一个"云"字,通过双臂交叉进行而产生"立体式"的圆线运动,仿佛"揉球"一般。云手的动作轨迹也是在身体划"圆"的过程中完成的,其"圆"属平面圆;而"太极图"外呈环状,置于平面为圆形,运转在空间则为球体。云手的动作由圆形和圆弧线组成,而太极图圆中生阴阳,因此云手以太极图阴阳两仪与质能转化原理为导向,遵循圆的运动规律,以腰为轴,进行平圆、立圆、斜圆、向心圆、离心圆等一系列圆的运动,从而太极图也成为中国古典舞身韵形态本象的符号。

此外,太极图的阴阳"动律"还体现在"阴(黑)阳(白)两鱼"互根互存、对立统一、消长平衡、相互转化的变势要素中,无论是自然界、人类社会还是人类思维等领域的任何事物都包含着内在的矛盾性,他们既对立也统一,皆互为根基,相互依存、滋生,以对方的存在为自身存在的条件,此消彼长,彼消此长,并在量变的基础上发生质变,相互转化,并贯穿在一切事物的始终,推动着事物的发展。而中国古典舞云手在动势中也直接体现着太极图中"阴(黑)阳(白)两鱼"的动势规律,在动作上形成刚柔、动静、虚实、强弱、急缓等对立统一的独特形式。同时,在提、仰、含、沉、冲、靠、开、合的动态上也间接体现着儒道阴阳文化的刚柔相合,圆曲相生;其具体表现为沉为阴,提为阳,含为阴,腆为阳,靠为阴,冲为阳,和为阴,开为阳的哲学思想。

三、"合"与"和"的美学追求

云手与太极八卦图皆以遵循中国文化中"合"(相合、应合)与"和"(融和、协和)的美学原则,"以助于合乎会通,以济其美"。明代律学家朱载堉曾言:"'合'既象征天之一统、平稳,又象征地之安静、和顺。"就古典舞云手中的"合"而言,在动作中主要讲手与眼合、眼与身合、身与步合、步与手合,在外空间向内空间收缩聚集归拢的方向上,达到上下相协、里外相应。云手形神之合、刚柔动静之合、太极八卦图阴阳之合,整体意象之合,此"人体"与"天体"的相合与圆融,无不体现着《周易》的理论之"天人合一"思想。在形神、阴阳、刚柔、动静、意象皆达此"合"时,彼"和"也应运而成。宇宙的创化以"和"为前提,"和"使万物皆化,"和"使万物革新。古典舞中云手动作的时空力为和,动作轨迹之圆为和,气息提沉收放之统为和;太极图中阴阳两仪相交为和,日月彼此相融为和,质能互相转化、能量平衡为和。"和"不见其踪迹,只见其结果,在"合"的基础与前提下达到"和"的哲学意蕴和美学价值。

中国古典舞云手与太极图彼此都包含着对立统一、互根互存、消长平衡和相互转化的内在要素,并以"合"与"和"为美学追求。其意识形态、动势规律及审美范式皆以中国传统儒道思想的圆文化为内涵,在运转的发展模态中体现着回旋、均衡、稳定、延续、融合的特征,负载着中国文化的深沉内涵,折射着民族传统文化的审美心理及中国人包容万物、胸怀博大的民族精神,是中国思想文化、观念形态总体表现的实质特征。

参考文献

[1] 袁禾.中国舞蹈美学[M].北京:人民出版社,2011.

[2] 袁禾.中国舞蹈意象概论[M].北京:文化艺术出版社,2007.

[3] 向开明.太极文化与东亚舞蹈文化[M].北京:民族出版社,2006.

[4] 周来祥.中华和谐美第一图——太极图的审美观照和理性思考[J].学术月刊,2003(10):80-86.

[5] 薛峰.云手、身韵、圆文化[J].歌海,2009(02):26-27.

浙江艺术职业学院科研与创作成果丛书　丛书主编：朱海闵
　　　　　　　　　　　　　　　　　　　　　　　林国荣

钱 塘 有 约

——"浙江潮"文化论坛讲座汇编

主编　李　宁

WUHAN UNIVERSITY PRESS
武汉大学出版社

图书在版编目(CIP)数据

钱塘有约:"浙江潮"文化论坛讲座汇编/朱海闵,林国荣主编.—武汉:武汉大学出版社,2015.10
浙江艺术职业学院科研与创作成果丛书
ISBN 978-7-307-17064-3

Ⅰ.钱… Ⅱ.①朱… ②林… Ⅲ.文化—研究—浙江省—文集 Ⅳ.G127.55-53

中国版本图书馆 CIP 数据核字(2015)第 252462 号

责任编辑:薛文杰 郭 芳 责任校对:路亚妮 装帧设计:吴 极

出版发行:**武汉大学出版社** (430072 武昌 珞珈山)
(电子邮件:whu_publish@163.com 网址:www.stmpress.cn)
印刷:武汉科源印刷设计有限公司
开本:635×965 1/16 印张:19.5 字数:285 千字
版次:2015 年 10 月第 1 版 2015 年 10 月第 1 次印刷
ISBN 978-7-307-17064-3 定价:268.00 元(全套六册)

前　言

　　用"缀玉联珠六十年"来形容浙江艺术职业学院走过的六十年历程,十分恰当。回顾浙江艺术职业学院经历的六十年岁月,正是这些在艰辛与理想共行、坎坷与希望并进的道路上行进的师生们用汗水和心血绘就了一幅连珠合璧的图卷。

　　从浙江艺术学校、浙江省电影学校到现在的浙江艺术职业学院,浙江艺术职业学院用整整六十年的坚持和守望不断孕育着新的艺术生命。六十年的执着前行,浙江艺术职业学院用艺术教育演绎"求真尚美、精艺修为"的校训精神,坚持"教学与实践相融合,教学与创研相融合,教学与艺术职业素养相融合"的办学特色,形成"综合实践打造优势,三个融合丰富内涵,为文化大省建设催生高素质高技能艺术人才"的人才培养特色,用累累硕果描绘着艺术教育的继往开来。

　　六十年来,尤其是高职办学以来,浙江艺术职业学院在科研和创作方面已经取得了长足进步。在科研方面,各级科研课题越来越多,课题的学术含量也越来越厚重,有些课题在国内外产生了很大影响;教师们发表的学术论文也屡屡见诸国内各重要学术期刊。这些学术成果主要集中在以下几个方面:舞台表演艺术研究,艺术教育研究,非物质文化遗产研究,党建和思想政治研究等。另外,浙江艺术职业学院参与主办的"浙江潮"文化论坛,在国内外享有很高的学术声誉,论坛的主讲专家都是在各自领域具有较高声望的国内外学者、专家和文学家,他们的演讲稿经过整理后有不少已在《浙江艺术职业学院学报》上作为专栏文章刊载。在创作方面,浙江艺术职业学院教师创作的艺术作品越来越多地受到关注,并得以在舞台、银幕和荧屏上展现,在国内外各项大赛中屡获佳绩。这些剧本既有话剧剧本和戏曲剧本,又有电影剧本和电视剧本,还有戏剧、音乐、舞蹈、小品等剧本,都具有较高的文学价值,且能较好地与舞台、银幕、荧屏相结合。

为了展现浙江艺术职业学院在科研和创作方面六十年来所取得的成绩,这次我们组织出版《浙江艺术职业学院科研与创作成果丛书》。该丛书从党建与思想政治研究、舞台艺术研究、教育与文化研究、非物质文化遗产研究、剧本创作和"浙江潮"文化论坛六个方面进行组稿编纂,结集成《润物无声——浙江艺术职业学院党建与思政工作研究论文集》《舞台传声——浙江艺术职业学院教师论文选萃》《谈文论教——浙江艺术职业学院教师论文选萃》《风起民间——非物质文化遗产研究论文选集》《栏杆拍遍——浙江艺术职业学院教师剧作选》《钱塘有约——"浙江潮"文化论坛讲座汇编》六个分册。这六个分册里所选的内容基本体现了浙江艺术职业学院六十年来在以上诸方面所取得的成就。

当然,我们在科研和创作方面还有很大的提升空间,今后的路还很长,我们将继续坚持我们的办学方针,在特色科研、团队科研及艺术创作上力争取得更大的成绩。"学大艺焉,履大节焉",我们将在继承六十年光荣传统的基础上,以科研和创作为两翼,培养更多德艺双馨的人才。

《浙江艺术职业学院科研与创作成果丛书》编委会

2015 年 9 月

目　　录

艺 术 追 寻

在"浙江潮"文化论坛开幕式上的讲话

各位领导、各位嘉宾：

下午好！

从今天起由浙江省文化厅主办、浙江艺术职业学院承办的"浙江潮"文化论坛正式开讲了。我代表浙江省文化厅向论坛的举办表示热烈的祝贺！

浙江具有源远流长的文化和个性鲜明的人文精神，在进入新世纪的今天，总结浙江的文化精神，开拓浙江文化人的文化视野尤为重要。遵照"百花齐放、百家争鸣"的"双百"方针，以及江泽民同志提出的"三个代表"中关于建设先进文化的要求，浙江省文化厅和浙江艺术职业学院作出了举办"浙江潮"文化论坛系列讲座的决定。

"浙江潮"文化论坛的主旨就是进一步开拓文化视野，弘扬民族精神，贯彻省委关于进一步加快文化大省建设的决定；同时开展文艺批评，展示文化研究领域的最新成果，并从文化的角度对中国现代化进程中的相关问题进行剖析和诠释，以提高和凝聚新时代的民族精神。

论坛期间将邀请王蒙、李准、仲呈祥、余秋雨、刘梦溪等国内人文社会科学（包括文学艺术）领域的一流专家学者进行讲学。论坛拟订每月举办一次。

作为举办单位之一的浙江艺术职业学院,将通过论坛的系列讲座,提升学院的整体形象,推动学院学术研究之风的形成与提高,为浙江文化大省建设做出自身积极的努力。

预祝"浙江潮"文化论坛讲座取得圆满成功!

现在我宣布"浙江潮"文化论坛开幕!

(浙江省文化厅原厅长　杨建新)

浙江艺术职业学院科研与创作成果丛书

钱 塘 有 约
——"浙江潮"文化论坛讲座汇编

文化构建

经济全球化和民族文化的选择①

李　准②

在经济全球化的形势下,各国民族文化的生存处境及其发展对策是当代世界一个具有普遍意义的迫切的热门话题。关注经济全球化的目光急迫而有热点,讨论的声音此起彼伏,一浪高过一浪。胡锦涛同志在 2010 年 10 月 15 日的讲话可以作为我们探讨经济全球化问题的指导思想。他说:"经济全球化的深入发展,使各国利益相互交织,各国发展与全球发展日益密不可分。经济全球化应该使各国特别是广大发展中国家普遍受益,不应造成贫者愈贫、富者愈富的两极分化,使 21 世纪真正成为人人享有发展的世纪。文明多样性是人类社会的基本特征,是人类文明进步的重要动力。在人类历史上,各种文明都以自己的方式为人类文明的进步作出了积极的贡献。存在差异,各种文明才能互相借鉴,共同提高;强求一律只会导致人类文明失去动力,僵化衰落。各种文明有历史长短之分,无高低优劣之别。历史文化、社会制度和发展模式的差异不应成为各国交流的障碍,更不应成为互相对抗的理由。"可以说,胡锦涛同志这次讲话是对

---

① 本文于 2011 年 3 月发表于《浙江艺术职业学院学报》。

② 李准(1939—　　),男,山东邹平人,1964 年毕业于山东大学中文系。历任《光明日报》编辑部总编室副主任、中央宣传部文艺局局长、中国文联副主席和书记处书记,1996 年起兼任重大革命历史题材影视创作领导小组副组长。已出版的著作有《毛泽东文艺思想新论》(合著)、《文艺观念与方法新探》(合著)、《艺术、现代意识和它的参照系》、《繁荣与选择》等,主要从事文学及影视创作研究。本文根据李准先生 2005 年 11 月 6 日首期"浙江潮"文化论坛讲演稿整理。

经济全球化与民族文化之间关系最完整的阐述,其论点也是高屋建瓴,很有见地。我个人也一直关注这一问题。下面我分三个部分谈谈对这一问题的看法。

一、经济全球化的含义及其纷争

1985 年,美国学者凯尔·德菲索极在《哈佛商报》上提出的"市场全球化",是今天"经济全球化"的一个较早的提法。美国前国防部长诺布·金斯早就说过美国在 20 世纪 60 年代就成功地体现了全球化社会。现在报纸上出现了各种各样的全球化。那么到底什么是经济全球化呢?1997 年,德国的社会哲学家哈贝·马斯在一份报告中提出:"经济全球化是世界经济制度结构性的转变,主要依据国际贸易、金融市场、跨国公司、高技术产业等不同层面的不同指标来进行运行。"2002 年,诺贝尔经济学奖得主佛奴·史密斯也说过:"经济全球化不是一个新现象,它是一个描写人类通过交换和资源的全球分配来追求美好生活的事业。它是一个和平的思想。在此,我想引用一句名言:'如果商品不能跨越国境,士兵们就会跨越国境。'。"他还说:"缺少市场和交换,人们就无法实现工作和知识的专业化分工。而各种分工是创造一切财富的源泉。"其实,全球化的本质正是如此。根据以上内容,经济全球化的含义可以概括为:伴随着跨国贸易和信息化步伐的加快,经济生产诸要素包括资源、劳动力、社会、市场,按照价值规律的要求在全球范围内进行配置。这当然不包括组织生产的主权。

为什么会出现经济全球化的态势呢?一是商品经济的本性决定了它在当代的发展中,必然要求在全球范围内组织、配置各生产要素;二是现代科学技术的发展为跨国生产和贸易提供了更强大的物质支撑与可能;三是信息化管理使生产各要素的交流成为一个全球性的网络;四是世界城市化的发展趋势正在成为全球各国紧密联结的人力空间的新形式。例如,有好几个国家预测,到 2020 年,在城市居住的人口将超过全球人口的一半。如墨西哥城、东京等城市人口都达到几千万人。这种大城市相对于过去的农村来说，是把各地分散的人口聚集在一起，同时也加强了全球各国间的联系。

世界贸易组织的成立是经济全球化的标志。如果说 1985 年出现的市场全球化的提法还只是全球经济的一种呼声和说法，那么 1993 年世贸总协定的签订却真正标志着经济全球化的建立。世贸总协定的核心主要是取消关税和取消进出口的配额。

各国站在不同的角度，对经济全球化的认识也不尽相同，甚至对立。2000 年达沃斯国际会议上，当时的美国总统克林顿说："经济全球化对每一个参加的伙伴都是福音。"而当时的印尼总统却说："发展中国家正面临着全球化的陷阱。"时任东道主瑞士联邦主席的奥吉说："全球化造成的贫富差距越来越大。"我国年轻的学者和西方的学者提出了主动全球化和被动全球化的概念。在经济全球化的进程中，西方大国特别是美国，处于主动甚至支配的地位，凭借自己科技、经济综合实力的强势，按照自己利益的需求来安排全球化的进程；而经济落后的国家则处于被动地位，是全球化代价的主要承担者。美国著名社会科学家马尼尔·卡斯特说："全球化肯定和权力有关系。"德国社会哲学家哈贝·马斯也说过："发达的资本主义国家实际上在这场全球化浪潮中处于主导地位，发展中国家则处于不利地位。"发展中国家并不是自愿参加全球化浪潮，而是被迫卷入的。

实际情况确实如此，在这一全球化的过程中，美国的实力优势是十分抢眼的。当代世界经济发展有两种现象最抢眼：一个是美国的强势日益显著，一个是中国的发展速度和影响越来越大。第二次世界大战后，诺贝尔经济学奖的获奖者中 65% 是美国人。最近几年，美国科学家在全世界著名科学杂志上发表的论文占全世界总量的 33%，其中获得的专利和获利占世界的 57%，说明美国自己的科技高精尖成果占世界一半以上。20 世纪 90 年代，美国连续 10 年经济的增长使其经济总量从占世界 22% 上升至 33%。美国的对外投资占世界 10 个最大投资银行的一半以上，美国的电子商务是欧洲的 3 倍，美国把技术含量低的流程转移到外国占全世界的 70%。全世界 10 家最大的软件推销商有 7 家在美国。全世界 75 个名牌产品中有 42 个是美国的。全世界一流的 10 所商学院有 9 所在美国。全世界

60％以上的贸易是用美元结算的。2003年美国国防预算相当于排在它后面21个国家的总和。2004年，美国军费开支达到4550亿美元，占全世界军费开支的47％，超过排在其后32个国家的总和。非洲50多个国家占全世界人口的10％，但其GDP只占全世界的1％，而美国GDP占33％。阿拉伯23个国家GDP只相当于意大利的一半，拉丁美洲32个国家只跟法国GDP差不多。有人说："当代美国是自罗马帝国以来世界上最强盛的国家，也是当今世界能够担当新帝国角色的唯一超级大国。"还有人说："世界中心是美国而非欧洲，美国成为资本主义全球化的同位语，资本主义的重构就是资本主义的美国化，消费主义的文化意识形态就是它的基本逻辑。"所以很多人认为，全球化就是美国化。因此，许多第三世界和落后国家呼吁反对经济全球化。1997年，一个菲律宾舞剧的男主人公唱道："他们（西方大国，主要是指美国）已经瓜分大地和森林，还要瓜分天空和海洋，我们怎么办，我们到哪里去？"《人民日报》国际版曾报道：占世界人口4.6％的美国消耗全世界35％的资源、能源和原材料。如果全世界人口都像美国人一样来消费，那么现在需要8个地球才能供应人类生存。美国人均一氧化碳的排放量是世界平均水平的8倍。西方一些经济发达的国家如法国、意大利、加拿大等也发生过多次反对经济全球化的游行示威。

不仅如此，西方经济发达国家特别是美国在全球化进程的主动性还表现在对待取消关税和取消商品进口配额的态度和做法上完全以是否对自己有利为转移。例如，2005年，全球纺织品贸易配额刚刚取消，欧盟就对中国9种纺织品进口保持调查，即限制进口。2005年5月13日，美国政府对来自中国的3类纺织品采取限制措施。美国联邦储备局主席格林斯潘说："美国和欧洲这种做法绝对是误导之举，美国的做法将毁坏全球贸易体系。"美国学者史密斯也说："欧盟对中国纺织品设限是非常糟糕的政策，美国有些学者也始终反对对华贸易设定限制。"这也说明谁在全球化的制高点，谁就在国际贸易中占据主动权。

我们究竟应该怎样看待全球化的利弊？可以肯定的是，经济全球化是当代世界经济社会发展的一种必然趋势。不管你承认与否，支持与否,它都是一个活生生的现实,是不以人的意志为转移的。经济全球化既是机遇也是挑战,有利有弊,关键是你怎样对待它、驾驭它。正如我国一位青年学者所说:"全球化过程本质上是一个内在的充满矛盾的过程,一个矛盾的统一体,它既包含一体化的趋势,又含有分裂化的倾向;既单一化,又多样化;既集中化,又分散化;既国际化,又本土化。关键的一点就是看各国政府驾驭全球化的能力。"我国领导人在不同场合发表了一系列关于经济全球化的讲话,体现了中国共产党和中国政府清醒把握当代世界发展的新趋势,为中国政府制定应对经济全球化的具体政策和措施提供了坚实的精神支撑。

2001年中国加入WTO,标志着我国在经济全球化的态势面前变被动为主动,按照国际贸易规则的要求主动参加经济全球化的进程。我国今后的经济发展更直接和世界经济发展联系在一起。中国参加WTO使经济全球化变得完整,是全世界的福音。正如古巴总统卡斯特罗在上海论坛上所说:"很有趣的一个现象是,自从中国进入全球化进程之后,全球化就变得完整而又全面了,世界才真正为此连接起来。"中国也在经济全球化中起着越来越大的作用。中国概念或中国因素频频出现在世界经济发展各类报告和文章中。中国概念已经成了分析把握世界经济发展的基础性研究,忽视这个概念,对世界市场的分析和估计就会产生大大的偏差。人民币汇率的变化对全世界经济的影响也日益显著。全世界每年经济增长点有1/3是中国的经济增长推动的,而美国的经济增长只对全世界经济增长贡献了13%。有学者说,中国理论将来肯定会改写现代化理论和全球化理论。中国参加WTO、主动参加全球化进程,总体效果是利大于弊的。这有利于推动我国的经济发展。1978年,我国的外贸占GDP总量的6.2%,2003年,这个比例达到60%以上。2004年,我国国内总产值是1.65万亿美元,进出口贸易总额达到1.15万亿美元。最近10年来,我国商品在美国市场上所占的比例从5%上升到13%,而整个亚洲产品在美国的比例却没有上升。实践证明,我们政府有能力应对经济全球化所带来的挑战,中国的积极参加有助于抵制乃至搁置超级大国把自己的意志强加于世界经济格局的变化。

二、经济全球化所带来的世界文化格局变化

全球化的进程和整个国际交流的变化,给当代国际文化的传播和整个世界文化格局带来了新的巨大变化。当代国际文化在传播和交流中,出现了以下五个新特点。

第一,更加自觉大规模地用物质产品的贸易为文化传播开辟道路。老布什曾得意地说:"现在还没有人能发明一种方法,在进口货物的时候能够把他们的观念挡在海关之外。"小布什更坦率地说:"同中国开展贸易活动不仅对美国的农场主和工业家有利,而且能够帮助宣传我们的民主价值。"美国前驻华大使说得更具体:"我们不仅在商业上同中国打交道,同时也带去了我们的价值观、习俗和文化。"这说明经济贸易交流不仅仅只是物质产品,随之而来的还有文化。

第二,国际文化交流和传播及其竞争,越来越多地是在包括电视和电脑等传媒信息的自由传播中进行。国际互联网的发展正在加速。经济全球化带来世界格局的变化。

第三,如果说,过去各国政府和准政府组织间非营利性文化交流占主导地位,那么,现在国际文化交流和竞争则主要是通过文化市场来实现。谁争得了国际文化市场的最大份额,谁就在国际文化传播中占据了主动权和优势地位。

第四,某些综合实力上的强国倚仗其经济、政治、科技、军事的强势来强行传播和输出本国文化,特别是其价值观念,其做法也越来越引起人们的注意。

第五,美国等使用英语的发达国家把英语作为语言载体,在国际文化传播中占尽优势。特普勒曾经说过:"世界政治的魔方将控制在拥有信息强权的人的手中。"他们用手中掌握的网络控制权和信息发布权,利用英语这一强大的文化优势达到控制世界的目的。据统计,现在全世界有 45 个国家把英语作为官方语言,全世界上百种文字翻译中,有 60% 以上是将英语翻译成其他文字。全世界有 75% 以上的电视节目用英语播出,80% 以上的科技信息用英文表达,互联网中

90％以上是英语文本信息。而综合国力最强、传播能力最强、最能运用这一语言优势的,无疑就是美国。因此,综观当代世界文化格局的变化,一个突出的特点是美国文化作为一种强势文化,正在倚仗其综合实力向全世界文化市场大举扩张和覆盖。例如,以美国为首的西方通讯社垄断了全世界新闻的 80％～90％。美国现在拥有电视台1300 家,有线电视网 8000 家,广播电视台 9000 家。美国媒体的经济实力是俄罗斯的 109.9 倍,美国媒体的国际报道能力是俄罗斯的7.2 倍。美国电影产片数不足全世界的 1％,但其电影产业份额占全球 85％。美国控制了全球 75％的电视节目的生产和制作,而在美国本土放映的外国影片只占 1％～2％。全世界 100 个访问量最高的网站中有 94 个在美国。单单在纽约,其文化设施有电影院 282 个,博物馆 360 个,图书馆 1279 个,小剧场 499 个,仅百老汇就有 35 个剧场。

美国已经创造了全世界最强大的文化产业,其文化产业年产值2004 年已达到 6000 亿美元,成为美国的支柱产业。它的媒体娱乐业出口 1996 年是 600 亿美元,2004 年达到 900 亿美元。美国文化产业在国内地位日益提高。美国最富有的 400 家公司,有 72 家是文化产业。全世界整个文化市场,美国占了 42.6％,欧洲占 33.9％,亚洲和南太平洋国家只占 19％。1989 年,欧盟对美国的电影产业逆差是48 亿美元,到 1996 年达到 56.9 亿美元。此外,可口可乐、麦当劳、肯德基及圣诞节、情人节等都成为美国生活方式和价值观念传播的载体。美国几乎把触角伸向了地球上有人的每一个角落。就连对抗美国的古巴,其电视节目大部分也是美国的。墨西哥每年只制作三四部电影,即使这些少得可怜的电影还得进入美国控股的院线才能在墨西哥城放映。

随着全球化的发展,各国文化的发展确实面临着机遇。但在美国强势文化面前,其他国家文化也面临着前所未有的严峻挑战。许多经济弱小的国家的民族文化不断地被蚕食、被挤压。可以说,现在每时每刻都有弱势国家民族文化的某些门类、某些样式濒临消亡边缘。例如,我国的很多曲艺在经济全球化的压榨下,加剧了消亡的速度。法国评论家克洛德·凯利说:"一些艺术门类消失还不算是最主要,最可怕的是一些国家再也不能讲述自己的故事了。他们现在都是在讲好莱坞的故事,都是美国人的故事。"20世纪60年代,美国学者赫伯特·希勒在研究当代西方国家与第三世界的交流时,就把文化帝国主义作为批评话语提了出来。他是最早提出文化帝国主义概念的人。进入20世纪90年代,批评美国的文化帝国主义和美国文化霸权的说法越来越多。法国原司法部长雅克托邦说:"英语占主导地位的互联网,本身就是一种新形势的殖民主义。"虽然他是想要维护法语和法国文化在世界的地位,但其说法还是有一定道理的。法国历届文化部长也多次对美国的文化霸权提出批评。法国原文化部长雅克·朗激烈地批评美国的文化霸权主义,他在世贸总协定的乌拉圭谈判中说:"双边投资是敌人,特别是多边文化投资。"2005年戛纳电影节主席基尔斯·雅各布也说:"美国的兴趣不仅仅是出口它的电影,它的兴趣是出口它的生活方式。"美国著名学者詹姆斯·彼德拉斯在他的《20世纪的文化帝国主义》中说:"美国的文化帝国主义有两个目标,一个是经济的,一个是政治的。"经济目标是为其文化商品攫取市场,政治上就是要通过改造大众意识来建立霸权。文化帝国主义的政治作用就是将人们从他们各自的文化渊源和团结中分离出来。文化帝国主义就是对各国的青年从政治上和经济上进行剥削。

美国政要并不回避美国建立文化霸权的目的,美国原国防部长布罗津斯基说:"在东方国家只存在着一种使人感到无聊和烦恼的文化。美国文化是人类唯一演变行得通的模式。"日裔美国人弗朗西斯·福山在《历史的最后一个人》中写到:"历史走到美国,人类就进入发展的样板。"美国的商务部高官都很重视文化。美国前任高官大卫·罗斯科普更露骨地宣称:"未来世界文化一定要用美国文化来支配。如果世界趋于一种共同的语言,它应该是英语;如果世界处于一个共同电信、安全和质量的标准,那么它应该是美国的标准;如果世界正在用电视、广播和音乐联系在一起,节目应该是美国的;如果世界有一个共同价值观正在形成,它们应该是符合美国人意愿的价值观。"

现在全世界大多数国家都面临着美国文化霸权主义扩张的严峻形势,都面临着历史选择的关键时期。

贾庆林同志在 2005 年亚洲论坛上响亮提出了"尊重多样性"的主张。我们说民族文化是民族身份的标志,文化是国家精神的长城。世界的多样性归根结底在于文化的多样性。每个民族的文化都包含和传达着独特的理念、价值观和生活方式,各自有着独特的历史精神和人文智慧。正如一个国家的领土、主权是神圣不可侵犯的一样,每个国家和民族的文化主权也是神圣的。国家文化频繁交流和全球范围内文化合作的加快是时代发展的要求,但文化的单一化、趋同化和文化多样性的消失,绝对不是人类的福音。法国原文化部部长阿拉贡说:"诚然,图书、影片、碟片等是商品,但绝不是一般的商品,他们是各个民族、地区、国家在语言、文学、艺术、哲学等众多领域的表达。表达的内容和风格丰富多彩、千差万别。如果经济全球化使文化产品千篇一律,那会出现令人悲哀的文化贫困,那将导致人类文化的滑坡。"美国著名人类学家波克说:"多样性的价值不仅在于丰富了我们的生活,而且在于为社会的更新和适应性提供了资源,破坏文化的多样性,实际上是在摧毁世界多样性可持续发展的根源。"胡锦涛同志说得更加高屋建瓴:"文明的多样性是人类社会的基本特征,也是人类文明进步的重要动力……存在差异,各种文明才能互相借鉴,共同提高;强求一律,只会导致人类文明失去动力、僵化衰落。"(胡锦涛同志《在联合国成立 60 周年大会上的讲话》)

可以说,反对文化霸权主义、维护世界文化多样性是全世界有识之士和正义人士的共同呼声和要求,并随着经济全球化的深入而日益高涨,而且很快发展成为越来越多国家的联合行动。

1980 年,联合国教科文组织通过了著名学者马克·布莱德的报告《多种声音,一个世界》。这一报告就是要维护世界文化的多样性,把批评的矛头直接指向了美国及其文化的霸权主义行为。

1989 年,在法国的带领下,欧洲国家开始限制美国电视节目在欧洲播出的比例,美国电影不能超过 40%。

1993 年,世界贸易组织成立,就在乌拉圭回合谈判中,法国代表在"取消商品限制额"一条中提出了"文化产品例外"观点,并要求把影视作品从不设配额的自由贸易中排除。这一协议虽然没写入总协定中,但受到多个国家代表的支持,并在实际中得到了实施。此后,法国还通过法律,规定在法国互联网上进行广告宣传的文字必须翻译成法语。法国前总统希拉克对此持积极态度,他说:"这种做法就是要保护法语的国际地位,就是要在网络时代文化的对抗中,确保莫里哀和加缪的语言不在信息高速公路上被漏掉。"

1998 年 6 月,在加拿大渥太华召开了有 19 个国家参加的国际会议,会议的主题就是讨论如何应对美国文化的"入侵"。

1999 年,联合国教科文组织召开专家讨论会,会议的标题就是"文化:一种独特的商业形式"。与会者得出了一个共识:文化不仅仅是一个经济事件或者说一个经济学概念。

进入 21 世纪以来,越来越多的国家行动起来,反对文化霸权主义的呼声更加高涨,维护世界文化多样性的努力也越来越有声势。

2000 年,法国政府决定从这一年起,每年在凡尔赛举办一次高级别的国际"文化多样性论坛"。

2000 年 11 月 12 日,加拿大艺术理事会发起了一次有 54 个国家和地区参加的"世界艺术与文化峰会",其中心议题是"经济全球化与文化多样化"。议题下有两个分题:一个是在每个国家内部如何扶持和保护土著民族的文化艺术,另一个是在当代世界如何保护和推动各国民族文化艺术的发展,以应对美国文化的强势。时任加拿大总理克里蒂安在会上说:"我看美国文化没有什么了不起,在 21 世纪文化发展中,每个国家民族文化都应该占有自己的位置。"

2001 年 11 月,联合国教科文组织第 31 次大会通过了《世界文化多样性宣言》。宣言指出:"多样性文化是人类的共同的遗产,这种多样性有益于人类的当代和未来。"

2003 年 10 月,在联合国教科文组织第 32 次大会上,法国和加拿大共同提案要求通过一个文化多样性的国际公约。这一提案得到多数国家的同意。

2004 年 10 月,国际文化政策论坛第 7 次部长会议在我国上海召开,39 个国家代表和 6 个国际组织代表参与讨论"传统文化与现代化",回答全球化浪潮中如何发挥各国民族传统文化的作用的问题。克罗地亚代表发言说:"全球化不能美国化,各国文化有差别才是优点。"我国当时的文化部部长孙家正说:"没有文化的民族性,就没有文化的多样性。"印度部长说:"经济因素不应该主导文化。"联合国教科文组织代表在会后声明,支持各国在采取措施保护和推动文化表达形式多样化方面的主权。

2005年6月,第2届亚欧文化与文明会议在巴黎召开,会议以"文化多样性:机遇与挑战"为主题,通过了旨在推动文化多样性的主席声明——《文化部长行动计划》。

2005年6月,法国、西班牙等国在马德里召开了有70多个国家参加的国家文化部长会议。会议再次强调文化产品包括电影、音乐、著作和创作等既不是农产品,也不是纺织品,不同于一般商品,不能放在WTO框架下的游戏规则中。各国有权决定是否对自己的文化产品实行资金扶持。

2005年10月20日,联合国教科文组织第33次会议上以压倒性的148票通过了《保护文化内容和艺术表现形式多样化公约》,只有美国和以色列等4个国家投了反对票。这是继1992年联合国环境与发展大会签署了《生物多样性公约》之后的又一个了不起的世界多样性公约。这是国际社会维护全球文化多样性行动的一个重要成果和阶段性胜利,也是当代人类对经济全球化及其影响进行冷静思考的一个可喜的成果。

回顾十多年来世界范围内的反对文化霸权主义、维护文化的多样性和民族文化的努力,我们可以发现以下明显的趋势:一是反对文化霸权主义、维护文化多样性的呼声越来越高涨,参加的国家和地区也越来越多;二是在联合国教科文组织的支持和参与下,反对文化霸权主义、维护各国文化多样性的活动越来越组织化、经常化,并开始用国际公约的形式将活动成果加以确认;三是在大声呼吁和制造舆论的同时,这种维护文化多样性的努力越来越趋于理性和建设性。许多国家适应经济全球化的浪潮,在加强以我为主的国际文化合作的同时,采取切实措施保护民族文化艺术,并取得了可喜成果。例如,法国、意大利等国采取"税款返还""效益返还"等措施保护本国文化产品。日本制定了振兴文化产业战略,强力扶持动画产业。韩国提出了"文化立国"的口号。这些措施对弘扬各国本民族文化起到了积极的作用,但我们应该认识到中国文化形势还不够好。应当说,就世界文化格局来说,虽然文化多样性的呼声高涨,但美国等强势文化的全球扩张现在并没有减弱,而是仍在继续。弱势国家民族文化的危机还在加剧。但相对于美国文化的全球扩张,维护文化多样性的呼声和行动更是势不可当,因为支持和参与的国家越来越多。这一趋势在根本上代表了全人类的共同利益和愿望。

三、中国民族文化应对经济全球化挑战的对策

面对全球文化的霸权主义,中国怎样才能维护和弘扬我们的民族文化?我的答案很简单,就是我们要提高我国民族文化的核心竞争力,建设中国特色的社会主义文化。但说起来很容易,做起来很难。这与我们的传统与教育等方面是关联在一起的。可以说,在经济全球化和世界文化格局新变化的形势下,我国民族文化包括有中国特色的社会主义文化,既面临着前所未有的机遇,也面临着前所未有的严峻挑战。机遇和挑战必将结伴而来。

先说我们的机遇。新时期,我国文化事业是有很大发展的。改革开放以来,我国文艺创作不断发展,文化事业持续繁荣,可以说这段时期我国文化艺术事业的发展是历史性的。我国到外国举办"文化年""专题展"越来越多,各种形式的文化出口与日俱增,中国文化在世界上的影响也越来越大。就文化产业来说,据国家统计局测算,到 2003 年,我国文化及相关产业就业人员已经达到 1234 万,实现增加值 3200 多亿元。我国在世界上获奖的文艺作品也越来越多。

再来看看我们的挑战。在取得进步的同时,我国民族文化面临的考验和形势也越来越严峻。例如,我国文字翻译进出口的比例是100000:100;中国和西方国家之间文化贸易逆差达到 10~15 倍;演出逆差 10:1;版权贸易是 10.3:1;2003 年我们引进了 12516 项,只输出了 81 项;音像制品比例是 14:1 等。在电影方面,1995—2000 年,我国进口美国大片 134 部,这些影片在 6 年间占据我国电影票房的一半,而我们出口美国的影片却没有一部能进入美国的主流院线放映。我国出国的舞台演出所赚的钱中,80%以上是杂技商赚的,但我们所有出国杂技团赚的钱加在一起,不如一个加拿大太阳马

戏团。还有电视，既是现代化的传媒，也是现代化的一个挑战。现在全球都出现"天上一颗星，地上一张网"的信息情景。西方对着我们发射的电视频道有419套，其中美国有140套。

我们要反对这种盲目地与世界接轨的思想。面对世界文化格局变化带来的新的机遇和挑战，有些人想用自己的作品和行动"走向世界"，其心情是可以理解的。但有些人盲目地与世界接轨，不惜成本地出国做送票演出，为了到西方大国参加评奖和展览而丑化我们民族的历史和现实，甚至想用可以迎合霸权文化的做法去赚得西方某些执掌话语权者的青睐。诸如此类带有明显盲目性和狭隘功利性的做法，都很难起到维护我国民族文化的国际地位、推动真正的优秀民族文化走向世界的作用，我们是持反对态度的。

无论如何，我们都要走向世界。但我们拿什么走向世界，怎样走向世界，都是需要进一步思考的问题。首先我们要搞清楚什么是世界。著名编剧家舒巧曾写过一本书《世界在哪里》，并带着这个疑问去美国进行考察。他注意到美国有一些大的编剧，也注意到多数人只走自己的一条路线。他讽刺地写道："那些人在美国创作，他们就自称是世界的，好像'世界就是美国'。"舒先生的话说明，文化的很多东西与国家相关。有人说："世界上很多艺术品的珍贵起初都是由政府炒作出来的。"我们很多艺术家的水平比外国要高得多，但在国际上的价格却远远不及，其原因是没有政府的参与。

面对经济全球化和世界文化格局带来的变化，包括美国强势文化大举扩张，我们既面临着新的机遇，又面临着新的挑战。那么我们究竟怎样做才能渡过这一难关？我认为唯一正确的做法是：联系新的实际，认真学习，科学地分析形势，抓住机遇，迎接挑战，发挥优势，知难而进，把我国文化艺术的创作、文化事业和文化产业都做大做强，即用创造性劳动推动我们优秀文化艺术走向新的辉煌，为世界文化发展作出更大的贡献。具体来说有以下几点。

第一，我们从人类文化发展的历史长河中，进一步审视、确认、铸造和发展我们自身的文化优势。我们只有把我们的文化放在全世界人类文明发展中去看，才能找出我们的文化优势，才能提高参加世界文化竞争的民族自信心和自豪感。我们的文化优势有：中华民族文化发展五千年从没间断，源远流长。这一条在全世界都是独一无二的。古巴比伦、印度、古埃及、印加等文明都断掉了，只有我们中华民族文化是几千年来唯一没有发生断裂的文化，而且多次走在人类文明发展的前沿，这本身就证明她有着特别强大的生命力。但中华民族优秀的传统是什么呢？我认为《周易大传》说得好："天行健，君子以自强不息；地势坤，君子以厚德载物。"中华文化的无比坚韧和巨大包容性在世界上是极少见的。近代以来，西方世界生产力和生产关系迅速发展，但也对自然界产生了巨大的破坏作用。我国"天人合一""人与自然和谐相处"的思想越来越受到重视。余秋雨先生说过："过去我们说'天人合一'包含小生产无力改造大自然的一种无奈、一种束缚，但其中必定有合理的因素。"其实中国古典文化在西方是比较受关注的。中央政府提出"以人为本"的执政理念，提出全面协调可持续发展的科学发展观，提出构建社会主义和谐社会，实质上就是优秀民族文化传统的现代发展。

第二，我国地域辽阔，民族众多，有着丰富的其他国家所没有的民族文化资源。这些既是我们放眼世界、创造艺术的土壤，又是构建新文化大厦的武库。马克思曾说："希腊神话不仅是希腊艺术的土壤，也是希腊艺术的武库。"例如，我们的很多传说，如女娲补天、梁祝化蝶、花木兰从军等，都可以创造出新的艺术作品。1999年，中央为了弘扬民族文化，肯定新中国的成绩，委托7个文艺界协会把新中国成立50年以来的戏剧、音乐、舞蹈、曲艺、杂技选出500部，编辑成文化精品。可以说，其中不乏民族的东西。这些古老的东西是美国无法相比的，这就是我们的优势。在当代，我们的任务就是要从历史长河和世界文化格局变化中真正认清我国民族文化的优秀传统，自觉维护和弘扬这种传统，满怀信心地去进行创造。

第三，我国经济的持续发展、综合国力的增强、国际地位的提高必将引起全世界对我国民族文化的重视和关注。我国民族文化的发展被注入更强大的推动力，带来更多的机会。例如，现在海外已开设100多所孔子学院，全球超过3000万人在学汉语，全世界100多个国家1300所学校开设汉语课程。2005年，首届世界汉语大会在北京开幕,主题是"世界多元文化框架下的汉语发展"。美国的强势文化与中国快速发展的文化在当代格局中是最引人注目的两件大事。2005 年 9 月 29 日,联合国教科文组织第 172 届执行会议决定正式批准设立"孔子教育奖"。美国社会学家卡斯说:"基于中国这种影响,我们只能肯定,如果中国崩溃了,那意味着世界的崩溃。"法国文化和传媒部长说:"在中国的一周里,我丝毫不感觉到劳累。我参观的每一个城市都能看出中国人民的创造力,有时甚至激动得难以入睡。"2004 年,美国《时代周刊》的一位编辑在他的文章里非常赞同北京发展的模式。西方自由经济政策的三大失败是:结构性调整使拉美经济几乎崩溃,结构疗法使俄罗斯经济陷入低谷,经济危机应对主张使整个中亚经济雪上加霜。因此,从经济发展模式上讲,北京模式或者说中国模式已经成为全世界的热门话题。这就为我们的文化发展提供了条件。

第四,我们要像重视经济建设一样重视文化建设,加大文化投入,营造良好的文化氛围,提高全民族的文化素质,全方位塑造民族文化的美好形象。前面提到韩国、日本各自提出振兴文化决策,我国也作出重大文化决策。闭关锁国肯定是没有出路的。我们要保护和运用物质形态的民族文化遗产。我国现在存在一个严重的问题:各地跟着美国制造"生态公园",而没有保留文化的精神底蕴。

第五,我们要正确对待和引导流行文化、消费文化。10 年前,谁能预料到摇滚乐会横扫世界的音乐演出?《光明日报》曾有一篇文章谈到:如何挽留即将沦丧在全球化消费文化的传统文化和留住我们的故乡,即我们民族文化中宝贵的理念、传统及行为方式的观念形态。江泽民同志曾说:"有没有昂扬的民族精神是衡量一个国家综合实力强弱的一个重要尺度。"所以,挖掘、打造崇高昂扬的民族精神,与时俱进地塑造我们美好的民族文化形象,对我们来讲至关重要。也就是说,我们不能总是靠舞狮子、玩龙灯、扭秧歌、变脸谱来宣传我们的文化,必须改进或创作新的文化来宣传我们优秀的东西。就像冼星海用一个星期的时间,通过黄河捕捉到中华民族命运的东西。我们需要用文学、舞台剧、音乐、美术来捕捉我们迈向 21 世纪新时代时在经济全球化竞争中挺立起来的中华民族的伟大形象。这样的东西目前太少。

第六,提高民族文化最核心的环节就是提高自主创新意识,提高整体的自主原创能力,努力抢占当代科技理论思维和文学艺术发展的制高点,为建设社会主义民族文化事业去大胆创造,把创新的文化推向世界。我认为这是最最重要的一件事情。一种文明几千年能够存在下来,一定有她自己的优势。在发挥民族文化优秀传统的同时,还必须与时俱进地克服民族文化中的局限性,即毛泽东说的"吸取其精华,剔除其糟粕"。著名哲学家黑格尔也说:"真正优秀的传统犹如一道生命深处的洋流,离开她的源头越远她越应该是汹涌澎湃。"也就是说,我们的民族文化应该不断吸取新的营养,积极迎接新的挑战。美国文化中,最厉害的不是美国的科技,而是美国第一流的经济管理家和社会管理家,只要保留8000个管理家,几十年后它又可能是世界第一强。因为那些管理家能够把全社会的资源和思维的积极性集中起来。

提高整体原创能力确实很重要。例如,印度是一个科技大国和军事大国。印度专门创立的一个国家奖"印度创新奖",其主席潘各基萨朗认为,问题的弊端在于教育,而印度原有教育的主要弊端在于应试教育。应试教育培养出来的人缺乏创新能力、缺少想象力。这一点对中国很有借鉴意义。我们几千年的科举制度,可以说是应试教育中的应试教育。科举制度在后来确实起了阻碍作用。我们的应试教育制度还残留科举制度的影子。这种教育不能叫人跳出课本的东西去海阔天空地创造和想象。这是我们传统文化的一大制约。我们必须要改变应试教育培养人才的方法。20世纪中国哲学家张忠年说:"传统文化中,有四大关系影响了中国的发展:一是义与利,一是理与欲,一是德与力,一是教与法。"他认为这是中国传统文化中非常重要的四大关系。中国传统文化的优势在这儿,中国传统文化的局限也在这儿,所以义利之辨怎么也辨不出结果来。温家宝同志曾经向钱学森先生征求治国意见,钱老说:你说的我全都同意,但还缺少一个,就是教育问题,就是要培养创新能力的人才问题。老是冒不出杰出的人才,是一个很大的问题。为什么我们中国不能培养出创新能力杰出的科学家？这不得不从我们的教育理念和管理方法中找原因，也不得不从我们的传统文化中去找原因。我们的传统文化具有很大的优势，有很大黏合力，讲究人际关系的和谐，讲究向心力。但是，我们传统文化中也有些方法论上的弱点。例如，杨振宁从思想方法上挑战"四书五经"，认为这些经典中，只有归纳法，而没有推演法。只知道把现成的东西归归队、分分类，就自然而然引申出一些结论来。杨振宁这种挑战精神本身就是一种逆向思维，一种创造。杨、钱都是大家，他们能取得举世瞩目的科学成就，是因为他们的思维方式具有开拓性和创新性，而不是循规蹈矩。中国近代史是一部落后、挨打的历史。思维方式的创新、思维方式的改变及原创能力的提高是当今我们建设中国特色社会主义强国至关重要的因素。努力地从思想观念、思维方法和管理机制上为自主创新提高原创能力创造条件，这才是我们最根本、最重要的任务。思维方式的创新和整体上的原创能力是提高民族文化核心创造力的要害。所谓整体原创能力是指事关发展全局的重大课题突破和创新能力，乃至提出新的独立课题以推动全局发展的创造能力。不管是科技产品、理论研究成果，还是文艺作品，能否在世界范围内具有最大的吸引力和竞争力，归根结底要看它承担多少、承载什么层次的信息、智慧、实用功能和审美内涵，看它在多大程度上满足人民的物质生活需要和精神生活需要，看它在多大程度上、多大范围内提升人民的物质生活质量和精神生活质量。

"欲穷千里目，更上一层楼"，站得高，才能看得远。在迅速发展、充满竞争的当代世界，提高整体的原创力，提高民族文化的核心竞争力，必须努力抢占科技理念、理论思维、思维方式发展的制高点。有位哲人曾经说过："科学地提出问题的本身就包含了问题的答案。"只有抢占制高点，才能从前沿上攻克重大课题，才能在创新和产业发展中居高临下。有了这样思维方式的拓展，有了这样整体能力的提高，我们国家民族文化的发展才能事半功倍，民族文化品牌和产品才能更好地在新的世界文化格局中占有更辉煌的位置，才能为人类文明发展作出更大的贡献。

百年中国文化传统的流失与重建①

刘梦溪②

近 15～20 年,我主要研究文化史和近现代学术思想及晚清到民国以来的学术思想史。我今天讲的"百年中国文化传统的流失与重建",可以说是我近 20 年来始终关注的一个问题。

我所说的百年中国,是指从清朝末年民国初年一直到今天这一历史段落,大体上相当于 20 世纪的 100 年。研究这一历史时期的社会与文化的变迁,也可以说是对这 100 年来的历史社会文化进行文化解读。这是一个文化社会学或是历史文化学的问题,我分三个问题来阐述:第一,百年中国文化传统问题为什么要从晚清开始讲起;第二,中国传统文化的特质及其在晚清社会遭遇的危机;第三,中国现代文明体系的建构和文化传统的流失与重建。

一、百年中国文化传统问题为什么要从晚清开始讲起

首先我阐述一个概念,中国历史上有三个最为重要的历史时刻,即晚周、晚明和晚清。

晚周就是春秋战国时期,中国最早的一流思想家就产生在那个时候,那是中国的思想源头,也是学术的经典时期。就世界历史而

---

① 本文于 2010 年 6 月发表于《浙江艺术职业学院学报》。

② 刘梦溪(1941—),男,辽宁人,曾任中国艺术研究院中国文化研究所研究员、所长,主要从事中国文化史和近现代学术史与思想史研究。

言,那是世界历史的轴心时代。西方文化学者有一个理论:认为在公元前 8 世纪到公元前 3 世纪这 500 年左右的时间是世界文化史上的轴心时代。因为各个文化系统第一流的思想家、最早的学术创始人就产生在这个时期,像佛教的创始人释迦牟尼,儒学的创始人孔子,西方哲学的创始人苏格拉底、亚里士多德大体上都活动于这一时期,所以主张把这一历史时期叫作"世界文化史上的轴心时代"。中国的晚周与这个轴心时代相当,当时诸子百家争鸣,孔子、孟子、老子、荀子、韩非子、庄子(时间有先后),大体上都处于春秋战国时期。

晚明是一个文化冲突非常剧烈的时期,以汉族为中心的华夏文化经历了一次血和火的洗礼。

晚清是从传统到现代的转折点,是东方和西方的撞击点和交汇点,是中国历史社会文化的大转变时期。中国历史社会和文化结构到了晚清才真正开始前所未有的变化(不是说以前没有变化,而是以前的变化和晚清的都不相同);历史的脚步不能照原来的样子走下去了,延续几千年的统治秩序不能照原来的样子维持下去了,本民族的文化传统和固有的社会结构遇到了前所未有的挑战。中国的历史、文化和社会结构到了晚清真正开始了大变局。

当时许多的开明官吏都提出了"大变局"的思想,像曾国藩、李鸿章、张之洞、郭嵩焘等。他们之所以把这一时期看作中国历史上的大变局,最明显的标志就是西方人大规模地进入中国。其实"西人"进入中国,本不是自晚清开始,汉代有佛教的传入,可以叫"西天";明代有天主教入华,可以叫"西教"。但是他们都没有晚清时来中国的规模大,我们可以把它叫作"西潮"。佛教进入中国是静悄悄的,时间大概是在西汉末年东汉初年。佛教来了以后,也曾经引发过很多争论,它也有过和儒家、道家思想的冲突,但是它们很快就走上了融合的道路。中国的帝王当中也曾有过不信佛教的皇帝,但总的来说信佛教的皇帝要比不信佛教的皇帝多得多,所以佛教在中国的传播总体来看是非常顺利的,特别是经过了一个"中国化"的过程,它的标志是禅宗的出现。佛教传入中国的过程是中国文化吸纳、消融外来文化的明显例子,是我们华夏民族文明的伟大之处,它的特点是充实主体、融化客体、思想再生、塑造新文明。明代的"西教",也就是天主教的传入，是以意大利人利玛窦进入中国为标志，最早来华的传教士带来的是先进的天文、历法、数学和火炮制造技术，也把中国文化反馈到欧洲。天主教的入华、传教士的介入，虽然也有文化上的冲突，但是增加了双方的初步了解。就中国一方而言，自己文化的主体位置并未发生动摇。之所以能够这样，是因为汉、唐、明，甚至是清朝中叶中国的国力强盛，西方人带来的文化不过是以文会友、宾主分明。晚清就不相同了，道光、咸丰以后，中国的国力日趋衰弱，社会问题严重，统治集团腐败。在这种弱势情况下，"西人"来了，不再是"身怀绝技"的传教士只身远游，而是开着军舰、手持枪炮的大队人马前来叫阵。主人的态度也不是开门纳客，紧闭的大门是被别人用"坚船利炮"打开的。于是，就有了 1840 年的鸦片战争和 1842 年的《南京条约》，中国历史上的第一个不平等条约出现了；还有了 1860 年的第二次鸦片战争和《北京条约》，更有英法联军 1860 年 9 月 9 日的火烧圆明园。此时的西方人已经反客为主，中国文化的主体地位、国家的主权地位，发生了根本动摇。当时先觉醒的知识分子、开明官员，也想出了一些对付洋人的办法，以夷治夷、以商治夷、以民治夷、"师夷长技以制夷"，但都没有多少效果。只是朝野上下形成了比较一致的看法，就是自己落后了，应该自强，所以晚清时期有长时间的自强运动。看到洋人技术先进、武器精良，意识到自己要有近代工业、要有洋枪洋炮，于是开始了较长时间的"洋务运动"。曾国藩、李鸿章、沈葆桢、左宗棠、张之洞等是早期洋务运动的积极倡导者，特别是李鸿章，他是晚清办洋务最主要的代表人物。但是 1894 年的甲午中日战争，李鸿章倾毕生心血建立的北洋舰队全军覆没，而且不是败在力量悬殊的西方人手下，而是败给了同属东方的近邻、一向被称作"蕞尔小国"的日本。全国上下一片震惊。在我看来，甲午中日战争的悲剧性不是败在一个小国的手上，因为此时的日本经过明治维新后，已经由一个小国变成强国了，它的深层悲剧在于不该战而与之战而且战败了。翻检一下甲午中日战争史，可以看到：战前、战中、战后，中方的应对策略处处中了日本的圈套。日本制造各种借口，有计划地把中国拖进了战争的旋涡，想一举消灭北洋水师。李鸿章知道北洋水师不是日本的对手，本来想避免战争，但由于以翁同龢为首的清流主战派的施压,还是不由自主地走上了应战不敌的道路。甲午中日战争的失败,李鸿章固然有责任,但是翁同龢等清流主战派也有误国之责。尽管历来史学家对甲午中日战争评说不一,以前绝大多数人都认为李鸿章是罪魁祸首,陈寅恪的祖父陈宝箴和父亲陈三立也是这样认为的。他们认为,李鸿章明知不堪一战,又没能冒死上谏,还是没能抵得住压力,中国也一步步地钻入了日本的圈套之中,首当其冲,难逃其责。1894 年打响甲午中日战争,1895 年签订《马关条约》,直接结果是北洋舰队的覆没。这固然令人哀痛,但是比这更令人哀痛的是把我们的宝岛台湾割让给了日本。日本在 1895 年占领台湾,1945 年才归还中国,统治台湾整整 50 年。

在这里,我想提出一个问题,在我国由传统走向现代的历史上,有过三次现代化的努力:第一次是清朝政府迫于列强的侵扰所做的初步现代化尝试,特别是洋务派 30 年的辛勤积累,由于 1894—1895 年的甲午中日战争,被日本强行打断了;第二次是国民政府的现代化努力,由于 1937 年日本军国主义的全面侵华战争,被再一次打断了;我们现在正在进行中的现代化进程,是中国共产党领导的现代化,也是中国近现代历史上的第三次现代化努力,已经取得了令世界瞩目的成果。但是我们的进程还没有完。我们这次的现代化努力还会被打断吗?这是一个值得思考的问题。

二、中国传统文化的特质及其在晚清社会遭遇的危机

首先要区分传统文化与文化传统这两个在文化学上不同的概念。传统文化是指传统社会的文化,一般我们把周秦以来直到清朝最后一位皇帝退位,也就是 1911 年辛亥革命之前的这段历史叫作传统社会。这一时期的文化,我们叫作传统社会的文化,也就是传统文化。传统文化的内容,取决于我们对文化一词如何定义。人类学家对文化一词的解释是多种多样的,美国人类学家克罗伯与克拉克洪在 20 世纪 50 年代写的《文化关于概念和定义的探讨》中曾列举过西方人类学家关于文化的 160 种定义。20 世纪 70 年代以后,由于符号学盛行,对文化的定义就更多了。我倾向认为,文化应该指一个民族

的整体生活方式及其价值系统,这是广义的用法;狭义的用法,可以指人类的精神生产及其成果的结晶,包括知识、信仰、艺术、宗教、哲学、法律、道德,等等。因此,广义地说,中国传统文化就是指中国传统社会中华民族的整体生活方式和价值系统。

中国传统文化的特质及价值取向主要有以下几个方面。

第一,历史悠久。从夏、商、周开始到现在,前后持续 4000 多年,是世界四大文化圈中最古老的文明之一。

第二,是一个在不间断地,同时也是较少变化的传统社会形态框架内生长的文化系统。中国传统社会持续的时间长,光是一个封建社会就有 2000 年左右的时间,社会的基本框架形态没有发生根本性的变化,但是不妨碍文化本身的变迁。它在不同历史时段也呈现不同的文化特征;殷周时期形成了青铜器文化;秦汉时期形成了比较完整的制度文化;唐代文化呈现多元繁荣的局面,广泛吸收西域文化,生机勃勃;宋代产生了深邃的思想,理学兴盛,因此学术界认为宋代的思想变迁是"中国思想大合流";明代城市生活,特别是城市上层社会生活发达,我们可以看到,明式家具精致而讲究,具有现代性,这一时期艺术和生活的特征与它的文化累积有直接关系。

第三,多元文化形态共同发展。长江、黄河流域文化,长江上、中、下游的文化也各有其壮观。如上游的三星堆文化,豁达、夸张;中游的楚汉文化,文学浪漫、生活诗化、思维瑰丽;下游的浙东河姆渡文化,令历史学家怀疑在此曾有过一个"玉时期"。就其发生来说,是多元的;就其族群的构成来说,以华夏文化为主体,同时包括众多民族的文化;就文化思想来说,儒、释、道三家主要思想学说呈多元互补之势。

第四,最具包容性。中国文化的同化功能很强,它对异质文化的吸收和消融能力是惊人的,最明显的例证是对佛教文化的吸收。中华民族不排外,即使穷乡僻壤,也有尊重外来者的文化习俗,对待与自己不同的礼俗表现出尊重的态度。

第五,就生活形态来说,中国传统社会是一个农耕社会,其文化精神,正面说有吃苦耐劳、生生不息的特点;负面说常常表现为自给自足的心理、缺少冒险精神、重农轻商等。重农轻商是中国传统社会的一个症结。并由此派生出许多问题。晚清与外人打交道陷入被动,国力不强固然是主要原因,缺少商品意识和市场观念也是一个重要方面。

第六,宗法社会的性质,以家族为本位、家国一体,家不仅是生活单位也是生产单位。中国对支系十分关注,联系紧密。中国古代在理论上没有"国家""社会"的概念,社会是以血缘为纽带,而非西方的契约。血缘横向辐射出家族,纵向形成世系,重视家谱。西方人类学家非常重视族群的概念,在中国主要表现为家族,甚至在中国古代找不到"爱国"一词,却又非常重视"天下"的概念,"天下"又包括"社稷"和"苍生"两个内容。"社稷"原义指土神和谷神,是国家权力的象征;"江山"是指疆土和国土,"社稷"和"江山"加起来相当于国家。"苍生"本指长得很乱的草,引申为百姓。所以在传统社会可以用"社稷"加"江山"等于"国家"这一公式表示,而"社稷"加"苍生"等于"天下"。这两个公式可以用来解释古代很多的问题,如顾炎武有"亡国"与"亡天下"之说,"天下兴亡,匹夫有责"。

第七,儒家思想是中国传统社会的主流意识形态,国家的政治结构和家庭网络主要靠儒家学说编制而成。儒家思想是中国传统文化的核心价值。

第八,中国人的自然观是主张"天人合一"。相信人与天地万物为一体,这一思想可以使自然与人类不那么对立,很适合现在的环保主张。当然也有专家认为,中国人的这种哲学思想是传统社会缺少系统的科学,是科技不发达造成的。

第九,中国传统社会有最完整的文官制度,这在世界上是绝无仅有的。文官制度和科举考试有关,其最高的表现是宰相制度,相权对皇权有一定的分解作用,是权力制衡的一种办法。特别是在唐朝,皇权和相权的争论和交错使唐朝在社会政治制度上具有良性。例如,宰相魏征就敢于直言相谏。到清朝,皇帝康熙、乾隆却非常痛恨宰相制度,认为这种制度是天下最恶的东西。

第十,在中国传统社会的背景下,中国人对宗教与信仰的态度基本上是马虎的,而宗教的态度是不允许对信仰的对象作假设。佛教

"中国化"后有两支,一支成为知识分子的宗教——禅宗,但是化为禅宗后,宗教信仰的因素淡化了,或者说,禅宗是知识分子智辩的工具,是其精神世界的一种调解剂,没有多少信仰成分;而佛教的另一支化为民间、世俗化的佛教,其中佛教信仰也打了折扣。在我看来,中国人对待超自然的力量,是崇拜成分大于信仰成分。但崇拜绝不是宗教意义上的信仰。中国人对天是崇拜而非信仰,因为天不能总是满足人的愿望,也没有人信仰祖先。拜天祭祖是中国人的最高礼仪,很近似于宗教仪式,而又不是宗教仪式。

第十一,中国传统社会有发达的民间社会,朝野、官府和民间界限分明。儒、释、道三家的思想,儒家学说成为占统治地位的思想,道教和佛教主要在民间。因为有发达的民间社会,又有儒、释、道三家思想的互动互补,中国传统社会反而有较大的思想空间和精神空间,很少有人走绝路。

第十二,中国传统社会在不同的历史时期出现了不同风格、不同文体的艺术与文学。

第十三,中国传统社会还存在一些特异的社会现象和文化现象,如宦官制度、变相的一夫多妻制,等等。

我仅仅是为了阐述问题的方便而把中国传统文化的一些标志性现象列出了十三项内容,远不能概括于万一。

文化传统是指传统文化背后的精神链接,但不是所有的文化现象都能够链接成传统的。有的文化现象只是一时的时尚,不能传之久远。按照美国社会学家希尔斯的观点,传统的含义是指世代相传的东西,即从过去传衍至今的东西,至少应当传衍三代以上,所以有了"三代成贵族"的说法。文化传统存在于传统社会的文化现象当中,但更多的是指这些文化现象所隐含的规则、理念、秩序和信仰。能够集中体现具有同一性的规则、理念、秩序和信仰的文化现象就是文化典范。当我们面对一尊青铜器、一组编钟、一座古建筑或一个村落,人们有时也说看到了中国文化的传统,其实这样说并不准确,他们看到的仅仅是传统的遗存物,这些遗存物所蕴涵的规则、理念、秩序和信仰才是传统。但是能够流传至今的遗存物本身也是一种文化典范,它里面藏有该民族文化传统的一系列密码。对于文化传统来说,信仰的因素非常重要。因为传统之所以被称为传统,往往是由于这些传统有一种神圣的感召力。在崇拜和信仰的区分问题上,如果没有信仰的因素参与,也应该有崇拜的成分加入其中。但传统不是一个凝固的概念,在连接和传衍中它会发生变异,会不断被赋予新的内容。比如说,儒家思想在先秦是哲学家的思想,到了后代演变成思想家、学者的思想。文化传统在传承的过程当中,不仅需要增添新的内容和典范,而且还需要对异质文化吸收和融合。传统往往不是单一的,而是一种综合,对不同质文化传统的吸收和融合可以使固有传统因注入新的血液而勃发生机,并变得更健康、更有免疫力。唐代文化气象博大、心胸开阔、仪态万方,这和大胆吸收西域文化,在传统当中融入异质成分有直接关系。传统在传承的过程当中,会不断增添新的内容和典范,这种对异质文化的吸收和融合的过程,也就是传统更新的过程。这一过程是渐进的、缓慢的,一般不发生文化冲突,是一个"濡化"的过程,但这需要文化主体的强大。汉朝和唐朝时,中国文化的主体是具备这种条件的。可是到了晚清,文化主体强大的条件失去了,国家处于被西方列强瓜分的境地,民族文化的主体性完全弱化了,失去了平等对话的条件,所以产生了剧烈的文化冲突。中国社会没有准备好进入现代的机制,直到1840年才被列强打出了一个"近代"。这种情况下不可能存在中国传统对西方文化的正常吸收,就必然爆发剧烈的冲突。中国传统社会发展缓慢的原因有两个:第一个是在中国历史发展的关键时期,生产力低下的具有游牧特点的少数民族占据中原,进而统治全国。典型的有两次,一次是宋朝之后的元朝,一次是明朝之后的清朝,两次都曾给中国社会的经济造成极大的破坏。元朝时间较短,但清代持续了200多年。康乾盛世前半个世纪的时间是在战乱、圈地、劫掠过程中度过的。即使在盛世时期,问题也堆积如山,满汉矛盾是一个大问题。乾隆时期官吏中不许有汉人,大兴文字狱,实行闭关锁国政策。就在清代中期的统治者陶醉于盛世的繁华中时,同时代的西方发生了什么?万有引力定律的发现、焦炭炼铁技术的发明、珍妮纺织机、蒸汽机、北美独立、法国大革命……西方的科技进步带动的文明进步正可谓一日千里般突飞猛进。其实,那时的中国近代科技文明和西方相比已经落后了300年左右。何况中国失去与外部世界平等对话、良性吸收异质文化的机会，就是从康熙和乾隆的盛世开始的，是他们的闭关锁国种下的祸根。第二个是农民起义造成的改朝换代，历史上一次次的农民革命没有起到推进生产力进步的作用。农民起义只不过是传统社会的自我调节器，从正面看，农民起义对统治集团吸取教训、减轻对农民的剥削程度有一定的作用。但如此循环的结果，是传统社会的生产关系不容易发生改变，新的社会因素不容易发生。其他因素，如皇权过重，统治者妄自尊大，中国人只知有中国、不知有世界，也是中国发展缓慢的原因。

三、中国现代文明体系的建构和文化传统的流失与重建

20 世纪 100 年的中国，或者说自晚清到民国以来的百年中国，是中国固有文化传统发生危机并逐渐解体的过程，也是现代文明体系建构的过程，这是一个含着血和泪的、极端痛苦的过程，中华民族为此付出了巨大代价。晚清时期的中国，也可以说是被列强拉着、拖着、打着、骂着，羞辱地走上了一条情非所愿的路。晚清时期，亡国灭族的危难摆在每一个中国人面前，当时先进的中国人把保国、保种、保教当成了中华民族的首要任务，没有人能把目光投向中国的传统文化。1914—1918 年，第一次世界大战开始了，在这样的历史时刻，中国先进的文化人和知识分子有了反思传统、检讨文化问题的时间和空间。1915 年陈独秀创办《青年杂志》，1916 年改名为《新青年》，这是当时先进的文化人系统检讨传统文化、批判旧传统、提倡新文化的大本营。与此同时，章士钊在《甲寅》杂志上鼓吹现代政治制度。1917 年蔡元培出任北京大学校长，并聘请陈独秀担任文科学长，聘任胡适担任北京大学教授。1917 年胡适发表《文学改良刍议》，陈独秀发表《文学革命论》，这成为新文化运动的两面旗帜。他们的方法之一是以西方文化作为参照系，来检讨、反思、批判中国传统文化。他们对传统的检讨是无所顾忌的，他们的反思是不怕揭丑的，他们的批判是不留情面的，他们对中国传统文化进行矫枉过正的批判。"五四"反传统文化思潮所打击的主要是传统文化的核心价值。"五四"

精英们所做的是在传统成弱势的情况下进行的彻底的决裂,他们想丢掉这个沉重的包袱,并认为可以引导自己走新路的只有西方文化,甚至到了饥不择食的地步。强烈的反传统运动形成一种风潮,虽没有把中国的文化传统斩断却削弱了很多,大大减少了大多数民众对传统的拥护。"五四"新文化运动举起的两面旗帜——科学和民主,到今天仍有意义,没有失去光辉,他们激烈地反传统就是想为科学、民主铺平道路。但是,"五四"之后的 20 世纪中后期,科学主义形成一种社会思潮,在日常生活和学术领域呈压倒之势。在学理上,科学有的时候是一把双刃剑:科学不是万能的,有许多无法顾及的角落,宗教和信仰问题有时候也不是完全能用科学解释清楚的,一些陋习是无法用科学解决的。1904 年王国维有《去毒篇》,针对晚清吸鸦片之风,提出在社会上层用艺术能使人精神得到净化,以此转移其对吸毒的嗜好;对于社会下层——文化缺失的阶层,倡导以宗教信仰去吸毒恶风。

文化传统有大、小之分。人类学家一般把占据社会主流位置的文化形态及其传衍叫作大传统,把民间文化和民间信仰的世代相传叫作小传统。大传统被世代精英检讨的机会比较多,具有占主流位置的价值,这与统治者、精英的批判有关;而小传统是民间文化与信仰的世代相传,具有超稳定性。例如,"五四"反传统主义所打击的主要是传统文化的核心价值,也就是大传统。对小传统的大破坏,是在"五四"过了 50 年以后的"文化大革命"。"五四"反传统基本上是理性的运动。理性的反传统是思想和思想的冲突,主要打击的是传统社会主流意识形态的大传统。"文化大革命"是非理性的反传统,是情感的发泄,直接遭殃的是民间文化、民间习俗和民间信仰。小传统和过去连接得更紧密,传统文化的密码在小传统里埋藏得更深。如果一个民族的大传统被彻底清算,而又不及时修补和重建,小传统遭到根本的破坏却不知道破坏的严重程度,那么这个民族的文化传统也就流失得所剩无几了,或者说至少是大面积流失了。在传统社会,大传统的传衍并不是十分顺利的,但是小传统却保持得非常好。真正彻底破坏小传统的是"文化大革命",连每个家庭对传统文化遗存的零星收藏大部分都付之一炬了,更不消说鼓励子女揭发父亲、妻子揭发丈夫、学生揭发老师、同事揭发同事、朋友揭发朋友、街坊揭发邻里。稍带一点传统意味的道德，全部荡然无存。"文化大革命"里的全民大揭发是对中国基本伦理的大破坏。美国有一部电影《闻香识女人》，里面的穷大学生在巨大诱惑面前始终没有揭发别人，只说"我不知道"。这是相当具有震撼力的：如果他说了，他的道德、尊严将受损伤。轻易地说出来竟然对自己的道德是一种损伤，多么庄严的概念啊！"文化大革命"里鼓励全民大揭发，可以想象，这对我们的道德有多大的损伤！在那个年月里，中国的传统不要了，外国的传统也不要了，"封、资、修"三个字概括得很全面，"封"指中国过去的遗留，"资"指外国西方的遗留，"修"指外国东方的遗留。这是我个人的心得，"修"是外国的东方，"资"是外国的西方，要把这些全部扫除干净。试想：在这种情况下，我们还能剩下什么呢？剩下的是女人穿男人的衣服、中学生穿农民的衣服、知识分子穿工人的衣服、工人穿军人的衣服，传统社会的"易服色"是文化礼仪变迁的大事故。中国的二十世纪六七十年代，是全民大易服色的时期。不要小看中国二十世纪六七十年代的全民大易服色对中国人文化性格影响的严重性！你不能不承认，长时间的女人穿男人的服饰，使女人的性格粗糙化，男人之间的乱穿衣、每人都披一件黄衣服，对中国男人的性格也有影响。

"五四"时期的反传统是学问与知识的清理，总体来说，即使是批判过了头，也是有识之士的愤激。二十世纪六七十年代的反传统，是对传统的毁坏。所以，当今的中国，我们中国人身上保留下来的民族传统的痕迹其实已经不多了。20世纪90年代初期，我和香港中文大学校长金先生有一次会谈，内容发表在我主编的《中国文化》上。金先生是有名的文化社会学家，也是很出色的知识分子。我很佩服。会谈中他讲了一句话给我的印象很深：关于中国传统文化是"二十年代不想看，八十年代看不见"。因为20世纪20年代也就是"五四"前后，大家的思潮是批判传统，对传统文化不想看；而在20世纪80年代的时候，传统文化已经看不见了（当然，这都是比喻）。2003年8月3日，法国的《费加罗》杂志刊载了联合国教科文组织的驻中国代表多梅纳克的一篇文章，他是一位很不错的汉学家。他在文章中说："中国的传统文化令人迷惑，对一个经常接触中国传统文化的人来说,有时会给人以垂死的印象,有时又会让人感觉它的活力。"这么矛盾的现象产生的原因何在呢?他提出,现在"是什么使得中国与自身脱离?"如果是我们正在进行的现代化建设,这不是与传统脱离的理由。日本也是一个现代化程度很高的国家。日本在现代化过程中,它的传统保留得相当好。即使在韩国,它的传统也保留得相当不错。那么是什么使得我们中国和传统脱离了呢?是什么使得中国和自身脱离了呢?他在文章中还说:"只要到北京任何一条街道走一走,你就会明白:中国人每个星期都在改变城市过去的遗迹,对所有让人感觉是这个国家的传统的东西进行着改造。能够逃过改造的只有那些官方公布的受保护的古迹,更不要说是大规模的社会破坏。"他在文章最后说:"中国的传统文化在走向没落吗?要消灭一种历史,必须真有消灭这一历史的愿望。或许是中国的广袤无垠掩盖了这个问题。中国还有恢复头脑的机会。"我觉得他说得还有点客气,也许他受到的教育使他不愿意失去作为西客的彬彬有礼。在我看来,我们保持清醒头脑的机会已经不多了。因为我们很多地方都已经被破坏了,至少在北京是如此。我在北京住了 50 年,作为学人我当然知道什么是北京的好,但我对北京对传统的破坏痛心疾首。故宫当然保存下来了,但是北京那个文化的味道没有了,到处都是林立的高楼。文化是联结着它所处的环境及它的辐射和根基的,是不容易迁移的。对这一点我经常有很深的忧虑。

我们自晚清到"五四"以来,面临着一项不能绕开的任务,就是需要重建我们的文化传统。因为你既然觉得原来的传统有毛病、不那么好,那就只有想办法改造它、建立它、完善它,使它变好。因为你不能真正做到抛弃传统,你也无法重新选择自己的传统。因为你是中国人,你是华夏子孙,即使住到外国去,你的华夏血统也改变不了。我们的前辈,那些 20 世纪的文化大师、中国的有心人,尽管 20 世纪20—40 年代混战、内战、外战占去了绝大部分时间,他们还是做出了不少重建传统的努力。

改革开放以来,国家在重建传统方面也是富有成效的。但是有个问题至今还横亘在我们面前:一是如何重新诠释文化传统的价值;二是民族文化的认同问题。第一个问题比较好理解,要重建传统，就必须重新衡定固有传统的价值，通过重新诠释使传统再生。第二个问题有点令人费解，难道作为中国人对自己民族的文化还要提出认同的问题吗？然而，确实需要。因为从清末民初到"五四"再到后来，骂自己的文化、骂自己的国家、轻贱自己的民族，一切都视西方为己，只知有西不知有东，已经成为时尚。那么作为中国人的文化认同究竟在哪一方呢？当今的世界，现代化的浪潮是游戏规则国际化、经济全球化、市场一体化。中国如果想在世界的舞台上保留自己的位置，更需要它的忠实儿女学会如何适应环境、整合自己、健全自己、发展自己而不是消灭自己。这就需要有中国传统文化的根基。否则，你将不知道自己是谁，行动的时候不知道是谁在说、谁在做。

"五四"精英，20世纪的文化先驱，他们虽然不留情面地批判传统，但是他们本身又是受传统熏陶、有十足中国文化味道、有深厚中国传统文化根基的从业人员。令人忧虑的是，二十世纪六七十年代成长起来的现在的中青年一代，长时间身处大小传统遭破坏的环境，没有机会接受传统文化典范的熏陶，他们身上的文化含量累积得不够，难免显得单薄而不够从容、不够厚重。如果要问我，传统文化的根基对于一个知识人有什么用？我可以简单地告诉大家：如果你传统文化的根基深厚，你就会显得厚重而且从容。至于如今的少年和儿童，教他们的老师大都是民族固有文化的缺氧者。流俗的电视文化、浅薄的搞笑、逻辑错乱的脑筋急转弯占据了他们大部分的课外时间。他们以为猪八戒、孙悟空是中国文化的全部，以为康乾盛世比现在还要好，春节觉得没意思就过圣诞节，中秋节不好玩就过感恩节，也吃火鸡，虽然不知道感谁的恩。如今的生活时尚已是一切方面追求与国际的接轨。

现代化和传统的重建都不应该是表面文章，而是要扎扎实实地做，需要非凡的创造力，需要用文化搭建和传统衔接的桥梁。我们这些年固然取得了很多的成绩，但是由于长期和传统文化脱节，似乎还一时不能找到与传统衔接的最佳途径，"病笃乱投医""事急乱穿衣"的现象每每有之。人们看到的大多是比较虔诚的模仿或者是没来由的怀旧，而缺乏民族文化的深层底蕴。何况一些影视作品中不着边际的戏说,尤其是"清宫戏"的泛滥,把刚刚开始重建传统的努力变得无所适从,以致失去准绳。

文化传统的更新与重建是民族文化血脉的沟通,如同给心脏病患者做搭桥手术,那是要慎之又慎的。至于传统如何重建,我们到底应该怎样实施一些办法,当然可以列出一些着手的方面。例如,中小学课程的内容设置、家庭成员的言传身教、经典文本的阅读、文化典范的保护和开发,特别是礼仪文化的训练和熏陶。礼仪可以帮助人们恢复对传统的记忆。我们中国在古代是一个文明古国,有礼仪之邦之称。但是我认为现在的中国是一个缺乏礼仪的国家。人与人之间怎么称呼?信怎么写、怎么开头、怎么落款?走路怎么走?吃饭怎么吃?我们不一定都合乎礼仪,我们已经失去礼仪的规范了,礼仪是一个刹那间的永恒。但是比这所有的一切更为重要的是,我们的领导者、国家的栋梁、文化从业人员、大多数民众要有重建传统的愿望,要对我们民族几千年来的文化传统保留一份敬意与温情!

解读文化环境与民族自尊①

陈　醉②

我们通常所说的环境是一种生活的环境,本文谈的是文化的环境。

一、文化环境解读

环境,大家现在谈得很多,譬如环境保护。文化环境有没有这个问题?我们谈一些日常的小事情,譬如语言。语言的交流是文化环境非常重要的组成部分,出租车叫的士,这也是一种语言,我们小时候叫出租车就叫的士,打球叫打 ball,投篮叫 shoot,拉小提琴叫拉 violin,拍照的胶卷叫菲林……小时候我以为这是土话,是广东老家沿海的土话,后来上学学英语才知道是地道的洋话,是英国话。这是一种什么样的因果?殖民地的结果。小时候,在我家乡一带,这种殖民文化就已经根深蒂固了,就已经融进语言系统,融进了我们当地的语言环境,也就是说融进了我们的文化环境。但是,这种融进,不是我们有意识地向国外学习,有计划地做一种规

---

①　本文于 2010 年 12 月发表于《浙江艺术职业学院学报》。

②　陈醉(1942—　),男,广东阳江人,中国艺术研究院美术研究所研究员、博士生导师,院学位委员会委员;全国政协委员,文化部有突出贡献优秀专家,享受国务院颁发的政府特殊津贴;中国美术家协会理论委员会委员,中国作家协会会员。

划的引进,那是殖民主义强加给我们的。当然,我们并不一概地反对使用外来的概念,不一概地反对引进一些新的外来语,在我们的词典中就有不少外来语。但像我前面说的,属于当时半殖民地半封建环境中带进来的。我们现在生活的环境是非常好的,但是不要忘记,有一段时间,也就是那个半殖民地半封建的年代,国民接受的是一种强化的奴化教育。比如说在台湾、东北,日本人统治的时候,一律要大家讲日本话,而且他们讲日本历史,不讲中国历史,让你逐渐地忘记自己的民族,自己的祖国。这就是一种文化环境。新中国成立以后,整个面貌在改变,再加上普通话的推广,普通话的规范,这些环境就慢慢地廓清了。但是最近这段时间,又有一些新的词汇、新的概念、新的社会俚语出现了。前面说的出租车叫的士已经推广到全国了,还有现在有的人,在广东,爸爸已经不叫爸爸了,叫爹地,妈妈叫妈咪,听起来很不舒服,但是这些人已经很习惯了,因为他们觉得这样洋气。还有些人把单位的领导叫老板,已经很普遍了。这就是一种新的社会环境的变化,一种语言环境的变化,一种文化环境的变化。

很多新的东西出来后有些人认为很好的,就非常自觉地去推广。如语音,在北京很多演艺界的人普通话说得很好,但是很可惜,偏偏要学广东人讲话,觉得这个好,这个时髦,为什么?因为是经济的变化。从香港地区、台湾地区过来的新东西,先到广东,再传播到其他地区,这就是一种变化。这种变化,也许有人说并不要紧,本来就是语言、生活方式,都可以变。没有错,语言是要不断发展,但它必须要有一个规范的过程、选择的过程。不能拿来什么就是什么。我就提出这样的问题,将来我们的词典里面,我们的汉字词典里面,会不会出现外国字母?现在有很多报纸,尤其是在南方,大量夹带外国的原词、英文的原句。为什么要夹用,就是觉得这个更时髦。将来我们的汉语词典中会不会出现不是汉字的词汇呢?卡拉 OK,这个完全是夹用了外国字母的词,算不算是汉语的词呢?今天我们说这是一种现象,更说是一种普遍的现象,这种现象就是语言、文化环境的变化。刚才说的是日常生活中内容的变化。学术界也是,我们学的艺术史、艺术理论,基本都是从西方引进的。我们的评价方式,我们对艺术史的一些分类,基本上是学习西方。尤其是艺术鉴赏的一些概念,基本上是沿用西方的。我们民族原来有一套非常好的方式,不过,时代变了,不太合适用。但是,有些是可以用的,但人们故意不用。这种评判方式,对我们中国文化本身,尤其对中国艺术的发展有什么影响?我们以前对中国绘画的一些品评,如神、意、妙、理、趣,很多这样的概念,而且非常准确,说起来一听就能意会,但是现在很多人都不知道了。全都用西方的一套,包括时段、概念,慢慢全部都用了。这里有合理的一面,但也有很多是负面影响。上述这种现象,包括日常的、生活的、学术界的,有没有主观上"被殖民"的心态,这就是我们今天要谈的想法。

我觉得现在这样一种环境里面,要提出一个很重要的问题。现在,全球化的口号叫得很响,国际交流得非常频繁。在这样一种环境下,我们要想提倡什么呢?我认为应该很有意识地提倡民族精神和民族自尊。下面就是关于民族自尊的问题。

二、民族自尊的阐释

民族自尊是很重要的,一个没有民族自尊的民族就是没有希望的民族。中华民族为了争取自尊,在近代史上,有过三件很大的事情,也就是三件具有历史革命性的活动。第一次是辛亥革命。孙中山先生领导的辛亥革命,在近代史上第一次明确地提出民族问题,三民主义就是民族、民权、民生,民族就是指中华民族。我们不谈对整个革命的评价,这是历史上的问题,我们只谈一件小事,因为我们从事艺术工作,所以我们只谈艺术上的事情。孙中山做了一件很有艺术的事情,就是设计了中山装。孙中山推翻了清朝政权以后,建立了中华民国。孙中山是生活在美国的一位华人,很正常地穿着西装;清朝是长辫子、穿着马褂、戴着瓜皮帽,在这样的环境中,孙中山先生并没有直接把我们的国服改为西装。他设计了中山装,是以中国的唐装吸收日本的服装样式设计出来的。我认为从这件很小的事情可以看出,孙中山先生对民族自尊还是很重视的,他不但在大的纲领上提出民族问题,还体现在设计中山装这件小事上。第二次为了中华民族的自尊而斗争的就是"五四"运动。"五四"运动从表面形式看是反传统的,它是要打倒孔家店,但是它的实质和根本的宗旨是复兴中华。它希望通过这样的运动,来引进西方的科学和民主,从根本上提高民族自尊,从根本上使国家强盛。第三次是新中国的成立。新中国的成立确实给了中华民族的自尊一个彻底的变化,用我们惯用的话就是中国人民从此站起来了。这是事实,因为以前没有人看得起中国人,日本对我们中国人都不叫中国人,他们叫我们"支那人"。新中国成立以后,中国人民的自尊心确实得到了很大的满足,但是又有一些负面的影响。

新中国成立以后,中国人确立自尊。但有一段时间,它是以一种极"左"的面貌来扭曲地实现的。最典型的就是"文化大革命"。大多数年轻人对"文化大革命"没有体会,那是你们父辈的体会。那个年代是非常可怜的,一个月才20多斤粮、半斤油,油水很少,吃不饱。现在的年轻人听起来觉得这是个笑话,因为现在的人流行减肥,尽量少吃、不吃高脂肪、高蛋白食物,因为糖尿病患者越来越多。那个年代不是,吃粮、油、糖、点心,用的布料、牙膏、肥皂、草纸,样样东西都是要票的。由于饥饿,不少人水肿,而且在20世纪60年代,很多人被饿死。但是就是在这样一种生活环境中,我们有一句讲得最多、最熟悉的口号:"不要忘记世界上还有三分之二的阶级兄弟还生活在资本主义的水深火热当中。"而且要牢牢记住,要去拯救这些阶级兄弟。虽然我们饿得一塌糊涂,但还要去拯救别人,这就是20世纪60年代的一种自尊,当时很多人也认为真的是这样。这是那个时代的自尊,所以说,它带有一种扭曲,但毕竟是一种自尊的抗争,从理论上是做到了的。而且,毛主席也说到了,寄希望于美国人民,他希望美国人民起来闹革命,拯救水深火热当中的美国人,这是政治。

也就是在这个年代,在二十世纪六七十年代,中国很明确地提出了一个民族化的问题。这在艺术上、文学上,或者整个文化上,要提倡民族化。民族化的口号一提出来,就带来很多实践性的问题。比如,我们美术界的油画本来是从西方传来的,它的观察方式、表达方式,完全有它自己的一套。但是,民族化口号一提出,再加上极"左"地执行,就出现了问题。好好的一幅油画,它很强调光、影、立体感,但是,硬要找一些画中国画的人,或者画油画也懂得一些中国画的人,在这样的油画人物形象上勾线。已经画好了一幅很立体的人物画,他要把它用黑颜色勾线条,变成中国画的样子,这个就是当年最典型的"民族化"的极"左"的现象。音乐界也是,我记得当年有乐器厂做出了大革胡。民族音乐中没有低音,没有大提琴,更没有贝斯。现在民乐中的低音是用大提琴,那时没有,也不用,就用那种革胡来代替。后来效果实在不行,还是取消了。从实践上考察,这次所谓民族化口号的提出,出发点是好的,但结果是失败的。执行不下去是因为它的方法不对,是一种很急躁的、很肤浅的、强迫命令式的,不按照艺术规律去解决艺术问题的方式,所以它当然要失败。但民族化口号的提出,我认为是对的,只是实践这种口号的方式和指导思想是错误的,它必然带来夭折。这里面,有各种因素。首先是我们领导决策机构的偏差和路线上的偏差,整个时代都是极"左"的,所以必然是这样的。不过在一些重大问题上,都把握得很好。这跟我们毛泽东同志也有关系。在总的路线上是极"左"的,在一些具体问题上,还是很幸运处理得很好。比如,新中国成立初期,我们国家在处理军乐队的时候,就犹豫过是用民乐还是用西乐,最后拿不定主意就送到毛主席那里。毛主席还是很高瞻远瞩的,他决定用西乐。他打了个很好的比方,说就像我们中国人民解放军背后总不能还写一个"勇"字吧。你们看古装戏,那些兵后面都有一个"勇"字或者一个"兵"字,不能为了民族化还在解放军后面写个"勇"字,不好看。所以就定下来用西洋乐,是因为它确实要厚实得多。民族音乐也有民族音乐的优点,但作为军乐来讲,他还是选择了西洋乐,说明毛主席还是很英明的。

还有一个例子是模特儿的使用。油画真正作为一个体系引进中国是在 20 世纪初。用现在的话来说就是整条生产线都引进来,即整个教学进程都是全盘按照油画的教学方法引进的。这里面有一个很重要的环节,就是画人体模特儿。新中国成立后,我们要继续发展油画,因为我们国家需要用油画来很真实地将现实生活中的具体的内容和情节表达出来,这个是西洋画的强项。画人,能把人画得很准确,能把故事画得很细致。而中国画,尤其是中国画中的人物画,唐宋时期到达高峰,到元代以后就基本上衰落了,而明清时期纯粹是一些文人画的山水、花鸟。一直到民国,几乎没有人能画人物了。新中国成立以后,需要很多很多这样的画家来创作自己的作品,为我们的政治服务,来图解我们当时的各个中心运动,为我们的政策做宣传,因此必须要把油画学好。所以新中国成立以后,仍然很重视油画,花了很大力气去发展,全盘从前苏联引进油画的整个教程。但是到了1965年,极"左"越来越厉害,有一批人,以康生为主,提出画模特儿是资产阶级的事情,尤其对画裸体模特儿恨之入骨,咬定那完全是资产阶级思想作怪。那时还是文艺整风时期,没到"文化大革命"。在他的批件中,明确指出模特问题要解决掉,说:"我就不相信不画模特就当不了画家。"这是康生的原话。这个问题是很严重的,古代中国确实是没有西洋艺术这种方式,画模特儿的没有。貌似合理,中国传统几千年不画模特儿的教学,也出了这么多画家,为什么现在非要画?当时,不仅是康生,很多中央领导都一边倒,要取缔画模特儿的教程。也就是说,从20世纪初,刘海粟这样的前辈为了引进西洋画的教学方法,把模特儿训练方式带进中国以后,一直比较正常地存活了很久。但到1965年,突然要取消,这是很严峻的问题。中央领导一边倒地批示要取缔,这件事情最后又送到了毛泽东主席的案上。还好,伟大领袖高瞻远瞩,他的批示非常明确,男女老少裸体模特,是绘画和雕塑的基本功,不要不行,封建思想加以禁止是不妥的,即使有一些坏事出现,也不要紧。为了艺术学科,不惜少有牺牲。这是一段非常准确的批示。按道理,这应该已解决这一问题了,但是接下来就是"文化大革命",1965年底的批示,1966年开始"文化大革命",这个批示也无法落实。到了"文化大革命",不但裸体模特儿不能画,就连穿衣服的模特儿也不能画。我还记得浙江美院当时迁到桐庐去了。画工农兵实际上还是在画模特儿,只是将一些工农兵抓来无偿地当模特儿罢了。我们当时带学生下去就是这个方法,到农村去,开门办学,深入生活,画工农兵,实际上就是将农民请来做模特,生产队为他记工分,连模特费也不用给。但是,当时是极"左"时代,这个时候的整个环境都变化了,可"文化大革命"后还是恢复过来了。中国在近代史上,尤其在新中国成立后,中国人为民族抗争作了很大的努力,也作出了很大的贡献,但是也留下了一些负面影响。或者说,为了民族自尊抗争的过程,在特定年代中国人虽然有一点扭曲,或者有过一段时间的心灵的扭曲,但总体来讲,还是为了民族自尊作了一次非常完整的抗争过程。有得有失,有正面有负面,但是不管怎样,提高民族自尊确实是我们这个历史时期做的比较突出的一件事情。

三、全球化背景下的民族自尊

前面谈的都是历史,第三个问题谈的就是现在。谈现在面对全球化这样一个大的文化环境,我们该怎么办,我们该做些什么。全球化的概念最早是在经济领域用得很多,经济全球化、经济一体化、欧洲一体化等,另外就是在科技领域用得很多。我们加入世界贸易组织,就是进入了经济全球化的环境。科技也是如此,我们也吸收很多很先进的科技方面的成果来发展我们的经济、我们的科学技术。但文化全球化、艺术全球化就很值得商榷了。怎么个全球化法?或者另外一种说法就是和世界接轨。"轨"在什么地方,能不能够接?毫无疑问,这个轨在西方文化强国里面。全球化肯定"化"到西方强势国家那里去,接轨也是"接"到那里去。经济、科技领域这样提法是可以的,文化就不见得是好事了。文化,从理论上来讲,不存在先进不先进,原始时代也有文化,封建时代也有文化,资本主义时代也有文化。从政治上分析,资本主义有它的文化,社会主义也有它的文化。不同国家有不同国家的文化,不同民族有不同民族的文化,怎么去接?更具体地说,比如绘画,是油画先进还是中国画先进?这里不可能比出一个先进与后进。其实各有优点,也各有不足。比如,如果我们画博物馆一个大的历史画,表达一个很重要的历史事件,从总体感觉上是油画效果好。如果用中国画表达这样一个题材，它往往会显得比较单薄。但是，从另外一个角度要求，结果又不一样了。比如敦煌壁画，从广义上说也是历史画，是那个年代人们的历史画，或说风俗画。同样是描绘神仙，西洋画是在人背后加两张翅膀，而我们敦煌壁画中是飞天。大家是否有这样的体会，他们描绘的神仙世界，丘比特画一对翅膀，仙女也画一对翅膀，形象的确很写实，非常逼真，但是，那么胖墩墩的，怎么看人也飞不起来。翅膀再扇，也不像仙女。然而我们敦煌的那些飞天，靠他们的姿态，靠几根飘带，线条流畅优美，轻盈飘逸的神仙感跃然纸上。他们是直线思维，我们是跨越式思维；或者说，他们是科技思维，我们是艺术思维。从艺术的本质来讲这个更靠近艺术的本身，是人类想象的造物，是通过人类感悟、构思而产生的一个艺术形象。这就是两种艺术、两种文化的区别。谁先进，谁落后？再从更大范围考察，不同的文化形态也一样。希腊作品很了不起，马克思说是后世难以企及的。没错，是很了不起。但同样，玛雅文化也很了不起，玛雅文化中的人物创造、人物构思，到现在我们也很难用我们的思维来解读他们的艺术感觉。还有印度文化，都有它的特点，有它先进的地方，也有相对不足的地方。所以说，我们的全球化以谁为轨去接呢？

而且，就算我们主动去"接轨"，还存在人家承认不承认的问题。比如20世纪80年代有一段时间，一些年轻人去搞现代艺术，后来又跟着搞后现代艺术。跟着外国人去搞，搞出来也是模仿他们的，他们认为你没有什么新鲜东西，因为更新鲜的他们已经弄出来了。当然，后来有几位去法国、美国的搞出了更有个性的东西来，也很新鲜、很轰动，中国人也有这个本事。在我们国内，你很难在这种文化环境里面产生一种他们认可的现代艺术。所以，考虑这两方面以后，我们应该认真反思一下，艺术以及文化全球化是否合适。

前面讲了三段历史过程。现在要探讨的是改革开放后，如何面对全球化，我们新一代的领导人如何解决这个问题。国门打开了，我们面对一个新的局面，即一个全球化的国际环境，也是这样一个文化环境。如果前面三项是这样对待打开国门的话，改革开放以后就不一样了。鸦片战争是帝国主义列强用铁蹄来踹开我们的国门,"五四"运动是学生闹着要打开国门,新中国成立以后是关着门自己在那里拔高。到了改革开放就不一样了,虽然改革开放以后,我们面临的不是帝国主义列强的炮舰,但是我们面临的是一种非常悬殊的强势文化对弱势文化压迫的国际文化环境。这样的一个环境,我们怎样应对?再回到刚才的服装问题。孙中山自己设计了中山装,一直穿到毛泽东主席,当年外国记者把中山装叫作人民装,也称毛泽东装。毛泽东穿了几十年,一直穿到邓小平同志。邓小平同志一直穿着中山装,就连去美国访问也穿着中山装,不穿西装。中山装一直穿到邓小平,到邓小平这里画了一个句号,带有历史象征意义地结束了一个时代。邓小平同志承前启后。拿中山装和西装比,很有中西方的巧合的象征意义,中山装领子的风纪扣是锁得紧紧的,西装领子是敞开的。从样式上来讲,一个严谨,一个开放;一个偏于庄重,一个显得有活力。这种样式很巧合地象征着一种观念、一种思想的变化。到了邓小平以后的国家领导人开始穿西装了,这象征着一个相对封闭的中国、一个相对封闭的习惯在邓小平这里画了一个句号。在这以后,中国敞开了胸怀,面对整个世界来思考中国的问题。所以新一代的领导人很有意思地体现了这种巧合。当然,用这样一种样式的巧合来说明一种新的时代、新的思想观念在中国的出现是我个人的观点。我们开始用一种相对理智的方式来对待世界问题,政治、经济和文化问题。我们的国门真正地打开了,这种打开,是我们主动地、理智地和世界进行对话、交流,和整个世界文化进行沟通和融合。当然,这个过程也不是很简单的。由一个非常封闭的体制一下变成和外部世界进行正常的交流,开始是很困难的。年轻同志已经觉得很习惯了。但是不要忘记,在20世纪80年代西装之所以很快推广是因为我们国家领导人穿了。但是在这以前,别说穿西装不行,连穿牛仔裤都不行。曾经有过一个喇叭裤风波。国外流行喇叭裤,国门刚打开,赶时髦的人也穿,但是引起很多守旧同志的批评,说是资产阶级的穿着。报上讨论能不能够穿,应不应该穿。但是,这不过是一种时尚,还未等我们作结论是不是资产阶级的穿着,这股潮流已经过去了,外国人早就不穿了。像这种笑话是很多的,不是很容易解决的。20世纪80年代还有一个美国波士顿博物馆展览,在我们中国美术馆展出。开幕式因为审查推迟了两个钟头。原因是听说有两张画,我们要求他们拿下来,他们不同意。他们说是协议上已经通过了。最后还是开了,画也没有拿下来。这两张画,简直成了所有去参加开幕式及后来去看画展的人必看的,一定要问清是哪两张画,见识一下它是如何的"有毒"。最后是两张什么画?就是很大的一幅布,画了几道蓝条,像浴巾一样的。就是这样两张画,我们当时不让人家挂,现在想想是很可笑的。观念的变化现在看来是很可笑的事情,在当时却是真真实实的事情。一步步,很不容易,就像由饿着没饭吃到减肥,要很长一段时间。物质上的问题在某种意义上来说很容易解决,但是观念上的问题是非常难解决的。最后,这两张画在中国人心目中成了名画,这就是西方现代派,不让它展就是因为这个。现在叫你们去看,你们看一下就说,这玩意儿,谁不会画啊?肯定是这两句话。这就是当时的现实。

这是好的一面,新的观念、新的样式进来了,冲击了我们固有的、比较僵化、比较单调的艺术生活和文化环境。但是伴随着西方文化列强的侵略和掠夺,有更多负面的问题也不能不考虑。比如最通俗的就是价位问题。因为逐渐进入社会主义市场经济,进入商品经济,必然牵涉到画价。中国画在国际上的画价比油画差了非常多。凡·高一幅画可以卖到8000多万美金;毕加索的一张拿烟斗的小男孩可以卖到1亿多美金。这个价位是很可怕的。但是现在中国画拿到国际上去拍卖,价位就太低了,可以卖到大概最高的6000多万,但是里面有100幅作品,算起来也就60万一幅。这就是一种落差。同样是油画,中国人画的油画和西洋人画的油画差很多。是不是中国画、中国的文化比西洋的文化差呢?绝对不是。尤其是中国传统绘画,即便是古画传下来的,是无价之宝,也不是一个多亿能算得出来的,但真的拿去拍肯定拍不到这个价。文化无所谓谁高谁低。中国人画的油画,同样是油画,卖的价位比西洋人的低得多。这是什么原因?原因就是"弱国无价位",是因为我们国家贫弱。这句话是套用外交界的,所谓"弱国无外交",即一个国家贫弱在外交上是无说话权利的。所以,根本原因是国家综合国力不够,而不是看艺术画画得怎么样。所以大家记住,艺术的较量不是较量艺术,根本问题是综合国力的较量。综合国力太弱了,在国际上说话没有用,所以他觉得买你的东西也没有用,变不成很多的钱。一切都以市场效益来考虑问题。中国是个文化大国,讲汉语的有 13 亿人,还不算海外的。这个文化大国有几千年文明史,但不是一个文化强国。文化大国可以用人数、历史悠久来体现。但是强国得用国家的综合国力来体现。所以最根本的问题是一个综合国力的较量。在这样的文化环境里面,我们是处于一种劣势,处于一种被挤迫的环境。我们为了向西方学习它的先进科技、先进经济,必然也随着带进来很多外国的文化。因此,我们非常了解外国,知道它的很多文化成果。我们知道莎士比亚,知道巴尔扎克,但是外国人知道中国极少。到现在欧洲还有很多人认为中国人还是拖着根长辫子,穿着个长袍马褂,女人还是小脚。所以他们感觉很神秘,很想来中国看看。只要他来中国一看,就会发现我们的五星级宾馆肯定比欧洲的好,这是毫无疑问的。因为他们是古老的房子、文物,舍不得改造,舍不得拆。但是我们呢,建造得很现代、很漂亮。这就是种文化。他们知道我们多少文化艺术作品?很少,可能较多人知道的就是一个歌曲《茉莉花》吧,因为他们把我们的曲调拿过去放在它的《图兰朵》里了。可能现在知道一个《梁祝》就很了不起了。更多的都还不知道。他们不知道,他们也不想知道,他们看不起你。所以我为什么老这么说,说我们这些媒体动不动就爱夹用英文单词,甚至整句整句地夹用英文句子,真没出息,也很无奈。说到底这是一种"被殖民"的心理啊,他们觉得这个时髦,很洋气,很了不起。我说你们真有本事,就应该用英语跟外国人交流。对国人,你就要用很标准的普通话交流,这才是了不起的人。你不咸不淡的,用一两句句子或一两个单词夹在那里,难受么?我是觉得很难受。有一次,我见马路边上那些老太太锻炼身体,明明是再普通不过的"呛呛起呛起"的"土"舞蹈,那位大概是教练的人非要来个"one—two—three"的吆喝,念也念不准,听起来很别扭,但他觉得很得意。还有的人,动不动来一两个"OK"之类的,我是很讨厌的。我不是反对向外国人学习,更不是反对学英语。我希望大家外语学得很好,能够在需要讲外语的场合讲外语,而且讲得很流利。但是该用中国话的时候,你要说很规范的中国话,而且最好还要很有中国文化。这是一种水准,也是一种自尊。上述的那种心理状态是跟我们这个民族受了这么长时间的贫困有关,是从鸦片战争以后一直处于半殖民地半封建社会,后来又"文化大革命",极端贫困又极端扭曲。现在逐步恢复,在这个过程里出现了这种心态是难免的,相信随着社会的发展会慢慢改变。

下面讲讲合理掠夺。前面讲了,以前帝国主义列强是拿着武器,坚船利炮。现在我们是面对全球化,我们很冷静、很镇静地主动打开门,面对它并很好地处理它。现在的文化环境里面还有一个手段是掠夺,最具体的就是网络。网络在中国普及得这么快,他们很明确的口号就是资源共享或者资源共有,这是合理的。全世界的资源包括文化资源都要大家共享,因为整个科技发达、科技先进,一下子把我们的东西拿去共享了。比如故宫,它经过千百年锤炼出来,建筑、收藏、管理,每一件都是国宝。但是外国一个公司把故宫一弄弄成他们的,而且用他们的观念、宗旨来解释宣传。这就很麻烦了,错漏百出,因为他们毕竟不是搞中国的东西,不是中国人。这个网站有一段时间是最受欢迎的、点击率最高的。最后弄得我们想要用的话都要向他们花钱买,而且我们也很难再把它错误的东西纠正过来,这是一个很大的问题。你不可能一个一个给它纠错,因为你没有它那整个辐射能力去解决这个问题。更无奈的是,他们这样做是"合理"的。这是一种霸权,靠它这种力量,靠它这种霸权,把我们的文化一下子、一夜之间就变成了他们的东西。还有更多的手段,他可以通过参股、收购、合资、雇人打工、兼并等方式,把我们国内的有关文化的公司、机构、资源变成他们的。变成了他们的以后,那就完全按照他们的观念来解释。这是一种不用枪、不用炮,很快就把事情颠覆过来的方式。

这是一方面,另一方面就是文化市场。中国的文化市场非常好,这个所谓"好"是什么呢?因为我们国家暂时没有这个能力把这个文化市场全部使用起来,所以留下了很大的空当给外国人进来。比如很明显的,美国大片,美国的、欧洲的、日本的、韩国的动漫。现在我们国家非常重视搞动漫,这个东西对下一代影响极大。现在中国的小孩,动不动开口就是动漫里面的东西。你看他吃的都是洋东西,肯德基、麦当劳;看的是洋东西,满口都是日本、韩国人那些东西,他们都忘了中国人也有。是不是中国人画得不好呢?也许现在的观念中国人目前还没有把握得那么好,搞不出小孩都很喜欢的东西。但我记得我们以前看的动画片《大闹天宫》就非常好,但我想最根本的问题是我们没有那么大的财力,搞那么大规模的,那么容易更新的,那么有想象力的,从技术上、经济实力上能够传播得那么厉害的东西,这个很重要。你赢不过他,那就变成了人家的东西。所以他们弄出他们的《孙悟空》,弄出他们的《孔雀东南飞》,他们一夜之间就把我们的东西弄过去变成他们的了。而且他们非常明确地宣称,你们有文化,但是你们不会用文化,不会宣传你们的文化,那么,我们就可以取用你们的文化,我们就能够把它变成我们的。这就是明目张胆地掠夺。是,你有东西,本来是你的,但你又不用,你又不会用,那我们有本事,就会把它变成我们的,变成我们的,那就是我们的了。这种改变有什么问题呢?它不完全是一个《西游记》、一个《孔雀东南飞》本身,而是逐渐从吃穿住用,从文化欣赏,慢慢让你把自己民族的审美趣味改变了,把自己民族的追求、时尚慢慢也改变了。最后,连自己的民族精神都慢慢消磨了,都丢掉了,最终都觉得他们那个好,我们自己的不好了,就会形成这样一种可怕的结果。所以,我们提民族精神、民族自尊就是这个道理,它不是一个空洞虚无的东西,最终就是为了警惕这深层的价值观念的变化。整个价值观念一旦改变,那这个民族就可怕了,从精神上就会垮了。

正因为这样,所以我们现在再来看这个问题,就不再是纯学术问题,应该把它提升到我们国家文化战略这样的高度去看这个问题,应该把它提升到重新振兴我们的民族精神和重新树立我们的民族自尊这个角度去看问题。我想这不应该是耸人听闻。在海外大家可能很清楚,为什么许多海外的人,他们很爱国。确实是这样,因为我们在国内感觉不到,就等于当初我们国家的门没打开的时候,我们对海外一切东西都感到很神秘,认为样样东西都是好的,很想出去看看。但是最好的爱国主义教育就是出国去看看。一出国,无非是两种:一种是马上就感觉到一种无形的歧视,尽管他们也说不是歧视,或者说没有歧视,但心底里还是一种歧视。种族歧视或者不同国家的人的歧视,说到底还是一个强势对弱势的歧视,富有对贫穷的歧视。你出去以后,就会有这种感觉,或者在海外生活很久的华侨,很多也会有这种感觉。因为那个地方不是你的。另一种,又会从反面的现实感到一种安慰与自豪。这就是身处有一些还没有达到我们现在这种生活条件和精神环境的地方,就会觉得自己很幸运,我们国家已经走过了这个阶段,现在都比较好。我们要提倡民族自尊,要强调民族自尊,但是我们不搞民族主义。我们提倡向西方学习先进的东西,但是不搞全盘西化。我们不要盲目崇洋,不要老认为外国的月亮比中国的圆。但是我们也不要夜郎自大,妄自尊大。明明美国阿波罗飞船上了月球是好事,但是我们马上说嫦娥早就上月亮了。拿这个去跟人家抵挡,这都是不健康的心态。我们要非常客观地看待我们的进步,也要看到我们的不足,这样我们的民族才会有进步。

四、艺术家的责任

第四个大问题,谈谈艺术家的责任。这前面谈的是历史问题,现在谈的是面临的现实问题——我们作为艺术家,或者我们从事艺术工作,或将来的艺术工作者的责任。我们应该怎么做?应该有些什么样的想法?

先谈一下关于优根性和劣根性的问题。我们有一段时间,经常会谈到民族劣根性这个词,尤其是"五四"以后。我认为这个词在当时,是很多有识之士对中华民族那段时间的不争提出的一段感叹,说出我们民族的劣根性可以理解,有一定的鞭策和振奋作用。但是我认为这个提法是很不科学的。什么叫劣根性,一个民族的根都烂了或者都是劣的,那这个民族还有救么?那就有点像基督教的原罪一样,人生下来就是有罪的,你这个民族本身就是劣的。我认为现在不能总这样提这个问题。没有自尊的民族是没有希望的民族。一个民族应该很科学、很准确地维护自己的尊严。劣根性,怎么算这个根？这个根在什么地方？如果你从时段来看,哪一段是根？哪一段是劣的？汉唐,绝对不劣,汉唐是我们最发达的时代。如果把它算根的话,这段肯定是非常好的。汉唐不劣,那更早的原始时代也不劣。我们原始时代有非常灿烂的原始文化留下来,这是历史证明了的,这不是劣。如果从文化形态来追寻我们的根,那最早,春秋时代。春秋时代恰恰是我们文化最发达的时候,诸子百家,这个时代正好也和希腊兴盛的五世纪、四世纪、公元前那段时间接近,也是很辉煌的时代,凭什么说我们是劣根呢？那民族从哪一段根开始劣呢？我认为不劣。应该是优根性,我们的根是优的,不是劣的。如果劣的是枝,那这个枝有一段时间。在这个时代,我们应该多提一下这方面的想法和宗旨。应该考虑这些,而不要总说我们这个民族的劣根性,这种心态都不好。中国人是很了不起的,我们有非常灿烂的、非常光辉的年代。

要珍惜当今这个社会文化环境。我们经过新中国成立以后极"左"的,尤其是"文化大革命"那段极其不正常的政治生活和文化生活以后,改革开放确实是争取到了一个非常好的文化环境,大家应该珍惜才是。另外我们国力也慢慢提高了。我们知道民族自尊不能光靠口号去叫。这个有赖于整个国家综合国力的提高。但另一方面,我们也不能等待我们国力提高以后自己再去做事。这是相辅相成的。现在这个环境确实好得很,起码我们从艺术创作角度来讲,你现在画什么都行,只要你不违背宪法,不违背当前国家明令禁止的一些事情。以前,有很多限制,只能画一些图解政治的作品才能进入展览会,现在已经不是了。现在你画什么都行,现代主义的、后现代主义的,甚至最前卫的行为艺术,这跟以前比确实好多了。现在我反而在很多场合鼓励画家创作重大题材,用现在的观念,很好地画这情节性的创作。对这方面有兴趣的人,我鼓励你们去画。因为现在这是个冷门,要画好很不容易,但画得好肯定会打响。以前我们对它反感,是因为方式极"左",都是说教。但是技巧是极了不起的,画好一个人物很不容易,即便是油画系出身,你要把一个人物画好也很难。你能够画历史画,更难,你要能画出高水平历史画,那就更不容易。我总对油画系的同学讲,别的系从总体来讲,那种准确性和表达对象的充分能力,比不上油画系。那国画系,它更多的是又一种笔墨趣味,这也需要刻苦的修炼。但对历史画来说,油画毕竟更有表现力。一些有创作能力的画家不愿意下这个功夫,太可惜了。不是每一个油画系毕业的人都能画得好,更不是每一个人都能画历史画,也不是每一个人都能画历史画里面的重大题材。油画系自己有这个能力,为什么不去好好钻研呢?而且现在我们国家花一个多亿来准备创作一批重大历史题材的作品,从鸦片战争一直到现在。为什么不去画呢?尤其以前画过历史画的,这多可惜。我反而鼓励他们去画的,这个时代是非常好的,这个环境的得来是非常不容易的。

前面也提到,中国人被列强欺负了那么长时间。我举一个例子,我们国家逐渐变强的一个很明显的例子——香港回归。第二次世界大战结束时,蒋介石曾经向丘吉尔提出来要把香港还给我们。当时丘吉尔给他打个哈哈就过去了,实际上就等于没有理睬他。这就是历史,这就是我刚刚说的"弱国无外交"。但是1997年回归就不一样了,这次确实很了不起。邓小平就直接跟撒切尔夫人谈这个问题,她来就是为了谈香港问题。邓小平非常坚决的一句话,就是主权问题不容谈判。什么意思呢?撒切尔夫人他们层层设障,不想还给我们。最后她提出一个方案,归还主权保留治权,就是还给你主权,但治理还是英国人。邓小平就是很明确地说,主权问题不容谈判。否则,我们就按我们的方式来解决香港问题。撒切尔夫人还说,如果你们强行收回香港,你们会有很长一段时间很混乱,你们的经济也会很乱。邓小平就说,我们宁愿承担这个损失,也要把香港收回来。而且还跟她开了个玩笑,问她,"到时候你撒太太是不是也会派一个远洋舰队来香港啊?"因为当时英国刚刚解决阿根廷马尔维纳斯群岛问题。撒切尔夫人很厉害,派了一个远洋舰队跨半个地球去把它收回来。因为阿根廷国力太弱,即便那么远过来英国还是把它夺了回去。这次谈判终于以我们的胜利而结束。所以出北京人民大会堂的时候,撒切尔夫人不小心扭了一下脚差点摔一跤。作为国家政府首脑,在这个地方摔跤,当然外交上是很不好看的。当然中国报纸不会报道这个消息,给她个面子。但是外国记者不行,我们管不了。外国人报道出来撒切尔夫人在北京人民大会堂面前摔跤了,意思就是说这次谈判她摔了一跤,失败了,这里是双关的,这就是强国有外交的证据。

我们国家在逐步地走上小康,让一部分人先富裕起来,虽然只是走到这一步,但是我们确实在进步,这个环境非常好。但是也要看到,你越是这样,世界全球化这个压迫也越来越厉害。这种压迫,我们今天谈的主要是文化上的,但是在经济上、在军事上一样会有这种压迫。经济上最明显的是我们现在经常会听到关于铁矿石的价格不断提升,因为中国人买得多。所以澳大利亚和巴西都提价提得很高,因为原来日本人把它提得很高,所以他们就一起"整"我们。美国人也在他的五角大楼的白皮书里面说"中国威胁论",它一直都在说"中国威胁论"。只要你好一点他就马上要"整"。国际贸易,动不动给你来一个反倾销。我们很可怜,我们出口的东西都是小商品,都是衣服、袜子,好多都是他们的图纸、材料弄过来赚点加工的钱。他们出来一点点小芯片就弄个几千万,很厉害。所以我们看到国际环境很严峻。国内的文化环境,我指的是我们学习的自由、创作的自由和生活的条件确实在逐步好转。但是从整个大的环境来说,也是很不好的,要有这种忧患意识。所以要把它提到一种文化战略的角度来看这些问题,而不能像以前那样作为一种纯学术的问题来看待。我们要有意识地来考虑民族精神、民族自尊,首先一点,很重要的是要考虑到我们创作、学习、艺术实践要很好地继承和发扬我们的民族文化传统,这是一方面。另一方面,要很好地学习外国文化的一些长处来补充我们自己,这也是非常重要的。我们经常说传统,什么是传统?我认为起码有三个组成部分值得我们重视。第一,传统肯定要包含和贯穿着我们的民族精神,这是首要的组成部分,必须是我们中华民族的民族精神要在那里面。第二,要体现我们民族的审美趣味和审美追求,一定要是我们自己民族所喜欢的。趣味是现实的,又是历史的延续。追求是未来,是理想,是更高的要努力的方向。这是很重要的组成部分。第三,就是我们民族的形式、喜好和规范。在我们传统里面,这三样都是非常重要的。

最后一个就是刚才说的民族的形式,形式一方面就是一种喜好,喜好是养成的一种爱好,我们这样的形式是我们喜欢的。但这种喜好是无边际的,所以有个规范,所以是喜好与规范。就是说,这样一种、一类的东西是符合我们民族的,总体都会喜欢的,而且它有一定的边际,不是无边无际的。这三大组成部分就组成了我们这个传统,这就是文化传统。这是一个层次。第二个层次还要强调,传统不是一潭死水,好像定下来了,传统就是这个样子,这是不对的。传统是一汪活水,是一条历史长河,它不断发展变化,不断有新的东西进入,又有一些不符合当前需要的因素慢慢地淡出。这个传统才是我们真正要把握的,才是真正有意义的,不是僵死不变的。正因为这样,所以我们也非常鼓励大量吸收异域文化里面的一些优秀组成部分进入我们的传统,丰富我们的传统,这就是我们艺术工作者要做的、要思考的问题。

现在我们从事绘画的人都有一种很时髦的说法,要创造自己的风格,要打造自己的风格。这种讲法是不准确的。风格完全是经过长时间的实践在自己的作品里面下意识地流露。它是下意识的东西,不是有意去做的。如果你有意识去做某种风格,那肯定说明这种风格已经不是你的,是别人的。因为有了这个样子,你才去模仿别人。一个艺术家能够形成风格,那是他毕生的追求,也是这个艺术家真正成熟的一个象征。不是每一个艺术家都能够形成风格的。比如中国历史上的倪瓒,他确实有他的风格。欧洲历史上,像凡·高、高更,有很鲜明的风格。凡·高这辈子,短短的30多岁,他只晓得画画、画画,他是一种神经质的画,他自己从来没有想过要打造什么。他这辈子只卖出过一幅画,这唯一一幅画还是他弟弟给他安排的,为了安慰他,安排人去买的。但是他是真正出现了风格,正因为他毕生的追求非常执着,非常着迷,经过非常勤奋的劳动以后,下意识地在作品中表现出来了。有意地去做成一种风格,那种风格肯定是别人已经有了的,你才去学的。所以作为一个艺术工作者,我们一定要懂得这个道理。因为前一段时间,还有很多人在呼吁，认为我们国家这么长时间缺少大师，没有大师出现，也没有力作出现。大家也觉得很着急，希望很快不断出些力作，出些大师。可是力作和大师也不是说出就出的，也不一定是和这个国家的经济发展、富裕成正比的。恰恰有时候反而是成反比的，如在民族危难的时候，就出现过很多大师。我们的国歌——《义勇军进行曲》就是抗战时候创作出来的。就拿《梁祝》来讲，它也是在困难时期写出来的。现在反而出不来，大家都想出个大师，出个好作品，出不来。不过，现在自称"大师""著名"的满街都是，动不动就说某某大师。现在我们美术界如果说某某大师，一般都是开玩笑说说，真正谁把你叫大师，那肯定是挖苦人的。真正叫大师，以大师作为职称的，那是在工艺美术界。绘画界真正要是大师，要承认你是大师，那是后人的事情。我们可以总结一下历史，有哪些人可以达到大师级的？活着的这样的人很少。有一次我们接待台湾的一个代表团，其中有专业的也有非专业的来大陆访问。他们领队给我们介绍成员，开口就某某大师、某某大师。边上一个我们一起参加接待的同志问我，我们是不是弄错了，是不是接待了一个外交代表团啊？其实是因为台湾闽南话，"大师"和"大使"差不多，听起来像某某大使，以为一个个都是大使。这股风也是外面吹进来的，我们也是跟着喊，动不动就自封大师。其实没那么多大师，而且大师一般都是后人对你的总结，对你一种追认才有意义，那是真正称得上大师的。"著名"也是，现在都是著名画家某某、著名歌唱家什么什么，他们经常也会给我加头衔，我说千万千万别加。因为真正著名的人他肯定不需要"著名"的，谁见过"著名思想家马克思同志""著名诗人李白"的说法，没有，多余。李白就是李白。你不著名，才会来个著名画家某某。这都是我们这段时间一种不健全的心态，所以这个都是大家可以考虑的，将来你们包装自己的时候，要不要加著名。包括将来你们写自己的自传，找工作的时候，著名学习委员某某某，要不要这样写呢？这都是当代很具体又很滑稽的问题，反映了一种时代的心态。

五、结语

归根结底还是为了让大家了解这些问题，更明确自己学习或者工作的一种方向。有两条，大家都不要荒废，一个就是对文化课的重视，一个是认真学习。尤其我们是学艺术的，更要注重操作性。比如你是舞蹈专业、戏曲专业的，你要花好多时间去练功。绘画也一样，要花大量时间去练基本技巧，你得画画。有些院校对文化课不太重视，或者它没这么多精力去重视，尤其现在文化生活也丰富，顾不过了这么多。但我还是建议大家，要很好地重视中国文化传统的学习，这是一个根。我也经常跟我的学生讲，或者说我也在各种会议上呼吁这个问题——要重视文化，尤其要重视人文学科的学习和建设。你有了这个就会有底气。我说过几次，科技能使船坚炮利，鸦片战争中帝国主义能把中国打垮，那确实是靠它的科技，靠它的船坚炮利。而人文学科、人文知识能涵养民族的底气，也很重要，相对来讲，它无形一些，形而上一些。一个民族有没有底气，跟它文化传统根基是否深厚、有没有这样一种积累相关。我们要重视这个东西。因为新的东西越来越多，我们对一些传统的不太重视了，甚至遗忘了很多。

我在这儿给大家讲这样一个故事，也蛮好玩的。一个演艺界代表团出国，都是电影明星、表演艺术家等名人，其中有著名京剧演员梅葆玖先生。因为全国政协委员要比较优先一些，过关排队的时候方便一些。一些电影演员容易被人认出，而梅葆玖，年轻的一代不太看京戏，就不认得。他们想快点过关，同行的就跟验关那位小姐介绍，说这就是梅兰芳先生的公子梅葆玖先生。不料那位小姐白了他一眼说："什么？你别逗了，想快过关就过关呗，编出这个故事来骗谁？梅艳芳能生得出他？"因为她只知道有个梅艳芳，香港歌星，她已经忘了中国有个京剧表演艺术大师梅兰芳，或者说她压根儿就不知道。这是一种文化的差异。

我们这种真正从事艺术学习和将来从事艺术工作的人，一方面对我们这个传统文化要很好地学习，很好地钻研，这样底气才会足。

因为现在这种从技术层面的较量和条件都差不多。就比如说你们的家长,能够把你们送进艺术学校来学习,那别人的家长也肯定跟你们差不多有这个本事。你们能考进来,你们的素描画得怎么样,你们的色彩画画得怎么样,差异不会很大。那其他的专业也一样,都不会很大,除了长相不一样,这种后天性的培养差异不大。但将来真正在战场上、艺术较量上是靠你们的底气,靠你们的文化素养,这个很重要。你们若不相信,就记住我的话,将来你们想发展自己,想发展得更好,希望你除了把技巧这个基本功掌握好以外,一定不要荒废了文化素养的积累和补充,这是一辈子的事情。包括我刚才说的风格,你要能出你的风格,很重要的一方面是先天的,本身就有这个气质。另一方面就是勤奋。艺术创造,就是人的一种心灵创造,其底蕴就是素养。这个很重要,所以你们不要忽略,要很好地把文化课学好。第二方面,要注意,我们刚才说了,强调民族性,但是不要搞民族主义。我们认真学习在西方拥有先进科技的国家环境里面出现的一些新的东西、新的观念,要吸收它的好东西,所谓的因循守旧,老讲笔墨、笔墨,但是老是那几下子,让人觉得很陈旧,也不是我们民族发展的一个好事。我记得"文化大革命"前,外国人说过,看到中国人的展览会,他们老问,你们怎么是一个人画的? 一个展览会的作品,又不是个人展览,你怎么都是一个人画的呀? 就是说我们没有个性,或者整个手法很陈旧。我们要强调笔墨,但是更要强调在新的观念、新的环境下这种笔墨如何发展、如何使用。笔墨当随时代,没有这种创新,没有这种新意,它永远都给人感觉很旧。我们经常去参加评审,看一些作品,很旧,这也不行。我们要强调创新,创新有多种渠道,多种渠道地学习。向民间文化学习,把西洋艺术先进的因素融进来也是一个途径。但一定要创新,为什么我们现在提出来要搞创新型国家,你要不创新,它也不能前进。守旧一方面也是错误理解民族化的结果,泥古不化不是继承传统。至于搞设计、搞创意的人就更厉害了,那是直接和市场碰撞。你将来能不能得到甲方的满意,或者说得通俗点,你将来在市场上能不能揽得到生意,拿不拿得到订单,这个和你是否创新,和你能否跟上这个时代潮流密切相关。可能学设计的同学更清楚,所以要考虑这个。两个方面,一个是传统一定要学好。另外一个就是认真地吸收,包括别的国家、别的民族一些先进的东西,一些我们没有的东西,要很好地学习,这样才能有新东西出来。所以刚才说的你要成大事,要成力作,这是大家都想的,但不是说你想就能出来,也不是说像以前计划经济那样拔苗助长,要把你拔起来、扶起来,树一个英雄,树一个模范。艺术你树不起来,好的它就是好的,不好的你再树也起不来。所以关键在自己,那自己要做什么呢?我认为无非就是几条,一个就是天赋,我刚才说了,艺术就是要讲天赋。有的人就是有这个天赋,或者说他模仿能力很强。用科学的术语讲他的写生能力很强。另外一个就是他有一种创造能力,他能够想一些新东西,有创作能力。第三个就是机遇,要有一定的机遇,没机遇说明很可能这个时代不需要你,你根本出不来。如果说大家说我能够做出一点什么成绩的话,那确实也是一种机遇。如果不是改革开放,我不可能去研究裸体艺术。这是一个禁区,以前中国根本没有裸体艺术,你怎么能研究。以前把这个东西算作黄色作品,正因为改革开放,再加上我有这个想法,一直在想这个问题,正好碰到这个机遇,所以机遇很重要,所以我只能说我碰巧了。更重要的是勤奋,一定要勤奋执着。除了这三条。还有心态要注意,在这个姹紫嫣红的世界,不可能每一个人都会喜欢你的作品,但是有一条要记住,只要尽心尽力把生活给你们的那份激动表达出来,那肯定会有一部分人为你的作品而激动。如果你不断地、持续地给人以激动,那你肯定会在历史上留下激动。将来历史回过头来寻找大师的时候,也许大师就在我们当中。

十七大的文化自觉

韩永进①

今天想跟大家探讨一个题目，就是中国共产党人的新的文化自觉，结合十七大报告。我想先谈一点自己的体会，再和大家探讨一些问题。

说到"文化"这个词，一变成理论就非常枯燥，但实际是活生生的。比如，我们游西湖时，一个老船工给我们划船。如果仅仅是划船，那就是经营。但他同时给我们传达了那么多的口头文学："断桥不断""长桥不长""孤山不孤"。我不知道大家是不是对文化内涵有深刻的理解。另外，有句歌唱得好："不是我不明白，而是这世界变化快。"现在的世界变化得太快了，色彩纷呈，其中，最主要的一个体现就是我们的文化。比如，我去西泠印社看了，那是我们搞文化人心中的圣地，特别是搞书法、绘画与篆刻艺术的圣地。原来的想象一定是非常清净高雅，人们在这儿慢慢品味，是一种高雅文化。但我们看到更多的是大爷大娘们在那儿悠闲地打着牌、嗑着瓜子、聊着天。我们的高雅文化和我们的大众文化就这么有机地结合在一起。

① 韩永进(1958—)男，河北人，国家图书馆馆长，曾任国家文化部教育科技司长、全国艺术科学规划领导小组办公室主任。1982年2月毕业于南开大学历史系，主编和出版了《邓小平文艺思想研究论集》《新的文化发展观》《文化创新年度报告》《一得集》等专著。任上海交通大学、华中师范大学、北京电影学院、山东艺术学院、浙江传媒学院等院校兼职研究员、教授。

怎么看待众说纷纭的文化现象？可以说"文化"这个词无所不在、无处不有。说到室内，有装潢文化；说到饮食，有饮食文化，我们独特的东坡肉、龙井虾仁都是最著名的菜；说到饮酒，又有喝酒文化。在众多的文化现象中，我觉得怎么理解、看待文化现象，我们需要一种新的观点和新的观念。新的观点和新的观念，如果概括提出来，就是新时期我们党提出的新的文化发展观，体现了中国共产党人新的文化自觉。

说到"文化自觉"这个词，最早是由费孝通先生提出来的。他说的"文化自觉"就是说我们文化人达到的最高境界，四句话："各美其美，美人之美，美美与共，天下大同。"具体解释就是指生活在一定文化中的人对其文化有自知之明。我不知道杭州的同学、老师和居民对于浙江的文化是否达到了这个境界：有自知之明。明白它的来历、形成过程。就像我刚才说的"断桥不断""长桥不长"和我们中国古代最优秀的文化"梁山伯和祝英台""白蛇传"是联系在一起的。明白它的来历、形成过程、所具有的特色和发展趋向。自知之明是为了加强文化转型的自主能力，取得决定适应新环境、新形势文化转型的自主地位。也就是说，我们对自己的文化心里明白，同时又进一步继承发扬传播下去的问题。作为中国共产党人的新的文化自觉，体现在最集大成者就是我们党召开的十七大的政治报告，里面提出了中国特色的社会主义文化理论体系。我个人在学习过程中初步总结了二三十个观点。其中许多是和我们的生活、工作和下一步的发展息息相关的。比如在文化发展上，我们提出要更加自觉、更加主动地推进社会主义文化大发展、大繁荣，掀起社会主义文化建设的高潮。我们之所以提出这个观点，就是因为有一系列文化支撑在里边。这个文化高潮和我们每个人息息相关。我们今天能坐在环境这么好的学术报告厅，包括浙江图书馆、浙江博物馆的建设，尤其是浙江博物馆的免费开放，都是党的一系列方针政策和我们发展观具体落实的措施。文化方向上，我们提出了坚持社会主义文化前进方向，积极引领社会思潮。大家不要小看"积极引领"。广电总局对电视播出的低俗的倾向进行了治理，这就是"积极引领"下的具体措施。所以，社会主义文化还得坚持前进方向，还得积极引领社会思潮。精神产品和物质产品不完全一样。精神产品有引领问题,有低俗和高雅的问题;物质产品经久耐用、适用、价格便宜就可以了。

党的十七大提出了一系列党的文化体系,比如,发展的动力是文化体制改革,特别强调文化创新。大家生长在浙江这片土地上,经济这么富有,但是近几年来,在全国重大的文化评奖中,有几部站得住的,完全真正和浙江地位相称的,反映浙江改革开放风貌的作品?我们确实需要这样的好作品,但目前的状况是不相适应的。怎么相适应?必须激发改革的动力。再有,提出了人民文化权益论,加强公共文化设施建设。咱们坐在这儿,都是享受着建设公共服务体系这个理念里保证人民的文化权益的具体方针、措施、计划,最后演变成项目。在党的十七大报告中,我归纳了一下,有30个观点,"文化软实力论""人民的精神产品要丰富多彩论""核心价值体系论""文化市场论""协调发展论""人才论"等。因为哲人说过,理论是灰色的,生活素材是常青的。讲理论是非常枯燥的。但是我也愿意集中阐述几个重要的理论支撑,第一个是"文化自觉论""文化高潮论""大发展论",第二个是"国家文化软实力论",第三个是"人民文化权益论",第四个是"党的能力和国家管理论",第五个是"三贴近",我想着重把第一、二、三、五这4个观点统领下的文化实践和文化理论上的发展,跟大家阐述一下。

一、"文化自觉论""文化高潮论""大发展论"

我们要满足人民日益增长的社会文化需求,推动社会主义文化的大发展、大繁荣。大家要问了,什么叫大发展、大繁荣?有没有量的指标?我们现在做到了吗?最起码有三个标准。第一,总量的标准;第二,结构的标准;第三,体制的标准;第四,作品和人才的标准。我们现在为什么要兴起这个新高潮?在中国历史上,文化有过辉煌的时候,比如,我们常说的汉赋、唐诗、宋词、明清小说等。新中国成立以后,我们四次提出了兴起文化建设新高潮。第一次是毛主席提起的,毛主席因为喜爱杭州,来了40次,其中中华人民共和国第一部宪法就是在刘庄起草的。最早提出兴起文化建设新高潮的是毛主席。他在 1949 年提出,随着社会主义经济建设高潮的到来,必然伴随着社会主义文化建设高潮的到来。举最典型的电影的例子。中国电影当时出现了第一次高潮,难忘的有 1959 年拍摄的《林则徐》《早春二月》《青春之歌》等,直到现在,它们依然是思想性、艺术性、观赏性那么打动人的作品。第二次提出兴起文化建设新高潮是1979 年,"文化大革命"刚刚结束,面临着"拨乱反正"和工作重心转移的情况下,邓小平同志提出来,借用毛主席的话"兴起文化建设新高潮的局面",我们现在有这个条件可以兴起文化建设高潮了。所以,1979 年,一方面,"四人帮"搞文化专制平反出来的一批作品,另一方面,人们的创作积极性像火山一样迸发,出了一大批作品。比如浙江出现了美院的学生带头搞的"星星美展"。另外,以小说《班主任》为代表,电影也出了一批,电视没怎么发展,出了一个叫《有一个青年》的作品,对青年人的导向作用非常大。第三次是江泽民同志在 2002 年党的十六大提出了伴随着经济建设的高潮必然出现文化建设的高潮。第四次也就是2007年党的十七大又明确提出要兴起中国文化建设的新高潮。兴起这种新高潮有经济背景、文化背景和底蕴,特别是和中华民族的伟大复兴、文化复兴紧密联系在一起的。所以说,提出"兴起文化建设新高潮"正逢其时。我们欣逢盛世。过去我们会说盛世修庙、盛世收藏。社会稳定、经济发展的前提下,人们的文化生活就旺盛了。

第一,刚才我们说"总量的标准",那么现在能不能满足呢?我举一个例子。到 2006 年,我国文化产量的增加值是五千多亿。在文化产业蓝皮书里,我们采用了经济法中的恩格尔系数。经济法的恩格尔系数是指居民食品消费金额在家庭支出总消费金额中占的比例,是国际通用衡量居民生活水平高低的指标。改革开放以来,我国城镇居民和农村居民家庭的恩格尔系数分别由 57.5% 和 67.7% 下降到 2005 年的 36.7% 和 45.5%,城市到 2007 年下降到 33%。数字是枯燥的,但有科学道理。一般来讲,人们的文化支出在总支出里应该占 20%。在恩格尔系数降到 33% 的时候,人均 GDP 1600~2000 美元的时候,人的文化支出应该占 20%。根据现在的经济条件和恩格尔系数,我们的文化消费应该是 2 万多亿。换句话说,我们现在文化产业的总量5千多亿仅满足了文化消费需求的1/4。也就是说,我们还有3/4的发展余地,整个文化总量距离人民群众的文化需求还差得很远。

第二,结构上的问题。结构不合理,不该发展的一个劲儿发展,该发展的却发展不起来。在市场经济的条件下,高雅艺术仍然没有市场。一方面,人民群众的需求是多层次的,我们需要打麻将、打牌这种消费,也需要虽然是大众但也非常高雅的越剧,也需要高雅的交响乐。结构里物质产品和精神产品有一个最大的区别,就是我们的精品可以以一当十、以一当百。什么叫精品?国家提出了精品工程,就是思想精深、艺术精湛、制作精良,为人民群众所欢迎的,经得住历史考验的。我们在电视上看到的两个"一黄",基本代表了现在的精品,一个是中央一套的黄金时间,一个是电视剧频道中央八套的黄金时间。还有电影。前段时间我刚参加完中国电影华表奖的评选,最受大家欢迎的《云水谣》,确实拍得很有意境,政府奖、百花奖和金鸡奖都比较一致。再有,我们有大制作,同时也有小制作。我想大家也看过一部非常好的影片《疯狂的石头》,投资非常小,拍得非常巧也很精细,里面还有我们中国人特有的幽默。从舞台艺术上说,文化部每年的十部舞台精品,我们排出来的《五姑娘》也是精品。所以说,文化产品和物质产品不一样。你有一个杯子就够用了,十个同学就需要十个杯子。精神产品不一样,十个同学拿十部质量很次的电视剧,且不说毒害他,都不一定满足他们的文化需求,但一部精品就可以满足十个同学的文化需求。所以,文化产品和物质产品是不一样的。

第三,体制的标准。有没有这套体制和机制保证文化产品能源源不断地生产出来,满足人民群众日益增长的精神文化需求呢?现在看起来,这是最难的,比打造任何一部作品都难。现在我们提出深化文化体制改革的任务,就是构筑能保证文化"大发展、大繁荣"的体制、机制。再有非常重要的就是文艺人才,能不能出一代大师,像绘画篆刻的吴昌硕先生这样的大师,像韩美林先生这样的大家。文化传承和别的不一样,人才具有独特性。比如越剧没有茅威涛,东北小品没有赵本山,豫剧没有常香玉,有可能到现在这样的局面吗?通常一个文艺人才可以救活一个剧种,甚至带动这块文化产业。最典型的就是赵本山的小品,甚至东北话都成了语言幽默的象征了。文化的"大发展、大繁荣""兴起新高潮",下一步的努力方向,要满足人们的文化需要,这就是十七大报告、我们中国特色社会主义文化体系的一个主要观点。

二、"国家文化软实力论"

说起这个概念,大家比较容易理解。所谓"硬"的就是经济、GDP 增长等,"软"就是思想文化等。作为中国国家政策提出"软实力"的概念,特别是文化上,是在 2006 年 10 月胡锦涛同志在中国文学艺术界联合会、中国作家协会代表大会上第一次用了提升国家"软实力"这个概念。

"软实力"这个概念是个外来词,最早是美国一个大学的教授,也是学者,当过国防部长助理和国家情报委员会主席,约瑟夫·奈提出的。他认为,一个强国如果只有军事实力而缺乏影响力是不可能居于领导地位的。随着伊拉克战争局势的恶化,他的理论被越来越多的人接受。大家知道,美国打伊拉克原来想速战速决,很快就拿下了巴格达,以为战争结束了,后来又抓到了萨达姆。实际上这场战争越陷越深。美国靠着它强大的军事实力为什么不能马上赢得战争呢?随着伊拉克战争的恶化,他的理论被很多人接受。美国前国务卿赖斯 2005 年年初访问巴黎的时候说了这样两句话:"比军事实力更重要的是思想实力、同情实力和希望实力。"实际上"软实力"这个概念已经成了美国国家政策的指导性词语。进一步发展,约瑟夫·奈又提出要将硬的军事力量和软的吸引力融合成为那种赢得冷战的灵巧的力量,主张美国应该采取让所有人都受惠的方式来确定其国家利益,从而为未来作准备。2006 年 9 月,美国又推出了"普林斯顿计划",其中心思想就是,美国要在硬实力的支持下,用软实力领导法制条件下的自由世界。这是"软实力"的提出和应用。我们借用这个词,最早也有些专家有不同意见,认为这个词的使用有其特定环境,建议我们不用"软实力"这个概念。现在我们用了这个词,一方面说明我们社会主义文化体系是个开放的体系,另一方面我们作了限定,即"国家文化软实力"。原来它包含好几层涵义,第一层是价值力量,美国的价值;第二层是制度力量,宣扬美国的民主制度。现在我们把它严格限定在"文化软实力"。十七大报告把它正式提出来,叫"提高国家文化软实力"。

怎么才能提高国家文化软实力呢?我觉得有几条,也是报告中提出的观点,在实践中陆续都做得到。解放发展文化生产力是一个重要的途径,是在2004年党的十六届四中全会提出来的。不要小看这几个字,我们能得出这个结论是经历了多少代人的艰辛探索,也焕发了中国的文化生产力。比如,浙江经济发展时温州创造了非常好的模式,逐步成为了经济大省。下一步如何发展?浙江省就很好地解放和发展了文化生产力,所以有一篇报道《经济大省为何开启文化引擎 浙江加快文化大省扫描》。全国已经有2/3的省份提出了要建设文化大省和文化强省。解放和发展文化生产力越来越被大家所接受。浙江省做得好的,我举几个例子,也和我们息息相关。第一,文化和文化相关产业的从业人员,浙江有将近200万。文化带动了就业。第二,文化产业的增加值在千亿元,占到全省GDP的8%左右,走在全国前列。文化及文化人,除了教育人们心灵外,在经济上也起了巨大的推动作用。这就是解放和发展文化生产力的典型例证。第三,我们的报纸。如在飞机上发《钱江晚报》《杭州日报》《浙江日报》,中国近年来解放和发展文化生产力,在报纸销量上已经绝对是世界第一了。2004年(后两年变化不大)我国日报的平均期印量居世界第一位,出版的日报种类占全球总量的14.5%。也就是说,近200个国家和地区,我们占了1/8强。另外,日报千人拥有量达到76份。全国出版报纸1000多种,这还是在"治散治乱",不让发展、总量调控的情况下。这些都说明了解放和发展文化生产力焕发出来的巨大魔力。解放和发展文化生产力的一个重要途径就是改革。我们文化体制改革也是经过艰辛探索的。为什么要搞改革呢?不是为了出作品、出人才,解放和发展文化生产力,而是当时的财政部门、人事部门要甩包袱。当时用了一个词,叫"砸"大锅饭,过渡到社会主义市场经济,用得有点恶狠狠了。这就和我们说的"解放和发展文化生产力"背道而驰了。一个观点,讲理论是枯燥的,但这些观点是从这么多实践中提炼出来、凝聚起来的,字字千金。

再有,就是大力发展文化产业。我们现在能张口说"文化产业"实属不易,因为这是经过艰辛探索得出的结论。大家知道,在计划经济时期,我们的文化不是产业,特别是在阶级斗争的年代,是阶级斗争的工具,是阵地、是喉舌。中国改革开放的进程在文化上有两个巨大的变化:第一是提出了"文化市场"的概念,第二是提出了"文化产业"的概念。我还记得当时,各单位为了丰富职工生活,会举办舞会。随着市场经济的因素介入,电费谁出?水费谁出?喇叭的消耗费谁出?于是就在门口卖点门票,收回一些成本。有的越办越活,就办到社会上去了。一到社会上,公安局、工商局就抓,实际上已经是营业性质了。当时广州的音乐茶座收费,一直到1988年,公安部、文化部、国家工商总局发出一个关于舞会管理的通知,才正式承认社会主义有文化市场。有了文化市场后,市场健全后就要往产业发展,形成产业链条。这个概念真正提出是在2000年,党的十五届五中全会,中共中央关于第十个国民经济和社会发展五年计划的时候,才用了"文化产业"这个概念。从此以后,中国的文化不仅是思想工作的阵地、教育人们的手段,同时标志着我们的文化也具有产业的一面。

什么是文化产业?我这儿有一个国家最标准、最权威的定义。我们的文化产业和西方的文化产业不是一个概念,还有个国家文化安全的问题。文化产业是指从事文化产品生产和提供文化服务的经营性行业。有两个要点:第一,它是与文化事业相对应的概念。产业之外还有事业。博物馆、图书馆、文化馆及代表国家水准、体现民族特色的院团都叫文化事业。第二,文化产业是一个发展中的概念,范围随着国家管理体制的改革和社会经济的发展不断变化。从我国实际情况看,包括文艺演出业、影视业、音像业、文化娱乐业、文化旅游业、艺术培训业和艺术品业。我们提出"文化产业"概念后,国家文化部门、统计部门联合公安部门组了一个课题组,搞了一个文化统计,给文化产业划了三个层:核心层、紧密层和相关层。在国外,文化产业的范围更广,涵盖了文化艺术业、广播影视业、新闻出版业、信息网络服务、教育业、旅游业、体育业、广告业、会展业、咨询业等。中国所提的先进文化和资本主义的文化还是有区别的。比如,国外文化产业还有博彩业和色情业。我个人的研究,中国的社会主义文化最起码有三点是不一样的:第一,政治文化。也就是我们坚持共产党的领导,坚持马克思主义的指导地位,坚持社会主义的共同理想,坚持以爱国主义为核心的民族精神,坚持以改革创新为核心的时代精神,坚持社会主义的荣辱观。我常举这个例子,美国绝不会提出为总统大选创造良好的文化环境,它不是这种体制,它也不用这种口号、这种方式,但它有民族主义、爱国精神,大家看过《巴顿将军》《拯救大兵瑞恩》,那里把美国的人道主义、英雄主义都完美地渗透在艺术形式里了。第二,宗教文化。我们过去常说,中国旅游的弊端是"白天看庙,晚上睡觉"。尤其是到了美丽的西子湖畔,寺庙也不少。到了西方,白天带你看的都是教堂,俄罗斯和东欧是东正教堂,西欧是基督教堂,宗教文化在它的社会占有主流地位。第三,色情业和博彩业。我常说,美国没有扫黄打非办公室。它的色情在制度允许范围内,别出了那一块就可以。这和我们的社会主义先进文化,和东方文化是背道而驰的。

当前文化产业存在的问题是一个热点。一方面,往好的说全国2/3的省都提出发展文化产业了。另一方面,你的省有没有这个条件就提出这个?比如,文化产业要发展会展业,各省都积极申办文化产业博览会,无论怎么调控都调控不了,怎么说都不听,总觉得自己有机会。最后我到某省看了一个文化产业博览会,把卖箱包的都搬到文化展台上去了,都作为文化产业了!

文化产业有其特定含义。怎么才能规范发展?现在的文化产业出现了几种情况:文化开发急功近利。浙江比较典型、开发得比较好的梅家坞茶室,能把文化融合进去,特别是在灵隐寺旁边有个法云古村,把民居很好地融合在里边。但有的地方却是掠夺式开发,往往适得其反,把好好的民居全都推掉盖新的"古民居",盖完以后不伦不类。再有,文化产业缺乏整体规划。全国40多个地方提出办"动漫基地",包括杭州。全国需要这么多动漫基地吗?你这个地方有没有条件办动漫基地?上海、北京就有独特优势。北京依托北京电影学院、高校学区,上海依托上海电影制片厂(现在叫上影集团),还有高校优势。再有,文化资源的粗放经营,也就是说真正的附加值没有开发出来。在杭州就有许多西湖的深度产

65

品。我们到西湖来,一方面是欣赏美景。但是,看完美景以后,怎么把人留下来,有点念想,让他把钱花到这儿,这就需要开发西湖所具有的文化内涵。我们白天到白堤上走走,就不可能完成这个任务。还有就是文化产品没有内涵。比如,电视台办的几百个节目,用别人的话说就是"有的主持人扭捏作态、随意调侃、自作多情;个别图书内容低俗、名字新潮、封面炫目、胡乱改编经典,愚乐、抑智,文化被广泛娱乐化……"。文化产品一方面要大力发展,但另一方面也还存在着这么多的问题。还有一个非公有资本进入文化领域的问题。这是我们十六大以来作出的重大举措,可以影响到每个文化人和我们大家的生活。国务院发布《关于非公有资本进入文化产业的若干决定》后,又陆续出台了文化、广播电影电视的一系列配套政策,这些配套政策和我们息息相关。比如,广电部门出台了《社会资本可以成立电影制片公司和电影技术公司》。也就是说,我们有钱的话,一方面可以投到股市上,另一方面也可以投到电影制片公司,这个在过去是不允许的。我们提出的政策是,外资可以通过合资、合作成立电影制片、电影技术和广播影视节目制作公司。这为我们的资金进入文化领域敞开一个很大的口子。

关于"文化软实力",我特别想讲述一个重要的观点——维护国家文化安全。过去提到安全,最早是军事,然后是经济。随着软实力的发展,随着文化的作用越来越强大,文化的安全问题越来越突出。大家知道,物质贸易,美国、欧盟一再和我们磋商,提出我们的顺差太大。但是,在文化上,我们是严重的逆差,大致是 10:1,也就是说,我们出口 1,国外要进来 10。比如电影、电视剧,包括美国,前一段的韩流,等等。文化产品有独特性,不仅是占领市场的问题,也不仅是经济的问题,因为它带来了西方的价值观。当然,人类共同的价值观是好的。但就像我刚才说的《巴顿将军》,一开场就是一面美国国旗,宣扬美国精神;《拯救大兵瑞恩》宣扬的是美国的人道主义,它的价值观、人生观渗透在里面;韩剧《大长今》受到了中年妇女的热烈欢迎,很多年轻同志也都很喜欢,内容都是家长里短,但它无形中进行了家庭美德教育。文化产品只是载体,它本身是带着人生观、价值观进来的,有一样的,也有不一样的。

　　国际上由过去的"文明冲突"，到现在提出了"文明对话"。联合国秘书长潘基文呼吁：加强不同文化间的对话。他在讲话中说：当前不同文化国家间，互不宽容现象增多，文化冲突不断加深。最近几年，围绕恐怖主义和打击恐怖主义的手段，以及互相冒犯的话语和出版物出现的各种事件都加快了这种趋势。所以，他呼吁：各国必须尽快加强沟通，开展持久的具有建设性的不同文化的对话，通过对话，强调共同的价值观和共同的理想。

　　美国人也开始从"文明冲突"往"文明对话"上转变。有何为证？1993年，美国著名文化学者亨廷顿提出"文明冲突"。这是当时美国当政者思考国际问题的重要理论依据，20世纪90年代一直如此。现在，随着形势的变化，美国主张"文明对话"的人也多了。一个有代表性的，如美国《新共和》杂志的前主编彼得·贝纳特2006年10月提出："美国无法靠宣扬本国美德来鼓舞这个世界，而要靠让本国变成更好的国家。今天，新一代美国人必须理解的一点是，美国强势地位的讽刺之处在于，只有当我们承认生来并不比别人强时，美国才能领导世界并得到世人的赞叹。"

　　每个国家都有自己的利益，都要维护自己的国家安全。那么，怎么维护国家安全呢？胡锦涛同志提出了"有利于"的观点。我觉得对于维护国家的文化安全具有决定的指导意义。"一切有利于加强我国社会主义文化建设的有益经验，一切有利于提高我国人民精神境界的文化成果，一切有利于发展我国社会主义文化事业和文化产业的管理方式，都要积极研究借鉴。"同时，提出了"要始终高举社会主义文化旗帜，在文化观念上决不照抄照搬，在发展模式上决不简单模仿，坚决防范和抵御各种腐朽落后的文化观念侵蚀干部群众的思想，确保国家的文化安全和社会稳定。"所以，维护国家的文化安全是件非常大的事，也是我们现在努力要做的。

　　那么，什么造成了我们现在有那么大的文化逆差呢？一个是观念上的滞后。传统文化中，文化就是文化，文化人是不讲利益的，讲利益是很羞耻的。还有就是我国还没有能占领国际市场的文化产品，说白了就是没有品牌。比如，我们最著名的也是精品的舞蹈，站在人肩膀上跳芭蕾，叫《杂技天鹅湖》。这是我们最好的艺术精品，是我们文化产品出口最好的,现在到国外演出一场是 4 万多美元。大家可能觉得不少了。我们一般的文化产品出去演一场才几千美元。可是,柏林爱乐乐团是一场一口价 10 万欧元,他的指挥就要拿一半,5 万欧元。有人开玩笑说,他挥挥筷子就赚 50 万人民币了。这就看出来了,我们需要有自己站得住、叫得响、传得开的品牌。否则,到国际市场上是不行的。再有,我们还要注意在文化市场上的文化差异。有时我们不太注意,以我们的眼光,看这个怎么都好。除了宣传以外,有时,文化观念上的差异是非常大的。我们最有名的杨丽萍的《云南印象》到国外演出,我们认为反映了民族的原生态,可是国外有人就解读成反映原始的性崇拜。当时有部最典型的电影《刮痧》,朱旭老先生演的。他到了美国,给孙子治病刮痧,结果美国人就认为是虐待儿童,报警了。这就是观念上的差异。最后,就是政府的支持。但是,政府的支持得在 WTO 的框架下,遵守 WTO 的协议。

举个例子。经济上,美国当时有位作家写了本书,美国坚决不让发。这本书叫《一个经济杀手的自白》,美国政府派遣很多服务于其他国家的人,他们披着经济学家、外交家、金融顾问之类的外衣,他们伪造财政报告、操纵选举等,最后提出错误的宏观分析和产业投资建议。说白了,就是把你往"沟"里带。文化杀手比这更厉害。我老讲这个例子,是我在阿根廷的见闻。当时,阿根廷这么经济强有力的国家,19 世纪初,曾是进入世界十强的国家之一,后来也还可以。但我到布宜诺斯艾利斯的时候,正赶上人们示威,就是因为把煤气价格提高了,人们生存不下去了。为什么把煤气价格提高了呢?政府把它私有化了。煤气公司是个人的,愿意提高就提高,围绕市场做生意,政府管不了了。这套做法是谁出的主意呢?是新自由主义专家到阿根廷后根据南美的整个状况给开的药方。他们把应该政府管理、公共管理的部分完全市场化了,包括公共交通、公用设施等。这就是经济杀手的厉害。为了维护国家的文化安全,相关部门陆续发布了《关于加强文化产品进口管理的规定》《禁止境外报刊在我国境内从事非法出版活动》,因为我们的新闻出版是不允许私人、外资办的。

我还想介绍一个重要的观点,即"和谐文化论"。我们现在处处讲和谐。世界宗教大会的主题就是"和谐社会,从心开始"。我们提出"构建社会主义和谐社会"是有深刻背景的,在党的十七大报告中讲了八条。我只讲一条。我在杭州看到既有开宝马7系的,又有开劳斯莱斯的,看来有钱人不少,但是也有乞讨的。排除那些恶意乞讨的专业乞丐,就是社会分配不公、贫富不均问题。20%的人掌握着80%的财富,80%的人才有20%的财富。表现贫富不均最主要的是基尼系数。按国际说法,基尼系数到0.4以后社会就开始动荡了。我们的基尼系数按不同的分析为0.45～0.47,我们的贫富问题、社会公正问题就到了一个解决的时候。所以,党提出"建设社会主义和谐社会"。跟我们每个人息息相关的就是由"三位一体"——社会主义经济建设、社会主义政治建设、社会主义文化建设,发展到社会主义社会建设"四位一体"。我们的总目标也由富强、民主、文明,现在加了个和谐。在这个基础上,我们提出了构建和谐世界必须有和谐文化。和谐文化是当前文化工作者的主题。和谐文化简单理解,拿故宫的三大殿说,太和殿象征着人与自然的和谐境界;中和殿象征人与人之间的和谐;保和殿,也就是人内心的平和。宗教也讲"和谐社会,从心开始",我们的和谐文化就是作用于人们的心灵,帮助人们内心平和,帮助人们内心正确认识和看待这种社会现象。所以,和谐文化的理念是个非常重要的理念。由于时间关系,只能把观点在这儿简单地说一下。

三、"人民文化权益论"

中央电视台曾曝光了某省某县某乡镇举办招商大会。文化搭台,经济唱戏,请来了某裸体表演队,价格非常便宜,2块钱就可以看,农民兄弟们还比较踊跃,被电视台都给拍下来了。我们现在居住的城市,所有的建筑都是农民兄弟们盖起来的。但是,他们在城里精神生活异常匮乏。这种情况下,个别"文化工作者"就在旁边开黄色录像点,放黄色录像带,满足民工的精神需求,腐蚀民工。扫黄打非办公室的人去抄,结果我们民工兄弟慌不择路,有时边上刚好有个水塘,就掉进水塘里了。所以,我们现在这些文化结论很多时候是有血的教训的。我们面对人们精神生活的匮乏,特别是进城务工人员精神生活的匮乏,我们有了最重要的武器——"人民文化权益论"。比如,我们的文化目标是满足人民日益增长的精神文化需求;我们要创作反映人民群众主体地位的作品;人民群众是文化建设的主力;我们的文化成果要与人民共享;我们的文化要达到人民满意,等等。我们陆续提出了这么多理论,这么多理论化解了这么多方针政策,但是也带来了一系列管理上的问题。但这毕竟说明,我们提出了人民文化权益论,我们加强公共文化设施建设,我们文化上力争为广大人民群众、为老百姓办好事、办实事、办让人民群众满意的事。但是有后续问题需要解决。比如,博物馆免费开放以后,夏天外面比较热,有些人就到里面来纳凉。不是不允许,但是毕竟会影响别人的欣赏和参观。怎么处理好这些矛盾,加强管理等后续问题还需要重视。

四、"三贴近"

"三贴近"就是指贴近实际、贴近生活、贴近群众。这是文艺工作、文化工作总的指导方针,但是又和我们群众息息相关。现在出现了什么情况呢?有个别低俗的文化,打着"三贴近"的名义。不是说贴近"群众"吗?"群众"愿意看什么,我就弄什么。所以,党的十七大报告里又提出一个重要思想,就是要"积极引领",用马克思主义的核心价值观引领社会思潮。就像我前面举的例子,很多电视台把收视率作为一个重要的指标,甚至叫"末位淘汰",收视率低的连节目都不让你办了。但有一些品位很高、很有文化意味、很有民族精神的节目不一定收视率高,因为收视人群不一样。这种情况下,如何把握好"三贴近"和积极引领的关系呢?我们在广播电视提出了一个特别重要的概念,叫"绿色收视率"。所谓"绿色收视率",就不单纯是收视率,而是要看节目本身的内容是不是积极引领人们精神向上。

再有就是"文化创新""文化体制改革"。这个说起来题目比较大,比较长,也比较具体。这是文化工作者主要面临的问题。今天的听众来自方方面面,我就想把观点都提出来,然后和大家互动,探讨、交流一些问题。

【提问与交流】

问：刚才您提到我们社会主义文化有三点和西方不一样，其中有宗教文化。您能不能具体给我们讲讲？

答：因为这是我个人的研究体会，所以就讲得含糊了。第一叫政治文化，第二叫宗教文化。宗教文化中西方都有，有共性，但是在社会文化中的主流地位，西方社会是比较突出的。我个人认为，市场经济没有姓"社"姓"资"，都是手段的问题，但是意识形态有姓"社"姓"资"的问题，否则十七大报告不会提出强烈的信号，就是坚持社会主义文化的前进方向。前进方向有什么不一样呢？我们有四条政策界限：大力弘扬先进文化，支持健康有益文化，努力改造落后文化，坚决抵制腐朽文化。要把文化分成类，采取不同的措施。

问：刚才您提到推进文化体制改革的路径，我大致把它分为经营性的文化产业和公益性的文化事业两大块。对于公益性的文化事业，前提是国家要增加投入。有时候我们会非常困惑，在国家很难进一步增加投入的情况下，我们怎么通过内部机制的转换达到增加活力的目的？

答：讲到文化产业，2000年提出这个概念，然后2002年，党的十六大对文化理论上的最大贡献就是区分为文化产业和文化事业。然后在2003年、2004年、2005年，在党的历次全会上又陆续把文化事业怎么发展、文化产业怎么发展的思路越来越理清楚了。我个人在研究中遇到了这么四个问题：第一，文化事业和文化产业现在的区分是板块式的区分，实际上有一部分没法区分。比如，当初中央电视台搞改革的时候，曾经设计新闻是事业，广告是产业，然后把广告部按产业运作，新闻中心按事业运作，可是真正把广告和新闻节目脱离了，能有中央电视台投招标80亿元的收入吗？所以，现在只是板块分开，还有介于两者之间的，我在学术上把它叫作"准事业"。第二，社会主义的文化公益事业也要充分发挥市场机制的积极作用。比如，艺术学校主体是公益的，国家增加投入，但是学校的教师能到街上去说"我是公益性的单位，你给我份饭吃"吗？你们的作品到市场上有公益性的运作，也有文化市场的运作,所以,公益性的文化事业也要充分发挥市场机制的积极作用。第三,经营性的文化产业也必须讲社会效益。我们对这点强调的比较多。现在的主要问题是经营性的文化产业没有经济效益。第四,你提的问题都是世界上没有的,中国也"前无古人",触到了中国文化体制改革最根本的东西,我们要解决社会主义市场经济体制上建设社会主义先进文化的问题。社会主义市场经济体制的理论基础是经济人假定、资源稀缺假定,经济人是自私的,除了在经济上需要政府这只手去扶助,我们的精神产品不能完全任凭市场调控。党的十七大报告提出,改革开放以来我们做到了十个"结合",其中三个"结合"是需要我们文化人好好探索的:社会主义与市场经济的结合,经济基础的变革和上层建筑改革的结合,发展社会生产力和提高人民精神素质的结合。怎么实现这三个"结合"? 我个人认为,恐怕需要一个长期的探索过程,需要几代人的探索。从改革开放到现在,经济体制都需要30年,文化的有些东西更复杂,文化体制改革需要几代人的探索。所以,你刚才提的问题是非常要害的,具体操作起来很困难。但也可以说,机遇大于挑战,现在有这么好的环境,我们得抓紧时间探索出一条道路。我举个例子。我们去新加坡看过,它们是在市场经济基础上建设的那么好的精神文明,是一个成功的先例。但是毕竟它的国土面积才638平方千米,我曾经工作过的一个县就有2747平方千米,相当于四个新加坡大,国内生产总值别说多少倍,到它的1/10就可以了。我的意思是说,地域比较小的探索一条路比较容易,但是我国是13亿人口、960万平方千米的大国,要探索出这条路来真是不容易,但是我愿意和大家共同努力、共同探索。

问:在校园文化建设中,对传统文化的冷漠和对外来新兴文化的追捧是大学校园内普遍存在的问题。我想问一下韩老师,在校园文化建设中,如何协调好传统文化和外来新兴文化的关系?

答:校园文化是整个中国文化大势反映的一个缩影,但这个问题在校园文化中更突出一些,因为青年人思想解放,接受新事物快。对于民族本体优性的文化究竟在校园文化中怎么发扬光大? 我们党和政府特别重视弘扬中华文化,十七大报告中专门提出了非物质文化遗产的问题,就像我们的越剧。过去,我们的国保单位大概1000多处,一年内一下子又颁布了1000多处,加起来2500多处,省保单位就更多了。非物质文化遗产,我们第一次公布的就有518项,包括口头表演艺术,比如越剧,包括广东凉茶,也是我们民族的。国家对弘扬民族精神是非常重视的。但是你说的也是现实。怎么结合起来呢?我觉得,第一,在校园中弘扬民族精神首先你得了解。现在我们在搞一个精品进校园的活动,我记得中央芭蕾舞团到学校去了,还有中国京剧院、中央歌剧舞剧院都到学校去了,让同学们了解我们民族还有这么好的东西。像我们的越剧多么唯美,我们的昆曲《牡丹亭》在北京演出火得不得了。第二,民族的东西也必须体现时代性。要继承民族的东西,但也要紧密结合现在的时代,利用现在的传媒手段。如果白先勇的《牡丹亭》,还用老一套的导演方式、程式和方法,就不可能受到同学们的欢迎,也就不可能出现青春版的《牡丹亭》。所以,首先要了解。第三,民族的东西要继承和发扬。第四,党和政府非常重视,而且有一系列的政策和措施。我们的思维是这样,先有理念,再有具体的方针政策,然后落实到下面,在校园文化中充分体现出来。

我在上大学的时候,就和这儿结缘了。我是在南开上的大学,我们的学校最活跃的是话剧。我曾经编导演了一出话剧叫《要留清白在人间》,写的就是于谦当时在北京抗击瓦剌也先、保卫京城的事迹。所以,西湖以及你们浙江人有丰富的文化资源。于谦最著名的就是《石灰吟》:千锤百炼出深山,烈火焚烧若等闲。粉身碎骨浑不怕,要留清白在人间。

问:韩司长,在文化大省建设中,如何避免出现急功近利、没有内涵的文艺作品?我想听听您的建议。

答:你们遇到了一个大好的时候,兴起第四次文化高潮,特别是我们在座的可能成为文化工作者的同志,这是一个好的机遇。这是第一点。第二点,作为学校的学生,你们还是要打好知识的基础,因为你们学校的老师都是带着前辈们积累的东西教给你们,你们一定要学好书本知识。第三点，我觉得，艺术学校艺术人才有他的成长规律，你们要积极参加艺术实践。比如，你们学校开始的 36 台演出季，多参加这种实践。第四点，还要做德艺双馨的人。有这么一句话，心有多大，最后达到的目标就有多大。这不是"人有多大胆，地有多大产"。最起码，你要做一个心灵高尚的人，不能像某些明星演道德非常高尚的人，而他自己是个自私自利、心灵非常肮脏的人。所以，我们在艺德上，还要陶冶情操。利用现在的好时机，欣逢盛世，抓住机遇，学好书本知识，参加好艺术实践，将来成为国家的艺术栋梁。也许你在某个单位，也许你成了明星，但你们都为兴起第四次文化高潮作出了自己的努力。

问：韩司长，据您的了解，浙江省的文化产业最突出的是什么？发展趋势又是怎样的？

答：我了解的不一定准确。第一就是民营剧团；第二个最主要的特点是民营资本的进入和开放；第三，影视特别是电视的制作公司比较活跃。我现在了解的情况和数据不一定准确，但在这几个方面浙江在全国是比较突出的。另外，整个文化产业的发展浙江在全国做得是比较突出的。全国现在就这几个做得比较好一点的：云南，云南占 GDP $5\%\sim6\%$，浙江是 8%；北京搞得比较活跃，总量比较大，但也只占 GDP 的 6%；再一个是上海。这几个地方是比较活跃的。浙江的文化产业在全国是走在前列的，还有动漫，动漫也算影视。有几个品牌嘛，你们的宋城、横店，这都是代表性的案例，都收到一本书里了，叫《文化产业发展的案例》。

问：韩教授，您好。现在"五一"黄金周被拆分成清明节、端午节、中秋节等几个传统节日假期，由此带来一系列经济上的变化。我想问的是，文化自觉、个人权益和经济利益如何协调？

答：我想你的问题我分成两部分回答。第一，我的主题叫"此问题不是我能回答的问题"；第二，我想就我个人谈一点看法。

为什么此问题不是我能回答的问题呢？因为我讲的是文化，由此引申到文化的分类。在我研究的过程中文化实际分成"大三个""小三个"的概念。文化最大的概念其实是和文明相一致的，是人类物质和文化相结合的一种生存状态，考古界经常用，像"龙山文化""仰韶文化",实际是人们当时物质精神生活的一种状态；中概念的文化是指文化本体和其他物质载体的文化成分。比如，我是指整个演出、唱歌、跳舞等这些文化加上喝酒有"饮酒文化"，吃饭有"饮食"文化，穿衣有"服饰文化"，室内有"装修文化"。第三个小文化的概念，就是指文化本体，也就是思想、教育、文化这一块。这是三个大的概念。但在实际管理工作中，就最小的文化概念还有三个文化概念。第一个小概念就是我们管理上经常用的、我们一般说的文化，从党和政府的管理上叫作"文、教、卫"，包括思想政治工作、卫生、教育、文化、体育等。第二层的概念就是我现在重点研究的领域，指新闻出版、广播影视和文化部管理的这块文化。再一个小的文化概念就是文化部现在管理的这块，就是舞台艺术。所以说，为什么你提的问题我没法回答呢？你提的问题是国家旅游局、人力资源和社会保障部、发改委统一研究的问题，而不是我在文化部研究的问题，我就是解释一下这六个概念。我们不是运转管理部门，没有负责操作，所以没法回答。

我作为个人，觉得能够把黄金周的事儿拿出来讨论，就是文化自觉，是一种进步。过去由不得你讨论，发个什么"办公厅关于××的通知"。现在，充分反映了国家民主的进步、文化的进步。关于具体的方式、方法，"公说公有理，婆说婆有理"，谁说的都有道理。比如，单身男女就愿意把假期连起来，政府部门也愿意把假期连起来，可以出去旅游，可是，企业就不方便，经济收入少的要求也不一样。所以，每个人站在自己的利益和角度提出的问题，每个部门提出的问题都有他的道理。但有一点，带薪休假和这个是相辅相成的。每个带薪休假不能作为一个孤立问题来研究。哪一天休，连起来休好还是休3天好，我觉得不是主要的，要把它整个放在改善和谐社会、享受文化自觉的大背景下了解它。最后一点，至于用什么方式、定什么方式，都有他的道理。我就算回答了吧。

问：韩教授，您好。任何产业的发展都需要有完善的机制来保障。工业上相应的法律法规和政策都已经比较成熟。不知道对文化产业，国家有什么样的法律法规或政策进行扶持呢？

答:非常感谢你。你说的文化立法本来是我几十个大题目之一,但今天实在没有时间展开。这个问题很重要。文化产业的发展需要立法,需要严格执法。现在我向你透露一个好消息,国家《文化产业促进法》已经进入调研阶段,而且立法一步到位,不走条例,不像我们的《电视管理条例》《电影管理条例》,而是由全国人大常委会列入立法计划。在这5年,我和你一样,期待着《文化产业促进法》能够顺利出台。

文化的前景与我们的责任①

胡　坚②

今天,给大家讲《文化的前景与我们的责任》这个题目,把我一年多来对文化工作的思考跟大家交流一下。

总体上,第一点感觉我们浙江省的文化事业、文化产业发展势头很猛,整个文化干部队伍也是素质高、能力强、作风正,是一支特别能奉献、特别能创业、特别能创新的队伍。我们整个文化创作、文艺创作亮点纷呈。世界合唱节、第二届越剧节、全国农民绘画展在浙江举行,都办得有声有色。第二点比较深的感触是文艺的服务尽心尽责。文化下乡、钱江浪花文化大风车,千村万村送文化、"种文化",群众文化如火如荼。第三点是文化设施建设全面推进。西湖文化广场经过这么多年的建设,逐步投入使用。浙江省的县级图书馆、文化馆及乡镇综合文化站基本覆盖了80％以上村有文化室。我去过很多基层文化站,像安吉,每个村基本上都有文化舞台,经常有演出,水平还挺高的。第四点是基层文化生活丰富多彩。现在到各地去,晚上出去散步,发现到处是跳舞的,载歌载舞。跳舞的人越多,社会越和谐。原来村里面邻居还有点小矛盾,跳跳舞,关系就融洽了,很多矛盾也化解了。第五点是文化发展的前景非常好。去年省里专门制定了文化发展的"十二五"规划,还制定了文化服务业发展的"十二五"规划。大家有没有注意到,"十二五"规划第一次把文化单独列项,而且提出

① 本文于 2011 年 9 月发表于《浙江艺术职业学院学报》。
② 胡坚(1956—　),男,浙江温州人,中共浙江省委宣传部常务副部长。

要把文化产业作为支柱型产业。可见,中央、省委各级都对文化建设高度重视。

关于《文化的前景与我们的责任》这个主题,我想讲三个问题。一是文化建设是当前发展的紧迫问题,二是推进文化大发展、大繁荣的主要目标与任务,三是文艺工作者在推进文化大发展中的责任和要求。浙江改革开放30多年来,经济社会发展取得了举世瞩目的成绩。改革开放以前,我们的经济总量在全国排在第14位,现在排在全国第4位。我们资源比较贫瘠,10万平方千米的土地上,油也没有,煤也没有。国家投资长期远离,老百姓想富,刚好赶上改革开放的好时光,所以就靠浙江精神,敢闯、敢于争先,最后让浙江这片土地取得了翻天覆地的变化。现在整个浙江政治稳定、经济发展良好、文化繁荣、生活安康。当然,我们还有很多问题。一句话,我们已经做了大量的工作,但还有大量的工作要做。这就是我们目前面临的情况。

一、文化建设是当前发展的紧迫问题

(一)文化大发展大繁荣是实施"十二五"规划的重大任务

2011年是"十二五"开局之年。"十二五"做什么?浙江的"十二五"重点有六个问题,有六件事要做,这六件事都跟文化有关。

第一件事,推进经济转型。我们再不能走"高投入、高能耗、高污染"的路了。一个小孩,读课本说看月亮、数星星,他站在阳台上,等了半个月都没看到星星,号啕大哭。妈妈说:"孩子啊,这个不归我管。"我们小时候,经济是比较落后,不过能数星星。郭沫若的《天上的街市》,我们读了都很有感觉。现在看星星可不容易。所以,我们要有个能够继续看星星的经济发展模式。靠什么?一靠科技,二靠文化。经济转型要靠文化。

第二件事,加强社会管理。现在社会管理问题多,人的自我管理水平太低,没有道德线。一个社会应该有两条线:一条叫法律线,超过这条线就是犯法,就要负法律责任;第二条叫道德线。法律线是平的,人人一样;道德线是高低不平的,因人而异,道德线在法律线之上。什么叫社会管理?社会管理就是让人守住法律线,提升道德线。人要有一种敬畏感,要有一种自我道德约束感。当然,还要靠法律的约束。所以,现在中央非常重视社会管理。省委要召开全会,主题就是加强和创新社会管理。

第三件事,要更加关注民生。过去我们叫强省富民,现在叫富民强省。马斯洛的需求层次慢慢由物质需求到精神需求。所以文化也是民生。

第四件事,发展海洋经济。浙江有 10 万平方千米的陆地,还有 26 万平方千米的海洋。浙江的海岛数全国第一,海岸线长全国第一,可以开发的有 600 多万千米,海岛有 2000 多个。所以要发展海洋经济。有海洋经济就有海洋文化,例如海洋旅游、海洋文化的开发,还有渔民画。我到舟山去看渔民画画,画得挺好,也逐步产业化,他们把渔民画和水产包装相结合,还做成了礼品。浙江还有几个雕塑家,把海洋中的礁石雕成各种各样的海洋动物,跟旅游结合。我觉得挺好看的,有机会大家都去看看。

第五件事,建设生态文明。生态文明建设中很重要的就是生态文化,培养良好的生活方式就是生态文化的重要方面。

第六件事,我们要推进文化发展。这是"十二五"规划的一大亮点,要切实解决好。

(二)加强文化建设是构建和谐社会的紧迫要求

现在一方面我们的经济在逐步发展,30 年前和 30 年后根本没法比。但是,我们精神层面有很多问题:精神家园的失落,人没有精神的归属;道德的缺失,物欲横流;人文关怀的淡漠。有报道说,一个老人下了公交车后摔倒了,谁都不敢去扶。这个老人脑子反应还挺快,大叫"我是自己摔倒的",其他人才去扶一下,人和人之间没有信任感。经济再发展,这些问题不解决,人就不可能幸福。所以一个老先生讲,没有科技,一打就垮;没有人文,不打自垮。

文化在构建和谐社会中起到巨大作用。离开了文化,社会不可能和谐。所以,我们现在既要重视经济社会的发展,更要重视文化的发展。王蒙先生说,人类只有两个问题:一个是由于吃不饱产生的,如愚昧、犯罪、绝望、极端的行为等;另一个是由于吃太饱产生的,如颓废、奢侈、吸毒、麻醉等。随着社会的发展,吃不饱产生的问题将少下去,而吃太饱产生的问题将越来越多。浙江人均 GDP 已经达到7600 美元了,吃不饱产生的问题将逐步少下去,但吃太饱的问题已经越来越多。这些都需要通过我们的精神文化建设来解决。

重视文化建设是经济转型升级的重要途径。浙江人均 GDP 7600 美元。按照国际上的惯例,人均 GDP 超过 6000 美元就会产生文化井喷现象,即文化大发展现象。例如,有统计显示,目前我国一年的文化消费是 1 万亿,我们潜在的文化消费市场有 4 万亿,也就是还有 3 万亿需求没有满足,所以文化的消费市场还很大。文化产业是个基本没污染(靠脑子)、消耗能源不大、社会需求大的一个产业。所以,国际上有个现象,经济越低迷,文化越发展。世界金融危机以来,我们浙江的电影票房,每年的增长几乎在 50% 以上。经济萧条了,看电影的人反而多了。美国的好莱坞,就是美国经济危机的时候产生的。印度的宝莱坞,也是经济危机的时候产生的。现在该到在浙江横店出"横莱坞"的时候了。东阳横店的电影产业发展很快,现在有 400 多家影视企业进园区。现在全世界,美国的文化产业占GDP 的 25%、日本占 18%、韩国占 17%、中国占 2.5%,中国的文化产业比重只有美国的 1/10。浙江占全国的 3.8%。2010 年以来,中央领导在文化上作了很多论述。最系统的是第二十二次中央政治局学习会。胡锦涛同志对文化建设作了全面论述,提出了"三个加强"和"一个加快"的要求。当前我们要用新的眼光来看文化。你如果真的用新的眼光看文化,就学到位了。其中一个新的眼光,就是文化不光是花钱的,也是赚钱的。

(三)充分认识我国和我省文化发展的新形势

当前,我们的文化发展处于五个"前所未有"的好形势。第一,文化建设的重要地位和作用前所未有。越来越多的人认识到文化发展的重大意义和重要作用,文化对政治、经济、社会发展的影响力越来越大。第二,中央和省委对文化建设的重视程度前所未有。浙江省

11个市、90个县区全部成立了文化建设领导小组,都是党委书记担任组长。结合"十二五"规划的制定,各地都形成了文化发展的专门规划。第三,人民群众对文化的需求程度前所未有。文化消费市场急剧发展,文化已成为重要的民生工程。第四,各级党委政府及社会各界对文化建设形成的共识前所未有。全社会建设文化的热情空前高涨。第五,加快文化发展的良好态势前所未有。浙江整个文化建设已经取得了很多成绩,我之前就讲了五个方面。但是,我们的文化建设还有很多亟待解决的问题。如文化自觉还不够,文化建设的总体水平还是不够高,各方面投入力度还不够,文化基础设施建设还不完善,我们的队伍建设还有很多问题,等等。我们要看到取得的成就和辉煌,也要看到我们肩上责任的沉重。还是那句话,我们已经做了很多工作,我们还有大量工作要做。

二、推进文化大发展、大繁荣的主要目标与任务

(一)什么是文化

文化的概念很大。网络上一查,有几百种定义,总体上有两种文化。第一,"大文化",人类创造的一切文明成果全叫文化,物质的、精神的全是文化。第二,"小文化",就是文化厅管的文化。我们现在讲的是"中文化",与政治、经济、社会四位一体建设相适应的文化,就是政治建设、经济建设、社会建设、文化建设齐抓并举。这个文化有六个形态。一是观念形态的文化,包括社会主义核心价值体系,中国特色社会主义理论体系等。二是知识形态的文化,包括哲学、社会科学和人文知识。三是艺术形态的文化。我们大家从事的就是艺术形态的文化,如歌舞、戏剧、美术、音乐、小说、电影、电视等。四是制度形态的文化。一方面,制度也是文化;另一方面,我们有文化体制改革的问题。五是产业形态的文化,就是文化产业。六是民俗形态的文化,包括民俗、非遗、民间的艺术形式等。我们要干文化,就干这六个形态的文化。

(二)怎么做文化

我们应该怎样做文化,才能不断推进文化的大发展、大繁荣呢?省委有部署,叫作推进"三大体系、八项工程"建设。首先讲八项工程。一是文明素质工程,要努力提高人的文明程度、文明素质和道德水平。二是文化精品工程。这几年,我省的文化精品工程打造取得了很大成就。2011年在中央电视台黄金一套播出的浙江电视剧就有五部,如《东方》《五星红旗高高飘扬》《中国1921》等。我们的电视剧这几年发展势头非常猛。三是文化研究工程,已经形成了数百项成果,出了几百部书。四是文化保护工程,要进一步加强对非物质文化遗产的保护。五是文化产业促进工程。六是文化人才工程,要加强文化人才队伍建设。七是文化阵地工程,要大力建设好各种文化阵地,如场、馆、所。八是文化生产工程。这是八大工程。

再讲"三大体系"建设。一是社会主义核心价值体系建设,二是公共文化服务体系建设,三是文化产业发展体系建设。分述如下。

首先,社会主义核心价值体系建设。我们重点要做好以下几个方面。一是构建社会的共同理想。最根本的是要建立社会主义核心价值体系。现在我们的社会需要解决三个"信"。(1)信仰。人还是要有点信仰的。人最可怕的是没信仰,干什么都无所谓,这很可怕。(2)信任。这就是对我们党和国家政府的信任。(3)诚信。人与人之间的诚信,信仰、信任、诚信是我们迫切需要解决的。二是民族精神和时代精神。什么是母校?母校就是在学校里一天骂一千句,离开学校不允许别人骂一句,这就是母校。祖国也是这样,要对自己的祖国心存感恩。我有个同学,大学毕业出国了,还入了人家的国籍,在外面待了八年。回来请他吃饭,坐下来就"你们中国、你们中国"。中国饭吃了三十多年,美国饭吃了八年就"你们中国、你们中国"。这几年碰到,他就再也不敢这么叫了,还是"咱们中国"。浙江人的时代精神重要的一个方面是弘扬创业创新的浙江精神。我到欧洲,看到温州人在那儿做生意,拿着计算器。普通话都不会讲,就会讲温州话。前面摆着袜子、领带、皮鞋,拿着个计算器,来了个外国人就比划,就这样做生意的。我看了极为感慨:精神远比语言重要。三是思想道德底线。

其次,公共文化服务体系建设。我们这里要做三件事情。(1)文艺精品的创作。我们浙江有很多很好的文艺精品,但还要继续努力。如代表浙江的音乐在哪里?现在我们想来想去,还是《采茶舞曲》。江苏有《太湖美》,还有《茉莉花》。今年省委宣传部与文化厅、文联一起搞了个活动,叫"与时代同行",把我们的艺术家、作家组织起来,派到基层去体验生活。当年《梁祝》就是陈钢、何占豪体验生活搞出来的。真正的音乐、真正的艺术作品在基层、在生活中。还有建党90周年,辛亥革命100周年,都要出一批大作,包括能够打造一台大戏,能够常年演出的、具有江南特色的、体现浙江水平的大戏。(2)公共文化阵地的建设。这个我们还要加大力度。(3)公共文化服务活动。浙江今年要搞第二届艺术节。还有大力发展各种文化,如企业文化、校园文化、农村文化等。文化,总体上说叫作"以文化人"。我们中国汉字是很讲究的。"文质彬彬"是什么意思?有文化素质的人一般都是彬彬有礼的。知书达理,有知识会读书的人总是相对达理的。还有文化遗产的保护,这个不展开说了。

最后,文化产业发展体系建设。我们重点发展的是八大产业。(1)影视业。打造浙江影视生产的全国高地,要不断出好作品、新作品、大作品。(2)出版发行业。我们现在正在向数字化发展。(3)文化艺术的服务业。(4)旅游文化服务业。诗画江南,山水浙江,文化和旅游做在一起,这是很重要的。(5)会展业。如义乌的文博会、杭州的动漫节等。(6)动漫游戏业。浙江的动漫发展势头很猛,占全国第二位。我说,我们的少年时代从来没有看过动漫,我们的下一代看外国动漫长大,现在我们是看自己的动漫。(7)艺术设计和艺术品经营业。(8)文体用品制造业。浙江也是文体用品制造大省。

为了加快推进文化产业发展,省里将提出实施"122工程"。一是要助推100家文化企业发展,二是重点建设20个文化园区,三是助推20家文化企业上市。中国电影第一股华谊,演艺第一股宋城,电视剧第一股华策都在浙江。浙江共有240多家上市公司,文化公司上市势头也非常猛。去年我们曾在媒体上搞了个"文化创意看浙江",今年还搞了个报道,叫"我们的文化梦想",就是介绍这些文化项目的。

(三)怎么改革文化体制

跟大家简单说说深化文化体制改革的问题。总体上,我们浙江省文化体制改革是想采取这样的方法,即"转制一批",重点激发活力,增强动力,增强实力。文化体制改革还是要做大做强,这是基本目标。早改革早受益,要确立这个理念。总而言之,改革是有利于大家今后发展的。这是总的原则。"整合一批",可以采取兼并、重组等方式进行。"撤销一批",即有些团确实不具备生存条件的,可以撤销。"划转一批",即有些团可以转到非物质遗产、艺术中心去,等等。总之,针对不同的院团特点,采取不同的改革政策。

三、文艺工作者在推进文化大发展中的责任和要求

我们的文艺工作者在推进文化大发展、大繁荣中有什么样的责任和什么样的要求呢?我认为主要有以下几个方面。

(一)坚持"二为"方向,提高思想水平

为社会主义服务,为人民服务,这是我们文艺工作者要坚定不移坚持的正确方向。这是毛主席在延安文艺座谈会上提出来的要求。因为文艺作品是影响人、教育人、鼓舞人的东西。古代农村教育人靠什么?就靠戏。许多农民不认识字,教育要么靠故事,24孝讲了24个故事,也是在讲做人的道理;要么靠戏曲,在戏曲里教育

人要忠孝节义。所以,我们原来的戏曲是承担着精神道德和文化传播重任的。同样,我们现在的文艺作品仍然起到影响人、教育人、感染人、鼓舞人的作用。前不久,媒体曝光了一些演艺场所低俗演出的问题。最近我们召开的会议也专门讲了加强演出市场的管理问题。做任何一件事都要有人"兜底"。"兜底"就是我们的文化责任。我们的文化市场管理就需要"兜底"。所以,文化导向很重要,主要是要把好四个导向。(1)正确的价值导向。要引导人们确立正确的世界观和价值观,要为社会提供更多的精神食粮,不能导向低俗,导向拜金,这是最基本的。(2)正确的道德导向。倡导基本的道德底线。过去是忠孝节义,现在要把我们的思想道德、社会公德、职业道德、家庭美德宣传好,教育好。要把我们的核心价值大众化、民俗化,编成故事讲给老百姓听,融入老百姓的日常生活之中。(3)正确的和谐导向,就是推进社会和谐,教化人的心灵。人怎么和谐?一要学科学,科学追求真;二要学艺术,艺术追求美;三要学人文,人文追求善,倡导社会和谐。(4)正确的人文导向。这包括对人类各种文化精神的珍视和重视。同时,我们还要提高思想水平,得学点理论知识。人要提高工作水平,首先要提高思想水平,而提高思想水平,首先要提高理论水平。基本的理论在我们的文艺工作中还是需要的,特别是马克思主义基本的文学观、文艺观很重要。马克思主义理论是一门聪明学、智慧学,学了看问题就更加全面、深刻、系统。高校里有些东西学了,后来感觉没有用了,其实有些东西一定是有用的,如马克思主义理论一定有用。学校里就是培养你的思维能力。所以,要提高水平,就要学点理论。

(二)增强文化自觉,提高人文素养

我们搞文化的人,人文素养很重要。文化自觉,就是用科学的文化意识和理念内化于心,外化于形。要对文化的意义、价值、规律有一个自觉的把握。我们一方面要学人类的一切文明成果;另一方面,也是更重要的,一定要传承好我们自己的文化,弘扬我们的传统文化。我们踏着历史的河流而来,我们向着未来的大海奔去。这就是文化的传承性。中国古代有很多优良传统,现在很多人不当回事,丢得差不多了,搞的东西全是外国的。前不久,我参加了一个婚礼,一整套全是西方的婚礼仪式,中国的掀盖头、坐花轿没有了。有时候外国的东西不一定就是好东西,中国有很多好东西。我们现在开会,要求着正装,正装是什么?是西装。凭什么着正装就是着西装呢?着汉服、中山装不行吗?所以,我们把自己传统的东西丢了,有点可惜。当然,对我们文艺工作者来说,还有文化引领,就是要推动文化发展,引导社会的文化倾向,提升社会的文化价值。

(三)繁荣文艺创作,提高服务水平

浙江文化底蕴很深,可以创作的题材很多。现实生活有取之不尽的创作源泉。我经常讲一句话:生活是多么丰富多彩,而我们的创作历来是苍白无力。改革开放以来,中国发展得那么快,30年走了人家100年的路。30多年来,浙江人做出了多少可歌可泣的东西,但是我们创作不够,用艺术的形式去歌颂不够。现在缺少既激励人、鼓舞人,又有很高艺术水准的东西。文艺创作还是要与生活结合,与浙江的改革发展结合,与人民群众的需求结合。

(四)着力开拓进取,提高创新能力

文化就是创新,要靠智慧,而不光是靠知识。要把知识转化为智慧。有知识不一定有智慧,有智慧首先要有知识。我们要靠智慧来推进文化发展。文化创意产业就是智慧产业。一般的杯子没人买,做成情侣杯,就有人买了,这就是创意。我们文化的发展要靠大智慧。我们的一些剧团的创作演出也动了不少脑筋,如把歌舞、杂技、魔术融合在一起,我看就挺好,这就是创新。包括《暗恋桃花源》,赖声川把两个剧拼在一起,看起来还挺有味道,我觉得这就是创新。我们的文化文艺形式都要不断创新。

(五)加强队伍建设,提高整体素质

一是我们要搞文化创新团队。全省第一批共有 15 个,接下来还要建设 30 个。二是"五个一批工程"。全国有"四个一批工程",我们浙江是"五个一批工程",加一个文化经营人才。中宣部在此基础上开展"文化名家"的评选工作,是在"四个一批工程"的基础上评的。我们浙江也要评"文化名家"。还有省文化厅的"新松计划",这几年也作出了很大贡献,取得了很多成绩、很多成果。三是进一步加强对文化文艺人才的培养。通过举办各种讲座、培训,以及采取挂职、交流、参观等形式培育人。人要读万卷书,还要行万里路。学习的最低层次是学知识,第二层次是学方法,最高层次是学眼界。有知识没眼界做不了大事,所以大家要多出去走一走、看一看,你会豁然开朗。

浙江公共文化服务体系建设的实践与思考[1]

来颖杰[2]

公共文化服务是政府公共服务的一个重要方面,也是现代社会文明的一个重要标志。把建立覆盖全社会的公共文化服务体系作为文化建设的重要目标,是现代国家政府的基本责任和重要义务,是保障人民基本文化权益的客观需要。总结和分析浙江在推进文化强省建设进程中加快构建公共文化服务体系的实践,有几个问题值得我们进行深入的研究思考。

一、把握公共文化服务体系建设的阶段和方位

关于公民文化权利的问题,半个多世纪以来一直是世界各国探索的一个重大问题。1997 年 10 月 27 日,我国正式签署了联合国《经济、社会及文化权利国际公约》,从此,保障和实现人民群众的基本文化权益成为党和政府的一项重大工作。2006 年 9 月出台的《国家"十一五"时期文化发展规划纲要》,首次提出文化工作要"坚持公共服务普遍均等原则""优先安排关系人民群众切身文化利益的设施建设"。党的十六届五中全会指出,要积极发展文化事业和文化产业,加大政府对文化事业的投入,逐步形成覆盖全社会的比较完备的公共文化

---

[1] 本文于 2012 年 3 月发表于《浙江艺术职业学院学报》。

[2] 来颖杰(1966—),男,浙江杭州人,浙江省委宣传部副部长。

服务体系。2007 年 8 月 21 日,中共中央办公厅、国务院办公厅出台《关于加强公共文化服务体系建设的若干意见》。2011 年,党的十七届六中全会又专门提出,必须坚持政府主导,按照公益性、基本性、均等性、便利性的要求,加强文化基础设施建设,完善公共文化服务网络,让群众广泛享有免费或优惠的基本公共文化服务。通过努力,我国各级党委政府越来越重视公共文化服务体系建设,为人民群众提供更多更好的公共文化服务,成为文化建设中的一项重要内容,成为推动文化大发展、大繁荣的重要标志。

浙江历史悠久,文化灿烂,是中国古代文明的发祥地之一,尤其是改革开放以来,浙江省委、省政府更加重视文化建设,并始终把文化惠民摆在重要位置。早在 1999 年,浙江省就率先在全国提出"建设文化大省"的战略目标,出台了一系列加快文化发展的政策措施。2000 年,制定并颁布了《浙江省建设文化大省纲要》;2002 年,召开了全省文化工作会议,提出了发展文化经济、建设文化大省的目标。党的十六大以来,浙江的文化建设更是进入了一个快速发展的新时期。2003 年,浙江省被中央确定为文化体制改革综合试点省;2005 年,省委召开十一届八次全会,专题部署文化大省建设,作出《关于加快建设文化大省的决定》,全面实施文化建设"八项工程";2007 年,省第十二次党代会提出创业富民、创新强省总战略,把文化建设作为创业创新的重要支撑;2008 年 6 月,省委召开工作会议,专题研究部署文化工作,发布了《关于推动浙江文化大发展大繁荣实施纲要》,提出深化"八项工程",建设"三大体系"的战略部署。2011 年 11 月,省委召开十二届十次全会,专题研究部署贯彻党的十七届六中全会精神,大力推进文化强省建设的工作,浙江文化建设进入一个新的阶段。在这一过程中,公共文化服务体系建设作为文化建设的重要内容,日益得到重视,工作力度不断增大,取得了明显的成效。

第一,公共文化服务基础设施网络基本形成。大力实施文化阵地工程,以公共图书馆、文化馆、博物馆、广播电视播出机构、乡镇综合文化站、村文化活动中心等为主体的公共文化基础设施体系逐步完善,基本建成了县、乡、村三级的公共文化设施网络。截至 2010 年年底,全省县级图书馆覆盖率 91%;县级文化馆、乡镇综合文化站覆盖率 100％；行政村村级文化设施覆盖率 85％；全省共有广播电台 12 座，电视台 12 座，广播电视台 66 座，网络广播电视台 1 座，广播、电视节目套数分别为 109 套和 115 套，有线广播电视干线网基本联通所有市、县（区）、乡镇和行政村；浙江网民达2786 万人，普及率为 53.8％，居全国第四；全省互联网用户总数达3900 多万户。

第二，公共文化服务重大工程成效显著。实施广播电视"村村通"工程，新一轮广播电视"村村通"工程基本完成，有线电视联网率分别达到了城市 100％、乡镇 99.6％以上、行政村 98％以上、20 户以上自然村 80％以上；有线电视综合入户率达到了 78.6％，城乡居民有线电视入户率分别达到了 99％和 60％以上，位居全国各省前列。实施"百种服务'三农'重点出版物工程"，加强农民"买得起、看得懂、用得上"的"三农"出版物的出版发行工作。实施文化资源信息共享工程，基本建成了覆盖全省农村的文化信息服务网络。大力实施"文化低保工程"，重点加强对农村贫困人员、老年人、外来务工人员、未成年人等特殊群体的公共文化服务。

第三，公共文化服务内容供给有效改善。坚持面向基层、面向群众，大力加强优秀文化产品的创作生产，组织开展丰富多彩的群众文化活动，公共文化产品和服务供给明显增加，丰富了人民群众的文化生活。品牌文化活动日益增多，举办第七届中国艺术节、越剧诞辰百年庆典、中国越剧艺术节、浙江文化艺术节等一系列大型文化活动，打造"钱江浪花"艺术团巡演、"赏心乐事"系列音乐演出、"雏鹰计划"优秀儿童剧演出、"新年演出季"、民族艺术和高雅艺术进校园等公共文化服务品牌。

第四，公共文化服务运行机制不断创新完善。大力推行图书馆总分馆制，创新公共图书馆服务内容和方式，构建以省、市、县级图书馆总馆为中心，以图书馆乡镇（街道）分馆为中转和纽带，以村（社区）图书流动站和图书流动车为基础，以企业、学校等行业系统图书馆联合加盟为补充，建成覆盖全省、城乡一体、功能完善、资源共享、管理规范、具有浙江特色的新型公共图书馆服务体系，建立"文化走亲"活动运作机制，加强社区文化建设，推动企业文化、校园文化与特殊群体文化的繁荣与发展,在全国率先实行博物馆和图书馆免费开放。

第五,公共文化服务体系建设的政策保障力度不断加大。各级党委、政府不断提升文化自觉意识,逐渐加大文化投入,强化政策保障,为文化发展提供了强有力的支撑。同时,充分利用浙江民营经济发达、社会资本丰厚、民间文化底蕴深厚的优势,引导和鼓励社会力量参与公共文化建设,基本形成了政府投入大幅增长、社会力量积极参与公共文化服务的良性格局。

总体来看,浙江各级政府对公益性文化事业的投入明显增多,有效缓解了公共文化服务历史上欠账较多的矛盾。但与公共文化服务体系结构合理、发展均衡、网络健全、运行有效、惠及全民的目标相比,浙江在公共文化服务体系建设上还有许多亟待解决的问题。第一,文化投入的总量偏少。目前,尽管全省各级财政对文化的投入逐年增加,但财政投入基数过小,文化事业发展财政投入还仅仅是低水平的保障,文化事业建设经费投入不足的问题仍相当普遍。省财政转移支付力度虽然呈逐年增加趋势,但对欠发达地区投入仍明显不足。基层公共文化机构运转经费缺乏制度性保障,导致现有基层文化设施的标准不高,群众开展和参与文化活动受到硬件制约。第二,面向大众的文化产品还不丰富。以广播电视为例,当前广播影视公共服务节目的数量、质量、水平等方面都存在很大的不足,深受群众喜爱的频道较少,精品较少,节目内容同质化倾向较为严重。市、县级广播电视台尤其是县级电视台的农村、少儿等公益类通用性节目源过少,服务广度和深度不够,节目可看性、可听性有待加强。第三,公共文化产品和服务向基层传播的机制尚未完善。一些公共文化机构定位不明确,服务能力和服务水平不高。对公益性文化单位组织开展公益性文化活动缺少具体的任务指标和监督考核办法。文化市场发育不足,文化产业在公共文化服务体系建设中的作用没有得到充分发挥,特别是在吸纳和利用社会力量发展公共文化服务方面还缺乏有效的手段和办法。第四,文化人才队伍相对缺乏。由于基层文化人才总量不足,基层文化单位人员偏少、年龄偏大、学历偏低,人员整体素质不高等原因,文化产品生产、文化服务供给和文化传播不论在数量上还是在质量上都远远不能满足基层人民群众的需求。第五,公共文化服务政策法规体系尚未形成。目前与公共文化服务体系相配套的政策法规体系还未形成,党委、政府作为公共文化建设的责任主体,还没有建立科学的政绩考核制度。落实相关政策的力度也还不够,影响了公共文化服务体系的健全和完善。

可见,浙江公共文化服务体系建设在许多方面走在了前列,为全面建成公共文化服务体系奠定了扎实的基础。同时,一些推进过程中的难点问题逐步凸显,解决起来难度不小,但一旦突破,就能取得实质性的进展,公共文化服务体系进入了提升拓展的关键时期。

二、确立与公共文化服务发展规律相适应的理念

在新的起点上推进浙江公共文化服务体系建设,必须紧密结合浙江经济社会发展的客观现实,紧密结合文化强省建设的总体部署,紧密结合人民群众的文化需求,首先在认识层面上进行突破,重点确立六个理念。

第一,政府主导理念。推进公共文化服务体系建设的目的是为了满足人民群众多层次、多样化的文化生活诉求,这种广泛的公共权利诉求只有政府才能够最大限度地提供,只有政府才能充分统筹组织公共文化资源。公共文化服务体系建设是政府的重要职能,必须充分发挥公共财政的支撑作用,充分发挥政府在公共文化设施建设、公共文化队伍培养、文化市场监管、公共文化产品与服务提供、相关法规政策完善等方面的主导作用。同时,改变政府一包到底的做法,运用政策引导、表彰奖励、评估定级等手段,鼓励和扶持各种社会力量广泛参与创新公共文化服务体系建设。

第二,均等普惠理念。公益性是文化事业和公共文化服务的本质特征,必须把社会效益放在首位,坚持公平优先,从实现社会公平的角度来生产、提供均等的基本公共文化服务,保障人民群众享受机会的大致均等和享有结果的相对均等,把公共文化服务享有的差距控制在合理的范围之内,使不同社会阶层均衡受益。创新公共文化

服务体系建设必须以惠及全省地区和全体公民为目标,坚持服务供给和服务水平的全省一致性,尽可能惠及薄弱地区和弱势人群,确保全体公民在看电视、听广播、读书看报、进行公共文化鉴赏、参加大众文化活动等方面公平分享文化发展成果。

第三,公众主体理念。人民群众是文化的创造者,是公共文化服务体系的建设者、维护者、享有者,是创新公共文化服务体系建设的主体力量。随着社会结构的不断转型和现代科技的飞速发展,文化内容、文化样式、文化产品多样化的趋势日益明显,人民群众创造文化、表现文化、参与文化的能力越来越强,在社会主义文化建设中的主体地位更加突出。加快公共文化服务体系建设,必须激活人民群众这一文化创造主体,充分调动人民群众的主体积极性,形成全社会共同参与公共文化服务体系建设、人民群众共享文化发展成果的生动局面。

第四,产业支撑理念。需求牵引,市场参与,在公共文化服务体系建设中适当引入市场机制,促进公共文化建设与文化产业发展相结合。提高政府对文化产业的宏观引导和调控能力,健全文化产业政策法规体系,加强文化市场监管,创新文化产业管理体制和发展机制,充分发挥浙江地域文化资源和非公有制经济优势,在培育一批具有较强实力和竞争力的文化产业主体的同时,完善文化产业投融资政策和税收优惠政策,扶持重大文化产业项目和优秀文化产品生产,积极引导和推动它们承担公共文化服务任务,促进公共文化服务的可持续发展。

第五,重在创新理念。创新是文化的本质特征,是建设公共文化服务体系的强大动力。公共文化服务体系建设能否取得突破,关键在于创新。要始终把文化创新作为公共文化发展的基点和动力,以创新促公共文化发展、以创新谋文化服务繁荣,大力推进公益性文化事业单位改革,在文化发展观、文化生产和传播、文化服务内容形式、文化服务体制机制、文化服务科技水平等方面,深入开展文化创新,不断提高公共文化建设的自主创新能力,增强公共文化服务的整体实力。

第六,整合统筹理念。公共文化服务体系是一个门类齐全、结构合理、运行规范的体系,是整体的、联系的、有序的、动态的,它涵盖的各组成部分不仅发挥各自功能,而且形成互补互动,具有结构效应和系统优势。要立足当前,着眼长远,统筹不同行业部门、不同社会组织、不同地区文化资源,促成各类文化资源要素的全面整合与有效利用,合理构建新的公共文化资源。

三、推进公共文化产品的创作生产

文化产品是社会主义先进文化建设的重要内容,是公共文化服务的基础和源泉。精心组织公共文化产品的创作生产,大力丰富社会文化生活,是公共文化服务提升拓展的关键环节。

第一,把握公共文化产品创作生产的重点内容。内容建设是精神文化产品创作生产的核心。一是面向现实题材推进创作生产。在党带领人民群众全面建设小康社会的实践中,存在着大量文学艺术最生动、最丰富、最基本的原料题材,是精神文化产品创作生产的不竭源泉。要紧紧围绕党和政府的中心工作,聚焦人民群众创造新生活的精神风貌,努力打造反映现实生活、体现时代精神的优秀精神文化产品。二是面向历史题材推进创作生产。根植于华夏文明沃土、源远流长的中华优秀历史文化,蕴含着许多爱国、修身、成才、智慧、节操等方面可歌可泣、可圈可点的人物和事件,是精神文化产品创作生产取之不尽、用之不竭的宝贵资源。要系统梳理历史文化中具有积极意义的素材,深入挖掘地域历史文化资源中的文化内涵和文化价值,推陈出新、与时俱进,以现代艺术的表现方式和载体,努力打造传承优秀传统美德、具有新的时代内涵的文化产品。三是面向基层群众推进创作生产。眼光向下、重心下移,针对基层精神文化产品供求矛盾十分突出的现状,为基层群众提供更多大众化、通俗化的文化产品。要重点抓好教育类文化产品的创作生产,充分发挥文化"寓教于乐"的功能;重点抓好娱乐类文化产品的创作生产,满足群众"求美求乐"的需求;重点抓好信息类文化产品的创作生产,满足群众"求知求新"的需求。

第二,健全公共文化产品创作生产的有效机制。实践证明,在充分尊重文艺规律和作家、艺术家创造性劳动的基础上,健全创作机制、构筑创作平台、实施创作工程,推动形成资源共享、优势互补、力量整合的格局,是促进优秀作品和人才脱颖而出的有效途径。一是建立健全创作生产的组织化机制。重点项目和重点主题的创作生产,要着力提高组织化程度,形成整体合力。加强规划论证和资源整合,合理配置优质创作资源,鼓励社会多方力量参与创作生产。加强生产管理,对重点精神文化产品的创作、生产、传播过程实行全过程跟踪管理和服务。二是建立健全创作生产的市场化机制。提高精神文化产品创作生产的市场化程度,推进艺术创作规律与市场规律的有机融合,充分调动作家、艺术家的积极性和创造性是社会主义市场经济条件下繁荣创作生产的有效途径。强化创作引导,面向社会发布创作规划,对作品的社会效益和经济效益进行评估,对优秀作品和人才实行奖励,正确引导社会各方面创作力量的创作方向。强化创作模式创新,运用市场机制整合创作资源,探索各种市场化的创作形式,充分激发创作活力。强化政策支持,建立和完善支持原创性文化产品的生产和传播政策。

第三,激活公共文化产品创作生产的各类主体。繁荣文化产品的创作生产,关键是要通过体制、机制创新,形成一大批机制灵活、人才集聚、技术先进、具有较强创作能力的主体。一是增强国有文化单位的创作活力。国有文化单位是精神文化产品创作生产的主力军。公益性文化单位要在深化改革中提高创作生产和文化服务水平,经营性文化单位要加快建立现代企业制度,充分调动文化工作者的积极性和创造性。二是提高民营文化企业的创作能力。民营文化企业越来越成为精神文化产品创作生产的重要力量。要积极鼓励民营企业进入精神文化产品创作生产领域,发展影视制作、演艺剧团等民营文化企业,扶持文化产业特色区域建设。三是发挥新兴文化业态的创作潜力。积极培育动漫制作、文化创意等新兴文化业态的创作主体,是文化产品创作生产的重要增长点。要积极推动高新技术在报刊、出版、影视等传统产业的运用,加快数字技术在产品创作生产方面多种功能的开发、推广和利用,大力发展现代文化流通产业。四是形成优秀创作团队的创作合力。以重大项目和重点作品为纽带,集聚优秀创作人才,有计划、有重点地扶持一批实力较强、梯队合理、发展潜力较好的优秀创作团队。

第四,坚持公共文化产品创作生产的正确导向。随着大众生活方式的变化和社会文化生活的丰富,文化产品的导向越来越成为引领社会思想、影响公众价值判断、维护社会稳定的重要问题。坚持精神文化产品创作生产的正确导向,最基本的是要坚持"二为"方向,强化创作生产的政治责任和社会责任,始终把社会效益放在首位。一是加强文艺出版评论。发挥文艺出版评论的积极作用,倡导正确的创作思想,引导文艺出版工作者坚持正确导向,增强社会责任意识,坚决抵制低俗之风、恶搞之风。二是加强媒体节目的导向把关。加强教育管理,严格落实从节目策划到审查把关的各项职责,坚决纠正媒体自办节目中出现的导向偏差,加强对各电视频道黄金时段播出剧目的把关,营造良好的荧屏环境。三是加强网络文化产品的导向把关。着力增强网络文化产品和服务的供给,积极创作生产适合在网上传播的影视作品、文学作品、娱乐节目、动漫作品,以积极健康的文化产品占领网上阵地。加强网上文化产品的管理,加快建设互联网内容技术监控平台,突出抓好网上视频、博客、播客等内容管理工作。

四、加强公共文化服务运行机制建设

公共文化服务体系建设既要有设施、有产品,又要有健全完善的机制。这是公共文化服务可持续发展的基本要素。

第一,健全公共文化设施的运行机制。发挥公共文化基础设施的辐射和服务作用,着力提高各类公共文化设施的使用效率,为城乡居民提供优质高效的公共文化服务。县级文化馆、图书馆要在提供产品、组织活动、培训骨干等方面发挥综合效应,辐射和带动群众性文化活动的开展。博物馆、美术馆、纪念馆、爱国主义教育基地等要做到免费或优惠向社会开放。政府投资的博物馆、美术馆、纪念馆、文化馆、图书馆、乡镇综合文化站和工人文化宫、青少年宫等要坚持公益性质,不得以拍卖、租赁等形式改变其文化设施用途,已挪作他用的要限期收回。要积极为社区和农村文化活动场所提供内容支撑,在满足群众就近便捷享受公共文化服务的需求上发挥更大作用。

第二,健全城乡文化资源的统筹机制。继续开展"送"文化、"种"文化活动,根据城市和农村文化发展的资源条件和现实状况,探索统筹城乡文化一体化机制。深入开展"送"文化活动,进一步发挥钱江浪花艺术团、雏鹰计划万里行、浙江舞台艺术新年演出季、赏心乐事音乐会、高雅艺术进校园等文化服务项目的示范导向作用,继续开展各种形式的文化"下乡""下基层"等公益性文化活动,在活动的长期性、持久性上下功夫。深入开展"种"文化活动,充分发挥基层群众尤其是广大农民群众在文化建设中的主体作用,以竞技、比赛、表演、展示等为主要形式,举办农民文化节、运动会、才艺展示会、文艺调演等各类文体活动,搭建各类展示"种"文化成果的平台。深入探索各类城乡文化一体化的载体,积极推广图书馆总分馆建设、农村出版物发行小连锁、"十五分钟文化活动圈""三个三"文化计划等先进经验,支持各类民间力量,支持兴建基层文化俱乐部、博物馆、图书馆,开展各类文化活动,形成城乡文化良性互动、相互促进、共同繁荣的良好局面。

第三,健全公共文化服务方式的创新机制。创新对公益性文化事业单位的管理模式,抓紧建立科学完善的绩效考核机制和管理运行机制,对文化馆、图书馆、博物馆等各自的社会功能、事业发展目标和责任、服务对象和内容、服务数量和质量等方面作出明确规定,彻底改变"干与不干一个样、好与不好一个样"的粗放型管理模式。公益性文化事业单位要深化内部制度改革,引入竞争和激励机制,加强人才队伍建设,增强自身发展活力,坚持面向基层、面向群众,明确服务规范、改进服务方式、提高服务水平。着力优化党报党刊、电台、电视台、重点新闻网站等新闻媒体的组织结构,整合内部资源,增加公共文化服务总量。积极引入竞争机制,对重要公共文化产品、重大公共文化服务项目和公益性文化活动,要实行政府采购、项目补贴、定向助资、贷款贴息等,扩大服务范围,提高服务质量,增强服务效益。

五、着力强化公共文化服务体系建设的人才和政策保障

推进公共文化服务体系建设是一项长期任务,必须切实强化人才队伍和政策法规建设,提供有力保障。

第一,加强公共文化服务人才队伍建设。解决文化人才队伍建设的问题是加强和创新公共文化服务体系面临的一个长期性的问题,也是根本性的问题。要以解决县、乡文化馆(站)人员配备问题为重点,制定完善以培养、使用、激励、评价为主要内容的政策措施和制度保障,实行职业资格管理制度,在加强对从业人员规范化管理的同时,落实政策保障,明确身份待遇,解决后顾之忧,确保队伍稳定,增强发展后劲。要采取各种措施吸引各类优秀人才进入公共文化服务领域发展,鼓励高校毕业生到基层从事公共文化服务工作。引导和支持专业文艺院团改革中的分流人员到社区、乡镇和红色旅游纪念馆工作,担任文艺辅导员、文化指导员和讲解员,切实壮大基层公共文化服务人才队伍。要加强基层文化人才队伍的培训和辅导,建立专业文艺工作者下基层制度,以县级文化馆、群艺馆、文联、剧团的创作者、演员为重点培训力量,深入社区农村,帮助指导社区居民和农民群众自办文化。要加强对城市社区和农村基层文化管理人员、民间艺人、文化能人、文化经纪人的教育和培训,努力形成一支扎根基层、服务群众的专、兼职公共文化服务队伍。要广泛开展文化志愿者活动,鼓励离退休文艺工作者、艺术院校学生和其他热心公益事业的各界人士为社区和农村提供志愿文化服务,构建省、市、县、乡四级文化志愿服务网络体系,提高文化志愿服务水平。

第二,健全公共文化服务的政策法规体系。明确各级党委、政府的责任,从资金、设施、机构、人员等方面,保障公共文化设施的正常运转和功能的充分发挥。将公共文化列入公共财政支出的重点,确保每年对文化投入的增长幅度明显高于同期财政经常性收入的增长幅度,并重点向文化薄弱地区、农村基层、困难群众倾斜。

综合运用多种投、融资工具和财税优惠政策,强化财政投入引导,广泛吸引社会资金和产业资金进入公共文化服务领域。引导和鼓励企业、非营利组织、社会团体等社会力量,促进公办民助、利用社会设施发展社会文化、艺术团体挂靠企业和民办等多种形式投资兴办公共文化事业。建立完善公共文化服务评价指标体系和评价机制,科学评估公共文化服务绩效,推动公共文化服务体系建设不断迈上新台阶。

浙江艺术职业学院科研与创作成果丛书

钱 塘 有 约
——"浙江剧"文化论坛讲座汇编

文学论道

环境、生存与艺术

徐　刚[①]

　　大家已经知道今天我讲座的题目。那么在讲座开始的时候,我想问两个问题:第一,大家回想一下,我们今天这个世界在追求什么?第二,我们每个人自己感觉到我们缺少什么? 其实这两个问题,大概一致的回答就是,我们今天这个世界在追求物质的享受,在追求经济的发展,这个没有错。那么我们每个人缺少什么,我们很可能回答:缺钱。今天我想讲的就是对这两个问题的思考。其实在我们的生活中,我们通常会把最普通的也是最珍贵的东西忘记。最普通的也是最珍贵的,在我看来是什么,是环境。我们每个人,我们人类,以及这个世界上的万类万物,都只有在一定的生态环境中才能生存,才能繁衍,才能发展。这是最基本的。那么这样一个环境,大而言之,是宇宙;小而言之,在杭州就是杭州周边的环境。

　　去年,我因为给凤凰卫视的一个大型节目《中国江河水》做主持,在太湖边上住了半个月,拍摄了半个月的电视节目。太湖的蓝藻事件震惊中国、震惊世界,把整个太湖周边的自来水都污染了。太湖周边的居民,包括扬州的市民、杭州的市民,早晨起来洗刷的

---

　　① 徐刚(1945—　　),男,上海人,20世纪70年代毕业于北京大学中文系。著名环保作家、诗人,凤凰卫视《中国江河水》总策划、主持人,国家环保总局特聘"环境使者",近二十年来专注于生态环境领域的现实观察和思考,被誉为"中国环保文学第一人"。主要作品有《徐刚九行抒情诗》《倾听大地》《伐木者醒来》《梁启超》《守望家园》《绿色宣言》《长江传》《地球传》等。

时候,做早饭的时候,一打开自来水,水是黑的、臭的。我不知道我们忘记这件事情了没有。这是什么?这就是灾难。在那个时候,我记得在扬州、杭州出现了一个非常有意思的公益广告,在电视节目里面。广告词是这样说的:手脏了用水洗,车脏了用水洗,马路脏了用水洗,水脏了用什么洗?这个公益广告词写得太好了。我在太湖边上采访拍电视节目的时候是 11 月份。11 月份的时候,应该是天气转凉了,太湖的蓝藻也比较少了。但是实际上,当我们的小艇走向之前蓝藻污染的自来水取水口的时候,蓝藻还是一层一层的,没有在太阳下暴晒后死掉。蓝藻的颜色如果用水彩国画的颜色来看的话是很漂亮的蓝。但是死了以后,死了的蓝藻发出的是臭气、薰气。我在太湖边上就思考了一个问题:蓝藻是什么?蓝藻有什么作用?太湖污染到底是蓝藻污染还是人的污染?那么这里就要讲到环境中宇宙形成后、地球形成后很重要的一个事件:古海洋的诞生。

在地球形成后,根据现代地学、宇宙学,书本上告诉我们,在地球形成之初,婴儿地球是极其热的、发烫的。但是,这个世界突然下了不知道多少年的倾盆大雨。书本上说,这个雨叫作"原始大雨"。终于在地球上坑坑洼洼的地方形成了原始的海洋,形成了原始的河流。形成了原始的海洋后,海洋中出现了地球上最早的生物,叫蓝藻,也叫绿藻、蓝绿藻,是非常简单的单细胞生物。它们就在古海洋里漂浮着、等待着。你不知道它们在等待什么。其实它们的等待是有生命的指向的。它们在等待什么呢?它们在古海洋里完成了地球生命史上最伟大的事件,树立了一个里程碑。这个里程碑就是:古海洋里最简单的蓝藻完成了光合作用。我们现在说的光合作用是只要有太阳,只要有绿色植物就有光合作用。但是最早完成光合作用的是十多亿年以前古海洋里的蓝藻。因为我要写《地球传》、要写生态环境,我的这些知识都不是从北大中文系学来的,我都是自学的。这种知识对我的知识结构、对我的写作来说完全是革命性的,把我原来的知识结构完全打乱。然后我就知道了光合作用的根、源头是蓝藻完成的。也许大家会问:现在太湖里的蓝藻跟古海洋十多亿年前的蓝藻是不是一回事?我告诉大家,根据生物学家的判断,就是一回事。我们现在看到的蓝藻就是十几亿年前地球上古海洋的最早的植物,并且完成了光合作用的里程碑的蓝藻。这样的蓝藻,十几亿年的生命,它在我们的生命中,在我们的湖泊、河流中偶然地出现,我认为是地球形成之初,创造地球、宇宙的造物主、天地的美意。为什么?它们在提醒我们,地球的形成是何等漫长、何等艰难,我们要保护它们,要爱护它们。

如果在太湖的一个角上,或者在水面上星星点点地有些蓝藻,它不会形成任何灾难。它是什么?它可以净化水体,它还是湖里面、河里面小鱼的饵料。但是有种情况下,蓝藻就会疯长。这就是我们的江河、湖泊富营养化。大量的废水、污水进入湖泊以后,进入太湖以后,湖泊的水发生变化,富营养化了,即水里的营养太多了,然后蓝藻就会疯长,把整个湖面或整个湖面的局部全部覆盖。这种情况下,如果是夏天,如果烈日当头,这些蓝藻会大量死亡。死亡以后的蓝藻就会腐烂、发臭。如果它进入自来水系统,就是一种污染,对生命间接有害。我在太湖边上主持节目,讲这段蓝藻历史的时候,结尾我讲了两句话:"太湖的污染,罪不在蓝藻,罪过在人。"像凤凰卫视这样的节目,在拍摄过程中也会很有意思。你在太湖边,你讲蓝藻,边上游人都来旁边听,听的时候很专心,他们认为你讲得好就会鼓掌。这就糟了,节目就得重新做,因为录音里边不能有声音。所以这段关于蓝藻的节目,我在太湖边上连拍了5次。最后请求他们千万不要鼓掌,等我们的摄像机关掉了再鼓掌。当时大量的游客给了我热烈的掌声。我很感谢,但我心里也很难过。掌声对我来说无所谓,但是污染对我们来说太严重了。太湖富营养化到什么程度?我一直想在太湖边上找到一份有说服力的根据,就是进入太湖的废水、污水是怎样把太湖污染的。但是相关部门拿不出,或者他们不愿意提供。最后我找到了一个专门的太湖流域的机构,然后反复跟他们聊天、沟通,我终于得到了这个数据。太湖蓝藻污染是 2007 年。在 2005、2006、2007 年,整个太湖流域,每年 GDP 的总量是整个国家总量的 10.8%～11.2%。这个数据是非常惊人的。同时,按照 2006 年的统计,整个太湖流域排入的废水加污水,是 60 亿吨。整个国家每年的废水、污水排放量是600亿吨,也就是说它占了我们整个国家排放量的1/10。我看完这个数据,出了一身冷汗。这使我想起时任国家环保总局局长周生贤先生讲的一句话:"我们不能光用GDP来衡量我们整个国家的发展和建设,我们的有些GDP是靠污染、靠浪费、用能源堆出来的。"我今天讲的,从数据到这些话都是公开发表的。所以我们的GDP的增长,确实在一定程度上是靠污染、靠能源的浪费。

在环太湖流域及淮河是中国污染最严重的地区,我们有数以几十计的癌症村。为什么?因为喝了被污染的水。被污染的水不仅是一个湖,也不仅是一条河,因为它会渗透到地下,地下水和地面水是一直在互相渗透、互相交流的。在淮河流域污染最严重的地方,连打出来的深井水都是黑的。淮河污染我们讲了十几年了,但至今淮河污染没有多大改变。这个例子,实际上我已经讲到了环境与生存。没有一个优良的环境,光有钱,光住大房子是不行的,因为你喝不到洁净水。我们现在至少有2亿农民喝的水,按我国饮用水的标准是不合格的,也就是非洁净水。这2亿人中有多少母亲,有多少孩子?假如我们的孩子从小喝的不是洁净水,那么他身体的种种毛病就从小开始在他的血管里留下了种子。我们怀孕的母亲,她的孩子在妈妈肚子里的时候,就开始吸收不洁净的水。我们很难想象,这样一种水的状态对我们2亿农民的体质会产生什么影响。所以我到浙江艺术职业学院来讲课很高兴。浙江杭州是个世界闻名的地方,西湖还是那么漂亮。但是我想起了最深刻的印象,就是二三十年前,我在杭州西湖边,那个时候身边没什么钱也要在虎跑泉边喝一杯龙井茶,那种芬芳、那种甘甜清香,可以说几十年一直留在我的心中,确实是一种奢侈的享受。凭我的目测,现在西湖的水应该是四类水。四类水是不可饮用水。三类水经过加工后是可以饮用的。西湖的环境这些年来已经有了很大的改善了,这个问题我们暂时不讲。

我们接着讲太湖。在太湖沿着我们掌握的线索,去寻找那些污染太湖最严重的化工厂。这些化工厂集中在宜兴的周铁镇,这个镇不大,但只要走过十几步路,就是一个化工厂。大大小小的化工厂遍布周铁镇。周铁镇排往太湖的水就是这些化工厂的黑水。我们去的时候,有的工厂已经关门,有的工厂正在关门,有的工厂还在生产。

太湖事件引起了国家、国际上的高度重视。当时的江苏省委书记李源潮说:哪怕江苏的 GDP 下降 10% 也要治理好太湖。这个话从一个省委书记嘴里说出来,我听了是非常震动的。周铁镇关闭了那么多化工厂,我们又深入到下面了解这些化工厂关闭以后怎么办。这些化工厂关闭后,基本上都是从江南搬到了江北经济不发达的那些县、市,那里非常欢迎它们去,抢着要它们去。我们希望搬到江北的那些化工厂,在它们的生产过程当中能够注意废水、污水的治理,不要形成一种循环:污染了江南,再污染江北;污染了东部,再污染西部。这就会形成一个恶性循环。我希望不是这样,我相信也不会这样。我们刚才说的是太湖。实际上这样一种污染,还会带来另一个后果,就是土地的污染、耕地的污染。

根据国家环保局公布的资料,也是周生贤先生在新闻发布会上给出的数据:中国有 1 亿亩耕地是被污染的。主要集中在长三角,然后是珠三角,其中最严重的是宜兴周铁镇这带。这一带原来是农民种地种粮食的地方。但是前几年,这一带种地的农民收出来的大米,他们是不吃的,一口也不吃。为什么? 在另一份资料中,我看见宜兴那一带的大米当中有一百多种致癌物质。这就是污染带来的后果。污染了水,污染了土地,污染了五谷杂粮,到最后要我们的命。这就是环境和生存之间的一种非常简单的,也是非常严重的、性命攸关的联系。

这些年我一直在外面走,从 20 世纪 90 年代到几年前。不知道大家有没有"中国风沙线"的概念,它的长度是从黑龙江的宾县一直到新疆的乌孜别里山口。乌孜别里山口就是在新疆和吉尔吉斯共和国交界的地方。我们说"万里风沙线",实际上是将近 8000 千米的风沙线,每年在春秋两季大量地往内地刮风、刮沙。它的纵深最窄的是 20 千米,最宽的是七八十千米。这样一个风沙线对我们国家、对我们国土带来的影响极其深远。我到过风沙最严重的地方。我要告诉在座的各位,什么样的环境是不能生存的,但是还有人生存在里面。我到过甘肃的民勤。民勤这个地方很有意思,整个县土地的 92% 是沙漠,余下 8% 里面有一小块一小块的土地可以种五谷杂粮。但就是这 8% 的土地也没有足够的水来浇灌。那么这里的人干什么呢? 民勤的农民一年到头基本上做的事就是种树。民勤有几个大的风口，这个风口就靠树去拦住它。所以，民勤的人们对风沙、对树木是太了解了。新中国成立后的第一个治沙站在哪里？就在民勤。这个治沙站是当时周恩来同志亲自批的，后来成了兰州沙漠研究所。兰州沙漠研究所现在是世界上十分杰出的一个沙漠研究所。那么民勤这样一个地方，我去了以后，当天晚上，县委书记吃饭的时候拿来十几瓶矿泉水，告诉我：我们这里的自来水，你千万不要喝。我说：为什么呢？他说：因为这个自来水是从很深的地方打出来的，里面的矿物质含量远远超标，喝了后会闹肚子。但是我为了体验一下，那天晚上就喝了两杯自来水烧的开水，结果我一夜没有睡觉，折腾了一夜，拉肚子。而且喝进去的水口感是苦的。当地的干部还给我说了一个非常形象的例子，就是当地的牛也干；当地的麻雀也干。只要县里在最干旱的时候来一部送水车，到村子里的时候，四面八方的麻雀全都飞到水车的车顶上吸一点水分。牛不能喝县里送来的水，只能喝井里的水，牛一边喝一边摇头。用当地农民的话说，牛喝民勤的地下水也摇头。这里的农民大都走光了，有的村子只留下一户人家孩子留守，最关键的问题是得不到水。我再讲讲敦煌。敦煌对中华民族的历史何等重要！敦煌每年水的蒸发量是 3000 毫米，每年的降水量是200 毫米。在这个情况下，到了敦煌，你看到的土壤，除了沙外一层一层都是干枯的、焦的，原来的一些河道密布各种各样的裂缝。我去看了敦煌石窟，给我的第一印象是几十个工人在周边扫沙土。每分每秒沙漠都向着敦煌逼进，什么样的现代技术都挡不住。所以有人提出来，敦煌会不会成为中国的第二个罗布泊？这已经有生态学家很严肃地提出来。以前我们曾深入到罗布泊拍摄，那里是一番令我终生难忘的景象，在罗布泊被称为魔鬼城的地方，我拍电视的时候，还不知道这个魔鬼城是什么意思。当时的维吾尔语叫"亚当"，就是高高的土堆。高高的土堆不知道怎么形成的，高的像小山，有的不是很高。它们奇形怪状，有的像城堡，有的像一座船，有的像一面风帆，非常壮观。整个地上都可以看到可能是火山升起来的时候、地球演变时候的残迹，各种各样的石头；也可能看到在多少年沙漠化的过程中，在多少年的太阳照射下，随便拿起一块看上去像小石的东西，用手一捏，它就碎了。你看不见一根草，也看不见一滴水，人是绝对没法在这里生存的，在罗布泊的边上也没有生存的人。

这个节目是我和杜宪（以前新闻联播的委员）一起拍摄的。太阳偏西了，向导告诉我们"赶紧走，再不走迷路了"。走之前我们俩要把节目主持一下。主持节目的时候，来了只小苍蝇，不知道什么时候来的苍蝇，飞在我们对面的摄像机上，看着我们俩，好像要听我们俩说些什么。那期节目的主持完全是即兴的。杜宪说："徐老师，你看见没有？我们摄像机上有个苍蝇。"我说我看见了。那么这个苍蝇是怎么来的？因为我们是从敦煌来的。如果从敦煌带过来的，但车窗是打开的；如果是魔鬼城里固有的，我们来的时候没发现啊。怎么我们要主持节目的时候它跑出来了？很奇怪。过了一会儿，苍蝇飞到我的头顶上。杜宪说："哟，徐老师，苍蝇飞到你头顶上了。"我说我能感觉到，它正在我头顶上优哉游哉地漫步。因为我是光头，它可能觉得很舒服。飞了一圈，又到了摄像机上。在这样一个没有一根草，没有一滴水的魔鬼城有这样一只苍蝇，实际上是对我们这个节目，叫作《穿越风沙线》，也是对这个节目受众、对整个人类的一种解释。为什么呢？首先，你看见的任何一种生命都是可爱的，都是可贵的，不管苍蝇、蚊子、臭虫还是老鼠。在那个时候，我们要看见一只臭虫也是可爱的。其次，很可能若干年以后，现在很多城市里，被大家深恶痛绝的苍蝇，会越来越少。到那个时候，在我们联合国或者国家的动物保护名录里要加上一个动物：苍蝇。最后，我和杜宪同声说了一句话：谢谢可爱的苍蝇。我们说完这句话，它就走了，也不到我的头顶了。我们专门为这个苍蝇做了一期节目。这只苍蝇是我一生中看见过的最美丽的，或者用时下网络上的语言，最"雷人"的一只苍蝇。我至今不忘，至死不忘。

现在我们坐在这里，听上去好像天方夜谭，其实不是。我可以保证我说的都是真实的。我传达这些给大家，目的在于告诉大家人类不能生活得太自私，不要因为人类是万物之灵，而认为你就是这块土地、地球的主人。用一个西方哲人的话说：人不是地球的主人，人是地球的仆人。在我们生活的世界上，假如只有人，你烦不烦啊？其实这个世界是由人和各种各样的动植物组成的，用我的话说是"万类万物"。我们的生命为什么美丽？是因为我们人和万类万物的统一和谐。我一直在外面走，一直在西部走，我的感想太深刻了。

再跟大家举个例子：沙漠。沙漠实际上有两种状态。一种是静止的沙漠，不在流动的沙漠是很美的。真正在牧羊的人是不可能用水洗手的，他是用沙子洗手。他在牧羊，假如中午带了块饼，新疆人称"馕"，他吃这个饼的时候是用沙子洗手。用他们的话说，这是清洁自己最好的办法。这是一种沙漠，线条"银钩铁划"。热爱国画的人会觉得真是太美了。我看到过一些很好的画家画的非常优美的线条，但是我知道真正美丽的、真正深刻的、真正天然的线条在中国西部，在西部大漠。我跟很多画家说过。这是固定的沙漠，是一种景观、大地的景观。还有一种沙漠是对我们有害的，流动的沙漠。流动的沙漠是不断推进的，而且它白天不动晚上动。我们说治理沙漠化，主要是治理这些流动的沙漠怎样让它不流动。我在甘肃的敦煌和治沙的农民聊天的时候，看见了一种景象。沙漠上有一种植物，叫白茨。这种植物很奇怪，它的根系不是往里爬，而是把整个沙漠抱住。这样就形成了一个景观：一根白茨抱住一个沙漠，从此这个沙漠就非常稳，再也不流动了。所以我说，治理沙暴也需要温柔，需要绿色的温柔。一片沙漠如果都是这样，治理就完成了，不再危害人类了。然后，它会带来各种各样的小动物，爬虫一样的蜥蜴、麻雀。沙漠里的麻雀比我们杭州的麻雀要小得多。沙漠的存在是对人类的提醒。我认为，在天地之间造物主造沙漠是一种刻意的、好意的安排，告诉人们要节俭用水，要珍爱土地。这种植物对水的需求也有，但只有一点。沙漠什么时候有水？早晨的时候。人工种植的植物有一种叫梭梭，我蹲在地头跟农民一起种、一起看。梭梭种下去的时候，马上要灌水，灌满以后，我们就在旁边待着。5个小时以后，你就可以看到梭梭的种子新芽长出来。一辈子就这一次水，就靠这点水长了一点绿色，长了一小片绿荫，然后把沙漠固定住，然后才有我们的家园。水对沙漠来说重要到什么程度，可想而知。我在沙漠里走的时候还看到过海市蜃楼、"沙漠蜃楼"。在新疆、青海都看见了，在遥远的天边，有亭子、有湖泊。我想这是我们这块干旱的土地对水的最忠诚、最坚韧、最遥远的思念之情。

我一开始讲到艺术。什么是艺术？梭梭这一粒种子因为水的滋润马上长出叶子来，这是什么艺术？生命的艺术。如果碰巧了，你还能赶上一场雨。在沙漠的任何一个角落里，你都一定能碰见，一下子，不到半个小时，突然之间，光秃秃的沙漠里鲜花盛开。世界上最有名的沙漠学家彼得·法布说过一句话：沙漠里的花是叫不出名字的，但却是世界上最美丽的花。我见过，鲜红啊、金黄啊，这些花开得那么大。旁边一位沙漠学家说："就在这个过程中，你知道它要完成一件什么事吗？"我说不知道。他说："我等会儿告诉你。你先看。"很快，雨停了。沙漠里从来没有倾盆大雨，绵绵小雨也没有的。下了一阵就停了。停了以后，花、植物，你看着它萎缩、枯了。春夏到秋冬季节的变化是在一两个小时内完成的。结籽的时候，它的外壳特别厚、弹性特别好，它的籽实比公园里的花朵、我们自己种的花要多得多。因为它的硬壳厚实、有弹性，它要把籽实弹得很远；因为多，它要大量散布出去，沙漠里还有许多小动物要靠这个当粮食，但不能吃光了，总得留下一点。一年以后或半年以后，再来一场雨的时候，这个地方又会开放出绚丽的花。所以说，沙漠里没有花？有花，只是你看不见。当时我就想，它告诉我什么？它在启示我什么？这是不是艺术？这是最美的艺术。可惜我这个凡人没有适当的语言赞颂它。所以，我们说看见沙漠的时候，其实没有看见它。我们看见的是表象，我们真正要了解沙漠，就要了解沙子。国际上通用的标准，一粒沙子直径在 0.025 毫米左右。那样一粒细小的沙子，如果一阵风把它搬运到 50 千米之外，它损失了 0.001‰，也就是几乎没有什么损失。所以在沙漠里我得到一个启示：要渺小自己，不要把自己看得那么高大。

徐刚没什么了不起，写东西的人太多了。其实，渺小自己也就是保护自己。渺小自己以后，别人就不把你当回事儿了。如果你总是很高大地在那儿晃来晃去，就很容易成为目标。所以，这些年来我的办法是渺小自己。沙漠学家、所有地理学的祖宗告诉我，这些沙子的形成都是因为原来这些地方有山。先有山再有沙漠。然后在最高的山的顶峰，石头崩塌、风化，经过风的侵蚀、水的磨损，慢慢地成了沙子，成了沙漠。因此，在这样一个写作的过程中，我得到了艺术的思想、启示:所有的高大都会崩塌。这是从艺术的角度说。已经崩塌的再也不可能回到原来的高度。让自己渺小,自己敢于渺小,寻求渺小,这样一些观念对我来说,对我20多年的生态环境写作来说起了支撑的作用。我愿意说出来跟大家分享。

最后我还要讲,什么是艺术?我过来讲这次课,其实本来我很想了解一下,浙江艺术职业学院占地多少,有多少系,有多大面积。后来我一想,我不了解了。杭州的风景有多大,浙江艺术职业学院就有多大。浙江的山水有多大,浙江艺术职业学院就有多大。浙江艺术职业学院在我看来是浙江最美丽的一个大学。因此在座的各位同学,你们是有福的。整个杭州就是艺术,我不能用任何东西来形容它。西湖,这样一个原来的湖海,经过人工的无数次改造后,又来了那么多文人。大家都知道苏东坡不是一次来杭州,而是两次来杭州。苏堤是第二次来的时候修建的。有了这么多文人的和天然的共同努力和结合,才有了以西湖为中心,周边几座山连成一体。杭州整个就是艺术,它留下了天工、天然,同时也留下了人类的创造。这样一个地方有这样一个学院,我相信我们这座学院第一是吉祥的,第二肯定是人才辈出的。但是我还要说,在杭州周边,在你们学校周边还有很多艺术,我们可以追溯到新石器时代。比如说河姆渡,还有良渚。良渚文化至五千年左右,是新石器时代晚期。良渚文化去年又发现了一座新城。按照我们原来的历史观,在距今五千年的新石器时代是不可能有城市的。城市是经过夏商周以后的事情,但是现在不断有这样的发现。我们的历史书里有很多东西要重写了。良渚文化有个让全世界震惊的遗物——乐器,这个乐器上有个到现在所有专家无法解释其含义的纹饰,叫神人兽面纹。这个纹饰的精细、精美在中国古代乐器中从未有过。因此良渚文化的乐器实际上开创了中国几千年乐器文化的先河。它的纹饰已经集中了后来所有的纹饰,基本都由它演变而来,加上同时期的红山文化,这是新石器时代文明的曙光。文明的曙光不是在一个地方出现的,一个在南方、一个在北方。南方就在杭州,就在余杭。这样一个神人兽面纹是怎样使用的,这个场景无法复原了。但是现在的历史学家、考古学家都认为,这是当时部落的首领,往往也是最大的巫师,借着这样的纹饰敲锣用的。那时候的舞蹈什么样? 不知道。但是我们艺术学院的老师和学生能不能重现当年良渚的舞蹈,重现当年丰富的良渚文化的一个方面或者是一个侧面? 我觉得这是个宝库。我是一个古文化的爱好者,除了生态环境文学外,我还喜欢古文化。我一天到晚琢磨这些东西,因此我觉得这个艺术是如此根深蒂固,而且就在我们学校边上。我相信这是个宝库。

一个非常有名的哲学家,被称为 20 世纪最伟大哲学家的海德格尔曾说过一句话叫"艺术生存"。人类的生存有物质的方面,这是毫无疑问的。我们的肉体不能离开物质。但是我们的生存不能只靠物质,我们还要靠艺术。后来我也看了尼采、叔本华、康德。我就知道,真正最早提到"艺术生存"的是尼采。谈到尼采的时候,谈到古希腊文化的时候,我忽然想到跟我们艺术学院的教学密切相关的两个神,一个是阿波罗,一个是酒神狄奥尼索斯。我相信这些都在凡人教学之内。这就是古希腊悲剧的诞生,因为阿波罗神是我们的梦。用尼采的话,梦都有美丽的外观,是一切造型艺术和诗歌的前提。因此,我们能不能把梦变为一种艺术? 还有,狄奥尼索斯,酒神是什么神? 是大地之神,是农业丰收之神。古希腊的时候有个习俗,人类丰收的时候,大家庆贺喝酒,喝醉了以后唱歌、跳舞,语言、动作都比较失态。但是,正是在梦和醉之间,在古希腊人看来,在尼采看来,人才能生存下去。我相信,梦和醉是永远的文化的、诗歌的、艺术的题材。我真的非常希望我们艺术学院的学生在古希腊悲剧的基础上有新的创作。

最后我们回到环境上来,我们今天讲话的第一个主题。我们的环境目前面临的状况是什么? 我们的七大江河水系,有 41% 的水是被污染的;我们流进城市河道的 95% 的水是被污染的;我们有 400 多个城市的居民呼吸不到新鲜空气;我们每年有 1500 万人因为大气污染得肺结核、癌症死了;每年至少有 2 亿农民喝不到洁净水。我们的水、我们的土地占全世界总数的 6%、4%,但是我们要养活全世界人口的 22%。因此,我们面临的环境是严峻的,要求我们每个人都能够面对它。现在我给大家提出个小小的要求,希望同学们都能做到,就是在我们洗手时,擦肥皂的时候,把水龙头关上。就这么个小小的动作,我从开始想做到最后形成规范,中间花了好几个月的时间。因为把水龙头打开,这是习惯,擦肥皂的时候水就流走了。然后,我要求我女儿在大学里也这样做。开始的时候,同学都嘲笑她,但后来至少影响了她宿舍里的几个同学。我们能不能这样做?环境的事情有时候很大,是国家、政府关系经济增长的事情;有时候很小,是我们自己的事情。洗手的时候,擦肥皂的时候,把水龙头关上,然后我们学校可以统计一下,我们这样一个小小的动作,会给我们节省多少水,我们可以试试。我希望在这点上,我们能够齐心协力一起来做,节约每一滴水。

一个小小的要求提完了,最后我想送给大家几句话。第一句话是亚历山大·洪堡,一个西方哲学家也是作家,介绍什么是艺术时说的话:"我们面对的大自然的一切都是人类未见的艺术。"这就告诉我们,要走到大自然中去,我们所见的一切都是艺术,而且是未见的艺术。另一句话是圣雄甘地说的:"地球可以满足人类的需要,但是不能满足人类的奢侈。"第三句话是尼采说的:"人和人的大地是我们不朽的命题。"第四句话,是我送给在座各位,是我的书《地球传》的最后一句话:"我们各有一个生身母亲,我们共有一个地球母亲!"最后,我想送大家《易经》里的两句话,实际上是《易经》里的第一卦"乾卦"、第二卦"坤卦":"天行健,君子以自强不息。地势坤,君子以厚德载物。"

我 与 艺 术

余 华[①]

　　《我与艺术》这个题目在这样一所学校讲是比较合适的,但是我和艺术并不是那么近。按照中国的说法,"文学艺术",文学和艺术经常是不分开的。我不知道应该从何说起。何志云也不列个提纲给我看看,就把我扔在台上不管了。当时我还在广东,他给我打电话说:"你不是写过一些关于音乐方面的文章吗?"

　　我和何志云有个共同的朋友,叫朱伟,最早是《人民文学》的一个编辑,现在是全国很著名的一个杂志《三联生活周刊》的主编。他算是我的音乐启蒙老师。最早买唱片的时候就是跟着他,他告诉我应该买什么样的。因为他是音乐发烧友,买了非常多的唱片,用他的话说是"走了许多弯路"。我跟着他可以少走弯路。我印象很深,第一次他带我买唱片是在北京的北星桥,有一家私人唱片店。现在那种唱片店已经看不到了,在网上可以随便下载歌曲。以后,再想买到那

---

　　① 余华(1960—),男,浙江海盐人,著有中短篇小说《十八岁出门远行》《鲜血梅花》《一九八六年》《四月三日事件》《世事如烟》《难逃劫数》《河边的错误》《古典爱情》《战栗》等,长篇小说《在细雨中呼喊》《活着》《许三观卖血记》《兄弟》,也写了不少散文、随笔、文论及音乐评论,是中国大陆先锋派小说的代表人物。其作品被翻译成英文、法文、德文、俄文、意大利文、荷兰文、挪威文、韩文、日文等在国外出版。长篇小说《活着》和《许三观卖血记》同时入选百位批评家和文学编辑评选的"九十年代最具有影响的十部作品"。1998年获意大利格林扎纳·卡佛文学奖,2002年获澳大利亚悬念句子文学奖,2004年获法国文学骑士勋章。长篇小说《活着》由张艺谋执导拍成电影。

种唱片是很难了。他在前面一张张帮我选,看我手上拿了十几张了,问我够不够。我说:"够了,我先回去听听你帮我选的我是不是爱听。很可能你帮我选的我不一定喜欢听。"那大概是1993年。跟音乐接触更早的时候是在"文化大革命"的时候,我们唱革命歌曲、样板戏,那也算音乐。但跟"正宗"的音乐接触,应该是1993年以后。我把十多张唱片听完以后,就给朱伟打了个电话,把我的感受告诉他:我最喜欢什么,为什么喜欢,诸如此类。朱伟在电话那头很吃惊:"没想到你进步这么快,十多张唱片听完以后就已经知道这些了。"我说,我干了这么多年文学了,艺术是相通的。不管你从事的是音乐、美术还是舞蹈,只要到了某一程度,再去理解另外的艺术是很容易的,或者相对来说很便捷。

绘画呢,国外的美术馆我跑过很多。因为我出国的机会比较多,国外的美术馆我基本上跑遍了。绘画作品,我进入起来比较慢一点,可能和我从事写作有关系。绘画作品是平面的,而音乐叙事是流动的,与绘画不同的一点是它更接近文学的叙事。绘画的叙述是平面的,你不断深入去了解它的细节,是非流动的。音乐对我写作的帮助更大。从20世纪90年代起,我开始写长篇小说。我们这代作家有个共同的特点,因为我们20世纪80年代起来的时候,是文学杂志比较辉煌的时代,像现在没有改名的《江南》,现在改名为《品味》以前叫《东海》的杂志,当时都是几十万的发行量。我们这代作家写小说走的路都非常相似:先写短篇小说;发个十多篇以后,试着写长一点,字数翻个两三倍,写成中篇小说;更长一点,变成长篇小说。20世纪90年代以后我开始写长篇小说。开始用短篇和中篇小说的结构来写长篇小说好像有问题。可是我要认真阅读一部长篇小说,我指的真正的长篇小说是结构比较宏大的,因为一些十几万字的长篇小说,它的结构和中篇小说也没有太大的区别。我想去了解像《静静的顿河》《战争与和平》这样四卷本的,或者我们《红楼梦》这样的作品非常费劲,因为故事、人物你大致会有印象,但是要知道它的结构是怎么过来的,想到后面就忘了前面,是一件非常费劲的事。

我写长篇小说的结构是在音乐作品里得来的。当然,我们不可能去听瓦格纳的《指环》,太大了,没有时间去听。但是我们可以听一些比较大的宗教作品,比如《受难曲》,诸如此类,或者一部交响乐,两三个小时,基本上把结构了解了。所有趋于流动性的作品,结构都有相似性。听音乐的时候,一边享受,一边了解叙述作品的结构,这对我有很大的帮助。我现在喜爱的作曲家是越来越多了,但我最喜爱的还是巴赫,一个德国演奏管风琴的,因为在那个时代,靠做音乐是养活不了自己的。那个时候,德国和其他德语国家的许多教堂就会请他去演奏。这也给他带来一个机会,就是他走了很多地方,收集了很多民谣,然后创作了他的作品。非常有意思的是,他的作品一开始被认为是最世俗的作品,而现在他的音乐被认为是所有音乐作品中最神圣的声音。从这儿也可以看出,所有神圣的东西都是从世俗中来的。我印象很深的是,我买了他很著名的曲目《平均律》。这次在德国的时候,我还和我的编辑在讨论巴赫。他是一个巴赫迷,我们都很喜欢加拿大的一个演奏者古尔德,他的速度很快。所以以后听很慢的巴赫的演奏都不习惯了。《平均律》给我的震撼是极其单纯的一种力量。这种震撼我以前只有在阅读《圣经》这样的文学作品时才能感觉到内心是那样的干净。我一直把《圣经》作为一部伟大的文学作品,从来不把它当作宗教作品。听巴赫的《平均律》就是又单纯又干净。那时候我就想有机会要写一部如此干净的长篇小说。

很多年以前,我曾经读过詹姆斯·乔伊斯的第一部长篇小说《一个青年艺术家的画像》。整部长篇小说都是以对话来完成的。我心想:真是了不起,我以后要是以对话来写一部长篇小说,那我可能是个了不起的作家了。所以,我对巴赫的音乐作品有所了解后,当时就有了新的想法,就是长篇小说并不一定要有庞大的结构,有时候也可以用短篇小说的方式来表达长篇小说,用极其单纯的方式。当时有个机会,丹麦有个汉学家是我很好的朋友,他知道我喜欢巴赫,来北京的时候,送了我一盘巴赫的《马太受难曲》。巴赫有几个受难曲,里面最了不起的就是《马太受难曲》。我听完这个受难曲后,极其震撼。这也是为什么我后来曾经专门写文章表扬门德尔松。因为那个时候巴赫的作品已经被人们遗忘了,是门德尔松在图书馆里发现了他的乐谱,把《马太受难曲》整理出来。门德尔松凭借他当时的江湖地位,竟然号召了1000个歌唱演员演唱《马太受难曲》。那个场面真是难以想象。现在恐怕请 100 个都请不起了,因为现在干什么都要钱。那个时候那些人都是自己带着干粮,抱着对门德尔松的崇敬,想见他一面。

当时《马太受难曲》给我最大的一个震撼是,那么庞大的一部作品,讲的故事是如此沉重,写耶稣受难的全过程,讲的是人类最痛苦、最悲惨的一个故事,而《马太受难曲》用的是几乎透明、宁静的声音来表达,通过男女声对唱、合唱,各种很简单的方法处理。两个多小时的音乐,旋律也就是一两首流行歌的旋律。多么了不起!用一两首流行歌的旋律,除了一些伴奏,就是合唱,男高音、女高音,还有一个合唱队,三种声音,通过不断地转换,表达了如此庞大的曲子。当时我就觉得应该写这样的一部小说。《许三观卖血记》应该说是我写得最简洁的一部作品。因为《马太受难曲》就是音乐的不断重复,我在里面也学到了一种重复的方法,非常单纯的力量。同时也完成了我年轻时候的愿望,用对话的方式写一部小说。《许三观卖血记》写了一万多字的时候,我无意中发现开头部分我写的全是对话,然后我觉得机会来了,我可以用对话的方式把这部小说写完。里面有叙事的成分,但是占的比例很低。我想用不断的重复,用极其单纯的方式表达一个人卖血的故事,同时又充满了人生的欢乐。那时候面临的比较大的困难是,整部小说如果用对话完成的话,人物的台词(对话)就不仅是发言,还起到另外的作用,就是叙事在推进。这让我觉得有点费劲。整部小说如果都用对话完成的话,会缺少一种韵味,因为有的人台词只有一两句,不同的人腔调也不一样。这时候,我们的地方戏,(因为我是海盐人)越剧帮助了我。我发现越剧的台词和唱词差别不大。它为了不让台下的观众感到别扭,台词比生活中的语言要长一点,有时候为了韵味,要故意啰嗦一点点,和接下去的唱词韵味接得上。虽然一个是说,一个是唱,但是非常和谐。所以在这部小说中,我用的也是这样的方式。有时候为了让人物说话有一种旋律感,我会多加几个字或者抽掉几个字。这样一来,这部小说中人物的对话就承担了两种功能:一是人物在发言;二是叙事在推进。这是巴赫教我的比较重要的一点。

我曾经写过一篇文章《高潮》。这篇文章很多人看了以后都目瞪口呆,说:你竟然把霍桑的《红字》和肖斯塔科维奇的《第七交响曲》放到一起比较!作为小说家,我知道要制造一个高潮,你要用你毕生的力量、勇往直前的精神,睡得好一点,身体锻炼一下,然后把高潮的部分冲过去。很多作家才华横溢,为什么他们的作品让读者读了以后并没有什么情绪波动,或者很快就消失了?他们在高潮出现的时候胆怯了,或者绕开了。所有伟大的作家不仅不会绕开高潮,还会给自己制造新的高潮。一件很了不起的事情,就是在叙事中把叙述推向高潮。还有一个问题,就是当你花了那么大的力气把叙述推向高潮以后,一个很要命的事儿是你如何结束这个高潮。这也是我刚开始写小说时遇到的一个问题。推向高潮后,我就束手无策了:下面该怎么办?这我也是从音乐中学到的。我分析了《红字》和《第七交响曲》,肖斯塔科维奇是在战壕里写的,传为美谈。在战壕里写完这个交响曲以后,红军的情报部门把肖斯塔科维奇写的乐谱拍成微型胶卷,由海军潜艇送出去,绕过德军的军舰,竟然从圣彼得堡(当时已经被德军包围)把这个胶卷送出去,在公海上和美军的军舰相遇。交给美军军舰后,某一天,全世界的广播里,当时还健在的最伟大的指挥家托斯卡尼尼,率领当时唯一最强大的纽约爱乐(由于战火,欧洲的柏林爱乐、维也纳爱乐都已经鸟兽散了,伦敦交响乐团更没有了,当时大量世界上最著名的音乐家都跑到了美国),由哥伦比亚广播公司向全世界直播。当时盟军已经发起反攻,直播肖斯塔科维奇的《第七交响曲》,非常了不起。我们经常说美帝国主义、苏修,他们确实非常会鼓舞士气。当时几乎所有战壕里的盟军战士、红军战士都听到了由托斯卡尼尼指挥的《第七交响曲》。我们"文化大革命"的时候经常看的电影《地雷战》《地道战》,里面鬼子进村的旋律其实就是《第七交响曲》里引用过来的。里面有一个"侵略者的脚步",声音一开始并不响亮,也不沉重,逐步逐步,声音越来越大。从叙述的开始推向令人震撼的高潮,它的声音不是抒情的,而是轰然作响的。我开始听的时候就比较警觉,当声音越来越响,身心都被震撼的时候,我就在想,它会怎么结束。没想到真是了不起,在让人感到无法忍受的庞大的音响像黑云压城的高潮时,来了一小段大概半个乐句的优美的俄罗斯音乐,把高潮结束了。我想,太了不起了,叙述作品原来是这样的。先来个很重的,再来个轻的,但你会感觉到这个"轻"比"重"还要重,这就是肖斯塔科维奇的伟大之处。后来我发现贝多芬他们也用过这样的方法,只不过《第七交响曲》更明显而已,被我发现了,而隐藏在贝多芬、勃拉姆斯作品里的,我没有发现。

后来我写《兄弟》的时候又面临了一个叙事的困难。这个困难已经不是《活着》或者《许三观卖血记》里相对简单的困难。我第一次写全景式的小说,需要寻找一个好的叙事方法。《战争与和平》虽然篇幅很大,但只有一个叙述者。我觉得生活在躁动不安、众声喧哗的两个时代("文化大革命"的时候只有一种声音,只是躁动不安,现在这个时代是众声喧哗加上躁动不安),想把这样时代的感受完全表达出来,需要叙事的绝对自由。假如写某个城市的公园,我可以用优美的语调,但是这个城市的垃圾场就没法用优美的语调去写。当你写一部全景式的小说,就需要多重叙述语言:优美的、粗俗的。所以我上来第一句话就叫"我们刘镇……"翻译时所有的语言都保留了,法语、德语、意大利语、西班牙语、葡萄牙语、日文、韩文……只有英语,我的两个翻译和下面的文字编辑斗争了很长时间。今年三月份,我在美国才听说把"我们刘镇"后面的全部删掉了,我非常气愤。现在他们在准备平装本,又全部恢复了。兰登书屋的英文编辑,非常棒的润色文字的编辑认为"我们刘镇"在英语里有点别扭。我说不管别不别扭,你们美国人以后就会习惯的。后来,离开美国的时候,我的译者代我向我的编辑写了封信,我的编辑是个职位很高的人,他向我表示歉意说,马上在平装本中恢复。

这部作品是小镇的很多人共同叙述的一个故事。有时候是一两个人在讲述,有时候是几百个人在讲述;有的段落讲述的人比较优美,有的段落讲述的人比较粗俗。我在写这部作品的时候,脑子里总是出现两个人,一个是凡·高的绘画,一个是瓦格纳的音乐。这部作品对我来说是个千载难逢的作品。想在一部文学作品中单纯地表达悲剧或者喜剧,相对来说比较容易。既是喜剧又是悲剧的难度要大一点。如果是极端的悲剧和极端的喜剧,已经不是靠才华,而是看你找到什么样的题材,才能让你充分地发挥。

　　这部作品在中国引起了非常大的争议。喜欢的人非常喜欢,讨厌的人非常讨厌。三年多过去了,也慢慢地平息了,每个人还继续坚持他们的观点,这也是可以理解的。通过这次争议,我也认识到就像陈思和说的,还是审美习惯的问题。因为这本书在法国、美国、德国及其他欧洲国家受到的欢迎出乎我的预料,让我难以想象。他们在评论上用的那些词,我都已经不好意思去告诉别人美国的评论、法国的评论还有德国的评论是怎么写的。法国最大的两家报纸《解放报》《世界报》不约而同(《解放报》前一个星期,《世界报》晚一个星期)用两个版面来赞扬《兄弟》法文版出版。我的编辑告诉我,他在法国十年没有见过这样的盛况。英文版在出版前两天,《纽约时报》破天荒的六个版面。《纽约时报》就是,一个国家的元首给一个版面就已经不得了了,它居然为一个作者和一本书用了六个版面。英语世界的读者很信任《纽约时报》,而法语世界的读者很信任《解放报》和《世界报》。这本书在英美和法国这么成功是有前提的,如果没有他们这么干,这本书很可能默默无闻,没什么人知道。接受采访的时候,他们问我:这本书在中国为什么受到这么多的批评? 他们一直怀疑是我们政府组织的。我说,这个我可以保证,绝对不是政府组织的,是民间自发的。我可以负责任地说,我们政府绝对不会管这种小事情。我们政府有更多的大事需要他们操心,怎么可能来管一部小说呢?一个法国记者就问我,什么地方争论最多。我说,比如上部开头,写到一个小男孩在厕所里面偷看,因为那个时候厕所的结构比较适合偷看。现在的厕所已经看不到了,偷窥是用另外的方法,高科技摄像头之类的。一个法国的女记者就感到特别奇怪,写一个小男孩在厕所里面偷看都会引起那么多人的愤慨,她觉得不理解,问:难道你们中国文学里没有关于性的东西吗? 我说有啊,很多作家的性描写比我多多了。她又问:难道你们传统文学里没有关于性的东西吗? 我说,我们明清性小说是世界性描写的顶峰啊。她就百思不得其解。后来我就搬出了陈思和的理论,说审美习惯还是比较保守的。她终于理解了。后来我在北京见到陈思和,我说你帮了我一个大忙,不然人家以为是共产党组织对我的批判。有了这个理论我可以解释说是民间舆论,不能污蔑我们的政府。最后,法国女记者跟我说起当时法国的男人怎么在厕所里偷看。过去法国的厕所和我们"文化大革命"时候的厕所也是一样，现在我们贫穷地区的厕所仍然是这样。轮到我吃了一惊。李光头那个时候偷看是因为"文化大革命"时期是性压抑的时代，法国男人为什么还要去厕所偷看？法国女记者说了一句话，让我哑口无言。她说："这是你们男人的本性。"

欧洲的七国之行我一直到 6 月才回来。有一个活动是 5 月 12 日，参加意大利最大的书展——都灵书展。都灵书展有个活动，是意大利一个 11 年来一直对我非常好的著名的批评家，介绍《兄弟》这本书是多么好，他多么喜欢，书里最好的就是一开始写男孩子在厕所里如何偷看。结果他边上的那个意大利男作家顿觉眼前一亮，说马上就要去买这本书看。他说："我小时候经常干这样的事情。"下面的听众哄堂大笑。所以，在西方的审美观念上，他们不认为这是什么了不起的事情。我们很多人在背后干的事情比那位意大利作家小时候去偷看厉害得多。

还有一个有意思的现象。我这次最后一站是德国，在柏林做了两天的采访。我的出版社总部是在法兰克福，在柏林有个办公室。柏林采访完了以后，坐 4 个小时的火车去法兰克福。在火车上，我的编辑跟我说：今天是你最轻松的一天，德国电视台要给你拍一个专题片。德国人拍电视和其他国家的人不一样，他不愿意在房间里，他会拉着你在大街上转。到了法兰克福以后，本来以为从 3 点拍到 5 点差不多了，没想到一直拍到晚上 9 点。法兰克福是德国最没有意思的城市，但它的市中心非常漂亮。结果他们没带我去，因为世界的自行车比赛在市中心举行，运动员全在那儿开 party。我这个专题片是要在今年的法兰克福书展期间由德国电视台播放的。我们到处转。转到的第一个地方就是法兰克福的红灯区，转了一个多小时。站在红灯区的一个街角，开始问问题。我们就是这样到一个地方就停下来，或者是河边上，或者是快要倒塌的破墙前，尽走法兰克福最肮脏的地方。我的德国的小说译者是个唯美主义者，在我后面用中文说："他们怎么这样干？我们德国有那么多美丽的地方不去，为什么总是拍德国最肮脏的地方？"我后来跟他说：所有搞电视的人都喜欢拍肮脏的地方，好比所有媒体都要揭露阴暗面。《纽约时报》天天骂美政府,否则就没人看了。德国的《法兰克福报》也整天批评德国。在红灯区站下来后,提的第一个问题是:"你觉得这儿有点特殊吗?"我说:"是。""你能告诉我你的感受吗?"我说:"李光头要是在这儿长大的话,他就不用去厕所里偷看了。"

这是几个故事,我扯开去的,和媒体有关。

我当时写的时候是两种强烈的情感:悲剧和喜剧。《兄弟》的上部是悲剧的基调,有喜剧的元素;下部反过来,是喜剧的基调,有很多悲剧的元素。极端悲剧和极端喜剧组合到一起,极端的优美和极端的粗俗组合到一起。

为什么我的脑子里总是出现瓦格纳的音乐和凡·高的绘画?从事音乐的人一定知道有个专门写音乐小品的叫萨第,是法国的印象派钢琴家。萨第的钢琴小品是那种难以言说的美。他非常讨厌瓦格纳,认为瓦格纳是世界上最粗俗、最肮脏的声音。萨第是个唯美主义者,又是一个小资产阶级,是不可能喜欢瓦格纳那种嘈杂的、粗俗的同时又是优美的音乐,但是凡·高喜欢。瓦格纳是个疯狂的天才,萨第是个小心翼翼的天才,唯恐自己往前一步会走错。而瓦格纳认为前面的道路是为他修的:我不去走谁去走? 这也是为什么瓦格纳如此伟大,而萨第仅仅是个优秀音乐家而已。他们的区别就在于萨第是那么胆小又那么唯美。凡·高又是一个疯狂的天才。当一个疯狂的天才和另一个疯狂的天才相遇的时候,会产生什么? 艺术里有个原则是大家都不能违背的,就是和谐。我前面说到的,越剧的台词和唱词为什么差别不大? 是为了舞台上表演的时候能够协调、和谐。假如唱的是一种腔调,说的是另一种,会很不舒服。但是,和谐并不是固定的观念。随着艺术家和作家的不同,和谐的概念是不断更新的。到了瓦格纳和凡·高的时候,和谐就被大大地更新了一次。这是一次伟大的艺术美学的革命。我看过凡·高的日记,他在里面写到,他听了瓦格纳的音乐以后的震撼,让他明白了该如何去画画。我没想到,一个画家都能从音乐家那里获得灵感。他说,把不同的音符或事物强化再强化,不断强化后会产生惊人的和谐。这就是凡·高和瓦格纳的作品。不是萨第的作品,不是小桥流水的作品。所以,这个世界的艺术是分门别类,而且在同一个时代争吵不已。比如瓦格纳和勃拉姆斯。他们俩没有正面交锋,但是他们的追随者打得不可开交。他们两个都是德国人。勃拉姆斯被称为保守派的,但他的音乐,今天听来仍然具有前瞻性。勃拉姆斯是一个内省的作曲家,而瓦格纳是个希望自己像一重磅炸弹,每天都爆炸一次的作曲家。他们俩是不一样的。当时,由李斯特和瓦格纳为代表(李斯特虽然不能说是瓦格纳的老师,但在把瓦格纳推出来时起了很重要的作用)的被称为音乐里的激进派和以勃拉姆斯为代表的被称为音乐里的保守派吵得天翻地覆,而且两派人老死不相往来。当时瓦格纳,还有一大群激进的音乐人都喜欢去李斯特的别墅。勃拉姆斯当年也慕名而去。到了那儿,他忽然发现那个世界不是他的,那儿的人整天说一些很夸张的话,做一些很夸张的事,而勃拉姆斯相对来说是一个害羞的人,他觉得和那些人没有共同语言。其实当时李斯特非常喜欢勃拉姆斯,但勃拉姆斯还是选择了离开,那是个性的问题。然后,他又去拜访了和李斯特同样著名的作曲家舒曼。他发现那才是他要去的地方。舒曼就住在一个朴素的农村屋子里,跟他的太太克拉拉和几个孩子一起生活,就像一个普通人那样。勃拉姆斯在舒曼家里给他演奏了一段自己创作的作品。舒曼告诉他:你到我这儿来不应该向我学习,我们应该互相交流。你现在的程度已经非常好了,将来会更好。舒曼和克拉拉像对待家里人一样对他。所以,勃拉姆斯适合朴素的、正常人的生活,而李斯特的豪华别墅里是云集了一群像瓦格纳一样的疯子。最后也引发了德国音乐两大流派的争吵。但是多少年过去了,在柏林爱乐的剧场、维也纳爱乐的剧场甚至各个乡村的剧场,经常有由最伟大的演奏者或者业余的演奏者在不同的地方同时演奏瓦格纳和勃拉姆斯的作品。所以,音乐的流派之争随着时间是会过去的,但是音乐的价值是会永远留下来的。

【提问与交流】

问:您的下一部作品什么时候可以跟读者见面?我们注意到,您的作品中有很多暴力的描写,能告诉我们为什么吗?还有一个问题是,您的主要收入来源是什么?

答：我的主要收入来源是靠写作，因为没有别的来源。汪晖在《读书》当主编的时候，我曾经有几年给他写随笔，开了个专栏。后来在《收获》也开了一个，浪费了四五年的时间。那个时候确实过得比较清苦。写一篇随笔七八千字，要花两个月的时间，因为要去重读和新读一些书，还要作笔记，每一个字都要斟酌，把文章写完，然后汪晖也就付给我 500 元人民币，生活有点困难。我后来跟汪晖说，我要再这么干下去……你又不来施舍我。你在国外到处演讲，拿美金，拿英镑（当时还没有欧元），拿马克和法郎，我在家里两个月挣 500 块钱，比较困难，不给你写了，我要写小说去了。这是开一个玩笑。人生就是这样，有很多经验，有些晚了，有些还不算太晚。我还比较幸运。当我发现这个经验的时候还不算太晚，但是也有点晚了。因为我觉得我在 36～39 岁写了这么多年随笔，确实不应该。但是好事会变坏事，坏事也会变好事。随笔对写作者的记忆力和身体状况要求不是太高。但写长篇小说对一个人的记忆力和身体状况要求非常高。当你进入疯狂状态的时候，大脑里是千军万马、各种信息蜂拥而来，要在最快的时间里选对几个，不然就想不起来了，因为太多了。所以，记忆力是很重要的。所以我觉得应该趁着自己还没有太老的情况下，多写长篇小说。以后老了，小说写不动了，再写随笔。这是我的一个经验，就是人应该合理分配他的年龄。但是也有别的问题会出现。

在此也很惭愧，《兄弟》下部出来到现在已经 3 年了，但是我的新长篇还不知道什么时候能出来。什么原因呢？我自己给自己一个概念，就是要花两年时间把《兄弟》忘掉。我到现在都没有去重读，因为我怕它会影响我下一部小说的创作。有一部小说已经写得很好、很顺了，可就是中断了。为什么呢？按照我以前的写作惯例，是要花两年时间把前面一部小说忘掉，尤其像《兄弟》这么大一部作品，在中国又争论得那么激烈，想忘掉它可能更加不容易。可是我现在又面临一个新的情况，是《活着》这些小说都没有过的，就是两年以后是国外的出版高峰，你必须去，因为他们都是花了大价钱买了版权。这次是美国的兰登书屋拥有了国外的版权,他们把价格哄抬得很高,所以很多国家都花了很高的价格,告诉我以后,我都说:我真为你们发愁。你们为什么付那么大的价钱呢?应该少付一点。他们说,没办法,因为竞争很激烈。我从去年4月份到今年10月份,基本上是不断出国,在为《兄弟》的几个最主要的语言版本做宣传。这次斯洛伐克语、捷克语和匈牙利语,是因为这三个国家我没去过,所以我才去。东欧去一次不容易,这次他们是申请到了一笔基金会的钱,才邀请我去的。大概到了法兰克福书展结束后,《兄弟》的宣传会彻底结束。唯一增加的是明年5月份会去耶路撒冷,因为那个地方我没去过,大概一个礼拜吧。然后我要安心地、好好地写。

这是我以前没有遇到过的情况。以后我不能再这样跑,否则消耗的时间和精力太多。这也是我的一个经验。好在还不是太晚,我还有时间和能力继续写下一部。

至于你提到为什么我的作品中有那么多的暴力,我想和我的成长环境有关。我是在"文化大革命"中成长起来的。"文化大革命"第一年,我小学一年级;"文化大革命"结束那年,我高中毕业。"文化大革命"早期,1967年是最暴力的一年,到处看到武斗、打架,有人被活活打死。同时我又生活在一个医院的小环境里,因为我父母都是医生,每天看到血淋淋的东西。我的童年是这样的,长大以后写小说,美好的东西少一点是很正常的。也有西方的记者认为,我的小说都是批判的。我说,没有关系,在中国,歌颂我们的政府、共产党、社会主义、我们的现实的作家与批判作家的比例是10∶1,比任何国家的比例都要高,所以影响不大。

我这样回答你的第二个问题,用一个比喻:世界最初的图像是在童年的时候来到一个人的内心深处的。

经常有西方记者问我一个很有趣的问题:"你为什么放弃富有的牙医生活去从事贫穷的写作?"因为在西方人的观念中,牙医都是很有钱的。但是现在确实牙医有钱。我这次在杜克大学的时候,遇到一个上海的女孩,是个留学生,每年的学费五万美金。我问她:"你爸爸是当官的还是做生意的?"一般只有这两种人能够拿出五万美金供孩子在外面上学。她说她爸爸是个牙医,自己开诊所的。但是,在我那个时代,牙医和写作是一样贫穷的,不管从事什么工作,薪水是一样的。后来我把这个道理告诉美国和西方的记者:20世纪80年代上半时期的中国,城市和城镇里,个人是没有权利选择工作的,工作都是国家分配的,拿的薪水都是一样的。牙医和写作都是穷的。但是有点不同:牙医是个很辛苦的穷人,而写作是很自由很快乐的穷人。

至于我写作的秘诀是什么? 很简单。我在中国被问得最多。怎么能够成为一个作家? 想从事写作的人会问我这样一个问题。我告诉他,只有一个字:写。这是我的经验。写作和人生是一样的,写就好比人生的经历,假如你不去经历,你就不知道人生是怎么过来的。只有不断地写,你才能知道你能写下些什么;不断地写,你才能知道你的才华在什么地方。你会发现很多你不知道的才华。就像你问另一个人,怎么会成功,他会告诉你:勤奋工作。现在你们只要勤奋学习就行了。

问:余华先生,人们在介绍您的时候,经常用"著名作家"来形容。请问,您是怎么看"著名"两个字的?

答:这是别人的看法。我觉得"著名"在中国有点像"书记"一样,用得那么频繁。不管是村里的、乡里的还是市里的,只要是书记,别人就不会叫他名字,而是叫××书记。所以"著名"也就是这么用,其实有些只是村书记而已,有些才是省委书记。在中国可以称为"著名"的人,大概超过两千万,只要他们愿意用就行。在西方,你看不到这样的词,你是个什么样的人是由别人来评说的。

问:《兄弟》中,宋钢最后卧轨而死,可是小说中并没有出现很多火车的意象。请问,您是怎么设计的? 第二个问题,《兄弟》上部有宋凡平带着李光头和宋钢在月光下散步的情节,而下部,李光头要带着宋钢的骨灰上月球,请问,这两个相互呼应的情节是您事先就想好的吗?

答:你所说的第一个问题是宋钢的命运。铁轨我在其他地方也写过,当然,可能是汽车站写得更多。其实,在很多南方的小镇,汽车站也有,火车站也有。但是,过去那个时代,坐汽车的人更多,因为汽车票比火车票便宜。还有,火车往往是长途的,去北京、广州往往就坐火车,短途的火车坐的人不多。当然,如果我前面火车写得多一点可能会更好,但是,在我的概念中,这更符合当时的江南小镇,嘉善、嘉兴、海宁,基本上都是既有汽车站又有火车站。

其实,《兄弟》出版后,有很多类似的问题。比如,有人质疑:20 世纪 80 年代中期怎么可能有可口可乐?但是,20 世纪 80 年代的海宁、杭州、上海确实有可口可乐。我后来知道,很多湖南外出打工的人,到了 20 世纪 90 年代中期,曾流行过回家过年的时候带可口可乐,因为他们没有出来的乡亲们没有见过可口可乐。从这儿也可以发现,中国是个地域特别宽广的国家,区域的经济发展非常不平衡。光可口可乐,同样是中国人,见到它都可能差 10 年以上!还有些地方的人可能至今也没见过。

我给你们讲个故事。小崔(崔永元),如果不是他亲口告诉我,我真不信。他几年前搞了一个《我的长征》,非常棒,我后来很后悔没跟他走,因为他这条路上的故事太好了。他后来跟我说这个故事,我感动得不得了。2006 年,刚好是德国世界杯开幕的时候,他到了云南一个很偏僻的小县城。他们的剧组准备和当地的小学生,2000 人左右,一块儿搞个足球比赛。那儿草皮很多,他们的美工找了块草地搭了个球门。那儿的孩子别说见过足球,听也没听说过。美工赶紧开车去市区买了两个足球回来。怎么办呢?得教他们呀。小崔跟我说,就教他们射门吧。整个剧组里,脚法最好的就是摄像。摄像的脚法是不错的,但是将近 2000 双眼睛看着他踢球,虽然是孩子的眼睛,他还是有点紧张,所以一脚射偏了,射到了一堆牛粪上。他很不好意思,红着脸把球拿到边上的一口池塘洗干净,再重新放到 12 码点球的位置上,让别的孩子开始踢。结果,一个场景出现了。本来其他人要制止,小崔说:不要制止,全部拍下来。所有孩子,不管进门还是没进门的,下一个动作是抱着足球去洗一下,因为他们认为这是足球的规则。这是 2006 年,我们中国的孩子。中国确实是经济发展非常不平衡的国家。所以,当一部作品出来的时候,每个人都会从自己生活的环境去理解。你们因为生活在浙江,一个富有的地方,你们的家庭条件还不错。

我再说一个情况。也是 2006 年,温家宝总理给我们作报告。2006 年的中国,经济形势比现在好多了,现在我们面临经济滑坡、就业困难等,矛盾激化了。2006 年的中国,欣欣向荣,经济将要达到顶峰。总理说,2006 年年底,假如人均年收入只有 600 元人民币,这样的贫穷人口在中国有 3 千万;假如把这个指标提高 200 元,人均年收入只有 800 元人民币,这样的贫穷人口一下子增加到了 1 个亿。他没有再往下说。即便是 1600 元人民币,也是贫穷人口! 我经常对很多年轻人说,你们一定要关心别人。你上幼儿园的时候,你们一家人可能还挤在一个房间里;你大学毕业的时候,你们家可能拥有了三套房子。但是,你们一定要记着,和你们一样年龄的人,夏天 37、38 摄氏度的高温,冬天零下 5、6 摄氏度的低温,在盖你们现在住的房子。

我经常对年轻人说,你不要认为你的生活、你朋友的生活就是今天中国年轻一代的生活,还有很多人没有上学的机会。关心别人、关心社会、关心国家、关心不同地区的贫穷状况,最终你会真正了解自己是个什么样的人。一个不关心别人的人是永远不会了解自己的。哪怕从一个自私的角度:想知道自己是个什么样的人,想知道自己在这个世界上的经历是不是值得,你也应该去关心别人,这样你就可以了解自己。

描写月光有两段。一段是李兰抱着李光头深夜在月光下。我还记得自己有个比喻,是我非常得意的一个比喻:河边的树木在月光里安静得像是睡眠中的树木。还有一段是宋凡平带着李光头和宋钢去看夜晚的大海。西方人的感情比较夸张。我遇到过一个意大利的女记者、一个德国的女记者,和我说到这两段的时候当场就掉眼泪。

美国有个非常著名的作家叫阿利亚诺夫,是杜克大学文学系的。我在杜克大学的时候,他来出席了我的活动。他说,他要写一篇文章,他太喜欢这本书了。他说,这本书是 21 世纪最好的几本书之一。但是,21 世纪才 9 年,所以,也不用太高兴。(笑)他说,这本书是最神圣和最低俗,最高尚和最低级放在一起。他举了个例子,里面对月光的描写,那是最纯洁、最高尚的,对厕所的描写是最低级、最粗俗的,这样组合起来的一部作品。那天,他分析得我那两个翻译感叹:作家的角度就是和我们不一样!

问:您能不能再给我们解释一下,为什么您要把宋钢设计成卧轨自杀呢?

答:我在写的时候,他自己就走向了铁轨。他还把眼镜取下来放好,因为眼镜是他最值钱的东西。他还戴着口罩。因为卧轨以前他能看到很多东西,重新看到了海鸟在飞翔。用其他方式,看不到这些。换一个作者,也许他就不这样写了。你可以不同意我的写法,你也可以认为这个地方是失败的,这是很正常的。任何一部文学作品完成以后都是开放的,需要读者的阅读去完成。每一个读者都带着自己的生活经验和阅读感受去阅读一部作品。所以,我们之间的分歧不是争论用这种方法离开世界合适不合适,关键是不同的作者、不同的读者都会有不同的意见。这也是为什么文学作品会丰富。文学作品永远不会完成,只要还有读者在。读者每次新的阅读都是对它一次新的完成。

问:您刚才说,我们要关心别人。那么,您作为一个著名的作家,您会用什么样的方式关心别人或者帮助贫困地区的人?捐钱、捐物或者其他?

答:我们现在不要提"捐物"这个话题,因为"捐"这个字在中国已经滥了。中国是个缺乏公信力的国家。我们的慈善捐款到位率超过40%就已经全国一片欢呼,说是有史以来最高的。在西方是不可能的,西方的到位率应该是100%。所以,我们不要揭自己的伤疤了。

　　我这次感触很深。我这次去了汕头,出席汕头大学的毕业典礼。李嘉诚先生邀请我去作一个毕业典礼的致辞。他自己也作了一个致辞。我真的非常钦佩这位老先生。他每年都把汕头大学的毕业典礼搞得非常隆重。汕头大学是1983年他和广东省地方政府出资兴办的,到现在为止,他已经投了30多亿。我们又参加了他的一个新图书馆的开幕典礼,是台湾一个非常著名的建筑师花了四年时间盖好的。2万平方米的建筑,里面的设备极其现代化,地板是软的,摔一跤都不疼的那种,还有上百个小会议室,可以容纳五六十个同学开讨论会,空间、采光都充分利用,只花了1.35亿港币。我目瞪口呆:这样一个图书馆,在我们这儿3亿都拿不下来。人家是真正在那儿办学。他后来为什么成立了李嘉诚基金?他发现,总是东捐一笔西捐一笔不系统,干脆成立个基金。他已经把很多慈善都转到这个基金了。这样才是真正的慈善。

　　我是怎么理解他的呢?我是在一个没有书籍的时代长大的。李先生12岁的时候父亲去世,他只能去打工,他最大的梦想是上大学。我看了他的几个致辞,有句话让我很感动,因为我的梦想也是上大学,但是因为"文化大革命"没办法。他说:"我的梦想就是你们今天的现实。"他和那帮学生在一起是发自内心的高兴。他主持的开幕式,很多重要人物都到了,香港大学的校长徐立之、诺丁汉大学的校长杨福家、北京大学前校长陈佳洱、中国科技大学的校长、龙永图、中科院的院士都来出席了。我觉得,真正自己成功以后帮助别人,我在中国看到的唯一一个,我认为非常真实的就是李先生。我不能说别的没有,我只能说我还没看到。他确实每时每刻都在关心别人。因为他就在我身边,我观察得很仔细。他无论是对那些很有身份的人还是普通的人,态度都是一样的。他很谦和又很细心。因为我是他请过去的,他问了我两次:有人照顾你吗?我说:有。他说:谁呀?我说:说了你也不知道。第二天,他又来问我:你怎么样?过得好吗?我说:很好。他说:有没有人管你啊?我说:你别管我了,你把自己管好就行了。心非常细,我很尊重他。每年他都要请一个嘉宾来致辞,包括在美国当部长的朱棣文,研究鸡尾酒疗法的何大一,大数学家丘成桐。他的捐款项目主要是三个方向:教育、医疗和科技。那才是真正在帮助别人。

问:您刚才提到,《兄弟》的上部是悲剧的基调,有喜剧的元素;下部是喜剧的基调,有悲剧的元素。其中有个"处美人"大赛,您是怎么设计的?

答:你刚才指出的李光头搞的"处美人"大赛,是下部里在中国被批评得最多的一个段落。但是西方最受喜爱,意大利人是疯狂地喜爱它,所有采访我的人都告诉我爱上这段了。后来我到了法国,我两本书的译者告诉我:"意大利人就是这样,喜欢过分的东西。"法国人也喜欢,美国人也喜欢,为什么中国人不喜欢,我也不太明白。可能确实存在这样的情况:当局者迷,旁观者清。有很多西方的评论,《泰晤士报》就提到了中国的选美比赛。不知道你注意到没有,下部也提到了两个时代:20 世纪 80 年代和 90 年代。80 年代,我写它的主要特征是"二手西装""垃圾西装",因为80 年代是服装的革命,服装的革命也带来了人的思想的革命。90 年代我找到了"选美"比赛。不知道那时候你们多大了。只要打开电视机,必有选美比赛。如果里面有两个俄罗斯小姐,就变成了国际选美比赛。我在斯洛伐克接受记者采访的时候谈到了选美比赛。我的两个斯洛伐克翻译,20 世纪 90 年代在中国留学,到中国南方的一个城市旅游。那个城市正在进行本市的马拉松比赛,一看到两个外国人来了,一定要拉他们俩比赛。第二天,他们在宾馆里醒来一看,照片上了报纸,变成了"××城市国际马拉松比赛",因为有两个斯洛伐克人! 在 20 世纪 90 年代,每个城市几乎都发生过类似的事情,请一两个老外,就变成国际比赛。有的比赛我还真不知道。我是通过美国的《波士顿环球报》,英国的《泰晤士报》《时代周刊》评论我的这篇文章时,他们说中国搞过什么比赛,我发现比我当时想写的选美比赛还要丰富。20 世纪90 年代,充斥着选美比赛,几乎每个中等以上城市都搞过"形象小姐"比赛,诸如此类。餐厅还搞"醉美人"大赛。本来,报纸上批评一下,应该没人搞了吧? 谁知道,报纸一批评,"醉美人"大赛一下子风靡全国所有的饭馆。还有"银美人"比赛,就是 50 岁以上银发的人比赛,还有"人造美女"比赛。西方人认为这都是非常荒谬的。所以,"处美人"比赛虽然是我编造的,但他们一点都不感觉过分,他们觉得这就是 20 世纪 90 年代的中国。也许,这就是旁观者清吧。现在,这样的比赛已经少多了。

关于夏衍研究视角的思考①

陈 坚②

总体而言,二十世纪八九十年代的夏衍研究较为活跃。2000年夏衍百年诞辰学术研讨会汇集的论文集《夏衍论》是这些研究成果的集中展示,既包含了对夏衍这位 20 世纪杰出的革命文艺家的爱戴和深情,也体现了对文艺创作现状的密切关注、理性思考和求深求新的积极探索,给夏衍研究提供了重要参考和启示。2006 年浙江文艺出版社推出的 16 大卷近千万字的《夏衍全集》又全面收集和再现了许多新的文本及原初材料,为夏衍研究带来了新气象,其影响从《文艺报》刊出的《经典作家之夏衍篇》8 篇文章,也多少透露了个中消息。

毋庸置疑,意识形态是任何艺术都难以避免的,那么其具体作用的过程和产生的结果是怎样的? 这是非常有中国特色的。夏衍及整个"左翼"文艺运动是一个异常复杂的历史现象,我们很难一下子对其作出准确、全面的历史性判断。但是就夏衍来说,它有自己特定的内涵和形态,有自己独特的营造策略,有自己的美学特征。它为什么曾经吸引了那么多读者和观众,这当然有时代和历史的因素,但也不乏他个人深层的心理原因,这是很值得研究和探讨的。这里,我想从研究视角切入谈一点个人的想法。

---

① 本文于 2012 年 12 月发表于《浙江艺术职业学院学报》。

② 陈坚(1937—　),男,江苏南通人,浙江大学人文学院教授,博士生导师,主要从事中国现代文学研究。

一

面对特定的研究对象,我们首先想到的角度总离不开政治文化。

政治文化不同于一般的文化,也不同于政治纲领和政治决策与运作,而表现为一种心理和价值取向,它深层次地规范着人们的政治评价和政治行为。对文艺创作来说,"政治是以政治文化的方式对文学施加影响的,即民族、国家、阶级或集团等政治实体构造的政治规范和权力批判,是通过营造的某种深刻的政治心理、政治态度、政治信仰和政治情感来影响文学创作的,而文学创作其作用于政治也主要是通过这些政治文化方面来间接实施的"。发生于二十世纪三四十年代的"左翼"文艺运动,代表了当时时代文化发展的主流,有其 1927 年后特殊的历史背景,也具有特定的文化内涵。在当时整体的政治文化环境中,夏衍把文艺看作组织和动员穷苦大众并使之走上解放战线的有力武器,因而文艺成为他参与革命实践的主要途径。他在 1930 年年初发表的《文学运动的几个重要问题》一文中即明确地说:"为着遂行对于大众的直接性的 Agitation(鼓动),——就是,为着利用艺术形态,而使大众走向一定的社会的行动,那么问题不该拘泥在文学范围之内,应该动员一切艺术,譬如漫画、戏剧、木人戏、电影等,来帮助这种适应特殊性的任务。"他就是按这一认知,广泛地涉足于文学、戏剧、电影乃至新闻等多个公共领域,利用、推广大众能够接受的话语形态,以唤醒民众的民族意识和阶级意识,促进民众的政治参与,推动时代的变革。

《包身工》是最早反映中国产业工人苦难生活的作品,也是我国报告文学的鼻祖。早在 1929 年夏衍就开始了解上海包身工的非人生活和这种残酷的制度,后米通过深入东洋纱厂实地调查,依据第一手材料,他以铁的事实揭开侵略者与剥削者压榨和凌辱劳动者惨绝人寰的黑幕,让人看清了殖民主义者特别是日本资本家凶残狰狞的嘴脸,为生活在社会最底层的穷苦大众发出了自己的声音和呐喊,对殖民主义文化、封建专制和奴隶主义文化给予了无情的鞭挞和批判。20 世纪 90 年代夏衍临终前曾表白,在他所有作品里,能够保存下来的唯有《包身工》。一位评价家认为,夏衍对自己苛刻的评价,实质上是把《包身工》视为自己无可替代的代表作,表示"对这个苦涩的女儿分外的钟爱""应该看作是战士对自己挚爱的遗戟的最后一次擦拭——为了崭新铮亮地交到后人手里,在现实和未来可能发生的战斗里使用"。对照历史和当下现实,我以为这个解读恳切而精当。

广播剧是夏衍继洪深之后的又一个创造。1937年7月,夏衍发表了广播剧《七二八的那一天》。那是卢沟桥事变之后与"八一三"抗战全面爆发之前这段最紧张的时间。剧本以我二十九军在丰台与日本侵略军的战斗为背景,写一纸烟店老板从旁观者到积极参与、积极支援抗日。夏衍利用广播剧这个新颖而又有宣传鼓动作用的艺术形式,淋漓尽致地反映广大市民同仇敌忾、奋起抗战的期望和热忱,同时也通过电台广播员对战况的失实报道,揭露了政府当局制造谣言愚弄人民的恶行。据于伶回忆,"这是我国早期仅有的少数广播剧中较符合播音条件的剧本,其调动各种有效的手段为广播剧服务,收到了很好的播音效果"。

众所周知,夏衍在话剧界现身,是他发起并创立了上海艺术剧社。大革命失败特别是"九一八"事变后,人们民族意识普遍觉醒,广大民众尤其是青年头脑中郁积了浓厚的政治焦虑,艺术剧社正式切近了民众的政治文化心理和诉求。如夏衍后来所说,"推动整个话剧界转变的,终于还是当时弥漫在广大知识分子中间那种不满现状、要求革命的时代精神。大家痛感到在那个苦难的时代,群众要求于话剧的已经不是曲折的故事、巧妙的对话、精湛的技巧,而是能反映人民群众的现实生活的斗争戏剧了"。

《上海屋檐下》是夏衍话剧中最优秀的作品,也是中国话剧史的传世之作。剧本写于抗战爆发前夕,国内白色恐怖严重,革命力量屡屡受挫,而异族侵略又迫在眼前,内忧外患,中华民族处于风雨飘摇之中。剧本选取一幢石库门楼里五户人家的日常生活,用不事张扬的现实主义笔触,勾勒出一幅在人间存在的非人间的景象。小学教员生活困顿无望,失业的大学毕业生借钱度日,海员的妻子沦落风尘,工厂管理员成了老板任意使唤的走狗,革命者出狱后为家庭变故而身心俱疲,他的妻子则愧悔交集、痛苦万分。夏衍从举目可见极为平凡的生活现象,概括隐伏在社会深处的重大矛盾,激发人们对旧制度的憎恨,并把个人情感、家庭幸福与民族命运、国家前途紧密联结,凸显了生命的价值和意义。随着全面抗战帷幕的拉开,夏衍的戏剧创作进入新的爆发期,《一年间》由于刻画了动乱年代普通人的心灵嬗变而被誉为"抗战一年间血的记录";《心防》表现在与汉奸意识的"心防"战线上、针锋相对的背景上塑造出"在荆棘里潜行,在泥泞里苦战"的斗士形象;《愁城记》《水乡吟》《法西斯细菌》《芳草天涯》等剧本侧重表现在抗战洪流中个人从小天地中震惊、清醒而投身抗战的精神蜕变过程。从戏剧背景、人物、场面、情节发展和结局中洋溢出强烈的时代感和鲜明的政治倾向,给人以希望和鼓舞。夏衍尤其擅长从恋爱和家庭的角度展现大时代知识分子心灵的一隅,构成抗战时代无数知识分子命运的一幅幅剪影。他们都正直、善良、爱国却有着复杂的心灵上的弱点,在巨大的时代痛苦的重压下,这些与时代分不开的人物按照他们的内心活动在思考,按照他们独特的性格在行动,他们真实地袒露自己的苦恼和忧愁,自觉不自觉地与命运抗争着。这不仅是剧中人的命运,也正是当时许多善良的知识分子的遭遇,恋爱悲剧和家庭悲剧归根结底是社会悲剧,也就是时代悲剧。但是,作者没有仅仅给人以悲怨,而是跳出了爱情和家庭悲剧的窠臼,结合时代及知识分子的弱点提出了一系列的社会问题。在此,作者时有"眼泪",也不忘"谴责"。也许是作者执意坚持,知识者个体要摆脱各种枷锁,走上一条生活的坦途,并不是轻而易举的事,他们需要援助的手和理解的心。

20世纪30年代初,人们政治意识的觉醒不只推动了话剧的转向,电影作为更具群众性、普及性的艺术形式,受到了夏衍高度的关注,由他倡导发起了一场与国民党统治者主导意识形态相对抗的电影文化运动。"夏衍等人对当时电影界的不满不在于通俗剧这一表现形式的流行,而在于影界艺术上的落后,他们的目的就是将五四政治意识注入这一形式中去。他们毫无保留地接受了这一表现手法,相信大众化、商业化的文化形式一样可以表达进步的政治意识"。夏衍的政治目的性十分明确,就是利用资本家的资金和技术来暴露黑暗的社会现实,对民众进行政治启蒙,推动民族救亡。夏衍的第一部电影剧作《狂流》问世。《狂流》是明星公司摄制的第一部"左翼"电影,也是 20 世纪 30 年代中国电影转变方向的开山之作,被誉为"中国电影新路线的开始"。《狂流》之所以被认为是中国电影新时代开始的标志,是因其在整体基调与创作方法上,呈现出前所未有的鲜明色彩。影片通过一次水灾过程的真实描写,深刻指出水灾酿成的根本原因是地主阶级与反动政府相互勾结对农民残酷压迫剥削这一"人祸"。要消除灾难,既不能寄希望于上层人物良心发现,也不能求助于上苍恩赐,必须依靠自己的力量起来与统治者作坚决抗争。20 世纪 20 年代在商业化的摧折下曾一度走上末路的中国电影,从此开辟了新生面。作为现实主义创作方法在电影中体现的突出之作,影片关注现实生活,社会的阶级压迫、生活的污浊状况呈现在银幕上,令人触目惊心,以活生生的银幕形象揭示出现实的阶级对抗、贫富对立,中国电影从此开始展示更加广阔的时代风云,表现炽热的政治信仰和高远的社会理想,对现实的表现深度大大增强,给人们以耳目一新之感。

出生于浙江农村的夏衍在活跃于都市的同时,将目光移向另一个被遮蔽的空间——中国乡村。《狂流》之后他又将茅盾的小说《春蚕》改编成电影。20 世纪 30 年代初,中国农村经历着前所未有的挑战,"外资侵入与连年战乱中挣扎的农村哀话",在影片里得到真实、生动的表达。夏衍从老通宝等蚕农丰收成灾的惨局,特别是体恤他们内心的无望和孤独的角度出发,抵达了江南工商业急遽破产和广大农村沉沦、凋败的严峻现实。剧作家的"农村经验"很大程度上保证了"乡村叙述"的实现。自然,夏衍这段时期创作的十余部电影剧本,主要还是以城市生活为题材。无论是写童工受伤不治的《上海二十四小时》,商场女店员为养家不得不忍受小老板性骚扰的《胭脂市场》,女艺人难以获得职业保障的《前程》,还是年轻智识者人生历程和思想转变的《时代的儿女》《风云儿女》《自由神》等,反映阶级压迫和抵御入侵是这些剧作的基本框架,千疮百孔的社会问题代替了神异鬼怪荒诞不经的感官刺激,社会积弊、民生疾苦得到正面展示。在夏衍的带动下,现实主义成为了中国电影的主流。如费正清在《中华民国史》中所说:20 世纪 30 年代中共领导制作的影片中,"弥漫着一种不可抗拒的人道主义,它不仅深深地感动了观众,而且促使他们汲取政治信息,在一个为不平现象所折磨而没有正义的社会中,残余人性的内核,没有例外地总是体现在下层人民身上",这样的电影"在传播革命必要性方面所做的工作多于其他任何体裁电影。作为能接触最多城市观众的普及媒体,证明了它是有效力的"。

现在我们处于一个意识形态日益淡化的时代,不少人以为戏剧、电影的启蒙功能已经过时,唯有娱乐性才是他们的"本性"。这是遗忘了戏剧、电影等文艺作品从来就是关注人们生存状态、关注人类命运、关心人的经验、价值追求这一历史现实和传统。我们研究包括夏衍在内的"左翼"文艺,也就是让我们能达成一种共识,即文艺创作离不开时代和社会人群,作家不能没有社会使命感,应该自觉承担时代发展和文明进步的责任,切不可为了强调文艺的某一属性、某一功能而割裂了其他属性和功能,这对于文艺事业的发展势必形成一种扭曲。

二

研究夏衍创作的功利性与审美性、政治倾向性与艺术个性之间的矛盾和平衡,是一个很有意思而不应忽略的话题。不错,夏衍是由革命而走向文学,为了革命斗争而从事文学活动的,正如他在回忆中说:"中国进步电影是 30 年代'左'倾路线时期成长起来的……由于对电影这种复杂的新兴艺术的特性缺乏了解,加以当时年少气盛,急功近利,不能从实际出发,多考虑一点当时的特定环境,因此往往授敌人以柄,同时在政治与艺术的关系问题,以及寓教育于娱乐等问题上,总的说来还存在着'左'的倾向。"这"总的来说",我以为是就"左翼"文艺运动总体而言,而作为个体的夏衍,应该作更为具体细致的辨析。

就在《文学运动的几个重要问题》一文中,即可看出他的文艺思想是矛盾的,一方面他倡导普罗文学"要抓住流动的现实世界,适应各种特殊情况,将资本主义的魔鬼为何在背后活跃的事实,具体而真实地描写出来",甚至说"我们期待的是这种观念形态的一百 percent(百分之百)的解消",这足以证明他对于艺术创作本身的规律有了一定认识,在自觉意识里,试图将艺术品与非艺术的宣传品作一个区分,但这种自觉意识一开头,就被其接受的、代表了集体无意识的政治话语所淹没了。在电影领域,经过艰苦的摸索和实践,夏衍逐渐感悟到电影最本质的审美属性是视觉的形象性。他在《一个电影学徒的手记》中说:"电影艺术的基础既然是视觉的形象的语言,那么电影艺术家当然应该用绘画的表象的方法,来表现和传达一切的感情和思想。"以往电影界往往从戏剧的角度去理解电影,夏衍则将中国电影从戏剧的包围中分离出来,重视电影的视觉造型,强调用镜头去刻画人物形象;而在叙事方面,夏衍更明确地认为电影在文体上与其说接近戏剧,倒不如说它更靠拢小说,因为电影打破戏剧以场次为单位组接剧情的局限,从而获得了更大的表现自由。他的电影剧作即解构了初期电影"以时间为函数发展故事的叙述法",不再围绕一个中心事件渐次展开矛盾冲突的戏剧式情节结构,而采取散文化的叙事方式,以扩大电影结构的容量和张力。《春蚕》以老通宝一家育蚕、养蚕、收茧、卖茧为中心,全景式地再现了蚕农紧张的劳作过程,逼真地呈现了蚕农生活的艰辛和内心的苦痛。剧本没有编造一个贯穿始终的曲折故事以抓人眼球,很少有夸张的冲突,只在序曲中用一组活动镜头和图表勾勒出外资入侵、人造丝堆积如山,丝厂关门,民族丝绸业一派凄凉,这景象正是悲剧必然发生的根源,是人们所有梦想和努力都难逃破灭的渊薮。影片正是用纪实电影的方式、以现实生活本身的逻辑力量震撼观众的心灵。《上海二十四小时》虽然有一个救治受伤童工的情节,但只是以它为引子,将买办家庭穷奢极侈与底层工友的饥饿死亡形成鲜明的对比。《女儿经》由八个小故事构成,以现在时与过去时两条线索交错展开,让许多女性形形色色的遭遇和故事互相映衬,反映下层妇女的不幸和上层妇女的堕落。《压岁钱》也没有设置首尾贯穿的矛盾冲突,只以一枚银元相串联,对各式人等的日常生活作散点透视,构成一幅五光十色的都市社会风情画。夏衍电影剧作散文化、纪实性的结构特点,使影坛跳出了当时较为常见的单一化创作的窠臼,对新形式的探索成就了他自己的电影世界。

电影是直接诉诸视觉的造型艺术,夏衍不仅注意情节结构的安排和场景转换的自然,而且强调动作的细节化和视觉化,刻画人物性格和心理,注重生活现实的逼真展示,所有的心灵对抗、斗争、现实生活的压抑,都被有意安排到平静生活细节的背后,让观众体贴入微地窥探到许多隐藏在心灵深处的奥秘。如《春蚕》在不同场合出现的大蒜头这个道具,活脱脱呈现了老通宝内心的恐惧、紧张、焦虑、希冀,以及他那根深蒂固的保守观念。原著中阿多与荷花的关系在电影里幻化成生动的画面,村头的打水仗,夜窃蚕宝宝,特别是结束时阿多在溪边与荷花夫妻无声地邂逅,将人物内心的尴尬无奈展露无遗,留给观众无尽的回味和联想。再如《上海二十四小时》中的电话机,《同仇》女主角手上的绣刀,《时代的儿女》中的相片,最后淑娟饮酒时的淫笑,秀琳婚礼上满足的笑容,赵士铭在转动的机器旁挥汗微笑,像这类动作、表情充分发挥了电影语言刻画人物固有的优势。从视觉心理和情绪节奏来设计镜头语言是处于电影起步时期夏衍的创造之举。这些剧作展示的生活化场景和情绪性节奏与后来西方电影新现实主义、生活流等可谓不谋而合,也初步形成了夏衍电影剧本清隽冷静的个人风格。

诚然,夏衍早期电影尚未臻于成熟,在表达电影文化内涵时,还常有过于直露的弊端,如他后来所说,"无论是自己编写剧本还是帮助别人修改剧本,都要千方百计地将进步爱国思想掺进去,在他们的艺术片中加进一些革命的对白,在无声片里加上这种内容的字幕"。

如果说他早期电影中更偏重于思想表达,那么,在话剧创作这种更侧重于个人生命体验的艺术形式,夏衍则更充分地展示出他自己独特的艺术风采,展现了他艺术家的个人原创力。

夏衍多次谈到在写出了历史讽喻剧《赛金花》和英雄悲剧《秋瑾传》之后,在写作上作了痛切的反省。在时代大潮推动下,他与《赛金花》谴责国民党媚外求和,而为了忧时愤世又写了《秋瑾传》,这两部作品饱含的是一种情感激荡和宣泄,读了曹禺的《雷雨》《原野》深有触动,才认识到政治与艺术上定位的偏颇。艺术的宣传与一般宣传是不能混同的,艺术作品能提供的是"一些新的、创造性的、别人未曾接触过的东西",只有这样才能打动读者和观众,引起感情的共鸣。于是夏衍较为决绝地抛弃了为政治而创作的原有思维,进入更为真切和丰富的创造天地。

　　唐弢将夏衍的话剧称作"沁人心脾的政治抒情诗"是很恰当的。夏衍竭力为鲜明的政治意识探寻优美的艺术表现,质朴、恬淡、注重写实,夸张、幻想的成分较少,更倾向于严谨的现实主义。他的创作取材对象是平凡的生活,从普通的、司空见惯的日常生活入手,多写生活小事,儿女之情,贴近生活原貌,从中发掘出深刻的内涵。他不依仗曲折离奇的情节、传奇式的人物和剧情发展中突发的惊奇、悬念,而是平静、朴实地再现生活的本来面目,展示形形色色的社会现象。风土人情扑面照眼,生活气息浓郁。他在《上海屋檐下》中把五家弄堂住户生活描绘得酣畅淋漓。他规避表现抗日战争的宏伟场面,不大在惊涛骇浪中塑造人物形象。他选取时代画卷的一个侧面,通过琐屑的日常生活题材,表现时代激流在人们心灵上激荡起的涟漪,透过平凡的日常状态获得对于生活本质的时代性发现。

　　夏衍将剧中人安置在整个社会大背景中,以社会环境、某种社会势力与剧中人之间的矛盾构成戏剧的基本冲突。"我只写了一些出身不同、教养不同、性格不同,但是基本上却同具有一颗善良的心的人物,被放置在一个特定的环境里面,他们如何蹉跎,如何创伤,如何爱憎,如何悔恨,乃至如何到达了一个可能到达的结果。"他的剧中人都怀着各自的苦恼和追求,但相互之间的矛盾并没有构成主要戏剧冲突。匡复、杨彩玉、林志成之间颇具有传奇色彩的三人关系最易构成激烈的戏剧冲突,但剧作始终巧妙地避开三人间的直接交锋,他们之间的冲突在他们共同与社会的冲突面前被淡化了。在同一个悲剧中,三个人品尝着自己酿造的苦果,最后匡复黯然离去,一切复归于平静。这并不是悲剧,没有呼风唤雨的英雄壮士,也没有血和泪的场景。在透不过气的梅雨天里不时闪出几丝晴光,让灰色的生活染上了黑色的幽默。《芳草天涯》中孟小云与石咏芬之间的冲突也是如此。另一方面,即使是剧中的主要冲突,也往往采取淡化的写法。例如,同俞实夫的科学理想、事业心形成巨大对立的是法西斯势力,但是《法西斯细菌》一剧并没有正面展开双方的冲突,日本法西斯势力的不断猖獗被推到幕后,作者致力于刻画在这背景上冲突的另一方的心灵历程。

　　与戏剧冲突的特征相一致，夏衍以洗练、含蓄的手法着力描绘人物的内心世界。他反对应该是内心世界的东西统统从嘴里讲出来了，应该是"意会"的统统"言传"了。他把剧中人复杂的情感、心理变化，凝练在简朴的几句台词中，而将丰富的潜台词留给演员去创造，让观众去体味。《上海屋檐下》的黄家楣夫妇，为了安慰老父，掩盖失业的贫困，互相埋怨、抢白，又相濡以沫。黄父知晓真情后独自承受着精神重压。这种复杂难言的心情，作者只是通过人物简单的对话、黄家楣无言地抚摸妻子肩膀的动作、桂芬的央求口吻、黄父的强颜欢笑与他临走时悄悄留给孙儿最后的几块血汗钱等，就表现得十分传神。杨彩玉从底子上说是柔弱文静的典型中国妇女，但她又是坚强的，有时也颇辛辣。当匡复向她表白自己后悔不该来时，她毫不留情地说："复生，这是你的真心话么？以前你是从来不说谎的！"复生沉默不语，她又"含着怒意"地斥责："那么，你太自私，你欺骗我！从你和我结婚的那时候起。"瞧这快嘴有多厉害！要么含忍不语，如果心底的火山爆发，也不知容量是有多大。对后来匡复终于离开，杨彩玉又"大声地恸哭起来"，林志成在一旁劝说她，但她作为女人，有她自己独特的感情世界。作者选择富有特征与能唤起观众想象力的细节，深入刻画人物心灵。《芳草天涯》第二幕"拜寿"一场写孟小云十分精彩。小云与叔叔的一场争论促使她决定离开这个"文化人的圈子"，这对她来说是一个痛苦的抉择。然而在众人面前，她的表现来了"一种激变"，在酒席上谈笑自如。这种"激变"所带来的兴高采烈的语言，正表现了她内心的痛苦和慌乱。最后她"用演说的调子"说："各位，让我们干杯，庆祝这一家子花好月圆，尚太太长寿。"一句平常的生日祝词，却使你不得不感到它沉重的分量。它似乎可以使我们感到女主人公的一种感情的压抑，也有一种理性的自豪。夏衍戏剧洗练、含蓄的心理描写风格，在《法西斯细菌》的静子形象上又一次得到典型体现。这位温柔娴静的女性面临一个她所无法理解的、令人吃惊的世界，但是她的性格限制了她，使她不善于倾吐感情。剧作家描写她往往只是只言片语，通过超越常态的克制来透视她的内心。

　　夏衍作为中国现代戏剧史上的重要作家，他在新中国成立前的一系列剧本中的优秀之作,如《上海屋檐下》《芳草天涯》,可以说是中国现代少有的好剧本。我们以往的评论,往往只从先进思想上体现社会现实的分析,对于作家为什么能在艺术上取得成功或有所缺失,换句话说,作为创作主体的创作心理及文艺创作的整体规律相符或相背都缺乏必要的分析,就艺术经验的总结来说显然是不够的。文艺创作主体各自的特殊性,其最显著的特征是以情感为主导的心灵的流动。在《于伶小论》中夏衍表白说:"在我们同时代的知识分子,在我们善良恬淡的'读书人',由于理智的诱导而未成熟地走向了人生残酷之战场的文艺工作者,理与情的未能浑然合致,也许正是一个普遍存在而不很自觉的现象。"作家创作过程中在反映客观生活对象时,不能仅仅从一般功利的理性需要出发,而必须在提炼生活素材时,依据自己的生活和审美经验加以整合、升华,并内化为作家的一种心理结构,正是审美情感规范和制约着主题的艺术想象,创作的目的性、自觉性才真正得到表达和实现。那么,在夏衍的创作实践中,情与理是否达到高度的和谐和统一呢?

说夏衍的剧本中对知识分子有一种偏爱,这是并不过分的,我们说一位作家的创作,他的创作心理往往受社会时代背景和历史文化因素的影响,当将这种动机转化为文本时,作为载体的材料往往是由作家本人的身份、经历和审美情趣等潜意识层的元素决定的。其间主人公对象的选择是至关重要的,夏衍从跨入青年时代开始在杭州甲种工业学校读书时就卷入了政治运动——"五四"运动,从此他就和那一代仁人志士一起去披荆斩棘寻找民族的出路。在日本留学期间,受进步思潮的推动,又赋予了作家内在的一种理想主义精神,而另一方面始终对社会斗争的积极介入和具体的革命工作,又在作家潜意识的层次添上一层现实主义的亮色,因此在描写知识者形象包括他们在角色转换中的心理演变时,如《上海屋檐下》的匡复,《法西斯细菌》的俞实夫,《芳草天涯》的尚志恢,作家都让他们从或软弱或迂腐或沮丧的精神状态下走出来,而投身到时代洪流中去,特别是一旦遇到婚姻家庭纠葛时,总是理智地为了他人、为了事业而牺牲自己。《水乡吟》中俞颂平说:"你把恋爱看得太大,把生活看得太小,恋爱之外还有更大更大的人生,还有更深更深的欢喜。"这个"之外"意味着什么,不言而喻。这种自我牺牲的奉献精神,自然是值得赞美的,但这种重复呈现的处理方式往往使行为显得生硬,形象的性格内容较为贫弱,情与理的交割过于简单,人物形象在美学意义上缺乏厚度。显而易见,剧作家把这些人物形象的情感和理智的斗争过程过于简单化了。夏衍20世纪50年代的秘书李子云在《夏衍七十年文选》的后记中说,他最受"左翼"营垒称赞的剧本《法西斯细菌》,"尽管他有在日本生活的经验,他本人也关注科技,并有科学家的朋友,就他所描写的范围来说,他还是比较熟悉的,然而,由于他预设的主题比较单一:批判战争时期不愿过问政治的所谓'白专'科学家,'你不过问政治,政治也会找到你',也就是在非常时期,科技也必然从属于政治,未免有说教的倾向,加之过于急切地直奔主题,似乎更加重了直露的毛病。"这段评价是十分中肯的。

政治功利色彩一定程度限制了大多数作家对自己独特艺术本质的追求和主体个性的充分发挥,造成艺术个性的消融,如何使艺术保持其审美禀赋,达到现实主义的诗化形态,在政治倾向与艺术之间取得美学平衡,这是一个微妙和不无痛苦的过程,事实表明,要突破艺术社会学的观念模式的束缚,真正自由地伸展作家的创作个性,即使像夏衍这样优秀的现实主义作家也是不能一蹴而就的。

三

在夏衍研究中,人道主义是一个不能绕开的话题。他像一大批"左翼"作家那样,把自己的政治信仰带入了艺术世界之中,当在解读文本的内在肌理时,却不难发现其间充盈着真挚的人道主义情感,深厚的人文关怀。这一点使他的作品疏离了"左翼"革命叙事的主调,获得了较长远的生命力。

人道主义思潮最核心的含义是以人为思想展开的核心,它既关注现实的具体的人的生活处境,又关注人的意义和价值,追求人的自由和全面发展,是人道主义追求的最终目标。这一思想不只限于西方国家,而具有全人类的普世价值。在世界反法西斯战争进入反攻阶段时,夏衍写道:"《人权宣言》无疑受了美国独立运动的影响。但它的意义,却远在独立宣言之上,美国独立表示了一个新的国家的诞生,《人权宣言》却跨过一切限制,向全世界人类申诉,而在人类的历史上创造了一个新的时代。它鼓励了个人的思想自由,鼓励了人民结合起来向一切藐视人权的势力作斗争,它申诉的对象是'人',不单是法国的第三阶级……而在长期压抑下的全人类心中增进了新鲜热烈的灵感,从这时候起,人才发现自己是个有人权的人。"夏衍的这一观点曾受到党内的批评,但今天来看,正体现了他敏锐的历史洞察力,是经得住时间洗涤的圭臬。

"五四"运动以来,西方人道主义思想随着民主、自由和科学的口号进入国人的精神世界。在广大作家的创作实践中,尽管由于主观、客观的原因,表现形式和程度有所不同,有时甚至出现迂回曲折,以致遭到误解和排斥,但始终是个有影响和值得注意的文化现象。夏衍在关于戏剧电影的论著中,多次肯定人道主义出发点是难能可贵的,在《于伶小论》中,他以为,这应是作家"灵魂的本体",强调作家必须"更深地思考,更广地感受,更真挚地关心全人类的运命"。他认为,"只有具备着全副心肠的深且广的人道主义知识分子作家才能不沉溺于自己狭义的情操,才能使自己眼、心、脑看到、感到和想到更广泛的地方,才能成为一个真实的社会人和世界人,而全心全力地为着受难者群体的遭际而歌哭,而争斗。"在夏衍的创作实践中,由于他总是紧贴着社会和政治,于是就造成了创作具有很强的政治性的特征。其实,就他思想的深层次而言,政治性往往只流于表层,甚至连夏衍本人也没有清楚地意识到这点,他甚至明确表白自己否定了人道主义,而尽力将自己的思想与马列主义相契合,如他在《旧家的火葬》中说:"我屡次感到在我意识底层的一种要将我拖留在前一阶段的力量,我挣扎,我残忍地斫伐过我自己的过去,廉洁的人道主义,犬儒式的洁癖,对于残酷的斗争的忌避,这都是使我回想到那旧家又要使我恼怒于自己的事情,而现在,一把火把象征着我意识底层之潜在力量的东西完全地火葬了。"夏衍在此极力规避自己人道主义的同时,又恰恰认同了人道主义思想确实一直处于自己思想灵魂的深处。夏衍许多话语的政治倾向性和敏感性,遮蔽了他作品骨子里的人道、自由的因子,而造成了对其作品的误读。我以为人道主义才是他全部创作的中心主题,也是他人生经历的主旋律。

从最初《都会的一角》到新中国成立前最后的《芳草天涯》，夏衍最关注的始终是普通人的生活命运，人格的尊严，尤其是那些生活在大都会屋檐下的小人物，对于他们在社会的动荡离乱中的悲惨遭遇寄寓了深厚的悲悯和同情。夏衍在谈《上海屋檐下》的创作时说，"这一批人物的生活我比较熟悉，我在这种屋檐下生活了十多年，各种各样的小人物我都看过，像黄家楣、施小宝，我觉得这些人都是善良的人，但在那种社会里，他们都对现状不满，都想挣脱出来，但是他们找不到正确的出路，他们是可悯而值得同情的人物。他们是被作践、被伤害了的人，只要能换一个环境，他们是能走上正路对社会作出贡献的。"以黄家楣为例，他从一个大学毕业的银行职员被抛到失业大军的行列，生活没有了着落，又身罹重病，其困苦难以言表。乡下的老父到上海来看他，他强作欢笑，以典物借款掩饰窘状，结果老父洞察一切，留下自己的血汗钱，又回到了乡下。这是一个血泪斑斑的故事，字里行间充满了忧郁的情调，这正是由于夏衍对下层知识分子深深同情引起的。夏衍曾说过，"我谴责自己，我谴责同时代的知识分子，但是亲爱的读者，在叙述这些人生的愚蠢和悲愁时，我是带着眼泪的。"夏衍的人道同情还着重体现在剧中一批善良的女性身上，剧作家毫不吝惜地将怜爱与同情奉献给了这些卑微如泥的女主人公。以简洁的笔墨勾勒出许多动人的女性形象，其中有温婉柔顺、为丈夫而全心全意献出自己一切的静子（《法西斯细菌》）、桂芬（《上海屋檐下》）、铭芳（《心防》）；有受尽侮辱和损害逃不脱悲惨命运的阿香（《一年间》）；幻想宁静幸福的小家庭生活而不可得终于跳出小圈子的赵婉（《愁城记》）；还有喜欢打扮、善于交际，险些陷于汉奸之手而又决然奔向前线的女演员施小琳（《心防》）；还有矛盾痛苦而无限哀愁的石咏芬（《芳草天涯》），这些女性虽年龄悬殊，身世性格不同，志趣与追求各自具有独特的印迹，然而她们同有着一颗善良的心，她们在黑暗的现实中苦苦挣扎，或为争取光明的前途而奋斗。作者倾注了同情之心，描写她们的命运，引发人们对旧制度下妇女独立解放问题的思考和探索。从这个意义上说，夏衍"左翼"作家的定位不能遮蔽他对人性、对妇女问题及对底层百姓的深刻把握和思考，而这或许才是夏衍创作永不褪色的精华所在。

　　与女性描写密切相关,夏衍在道德伦理、恋爱观上的人道主义倾向也是令人瞩目的,这在他的《芳草天涯》中表现最为突出。剧中通过孟文秀之口,提出了"踏过旁人的痛苦而走向自己的幸福这是犯罪行为"的伦理道德观,在这一观点下,孟小云与尚志恢割弃了自己的恋情,采取克制容忍的态度而解决了婚姻危机,何其芳对剧本的批评是夏衍从人道主义立场出发,没有表达出鲜明的阶级立场,政治倾向不突出,剧本提出的尊重别人的爱情和幸福,不惜牺牲自己,其实质是宣扬个人爱情高于一切的资产阶级爱情观。诚然,西方文学确有一些作品宣传在恋爱上尊重别人,而这种尊重是符合人性人情的,无产阶级既然被看作人类的先进阶级,便应该更能够体现人类的情操、追求,夏衍在作品中安排男主人公和妻子重归于好,这是夏衍人道主义思想在婚恋观上的体现,男女主人公做出宽容的抉择恰恰正是人物精神境界的一种升华。

　　对人的命运的关注,尊重人的人格和权利,这是夏衍人道理想的一个方面,其人道理想的另一方面则表现在他对人的信任和信心上。尽管现实一片黑暗,但他"相信人类是在进步,人与人的关系是会改变的"。夏衍有这样一种信念,一般人的本性是善良的,由于现实生活的逼迫,他们也会有自私伪善的一面,但这并非他们的本性,相反,这是不正常的社会使正常人人格分裂、人性异化的结果,他们是被迫的,随着社会的进步,当人获得了作为人的生活时,人的正直善良的本质就会显现出来。正因为对人本身的信赖和信心,夏衍对未来的人类生活抱着乐观态度,充满积极向上的信念。因此他的剧本虽多是悲剧,基调沉郁悲凉,却绝不悲观。他的每个剧本都试图给人一种希望(哪怕这希望是渺茫的),都要给作品增添一些亮色(有时甚至是人为添加的),如《秋瑾传》以"天快亮了"结尾,《上海屋檐下》以"大家联合起来救国家"的歌声中收场,《法西斯细菌》以俞实夫要"为我们的国家为人类尽一点力量"的誓言中结束,《芳草天涯》在尚志恢"相信我,文秀,我会坚强起来的"决心声中落幕。这亮色是黑暗王国的一线光明,也是夏衍人道理想的折光吧!

　　这里要再提及《复活》的改编中夏衍很注意提升人物善良的一

面，如涅赫留朵夫不是生而邪恶，在他身上淡化了贵族子弟飞扬跋扈的气焰，而多了一种感伤谦和；对于女主人公则竭力表达喀秋莎受罪的"迷途羊羔"般的纯真、苦痛和绝望，在复活过程中忍受来自世俗社会的白眼，承受自己内心另一个自己的怀疑和惰性，终于从一个自轻自贱的妓女成为一个自尊自爱的正直女性。夏衍在改编后说"我常常觉得在今天这种现状之下，从事艺术的追求很像一棵企图从瓦砾中萌长的弱草，生根的不是沃土，瓦砾是那样地无情，可是执策而临的人们却又是那样地对瓦砾宽容、对弱草苛厉！滋兰于薋菉之中，在沙漠和废墟上点缀一些绿彩，使枯渴的人群已经隐约地感到在底下还有一些盎然的生气，那不仅可以宽恕，而且值得哀悯了吧？"

人道主义是人类优秀的传统思想，是人类思想智慧的结晶，古往今来社会更替不断，人道主义思想却一直在继续和发展，今天已成为全人类的共识，否定天赋人权的普世价值观念，是对马克思主义的曲解。鉴于此，西方马克思主义代表人物布洛赫重申，天赋人权、人道主义和马克思主义三者是固结在一起的，"自由、平等、博爱"的口号不止是资产阶级革命口号，也是社会乌托邦的主题，社会主义理应发扬光大的遗产，这是有道理的。今天，中国社会主义改革事业需要弘扬人道主义精神，重建新文化需要人道主义的魂魄。夏衍作为革命作家，追寻着文艺复兴时期的人道主义脚步，又结合特定时期的中国社会的历史情结，作了个人化的理解和表达，其艺术实践体现出以人为本位的人道主义思想，对此作系统认真地梳理可否使夏衍研究进入一个更广阔的天地？

生死煤窑里的文学

刘庆邦[①]

我参加北京文学论坛,北大分论坛总主题是市场和文学,我做了《在市场经济条件下的可持续写作》的发言。我先讲讲这方面的内容,再讲讲煤窑文学,然后大家一起交流一下。

大家知道浙江有位著名作家林斤澜,和汪曾祺是非常好的朋友,文学界尊称他为林老。我认为林斤澜才真正是一位短篇小说大师。《当代》连续四期刊登了"林斤澜谈过去和现代文学"的专题。林老是我的老师,对我很是呵护有加和悉心教导的。他担任《北京文学》主编时,我还不认识他。他曾经在读过我的一篇小说后,就立即邀请我到《北京文学》杂志社,跟我谈小说创作。他对我的短篇小说《玉志》提了几点意见,并鼓励我继续写小说,积极向《北京文学》投稿。于是,我写了一系列的短篇小说投到《北京文学》,并发表了,包括我的获奖小说《鞋》。林老曾把我的小说之路概括为几句话:"来自平民,出自平常,贵在平实,可谓三平有幸。"我认为他的这种概括是很准确的。我的出身确实来自平民。我出生在河南沈丘,我父亲在我小时

---

① 刘庆邦(1951—),男,河南沈丘人,著有长篇小说三部,中短篇小说集十余种。现为北京作家协会驻会作家,国家一级作家,中国作家协会第五届、第六届全国委员会委员。作品先后获得河南省、煤炭部、北京市、《青年文学》《北京文学》《中华文学选刊》《小说选刊》《人民文学》《十月》等各种奖励二十多项。短篇小说《鞋》荣获第二届鲁迅文学奖。由作品《神木》改编而成的电影《盲井》荣膺第53届柏林国际电影节银熊奖。多篇作品被译成英、法、日等文字。

候就去世了,是我母亲把我和我的兄弟姐妹拉扯大的,那时日子过得是相当艰难。三年大饥荒时饿死人是很经常的事,我附近的一个村子就饿死了200多人。我们能够活下来本身就是一个幸运的事。物质上的困难只是一方面,更难熬的是精神上和政治上的困难。因为我父亲曾经在冯玉祥手下当过兵,在"文化大革命"时,我们全家是很受压抑的。林斤澜先生知道我从贫困的农村走出来,所以称我为平民作家,这是事实。林老说我"平常",是指我的小说取材于平常人、平常事,反映的是日常生活。我认为奇怪的东西、奇异的东西不一定就能构成小说。小说的立意应该存在于日常生活中,作家只不过把日常生活诗意化了。林老称我的小说很"平实",实际上是指我的小说不玩花架子,没有故弄玄虚。他感觉到我的小说是出于我的内心,忠于我自己的诚实本质。我非常感谢林老对我本人和我的小说作如是的评价。

在北京会议上,我提出了可持续写作的问题。因为这是目前每一个作家都得面临的一个问题。经济学家提出经济的可持续发展,也就是说不要急功近利,要逐渐地、良性地积累财富,合理地、不破坏环境地发展我们的经济。我认为文学写作也是这样的。我们作家只有不断地写作,不断出作品,才能在不断创造的过程中出精品,才能留住我们的读者。而现实当中,很多作家不能做到这一点,在写作中途他们便不写了。有的作家下海当老板了,有的改写影视剧了,等等。例如,我的朋友孙绍山,本来是一位来自黑龙江的作家,他的小说《八百里深处》曾得过全国短篇小说大奖。可这几年,他却声称自己提不起兴趣,放弃写作了。我觉得很可惜。诸如此类放弃写作的作家是比较多的,他们就不能做到可持续写作。当然也有一些作家做到了可持续写作,而且做得很好,如王安忆、莫言、方方、迟子建等。这些作家不断地推出自己的作品,不管是小文章,还是厚重的书。只有做到持续性写作,作家才能在文学的路上走得远一些。我们目前所处的生活环境应该说是一个适合写作的环境,这也为我们可持续写作提供了一个很好的条件。回想一下,新中国成立前的战争年代和新中国成立后的"文化大革命"年代,我们要从事写作是多么不容易。作家肖鸿曾经说过:"我最大的愿望是有一张书桌,有一张椅子,有一个安定的写作环境。"但在那个战争的年代,他从南到北,从北到南,颠沛流离,始终没有一个安定的写作环境,最后遗憾地客死在香港。又如沈从文先生,他一直立志走文学之路。新中国成立前,沈从文写了大量的文学作品,新中国成立后因政治的原因却无法从事写作。对于一位作家来说,这是一件极其残酷、悲哀的事情。

改革开放前,这种情况还有很多。现在,环境好了,如果我们仍然不能做到持续写作,把文学之路走到头,其原因只能从我们自身方面去寻找了。你中途放弃写作,要么是自己对文学爱得不透,要么是自己经不起环境的诱惑,要么是自己的意志力不够坚强等,你不能怨天尤人。我要求自己要把文学之路走到头,我要求自己不断地写作,写短篇、中篇,还要写长篇。我希望每年都能不断有作品与读者见面。我的作品数量不是很多,因为我写得比较慢。我写作就像在旱地里浇水一样,只有水不断地往外流,这块地才能全部被浇灌,我的文学之路才能走得远一点。

怎样才能做到可持续写作呢?我有以下几点体会。这些体会虽然不是什么写作技巧,不是写小说的捷径,但我觉得写作有一些共性的东西。

第一,我们要以劳动的观点来写作。我们写作肯定是一种劳动。我们的脑力劳动和农民、挖煤工的体力劳动是一样的,是平等的。我们的脑力劳动看似轻松,但实际上有可能比体力劳动更劳累。我是2001年去北京当一名职业作家的。既然是职业作家,你就得写作,就得劳动,否则你就对不住读者也对不住自己。所以,我一直把写作当成是一种期待收获的劳动。当代作家王安忆说:我们作家每天都要坐下来,一字一字地写,一行一行地写,最后总会有收获的。事实就是这样的。你如果不写,什么都没有。你不要怕失败,失败也是一种收获;但如果你不劳动,你连失败的滋味都体会不出来。当然,除了要有一颗劳动的心之外,你还得非常勤奋,毕竟"天道酬勤"。

有人说:"勤劳是一种美德"的观点过时了,我不这样认为。我去年写了一组《勤劳的母亲》的散文。这组散文是关于我母亲"拾麦穗"

"缝布片""篓树叶"等劳动的细节。我写这些文章,不仅是对我母亲勤劳精神的赞扬,也是用我母亲的勤劳来激励我。就拿"捡布片儿"来说吧,我母亲虽然和我们一起住在北京,但她没事的时候总是去附近的工业垃圾场捡垃圾。由于怕丢我们的面子,她总是偷偷地在我们上班期间去捡布片。她把布片捡回来后,洗干净,然后缝成各色花的布单。她很有心地一共缝成六片花色非常漂亮的大布单,分别送给我们兄弟姐妹六人。现在,看到那些精美的布单,我非常伤感,也深深地被我母亲的勤劳和智慧所感动。我母亲许许多多勤奋的细节,激励我不断地劳动,不断地写作。我们只有持续地劳动和创作,才有可能有收获。

第二,我们要用学习的观点来写作。我们要向生活学习,我们要向书本学习,向同行学习。我每年都要去农村学习。我去过一个小煤矿,并在那儿住了一段时间。我原来工作过的那座煤矿很大、很现代化,挖煤、运煤都是用机械操作的。但我这次去的那个煤矿很简陋。这种小煤矿生产方式很落后,有时竟然用骡子来拉煤。矿井下面很黑暗、很潮湿,工人用骡子往外拉煤。有一次,这个小煤矿的矿井着火了,20多个矿工、50多头骡子或缺氧或被火烧死了。我在那儿待了几天,写了很多篇作品,其中《鸽子》一文获得了《人民文学》年度奖。我发表在《当代》上的《扯官》和发表在《作家》上的《有了枪》,也都是取材于这个小煤窑的一些生活故事。其实,一到小煤窑,我的写作热情就被它激发出来了。我随意地摄取一个场景、一件小事,通过想象和升华,马上就可完成一篇作品。除了去煤窑之外,我还经常到农村去。我去农村是要去看那儿的变化,去向农村学习。现在各地都在建设社会主义新农村,作家必须走出城市。其实每一个乡村的作家都有自己的老家,只有回到自己的老家,你才会不自觉地深入和体会到农村生活。你不用采访,乡亲们就会向你提供很多东西,你和他们之间自然而然地有一种心灵的交流。现在很多作家都是这样的,如莫言、高敏、贾平凹等作家每年都要回各自的老家,因为那儿才真正是他们的根。我也一样,我母亲在世时,我每年都要回去好几趟。现在我每年都要回去一次或几次。我在老家那儿吸取生活的营养,学习民间的语言。当然,我也会向同行们,向年轻的作家学习。

从他们那儿学习一些写作和认识社会的方法。总之,我们要保持一个学习的态度。

第三,作家要有一个良好的心态,即保持一颗平常心。不要以为自己写了一两篇好作品,就把自己当作大师。作家不妨把自己放平一些,甚至放低一些,低到地底下的矿井里面。我特别推崇沈从文的写作心态,他说他的每一篇作品都是习作。这样的心态非常有利于我们的写作。我们在写作时,就不要想到作品会有多大的轰动效应,有多大的市场,不要考虑有多少读者。我们只要平平常常地写,忠于自己的感受就够了,不要考虑那么多后果。我们有了这样的心态,才有可能做到持续性地写作。如果把自己放到很高的位置,你就很难不断写出精品。作家不可能每一篇作品都是精品。特别是短篇小说的创作,它不仅有对技巧的要求和对生活积累的要求,而且还有对灵感的要求。有时,短篇小说的创作是神来之笔。作家不可能每一篇作品都是神来之笔,因此精品可遇不可求。你如果总是等灵感来了才开始写,想要直接写出精品,我觉得可能性不大。作家没有一定作品数量的积累作基础,很难有好的、完美的作品。所以,作家写作时要保持良好的心态。

第四,作家要保持对生活的创造激情。任何一种文学都是抒发和表达感情的,情感之美才是小说创作的中心之美。小说的重点并不是突出道理。小说虽然包含有哲理的因素、有思想、有理性的东西,但它主要表达的是感情。说道理是哲学家的事情,小说家描写的是感性的东西。理性的东西只是一种思路,这条思路引导我们从此岸到彼岸。思想只是我们认识生活的工具,而小说要表达的是思想和感情。激情应该是强烈的、激烈的、深刻的感情。如果你对生活很冷漠,就谈不到激情。如果你对现实生活很冷漠、淡漠,没有所感,看到和没看到一样,无法激起感情的波澜,那我们很难进入创作的境界,更不用说保持激情的状态。激情表现在哪些方面呢? 在自然界中,风的激情就是吹得摧枯拉朽,雨的激情就是下得遍地汪洋,雷的激情就是电闪雷鸣,雪的激情就是下得铺天盖地。人的激情来了,就会开怀大笑,或欢呼跳跃,或痛哭流涕,或举杯邀明月等。这些都是激情的表露。人的激情并不分年龄。不同年龄段的人都会有激情的表达。我姑妈是一个80多岁的老人,去年她竟然在我母亲的坟墓前号啕大哭,而且是哭得天昏地暗。这说明人即使老了,仍然有激情。我觉得作家如果总是保持激情的状态,他一定会写出好的作品来。例如,上了岁数的男人喜欢看漂亮的女孩,对她们感兴趣,这也是激情的一种表现。我曾向很多老人请教,他们是否对年轻的女孩有感觉,他们很爽快地给了我肯定的回答。我想一个作家如果没有激情,他的创造力就不会有很大的空间。

第五,作家要有一个好的身体。一个人的体力、智力和意志力是相辅相成,缺一不可的。你有了一个好的身体,你的智力、毅力、想象力才能被激发出来。如果体力不行,你的想象力就不够。因为艺术创作不光是智力参与,还是身体各个方面的参与,包括感觉、听觉、触觉和味觉等方面。例如,当写到雪的时候,我们要感觉到身上有一种凉意,写到下雨时,就会有一种湿润的感觉。其实,这都是感官在起作用。也就是说,在创作过程中,一个人需要全身心参与进来。一个人老了,要进行突破性创造就比较难了。例如,汪曾祺先生早期写过很好的作品,但他后来的作品给人以干巴的感觉,与他青年时期的作品不可同日而语。这说明作家的写作需要有身体的支持。这就像一棵树一样,在成长的时候它可以开美丽的花,可以结硕大的果实。但树老了,花儿很小,果子也很少。人在年轻力壮的时候,生命力很旺盛,创造力也很强。作家的创作能力也可能会出现这种情况。所以,一个好的体力是一个作家有好的创作力的前提。我现在的危机感很强,必须拒绝一些邀请,以便更好地投入创作当中去,踏踏实实地写点东西。你们现在有好的年华,要抓住自己。少年不努力,老大徒伤悲。有些人说:等我退休了,我再静下心来写作。这种认识实际上是很荒谬的。因此,好的身体也是作家可持续写作的一个重要因素。以上几个方面,就是我对如何才能可持续写作的简单认识。我现在对你们讲的,实际上是我想借此机会对自己进行鞭策。林老仍在刻苦耕耘。我也希望我的写作力能够保持更长时间。我认为每一个人只要他不断地劳动着,不断地写作着,都是应该值得尊敬的。

【提问与交流】

问:请问您在写作之前,做了哪些事情?

答:我是 1972 年开始写作的。在这之前,我正值青年,谈谈恋爱,写了些恋爱信,赞美诗。1978 年,我在《郑州文艺》上发表了我的第一篇小说。

问:请问刘老师,别的作家都下海了,是什么力量促使您持续不断写作的?

答:我觉得我这真是喜欢写作。如果没写东西,我觉得对不住自己。每年大年初一、"五一"、"十一"长假,我都早起写东西。我对自己的作品判断是:过一段时间还能感动自己,说明它并没有过时。

问:您写作的力量源于您的生活吗?

答:一个人的经历是一个人写作的源泉。一位作家能够写出有分量的作品必须有经历过厚重的生命。如沈从文。司马迁经历过酷刑后,才写成"无韵之离骚"的《史记》。

问:您是如何打动读者的? 您会在写作时假想一定的读者群吗?

答:我先回答你的第二个问题。我们在写作的时候,并不是想着特定的读者。每一位作家的第一个读者就是他自己。如果一个作家去迎合读者,就可能失去自己,也可能失去读者。第一个问题,心灵化的处理。靠细节化、心灵化去打动读者。如果没有这些心灵化的东西,就可能像报道、纪实一样。

问:请问刘老师,您是怎么写《红煤》这部小说的,您怎么看自己的写作题材?

答:《红煤》酝酿了很长时间。我写过两部煤矿的长篇小说。他们说我是煤矿文学的集大成者。我一直想要写有深度的、长景的关于煤矿的小说。是不是成立一个关于帮助矿工的基金会,我还没考虑过。我只能在精神上支持矿工,我觉得他们付出得越多,就越应该值得被尊重。

问:您如何看待出书难问题? 您如何看农村与城市题材的差别?

答:现在出书是否很容易呢？作为业余作者,出书很难。有的是靠
明星效应,有的靠官权,有的靠金钱出书。但确实有作家是靠
自己的创作在出版自己的书。知识用来积累,智力用来谋生,
只有灵感才是用来创作的。所以,我拒绝博客。第二个问题,
农村文学比城市文学更流行是因为我们的国家农村人性表现
得更充分些。城市小说大多数坠入性的描写。我以后要写的,
会尽量写吧。

浙江艺术职业学院科研与创作成果丛书

钱 塘 有 约

——"浙江潮"文化论坛讲堂汇编

艺术追寻

关于当前影视创作的人文思考①

仲呈祥②

我与杭州素有渊源,我母亲是杭州人,我本身还兼杭州的文化顾问,所以今天我来学习,来向大家汇报。说起来我学过文学,从师于朱寨先生,治过中国当代文学思潮史;后来又师从钟惦棐先生,学过电影美学;再后来跑到电视界,当了很多年不称职的中国电视艺术委员会的秘书长;如今又待在文联工作岗位上。我基本上属于党培养的、人民造就的门门懂一点、样样都不精的"万金油"似的文化干部。这样说自己比较实事求是。

一、当前人文环境的思辨

举办"浙江潮"文化论坛,我觉得这是我们艺术学院非常有远见的文化举措。定期邀请全国文化界的志士仁人来这个论坛上发表一己之见,可以传播信息、激活思维。这是最大的好处。半天时间要传播系统的知识不可能,但是半天时间传播一些信息,激活受众的思维是可能的。在特定的接收场里,如果信息具有新鲜性,和

---

① 本文于 2010 年 9 月发表于《浙江艺术职业学院学报》。

② 仲呈祥(1946—),男,四川成都人,曾任中国文联副主席、书记处书记、研究员,国务院学位委员艺术评议组召集人,教育部艺术教育委员会常委,北京大学、清华大学兼职教授,中国传媒大学、北京师范大学、南京师范大学、中国艺术研究院博士生导师,主要从事影视艺术及评论研究。

过去习惯的思维方式发生碰撞，就可能帮助听者调整思维方式，让其思维方式尽可能地转变到科学发展观的轨道上，使其辩证化、全面化，尽可能克服片面性。昨天中国书法家协会换届，几位大书法家和我说，练书法日积月累，从临帖开始，到最后是比文化积累。但有一个质变点，常常有一段时间，突然他的书法发生了一个飞跃，这常常是因为他写字的思维方式得到了调整。所以人们常说知识是一辈子的事，是经过日积月累、长期学习逐步积累起来的。而智慧是高于知识的，是比知识更高一层面的东西。这种讲座就是寻找智慧，而不是获取知识。通过思维方式的调整，使智慧见长。一个人的智慧长了，思维方式科学化了，是一通百通的事情。陈云同志在"四保临江"的时候身体就不好，患有各种疾病，但是他活到了 91 岁。陈云同志在毛主席身边常常建议全党学哲学，哲学是总开关、总阀门，一通百通。后来，他在邓小平同志身边又建议学哲学（《邓小平文选》里面有）。陈云同志作为党的经济帅才，他经常有些见解是非常独到的。坐了"冷板凳"后，他回到家乡，或回到评弹最兴旺的地方。他听评弹不是简单的艺术享受，而是从中获取哲学智慧。听了评弹以后他说了"出书、出人、走正路"七个字。前几天我和姜昆探讨，说这几个字够你用一辈子的。他现在担任中国曲艺家协会的分党组书记，如果把这七个字做好就算干好了。这就说明一个人调整思维方式的重要性。

为什么我今天要从这个地方入题？我对当前的影视创作进行了一番人文思考。人文思考是非常重要的。现在西方一些知名的大美学家、大哲学家、大思想家都在思考该如何看待人类从工业革命到信息革命的这段历史。无疑，工业革命极大地推动了人类生产力的发展。这是一次革命，是好事，这是无疑的。但人们现在都清醒地认识到世界上没有有百利而无一弊的事情。这个话是我们浙江人鲁迅先生说的。鲁迅先生说过一段非常辩证的话：世间无有百利而无一弊之事，只可权大小。工业革命推动了人类的进步、生产力的发展，但也留下了越来越明显的弊端。工业要革命就要采伐资源，过度地采伐就破坏了自然生态环境，影响了人与自然的和谐相处。现在科学发展观专门有一条叫"人与自然的和谐相处",就是总结了这个经验。现在我们有个任务叫"修补地球"。从20世纪中后期开始,越来越迅猛发展的信息革命以电子技术、高科技为特征,又一次极大地推动了人类生产力的发展。但人们也发现它留下了越来越明显的负面效应:人文精神的滑坡。在某种程度上,道德伦理的沦丧可以概括成一句话:人文生态环境的破坏也显而易见。不再像工业革命那样是自然环境的破坏,而是人文生态环境的破坏。那么人文生态环境的破坏会给人类的未来造成什么后果呢?谁也说不清楚。但危机是存在的。经济全球化了,人们知道文化不能搞全球化,文化要多样化,政治要多极化。文化必须多样化。人们对人类的生存环境、对生物链的保存有清醒的认识。一会儿说东北虎没有几只了,很紧张;一会儿说大熊猫少了,生物链不能破坏。为什么?"一生二,二生三,三生万物",地球是一个多种生物共存的整体。有些事情我们不理解不等于不存在。过去"大跃进"的时候干过很多破坏性的事情,除"四害"要把麻雀杀光,杀光麻雀会造成一种弊端,造成生物链的破坏和生态的不平衡,要吃亏的。大科学家杨振宁、李政道对天体物理、对最高等的自然科学了解得越多、越深入,就越清晰地发现宇宙安排得如此有序,哪个轨道是哪个行星的不能乱来,乱来是要出大事的。

北京大学出了一套书,是美国哈佛大学毕业的一个台湾学者写的,他一辈子研究哲学和诗,这位学者叫史作柽。他说人40岁以前不要说"成熟"。大家知道,故宫博物院的大专家朱家溍年轻时候是个戏迷、票友,一生喜欢京剧。他最喜欢梅兰芳和杨小楼的《霸王别姬》,听了以后说"绝了"。于是跑去和杨小楼说他想下海唱一出《霸王别姬》,扮霸王。结果杨小楼和他说:"你四十之后再演。现在你领会不了霸王当时的心情。"史作柽先生一生著作不多,只有两把"板斧":一把是著作《哲理笔记》和《生命现象》;另一把是写诗。他说诗是他的生命。关于哲学,他说人投胎到这个世界都要面对几个东西,第一是科学,科学是求真的,是开拓人类通向真理的坦途;第二是艺术,艺术是求美的,为人类探求真理营造氛围。这两个东西分别作用于大脑的两个部分。科学主要靠抽象思维、逻辑思维,作用于人的左脑,增强、提高人的智商;艺术作用于人的右脑,右脑主情商,专门提高、丰富一个人的情商。正常人的主要思维方式是形象思维,但也不是绝对化的,是有交叉的。现在的现代化建设主要目的是培养富有创造能力的人。脑科学家告诉我们,人的创造能力 20% 靠智商、靠左脑,80% 靠情商、靠右脑。科学家的解释是,一个人的情商高,情感丰富,内在驱动力就大,以丰富的情感(说到底就是人文精神)调动内在智商释放到最理想的程度。这是科学分析的结果。钱学森先生躺在病床上的时候,温家宝同志去看他。他老人家惦念着祖国的科技人才培养,他说他担忧我们未来的科技人才不懂艺术。他夫人是音乐家,弹得一手好钢琴,他经常沐浴在妻子的音乐下,所以情商很高。他年轻的时候,父母叫他在学自然科学前先要学音乐。大家读过《傅雷家书》,如果不知道是傅雷写给儿子傅聪的,我们会觉得这是挚友之间的谈心,探讨真理、探讨人生,根本没有父子两辈的概念。这家人音乐修养高,艺术细胞丰富,感情丰富,所以在那种境况下能够相互交心。我们要看到我们艺术学院学生的天职。按照马克思主义的观点,人之为人就因为人是区别于其他动物的高级的、理性的情感动物。只有人才有其他动物所没有的独特的精神家园。人类要健全地持续地发展就必须经营好自己的精神家园,光有物质家园是不行的。精神家园主要靠艺术教育,这就是艺术在人类学角度的神圣职责。史作柽还说了一条,人类还面临宗教。他认为宗教是在科学与艺术之间搭了座桥。我们从积极方面理解就是一个人要有理想和信仰。

为什么西方科学家发现人文精神的滑坡、道德伦理的沦丧?其实我们身边也已经开始了。我敢说全国看电视剧看得最多的是本人。每年政府奖、"飞天奖"参评的 1000 多集电视剧我基本都得看。按每天看 10 个小时算就是三个多月。接着是"星光奖"及电视文艺晚会的奖项。开始我认为这好办,晚会不外乎几大块:小品、歌舞、短剧等,看个开头、结尾就行了。可是用"快进"比老老实实看还费事。又是六七百个小时,又要看两个月。接下来"五个一工程"、司法部的"金盾奖"、总政的"金星奖"等。我生命的一半时光是消磨在电视机屏幕前的。其中有好的,但看了后让我情感得到陶冶、灵魂得到净化的不多,大部分是平庸的。平庸的电视剧看得越多智商越低、情感越糟。这是我生活的氛围,是信息革命带来的,是电视机带来的。我去日本访问时,NHK 卫星部的部长三本先生用最高的礼遇接待我,不是去大餐厅,而是请我去家里。NHK 是日本的国家台,全部要日本名牌大学的优等生才能进去。三本先生一家都酷爱中国文化。老大沉醉于《红楼梦》,正在谈恋爱;老二学经济,喜欢《三国演义》,他说《三国演义》里面有"策",可以悟经商之道。他说:"我知道你是研究汉文学的,我想请教你一个问题,我们家从我父亲开始,三代人都酷爱中国文化,可为什么掌握汉字的能力一代比一代低?"我一看他家里摆的高清电视机,跟他说就是这个怪物造成的。他说有道理。日本文字假借了很多汉字。过去交流信息要写信、写文章,现在打个电话、看看电视,不用汉字了,能力当然越来越低。但是不用汉字是要改变思维方式的,这是个很深刻的道理。

过去我在社科院文学所跟着朱寨先生的时候接触了语言史。他们回忆起我们过去搞汉字简化,说干了一件非常不理性的事。有人提出人类的文字符号里最难学的就是汉字,方块字太难写,建议把它废除了,把它拼音化、拉丁化,像英语一样用 26 个字母,后来又实行简化,这是不聪明的。人类的信息传播主要经历了两次革命:一次是有了造纸术、印刷术,有了书籍文化;再一次就是有了电子文化。中华民族的思维方式形成的很重要的根基就是其使用文字。我们的文字有左右结构、上下结构、内外结构,形声字、形意字是从象形文字繁衍而来的。比如说"染"字的结构是完全有道理的,第一,为什么要用三点水? 因为古时候染布要用染料,要用水;第二,染布的时候一定要多次、反复地在染料里滚过来、滚过去,"九"者数之极也,表示多次的意思;第三,"木"字哪里来的? 是因为青出于蓝而胜于蓝,染料是从树枝上取下来的一种东西,所以不要想当然写成"米"字。这是形意字。还有形声字。比如说"切"字,一边是"七",一边是"刀","七刀七刀"念快了就是"切"字。中华民族使用汉字作用于思维方式,使形象思维特别发达,派生出的戏曲文化全是追求意象、以虚代实、程式化,这是有根基的;反过来讲,如果把根基推翻了,民族的思维方式都要变。中共中央政治局委员张德江说过两次这个话:一个地区、一个国家、一个民族与他地区、他国家、他民族在和平发展条件下的竞争，说到底是文化的竞争。这个见解非常深刻。他举了例子，非洲的一些国家早就独立了，按理说有政权了，但是一些民族没有文化传统，所以至今贫穷落后、挨打受气。反过来，第二次世界大战后作为战败国的德国，当时一贫如洗，但它有文化，有反思的传统。大家知道，马克思、康德、黑格尔都来自德国，历来的大思想家、大思辨家很多都来自德国。德国人对第二次世界大战的历史进行了比较深刻的反思，对第二次世界大战应该承担的罪责是承认的，多少年以后它又成为发达国家。日本也是战败国，它也有文化，它的文化不在对第二次世界大战的反思有多深刻，而在所谓的"武士道"精神，在它的民族中某些人长期存在的军国主义思潮上。它现在又成了发达国家。我去过美国、日本两个国家的博物馆，其显现出来的博物意识完全是两码事。美国只有200年的历史，它办博物馆没什么历史值得炫耀的，于是就集天下之精华而展览之。到洛杉矶的博物馆，中国是中国馆，法国是法国馆，意大利是意大利馆，展品全是向收藏家租来的，让它的国民得到博物的享受，历史的影响。美国本身是个移民国家，把其中的文化交融整合，显现出了它的个性和生命力。日本东京的博物馆什么都不要，就是明治维新短短的一段，用高科技手段把这段时间日本的发达史细致地展现出来，宣传它自己。和影视界的现象联系对照起来，日本人去年选贺岁片，看上了《首席执行官》，是我没想到的。《首席执行官》是写海尔的张瑞敏怎么创业、怎么把企业办到世界上去的。在东京做宣传的时候，广告上就打了一句话，"看中国人在怎样崛起"。日本人在新年到来的时候就在提醒它的国民注意周边安全：旁边的睡狮醒了，在崛起了。两相比较，我国这几年的贺岁片，一窝蜂地在某种引导下，都盯着几个人给我们搞笑。不是不需要笑，过年嘛，笑是正常的，关键在于，一个民族不能只知道笑而不知道为什么笑，而且笑得没有品位、没有幽默，笑得日趋庸俗。所以研究我们民族的生存时要想到这个问题：生存与发展。前段时间满报纸都是"和平崛起"，现在细心的人会发现不用这个词了，改成和平发展。"崛起"这个词太有刺激性，很多国家就有"中国威胁论"了，不符合邓小平同志讲的"韬光养晦"。我们是发展中国家，用发展就可以了。

张德江同志当时就说要比文化,高度重视文化,比到最后还是要比文化,要比民族的人文精神。这是个非常重要的问题。西方的学者也都意识到了这个问题。最近,几十位诺贝尔奖的获得者云集巴黎,发表了《巴黎宣言》,其中有一段话让人感到既亲切又振聋发聩。翻译过来大致是说:为了人类的未来能够协调持续发展,人类应当回到两千五百年以前的东方孔子那里去讨教。胡锦涛同志提出了科学发展观,再进一步提出了构建和谐社会,这是一种世界潮流、人类进步的潮流。

孔子思想的精髓在于构建大同的和谐社会,哲学精粹在中庸之道。前段时间看庞朴先生发表的论文,称"一分为三"是中国人的最高智慧。我们都习惯了一分为二,因为那时候的哲学基础是斗争哲学。一个政党、一个国家要打江山、夺政权必须信仰斗争哲学。一分为二是有它的长处的,让我们看到了一个混沌事物的两极。但是人类社会如果进入了和平发展阶段,不再是打政权而是搞建设阶段,就不能够再坚持这种"二元对立""非此即彼"的单向思维,而应该调整到全面、辩证的科学思维。所以庞朴先生说了"三人行必有我师焉""三生有幸""三点定一平面",都是"三"。"一分为三"在和平发展的历史条件下,最大的优势在于既看到了事物的两极,又防止走极端。"执其两端,取法乎中,故曰先进"就是这个道理。到了北京,天安门、地安门,左安门、右安门全是对称的。当然现在的天安门多了个国家大剧院,大家认为"甚不协调"。搬到另外一个地方,它可能是个艺术品,但在那里破坏了北京建筑的和谐美。

谢铁骊同志(《早春二月》《包氏父子》《红楼梦》的导演)80周岁华诞、从影55周年的时候在北京开了个会。许嘉璐同志一赶到就说:"这个会不是非要我来不可,而是我主动要来的。"我们知道,许嘉璐原是北京师范大学的中文系主任,后来是北京师范大学的副校长,后来是国家语言文字工作委员会主任,再后来是全国人大常委会副委员长。许嘉璐说,在当前的艺术语境下("语境"这个词本来是哲学家、美学家用的,他说今天他也用一次),有识之士都发现了人文精神的滑坡,人文知识分子、艺术工作者神圣的历史使命就是把已经产生的负面效应缩小到最低限度。要想完全消除是不可能的,还是鲁迅先生说过的话，世间有百利而无一弊的事情是没有的，这是个历史过程。但知识分子的神圣使命就是把负面效应缩小到最低限度而把积极效应发展到最理想程度。如果我们在这点上看得很清醒，我们的社会、我们的事业就会坚持以人为本，全面协调可持续发展。如果在这点上陷入盲目，就会给后代造成好几代人都弥补不过来的损失。那天上午许嘉璐进中南海，胡锦涛同志征求民主党派负责同志对经济工作会议讲话稿的意见，他诚恳地建议党中央从文化战略高度上重视文化产业。他说，现在美国的"三大片"（即麦当劳的土豆片、好莱坞的进口大片、硅谷生产的软件芯片）登陆中国大陆，使我国青少年一代从物质消费到精神消费日趋美国化。一个国家、一个民族自立于世界之林的能力是它文化的根。文化的根受到破坏，将来就要影响它自立于世界之林的资格。同样的道理，中华民族的文化本身就是多元包容、丰富多彩、源远流长的，而在世界的诸般文明里，是唯一经久不衰、没有断续的文明。我们怎么能够让自己国家民族的文明面临衰竭而无所事事、充耳不闻、熟视无睹呢？什么叫知识分子？知识分子包括文化工作者、艺术工作者、科学工作者，就是先期占有了某一领域人类文明较多成果的群体，干哪一行的就是哪一方面的专家，这个群体的神圣使命就是传播文明。什么叫以人为本？从一定意义上讲就是把服务人、提升人当作一切工作的出发点和落脚点。坚持以人为本就是坚持以提升每一个体的综合素质、精神境界，促进其自由而全面发展为本。以人为本必然走向以人才为本。我们做的一切都要有利于提升人的全面自由发展，有利于提升民族素质、提升民族的文化利益，使我们的文化实力在世界领先、在人类领先。现在一些文化人类学家发现，要消解、弱化一个民族的文化，有两种文化非常见效：一种文化西方叫"监狱文化"，我们叫"专制文化"。我们经历过"文化大革命"的文化，高度集权，八亿人民八个样板戏，百花凋零。这种"监狱文化""专制文化"可以严重破坏一个民族的文化，乃至濒临灭亡的边缘，到现在后果都没有完全消除。巴金先生生前说："我一听到'样板戏'三个字就胆战心寒。"因为在当时那种特殊语境下不仅是一种文化，还是一种政治。当然我们不能简单否认样板戏，样板戏也不能简单归功于江青，那是集体智慧的结晶。所以我们现在还在唱、还在演，但确实留下了专制文化特殊语境下的产物的后患。还有一种文化，现在著作都出版了，叫作"娱乐致死"的文化，就是专门搞笑的文化。一天到晚嘻嘻哈哈，搞低级、庸俗的笑话，这种文化可以把一个民族的精神瓦解掉。

二、中国影视的人文思考

明白了现在的大背景、语境，我们来看中国的影视文化，做一点肤浅的人文思考。当前中国影视创作空前繁荣，从来没有像现在这样多样化、这么创作自由，但在我的艺术经历里，新时期以来，也从来没有像现在这样令人忧虑。这是辩证的，成绩不说跑不了，问题不研究解决不了。为什么令人忧虑？因为我们是个多民族国家，什么事情都不能搞单一化，单一化违反人类人文精神健康发展方向。事情很简单，百花齐放才是春还是一花独放才是春呢？举个例子，诗歌写到唐代到巅峰了。讲唐代的诗，人们一下子想到两个代表性人物。一位是杜甫，那是诗圣。"诗圣"是郭沫若说的："民间疾苦，笔底波澜，世上疮痍，诗中圣者。"一想起杜甫，我们就会想到青铜器，它的古朴、沉重、现实主义。"三吏""三别"让人一下子想到"暮投石壕村，有吏夜捉人"，一直到"老病有孤舟""戎马关山北"，都是非常现实主义的。另外一位代表性人物是李白，一想起他就会想到唐三彩。毛泽东同志曾公开表示他更喜欢"三李"，即李白、李商隐、李贺，因为李白的诗歌比起杜甫注入了更多的英雄主义；更多的浪漫主义，"黄河之水天上来"，想得简直没边了；更多的牺牲精神。因为李白出生在碎叶，大概就在吉尔吉斯斯坦，他从小在西域文化、少数民族文化熏陶下成长，童年又来到了四川江油，接受蜀文化的熏陶，多种文化在他的身上交融整合。所以李白诗歌的想象力、浪漫力更强，迸发出一种独特的生命张力。

一样的道理，我们对自己的文化也面临着这个问题。"专制文化"和"娱乐致死"文化这两种文化可以消解民族文化，值得我们高度警惕。你们不知道现在这股势力来势之猛到什么程度！"金鸡奖"，《手机》为什么不得奖？有记者在下面提问得很厉害。我说，

"金鸡奖"是中国电影的最高学术奖,也就是说,每年选择一部(如果票数相当才会有并列)代表当年中国电影最高审美水平。那么,我们要想一想,今年是不是《手机》最好?有些同志说了一句话:"《手机》好玩,但很浅薄。"它要经得起我们分析,特别要经得起人文分析。《手机》贴近了当代的民众,特别是青年一代的某种婚恋情态,但是有一条,《手机》从始至终贯穿的价值取向是否现代化?这可以仁者见仁,智者见智。从葛优扮演的角色(主持人)到张国立扮演的角色(制片人,兼带大学里学美学的女研究生),都有一个共同特征:以男性为中心。不要说影片里展示了葛优扮演的角色如何利用各种场合表现出对女性的不尊重,而且包括张国立扮演的角色,带着女研究生还要在宾馆里幽会。如果反映了这种现实,对其进行有力度的审美批判,也无可厚非。但是,电影里还呈现了甚至在某些方面还有点带有对葛优、张国立扮演的角色的某种欣赏。这样一来,评论家就应该从人文精神的角度提出意见:这是现代化的精神还是与现代化精神相悖的以男性为中心的某种封建意识的呈现?另外,党中央在号召构建和谐社会,社会的基层组织细胞是家庭。该不该构建和谐家庭?一部电影弄得若干善良的女性学会了偷看丈夫的手机,以窥视他是否别有所好;若干本来忠厚的丈夫学会了寻找机会看看妻子的手机,是否在外面也有不轨。震荡、动摇了多少和谐家庭?我们不能把家庭矛盾全归咎于一部电影,也不能抹杀一部电影对于社会潜移默化的影响。基于这两条,我们兼容并包,欢迎它的出现,让大家去思考、去讨论是可以的,但逼着我们给他最高奖项却没这个道理。我借用那句话说:"《手机》好玩,但很浅薄。"我还没敢说很"脏"。这下完了,第二天,《新京报》的头版标题:"强烈要求'金鸡奖'评委会主任仲呈祥向导演公开赔礼道歉"。这个有点太霸道了吧?有些事情我们是可以分析的。又比如说,去年在宁夏颁奖的时候,宁夏回族自治区主席就问我:"你是弄电影的。你老说你们的电影好,怎么我秘书去看了直摇头,我叫我儿子去看,他回来说不怎么样,我叫我司机去看,司机说不好。你们究竟是怎么回事?"然后跟我说了一件事:兰州人民代表大会的代表提了提案,要求把这部电影关了。兰州公安局破

获了一个盗窃集团,小面包车里全是那部电影的光盘,一审的时候
小偷交代说:"我们的集团本来是松散的,自从我们头儿让我们每
人看了两遍以后,我们增强了组织纪律性,出去作案的时候成功率
大大提高。"同样是这个话,我们不能简单地把犯罪集团的犯罪成
因归咎于一部影片,但是我们也不能否认一部影片产生的某些潜
移默化的影响。我们选贺岁片、选最佳演员,同样呈现出一种倾
向,值得我们进行人文思考。

我去过美国盐湖城的一个学校,那个学校有 31000 名学生具
有艺术传统,他们的艺术团到北京、上海都演出过,艺术修养很高。
我去了之后才惊讶地发现,他们对中国电影只知道一个张艺谋,还
知道半个陈凯歌,其他几乎都不知道。于是就提出要看《十面埋
伏》。大家知道,《十面埋伏》前三分之一是在展示盛唐文化,张艺
谋觉得营造的视听感官不够,马上把演员拉到了四川的竹海:盲女
在前面跑,两个捕快在后面追,箭穿喉咙,鲜血直喷。也许导演觉
得色彩对比还不够强烈,于是又把一帮人拉到乌克兰的冰天雪地,
雪白的雪和鲜红的血形成对照。放给美国的大学生看,我问他们
怎么样,他们讲得很真实:这个电影画面很好看,制作很精致,但整
个电影好像就是跳了两段舞,跑了三段路,死了一群人,完了。人
家没有看出什么人文内涵。我当时就做了一个很有意义的试验。
我同时带了霍建起的《暖》,这其实是个很简单的故事,就是人类对
自己的初恋感情应该怎么看。一个村子里有一对青梅竹马的恋
人,女孩子叫暖,男孩子叫井。封闭的山村里,两个人荡秋千。女
孩子渴望到外面的世界去看看,她比较浪漫,情商比较高。秋千荡
高了,就说:"看到了,看到了,我看到北京天安门了。"男孩子说:
"我怎么什么都没看见?"。本来风平浪静,改革开放了,城里的剧
团来演戏,其中有个英俊的小武生。暖一生的艺术细胞都被激发
出来了,就跑去看戏,送瓜子,送土豆,一来一往就送出了感情,就
移情别恋了。过了一段时间,小武生演完了戏要回城里,就跟她山
盟海誓,说他一定想办法把暖弄到城里去,因为暖很有艺术天分。
暖有了这个美好憧憬,于是日日盼、月月盼,望眼欲穿,但是音讯全
无。自己的所爱被人夺走,井本来很悲伤,但他用自己的人性去温

暖受了伤的暖，于是两人又重归于好。他们又一次荡秋千的时候，秋千的绳子坏了，暖把腿摔瘸了。两个人从此发奋读书，准备考大学。改革开放后第一次恢复高考，暖成绩虽然比井好，但因为腿有残疾，体检不合格，没被录取。井收到录取通知书后对暖说："你成绩比我好，我一定要进北京给你联系个学校。"又是一番山盟海誓。女人的冷静就表现在，她上了一次当以后，就显得比较矜持，不那么盲目了。暖对井说："我们村就出了你一个大学生。你到了北京以后，好好读书，不要想我，也不要给我写信。你给我写信，如果我三封信不回，你就不要等我了。"井到了北京马上写了第一封信。暖看了以后心里一股暖意。信里描述北京怎么好，马上要给她联系学校之类。村里有个放鸭的小哑巴，很喜欢暖，但是觉得自己配不上暖，这次一看邮差有从北京寄来的信，有和暖套近乎的机会，马上给暖送去。暖一看信是北京来的，出于女性的自尊，有意在哑巴面前表现得不那么重视，当场把信撕了，扔在小河沟里。哑巴一看，以后天天赶着鸭子等在村口，第二封、第三封、第四封……他就帮她撕了。于是悲剧产生了。十年以后，井已经大学毕业，跟一个同学安了家。为了帮中学老师解决合同纠纷，井回到了村里，在村口碰见了暖。这时候暖已经嫁给了哑巴，组织了一个家庭，生了一个可爱的女儿。两个人回到暖的家，哑巴看见了。这里有很多感人的细节，哑巴要在情敌面前显示家庭的温暖。外面下雨了，井要把小女孩喜欢的自动伞送给她，暖怕他着凉，把伞拿过来跑到村口。这时候哑巴抱着小女孩追上来，比划了一番。小女孩跑到井面前："叔叔，你明白我爸爸的意思吗？爸爸的意思是要你把我和妈妈带进北京。"因为哑巴自省了，他觉得不应该撕别人的信，破坏一段好姻缘。他不知道井已经成家了。电影的最后，井要回北京了，非常惆怅地挥手告别，和哑巴一家（夫妻俩抱着孩子）依依惜别。三个人都是好人，三个人都做过对不起对方的事：暖不应该移情别恋，井不应该等不及在北京成家，哑巴不应该撕别人的信，毁了一段好姻缘。影片告诉我们人类对初恋的感情。初恋往往是纯真的，但往往不成功。三个人在回首往事的时候，应该多一分自省，多一分理解，多一分宽容，人与人就会更和谐。这个主题有什么不好啊？陆游回到沈园的时候不是还写了《钗头凤》吗？大词人、大诗人不是也想念初恋的对象吗？这是很正常的。这部影片不同的人会有不同的解释。有人就说，这个电影为什么得"金鸡奖"？它把中国农村写得不是哑的就是瘸的。这个电影在美国大学一放完，那里的大学生说了一句话："这电影有意思，好玩，让我们想起了《廊桥遗梦》。"这就证明，人类对电影文化人文内涵的追求有某种一致性：作为艺术的审美的把握，电影应该表现人类真实的、纯洁的、美好的感情。但是我们现在不是这样，大家注意炒得很热烈的在威尼斯电影节拿了奖的一部电影，跟大家说实际情况，我就觉得很为不妥，它用四川方言。现在就是"一股风"电影，从212部电影里选出29部进入"金鸡奖"评奖的，大概有一半都是方言。这样开掘人性我觉得张扬的不是我们崇尚的人文精神，展示中国的精神风貌我觉得不应该去投合西方某些人对中国人的一种扭曲的、变态的理解。投其所好去邀赏，这是丢国格、丢人格的。

　　国际电视奖艾美奖今年在东京、明年在首尔举行。2003年的时候叫我去巡视，我提了一个意见，说他们不聪明。美国电视艺术科学院的院长、国际电视节的主席问为什么，我说，他们丢了一块13亿之众的市场，排斥了最青睐电视艺术的中国电视观众和中国电视艺术家。我说要在中国办一次，当时他们选定了杭州。我还和程蔚东说了作好准备。当时他们问哪个城市好，我如实作了介绍。我说中国有三类城市他们会感兴趣的，第一类以人文景观取胜，如古城西安，全是人文景观，兵马俑是世界上其他地方看不到的；第二类以自然景观取胜，如山水甲天下的桂林；第三类是将人文、自然景观交融整合、兼而有之的，如杭州。杭州不仅有天下美景的西湖，西湖边上一圈都是人文。鲁迅阳郁达夫迁居杭州说得很清楚："坟坛冷落将军岳，梅鹤凄凉处士林。何以举家游旷远，风波浩荡足行吟。"而且杭州毗邻上海。他们一听很感兴趣。我说上海的黄浦比曼哈顿还漂亮。但是后来凤凰卫视的老总刘长乐说他费用全包，中央电视台对出钱还有点犹豫，于是他们就到香港去了。香港选了一部电视剧，何琳主演的《为奴隶的母亲》，说穿了就是借腹生子。我不是说那个剧不好，可以看出他们选择的眼光。

本来柔石先生写的是旧时代,但人家可不管,以为现在还是这样的。有钱人家的老婆没有生育,把别人家的老婆租来,住三年生了个儿子后轰走,然后自己和租来的老婆争风吃醋。我觉得柔石先生在当时写是有积极意义的。老实说何琳的表演跟当时特定人物的典型心态差得还很远,毕竟她的人生积累、情感积累、生活积累还没到那个程度,还不懂得为人母之后又要为他人生儿子的辛酸和痛苦。全国宣传部长会议很明确地提出要构建大外宣格局,要正确展示中国人的精神风貌、人文追求,提出要反对"三俗":低俗、庸俗、媚俗。说到低俗、媚俗的东西,这次推荐上来要参评的一部片子,已经低俗到没法说了。大家想想,为了片面地追求观赏性,人文精神的滑坡已经到了什么程度了,就认为这种电影一定会有视听感官的刺激感。如果说《十面埋伏》靠高科技手段、构图能力和审美能力营造了一种视听奇观,那么,那部低俗的电影就走向了另外一面。这样的问题已经引起了很多有识之士的高度警惕。

我很钦佩的王元化老先生有一段话对我们很有启发,他是做过上海市委宣传部部长的。他明确说了:"我不喜欢《十面埋伏》这样的时髦片。我觉得张艺谋的艺术造诣十分空虚浅薄。他的作品只是故作深奥状,其实不过是以新奇掩饰浅陋而已。"每个人对每部作品都有评论的权利,这是个人的见解。下面这段话我认为是真理,他说:"艺术倘使都像股票一样以炒作来提高价值,陷入市场化的泥沼,那便是艺术没落的开始。"这是他亲手签了字的信。我们大家想想是不是这样?有部电影宣传其上亿的投资海外版权已经收回,国内的放映就是净赚。一部电影作为精神产品,本来应该靠真善美取胜。不宣传电影的思想性、艺术性如何,而去宣传思想、艺术之外的。海外版权拿回来的言外之意是什么?外国人都要看,中国人不看不是傻吗?说句实话,投资本来多半都是外国人投的,外国人要买你的版权也是一种炒作。一部电影投资3亿多,要代表国产片参加奥斯卡奖。我作为普通的观众要问一句:这符合中国的国情吗?3亿多花在什么地方不好,这3亿多是我们的投资还是国外的投资?还有,中国电影的最根本经验是什么?我在中国电影研究所电影研究中心工作了很多年,当了五年不称职的中国电影研究室主任。中国电影资料馆馆藏的 3 万多部拷贝，那段时间我一天看 6～8 部电影。当时我有条件一个人坐着看，看了我心里有数。

三、电影与中国文化

1895 年，法国杜米埃尔兄弟发明了第一部电影，比我们早十年。中国电影自 1905 年的《定军山》开始，说明了什么？电影这种舶来品在中国土地上落脚生根，与生俱来的血缘联系就是与中国民族文化、民族戏曲相联系。但是，20 世纪之初，虽然背景是新文化运动和"五四"运动，但是主要影响中国电影制作的是两种文化：文明戏和鸳鸯蝴蝶派。中国电影问世之初的二三十年，代表人物张石川公开讲"我是要赚钱的"，他提出"营业主义"。后来有些进步文化人提出批评，他加了一句话叫"营业主义加一点点良心"。当时除了少数的像《劳工之爱情》《孤儿救祖记》比较有中国传统文化，大部分是《火烧红莲寺》这样打打杀杀的、言情的、鸳鸯蝴蝶派的，没有出现高潮。按照吴贻弓同志提出的三个标准，第一个标准，作品源源不断，且不乏经典之作。考察是不是高潮，很明显的一个标准就是有没有经典作品，没有是不能算的。那个时代找不出经典作品。一直到 20 世纪 30 年代，在中国共产党的影响下，"左翼"文艺工作者介入，具体说来就是夏衍、田汉、阳翰笙等，开始有了吴永刚（吴贻弓的父亲）导演的《神女》，然后是《渔光曲》《十字街头》《马路天使》一大批进步电影出现，一直到 20 世纪 40 年代出了《八千里路云和月》《一江春水向东流》，这段时期的电影不仅在中国电影史，而且在世界电影史上都占有一席之地。所以称之为高潮是当之无愧的。第二个标准，人才辈出，且青出于蓝。也就是说要有承传关系。这个时期出了很多人才，吴永刚是这段时期出来的，包括一大批优秀的演员，白杨、刘琼、王丹凤等都出来了。1986 年，我跟着白杨团长、刘琼副团长到新加坡去，一下飞机，来接机的都是华人，拿着鲜花，令人感动，把刘琼 20 世纪 30 年代演的《文天祥》照片放得很大举着。那些华人都是白发苍苍的老头、老太太了。当时我问他们，那些老太太说，那个时候在上海哪个人要是找到刘琼当先生，是一辈子最大的幸福。问那些举着王丹凤照片的男的，说那时候看她的戏，长得真漂亮，哪个人娶了她当太太睡着了都要笑醒。证明当时电影是深入人心的。第三个标准，观众源源不断，且为自发的，不是靠发文件组织观众来的。

2005年的"金鸡奖"颁给了两个有成就的导演终身成就奖，一个是上海的谢晋，一个是北京的谢铁骊，称为"南北二谢"。对历史、电影文化进行人文思考是非常必要的。从不同的视角思考得出的结论是完全不一样的。我看了两篇博士论文，中央一所艺术院校的两位博士写的，研究1905年开始的那段历史。一篇题为《论鸳鸯蝴蝶派乃中国电影类型片的正宗》。她的结论说，中国电影一开始就是《火烧红莲寺》，就是类型片、武侠片。其实，《火烧红莲寺》根本没有片子留存了，只有文字记载。今天《十面埋伏》的轰动证明了中国电影经历了一百年的时间又回到了正统。无独有偶，同一个导师指导的另一位女博士写了另外一篇《论鸳鸯蝴蝶派为中国类型片电影的基础》，找了很多鸳鸯蝴蝶派的东西，不仅有电影还有电视剧（没完没了的《京华烟云》）来证明鸳鸯蝴蝶派是中国电影乃至电视剧的基础。这就完全把结论弄错了。实际上，以后的事实证明，中国电影的成功在于把舶来品中国化、民族化，是对中国人民争取自由解放的历史进程进行艺术呈现的重要形式。现在有些电影是把本来已经中国化、民族化了的，具有中国风格、中国气派的电影倒过去变成了好莱坞式的中国电影。这就是民族文化要不要弘扬的问题。现在恐怕很多观众都有这个印象了，说看了某些所谓的大片，好像都是学好莱坞的。不是不要借鉴，但是这里有个坚守民族文化立场、民族的人文精神的问题。这点并不是很简单的事情。中国文学艺术界联合会总在纪念杰出艺术家是有原因的。我们有个看法：一个民族审美思维的最高成果主要体现在这个民族的杰出的艺术家身上，而这些杰出的艺术家正是人民养育、时代养育的。这正体现了唯物史观。我们承认，大量的民间文化、民间艺术也显现出中国民族审美思维水平，但更为集中的是各个时期杰出的艺术家。2005年，我参加了韩美林艺术馆的开幕式。我注意到一个现象,好像美术院校的来者不多。我甚不以为然,觉得艺术应该打破门户之见。为什么?一个根本的观念,韩美林的艺术是民族化、个性化、风格化、现代化的。他的线条在世界上是独一无二的。书法、绘画、雕塑、陶艺他都能。在艺术领域里,专才易得,通才难求。一个国家里,有多少人能够给国家留下自己的艺术馆呢?他奉献给人民,这是大智慧,是大艺术家的大智慧。那天我说了这个话:韩美林乃是中国齐鲁文化和吴越文化杂交而生成的一个优良品种,他本身是山东人,母亲是浙江人,爱人也是浙江人。在美丽的吴越文化养育的西子湖畔伫立起一座呈现出齐鲁文化雄浑气派的韩美林艺术馆,不是使这个地方的人文色彩更丰富多彩吗?

再往后说到谢晋、谢铁骊的时候,这条是非常可贵的。谢铁骊本来是个新四军战士,后来当了新四军的文工团团长。新中国成立后受命组建电影研究所(中国电影学院的前身),20 世纪 50 年代才开始拍片,学当副导演、导演。二十世纪五六十年代,我们的哲学是斗争哲学,以阶级斗争为纲,那时候他已经拍出了《早春二月》,不能不佩服他。在那个大环境里,艺术家有对艺术的独立追求,对人性的深刻理解,有独到的思想发现和审美发现。那天在会上谢铁骊说了八个字:服从组织,据理力争。我认为他讲了真话,是有党性、有人民性的艺术家。他就在服从组织、据理力争中寻找了充分展示个性和才华的最大的可能空间。《早春二月》中留下了典型的细节:148 元买了套西服。现在的青年人会说 14800 元的西服也不算是最好的,但当时 148 元已经是天价了。我们再想,"文化大革命"里的八个样板戏他老人家拍了五个,因为他特殊的经历和特殊的位置。但一有机会拍故事片,他就拍了《海霞》,又挨批了。尤其到改革开放以后,1986—1989 年,中国的电影杀声漫天、血流成河,娱乐派起来的时候,北京电影制片厂拍了 15 部电影,听名字大家就清楚了,《艾米小姐和她的情人》《太监历史》等,全是这种类型的电影。结果他独立地干了一件事情:拍《红楼梦》,六部八集,钻到传统文化、优秀古典名著里面去了。这就证明了一条,艺术家真要有独立的思想,自由的精神,这是陈寅恪先生的话。我认为这是对"五四"精神的必要补充。"五四"精神重要的是科学、民主，这是不能推翻的。但另一面，作为艺术家，独立的人格、独立的思想、自由的精神必不可少。谢晋也是个大导演，也很有成就，我们非常崇敬。但相比之下，他在这方面又留给我们一些经验教训。谢晋的老师钟惦棐说过一句话："时代有谢晋，而谢晋无时代。"我认为这句话胜过了汗牛充栋的谢晋研究著作。二十世纪五六十年代造就谢晋拍出了《女篮五号》《红色娘子军》这样的爱国主义力作。二十世纪七八十年代，改革开放解放思想、实事求是的年代造就谢晋拍出了《天云山传奇》《牧马人》《芙蓉镇》。同样，"文化大革命"的时代，又误导谢晋无奈染指《春苗》，这是个阴谋电影，打走资派的。时代造就了他，他逃脱不了时代的局限。20 世纪 90 年代之后，东西方文化八面来风，传进很多时髦的西方的理论，什么"开掘人性深度"，却又不开掘健康的人性。他导演的一系列电影《清凉寺钟声》《女儿谷》《老人与狗》《最后的贵族》，打上了那段时代的印记。这样说完全不等于否定一个艺术家的成就。我认为"时代有谢晋，而谢晋无时代"表现了一位卓有见识的电影理论家对一位成就斐然的导演艺术家的耿耿真情和殷殷厚望。希望我们的艺术家对时代有独到的审美发现和思想发现。

四、结语

我赞成在坚守中华民族人文精神的时候有四个必须坚守。第一，坚守中华民族在创造能力上的特长。失掉这一条就失掉了我们的优势。例如，京剧作为中国戏曲文化的集中体现，表现了中国人在形象思维、追求意象、艺术审美上的优势。有一次一位领导同志问我于魁智能不能算艺术大家、京剧表演艺术家。我说目前还不能算，因为作为艺术表演大家也要有几个标志。作为京剧表演大家，首先，要宗流派、有承传。这个我们还差得很远。欧阳中石是大书法家、大哲学家，他是学"奚派"奚啸伯的。欧阳中石说，"奚派"的戏他都会,会一百多出。现在叫得很红的青年演员,不管学哪派的,会二三十出、三四十出就不得了了,差得很远。其次,必须有他的受众群体,流派要流得下去。再次,要有代表剧目。梅兰芳先生早期有《洛神》《贵妃醉酒》,晚年有《穆桂英挂帅》。现在的青年演员都没有,比如于魁智,说他代表性剧目是《梅兰芳》,可是《梅兰芳》根本不能算,唱成京歌了,由于舞台的花哨,湮没和影响了京剧艺术本体的发挥。最后,也是最重要的,必须有理论家抽象概括他的表演艺术体系,现在也没有。第二,坚守一个民族的心理素质。比如欣赏电影,中华民族有中华民族的电影鉴赏心理,如果全部改成好莱坞的形式,恐怕是不行的。第三,坚守民族特有的审美思维方式。这个和创造力上的优势这一条有同也有异。第四,坚守民族文化系统中的根本概念不变。如果做到了这个,也就可以承认坚守了人文精神传统。北京大学的叶朗教授提出,在先进文化建设中两个底线不能丢:人文精神的底线和伦理道德的底线。坚守住这两个底线,尽量以优秀的作品满足人民群众日益增长的精神文化需求。摆在我们面前的课题,一是如何在多元、多变、多样的文化语境下增强马克思主义美学观、历史观的引领作用;二是如何在快速增长的经济形势下加快发展文化事业、文化产业,满足人民群众日益增长的多样化文化需求;三是如何抵制西方强势文化的渗透,保证在全球化语境下既充分借鉴外国优秀文化,又抵御西化、分化图谋;四是如何在现代化高新技术、互联网的新时代条件下占领文化阵地;五是在改革进程中,如何处理好继承与创新的关系,既符合精神文明建设规律,又符合市场规律的新的机制和运作方式。这样,我们的电影电视文化才能健康发展。电视剧因为太多,现在说起来很复杂。简单地举一个例子,我们现在铺天盖地地引进韩国电视剧,这就需要人文分析。韩流其实是"汉流",韩国电视剧从人文内涵或者文化内涵来说就是一句话:中国儒家文化出口转内销。这就和我们 20 世纪 90 年代的《渴望》表现得差不多。从艺术特征上来说也可以用一句话:人之常情的细节魅力。

但是要注意,我们过度地引进既挤占了中国市场还引来了一个问题,韩国电视剧一般说来大多表现妯娌之间、姑嫂之间、父女之间、兄弟之间的情感,容易失去一种高远宏阔的视野,计较个人身边的小悲欢,拿小悲欢当大事件。韩国人是聪明而智慧的,他们热播中国的电视剧《长征》。他们明白引进中国的儒家文化不仅要厚德载物,还要自强不息。《易经》上的两句话:"天行健,君子以自强不息;地势坤,君子以厚德载物。"他们知道既要有厚德载物那一面,还要有《长征》那种所向披靡、自强不息的另一面。

舞剧创作的结构要素与结构形态[①]

于　平[②]

　　舞剧(dance-drama),是一种以舞蹈为主要情感表现手段和最终形象呈现方式,具有戏剧构成形态的舞台表演艺术。这就是说,舞剧区别于其他戏剧样式,在于舞剧以舞蹈为主要情感的表现手段和最终形象的呈现方式;而舞剧区别于其他舞蹈体裁,则在于舞剧所具有的戏剧构成形态。作为舞台表演艺术的戏剧构成,东西方戏剧在构成形态上有很大差异:西方自近世以来就走上了话剧、歌剧、舞剧自立门户、分道扬镳的发展路线;而东方的戏剧,无论是中国的戏曲、日本的歌舞伎还是印度的卡塔卡利,虽然念白、歌唱、舞蹈在不同的剧作中各有侧重,但基本上保持着三位一体的综合形态。中国戏曲,无论是申说"以歌舞演故事"的定义,还是强调"唱、念、做、打"的形态要素,都是将其形态构成的"综合性"放在第一位。因此,有人认为舞剧是以人体动态语言为主要表现手段的一种戏剧样式,认为它以"语言"区别于话剧、歌剧、默剧乃至音乐剧;也有人认为舞剧是按戏剧形式来展开的一种舞蹈体裁,以其结构的巨大性和复杂性区别于独舞、双人舞、三人舞、群舞和组舞。我历来视舞剧为一种舞蹈体裁,并认为对这种舞蹈体裁的深入把握涉及结构要素和结构形态两个截然不同且又密切相关的方面。

---

　　① 本文于 2010 年 3 月发表于《浙江艺术职业学院学报》。
　　② 于平(1954—　),男,江西南昌人,中华人民共和国文化部文化科技司司长,舞蹈学教授,主要从事舞蹈学研究。

一、多重视角中的舞剧结构要素

任何事物的结构,都是事物构成要素的结构。舞剧艺术的结构也是如此。正如对舞剧这一舞蹈体裁的把握不能不关注其结构形态一样,我们对舞剧结构的认识也不能不从其结构要素入手。舞剧的结构要素,在不同的视角和不同的层面上,会有不同的基本要素,也会有不同的构成关系。其基本要素大致可分为故事要素、情节要素、语体要素和叙说要素四个方面。

(一)故事要素:背景、事件、人物、性格

舞剧既然称为"剧",就不会没有故事。"以舞蹈演故事"的舞剧,其结构过程中不能不考虑故事的结构要素,这就是背景、事件、人物和性格。舒巧曾经从故事要素的视角回顾了自己的全部创作,她认为对于结构的认识和思考可分为三个时期,其主要的演变在于编导和题材之间、编导和自己作品之间的关系。舒巧认为,第一个时期是"记者时期"。那时对于所表现的题材犹如一个记者,围着它团团转,客观地描述表现。编导与题材的关系是"面对面"。第二个时期是"进进出出"。这时很想甩脱"记者式"的客观和冷漠,将自己全身心融进去,但长期的创作习惯又会不知不觉地将自己拖回原地,于是那种结构现在看来不尴不尬。这一时期于自己作品主人翁的内心世界而言是"进进出出"。第三个时期终于将自己解脱——这一时期呈现为我即是他、他即是我的"合二而一",这个"他"是指自己作品的主人翁。对于舞剧结构的故事要素,舒巧强调的是人物及其性格。如她所说,一部舞剧当然要有事件,不可能空演。试试先把背景推远,接着再把事件推远,推远背景和事件,只留下你所要写的人物在你心里。从人物性格切入再重新着手铺排事件,这时的事件是仅仅为人物所需要而不是故事所需要的了。

舒巧以自己创作的《停车暂借问》和《三毛》两部舞剧为例来说明这种结构方式。她认为,《停车暂借问》在构思时对事件的选择终于从传统的所谓"戏剧性"解脱了。情节线不再成为结构的主

线,结构不再被情节的进行所左右,代之以人物性格的展开、人物感情的变化为推进动力。这样的结果是戏剧仍然存在,只是此戏剧性已非彼戏剧性了。在创作《三毛》之前她做结构是不经过"抽象"这道工序的,仅仅是把繁复的生活素材去粗留精。她说的"抽象"是指让丰富的令人激动的纷繁复杂的生活现象在心里积累沉淀成一种"感觉"。这"感觉"是全剧的种子,应该是一两句话就可以表达的。这时,做结构的方法也自然地由线形的顺序改为扇形,即由一点阐发成一片了,就像种子发芽莩枝开花一般。在这时,编导与题材、与作品的关系变了。对题材的认识和使用也自然而然地由背景、事件、人物、性格到编导自己——最终落到"自己"了。什么是"自己"? 就是你自己通过自己的作品想说什么;你挑了这个题材、选了这个人物,你想通过他说什么。所谓把"人物性格"都推远,就是说"写人物"不是目的,"人物"只是你思想的载体,"人物命运"只是你自己对命运的理解和诠释。由舒巧的舞剧创作历程可以看出,结构舞剧对故事要素的重心落在何处,会导致舞剧叙述方法的差异并最终导致舞剧结构形态的差异。而中国当代舞剧创作的发展历程告诉我们,"以舞蹈演故事"的舞剧,是一个由关注背景、事件走向而把握人物、性格的历程。

(二)情节要素:开端、发展、高潮、结局

故事要素,无论是背景、事件还是人物、性格,都要在舞剧的戏剧构成中被有机地组织和安排。无论是在事件的演进历程中呈现性格,还是在性格的成长历程中交代事件,都需要找到一个逻辑序列,这就构成了舞剧的情节。从情节的视角来看舞剧的结构要素,传统的认识是包含开端、发展、高潮和结局,我们也称其为故事情节的起、承、转、合。起、承、转、合作为情节要素,其实是对故事要素的逻辑安排。我们对情节要素的认识,一是要强调其"四位一体"的整体性,如一幅楹联谈及戏曲情节构成时所言:"开局甚堂皇,端庄流丽之余,起乎散行,中间整作;收场何细密,照应斡旋之外,通身结束,到底圆匀。"二是要注意"四要素"的阶段性,元代杨载在《诗法家数》中谈"律诗要法"时说道:首联"起",要突兀高远,如狂风卷浪,势欲滔天;颔联

"承",要如骊龙之珠,抱而不脱;颈联"转",要相应相避,如疾雷破山,观者惊愕;尾联"合",要如剡溪之棹,自去自回,言有尽而意无穷。这里的阶段性,其实是指情节要素各阶段的构成特性。西方剧作家韦尔特认为,情节要素无论在哪个阶段,都要以"兴趣"为其内质,即"开端是抓住兴趣,发展是增加兴趣,高潮是提升兴趣,结局是满足兴趣"。

对于舞剧的情节结构,李承祥认为是根据作品的主题思想、戏剧冲突和人物性格来加以安排的。胡尔岩则认为其本质在于"对现实时空的重建"。如她所说:"舞蹈的时空,是舞蹈家对现实时空感知后的主观再造。它经过舞蹈家审美经验的筛选,带入舞蹈家个人情感体验,又经过舞蹈专业技能的形式手段'物化'之后,方可成为直接可视的审美对象。经过舞蹈家的这一创造过程,现实时空形态已被重建为舞蹈的审美时空形态了。"她认为舞蹈审美时空形态的特征有三:一是时空互化,即在空间中展现又在时间中流动的动作将一个一个连绵不断的动作复合成表情达意的语言,达到对作品意义的理解与共鸣。二是双重时空,即分别指作品结构处理上的时空特点和某舞段动作与动作之间连接组合的时空特点。一部作品的整体结构,在处理双重时空关系时,要在有限的物理时间(音乐长度)中尽可能涵盖更多的空间内容,在尽可能地给观赏者以较多的审美信息的同时又留给观众自由想象的空间。三是自由转换,即舞剧的时空主要靠演员连绵不断地"舞动"来创造,与戏曲艺术的虚拟性表现有相似之处,因而转换自由。舞剧的情节结构要善于运用其"审美时空"的特征。

(三)语体要素:独白、对话、鼎谈、群言

语体要素,在舞剧结构要素的考察中是一个重要的视角,也是一个重要的层面。舞剧结构的语体要素是舞剧进行艺术表现的基本语言手段,这通常包括独舞、双人舞、三人舞和群舞。

1. 独舞:要有独特性格的主题动机

"独白"作为舞剧的语体要素之一,指的就是独舞。这是因为独

舞主要是舞剧主人公抒情言志的独白,或是其生存状态的写照。比如《红色娘子军》中的"清华诉苦""常青就义",又比如《丝路花雨》中的"英娘卖艺"、《奔月》中的"后羿醉酒"等。舞剧中的独舞,从语体要素的视角来看有两种存在方式:一种是"独立寒秋"的独,舞者独享整个舞台空间;另一种是"独领风骚"的独,舞者独出于众舞者之上。对于"独舞"这一语体要素的运用,首先要找到这一"独白"的核心词语和基本品格,也就是说,独舞首先要有独特性格的主题动机,这一动机的发展或变奏会形成具有独特品格的表述。其次,要区分这一"独白"是客观生存状态的显现还是主观心理意愿的宣叙,对于"独舞"这两种不同的基本定位,要对应着"内敛的"和"外展的"不同"独白"语言。再次,"独白"的语言设计要在舞剧主人公及其扮演者之间,亦即在"独白"叙述的需求与能力之间找到契合点。在舞剧这门艺术中,舞剧形象的成功往往意味着扮演这一形象的舞者的成功。因此,舞者的技术能力、身体表现力最好能成为"独白"的有机构成。最后,"独白"的语言逻辑不能只是"自说自话"的纯主观状态,要考虑与舞蹈的群体、舞蹈的假定环境乃至社会的接受心理发生联系。在这个意义上,"独白"也是一种对话。

2. 双人舞:要为特定情景设计共同意念

与独舞有别,双人舞作为舞剧结构的语体要素,是名副其实的"对话",并且常常特指舞剧中男、女首席舞者的"对话"。在舞剧结构的语体要素中,双人舞较之独舞有着更为重要的地位。作为中国当代舞剧结构要素的外来参照,芭蕾舞剧的双人舞在一个时期曾有着毋庸置疑的范本作用。不仅是"男、女首席舞者的合舞"的定义,男、女舞者扶抱、托举的动作程式也影响着我国舞剧创作中"双人舞"的形态构成。当然,我们也有所取舍,比如我们的"双人舞"不再沿袭adage(慢板)、variation(变奏)和 coda(结尾)的三段体,也取消了男、女首席舞者展示个人技艺的"男变奏"与"女变奏"。我国舞剧"双人舞"的设计,在近 20 年来有很大突破,其中最具影响力的是舒巧的舞剧创作。舒巧不仅在舞剧创作中多以"双人舞"这种语体要素来支撑自己的舞剧,而且总结出了舞剧"双人舞"设计的基本原则:第一,舞剧双人舞应以男、女主人公各自的独舞为蓝本。这是因为，作为舞剧中的男、女主人公，必有相当的独舞或领舞性格，这些具有各自性格特征的舞蹈与其在舞蹈场面中、在戏剧构成中的形象和性格多是贯通统一的。设计双人舞时，可根据需要以某一主人公的独舞性格为贯穿动态，另一主人公的独舞为装饰动态。这样做既方便又准确。第二，舞剧双人舞应根据特定情境的需要为两个人找到一个共同的意念。赋予双人舞以一个意念，目的是为了摆脱这种"对话"可能出现的哑剧状态。舞剧"双人舞"在舞剧结构的语体要素中之所以重要，一个很重要的原因是它颇为类似歌剧艺术中的"咏叹调"，是舞剧艺术本体特征的呈现。舞剧"双人舞"的意念化可以使这一"对白"更具有双人舞的流畅性和形式感。第三，舞剧双人舞要在舞剧情节、人物性格的限制中形成设计风格。舞剧中的双人舞大多为"爱情双人舞"，对于"爱情"的概念化理解，使得"双人舞"亦难免出现程式化动态。在脱离芭蕾双人舞的程式后，有的编导提出用随机的"碰撞法"产生新的双人动作意念。这不失为解脱程式的一种好办法。但舒巧认为，在具体的舞剧之中，用剧情、性格来"限制"双人舞设计的随机性，可能也是重要的。因为我们摆脱程式化是为了实现剧情化而不是"自由化"。第四，舞剧双人舞要有"合体"的意识，也就是说，从动作动机到动机的发展和变奏，要视其为一个"合体"的两半而不是两个"个体"的同行。因此，舞剧主人公的某些主题动机，可以由"个体"扩大到"合体"上来做；动机的发展与变奏也可以在"合体"意识中进行。也有人从"力效"角度来论及"双人舞"这一语体要素，认为有同力（等量力的平衡）、合力（等量力的交叉）、拉力（由失衡至平衡）、推力（由平衡至失衡）、接力（延伸、传递力辅助主动力）、抗力（对抗和排斥）等。

3.三人舞："冲突"是其重要的语体特征

三人舞，也即我们所说的"鼎谈"。虽然并不是所有的舞剧都运用了这一语体要素，但在舞剧结构戏剧冲突时，三人舞又是很有作为的语体要素。例如在《白蛇传》中，许仙与白娘子、小青的三人舞，法海与许仙、白娘子的三人舞，就会有戏有舞有作为。又如在《雷雨》

中,周朴园、周萍与繁漪的三人舞,周萍、繁漪与四凤的三人舞,四凤、周萍与周冲的三人舞也是颇有作为的。舞剧中的三人舞与双人舞大多趋向于"和谐"不同,它是以"冲突"作为其语体特征的。了解三人舞所包含的戏剧冲突的特质,有助于我们把握这一语体要素的叙述特征。首先,我们注意到构成舞剧三人舞的三方都具有不同的、鲜明的性格特征,三个不同的性格为着某一事件或某一情感而纠葛在一起。因此,三人舞在其动态设计上肯定不是"齐一"的而是"鼎谈"的——一种"鼎足而立"的叙述。其次,构成戏剧冲突的三方,大多由两方构成"势不两立"的对立面,另一方游移于上述两者之间,如许仙游移于法海和白娘子之间,周萍游移于繁漪和四凤之间。由于这种状况的普遍存在,三人舞的语体特征就不仅仅是"鼎谈"而是会出现"甲乙"对"丙"或"乙丙"对"甲"的局面。最后,要注意三人舞作为语体要素的独特形式感的建构。三人舞独特的形式建构,不是三人互不关联,也不是一个双人加一个独舞;三个不同的性格为事或为情所纠葛,不仅具有较强的冲突性,而且还具有冲突的复杂性。因此,从造型、从调度甚至从动作的捕捉与变化,都会为三人舞提供独特形式建构的可能。关于其形式建构的方法,鲜于开选认为是多样的:"既可以用叠搭勾连的建筑法,也可以用穿插流动的编织法,亦可用独舞、双人舞的换位交叉连接法,更可借用音乐三声部赋格的表现手法,还可用复合形象编舞法。"

4. 群舞:树立"舞群"意识与"织体"观念

群舞作为舞剧语体要素的"群言",恰恰不是"众说纷纭"的"群言堂"。它的出现,作为舞剧的群像塑造或情势渲染,往往是"众口一词"的。从人物形象的角度来看,舞剧中的群舞就是舞蹈着的群众,比如《红色娘子军》中的"五寸刀舞""斗笠舞"等;而从造意手段的立场来看,舞剧中的群舞也可以是舞剧"交响演奏"的"织体",比如《闪闪的红星》中的"红五星舞""映山红舞"等。其实,无论是比较实在的"群众"还是比较虚拟的"织体",舞剧的群舞作为舞剧结构的语体要素之一,一定要树立"舞群"的意识,一定要树立"织体"的观念。在我看来,舞剧的戏剧构成主要由主人公之间的关系及其导出的事件来展开;群舞在舞剧中的设置,一为情境营造的需要,二为情势渲染的需要,三为情感衬饰的需要。在这些需要中都需把作为语体要素的"群舞"视为织体构成的"舞群"。"舞群"的概念不同于"群舞",这是指群舞是在舞台呈现中"相对独立的视觉单位"。"舞群"作为"单位构成",是建立在相对的视觉式样分隔的基础上的。把"舞群"视为群舞中"单位构成"的感知样式,是对既往舞蹈感知经验的一个革命性变化,是我们在完成"广场舞蹈"舞台化之后,对"舞蹈人体"抽象化、织体化的追求。因此,舞剧的群舞,应该是包含着多种构成关系的"舞群织体";而"舞群织体"的概念,也正是指"舞群的组合方式"。借用音乐"织体"的概念,作为舞剧语体要素的群舞,首先可以分为"单舞群织体"和"多舞群织体"两大类。"单舞群织体"强调舞群的"齐一关系",这是群舞之"群"的一个基本关系。其次,我们要认识到"多舞群织体"又包含"主调舞群织体"和"复调舞群织体"两类。"主调舞群织体"强调舞群之间的"主副关系",这一关系会以主副模进、主副呼应、主副映衬等形态出现。"复调舞群织体"强调的则是舞群之间的"平行关系",其主要形态有平行模进、平行对抗、平行消长、平行共鸣。最后,我们要考虑一定的舞群织体形态与舞剧特定情境、特定情势和特定情感的对应关系,对群舞之"舞蹈人体"的抽象化和织体化,是为了使舞剧的群舞把情感表现得更强烈、更细腻,是为了使观众的联想空间更广阔、更充实。

(四)叙说要素:动机、重复、对比、平衡

在对舞剧结构要素的不同考察视角中,无论是故事要素、情节要素还是语体要素,最终都必须落实到叙说要素上来。傅兆先称叙说要素为"舞蹈语言组合的基本方法",认为有重复、对比、平衡、变换、复合与比拟6个方面;郭明达则称其为"创作结构8要素",指的是动机、重复、变化和对比、高潮、比例和平衡、过度动作、逻辑发展、统一等。对于傅兆先的"组合方法"与郭明达的"结构要素",我们摘要为动机、重复、对比、平衡4个主要方面。

1. 动机:舞蹈叙说的起始点、中转站和归宿地

所谓"动机"指的是"动作动机",又称为"主题动作"。一般认

为"动机"是舞蹈动作语言叙说的基础与发展的根据。对于"动机"的设计,第一个要求是性格化,也就是说"动机"的性格特性要鲜明;第二个要求是衍展性,这就要求"动机"能裂变、发展开来。福金的《仙女们》以 Arabesque 为"主题动作",在其设计中,强调所有的动作都流自 Arabesque、流经 Arabesque 并流向 Arabesque。这说明"动机"是舞蹈语言叙说的起始点、中转站和归宿地。"舞蹈动机"的产生主要有四个途径:一是功能动作的图式化。所谓"功能动作",是相对于"表现性动作"而言的,是在日常生活和生产中存在的带有直接物质功利目的的动作。反映着社会生活、塑造着社会生活形象的舞蹈,其"动机"的捕捉不能不首先关注无比丰富的"功能动作"。但"功能动作"欲成为"舞蹈动机",必须加以修正而纳入一定的舞蹈图式中,这就是我所说的"功能动作的图式化"。许多舞蹈如《丰收歌》《摘葡萄》《牧马》的"舞蹈动机"都出于斯。二是自然物态的情状化。除了对人自身的观察之外,广袤无垠的大自然也应进入"舞蹈动机"的视野。邓肯曾坦陈"学习舞蹈的根本法则就是研究自然运动",并说她自己"对于运动、对于舞蹈最早的观念就是从海浪翻滚的节奏中产生的"。"自然物态"对于舞蹈的意义不仅在于提供了更为丰富的动作形态,而且在于为舞蹈的"托物言志"提供了丰富的"喻体"。因而,作为"舞蹈动机"出现的"自然物态"应当也必然是"情状化"的。《雀之灵》《海浪》和《小溪、江河、大海》等作品的"舞蹈动机"便是由此而形成的。三是音乐节律的视觉化。"音乐节律"是用听觉来感知的。由于音乐节律对舞蹈具有特殊的意义,编导对音乐节律往往有着特殊的敏感。在音乐节律的召唤中,编导会通过"内模仿"调动身体来呼应那一"召唤",从而产生一种"视觉化"的、由人体运动构成的"音乐节律"——我称其为"视觉节律"或"动作节律"。应当说,在捕捉"舞蹈动机"的种种途径中,"音乐节律的视觉化"更贴近"作曲式编舞"的本意。根据《高山流水》《二泉映月》《潇湘水云》等名曲创编的同名舞蹈,其动机的产生便经由这一途径。四是风格图式的变异化。我们有无比丰富的舞蹈文化遗产,其"风格图式"当然也是我们捕捉"舞蹈动机"的重要途径。作为一种严格意义上的"创作","风格图式"在用作"舞蹈动机"时必须有所变异,如《红绸舞》把戏曲舞绸和秧歌步叠加起来作为"舞蹈动机";《快乐的啰嗦》的"舞蹈动机"则是对彝族民间说唱形式"瓦子嘿"的变形。"风格图式的变异化"本身也可视为"舞蹈动机"。

2.重复:动机的自我视觉强化与基本展开方式

作为舞剧结构叙说要素的"重复",主要指的是"动机"的重复,"重复"是动机之所以为动机的需要。没有"重复","动机"也就成为一般的动作过程,而没有"约定俗成"之确定语义的一般动作过程会导致舞剧叙说的"无解"。"重复"对于动机的意义,一方面是强化观众对于动机的视觉印象,另一方面也成为动机展开的一种方式。也就是说,动机在重复出现时,即使舞者动作的时、空、力完全不变,也可能因方位的变化、区位的变化、体量的变化和数量的变化产生不同的视觉效果。面向左前与面向右后、站在台中与站在台侧、一人完成与数人同做、只做一次与连做几次等,视觉效果是很不相同的。但在实际的舞剧叙说中,动机的重复都会有变异,或是空间的方位,或是时间的节奏。我们以诗歌的类似做法来说明。先看民歌《江南可采莲》,歌曰:"江南可采莲,莲叶何田田,鱼戏莲叶间。鱼戏莲叶东,鱼戏莲叶西,鱼戏莲叶南,鱼戏莲叶北。"在这里,"鱼戏莲叶"是动机,在动机的重复中,却有着东、西、南、北的空间变化,使得"动机"在重复中展开,充分显示出"鱼戏"之趣。再看诗歌《清明》,歌曰:"清明时节雨纷纷,路上行人欲断魂,借问酒家何处有,牧童遥指杏花村。"有人对这首诗歌的句读加以改变,成为"清晨时节雨,纷纷路上行人,欲断魂。借问酒家何处,有牧童遥指,杏花村。"这种改变,是动机重复时的时间变化。时间变化改变了动机本来的节奏,使叙说在语感变化的同时,也变化了语意的重心。可见"重复"不仅可以再现"动机",而且可以再创"动机"。

3.对比:一切艺术结构的根本法则

动机的重复不仅是动机的自我确认,也是动机的展开手段。"动机"展开的手段有很多,除"重复"外,传统的、借鉴音乐动机展开方式的手段还有分裂、反向、模进、倒影、扩展、紧缩、变奏等。现代舞训练则有另外一些主张,以英国著名编导西蒙·米茜尔的主张为例,"动机"的展开可运用力度转换法、主导部位法、拆解重复法、节奏变化法、限制引动法、相反对比法等。其实,不管是用哪种手段来展开"动机","动机"不仅需要"重复"来自我确认,更需要"对比"来强化叙说。因此,"对比"是舞剧叙说不可或缺的要素之一。傅兆先在论及"舞蹈语言组合方法"时谈到"对比",认为:"对比是运用得最广泛且极有效的方法,包括关系的对比和类别的对比;关系对比有强比、弱比、同类对比和不同类对比等;类别对比有美感对比、力度对比、速度对比、幅度对比、方向对比、线形对比、密度对比、光色对比等。"事实上,"对比"是包括舞蹈在内的一切艺术的根本结构法则,这在诗歌艺术中可谓"俯拾皆是":"大漠孤烟直,长河落日圆"是线形的对比;"野渡花争发,春塘水乱流"是动静的对比;"江流天地外,山色有无中"是虚实的对比;还有"满园春色关不住,一枝红杏出墙来""沉舟侧畔千帆过,病树前头万木春"等。从"动机"出发的舞剧叙说,在其变化的展开中,通常是对"动机"变化一部分、保留一部分。而变化是否得体,一是要考虑变化的部分多还是保留的部分多,二是要考虑到底变化哪一部分而又保留哪一部分。这时,是否需要形成对比、是需要弱比还是强化,在引导着我们对动机的变化。可以认为,在叙说要素之中,"对比"起着最重要的"结构"作用,它决定着舞剧叙说中"结构"的节奏和"结构"的形态。

　　4. 平衡:舞台中轴线与视觉"等重平衡"

　　"平衡"也是我们不能不提及的舞剧叙说要素。"动机"需要重复,但何时以何种方式重复,要考虑"平衡"的因素;"动机"的展开需要对比,但何时以何种方式对比,也要考虑"平衡"的因素。平衡是舞剧叙说完整性和明晰性的重要条件。平衡,可以从"动机"线性展开的角度来考虑,这是指动作序列流白、流经、流向"动机"的首尾呼应、过渡照应的平衡;平衡,也可以从"动机"对比构成的角度来考虑,这就不仅有时间的流程而且有空间的构成——特别是舞台调度及其构图的空间构成。或许可以说,"平衡"作为舞剧的叙说要素,最明显地体现在舞台调度及其构图中。特别需要指出的是,作为舞台调度及其构图的平衡,我们提倡的是"等重平衡"而反对"对称平衡",提倡的是"动态平衡"而反对"静态平衡"。为此,舞台中轴线与舞台水平线的"黄金分割"有着特别重要的意义。舞台调度及其构图按贡布里希《秩序感》一书的说法,可分为扩散性构图和集聚性构图两大类。扩散性构图指的是由大量微小的平衡中心来构成舞台的整体平衡;集聚性构图的平衡往往集中于具有重力优势的一个焦点上,在"焦点"的周围是辅助性的背景。进一步分析,又可将集聚性构图分为轴心结构、中心结构和两极结构三种。"轴心式"与"中心式"的区别在于前者对于"重心焦点"是向心的而后者是离心的;"两极式"则主要是以舞台中轴线为视觉的"重力支点",通过两侧各种视觉重力要素的调节来实现"等重平衡"。例如,在舞者等量的情况下,靠近中轴线的重于远离中轴线的;在舞者等量且等距于中轴线的情况下,面向观众的重于背朝观众的;动态的重于静态的,动态幅度大的重于动态幅度小的,旋律性动态的重于节奏性动态的,位移动态的重于定点动态的;影响"等重平衡"的其他视觉重力要素还有舞台前区的重于舞台后区的,舞台亮度高的重于舞台亮度低的。如果没有"两极"且又并非"轴心"或"中心",那实现舞台构图的"等重平衡"就要考虑1∶0.618的舞台水平线的"黄金分割",要考虑观众自左至右的阅读习惯。也就是说,在各种视觉重力要素完全相等的情况下,观众的视觉重心会稍稍向中轴线的右侧(通称"下场门")滑去。当然,为了某种舞剧叙说的特殊需要而有意造成舞台调度及其构图的"失衡"状态,那就另当别论了。

需要特别加以指出的是,我们分为故事要素、情节要素、语体要素、叙说要素这4个方面来谈舞剧的结构要素,只是为了分析与说明的需要。在舞剧创作的结构过程中,这4个方面往往是错综交织、难以剥离的。一部舞剧的结构可以站在不同层次的立场和不同要素的视角来审度,但结构的要义就是要使各层次、各要素形成水乳交融的状态,形成水天一色的境界。

二、舞剧结构形态的系统层次与典型构成

舞剧结构的诸要素,在不同视角的观照下,在不同层次的建构中,会形成某种整体的构成样式。这种整体的构成样式,特别是具有相对稳定性和典型性的构成样式,就是我们所说的舞剧结构形态。舞剧结构形态作为其结构要素在某种构成观念运作中的定型化过程,既是历史的又是动态的,既是类型的又是变异的。

(一)舞剧结构形态的系统层次

结构,是舞剧创作中随处可遇的问题:当我们将文学名著改编为舞剧台本或独立撰写舞剧台本之时,我们会遇到"结构"的问题;当我们将动作语汇组合成或衍生成舞剧语言之时,我们也会遇到"结构"的问题;当我们把相对完整的舞句、舞段纳入一个相对独立的境遇之中,我们还是会遇到"结构"的问题。由此看来,舞剧作为"戏剧性的舞蹈"或"舞蹈演示的戏剧",其"结构"问题是在诸多不同层次上出现的。分析并认识舞剧结构的系统层次,对于深入把握舞剧结构形态是绝对必要的。

1.宏观层次:情节发展的时空分割

依据舞剧创作的步骤,通常是先要结构出一个舞剧文学台本。在舞剧台本中,要设定人物,构思情节,凸现行动,描绘境遇。这就有个舞剧文学台本的结构问题。舞剧文学台本的结构是舞剧结构的宏观层次,主要研究的是舞剧情节构成的问题。一部舞剧的情节是舞剧事件展开的全部过程,是舞剧主要人物成长的历史,是各舞剧人物之间(或人物与其内心)性格冲突的展开与解决。一部大型舞剧的情节容量,有时并不亚于一部中长篇小说,故对其情节展开的时间历程和空间境遇,要相对地加以分割——与小说的分章设节类似,需要分幕分场。在舞剧结构的宏观层次上,关注点主要是情节发展的时空分割,在这里所要做的,主要是把舞剧故事分割成有相对起始与终结的若干场次,这些场次共同结构起舞剧的戏

剧性。张拓在《〈小刀会〉创作的历史回顾》一文中谈到:"舞剧台本必须做到:人物集中,情节简明,场景连贯,故事完整……开始,我们根据小刀会起义的历史过程,结构了一个十场剧本的大纲:序场写小刀会城乡会盟,一场写浦江畔官逼民反,二场写劫法场攻占上海……对初稿进行压缩、调整、推敲、提炼后,终于形成现有的七场台本"。我们注意到,情节发展的时空分割作为宏观层次上的舞剧结构,一是要注意其"目的性",要人物集中,情节简明,要以主要人物的刻画为旨归;二是要注意其"完整性",要场景连贯,故事完整,要比较全面地展现主要人物的人生历程;三是要注意其"照应性",分割开的各"时空段"应具有各自独立的品格,但彼此之间又要巧妙过渡,互相照应,使舞剧在其情节发展的进程中既展示出戏剧行动的丰富性又呈现出戏剧事件的有机性。

2. 中观层次:场面转换的舞段设计

在结构出舞剧的各幕各场或是结构出大的舞块舞段之后,就要考虑对每一场的舞蹈或某一大的舞块舞段进行再构思。在舞剧创作中,宏观层次的舞剧结构往往是陈述在舞剧文学台本中的,这一工作在大多数情形下由被称为"编剧"的文字工作者去完成。舞剧编导在宏观结构之后要做的第一件工作,主要是在"时空分割"后的某一场次或某一舞块中的舞段设计。舞段设计作为一种"结构",指的是具体场次或舞块中导致场面转换的不同舞段的组接。当然,在舞段的组接中不排除哑剧性场面的运用。傅兆先在《略谈〈丝路花雨〉的结构》一文中对中观层次的舞剧结构进行了分析,他说:"《丝路花雨》的第一场,在戏和剧结合与安排上是有可取之处的。一开场:一幅唐代敦煌集市的生活场景图。伊努思以波斯珠宝交换了中国的丝绸,是用一段珠宝的舞蹈表现的。下面是由百戏班主打场子招揽观众的独舞,男女童伎翻筋斗后托举出英娘表演精美奇特的敦煌舞,组成百戏小组舞。接着是父女相会悲喜交加的双人舞。这以后是百戏班主阻拦,亲人相会不能团圆,伊努思为英娘赎身,然后老友重逢的戏结束。这一切以英娘的命运为主线,结构在一个场面之中,曲折动人,合情入理。"作为中观层次的舞剧结构,场面转换的舞段设计也有一定的规律可循。首先,场面转换要有一以贯之的"贯穿性",这通常是主要人物的命运线;其次,场面转换要有"对比性",可以是抒情舞与叙事舞的对比,可以是双人舞与集体舞的对比,可以是舞蹈风格差异的对比,可以是人物情感差异的对比;再次,场面转换要有"必然性",顺应事件推进的必然,顺应性格流露的必然,顺应矛盾冲突的必然……不为场面而场面,才会使"场面转换"产生"结构"的魅力和意义。

3. 微观层次:语境营造的舞台调度

确定了"舞段设计"的结构层次之后,舞剧编导便要进入每一舞段自身的构成了。相比较而言,舞剧结构在宏观层次上的"时空分割"和中观层次上的"舞段设计"具有相对的独立性,因此在一部大型舞剧的集体创作中,可以由不同的编导来执导不同的场次甚至分工执导同一场次中的不同舞段。当我们进入到某一具体舞段的结构,其"结构"的不可分解性就大大增强了。在具体舞段的结构层次中,包括群舞"画面调度"和独舞、双人舞"线路调度"在内的"舞台调度",构成了舞蹈视觉形象最直接的"结构骨架"。由于舞蹈的动作语汇大多设有一一对应的明晰确切的语义(芭蕾的哑剧手势和印度古典舞的手语另当别论),舞台调度作为舞段的"结构骨架"往往成为显示动作语义的"语境",它与舞蹈动作语汇的不可剥离性使之也被视为"舞蹈语言"本身。正是在这一层次上,舞剧大家舒巧才说:"结构是宏观的语言,语言是微观的结构"。方元在《观舞剧〈画皮〉有感》一文中曾谈到该剧第二场中"勾魂摄魄"这一舞段,说:"王生秉烛夜读,昏昏然伏案睡去。他的书案平稳地滑动起来,体态轻盈、长袖如织的众女鬼悄然而至,使人们立即进入一种虚幻莫测的甚至是庄严肃穆的艺术氛围之中……舞蹈动作上一致与不一致的交替运用,音乐与舞蹈在节奏上、在韵律上同步与不同步的交替运用,舞台调度上的规则与不规则、平衡与不平衡的交替运用,使全剧这段主要舞段形成了一个交响化的织体,造成了一种意境,产生了一种特殊的艺术感染力,一种想象与现实的交织,而这种意境就是王生与画皮女鬼这两个人物的内心感情的折射,是人物内心活动的形体化……"舞台调度作为舞剧结构的微观层次,虽不为观众明显感知,但对舞剧编导来说却是具有重要意义的。因为舞台调度在营造语境的同时,也往往决定着动作语汇的选择与创生。我认为,在舞台调度这一结构层次中,首先要考虑结构手段的"织体化",这种结构方式较之以往单纯的队形变化无疑具有更强烈的表现力。其次,舞台调度作为一种结构手段的运用,应追求"意境化"的舞台效果。简言之,就是在舞蹈语境的营造中,要"境"中有"意",要成为"人物内心活动的形体化"。再次,就舞台调度自身的美学要求而言,在其结构形态中还应追求"流畅化"。这往往是人们判断这一层次上舞剧结构孰优孰劣的直观准则。

4. 显微层次:语言表达的句法处理

作为显微层次的舞剧结构,确切地说,是舞剧语言表达的结构。相对于舞剧的情节结构和场面结构而言,它仅仅是属于舞蹈语言"句法"本身的,关涉的是语言表达的"句法处理"。在舞蹈编导教学的句法训练中,这种"结构"的功用主要是把空间、时间及力度变化的舞蹈动作组合成"舞句"。这种体现为"句法处理"的结构能力,的确过于"显微",因而往往被视为舞蹈语言本身的表达能力或不关涉到"结构"的编舞能力。不能否认,舞蹈语言表达的句法处理能力其实也是一种"结构"能力,也自有其规律之所在。一般来说,作为舞蹈语言表达句法处理的结构,主要有音乐式的"主题变奏"和戏剧式的"起承转合";前者是网状的,体现为对"主题动机"的复现、模进或增减;后者是线性的,体现为对"戏剧行动"的承续、转折与整合。蒋祖慧在《我是怎样编〈祝福〉二幕中的双人舞的》一文中,谈及了这一层次上的结构问题。蒋祖慧特别分析了"第二部分"的编排,说:"这段我改用以舞为主,尽力采用能表达内心矛盾与痛苦的动作组合。虽然祥林嫂与贺老六两人各有各的痛苦,但情绪是一致的,所以舞蹈动作以协调一致为主。这段舞的高潮,我在采用急速的动作之后,突然处理为一个大的停顿,编舞时的做法是:祥林嫂以急速的碎步脚尖动作为主,她此时是在台中靠前的位置,面向斜前方,用脚尖碎步,向前、向后、向左、向右,再快速以碎步长距离退向斜后,略停,再起法儿,向前一条斜线跑上。贺老六直追，赶到祥林嫂面前，俩人猛停，都没什么舞蹈姿态，此时是一个很长的休止，这休止便是高潮……"舞剧中语言表达的句法处理，以双人舞最为重要。《祝福》是从二幕双人舞的编导入手进而扩展为全剧创作的；还有许多舞剧（如舒巧的《青春祭》等）在每一场中都安排有一段男女主角的双人舞，各场双人舞的连缀就可窥见主要人物情感的变化、性格成长的轨迹。因此，对于显微层次的舞剧结构的要求，首先是"性格化"，其语言表达的句法处理一定要鲜明地呈现主要人物的性格特征。其次，"句法处理"作为舞剧结构，还要注意"简约化"，这是指动态形象要提炼浓缩，以使语言表述简洁明了。再次，舞蹈语言表达的句法处理还要强调"乐感化"，这是指与音乐语言的对应性，指在与音乐语言的同步陈述中互为补充、相得益彰。作为一种理论表述，本文对舞剧结构形态的系统层次加以分解和剖析，但在舞剧创作的实践中却可能是交错与纠缠的。对情节发展的时空分割不会不关涉到场面转换的舞段设计，而对语言表达的句法处理也不会不关涉到语境营造的舞台调度……但不论"结构"问题多么复杂，只要我们以"系统层次"来观照，就可能有一个明晰的认识。

（二）舞剧结构形态的典型构成

舞剧结构形态的典型构成着眼于舞剧构成的整体形态，又主要着眼于中国当代舞剧创作。对于中国当代舞剧创作的整体形态分析，我们既往的理论表述是极为粗疏的：从某一艺术门类的参照，我们将舞剧结构的整体形态分为"戏剧结构"和"乐章结构"；从艺术家观照世界的方式，我们将舞剧结构的整体形态又分为"客观事理结构"和"主观心理结构"；从舞剧情节或场景的视像呈现，我们还将舞剧结构的整体形态分为"线性结构"和"板块结构"。其实，无论舞剧形态的视像呈现有多少"非线性结构"，比如环环相扣的链式结构，经编纬织的网状结构，切割集装的板块结构，中心开花的辐射结构及意识流、生活流之类的"蒙太奇"结构……这些"非线性结构"都要在一定的"线性"排列中呈现出来。因此，我们对舞剧结构形态的典型构成分析，又主要是"线性结构"的整体形态分析。

1.贯穿——彩线串珠式

这种舞剧结构构成方式的特点在于通过一条线索把本来互不相干的题材自然而贴切地串联在一起。

舞剧的各幕都有自己相对完整的戏剧内容,幕与幕之间并无戏剧人物、戏剧情节、戏剧行动或戏剧场面上的关联。由李少栋、门文元等编导并由沈阳歌舞团演出的《月牙五更》就是这样一部舞剧。这部舞剧因其"彩线串珠式"的构成方式又被称为"舞蹈系列剧"。该剧共由五幕构成,分别是一更的盼情、二更的盼夫、三更的盼子、四更的盼妻和五更的盼福。"盼情"表现了人类少年时代对爱情的一种朦胧追求,这种追求体现为男女相悦的情感体验,少男少女们对未来生活的具体设想远不如当下的情感交流来得重要。这一对少男少女在那群有过丰富生命体验的泼辣的大嫂子们的调笑、捉弄面前,显得羞涩、慌乱因而也就更显得纯洁、真诚。"盼夫"表现的是结成了婚姻关系的成年人,他们对生命和情感的看法就要复杂和具体得多。在那群风雪中赶车归来的汉子和那群灯下纺线织麻的女人之间,家庭不仅意味着两性间的情爱,还意味着相互间的责任与义务。盲女作为"盼夫"的执行者,是为了透过"盲人"的外形来刻画女性细腻而缠绵的情感。二更中的男女之爱已超越一更中的两情相悦进入生命成熟后的理解、体贴及厮守。"盼子"从将为人父的男人们的视角出发,抒发了对人类繁衍、生命延续的浓烈情感。在这里,生育成了人类美好而崇高的行为,临产的妇女成了汉子们心中的美神。"盼妻"表现的是一个无力娶妻的光棍汉对夫妻生活的渴望。追求情爱的完满是人类的本能,光棍汉在现实生活中的残缺并未阻碍其在睡梦中的痴想,但即使是在梦中,他也不中意"推磨拉碾洗衣衫"的丑大姐而左挑右拣爱美妞。"盼福"描述的是一对老人再婚的"黄昏之恋"。这一对在年轻时曾是恋人而又无缘成婚的老人,其记忆中有着太多的苦涩,但尽管如此,俩人也都在希冀和追求,终于有了个幸福的晚年。我们可以看到,《月牙五更》没有一贯到底的戏剧情节和因果关联,不以剧情叙述来发展作品的结构;而是以一曲"五更调"的反复吟唱来创造一种风俗剧的情调与舞蹈情绪相统一。如一位舞评家所说,"舞剧《月牙五更》的结构,以五更的时间顺序向观众展开关东农民的夜生活场景。从序幕的春天到尾声的冬天,从夕阳下山到黎明来临,舞剧表现了不同的生活方式和不同的感情方式,提示了人类生命各个阶段的理想与追求……舞剧以人的生命活动贯穿始终,创作者以回旋曲来命名这种结构,有利于表现超越时空的人类意识,为舞剧具有哲学意义的命题提供了适当的形式。"

2. 团聚——滚雪成球式

这种舞剧结构的构成方式是以某一舞剧形象为内核,在其性格的线性发展过程中,不断扩展又不断团聚,使得那一舞剧形象既有凝聚力,又有一定的丰富性。由赵惠和、陶春等编导并由云南省歌舞团演出的《阿诗玛》就是这一构成方式的舞剧。用舞剧编导赵惠和的话来说:"《阿诗玛》是一个传统与现代结合、地貌风光与人物情感紧扣的色块状舞剧结构。它打破时空,摆脱陈述,化戏为舞,开拓了舞剧表现《阿诗玛》这一古老的民间故事的新视角。"其实,《阿诗玛》的所谓"色块状",是围绕着阿诗玛这一人物"诞生于石林"的主线来展开的。幕启后,壮观的石林中一块巨石崩裂,"天上掉下个阿诗玛",舞剧牵出了戏剧性的"线头";接着是阿支、阿黑分别从上场门和下场门出场,一个坐滑竿,一个赶羊群,俩人与阿诗玛一起团起了最内在的"线核"。由于确定了把《阿诗玛》放在自然景观中来表现,舞剧编导结构了七个舞段:一是"生之黑色舞段",石林中绽开的一朵鲜花;二是"长之绿色舞段",林中飞出的报春鸟;三是"爱之红色舞段",火把节火辣辣的爱情;四是"愁之灰色舞段",万千愁绪如云海;五是"哀之金色舞段",笼中囚禁着的小鸟;六是"恨之蓝色舞段",洪水滔天恶浪翻;七是"死之白色舞段",阿诗玛回归大自然。这一段段独舞与群舞交织、群舞衬托独舞的表现手法,使得《阿诗玛》这一舞剧形象的内涵不断丰富,越团越厚实。在舞剧中,编导用男子的石头群舞反衬出阿诗玛诞生时的柔美;用女子群舞创造似水、似花、似林的境遇,让阿诗玛像小鸟一样在绿色中自由自在地飞翔、成长;那多彩的赛装队伍和动人的"大三弦"则烘托出阿诗玛与阿黑爱情的炽热,如云海绵绵般的女子群舞是阿诗玛痛苦心情的外化;狂涛恶浪的男子"大裤脚舞"

则成了囚禁阿诗玛的牢笼……事实上,舞剧中团聚得最宏阔的场面是"爱之红色舞段",是"火把节之夜"的彝族多个支系的舞蹈大展演:路南(撒尼)的"大三弦"、红河(罗作)的"烟盒舞"、巍山的"打歌"、楚雄的"跺左脚"、石屏(花腰彝)的"拍手舞"等都得到了尽情的展示。舞剧通过阿诗玛这一"线头"团聚起了丰厚的彝族民族文化。

3. 层进——剥笋脱壳式

舞剧结构的构成方式在于把具有丰富内涵的情境先行不事雕琢和盘托出,然后如剥笋壳式地层层剥、层层进,"线"的任务不是"穿"、不是"团",而是在"进"的过程中逐渐显露出"自我"。由舒巧编导并由香港舞蹈团演出的《红雪》就是这样一部舞剧。《红雪》曾有个副题,叫作"画家与哑女的故事",而在我看来,舞剧着意刻画的是"一个画家的心路历程"。《红雪》是一个两幕四场的舞剧。从男主人公华某性格发展的外部情势营造来看,这四个场次所营造的情势可分别称为"临摹情势""写生情势""体验情势"和"创造情势"。不少观众注意到舞剧的一幕二场下了雨、二幕四场降下雪;雨中的欢悦与雪中的肃穆形成了强烈的动态反差。的确,某种情势的营造,会呈现某种总体色调:"临摹情势"的铅灰色、"写生情势"的葱绿色、"体验情势"的茄紫色和"创造情势"的雪白色便是如此。但编导舒巧的着力之处,显然不是这表面的色彩基调,而是一种围绕华某人生心路历程的高傲、狂放、颓丧、悔疚所产生的动态色调,也即人体动作的情势色调。由于是围绕着华某的人生心路历程来营造舞剧情势,舒巧力图使每一场景的平衡图式都与华某的心态相对应。在"临摹情势"中他以华某作为平衡图式的中心,使其他散漫、芜杂、错综的美院大学生们有了一个聚焦点。这个平衡图式是充满内在张力的。围绕着华某这一中心所发生的种种情感纠葛——崇仰、慕恋、嫉妒、埋怨等——为舞剧的性格冲突埋下了伏线,也为舞剧"剥笋脱壳式"的线性结构提供了契机。在接踵而来的"写生情势"中,平衡图式的构成方式主要是多重的两极对应:美院学生与农村青年的对应,男主角华某与哑女的对应……这其间又以华某与哑女的对应为主线,从而使华某心态的刻画及其日后可能发生的悲剧得到进一步揭示。在最终的"创造情势"中,其平衡图式就舞台构图而言是"多一对应"。这"多"是铺天盖地的"雪女",在拟人化的"雪花"中幻闪着哑女的痴情;"一"则是华某,是一位在艺术的追求和人生的追求中一再幻灭的画家,是经过人生的变故而进入创作状态的独立人格。纵观整个舞剧结构,舞剧将华某从大学生中剥离出来并将其推进到象征良知、纯情、质朴和爱心的哑女面前;从将哑女"剥"去到使华某在漫天大雪中直接透视自己的"灵魂",舞剧完成了华某从"孤芳自赏"到"孤掌难鸣"再到"孤特自立"的心路历程的剖析。

4.黏合——鸾胶续弦式

"鸾胶"是神话传说中能将弓弩之断弦续接的强力之胶。这种舞剧结构的构成方式在于把两块因某种原因断裂的素材黏合起来,从而在加强对主题揭示的同时形成一种独特的线性结构,其"线"的功用主要在于"黏"。由杨伟豪、谢南、吴玲红编导并由福建省歌舞剧院演出的《丝海箫音》就是这样一部舞剧。作为一部线性结构的舞剧,《丝海箫音》的情节可以概括为"两代人前赴后继,一条路势在必通"。于是,剧中男主角阿海和小海父子两代的形象作为民族群像的艺术典型,成为剧情冲突中力图刻画的典型性格,而维系两代人的桐花,作为阿海的妻子和小海的母亲,则成了舞剧总体氛围的焦点和情势转换的纽结,成了舞剧结构中"续弦"之"鸾胶"。从序幕的《祈风祭海》到尾声的《丝海雄风》来看,舞剧的主体部分实际上是由"潮涨箫欢""涛涌箫惊""梭穿箫思"和"帆扬箫奋"几块组成的。"箫"是贯穿全剧的道具,"箫音"则是各场景中情感氛围的某种揭示和喻示。从箫音的欢、惊、思、奋,从始于"潮涨"到终于"帆扬",我们可以看到人物的心态变化是始终与出海者的命运联系在一起的。同时,我们又可以看到,"出海"似乎是深蕴在民族心灵深处的"最高指令",没有什么能阻断它或些许地干扰它。用一户三口两代人的命运来揭示这样一个恢弘的主题,舞剧编导者不得不在"剧"的结构和"舞"的情势上下功夫。他们不仅构织水手与海啸的外部冲突,造成一种"挽狂澜于既倒"的磅礴气势;而且构织桐花这一形象的内心冲突,造成一种"断肠人在天涯"的幽婉情怀。应该说,无论是"磅礴气势"还是"幽婉情怀",作为舞剧冲突所导致的情势效应,都是在直接或间接地强化着"出海"那一信念的——出海者在风浪的吞吐中强化那一信念,未出海者则在相思的折磨中强化一信念。这一"信念"在舞剧中的典型依托者便是桐花,是这个对丈夫"依依不舍,切切盼归"、对孩儿"铮铮蓄志,凛凛送行"的桐花。舞剧那"鸾胶续弦式"的线性结构,也正突出了桐花在"一户三口两代人"实现"出海"意愿中的重要"黏合"作用。

5. 潜行——草灰蛇线式

这种舞剧结构构成方式的特点在于其"线索"是潜在行为,从外观看来没有联系的各场景,其实是有"暗线"在串联。由舒巧创作并由香港舞蹈团演出的《胭脂扣》就是这样一部舞剧。《胭脂扣》首先推出的是行走在黄泉路上的无穷无尽的"鬼流",并推出殉情而死的"红牌阿姑"如花。20世纪30年代,因如花的"温心老契"十二少未一同来到"枉死城",如花在奈何桥边等了50年,于是在80年代重回阳世去寻找十二少,由此产生了舞蹈叙事的错位。舞蹈场景的衔接是时而阴间,时而阳世;时而30年代,时而80年代。其戏剧线索是潜行着的,是按如花这一鬼魂的心态和思路来呈现的。由于拥有"鬼魂心态"这一视角,《胭脂扣》将错综繁复的小说原型做了最简洁的提炼,仅用拾鞋(相爱)、饮毒(殉情)和还扣(恨别)三个主干舞段,就构成了一种独特的舞剧时空。有评论者认为该剧的特点是"将动作凝聚成语言"而又"将语言提升为结构",其中最重要的呈现就是上述三段双人舞的运用。以"拾鞋双人舞"为例:出身贫贱的如花和出身豪门的十二少之间充满悲伤情调的缠绵悱恻,突破了以往表现爱情时造型加托举的模式,通过俩人动作的碰撞和交流,演绎出富家子弟和烟花女子在爱情驱动下的情感百态,使如花的纤细妩媚和十二少的倜傥风流这两种带风格化的主体动作形象,通过流畅的衔接而有节奏地融为一体。比如当十二少拾鞋时,如花转身抬腿时的羞态和十二少嬉笑着的潇洒情状,是在找准了角色的意念提炼后自然营造出来的造型表现。再以"还扣双人舞"为例:如花在阴间苦等50年,仍为对十二少的真挚爱情所驱使(相约双双殉情来世再续前缘)而拒喝"孟婆茶",并进而返回阳世寻找情人。当她在阳世看到了老迈猥琐、苟喘求生的十二少时,不免情念成灰毅然退回胭脂扣,重返黄泉。这段舞蹈的主题动作是"拾鞋双人舞"的发展与变化。其间既可见"动作作为语言"及至于"作为结构"的特点,亦可见该剧整体上"潜行"的线性结构特征。正由于线之"潜行",导致该剧出现了许多独特的场景:首先是在一方确定的直观空间中同时展现空间的正负面,这方面最精彩的莫过于年迈的十二少细觅铜钿而鬼身的如花在旁周旋导引的双人舞段。这一舞段中,如花能看见十二少但十二少并不知有如花在旁,双人的形态别有一种特点。其次是使"舞台"和"看台"的位置转换,这主要是二幕"戏棚火热"。编导让舞者面向观众而成为看戏的"看客",剧场的观众席成了舞台空间的延伸并产生了质的变化——成为"舞台"本身,舞者们作"观看"状的神态使人们确信在"观众席"这一舞台外的现实中也在演出着一幕幕人生活剧。再次是舞台空间中"台中台"的设置,这主要体现为四幕"镜头悲凉"的场景中:这一场景将舞台作为一幕戏的拍摄现场,拍摄者与被拍者共聚一台——年迈的十二少作为剧组雇佣的拉车人,冷眼旁观拍摄场景中自己的年轻时期。在这里,舞台表演空间的切割已转换成一种时间的反差——"台中台"的表演是"过去时"的,是整个舞台场景"现在进行时"表演的历史再现。

6. 跳脱——横云断岭式

中国古代画论有曰:"山欲高,烟霞锁其腰;水欲远,掩映断其脉。""横云断岭式"的舞剧构成方式是指让题材的整体表现呈一种时断时续的方式,如横云之遮断山岭,形断神连,就其线性结构而言有"跳脱"之感。由鲜于开选等编导并由杭州市歌舞团演出的《雪妹》就是这样一部舞剧。舞剧《雪妹》的故事情节是这样叙述的:美丽的农村少女雪妹,被地主买去与傻儿子成亲。洞房花烛之夜,雪妹外逃与情人(唢呐手)兰哥相会。地主勾结警长率家丁抓回雪妹并捕去兰哥。早已觊觎雪妹之美的伪处长以重金赎下雪妹并予其假释,暗中却指使警长置兰哥于蛇蝎之洞以绝雪妹之念。雪妹闻兰哥遇不测,在遍寻不见后企图以三尺白绫了结自己,伪处长假装仁慈救下雪妹。

正当伪处长得意于与雪妹成婚之时,死里逃生的兰哥突然再现;诡计多端的伪处长重设酒宴,假装成全雪妹与兰哥的姻缘,实则暗伏杀机。酒宴中,雪妹误饮伪处长授予兰哥的毒酒;弥留之际与兰哥举行婚礼,含笑死于兰哥的怀抱之中。这部舞剧就总体结构而言,给人的突出印象是雪妹与地主的傻儿子、与伪处长、与情人兰哥的三次婚礼,前两次是被迫的而最后则是"婚"与"丧"的合礼。由于主角雪妹的人生境遇复杂,编导采用了"横云断岭式"的舞剧结构,自称为"龙套式"结构——即用 12 名男演员作为"龙套"来形成舞剧结构中的"断岭"之"横云"。舞剧中,美丽的雪妹被迫与地主傻儿子成亲,那些张灯结彩的"喜庆者"便是"十二龙套"。心系兰哥的雪妹在痛苦、思念中起舞时,与其共鸣的"同情者"也是"十二龙套"。在"龙套"们的一阵乱场后,出现了雪妹逃跑去与兰哥相会的场景,奉地主之命前去的"捉拿者"还是"十二龙套"。地主勾结警长劫获雪妹,捕去兰哥;伪处长羡雪妹之美而以黄金相赎。有趣的是,作为伪处长"随从"的"十二龙套",在地主手捧钱袋回转时,又追随地主而成了"家丁"。伪处长假意释放雪妹,同时却置兰哥于死地,那撕咬兰哥的"蛇蝎之舞"亦是"十二龙套"所为。雪妹误认为兰哥已死,悲痛地四处追寻,兰哥则在困境中挣扎,"十二龙套"用蓝色的大扇将二人隔开。当死里逃生的兰哥突然出现在欲报相救之恩而与伪处长成婚的雪妹面前时,暗伏杀机的伪处长假装贺其重逢。此时"十二龙套"穿梭其中,好似谋划罪恶的共谋者,又似不测事件的预告者……

7. 交织——主题变奏式

这种舞剧结构构成方式的特点是以音乐的曲式结构来结构舞剧的情节。它为舞剧形象确立动作的"主题动机",在舞剧的情节展开和性格演变过程中,动作的主题呈示、主题发展、主题变奏及主题再现接踵而至。在这种构成方式中,由于可以多主题共存且并进,使舞剧结构在线性发展中呈现为一种错综的交织状态,为多侧面地揭示主题、刻画人物提供了便利。这类舞剧的典型作品是应萼定创作并由深圳歌舞团演出的《深圳故事·追求》。《深圳故事·追求》的舞剧结构是由"音乐舞段"来呈现的,共有 16 个大的舞段,其中第⑨、⑫和第⑭舞段又包含着三个不同主题的发展、变奏和再现。这 16 个舞段是：① 序——夸父追日；② 打工妹上班；③ 劳作；④ ABC 主题呈示；⑤ 街上人流；⑥ 女工宿舍；⑦ 草坪风波；⑧ 电话亭；⑨ 星空下的憧憬：A 的主题发展——A 与同学和男友，B 的主题发展——B 与时髦青年，C 的主题发展——C 与男友；⑩ 夸父与 ABC；⑪ 建设者；⑫ 十年后——现代都市：C 的主题变奏——把深圳带回家，B 的主题变奏——遭遇邪恶，A 的主题变奏——深圳是我家；⑬ 深圳人；⑭ ABC 主题再现：A——再一次出发，C——绿色家园，B——走向新生；⑮ 夸父与 ABC；⑯ 尾声——追赶太阳。在这一舞剧结构中，我们可以看到，第⑨、⑫、⑭舞段其实是在总体的线性结构中衍生了"络状结构"，但这并不影响舞剧的线性叙述，反倒使这部安排了许多现实场景的舞剧得以"诗化"，形成了该剧"诗化写实"的特征。

《深圳故事·追求》选择这一结构方式，其实与应萼定的舞剧创作观是分不开的。他的舞剧创作观有三个主题词，即"取景框""抖灰尘"和"言语场"。《深圳故事·追求》在语汇上的突破，首先是对以往创作中既有舞蹈类型风格作为"取景框"的突破。正因为没有"框"的限制，应萼定可以完全从日常生活场景出发，把"日常生活"当作自己驰骋的舞台，日常生活动作或"变形"或以"原型"成为新的都市舞剧语汇。其次，应萼定有一个理论，叫作"抖掉舞蹈翅膀上非舞蹈的灰尘"，而我认为《深圳故事·追求》的舞剧实践是在对他自己的理论进行一个根本的修正，即我们不是抖掉"非舞蹈的灰尘"而是把"非舞蹈的灰尘"转化为"舞蹈的翅膀"，使都市舞剧驾起自己独有语汇的"翅膀"来腾飞。于是这就有了最后的主题词，就是关于舞剧语汇"言语场"的营造。《深圳故事·追求》用都市的日常生活动态拓展着我们的舞剧语汇，但"生活动态"成为舞剧语汇，采取恰当的讲述方式是很重要的。应萼定所关注的，是舞剧讲述方式之"言语场"的营造。正是"劳作"言语场、"风波"言语场、"交友"言语场、"憧憬"言语场等的营造，实现了日常生活动态的"诗化"转换。舞剧语汇的"言语场"串接在"主题变奏式"的线性结构上，形成了"交织——主题变奏式"的舞剧结构形态。

关于舞剧创作的结构要素与结构形态,我们既往的研究是非常欠缺的。这使得我们的舞剧理论建设处于零乱状态之中,我们的舞剧创作追求也处于朦胧状态之中。应当说,本文所做的研究对于舞剧理论的系统建设而言,还是非常基础性的。但愿这一基础性的研究能成为我们认识舞剧艺术的常识,从而使我们更快地去认识舞剧艺术的堂奥。

我的戏剧旅程

赖声川[1]

很高兴今天来到这么漂亮的一个校舍,你们都很幸福。今天正好也是我们的全国哀悼日,我相信学校已经安排了很多活动。我希望同学们能够安静下来,诚心地为我们这些受难同胞祈祷,希望他们能快快重建家园。地震是很不幸、很可怕的事情,我希望每位同学心中都有这样一个想法,同时珍惜现在所拥有的这么好的环境,这么好的学习机会,我们要多多祈福,我想人生永远都是美好的。

今天大家难得有机会共聚一堂,也很有缘可以跟大家见面,刚好这段时间在杭州工作,我也一直想到贵校拜访,看看这边的教学环境,毕竟我自己,除了大家所知道的我是导演、编剧,我其实也做了20多年老师,我在台北艺术大学当教授,是类似的环境,所以我来这边感觉很亲切,这就是我熟悉的环境,这就是我的一个工作环境,在这里,我并不是大导演而是一个老师。

今天讲的题目是《我的戏剧旅程》,我想跟大家分享下。首先给大家一些背景,我自己念大学不是念戏剧,为什么呢?因为我念大学的时代,台湾根本就没有戏剧活动,所以以一个大学生身份在台湾我看不到什么叫作现代舞台剧,什么叫作现代艺术、表演艺术。只有少数一些演出,那时台湾的云门舞集刚刚开始做表演,都是林怀民老师

① 赖声川(1954—),男,江西会昌客家人,美国加州伯克利大学戏剧博士,中国台湾舞台剧、电视、电影导演,曾任台北艺术大学戏剧学院院长、美国斯坦福大学客座教授及驻校艺术家。

的作品。因为刚刚开始,我们大学生会很热情地去看,但实在看不懂,也不了解。所以我大学毕业的时候决定出国留学。我想学的方向很多,兴趣也很广,我从小的艺术导向就很明显,我喜欢画画、音乐、文学,后来我喜欢电影、摄影、诗,这些东西对我来说每一样都非常非常有意思,可是我总要选择一样吧,当我一样都选不出来的时候把它综合起来就是戏剧。我就选择了这条路,戏剧就是综合了以上所有的一门艺术。后来我到美国加州大学,在伯克利这样一个思想非常自由开放的地方,我突然很快就发现,我做了我的决定,但是我的想法是错的,戏剧并不是这些东西的总和,戏剧就是戏剧,戏剧就是有他特殊的专业,如果你会画画或者音乐方面很强,其实对你做戏剧创作没有太大的帮助,可能你到了一个程度,你已经是个导演,这些东西会给你一些帮助,但是你学习的过程中是与其无关的。而剧场的专业和什么有关呢?我觉得比较跟人生和与人相处的一些能力有关,这些是非常非常重要的,能不能观察体验人生这些反而变成学戏剧最重要的东西,而不是其他。

我的作品非常多,现在已经 30 多部了,形式也非常非常多。从一个人说话的《台湾怪谈》到 8 个小时的一个史诗《如梦之梦》,到全世界转播的开幕式。我们在台北做的听障奥运会,也就是失聪的人的奥运会开幕式。这个代表了我所做的幅度,跨度是这么大。但是我想和大家谈的是这些幅度为什么大?完全是因为一个作品有他的有机需要,他就像一个生命一样,如果我们有一个构想,然后想做一个戏,他会有一定的规模。就好比《那一夜,我们说相声》我想做成两百个舞者在台上舞蹈,这就是不对的,因为这不符合他的有机生命需求。《那一夜,我们说相声》就是两个人从头到尾在说相声,这个戏就是这么一个作品。

我 1983 年从伯克利拿到博士学位,相信各位都还没有出生,对我来讲是很多年前的事了,然后我就回到台湾开始教学工作,就在当地的艺术学院,现在叫作台北艺术大学。我记得第一年我教表演,那时候学生还不能学导演,他们到四年级才能学导演。所以表演、西洋剧场史这类的课一直教,教导演、教编剧。后来我大部分时间在教研究所的编剧和导演。所以台湾剧场非常多我的学生。第一年回去是最关键的,1983年我回到台北,那时候的台北是一个没有现代剧场的传统地方,所以我回去是有点奇怪的。很多人有质疑说,你在美国拿了个博士学位怎么一下子就回台湾了,你应该在美国多待或者到哪里去。当时我确实有很多的机会,因为我在伯克利很辛苦念了五年拿到博士,那真的是拼了老命,以至于全校那个博士班我是以最高的成绩毕业拿到学位的,但是因为那个时候台湾的这个艺术学校成立了,他们希望我回去任教。我的指导老师就跟我说,你去吧。我说为什么?他说,如果你留在美国,在美国这个体制里面,你当然可以发挥,可是你回去,那里是没有任何东西的,像沙漠一样,在沙漠里面你能够种出一些完全属于你自己的花朵,那里既然没有这个传统,你创造什么都可以。他是这样的一种观念,我听了觉得很有道理,就回去了。

回去就很实在地要面对学生,我记得第一天上表演课,15个学生,那个时候学校答应我回去任教,但我说我在美国受的训练就希望教的班级比较小,可以最多16人,学校说好,我也就接受了。后来我那班是15个人上表演课,然后这个班到学期结束要有公演。其实我第一天上课非常非常矛盾,我到底要教这些学生什么,在一个真空中长大的他们并不知道什么是戏剧。第一届学生大部分做了"家庭革命"才来报考这个学校。他们考试那天是和台湾的高考同一天,所以要考艺术学院就要放弃高考。第一年400多个学生来考,我们只收30个,这些人是抱着非常大的理想来考。我看着他们想:哇,这些学生是怎么考进来的。当一个社会没有戏剧活动的时候,你怎么去考人家戏剧,我不知道,我问了我的一些同事。他们说,还是有办法去找到一些比较优秀的学生。当然,很多学生也是从台湾中南部来的,他们学习的资源也很有限,在台湾,台北市就是一个文化中心,可是到了中南部在那个时代其实有很多地方的人什么都没有看过,现在当然有不同。所以我面对他们就在想我要教他们什么。简而言之,如果我们看亚洲其他地区的历史,大部分是先学国外,或者是先学香港,或者在教学上,学生要做一个演出,那就是莎士比亚、契科夫、伊普森等这些欧洲的、国外的一些经典作品,然后我们拿来训练学生,训练他们剧本是要这样编,戏是要这样演,导戏是要这样导,舞美是要这样做。我是完全可以这样做的,可是我心里很复杂,我在想如果这样做我们自己怎么办,我们的戏剧在哪里,我们要自己替自己发声,我们要自己表达我们所关心的事情,我们的社会,我们面临着什么样的关怀,这些问题怎么办,如果戏剧不能成为一个出口那怎么办?后来我突然有了一个疯狂的念头。我就跟同学们讲,你们敢不敢做一个戏是没有剧本的,就是我们不要从剧本开始,我们最后的终点是有剧本而不是开始第一天有剧本。他们15位都很可爱地说,可以啊,没有问题。然后我脑子有点空掉,就想怎么做这件事,我就跟他们说,好,这是星期二,星期四上课的时候请每一位同学准备一个作业,这个作业是什么呢?请你表达你这一生中觉得重要的经验,我说最重要可能太严重了,就是一个重要的经验。请用任何方式来表达,什么叫任何方式,包含你演给我们看,坐在这边说给我们听,或者你画一幅画,你把他录下来,或者随便任何方式来表现一个你生命中重要的经验。说实话我不知道这个题目讲出来我会得到什么,我补了一句话,因为我刚从美国回来,美国社会是很注重隐私权的,我们不要去侵犯任何人的隐私。后来我就说,同学们我无意了解你们的私生活,这个不是这个作业的目的。但是我有个感觉,只要你自己挖得越深,你的收获就会越大。星期四上课我真的不知道他们会有什么表现。那个下午我认为是我人生中非常重要的一个下午。因为同学们就一个个上台,然后其他同学就帮他念,可能他是主角,两三个同学帮他演配角,演出他们人生的一些故事。15个故事下来,有些确实是一件很小的事情。暑假的时候做家教,在一个人家里面,他教那个孩子,看到那个家里面一些状况,这是一个。有一个男生,讲的是他在路上逛,被抓到妓女院里面去了。另外一个是表现他去一个夜店……我边看一点一滴地吸收,一些很生动的故事,包括家里破产,本来家里特别有钱,突然一个电话来了,就变成要搬家。另外有一个故事在表现长大以后发现不是自己父母生的。另外有个可能最生动的,一个男生,身高一米八以上,他已经当过兵了(在台湾服兵役是义务的,每个人都要当兵),他表演在他当兵的时候突然来了一封他父亲的信,说是请务必在几月几号回家,很重要。那时候请假很难,但他最后还是请了,当他请假回家,一到家里面,他母亲穿着一件外套,他姐姐从台北来了,他们住在新竹,然后有行李箱在门口,他说,干吗? 他眼睛已经看到在干吗,可他没有说出来。茶几上有两张纸,离婚协议书。他父母要离婚,他是长子,请他做证人来盖章,图章已经刻好。那天同学们做的是重现那个现场,其实很好看的一个戏,因为他们从头到尾都不提那桌上的两张纸,一进来他就看到了,就说"诶,大姐你来啦。诶,怎么样,谁要搬家啊? 什么事?"爸爸坐在沙发上从头到尾一句话都不讲,妈妈就是闲聊家常,然后姐姐就跟他聊着当兵怎么样啊,女朋友怎么样啊,他就问姐姐孩子怎么样啊。一直绕着其他的话题,不敢面对茶几上的两张纸。其实是一个很漂亮的编剧,我一边看一边在感动。后来他就开始面对这张纸了,就说这是什么东西,然后爸爸就说穿了,说我们已经决定了,我想你是长子,希望你表达一点意见。他说,你们图章都刻好了我还有什么意见啊,你们就是让我回来盖嘛,是不是? 爸爸说:没有啦,不是这样子。这戏就是这样一个过程,这么奇怪的一个情境,然后他必须回家就要面对这个事实,而他是最后完成这件事情的人。到了最后他大声说,你们图章都已经准备好了。在台湾,图章是比较正式的,银行取钱也要图章来盖,而不是说签名就可以,所以在台湾做印章是很大的一笔生意。最后他的意思就是,章都刻好了自己盖啊。后来突然情绪上来说,好嘛,盖就盖吧。他其实在重现当时的场景。那个时候他就拿起了他的图章,然后我就在旁边看,那个图章就在空中顿了很久,10 秒、20 秒过去了,他没盖,他盖不下去,然后他开始掉泪,然后同学们就开始扶他,他就崩溃了,事实上人生中当天他是盖下去了的。可是现在他要重现这件事情他盖不下去了,大男人就这样崩溃了,我在旁边看。诸如此类,15 个短短的场景,我看了很感动,我说如果你们愿意的话我们就用这些材料做一个戏吧。后来我们就做了,照这些做。然后在 1984 年的 1 月 10 日首映,叫作《我们都是这样长大的》。当时有一个很珍贵的剧照,场景简直是太简陋了,椅子就是学校的,走廊上的椅子搬来当沙发,我相信比你们现在排戏简陋太多了,我们就是有什么用什么,就是几张椅子,两张桌子就演了,演了 15 个人生命故事。有趣的是在排练过程中,我就变成用即兴创作的方式来教导学生怎么去发挥自己的角色,怎么样把这个剧本弄得完整,以那个离婚的剧本来讲,我不需要做什么就已经很完整了,只是主角每一次到了关键的时刻,那个图章就在空中,我们就在等他盖下去,然而他盖不下去,然后他开始掉泪,然后崩溃,然后同学们就扶他下台。每次排到那里都是这样,然后我想,这戏怎么办。我甚至脑子里想到,这就是我的个性,我的个性就是状况不如我的理想的时候我随时可以退,我想说现在不是我想象的,就表示我的想象有问题。我的意思就是我坚持,坚持一定要盖下去,我可能会对他有一些心灵的伤害。我就在看,该怎么办,就让那个章子悬在空中收光也不错,我心里在想也是可以的。

距离演出剩下两个星期,然后我们已经进入到整排了,就是联排,每天都在联,联到那场,到了那个点,我一个人就不敢看,不知道会怎么样,等于又要去收拾这个同学的情绪,结果到了那个点,"好啊,盖就盖啊!"我也不太敢看,"啵"的一声,所有人都惊讶了,盖下去了,然后他就站起来走了。就是这么一个简单的动作,一图章就盖下去了。非常强烈,然后我们不知道他去哪了,过了一会才回来。之后我就问他,怎么样。他说,没事。他通过戏剧也算是过了一关,在他心中闯过了一关,他若一直过不了,他人生也过不了这一关。后来这成了台上非常强烈的一场戏。另外,比如说父母不是亲生的这场戏。在排练的过程中一直不顺利,因为这位同学发现她不是父母生的,演自己的时候很不顺,有一天我在看,我就说,好了你们两个对换一下。就是演她母亲的和她对换,"对,过来就对了,你演你母亲,演你母亲的演你。好,来。"她一演她母亲,所有的问题都没有了,滔滔不绝。然后我把场景放在厨房。然后她就说,"怎么样,妈妈帮你煮什么。"另一位同学就很冷静地说,"妈,他们说我不是你们亲生的。""诶,谁啊?谁说的?"噼里啪啦一大堆骂人,"不要听他们的,他们胡说的。他们邻居知道什么啊。来,我们吃。"整个戏一下子活过来了,后来变成非常动人的戏,因为母女两个人必须承认嘛。于是我就设定了几个场景,一个5岁,一个10岁,一个15岁,最后到了必须承认的那一天,母亲就承认了,其实是她自己在演她妈妈,却是特别感人的一场戏,所有的细节就如她当天听说的一样,最后她跑去找她的亲生父母。她现在的父母就是家庭条件比较好,但是没有孩子,所以他们要了这么一个孩子。这个故事后来在排的过程中,我问她,你爸妈来看吗?她说,当然不行啦,怎么能让他们来看呢?我说,真的吗?她说,真的没有问题。然后这场戏变成了非常动人的一场戏。

我回忆到1984年1月10日,这么多年前的一件事情。我们在一个大概这个场地一半大的空间演出,100多位观众席的礼堂,我硬把他改成剧场的一个空间,非常非常简陋,15个大学二年级的学生。有趣的是观众席里有非常多当年台湾文艺界的朋友,搞艺术的、搞电影的、搞剧场的、写小说的都来了。为什么?因为那个时代就是这样子。这个圈子很小,听说我一个国外回来的博士要搞个戏,所有人都要来看一下,当天在场的有现在已经不在的杨德昌导演,还有侯孝贤导演。如果你们不知道这些人是谁,赶快了解一下吧,这些人都是伟大的艺术家。然后是兰陵剧坊的金士杰,后来做非常非常多戏的金士杰,他也在场。后来他们觉得怎么可能没有经验的演员演的这么自然。我说这也许和我这个方法有关,和我这个集体进行创作的这个方法有关。这个方法就是尽量"让"。各位听到即兴两个字就会想到奔放,一切都是随性,好像就是嘴皮子很溜的就可以很好地进行即兴,其实是不对的。在我的即兴里面,我是尽量给你一些限制,因为即兴本没有限制。现在出个题目,开始,开始什么?即兴啊,奔放啊,自由啊,你真的演不出来,因为你没有题目。没有题目的即兴怎么演啊?可是很多人用即兴的时候,他就做一个没有题目的即兴,或者题目不清楚,定义不确定,我多年来用即兴创作的方式就是尽量把范围缩小,尽量让演员的自由是在一个很小的范围面随他怎么演,整个技术就是怎么去建立小的空间。好比说,母女两人,厨房。然后女儿就一直想了解自己是不是她妈妈生的,因为听说不是,然后妈妈想躲避这个话题。躲避的方式有什么?煮东西吃。好,准备,开始。这样的即兴就可以玩了,你知道你几岁,你妈妈几岁。但是这个背后你要了解,要做很多功课。演妈妈的必须知道年龄是多少,几岁抱了这个孩子,这孩子长大过程中的点点滴滴,她必须都知道。就如同我们现在话剧的训练中所谓的方法表演论就是要做这些功课,你要完整地写出这个人物的自传,其实是一样的。只是你现在的表演训练中,你写这些自传是当你有了剧本,你用剧本里面的一些资料作为线索,你在搜寻,你在查这个人是什么人。有点像警探一样,透过这个剧本来了解他。在我这个方法里面不是这样的,是倒过来的,是先有这个完整的人物,然后才有一切的台词。后来有了这个演出以后,很多事情就开始了。我和兰陵剧坊合作了一部戏叫《灾星》。我们在探讨智能不足儿童(就是智障儿童)的世界。这部戏也是在演出过程中得到很多的回响。金士杰和杨德昌,他们两个演的是弱智的儿童,大概十五六岁。这个戏有四分多钟,即兴的题目是什么?脱衣服,然后我配上的是巴哈的无伴奏的长笛奏鸣曲。所以先个人脱衣服,脱到后来我帮你脱衣服,然后到最后两个人缠在一起。就这么一件简单的事情,但是他有非常奇妙的化学作用,在演出中,你看这两位智能不足的儿童,其实已经青少年了。在脱衣服的过程当中,脑子里会走过一万种不同的想法,非常奇妙,最后两个人缠在一起,然后收光。这就是《灾星》的 16 个场景里的一个场景,这些戏你们大概也没听说过,因为我们后来再也没演过,也不是什么著名的戏,但是在我自己个人创作中是非常重要的基础,有了这两个戏之后,我们才进入到《那一夜,我们说相声》,才进入到 1985 年表演工作坊的创立,然后李立群和李国修这两位非常优秀的演员跟我合作,我们花了 7 个月的时间来做即兴创作,面对的是在台湾已经失去的一个传统——相声,我们等于是在回忆相声,在纪念它、哀悼它,因为这么一个伟大的传统突然死掉了,没有了。就如同非常多的事情在经济快速的成长中死掉一样,我在北京、上海看到这个情况,在杭州我比较没有感觉。在北京、上海是很强烈的,在都市,这么快速的成长过程中,当你拆掉一些房子的时候,其实都市的一些记忆同时被拆掉了。我相信杭州也是一样的。在我出国留学五年,我发现我回来以后很多东西都不一样了,很多东西不见了,相声不见了,我高中的时候喜欢吃的一碗面不见了,说来很小的一件事,可是我再也没有吃到那碗面的味道。我走遍所有地方,那碗面就成为绝想了,它就失传了。然后做《那一夜,我们说相声》这个戏。做的时候真的非常有实验性。我想对于传统的存亡,感兴趣的不会是你们,一定是某些学者专家,一些教授们,一些文化人。一般的大学生,一般的社会大众对这件事根本就没有兴趣。想不到我们意外地成功。因为我们搬出来的这个戏突然轰动了,所有人都抢着买票来看这场戏。那个时代没有网络。我本来希望在100人的剧场里演,制作人把他放到600人的剧场,场场爆满之后就把我们放在2500人的剧场。我们发布要加演的消息之后,3个小时票就卖完了,3场,多么轰动的一件事情。后来我们出了录音带,我们这边叫磁带,卖了100万套,就是200万张,那个时候台湾只有2000万人,就是说10个人里面有一个人有一卷,20个人里面有一个人有一套,这是非常疯狂的事,还不算上盗版,因为盗版那个时候很猖狂了,可以说是倍于正版。突然之间我们做的小众文化艺术和大众结合在一起,所以很多人形容我的作品是精致艺术和大众文化巧妙地结合,那不是轮到我来形容我自己的作品,但从那个时候有这样的一个说法,更重要的是台湾的剧场活过来了。我的老师当时说,你可以创造自己,你可以开出自己的花朵来,你要怎么做都可以,就从这件事开始印证了。表演工作坊变成一个非常有名的剧团了,才一个作品,大家都在等第二个作品了。我们压力也很大,很多人问我,下一个相声是什么。我说,对不起我们不是做相声的,我们是做剧场的。他们都在等,第二年我们做的就是《暗恋桃花源》。这是第一版的《暗恋桃花源》,1986年,金士杰饰演江滨柳、我太太丁乃竺饰演云之凡。这些角色都是他们创造出来的,这场戏我听说同学们有演过。这场戏就是一次即兴创作,一字不改,两个演员就是这么知道我要说什么,你可以说两个演员怎么是这么厉害的编剧,我只能说当人物塑造的非常清楚而深刻,当状况塑造的非常清楚和深刻,就会有这种生动力产生,就是这么简单,也就是这么难。几年之后,《暗恋桃花源》拍成电影,林青霞主演。台湾很多高中生现在已经不知道林青霞是谁,这个让我们有点惊讶,但是可以说我认为,应该简单地说巩俐之前华人世界最能够认得出来的一张脸就是林青霞,最著名的一个女演员,她来演个舞台版,大家可以想象林青霞在剧场演你买得到票吗?好像不太可能。有一天台湾的领导说要来看戏,跟我们办公室打电话说领导要来,我们说非常欢迎,但是都没票了,请问你们需要几张?80张。80张票我去哪里找啊?因为整个维安的机制需要80个人,后来我们硬是把他做出来了,到现在我还没听过这个故事,不知道我们工作人员怎么做到的,但是愣是把这80张票挤出来了,那是一个很大很大的事情。电影后来各处得奖,其中一个影展,应该是贵州的电影节,当年我们有参加,当时电影的拷贝没有出来,因为被海关扣住了,然后不知道为什么这个拷贝就跑到北京去了,这是我后来听说的,然后盗版就产生了,然后《暗恋桃花源》就变成一个地下非常著名的作品,我现在讲的是 20 世纪 90 年代。其实后来大家知道这个作品,我们要来演的时候都是透过电影版,林青霞、金士杰、李立群、丁乃竺、顾宝明他们演的这个版本。后来我们在柏林展得奖了,我真是受宠若惊,因为他从 45 部影片里面挑出一部。后来我问了评审为什么是我?因为另外 44 部有很多是我非常崇拜的导演,他们讲了很妙的话,可能你们这个年龄没法体会,因为这个应该是要做过电影节评审的人才能够体会,他们说,你知道吗?我们 10 天要看 45 部电影,就是一天要看 4~5 部,你的电影是第一天就放了,我们连续 10 天看了 45 部,到第 11 天我们还记得你那部,于是你就得奖了。看了 45 部以后还有印象,说实话你一天看 5 部,回想第一部你可能不记得了。后来到纽约参加影展很好笑。《纽约时报》写道:一部很好的电影,但是它的剧情不太可能,怎么可能两个剧团彩排的时间撞到一起,管理员找不到呢?这是不会发生的事情。这就表示纽约人只知道纽约,纽约人觉得全世界他都了解,其实他只知道了解纽约人。因为两个剧团撞在一个台上是我们经常发生的事情,我甚至去年在上海,《暗恋桃花源》的北京版要在上海大剧院里重演,我正在排练,黄磊、孙俪在台上排练的时候突然台上走进来 50 个人,非常大声地讲话,"啊,这是什么?""那是什么?"我们已经当作幽默的事情,已经不生气了,然后演员就开始讲"请你们离开好不好,我们在拍戏。"这完全都是剧中的台词,就是发生在我们生活中的事。前年我在广州演出《这一夜,woman 说相声》。我们在广州的中山纪念堂演,下午我在彩排,那栋建筑是个历史建筑物,民众可以买票参观的,所以我在彩排时有很多民众在走来走去,还有导游带着旅行团进来的,导游带着话筒在那边讲说,那个屋顶是哪一年的,是什么风格的。这呢,就是著名的戏剧导演赖声川先生正在导他的《这一夜,woman 说相声》,今晚有演出。这边我变成了一个旅游景点。《纽约时报》的评论哪会知道这种东西,哪会认为这些是可能发生的事情。很抱歉,在亚洲,在中国一切都是可能的,而且他是持续在发生的一些状态。2006年我们就做了北京版。黄磊、袁泉、何炅、谢娜、喻恩泰构成《暗恋桃花源》的阵容。这几年来,演出将近200场,杭州也演出了3次。《纽约时报》给我们一个很大篇幅的报道,他说最后观众必须思考记忆的负担,历史、渴望爱与剧场本身的力量。很被爱的一个戏终于在大陆得到明星级的处理。因为他的意思是说在这个版本演出之前大陆已经演出过一千场《暗恋桃花源》。当然是没有得到授权的。这个版本是第一个被授权的演出。我记得在北京有一个观众,他拿了一个表演工作坊的DVD,17片的精装盒给我签名。那个是烫金字的"表演工作坊",还有我的照片,一个锦缎盒子,很漂亮,我想我们什么时候出过这个?17片的DVD,还有说明书,还送一把扇子,不知道你们有没有看过。我很迷惑的表情。他就讲了一句很幽默的话,赖老师很明显这就是盗版的,真的很抱歉,这就是我收集到的。如果有一天你们想出正版的话,你就抄他的就可以了。做得太好太精致了。这对外国人来讲是件很讽刺的一件事,对我们来讲这就是现况。你要演出我能怎么样呢?尤其是各位,你们是学习艺术的,你们要尊重艺术,尊重智慧财产权,将来别人才会尊重你的智慧财产权,将来你自己做的东西被别人盗版过去你心里会怎么想。其实我太太也是我们戏的制作人,就很幽默地和我说:"在南京有另外一位拿了二十片给我签名,我就一片一片地签,全部是盗版的。"我想是签还是不签呢?他就说"赖老师,你要体谅我们,我们唯一能够接近你的方式就是伤害你。"这个话听着蛮舒服的,就把他签了。我太太说,你紧张什么,钱太不重要了,重要的是这些盗版商全部在给我们工作,你不觉得吗?我们的宣传就是靠这些盗版。这是我太太,她是永远的乐观主义,她说就是这样,我也接受,我觉得这个事情也很好,因为怎么说DVD也无法盖掉一个真实演员在一个剧场里的演出。

　　各位是学戏剧的,你们都知道,没有任何东西能够取代剧场里的演员真实的一刹那,那是最重要的,那个感受是最重要的。有点奇怪,这是我前年在斯坦福大学做的英文版,外国人演的《暗恋桃花源》,非常成功。我们在杭州红星大剧院演出,越剧版《暗恋桃花源》,赵志刚老师、黄磊老师跟我们结合了,我想在坐的杭州人应该很骄傲,这次真的是杭州制造。杭州越剧团、杭州话剧团两个团支援我来把这个事情完成,我们请来的除了赵志刚老师之外,还有杭越的谢群英、遽敏两位老师,我跟他们合作非常愉快,而跟他们合作的结果是我太尊敬他们,进而尊重越剧。我心中对越剧有一种很高的敬仰,我觉得那是非常了不起的剧种,这些艺术家在很努力传承,不像我们台湾相声,死掉了,我们还要做个戏来说他死掉。这个越剧活得非常好,在这些艺术家们的艺术中活得非常好。这么多年我做这么多戏、有各式各样的格式,那是因为某一方面来讲我在创造一种中国人的戏剧文法,对过去来讲我们文法不多,就是格式不多,不知道要怎么做,格式之多样是因为创作过程是有机的,也就是我说的一种即兴创作的方式,好比说我们有这么大型的演出,《西游记》,是一个歌剧,是我用京剧、西洋歌剧、现代剧场 3个元素拼出来的一个非常大型的演出,不是讲孙悟空,而是讲现代中国人向往现代西方的一个故事。这是我和我的学生在台北艺术大学做的演出。《田园生活》也是我们学校做的,做一次就要跟舞美老师翻脸一次,因为他们太不习惯这种即兴创作的过程,尤其要做这样一个戏,我就跟他们讲,你们给我做一个。什么叫《田园生活》,就是麻烦你在台上盖个"田"字,两层楼四家人,就是现代的公寓,所以田园生活就是现代都市的生活,各位看到的就是四个不同的(我们把公寓切开来),然后四家人一起生活。这个剧本,1986 年之后再也没演过,很可惜,我很喜欢这个剧本。我也做过一些其他作者的,像贝克特,我很喜欢的作家,我把他的 6 个剧放在台北一个有点像苏州庭院的环境里面,那个地方是拍电影用的,我用来做出一个环境,然后观众由导游带领进入一个个小厢房来看戏,有的厢房可以容纳 30 个人,有的可以容纳 60 个人,是这样的一个作品。《台湾怪谈》是一个人讲两个多小时的话,这个也有盗版,我相信你们也找得到。《如梦之梦》如果也有盗版,你们赶快告诉我,因为我们根本没有出过正版。我那天听余秋雨老师说他在某个城市的书摊上看到他的作品,是假的,但就是余秋雨著,然后他就翻看,"诶,我什么时候写过这本书?"打开来看,完全不是他写的,他就和那个老板吵,他说,这个不对啊?老板说,这个是对的,这是余秋雨写的。然后他就跟老板说,我就是余秋雨。老板说,不可能。他怎么说都没有用,反正那本书就是余秋雨写的。他说现在还有一招是这样的,有一本书写着金庸新著,金庸的新武侠小说,那不得了,后来问清楚,不是金庸,是金庸新,著。院长在提醒我说,这个手法已经几十年了,不是什么新招啊。还有个人叫全庸。所以如果你看到《如梦之梦》就告诉我,我很好奇他会怎么弄。《如梦之梦》这部戏观众在中间,戏是绕着观众走的,中间只能坐200多人,观众是在旋转的椅子上,所以戏走到哪儿,它就会转到哪儿。这个戏是8个小时的作品,其实当时这个戏在台北、香港都演过,非常轰动,我们也很希望有一天能带到大陆各地来演,但是他很难演,因为是非常多人,从商业上来讲,他是一个必定赔钱的演出,现在就是看要用什么方式来做,因为新加坡也想做,北京也很想做,我们怎么去联合起来把这个事情做了,到时候希望你们一定要看,因为《如梦之梦》真的是一个非常特别的作品,很难跟你们解释,因为这8个小时,第一我只能说不是我故意把他弄那么长,也不是我故意以这样奇怪的一种形式来做演出,是题材本身有机的幻化成了这个样子,被编的那么长主要因为他是故事中的故事。因为我有个概念是如果你要了解一个人的故事,你要穿过一些别人的故事才能搞清楚,不是只有他的故事,别人的故事也要弄清。所以从一个医生的故事变成一个病人的故事,然后他会从台北到法国巴黎,然后到上海,然后到过去的上海,然后再到过去的法国。8个小时兜兜转转的,是很难跟你们形容的一种感觉。我很希望带给你们看这部作品。2003年5月,非典最盛的时候,每一个人都戴着口罩在看戏,我们在演一个戏叫《在那遥远的星球一粒沙》,是张小燕小姐主演的,还有阿亮、阿雅,我是编剧、导演。所有票在1月就已经卖完了。1月卖完票,4月非典来了怎么办?观众怎么办?所以我们还是决定演出,每天晚上1500个观众,演了15场,那个时候在台湾几乎唯一有人的公共场所,就是台北的剧院。这是一个情景,也是让你们了解戏剧的力量是那么大的。我很少谢幕,那几天我每天晚上上去谢幕,还跟观众讲话,我说,真的谢谢你们,几乎是冒着生命危险来看戏,然后真的希望这段日子过了以后,大家能回忆起来有一天是在剧场里面度过的,而不是在恐惧中度过的。

最近到杭州来的《宝岛一村》,不知道大家有没有机会看,也是想让大家了解生活和艺术之间的密切关系,这是台湾最近的一段历史,被我们弄成一个话剧,我想也是自己可能最被讨论的一个戏吧。在大陆我们是从1998年开始在北京看这些前辈们做《红色的天空》,是关于老人的故事。《他和他的老婆》这部戏,其实你们知道他没有两个老婆,因为好像是不能叫《他和他的两个老婆》,那我就说叫《他没有两个老婆》。我们在上海、台北同步演出这部戏是在2002年,这是很酷的一件事,因为在上海的演出我在,在台北的演出我太太在,我们在演出前7点半通电话,然后拿着麦克风让台北的观众问候上海的观众,上海的观众问候台北的观众。同一个戏不同的演员开演,然后一起演。那感觉真的非常好。

然后到了我们2006年的《暗恋桃花源》《那一夜,woman说相声》。2005年我在上海戏剧学院做了一个8天的工作坊,也在那认识了金邦老师。其实他已经跟我说了很多次要来学校演讲。我说,没有问题。看起来我很没有信用,因为我一直没有兑现。今天我就来了,也是因为我们金邦老师的关系。他参加了2005年这个8天的工作坊,然后我去了上海戏剧学院,我说,请问你们要我做什么? 那边的老师说,希望你做一个戏,让我们目睹你的创作手法。我说,8天呢,8天能做什么?"还是希望做。"那做吧。然后做了一个简单的,50多分钟的演出,叫《故事》。我用了《如梦之梦》观众席的方式,让观众转着看。后来我刚好从上海直接到美国去了,然后在斯坦福大学教了两个学期的课,他们也是让我做一个作品,我就做了一个《给死者的故事》,是个两个小时的戏,那是非常成熟的作品,在那边演出也是得到非常好的评价,然后我再把《给死者的故事》带到台北,跟台北的演员合作,就变成一个戏叫《如影随行》。《如影随行》也有在大陆演出,演的不多,在北京、上海做的演出。通过我们舞美的灯光等所有的加持之后,这个戏就有它很特殊的一种感觉,他是一个经过上海、美国、台北产生的作品,影像也非常强烈,我很高兴有这样子的一些方法。各位可以想象这样一个作品等于先从中文再变成英文,再从 50 分钟发展到两个小时,然后这两个小时再回到中文,再回到台湾,再回到中国人的环境里面做完,很特别的一个经验。还有在大陆的戏《陪我看电视》,这是一个全新的、和大陆演员在北京制作的新戏。然后各地巡回,也有很多明星参加了这个演出。讲电视的历史,讲一台电视流浪的过程,程前主演的角色是一台电视机,他是一台 1980 年牡丹牌 9 寸黑白电视,那就是当年最牛的一台电视,应该说一般人不太会有这台电视。他从最被宠的最高科技,到几年之内彩电出现后,就被丢到路边去了,到如今,他被摆在上海一个夜店里面作为复古怀旧的一个摆饰。我想用这个方式来形容改革开放 30 年的一个过程,物质方面飞快的进步,在这个过程中我们得到什么,失去什么,这就是《陪我看电视》。

另外我想给大家讲一下 2009 年做的,因为我的戏剧旅程其实也包含这件事情,从一个人讲话讲一个晚上,到我们也可以做一个像北京奥运会这么大的东西,这也是我前两年接到的任务。台北要举行听障奥运会,其实奥运家族就四个奥运会,有夏季奥运会、冬季奥运会、残障奥运会,然后就是听障奥运会。特殊奥运会好像还不是在这个里面。然后台北希望我来做,我觉得很惶恐,我要做什么?尤其就在北京奥运会的后一年,我要做什么?我要做什么来胜过它?所以我想整个我二十多年的戏剧旅程最重要的还是创意,我们能不能一直保持一种高度创意的精神。也就是说面对一个题目,我们不要乱发挥,我们不要先去想"北京做了什么,我们要做什么,空中飞了多少人,烟火用了多少,所以我们要怎么去胜过他"。我觉得这种思考都是错误的,这种思考方式只是在想,其实是非常没有创意的一种思考,有创意的思考是什么?中规中矩地回到题目本身,题目是什么?是听障人,就是聋哑人的奥运会。他发生在哪里?在台北。其实我花了很多时间思考这两件事情。这两件事情有什么可以连在一起的,我不管别人过去做大型的怎么做,我们就从这个聆听题目,想清楚题目是什么,从这个里面会有答案的。如果说,张导在北京放了多少的烟花,于是我要是他的双倍,这哪叫创意啊?这哪叫聆听题目啊?这只是说我要做秀做得比你更好而已,这其实是不会成功的,到最后其实是会被骂的,会被观众唾弃的。后来他们想让我想一个大会的主题,我苦思了一天,因为他们只给我一天。我先是想到一个英文是"power and me"。不太合文法的一种英文,力量在我。因为我在想听障朋友需要怎么被鼓励,我很快得到一个资讯就是听障朋友不认为自己是残疾人士。然后我开始接触听障朋友,他们非常独立,他们说我就是听不见啊。可能你的腿不好啊,我是耳朵不好,那又怎么样?你能做的事情我全部都能做。嗯?是这样子吗?我想一想,我能做的他差不多都能做,换句话说他在人生中立定什么目标,他要向那个目标前进他都能做到,只是他听不见也不会说话。我觉得了不起,他不认为自己是残疾。他们很多人不领残障证,残障证有很多优惠,他们却不领,他们就是说"我没有残障"。有了这个概念以后,我们开始做出这样一个节目,然后我就想到有没有可能有一个像女神一样的她走在空中,她背后会产生一块长的布条,上面可以打出动态的一些影像。其实还是回到了一些最基本的元素。后来我们用到了优人神鼓,台湾非常著名的一个打鼓团体,我让他们训练80位听障的高中生,这就是第一场戏。第一场戏就让我们所有的观众感动,因为他们知道这里面有80位是听不见的,但是他们还是跟着打,而且打得有模有样,优人神鼓的鼓其实是一种修行,已经不是在打鼓而是在修行了,所以他举高,然后停很久,"啪"打下去都是很准的,其实不用心的话是不可能做这些事情的,我们之前都有宣传,手上绑着红带子都是听障朋友,观众看了觉得这怎么可能,怎么会有这样的一种表演,完全是不可能的,所以这就替整个晚上定调了。然后在这过程中,有位从苏格兰来的,叫格兰尼的人,他也是听障人士,他是世界上著名的听障敲击打击乐手,他非常讨厌人家这样说,对他来说他就是著名的打击乐手,至于他耳朵听不见这不重要,但是对我们来说这是件不可思议的事,全世界最好的交响乐团他都合作过,他是赤脚在打鼓,他用震动来感受一切。后来我和他一起上节目,上台北很著名的电视节目做宣传、做访问。他是聋哑人、听不见,但他其实会讲话,他是八岁失去听觉的,主持人问他那个过程。他说,当我失去耳朵的时候,我觉得我全身变成一个耳朵。我们听到这个话,觉得这人真的不是一般人,他要克服多少事情才能走到今天这个地步,非常了不起。你们要是有兴趣,音乐系的同学们应该去了解一下这个苏格兰的格兰尼,他真的是非常厉害。然后我们这个女神真的是进来了,真的是拖了一块布,然后她就用手语讲了三句话,这三句话就变成我们整个晚上的主题,我们最后做了一个小而美的,很精致的晚上。当然,我们也请了大陆非常著名的"千手观音"残疾人团体,她们一上场,观众就疯狂了。我们还发明了一些好玩的东西,用人在充气的球里面表演,张惠妹从空中飞下来……台湾是制造脚踏车的王国,台湾是一个神明和人很近的地方,所以我们做一些所谓的 Q 版的神明,大受欢迎。然后我做了 5 碗台北很著名的小吃,比如一碗牛肉面,我用人堆出来的;比如小笼包,他们不但要堆出来,还要跳到弹簧床上去,特别愚蠢,但就是这样特别愚蠢的一件事情,让全场嗨到翻掉。

这个事情弄了一年半,我的团队不大,非常小,其实核心只有十几个人,我们只有 5000 个演员。在台湾可以说挡到一条街都不太可能,我们那个环境不像北京,我们那个体育场也是没有铺地,但我觉得你们要了解,我们是在一个刻苦的环境之下完成的。今天你们看到我多少细致的、华丽的布景?应该没有。为什么?因为我们从来没有装台的时间,我们演出正常是三天装台就演了,我到大陆大家都说一天就够了。我说,不可能,如果是一个新的作品,一天哪里够?我们是三天。有人说,所以你们做不出百老汇。我说,怎么做不出来?他们说,你知道百老汇多少装台时间吗?就说那个《歌剧魅影》,有六个月的时间慢慢装,慢慢弄,最后一个月让观众进来试看。试看也要买票。如果哪个观众反映不好,就改,一直改,这叫百老汇。我们觉得戏剧的精神不是在他华丽的布景,当然这些华丽的布景可以给我们加很多分,但是我常常讲一句话,再多的预算也买不到一部好戏。你们要相信我这句话,钱再多堆出来,也堆不出一个好的戏。好的戏不是钱买的。好的戏是从内心找到我们的创意,这样才可能出来一部好戏。

其实我对大家是有期望的,我希望能看到你们未来的作品,可以看到你们在舞台上发光,这就是我心中最深的愿望。自己对自己期望高一点,不要认为你是被动的,我觉得什么事情都事在人为。20多年前我也是年轻人回到台湾,我如果没什么想法,我如果都是被动的,那这一切都没有了。但是只要我想做什么,你们觉得不可能的,我就一定要试试看,或者说我做不到100分我做10分总可以吧。有什么机会你能做出一个作品,让观众喜欢,让观众感动,让台上台下打成一片,这都是很美的事情。

论音乐理解的途径

杨燕迪①

今天我所要讲的题目与音乐美学有关。音乐美学是研究音乐审美经验的基础学科。我们怎么理解音乐？不管你是学习音乐，还是一般地欣赏音乐，你总会听到些东西，会理解些东西。音乐是一个艺术品或者说是一个艺术现象，它必定向我们传达某些有意义的东西，我们怎样去迎接或理解这些意义呢？这些问题尽管带有学理性，但对大学生或者艺术者来看，应该是一个值得深思的问题。

在庆祝上海音乐学院博士生导师钱仁康先生 90 岁大寿时，为了向音乐界博学的老前辈表示尊敬，我和许多其他学者一起写了一些关于钱老最关心的学术问题的论文。我的这篇论文实际上是献给我的导师的一个生日礼物。大家知道钱仁康先生是一个音乐作品分析的专家，他一辈子最关心的课题是关于音乐作品的分析和理解。我的这篇论文就是对钱老所关心的问题作一些尝试性的解答。这篇论文，我想了 10 年，花了 10 天写出来，可以说它是我个人学术思想的一个总结。

---

① 杨燕迪（1963— ），男，四川达县人，上海音乐学院音乐学系教授、博士研究生导师、上海音乐学院副院长，历任音乐学系副主任、主任，兼任全国西方音乐学会会长、上海市政协委员、上海音乐家协会理事、上海市美学学会理事、上海市文联委员、上海市青联委员，著有《孤独与超越——钢琴怪杰古尔德传》、《乐声悠扬》等。

一、对"音乐理解"的理论界定

第一,音乐理解似乎是一个司空见惯的现象,但怎样界定音乐理解呢? 或者说什么是音乐理解? 通俗地说,音乐理解就是你如何听懂音乐,这里的"懂"应该包括分析音乐。这里蕴藏的问题非常复杂。音乐既不像文学那样讲故事,又不像美术那样展示形象,即音乐具有非意象性、非语义性。例如,你无法通过音乐来进行肖像。但你听音乐到底听到什么? 也许你听到了一些人情绪的变化,也许你听到了一些心理的变动。有人说"音乐何须懂"。但实际上,音乐是需要听懂的。有些人可能听不懂音乐,有些人可能听得懂一些音乐,有些人可能对音乐懂得很深。这里面可能存在着差异,但这之间的差异究竟在哪里呢?

波兰美学家卓菲娅·丽莎在她的著作《音乐美学新稿》(中央音乐学院前院长于正阳先生翻译)里面有一篇长文《论音乐理解》,此文从各个方面论述了音乐理解的前提条件是什么。要听得懂音乐,你不仅要有音乐风格的知识,要有音乐形式上的把握,还要懂得音乐体裁,即这是交响曲还是协奏曲。另外,文字的指南、歌词的概念等都可能对音乐进行限定,这也会影响你对音乐的理解。这些提法应该说很可取,但我认为此文没有触及音乐理解的中心,因为它仍然在阐述音乐外围的东西,例如不了解古典音乐风格知识,就不利于理解贝多芬的音乐、莫扎特的音乐,不了解奏鸣曲的形式就不利于理解交响乐曲。

我认为,音乐理解,就是音乐理解者在面对个别具休音乐时,对其艺术特征和审美意义的认识和把握。通俗地说,在听完音乐作品后,你能否知晓它好在哪里,坏在哪里,知道作品有什么特点,知道作品的用途是什么。你是否懂得艺术家在音乐作品中所想要达到的目的。在这种界定中我要强调的是,我所说的音乐不是一般的、泛指的音乐,而是特指由某些作曲家所创作的具体的音乐作品。音乐并不等同于音乐作品,如民族音乐只是音乐;由贝多芬、莫扎特等个别作曲家创作出来的音乐才叫音乐作品。这样,流行音乐和民族音乐就不属于我所研究的对象,因为它们存在的形态与艺术音乐不一样。作为艺术的音乐作品,如贝多芬的《第五交响曲》或莫扎特的《第二十一钢琴曲》,是指某一具体作曲家所写的音乐作品。我这里的音乐理解只是针对这些音乐有效,至于民间音乐的理解是另外的事情。所谓音乐作品,它必须有谱面文本的,有具体的形态。民间音乐是没有谱本的,如阿炳的二弦音乐是没有乐谱的,它不属于音乐作品。而艺术音乐有自己的乐谱,且音乐的创作出自某一个作曲家,带有强烈的个人色彩。我们一听艺术音乐,就会马上强烈地感觉到它含有肖邦等某个音乐家的特点和风格。所以,艺术音乐常常带有创作者的个人印记。这是我所理解的音乐作品。

第二,在我所限定的音乐概念中,特别强调理解的是音乐本体的艺术特征和审美品格。也就是说,我强调的是我们要对音乐进行艺术性地理解。在音乐理解中,人们可以有多种维度和角度。你可能想要通过音乐理解创作者,想要理解创作者的想法,但这种理解不是艺术理解,因为这种理解只是导向创作者本身,或者说我们从作品中知道作者是一个容易激动的人还是粗犷或者细腻的一个人,这种理解的落脚点在创作者身上,而不是在作品上。我所说的理解不是这样,我把理解的落脚点放在作品上。一方面,你可以把理解导向创作者,另一方面,也可把理解导向音乐作品创作产生的背景。我们都知道,《柴可夫斯基第六交响曲》是他逝世前创作的,通过欣赏这个作品,我们就可以知道柴可夫斯基当时创作该曲的原因,以及沙俄残酷统治下知识分子苦闷的背景等。这种理解仍然是导向作品的环境,游离于作品本身之外。当然通过听音乐,我们还可能导向去理解与音乐相关的其他知识,如乐器、观众等,这些都是作品之外的东西。这些都不是我所说的"音乐理解"。我所说的音乐理解更多是直接导向音乐作品的内在特指,即个别具体作品的艺术特性,也就是该音乐作品好在哪里,音乐家的企图是什么。我认为这个理解是最根本的理解,而不是导向外围的。作为外围的东西都要为理解作品内在的本身服务。音乐理解是一种实践活动,它是在音乐的各个环节中普遍存在的实践活动。音乐理解贯穿于音乐实践活动各个层面,每个人都要触及。对于音乐接收者或者听音乐的人来说,你可以是一个鉴赏者,是一个批评家,也可以是音乐分析家,还可以是音乐史论研究者。

音乐理解是音乐鉴赏者或分析者直接触及音乐作品的关键中心。特别对于音乐批评家来说,理解音乐作品是进行评论的前提和核心。对于音乐表演家和创作实践者来说,音乐理解是他们把音乐传递给观众的一个基础。乐谱上的曲子只是一个大概,表演家要对曲子进行再创造,再创造的基础就是看表演家如何去理解音乐作品。再例如,作曲家在他的具体创作过程中是不涉及理解的,因为他是直接创作音乐者。但一个创作者如果不理解前人的作品,他就根本无法创作,因为所有艺术的创作是建立在对前人艺术理解的基础上。我曾说过:一个对前人的音乐作品没有独到理解的作曲家,他在艺术上肯定是没有前途的。当代的作曲家对以前的作曲家一无所知或理解不够,那就无法走自己的路。因此,对于创作活动者而言,音乐理解依然很重要。这就是音乐理解贯穿于实践的各个层面,包括鉴赏、分析、批评、创作、表演等。

第三,音乐理解作为审美能力存在着审美主体的差异性。对于所有音乐家或者说爱好者来说,只要你从事音乐活动,你就不可能脱离音乐理解。音乐理解是一个涵盖范围很大的活动。由此看来,音乐理解又可以被看作是音乐家和爱好者的一种能力。我们必须承认,音乐理解作为审美能力存在着个体差异。我们听同一首乐曲,看同一篇乐谱,但乐曲或声音传达给不同接受者,他们的理解是千差万别的。主体不一样,客体的反应会很不一样。对于一个懂音乐的人来说,他可能听到很多信息;对于一个不懂音乐的人来说,他可能听到的是嘈杂的噪音。如何处理接受到的音乐信息,完全依靠主体的音乐审美能力。美学欣赏中,经常有一种说法:仁者见仁,智者见智。因为在审美活动中,审美接受是可变的。不同接受者在经验、知识、训练、素养等方面存在着显著的差别。不同的接受者在音乐审美能力方面确实有深浅之分、高下之别。马克思曾说:对于没有音乐管道的耳朵来说,最美的音乐也毫无意义。决定音乐理解成败的关键是有没有有音乐感的耳朵。主体的建构对音乐的理解很重要。还有一种情况是高度发达的音乐理解。莫扎特的音乐理解能力是这种例子的典型。可以说莫扎特的音乐理解能力达到了一个不可思议的高度。他在 14 岁时,就把一首九声部的圣歌合唱曲全部记下来了。由于教皇的控制,该圣歌没有乐谱流传,莫扎特在教堂里听唱诗班唱了两遍后,竟然把乐谱全部记下来,而且还能够对多声部进行分解。这说明莫扎特的音乐理解能力达到了不可思议的程度。我想我们绝大多数音乐爱好者都处于这两个极端的中间状态。但懂音乐的人之间在音乐理解上也是有程度上的高低。西方把音乐听众分为"老练的听者""合格的听者"。我们的目标是至少努力成为合格的听者。

二、音乐理解的途径

既然承认音乐理解是音乐家和音乐爱好者不可或缺的审美能力,那么音乐理解是否有路可循、有法可依呢?即到底该怎样听音乐。下面谈谈我个人的音乐理解体验。

第一,我觉得强烈的艺术体验可以增强你的音乐理解能力。如果没有贴合的音乐,你就没法真正理解音乐。学者很重要的一点就是要直接接触音乐。长期以来,我自己倾听、感受、分析和评论音乐作品的时候,有很多触动。另外,近年来,我在聆听、分析、品论等音乐实践活动中,包括音乐品论、教授音乐和创作音乐时,我觉得音乐理解是一个很急切的问题。尤其在面对中国当代作曲家的新作品的时候,如谭盾、陈继刚、瞿小松等音乐家的新作品时,音乐理解问题几乎是逼迫性地凸现在你眼前。对这些作品,你无法参照前人。在多次接触中国当代作曲家如何训田、杨立新、谭盾等一些新作品后,我发现一个很有意思的现象:传统音乐讲究功力,现代音乐强调概念或意念。传统音乐如莫扎特、贝多芬等作曲家的作品,非常有质地,主体发展非常充分,对位的技巧应用得非常得当、匀称等,这些都强调他们的音乐功力。传统的技法在共性写作过程中,特别是在功能和声时期,他们的音乐章法非常清晰。就拿勃拉姆斯的交响曲来说,他的作品确实创作得很好。因为他的作品主体发展的持续性、充分性等各种章法、标准几乎趋于完美,这使得你无法否认他是贝多芬以后最伟大的交响乐作曲家。但现代音乐作品从某种意义上说很少有章法,它突出的特点是讲求概念和意念,往往能抓住你的是他们的点子。如美国作曲家查尔斯·艾夫斯的《未被回答的问题》,有三个不同的影响层:第一层是弦乐的长音背景,一种用传统和声写得很和谐的用来铺垫作为背景的音乐;第二层是小号,表达的是一个非常哀怨的问号;第三层是木管,出现了一种无法理解的嘈杂的回答。这三层就这样不断出现。很显然这是一种非常有效但很简单的手法,它带有很强烈的象征意义:象征着现代人在面对生活时无法适从或者说很困惑。那个小号就是在问问题,而那个木管的回答却是混乱的,很典型地象征了现代人的生存状态。这个音乐抓住的就是现代人对价值观和自己社会定位的困惑。这种现代音乐作品写得很好,但并不是好在它的功力上,它只是抓住了现代人的一个生活体验和概念。这样的作品有一个非常好的"立意",因而是成功的。再如,何训田的《声音的图案》,从标题上看,其本身就是自相矛盾。按理说声音诉诸听觉,不应该呈现视觉图案。音乐的味道就是在这里。这首音乐像万花筒一样没有有规律的点,没有高潮,没有开始,没有结束。它采用的材料是有点悦耳的五声性,但你听上去,觉得音乐的安排是很随意自由的。实际上,音乐是由严密的数理控制住的。它否认了传统音乐,特别是西方音乐的音乐直线演进模式,用乐音运动的多位方向感取而代之,这不禁令人联想起中国古典山水画中的散点透视概念,透露出一种独特的时空观。虽然他们一个是 20 世纪初的音乐作品,另一个是 21 世纪初的音乐作品,但它们在概念上、立意上有很独特新颖的理念。听现代音乐,你不能用贝多芬的耳朵听,而要想办法听出其中有意思的想法。有些现代音乐比较差,就是没有一个很好的想法。作曲家对生活没有很好的体验或认识,对艺术没有认识,就无法写出好作品。但比较好的作曲家如陈继刚、瞿小松的艺术作品中,你就可以感觉到有一些很有意思的想法。你如果能够听到作者的想法,就可以开辟一个音乐理解的途径。这种欣赏和观察现代音乐的思路和方法,是否可以用于理解传统乃至于所有的音乐作品呢?或者说是否有可能通过听出音乐中的想法去理解古典音乐呢？答案是肯定的，而且，你可以感觉到古典作曲家的想法是很清楚的。如果你没有理解作曲家的想法，说明你还没完全听懂他们的音乐。

第二，我的音乐理解经验来自于我自己翻译的一本书《作为戏剧的歌剧》，作者叫约瑟夫·科尔曼（Josef Cerman）。这位美国当代著名的音乐学家，现在 70 多岁了。他的著作里把歌剧当作一种真正的戏剧来看，这时歌剧会变得怎样？我十年前翻译这本书时，并不知道它会对我对音乐的理解产生影响。我翻译它是因为它是名著，它对西方十多部歌剧作了非常深入的批评，对于西方研究歌剧的音乐批评家来说是必读的一本里程碑著作。书里面详细分析了各部歌剧的特点，内容很有趣。但对我更重要的是，此书对我有方法论的启示。它不仅帮助我看懂歌剧，而且帮助我听其他音乐，因为他在书中提到：真正好的歌剧作品总会存在中心的概念或意念，即"vision"（可视物）。观众从这些歌剧中能看到些东西。另外，此书还多次提到"conception"（概念）。也就是说，好的歌剧作品往往有一个"中心的立意"。在他的书中，他分析这种创作方法的作用。例如，在书中第二章，他分析了两部歌剧，一部是蒙特威尔第的《奥菲欧的传奇》，一部是格鲁克的《奥菲欧与尤利迪西》。《奥菲欧的传奇》是创作于 1607 年的歌剧，而《奥菲欧与尤利迪西》创作于 1762 年，这两部歌剧相距 150 年。但这两部歌剧的题材都是来源于古希腊"奥菲欧"神话。这个神话最关键的点是：奥菲欧的妻子死了之后，他很悲痛，他要到阴间里去把妻子重新换回来让她重获新生。但冥王有一个严厉的规定，在把他妻子带出阴间之前，奥菲欧绝对不能回头看她一眼，如果看她一眼，就会永远失去她。结果，他回头看了他的妻子。奥菲欧是出于什么理由回头看他的妻子呢？可以说，这是歌剧的中心概念和关键。两部歌剧在处理这个点上完全不一样。科尔曼看到这一点，他分析说：蒙特威尔第是巴洛克早期所谓激情风格的代表，即作品里特别想要渲染人的感情的直接性。所以他对奥菲欧性格刻画持非理性主义态度，因而奥菲欧在蒙剧中之所以回头看他妻子，是因为奥菲欧非常高兴非常激动，无法控制自己的感情，故在歌剧的音乐表现方面是激动地宣泄。相反，格鲁克是 18 世纪中叶追求古典主义理想的一个艺术家,他在音乐上的追求是持严肃的理想主义概念。所以,在歌剧中,奥菲欧回头看他妻子,不是因为他要回头,而是他妻子在不断地祈求他。他知道自己回头,就会失去妻子。这两种歌剧对世界采取了两种不同的态度:一种是非理性主义的态度,一种是理性主义的态度,但又恰好代表当时的时代精神。虽然两个歌剧处理的是同一个故事,但对故事的理解角度和意念则完全不一样。这说明,你要理解他们的歌剧,就必须抓住这样的中心概念。

从以上可以看出,我自己的实践经验与科尔曼的著作的启示,以及其他学科如宫部里奇的《艺术史理论》《文学批评》,加德默尔的《哲学诠释学》等,都对我寻找音乐作品"立意"的音乐理解途径的形成有了支持作用。我的音乐理解途径是在前人的基础上搭建起来的。

这样,我对音乐作品的理解和剖析就是以创作者对一部作品所持的总体"立意"为出发点。你如果要认识或理解一部作品,你需要认识创作者对该作品有一个什么样的总体想法或立意。创作者通过对自己,对人生、世界和艺术的体验与思考,在音乐写作中,将这种体验和思考凝结为某种中心的表现"立意",并在对音乐材料的具体形式建构中和作品的实践过程中,对这个中心立意予以实现和展开。即你在听音乐时,怎样抓住中心的意念或者说作曲家的想法。我觉得这是一个根本的东西,如果抓住这个东西,你就可以进入音乐作品中,否则你就会徘徊在作品外围。抓住了艺术家的想法,你不仅可以理解,而且还可以对其进行评论或批判等。作为接收者,在理解音乐时是可以采取这样的思路和途径的:首先判断作品中是否存在这样深刻而集中的立意,进而解释这种立意的意义和价值,最后考察这种立意是否得到了实现。

三、经典作品赏析

我们中国古人有"立德、立功、立言"的说法,"立意"就是沿着这样的思路顺理成章地成为我们理解音乐途径的一个很好的词汇。例如,文学评论经常用到"立意"深刻等,音乐作品同样也可以用"立意"

深远来理解其主题。我们汉语中的"立意"与西方的 conception（概念）有点类似。但我们一般不用"概念"来评价一部作品，如果这样说，有点持否定之意。我们汉语中的"立意"不仅涵盖形式，也包含内容。评价一个作品"立意新颖"，不仅仅是指它的形式新颖，而且也指其内容新颖。

以下是一些我们能够用"立意"这一理论来进行音乐理解的例子。

我选择了巴赫、贝多芬、舒伯特、肖思塔科维奇四个人的音乐作品作为这一理论的例子。我选择他们的一个原因是我经常聆听或演奏他们的音乐作品，对他们很熟悉，另一个原因是这四个人的音乐作品创作风格跨度很大，既有巴拉克和古典，又有浪漫和现代，它们都是杰作。更重要的是它们能够验证我的论点的普遍适用性。

第一个例子，我们来理解巴赫的《A 小调小提琴协奏曲》第二乐章。关于这部作品，我们对其历史背景知识了解得很少，因为有关资料很少。我们仅仅知道该作品创作在 1729—1740 年，是巴赫晚期的作品。该作品有两个格罗夫版，原来认为巴赫的器乐作品都是作于他的早期。现在，我们知道，他的很多器乐作品是他晚年写的。该协作曲好像不是一个年轻人的作品，而是一个非常老练、非常有经验的作曲家的作品，这就更证明了这篇作品有很高的艺术价值。首先它的题材是一部协作曲，是由小提琴独奏乐器与一个乐队之间的竞奏和协调。这里完美体现了其立意。根据我的音乐知识和历史知识，它以极富创意的构思和直截了当的笔法，体现了协作曲题材所特别要求的独奏乐器与合作乐队之间的相互协同又彼此竞奏的独特关系。这个作品的立意就是乐队和小提琴双方形成完全对等而又彼此相反的关系。乐队 A 小调的素材是固定的、僵硬的，是典型巴洛克式理性化的节奏，而小提琴的旋律非常好听，但你绝对记不住，唱不出来，因为它非常随意，拐来拐去，它是没有音乐依据的，一会儿长，一会儿短，是一个即兴式的音乐。巴赫的很多音乐有这种很好听的即兴性，但难记住的特点，你不可能像唱莫扎特的一个主题一样把曲子唱出来。小提琴的即兴性、随意性、自由性与乐队的方正性、僵硬性和固定性形成了鲜明的对比。虽然巴洛克时期不是很强烈，但我们明显可以感觉得到。这就是这个音乐作品的用意所在。乐队始终是持续不变的固定吟唱,节奏是呆板而僵硬的,相反,小提琴一直保持即兴式的随意变化,其线条的婉转曲折刻意让人无从把握。可能有人听出来这首协奏曲有些哀怨和惆怅的情绪,但仅仅听到这个程度,你还没听懂它。你需要听到这两者之间的关系。这里的"乐思"是关系而不是音乐。小提琴表达的是这样的东西,乐队表达的是另一个东西,两者之间的竞奏是这一乐章所要表现的"乐思"。整个乐章贯穿了乐队与小提琴之间不一样而又协调的关系。句法、弦法、节奏和和声一直相互对立而又相互依存。如果拿掉小提琴,乐队可能很难听;如果把乐队拿掉,小提琴显得很单调。两者之间相互依存。该乐章以很妥帖的音响语言,近乎完美地象征了人世天地间的方正与曲折、阳刚与阴柔、执着与随意、男性与女性、整体与个体、理性与感情等对立范畴之间非常复杂的关系。它把人世最根本的矛盾写出来了,但它是纯音乐,什么也没说,完全靠接受者听、感受和体会。这是巴赫的普通作品,但体会到其中的立意和奇妙的构思,就是该作品不同凡响的地方。其他作品中,如贝多芬《第四钢琴协奏曲》慢乐章,也有这样奇妙的表现。纯音乐尽管没有用具体的语言给你讲故事,但它把人生中最紧密的东西表达出来了,这就是好的艺术家能够抓住"立意",然后把它实现在音响中。

第二个例子是贝多芬的《暴风雨——D小调钢琴奏鸣曲》,作品的一开头很奇怪。达尔豪斯认为这段音乐的乐章在主题材料的呈现和调性逻辑的法则之间形成了一个错位。我们知道,按照一般法定奏鸣曲的规则,一开始应该主调性肯定,然后主题呈现。例如,贝多芬的《第五交响曲》就是这样开端的。奏鸣曲式的原则是主调和主题一开始应该有一个清楚的呈现,其规律就是确定主调,然后离开和发展,最后又回到主调的过程。但在这里,开始时的音乐却是一种探求,从技术上看这里没有任何主和弦,好像这是音乐的影子,而不是主题。实际上,主和弦和调式都不固定,贝多芬在这里设置了疑问。接下来,主题轮廓清晰的时候,音乐已经进入到连接部。等主题和调性明确时,音乐又转到属调性上去了。然后,腹部调性和腹部主题同时产生。贝多芬曾对车尔尼说,他这首奏鸣曲正在探索新道路。也就是说,贝多芬明确知道自己在创新形式,想要用一种特别的手法打破原来固定的音乐形式。如果你在这里只听到一种恍惚、疑问,一种刚劲的东西和焦躁不宁的情绪,说明你还没听懂音乐,因为你不知道贝多芬的用意是什么。贝多芬的用意就是想对传统音乐形式进行改变,进行创造性地尝试,并对他晚期的作品有着深刻的影响。音乐的和弦一直在属和弦上,使得音乐的动力性非常强。音乐富于动力,就是他的音乐在属性和弦和主和弦之间的错位,你总是感到不对头。所以,他在用音乐进行哲学思辨。可以说,他是一位哲学性作曲家,不仅是因为他在音乐中表现哲学概念,而且还在于他的音乐过程本身就是哲学性的。他就是在思辨性地创作音乐。他对音乐想法本身就是很哲学的、很深刻的,我们要深入音乐的内壳中才能抓住他的立意。这样立意,不仅有纯音乐纯形式上的创造性和形象捕捉到哲理性思维过程的动态过程,同样具有深刻的象征意义。你可以感觉贝多芬把那种思维过程通过音乐写出来了。他在后来的《106》中,居然直接把他思维音乐的过程写进他的音乐中。他的《第九交响曲》末乐章的开头就是这一立意的进一步升华。

第三个例子是舒伯特的《C大调弦乐五重奏》。这部音乐作品被公认为是他室内音乐的最好作品。我甚至认为它可以算作是舒伯特整个器乐创作最高成就的一部作品。这部作品也在整个音乐史被归于最高等级的行列,是最好的音乐作品之一。这部作品为什么会获得这么高的地位呢?它不出名的原因是它没好名字,只是叫《C大调弦乐五重奏》。懂音乐的人都知道它是黄金般的作品。它是舒伯特逝世前一个月所创作的,舒伯特逝世时年仅31岁。年轻的舒伯特在他最后的作品中,倾注了他对艺术、对生命最后的一些思考,所以该作品是非常深刻的。这部作品如此优秀以至于德国大文豪托马斯·曼和波兰大钢琴家阿图尔·鲁宾斯坦希望在他们死时这部作品伴随他们进入天国。这部作品的慢乐章写了天国的音乐,听上去就像在天堂。它是用音乐描写天堂最精彩的作品之一。舒伯特知道自己生命快要结束了,于是他把悲剧性的东西、对来世的东西放在音乐中进行思考。这首音乐非常美,美得难以用语言表达。考虑到是舒伯特死前创作的,不排除这里面有对一种具有宗教理想的天堂的想象，并达到很高的精神境界。从创作技术上来讲，该作品具有以下几个方面的特点：

第一，这个乐章 ABA 曲调给人以时间静止的感觉。乐章只有一点点微弱的脉动，和声的色彩不断地发生变化。整个曲调像非常长的线条一样在持续，所以你听上去感觉时间凝固了。我们可以说这首音乐描写了一个永恒时间的无尽延绵。乐剧的一段比较长，体现了作者的创作水平。尽管舒伯特那时只有 31 岁，但这篇作品体现了他很高很高的技术水平。还有，这首作品尽管是慢乐章，听上去极其抒情，但它没有旋律，没有声乐化。它超出了人们气息的可能性，根本无法进行演唱。它伟大到重新规定了音乐的性质。它可以做到很抒情，但是没有旋律。或者说它的旋律太长了，你根本体会不到它是一个调子。它是一个音团，是一个织体，不断在延续。它完全是通过乐器的音响编织来完成抒情性格的塑造。它是五重奏，三个弦乐中间，给人以织体的音响。直到二十世纪六七十年代出现了音色音乐以后，才有作曲家开始有能力实践这样的概念。所以我们可以说，舒伯特是一个极端先锋和前卫的作曲家。这样的概念在他之后的作曲家中，谁也没有写过。我想不出任何一个传统音乐的语言像这首音乐用弦乐器的织体可能性来表现长时间的演变。只有近来的音色音乐才开始用这种方法。音乐作品越多，对音乐理解就越丰富。从这里你可以看出舒伯特音乐作品的激进和独特的特点。所以这首作品是一篇没有旋律的抒情乐章。

第二，这篇作品完美地利用了弦乐器的长音延续的性能，展现了一种无穷延绵、沉思冥想的性格。你可以想象出这首音乐居然不可能被搬到钢琴上演奏。而且，音乐进行了功能和声的完整表达，它至少需要三个声部的定规。一般五重奏是两把中提琴，而舒伯特音乐中使用了两把大提琴进行独特编制。用第二小提琴、中提琴和第一大提琴三件乐器来承担和声的延续。我们知道，承担三和弦的持续至少需要三件乐器，其中的第二大提琴是做衬底的，即拨弦，第一小提琴有一个装饰，全部五件乐器被发挥到极致。每一件乐器的性能被发挥，而且符合乐器本身的概念。

第三,这篇作品的节拍设计非常慢。整篇乐章的速度是柔板,非常慢,节奏只有一点点轻微的脉动,几乎没有完全表达出来。听这篇作品,你好像只有一个音响的概念。每个乐剧有 14 小节,而舒伯特缓慢的速率使得 14 小节乐剧显得无比悠长,同时对弦乐器的演奏提出了艰巨的考验。直到现在,我发现很难有一种满意的演奏把这首音乐作品展示出来。这段演奏要揉弦很少,演奏家要拉得非常稳。现在演奏中,演奏家的动作太多了。音乐的转换要不动声色,听上去要很平,没有表情。

第四,这篇音乐作品充满了饱满的和声。舒伯特在作品里充分展示了他所有的和声语言。音乐大小调性的转换、三度和声的色彩,使人听到非常甘美的和声的转换。从这段音乐中,我们看到织体协作、音响构成、乐器配置、速度的设计、乐剧的组织、和声的笔法等所有的技术语言都围绕一个概念,即表达永恒时间的无尽延绵这样一个非常集中和明确的"立意"。这篇音乐作品不同凡响的就是它的概念或者说它的立意想法的纯净度方面完全可以跟任何现代音乐相媲美。现代音乐在音响的纯净度方面也没有达到这种境界。古典音乐含有很强的现代音乐的影子。

第四个例子是肖思塔科维奇的《第十五弦乐四重奏》。这篇作品非常有趣,它是肖思塔科维奇的最后的一部作品。很遗憾,我偏爱作曲家的后期作品。我觉得一位作曲家越优秀,他最好的作品往往是他最后的作品,即他会把所有的经验融入最后的音乐中。这部音乐作品是不可多得的作品。2005 年是肖思塔科维奇逝世的 100 周年。他现在被公认为是 20 世纪最伟大的作曲家之一。他以前的地位不是很高,因为他一直没有脱离过调性,而且是被前苏联官方认可的作曲家,所以西方音乐界对他的评价总是有点暧昧,甚至不知道怎样去评价他。他曾写过一些比较差的作品,是为了完成政治任务而敷衍写的一些应景之作,如《森林之歌》等。但他毕竟是一位真诚的艺术家。他的《第十五弦乐四重奏》是最后一部弦乐四重奏,一共有 6 个乐章,每个乐章都是慢板。以前从来没有一个人敢这样写音乐。他的这部作品中甚至没有对比音乐,全部是慢节奏的。这篇作品又与"死亡"有关,因为他在生命的尽头一直对生命的死亡有一个执着的思索。这部作品的标题叫作《小夜曲》,但你根本听不出它是小夜曲,而是死亡的一种狰狞的东西。你会感觉音乐似乎很恐怖,感觉到一个步履蹒跚的很粗鲁的阴影。乐思非常独特,音型像子弹似的。作品中的十二个音极具穿透力,它极不协调,刺激地像尖刀一样刺进你的耳朵中去。这与他想表达死亡的主题有关。20世纪的听众中很多人不理解他的这部作品,觉得很难听。它真的很丑吗?20世纪音乐的根本特点就是不和谐、不悦耳。但他的这部音乐作品史无前例地利用四重奏的渐强这种不协调来进行四弦乐组合,而且还具有这样好的表现力。这首音乐在钢琴上是不能弹奏的,因为钢琴上没有渐强。这部作品是十二音,很不谐和,听上去给人以强烈的造型感。在这里,肖思塔科维奇提出了一个独特的想象性的音响概念,并与其他音乐对比凸现出来。

四、方法论意义上的总结

以上4部作品来自4个完全不同时期和4个完全不同的作曲家,我们的理解途径都是要抓住作曲家的"立意"。

我们这种理解途径如果是有效的话,就要考虑这样几个问题。

(一)我们能够做到这一点是作曲家的坦诚还是理解者的重构

理解者要理解音乐作品的"立意"首先碰到的一个尖锐的问题:探寻这种立意的基础在哪里?我们要听出作品中创作者的想法,是指望作曲家来说清楚,还是靠你自己来重构它?当然作曲家给我们讲清楚是最好的。然而显然指望创作者直接为接受者坦诚创作立意在很多时候是不现实的。这一点对于目前还健在的作曲家来说还有可能奏效,但接受者所接触到的却是许多已经谢世的作曲家众多的作品。即使现在作曲家能够开诚布公并仔细周到地阐明自己的创作意图,他的解释和说明也只是某种帮助,绝对不能代替接受者自己的理解。因此,探寻立意的途径最关键的是接受者去重构作曲家的创作构思,而不能指望作曲家来给你说清楚。即使作曲家愿意谈他自己的创作,也需要注意的是他在用语言谈论他构思时实际上有变形之嫌疑。因为作曲家在写作品时经常依靠自己的感觉,他自己都说不清楚。在谈论出来时,他可能说不明白、说错了甚至是胡说,这些都是完全有可能的。例如,瓦格纳就经常胡说,他的《自传》很多是假的,因为他喜欢吹吹自己。他的音乐作品根本不是这么回事,但他自己这样解释,接受者很容易上当。理解音乐要靠你自己,而不能靠音乐家。他的说法只是参考。刚才我们听巴赫、贝多芬的作品,我们并没有去问作曲家怎么思考,但我们依然能够理解他们的意图。所以,在音乐理解的过程中,作曲家的立场和理解者的立场存在着一个交融的、共性的东西,这也是美学的一个特点。这样,我们对上面问题的答案是,音乐理解是通过接受者对作曲家创作立意的重构来完成的。作出这种重构的前提是你要对作曲家艺术风格有所了解,要熟悉作品产生时代的历史条件,要充分认识作曲家面临的艺术问题。最重要的一点是你自己要很敏感。如果你对艺术没有感觉,你就会无法理解音乐的意图。你还要听大量的作品,不断地积累欣赏能力,熟悉每个作曲家的语气和当时音乐的特点任务,这样才能真正理解音乐和懂音乐。你熟悉哪个作曲家,你对这个作曲家的作品就有什么样的评价和理解。听音乐太少,你很难成为一个合格的音乐理解者,更不能成为合格的研究者或批评家。理解音乐的前提就是你熟悉音乐,熟悉大量的音乐,然后进行比较,在听一部作品的时候能够想到很多其他作品。傅聪讲课讲得很精彩,就是因为他不仅知道大量的诗词而且听过大量的音乐作品。他仔细听过亨德尔的每一部作品。傅聪是钢琴家,但亨德尔的钢琴并不出色。但傅聪觉得亨德尔对人类心灵的描绘和掌握一点都不比莫扎特差。你可以看出傅聪是一个非常合格的音乐理解者。音乐理解者或者说接受者的任务就是要熟悉当时环境和当时面对的艺术问题。现在很多人把艺术家的生平与艺术家的环境直接强加给某个作品,是很片面的。艺术家也可以在快乐的时候写悲哀的音乐。有些音乐作品不是个人心境的直接反映。音乐和艺术之间的关系很复杂,艺术理解者的一个艰巨的任务就是要熟悉音乐,了解音乐,多听音乐。

(二)通过"立意"来理解音乐的途径有什么优点呢

(1)从作品的立意角度出发理解作品有助于理解者直接切入真正的艺术鉴赏通道。平庸的音乐理解模式中,音乐理解只局限于音乐表层的情感性格和心理效果,却不能深入。如果仅仅指出贝多芬《暴风雨奏鸣曲》第一乐章的主部主题在表现思考的疑问和急切的探索,例如开始部在思考、探索,连接部在表现刚毅果敢的激情,腹部主题是倔强的呼唤,这样的理解是对的,但显然是肤浅的,你没有真正听懂音乐。你只是在理解情感效果的层次,一般有音乐常识的人都能准确描述贝多芬音乐表现出的情绪。听懂音乐情感效果并不难,难就难在你认识到作品的曲式结构、调性布局乃至主题材料之间的关系,你才能知道他的艺术企图,才能抓住艺术的根本和核心。

(2)解读作品的立意有助于音乐理解的方向是理解音乐的意图而不是它的创作心理。我们要理解作家写作品的目的,而不是理解艺术家写作品时的心情是快乐的还是悲哀的。当时的心情只是外在的,但他不一定会把外在的东西写进音乐中去。如贝多芬的《第三交响曲》是丧礼交响曲,因为他的耳朵聋了,他可能有一定的痛苦。但他的《第六交响曲》和《第四交响曲》写得很快乐。不要把作曲家的个人生平跟他的艺术创作直接画等号,直接画等号是非常肤浅和危险的。生平不能代替对艺术问题的探索,因为艺术问题远远复杂得多。诚然,创作者的生平对他的创作会产生直接的影响,但绝对不要画等号。不能因为柴可夫斯基《第六交响曲》有绝望的情绪,就认为柴可夫斯基个人的悲剧可以直接引起我们的共鸣。引起我们共鸣的是他的艺术。理解艺术与理解艺术家的生平是两件事情。好像理解了贝多芬、莫扎特的生平和身世,你就可以理解他们的音乐。实际上,你还差得很远。生平与创作是两码事。用立意的角度有助于你去切入他的艺术意图,而不是他的心理。加德默尔曾论述过,我们在理解艺术家或他们的作品时,不是理解艺术家的心理,而是理解他的意见。例如,两个人在谈话,谈话者并不一定是要理解对方心理的潜意识或想法,而是要理解你谈话的主题内容,对提出的问题进行意见的共享。

（3）解读作品的立意有助于有效地凸现作品的中心特征。立意有助于我们去理解把握作品的突出方面。艺术理解经常陷于平庸，是因为人们没有把握作品中最令人感兴趣的地方。艺术最值得珍视的东西是它的独特性。对于作品的独特性，用立意的角度去把握比较容易抓住，抓住里面的根本和核心，从而避免一种大而化之的肤浅的理解。例如，曲式分析方法有一个不利的地方，就是它仅仅找出了作品的共性。这种方法不能把握作品的个性。因为所有的奏鸣曲都有这样的曲式：主部、连接部、腹部等。那么，一部作品的不同之处、不同凡响之处在哪里？显然，我们要回答这样的问题就不能够仅仅用曲式分析的办法去把握。我们就可以利用"立意"的渠道去理解。

（4）立意理解音乐作品途径有助于解决音乐理解的两大阵营的截然分割。我们在音乐理解中，经常会有极"左"极"右"的两种不好的倾向。特别是用文字来解释音乐时，有两种现象需要避免：极"左"学院派勇敢寒冷的、僵硬的、不带感情色彩的术语描述音乐，他们不是在解释音乐，而只是在描述客体对象；极"右"爱乐派仅仅用华丽的辞藻来形容音乐，他们不能读懂乐谱，不能深入到音乐内核的东西，因而他们不能真正理解音乐。他们的音乐评论简直是在隔靴搔痒。我的理想是把这两种分割的评价方式统一组合起来。写音乐前你应该去听音乐，而且能写出从音乐中听到的东西，同时，语言丰富多彩，不干枯。因此，从立意的角度去理解音乐有助于解决音乐理解中的两大分割。音乐评价中，我既有形式的分析，又有内容的诠释。显然，这些内容是和我们人有关系的。你所写的音乐分析必须把人的喜怒哀乐卷进去，你的音乐理解才能和每个人有关系，从而引起共鸣。音乐文字与解释音乐应该把形式和内容结合起来，使读者感悟一些人生意义等方面的东西。感悟一些意义需要有形式基础，即你必须要真正懂得音乐，这才是一个丰满的音乐理解。

（5）以作品的"立意"作为理解音乐途径，有助于在音乐研究中打通各个学科之间的壁垒，有助于把音乐美学、音乐批评、音乐分析、音乐历史学融合在一起。在理解音乐的"立意"时，所有东西都是需要的，它需要美学的高度、批评的锐利、历史的积淀，也需要音乐的分析。所有的东西都应该卷入进来,以求得对具体作品丰满和深入的理解。

五、结语

音乐理解是音乐实践活动的一个普遍现象。立意的视角对音乐实践各个环节的活动都有启发。第一是针对音乐批评家、理论家乃至全方位意义的鉴赏者,都提出了新的要求。你在听音乐时,要有文化。你只有理解音乐背后的东西和音乐本身,你才能成为一个老练的或者说合格的听者。要成为一个真正合格的听者,在听音乐时把历史的、文学的、美术的卷在一起,这样才能听到一些泛音。浅的听者只能听到一个音,好的听者能够听到很多听不见的泛音,他就能从音乐中得到更多的东西。第二是针对表演家。我们学校绝大部分是表演家。立意理解音乐对表演家也有作用:立意理解所读出的对作品的总体把握,是表演家对一部作品的总体造型概念。这种概念直接影响到速度、表情等所有的细节。你对作品没有想法,你就不可能提出一个独到的表演诠释。当然这种要求稍微有点高。第三是针对作曲家,这种立意理解思路有助于启发作曲家形成自己独特的视角和在作品中凝聚为独特的立意,并落实在创作实践过程中。这就是所谓一个作曲家所要树立的风格。一个作曲家到最后,他最高的艺术成就是他有一个独立的艺术世界,即他有一个独特的艺术风格。大音乐家如肖邦、莫扎特、德彪西、瓦格纳等都有自己的独特音乐世界,你一听音乐就知道这是其中哪一位的作品。中国现代作曲家瞿小松、陈继刚等都开始形成了自己独特的艺术世界,某种音乐的出现马上会显示这是出自哪一位之手。这种艺术风格的形成,实际上是艺术家对人生、艺术、世界有自己独特的看法。然后他们把看法凝结成意念,并把这些意念实现在作品中。这样,艺术就带来宝贵的价值,让接触到的人重新认识人生。创作家的风格形成,要求他有一个独特的立意。

当代小剧场戏剧漫谈①

孟京辉②

小剧场戏剧漫谈,为什么是漫谈呢? 我就先从小剧场开始。说到小剧场,大家想到的就是在一个小空间里演出的话剧。这个话剧一般来讲谁也看不太懂,你也不用看懂,因为这个事情在 20 世纪80 年代的时候差不多就发生在北京和上海。为什么变成小剧场呢? 因为你如果在大剧场里演,没有那么多观众,没有人理解在那么小一个空间里会有戏剧,它的表演是什么样的。然后从 20 世纪 80 年代开始一直到 20 世纪 90 年代再到现在,在这 20 年左右的时间里,小剧场发生了很多变化。从它的发生、发展到壮大,各种各样,有很多不同的东西出现了。但是所有的东西我们都归结为小剧场。1995 年我们有一次去日本参加一个导演的会议。大家都知道日本人的英文本来就不怎么样,他们翻译小剧场叫 little theatre,就是小的剧场。这个就太偏颇了。实际上从整体来讲,小剧场在英文中准

---

① 本文于 2011 年 6 月发表于《浙江艺术职业学院学报》。

② 孟京辉(1964—),男,北京人,著名先锋戏剧导演。1988 年考入中央戏剧学院导演系攻读硕士研究生,1992 年成为中央实验话剧院导演。孟京辉作为导演推出了《秃头歌女》(1991)、《等待戈多》(1991)、《思凡》(1992)、《阳台》(1993)、《我爱×××》(1994)、《放下你的鞭子沃依采克》(1995)、《阿 Q 同志》(1996)、《爱情蚂蚁》(1997)、《坏话一条街》(1998)、《一个无政府主义者的意外死亡》(1998)、《恋爱的犀牛》(1999)、《盗版浮士德》(1999)、《臭虫》(2000)等十多部先锋实验戏剧,并应邀在日本及中国香港等地导演了《第十二夜》(1995)、《温床》(1995)、《百年孤独》(1996)、《实验莎士比亚之李尔王》(2000)等剧。

确的翻译叫 experimental theatre，就是实验性的剧场。这个应该追溯到美国二十世纪六七十年代。

二十世纪六七十年代，整个世界风起云涌，"冷战"也开始了，各种思维、潮流、思想也就在全世界各个范围内发生了各种各样的交错、交织。那个时候在美国最著名的就是反战运动、嬉皮士运动。与当时整个美国生活相关联的戏剧就出现了一种小剧场运动，以生活剧团、开放剧团、理查·谢克纳、辣妈妈剧团开始的，和当时的政治社会生活一样，来反抗当时主流已经拥有的成果和拥有的社会资源方式。然后，在那个时候，年轻的、新一代的艺术工作者突然出现了非常多的艺术创作。在百老汇之外、外百老汇，占据了外外百老汇，或者说实验性的空间和剧场，有点像北京的 798。那个时候出现了特别多不同的戏剧，产生了不同流派的戏剧。整体最突出的就是导演，各种各样的戏剧团体都以导演为先锋冲击力量的核心。这是一大股力量。它的成果从二十世纪七八十年代一直到现在，甚至影响了百老汇的主流戏剧，以至全世界最富生命力、最有活力的戏剧，影响了整个世界戏剧的发展。还有，整个欧洲戏剧在二十世纪八九十年代形成了强烈的实验戏剧的模式，在德国、英国、比利时、荷兰，都出现了非常强有力、特别有创造力的戏剧大师。德国有非常著名的皮特·斯丹，专门做戏剧的。还有大家比较熟悉的开创了舞蹈剧场的皮那·鲍什，他是个舞蹈家，在德国的一个小镇乌珀塔尔的一个舞蹈团，形成了他自己的一整套戏剧风格、流派方式，引领风骚 30 年，在近 30 年的舞蹈剧场里，完全影响了众多人。尽管之前有格林·艾尔，还有很多大师出现，但是他一直影响着当代的世界剧团。

日本在 20 世纪 70 年代反对美国的安保运动。随着政治运动，以寺山修司、唐十郎、黑战壕、红战壕这几个剧场为主的年轻剧团，二十世纪七八十年代开始在日本的小剧场运动中贡献了自己的青春和创造力。

台湾在 20 世纪 80 年代的时候，有一个新浪潮的小剧场运动，很多小剧场出现。那么，整个世界范围，在 20 世纪初以现实主义文学为基础的状态下，突然出现了一批年轻的、富有活力的导演艺术家和表演艺术家，致力于发展一种全新的舞台表演方式和观演方式，在近

60 年的过程中,创造了一种新的时代、属于他们的新的文学。说到中国戏剧,就必然说到全世界范围内受到上述戏剧影响的戏剧。真正权威的说法是,100 年前,真正的话剧。中国戏曲源远流长,极其厉害。布莱希特、伏尔泰,中国的戏曲对他们都产生了非常强烈的影响。中国影响了他们。但是,改革开放 30 年,中国戏剧就是在二十世纪八九十年代受到了西方美学思潮的影响,在短时间内发生了非常剧烈的流变,风格、样式、导演主体、创作的美学特征、个性化的发展等。如果说到中国戏剧整体的纵向发展,我觉得有几个特别美丽的时代。一个时代是 100 年前,话剧刚传到中国的时候,非常重要的是爱美戏剧,爱美是英文"业余"的翻译。国外有一些先进的年轻知识分子,觉得戏曲是一种方式,还有,与新文化运动齐名的连接西方的一种新的方式就是爱美戏剧,在北平、上海、重庆、成都几个重要的城市,发生了自发的学生演剧运动。第一次把国外的表演方式带过来了。另一个最美丽的时代就是抗日战争时期,如《放下你的鞭子》。有良知的艺术工作者认为,戏曲是可以拯救我们的生活、介入社会的。那时候有街头戏剧,各种各样完全不同的样式出现了。另外就应该首推新中国成立后的 20 世纪 50 年代,《茶馆》的出现。《雷雨》是二十世纪二三十年代在爱美戏剧之后的专业戏剧。到了"文化大革命"时期就是样板戏,它结合了西方的形式和中国传统的根。八个样板戏,我认为是戏剧美学发展非常辉煌的时代。到了后来,就是最重要的一段时间,是我们可以辨认的,也是可以探讨的,每个人都触摸得到的戏剧时代就是改革开放后,1978 年之后。从文学上讲,是伤痕文学。之后就出现了一批戏剧,《于无声处》就是所谓的改革开放之初的戏剧作品,是非常好的作品。

应该说在 1978 年之后,中国突然向世界敞开了大门,世界上的各种流派、各种美学思潮一股脑地进入了中国。当时我正好是大学生,那时候我们像海绵一样吸收西方的戏剧、文学、美学、美术等各种艺术思潮。那时候像新小说派、荒诞派戏剧、未来主义、魔幻现实主义、意识流小说,所有东西一股脑地进入了中国,20 世纪 80 年代中国的戏剧就到了小剧场的成长期,到现在将近 30 年了。小剧场艺术的发展正好是随着整个戏剧艺术的发展而壮大、成长的。到现在,中国已经有好几个非常好的小剧场的孕育温床,一个是北京,一个是上海。这也跟这两个地方的文化生活及在整个中国社会和改革开放中的位置有关。北京的小剧场运动、上海的小剧场浪潮在最近的十年发展得越来越快了。我说的小剧场,为什么加上"当代"?我觉得最重要的就是指最近 10 年的小剧场。说到小剧场,更多的是我个人和中国当代小剧场的关联。我也正好是在当代小剧场这个环境中成长、吸收的,从没有发言权,到发言多,到胡言乱语,到走了一道弯路,又勇敢地往前冲,头破血流,最后到现在这个状况。我现在就简单说一下我自己是怎么和当代小剧场发生联系的。

我是学文学的,20 世纪 80 年代初,1982 年上的北京师范学院中文系。我们上学的时候接触最多的是两个东西:一个是美术,一个是文学。文学就不用说了,那个时候每个人都有梦想,每个人都想成为文学家,每个人都觉得自己的文字会印在报纸杂志上,会成为历史的永久丰碑被人们记住。我在上大学的时候,有两个愿望:一个愿望是获诺贝尔文学奖,一个愿望是建一个巨大的足球场。后来我发现这两个愿望都离我太遥远了。但是,我又从事了一项和足球特别相似的职业,就是戏剧。因为戏剧一般来讲也是 90 分钟,也是需要人配合的,进门的一瞬间就是戏剧的高潮;英国足球队的表演和巴西足球队的表演不一样,一个更加漂亮点,一个更加实用点,这就是两个足球队的风格。戏剧也需要风格。1997 年,我见过高行健先生,当时在香港,聊了很多戏剧方面的东西。他当时跟我说的一句话就是,实验的东西还是不够的,还应该有更高的角度,给我印象很深。中国在未来的日子里还可以获得更多的诺贝尔文学奖。

漫谈当代小剧场,我就说说当时我在中央戏剧学院学导演。我是学文学的,在学校里也写些剧本,也跟着老师导演了几个作品。当时娄乃鸣老师是我的启蒙老师。有一天,我对她说我想继续学导演。她说,那你就考中央戏剧学院吧。我说,怎么才能考上中央戏剧学院呢?她说,你就去导演系报名就行了。我就去了。导演系当时有个张真先生,我的恩师,现在已经过世了。他当时问我是学什么的,我说是学中文的。他说学中文的文学就别管了,直接上导演系就行了。我以非常高的写作分数,但非常低的面试成绩进入了中央戏剧学院。

记得当时9个老师坐一排,就我一个学生。那个时候考研究生不那么普遍,就我1个。人家说矮子里边拔将军,都没法拔,就我一个人,就凑合让我上了。因为说到《雷雨》《茶馆》的时候,我的分析和他们不一样,而且我把时间搞错了。他们问:你觉得《茶馆》经历了多长时间?我说,有100多年吧。他们觉得这位学生有一点胡闹。但是,由于我的写作成绩、文学成绩全是90分以上,他们觉得这位学生可以调教一下,就让我上了戏剧学院。上了戏剧学院以后,我当时最想排的是荒诞派戏剧。现在说起荒诞派戏剧,已经成为中国戏剧吸收国外作品的古典主义的一部分。那个时候,觉得最有趣的东西就是让人看不懂。看不懂就说明比其他人高那么一点,你的知识结构、美学渗透力和这些人不在一个系统里面。我记得当时我们在戏剧学院做得最有名的一个戏是《秃头歌女》,是在一个地下室里。《秃头歌女》是法国一个非常有名的剧作家尤金·尤涅斯库创作的,中国有高行健译的一个版本。说的是特别荒诞的一个故事。一位男士和一位女士在对话。男的说:"我叫马丁。"女的说:"我也叫马丁。""我住在伦敦。""我也住在伦敦。""我住在唐宁街25号。"(我随便说的)"我也住在唐宁街25号。""我家楼下有个捡破烂的老太太。""对,我认识她。""你住在几楼?""我住在6楼。""6楼?你住在甲号还是乙号啊?""甲号。""我也住在甲号。""我们俩原来是一家子呀。"说到后来,他们俩就互相拥抱,原来这两个人是夫妻。他用一种奇怪的方式,说一个简单的荒诞的道理。中间有一段叫"感冒"。有个人说了一个戏叫"感冒",从一个人说到另一个人,说一长串。那是一个冬天。我就让我的演员说:"我给大家说一个故事,叫感冒。"然后就把电扇给打开了。里面一共有四个电扇,我们就是想让观众感冒。观众很冷,我们很开心,这有一点点突破。到快结束的时候,剧中有个消防队长说:"哎?那秃头歌女呢?"所有6个演员就把椅子翻倒,翻倒以后每人就保持一个姿势不动,我的演出就停止了。没有表演了,就定格了。定了3分钟的格。观众就不知道怎么了:好好地演着戏呢,怎么就不演了?然后观众就等着,10秒钟、20秒钟、30秒钟、1分钟,有的观众就站起来了,以为结束了。但是又不对,刚刚发生到最重要的时候。有的观众就自己鼓掌,逗演员,演员也不动。我觉得在1991年1月份,特别冷的那个冬天,这3分钟的停顿对中国的小剧场戏剧是个非常有意义的事实。那3分钟,什么都没有发生。《等待戈多》里,贝克特有一句话:没人来,没人去,什么也没有发生,太可怕了。我觉得在那个瞬间,中国当代戏剧对观众完成了一次幼稚的洗礼。3分钟以后,瓦格纳的交响乐《众神的黄昏》开始奏响。然后,所有的演员就在撕他的书,互相撞,一些用纸壳做的东西开始坍塌,有人在打着雨伞、念着台词,有人在胡言乱语,15分钟之后,《秃头歌女》的戏就结束了。呈现了非常零散的、碎片的、荒诞的状态。这个过程中,我觉得我们似乎完成了什么东西。完成了什么呢?不知道,什么也没有。1991年的时候,我们中央戏剧学院的学生做了一个实验戏剧演出季,上演了4个作品,一个是《秃头歌女》;一个是哈罗德·品特的作品,2005年获得诺贝尔文学奖的英国剧作家的作品;一个是未来主义的作品,就是《洗澡》的导演张扬导演的《黄与黑》;还有一个《风景》,也是哈罗德·品特的戏,都是很小的剧场。

为什么我们做这种小型的剧场?因为在十几年前,整个中国的戏剧状态全部都是现实主义,都是起承转合、故事性的,像北京人民剧院的《茶馆》《雷雨》《原野》这样的作品,当然也出现了一些其他很好的作品,但基本上戏剧是一种厅堂似的、典雅的、四平八稳的形式展现在观众面前。我们当时作为年轻人,觉得这样的东西和我们自己的生活、和我们感受的世界、和整个社会风潮,全面接收各种各样新思潮的整体社会姿态不一样,所以我们开始了自己的创造。之后我们又做了《等待戈多》。《等待戈多》值得说一下,因为我最早出的《孟京辉先锋戏剧》DVD的四个作品里有一个场景展示,是我的中央戏剧学院研究生毕业的一个剧目,主演是现在比较有名的演员郭涛,就是演《疯狂的石头》的那位演员。还有一个大家可能也比较熟悉,叫胡军。他们俩一个演弗拉基米尔,一个演爱斯特拉冈。他们俩当时一个是88班,一个是87班中央戏剧学院表演系的学生,我把他们俩凑在一起,排演一个跟他们的教学、和以往的表演经验完全不同的戏剧《等待戈多》。《等待戈多》说的是一个叫弗拉基米尔,一个叫爱斯特拉冈的两个流浪汉在树底下等待一个叫戈多的人。第一天来了一个小孩说,戈多今天不来了,明天来。第二天又来了个小孩说,戈多今天不来了,明天来。故事结束了。有时候你看着剧本,施咸荣老先生 1965 年就翻译了,翻译得非常好。但也有些问题,一些细节看不太明白。但是,一演就能演出来了。我们当时在中央戏剧学院,最早演出的时候是 1989 年 12 月的某一天,大家从一个消息里听说塞缪尔·贝克特死了。然后我们就在学校的大煤堆上准备演《等待戈多》。当时学院因为氛围的问题没让我们演。第二年,1990 年我们又想演,又没演成。1991 年,特别热,我们还是演出了《等待戈多》。这个戏是特别典型的小剧场的戏。我们在四楼的一个礼堂演出。把所有的观众请到舞台上,把所有的观众席座位全部抬出去。我带着 6 个戏剧文学系和舞台美术系的学生一块儿把整个观众席用刷墙的大白,包括窗户、地面、灯、电扇,全都给刷成白色,像个精神病院,然后让演员穿着黑衣服在观众席里演出。演出两个多小时,很热,很沉闷,但在沉闷的进展中,有种被抑制、被憋住的力量慢慢在剧场里生成。结束时,是两个人很无奈地等待未来对他的宣判。我们最后最高潮的阶段,就是爱斯特拉冈拿着他最善用的那把雨伞,把剧场的玻璃全都打碎了,然后他自己趴在玻璃的碎片里说"老虎也有自己的孩子……"大段台词。就演了两场。之后我毕业了,到中央实验话剧院做导演,做了《思凡》。《思凡》就是小尼姑和小和尚成双成对,有情人对有情人的一个戏。我们把意大利薄伽丘的《十日谈》合在一起,成了一个新戏。之后的《放下你的鞭子/沃伊采克》也是把德国毕希纳的《沃伊采克》和中国的《放下你的鞭子》两个戏合在一起做了一个演出。1993 年《思凡》在北京演出了很多场,后来又到日本、中国香港演出了很多场。

后来的小剧场运动做了各种各样的实践。我认为小剧场戏剧的发展最有生命力、最不计后果、最有冒险精神,而且最能发挥年轻人的创造力和想象力,各种各样的美学能力、组织能力、社会渗透能力,比较重要的是,它传递了实验性的当代戏剧美学。我们现在一直说的小剧场戏剧,最应该说到的是 20 世纪 80 年代的探索戏剧和 20 世纪 90 年代的实验戏剧的发展。我始终认为,20 世纪 80 年代的戏剧是探索性的,20 世纪 90 年代的戏剧是实验性的。因为探索戏剧更多的还是从西方各个风格流派的发展变革中找到方法。到了实验戏剧阶段就不只是方法，更多的是发挥了导演个性的东西，与这种发展的联络和联系。个性的东西在实验戏剧里更重要了。换句话说，实验戏剧更注重创作者的创作个性，彰显作者热衷的戏剧美学的运动和潮流性的发展。说到小剧场戏剧，不得不提到 20 世纪 90 年代初。从 20 世纪 90 年代初到现在这 20 多年间，我是中国国家话剧院的导演，我基本上是用几种方式在做我的戏。一种就是大家可能看到的，以《一个无政府主义者的意外死亡》这样的戏剧发展过来的具有批判性的，具有强烈的社会讽刺、社会批判色彩，战斗性当之无愧，那种直面惨淡的人生、直面社会生活的戏剧。之后还做了相关的戏。另外一个戏不是我做的，是《切格瓦拉》。后来我们做的《两只狗的生活意见》也是沿着这个发展的。另外一种是比较实验性的、比较探索性的，比如《我爱×××》这种宣言性的，将当代的视觉艺术、美术潮流结合在一起。后来做的《镜花水月》在上海演出过，也在北京和墨西哥演出过，是根据中国著名诗人西川的诗改编成的一个多媒体戏剧。这是第二条线索。第三条线索是假借中国主流戏剧，在它的发展框架下发扬实验戏剧的成果做出来的，如《恋爱的犀牛》《琥珀》《艳遇》三个戏。说到小剧场戏剧，我们更多的是往实验性的先锋方向发展，但我们在小剧场探讨出来的所有创作痕迹、所有成果最后都服务于、奉献于对当代主流戏剧和当代艺术性严肃戏剧的发展，这个系统里发挥了实验戏剧非常重要的作用。

我说了这么多，其实大家有的看过，有的没看过。我更想让大家简单地看一眼，我们当时从小剧场戏剧概念出发，在 20 年前演出了很多场，我自己也很振奋，也是我戏剧作品里很重要的一个作品——《一个无政府主义者的意外死亡》。这个戏剧是我们根据意大利诺贝尔文学奖的获得者达里奥·福的戏改编的。这个戏很简单，说的是米兰的一个爆炸案，跟当时的无政府主义有关。当时意大利政府伪造了很多证据，推给无政府主义者。主演是陈建斌。我也在里面演了个宣讲人。演出就像一个运动会。每次在演出现场，我们都先画像黑板报一样的东西。这个戏当时我们演出的时候非常奇怪，就是没有一部作品是这样直接说社会生活的。这个戏讲述了警察局局长带着的警察甲和警察乙两个帮凶，他们在一次审问犯人的过程中把犯人打死了,不知道怎么办。"我们怎么办?我们得把谎言编下去啊。我们怎么编啊,吃保胎丸,打催产素,我们不是这个料啊。"后来从监狱里找了个导演,编这个犯人是怎么死的。演这个导演疯子的就是陈建斌。他第一次编,不对;第二次编,不对;第三次编,不对;第四次编,不对。每次编,警察局局长都说不对。在编撰的过程中,体会了"卑贱者最聪明,高贵者最愚蠢"。所有权力象征的人充满了愚蠢的胡言乱语。最后结束的时候,以鞭笞的态度把最黑暗的东西揭露出来了。这个戏当时在北京演了30多场,场场爆满,我们也不知道怎么回事。那时候还没有炒作,我们也不懂。《一个无政府主义者的意外死亡》充满了力量,充满了对社会批判的强烈责任感。另外,它的表演和以往的戏剧完全不一样,结合了中国的戏剧表演和意大利即兴喜剧表演,还和学院派的斯坦尼斯拉夫斯基式的表演结合在一起,形成了一种强烈的表演风格。在这之前是什么让我们想到这种形式呢?当时,陈建斌和我看了一个达里奥·福自己演出的宗教滑稽剧的录像。达里奥·福当时在上千人的大剧场演出,他自己拿了个麦克风,拿不干胶粘在自己胸前,演得漂亮极了,完全不是我们所想象的。当时,我和陈建斌就震住了,我们觉得完全可以有更自由的方式来演出,就像戏剧可以给人的东西一样。然后这个戏剧样式就产生出来了。结果,我们第一次感受到了观众在笑声中得到的强烈的满足。它不是一般的闹剧,也不是一般的小情小调,或者是误会啊、进错门啊、上错床啊这种小型喜剧,是非常大的,非常有力量的,充斥在舞台中。当时我们甩出笑料的时候,就感觉观众的笑像波浪一样从第一排传到最后一排。在这里面我唱了两首歌曲,一首是根据聂鲁达的诗改编的《我是人民,无数的人民》,另外一首是《你们的思想》,也是抨击小资产阶级无聊的美学的。

拓宽艺术的视界①

茅威涛②

大概从 2010 年开始,学院戏剧系一直跟我沟通,想让我来给大家上次课。我一来忙于各种"头衔"压下来的工作,二来更觉得"教学"是一件非常严肃的事情,我一定要梳理出确实能给同学们提供有帮助的信息,才能来占用大家 100 多分钟宝贵的时间。所以就一直欠着这个债。台湾艺术大学的校长黄光男先生曾十数年从事博物馆管理工作,当他被调任至台湾艺术大学的时候,对这个角色转换是这样解释的,"馆长的职位是管理陈列艺术家创作成果的,艺术学校校长的职位是培养未来艺术创作成果的,很担心自己无法胜任这份工作"。可见教学的确是个严肃的话题。今天非常高兴能够来到这个培养未来艺术家的地方,和大家聊一聊。

记得 2008 年"小百花"班开班时,我曾与他们说过,我觉得,"浙江艺术职业学院"这个名字很有学问,把"艺术"和"职业"并称,但又是"艺术"在"职业"之先。我们在这里,首先是要把专业当成一种职业学,"职业"就要求你要具备"上岗"的基本素质,要有过硬的技术,要有基本的职业道德,才能安身立命。但是,在"职业"之前还有"艺术"两个字,我们不能仅仅把它当成一种谋生的手段,还要把它当成自己修砺人生、追求生命真谛的过程。职业和艺术也是相辅相成的

① 本文于 2011 年 12 月发表于《浙江艺术职业学院学报》。

② 茅威涛(1962—　),女,浙江桐乡人,国家一级演员,浙江小百花越剧团团长。

两方面,一个"不够职业"的"艺人"和一个"不够艺术"的职业人,都永远不可能成为艺术家。所以,今天我这堂课选择的题目是《拓宽艺术的视界》。我愿意用我30年从艺的摸索,把自己当成一只小白鼠来剖析,为大家提供一些立足自己专业,如何"拓宽艺术的视界"的"临床"经验。

首先,我想给大家提个问题,多年来,常有记者问我:茅威涛,你为什么演戏?这个问题,总让我想到很多。在这里,我也想请大家都想一想,你们为什么从事艺术行业?不必急着回答我,每一个人先在心里默默告诉自己答案。不过我希望,这节课结束时,你们能再问自己一遍这个问题,答案会否有些不同了呢?那我这只"小白鼠"就没有白当。

下面,我想分三个部分对这个题目进行阐述。

一、诵之、弦之、歌之、舞之——中国戏曲的魅力

梨园及老戏班子里,传下一句话:不疯魔不成"活儿"。这里的"活儿",应该是当成术语来理解,即"戏"。很多前辈艺术家们还提出"戏比天大"的艺术及做人原则。那么,中国戏曲是什么?

汉代学者毛亨曾在为《诗经》写的《大序》中提道:"情动于中而行于言,言之不足故嗟叹之;嗟叹之不足故咏歌之;咏歌之不足,不知手之舞之足之蹈之也。"这是中国古代文学和艺术理论关于艺术起源的非常经典的论述。(在我们的《藏书之家》中,还曾提及"秦时焚书坑儒,尽毁百家之书,然志士毛亨冒死收藏《诗经》三百,《诗经》方能流传至今"的情节——显然,毛亨还有一个成就,就是对《诗经》做了详尽的注释。)我觉得,毛亨这句话恰恰也是对中国戏曲的最好诠释。诵之、弦之、歌之、舞之,就是戏曲的最大魅力。

中国戏曲和古希腊戏剧、古印度梵剧一起并称为世界三大古老戏剧样式,不过,后两者早已"作古",唯有中国戏曲,依然活跃在它赖以生存的土地上。据统计,中国戏曲有300多个剧种,而截至目前仍在蓬勃发展的,依然有100种以上。可见,中华民族是个戏曲民族,从古至今最主要的艺术形态,就是与每一个人都有关联的乡音乡曲。

她与我们的生活发生着非常紧密的联系,我们每一个人都从中得到了伦理、情感、道义、社会公德、家庭教育等各方面的熏陶和浸润,她是最具有民族性、民间性和民俗性意义的一种文化传统,她早已熔铸成一种我们这个民族的生活方式、审美习惯。中国著名的戏曲理论家傅谨先生在他的著作《草根的力量》中提到,中国戏曲与民间信仰在某种程度上存在着巨大的同构关系。几百年中,在田间、地头、草台看戏,戏曲是人们熟悉历史(刘关张·三国故事),熟悉道德(岳母刺字·精忠报国),熟悉伦理(琵琶记·三从四德),熟悉修身、齐家、治国、平天下信仰的方式。在今天的长三角江浙沪地区,依然存在几十个民间越剧剧团;每天西湖旁的一公园、六公园里,都有人在唱越剧;很多大学都有自己的戏剧社,北大的越剧社今年已经创立10周年了。

这些,就是戏曲在中华民族身上打下文化烙印的艺术样式,在当下社会的生存情况,它的作用是不可替代的。

二、不着一字、尽得风流——戏曲表演的魅力

在一个综合呈现了文学、音乐、美术、表演等艺术门类的戏剧舞台上,站在中央的那个主角,就是背负着所有创作人员与观众的艺术期待的载体。他可以在舞台的时空、服装、化装的帮助中,找到演戏的辅助元素,但更重要的是,自己怎么把握住角色,成功地背负整个剧目对于角色的"寄望",把人物立在舞台上。袁雪芬老师曾多次跟我说起,越剧的改革一定是要编、导、音、舞美集于一体的综合艺术的改革,但站在舞台中间的那个演员必须要有超前的艺术理念及改革精神。袁老师用她的智慧,既指出了当代剧场综合艺术的需要,也点明了中国戏曲"角儿"制的必然性。

(一)辅助要素

1. 舞台时空

这里的舞台时空,指的是舞台美术,泛指场景、灯光、道具等。

每一个戏都会有舞美空间,即便是京昆最传统的坐唱,也会有"一桌两椅"、一副"守旧"、"出将入相"作为舞台空间存在。而越剧由于在二十世纪三四十年代,进入大上海受到新文化及租界文化的影响,吸收了话剧、电影等多种艺术样式的养分,在舞美空间上,是比较偏向于现实主义写实风格的。一个好的舞美布景设计,可以给表演者提供非常舒适的表演空间,启发、诱导、辅助表演者进入规定的情绪和情景。这里举几个例子,《陆游与唐琬》中的"题诗壁",《西厢记》的转台,《寒情》里那个时而为远古乐器"筑"、时而为旷野中的景致的"桩"所形成的变幻多端的空间,《孔乙己》里那个桃花飞落、亦真亦幻的瞬间,以及《藏书之家》里的高墙深院,《新版梁祝》空灵的万松书院和灿若铁花的舞台镜框。

以《寒情》片段为例,以便大家能有更直观和深刻的感受。

这里还得强调,在时空关系方面,中国传统戏曲自由很多,时间可以采用压缩或延伸生活原来的行进节奏的方法改变,"开场是黄口小儿,终场是白发老翁";空间则用演员虚拟的程式动作来完成,所以"一个圆场百十里,一段趟马数千里"。虽然越剧的舞台空间偏于写实,但是很多随着程式化动作所完成的空间,必须要演员自己体悟到。比如,越剧里非常经典的"十八相送",梁、祝二人且行且唱,整段唱几乎发生在近十余个场景里,演员必须知道,这些时空在舞台上并不可能都呈现,相反,是要发生在自己心里的,然后行之于手舞足蹈的展现,让表演者自己和观众都感受到。"景随人走"是别的艺术样式所无法替代的。

2. 服装、装扮

能够帮助演员演好戏的,还有服装、化装环节,服装设计、化装设计之所以作为两个独立的主创环节存在,意义正在于此。老话管这叫"装扮"——正是中国戏曲最妙的地方。尤其对越剧来说,因为有女子演小生的传统,所以,变成台上那个风流倜傥的俊男,装扮就显得尤为重要,它能够帮助你跨越性别的界限。

有时候,可能一件合适的服装,还能让你找到对人物角色的感悟与定位。这里举一个我 1989 年创作《陆游与唐琬》时候的例子。《陆游与唐琬》是一出悲戚缠绵的戏,用句现代点儿的话说,陆游的人生就是充满了悲剧和惨剧的,不但壮志受阻、报国无门,而且挚爱分离、婚姻破碎,这个角色身上所背负的那种浓郁的沉重和心理层面的痛苦,是远远超过简单的男欢女爱故事中的小生形象的。这个行当定位很难找。记得当时,小生的服装大多还选用浅黄、粉红等传统色系,而服装设计蓝玲老师和我都觉得不满意。后来,我无意中在一张扑克牌的背面看到了一个身着长衫的诗人仰天长叹的水墨画形象,虽然并不能看出这是李白、杜甫,还是屈原、苏轼,但就是一个典型的中国古代文人,我瞬间就被打动了,这就是我心中的陆游啊。后来我把这张扑克拿给蓝老师,谁知蓝老师也因此有了灵感,于是就有了"沈园重逢"那场里,沉郁悲怆、简淡古朴的陆游,和他一袭藏青色、绣着一枝梅花的长衫,这个藏青色用在小生服装上可谓是大胆之极。到现在为止,看《陆游与唐琬》的观众,大多数对于陆游的这身青衫,是有强烈的情感共鸣的,甚至可以说与唱段"浪迹天涯"一起,定格成了陆游的形象了。

(二)技艺要素

1.四功五法

四功五法是指唱念做打和手眼身法步。这是每一个学戏曲的必须具有的基本功。唱念做打是从声与形两个方面入手归纳出的四类表演手法。无论是抒情为主、叙事为辅的唱,叙事为长、兼及抒情的念,形神特写、夸张意态的做,还是突出功夫、营造气氛的打,都是各有乾坤的细活儿。用姜文的话,拍电影是个搭功夫的活儿。手眼身法步,则是演员在舞台上展现戏曲表演意境和神韵的技法和尺度,以手为势,以眼为灵,以身为主,以法为源,以步为根,贯入唱念做打之中,形成 水纵横交织的网,规范表演。

1934年,梅兰芳先生应邀到前苏联去交流访问,前苏联著名导演梅耶荷德在梅先生演出后的座谈会上曾说:"看了梅先生的手势,我觉得我们一些演员的手应该砍掉!"但梅先生的神技,也是练出来的。为了练眼神,他经常点燃一炷香,然后用眼睛盯着袅袅而升的青烟。老一辈艺术家对四功五法的投入是超于常人的。十几年前,我到太先生尹桂芳老师那里去学一出戏,从宾馆到她家去时穿了一双普通的皮鞋。太先生一看到我没穿靴子来,不怒而威,我立刻又跑回宾馆换了靴子回来。后来才知道,前辈们当年练功,靴子是只有睡觉时才不穿在脚上的,所以才能有神乎其技满场飞的圆场功夫。

四功五法的训练,相信同学们一定已经在平时的学习中深有体会,而且各有各的好办法,适合自己就行。像我有些轻度近视,为了练眼睛,就会躺在床上盯蚊帐的四个角。但有句老话,一定要送给大家:行家一出手,便知有没有。没有扎实的基本功,你的表演就将是无源之水、无本之木。故而三年前创办"小百花班",学院和我们团提出了一个新的教学理念:学院制和科班制相结合。

2. 艺术积淀

但是,我并不赞成同学们"两耳不闻窗外事,一门心思只练功"。舞台是生活的再现与表现,生活是丰富多彩的,舞台上所需要表现的情感,也一定是丰富多彩的。人,生而有限,时间、空间、年龄等,都局限着每个个体的经历,局限着我们感悟生命和各种情感的机会和能力,那么怎么弥补呢?唯有通过其他渠道获得。

触类旁通,优秀的艺术作品,一定都有相通之处。我的体会便是,向其他艺术门类多学习与吸收。学习的对象可以包括其他剧种,如话剧、舞蹈、音乐剧、歌剧等舞台表演艺术门类及影视,也应该涉猎文学、音乐、绘画、雕塑、书法、建筑等方面。今天是各系各专业的同学们来听课,那么,每个专业的同学都可以从自己的专业出发,尽可能多地去涉猎别的艺术门类,储备文化艺术学养,厚积薄发,总有一天你会需要这些知识。

我是一个60后,却从小喜欢看书,长大了常常混迹于50后的文艺青年群体之中。尤其在20岁左右,我常常会被自己对各种知识的渴求而吓到,看尼采、读萨特……被火烧成两段并分藏两岸的《富春山居图·无用师卷》和《富春山居图·剩山图》在时隔约360年后在台北故宫双图合璧。凤凰卫视中文台邀请了台湾哲学、文学、美学家蒋勋先生解读黄公望先生的大作《富春山居图》,他以东坡先生的词

"远山长，云山乱，晓山青"来形容这幅佳作，又用屈原与渔夫对话之中彰显的"举世皆浊我独清，众人皆醉我独醒"的执着来比喻画幅，何其精妙！当然，我们不可能像蒋勋先生这样博闻强志，但"见多"才能"识广"，这是必然规律。

(三)角色要素

1.解读作品

舞台表演这一综合艺术中的任何一个环节，哪怕是一个小小的道具，都一定是为整个作品的主题主旨所服务的。因此，唯有深刻体悟作品的主题内涵，才能使自己的表演以合力的形式融入作品的整体创作，而不是呈现为整个作品中的"不和谐音"。塑造角色时，应该试着站在导演，甚至制作人的高度，感受作品的三个定位：这个戏在哲学层面的普世价值是什么？这个戏具有的永恒传播点在哪儿？这个戏具备什么现实性意义？理解了这三个问题，将有助于你在更高的角度，看到角色的哲学意义与人文追求。

举个例子，我和我的先生郭晓男导演合作了很多年，当众或私底下他从来不表扬我。不过，在他的新书《观念》中有一篇写我的文章——《重塑茅威涛》，他在里面提到"茅威涛读剧本，直奔内涵，并且能够为如何表达这一内涵寻找到表演通道，在未来的呈现中完成。给她排戏，颇费心血。无论是技术、思想、风格或意念，她都胸有成竹地准备好一整套方案来铺陈自己的表达，常常会将导演及合作者'逼到死角'，难以招架"。我想这算是一种相当不易的"表扬"了吧。

2.解读角色

在完成第一步的前提下，带着对剧目的最高立意去解读角色是第二个步骤。多遍通读剧本，在了解了剧本故事发生的时代背景（如果有必要，还应该越过剧本，先去了解一下故事的原型及其所发生的环境背景，这将更有助于理解剧本）、规定情景、中心事件、矛盾冲突、主题思想、贯穿行动、风格体裁等之后，再来分析你要饰演的角色。他的内、外部性格特征是什么？他在剧中的作用和地位如何？他和其他人物什么关系？他的行动线索、思想线索、情绪线索是什么？弄清这些问题，然后为你要饰演的人物做一个小传。

3. 寻找技艺

解读作品、解读角色之后，案头与脑中的工作完成，该为塑造你的人物寻找技术手段了，那就是，首先，对角色进行行当上的归类，而后寻找适合这一行当的程式动作、唱腔表现。（影视、舞蹈、话剧，包括主持人也是如此。）

中国当代著名的戏曲理论家阿甲先生晚年曾经提出，中国戏曲的体验是有前提的，这个前提就是要先解决技术问题。大概在15年前，也是在创作《陆游与唐琬》的时候，我曾非常抗拒这个观点，希望能破掉程式和技术，更多地用话剧的表演方法，即体验在先（不是说"心到手到，心到眼到"吗？），比如，"题诗壁"的时候，就想让陆游站在那儿原地不动地唱五分钟。后来发现，这不是戏曲的东西。真正戏曲界大师级的人物，无不讲体验，又无不有着精妙扎实的程式技术，这样才能"心到，手也能到"。所以就有了再往后的一步步走回来，为自己的每一个角色设计合适的"唱念做打"的技术手段，甚至由于越剧剧种在表演方面先天的不足，而向其他剧种学习。比如，我在扮演《西厢记》里的张生时，用了从川剧表演中借鉴来的踢褶子的手法；《孔乙己》里面的"叠帔"取自京剧大家关肃霜老师的《铁弓缘》；《藏书之家》里面的"三跪求书"，著名京剧表演艺术家朱福侠老师教给了我很多表演技巧。

这里还有一个重要的步骤，就是唱腔设计。这个话题和音乐系的同学有内在的关系。每一个人都有先天条件的制约或其他原因，而并非适合所有的流派唱腔。所以要在角色的唱腔设计中，找到适合自己也符合角色的声音体现，塑造唱腔的文学性。所谓的文学性就是，除了我们常说的，要以情带声，表达出情感的起伏之外，还要在音乐中塑造文学，即呈现一个音乐的人物形象。比如《五女拜寿》中用尹派传递的"憨厚"的邹士龙形象，《陆游与唐琬》中"浪迹天涯"唱出"曾经沧海难为水"的悲怆，《孔乙己》里加入评弹滑音对"孔乙己"这个新旧时代交替的夹缝中生存的小人物颓废情怀的塑造，《新版梁祝》中"那一日,钱塘道上送你归"的一段,从范、傅版本中欢快的"四工调"改为抒情的慢板彩调等,都是我用音乐塑造文学形象的尝试。

包括发声,也是一门学问,而且学无止境。最早的时候,我是跟艺校的老师们学习发声,后来又跟金铁霖老师学习一些民族唱法的发声技巧。近年来,跟一位专门研究越剧发声的翁思杰老师学习,她竟然一语就点出了我嗓音结构中的两大弱点,然后我们用了4节课,就把这些问题解决了。所以,找到一项适合你自己的技术非常重要。

前面谈到的音乐形象的塑造与音乐系专业的同学有些关联。这里我想举个例子:2009年,杭州市特别聘请了一位28岁的中国旅美作曲家周天,创作了杭州首个原创大型交响音乐《中国大运河》。周天也邀请我用吟诵的方式,参加第二乐章《梦源》和第七乐章《母亲》的创作。而这时,我的吟诵已经成为了一个音乐的元素,或成为一件"乐器"。周天是目前唯一一位从美国寇蒂斯和茱莉亚这两所一流音乐学府毕业的中国作曲家,也是美国南加州大学的博士研究生和本科讲师,并数次获得过美国青年艺术奖。他把《中国大运河》拿给导师听的时候,他的导师评价说,这就是"中国声音"。这种声音在谭盾等音乐大家的创作中,我们似乎也听到过。这样大胆的创新,希望我们音乐系的同学能够借鉴。

4. 不着一字,尽得风流——融合程式与体验,塑造一个既非我也非他,但既有我也有他的"第三人"

"不着一字,尽得风流"是唐代诗人司空图在《二十四诗品》里对诗歌美学分类的一句描述。我个人觉得,这八个字是塑造角色所该奔赴的最高境界。去年,我在美国访问交流期间,用越剧吟唱的方式表演了一段南宋词人姜夔的《暗香》,民俗学大家刘梦溪先生告诉我,他被震撼了,他在我所饰演的角色和我之间,看到了"第三人"。把对角色的体验和对程式的设计,在对角色、对作品的哲学理解中实现融会贯通,抹平所有棱角,浇筑出一个既非我也非他,既是我也是他的"第三人",传递出对生命的感悟、对世界的认识、对终极的追求。这也是我自己在多年前就提到的女子越剧的双重审美概念。也就是说,我是女性,带着女性的眼光去审视男性,然后再用女性自身的肢体和声音去塑造舞台上的男性角色,这就呈现了一个既非"我"也非"他"的"第三人"。

到这里,我想谈谈《新版梁祝》。在座有的同学可能不久前刚刚在杭州大剧院看过。《新版梁祝》是 2006 年我们打造的一个献礼越剧百年诞辰的剧目。这是一个极具挑战意义的戏,因为有经典版本的存在。在《新版梁祝》策划之初的很长一段时间,我都身陷困惑,我和编导、主创一直讨论几个问题:重排这部越剧中最经典的作品,我们还能告诉人们什么? 完全照搬,显然背离我们的创作初衷,而这个被几代越剧人讲述得足够动人的故事,重新去演绎,打动今人的新的魅力空间究竟何在? 就人物塑造而言,梁山伯究竟是什么定位? 祝英台爱上他是理所当然的,但他为什么会爱上祝英台(梁山伯又没有断袖之癖)? 为什么楼台会后,知道姻缘无望,他会命赴黄泉? 不解决这些问题,我无法说服自己站在排练场上。

要打破观众的记忆,重塑一个新的《梁祝》,是非常艰难的。但是我们坚信,每个阶段都有叙述《梁祝》的必要,20 世纪 50 年代那个版本的创作,据说是为了配合宣传《婚姻法》的需要。如果依然把这个主题保留到今天这个传媒科技高度发达的信息时代,相信大部分人都很难认同了。所以,我们对《新版梁祝》的定位是一个超越了普世而永存的童话般的爱情。"执子之手,与子偕老"本是《诗经》中同处一个战壕之内的两个战友间不离不弃的宣言,但后来,渐渐被国人升华到爱情。《新版梁祝》选取了这句诗,来盟誓友情、亲情、爱情中的执着和守望,这是一种永恒的情怀。因此,在这种主题之下,我塑造的梁山伯,就绝对不能再是一个"呆头鹅"的定位,而一定是一个善良朴实、执着青春、温文尔雅的书生。技术层面上,导演和我共同在昆曲的十余套扇子功中,找到了动作的依托,同时也让"扇子"在技术和意向层面成为全剧的一个标志与特点。此剧中,扇子的功能除了在原有的传统戏曲中作为书生手上的道具之外,还兼有了舞蹈的手段、书本的象征、信物的交换、爱情的见证,最后成为了化蝶的象征。一件道具完成了物质—情感—意象的质的厚重。

三、拓宽舞台的视界——今天的城市与艺术

中国第二届越剧节期间，举办了一场主题为"城市与戏剧"的高峰论坛，我荣幸应邀作为越剧人发言，我用了《城市需要戏剧吗？》作为题目。那么今天，面对学院学艺术的同学们，第三个话题，我们不妨也可以引申为，城市需要艺术吗？

我相信，在座的大部分同学，将来是要从事艺术的。所以，以上就单纯的舞台表演为大家介绍了一些我的经验之后，我还想再和大家提一个建议——请同学们把自己的视界从单纯的舞台拓宽些，再拓宽些，走出小舞台，走进社会大舞台。老话说"三人行，必有吾师焉"，何况社会拥有何其丰富的体量。在读书、观摩、体悟、游历、交友（当然也不反对谈恋爱）及生活的诸多细节中，更多地看到、了解、感悟今天的大时代，今天的城市与艺术。在这方面，我和"小百花"起步相对比较早。

（一）盘点百年与"都市越剧"的探索

越剧百年诞辰时，我曾经作过一篇主题为《向未来展开的越剧》的报告，站在剧种发展一百年的门槛上，从一个剧种的繁盛所必须具备的三个标志方面盘点老一辈艺术家们留给了我们什么、还缺失什么、留下多少空间需要我们去丰富和发展。这三个标志就是：第一，剧目的标识，即剧目积累——显然，越剧是远远逊于京昆等传统剧种的剧目积累的。我已从艺30余年，到今天即便算上全部的折子戏，也只有20余个作品的积累量，而当年一个坐科出身的京剧演员，没有几十出、上百出剧目打底，是很难出科毕业的。同理，我们其他系的同学，涉猎的专业广度有多少呢？第二，表演的标志，即程式化的技艺标志——程式技艺是中国戏曲独树一帜的特点，但年轻的越剧，却因其在短暂的成长史中，历经西方文化、租界文化、新文化运动、流行文化的不断冲击，而在表演的系统性、

规范性方面有着先天的弱势,所以曾经有人说,越剧是喝着昆曲和话剧的奶长大的。第三,声腔的标志——这是越剧最为成熟、最具标志性的元素,流派唱腔非常丰富,几大生旦流派也已非常完备了。

那么,怎么让这样的越剧融于今天现代化的城市,就是摆在我们面前的现实。

今天我们所处的城市,早已不止于一个地理概念,更重要的,它是一个集金融、贸易、政治、艺术、文化、信息、服务等多位一体的综合体。充盈在这个社会里的是有一定的文化储备、有一定的学习能力、有掌握更多信息和知识的便捷工具、有比较稳定的物质基础的"城市人"。在这里,我想引用梁漱溟先生对人生三个问题的思考:首先是人对人,其次是人对物,最后是人对自身心灵的关系问题,且三者的次序绝不能颠倒。这大概与马斯洛的需求层次理论是类似的。今天的城市,和拥有了稳定的物质基础、关注心灵的城市人,需要怎样的剧场、怎样的戏剧、怎样的越剧去安放自己的精神和灵魂呢?

几年前,豫剧《赵氏孤儿》来杭州演出,仅售出 6 张票。而 10 多年前,我这个团长带领"小百花"已经开始摸索一条"都市越剧"的道路。在剧目积累层面,我们考虑,现代的观众是不是还能在模式化的爱情故事里感动?他们还想看到怎样的人物?对这个剧种未来的发展而言,除了非常雅致地表现男欢女爱之外,越剧还能不能找到更开阔的道路?有没有将越剧最擅长的儿女情长和对剧目文本深层文化内涵的追求和谐融合的可能性?所以才有了《寒情》《孔乙己》《陆游与唐琬》《藏书之家》《新版梁祝》。有没有对异国题材、其他剧种的经典题材进行适合越剧改编的可能性?所以有了《春琴传》《结发夫妻》《昆曲折子戏专场》。在程式技艺层面,从其他有着完善表演系统的剧种,尤其是昆曲、京剧等有历史渊源的剧种中学习、嫁接适合创排剧目和人物角色的程式动作——我把它定位为"认祖归宗",创立越剧表演程式的"输血功能"。在最为成熟、最具标识性的声腔层面,虽然想要突破和发展更难,但我们依然在前行,在寻求声腔更加多样化、通俗化和文学性的方面努力。

也因此,"小百花"用了十多年的时间,铺出了一条"都市越剧"的道路,走向全国的各大城市,走向港澳台地区,走出国门。之前《新版梁祝》在瑞士演出,一位外国观众正看着演出,突然从座位上站起来,哭着就出去了,我们随团的记者采访她时,她就说相爱的人不能在一起的那份痛苦,全世界是一样的。

那么,都市与越剧的结合,还有什么可能性?

那就是驻场——

(二)驻场:我心中的芥子园

"芥子园"有几个关键词,浙江、兰溪、《闲情偶寄》、清代戏剧理论家李渔。李渔先生是戏剧的鼻祖,不过在我心里更重要的是,他是搞"文化产业"发展之路的鼻祖。李渔先生在他的芥子园里写戏、教戏、学戏、唱戏、看戏、品戏、论戏。我去过3次芥子园。曾经我有过一个梦境,我想等到我封箱的时候,以李渔老人的角色,来完成我自己离开舞台的最后一次装扮。而且我设想过,这个角色最后的下场是,我要当场在观众面前卸装,卸下我所有的包裹,在舞台上露出我这个女小生的女子的本真原形。我把这个梦境告诉朋友,当朋友听完我的唠唠叨叨,诉说我的梦境的时候,断然指出:"茅茅,其实你唠叨的梦境,就是你个人的一个梦想,就是想要拥有一个属于今天的、你自己心目中的'芥子园'。"

所谓驻场,其实就是一个排戏、学戏、演戏、看戏、品戏、论戏的现代的"芥子园",她是实现越剧与现代都市融合的一条道路,美国的"百老汇"和日本的"宝冢"是这条道路两旁的"参照树"。

浙江小百花越剧团的"芥子园"在保俶山下,黄龙洞旁,她包含三个剧场:一个近800座的带包厢的一流剧场,每天上演着《梁祝》《白蛇》等我们称之为越调歌剧的作品;一个是经典水乡戏台,我称它为新古典主义堂会;一个是黑匣子,所有实验、先锋的作品,都将在这里上演,她的名字就叫"中国越剧场"。

2009 年,我们到台湾参加浙江文化节演出,在台北县举办的两岸戏曲研讨会上,台湾著名戏曲学家曾永义教授的一个比喻给了我很大的触动。他说有一种嫁接的水蜜桃,中间要用到一个矮砧木,通过这个东西,就能让"张家结出李家果"。多年来,我一直想找到嫁接越剧和现代都市的那节矮砧木——"驻场",我隐约感觉到,似乎找到了。

在现代社会,我们把艺术卖给观众,而艺术也应是灵魂的结晶,也就是说,我们在寻找与观众灵魂的碰撞。他们买票付出的是钱,换回的是心灵的力量。在今天这个城市化、工业化、快节奏的社会中,人们需要轻松、释放,更需要在释放中重新汲取力量和信念,这不也是一种宗教、一种信仰吗?比如热映的《功夫熊猫 2》,内心的宁静(inner peace)就是阿宝功夫的全部能量来源。我曾提出,我们的作品必须给观众提供欣赏的愉悦,同时也提供思想的愉悦,才能让观众觉得物有所值。中国的文字非常有意思,"乐"(yuè),我们可以念成"乐"(lè),换言之,我们可以理解为"乐"(yuè)是感官的,"乐"(lè)是心灵的。那么剧场(越剧场)是否已经变成了亚寺院、亚教堂,从而回到了戏剧和剧场意义的原点——古希腊剧场的精神?

四、结语

回到开始,我自己经常被问到的那个问题:你为什么演戏?这已经是一个追寻终极意义的问题。

德国现代舞蹈大师皮娜鲍什说,重要的不是怎么舞蹈,而是为什么舞蹈,她说自己是为了对抗恐惧而舞蹈。我的答案是:套用法国存在主义哲学家萨特的一句话,"我活着,是因为我已经开始活着了",我演戏,是因为我已经开始演戏了——演戏就是我活着的方式。这样的生活方式,或许也是我自身的一次救赎——寻找内心的宁静、洁净。人无法超越身体、年龄的局限,但可以超越心灵。

在 1994 年《蓦然又回首》的专场里,我的旁白说道,不知是越剧选择了我,还是我选择了越剧。今天各位能与艺术相遇,可以说,都是被上天恩宠的人。我们的领悟力就是上天的恩典,所以我们要感恩,我们的未来才会不断地被祝福。真正有价值的,不是物质和金钱,而是信心和保持信心的状态。红尘中的我们缘何与"艺术"相遇,这便是相遇的"因"。

无论如何,越剧、舞台已经是我对世界、对生命全部的认识和表达方式了。

那么,你们的答案呢?

创意时代艺术的教与学[①]

杭 间[②]

一、现代高等艺术教育体制的演变

今天我应邀来讲一讲创意时代的教与学问题。这个题目说起来可能比较枯燥,但题目老套,内容是不枯燥的。大家听说过画家陈丹青吧,陈丹青老师对中国艺术教育体制是批评得比较激烈的,包括考外语的问题、研究生招生问题以及学院体制里面的大师怎么培养的问题。我跟他曾经是清华的同事,我们也很熟,但我们的观点不太一样,后来我在《读书》杂志写了一篇文章《有关陈丹青的误会》。我实际上是通过回应他的问题来谈中国的艺术教育所谓的难题。教育体制的难题,实际上在我看来是永远存在的,不可能会完美解决,只会逐步改善。比如说,陈丹青批评的关于搞艺术要不要考外语的问题,包括本科考试、硕士考试、博士考试。可是这个问题很难解决。为什么这么说呢?因为这个问题假如能够解决,假如我们能很宽松地分别对待特点考生,比如某位同学很有才气,专业很好,那么,你外语差点就差点吧,就招了。如果真是这样,没有问题。但假如这位同学是

---

① 本文于 2012 年 9 月发表于《浙江艺术职业学院学报》。
② 杭间(1961—),男,浙江义乌人,曾任清华大学美术学院副院长,教授,博士生导师,主要从事中国古代物质文化史、现当代设计理论、中国现代艺术史研究。

个有钱有势的后代,专业不好,外语也不行,某位领导或老师是他的亲戚,或者是得了他的好处,就说,你不错,你是个人才,你外语差点就算了,招了,那就成为教育腐败。

　　大家都知道,改革开放以后,推动中国社会进步的一个最大的变革是高考制度的确立。"文化大革命"后那一次高考,受益的可能是你们的父母亲那样一个年龄的人,这其中的体会,你们可以回家问一下你们的父母亲,他们在你们这样的岁数时,如果不通过高考去上大学,那基本上是没有出路的。所以,就像中国古代的科举考试一样,高考这种大学选拔制度,虽然有些无情,一刀切,但它是教育公平的基本保证。就像今天的高考、研究生的外语考试,也是一种选拔公平的基本保证。我在清华大学美术学院这么多年了,可以跟大家坦白讲,专业考试的评分永远是相对的,不是死硬的,因为我们不是理工科的考试。所以从严格的招生公平来说,只有外语是确立大家进入准职业身份的最基本的公平门槛,是保证教育公平的一种手段。所以,陈丹青不考外语的问题提出,大家听起来很痛快,但是这个问题目前等于不是问题,也不是教育界的最主要问题。再如陈丹青说,现在的教育制度怎么能培养出大师来呢? 学校按部就班,老师用考试来考你们,要你们死记硬背,让你们专业分得这么细,什么设计、美术、动漫、多媒体,而社会的大师往往是一个综合性的人才。但是,在我看来,这个命题也不成立。为什么? 在学校里一般不称大师,陈寅恪是学术大师,但学界最多称他为著名学者。大师是社会上对一个在专业上有很高成就的人的约定俗成的称呼。由此也可见,大师是社会风云际会的产物,不是学校培养出来的。你看北大、清华在大学四年、研究生的两到三年、博士生的两到三年有培养出一个大师吗? 没有。大师应该是在你进入社会以后通过各种各样的因素,通过你自己的努力,通过你自己对机会的把握,综合才成为大师。中国当代教育问题太多,再怎么批评都能引起大家的共鸣。当然,我们是否能在一种好的教育体制里面更好? 这个回答一定是肯定的。这里有教育理念的问题。在教育史上,有一个很著名的人——法国的启蒙哲学家卢梭。我不知道现在的同学还看不看他的书,因为他的自传体《忏悔录》很有名。他有一本专门谈教育的小说叫《爱弥尔》。卢梭的教育观念是什么呢？就是一种自然的教育。通过解除人的所有束缚，让人回到自然的本真状态。能够让一个人既接受人类文明的所有的成果，同时又能够健康地在不离开创造力的情况下去成长。但是，从卢梭的教育命题提出到今天，有人做到了吗？我们也许可以在幼儿园里做到，但幼儿园以后呢？

再来说西方。西方的体制里也是有考试的，基础的东西也有一些死记硬背的成分在里面。整个高等教育体制的发展，可以看到西方早期的大学是在基督教神学体制里面发展起来的。那个时候，大学偏向培养神职人员，悟道传道。大学所接受的知识结构里有一个顶层权威和真理，就是耶稣、上帝。这个结构是不能出错的，怀疑也只是怀疑到耶稣下面为止。所以中世纪，很多自然科学也是很缓慢地发展，而且是建立在神学的实验基础上的。但是到了法国大革命时期，启蒙运动，大家强调的是人人生而自由，要民主，在这样的背景下，大学开始向人文方面发展，开始向人文、社会科学综合方向发展。这又经过了相当长的阶段。到第三个阶段，大学向应用角度发展的是美国。当年那些新英格兰移民，从欧洲大陆漂洋过海到了北美，坐"五月花"号，在北美的波士顿一带登陆，他们把西方的人文教育体制带到了美国。但是美国当时艰难开发的社会太实际了，所以带来的学院式教育就显得不务实、学究气。那种情况下，以康奈尔大学、威斯康星大学等开始，教育体制开始往实用的、职业化的方向发展。我很简单地为大家回顾一下这几个阶段可能有助于大家对自己未来发展的学科做个基本判断。第四个阶段以美国和前苏联为代表，高等教育开始注重综合，开始注重以艺术方式切入的综合素质的教育方式。出现这一种思潮的前提是当年"冷战"时期，美苏两国在宇航技术上竞争，前苏联的宇航技术一度领先于美国。这让美国人深受刺激。美国人开始检讨教育问题。除了前苏联那种以工程师方式为主的专业化的教育模式以外，他们发现，前苏联作为社会主义国家，非常强调人文的、艺术的教育。我们知道，在世界美术史上，社会主义国家产生过美术流派的只有前苏联，那就是构成主义。当年抽象表现主义的著名画家康定斯基还专门千里迢迢从德国包豪斯跑回老家前苏联去。当时前苏联吸引了非常多全世界各地的文艺界的人,包括卓别林、罗曼·罗兰等,都去朝圣。前苏联当时就像中国共产党的延安一样,被很多人看作圣地,可见它在文化上的影响。美国人意识到艺术、人文学科在培养创造力方面的巨大作用,所以开始在高校里设立艺术学院。这个时候又有另外一个前提,就是第二次世界大战结束后,有大量的退伍军人需要安置,很多人都主动选择了艺术。当年做过一个社会调查——为什么选择艺术?这些退伍军人在战场上看过太多的生与死,觉得什么职业都没什么意思,就选择了艺术。有一个极端的艺术理论家说过,艺术可以代替宗教,这是有一定道理的。我们在回答人生的问题时,宗教确实有局限性,而艺术到了最高处的时候,也就是像当年吴冠中先生所说的,人的精神世界从必然王国到自由王国的阶段时,那时的艺术状态,无法用语言和科学技术表达,但是可以通过艺术表达,确实说明了艺术是宗教所不能代替的,是人解决人生在不同的年龄段产生的很多问题的一种方法。

第四个阶段的问题中,所指的艺术还仅仅是它的传统形态。今天的艺术已是产生飞跃的大变革时代,我不知道大家有没有意识到。实际上,我想大家应该已经意识到了。

二、知识经济时代艺术产生的变化

2011年,乔布斯去世以后,很快成为中国人的偶像,上至中央领导,下到平民百姓,那么多的所谓"果粉"。但是乔布斯为什么会成为他们的偶像呢?这其实很有争议,我想有些同学也注意到美国中央情报局对乔布斯的一个调查,已经公之于众。调查中说乔布斯性格武断,刚愎自用,年轻的时候还有私生子。在公司里面决策也很不民主,带着大家干活不要命,剥削团队成员的时间、身体和创造力。但是尽管有这些问题,乔布斯的苹果产品确实给今天科技与生活的关系带来了相当大的启示:尽管所有人都认为我们的手机原来的功能只是通信,但是在乔布斯的心里,手机是一种个人与机器之间、群体与群体之间、人和物体之间交互的终端。而且,最受启发的是,苹果所有的技术没有一项是新的发明，而是将已有的技术综合起来，只要你有创造性的想法。苹果的界面操作方式、转换方式、访问方式，都给了你一种人与机器对话的全新感受。它不仅提供了一种方便，而且提供了人机对话的新的可能性。苹果的这个创意背景，实际上是知识经济来临的特征。也就是说，今天的艺术、生活、科技综合发展的大背景下，未来我们一种新的质变可能要开始。

我把支持和决定新的质变的因素总结为三个方面：互联网技术的保证、资讯共享的概念和虚拟交互的普及。我想现在，除了个别同学还查查英文字典，大多数同学可能很少用辞海、词典，因为就连非常重要的语言学家也说，除了极个别的生僻字，他们现在碰到问题，也是先在网上搜一搜，而不是去翻字典。我想大家都看过《黑客帝国》，电影里面，主体以外，人和人之间不同的空间转换，实际上象征的就是网络生活的无缝衔接。从这个界面到那个界面点击之间，从这个界面到另外几个层次的界面之间的点开的、互动的关系，可以在瞬间完成。今天的多媒体技术，通过网络，可以传播到地球的每一个角落。而正因为有了互联网技术，使得我们的资讯共享成为一种最大的可能。

也许有同学要问，资讯共享为什么会产生革命性的变化？我再举一个简单的例子，就是微博。微博已经成为中国社会民主建设非常重要的手段，这点我想大家都知道。只要微博不是实名制，微博的隐名、跟帖，微博传播的快速，微博粉丝群之间的关系及对一个话题的分解，使得社会的热点问题以政府来不及控制的速度传播。微博在网络上的这种资讯共享是不分身份的、平等的。我们上大学的时候有《参考消息》，报纸还有《大参考》《小参考》。做学生时我们从院长那偷偷看一眼《大参考》，就觉得不得了，因为那是局级干部以上才能看的。而现在如果同学们网络技术好的话，你们知道的东西会更多。这就是资讯的民主共享，它使得每一个人和这个世界就像生活在一个大家庭里一样，这就决定我们的快速反应，说出我们的判断，发表我们的意见，这一点是非常重要的。第三点是虚拟交互。在虚拟的世界里，确实给年轻人提供了最大的可能性，虽然这个虚拟的世界需要你们的爸爸妈妈提供一个实体的世界作为保证，但虚拟世界已经产生了一整套的社会结构,你在虚拟世界中说的和做的都有不同身份的转换,建构了一个超越现实的群体结构。为什么很多年轻人在参与在线游戏的时候可以几天几夜不出来?他在生活中可能是真正的普通人,但他进入虚拟世界后,他可能变成古代的英雄,他在那个虚拟世界里充分展示自己的内心中善的或者邪恶的种种可能性。假如有一个实体的世界在支撑,人和虚拟世界的交互关系,从某种意义上来说,也是人生存在的一种形式。

我在这里做一个归纳,产生这种情况有六个更广阔的原因,因为有了这个原因,把艺术放在其中,我们才能看得更清楚。

第一,新科技的应用与生活前所未有得密切。这个我就不多说了,前面说的网络技术都是新科技的应用和生活的交叉。第二,以物联网为特征的物品流通方式成为日常的一种交流方式,像我的老家义乌。我记得义乌有一所学校,叫义乌工商职业技术学院,据说已被称为"淘宝大学"。在那里,学生从入校开始,就在淘宝网开店,学校通过学生在淘宝网达到什么等级决定他的成绩和毕业与否。第三,刚才也说过了,共享和交互增强了个人生活的民主性,也就是共享性。第四,虚拟经济成为超越实体经济的新的增长点。这一点特别重要,很多同学未来可能要去从事设计工作,在未来的社会接触过程中,相当多的人会从事虚拟经济,为虚拟经济服务。这一方面现在已经越来越成为超越实体经济的增长点。之前我见到一个房产中介。他说,在杭州买房子的人,十年前基本上都是 50 岁左右,而且大都是通过好几个家庭的积累才去买房子;今天,买房子的人主体是 30 岁左右。开始他们也觉得奇怪:这些人买房子拿的是自己的钱吗?后来发现这些人确实拿的是自己挣的钱,这些人基本上都是从事金融业和 IT 业,这两类人是今天社会财富的主体。财富的累积方式,今天是年轻人占主导,这就是虚拟经济成为超越实体经济的增长点的一个最明显的反应。第五,创意产业阶级形成,并且成为社会主流。这个问题与我们的主题息息相关。你们父母上班的时候,杭州有多少产业工人?大家穿着工作服,从各种各样的厂里出来,那是过去城市最常见的风景。可今天呢?我在英国坐火车旅行,看不到烟囱,也看不到工人在劳动,全英国好像就是花园。我当时想,英国人靠什么赚钱呢？靠什么来生产创造呢？原来都在写字楼里。今天,所谓的蓝领工人已经越来越少。蓝领工人就是通过体力工作的、通过一般的技术来工作的产业工人,而白领和银领,比如设计师就是所谓的银领,这些人在固定的写字楼上班,有自己的工作室,从事的工作再也不需要满头大汗的、开动什么机器的工作方式。他们坐在电脑前通过创意来获得社会的肯定,人数多了,就形成所谓的创意产业阶级。所以,知识经济时代非常重要的人群的形成,就是这个阶级的形成。第六,财富产生方式有了巨大的变化。过去通过种植、制造物品,赚钱后存到银行,而今天,传统的这些产业都不是最赚钱的,赚钱的产业是那些如何在商品交换领域里巧妙地运用虚拟财富的运作,来创造更大价值的那些人。

可以看到,在这样的情况下,艺术产生了变化。第一,设计专业的勃兴。同学们回忆一下,你们小学的时候,基本上不熟悉"设计"这个词,可是十几年以后,设计这个词的社会影响力已经今非昔比。第二,信息传播、时尚、文化消费成为时代最炫目的社会主流。第三,也是艺术教育最重要的一点,就是传统的艺术教育的概念被颠覆了。为什么这么说呢？比如说传统艺术教育,从文艺复兴以来就是画石膏素描人像,表现神话人物,表现宗教仪式和思想,无论是浪漫主义、现实主义还是其他的现代主义等各种各样的流派,审美的问题都是最重要的问题。但今天的当代艺术领域里,如果有谁讲审美,会被大家笑掉大牙:什么年代了还讲审美。原因大家都知道,就是二十世纪七八十年代以前,杜尚的小便器改变了艺术的现代观念。学习过西方美术史的同学都知道,杜尚的"现成物艺术"把一个最不能登大雅之堂的男性的小便器签上名放到美术馆去展览,从而成为现代主义和后现代主义的分水岭。后现代主义以现成物、装置、行为等综合的方式,完全打破过去传统艺术甚至包括现代主义艺术的那种以形、色、线作为审美构成的绘画的追求。可以想想,以杜尚"现成物艺术"为代表的后现代艺术,怎么教？难道老师教你们选择一个小便器或者选择别的一个现成物？所以,20世纪末法国的艺术界曾经说过,当代艺术已经死了。说当代艺术死了的原因是艺术和生活没有界限和区别。以观念为特色,有好的想法就可以了,那么它与哲学也没有什么区别,我有一个你想不到的观念就行了。如果这些都是当代艺术的主要形式的话,老师怎么教?老师还需要教吗?从知识累积的角度来说,整天在网络上的同学,说不定某些方面知道的比老师还多呢。如果从思想的角度来说,你们过了 18 岁,就是成人了,有自己独立的意志,我们是平等的。观念是不可能单方面给予的。在这样的情形下,教育还有必要吗?高等美术教育、高等艺术教育还有必要吗?当然我这儿举的只是美术的例子而已。其他的,比如戏剧,是否还有技巧的因素可以传承,可以学?我不了解。但是,现代先锋戏剧也是这样,不是讲究传统的一招一式,也不是讲究传统的时空关系,而是以生活化的、更随意、更观念的形式。所以,在知识经济时代,传统艺术教育的概念面临巨变。就业方式也是这样。过去艺术学院毕业分配工作,就是去新闻界、出版界、剧团、画院、报社、杂志社。今天呢?大家的就业能说得清楚吗?也许是公司、工作室,但是公司和工作室又是非常复杂的问题,做什么已经不是原来的专业分得非常清楚的状态。这些就业方式也是跟知识经济时代对应的。比如,现在艺术和设计对应的是独立设计师和自由艺术家,具体的可以看到,像北京的"798"那样的艺术区,在全国各地都有很多,越来越多,杭州象山周围有很多所谓的创意产业区。在创意产业区里面,每个人都可以选择自己的一个艺术角度,找到自己的一个点。

三、当代艺术教育现状

现在,回过头来看看,在这么多的变化面前,今天的中国艺术教育究竟是什么样的情况呢?首先是规模的奇迹。从 20 世纪 90 年代以来,中国高等教育的学科建制、办学规模、校园建设急剧扩张,这是前所未有的。但是这样的扩张情形,只有中国经验,国外似乎不存在。规模决定了选拔的方法,中国规模盛大的艺考是非常壮观的一道景观。国外的本科和硕士基本上都是提交报名作品和申请,由所在的大学组成一个遴选小组,评估作品,请你去答辩,就可以决定你是否被录取。当然,前提是你高中的成绩要合格。我不知道中国在目前人口那么多的情况下,未来的艺术学院的招生会不会发展成那样。现在这种方式,在国外是不可思议的,但是没办法,中国这么多人,不考试,完全靠那种面试的形式是不行的。中国美术学院2012年的报名人数据说有十几万,我们能一个一个去发现人才吗?艺术教育体制的规模扩张跟我们这两年的人口政策、人口现状有直接的关系。所以像这种方式,包括招生的一整套体制,都面临着一个非常突出的中国式的问题——规模。中国几所美术学院的规模已经大得不可思议了,很多外国朋友来都会问一个问题:怎么中国需要这么多的艺术人才啊?他们觉得很吃惊,说中国的艺术未来在世界上肯定是不得了,肯定是世界艺术大国。

第一个问题是艺术教育的"教"的问题。像北京"798"这样的地方,里面的作品学院的老师绝大部分是不会教的。同学们在大学的学习、创作已经变成那样了,基础总可以教吧?但是要教什么样的基础?因为基础跟创作是分不开的。比如说古典主义的体系,基础很明确,石膏像、写生、静物;可是到了表现主义,基础就不一定是石膏、素描、写生;到了抽象表现主义,到了构成主义,尤其前几年中国流行从包豪斯总结出来的三大构成的时候,又是另外的造型体系了,那些东西成为一种新的基础。那么,今天当代艺术的基础是什么呢?当代艺术成为一种主流以后,学校里面的教与学的矛盾是相当突出的。因为这里面有三个比较大的变化。一个变化就是美术学院的使命与传统相比已经很不同。学院的使命已经有了很大的变化。可以回顾一下,世界上的艺术学院粗粗地分,有两种类型:一种类型就是像中国美术学院那样独立的艺术学院,不是在综合大学里面。独立的艺术学院是独立围绕艺术来建构的。按艺术规律自己说了算,课程设置,包括学分制可以不完全要求跟综合性大学一样那么严格的管理方式。另一种类型就是像浙江大学的艺术学院、清华的美术学院、北大的艺术学院,是综合性大学里的艺术学院。综合性大学里的艺术学院虽然也开展艺术方面体系的教学,但整个管理体系是纳入综合性大学里面的。那么这两种类型有什么不同呢?非常大的不同。比如说,独立的美术学院、独立的艺术学院,我一说它的传统,大家就可以知道,是文艺复兴以来延续下来的一种传统,达·芬奇那个时代的传统,也就是师傅带徒弟。老师教学生可以手把手地教,"言传身教"，这是独立美术学院最典型、最古典的特征和传统。综合性大学里的美术学院我刚才说了，以美国的专业教育为例，把退伍军人安排去大学学艺术的时候，要给这些人设置什么样的艺术课程呢？还是让他画石膏、写生？不可能。所以，以美国综合性大学里面的艺术学院为代表，他开设艺术学院的目标、目的是公民教育，是公民最普通的审美教育。两种美术学院，使命不一样，培养的人才目标和安排的课程也是不一样的。今天，后现代艺术、互联网时代、知识经济时代，我前面说了那么多变化以后，学院的使命又有了变化，比如说艺术和社会的关系、文化和消费的关系，等等。

第二个问题是在新的表现媒介这么丰富的今天，学院怎么教，学生怎么学？我上大学的时候，一定会有采风课、写生课，今天为什么少了？媒介的表现，今天的丰富性远远超过过去。我们不一定要去千里之外写生观摩，而观察手段的丰富，我们的老师不至于武断到"数码产品不能用"或者"电脑不能用"的地步。新的媒介介入以后，老师怎么教，学生怎么学，面临着新的问题。比如说构成，即便是想象构成，很多东西也不完全需要通过手工来做，可以借助其他的媒介来完成。

第三个问题就是我前面说的，以观念为主的当代艺术，怎么处理新型的师生关系。今天一开始我就说"要跟大家分享我的经验"，这实际上是套话。但是我一说出来就有些后悔，同学们听了可能会反感：经验，不就是你比我们多活了几岁吗，我们不需要听经验，我们要听新的东西。有一年，我碰到美国最好的综合性艺术学院之一——芝加哥艺术学院的院长。我问他，在中国，大学里的老师与学生因为经验和创意的关系，不断产生新的问题，美国如何？这个院长说，美国也一样。同学们虽然年轻，但你们不一定从生活环境中获取经验，互联网上知识太丰富了。大家通过在互联网上获取知识的经验来质疑相对拘泥于传统媒体的老师，这个时候，如果教师的经验发生问题了，创意如何展开？师生关系也就自然而然产生问题。当然，我这里说的是偏向于当代艺术这部分，不包括中国传统这部分。

这些学院的变化，我们从学院的名字里面也能看出来。世界上的艺术学院，"学院"两字的翻译基本上是"academy""school""college"和"institute"这四种。国外的学院用后三个的比较多,用第一个"academy"的最少。而在中国,"academy"用得最多。中央美院、中国美院、清华美院、北大艺术学院等,都用它。尽管都翻译成学院,但是这四个词各有特色。"school"给人的感觉是比较年轻、朝气蓬勃的;"college"是一个比较专门化的;"academy"是学院的、经院的、经典的、有使命的,相对另外三个来说要沉重。可能跟当年蔡元培的"美育救国"有关,中国人认为美术是有救国使命的。中国美院在它的网站里面谈到了当时的办学道路:"中国美术学院81年的发展历史中,始终交叠着两条明晰的学术脉络,一条是以首任校长林风眠为代表的'兼容并蓄'的思想,一条是以潘天寿为代表的'传统出新'的思想,他们以学术为公器,互相砥砺,并行不悖,营造了有利于艺术锐意出新、人文健康发展的宽松环境,成为这所学校最为重要的传统和特征,创造了中国艺术教育史上的重要篇章。"这段话解释了用"academy"是合适的,但是也说明了这所学校是比较注重传统使命的。这在中国是引以为豪的,但如果在西方,就可能会被误解为是一所保守的非常传统的学校。这里面的原因,不仅仅是我刚才解释的蔡元培、林风眠、潘天寿的关系,在中国还有更为深远的原因,这个原因跟"五四运动"以前的中国现实有很大的关系。有一个小的细节,辛亥革命以后,当时溥仪还住在紫禁城里面,还没被赶出来,但是紫禁城前面的几个大殿已经被拿来作为人民的公共场所。当时成立了一个"古物陈列所",做的最早的展览之一就是北派的绘画。北派的绘画包括什么样的作品呢?我们都学过美术史,知道董其昌曾经总结过南北宗。南宗指的是文人画,北宗指的是界画、写实的工整的绘画,相对于南宗的写意。北派就是指清宫收藏的那些北宗画家的作品。明代以来,南宗的绘画地位非常高,北宗的绘画地位却很低,因为时人都认为北宗的绘画比较匠气。当时古物陈列所为何要这样做呢?康有为在《万木草堂藏画目序》曾经说:西画的写实是科学,因为他画的人很像,中国的南宗绘画写意是不科学的,造型不准,透视也不对。所以如果要向西方学习,要救中国,中国的绘画也要追求科学。而科学的绘画,北宗的绘画里面有相当的存在,比如说黄荃的花鸟,李思训的界画,值得提倡。当时提倡写实绘画,弘扬北宗的绘画,是跟民主、科学,跟当年科学救国思潮联系在一起的。徐悲鸿、刘海粟就受了康有为的影响,当年去法国留学的时候,选择了写实绘画,而那个时候,西方的现代主义艺术已经经过了表现主义,到了立体主义阶段了,他们俩,尤其是徐悲鸿,给中国带回了现实主义艺术,影响了中国很长时间。

沅陵事件是中国美术界在20世纪40年代非常重要的一件公案。这件公案中,学生起来造反,把很多知名的教授都赶走了。造反的原因是抗日战争爆发后,两校(国立北平艺术专科学校和国立杭州艺术专科学校)合并,大家边逃难边办学。向湖南迁徙的过程中,两校学生产生矛盾。北平艺术专科学校的教学是比较传统的,杭州艺术专科学校则比较现代。杭州艺术专科学校招的是高中生,北平艺术专科学校招的是初中生,不同年龄段对艺术的理解不同。实际上,传统还是现代、中学还是西学,矛盾也体现了中国人对于艺术使命的看法。一般来说,当年的先生们还是希望艺术能够给社会起更大的作用,也就是有使命。不太像今天的艺术的概念,是一个包括时尚的、文化消费的较为活泼的概念。20世纪,中国美术界中,有人偏向于艺术是对人生有用的,对生活有用的,而另外一些人则偏向于为艺术而艺术。可见,这样简单平常的一个课题设置,实际上包含着艺术教育会培养出什么样的人才等非常多的考虑在内,而且它跟整个20世纪以来西方艺术教育的发展和中国艺术教育的发展的线索、影响都有非常密切的关系。今天设计的发展,艺术和创作产生这么近的互动关系的发展是偏向于艺术为生活、艺术为人生的发展。主张这一思想的老师、学院,往往主张大美术、大设计,往往主张综合性地来看待艺术和社会的关系,而不是单一的审美的关系。

当代艺术教育在今天面临的普遍问题,归纳起来有:第一,对“日常生活审美化”影响下的“美术学院”身份有了质疑,因为后现代主义艺术提出人人都是艺术家,艺术没有了边界,变成了“日常生活”,艺术学院还培养什么呢!第二,第二次世界大战后美国艺术对“学院主义”的挑战,使学院艺术变得孤立;第三,综合性大学的美术学院与独立美术学院之间的分工;第四,全球化、互联网、后殖民主义和作为符号消费的当代艺术之间对艺术教育产生的颠覆;第五,新媒介的发展和对表现形式的拓展使今天的教与学产生了新的问题;第六,观念教育与古典艺术教育之间的关系,艺术教育需要重新面对。当然,这些问题在艺术发展历史中都或多或少地存在,传统也不是风平浪静的,比如达·芬奇非常多面、非常系统。霍金的最新著作《大设计》也提出综合的人和科学、艺术和技术之间的关系。这些关系社会上都已经打开,其他的相邻学科之间对艺术看法的综合角度也都在打开。当年的包豪斯实际上也是这样一所做探索的学校。

四、结语

最后,我想用英国皇家艺术学院的例子来给学院的教育结构提一个建议。英国皇家艺术学院的办学是 3∶1 的方法。"3"是设计,也就是应用性艺术,"1"是纯艺术。在设计学科里面,"3"的比例是日用设计,而"1"是概念设计,是探索性的;在纯艺术里面,"3"是通常的艺术,"1"是当代的、实验性的、先锋的艺术。3∶1,表面上看来好像仅仅是一个比例关系,但是,我认为,这种折中有一种智慧,就像黄金比例一样,通过折中展现一种教育规律。实际上,我认为正是当年蔡元培在北大能够获得成功的"兼容并蓄"的道理,容纳、开放,但是有重点。所以,我想这是一条道路,值得我们借鉴。

以上是我对艺术的教与学的一点思考,因为创意文化与知识经济息息相关,我可能讲得有点枯燥,有些地方理论性太强了,请大家见谅。

三界六方传一曲[①]

洛　地[②]

　　笔者很惭愧,被邀参加香港城市大学中国文化中心主任郑培凯教授创建筹划的一些活动如这次的学术探讨会,实在未曾也没有多少可能为"昆曲传习与中国文化传承"做什么事。这当然首先是由于我的客观条件:一方面,笔者今年八十三了,耄耋风烛,坐着说说话、敲敲键盘勉强还可以,站起来一活动就气喘得不行;残弱寒腿,步履艰难。更主要的方面,是——

　　对我国"戏曲",向来有各种说法:古人多凭案头品曲,李渔始重场上之戏;近些年来有"演员中心""导演中心""剧本,一剧之本""A剧姓A,B剧姓B"或"高台教化"或"票房第一"等,笔者哪一边都搭不上界,也就做不了什么事。实在感到惭愧。

　　昆曲几百年历史,应该说,眼下是比较好或说很好的时段,一方面是昆曲得到了各个方面的重视,另一方面是昆曲自家也比较争气。正因为现今是"昆曲传习与中国文化传承"的好时机,所以,说几句前言不搭后语的老年的背时话,提一些我觉得尚有欠缺的问题。请各位大家批评、参考、斟酌,是不是可以趁此好时机努力使"昆曲传习与中国文化传承"更上一层楼。

[①]　本文于2012年6月发表于《浙江艺术职业学院学报》。

[②]　洛 地(1930—2015),男,浙江诸暨人,浙江省文化艺术研究院研究员,主要从事民族文艺理论研究。

一

我曾经为"昆曲""昆剧"这两个称谓作过一些辩说。回头想想，我那些辩说，既不一定正确，也并不一定必要。诚然，从性质及构成来说，韵文的"曲"、音乐的"唱"、舞台表演的"戏剧"，不是一回事；然而，就"昆台演出的戏剧"即"昆剧"而言，其根本特征是其"曲"。从这个角度说，人们把"昆剧"称为"昆曲"，也就可以理解了。事实上——

我感觉"昆曲"——"昆（剧之）曲"有异于其他"戏（之）曲"，或者应当倒过来说，"昆曲"对我产生其他"戏曲"不可能产生的震撼，从而使我为之倾倒的，就是其"曲"——下面举一些实例。

我年轻时喜欢的是词，是参加工作后才读曲，一开始读的就是剧曲。

20 世纪 50 年代初，为了工作而读《缀白裘》，打开第一集就读到《刀会》首曲《新水令》："大江东去浪千迭。……这不是水，这是二十年流不尽的英雄血！"当时的感觉，真正是醍醐灌顶啊！这篇《新水令》自东坡《念奴娇》翻出而悲壮过之。又岂止是"大江"，岂止是"二十年"，黄河、珠江、黑龙江、钱塘江……所有的江河，包括每一条小溪、细涧，也包括在我们眼前波涛汹涌的南海、东海、黄海，流淌着的难道不是铸造了我国几千年历史的华夏子孙的英雄血？！

《千忠戮·惨睹》，一个挑着行李四处逃亡的行脚和尚上场一曲《倾杯玉芙蓉》："收拾起大地山河一担装。四大皆空相。历尽了渺渺程途、漠漠平林、垒垒高山、滚滚长江。"唱出了比"吴宫花草埋幽径，晋代衣冠成古丘""青山依旧在，几度夕阳红"以至被王国维先生称为"血书"的"雕栏玉砌应犹在，只是朱颜改"更为宏大、更为深切得多的历史沧桑感。或者有人将它理解为是对因失国而流浪、见臣民受苦而忧伤的建文帝的刻画，当然也是可以的，其实并不尽然，试看——

"弃家、休妻、杀子"而求道，为的是追求"如张子房休官罢职；学陶渊明归去来兮"的生涯，难道是"敲牛宰马"极其粗鲁的屠夫任风子的追求？"……分离乍。赤条条来去无牵挂。烟蓑雨笠卷单行；芒鞋破钵随缘化！"难道是莽汉酒肉花和尚鲁智深的抱负？分明是已参透了"天地不仁,以万物为刍狗"的得道高士的禅机啊!

这类情况太多了,即使是小女子的私情闲愁,譬如演员不知唱了多少遍、人们不知听了多少遍的《牡丹亭·游园》里的《皂罗袍》。我每读到、听到、想到,都会为之震撼、触动:

原来姹紫嫣红开遍。似这般都付与断井颓垣。

——这是杜丽娘游园时眼前之景吧。然而从眼前的"姹紫嫣红""断井颓垣"之景一下推向了天地运转、人生聚散、世事无常。

良辰美景奈何天。赏心乐事谁家院。

——这是怎么样的景象啊?

〔合〕朝飞暮卷。云霞翠轩。雨丝风片。烟波画船。

——所以,这四句,汤显祖特地用了"背景音乐"性质的合唱。然后

锦屏人忒看的这韶光贱!

——返回到本剧场景中的杜丽娘。

我这样的理解似乎并不是刻意求深,杜丽娘这种感慨和情怀在其曲中是有所反复出现的,如:

正是"颜色如花",又同时是"命如一叶"。

正是"分明美满幽香不可言"。……又同时是"春归人面相看无一言"。无限春色转眼"慢归休,缓留连。听,听这'不如归'春暮天。难道我再到这亭园。则挣的个长眠和短眠"。

是所以引起又一位少女——集千古之愁怀"有聚必有散,不如不聚"的林黛玉的同感。如此深沉的感慨、情怀,难道是刚及笄的小女孩杜丽娘可能有的吗?而在剧曲中每每自然流出,游离于剧中规定情景之上,推向更高更深远的意境,从而将人们的情怀引向更高更深远的境界。是不是呢?

我觉得上述是昆曲最精粹之处。曲,昆曲,承受着、包涵着我国悠久历史的文化积淀,是任何其他戏曲(文学)都没有(可能达到)的

境界。是不是呢？

因此，我曾经对扮演杜丽娘的年轻学员说：你只要着着实实按照传字辈老师教的去演便是，别去尝试"体验人物性格"。你不去"体验"，懵懵懂懂地，没事，恰好是个杜丽娘；你一"体验"，嘿嘿，搞不好就变成杜十娘了。但是，没有哪位演员听我的话，他们根本不清楚我的意思——问题是我根本没有办法向他们讲清楚自己的意思。

至于更细致一些的，"昆曲"沁心渗肺的文学之美，如其遣词造句（如"花花草草由人恋，生生死死随人愿，酸酸楚楚无人怨"），其用典（如《活捉》之一步一典），其用韵（如《惨睹》之"八'阳'"），其用声等，是更谈不到了——说到用声，顺便插言一句，有一个现成的例子：近些年来讲解"昆曲"、讲解《牡丹亭》的很多，某名人学者教授（其实并不止一两位）在讲解《游园》里的《皂罗袍》时，他让大家听的是"断井颓垣"，他自己口中说的是"断壁颓垣"或"断壁残垣"，以致"断壁残垣"成了著名的"百度"网站解说《牡丹亭》的一个词条。这也不能太责怪他们，自唐以后，"断壁"是熟语（与"颓垣"相对），用得极多。"断井"呢，只有宋吴潜《瑞鹤仙》因协韵而用了一次。"断井颓垣"就是汤显祖在这个《皂罗袍》始创的成语。而他为什么改"断壁"为"断井"呢？我的理解大概就是为了（尽量）避免不宜曼声歌唱的入声字。为什么人们喜欢《牡丹亭》，曲唱谱数《牡丹亭》好听，演员们喜欢唱《牡丹亭》？当然有许多原因，其中有一条，各位可以去查看：即《牡丹亭》（主要几折的）曲文中，入声字是特别少的。

以上这些与（昆）曲相关的文字学、音韵学、文体学、文献学、文辞学、文学的各个方面，难道可以向（现今的）剧场及演员们提出要求吗？当然是极其不妥当的。然而，是不是可以因此而弃之不顾呢？

所以，进入（昆）曲的这些境界，体味这些境界，往往只在阅读的时候或者静聆清唱甚至是独自吟哦的时候才能得到。在剧场呢？从演员的演唱、表演中很难得到，或者甚至相反。

如人们往往把"昆曲"与"曲唱"混为一谈，就听听唱吧。如上面说到的"……似这般都付与断井颓垣"与"良辰美景奈何天……"两韵

断之间的转接,按我的设想,似乎宜为:

而听到的,有时候竟是:

唱得仿佛有点像小调似的一派欢乐情绪。是不是呢?

同时,如上引"良辰美景"的"美"字不用豁腔,把上声字唱成去声字;"袅晴丝,吹来闲庭院"的"来(5 6)"字唱成"来(53 6)",阳平声唱成上声之类,就更普遍了,而且演员往往完全不当回事。

戏剧之为场上艺术,更有一个方面,就是场上艺术本身。现在,总的情形是:所谓"传统老戏"一般地说是按"老"的,即师父教的搬演,"新戏"则请(戏剧学院的)导演"新排"。这方面就说来话长了。

"昆"其为场上艺术,古人没有种种套套理论——这是我国传统思维的严重缺陷。然而,在前辈艺人们数百上千年的实践过程中,创造、保持、发展、完善着其"舞台呈现"。譬如我国戏剧特有的"脚色制",譬如在具体剧作演出中妥切以至巧妙的场景转换(如《痴梦》等)、行动层次(如《见娘》等)、舞台均衡(如《跪池》等)等。我们对此有意地进行系统整理、探索,以求认识昆剧这些实际是我国民族戏剧的"传统的戏剧本体、戏剧结构体系",是做得很不够的。

一些编剧、导演们在编、导"新戏"时是不是曾经想到过对昆剧即我国戏剧传统结构体系加以注意,在学习、把握了"我国戏剧传统的戏剧本体、戏剧结构"基础上再进行"创新"呢?

不仅是这些"新"编剧、导演们,包括有些由老辈艺人教出来的今天的表演艺术家们,或出于漫不经心,或出于抢戏、"创新",对"老戏"有时也擅自改动——但是,有没有"标准"的格范呢?

总之,昆曲之为"民族文化遗产",我们今天进行"昆曲传习与中国文化传承",需要做的工作似乎尚多。

二

二十多年前,我在《词乐曲唱》上写了一段《写在前面的话》:

近百年来,文、乐、戏三歧。

"文"士说:"我不懂音乐",似理所当然。

"乐"士说:"我不听戏曲",亦无可非议。

"戏"士说:"我不搞文史",更向来如此。

三士各分其家,各守其司,各尽其职,都无可指摘。

结果苦了——

我国民族文艺。

以上是我二十多年前说的话,今天试接着说下去。

昆曲在当今社会,关系到它的实际是:文、乐、戏三"界"和三方面的人。

(一)"界"是有的

所谓"界",当然与人们从事的事业(即活动)相关。是不是可以说:从事同一事业(活动)的人群为一"界"呢?似乎应当是这样吧。然而,又似乎并不尽然。我国现今的"界",似乎主要以职业、更准确地说似乎是以机构划分的。

在人们(普遍亦即一般)的观念中,"文界"主要是指高校和社科院的文史院所;"乐界"主要是指音乐学院、音乐系及与其相关的乐团;"戏界"则是以剧团(演员)为主体的一摊。

三"界"之间不能说完全没有联系,如"文界"中有些高校教授爱唱曲(如俞平伯等先生),有些高校或老师与当地昆班有着联系(如南京大学戏剧戏曲的所有老师们与江苏昆院,如老杭州大学的徐朔方先生与浙江昆团等),现今不少高校内都有曲社。在"乐界",有的音乐学院有心于戏曲音乐(包括昆曲)研究(如上海音乐学院、中国音乐学院、中央音乐学院、武汉音乐学院等,最近《星海音乐学院学报》特辟"戏曲音乐研究"专栏等)。在"戏界",昆团有时为高校作专场演出,剧团或演员有时请"文界""乐界"的教授学者讲学等。但是,以上情况,一般地说是个别院、校、系的教研室与个别剧团、刊物甚至是个别个人之间的,在正常教学、科研、演出任务之外的、自由状态偶然的、横向联系;是可有可无的活动。在总体上说,无论在地位上、在性质上、在体制上、在工作对象上,包括在观念上,与昆曲相关的"三界"是互不搭"界"的三个"界"。

应该说近些年来情况有所改善,但是似乎还没有根本改变。

附带说一句,是不是有一个纽结"文、乐、戏"三"界"的"曲界"呢?好像也没有——为免枝蔓,这方面不说了。

(二)三"界"的大致情况

1."文界"——高校和社科的文史院所

高校和社科的文史院所,是我国文史的最高学术殿堂。对文史各个方面的理解、研究,如上面说道:"曲"在文字学、音韵学、文体学、文献学、文辞学、文学学等各个方面的理解、研究及"文化传承",就在这里。事实上,我国几千年"文化传承"的主体,到今天就是高校和社科文史院所,也就是我这里说的"文界"。是"文界"对宋元戏文、元曲杂剧、明清传奇及其中的"曲"——我国民族文化遗产的传承,才有后世、今天"歌唱"的和"舞台上"的昆曲的传承。所以——

高校和社科的文史院所,即"文界",是"昆曲传习与中国文化传承"的支柱,也是"乐界""戏界"在"昆曲传习与中国文化传承"中的前导和依傍。然而——

"文界"即高校社科文史院所,他们的性质是教学、科研单位。虽然"文界"的教学科研内容中包含着戏剧——宋元戏文、元曲杂剧、明清传奇。但是,"文界"对于戏剧,着眼的是"戏剧文学",并不是(戏剧学的)戏剧,更不是舞台上的戏剧。虽然"文界"的教学科研内容中包含着"曲"——散曲和剧曲,但是,"文界"研究的是"南北曲",并不是"昆曲"("昆剧中的曲")。虽然有的高校(非常值得赞赏地)把"唱曲"列入了正式课程,如南京大学由钱南扬先生倡导,复旦大学由赵景深先生倡导,现今又有中国传媒大学等,但是,"文界"的"唱曲",乃对曲的"案头研究"的辅助,非但不是必须,而且并不着意其"音乐",更不着意其"演出"。虽然教育部也有"非遗工程"项目,但是,昆曲的"现状和未来"也就是"昆曲舞台呈现"及其"传习",对于以教学科研为性质的文史院所非但不是其职责范围之内的事,而且从根本上说,高校和社科文史院所与现实社会中的"昆曲"活动没有任何关系——与"乐""戏"两界可以完全没有任何关系。

也因此,我对苏州顾笃璜先生、香港郑培凯先生,以及苏州周秦先生,更其是台湾曾永义、蔡欣欣诸先生,在他们的大学里正式设置昆曲教学课程和研究项目,并作剧、谱曲、组织演出,作"三界传一曲"的实践,是非常钦佩的。

2."乐界"——音乐学院,与"文界"的情况相似而且更甚

不在这里讨论我国古代是不是曾经有过真正的"音乐教育",可以确定的是:最迟至唐宋以后的一千三四百年,我国教育的教学内容中是没有"音乐"的。现今我国学校中有"音乐教学",我国有专门教学音乐的音乐院系,是"西洋音乐"进入中国之后才出现的事。事实是,"西洋音乐"进入中国,很快就全面覆盖了中国,主导着中国的音乐教学及中国人的音乐观。不在这里讨论"西洋音乐"的种种,可以确定的是:"西洋音乐"使中国扩大了"音乐"的视野,开始有了"音乐学"观念,出现了现代意义的"音乐"学科,产生了今天这里说的"乐界"。

"昆曲",虽然人们多有把"昆曲"与"曲唱"混为一谈者,虽然"昆曲"久有"此曲只应天上有,人间能得几回闻"的赞誉。其实,"昆曲"的"音乐"是怎么回事?"昆曲"其音乐构成,其"南北曲"音乐结构以及其规则规律是怎么回事?非常非常不清楚。也就是,研究"昆曲"的"音乐",从"音乐(学)"角度研究"昆曲",是非常非常欠缺的。笔者在《词乐曲唱》中对"曲唱"的"体式、节奏、旋律、用调"即"韵、板、腔、调"作了些探索,实在是非常之初步、百十百一而已,还不知道是否正确。"昆曲"的"传习、传承"正非常迫切需要现代音乐学院音乐家"乐界"的参与和指导。然而——

高校和社科的文史院所可以完全不顾及昆曲的现状,但是历史上的元曲杂剧、明清传奇、"南北曲"是他们教学科研中必具的课程内容。"乐界"呢?音乐学院教学科研内容中并没有规定必须有"南北

曲",当然也就没有"昆曲"。事实上,我国现今有几十所音乐学院吧,没有哪所将昆曲正式列入其教学内容或科研项目(以"昆曲"作为个人课题的是有的)。而归属"乐界"的全国的乐团也没有哪个把昆曲列入其演出曲目的。也就是"乐界"(音乐学院和乐团)可以与"文界""戏界",与昆曲完全没有关系。

3."戏界"呢

毫无疑问,昆曲,其为戏剧"文化遗产"的"传习、传承",不只在文字上、乐谱上,正如香港城市大学中国文化中心昆曲传承计划书《昆曲传承与保护的历史经验》所指出的:"最基本内容"在于其"舞台呈现",而所谓"舞台呈现"即人们通常称为"昆剧"者当然"只留存在演员身上"。

我想补说一点的是:昆剧是通过将演员组合为"脚色制"在舞台呈现的。"脚色制"是我国戏剧文学的体式、场上技艺表演的组合、演出班社组织的体制,即"脚色制"是戏剧文学、技艺组合、班社组织,构成(我国)戏剧三要素的凝聚点——昆剧舞台艺术是"脚色制"最完美体现,也是中国戏剧艺术的最完美体现。所以,香港城市大学中国文化中心昆曲传承计划提出艺术记录不但要记录生、旦,也须记录净、末、丑。而我希望能更全面些,完整地记录、研究脚色之综合、舞台调度和冷热咸淡等。如此,就是香港城市大学中国文化中心昆曲传承计划书《昆曲传承与保护的历史经验》中所说的"从演艺传统的角度"的"昆曲传习",其意义就"不仅是昆曲"而是"中国戏剧演艺术文化的传承"了。然而——

剧团的生存在于演出,演员的艺术生命在于得采。所谓演出、得采,最主要是求得领导的首肯、奖赏。此外,如"文界""乐界"或其他人士、一般观众的评议反应,并不能决定剧团的兴衰、演员的起落,实在是可听可不听的——听,是剧团、演员的戏德、修养;不听,原无可非议。至于"昆曲传习与中国文化传承"这个历史重任,太重了!我在许多地方多次说过不是应该主要由剧团、演员担负的职责,更不是演员、剧团单方面能够担负得起来的。

上述内容,肯定有许多纰漏。但是,是不是有那些情形呢?

（三）在上述"三界"之外，还有对昆曲产生影响的三方面的人

（1）首先是为昆班排（新）戏的导演们。他们大多是戏剧学院出身的话剧界导演，或者原是戏曲人而到戏剧学院进修了导演专业的。他们是一批真正的戏剧家——毋庸置疑，和上面说到的"音乐教育"情况相似，是19世纪末20世纪初，一些先进的中国文化人，引入"西洋戏剧"（话剧），我国才开始有了"戏剧学"的观念，我国学校教育中才有"戏剧教学"，才有专门教学戏剧的戏剧院系，出现了现代意义的"戏剧"学科，才有导演的观念及戏剧导演。

昆曲的"舞台呈现"即其戏剧艺术表现是有体系的，而昆剧艺术体系是我国传统戏剧艺术体系的典型体现，正亟须现代戏剧家们来掌握、梳理，并将其建设起来。然而，现今——

这些导演们与昆班的关系，大多是"某个人"与"某一本戏"的关系；他们所着眼的，往往主要是"怎么把'我'手上'这本戏'打响"，往往或必定会添加一些原先没有的东西进去——这些新东西的增添，有很好、很妥当的，也有不妥当的。不论是妥当还是不妥，他们及他们之所为，对昆曲的"继承与发展"产生着直接作用，造成的是既成事实（特别是对所谓"发展"，如果是"新排传统戏"，也就影响到"继承"了）；而这些作用和事实与昆曲的历史、传统等，即"昆之为昆"可以完全没有关系，对昆曲之为"民族文化遗产""昆曲传习及文化传统"，无需负任何责任。而事实上，人们对他们及他们之所为造成的既成事实也无可奈何。

（2）其次是游离于上述"文""乐""戏"三界之外的、笼统地被称为"曲家""曲友"的一些"清曲唱家""昆曲论家"和"昆曲爱好者"。他们散于各行各业。他们的昆曲活动，既非为谋生，亦非因受命，只是出于其个人爱好，是个人性质的活动。按今天的说法，就是"业余昆曲家"——《中国大百科全书·戏曲曲艺卷》（第401页）对王季烈先生的定位。

他们之中的一些对昆曲有极高的造诣。根本的事实是：在我国古代，只有"职业昆班戏子"，并没有"职业昆曲家"。明初讴歌"月子弯弯"民间小调的"昆山腔"，之所以改造、提升成为"人类文化遗产"

的"大雅正声"的"昆曲",正是这些"业余昆曲家"创造的业绩——所有昆曲剧本的作者、所有昆曲唱谱的编著、剧本及宫谱的刊刻流传、昆曲唱的规则唱法、昆曲的理论评论,包括组织昆曲班社等,一直到"自掐檀痕教小伶"对昆曲艺人的具体调教,全都是这些"业余曲家"之所为。

近现代,社会情况变化了,我国有了新式教育,有了以高校为首的"文界""乐界",而"曲家"及其"曲社、曲友"对"昆曲传习"仍然具有决定性的作用和举足轻重的影响。传字辈的经历就是眼前的事实:在最后一个"正昆"班全福难以维持的时候,是"曲社"的"曲家"们创办了传习昆曲舞台艺术的"昆剧传习所",是在"曲家"们的支持下,传字班才有所谓的"十年黄金时代";在衰落的仙霓社时期,帮助传字辈艺人的是"曲家""曲友"们,艺人跑码头说台口找的是当地的"曲社""曲友"。

按我的看法,是"曲家""曲友"们因战争纷纷离开上海,还留在上海的亦已不能继续昆曲活动,乃致使传字班最终散而不复。"曲家"和他们的"曲社、曲友",是昆曲的基本群众层。即使在现今,其实也还是如此。德国有一个拥有几十条大海船的富商海因里希·施利曼以其一生的追求实现了他的梦想——发现了《荷马史诗》中的特洛伊古城。当时有一位世界著名科学家说了一段话,大意是:业余的科学家是真正的科学家,因为他们为追求科学而投身科学;职业科学家往往为了其他的目的而以科学为业。

现今,社会情况与古代不同了,与新乐府、仙霓社时期也不同了。但是"曲家"还是有的,他们及他们的"曲社""曲友"虽然是"业余"的,但是是真正的昆曲人,他们为了爱好昆曲而唱昆曲,为了爱好昆曲而为"昆曲传习"默默无私奉献着。如"张家四兰"几十年如一日地"视昆如命",真是非常令人感动的。

"业余"中有造诣很高的"昆曲家",如北京的朱复先生、韩家鳌先生等,香港的古兆申先生、尘纷先生、张丽真苏思棣伉俪等。然而,"曲家"的昆曲活动,都是个人行为,在今天,其影响往往只局限于一个不大的圈子,往往被"三界"尤其是官家所无视。于是,说到第三方了——

(3)领导,即官员。在我国,任何事情、任何情况,官员起的作用是决定性的。对于昆曲及其传习、传承,具体地说,主要就是领导与剧团、演员,所以上面在陈述"戏界"情况时说了:剧团演出、演员得采,最主要是求得领导的首肯、奖赏。

以上是为"三界、六方"。

三

说到这里,我的希望——对"明天"的想象即梦想,也就无须多说了。三句话:

第一,"昆曲传习与中国文化传承"是百年大计、千年大计、万年大计的大事。必须要"三界、六方"共同努力——三界六方传一曲。

第二,"三界六方传一曲",当然首先必须得到领导——中央的同意,有明确的指示。我的希望也就是想象——梦想,是:

第一步,设置有权威力量的"三界、六方"协调机构,统筹"昆曲传承"(或可以调整、改组"振兴昆曲指导委员会")。

第二步,汇集"三界、六方"力量,一方面在大学社科文史院所和音乐院系、戏剧院系设置"昆曲"专业课程,各有侧重地进行"昆曲"教学研究;另一方面有关诸省市调整、改组现今昆剧院团结构体制,使"昆曲传习与中国文化传承"落实到全民意识之中。

第三步,成立集"文、乐、戏"的"研究、教学、演出"于一体的"中国昆曲艺术大学"和众多"昆曲艺术学院"。

第三,千里之行,始于足下。所以,我对香港城市大学中国文化中心、对中心主任郑培凯教授,创建、筹划并已经大力展开、进行着的"昆曲传承计划"各项活动和这次学术会议,深表敬意。祝会议成功,"昆曲传承计划"进一步顺利推进。

老悖呓语,众多不妥,敬请大家批评指正。

"我和畲族音乐"及相关问题探讨[①]

宋　瑾[②]

我从小接触过畲族民歌,从小学到大学都有畲族同学,也曾去畲村作蜻蜓点水采风,并为地方畲族歌舞团、央视春晚创作过畲族舞蹈音乐和一些独唱、小组唱、合唱等。但是没有深入研究过畲族音乐文化。今天想和大家交流一下关于畲族音乐文化传承的保值问题。我认为畲族传统音乐文化对局内人具有混合价值,首要是实用价值,混杂审美价值。在全球化进程中,在政治、经济和文化上都有所增值,如民族身份认同,凝聚力的价值,文化产业的产品价值,非物质文化遗产(非遗)项目的价值,舞台艺术的审美价值,社科研究的学术价值,学校教学内容的教育价值,等等。这些增值是双刃剑,往往也出现贬值,即过分强调政治、经济和文化功用价值而遮蔽了其原有的价值,出现了许多问题。如各级政府、文化当事人、学者的价值立场各不相同,产生了一些碰撞。西方后工业社会也有政治、经济和文化三个板块的碰撞,美国的丹尼尔·贝尔,德国的哈贝马斯等著名社会学家有过精辟的分析。当然中国的情况和西方不同。关于保值问题,我觉得本次会议"多元传承"的观念非常好。多元的确立,依靠的是每个一元的确立,每个一元都要

---

① 本文于 2014 年 9 月发表于《浙江艺术职业学院学报》。

② 宋瑾(1956—),男,福建宁德人,中央音乐学院音乐学系教授、博士生导师,主要从事音乐美学、音乐人类学、中国音乐文化研究。

有个性,否则就会在合并同类项中消失。黄翔鹏等学者说得好,传统是一条河。传统音乐文化本身在历史中是变化的。怎么看待这种变化和近现代新文化新音乐的变化,两者之间有何不同?我觉得前者可以用生物学的自然遗传变异来比喻。驴在历史中遗传变异,自然文化遗传中的变异,基因没有改变,物种就没有改变。黄河水流淌中,不断有小溪流掺和进来,但是黄河水还是黄的。近现代中国黄河文明遇到了西方蓝色文明,(因为欧洲靠海洋向外扩张)黄色与蓝色杂交,出现了绿色。驴和马杂交,出现了新文化新音乐的"骡子"。在人工文化杂交中,基因变了,物种也就变了。现在"马"很强大,据统计全世界每秒钟都在播放欧洲古典音乐,此起彼伏。中国官方音乐文化、主流音乐文化就是新音乐的"骡子"。而传统音乐文化的"驴"快灭绝了,所以要搞非遗保护、抢救。非遗要保护的是濒临灭绝的传统音乐文化之"驴"。怎样保护?意见不一,在原样保护和变化发展两极之间,还有各种看法。在全球化研究中有学者提出要进行"文化气质"的保护,也有国内学者借用梅兰芳"移步不换形"的说法来表明自己的意思。但是"文化气质"本身很抽象,怎么理解,怎么捕捉,需要具体研究。这里谈的是传统音乐文化之形和神的继承和发扬。在形神之间,人们似乎更强调神。依据是中国人穿了西装并不会变成西方人。但是音乐是直观的东西,文化不都是直观的东西,光考虑神是不够的,还要考虑形。我在南音传承与保护、国际非遗保护研讨会等的讨论中发现了一些对立的看法,或者一些困惑。例如泉州唯一的南音乐团成员,处于一个困境之中——外来的学者和本地老人都希望他们原样保护,而当地年轻人则希望他们改革创新。在两极对立的张力中,他们陷入了"二中择一"的困境。个人的建议是,打破这样的逻辑,采取多元主义的立场,二中择二,多中择多。南音如此,畲族民歌民舞亦如此。一方面要尊重传统,保护传统,保护原形(遗传变异至今传到我们手中的基因未变的原形),要做得尽可能地道。另一方面,在变形、杂交上完全可以放宽思路,不仅跟西方音乐杂交,还可以跟各种其他音乐杂交。我看到传统南音跟昆曲杂交的事例。这两个方向不是冲突的。

一、自身的田野：记忆中我和畲族音乐

"自身的田野"是笔者在上海高校音乐人类学 E-研究院担任研究员研究相关课题成果中提出的概念。相对于"远方的田野""身边的田野"而言，"自身的田野"即个人亲历的经验储存。所有"口述史""回忆录"之类，都是自身田野开发的结果。它的最大优点在于"心灵的真实"。本部分即笔者自身田野中的局部信息。

小学三年级，我随家人从厦门同安来到福建宁德。在洋中地区第一次看到畲族人。他们不同于汉人的发型和服饰给我留下了深刻的印象。畲族妇女盘起来的发型，几乎是黑色服装上的红色图案衬边，还有漂亮的围裙、绑腿，这些形象就出现在生活中而不是舞台上。当然，在洋中仅仅是偶然看到，但足以令我难以忘怀。后来在通往省城的长途车经过罗源县地界的时候，我看到了另一个群落的畲民，妇女的发型有更多的装饰，后脑用红绳扎了一根结实的辫子挽起来，就像一个手柄。这些仅仅是印象，并不准确，却很深刻。后来我们兄弟"摇啊摇，摇到外婆桥"，外婆桥在周宁县的七步村。在那的 4 年里，我没有看到畲民。但是当地妇女穿着清朝遗风的服装，是另一种景观，却和畲女服饰有某些相似之处。这些相似一直牵扯着我记忆中的畲民。

初中回到宁德。有一天傍晚，几位小伙伴相约前往离县城不太远的一个畲族小村。我们沿着公路翻过叫作"当石碑"的山坡，顺着山脚走了一段，穿过了平时游泳的小溪下游的公路桥，走到对面山脉，来到金涵乡附近的一个小村。天完全黑了，畲民点亮了汽灯，聚在一个较大的人家门廊处对歌，木质门槛很高，屋里屋外都是人。据说是和来自外村的同胞对歌。按照畲族习俗，外乡同胞要经过村子，必须对歌，赢了才能放行。当天遇到了强手，长时间不分胜负，就留下来继续对唱，正好被我们赶上！消息不知来自同学的哪一位，我们直奔那里，听两拨畲民对歌，感受到浓郁的异族风情。其实，对歌不是为了输赢,而是一种民族内聚力的体现,是一种乡音,一种内在的共鸣。现场喜气洋洋,有吃有喝,又有一种家园的温馨。对比之下,笔者觉得自己太没有特点了,为什么我不是少数民族?……后来在家里发现了一本早年福建省音乐家田野工作采集的民歌,其中有不少畲歌。结合现场聆听的记忆,我的脑海留下了畲歌的两个特征:曲调上的 Dol-La-Sol 和 Mi-Dol-Re,时值上的 3 拍子。中学时期还有若干次和畲民畲歌接触的经历。当时我了解到畲民多姓钟、蓝、雷。

大学时期进入专业音乐学习,民族音乐课请畲民来到教室演唱。虽然环境不是原生态的,但是那些熟悉的音调再次响起,我还是觉得亲切。不同的是,我不自觉地从音乐专业的角度去聆听。今天的反思是,当时我的"音乐人"身份显然是西方化的。不过我注意到了更多的东西:除了男声假嗓外,畲族歌者显然感到不自在,完全不是在村里或山里对歌的那个样子。这种经验的对比,令我感悟到民歌与环境的密切相关。当然,当时并没有太在意,注意力主要集中在音乐本身——"音本位"的关注状态。那些年福建省歌舞团有一位畲族男中音,他唱的是美声。我虽然不认识他,但是心里有一种矛盾的感觉。一方面佩服他的声乐艺术成就,另一方面觉得他已经不是畲族人了。我们班有位姓蓝的女同学是畲族人,也学美声。她的音质很好,能唱高音,比较单纯。到了高年级,我了解了更多的民族音乐学知识,我就劝她走民族声乐的道路。当然,我只是希望她走歌舞团美声男中音那样的道路——打着畲族旗号,做美声歌唱家。毕竟畲族人不多,美声歌唱家更罕见。(事实上我后来还遇到其他畲族美声歌手。)不过,我还是鼓励她回归本民族,尽量学会畲族方言,并尽可能多地掌握畲歌。显然当时我没有想到唱法的问题。出于种种原因,她始终没有那样做。

大学毕业后,有一次我陪同两位教授去宁德八都镇的一个叫作猴石墩的畲族小山村。我们爬过了几道山梁,来到村里。所有房屋都没有人,所有人都下地干活了。每个屋子都没有锁门,正所谓夜不闭户昼也不闭户,因为每家都一样穷,没什么可偷的。我们随便走进一户人家,几乎所有东西都黑乎乎的。揭开锅盖,锅里一团东西也是黑乎乎的。(那么一个穷乡僻壤的所在,连猴子都不愿意待,应该叫

"猴不蹲"。我在讲课时,往往会这样称呼那个地方。)在那个农忙季节,没人能够给我们这些有闲阶级唱歌,所以我们只看了一下环境,了解了穷困的生活,没有听到畲歌。畲民和疍民一样,早期都受到歧视,只能住在山上或船上,平原地区都被汉人占据了。(听说现在猴石墩通了公路,情况大有好转。)随后的岁月里,我几度跟宁德畲族歌舞团林丽萍合作,写畲族舞蹈音乐。如中央电视台 2000 年第二套春晚节目选择了 56 个民族的歌舞,畲族的舞蹈音乐就是我写的。该曲的创新之处在于西方管弦乐中拼贴了畲歌原唱。这个叫作《新嫁娘》的舞蹈音乐,中间需要畲族的"哭嫁歌"。我觉得无论怎样创作都无法表现出原唱那种韵味。于是到畲族民间去录制原唱,拼贴到作品中去。这种做法其实就是现代的"Tape music",但拼贴的不是现实噪音,而是原唱民歌。我和她合作的畲族舞蹈音乐还有《晨曲》《远古的梦》《竹叶青青》等。再如畲族歌舞团参加在厦门举行的 2003 年国际旅游节,他们的压轴节目就是畲族舞蹈,导演为王虹,音乐也是我写的。跟地方词作家熊达天合作,我还写了一些有畲族内容的女声独唱《畲家情歌》、小组唱《三月的姻缘》等。以上许多作品获得过各级奖项①。回想起来,这些音乐创作显然走的是中西结合的道路,是新音乐、新潮音乐的写法,是"骡子"的音乐语言。韩钟恩教授设想,能否用"驴"的话来说"驴"的事情,而不要借助"马"的语言。从作曲上说,就是直接采用来自民间的技法来写民族音乐。这个设想要实现非常难。郭文景尝试后说"太难了"。他主持了一项中央音乐学院的作曲研究项目,成果之一是出现若干民族传统音乐(如京剧、木卡

---

① 笔者创作的畲族音乐作品及获奖情况如下:《晨曲》(畲族舞蹈音乐,钢琴和口技),第二届全国民族民间舞蹈比赛创作三等奖(1986);《竹叶青青》(畲族舞蹈音乐,管弦乐队),第四届"武夷音乐舞蹈节"优秀奖(1985);《远古的梦》(畲族舞蹈音乐,管弦乐队与电声),第八届"武夷音乐舞蹈节"唯一银奖(金奖空缺,1997),全国首届荷花奖舞蹈大赛福建唯一入围节目(1998);《畲家情歌》(女高音独唱,1998);《三月的姻缘》(畲歌素材创作,女高音与伴唱,1998);《新嫁娘》(畲族舞蹈音乐,管弦乐队与"哭嫁歌"原唱拼贴),中央电视台 2000 年春节联欢晚会,央视首届电视舞蹈大赛优秀奖(2002);《畲家乐》(又名《畲族婚庆》,舞蹈音乐,管弦乐队),等等。

姆等)与现代西方室内乐拼接的作品。与 tape music 不同的是,两种音乐都是现场的。在刘湲获得第一届金钟奖一等奖的作品《土楼回响》中,也出现了原生态音乐的在场合作,如民间老汉现场唱传统民歌的声部,地方吹叶乐手的声部等。还有很多作曲家都在尝试与民族传统音乐"神似"的现代作品。在我看来,有许多成功的突破者,例如瞿小松的一些"大音希声"的作品。一些著名作曲家如谭盾等和一些更年轻的作曲家如秦文琛等,都非常关注民族传统音乐,认为其中就有技术,指出现代作曲技术并非一定要来自西方。对此我非常认同,并希望有机会也尝试从畲族传统音乐中提取技术来创作现代作品。写作传统风格的音乐这个话题涉及很多问题,已经有很多研究成果,当然还有很多可谈的,须专文探讨,在此作为反思的一部分,点到为止。用比喻的方式来言说中西,即西方艺术音乐是"马",中国传统音乐是"驴",两者结合就成了新音乐的"骡子"。这样的比喻也许不雅,但却易于说明两个问题:一个是新音乐之"新",体现在西方音乐文化的进入;一个是新音乐对传统音乐而言,文化基因发生了变异,成了新的杂交品种。这样的比喻得到一些与会者的认同。

以上这些"我和畲族音乐"的故事主要发生在 20 世纪后期至21 世纪前 10 年。

二、当下所闻:面对眼前的畲族音乐

在杭州会议上,我听到了很多学者和地方专家的演讲。有两位地方官员的发言给我留下深刻印象。以下发言内容均出自我的现场记录,未经发言者本人审阅。

文化厅领导赵和平说:参加了畲族"三月三"活动非常有感触,特别是在自然环境中载歌载舞,展示了民族的靓丽风貌。除了歌舞之外,服饰等非常亮眼。这里,畲族歌舞除了歌和舞之外还有山水和服饰等。因此,景宁县委、县政府的"山水文化"举措还是很有新意的。民族歌舞加上环保,旅游文化也将随之发展。光有山水是不够的,还要有文化艺术。不仅山水留人,还有文化留人,歌舞留人。社会主义核心价值观在那种快乐中感悟、实现。这种家乡,充满爱国的情操……赵厅长的话给我提供了地方搞"山水文化"的启示。联想到各地旅游文化中的音乐活动,我发现有两种模式,一种是"印象"音乐活动,如"云南印象"之类;一种是"传统"音乐活动,如平遥"古戏台"之类。前者是在山水间构造活动舞台,用歌舞形式展现地域风采。后者是在古建筑或仿古建筑的戏台上表演地方传统音乐。景宁县的"山水文化"应该是两者的结合,即在山水间演唱传统畲歌或新畲歌。这样的活动被纳入旅游文化中。

景宁文化局夏雪松局长发言:我们搞载体化的品牌传承,即在载体和品牌中传承,一个是"三月三",一个是"民歌集"。传承方式多样化,有民间传承、专业化传承、精品化传承、学校传承、科技传承等。可以依靠的力量是畲民、专家和政府。畲民是基本力量,希望全体民众参加传承;专家是引领者,提出意见、定论,提供导向;政府是推动者,承担搭建平台、创设载体,扶持地方和专家的工作。政府可能推动过度,例如将传统音乐跟旅游结合,其中的婚嫁表演,没有畲族味道,是伪民俗。也可能不作为,所有传承活动都不在场。专家的意见有时候跟地方做法不一致。例如地方做新畲歌,专家往往批评。幸好专家都很宽容,所以地方工作得以持续发展……他说的问题正是我在几年前撰文分析的情况——非遗保护中当事人、专家和政府不在一个价值立场上。症结在于各方都陷于"二中择一"或"多中择一"的逻辑,见后述。

随后的发言集中在两个问题上,一个是理论与实践的问题,另一个是保护和创新的问题。对于前者,有人认为应该重视理论研究,有人则认为还是应该注重实际工作。对于后者,有两种观点,一种强调保护,一种强调创新。折中的意见是"保护基础上的创新"。这几乎是所有传统音乐或非遗保护都呈现的三种有代表性的观点。

我认为理论和实践是相伴相生,相互促进的。正是在畲歌传承的具体实践中遇到了问题,所以需要理论探讨。而理论探讨的结果出现了许多观点,它们对实践产生具体的作用。好的理论将起促进作用,不好的理论将起阻碍作用。例如,丽水学院的吕立汉介绍他们在传承畲族传统音乐方面做的具体工作,除了设立本科人才培养的民族专业基地、搜集整理《丽水地区畲族古籍资料目录》之外,还着手做采集全国畲族民歌民谣并进行分类的工作,计划完成 60 万字的文献并出版。我追问:除了文字、记谱之外,这套著作还有什么? 答曰还有 CD 或声像制品。我进一步追问:不了解畲歌的人通过阅读和视唱能否还原记录中的畲族民歌民谣? 听音响能否把握这些民歌民谣的活动环境和行为方式? 视听一次性录制的声像制品能否把握这些民歌民谣即兴歌唱吟唱的特点? 框架即兴是很多民歌民谣的特点,活态音乐有很多微妙的细节,一次性记谱和录音录像是无法呈现这些特点和细节的。活态音乐的现场是无可替代的,无法用书籍配光盘的方式完整呈现。怎么办? 辛辛苦苦做的搜集整理工作价值何在? 民歌民谣的生态无法搬到校园里,通过学校教育如何实现有效传承? 等等。要解决这些问题都需要进行深入的理论研究。我以此现场事例来回应有些学者关于"接地气"的言论。理论如果和实践无关,将是空头理论,因此应该"接地气"。但是实践如果不顾理论,那就是埋头拉车不管方向。因此老一辈学者再三叮嘱后辈应该注意理论与实践、历史与逻辑、知识与思想的结合。在此基础上,于润洋教授又增加了几个关系,即本门知识与相关知识、过去的知识与现在的知识、作品分析与社会历史分析、感性体验与理性表达等,他希望后学能够处理好这些关系。作为他的学生,我对老师的教诲是不敢忘怀的。就畲族传统音乐的记录而言,我认为应该采取全息记录方式:深入原生态,多次录制同一畲歌畲舞活动,并配以解说。虽然活态音乐现场是一次性的,录制多次的"一次性"仍然不能完全反映活态音乐,事后观看或模仿也缺乏现场介入的活态感受,但是这样的全息记录还是有聊胜于无。当然,有条件还是要多亲临现场。

会议上播放了新畲歌畲舞。那是浙江艺术职业学院师生创作演出并且获奖的。当场就有代表提出质疑:这样的歌舞还是畲族的音乐舞蹈吗? 这直接涉及保护和发展的问题,见后述。

特别引起我关注的是蓝雪霏的发言。她认为自己是畲族局内人,因为父母中有一位就是畲族人。由于这样的原因,她非常关注畲族音乐文化和历史,撰写了重要的论著和文章,为学界提供了畲族音乐文化历史研究的基础。会议上蓝雪霏播放了近期采风的音像资料。我看到现在的年轻畲民都穿着中性服装,外观上与汉族人无异。

他们聚集在一个不大的现代中性建筑里歌唱。这使我想起在内蒙古看到的景象——夏天,蒙古族人穿着跟汉族人一样的中性服装,聚在小平房里唱长调或短调。改革开放以来,草原分割给牧民,一家一万亩。牧民全都盖起了平房,蒙古包退出了生活,只在旅游景点出现。马要吃干净的草和水,不好饲养,因此牧区里多见羊群。牧羊人不骑马,骑电驴即摩托车。生产方式和生活方式改变了,马背文化还存在吗?由此我写了《哭泣的骆驼——内蒙古传统音乐忧思录》。从录像中看到现在畲民的生活环境改变了,服装和发型改变了,只有畲歌还在唱。但不知畲族语言有怎样的变化,是否像闽南语和其他方言那样,受到汉语普通话甚至外语的侵袭。蓝雪霏的发言有两个要点,一是畲族传统音乐文化要靠畲民自己传承,二是"三月三"之类的活动政府在场而畲民不在场。前者的问题下文再谈。关于后者,联系前文所说作为地方品牌的"三月三"畲歌活动,在地方政府的扶持下持续开展,甚至成为旅游中的文化产业之一。这样的做法几乎全国各地都有。且不说传统音乐被纳入文化产业有怎样的变异,首要问题在于蓝雪霏指出的"畲民不在场"。也就是说,"三月三"歌会设置了门槛,没有票的畲民不能入内。可以想象,准予入内的主要是那些参加演出的地方人员。平遥的古戏台也如此,只有参加演出的人员才能进入,这样,有限的空间才能容纳更多的游客。那么,怎样实现夏雪松局长说的"全民参与"呢?是否应该搞两个"三月三",一个为政府行为、文化产业活动,一个为畲民行为、传统文化活动?我没有调查,没有发言权;提出问题,供有心人思考。

三、事后反思:预期未来的畲族音乐

下面我想探讨以下几个相关问题作为反思,呼应前文,也作为我会议发言的细化和对会议所闻的回应。这些问题如中性化、原真性、文化气质、多值逻辑等,彼此密切相关。

其一,中性化问题。21世纪以来,我到欧美、中国港澳台、日韩等地作学术交流和考察,又到国内西部各省区作田野考察,深深感受到民族性正在逐渐消失。所到之处,我都要关注地理环境、建筑、服饰、发型、方言、教育、生活方式、生产方式等,并尽可能了解当地人特别是少数民族的思维方式。当然,音乐文化是重点。包括音乐语言、乐器使用、唱奏环境、音乐功用、参与人员、参与方式等。如是所见,少数民族的生存环境、生存方式、人的心性都不同程度中性化了。抽象几何形建筑没有民族特点,服装、发型都没有民族特点,接受同质的学校教育,接受同质的现代媒体影响,大量使用普通话,进行同质的市场交易,接受同质的国家意识形态教化,使用同质的现代交通、交流工具……我用"中性"(neutrality)来描述没有民族特点的事物;"中性"仅仅针对"民族性"而言,不是"中立""无性别"的意思。对没有民族性的事物的"性",我想不出更好的词来命名,故选择了"中性"这个词。在考察和思考过程中,我请处于西方音乐人类学学术高地的杨沐协助,看看西方学界是否有相同命名的研究,答曰没有。随后还和其他身处西方学界的学者交流,探讨命名问题,暂时没有更好的选择。我已专文发表个人看法,在此不赘述。概括中性化原因的关键词有"西方化""现代化""都市化""官方文化""学校教育""普通话""后西方化""全球化""同质化""异质化"等。这些词在此并非全部都是并列关系的,而是有交叉关系或包容关系的,平行罗列出来仅为了帮助理解。我没有实地考察过改革开放 30 年后的畲族地区,因此不能妄论它是否存在中性化现象。从其他学者提供的录像看,畲族地区似乎没有幸免。希望我有机会去证实。以上关于中性化的言论写在这里,对畲乡而言,暂且作为"预测"。

其二,原真性问题。关于畲族传统歌舞的保护和发展,如同其他传统音乐一样,都出现了不同意见。通常老一辈传承人都反对变化,认为变了就不是畲族歌舞了。这个守护立场也是许多民族音乐学者坚持的。联合国教科文组织发起了非遗保护,确实是针对濒临灭亡的传统音乐而做出的呼吁,得到了全球响应。看看中国音乐文化现状,西方音乐之"马"和官方新音乐之"骡子"都活得很好,占据主流市场,而传统音乐之"驴"则被边缘化;现代流行音乐铺天盖地而来,进一步缩小了传统音乐的地盘。就像个体不愿意死亡一样,任何民族也不愿意灭绝。只有灵魂存在,生命才存在。传统音乐就是民族灵魂的重要部分,事关生存,必须保护。全球化发生了大面积的同质化,民族特征逐渐减弱甚至消失。虽然有新异质化音乐出现,如新民乐之类,却多为双源或多源混生而成的,也即新异质化音乐都是杂交品种。世界上有爵士乐、弗拉明戈、方丹戈(fandango)等,都是典型事例。原生态传统音乐是在相对封闭的环境中产生的,是伴随初始民族的形成而形成的,它们积淀的文化基因,保存着民族文化生命的基本信息。丢失了这些信息,一个民族也就无从辨认了。从文化生态看,品种越多,生态越稳固、越繁荣。保护非遗是为了分享多样性音乐文化资源,趋同就是枯竭。因此应该保护好多元音乐文化的每一元。于是出现了保护"原真性"的强烈声音。只有这样,每一元都确立,不被共性淹没,多元音乐文化生态的局面才会形成并持续。但这只是问题的一面。问题的另一面是,究竟有没有传统音乐文化的"原真性"?如果有,该怎样确认?比如,汉族原真的族性(ethnicity)究竟是什么,在我们身上到底留存多少?同样,畲族原真的族性又是什么,在现在的畲民身上有何体现,有何变异?在历史中,每个民族的音乐文化都是变化的。这一点应该不会有人质疑。那么这就意味着"原真性"是一种本质主义的思维产物。在哲学乃至逻辑界,目前多借助维特根斯坦"家族相似"的说法来替代"本质",是一种弱化的"本质"表述。我认为畲族音乐的"原真性"可以借助生物遗传学的术语来表述,即"基因"。遗传中的自然变异,基因没有变,物种就没有变。由此可见,畲族传统音乐的"原真性"是指它的音乐文化基因所具有的特性。学界有人已经提出保护、归纳、研究民族文化基因的呼吁。笔者觉得民族音乐的"基本乐理"应该就是这样的基因表述。自"新音乐"运动以来,我们使用来自西方的通用"基本乐理"来描述自己的音乐,这种现象至今没有改变,虽然有学者做过努力。同理,畲族音乐文化基因,应该有一个相应的基本乐理来表述。它应该包括音乐本身的基本特征,如上述音高、拍子的特征,还有方言、发声、歌词内容与形式的特点,以及相关文化的基本特征,如歌唱语境、行为方式(含动作)、乐器等器具的使用、服饰、个体与群体,还有意义表征等方面的基本特点。下文继续进行相关论述。

其三,文化气质问题。美国全球化研究学者泰勒·考恩考察了当今世界音乐中的混生现象,提出了保护"文化气质"(cultural ethos)的倡议。以下是考恩关于"气质"的阐释。

气质是指一个文化的特殊感觉或品位。气质可以被看作是一个社会的世界观、风格和灵感构成的背景网络,或文化解释的框架,因此气质是用以创造或观察艺术的背景语言(implicit language)的一部分。气质包括社会自信、通过集体信仰而产生的世界观,或关于美的性质和价值的文化预设。气质常常包括了关于人们行为方式的隐秘知识或背景知识,但往往不能被语言或文字描述出来。……气质和技术的结合赋予一个创造性时代以特别的"感觉",或者说风格和情感内核。

考恩还提到"文化母体"(matrix),亦可称之为"母式""基质""模型",数学上称为"矩阵"。现代西方12音作曲技术也有基本音列的矩阵;整个作品都出自这个矩阵的音列。整体序列主义作曲法除了音高控制之外,还加上时值、力度和音色控制,是四维矩阵。这其实是音乐本身的"基因"。将此扩展到文化,就成了文化基因。保持了文化基因,音乐就有文化气质。但是这仅仅是问题的一个方面。从美学上说,音乐的文化气质必须在感性上能够充分显现,让人能够感受到。西方序列主义作曲法打破了大小调体系,自立门户,但是却出现理性分析和感性体验之间的分离状态。也即感性上听不出理性的有序设计。畲族传统音乐要体现文化气质,必须具有感性上的有效性。之所以会议上播放的获奖音乐作品没有被普遍接受,就是因为它在感性上没有有效呈现畲族音乐的文化气质。按考恩的看法,畲族传统音乐的文化气质,跟畲民的信仰、世界观、情感、美感、行为方式、历史、相应的技术等有关。文化气质是一种"感觉",就是说它是能够被感受却又很难用文字或语言描述的。考恩指出,受西方文化影响,东方民族的文化气质逐渐减弱甚至消失。"气质的消失会破坏非西方文化的独特性,并因此使他们的艺术创造力丧失殆尽。"因此我们无论怎样对待畲族传统音乐,无论是继承还是发展,都要保护它的文化气质。

其四，多值逻辑问题。但凡出现两个路向，人们往往会把它们安置到非 A 即 B 的二元对立逻辑中，下意识地陷入二中择一的境地。在音乐文化领域，这样的逻辑往往会导致不合理的冲突，甚至出现文化霸权。现在我们就面临这样的局面：对畲族音乐文化，对所有传统音乐文化，对所有非遗，人们都弄出了"原样保护"和"变化发展"的两极，并让它们处于二中择一的境地。这种二元对立逻辑几乎是下意识就那么做了。于是，保护派和发展派就成了对立的两极。"保护基础上的发展"或"继承基础上的创新"实质上还是"发展派""创新派"。因为所谓发展、创新，本来就是在原有的基础上进行的。尽管强调了保护和继承，但是最后还是要变化、创新。也许这种强调者认为这样做就能在后来的变化或创新中更好地保持文化气质。本文的看法是转变观念，打破二元对立、二中择一逻辑，进入多值逻辑的宽阔天地，也即全球化中关于"多元化"的共识所开辟的天地。这里的"多值逻辑"或"多元逻辑"并非全然的逻辑学概念，而是包含了隐喻。

关于蓝雪霏教授说的"让畲族人自己传承自己的传统音乐文化"，这个意见值得重视。她发现"三月三"歌会存在的畲民缺席的问题，又通过田野调查发现畲民自主进行的畲歌活动，对比之下，她以局内人的身份认同为出发点，提出畲族自行传承音乐文化的主张。在我看来，蓝雪霏和我们一样是中性人，但是在文化身份认同上是畲族人。她的观点和上述的文化局局长关于"全民参与传承"的观点是一致的。依本文看，从多值逻辑角度说，传承方式也可以是多样性的。畲民当然要担负传承自己的传统音乐文化的主要责任，而政府和学者也可以参与，起积极作用。从各地实际情况看，政府和学者的介入或干预，出现了不同立场的价值冲突。局外人希望畲族音乐文化当事人注意原样保护，或纳入非遗行动规划，而当事人则另有所图。一方面出习俗自发歌舞，一方面希望改善自己的经济状况，把自己的传统音乐当作"文化搭台，经济唱戏"的工具，这种现象并不少见。如果要联合各界力量一道传承，就必须处理好这些冲突;如果要消解这些冲突,就必须采取多值逻辑。

笔者曾概括传统音乐文化多元发展的途径:原型、原型的变形、新原型、新原型的变形、各种杂交形。这些途径对畲歌畲舞也适用。原型保护与原型的变形,文化基因不变,符合文化当事人特别是老一辈的价值观,也符合全球多元文化保护、非遗保护的倡议和价值认同。新原型及其变形,体现了民族的原创性,符合文化发展、创新观念。各种杂交型,也能体现创新和发展观。按照多值逻辑走下去,多元音乐文化的局面就会出现,未来畲族音乐文化生态的繁荣景观就会出现。

浙江艺术职业学院科研与创作成果丛书　　丛书主编：朱海闵
　　　　　　　　　　　　　　　　　　　　　　　　　林国荣

润 物 无 声

——浙江艺术职业学院党建与思政工作研究论文集

主编　马向东

WUHAN UNIVERSITY PRESS
武汉大学出版社

图书在版编目(CIP)数据

润物无声:浙江艺术职业学院党建与思政工作研究论文集/朱海闵,林国荣主编. —武汉:武汉大学出版社,2015.10
浙江艺术职业学院科研与创作成果丛书
ISBN 978-7-307-17064-3

Ⅰ.润… Ⅱ.① 朱… ② 林… Ⅲ.① 中国共产党—高等职业教育—党的建设—文集 ② 高等职业教育—政治工作—中国—文集 Ⅳ.① D267.6-53 ② G711-53

中国版本图书馆 CIP 数据核字(2015)第 252107 号

责任编辑:刘小娟 王小倩 责任校对:方竞男 装帧设计:吴 极
出版发行:**武汉大学出版社** (430072 武昌 珞珈山)
(电子邮件:whu_publish@163.com 网址:www.stmpress.cn)
印刷:武汉科源印刷设计有限公司
开本:635×965 1/16 印张:22.75 字数:335 千字
版次:2015 年 10 月第 1 版 2015 年 10 月第 1 次印刷
ISBN 978-7-307-17064-3 定价:268.00 元(全套六册)

序

　　新时期以来,党中央高度重视大学生高校党建和思想政治教育工作。中共中央总书记、国家主席、中央军委主席习近平作出重要指示并强调,高校肩负着学习、研究、宣传马克思主义,培养中国特色社会主义事业建设者和接班人的重大任务。加强党对高校的领导,加强和改进高校党的建设,是办好中国特色社会主义大学的根本保证。做好高校宣传思想工作,加强高校意识形态阵地建设,是一项战略工程、固本工程、铸魂工程。进一步加强和改进高校宣传思想工作,是以习近平为总书记的党中央从推进社会主义现代化事业发展、保证党和国家长治久安、实现中华民族伟大复兴中国梦的战略高度作出的一项重大决策。加强和改进高校党建和思想政治教育工作,体现了党和国家对高校发展和对大学生健康成长充满的殷切希望,预示着高校和高校教师肩负的历史使命。习近平指出,办好中国特色社会主义大学,要坚持立德树人,把培育和践行社会主义核心价值观融入教书育人全过程;强化思想引领,牢牢把握高校意识形态工作领导权。

　　浙江艺术职业学院自 20 世纪 50 年代创建至今,已走过六十年的发展历程。六十年来,学院秉承"求真 尚美 精艺 修为"的校训精神,立德树人,德艺并育,桃李满园,成为在浙江艺术教育界独树一帜、在全国艺术教育界享有美誉的综合类高等艺术职业院校。学院有着重视学生思想政治教育的优良传统,育人为本,德育为先,培育和形成了一支具有良好素质的党建和思想政治工作队伍,重视政治理论学习,提高队伍理论素养,践行理论联系实际的良好学习风气,常年开展党建和思想政治教育研究,依托学院党建和思想政治教育研究会这一平台,积极开展党建和思想政治课题申报研究。经过多年研究,获得了一大批党建和思想政治教育研究成果,先后在中共中央组织部主管的全国党建研究会、中共中央宣传部主管的中国思想政治工作研究会、文化部党建研究会及省内各级各类党建和思想政治研究会课题论文评比中获得优秀成绩。

《润物无声——浙江艺术职业学院党建与思政工作研究论文集》是继 2011 年 6 月由光明日报出版社出版发行的《党建与思想政治工作研究——浙江艺术职业学院纪念建党九十周年文集》后,由浙江艺术职业学院党建和思想政治教育研究会编辑的我院第二本党建与思想政治论文集。该论文集汇集了近四年来我院教师尤其是党建和思想政治工作者在党建和思想政治教育工作中的思考与探索,内容涉及党的建设、思想政治工作、教育工作和校园文化建设等多方面的内容,论文观点独到,材料翔实,案例生动且多有独创性,反映出作者对党建和思想政治工作的思索和创新,对教育事业的热爱和执着,对学生的责任和担当,体现了我院教师的工作才智和丰富经验。论文集中有多篇论文在全国和全省党建与思想政治论文评选中获奖,有多项成果是省、厅和院级科研课题,是对我院作为艺术类高职院校党建和思想政治工作及其研究成果的肯定,使我们感受到理论学习研究所带来的勃勃生机和探索创造所带来的广阔前景。

艺术源于生活,研究源于实践,艺术和党建、思想政治教育的良好嫁接,是我们研究的本体,志存高远,为实现“四个全面”培养高素质高技能的艺术人才是我们工作和研究的出发点。

在浙江艺术职业学院建校六十周年之际,我们谨以此论文集向学校献礼,印证我们努力的足迹,也期望以此为激励,在党建和思想政治教育研究中继续努力、继续实践、继续探索,再创新成果。

浙江艺术职业学院党委书记朱海闵

2015 年 9 月

前　　言

　　用"缀玉联珠六十年"来形容浙江艺术职业学院走过的六十年历程,十分恰当。回顾浙江艺术职业学院经历的六十年岁月,正是这些在艰辛与理想共行、坎坷与希望并进的道路上行进的师生们用汗水和心血绘就了一幅连珠合璧的图卷。

　　从浙江艺术学校、浙江省电影学校到现在的浙江艺术职业学院,浙江艺术职业学院用整整六十年的坚持和守望不断孕育着新的艺术生命。六十年的执着前行,浙江艺术职业学院用艺术教育演绎"求真尚美、精艺修为"的校训精神,坚持"教学与实践相融合,教学与创研相融合,教学与艺术职业素养相融合"的办学特色,形成"综合实践打造优势,三个融合丰富内涵,为文化大省建设催生高素质高技能艺术人才"的人才培养特色,用累累硕果描绘着艺术教育的继往开来。

　　六十年来,尤其是高职办学以来,浙江艺术职业学院在科研和创作方面已经取得了长足进步。在科研方面,各级科研课题越来越多,课题的学术含量也越来越厚重,有些课题在国内外产生了很大影响;教师们发表的学术论文也屡屡见诸国内各重要学术期刊。这些学术成果主要集中在以下几个方面:舞台表演艺术研究,艺术教育研究,非物质文化遗产研究,党建和思想政治研究等。另外,浙江艺术职业学院参与主办的"浙江潮"文化论坛,在国内外享有很高的学术声誉,论坛的主讲专家都是在各自领域具有较高声望的国内外学者、专家和文学家,他们的演讲稿经过整理后有不少已在《浙江艺术职业学院学报》上作为专栏文章刊载。在创作方面,浙江艺术职业学院教师创作的艺术作品越来越多地受到关注,并得以在舞台、银幕和荧屏上展现,在国内外各项大赛中屡获佳绩。这些剧本既有话剧剧本和戏曲剧本,又有电影剧本和电视剧本,还有戏剧、音乐、舞蹈、小品等剧本,都具有较高的文学价值,且能较好地与舞台、银幕、荧屏相结合。

为了展现浙江艺术职业学院在科研和创作方面六十年来所取得的成绩,这次我们组织出版《浙江艺术职业学院科研与创作成果丛书》。该丛书从党建与思想政治研究、舞台艺术研究、教育与文化研究、非物质文化遗产研究、剧本创作和"浙江潮"文化论坛六个方面进行组稿编纂,结集成《润物无声——浙江艺术职业学院党建与思政工作研究论文集》《舞台传声——浙江艺术职业学院教师论文选萃》《谈文论教——浙江艺术职业学院教师论文选萃》《风起民间——非物质文化遗产研究论文选集》《栏杆拍遍——浙江艺术职业学院教师剧作选》《钱塘有约——"浙江潮"文化论坛讲座汇编》六个分册。这六个分册里所选的内容基本体现了浙江艺术职业学院六十年来在以上诸方面所取得的成就。

当然,我们在科研和创作方面还有很大的提升空间,今后的路还很长,我们将继续坚持我们的办学方针,在特色科研、团队科研及艺术创作上力争取得更大的成绩。"学大艺焉,履大节焉",我们将在继承六十年光荣传统的基础上,以科研和创作为两翼,培养更多德艺双馨的人才。

《浙江艺术职业学院科研与创作成果丛书》编委会

2015 年 9 月

目　　录

第一编　党的建设研究

第二编　思想政治理论探索

第三编　教育工作交流

第四编　文化校园建设

浙江艺术职业学院科研与创作成果丛书

润 物 无 声
——浙江艺术职业学院党建与思政工作研究论文集

第一编
党的建设研究

中国共产党发展理念的与时俱进①

王占霞

发展是人类社会的永恒主题,也是中国共产党人矢志不渝的价值追求。中国共产党自成立的第一天起,就把实现中华民族的伟大复兴写进了自己的行动纲领。在领导中国人民推翻了"三座大山",建立了新中国后,中国共产党始终坚持把马克思主义与中国实际相结合,以改善和提高广大人民群众的生活水平为根本目的,以发展为主题,用发展的眼光、发展的思路、发展的办法解决前进中的问题,不断探索中国的发展之路,并在不同的历史时期,根据不同的社会发展条件和中国社会面临的主要矛盾,提出了不同的发展理念。纵观中国共产党几代领导集体关于发展理念的嬗变,可以发现,中国共产党的发展理念不但应时而变,而且不断升华,并逐步提升到新的视野、新的境界,真正实现了与时俱进。

一、发展目标——从"四个现代化"到"五位一体"

目标是前进的方向。中国共产党以马克思主义为指导,在我国社会发展的不同历史时期,针对我国社会发展的实际,为我国社会主义发展确立了不同的阶段性目标。新中国成立初期,面对国内一穷二白、千疮百孔的局面和帝国主义对我国新生政权的不断颠覆,以毛泽东为核心的中国共产党第一代领导集体在总结"落后就要挨打"的

---

① 本文发表于 2012 年 1 月《理论导刊》。

历史教训的基础上提出:要迅速地恢复和发展生产,使中国稳步地由农业国转变为工业国,把中国建设成为一个伟大的社会主义国家。进入过渡时期,中国共产党提出"一化三改"的总路线,即要在相当长的时期内,逐步实现国家的社会主义工业化并逐步实现国家对农业、手工业和资本主义工商业的社会主义改造。随着社会主义改造的深入发展,中国共产党对中国未来的发展目标也日益明晰。1954年9月,周恩来在第一届全国人民代表大会第一次会议政府工作报告中第一次明确提出了建设现代化的工业、现代化的农业、现代化的交通运输业和现代化的国防的任务;1956年,又把这一任务写入第八次全国代表大会所通过的党章中。在社会主义制度确立以后,随着社会主义建设事业的发展,中国共产党和国家领导人逐渐认识到科学文化在发展经济、实现现代化中的重要性。1957年2月,毛泽东在《关于正确处理人民内部矛盾的问题》中指出:"将我国建设成为具有现代工业、现代农业和现代科学文化的社会主义国家。"[1] 1960年,在读苏联《政治经济学教科书》时,毛泽东第一次完整地表达了"四个现代化"的思想。他说:"建设社会主义,原来要求是工业现代化、农业现代化、科学文化现代化,现在要加上国防现代化。"[1] 在1963年1月上海科技工作会议上,周恩来把农业现代化提到了工业现代化前面,把"科学文化现代化"改成了"科学技术现代化",同时明确科学技术现代化是关键。"四个现代化"作为我们的发展目标,为新中国发展勾画了一幅宏伟蓝图,极大地调动了广大人民群众社会主义建设的积极性和劳动热情。

党的十一届三中全会以后,邓小平准确把握"和平与发展"这一时代主题,认为无论是发展中国家还是发达国家都面临发展问题。强调发展是解决中国所有问题的关键,是关系中国社会主义前途和命运的根本性、长远性、战略性问题,由此提出了"发展是硬道理"的科学论断。党的十三届四中全会以后,江泽民继承和发扬了邓小平关于发展的理念,他从执政党兴衰存亡和国家长治久安的战略高度进一步作出了"发展是党执政兴国的第一要务"的科学论断。党的第十六次全国代表大会以来,以胡锦涛为总书记的党中央根据我国社会发展的历史方位和现实需要,在全面把握我国经济社会发展的阶段性特征的基础上,提出了科学发展观,并强调科学发展观的第一要义是发展。随着我党对发展问题认识的不断深化,我党确立的社会发展目标也日臻完善。1982年,党的第十二次全国代表大会提出了"逐步实现工业、农业、国防和科学技术现代化,把我国建设成为高度文明、高度民主的国家"的发展目标;1987年,党的第十三次全国代表大会提出"为把我国建设成为富强、民主、文明的社会主义现代化国家而奋斗"的发展目标;2007年,党的第十七次全国代表大会把"建设富强民主文明和谐的社会主义现代化国家"确立为中国特色社会主义建设新的发展目标。"富强、民主、文明、和谐"四位一体的社会主义发展目标,使我国实现了由单一的经济现代化向经济、政治、文化、社会、生态文明的"五位一体"转变,使中国特色社会主义建设迈上一个新的台阶。

二、发展模式——从"苏联模式"到"中国特色社会主义"

如何发展是世界各国共同面临的重要问题。由于世界各国都有自己独特的自然条件、社会结构和文化传统,其发展模式的选择必须结合本国的国情和文化传统。中国共产党对中国现代化发展模式也进行了长期的探索。新中国成立初期,由于认识上的局限,我们曾认为按照历史发展规律,苏联的道路是人类社会必走的道路,要想绕开这条道路是不可能的。因此,我国社会主义发展模式自然选择苏联式的由政府主导的计划经济体制。社会主义改造完成以后,我党逐渐发现中国不能盲目照搬西方国家或其他国家现代化发展模式,必须结合中国的国情,走自己的路。在借鉴了苏联发展模式的经验教训的基础上,探索出了一个以农业为基础,以工业为主导,以农业、轻工业、重工业为序安排国民经济发展的适合中国国情的社会主义工业化发展模式。

十一届三中全会后,以邓小平为核心的中国共产党第二代领导集体在反思新中国成立后中国现代化问题时认为:中国现代化出现挫折的根本原因在于对"什么是社会主义,怎样建设社会主义"这一问题没有完全弄清楚,而将苏联模式的种种弊端当作社会主义的本质附加在社会主义上,使社会主义的优越性没能充分发挥。在深刻总结中国和世界现代化发展经验的基础上,邓小平指出:"把马克思主义普遍原理同中国的具体实际结合起来,走自己的路,建设中国特色的社会主义,这就是我们总结长期历史经验得出的基本结论。"[2]"我们搞现代化,是中国式的现代化。"[2]"四个现代化前面有'社会主义'四个字,叫'社会主义四个现代化'。"[2]他提出了中国特色社会主义现代化发展模式的概念。以江泽民为核心的中国共产党第三代领导集体在坚持中国特色社会主义的基础上认为,中国现代化建设的各项事业是相互协调和全面发展的事业,不但经济建设要上去,而且人民的思想道德、科学文化素质和社会风气都要搞好。他初步提出了相互协调发展和全面发展的模式。进入新世纪、新阶段,面对新的国际国内环境,以胡锦涛为总书记的中国共产党新一届领导集体对中国社会主义发展模式的认识进一步深化,提出了以科学发展观统领我国社会主义现代化事业,实现全面、协调、可持续发展的理念,反映了中国共产党对中国特色社会主义现代化发展模式的新认识,为中国现代化指明了方向。

三、发展战略——从"赶超战略"到"新三步走"战略

实现社会发展目标,必须制定正确的发展战略,为此,中国共产党进行了长期的探索。在社会主义制度刚刚确立之初,毛泽东等中国共产党第一代领导人希望缩短中国现代化建设的进程,在低起点实现高目标,用跃进的步伐追赶欧美发达国家,提出了"赶超战略",即用15年超英,20年赶美。结果犯了急于求成的错误,导致了"大跃进"的发生,造成了国民经济的严重混乱,使人民生活水平陷入极大困境。在总结教训的基础上,中国共产党逐渐认识到要把中国建设成为一个社会主义现代化强国需要一个长期的过程。1963年9月,中央工作会议在讨论制订国民经济长远规划时提出了"两步走"的战略设想。1964年12月,周恩来在全国第三届人民代表大会的政府工作报告中第一次宣布:"从第三个五年计划开始,我国的国民经济发展可以按两步来考虑:第一步,建立一个

独立的比较完整的工业体系和国民经济体系;第二步,全面实现农业、工业、国防和科学技术的现代化,使我国的经济走在世界的前列。"[3] 为了保证贯彻落实"两步走"发展战略,党还制定了独立自主、自力更生的战略方针。但由于"文化大革命"的发生,这个战略方针没有得到真正落实。

党的十一届三中全会以后,我党在总结国内外发展的经验教训的基础上,针对中国的国情,提出了要有步骤、分阶段地实现社会主义现代化的目标。1979年12月,邓小平在与日本首相的谈话中第一次提出了"小康"的目标。1980年1月,他把到21世纪末的20年分为两个10年,初步提出分"两步走"达到"小康水平"的战略构想。1982年,党的第十二次全国代表大会正式提出分"两步走"经济发展战略,并确定了我国经济建设的战略目标、战略重点、战略步骤和一系列正确方针。在确立了20世纪最后20年发展战略的同时,我党进一步思考在人民生活水平总体上达到小康以后的发展战略。1987年4月,邓小平在会见西班牙客人时,第一次使用"第一步""第二步""第三步"这样的提法,明确了分三步走、基本实现现代化的战略思想。同年10月,党的第十三次全国代表大会把邓小平"三步走"的发展战略构想确定下来:第一步,从1981年到1990年实现国民生产总值比1980年翻一番,解决人民的温饱问题;第二步,从1991年到20世纪末,使国民生产总值再增长一倍,人民生活达到小康水平;第三步,到21世纪中叶,人均国民生产总值达到中等发达国家水平,人民生活比较富裕,基本实现现代化。

在我国提前实现了"三步走"战略的前两步后,为了把第二步和第三步战略很好地衔接起来,党的第十五次全国代表大会把"三步走"战略的第三步进一步具体化,提出了三个阶段性目标:21世纪第一个10年实现国民生产总值比2000年翻一番,使人民的小康生活更加宽裕,形成比较完善的社会主义市场经济体制;再经过10年努力,到建党100周年时,使国民经济更加发展,各项制度更加完善;到21世纪中叶新中国成立100周年时,基本实现现代化,建成富强、民主、文明、和谐的社会主义国家。"新三步走"战略使"三步走"的战略和步骤更加具体、明确,也更具有操作性。

四、发展要求——从"多快好省"到"又好又快"

早日实现现代化是中国共产党和中国人民的共同心愿。为了实现这个心愿,中国共产党在社会主义发展的历程中,针对不同时期社会经济发展的不同实际,提出了不同的发展要求,实现了发展要求的与时俱进。在社会主义制度确立以后,以毛泽东为核心的中国共产党第一代领导集体为尽快改变我国经济、文化落后的现实,缩短我国现代化建设的进程,在1958年5月党的第八次全国代表大会二次会议上提出了"鼓足干劲,力争上游,多快好省地建设社会主义"的总路线。由于这个总路线片面夸大了人的主观能动性的作用,忽视了经济发展自身的客观规律,客观上助长了"大跃进"的盲目行为,使中国社会经济发展遭到严重破坏。

党的十一届三中全会以后,针对中国经济发展缓慢,贫穷落后的社会现实,以邓小平为核心的中国共产党第二代领导集体认识到:中国解决所有问题的关键是要靠自己的发展,"发展才是硬道理"。为此,提出要抓住时机,加快发展的速度,使我国的经济发展力争几年上一个台阶。在经济快速发展的实践过程中,我党对经济发展的质量和效益的认识也不断深化。邓小平指出:"不是鼓励不切实际的高速度,而是要扎扎实实,讲求效益,稳步协调地发展。"[2]因此,改革开放以来我国长期实行的是"又快又好"的发展,即在重视速度的同时,把"速度"与"效益"即"快"和"好"联系起来。

从党的第十四次全国代表大会到第十六次全国代表大会,在不断总结发展过程中的经验和问题的基础上,我党不断充实了"好"字的内容。从原来的"效益比较好",相继增加了"整体素质不断提高""资源消耗低""环境污染少"等要求,进一步突出了保护资源和环境,实现可持续发展的问题,对转变经济增长方式提出了更加明确的要求。2003年,党的十六届三中全会明确提出了坚持以人为本,全面、协调可持续的科学发展观。2006年12月,中央经济工作会议在总结几年来落实科学发展观的实践经验时指出:"又好又快发展是全面落实科学发展观的本质要求。"2007年,党的第十七次全国代表大会进一步强调要促进国民经济又好又快发展。"又好又快"意味着在处理"快"和"好"的关系上,要求"好"字当头,好中求快。它鲜明体现了科学发展观的内在要求,反映了经济建设指导思想的升华,使我们对新阶段发展规律的把握更加全面,指导发展的方针更加符合实际,破解发展难题的途径更加明确。

五、发展动力——从"矛盾推动"到"自主创新"

马克思主义认为,矛盾是事物发展的动力。在我国社会主义改造完成以后,毛泽东以中国的实践经验为基础,运用马克思主义基本原理,全面阐述了社会主义社会的矛盾问题。他指出:社会主义社会仍然存在着矛盾,正是这些矛盾推动着社会主义向前发展。社会主义社会的基本矛盾仍然是生产关系和生产力之间的矛盾、上层建筑和经济基础之间的矛盾,它们是推动社会主义社会不断前进的根本动力。在社会主义制度建立初期,由于社会主义建设实践没有充分展开,各种矛盾还没有充分暴露出来,与生产力发展相矛盾的生产关系主要是还没有完成社会主义改造的那部分生产关系。后来他把社会主义与资本主义的矛盾当作主要矛盾。理论认识上的局限及对我国社会主义发展阶段缺乏科学认识等原因,导致了实践中的失误,如脱离生产力发展的实际水平盲目提高生产资料公有化程度,试图"以阶级斗争为纲"来推动生产力的发展等,结果使社会主义建设遭受了严重挫折。

党的十一届三中全会以后,邓小平在总结历史经验教训的基础上,对社会主义社会的基本矛盾,特别是社会主义初级阶段的主要矛盾进行了深入思考,在新的实践中丰富和发展了毛泽东关于社会主义社会基本矛盾的理论。他指出:判断一种生产关系是否和生产力相适应,要从实际出发,具体问题具体分析,主要看它是否适应当时当地生产力的要求,能否推动生产力发展;在社会主义社会仍然有解放生产力的问题;生产力发展水平低,远不能满足人民和国家的需要,是社会主义初级阶段的主要矛盾,解决这个矛盾的途径是发展生产力。邓小平认为,"改革是中国的第二次革命"[2],是解决社会主义社会基本矛盾和主要矛盾的基本途径,是推动社会主义社会向前发展的动力,是解放和发展生产力的必由之路。

党的十三届四中全会以后,江泽民根据国内外形势的发展变化,论证了在新的历史时期中国社会发展的动力问题。他指出:党的先进性是中国社会发展的重要力量,中国共产党必须坚持"三个代表";人民群众是社会发展的根本力量,社会新阶层是中国特色社会主义事业的建设者;创新是一个民族进步的灵魂,是一个国家兴旺发达的不竭动力;社会主义精神文明可以为改革开放和社会主义现代化建设提供强大的精神动力和智力支持。

在新世纪、新阶段,以胡锦涛为总书记的党中央,从全面建设小康社会、开创中国特色社会主义新局面的全局出发,综合分析世界发展大势和我国所处的历史阶段,作出了推进自主创新、建设创新型国家,转变经济发展方式、坚持走新型化工业道路的重大决策。把自主创新作为在新形势下中国发展的内在动力。

六、发展布局——从"均衡发展"到"先富带动后富"

社会主义必须走共同富裕之路,但怎样实现共同富裕,我党进行了长期的探索。在改革开放前,由于把共同富裕误解为全体人民在同一时间以同等速度富裕起来,我们曾追求均衡发展,吃"大锅饭",结果导致了共同落后,共同贫穷,严重挫伤了广大人民群众的劳动积极性。

改革开放以后,以邓小平为代表的中国共产党在总结历史经验和教训的基础上,提出了"让一部分人、一部分地区先富起来,逐步实现共同富裕"的大政策。他认为这是一个"能够影响和带动整个国民经济的政策"[4]。他在提出这个大政策时强调先富起来的条件必须且只能是依靠诚实劳动和合法经营,是"由于辛勤努力成绩大而收入先多一些"[4]。从逐步实现共同富裕的目标出发,在处理"先富"与"共富"关系上,邓小平认为,在不同时期应该有不同的重点。他指出:"沿海地区要加快对外开放,使这个拥有两亿人口的广大地带较快地先发展起来,从而带动内地更好地发展,这是一个事关大局的问题。内地要顾全这个大局。反过来,发展到一定的时候,又要求沿海拿出更多力量来帮助内地发展,这也是个大局。那时沿海也要服从这个大局。"[2]党中央为此出台了一系列的优惠政策和投资倾向措施,支持广大东部沿海地区的发展,使东部经济获得了长足的发展。但这一时期东西部之间的差距却在加大,不仅给我国的经济发展带来不利影响,还严重影响了国家的稳定。

以江泽民为核心的中国共产党领导集体认识到发展过程中不平衡问题的重要性和紧迫性,在邓小平"两个大局"战略思想指导下,及时提出"坚持区域经济协调发展,逐步缩小地区发展差距"的方针,提出必须要在继续加快东部沿海地区发展的同时,不失时机地加快中西部地区的发展,通过几十年甚至整个世纪的艰苦努力,建设一个经济繁荣、社会进步、生活安定、民族团结的西部地区。江泽民提出并付诸实施的"西部大开发"战略,是我党在新的历史条件下,结合我国实际对我国跨世纪经济发展作出的一个重大战略部署,是在我国加快推进现代化建设的进程、实现全面小康社会的关键时期作出的振兴中华的宏伟战略,是对"两个大局"战略思想的进一步发展。

在新的历史条件下,以胡锦涛为核心的党中央根据我国当前改革发展的实际和全面推进现代化建设的要求,把统筹协调发展放在非常重要的位置。党的十六届三中全会决议明确提出了统筹城乡发展、统筹区域发展、统筹经济社会发展、统筹人与自然和谐发展、统筹国内发展和对外开放的要求。接着,党的十六届六中全会又提出了促进区域统筹和协调发展的战略布局:继续推进西部大开发,振兴东北地区等老工业基地,促进中部地区崛起,鼓励东部地区率先发展,形成分工合理、特色鲜明、优势互补的区域产业结构,推动各地区共同发展。这一战略布局是一个把握规律、统揽全局的重大决策,对于整合各方面的利益,更大限度地发挥区域优势,实现资源的最优配置,从而最终实现社会和谐具有重大的战略意义。

七、发展重点——从"经济中心"到"以人为本"

我国地域辽阔,人口众多,特殊的国情决定了我国政治、经济、文化、社会各方面不可能平衡发展。中国共产党以马克思主义为指导,紧密结合中国的实际,在每一发展阶段以解决主要矛盾为着眼点,确定了不同的发展重点。新中国成立后,面对中国贫穷落后的现实,加快中国经济建设,提高生产力是社会主义发展必须解决的主要问题。以毛泽东为核心的中国共产党第一代领导集体确定了实现社会主义工业化的战略重点,并反复强调要从中国是一个大农业国的实际出发,在发展工业的前提下,兼顾农业和其他方面的发展。要以农业为基础,正确处理重工业同农业、轻工业的关系,找一条适合我国国情的中国工业化道路。

"文化大革命"后,面对中国社会经济停滞不前的状态,邓小平在改革开放之初就果断地把党和国家的工作重点转移到经济建设上来,大力发展社会生产力。他指出:"经济工作是当前最大的政治,经济问题是压倒一切的政治问题。"[4]若"离开了经济建设这个中心,就有丧失物质基础的危险"[4]。他还强调,社会主义中国"不仅经济要上去,社会秩序、社会风气也要搞好,两个文明建设都要超过它们,这才是有中国特色的社会主义。"[2]他把实现人民的共同富裕引入社会主义的本质,指出:"社会主义的本质是解放生产力,发展生产力,消灭剥削,消除两极分化,最终达到共同富裕。"[2]并提出要从人民利益得失的角度来考虑发展问题,要以人民群众拥护不拥护、赞成不赞成、高兴不高兴、答应不答应作为制定各项方针政策的出发点和落脚点。他提出的"三个有利于"标准把"有利于提高人民的生活水平"作为最终目标。尽管邓小平没有明确提出"以人为本",但他的这些思想直接体现了"以人为本"的思想。

党的十三届四中全会以后,以江泽民为核心的中国共产党第三代领导集体高举邓小平理论的伟大旗帜,把发展作为党执政兴国的第一要务,坚持和拓展了邓小平"以人为本"的发展理念。他提出的"三个代表"重要思想强调中国共产党"要代表最广大人民群众的根本利益",要把最广大人民群众的根本利益作为一切工作的出发点和落脚点。他把促进人的全面发展作为建设中国特色社会主义各项事业的着眼点和新阶段全面建设小康社会的基本目标之一。他指出："我们建设中国特色社会主义的各项事业,我们进行的一切工作,既要着眼于人民现实的物质文化生活需要,又要着眼于促进人民素质的提高,也就是要努力促进人的全面发展。"[5]

在全面推进建设小康社会的征程中,以胡锦涛为核心的中国共产党第四代领导集体提出了"坚持以人为本,树立全面、协调、可持续"的发展观。胡锦涛多次强调要坚持"以人为本",要以实现人的全面发展为目标,从最广大人民群众的根本利益出发来谋发展、促发展,把人民的根本利益作为一切工作的出发点和落脚点;要切实做到权为民所用、情为民所系、利为民所谋;要不断满足人民群众日益增长的各方面需要,切实保障人民群众经济、政治、文化权益,让发展的成果惠及全体人民。他指出:"对于马克思主义执政党来说,坚持立党为公、执政为民,实现好、维护好、发展好最广大人民的根本利益,充分发挥全体人民的积极性来发展先进生产力和先进文化,始终是最要紧的。"[6]党的十六届三中全会还将"以人为本"正式提出并写入了党的正式文件。这是我党发展理念的一次重大创新,也是我党对马克思主义发展观的最新贡献。

八、发展环境——从"封闭半封闭"到"全方位开放"

整个世界的发展是一个大系统,每个国家就是这个大系统中的小系统,都时刻和周围的环境进行着物质和能量的交换。因此,发展的环境对一个国家的发展至关重要。中国共产党在领导中国人民建设中国特色社会主义的过程中,通过不断努力,使中国的发展环境由过去"封闭半封闭"逐渐形成为一个全方位、多层次、宽领域的对外开放的新格局,实现了发展环境的与时俱进。

新中国成立之初,毛泽东曾设想要同世界各国发展经济贸易往来,对一切国家的长处,包括政治、经济、科学、技术、文学、艺术的一切真正好的东西都要学。但由于发达资本主义国家的封锁、社会主义建设经验的不足和"左"的思想的干扰,新中国长期与发达资本主义国家占主导地位的世界经济主流活动无缘,在第一个五年计划时期虽说是开放的,但只是对苏联和东欧开放,之后就关起门来。因此,这一时期,中国基本上处于封闭半封闭状态,这给中国社会经济发展带来了严重的不利影响,阻碍了中国社会主义的发展。

十一届三中全会以后,以邓小平为核心的中国共产党第二代领导集体在认真总结中国社会主义发展过程中的历史经验教训的基础上认识到:"关起门来搞建设是不能成功的,中国的发展离不开世界。"[2]依据世界发展的大趋势,中国共产党提出并实施了对外开放的基本国策,以创办经济特区为突破口,连续作出了批准 14 个沿海开放城市、开辟沿海经济开放区、批准海南建省并成立特区、建立高新技术产业开发区、开发开放上海浦东新区、批准沿边沿江沿路城市和内陆中心城市开放等重大战略决策,逐步形成了由点到线、由线到面的多层次开放格局。在此基础上,党的第十四次全国代表大会报告提出了多层次、多渠道、全方位的开放要求;党的第十五次全国代表大会报告强调要以更加积极的姿态走向世界,完善全方位、多层次、宽领域的对外开放格局;党的第十六次全国代表大会报告提出了坚持"引进来"和"走出去"相结合,全面提高对外开放水平的新要求;党的第十七次全国代表大会报告进一步强调要坚持对外开放的基本国策,把"引进来"和"走出去"更好地结合起来,扩大开放领域,优化开放结构,提高开放质量,完善内外联动、互利共赢、安全高效的开放型经济体系,形成经济全球化条件下参与国际经济合作和竞争新优势。目前,在中国共产党的领导下,通过全国各族人民的共同努力,我国对外开放的广度和深度不断增加,已经形成了全方位、多层次、宽领域的对外开放新格局。随着我国对外开放水平的不断提高,我国发展环境将更加良好。

参考文献

[1] 毛泽东.毛泽东选集:第 8 卷[M].北京:人民出版社,1999.

［2］　邓小平.邓小平文选:第3卷［M］.北京:人民出版社,1993.

［3］　周恩来.周恩来选集:下卷［M］.北京:人民出版社,1984.

［4］　邓小平.邓小平文选:第2卷［M］.北京:人民出版社,1994.

［5］　江泽民.江泽民文选:第3卷［M］.北京:人民出版社,2006.

［6］　中央保持共产党员先进性活动领导小组.保持共产党员先进性教育读本［M］.北京:党建读物出版社,2005.

创新党建载体助推院团发展
——对浙江省转制院团党建工作现状的调查与思考①

郑园全　陈　英　陈　涛　王芳芳

　　2013年6月5日,文化部、中央组织部、中央宣传部等九部委联合下发了《关于支持转企改制国有文艺院团改革发展的指导意见》(文政法发〔2013〕28号),对支持院团改革发展提出了十四项意见,其中最后一条意见明确提出"加强转制院团党组织建设",充分体现了党组织建设在转制院团发展中的重要地位和作用。

　　国有文艺院团是繁荣社会主义文艺的中坚力量。当前,随着大部分国有院团体制改革阶段性任务的顺利完成,以企业为主体、事业为补充,面向市场、面向群众的新型演艺体制格局已经形成。但是,我国演艺市场发展程度较低,许多转企改制国有文艺院团(以下简称转制院团)底子薄、包袱重、经费自给率低、盈利能力弱,转制后面临巨大的生存发展压力。面对新形势,转制院团党组织现状如何? 存在哪些问题? 该如何更好地发挥作用? 本文通过对浙江省转制院团党建工作开展问卷调查和非正式访谈,解析转制院团党建工作现状和存在的主要问题,并就加强转制院团党建工作提出具体举措。

一、调研基本情况

　　2003年6月,浙江省被确定为全国两个文化体制改革综合试点

---

　　① 本文获全国文化系统思想政治工作研究会2014年度课题论文一等奖。

省份之一,文化体制改革与文化产业发展经历了由点及面、由表及里、从量到质的嬗变。全省文化领域通过改革,释放出文化生产力的生机和活力,推动文化与经济的相互交融,不断增强构成浙江省综合竞争力的"软实力",在全国文化体制改革中具有代表性。

国有文艺院团转企改制是浙江省文化体制改革的重点之一,转制后各文艺院团紧扣时代脉搏,抓住历史机遇,发展艺术生产和创作,产生了群众、文化团体、企业三方共赢的可喜局面。各院团转制的顺利完成和成绩的取得都离不开党组织作用的发挥,为深入探讨新形势下,转制院团党建工作的状况、特点,面临的新问题、新情况,本调研组于 2014 年 4—5 月对浙江省转制院团进行"文艺院团党组织建设"调研。

本次调研以调查问卷为主,为了更好地了解转制院团党建工作现状,调研组精心设计了两份调查问卷:卷一内容以党组织现状为主,卷二内容主要是转制前后的对照。填写问卷对象为各转制院团的共产党员(含党组织主要领导),其中 1~5 年党龄的共产党员占62.5%、6~10 年党龄的党员占 25%、10 年以上党龄的党员占12.5%。调研组选取了浙江歌舞院有限公司、浙江曲艺杂技总团有限公司、浙江话剧团有限公司等 13 家转制院团党组织作为调研对象,随机发放问卷 200 份,回收问卷 184 份,其中有效问卷 174 份,问卷回收有效率为 87%。

非正式访谈是为了弥补党员同志在填写问卷时,难免会出现漏填、错填或者态度不认真现象,针对以上内容向浙江话剧团有限公司等具有代表性院团党组织的主要领导进行走访和电话访问,以验证问卷调查的可靠性。

二、转制院团党建工作现状

(一)转制后党组织地位和作用更为凸显

在调查中,调查者对党组织"参与院团重大决策中起到的作用""基层党组织在文艺院团中的地位和作用""开展组织生活、教育活动的效果""党务干部在院团中的地位和作用"等方面,在转制前后的对比中,半数以上的人选择了"差不多,无明显变化"。在"发挥战斗堡垒作用"方面,40%的人选择"转制后作用大",15%的人选择"转制前发挥作用大"。对"您认为党建工作对本院团的发展是否重要"的调查中,54.35%的人选择"重要",30.43%的人选择"较重要"。在对"近两年来,所在院团党组织工作情况"的摸底中,63.04%的人表示党组织"有工作计划并能落实",34.78%的人表示"有工作计划但落实不够"。对"在面临困难时是否会寻求党组织帮助"的调查中,47.5%的人选择"转制后寻求党组织",而选择"转制前找党组织"的人仅占10%。在"党的先进性"上,认为"转制后"比"转制前"更具先进性的比率高22.5%。

通过以上对照可以看出,转制后党组织在院团的地位和作用发挥较改制前更为凸显,党员群众较转制前更为信赖党组织。通过非正式访谈进一步了解到:这样的变化来自于转制过程中党组织作用的发挥。转制过程中,党员群众有很多的顾虑和担忧,是在党组织对大家关心、理解、支持和帮助中,发现党组织能够围绕中心任务,服务大局,发挥坚实的战斗堡垒作用,不仅推动院团顺利完成转企改制,还帮助解决党员群众实际困难,博得了大家的信任,增强了党组织在群众中的号召力和公信度。

(二)党组织基础建设较完整

在调查中,在"您对所在院团党建工作各项制度的看法"评价中,82.61%的人选择"能够起到较好的作用"。对"您所在院团的行政领导对党建活动的开展持怎样态度"的调查中,50.87%的人表示能够"按要求开展",40%的人表示能够"积极参与支持",低于10%的人选择"只是应付"和"持有抵触心理"。在对"您所在院团党务工作机构和党务工作队伍的情况"的调查中,有69.57%的人选择"设有专门的党务工作机构和专职党务工作队伍",有19.57%的人选择"组织工作机构撤并党务工作人员兼职化"。在"你所在院团党组织有没有做到党务公开"的调查中,76.09%的人选择"有",仅有6.52%的人选择"没有"。

从以上调查中可以看到,转制院团党组织制度建设较完整,能做到党务公开并发挥较好的作用。大多数院团行政领导对党建活动开展比较支持,在转制后继续设有专门党务机构和工作人员,确保院团党建工作能按上级要求正常开展。

(三)党组织活动开展基本正常

在调查中,在回答"您对所在院团党组织开展活动的状况和效果评价"时,有21.74％的人选择"满意",58.7％的人选择"较满意"。对"你所在院团党组织开展党员教育情况"的调查中,有58.7％的人选择"上级有要求时才开展,教育活动效果一般",有39.13％的人选择"经常开展各种教育,教育活动效果较好"。对"近一年来您参加'三会一课'情况"的调查中,有80.43％的人表示参加过党小组会,有58.7％的人表示参加过党课学习,有58.7％的人表示参加过党员大会,有30.43％的人表示参加过支委会。

通过以上数据可以看到,转制院团目前能保证传统党组织活动的开展,如通过组织"三会一课"进行学习和开展活动,党员对院团党组织的活动较为满意。

(四)党员先进性保持较稳定

从调查中我们看到,在"您对所在院团党组织党员队伍发挥先锋模范作用的评价"中,选择"满意"的人占15.22％,选择"较满意"的人占54.35％,选择"不满"和"不好说"的人均为0。调查中,82.61％的人能自觉向组织委员缴纳党费,选择"很长时间未缴"的人为0。在"党员参加教育活动的情况"上,58.7％的人选择"积极主动参加"。

由此可见,转制院团的党员对自身能以党员标准要求自己,起到应有的模范带头作用,大部分党员能遵守党的纪律、按时缴纳党费和主动参加党组织活动。从访谈中我们也进一步了解到,转制院团党员的模范带头作用在转制后更为明显,大多数党员在面对集体利益和个人利益冲突时能自觉维护集体利益,体现了党员同志较高的觉悟、服从大局的党性。

三、当前转制院团党建工作存在的主要问题

（一）党组织自身建设不足

在调查中,有 13% 的人认为"所在院团党组织各项制度""形同虚设"和"没有很好地被执行"。在"哪些因素影响了院团党组织作用发挥"的调查中,认为"院团党组织自身建设不足或不够"的人占26.09%,在诸多因素中位居第二。在对"党建工作开展积极性、主动性的评价"的调查中,有 39.13% 的人选择"一般"。在"当前文艺院团党组织建设工作中最突出的问题"的调查中,"机构体制不顺"和"一把手不重视"均排在第一位,各占 34.78%。在访谈中了解到,转制后的院团党组织承担了大量党务之外的业务,导致党组织对职责所在的党务工作疲于应付,而且行政业务的工作量能得到薪酬体现,而党务工作多为奉献。

以上调查让我们看到,部分转制院团党的制度没有很好地被执行,党务工作者不务正业,党务工作积极性不高,"党务"被"业务"替代,党建工作出现被"边缘化",有的党员干部素质不高,对党务疏于打理,转制院团党组织自身建设面临挑战。

（二）党组织的教育活动成效不理想

从调查中我们看到,党组织的活动能正常开展,达到了上级党组织的基本要求。但在"您所在院团开展党员教育情况"的调查中,58.7% 的人认为"上级有要求时才开展,教育活动效果一般",4.35% 的人直接选择了"很少开展教育活动,教育活动效果差"。在"您对所在院团党组织活动效果的评价"中,有 19.57% 的人选择"一般"。

在访谈中了解到,改制后院团演出任务多,工作流动性大,人员较为分散,党组织集中开展教育活动非常困难。由此可见,各个院团在开展党员教育时,大多数是因为上级党组织有要求所以才开展,党组织自觉主动开展活动的意识并不强,党员对参加教育活动的积极性也不高,党组织开展的教育活动成效不尽如人意。

(三)党组织工作方式过于传统

调查中,在"院团党员教育存在的主要问题"上,41.3%的人选择了"教育形式单一,缺乏吸引力",19.57%的人认为"教育内容单一、陈旧、针对性、时效性不强"。在"您认为转制院团党建工作最需要加强"的调查中,54.35%的人选择了"创新党建工作内容、形式和平台、载体",居于首位。在问及"党建最突出的问题"时,34.78%的人选择了"开展组织活动缺乏有效平台和载体",在诸多因素中居于第二位。在调查中发现,13个转制院团中只有2个院团的党组织利用QQ平台发布党建信息,相关的微信和微博更是一个也没有。通过访谈了解到,转制院团党员干部年龄偏大,对传统活动形式有感情,对现代活动方式不了解,所以还停留在十多年前党组织开展活动的层面。

以上调查让我们看到,转制院团党组织的工作方式比较陈旧,停留在"三会一课"的教育形式上,还处在定期开会,宣读学习资料等党员被动接受的老办法上,对现代化教育平台利用甚少,现代信息传媒在党组织工作中发挥作用不足。

(四)党组织吸引力下降

在调查中,在"转制前后,普通群众入党积极性"方面,50%的人选择了"转制前入党积极性高",比"转制后入党积极性高"高出20%。在"党建工作最突出的问题"的调查中,26.09%的人选择"党建工作缺少吸引力和凝聚力",居第三位。

从访谈中进一步了解到,有的党组织在转制后存在"党政一把手"对党建工作认识不深、重视不够,仅以市场为导向,看重艺术生产,影响了院团党组织作用的发挥。有的党务干部工作上有畏难情绪,对难点、重点问题思考不多,设计活动的内容、方式不够贴近实际。个别党员同志认为,在企业党员身份已经不再重要,抓好业务才是关键,思想上放松了对自己的要求,把自己当作普通群众,表现出党员意识弱化的倾向。

四、关于加强转制院团党建工作的有效举措

(一)围绕院团中心任务开展党建工作

首先在思想上要认识到转制院团党组织建设非常必要和重要。《关于支持转企改制国有文艺院团改革发展的指导意见》(文政法发〔2013〕28号)对转制院团党组织建设也有明确要求,提出要充分发挥转制后企业党组织和党员的要求。在调查中我们看到有54.35%的人认为"党建工作对本院团的发展是重要的",30.43%的人认为"较重要",认为"不重要"的为0,可见在转制院团党员群众眼里党组织不可或缺且非常重要。更要看到在文艺院团在转制过程中,党组织发挥了巨大的作用且得到广大党员群众的高度认可。

另外,要引入企业党建的先进理念做好党建。要跳出"就党建抓党建"的惯性思维,确立"围绕演出经营抓党建,抓好党建促艺术生产"的理念,把党组织的重要工作放到支持和促进院团艺术生产经营上来。发挥党组织的政治优势、理论优势、群众基础优势,以紧紧围绕和服务院团中心工作的实施为重点,以"全心全意为院团发展服务"为目标开展工作,指导院团不断增强走市场和演出经营的能力,努力打造真正的文化市场主体。这不仅是转制院团实现又好又快发展的现实需要,还是党组织自身优越性的重要体现。

(二)完善制度,提升党组织内在活力

第一,在调查中我们了解到,当前转制院团的党组织有制度但缺少执行,这样的现象源于缺少对制度执行的监督。因此要建立督察制度,确保党的各项决议按规定不折不扣完成。要建立对转制院团党组织工作开展情况的督察制度,各个院团也应根据上级党组织要求建立本单位党员干部和党员同志的督察制度,对督查中发现的问题应及时诫勉谈话,做到即知即改。

第二,要结合群众路线教育活动,制定"听证"制度。在院团重大事项和排演大剧目中,党组织应通过"听证"广泛听取意见和建

议,对象既包含本院团职工,又涵盖戏迷和普通群众。通过听证的方式将"老三会"(党委会、工会和职代会)和"新三会"(股东会、董事会和监事会)有机结合,确保院团转企改制后,"老三会"得不到正常开展的情况下,一样能发挥群众参政议政的作用,使党组织在院团发展中既考虑提升演出经营能力的需求,又不偏离党的性质和宗旨。

(三)配备骨干,保证党务队伍整体素质

第一,要选配好党组织负责人。从访谈中了解到,转制院团的党组织负责人许多没有文艺专业背景,而"党政一把手"往往都是专业精英,在看重专业能力的文艺院团"党政一把手"威信自然比党组织负责人要高,无形中给党组织负责人开展工作带来了困难。因此,转制院团党组织领导班子的配备,必须坚持干部队伍"四化"(革命化、年轻化、知识化、专业化)方针和德才兼备的原则,应具有指导文艺专业的能力和具备做好党务工作与经济工作的素质。

第二,要加强党务干部的培训。我们看到,在"影响党员干部先进性的因素""影响党组织作用发挥的因素""党建最突出的问题"调查中,被调查者认为与"党务工作人员队伍素质不高,能力偏低"有关,且有60%以上的被调查者提出"党务干部需要加强教育培训"。因此要挑选觉悟高、能力强的党员充实到党务干部队伍中,通过制度化和系统化的培训,不断提高他们的政治理论水平和业务技能。在党务干部与业务人员的收入与职业发展上,要保证党务干部的升迁和收入与业务人员享受同等的待遇,保障党务人员职业发展。

(四)创新载体,构建院团党建阵地的建议

在调查中我们发现,许多转制院团还停留在较为传统的工作方式上,难以适应新形势下的党建需求,需要引入新的党建载体来继续推进党建工作。新媒体具有信息容量大、资源丰富、传播快捷、交互性强、覆盖面广、形式多样化的特点,转制院团应充分利用新媒体平台创设院团党建阵地,便于党员突破时空限制,方便、快捷地接受党

组织的教育,使党建工作"无处不在,无时不在",如春风化雨般"润物细无声"。

首先,创建学习阵地。建立设置合理、内容丰富的党建网站,设立"学习窗口",围绕党的思想建设、组织建设、作风建设、制度建设、党风廉政建设等方面的教育内容,开设政策宣传、形势报告、思想交流、理论探讨等栏目,及时公布党的有关文件,发布党组织的要求、党建情况和培训教育内容等信息。

其次,拓展宣教方式。可以通过在院团内部设置广告机、电子显示屏幕等手段实时播放院团内部先进人物事迹,播放具有教育意义的好人好事,播放励志歌曲与名人名言,激发院团党员发挥先进模范作用的积极性。

然后,搭建交流空间。党组织与党员群众之间、党员之间、党员与群众之间都可以通过充分利用党员 QQ 群、党员微信群、微博等特色媒介平台,开展谈心交流。在外演出的同志可以在群内发布演出的信息和图片,让团内同仁及时了解资讯,大家可在群上发信息鼓励在外辛苦演出的人员,利于团内形成团结互助的氛围。同时,可利用网络召开视频会议、电话会议,进行批评与自我批评,开展网上组织生活。

最后,开设投诉平台。转制院团党组织由群众向领导传递意见较难,意见、建议和求助的渠道不畅,且许多演职人员长期在外演出,没有机会向院团领导当面表达自己的意见、建议和困难。通过党建网站开通投诉平台,党员可以将自己工作中的意见、建议、困难和发现的不良现象通过投诉平台进行反映,便于院团党组织领导及时了解党员群众诉求,利于党组织更好地服务党员群众和加强自身建设。

五、结语

文艺院团的党建工作一直以来比较困难,许多困难与文艺院团工作实际相关。随着国有文艺院团的转企改制,有的问题已不复存在,但有些问题依然存在,而且出现了一些新问题。面对转制院团党建工作的现状和问题,要从思想上重视党建工作,要在制度上保证党建工作顺利开展,要选好配强党务干部队伍,更要运用新媒体创建党建工作载体,努力推进转制院团党建工作持续、有效地开展,推动转制院团党组织在院团发展中发挥更大的作用。

参考文献

[1] 中华人民共和国文化部,中共中央组织部,中共中央宣传部,等.文政法发〔2013〕28号 关于支持转企改制国有文艺院团改革发展的指导意见[Z].2013.

[2] 徐长军.对国有企业改制后党建工作的探讨[J].魅力中国,2010(22):146-147.

[3] 谢伦灿.阵痛与重生:国有文艺演出院团改革路径之抉择[J].湖南科技大学学报:社会科学版,2010(2):90-92.

[4] 傅首祥.深化文化体制改革,加快文化产业发展——浙江文化大省建设中存在的问题分析[J].中共杭州市委党校学报,2004(1):17-21.

[5] 王富军.浅析文艺院团党组织有效开展思想政治工作的措施[J].魅力中国,2014(9):367.

高职院校党校教育培训机制创新与课程体系构建①

马向东

一、高职院校党校办学中存在的主要问题

高职院校大多是从原来的中专办学升格扩建而成的,高职党校办学历史较短,综合多所高职党校办学情况调研,作者认为高职院校党校办学存在的不足和问题主要表现在以下几个方面。

第一,高职院校党校处于自我组织、自我运作、自我发展的较为封闭的状态,教育主管部门对高职党校缺乏系统性组织和管理,没有统一的管理、评估和考察体系,没有横向交流的党校教育研究协会组织。

第二,高职院校党校定位欠合理,未被列入教学单位序列,党校组织机构、教学队伍和教学实践专业化不够,没有形成完善的党校教育体系。

第三,高职院校党校办学理念过于"传统",办学目标单一,缺乏系统性、层次性和连贯性,主要是对入党积极分子进行培训,没有形成对入党积极分子、预备党员、党员和党员干部的全方位、全过程教育体系,没有把党校教育与大学生思想政治教育很好地结合起来。

---

① 本文获浙江省普通高校党建研究专业委员会 2012 年年会论文评比三等奖,发表于 2013 年 9 月《学校党建与思想教育》。

第四，党校教育方法和教学手段不够丰富，缺乏吸引力，多数党课局限于理论说教、单向灌输；党课讲授一师一课，相互之间缺乏联系与沟通，师生之间和教师之间缺乏信息沟通和传递。

第五，党校教学内容理论与现实有所脱节，难以解答社会现实问题和新出现的理论问题，党校教材大多局限于对党史和党的基本理论的介绍，不断发展变化的国际国内政治和社会形势的内容在教材中难以体现，使党课不能较好地解决当下新出现的理论和社会问题。

第六，高职院校党校建设的政策规定和理论研究尚未引起重视，对高职院校党校特殊的教学规律、办学机制和课程体系研究没有形成氛围，研究成果少，理论研究滞后于党校发展实践，使高职院校党校办学缺乏科学有力的理论支撑。

二、强化高职院校党校教育有效性培训机制构建

1.规范党校管理

(1)教育主管部门应制定统一的高职院校党校管理工作办法作为指导，高职院校党校要结合实际完善和规范党校工作管理规章制度。

(2)教育主管部门要承担对高职党校的管理职责，将高职党校纳入统一考核、评估的范围，加强对高职院校党校的指导、管理和考核。

(3)高职院校党校之间要组建党校研究会组织，开展交流和研究，形成高职院校党校交流平台，为高职院校党校谋得"话语权"。

(4)高职院校党校要形成对各系各学院分党校的指导、管理和考核机制，制定相关的管理和考核规定，将分党校工作纳入党组织目标考核范畴；要形成对任课教师的指导、管理和评价体系，将党课教师的业绩纳入学校教学评价体系中；要形成对党校学员的管理、考核和评价体系，并将这种体系并入学校对于学生管理的统一体系中。规范党校教学管理模式，要体现"三个结合"，即上级主管部门、高职院校党校和系分党校三级管理相结合，制度管理和思想管理相结合，组织管理和自我管理相结合。

2.完善教学队伍

培养一支专兼结合、富有教学和实践经验的党校教学队伍,形成师资网络,是高职院校党校办学保障机制的重要内容。完善和拓展党校教学队伍,就是要最广泛地将校内外党建和思想政治教育资源和教育途径结合起来,强化管理,实施考评,形成有系统的党校教育培训网络。如创建党校讲师团,吸收校外专家和行业名家加入,面向全校师生开展形势与政策教育、职业道德教育和行业教育;师资网络在以党委领导、党委职能部门负责人、党组织书记和思想政治理论课教师为主要力量的基础上,还可以扩大到"四个群体",即学生辅导员和青年骨干教师,他们大多年纪轻,与学生走得近,与党校学员有许多共同语言,他们自身的入党经历、对于社会的观察和个人努力奋斗史是良好的教学素材,他们让学员觉得"近";学有所成的专业教师在学校有影响力,他们的学习经历和从业经历,尤其是亲历盛大艺术活动等是最生动的党课内容,他们让学生信服和钦佩,让学生觉得"信";学生党员是党校培训的"过来人",在各方面都取得优良成绩,可以有现身说法的良好成效,他们让学生学员觉得"亲";校外专家名家是高校可以借鉴的社会高端力量,可以采用特聘方式,邀请名校教授、研究专家、行业名家和上级领导来教授党课,如邀请第十八次全国代表大会的艺术家代表来办讲座,让学生觉得"敬"。拥有这样一些特质的兼任教师,必然会拓展党课的范围,提升党课的层次,开阔党课的视野,增添党课的吸引力。

3.创新培训布局

创新党校教育培训布局,就是要使党校推行"两个延伸",实现"分层次教育培训",尤其是可尝试以党校教育系统为载体,对全体学生开展党建和思想政治教育工作,扩大党校工作的外延和对象。"两个延伸"即培训对象由入党积极分子向普通学生群体和预备党员、正式党员及党员干部两极群体延伸,培训内容由党史党章理论知识向提高师生的素质能力和各种实用技能延伸,形成"大党校概念"的教育培训新布局。"分层次教育培训"可包含四个层次:一是入党积极分子培训班,以学习党史党章基本知识为主,进行入党动机教育;二是党员再教育提高班,学习党员权利和义务,强化党性修养;三是党员中层干部学习班,学习最新的党的路线方针政策、国际国内重大形势,提升理论素养、政治思想素质和实践工作能力;四是面向全校师生以党校公开课形式开设形势与政策讲座,邀请校内外专家领导就国内外形势热点问题作专题讲座,以达到开阔视野、提高认识的目的。

三、构建有高职院校特色的实效性党校课程体系

1. 确立符合高职学生特点的教学理念和党课设置原则

针对高职学生政治思想基础较为薄弱、综合人文素养偏低、良好行为习惯较为不足、参加党校学习动机多元等特点,确立符合高职学生特点的、和谐的教育理念,强调"以学员为本",即以学员取得综合发展、获得身心愉悦为出发点,培养学生拥有健全和谐的人格、基本的政治理论知识、开阔的胸襟视野和较强的实践工作能力,在完善和提升个人综合素养的前提下,获得向党组织靠拢的内在驱动力。党校要有更为广阔的视野,关注学生健康成长、良好校风学风形成和丰富多彩的校园文化生活,在建设和谐校园过程中发挥强有力的推动作用。党课担负着用马克思主义理论武装大学生,解决大学生理想信念和世界观、人生观、价值观的任务,解决实际问题是体现党课生命力的关键。列宁曾经说过:"最高限度的马克思主义等于最高限度的通俗化。"党课应该让学生觉得亲近,可以与之交心、从中受益。党课设置应遵循实效性原则、兼顾性原则、实践性原则、个性化原则和层次化原则。

2. 构建适应高职学生实际需要的课程体系

新形势下社会发展迅速、信息传播迅捷、思想意识多元,传统的党课内容应注入鲜活的内容,以新的形式呈现给学生,才会发挥良好的教育效果。党课设置可以进行模块化设计,进行选择性模块教学。模块化党课分为五大课程体系。

（1）党的基本理论课程体系。主要是党史党章和党的建设理论，包括马克思主义、毛泽东思想、中国特色社会主义理论体系的内容。可以改变传统的教材体系，分专题向学生传授相关知识，如"和大学生谈党的光辉历史"等。每个专题的结构可以围绕主题广泛展开，如"谈党章"可以介绍党章的内涵和特征、党章产生和修正的历史、第十八次全国代表大会党章的主要内容和丰富内涵，将党章的条条框框转化成生动的历史再现和具体要求，做深、讲透每一个专题。

（2）形势与政策课程体系。及时将各个时期党和国家作出的重要方针政策和重大决定充实到党课教学内容中，特别是行业相关的重要内容。如党的十七届六中全会通过的《中共中央关于深化文化体制改革推动社会主义文化大发展大繁荣若干重大问题的决定》，浙江省委十二届十次会议通过《关于认真贯彻党的十七届六中全会精神、大力推进文化强省建设的决定》，浙江艺术职业学院党校将有关"建设文化强国"和"推进文化强省建设"的内容及时传达给学生，使他们了解文化事业发展的总体态势和发展前景，增添他们学习专业的信心。

（3）党性锻炼课程体系。包括理论学习和实践锻炼，以坚定理想信念为主题，以强化对党忠诚为重点，对学生进行理论联系实际的党性教育。理论学习介绍党性的内涵、党性修养的作用和经验，新时期大学生党性修养的内容、途径和方法，提出党校学员的标准要求，如注重学习、勇于实践、奉献社会、慎独自省、见贤思齐等，使学生不断提升自己。实践锻炼课程主要是组织以党性锻炼为主题的社会实践活动，如革命英雄主义教育情景课程培养学生为党为国奉献的志愿，服务社会实践课程培养学生为人民服务的意识，理论研究探索课程在思索和讨论中增强学生党性意识。

（4）专业熏陶课程体系。专业熏陶课程兼有专业与政治因素，通过专业人员讲座传达政治思想性内容。如艺术类高职院校党校可以邀请德艺双馨的艺术名家作讲座，艺术家的从艺经历、成功经验、奋斗历史和人生感悟，对学生启发很大，给予学生榜样的力量。如浙江艺术职业学院曾邀请参与大型舞蹈史诗《复兴之路》编导的舞蹈系专业教师讲述创排经历,通过专业行为和成就来看党的伟大和国家的复兴,受到学生欢迎和好评。

(5)能力培训课程体系。开设能提升学生综合能力和素质的应用性课程,如"怎么学习""如何演讲与辩论"等专题讲座,提升学生综合素质和能力,增强学生适应社会和今后工作的能力。发动学生开展民主自治活动,发挥党校班长联席会管理和组织党校活动的能力,组织交流会、文艺晚会、党校学员论坛、学员微型课比赛、野外拓展训练等,培养学生自信心、勇气、口才、智力及沟通能力。组织设计情景模拟课程,让学生参与实景表演、模拟法庭开庭、招聘场景、影视剧拍摄场景、公关场景、新闻发布会场景等,寓教于乐,在活动中培养学生的综合素质能力。

3.探索多元的党课教学方法

党校教学方法要契合高职学生的特点,将规范、严谨的教学要求与灵活多样的教学方法相结合,探索多元的教学方法。

(1)答疑式课堂讲授法。由原来的先讲授后解疑转化为寓讲授于解疑之中,教师可以从一开始就设置疑问吸引住学生,比如讲授红军长征史,可以先设置疑问"毛泽东在长征中有没有领导权?"引起学生注意和兴趣后,再讲解党和红军走过的那段曲折的生死存亡史。

(2)讨论式课堂讲授法。这种师生互动式的授课方式,由教师设计并提出学生感兴趣的话题,让学生积极发言和讨论,引起学生强烈反响、踊跃发言。比如针对"老人摔倒了扶还是不扶",学生必然会有各种看法,容易引起争论,教师可梳理不同观点,结合社会主义荣辱观、道德素养和党性修养等发表自己的看法,引起学生反思。这种形式可以调动学生的积极性,反映学生思想认识,可以有的放矢地指导学生。

(3)影音欣赏式课堂讲授法。举办红色电影和经典电影回顾展影,组织学生观看《复兴之路》《可爱的中国》《改革开放》《党的光辉历程》等党课党史类主题电影、音响作品和国内外艺术大片,通过丰富、真实的历史画面和翔实的解说,配以教师的讲解和学生的讨论,撰写观后感,可使作品起到佐证历史的作用。

（4）案例教学法。在教师指导下，通过真实案例展示，组织学生学习研究，并进行讲解总结，培养学生的分析、判断和决策能力。案例的选择应具有较强的故事性、时效性和逻辑性，易于形成多元观点，有较大讨论余地。教师要选择社会热点编制案例，以 PPT 或视频展现案例；组织学生观看案例并围绕设计的问题分组讨论；各组学生代表发言阐述观点，并针对质疑即兴回答；教师对学生发言进行评价与总结，并发表对案例的观点和意见。

（5）实践教学法。组织学生参加各种社会实践活动，在活动中即时进行讲授，通过情景教育启迪和影响学生。常规性实践教学如纪念革命先烈活动可以感动学生，参观名人故居可以唤起学生的效仿热情，深入部队体验生活可以增长学生的知识阅历，参加义务劳动可以培养学生的爱心和社会责任感。专题性实践教学通过设计形成完整的实践教学过程，如设计活动主题；组织学生赴实地活动；活动过程中学生听取介绍，并作记录、摄影、资料收集等；教师或专业人员在活动过程中讲授；活动结束后学生按照要求撰写考察报告，提出活动体会和需要解决的问题；教师组织学生进行研讨，并对考察报告进行评价和总结等。

苏霍姆林斯基说："如果你不想使知识变成僵死的静止的学问，就要把语言变成一种最重要的创造工具。""学源于思，思源于疑。"人的思维往往是从好奇和疑问开始的。党校培训应培养学员"求实"的求学精神，"探讨"的教学方法，本着"实事求是"的精神，构建高职院校党校教育有效性培训机制和适应高职学生实际需要的课程体系，使高职院校党校起到富有实效的育人作用。

参考文献

[1]　[苏]苏霍姆林斯基.给教师的建议[M].杜殿坤,译.北京:教育科学出版社,1984.

[2]　李奕林,邬建刚,林克励.大学生党员培训教程[M].北京:新华出版社,2009.

［3］ 斯国新,郭维清,葛仲欢,等.红色讲坛(下篇)［M］.杭州:杭州出版社,2008.

［4］ 曹雯.浅论高职院校党校的地位和作用［J］.党建工作,2007(11):79-80.

［5］ 侯慧珍,蒲俊霖,卢春慧.浅谈新时期高校党校工作创新与实践［J］.科教文汇(下旬刊),2010(6):17-18.

［6］ 张立新,刘振宇.高校党校开设党课类选修课程的思考与实践［J］.学校党建与思想教育,2009(5):24-25.

［7］ 王立志.高职院校党校教学优化与创新初探［J］.辽宁教育行政学院学报,2008(8):58-59.

新媒体平台在流动党员管理中的应用

——加强高校学生流动党员的管理①

郑园全

中共中央 2006 年 6 月下发了《关于加强和改进流动党员管理工作的意见》,明确了党组织在流动党员管理中的主要责任和对流动党员的基本要求,突出了改进流动党员管理方法,把流动党员管理纳入了正规化管理轨道。随着我国改革开放的深入和高等教育大众化进程加快,高校学生日益增多,高校学生的党建和管理工作出现许多新情况、新问题,尤其是高校学生流动党员的教育管理,已成为高校党建工作中的重点。加强高校流动学生党员的教育管理既是高校党组织对学生流动党员提高党性和组织观念教育的一项具体措施,又是新时期高校党的基层组织管理工作的新要求。

随着高校学生流动党员的日益增多,管理难度也越来越大,传统的管理模式已经难以适应面广量大的学生流动党员教育管理的现实需要。当代新媒体以其快捷的传播速度、丰富的传播内容和独特的传播方式受到了思维敏捷、思想活跃、易于接受新鲜事物的高校大学生的青睐。在新媒体快速兴起的现代社会,如何利用新媒体平台建立健全符合高校特点的学生流动党员教育管理机制,使学生流动党员在流动期间能及时接受党组织的教育管理和监督,充分发挥学生党员的先锋模范作用,不仅是提高管理效率的现实需要,还是新时期高校党建工作面临的新课题。

---

① 本文发表于 2014 年 1 月《前沿》。

本文以新媒体平台在高校学生流动党员管理中的应用为研究线索,探索研究高校学生流动党员管理的新模式和方法,为高校学生党建工作提供重要实践依据。

一、新媒体的特征

在全新的科学技术支持之下产生的媒体形态称为新媒体,如数字报刊、数字书籍、手机信息、移动网络等。相对于报纸、户外、电视、广播四大传统的媒体来说,新媒体被人们称为"第五媒体"。对比传统媒体来说,新媒体具有以下几方面的特点。

1. 交互性与即时性

在新媒体进行传播的时候,传播的人和听众都是地位相等的,他们的角色可以进行互换,听众可以成为新的信息传导者,能够自主地去搜集信息和传播信息,听众可以通过登录网络或者手机短信的方式和信息的传导者进行较好的沟通。手机和互联网是传播范畴比较大、覆盖范围比较广的新兴媒体,它们本身具有数字传播的特点,这就使得它们的传播速度十分快捷。特别是手机,它可以随时登录互联网,还可以随身携带,有利于新闻消息的动态化关注和即时更新。

2. 海量性与共享性

伴随着科学技术的飞速发展和社会的进步,使用互联网和手机这些新媒体传播的信息内容十分丰富,但从信息自身来讲,其包括文学作品、新闻热点、学术专著、影视作品和个人专著等;从信息的特点来讲,其包括时事政治、商业广告、生活杂志及娱乐新闻等;从信息的来源来讲,其包括合法的信息、非法的信息及在社会里广为传颂的中性消息等。

3. 多媒体与超文本

"multimedia"是多媒体的英文写法,如文字、数字、声音及图片,中文里都翻译为媒介。超文本(hypertext)是超链接的方式,把所有的文字消息网罗到一起,还是一种用户使用界面范本,用来表现文本和文本之间的有关信息。伴随着网络和手机的性能的不断强大,互联网能够以文字、短讯、视频的方式满足在线聊天；能够通过博客、微博、QQ 等发表自己的看法和意见；还能够通过文本预览、多媒体课件等方式传播各种消息。

4. 个性化和社群化

新媒体进行信息传播的时候，受众的主体地位可以充分地得到发挥，这在较大程度上满足了人们希望得到信息平等享受的需求。受众不但可以在第一时间得到需要的消息，还可以自由地发表自己的言论，这就表现出新媒体的人性化特点。与此同时，新媒体进行传播信息的时候有积极的指引性，可以在受众间很快达成共识，可以构成一定的社会影响力，这比较有利于和思想政治教育构成组合，达到实现社会效应的效果。

二、新媒体平台在高校党建工作中的应用现状

1. 高校党建利用新媒体传递信息

充分利用校园网建设网络党建，开设党的理论学习阵地，进行党建信息的及时传递，发挥网络传播的实效性、即时性，及时向基层党支部传播上级党组织的声音，增强党组织声音的传播力和渗透力。

2. 高校党建利用新媒体加强服务

高校党建利用党建微博、微信、QQ 群等新媒体形态，设立网络服务窗口，服务于基层党员，倾听基层党员的诉求，在基层党组织之间、基层党组织与党员之间搭建起一座网络上的联系桥梁。高校党组织借助新媒体掌握师生思想动态，了解学生需求和存在的问题，及时解决学生的思想困惑和实际困难。这提升了党组织形象，密切了党群关系。

3. 高校党建通过新媒体传递正能量

高校内基层党组织将先进典型事例，制作成微视频短片或幻灯片，利用视频播放和图片展示等媒体手段，多视角地宣传和展现党员

风采,提升党员在群众心目中的良好形象,树立党员的先锋模范作用,及时向党员和群众传递正能量。

虽然新媒体在高校党建工作中应用较为广泛,但目前在运用各类新媒体之间呈现出分散状态,新媒体资源整合度低、新媒体之间缺乏互动,由此造成了高校党建工作开展过程中的资源浪费。特别是在学生流动党员的管理上,高校党建还没有有效借助新媒体平台的举措,学生流动党员的管理还处于较传统的方式。因此,须通过优化整合各类新媒体资源和手段,实现新媒体系统化应用,搭建能加强学生流动党员的管理并适合于高校党建工作的新媒体平台。

三、高校学生流动党员现状分析

中央组织部最新党内统计数据显示,截至 2012 年底,学生党员已达290.5 万名,占我国党员总数的 3.4%,学生党支部达86788 个。近年来,高校每年发展学生党员人数均超过全国发展党员总数的1/3,已成为我党新鲜血液的重要来源。

(一)高校学生流动党员的主要类型

本文所指的高校学生流动党员,主要特指组织关系在学校,但因为毕业或者实践、放假、休学等原因,造成在较长一段时间内都无法正常参加学校党组织活动的学生党员。高校学生流动党员主要类型如下:① 组织关系挂靠在学校的毕业生党员;② 参加社会实践类活动(如实习、支教等)或留学(如公派、自费留学、做交流生等)的党员学生;③ 处于休学期的学生党员;④ 处于寒、暑假等假期的学生党员。

(二)高校学生流动党员的主要特点

1.高校学生党员的流动具有"被动性"和"临时性"

高校学生党员整体素质较高,他们对党组织热爱且比较依赖,他们在毕业后、假期里、实习中、休学时都非常需要学校党组织的帮助和指导,但因为人不在学校而无法实现,因此被动地成为了流动党员。同时,他们的流动具有临时性,如寒、暑假是特定的"流动期",而休学则是个别学生党员机动的"流动期",这样的流动是暂时的、可变的。

2.高校学生党员具有"信息化"的成长背景

如今高校的学生主要为 90 后,他们出生于互联网技术蓬勃发展的 20 世纪 90 年代,成长于信息爆炸的 21 世纪。电脑、手机是他们生活中不可或缺的一部分,他们能熟练应用 QQ、MSN、飞信、彩信、微博、微信等新媒体,新媒体已成为高校学生获取信息的最主要渠道。因此,"信息化"背景下成长起来的高校学生党员,能正确认识并熟练应用新媒体。

3.高校学生流动党员党性修养较薄弱

大部分学生党员的党龄较小,他们都是在进入大学之后才正式系统地学习到党的理论知识,通过入党启蒙教育,激发出了自身想要入党的愿望,并向党组织递交入党申请书。高校基层党组织需要对递交入党申请书的学生进行一段较长时间的考察和培养,因此绝大多数都是在大学二年级或是三年级才能被发展成为党员。因此,党龄尚小的高校学生流动党员对党的基础理论学习还不够,党性修养也较薄弱,有待党组织进一步培养、教育、引导和帮助。

四、高校学生流动党员管理问题分析

高校学生流动党员出现各种形式的"脱管"现象,引发诸多问题,如党组织关系挂靠问题、参加党组织生活问题、党内学习问题、预备党员转正问题、缴纳党费问题、信息交流问题等。

1.毕业生中出现了三种"情况党员"

高校学生流动党员中毕业生流动党员人数居多且情况复杂,出现的问题也最为严重。毕业生中出现了以下三种"情况党员":① 挂名党员。党组织关系暂时挂靠在学院的毕业生党员,学校党组织没能掌握这些党员毕业后的职业去向和联系方式,没有办法和他们交流,变成了"挂名党员"。② 口袋党员。有些大学生毕业以后,就把党组织关系迁出去了,他们的就业单位没有或者不健全党组织;有的党员没有就业单位,或者是自己创业,或者是继续深造、报考公务员,或者是想要出国留学去参加各种各样的培训班,他们的党组织关系没有办法转到新的党组织,不得不把党组织关系随身带着,变成了所谓的"口袋党员"。③ "三不党员"。上述两种党员不参加党组织的所有活动,不给党组织上交思想汇报,不能按时地上交党费,这就自然地变成了"三不党员"。

这些高校毕业生流动党员在校的时候,大多数都是成绩优异的三好学生,可以在德、智、体、美、劳等各个方面起到较好的带头作用。在毕业后没有了党组织,变成了流动党员,他们没有了自觉性,失去了先锋模范作用。他们没有了原有的积极主动性,不再是他人学习的榜样。

2. 无法按时转正

"挂名党员"和"口袋党员"中有相当多是预备党员,在预备党员考察期间,因为没有办法过正常的党组织生活,不能按时向党组织上交思想汇报,没有办法在预备期内完成党组织的培养。同时,高校党组织因难以掌握他们的各方面表现,支部的其他党员也因不了解其情况而难以发表意见,使得培养考察难以落实,转正程序难以正常进行,给流动预备党员的转正工作带来了很大的困难。这就导致部分处于预备期的流动党员到了转正时间无法正常转正。

3. 临时流动党员出现"脱管"现象

参加社会实践类活动、留学、休学或处于寒、暑假等假期的学生党员,是属于最容易被学校党组织忽视的对象,是流动党员管理上的一个"盲区"。他们的党组织关系虽然在学校,但是由于地域限制及学生个人等因素的制约,无法与支部其他党员共同参加组织生活,党组织对党员的教育引导无法落实,也无法掌握其思想动态。

五、运用新媒体平台加强高校学生流动党员的管理

要有效解决高校学生流动党员呈现出的种种问题,可通过运用新媒体平台来实现。一方面,新媒体平台具有信息容量大、资源丰富、传输快捷、交互性强、覆盖面广、形式多元等优势;另一方面,高校学生思维活跃、乐于接受新鲜事物,对新媒体应用接受能力强。因此,充分利用新媒体搭建符合高校学生流动党员实际的管理平台,是加强高校学生党员动态管理的重要途径。

1.搭建信息平台

针对高校学生流动党员的实际情况,实行信息化、网络化管理,充分利用信息共享、信息传播等先进的信息资源管理办法,对党员的分布、构成、流动等情况进行动态化管理。应用新媒体平台及时、准确地将流动党员的相关情况录入党员基本信息数据库中,实行信息化管理,做到联系对象明确、联系责任落实。信息库中的内容应包括流动党员的基本情况、联系人与被联系人的电话、流动去向等,以便真正实现对流动党员的数量、去向、思想等方面的动态管理。

2.搭建学习平台

建立设置合理、内容丰富的流动党员网站,可以把"挂名党员""口袋党员""三不党员"、游离于体制外的流动党员组织起来,确保党员无论流动到何处,可以轻易地通过互联网学习党的新方针、政策,参与党组织生活,行使党员的权利,接受组织的考验和顺利完成各项任务等,加强了流动党员对于党组织的认同感。可以在互联网上创建"学习平台",以党的方针、政策、思想教育为党的教育重点,开设多种多样的服务栏目,及时把党的好的政策宣传出去,让所有的人知道我党的优越之处。这样就可以使"挂名党员""口袋党员""三不党员"找到党的归宿,可以更好地行使他们的权利,完成他们的使命,更好地体现一个共产党员的权利。搭建了这样的学习平台,使这些党员在党组织生活中不再孤单。

3.搭建交流汇报平台

一方面,各院系党组织可随时通过网络平台,将近期党组织学习的议题、内容、要求等向学生流动党员公布;另一方面,学生流动党员可通过网络平台将自己的学习情况向党组织汇报,学生流动党员之间也可以通过网络平台自由展开讨论,表达自己的意见、观点,开展批评与自我批评,开展网上组织生活,并以此进一步加强高校学生流动党员的双向管理。

充分利用"流动党员 QQ 群""流动党员飞信群""微博"等特色媒介平台,完善已建或在建党建网站的栏目设置,开设"网上流动党员党支部""流动党员在线"等作为教育、管理流动党员的窗口。首先,要及时录入党支部的活动安排及相关材料,使流动党员能随时随地在网上点击阅读,并按照党支部的活动要求,通过网络参与组织生活,如学习文件、交流讨论等;其次,为每一位流动党员配置电子邮箱,党支部可以根据党员的不同情况随时寄发有关材料,流动党员也可以通过邮箱寄发其合理化建议、意见和思想、工作、学习方面的汇报材料;最后,通过"流动党员在线"这一互动性栏目,加强同流动党员的交流与沟通,及时解答他们在外地工作、生活和学习中遇到的疑难问题。

4.搭建党员转正平台

有的高校学生流动党员到期不能按时提出转正申请,有的虽已提出申请,但因身处国外或者其他原因,难以正常参加转正会议,无法按时转正。有的流动党员由于忙着找工作,或把党组织关系揣在口袋中,或把组织关系挂靠在原户籍地党组织,以致两三年甚至三五年都没有转正。面对上述情况,应充分利用新媒体平台,如网络视频会议等功能,通过网络跨越地理、时间上的距离,定期在网络上召开视频会议,流动党员可以在视频会议上交流学习心得和思想汇报。支部的其他学生党员可以在网络视频会议中了解流动党员的基本情况,与他们进行交流与沟通。党支部的成员可以出席视频转正会议,让有需要转正的流动党员按时转正,人性化地解决流动党员转正难的问题。

5.搭建党费缴纳平台

党章规定:"党员如果没有正当理由,连续六个月不参加党的组织生活,或不缴纳党费,或不做党所分配的工作,就被认为是自行脱党。"为避免流动党员无处按时按规定缴纳党费,需增加"网上缴纳党费"和"缴纳党费短信提醒"功能,对流动党员进行人性化管理,并对不按期不按规定缴纳党费的行为进行记录,作为该党员民主考核测评的依据。以上措施旨在避免党员管理上的脱节,防止很多消极现实问题的出现,确保流动党员在流动期间认真履行党员义务,发挥党员的先锋模范作用。

六、结语

新媒体平台有着独特的优势,它能突破地域、时间的限制,帮助流动党员建立归属感、存在感,帮助学生流动党员树立遵守党纪的意识和提升党性修养,必将在高校学生流动党员的管理中发挥重要的作用。但新媒体平台也有它的局限性,例如,易造成"心理脱党"现象。必须正确认识新媒体平台优势,同时看到其不足,充分利用但绝不过分依赖新媒体平台。搭建符合实际、行之有效的新媒体平台,对不断加强高校学生流动党员的管理,进一步建立健全流动党员教育管理的长效机制具有重要的创新意义。

参考文献

[1] 陶大伟.高校大学生流动党员管理探析[J].常州信息职业技术学院学报,2012,11(6):86-88.

[2] 范鸿飞.新媒体环境下高校党建工作的现状及对策[J].青年文学家,2012(17):193-194.

[3] 李得锐.大学毕业生流动党员管理"盲区"难题的思考[J].南阳师范学院学报,2011,10(11):102-104,120.

［4］ 陈文胜.试析网络环境下流动党员管理机制的创新［J］.唯实，2010(3):18-21.

［5］ 张建星,张静.新形势下高校流动学生党员教育管理现状与对策研究［J］.网络财富,2010(4):45-46.

［6］ 段雪辉.对加强高校毕业生流动党员教育管理的思考［J］.中国科技信息,2006(23):219-220.

［7］ 朱玮,庄臣.基于新媒体视角的高校党建工作新载体研究［J］.现代物业,2012,11(4):75-77.

点灯工程:高校基层学生党支部创新建设模式
——以浙江艺术职业学院文化管理系党支部为例[①]

钱杏芬 胡卓群

一、高校基层学生党支部创新建设的现实意义

高校是中国高等知识分子和未来社会精英的集结地,高校的党建工作关乎学院的健康发展和社会的和谐、稳定。中共中央十七届四中全会通过的《中共中央关于加强和改进新形势下党的建设若干重大问题的决定》提出要把全面贯彻党的教育方针、培养社会主义建设者和接班人贯穿高校党组织活动始终。这是加强和改进高校学生党建工作的要求,是充分发挥党的组织优势和政治优势,是做好大学生思想政治教育工作、培养和造就高素质人才的迫切需要。

高校学生党支部是高校的基层党组织,是高校党建工作发展的基础,是学生党员教育管理的最基本单元,也是对学生党员进行教育管理的最直接、最有效的载体,中共中央《关于加强和改进在大学生中发展党员工作和大学生党支部建设的意见》再次明确指出:"要把

---

① 本文发表于 2013 年 10 月《黑龙江教育学院学报》。

大学生党支部建设成为带动学生班级团结进步和开展思想政治教育的坚强堡垒。"

近几年来,高校学生党支部党建工作在学生党员教育管理、党员发展、党支部活动中,能够按照学生党建工作的有关规定和要求,在党员作用发挥、加强入党积极分子队伍建设等方面开展工作,学生党支部工作整体情况较好,但也出现了一些新情况:其一,基层党组织数和党员数迅速增加,但组织体系构建和功能发挥还存在缺陷,在强化基层组织接受、贯彻和执行上级的路线、方针和政策的同时,忽视基层组织自身的独立性与创造性,党支部活动内容形式单一,对学生的日常教育和培养重视程度不够;其二,面对思想文化领域的种种复杂情况,党员思想上出现了许多新情况、新问题,传统内容、传统方式无法满足需要,导致一些人"组织上入党,思想没有真正入党"的功利主义倾向。高校党建工作带来的新情况,使高校基层学生党组织建设面临许多新困惑、新课题。

创新是党建工作的活力之源,高校学生党支部党建工作创新是应对时代变革,提高组织战斗力,完善学生综合素养的必由之路和必然选择。努力探索新形势下行之有效的高校基层党组织建设的规律和方式,是时代赋予我们的不可推卸的责任。浙江艺术职业学院文化管理系党支部积极探索高校基层党组织建设的新路子,着力寻找"基层党组织的战斗堡垒作用和党员的先锋模范作用"与"引领大学生刻苦学习、团结进步、健康成长的班级核心"的紧密契合点,创新推出的"点灯工程"模式,有效地将学生党员的培养和考察工作,融入大学生成长成才的长远目标之内,纳入引领学风校风的总体要求之中,成为高校立德树人这一中心工作不可或缺的组成部分和学院党建创新模式的品牌。

二、高校基层学生党支部创新建设的基本方面

"点灯工程"是文化管理系党支部基于多年的学生党建工作积淀而创新推出的,它紧紧围绕高校"培养德、智、体、美全面发展的中国特色社会主义事业合格建设者和可靠接班人"这一根本任务,是充分

发挥党支部党建育人这一独特功能的具体举措。

(一)"点灯工程"的组织保障

高校基层党建工作的生机和活力来自党支部。党支部有把握师生舆论动向、直接面向师生的政治优势,有最密切联系群众、有效服务学生的组织优势,抓好党支部建设是党委(党总支)的基础工作。创新基层党建模式,需要切实发挥好党支部的组织保障作用。

文化管理系党支部牢牢遵循"围绕中心抓党建,抓好党建促发展"的工作思路,把党建工作作为系部教学教育立德树人的核心组成部分,努力打造创新型基层党组织,非常重视团队的自身建设。第一,认真落实制度建设。党支部严格按照上级文件的要求和学院党委的部署,注重制度建设,认真落实"三会一课"制度,创新完善学习制度、培养对象联系人制度、培养对象公开考察制度、培养对象自我成长记录制度、学生入党分阶段推荐等一系列的制度,为切实开展好党支部的日常活动提供制度保障。第二,灵活设计组织形式。根据系部发展与学生人数现状,党支部及时调整学生党小组的设置,分别设立了毕业学生流动党员、大三校外实习党员、低年级在校学生党员等多个党小组,以便于管理。第三,注重创新工作方式方法,设置和培养学生党务干部,选拔在学生党员中有较高威望并对党务工作有热情的学生党员担任学生党小组组长和党务助理,学生党小组组长和党务助理上任前由支部负责人进行专题任前谈话和专门的党务工作培训。第四,注重党员意识培养。党支部策划和组织"从南湖启航"的主题党日系列活动,开展"唱响红歌,祝福祖国"主题活动、"我心目中的大学生党员"演讲比赛、"在国旗下宣誓"、红色海报展览、红色电影观看等活动。

党支部的这些举措,有力地推进了团队在系部战斗堡垒作用的发挥,有效地起到了"党建带团建""党风带教风"和"党风带学风建设"的引领作用,为"点灯工程"的顺利开展提供了强有力的组织保障。

(二)"点灯工程"的实施过程

"点灯工程",分别从为学生党员终身发展服务(包括学生党员自我服务)和学生党员为广大学生服务纵横两个视角,开展了富有新意的党建育人的实践。

1. 培养一年,点亮一生

"点灯工程"之一,就是点亮学生党员和培养对象心中的那盏信仰和理想之灯,树立正确的世界观、人生观和价值观,坚信共产主义的崇高目标,坚定中国特色的社会主义远大理想,切实践行"全心全意为人民服务"的庄严承诺,端正入党动机,明确努力方向。

按照党员发展的基本规定,大学生自递交入党申请书成为入党积极分子后,培养考察时间为一年及一年以上。党支部开展"党员和培养对象集体约谈"活动,并给每位培养对象安排一位教师党员和一位学生党员进行"一对二"的联系和教育,坚持以理想信念教育为核心,以大学生全面发展为目标。联系党员针对培养对象的思想状况而进行形式多样的个别辅导和谈心,及时了解培养对象的思想变化,解决他们的思想道德困惑,帮助他们加强理论学习,特别注重细节上的把握,提点他们某篇思想汇报中的错别字、某次课堂中的松懈、与某位同学相处中的自我放纵等,也会积极鼓励和疏导他们面对新任务的胆怯、面对挑战的迷茫、面对困难的畏惧、面对同伴误解的委屈。党支部还特别注重发挥大学生"自我教育、自我管理和自我服务"的作用,认为入党首先应该是培养对象的自我锤炼,专门开展读刘少奇《论共产党的修养》活动,设计《培养对象成长记录本》,让大学生在记录自我行动和感悟的点滴中,学会通过自身的努力一步步地走向成长和成熟;党支部还实行了培养对象自我剖析制度,要求培养对象在考察到期时,对照党员标准撰写自我剖析材料先行自我评估,而后接受支部党员的逐一点评。

培养一年,点亮一生。通过党支部师生的共同努力,培养对象深刻认识到入党不是一时一事的追求,而是一辈子的选择。入党的过程,是大学生突破自我、超越自我、升华自我、完善自我的过程;入党的过程,是大学生自尊、自爱、自律、自强、自省的优良品格培养和克服困难、经受考验、承受挫折的能力培养的过程。从一名普通学生成为一名大学生党员,一年的努力过程只是漫长人生路上一个崭新的起点;一年的考察期必将对今后一生的事业都产生深远的影响。

2.发展一个,点燃一片

"点灯工程"之二,就是学生党员在入党的过程中和入党后,不仅要点亮自己,更要照亮别人、点燃别人,要成为刻苦学习、团结进步、健康成长的班系核心,成为大学生们全面发展的先锋模范,成为值得大家看齐的"星火"之人。

党支部领导下的常设机构系党章学习班,由全体学生党员、培养对象和学生干部组成,是大学生党员的成长摇篮和学生骨干队伍的培养基地。党支部指导并支持学生党员和培养对象,自觉担当起为身边同学服务的职责,主动接受锻炼和挑战来获得群众的认可。学院和系的招生、迎接新生、大学生艺术节等许多活动中,活跃着学生党员和培养对象的身影;由学生党员和培养对象组成的系志愿者队伍,主动承担起大一早晚自修值班、新生班班主任助理工作等任务。以学生党员和培养对象为骨干的历届团总支学生会成员,在营造浓厚的文化氛围、建设良好的学习风气方面尽心尽职、与时俱进:学习部推出"专升本"讲座,为同学们的深造解惑答疑;纪检部每周一张的考勤汇总表,为教学秩序井然起到督促作用;宣传部半月一期的学生工作简报,为推进全系的学风建设提供舆论导向;安全部开展的安全提醒、安全知识测试、安全讲座及安全检查和演练,为学习和生活提供自我保障;文艺、体育部精心策划的"一月二活动"精彩纷呈,为全系学生提升素质发挥潜能创设平台;校友工作部的校友访谈系列活动,为大家珍惜今天、展望明天指引方向。在各班的课程学习和专业实践中,学生党员和培养对象更是时刻走在了前列。

发展一个,点燃一片,一个人的入党过程,产生的是对整个群休的引领;一个学生的成长过程,带动的是一个班一个系学生共同进步、共同成长的过程。学生党员和培养对象在服务广大群众中实践着宗旨、提升着自己;他们在班系发挥先锋模范作用,在学生群体中形成"星火"效应,成为了团队的核心力量,成为了班系团结向上、健康发展的领跑者。

三、高校基层学生党支部创新建设的工作成效

创新基层党支部建设,是党的"全心全意为人民服务"的宗旨的内在要求,落实在高校就是"以学生为本"、全心全意地为大学生成长成才做好服务。如何培养出理想远大、信念坚定,品德高尚、意志顽强、视野开阔、知识丰富,开拓进取、艰苦创业的新一代,是高等教育面临的重大课题,也是高校党支部面临的重大考验。文化管理系党支部的"点灯工程"的适时推出,受到同行的高度关注,收到了较好的成效。

文化管理系的学生党员,心中揣着这盏点亮的信仰之灯,他们刻苦学习、埋头苦干,团结同学、勇于担当,不怕挑战、不断超越,以默默无闻的奉献精神履行着全心全意为同学服务的使命,自觉地在学习上、生活上和各种社团活动中发挥着先锋模范作用,取得了可喜的成绩,在班系中树立了学生党员的良好形象。他们有学院唯一的特等奖学金获得者,有国家奖学金获得者,有国家励志奖学金获得者,有省级优秀毕业生获得者。全系院级奖学金、三好学生、优秀毕业生的获奖主体,全系各班学习成绩和综合素质居前十位的学生中的绝大多数都是学生党员或培养对象。即使是已走出校门的学生流动党员,依然本着"传承文管优良学风,助推母校长远发展"的热切心愿,履行着为全系学弟学妹服务的义务:有的学生主动回校参加"专升本座谈会",以自己的成功为在校生的继续深造指点迷津;有的学生及时出现在系学生干部的例会上,以自己亲自经历的大学生"挑战杯"感悟,鼓励学弟学妹大胆迎接挑战;有的学生应邀来到大一的课堂,以自己的就业经历激励学弟学妹时刻为明天的事业做好准备;元旦前夕"文化管理系校友篮球友谊赛"在体育馆火热朝天地进行,在场的新老校友无不为这跨越六个年级的相聚而欢呼。

"点灯工程"在大学生心中点燃了一大片理想之灯,产生了成燎原之势的"星火效应"。例如,"从南湖启航"的主题党日系列活动,就

受到了系内外师生的大力支持和欢迎,在南湖畔新老党员的入党宣誓使理想信仰更加坚定,精心制作的"入党宣誓纪念卡"被党员师生珍藏;根据"从南湖启航"的主题党日系列活动成果制作的展板被学院选送至省级文化系统机关党委展览。受到文化管理系大氛围的熏陶,该系学风持续在全院处于领先地位。文化管理系党校学员培训班连续被评为"优秀班级",近几届新生班获得"军训先进集体"称号数量位居全校前列。2011年文化管理系被评为学院"校园综合治理先进集体",并创造了年度学生毕业率和就业率"双百"的历史纪录。系党支部多次被学院评为"先进党支部"。在校园文化建设方面,党支部申报的两个校园文化品牌项目"'三自'教育接力传,校园生活保平安——文化管理系扎实推进学生安全文化建设"和"文化管理系宣传平台:分享有生命力的文化"通过评审获得立项,其中"'三自'教育接力传,校园生活保平安——文化管理系扎实推进学生安全文化建设"被评为学院首届第八次全国代表大会校园品牌项目。

　　高校基层党支部党建创新是一项探索性工作。推进高校基层党支部党建工作创新,就要改进基层党组织的工作方式,增强基层党建工作的吸引力和感染力,充分发挥党支部推动发展、服务群众、凝聚人心的作用。"点灯工程"使文化管理系党支部的战斗堡垒作用明显增强,学生党员的先锋模范作用充分发挥,对入党积极分子和普通学生群体产生了强大的感召力。"点灯工程",点亮学生党员的一生,让学生党员的培养过程成为提升综合素质、促进全面发展的过程;"点灯工程",点燃学生党员周围的一群人,让学生党员的成长过程带动广大学生集体进步、集体成长的过程。几年来,文化管理系的学生党员毕业了一批又一批,他们在各自的岗位奋发有为,受到了用人单位的欢迎;而党支部的党员教师们依然忠实地履行着自己的神圣职责,甘愿做着"燃烧自己,点亮学生"的默默无闻的"点灯人"。

参考文献

[1]　石国亮.大力推进高校基层党建工作创新[J].学校党建与思想教育(高教版),2007(1),1

［2］ 蔡晓平,陈茵茵,许拥旺.高校二级党组织学生党建工作的创新［J］.学校党建与思想教育(高教版),2011(2):22-24.

［3］ 余淑均.高校学生基层党建工作创新与实践［J］.思想教育研究,2011(2):46-48.

［4］ 中共中央组织部组织二局,教育部思想政治工作司.《中国共产党普通高等学校基层工作条例》学习辅导读本［M］.北京:高等教育出版社.2011.

［5］ 汪哲伟.关于当前高校学生党支部建设工作的几点思考［J］.思想理论教育导刊,2011(3):92-95.

以法治思维推进艺术类高职院校党务干部队伍建设

汪　琳

法治是治国理政的基本方式,依法治国是党领导人民治理国家的基本方略。高等教育包括公共基础教育、专业基础教育和专业教育,其中思想政治教育是公共基础教育的重要内容,高职院校党建工作是确保思想政治教育在高职院校开展的重要保障,以法治思维推进高职院校的党建工作,对高职院校发展具有战略性的意义。而党务干部队伍的综合素质的优劣和能力的强弱,在一定意义上将影响高职院校党建工作成效、基层党组织战斗堡垒作用和党员先锋模范作用的发挥,关系高职院校党务工作的成败,更重要的是关系为社会培养什么样的人才和怎样培养人才的大问题。艺术类高职院校的学生特性十分突出,在知识积累、艺术情感认同、入党动机和认知思维模式等方面都具有一定的特殊性:艺术类学生偏重艺术专业学习,综合文化知识基础较弱;艺术类学生个性张扬,表现欲强,对政治敏感度和兴趣不高;艺术类学生感性有余,抽象思维能力较弱。正是由于艺术类高职院校学生具有这样一些区别于普通高校学生的学情特质,决定了其独特的思想倾向,也加大了思想政治教育和党务工作的难度,"艺术类学生难管"成为高职院校思想政治工作中的一个普遍现象。为此,艺术类高职院校教师尤其是党务工作者,在教育过程中更要注意艺术类学生群体的特殊性,因材施教,努力将枯燥的党建理论与艺术教育实践有效地结合。

面对艺术类高职院校党建工作的复杂性和困难性,关键要有一支政治思想强、业务能力精、创新意识活、组织纪律严的党务干部队伍。党的十八届四中全会提出:"全面推进依法治国,总目标是建设中国特色社会主义法治体系,建设社会主义法治国家。"法治讲规则、讲程序,追求权利、义务与责任的协调统一,通过法治建设推进党务干部队伍正规化、专业化和职业化建设,从而完善党建工作的各项制度,健全艺术类高职院校的党建体系,是艺术类高职院校发展改革的有力保障,也是进一步推动艺术类高职院校党建工作创新发展的积极探索。

一、当前艺术类高职院校党务干部队伍建设存在的问题

(一)党务干部整体素质和水平普遍偏低

艺术类高职院校基本上建校时间不长,学校工作重心往往放在硬件建设、专业教师和人才的延揽和培养、学校扩招后的管理培养上,对党务干部队伍建设重视不足。艺术类高职院校党务干部与专业授课老师相比,往往存在学历、职称相对较低,大多没有专业背景,心理学、教育学、政治学等知识缺乏,个别党务干部年龄偏大、学历偏低、知识结构老化等情况,严重制约和影响了党务工作开展的范围和深度。

(二)党务干部队伍培养和发展普遍较弱

艺术类高职院校学生毕业以后从事行政管理类工作的较少、从事艺术相关专业工作的较多,学生受当前社会文艺活动功利主义、艺术审美观多元异化的冲击十分严重,一些艺术类高职院校教师和管理人员也受到社会艺术活动急功近利价值取向的影响,忽视了思想政治与艺术专业合力教育的正向叠加作用,对专业教师的聘请和培养重视有余,对党务干部的培训和发展普遍忽视。

(三)党务干部工作压力和强度普遍较大

艺术类高职院校的学生具备一定的艺术天赋和艺术特长,往往

有较强的自我优越感,但在进入大学校园后,面对众多有着艺术特长的同学,自身的优势不再明显,会导致这部分学生自我认同感降低,从而容易出现缺乏自信、悲观、消极的不良心理,有时甚至引发极端行为,这对艺术类高职院校开展党务工作开展造成了不小的压力和难度。艺术类高职院校党务干部都是坐班制的,相对授课教师存在工作时间长、工作量大的情况,加班多、会议多、文件多等"三多"现象十分普遍,由于长年累月超负荷工作,普遍存在心理压力大、工作情绪易波动等情况,长此以往十分不利于党建工作的开展。

(四)党务干部发展空间和薪酬普遍较少

与专业授课教师相比,党务干部由于岗位特点和专业职级的限制,往往长期在党务工作岗位上,缺乏交流和提拔的机会。同时,由于艺术类高职院校相对于综合性大学在薪酬待遇、晋升空间上相对偏少,往往造成本校优秀的党务干部想跳槽到其他高校、其他高校优秀的党务干部不愿进来的尴尬局面。

由于上述问题的长期存在,造成了一些艺术类高职院校的党务干部工作积极性不高,有的一门心思想转岗到专业教师或教学管理岗位;有的为了提高收入,在本岗位上"身兼数职";还有的编制外教师想通过以党务工作(如辅导员岗位)为踏板进入编制内等,从而造成了党务干部队伍的不稳定。

二、艺术类高职院校党务干部队伍的素质要求

(一)过硬的政治素质

政治素质是高校党务工作者素质的核心,是每个党务工作者应当具备的首要条件,一个高校的党务工作者如果没有过硬的政治素质,无论其能力多强,学识多深,都不能成为合格的党务工作者。政治素质主要包括以下几个方面。

1.坚定的理想和信念

理想和信念是一个人的政治思想、社会意识和人生目标的集中

反映,决定着一个人的生活目标及行为方向,包括世界观、人生观和价值观。艺术类高职院校学生往往比较重视专业技能训练,忽视对个人的综合技能、人文素养和政治思想的学习,从而导致其理想和信念淡薄,世界观、人生观、价值观易发生偏离。因此,艺术类高职院校党务工作者更需要具有坚定的共产主义理想和社会主义信念来引领和影响学生。

2.正确的政治方向和立场

"艺术没有国界,但艺术家有国界",随着国际文化艺术交流的不断深入,艺术类高职院校师生受西方各种文化和思潮的冲击更加强烈,作为艺术类高职院校的党务工作者,必须保持政治上的坚定性,自觉贯彻党的基本路线,在处理问题中要善于从政治上正确认识和判断形势,要始终在政治上保持清醒和坚定,具有高度的政治鉴别力和政治敏锐性。

3.强烈的责任感和事业心

大学生党建工作范围广、任务重、时间长,如果不具有强烈的责任感和事业心,长期面对的繁重而基础的工作,会导致工作热情降低、工作责任心下降。作为艺术类高职院校党务工作者,只有具备了强烈的政治责任感和事业心,才能兢兢业业工作,才会面对急难险重任务毫不畏缩,勇挑重担。

4.牢固的服务意识和理念

艺术人才要从小培养,因此很多艺术类高职院校设置有附属中学,很多学生在小学和初中阶段就入校学习培养,这些学生从小离开家庭,学校不但在专业上要培养,在生活上还要关心照顾。因此,艺术类高职院校的党务工作者要牢固树立全心全意为师生服务的宗旨,把师生利益作为自己工作的出发点与落脚点,能深入倾听师生意见,切实帮助师生解决工作、生活中的实际困难。

(二)较强的能力素质

1.全面的协调能力

党务工作主要是做人的工作,艺术类的人才往往个性张扬、情感丰富,但以自我为中心、组织纪律性不强,因此艺术类高职院校党务工作者要具备较强的协调能力,能协调好组织与组织之间、部门与部门之间的关系、教师和学生之间的关系,做到部门之间互相支持、同事之间关系融洽、师生之间互相尊重。

2. 持续的学习能力

近年来艺术类高职院校快速发展,党务工作者应不断更新自己的知识结构,适应学校发展的需要。第一,要不断学习政治理论知识,能用社会主义理论和科学发展观的立场、观点、方法来对待党务工作中遇到的问题,科学地分析、解决具体问题。第二,要具有扎实的学科专业知识,具备系统的教育学、管理学知识和广博的相关学科知识。

3. 敏锐的创新能力

敏锐的创新能力是艺术类高职院校党务工作者运用新思想、新方法进行开拓性工作并取得新成果的能力。在新形势下,艺术类高职院校将面临许许多多的新情况、新问题,这就要求艺术类高职院校党务工作者有新观念、新思想、新办法,善于从实际出发,在坚持正确的办学方向和遵循高等教育规律的前提下,在教育思想、办学模式、管理体制、运行机制、教学改革等方面,敢于破除陈规,开拓创新。

(三)良好的心理素质

艺术类高职院校党务工作者面临的工作内容繁杂、工作压力大、工作待遇低,而其本身又是为其他人做思想工作的,因此自身要有良好的心理素质。

1. 坚忍的意志

面对党务工作不断遇到的新情况、新问题,党务工作者必须具有坚强的意志品质,在困难面前不退却,勇于探索。

2. 顽强的承受力

党务工作者在遇到挫折时,应及时调整心态,认真分析遭受挫折的原因,从中吸取经验教训,不断改进工作。

3.健全的人格

健全的人格表现为人格结构要素完整、统一,有正确的自我意识,能正确地认识自我和他人、社会的关系,具有科学的人生观,并以此有效地支配自己的行为。艺术类高职院校党务工作者只有具备健全的人格,才能以高尚的人格力量影响并带动广大师生。

三、新时期加强艺术类高职院校党务干部队伍建设的建议

在新形势下,高校党建工作依靠传统的思维模式已经不能很好地解决问题了,在全面推进依法治国的大环境下,用法治思维提升艺术类高职院校党建工作的科学化水平,既是时代的要求,又符合广大师生的期盼。这就需要以法治思维推进艺术类高职院校党建工作,为依法治校、提高办学水平提供更加坚强的组织保证。针对当前高校特别是艺术类高职院校在党务干部队伍建设方面存在的问题,建议按照"讲党性,重品行,做表率"的要求,坚持"五项原则",建立"三个激励机制",强化"四个建设",从而切实提升艺术类高职院校党务干部整体素质,使党务干部队伍保持昂扬的精神风貌。

(一)坚持党务干部队伍建设的"五项原则"

1.坚持党的领导原则

高校坚持法治建设,最根本的是要坚持党的领导,无论党务干部队伍建设如何创新、发展和提升,唯一不变的是要始终坚持党的领导,始终坚持政治第一的原则。要时刻把握艺术类高职院校党务工作的内涵和要求,用党的理论和原则结合艺术工作的特性做好基层党建工作,维护好党务干部队伍建设。

2.坚持以人为本的原则

加强干部队伍建设是推进艺术类高职院校党务工作的根本,而"以人为本"这一科学人才观的核心是充分发挥党务工作干部队伍作用的重要原则,必须始终把党务干部队伍培养发展和艺术专业人才

培养发展放在同等重要的位置,只有真正做到尊重党务干部、爱惜党务干部、肯定党务干部,将公平正义意识、权利义务观念、规则程序意识等法治理念渗透进党务干部队伍建设工作中去,才能不断优化党务干部队伍的成长环境,不断完善党务干部管理的有效机制,不断激发党务干部实现人生价值的创造力。

3. 坚持创新公开的原则

公开原则是社会主义法治的的价值追求,法治思维要求高校在作出重大决策、实施行政行为的时候,必须严格按照法定程序进行。当代艺术领域的变化和创新层出不穷,这些变化促使艺术类高职院校党务工作也必须不断科学创新,才能跟上社会变化的新形势。要推进高校党务干部队伍建设,就要进一步加大党务公开力度,细化公开内容,发挥新媒体的作用,丰富信息公开形式,更好地给予广大师生知情权、参与权和监督权。比如,针对当前网络越来越多地融入日常生活,党务工作也要尝试通过高度发达的信息传播网络,快速有效地传播党务政策和信息;又比如,可以尝试将传统的、相对枯燥的、灌输式的党的活动转变为师生喜闻乐见的、愿意积极参与的互动式文娱活动。

4. 坚持发展为先的原则

以法治思维凝聚发展目标是深入贯彻党委领导下的校长负责制,推进依法治校的重要保障,艺术类高职院校的党务干部队伍建设要始终与本校的发展战略规划相一致,要本着"围绕中心,服务大局"的原则,充分发挥学校党委在依法办学和党建工作中的领导核心作用,注重抓方向、作决策、出主意,调动广大党务干部的积极性,通过"民主—集中—再民主"的形式汇纳民意、集聚智慧。

5. 坚持主动服务的原则

主权在民,这是所有法治国家最基本的宪法原则,艺术类高职院校主动适应艺术人才的特性和需求,不断为党务干部队伍人才培养、专业发展、干部权益提供服务。要通过完善考核、评价、申诉机制,畅通党务干部的利益诉求和民主监督渠道,让党务管理工作更加透明。

(二)科学确立党务干部队伍建设的"三个激励机制"

法治就是规则之治,因此法治思维就是要坚持法规之上、制度之上。第十八次全国代表大会以来,习近平总书记在系列重要讲话中多次强调:"制度问题更带有根本性、全局性、稳定性、长期性。"当前,一些艺术类高职院校关于教学科研和行政管理的制度较齐全,而关于党建的制度规定较少,即使有这方面的制度也规定得较为含糊,大多只是照搬照抄上级和兄弟院校的有关规定,联系本校实际工作较少,可操作性不强,在实际工作中落实也不到位。一套健全、规范和统一的党务工作制度体系,不仅是切实履行高校基本职能的现实需要,还是构建和谐校园的价值根基。优化高校治理体系必然要以法治化方式畅通党务工作运行机制,进一步强化教师和党员干部的主体职能,建立"科学规划、目标管理、自主运行、过程指导、民主监督、动态考核"的工作程序,从而确保高校各项工作权责明晰、职责到位。

1. 确立党务干部薪酬激励机制

在艺术类高职院校党务干部中实行科学的绩效考核薪酬制度是完善党务干部薪酬激励机制最有效的途径之一。建立科学的绩效考核薪酬机制,一是要将院校党建工作的发展目标同党务干部的薪酬分配机制统一,从而将院校党建工作的发展与党务干部的待遇紧密地结合起来;二是将党务干部与教学人员及专业人才的薪酬关系联系起来,建立党务干部与教学科研人员协调一致的绩效薪酬机制;三是要建立科学评价的党务干部薪酬激励机制,防止"大锅饭"和"一碗水"的平均主义,按照科学的测评与评价,对党务干部工作绩效进行考核,通过薪酬激励使其待遇拉开档次、奖优汰劣。

2. 确立党务干部培训激励机制

要确立党务干部培训激励机制,通过定期的考核、测试及时发现党务干部知识、经验、能力、修养等方面的不足,本着缺什么补什么的原则,分层分类对党务干部进行有针对性的培养教育,从而整体提高党务干部的综合能力素质。要强化党务干部岗位交流机制,对表现优秀的党务干部,通过轮岗交流、校内外挂职锻炼等形式,提供更多的培训交流机会。

3.确立党务干部晋升激励机制

一是要将党务工作与干部晋升挂钩,结合院校实际情况将具有党务工作经历与干部的晋升进行有机的结合,比如,担任中层干部一般需要有支部书记工作经历。二是要将党务工作和党务干部放在突出、重要位置。比如,院校组织部门和宣传部门负责人进入学校党委班子,院系党组织负责人进入院系班子,从而形成广大干部职工重视党务工作、尊重党务干部的良好氛围。三是要重视解决党务干部的岗位待遇问题,对连续从事党务工作满一定年限的党务干部可通过设立相应的非领导职务岗位解决他们的职务和待遇问题。

(三)强化党务干部队伍的"四个建设"

艺术类高职院校的党务干部既是保持党的纯洁性的组织者和领导者,又是保持党的纯洁性的执行者和实践者,以法治思维推进党的纯洁性建设,就要求广大党务干部带头树立法治观念,带头运用法治手段,带头弘扬法治精神,努力提高依法执政、依法行政、依法办事的能力。为此,广大艺术类高职院校党务干部要以法治的思维,强化"四个建设",不断积聚公平、合理的"正能量",为依法治校、提高办学水平提供更加坚强的组织保证。

(1)强化党务干部队伍的党风廉政建设,就是要端正党风学风,增强对法治精神的价值认同。党的第十八次全国代表大会后,中央出台了改善党的作风的"八项规定"和"六项禁令"等规定,使党的作风出现了一系列新的气象。高职院校作为一个小社会,党务干部的建设也要从端正广大党员干部的"四风"建设着手,勤学习,以党风促教风,以教风促学风,以学风促校风。

(2)强化党务干部队伍的路线规划建设,以法治思维制订完善党务干部队伍建设和发展的规划蓝图,鼓励全体党务干部为学校发展贡献智慧和力量。党务干部队伍建设和院校的科研建设、学科发展、人才培养一样,是院校百年大计的重要组成部分,因此做好党务干部队伍的"路线图"规划设计是强化党务干部队伍建设的重要基础。要把院校党务干部队伍的路线规划建设与本校的长远发展目标相统一,从而互相促进、互相渗透、互相补充。

(3)强化党务干部队伍的凝聚力建设,以法治思维提高干部素质,打造院校高度团结的良好氛围。党务干部队伍凝聚力的建设能力是高职院校基层党组织的发挥战斗堡垒作用的核心能力。凝聚力可以保证党的路线、方针、政策和教育教学及其他工作任务的正确贯彻落实。因此党务干部务必要善于团结鼓劲、凝心聚力、推动发展和维护稳定,要善于与师生员工沟通感情、打成一片,从而在学校内部营造团结和谐的民主氛围,为师生营造干事创业的良好环境。

(4)强化党务干部队伍的综合能力建设,形成良好的"法治生态",真正让能者上庸者下。加强艺术类高职院校的党建工作,务必要求党务干部队伍政治素质过硬、业务水平精湛,要不断加强党务干部的理论素质、政治素质和业务素质,提高党务干部队伍的综合能力,使其能够正确把握和处理学校在改革发展过程中出现的各种矛盾和问题。

参考文献

[1] 张锐瑞.工科院校艺术类大学生的思想政治教育研究[D].武汉:武汉纺织大学,2013.

[2] 田晓勇,李长.加强宁夏高校党务干部队伍建设的思考[J].宁夏师范学院学报:社会科学版,2013,34(2):131-134.

[3] 陈治亚.建设知行合一型干部队伍办人民满意高校[J].中国高等教育,2013(17):19-21.

[4] 赵君,熊英.高校党务工作队伍建设的问题探析与路径选择[J].高校党建,2010(5):29-31.

[5] 尹丽.高校党务工作队伍建设研究[J].决策参考,2012(16):40-41.

[6] 杜红荣,刘建德.高校党务工作干部队伍专职化研究[J].高校党建,2008(8):19-20.

［7］　程远.高校党务工作机制创新之道［J］.人民论坛:中旬刊,2011
　　　　(5).

［8］　王源平.广西高校党务干部队伍建设现状分析［J］.高校党建,
　　　　2012(9):18-20.

［9］　马颖.加强党务工作队伍建设加快推进高校科学发展［J］.新课
　　　　程研究:高等教育,2012(1):168-169.

［10］　陈有明.高校党组织建设的法治思维.［J］.北京教育:高教版,
　　　　2014(12).

［11］　吴世彩.运用法治思维推进高校党建工作［N］.人民日报,
　　　　2015-4-17(7).

率先做校园的"先锋战士"
——增强大学生党员意识的途径探讨①

刘秋红

大学生党员是大学生中的先进分子和中坚力量,大学生党员的教育问题始终是高校思想政治工作的一个重要课题。近年来,高等教育的快速发展使大学生党员的数量不断增多,由于各种因素的影响,部分大学生党员存在党员意识淡薄、党员形象不够鲜明、先锋模范作用不够突出等问题。本文从增强大学生党员意识的角度探讨大学生党员的日常管理和教育工作,通过微型党课、党员服务和组织生活会等途径进一步增强大学生党员意识,使其在校园生活中更好地发挥先锋模范作用,体现党员的先进性。

一、党员意识的丰富内容及其对大学生党员的要求

(一)党员意识的内涵

意识是人脑的特殊机能和活动,是人所特有的对于客观世界的反映。符合客观实际的意识能使人的行动具有目的性、方向性和预见性,对事物的发展进程起促进作用,错误的意识则起阻碍作用。意识除了包括感性认识和理性认识外,还包括人的情绪、意志、良心等。党员意识是指共产党员对自己党员身份的自我意识和对党的性质、

---

① 本文发表于 2015 年 2 月《当代职业教育》。

宗旨与使命等政党文化的自觉体认,它是党员自身社会地位、社会作用在观念上的反映。这种角色的认知和文化特征的体认最终内化为对党、对群众的情感、信念和态度,外化为党员对党章规定的自觉遵守和先锋模范作用的发挥。个人党员意识的淡薄直接影响党员本人先锋模范作用的发挥,也影响普通群众对党员的看法和态度,间接地影响党在群众心目中的形象和影响力。

综合党员意识与党员行为来分析,作者认为目前大学生党员意识可以分为以下两个层次:① 党员意识与实际行为为脱离的层次。停留在这一层次中的学生党员仅仅是认识到自己的党员身份,在他们看来,自己与普通的群众的不同之处仅仅是在身份形式上的不同。他们对于党员身份所蕴含的党员义务和责任缺乏一定的践行,在过组织生活的时候他们比党员还党员,但在会后生活中忘记了党员的责任和义务,行为混同于普通的学生,甚至比普通的学生还要落后。理论认识与实践的脱节,使他们形式主义的作风严重。对于这些学生党员来说,好处和利益是自己的,责任和义务推给别人承担。这一类党员是处于低层次的所谓"先进分子",他们对党、对普通学生的态度是被动的,为了实现自己的利益做着"己欲立而立人"的工作。② 学生党员意识的知行合一层次。处于这一层次的学生党员在入党前和入党后的表现都是优秀的,学生党员的理想和信念比较坚定,具有非常强的责任意识和奉献精神,能在学生中起到先锋模范的作用,并通过自身的行为进一步带动和影响普通学生的行为。这部分学生党员往往在实践中比较积极主动,具有很强的使命意识和服务意识,他们是合格的、优秀的党员。

(二)大学生党员意识的特殊要求

2012 年 11 月 8 日,胡锦涛在第十八次全国代表大会报告中指出:"面对人民的信任和重托,面对新的历史条件和考验,全党必须增强忧患意识,谦虚谨慎,戒骄戒躁,始终保持清醒头脑;必须增强创新意识,坚持真理,修正错误,始终保持奋发有为的精神状态;必须增强宗旨意识,相信群众,依靠群众,始终把人民放在心中最高位置;必须增强使命意识,求真务实,艰苦奋斗,始终保持共产党人的政治本色。"2013 年 11 月,党的十八届三中全会公报强调,全党同志要增强进取意识、机遇意识、责任意识。

大学生党员作为在校学习的特殊群体,在日常的学习和生活中除了增强以上四种意识外,还应该结合学校生活的实际情况增强以下几个方面的意识:一是增强学习意识。入党是人生的新起点,在入党之后依旧需要不断地学习党的理论和政策,不断学习人文和专业知识,提升自身的综合素质和党性修养。二是增强纪律意识。学生党员尤其需要加强组织纪律观念,严格遵守党章和所在支部的管理制度。三是增强服务奉献意识。大学生党员是大学校园中的佼佼者,必须为同学和老师服务,为社会服务,在服务中进一步体认党的宗旨、坚定自身的理想信念。四是增强校园先锋模范意识。学生党员在学习成才、择业交友、健康生活等方面都应该要起着带头和引领的作用,用自身的行为和实践来影响周围的同学。

二、当前大学生党员意识淡薄的表现及原因分析

大学生党员是大学校园中出类拔萃的代表,从总体上看,大部分大学生党员的党员意识是比较强的,但由于多种因素的影响,的确也有一些大学生党员存在党员意识淡薄的问题。

(一)当前大学生党员意识淡薄的表现

当前国内学者,关于党员意识淡薄的调查研究不少,作者认为当前大学生党员意识的淡薄主要表现为以下几点:第一,党员角色意识淡薄。部分学生党员在党组织开展活动时往往表现出很强的党员意识,然而,在日常生活中,则常常忘记了自己是共产党员,把自己混同于普通学生。第二,组织纪律观念淡薄,理想信念缺失。比如,有些学生党员入党前严格要求自己,积极、主动地参加各种校园活动和志愿服务,入党和转正后就放松对自己的要求,支部活动不积极参加,生活和学习缺乏了动力,入党时的理想信念逐渐在日常的生活中消磨无存。第三,服务意识和奉献精神缺乏。在市场经济和各种网络思想的冲击下,部分学生党员忘记了党员的义务和责任,变得十分功

利和世俗,平日里只想着别人为自己服务,不愿意为他人奉献。部分学生党员对于组织安排的工作讨价还价,有利可图的工作抢着干,享乐在前,吃苦在后,完全丧失了在校园中的先锋模范作用。

(二)大学生党员意识淡薄的内因和外因

仔细分析大学生党员意识淡薄的表现,我们可以知道,造成当前大学生党员意识淡薄的原因是多方面的,既有党员自身的问题,又有学校党员教育、管理体制和社会环境的影响。

从学生党员自身来看,部分学生党员的入党动机是不纯的,打着为人民服务的旗号,其实是为了毕业好找工作等现实的利益,一旦达到进入组织的目的就放松了对自身的约束和要求,思想上存在懈怠和畏难情况,行为上则不思进取,表现平平,甚至落后于普通的学生;部分党员受社会和网络上各种不良思潮的影响,对党的领导地位和社会主义的制度等缺乏制度自信、道路自信,造成理想信念的动摇,从而怀疑自己党员身份的价值,在校园中不能很好地发挥党员的正能量;还有部分学生党员在当前的和平环境中,滋生了享乐主义、拜金主义的思想,在校园生活中过度追求"白富美和高大上"的生活,缺乏自强不息、艰苦朴素的创新精神和服务意识,没有大局观念和忧患意识。

从学校的党员管理、管理体制和社会环境影响方面来看:首先,学校的基层党组织对学生党员的教育引导和纪律监督还不够。由于许多学生党支部的书记是由辅导员兼任的,各位辅导员自身的能力素质良莠不齐,日常的事务性工作和教学任务让辅导员自顾不暇,因此很容易疏忽对学生党员的教育、管理、监督与服务,也缺乏对支部发展、管理制度建设、工作方法的反思和探索。这种重发展、轻教育引导和纪律监督的方式造成部分学生党员认为,入党前和入党后没什么区别,逐渐模糊了党员角色的意识和对党员的先进性认识,监督力量的缺乏使一些学生党员放松了对自身的严格要求。其次,社会的不良思想和风气也在逐渐侵蚀和颠覆着大学生党员的党性和灵魂。商品经济的发达,使部分学生党员用市场的眼光来衡量自己的价值,以有没有回报来衡量为人民服务的工作。社会上存在的形式主义、享乐主义、官僚作风、奢靡之风也部分地存在于大学生党员和学生干部之中。最后，一些不怀好意的西方国家和媒体对我国的建设成就和中国共产党进行刻意的抹黑，放大社会的矛盾和负面新闻，用西方的价值观念和生活方式冲击大学生党员的理想信念和价值观念，导致部分大学生党员的理想信念动摇。

三、增强大学生党员意识的途径

增强大学生党员意识是一项复杂的、系统的工作，必须从党员意识的知、情、意、行四个方面同时着手，最终达到知行合一的效果。针对当前大学生党员意识淡薄的问题，作者认为可以通过微型党课、党员服务、组织生活会、创先争优四个方面来提高大学生党员的党员意识，最终使大学生党员人人争做校园先锋，个个甘当创优模范。

(一)微型党课——大学生党员意识培养的认知之径

党的理论和实践经验是引领党员不断前进的明灯，加强理论学习是增强大学生党员意识的重要法宝。随着时代的变化，党的理论也在不断地创新和发展。相对于学生党员个体来说，要增强自身的学习意识，认真学习党的方针和政策，加强自身的理论素养，自觉用科学的理论武装自己，抵制各种歪理邪说和落后思想的侵蚀。相对于学校的基层党支部来说，应该建设新型的学习型支部，加强对入党积极分子、预备党员和正式党员的思想教育、理想信念教育等。针对学生党员后续教育不足的问题，作者认为微型党课是一种较好的教育方式。

微型党课是在较短的时间内，运用小的事例或实践来阐述、宣讲大的道理，给人以启发并产生共鸣的一种党课创新形式。其是顺应新时代而产生的一种党教新载体，针对传统党课冗长、枯燥、实效差的弊病应运而生。其具有以小见大、见微知著的特点。

微型党课在内容上贴近学生的日常生活，在方法上寓教于乐、互动性强，受众更为广泛，高效、快捷。其顺应了现代生活节奏快，信息碎片化传播的时代潮流，变严肃的知识灌输为自由的探讨和思想的碰撞,变宏大的叙事为日常的言语,更有利于主流价值观念和社会正能量的传播。其充分发挥学生党员的主观能动性,体现党员"自我教育和支部共建"的理念,可以发挥支部集体的智慧,营造团结向上的集体氛围。

微型党课作为一种大学生党员喜闻乐见的教育手段,在运用的过程中也应该掌握一定的原则和底线,学校基层的党支部书记应该对授课的内容进行一定的引导和把关,让积极的思想和正能量在学生党员间传播。要注意调动全体党员的热情和参与度,不能使微型党课成为某几个能力突出学生的舞台,应该让人人都有展示和出彩的机会。

(二)党员服务——大学生党员意识培养的宗旨之路

按照马克思主义的原理,理性的认识为实践提供指导,实践又反过来促进认识的升华,实践是检验认识是否正确的标准。大学生党员意识的增强必须与日常的学习和生活实践相结合,全心全意为人民服务是中国共产党的根本宗旨。

党员服务的层次包含两个方面:一是为党员的服务;二是党员为普通群众提供的服务。第一个方面主要是学生党支部通过政治上关怀、思想上关心、精神上激励、物质上帮扶,进一步增强大学生党员的荣誉感、归属感,增强党支部的亲和力与凝聚力。第二个方面主要是通过学生党员的志愿服务、义工活动、社会调研等实践活动,培养大学生党员的责任意识、奉献精神、合作精神和综合能力。

上述两个方面中,重点要强调的是第二个方面,即党员为普通群众提供服务的方面。关于党员服务需要注意以下四点:为谁服务,怎么服务、服务的注意事项和服务长效机制的建立。第一,服务对象的问题。俗话说:老吾老,以及人之老;幼吾幼,以及人之幼。学生党员作为在校学习的群体,其服务对象首先应该是身边的老师、同学、家里的亲人,其次才是社会与大众。第二,服务的内容和形式问题。大学生党员服务应该从身边的小事做起,从日常生活的点滴开始积累,然后推而广之。如积极参加学校的各种活动、主动为师生排忧解难、结合自身的专业知识和技能参与一些力所能及的社会实践活动等。

在不影响正常学习的情况下,时间自由安排,服务形式可以多种多样。第三,党员服务需要注意的事项。大学生党员具有很高的服务热情,但在服务中一定要注意密切联系实际情况,为服务对象提供需要的帮助,切忌脱离群众,搞形式主义,走过场。另外,服务过程中也要特别注意自身的安全,提高自我安全保护的意识。第四,服务管理体制的建立和完善。科学的管理制度是活动顺利进行的保证,对于党员服务也需要一套规范的管理制度和服务流程,使学生党员的服务工作阳光、透明、顺利的开展,同时能够杜绝那些弄虚作假和投机的行为,保证"不让老实人吃亏"。

党员服务让大学生党员在实践中锻炼自身的能力,体味党员的先进性,享受服务和奉献的乐趣,明确生活的方向和人生的价值,进一步坚定学生党员的理想信念。

(三)组织生活会——大学生党员意识培养的情感之途

党章第八条规定:每个党员,不论职务高低,都必须编入党的一个支部、小组或其他特定组织,参加党的组织生活,接受党内外群众的监督。党员领导干部还必须参加党委、党组的民主生活会。不允许有任何不参加党的组织生活、不接受党内外群众监督的特殊党员。组织生活会是党的生活的一部分,是党组织对党员进行教育、联系、管理的一个重要渠道。严格党的组织生活,是提高大学生党员意识,加强党性修养的重要手段。组织生活会的内容紧扣时代的变化,贴近学生党员的日常生活,根据内容党支部组织生活会的形式可以灵活多样,注重实效。

组织生活会对于大学生党员意识的培养起到以下几个方面的作用:一是增进学生党员之间的思想交流和情感的沟通。在组织生活会中,支部党员一起学习党的理论知识,就某些社会热点、焦点问题展开平等的讨论和分析。二是通过党内的批评和自我批评达到提高党性修养,弘扬正气,治理歪风的目的。用"团结—批评—团结"的方式,统一党员的认识,使学生党员树立正确的世界观、价值观和人生观。三是增强学生党员纪律观念和权利意识。党支部的组织生活会是从严治党的落脚点,党员个体在组织生活会中行使党员权利表达自己对党组织或其他党员的意见、建议,同时要接受党组织和全体党员对自己的监督和批评。严格党的组织生活,能使大学生党员快速地成长、成熟,增强党组织的活力。依托党组织成立的大学生党员之家,是大学生党员的情感港湾和学校思想政治教育的重要阵地。

(四)创先争优——大学生党员意识培养的实践之路

根据党章,中国共产党是中国工人阶级的先锋队,同时是中国人民和中华民族的先锋队,这就决定了大学生党员必须做社会主义的现代化建设和校园生活的先锋战士。"先锋"一词原指行军或作战时的先遣将领或先头部队,现在也用来比喻在事业中起先头引导作用的人或集体。因此,大学生党员率先做校园的先锋战士就包含着两层意思:一是大学生党员必须走在普通学生的前面,普通学生能够做好的事情,大学生党员要带头做好。此外,对于校园内的不良现象和违法行为,大学生党员不仅自己不能做,还要带头加以阻止。二是大学生党员必须能够引领普通学生前进,大学生党员要用自身的行为感召身边的同学,团结各种上进的力量和群体以实现思想、学习、专业技能等各方面共同发展和成长。

增强大学生党员意识的根本目的是要使大学生党员在校园生活的各方面起到模范带头作用,并营造良好的校园氛围,促进学校各项工作的开展。

俗话说,榜样的力量是无穷的。学生党支部在鼓励大学生党员创先争优的同时,也要加强对校园先锋模范个人事迹的宣传工作,鼓励普通学生各展其能、各尽其才,争做校园的道德楷模、励志达人、创业先锋、科研能手、学习标兵等。

四、结语

党员意识的强弱是关系党兴衰成败的大事,大学生党员意识的强弱直接关系学生党员先锋模范作用的发挥,关系学校为党培养的骨干人才的质量。近年来,随着高校学生数量的增加,大学生党员的人数也不断增加,大学生党员意识的培养需要大家的共同关注和研究。

参考文献

[1] 陈连根.试论党员意识的内涵、结构及其特性[J].湖州师范学院学报,2011,33(6):55-59.

[2] 虞文清.增强党员意识研究[M].浙江:浙江人民出版社,2011.

[3] 贺丽,陈晨."微党课"在高校党建工作中的优势与意义[J].学校党建与思想教育,2014(2):40-41.

[4] 中国共产党章程[M].北京:人民出版社,2012.

[5] 龙斯钊.党支部书记实用手册[M].北京:中共党史出版社,2010.

[6] 黄蓉生,陈跃,白显良.大学生党团建设[M].北京:高等教育出版社,2013.

高职院校学生党建在学风建设中的实践探析①

钱杏芬 胡卓群

习近平同志在第二十次全国高等学校党的建设工作会议上强调,高校是教育培养青年人才的重要园地,也是用社会主义核心价值体系武装青年的重要思想阵地。高校党的建设要紧紧围绕培养中国特色社会主义事业合格建设者和可靠接班人这个根本任务,为建设能够培养高质量大学生的社会主义大学提供坚强的思想、政治和组织保证。随着我国高等教育的发展,高等职业教育经过十多年的稳步建设发展迅速,已逐步成为整个高等教育的"半壁江山",据《2012中国高等职业教育人才培养质量年度报告》统计,2011年我国高职院校的招生总数占全国高校的47.7%。高职院校的学生已经成为大学生的重要群体。高职院校呈现出良好的发展态势,已由规模扩张进入内涵提升的新阶段,学风建设成为各高职院校关注的重点工程,其学生党建工作在学风建设中具有独特的功能和深远的意义,承担着以党风促校风带学风的重要任务,对推进优良学风的形成和传承起着引领和导向的作用。

---

① 本文发表于 2014 年 6 月《高等职业教育党建与思想政治工作研究》。

一、明确高职院校学生党建在学风建设中的三大意义

(一)应对学生特性的积极举措

高职院校学生呈现明显的群体特征:他们既具有当代大学生普遍具有的比较鲜明的特性,包括思维活跃,视野开阔,自尊自信,对未来充满希望,能迅速获取新信息、掌握新知识;又具有高职院校学生的独有特点,如单纯,务实,动手能力强,比较注重现实感受,群体效应比较明显。但在部分学生身上也存在着一些令人担忧的问题,在学习风气上尤为集中,主要有:其一,学习目的功利,学习动力不够。高职院校学生基础相对较差,有些迫于父母压力,学习被动,把学习看作是为了捞一张文凭、找一个单位的手段,带有较强的功利主义色彩。其二,学习纪律松懈,学习毅力欠缺,容易受兴趣和氛围左右。迟到、早退、翘课现象时有出现;上课"人到心不到",玩手机的现象普遍存在;抄袭作业、考试作弊现象也屡见不鲜。其三,学习方法欠妥,对学习信心不足,有自暴自弃心理,甚至个别同学有"船到桥头自然直"的思想,沉迷于恋爱、上网、玩游戏,将学习抛之脑后。做好高职院校学生党建工作,对于发挥学生"自我服务、自我管理和自我教育"的自主意识,促进学生自觉成为德、智、体全面发展的社会主义事业的合格的建设者和接班人,具有十分重要的作用。

(二)提升学校内涵的重要抓手

学风是一所学校的读书之风、治学之风,本文中的学风特指学生在长期的学习过程中形成的相对稳定的学习风气和学习氛围。学风建设是全面推进素质教育、为社会培养高素质人才的关键,是提升办学内涵的重要指标,是高职院校学生工作的重点。目前,高职院校一方面由于办学历史短,办学经验与模式尚在摸索之中,在学风建设中存在一些薄弱环节;另一方面教育学制短、学生的学习习惯和行为规范等方面差强人意,学风建设的任务繁重,提升学风质量愿望迫切,尤其需要抓手。学生党建工作正是发挥思想政治工作的特殊功能,通过深化理想信念

教育,调动学生学习的内在积极性,将思想政治素质、科学文化素质、创新能力素质等各方面表现优秀的学生吸引到党组织中,并加以锻炼和培养,使之成为学生中的先锋模范,成为党的事业的接班人。高职院校学生的党建工作,是提升学校内涵、推进学风建设的有力抓手。

(三)加强学生党建的内在要求

学生党建是指在学生中的党的建设工作,包括学生党员的教育管理与服务、学生党员的培养与发展、学生党组织的建设与创新等主要工作。近年来,高职院校加大在青年学生中发展党员的力度,学生向党组织递交申请书的人数逐年增加,学生党员队伍不断壮大,高职院校学生党建工作取得相当成绩。但是也面临一些问题,如学生入党动机复杂。进入高职院校的新生中,极少有已经入党的;写过入党申请书和接受中学业余党校培训的也只占极少数。现在的学生是伴随着改革开放成长起来的,直接感受到改革开放政策带来的益处,对党有着深厚的感情,但由于年龄的问题和高考的压力,他们对政治进步和政治信仰等考虑得比较少。进入大学后,他们既有理想主义的色彩,又有功利主义的因素,甚至把入党当成日后找工作的敲门砖。这些现象严重制约了高校党建工作的整体水平。党员发展工作规范性缺乏,重视组织发展计划,忽视学生党员的培养教育,对学生党员的教育管理缺乏长效性与实效性机制,学生党支部和党员的作用发挥不够,不能在学风建设中起到积极表率作用,党建工作与学风建设紧密结合的程度不够。通过抓学生党建促进学风建设,以党建工作为龙头,以学风建设为核心,注重发挥学生党员的先锋模范作用,是高职院校学生党建工作的内在要求。

二、把握高职院校学生党建在学风建设中的三个关键

学生党建工作和学生学风建设工作同为高职院校德育工作的重要组成部分,在育人这一总目标上是完全一致的。高职院校学生党建工作应当在学风建设中发挥积极的导向作用,使党组织培养和确定的学生党员、学生考察对象成为学风建设的排头兵、先行者。

(一)严格党员发展关,使培养对象的成长过程成为学风建设的推进过程

其一,学风状况是党员发展的核心内容。在新生入学之初的始业教育,需要融入党的基本知识的教育,告知党员的标准和入党的程序;尤其是要明确,对于在读学生而言,学习是学生的本职工作,只有那些学习目标明确、学习态度端正、学习作风踏实、学习纪律严明、学习成绩优良的学生,才能成为党组织的培养对象;只有那些在学风建设中起模范带头作用的学生,才能被党组织批准为正式党员。其二,"六个是否"是党员发展的重要指标。能否成为一名合格的大学生党员,在学风建设中的表现毫无疑问是一个重要的衡量指标。培养对象是学风建设的积极推进者还是学风建设的负面影响者,是一块真假大学生党员的"试金石"。培养对象要发展成为预备党员,在学风建设这个问题上,需要做到"六个是否",即"是否把学习当作自己在学校的第一要务?是否能够做到不迟到、不早退、不随意缺课?是否做到课前课后能主动学习,上课不使用手机,作业不抄袭、不敷衍、不拖拉?是否做到尊师重教、不轻易放过任何一个疑难问题?是否做到学习始终处于进步状态?是否做到不仅自己带头做到还带动身边的人成为学风建设的自觉促进者?"其三,"五次推荐"是党员发展的必要程序。由党员的先进性所决定,从一名普通学生成长为一名合格的大学生党员,必须在群众中经得起考验,学生党员的成长成熟,不仅是个人学风的建设,更应是带动团队学风建设的过程。培养对象只有在班风、系风和校风建设中发挥带动作用,才能在群众中得到公认。入党过程"五次推荐",是一套行之有效的方法,即学生向党组织递交了入党申请书之后的五次由团组织、班级或院系师生等的推荐:"能否推荐成为党校学员接受党的基本知识的培训?能否成为团组织向党组织推荐的入党对象?能否推荐成为党组织确定的考察对象?能否通过一年的培养推荐成为党支部的发展对象?能否经过一年的预备期教育推荐成为一名中共正式党员?"

（二）严肃党员管理关，使学生党员成为学风建设的先锋模范和中坚力量

重发展轻管理，这是目前高职院校在学生党建工作中普遍存在的问题。入党不是目的，而是一个起点，一个对自己有更高的自我要求的起点。中国共产党的宗旨是："全心全意为人民服务。"对一名高职院校的大学生党员而言，首先应树立"为身边同学服务"的意识，担当起学风建设的排头兵，在学风建设中发挥先锋模范作用，成为学风建设的中坚力量。高职院校的大学生党员应当是"自我教育、自我管理和自我服务"的生力军，是学生干部和学生社团的主力军，是学风建设的身体力行者和保驾护航者。如团学组织中的纪检部门应当切实保障学习纪律，为广大学生各类学习活动的开展营造井然肃静的氛围；宿管部门应当切实有效维护好宿舍区的整洁有序，为同学们的休息和生活提供宁静温馨的环境；体育部门经常举行一些健身活动和赛事，让广大学生体验顽强拼搏、不断超越和挑战自我的快乐，既能为学习保证良好的身体素质，又有利于增强班级凝聚力和集体荣誉感；社团组织应当充分考虑广大学生的多元需求，尽可能地创设适应当代大学生锻炼的平台，最大限度地开发高职院校学生的潜力，提升他们的综合素质。在对大学生党员的管理中，实行"一票否决制"是切实有效的办法。"一票否决"的内容包括：考试作弊，学习纪律松懈（如经常迟到早退或旷课），成绩严重下滑，脱离班系集体，不愿履行为同学服务的义务，没有在学风建设中起到推进作用等。

高职院校党组织还应着重从"四看四重"方面对发展对象进行考核，即看思想品德是否高尚，重点看言行是否一致；看学习成绩是否优良，重点看学习态度是否端正；看工作成绩是否突出，重点看工作态度是否积极；看日常生活中能否起模范带头作用，重点看平时是否严于律己。在考察过程中采取"六不"措施，即没有通过团学组织民主推荐的不予重点考察；政治思想素质、学习成绩和平时表现不达标的不予考虑；考察时间不够的不予讨论；党的基础知识考核不合格的不予发展；材料不全的不予上报；手续程序不合规范的不予通过。

(三)规范组织建设关,使学生党支部成为学风建设的政治核心和坚强保障

高职院校大学生党员在学风建设中的作用发挥如何,关键要看学生党组织建设是否规范。党章指出:"党的基层组织是党在社会基层组织的战斗堡垒,是党的全部工作和战斗力的基础。"高职院校要高度重视学生党组织的建设规范,充分发挥学生党组织在学风建设中的政治核心和战斗堡垒作用。高职院校大学生党组织建设可分四个阶段:新生刚进校时,着重建好党章学习小组和青年志愿者协会。可与团总支的组织部共同建设,设置党务助理岗位作为党支部的助手和党团组织的桥梁;大二年级发展第一批学生党员后,着重建好学生党小组。培养最基层的学生党务干部——学生党小组长;大三年级有了正式党员后,着重建好学生党支部,严格规范党支部的日常活动;毕业实习或离校前后,着重抓好大学生流动党组织建设。这样做有利于优良学风的传承,和学长学姐近距离地"传帮带",从而形成具有院系特色的学风建设的长效机制。要坚持在新生入学教育期间便对他们进行党的基本知识教育,使他们明确大学生要求入党是政治进步的表现,让新生初步了解党的基本知识,确立政治进步、业务成才目标。同时组织高年级学生党员与新生座谈,谈理想,谈体会,并指导新生班级组建党章学习小组,激发他们追求进步的热情。每逢开学初,学生党支部要专题研究团学组织推优情况,并指导各班党章学习小组制订学习计划。要求入党积极分子通过分散学习、集中交流和定期选择一些专题进行讨论等形式,活跃学习气氛,强化学习效果。并根据实际情况,分期分批选派入党积极分子到学校党校学习。对于确定为入党积极分子的学生,还要给他们在学习上定目标,工作中压担子,活动中交任务,日常生活中定要求,并要求党支部成员经常与他们交心谈心,帮助这些积极分子尽快成熟起来。

三、处理高职院校学生党建在学风建设中的三种关系

由于高职院校生源的特殊性,要使学生党建工作切实担负起引领学风建设的重任,在培养实践过程中,还必须处理好以下三种关系。

(一)学习成绩与综合素质的关系

学习成绩是学生党员培养制度中的重要指标,首先在递交入党申请书后推荐进入党校学习时把学习成绩是否优良作为必要条件;其次在确定入党积极分子为发展对象和决定发展时把学习成绩是否优良作为必要条件;最后把预备党员预备期内的学习成绩是否优良作为能否按期转正的必要条件。但是这里所指的学习应是广义的,应该包括"思想意识和行为习惯的培养、知识和技能的获得、智力和能力的提高"。特别是在当下的高职院校,很少有既学习成绩突出又综合素质优秀的学生,他们中的绝大多数学生在高考阶段因为某些薄弱的环节,无法进入心仪已久的理想高校,只能选择就读高职院校。所以在选拔引领学风建设的带头人时,千万不能求全责备,设置过高的门槛。学习优良,就是"在学习成绩的要求上,综合成绩必须在班级中上水平,允许有个别偏课现象,但要限定底线"。入党积极分子学习上不可以任由自己的惰性,要自动加压,要把压力变成努力学好各门功课的动力,采取多角度、多方位的学习方法,使自己的成绩得到最大限度的提高;在确定为党组织培养对象期间,对于特别薄弱的课程必须下决心攻克,使之处于不断进步的状态,在被党组织定为发展对象前必须在及格线以上。而对于部分学习成绩特别优秀的学生,允许综合素质有所侧重,如组织协调能力较弱或体育技能欠缺等,但必须要求勇于挑战自我、突破自我、超越自我,坚持锻炼大胆尝试,拓展身心素质,从而完善综合素质,健全人格,提高学习和生活的效率和质量,影响、帮助同学们自觉、主动、积极地为将来锻造自身,从而鼓励和带动身边的同学乃至一个班、一个系。

(二)个人提升与集体进步的关系

在严格学生党员培养制度的基础上,多方面拓展学生发挥作用的渠道,使其积极参与到学风建设中来。党员的先进性就在于先锋模范作用,即一个人的提升,能在集体中产生示范作用,成为其他人看齐的"标杆";一个人的提升,能激励身边的人,带动广大学生的共同进步。学生党员一般成绩较好,具有较高的政治素质和群众威望,并大多担任学生干部职务,他们需要树立"为身边同学服务"的理念,培养他人意识、大局意识和责任意识;学校和老师通过一定的引导和指导,使其率先示范、带头做到,有意识地创造良好的学习氛围与环境,然后是鼓励、鞭策,有时甚至是想尽办法带动一批同学一起做到(有时还要承受暂时的误解和委屈)。如:自己模范遵守学习纪律的同时,督促身边同学一起遵守;自己刻苦学习的同时,叫上身边的同学一起努力,甚至发起你追我赶的成绩比赛;自己带头履行寝室卫生和纪律时,也教会身边同学养成良好的生活和卫生习惯;发动和带动身边同学努力学习的热情和积极性,为集体争创佳绩努力,等等。学生党建工作能充分发挥党员的模范作用,在学生中形成辐射,以党员带动团员,再带动普通同学的方式,落实各项学习任务提升各项素质技能,从而形成良好的集体学习风气和氛围。

(三)起点能力与过程成长的关系

高职院校的学生,由于是普通高校最后一批录取的生源,个体之间的差异比较大。尽管都过了十八周岁的"成人礼",有了一定的成人意识,但人生观、价值观和世界观及学习习惯、做人做事的态度、方法都具有较大的可塑性,有待进一步的磨炼和完善。高职院校的大学生在就读的三年期间,如果能够好好珍惜、努力拼搏,将会对今后的工作和事业乃至整个人生产生深远的影响。因此,判断一个学生是否优秀,不能光看他进校时的起点有多高,而应该看他是否把从跨进高职院校大门的那一刻当成人生的又一个新的出发点,是否开始新的努力、新的奋斗、新的成长,而且坚持不懈、不言放弃、愈战愈勇。感悟并沉淀奋斗的过程比注重收获的结果更重要。收获分数、荣誉、名声固然令人欣慰,但这毕竟是眼前的,对今后更重要的是对人的一生的事业成功和人生价值都具有至关重要的影响的品质,那就是毅力、胸怀、境界、自信、历练、默契、融洽和团队的快乐,等等。

参考文献

[1]　第二十次全国高校党建工作会议在京召开习近平会见会议代表并讲话[N].人民日报,2012-1-5.

[2]　上海市教育科学研究院,麦可思研究院.2012中国高等职业教育人才培养质量年度报告[N].中国教育报,2012-10-17.

[3]　中共中央组织部组织二局教育部思想政治工作司.《中国共产党普通高等学校基层组织工作条例》学习辅导读本[M].北京:高等教育出版社.2011.

[4]　中国共产党章程[M].北京:人民出版社,2012.

[5]　李登丰.高职院校以学生党建促学风建设的思考[J].高教论坛,2009(10):36-38.

[6]　董润芸.大学生党建与学风建设的整合研究[J].辽宁教育行政学院学报,2009(12):46-47.

[7]　高竟玉.高职学风建设的现状、问题及其对策[J].职教论坛,2011(29):80-89.

职业理想与青年党员干部理想信念的培育①

胡卓群

一、理想信念对青年党员干部的意义与现状分析

青年是传承的力量,也是发展的力量。中共中央总书记习近平《在同各界优秀青年代表座谈时的讲话》中满怀深情地指出:"青年最富有朝气、最富有梦想……历史和现实都告诉我们,青年一代有理想、有担当,国家就有前途,民族就有希望,实现我们的发展目标就有源源不断的强大力量。"作为青年中先进分子的青年党员,更是中国特色社会主义事业的生力军,不仅是国家和民族的希望,还是党的事业的未来和希望。而青年党员干部是青年党员中的核心部分,是党的干部队伍的骨干和中坚力量,肩负着加快推进中国特色社会主义建设、实现中华民族伟大复兴的重大历史责任,其素质的高低直接影响着党的生命力。

当前,全国人民都在朝着实现中华民族伟大复兴的"中国梦"而不懈奋斗,"中国梦"实质上就是当下全国各族人民共同的理想信念。理想信念是人们对未来的向往和追求,是人类社会发展进步的精神动力,作为一个系统,其第一层面,即最高层面是政治理想,是对科学社会主义理想的坚定信仰和执著追求;第二层面是道德理想,是对理

---

① 本文发表于 2014 年 6 月《吉林省教育学院学报》(上旬)。

想人格和理想人际关系的追求和向往;第三层面是生活理想,是对美好生活的憧憬和向往,涉及生活方式、生活水平和生活质量;第四层面是职业理想,是对未来所从事的职业和发展目标作出的想象和设计,包括对未来所从事的工作部门、工作种类及事业成就大小的向往和追求。

理想信念对青年党员干部有着更为重要的作用,主要表现在:第一,理想信念能坚定政治方向。理想的滑坡是最致命的滑坡,信念的动摇是最危险的动摇。在改革攻坚、继往开来的新形势下,作为担当跨世纪重任的青年党员干部,只有心中拥有坚定的理想信念,才能始终保持坚定正确的政治方向。第二,理想信念能明确人生目标。青年党员干部有了坚定的理想信念,为青年和青年党员干部在当下找到自我、确立人生方向提供时代坐标。实现"中国梦",需要每一位青年党员干部树立顽强奋斗的信心,始终坚定为实现中华民族伟大复兴奋斗终身的信念,在自己的人生道路上涂写下光辉的笔迹。第三,理想信念能凝聚成精神支柱。崇高的理想信念,是永远激励广大党员干部不断前行的精神支柱。党的第十八次全国代表大会报告指出,对马克思主义的信仰、对社会主义和共产主义的信念是共产党人的政治灵魂,是共产党人经受住任何考验的精神支柱。习近平也说过,理想信念就是共产党人精神上的"钙",没有理想信念,精神上就会"缺钙",就会得"软骨病"。我们只有始终保持着浩然正气和昂扬锐气,才能战胜各种艰难困苦,经受住各种风险的考验。

在实现中华民族伟大复兴的"中国梦"的新的历史条件下,绝大多数青年党员干部能够高扬共产主义理想的风帆,坚定社会主义信念并努力为之不懈奋斗。但也要清醒地看到,少数意志薄弱的党员干部出现了这样或那样的问题,有的还十分严重。究其原因,主要有以下几个方面。

其一,是青年党员干部个性特征的反映。青年党员干部是与改革开放同行的一代人,我们党领导的改革开放,深刻地改变了中国,也改变了青年。青年党员干部从整体上大多数受过高等教育,具有一定的政治理论基础和科学技术知识水平,他们拥护党的领导,工作热情,富有朝气,思想比较敏捷,接受新事物快,具有开拓进取精神,在工作中也积累了一定的实践经验。他们大部分生活条件优越,更加注重个人的感受,期待有"更好的教育、更稳定的工作、更满意的收入、更可靠的社会保障、更高水平的医疗卫生服务、更舒适的居住条件、更优美的环境",希望在国家社会发展进步中实现个人价值。但由于他们所处的社会环境和社会经历的关系,与同时代的青年人一样,青年党员在成长过程中普遍缺乏对党的历史的了解,缺乏对共产主义理论的深入学习,缺乏对中国社会最贫苦、最困难的历史时期和党的奋斗史的了解,基本上没有经历过重大的挫折和失败,缺乏政治斗争的历练,对政权的重要性和丧失政权的危害性认识不清,特别是对执政的责任意识、忧患意识缺乏足够的认识也存在弱化执政意识的危险,从而缺乏坚定的政治信念。

其二,是社会现实问题的折射。在互联网时代,青年党员的信息来源极其广泛,西方国家的某些价值观念和生活方式逐步影响他们,对他们的思想观念造成负面影响,使他们更容易看到中国现阶段与西方发达资本主义国家在各方面存在的差距。同时,由于社会转型时期,市场经济体制、机制和制度还不完善,极少数青年党员不同程度地对中国特色社会主义市场经济体制产生了怀疑,而我国经济社会发展中出现了许多问题,比如,当前社会上存在一定的贫富不均、社会腐败、收入分配不公平、教育不公平和医疗服务不公平等不正常现象,特别是那些下岗职工党员、农村贫困党员及老弱病残党员等,他们有的为党和人民的事业辛勤工作十几年甚至几十年,到头来却生活窘迫,这虽然是个别现象,但是负面影响极大,难免会使青年党员干部产生悲观失望情绪。经济发展水平的提高能满足人们对物质生活的需求,但市场经济的竞争机制、信息化快节奏的社会,也使青年党员干部面临了巨大的生存压力,娶妻生子、赡养老人、医疗、住房、教育等现实问题,导致"理想荒地"在全社会蔓延。

其三,是管理教育的缺位。理想信念的养成并不是与生俱来的,而是通过严格的党内学习教育锻造出来的。一直以来,我们党都非常重视对党员的教育,但长期以来效果却不明显,主要是由于教学内容缺乏针对性,教学形式单一,过分注重政治理想的教化,强调以意识形态来替代精神生活内容,缺乏对广大百姓多层次的精神文化需求的关注。教学方式简单、粗暴,以冲动的狂风暴雨式的教育代替理性的疏导和春风化雨式的教育劝谕。不少基层党组织对上级安排部署的学习内容照抄照转,生搬硬套,应付了事,党员教育内容空洞与现实距离太大,联系主观世界解决思想问题不够,教育方式呆板单一,教育是"搞形式,走过场",失去了组织生活会应有的净化思想、增强党性的作用,导致理想信念教育的淡漠化。

二、将职业理想融入青年党员干部理想信念培育

理想是崇高的,但这种崇高不是越高越好;理想是远大的,但这种远大不是越远越好。邓小平曾经指出:"一个共产党员,第一,他是普通人;第二,他是普通人中的先进分子。"这说明,党员干部是普通群众中的一员,也和普通人一样具有各种层次的需要。从长期的青年党员干部理想信念培育实践中,我们愈来愈认识到理想信念教育不但要深入政治层面、道德层面,引导人们坚守全社会共同的理想信念,达到理想信念教育的统一性,也要回归人们职业生活层面,正视每个人人生发展各个阶段的特点及其每个阶段面临的不同生活状态,坚持理想信念教育的差异性层次性。因此,如何深入、扎实和有效地培育青年党员干部理想信念,如何正确认识和对待青年党员干部的自我需要,引导他们正确认识和对待党性与个性、党员自我价值实现与党和人民事业发展的关系,如何进一步将职业理想融入青年党员干部理想信念的培育,以个体的生存方式参与社会生活,进一步坚定他们的理想信念,就成为新时期加强青年党员干部教育的一项重要内容。

(一)将职业理想融入青年党员干部理想信念培育的可能性

职业是人们从事的有相对稳定收入的、专门类别的社会劳动,它作为实现人生目标的载体,是通往人生理想的阶梯。职业理想是个体基于自身的职业兴趣、职业能力和职业情商等因素评估的基础上,对自己未来所从事的职业希望达到一种预期的目标,是人们对未来

的工作行业、工作种类及事业成就大小等的向往和追求,它反映了个人的职业追求和价值取向。将职业理想融入青年党员干部理想信念培育之所以可能,是基于他们的共同点。

职业理想与理想信念的共同点在于:其一,两者都有共同的心理基础,两者都是人的一种心理需要和满足,这是他们产生和存在的心理基础;其二,两者都有相似的情感投入,作为一种精神活动,离开了情感就不可能有真正的理想信念,两者都与人的认知、情感、意志相统一;其三,两者都有强烈的现实超越,两者都源于现实,又超越现实,它以个体对现状的评估为依据,同时包含人的期望于其中,它总是以高于现状的面目出现,表现了强烈的现实超越性;其四,两者都有相似的价值追求,这种价值追求都是生活的目标和生命的意义,是最高的人生价值,因此党员在具有坚定的政治理想的同时也会有自己的个人理想,如生活理想、职业理想等。

(二)将职业理想融入青年党员干部理想信念培育的重要意义

将职业理想融入青年党员干部理想信念培育,能加强理想信念教育的针对性。目前理想信念培育效率低下,一个非常重要的原因是对理想信念教育方法缺乏科学性,教育的目标过高,内容空洞,缺乏具体性。根据目标理论的原理,设置合适的目标会使人产生想达到该目标的成就需要,因而对人产生强烈的吸引力。合适的目标,也即具体的、难度较大的而又通过人们的努力能够实现的目标,其所产生的吸引力和激励作用最大。职业生活是一个可感知的、现实的、容易经历到的生活世界,这些日常生活层面上的职业行为多半与生活习惯和礼仪风俗结合在一起,因而具有经常性、相对稳定性等特征,对人的生存发展及理想信念的形成所起到的作用可以说是"随风潜入夜,润物细无声"。职业理想作为青年党员干部可把握、可预估的目标,能够成为理想信念培育的突破口和有效平台,产生培育的实际效果。

将职业理想融入青年党员干部理想信念培育,能更好地与青年党员干部个人职业生存与发展联系起来。人总是生活在一定的社会中并接受社会的改造。社会由个体组成,社会共同的理想信念体现在每个人的实际生活、工作和职业理想之中,与个人职业理想息息相关。青年党员干部作为一个特殊的先进群体,尽管家庭条件、环境影响、个性特点和兴趣爱好不同,但他们都拥有一份职业,都是各级国家机关、党群组织或事业单位的中坚力量,因此职业也是他们维持生活并谋求社会认同、实现个人价值的一种基本活动方式。在当代中国,经济结构和阶层利益的多样化导致社会生活、社会组织形式和劳动获取形式的多样化,这必然会带来个人价值取向的多样化,其直接表达形式是个人理想信念的层次性,并且这种多样化趋势的诉求也越来越强烈。从当下人们选择的状况来看,人们对理想信念教育的认知、认同和接受往往是与个人的生存发展和利益得失联系在一起的。当人们坚守的理想信念可以带来实际的个人职业理想时,这种理想信念的认同率和接受性就会提高,其稳定性同样也会增强。人们对于日常职业行为习以为常并把它逐渐转化为某种习惯和倾向,而且通过大量职业活动内化于人们的深层文化心理,因而不自觉地对人生崇高理想的建构起着积极作用。

(三)将职业理想融入青年党员干部理想信念培育的重点

将职业理想融入青年党员干部理想信念培育,需要着重培育青年党员干部的宗旨意识。党的第十八次全国代表大会报告指出:"为人民服务是党的根本宗旨,以人为本、执政为民是检验党一切执政活动的最高标准。"青年党员干部在工作中必须牢固树立人民群众是历史创造者的观点;树立相信群众、依靠群众,向人民群众学习的观点;树立干部的权力是人民赋予的观点;树立依靠群众又要教育引导群众前进的观点;树立对党负责和对人民负责相一致的观点。一切诞于人民、一切师从人民、一切依靠人民、一切尊重人民、一切亲近人民、一切为了人民。党员干部要深入基层,深入群众,汲取人民智慧,倾听人民呼声,反映人民心愿,与人民同甘共苦,体察社情民意,准确把握人民群众所思、所忧、所急,保持同人民群众的血肉联系。

将职业理想融入青年党员干部理想信念培育,也要培育青年党员干部的敬业意识。党的第十八次全国代表大会报告倡导"爱国、敬业、诚信、友善"，积极培育社会主义核心价值观。敬业是传统文化中对从业者伦理道德的要求，我们要向自己的历史学习，继承古代的敬业传统。《礼记·学记》中就有记载要"敬业乐群"，梁启超也认为，敬，就是说做任何一件事，都要忠于一件事，将全副精力集中到一件事上，不能有一点旁骛。"敬业"作为职业精神的浓缩，与西方敬业天职论相异，更多的是传达一种道德义务感和社会责任感，是人力图通过自身的职业实践活动来确证自身本质的一种自为自觉的价值追求。它需要青年党员干部安心于本职工作，而非挑挑拣拣，朝秦暮楚，坚信平凡的岗位也能成就一番伟大的事业；它需要他们热爱职业，敬重岗位职责，孜孜不倦，殚精竭虑，自强不息。

将职业理想融入青年党员干部理想信念培育，还要培养青年党员干部的使命意识。党的第十八次全国代表大会报告指出："为人民服务是党的根本宗旨，以人为本、执政为民是检验党一切执政活动的最高标准。任何时候都要把人民利益放在第一位，始终与人民心连心、同呼吸、共命运，始终依靠人民推动历史前进。"无数的事件都彰显了这样一个事实，那就是作为中国人民的主心骨——中国共产党，是中华民族的中流砥柱，也是战胜一切困难的坚强领导核心。办好中国的事情，实现现代化，实现人民福祉，实现民族复兴，关键在党。青年党员干部的理想与抱负，是与对国家和民族的主人翁意识与担当使命意识统一在一起。要牢记使命意识，把理想信念建立在扎扎实实的实践基础之上，把职业与事业统一起来，把职业理想作为实现理想信念的重要平台，加强自身修养、锤炼思想品质，对国家和民族勇于担当奉献，对事业始终执著坚守，立足本职，发挥特长和优势，施展才干，贡献力量。

三、结语

时代的发展和社会的变化使党的教育和管理任务比过去任何时候都更为繁重，加强青年党员干部理想信念培育是加强党的全面建设的重要组成部分和首要任务，是党的各项事业不断向前发展、永葆党的先进性、纯洁性的重要思想保证。"中国梦"是全国各族人民的共同理想，也是青年党员干部应该牢固树立的理想信念。对于共产党人来说,忘记远大理想而只顾眼前,就会迷失前进方向,而离开现实工作而空谈远大理想,就会脱离实际。因此,既要坚定信念,树立远大的理想,用高尚的思想政治素质鞭策自己,又要踏踏实实地为实现"中国梦"而扎实工作,勤奋努力。党员理想信念培育必须跳出传统的以理论教育为重点的思维模式,将职业理想融入青年党员干部理想信念培育中,注重把崇高理想与实际工作结合起来,使共产主义的崇高理想在青年党员干部心目中不再遥远、不再渺茫而是具体到实际工作之中。

参考文献

[1]　习近平.在同各界优秀青年代表座谈时的讲话[N].人民日报,2013-5-5.

[2]　刘雷,王新晓.多元文化背景下社会理想信念教育面临的挑战及解决路径[J].湖北函授大学学报,2012(10):35-36.

[3]　崔桂田.党员结构优化与质量建设的路径选择[J].人民论坛,2012(9).6-8.

[4]　王长江.中国政治文明视野下的党的政治文明建设[M].上海:上海人民出版社,2005.

[5]　张继延,万勇华.试论职业理想及其实现途径[J].学校党建与思想教育,2010(23).77-78.

[6]　张书林.中国共产党执政兴国必须增强"四种意识"[J].理论探讨.2012(1):18-22.

[7]　卢卫林.人民至上:中国共产党宗旨意识[J].学术论坛,2012(1):54-57.

[8]　梁启超.饮冰室文集之三十九篇敬业与乐业[M].北京:中华书局,1989.

[9]　刘勇沧.牢记青年党员干部的责任和使命[J].社会主义论坛,2013(2):35-38.

议二级教学单位学习型党组织建设的途径与方法[①]

李旭芳

一、高校学习型党组织建设的重要性

（1）加强高校学习型党组织建设，是适应高校党建工作面临新形势和新任务的迫切需要。当今世界，经济全球化、文化多元化深入发展，科技进步日新月异。我国经济、政治、文化、社会、生态文明五位一体建设全面推进，党在推进全面建设小康社会、两个百年目标和实现"中国梦"进程中肩负的任务艰巨而复杂。在这种形势下，坚持马克思主义在意识形态领域的指导地位，引导广大师生树立坚定的共产主义理想，增强中国特色社会主义理论自信、道路自信和制度自信，是当前高校党建工作面临的重要任务。

（2）加强高校学习型党组织建设，是加强和改进高校党建工作的内在要求。当前，各高校按照围绕中心抓党建、抓好党建促发展的总体思路，全面推进思想、组织、作风、制度和反腐倡廉建设，党建工作科学化水平不断提高。但仍存在着一些不适应新形势、新要求，不符合党的性质和宗旨的情况。这些问题的存在，不仅严重削弱了高校党组织的创造力、凝聚力和战斗力，更严重损害师生员工的利益，破坏高校改革发展的稳定大局。因此，建设学习型党组织，增强教师与

[①] 本文发表于 2015 年 2 月《时代教育》。

学生的政治意识、学习意识和自我管理能力,对于加强和改进高校党建工作,维护高校稳定,加强党对学校工作的领导起着重要的作用。

(3)加强高校学习型党组织建设,是提升高校行政管理科学化水平的迫切需要。随着高等教育的大发展,教育大众化趋势凸显,各高校纷纷扩张规模、扩展功能,高校管理工作的难度也在不断加大,迫切需要提高高校行政管理效率,提升管理科学化水平。而加强高校学习型党组织建设,是加强和改进高校党建工作,提高行政管理队伍竞争力与学习力的重要途径。

(4)加强高校学习型党组织建设,是建设学习型社会的重要组成部分。加强高校学习型党组织建设,是贯彻落实中央八项规定和教育主管部门六条禁令,进一步促进作风转变、提高工作效率,建设现代化高校管理体系的重要手段,是提高高校各党组织领导能力、科学决策的重要途径,是引领学习型社会建设、推进党的教育事业科学发展的重要保证。

二、高校学习型党组织的特征

学习型党组织,是以学习为固有特征的党组织,具有自觉学习意识,善于主动学习。高校学习型党组织,就是通过学习活动不断提升广大党员的学习能力,树立主动、持久的学习意识,实现对党员个体及党组织的学习功能的引领,提升党组织的凝聚力和战斗力。建设高校学习型党组织,主要是在原有党组织的基础上,对其原有的学习理念、行为、制度等进行优化和完善,赋予其新的学习功能。高校学习型党组织有其固有特征:一是具有更为浓厚的学习欲望。学习是人与生俱来的天性,教师尤其具有强烈的自我发展的欲望和自我超越的能力,而对高校学生而言,学习是他们的天职,这种天性、渴望和天职,决定了高校师生一般都具有浓厚的学习欲望。二是具有更为丰富的学习资源。科学研究是高校三大职能之一,高校也是最适宜从事学习和研究的场所之一。各高校党组织为广大党员师生搭建了广阔、高效、便捷的学习平台和载体,这种丰富的教育资源和良好的学习氛围,是高校学习党组织的优势所在。三是具有更为强烈的创新意识。以学习推动教育创新,把学习作为教育创新的源动力,是高校学习型党组织的一个显著特征。加强高校学习型党组织建设更能体现教育创新的思想,通过持续不断地学习以增强广大教师的课堂创新意识和内涵发展能力,使广大党员师生拥有更高、更强、更持久的创新功能,推动学校更好发展。四是具有更为完善的自我调控功能。高校在重新激活党的各级组织,盘活现有的组织资源的基础上,建立学习型基层党组织,不断在环境中学习新知识,吸收新营养,增强自身的有序性和协调性,建立良性的自我调控能力,从而有效应对因办学规模扩大,教育改革发展深入等新情况和新问题给党建工作带来的新矛盾、新挑战。

三、高校二级教学单位建立学习型党组织的途径与方法

1.树立学习意识,提高学习能力

高校二级教学单位要积极倡导全体师生树立全员学习、自觉学习的理念,始终把学习作为一种政治责任、一种精神追求、一种生活方式;树立团队学习、相互学习的理念,营造氛围,充分调动全体师生融入团队学习的积极性、创造性;树立学以致用的教学理念,以兴趣领着学,带着问题学,不断提高战略思维、创新思维、辩证思维能力及解决实际问题的能力。

2.搭建学习载体,创新学习形式

高校二级教学单位要对传统学习方式进行积极改造,不应拘泥于形式。要根据新形势下师生在知识和技能方面的新需求,组织开展各种学习形式,如"一周一讲"主题教育活动,运用学习讲坛、读书会、知识竞赛、技能比赛等广大师生喜闻乐见的手段,利用 QQ 群、微信群等现代化传媒手段,不断丰富学习内容,活化学习形式,增强学习的吸引力。

3.完善学习制度,确保学习成效

高校二级教学单位党组织必须建立健全学习制度。不断总结学习教育经验,进一步明确学习教育的时间、内容、目标、责任及相关考

勤、交流、通报等要求,推进师生教育科学化、制度化、规范化。同时要进一步加大对学习过程的管理及督察力度,把学习的考核结果纳入师生综合评价体系,作为考核考评的重要依据,从而确保学习型党组织的各项要求落到实处。

参考文献

[1] 吴小妮,王炳林.推进高校学习型党组织建设的思考[J].思想教育研究,2013(3):40-41.

[2] 黄金辉,李德虎.深化高校学习型党组织建设的紧迫性与路径思考[J].中共四川省委省级机关党校学报,2012(4):48-53.

[3] 姜宇飞.新媒体视野下高校学习型党组织建设的基本经验与创新策略[J].学校党建与思想教育,2012(7).

基于"1+1+1"模式下党员联系
学生寝室的探索与实践①

许 瑛

《国家中长期教育改革和发展规划纲要(2010—2020)》指出,学校要把促进学生健康成长作为一切工作的出发点和落脚点。随着高等教育管理体制改革的不断深化和后勤社会化改革的不断深入,学生寝室已经成为大学生日常学习、生活、休闲、交往的主要场所,对学生思想观念、道德养成、人格塑造、精神文明建设等方面有着一定程度的影响,寝室教育管理工作亟须进一步加强探索和实践。我国自1999年11月全面启动高校后勤化改革以来,高校学生公寓管理机制逐步走向社会化,对学生工作提出了新的课题,各高校开始着手探索新的学生公寓管理模式。2004年中共中央国务院出台的《关于进一步加强和改进大学生思想政治教育的意见》(中发〔2004〕16号)(以下简称《意见》)强调高度重视大学生生活社区、学生公寓、网络虚拟群体等新型大学生组织的思想政治教育工作,各高校按照《意见》要求陆续制定关于加强公寓管理、落实大学生思想政治工作进公寓的文件。2005年1月,中共中央在全党开展以实践"三个代表"重要思想为主要内容的保持共产党员先进性的教育活动,要求进一步增强党员全心全意为人民服务的宗旨意识,进一步提高组织群众、宣传群众、教育群众、服务群众的本领,促进党群、干群关系进一步密切,真正做到为民、务实、清廉。

---

① 本文获浙江省高职院校党建和思想政治教育研究会年度论文三等奖,发表于2014年1月《文教资料》。

部分高校为充分发挥党员先进性作用,积极研究党员联系学生寝室工作的方式、方法。在第十四次全国高校党建工作会议中,时任教育部部长周济提出要建立高校党员联系群众、服务群众工作的长效机制。自此党员联系学生寝室工作在各高校以不同形式全面展开。

一、党员联系学生寝室的现实意义

面对学生群体的多样化、学生公寓的社会化、校园周边环境的复杂化,开展以学生党建与思想政治教育为重点,以文明寝室建设为载体,以党员服务学生、创先争优为内容,实现学生在寝室内健康良性发展,对于保持高校的校园稳定,增强学生寝室育人功能具有十分重要的现实意义。

(一)党员联系学生寝室是对公寓管理的有效补充

公寓管理队伍通常包括公寓辅导员和宿舍管理员,由于不同专业不同学生具有不同情况,公寓辅导员和宿舍管理员在开展工作时,常常会面临瓶颈问题,如专业学习、职业生涯规划、就业等困惑。此外,目前公寓管理仅仅停留在简单地执行管理制度、寝室卫生检查层面,缺乏必要的教育和引导,还很少涉及寝室文化和精神文化层面,导致在管理过程中学生抵触情绪较为明显。如果将寝室教育管理工作与学生的专业学习建立一定的关联,就能较好地推进学生教育管理工作,促进寝室内学生的学风建设。而专业教师党员加入公寓管理队伍中,负责联系学生寝室恰恰能起到有力的辅助作用。

(二)党员联系学生寝室是高校党建工作的实际需要

党员进寝室,一方面有利于加强党建工作的针对性,进一步提高大学生思想政治素质,党员通过与学生的思想交流,引导学生树立正确的人生观、世界观、价值观,形成良好的行为习惯;另一方面,有利于提高党员的宗旨意识,党员通过对学生思想、专业文化学习、职业生涯规划、心理成长等方面提供指导和帮助,用实际行动助推学生成长成才,这既是党员联系、服务群众的具体措施,又是创先争优常态化的有效途径。

(三)党员联系学生寝室是研判学生思想动态的重要方式

党员联系学生寝室工作突出互动性、参与性、渗透性。据调查,学生在校期间有一半以上时间在寝室度过,寝室已不再单纯是休息、生活的场所,已成为学生与学生之间、学生与学校之间相互影响、相互熏陶的中介及思想、情感交流的基地。在寝室里,学生的活动自由度大,随意性强,处于"原生态",党员深入学生寝室,可及时、全面地了解学生学习、生活情况和思想动态,从而加强对问题与矛盾的预判。

二、"1+1+1"模式下党员联系学生寝室的内涵

"1+1+1"模式下党员联系学生寝室机制突破以往联系学生寝室工作单一的管理模式,坚持"以生为本、以理服人、以情感人"的教育理念,班主任、教师党员、学生党员三条线相结合,定期进入学生寝室,紧紧围绕学生健康成长与成才,建立"1+1+1"的交互式联系模式。由一位教师党员、一位学生党员结对联系一整个寝室的学生,以文明寝室建设为切入点,以党员之家为支撑,在为学生解决实际问题、办实事的过程中贯穿思想教育,深化寝室文化内涵,充分体现由灌输型向渗透型转变、由被动型向主动型转变、由一般化向个性化转变的教育管理方式。一方面,教师党员的介入是对学生思想教育工作的补充;另一方面,班主任与学生党员穿针引线,使教师党员能切实融入学生中,发挥自身优势,增强党员联系学生寝室的可操作性和实效性,最终达到班主任、教师党员、学生党员之间相互配合、相互补充的全方位育人目标。

三、"1+1+1"模式下党员联系学生寝室的具体举措

经过几年的探索,浙江艺术职业学院总结了几下几点经验或党员联系学生寝室制度的方法。

(一)跨部门结对,加强联动机制

教学系部与行政部门结对,专业教师与行政教师强强联手,教师党员与学生党员及时沟通,建立起教师党员、学生党员、班主任网状构架,使联系触角伸向所有学生寝室。从横向来看,专业教师党员或行政教师党员、学生党员、班主任将联系工作辐射到学生公寓的各个寝室;从纵向来看,每个寝室至少有一位教师党员、一位学生党员、一位专业教师负责联系;从点上来看,联系对象指向每位学生;从面上来看,确保联系人中有一位教师与寝室学生专业对口。

(二)加强制度建设,构建党员联系学生寝室的长效机制

党员联系学生寝室工作要坚持把育人融入寝室管理的各个方面,贯穿教育教学的各个环节,明确教师党员及学生党员的各自职责,建立一套完备、切合实际且行之有效的规章制度。实践表明,制定党员联系学生寝室工作实施办法、寝室自管委员会制度、党员联系学生寝室考核办法、党员联系学生寝室工作记录本、党员联系学生寝室工作安排表、党员检查学生寝室记录本等一系列制度,是强化党员责任意识,促使联系学生寝室工作落到实处的机制保障。

(三)开辟多种渠道,加强联系与沟通

切实做到联系对象更具体、职责目标更明确、服务任务更实际,营造全面关心学生成长、教学相长的局面,促使党员更好地发挥作用。一方面,通过建立联系牌上门,每个寝室门上统一粘贴包含寝室成员名单、班主任、联系党员名单及联系方式等内容的联系牌,学生遇到学习、生活、工作方面的问题都可以通过电话、微信等方式第一时间向联系老师反映。另一方面,利用 QQ 群、微博、朋友圈等网络平台,拓展交流形式,及时了解隐性信息。

(四)以活动为载体,推进党员联系学生寝室工作

在教师党员层面开展"六个一工程":要求教师党员每月至少走访一次学生寝室,每学期开展一次有针对性的教育活动,参加一次寝

室活动,与学生进行一次心理沟通,与公寓辅导员或宿舍管理员了解联系学生寝室情况一次以上,一年为学生做一件实事;同时填写党员联系学生寝室工作手册,记录走访寝室时与同学们的交流情况。在学生党员层面开展"点亮自己,辐射一片——三先锋活动":要求学生党员从自己的一言一行做起,成为技能先锋、服务先锋、文明寝室先锋,进一步督促学生党员时刻起好模范带头作用。同时,通过设立党员责任区、党员服务岗,成立文明寝室管理委员会,在寝室范围内做好文明寝室建设和朋辈互助工作,起到搞好一个寝室,辐射一片寝室的作用,进而在学生中形成潜移默化的影响力。

(五)建立党员之家,构建党员联系阵地

寝室是学生的第二个家,负责联系的党员可以说是学生第二个家的家长,在寝室楼设立"党员之家"工作委员会,委员会成员由负责联系学生寝室的所有教师党员及学生党员组成,党员之家的教育与服务对象面向全体学生。通过搭建不同岗位、不同功能的组织机构、制定管理制度、配备相应设施设备、订阅相关报刊杂志,确保"党员之家"各项管理、服务工作顺利运转。实际工作中将"党员之家"建设与党员联系学生寝室工作密切结合,不仅管理学生寝室生活,接受学生求助、咨询、投诉,还组织开展政策宣讲、热点问题讨论、学生寝室文化活动,使党员联系学生寝室工作不断强化功能,拓宽领域。

四、"1+1+1"模式下党员联系学生寝室的主要成效

(一)分工协作,激发整体合力

由班主任牵头,教师党员和学生党员跟进联系学生寝室,充分发挥了不同角色在学生寝室教育管理中的不同作用。第一,由班主任牵线搭桥,教师党员能快速熟悉学生,进入状态。第二,充分发挥教师党员的主导作用,专业教师党员不仅立足于课堂,更渗透到寝室对学生进行全方位教育工作,而行政教师党员则具有较高的政治素质,了解管理学、心理学、社会学、党团等知识,可以丰富学生的知识结

构,开阔学生的视野,真正达到全员育人的目标。第三,充分发挥学生党员的主体作用,作为特殊的学生群体贴近普通学生,可以及时发现问题,第一时间将问题解决在萌芽状态,进而减轻公寓辅导员在寝室管理中的负担;同时学生党员具有双重身份,他们既是学生又是党员,作为寝室建设的主力军,他们既是示范者又是监督者。

(二)掌握思想动态,构建和谐校园

"1+1+1"党员联系学生寝室模式,不仅能及时掌握学生的思想动态、主导思潮,为构建和谐、稳定的校园环境提供基础性保障,还可以培养学生的自治、自立、自律能力。以文明寝室建设为抓手,有助于形成优美洁净的寝室环境、团结友爱的人际关系、积极向上的精神风貌、健康向上的寝室文化。

(三)加强思想引领,增强支部号召力

教师党员和学生党员是强化党建工作,占领学生思想阵地,充分发挥基层作用的核心群体,通过他们在党员之家或寝室里定期宣传党的理论知识,讲解入党程序,开展实践活动,激励学生奋发向上,增强党组织的吸引力,学生入党积极性空前高涨,学生党员的示范作用不断增强,党支部的影响力和辐射面不断扩大。

(四)助人助己,实现双赢

教育过程是师生双方共同活动的双边过程。"1+1+1"党员联系学生寝室一方面促进新型师生关系的形成,另一方面为锤炼教师党员党性修养、加强学生党员后续教育提供平台。党员通过联系学生寝室相互促进,相互提高。在联系寝室工作中,教师党员是领路人、组织者,发挥主导作用,要扮演好这一角色,促使教师党员不断提升自身的育人水平。学生党员在帮助教育同学的同时,不仅可以增强与人沟通和交流的能力,提高分析、处理问题的能力,还可以进一步提高综合素质,为学生党员的成长发展提供广阔平台。

新时期新形势下,学生群体不断发生变化,开展学生工作的方法需要不断更新,我们要在实践中不断总结经验,在管理机制上不断完

善与更新,在联系内容与方法上不断开拓创新,积极构建全员育人、全过程育人、全方位育人的工作格局,促使学生寝室成为学生与党员成长、教育的另一个阵地。

参考文献

[1] 中共中央,国务院.中发〔2004〕16号 关于进一步加强和改进大学生思想政治教育的意见[Z].2004.

[2] 沈强,张雯.高校教工党员联系学生寝室工作实践研究[J].当代经济,2008(1):140-141.

[3] 董文茂.后勤社会条件下的高校寝室文化与德育工作[J].湖北社会科学,2003(10):127-128.

[4] 杨岩勇.学生党员联系宿舍制度的探索与实践[J].成功(教育),2012(11):177.

[5] 童卫丰.高校学生思想政治教育工作的新途径研究——以教工党员联系学生寝室为例[J].学理论,2010(29):44-45.

[6] 陈子辰.高校学生党支部建设的理论与实践[M].杭州:浙江大学出版社,2009.

高校学生党员在平安校园建设中的作用发挥探析①

顾　斌

伴随着全球化浪潮的不断涌起和我国经济社会的不断发展,尤其是在我国高等教育发展规模不断扩大的背景下,高校安全与稳定问题逐渐显现,并在近几年尤为突出,校园食品安全、交通安全、消防安全等已经成为全社会日益关注的社会热点问题之一。平安和谐校园是培养学生个性全面发展的前提和基础,只有校园平安和谐,学校才能长足发展。"学校、家庭、社会"三位一体的安全管理模式,横向到边、纵向到底的安全管理网络,无缝隙、无死角的安全管理体系,逐步培养学生安全意识,是当前学校安全管理的发展方向,也是教育工作者所要追求的最高目标。高校学生党员是高校学生中的先进群体,目前已经成为建设平安校园的重要力量,在平安校园的建设中发挥着重要的作用。

一、建设平安校园的重要性

对于学校来说,平安是其改革、发展的前提和保证,平安校园的建设已成为衡量一个学校领导者管理水平的重要标准和衡量一个学校发展前景的重要指标。首先,生命健康权是公民最根本的人身权,是我国宪法、刑法等国家法律的基本要求,建设平安校园可以保护学

---

① 本文发表于 2015 年 3 月《学园》。

生的生命安全;其次,校园是学生学习、生活的场所,建设平安校园有利于维护校园秩序,为学校的发展和师生的工作、学习创造良好的环境,能够让全体师生安心工作、学习,有利于学校的发展和学生的进步。最后,平安校园的建设可以进一步落实校园安全稳定的各项措施,全面提升全方位防范体系建设,是巩固学校综合治理工作成果、维护学校稳定、秩序良好、保证校园安全和保障教学科研各项任务完成的有效途径。

二、高校学生党员是建设平安校园的重要力量

高校学生党员是高校学生中的先进群体,其发展状况和先进性的特征使其成为建设平安校园的重要力量。首先,学生党员是经过重重选拔推选出来的,是被老师和同学们认可的,为平安校园的建设打下了良好的群众基础。其次,学生党员具有较高的思想素质和政治觉悟,一般能够实践党的全心全意为人民服务的宗旨,能够积极参加学校组织的各种公益性活动,积极、热心地为广大同学服务,是高校建设平安校园的可靠力量。最后,学生党员总体上精神风貌好、道德修养优,具有良好的综合素质和较强的感召力,入党积极分子也在不断追求进步,他们在言行举止等各个方面都能起到表率作用,对其他同学的思想和行为起着积极的示范和引导作用,是平安校园建设的积极力量和主力军。

三、高校学生党员在平安校园建设中发挥的作用

(一)在宣传平安校园建设的理念中发挥先锋作用

平安校园的建设需要每一个学生和老师的积极参与,深入细致的宣传和教育工作能够提高广大师生对平安校园建设的了解和认识水平,是平安校园建设的重要环节。学生党员是学校党组织战斗力和凝聚力的直接践行者,承担着把安全文明校园建设的活动方案落到实处的任务,配合学校党委行政做好校园的管理和建设工作,应通

过各种切实可靠的有效途径和形式,让广大学生能够深刻认识到建设平安校园对学校科学发展、对学生全面发展、成长成才的重要性,发动学生以高度的主人翁意识凝聚全部力量积极投身到安全文明校园建设中来。例如,学生党员可以成立建设平安校园的研究会、平安校园建设先遣队或平安校园理论学习、消防知识讲座、宣传板报、实践小组等,开展形式灵活多样、内容丰富多彩的校园活动,吸引更多学生参与其中,充分发挥其先锋作用。

(二)加强理论学习,发挥学习模范的积极作用

对于学生来说,学习是首要任务。只有认真学好专业知识,掌握一定的专业技能,才能在以后的工作中有的放矢,有所作为,才能为人民多作贡献,充分实现自己的人生价值。学生党员要在构建和谐校园中发挥积极作用,必须加强学习,在学习这一环节上走在前列,起到模范带头的积极作用。学生党员要带头勤奋学习、刻苦钻研,掌握科学的学习方法,营造良好的学习氛围,激励和影响周围更多的同学热爱学习、刻苦学习。同时,学生党员要起到同学和老师之间加强沟通、相互联系的纽带作用。不仅要认真学习好本专业的知识,还要学习好相关专业的知识,以拓展知识的宽度和深度,完善知识结构。同时坚持学习法律和心理知识,增强法律意识,学会自护、他护和自救常识,加强安全防范意识,对于平安校园的建设有着积极的作用。

(三)在思想政治上发挥骨干作用

学生党员应做到在政治上与党中央保持高度一致,积极学习和宣传党的各项路线、方针和政策,积极进取,确实起到思想政治骨干作用。要增强党员意识,牢记党员身份,时刻注意学习党在现阶段发表的各种指示文件,坚持理论上与时俱进,注意自己在同学中的影响。做好思想政治积极向上的模范,用主流思想和先进文化去引导和帮助更多的同学学会利用马克思主义的立场去分析和看待问题,坚定政治立场和提升鉴别力,在各种文化与思想交锋中坚持正确的方向,始终保持清醒的头脑,自觉按照平安校园建设的要求去维护校

园的平安建设。及时了解并反映同学中的思想或情绪问题,主动、热情地帮助同学解决实际困难,耐心、细致地解开思想困惑。

(四)在工作上发挥桥梁纽带作用

学生党员作为信息员和联络员,是学校和广大学生之间的桥梁和纽带,应协助所在班级团支部和班委会的工作,当好辅导员、老师的助手,在工作中积极主动,以高昂的姿态和饱满的热情,全心全意为同学服务。学生党员要坚持集体利益高于个人利益,积极参加班级集体活动,热爱学校,关心集体,爱护集体荣誉,顾全大局,带动同学共同建设好集体。学生党员除了要宣传平安校园建设理念,还要响应学校的号召,组织学生进行社会实践活动,让学生尽早地融入社会,亲身参与系列活动,记录校园中所存在的安全隐患,提出合理化建议,提高安全意识和自我保护能力。与此同时,学生党员应自觉接受同学的监督,遵守校纪校规,维护校园的平安与稳定。

四、小结

校园安全目前已成为高校关注的热点问题之一,对于学校的管理和学生的全面发展具有重要的意义。高校学生党员是平安校园建设的积极力量和主力军,发挥着重要的作用。学生党员在宣传平安校园建设的理念中发挥着先锋作用,在理论学习方面发挥着学习模范作用,在思想政治上发挥着骨干作用,在工作上发挥着桥梁和纽带的作用。学生党员用强大的感染力、号召力和影响力去引导和带动更多的同学积极地参与到建设平安校园中来,对于营造安定有序、文明和谐的校园氛围具有十分重要的意义。

参考文献

[1] 王春明.充分发挥学生党员在大学和谐校园建设中的先进性作用[J].高教论坛,2002(6):6.

［2］ 张森年,方乐莺.校园思想政治教育生态与特色理论入脑研究［J］.思想教育研究,2012(7):88-91.

［3］ 赵晓娜.大学生党员在构建和谐校园中如何发挥先锋模范作用［J］.华章,2012(19):28.

［4］ 高辉.大学生党员在构建和谐校园中的作用［J］.吉林医药学院学报,2009,30(5):306-308.

［5］ 李俊春.发挥大学生党员在构建和谐校园中的作用［J］.思想教育研究,2010(10):73-75.

［6］ 张亚男,郑博,刘馨.加强学生党员培养促进和谐校园构建［J］.中国校外教育(上旬刊),2013(1):190.

第二编

思想政治理论探索

论艺术院校艺术教育核心价值观的培育

——以浙江艺术职业学院为例①

马向东

　　党的第十八次全国代表大会报告指出："社会主义核心价值体系是兴国之魂,决定着中国特色社会主义发展方向。要深入开展社会主义核心价值体系学习教育,用社会主义核心价值体系引领社会思潮、凝聚社会共识。"纵观人类发展史,一个国家和民族的兴旺发达,必然与这个国家和民族的强有力的精神文化的凝聚和推动密切相关,而核心价值观则是精神文化形成的基础。在核心价值观的培植和养成中,文艺作品和文艺人才所起的作用毋庸置疑,围绕优秀文艺作品生产和优秀文艺人才培养,围绕文艺为人民服务、为社会主义服务的"二为"方向,"文艺界中的核心价值观"问题凸显出来。艺术院校是培养文艺人才的重要基地,艺术教育事业是文艺事业的重要组成部分,注重在艺术教育中培育核心价值观,并以此教育和引领师生,是从根本上推动文艺界中核心价值观形成,进而促进文化强国建设的重要之举。

一、艺术教育核心价值观的意义和内涵

　　所谓核心价值观,是某一社会群体判断社会事务时依据的是非

---

　　①　本文被评为中国思想政治工作研究会 2013 年课题研究二等奖,发表于 2014 年 0 月《浙江艺术职业学院学报》。

标准、遵循的行为准则,它深深根植于社会群体内部及其每个成员的心中,是引领群体发展前进的根本性指导原则,是群体为之奋斗的目标基础,其重要性超越具体的战略目标。社会主义核心价值观的基本内容被概括为富强、民主、文明、和谐,自由、平等、公正、法治,爱国、敬业、诚信、友善24个字。探讨艺术教育核心价值观是在社会主义核心价值观基础上进行的,凝练出兼具艺术特质和教育特点的当代艺术教育思想、精神和理念。

中国文学艺术联合会发布的文艺界核心价值观和中国文艺工作者职业道德公约,其文艺界核心价值观的内容是"爱国、为民、崇德、尚艺",体现的是文艺工作者的政治思想、精神道德和专业水准,可归结为"德艺双馨"。中国文艺工作者职业道德公约的主要内容是"坚持爱国为民、弘扬先进文化、追求德艺双馨、倡导宽容和谐、模范遵纪守法",对文艺工作者践行文艺界核心价值观提出了行为规范要求,这成为艺术教育核心价值观的主要依据。

艺术教育核心价值观从中观而言,是要遵循文艺界核心价值观。在此前提下,艺术院校应根据其特殊的艺术教育传统和艺术教育规律,培植艺术教育核心价值观。任何一所享有良好声誉的艺术院校,都有其独特、卓越的艺术教育核心价值观,并在很大程度上表现为教学理念、学校传统和校训精神等。艺术教育核心价值观是艺术院校理想追求和精神面貌的体现,是艺术教育的灵魂,是赋予艺术院校生命活力的一种思想价值和文化精神状态,给人以崇高的信念和积极的目标,让人乐观向上、不断进步,促使整个集体和事业健康、积极发展。核心价值观反映了一所学校独有的价值取向,体现学校品格,是指导全校师生思想理念、行为准则的准绳。成功的艺术教育首先是建立在科学、正确的价值观基础之上的。阿基米德曾说过:"给我一个支点,我可以撬起整个地球",艺术教育的"支点",就是基于核心价值观基础之上的信念、目标和行动。

艺术教育核心价值观的内涵应包括四个方面:一是在艺术教育中判断是非的标准;二是艺术院校师生对艺术教育事业的目标和愿景的认同;三是在这种共同认同的基础上形成对目标的追求行为;四是师生形成一种共同的思想认识境界。可以看到,艺术教育核心价值观的产生，来源于艺术院校长期发展过程中，经过历代师生艰苦努力、共同奋斗，而长期积淀、选择、凝炼、发展而成的一系列较为稳定的教育传统、教风学风、事业追求和思想境界，是得到全校师生乃至社会广泛认同，并产生深远社会影响的观念传统和学校品格；在继承传统的同时，核心价值观体现时代进步和社会发展的融合，体现艺术教育的与时俱进和科学发展。

二、艺术院校传统艺术教育观念

由艺术中专升格而建的艺术类高职院校，大多有十多年办学史，在为社会培养了大批优秀艺术人才的同时，形成了丰富而宝贵的精神财富，特别是长期形成的艺术教育价值观和教育理念，是我们探析艺术教育价值观可加以继承和借鉴的。

艺术院校的传统艺术教育包括德育教育和专业教育。在长期的艺术教育实践中，德育教育与专业教育两者之间相互融合，相互促进，共同提高，促使艺术教育取得育人的丰硕成果。如有着六十年办学史的浙江艺术职业学院，为社会培养了大量的优秀艺术人才，其中不乏许多艺术家和明星。学院继承优良的办学传统，不断开拓创新，办学成果在艺术教育界独树一帜，在全国艺术高职院校中处于发展前列，被同行们誉为"全国艺术职业教育界的一个标杆"，受到广泛关注。探究学院发展，可以看到学校多年来发展所形成的艺术教育核心价值观一直在发挥着重要作用，熏陶着学校的整体发展环境，引领着学校师生积极进取、不断前进。

浙江艺术职业学院校训是"求真尚美，精艺修为"，其蕴含的核心价值观承袭的是多年积淀于学校办学历程中为广大师生共同认同的价值内核，即"德艺双馨"。德艺双馨是中国传统文化观下艺术工作者审美价值取向的标准，修德与精艺并重，学艺德为先，体现出文艺工作者的社会责任、崇尚目标和精神境界。歌德曾说过："只有伟大的人格，才有伟大的风格！"艺术教育价值观的形成过程，也是学校精神文化选择与引导的过程，在这一过程中，教师成为教育价值观的维护者。在艺校办学史上执教过的教师，多具有高水准的专业技艺和高品格的精神力量，是"德艺双馨"价值观的物质承载,闪烁着卓越的艺术教育的光辉,成为一代又一代学生学习效仿的榜样。循着艺术人才形成的轨迹,可以分析归纳出艺术人才培养成功的几个重要方面。

一是德艺兼修。即重视专业教学的同时,注重对学生的德育教育,教育家陶行知说:"学校教育是千教万教,教人求真;学生是千学万学,学做真人。"艺校历来将教学生"学艺"与教学生"做人"同等看待,甚至是"德育先行";艺校档案中的年度总结中有过这样的教育理念表述——"以德为首,德智体全面发展""培养四有新人""一专多能、又红又专""加强对学生的理想、信念和纪律教育"等,说明艺校对于德育的重视。艺校历史上涌现出的师生们的苦心励志和德艺双馨品格对于后学者的影响是无形而深远的,师生们自觉践行校训精神,时时处处以先辈艺术家为榜样,"求真尚美、精艺修为"精神在年轻一代学子身上得到良好的体现和传承。学生屡屡在全国比赛中获奖,体现出良好的专业追求;参加慰问革命老区演出、服务基层演出、义务劳动和志愿者行动,体现出学生的社会责任心和使命感。原文化部代部长、著名诗人贺敬之来学院视察时题词"德艺并育,桃李同春",原文化部常务副部长高占祥视察学校时题词"教书育人,艺德双馨",是对艺校的真实写照。

二是因材施教。即在教学中根据不同学生的认知水平、学习能力和自身素质,选择适合每个学生特点的学习方法来进行有针对性地教学,发挥学生长处,弥补学生不足,激发学生学习的兴趣,树立学生学习的信心,促进学生全面发展。曾培养出茅威涛等越剧演员的宋普南、培养出章小敏等歌唱演员的胡素银等多位资深退休教师认为,艺校教学最大的特色是根据学生不同特点来制订教学计划,为学生制订最符合他们自身特点的教学方式,培养学生扎实的专业功底。因材施教的"教"包括"元素教学法",调整课程内容和课时比例,加强对学生实践能力和应用、应变、创造能力的培养。同时在培养人才中注重适应社会发展和人才市场需求,学校的决策质量(结构质量)和计划质量(人才设计质量)的优劣,首先表现在是否了解社会要求,是否在调查研究和充分论证的基础上进行预测,是否"以销定产"并确定学生的知识结构。

三是以人为本。学校教育应以学生为本,学校一切工作的出发点都是为了学生,教师的一切努力和付出,是为了学生的成长成才。以学生为本、关爱学生是艺校教师的光荣传统,有着诸多体现,如传统戏剧教学的师徒式"传帮带",师生亲如父子母女关系;师生平等互尊,相互信任,宽容以待,密如师友;师生互相学习,取长补短,教学相长,使学生专业技能转为职业素质;教师关怀帮助学生,为学生解惑克难;教师严格要求学生,正确引导学生,对学生负责任;培养学生积极健康的人格,为走上社会打好基础。

四是言传身教。即教师用言语来教导,又用行动来示范,特别是为师者规范而积极的行为对学生起着潜移默化的熏染作用,如春雨润物细无声。艺校办学史上曾有盖叫天、潘天寿、姚水娟、周传瑛、赵松庭等著名艺术家任教,他们技艺精湛,虚怀若谷,诲人不倦,身体力行,他们的言传身教不仅体现在传授精湛技艺,培养艺术人才上,更主要的是以德艺双馨的人格魅力和严谨治学的师德师风影响学生,影响学校发展,形成学校精神和艺术教育价值观,使学生胸中自有高山大川。

五是探索创新。探索是与创新紧密相连,艺术贵在创新和创造,有探索,才能对未知领域进行尝试;有探索才能激发出艺术创造力,创作出精美的艺术作品。艺校的发展过程是一个不断实践、探索和创新的过程。学校不断适应浙江社会经济发展和文化发展要求,以"道路无止境,探索无穷尽"的核心观念,将探索与办学结合起来,与常规性教学结合起来,从中获得强大的活力和勃勃生机,取得了育人的丰硕成果。如在人才设计及相应的育才模式、教学内容和教学方法上进行探索,随着办学方向多元化,注重人才设计;在教育教学和艺术创作上,学院创排原创音乐剧《五姑娘》,获得"文华大奖",投拍电影《妈妈们的青春往事》《蝶吻》,开艺术高职院校拍电影之先河,都体现出艺术创新精神。

六是服务实践。艺校的优良传统和社会声誉源于服务社会和群众,实践文艺"二为"方向;同时在服务中锻炼学生,开展实践教学。档案资料显示:师生曾赴余杭、萧山和舟山要塞、渔村参加劳动和军训,与农民和战士同吃同住、同劳动、同训练,分赴全省各地城镇、工矿、学校、农村等地演出,服务基层、服务群众;艺校首任校长张西华曾亲自率领越剧班师生赴四明山梁弄革命根据地体验生活。时至今日,这一传统继续得以发扬,赴上海、北京等全国各地演出、高雅艺术进校园演出、赴基层参加"钱江浪花"直通车演出、青年志愿者活动、"三下乡"支教、赴月山村参加"中国第一山寨春晚"演出等活动频繁,师生在实践中教学,在实践中服务社会和群众。盖叫天弟子、艺校退休教师陈幼亭,长年义务担任多个京剧社和票友社的京剧指导,为传播盖派艺术默默奉献;艺校退休越剧教师杜如秀移民美国,长年坚持深入华人社区和学校等地义务教唱越剧,传播中国戏曲文化,他们作为普通教师,在职时勤勉任教,退休后发挥余热。这样的事例在艺校比比皆是。

三、当代艺术教育核心价值观

科学发展观的第一要义是发展,核心是以人为本。这就对艺术院校在科学发展观视域下的当代艺术教育核心价值观提出了要求,通过对艺术院校传统艺术教育观念和理念的总结分析,可以解析出诸多闪光的教育思想经验,这些经验是值得继承和借鉴的;同时要以与时俱进的精神,探究时代精神下的艺术教育核心价值观。

艺术教育核心价值观的确立须符合如下标准:一是学校组织或教师本人发自内心的肺腑之言,是教师在教育教学过程中身体力行并坚守的理念;二是核心价值观必须是真正影响艺术教育的精神准则,须经得起时间考验,且不应轻易改变;三是所谓核心,就是指最重要的关键理念。综合和借鉴艺校发展史上的诸多价值理念,以科学发展观相观照,艺术教育核心价值观可以概括为"崇德、精艺、关爱、师范、求新、奉献"。

崇德。"育人为本、德育为先"是学校教育的指导思想。"崇德"即推崇道德、德行,注重培养学生的高尚品质和品格,提高学生修养和素质,这是一切教育的根本。以德育人,以德养人,将德育融于专业教学中,形成教师职业道德,培养学生从小树立文艺工作者职业道德和社会公德,是培养德艺双馨艺术人才的基础。

精艺。以精益求精的态度对待教学和艺术,不断提高个人专业技能和业务能力,确立起专业态度和职业精神,使教师的教学业务和知识能力不断提升,影响和带动学生确立起牢固的专业精神,为成长成才打基础。艺海无涯,艺无止境,精艺之"精",既蕴含着对于艺术教育和艺术创作的求精、求美、求实、求新,又蕴含着教师的精心细致教学传艺和学生精益求精求学练艺。

关爱。爱心应用于教育中,就是教师要对学生有关爱之心、理解之意、照顾之行,体现"以人为本"的核心要求。罗曼•罗兰说:"爱是生命的火焰,没有它,一切变成黑夜";但丁说:"爱是美德的种子";泰戈尔说:"爱是理解的别名";爱因斯坦说:"对于我来说,生命的意义在于设身处地替他人着想,忧他人之忧,乐他人之乐"。以爱心对待学生,即要以学生为本,一切为了学生,关爱一切学生,关心学生一切;同时以爱心教育为核心,培养学生知感恩,懂孝道,爱他人,乐助人,做一个和谐的人。

师范。学高为师,身正为范。胡锦涛同志说过:"教师是人类文明的传承者。没有高水平的教师队伍,就没有高质量的教育。"以"师范"标准要求文艺人才,缘于文艺作品在历史传统中的"高台教化"作用,文艺作品教化育人于精神生活,文艺工作者的特殊使命在于对群众的影响和引领。以培养教师的标准来培养文艺人才,契合传统艺术教育"言传身教"理念,以精湛的专业教学水平、优秀的思想道德品质来教育和影响学生。

求新。创新是打破常规,取得更为新颖、更有价值的新事物、新思想的活动。科学、合理的创新可以获得良好的发展。创新的本质是突破,即突破旧思维和旧事物,而艺术的灵魂在于求新、求变,艺术教育应将求新作为贯穿始终的教育理念,不仅在教育教学理念和方式方法上求新,使学生获得更多更好的影响和教益,还要在艺术创作中勇于创新、勤于创新,做到顺势而变,与时俱进。艺术教育唯有将求新创造视作生命线,才能在创新创造中获得艺术教育不竭的生命源泉和旺盛的生命力。

奉献。当今社会所倡导的"奉献"是指满怀感情地为他人服务,为社会贡献,是一种不计回报的无偿服务。教师讲奉献,就会对教育事业无限热爱,全身心付出,并在教育事业之爱的感召下,把教师这一职业当成一项终身事业来热爱和追求,真心关爱学生,服务社会。在奉献的同时,教师能收获到职业的荣誉和成功的喜悦,得到学生和社会的崇敬。浙江提出建设"物质富裕、精神富有"的现代化浙江,艺术院校培养艺术人才、服务社会基层,成为实践"精神富有"的题中之议。文艺工作者与教师一样,堪称人类灵魂的工程师,只有具备奉献精神,才能做到不唯利是图,不急功近利,才能培养出真正的艺术家,为人民群众创造出优秀的文艺作品。

四、结语

"有德有才大用之、有德无才善用之、无德有才慎用之、无德无才弃用之。"讲究实利的企业最懂得以核心价值观来识人、选人和用人。松下幸之助有着独特的价值体系,他对人品或人格极为重视,他认为"人格是人性中的真、善、美的综合体现。一个人格上有缺陷的人,其才能越大,越容易危害他人及社会,在这种人身上,高超的才能是'恶的武器',是'恶智慧'。"艺术教育人才培育价值观也是如此。

价值观关系教育的发展前景,当根植于艺术院校的核心价值观随着时间推移化成全体成员的共同信念时,它就成为一面旗帜、一支号角、一种核心竞争力,成为一种最不可模仿,也最不可替代的超强能力。上述对于传统艺术教育价值观或理念的分析,对于当下艺术教育核心价值观的凝炼,是一次抛砖引玉式的尝试,期盼传统艺术教育思想观念之精华在当代得到传承和发扬,最终转化为艺术院校艺术教育职业道德和价值观。

参考文献

[1] 胡锦涛.坚定不移沿着中国特色社会主义道路前进 为全面建成小康社会而奋斗——在中国共产党第十八次全国代表大会上的报告[M].北京:人民出版社,2012.

［2］ 中国文联.中国文艺工作者职业道德公约［Z］.2012.

［3］ 许高厚.现代教育学［M］.北京:北京师范大学出版社,1995.

［4］ 李君如.社会主义和谐社会论［M］.北京:人民出版社,2005.

［5］ 刘余莉.思想道德教育的中国传统伦理基础［J］.中共中央党校学报,2008(3):40-44.

艺术院校思想政治教育实践育人模式研究[①]

王占霞

实践育人是思想政治教育过程的本质属性，也是新时期党和国家对高校思想政治教育提出的新要求。艺术院校担负着为国家培养德艺双馨的艺术专业人才和艺术教育工作者的重任，承载着繁荣和发展社会主义先进文化、高扬社会主旋律和推进社会主义和谐文化建设的历史使命。要把学生培养成为社会主义核心价值体系的捍卫者，以及坚持社会主义先进文化的前进方向，能够与时代同步伐、与祖国同命运、与人民齐奋斗的艺术工作者，就必须把思想政治教育实践育人工作摆在人才培养的重要位置，认真分析思想政治教育实践育人方面存在的不足，紧密结合艺术院校实际，发挥艺术院校的文化资源和专业优势，构建具有自身特色的艺术院校思想政治教育实践育人模式。

一、实践育人是思想政治教育过程的本质属性和时代要求

思想政治教育是社会有组织地定向引导人们形成符合社会和时代及人类自身发展要求的思想政治观点和行为品格的教育工程，本质上是一种培养人、塑造人、转化人的社会性活动。它是教育者和受

---

① 本文获全国文化系统思想政治工作研究会 2014 年度课题论文二等奖。

教育者共同参与的一种实践活动,实践性是思想政治教育的鲜明特征。

(一)实践育人是思想政治教育过程的本质属性

思想政治教育过程就是教育者根据一定社会要求和受教育者思想品德形成发展规律,有目的、有计划、有组织地用特定的思想观念、政治意识、道德规范对教育对象施加影响,通过受教育者自身积极、能动的作用,引导、帮助他们形成一定社会所期望的思想品德的过程,是教育者和受教育者共同参与、双向互动的教育活动过程。它一方面是教育者按照社会要求积极组织实施教育的过程,另一方面是受教育者基于自身思想基础和内在需要,通过自己的积极活动,能动地接受教育和进行自我教育的过程。也就是说,"思想政治教育过程既是一种外炼的过程,又是一种内化的过程。"从一定意义上说,教育活动只是引发受教育者觉悟、促进个体思想品德发展的外在条件,教育目的和教育效果的最终实现,取决于受教育者在多大程度上"接受"了教育,并将教育要求内化为个体的思想品德,外化为自身的自觉行动。而思想政治教育的接受不仅仅是一个认知领域的问题,更是一个生活实践问题。因为思想政治教育是以人为对象的,人的本质在现实性上是一切社会关系的总和,而"全部社会生活在本质上是实践的"。从马克思主义认识论的视角来看,人的认识产生的基础、根源及发展动力都是实践,教育者教育教学过程本身就是一种实践活动,受教育者思想政治意识和行为也必须通过实践来确立,而且"人的思维是否具有客观的真理性,这不是一个理论的问题,而是一个实践的问题。人应该在实践中证明自己思维的真理性,即自己思维的现实性和力量,自己思维的此岸性。"大学生思想政治教育过程的实质是大学生自我思想道德观念、政治意识的提升与政治行为的生成过程,是大学生对特定思想观念、政治意识、道德规范的认知与实践的过程。因此,实践育人应是思想政治教育过程的题中之义。

（二）实践育人是新时期党和国家对高校思想政治教育的新要求

新世纪、新阶段下，面对文化全球化背景下多质性的伦理文化及异质的价值观的冲击，人们思想活动的独立性、选择性、多变性和差异性日益增强，高校思想政治教育价值引导功能弱化的趋势也日益明显。面对新形势新情况，党和国家在对高校思想政治教育工作进行了深入调查研究的基础上，及时出台了加强和改进高校思想政治教育的一系列针对性文件。首先，中共中央国务院颁布了《关于进一步加强和改进大学生思想政治教育的意见》（中发〔2004〕16 号），并专门召开了全国加强和改进大学生思想政治教育工作会议。为了贯彻落实文件和会议精神，充分发挥高校思想政治理论课在大学生思想政治教育中的主渠道作用，2005 年 2 月 7 日，中共中央宣传部教育部颁布了《关于进一步加强和改进高等学校思想政治理论课的意见》（教社政〔2005〕5 号），对高校思想政治教育实践育人进行了部署。文件强调："社会实践是大学生思想政治教育的重要环节，对于促进大学生了解社会、了解国情，增长才干、奉献社会，锻炼毅力、培养品格，增强社会责任感具有不可替代的作用。""高等学校思想政治理论课所有课程都要加强实践环节，要探索实践育人的长效机制。"这是对高校思想政治理论课教学提出的新目标和新要求，也是我国高校思想政治教育实践育人的历史起点。各高校认真贯彻文件精神，在实践育人方面不断做出了努力，也取得了一定成效。2012 年 1 月，为了进一步开展高校实践育人工作，教育部等七部门又联合颁布了《关于进一步加强高校实践育人工作的若干意见》（教思政〔2012〕1 号），在进一步强调高校实践育人重要性的基础上，对新形势下我国高校实践育人工作进行了全面系统的部署。要求高校坚持将社会主义核心价值体系融入实践育人工作全过程中，将实践育人工作摆在人才培养的重要位置；要求高校坚持创新人才培养模式，从管理、教育、教学等各方面，构建实践育人的长效机制。接着，党的第十八次全国代表大会进一步强调要"把立德树人作为教育的根本任务"，"培养学生社会责任感、创新精神、实践能力"。2013 年 3 月 1 日，习近平总书记《在中央党校建校 80 周年庆祝大会暨 2013 年春季学期开学典礼上的讲话》中也号召学员既要向书本学习，又要向实践学习。上述文件和讲话精神为新时期高校思想政治教育实践育人进一步指明了方向，也对高校思想政治教育实践育人的常态化、长效化建设具有重要而深远的指导意义。

二、艺术院校思想政治教育实践育人工作现状及存在的问题

近年来，为了贯彻落实高校思想政治教育实践育人相关文件精神，各艺术院校对思想政治教育实践育人工作也进行了许多有益的探索。但相对于艺术实践而言，艺术院校在思想政治教育实践育人方面的关注度和投入相对薄弱，思想政治教育实践育人工作仍然存在诸多问题，影响了思想政治教育的实效。

(一)各部门单打独斗，缺乏统筹联动

高校思想政治教育实践育人是一个庞大的系统工程，涉及党委宣传部、学生处、教务处、人事处和团委等多个部门，需要在"大思想政治"理念下充分调动专兼职思想政治教育工作干部(包括分管学生思想政治教育工作的党委正副书记、副院长，党委工作部门、宣传教育部门、学生工作部门从事学生思想政治工作的人员，系党总支书记，院系团委、团总支书记，政治辅导员，从事教学、管理和服务的教师及其相关管理人员，担任辅导员的高年级学生党员)、全体教师(高校的所有课程均具有思想政治教育的功能，所有的教师都应该承担思想政治教育的责任)、班主任等各方面相关力量，形成党委统一领导、党政团和各系齐抓共管、专兼职队伍结合、全校紧密配合、统筹联动的思想政治教育全员、全程、全方位实践育人的格局。但目前，由于认识上的局限，艺术院校思想政治教育实践育人的总体现状差强人意。部分艺术院校对思想政治教育的理解还停留在思想政治理论课上，将思想政治教育仅仅看作是思想政治理论课教师和辅导员的事，因而将思想政治教育实践育人局限在传统观念中的思想政治理论课的实践教学环节和寒暑期社会实践上。部分艺术院校虽然在教

育各环节和各层面都开展了工作,但由于缺乏统一的顶层设计,缺少统筹安排,各主管部门之间和各教育环节之间都缺乏紧密联系,如思想政治教师管教学、学生处教师抓管理、团委老师搞活动,各个部门与教育环节各把一摊、各自为政、相互脱节的局面。没有形成部门互动、环节互补的组织管理合力和系统联动格局。

(二)"活动""精英"模式,学生参与度低

高校思想政治教育的对象是全体学生,思想政治教育实践育人应该覆盖所有大学生。近年来,艺术院校在思想政治教育实践育人方面进行了不懈的探索,也积累了丰富的经验,部分艺术院校还结合自身优势推出了系列品牌实践活动,取得了很好的效果,但从本质上看,总体效果仍不理想。主要原因是很少有学校把思想政治教育实践育人纳入教学计划。相当多的艺术院校思想政治教育实践教学没有教学大纲,在师资配置、课时认定、固定的实践基地等方面缺乏统筹规划,难以形成长效机制。有的学校甚至没有固定的实践基地,有的学校虽有,但利用率很低。许多艺术院校思想政治教育实践活动往往只是停留于不定期地举办一场或几场实践活动,即"活动模式"。比如:很多艺术院校在介绍经验时都把寒、暑假期间参加"送戏下乡""送戏进社区"等社会实践活动作为重点和亮点。但这些活动一般只是挑选部分学生干部或成绩较好、有某种特长的学生参加,即"精英实践",或在某个试点班级或某个表演类专业开展,实践教学覆盖面窄,学生参与度低,多数学生无法从中受益。

(三)考核机制不完善,激励机制缺乏

考核是学校教育质量的评价手段之一,也是教育过程中不可缺少的环节。它如同指挥棒,既可以对教学效果作出有效的评价,又可以发挥引导、激励、约束作用,有利于激发教师的工作热情,提高学生参与的积极性。艺术院校思想政治教育实践育人的深度和广度需要考核机制的引导,其长效性的维持也需要政策的导向和制度的激励,这就需要建立一套科学合理的考核评价机制。但目前艺术院校思想政治教育实践育人普遍存在考核缺失的现象,往往活动结束后写一

份总结就万事大吉,给教师和学生的感觉就是形式化和走过场,无法真正调动师生的实践热情。有的艺术院校虽有一定的考核机制,但缺乏具体的量化细则,也没有形成文件。在对教师工作评价方面,工作量的归属和课时费的发放不规范、不固定,其工作效果与教师年度工作考核脱钩,致使教师参与的积极性明显不高。在对学生参与评价方面,评价标准单一,学生社会实践课成绩与学生综合素质评价、奖学金的评定及入党和评优选先的关联度低。这在一定程度上打击了学生参与的积极性,也不利于学生创造性和创新性的发挥,使学生存在极强的应付心理,也难以保证学生实践参与的广泛性、主动性和高效性,更制约了艺术院校思想政治教育实践育人长效机制的建立。

三、艺术院校思想政治教育实践育人模式的构建

艺术院校作为高等教育体系中的特殊群体,其人才培养模式、教育教学有着自身独特的规律。艺术院校必须认真分析思想政治教育实践育人方面存在的不足,紧密结合艺术院校学生的性格和专业特点,紧紧围绕社会主义核心价值体系这个中心内容,以立德树人为根本任务,充分发挥艺术院校的文化资源和专业优势,调动全体教职员工的积极性,通过多种渠道,搭建多个平台,各部门通力合作,构建符合艺术院校实际的全员育人、全程育人、全方位育人的思想政治教育实践育人模式。

(一)艺术院校思想政治教育实践育人要以社会主义核心价值体系为内容

《中共中央关于深化文化体制改革推动社会主义文化大发展大繁荣若干重大问题的决定》指出:社会主义核心价值体系是兴国之魂,是社会主义先进文化的精髓,决定着中国特色社会主义发展方向。教育部等七部门《关于进一步加强高校实践育人工作的若干意见》要求各高校要坚持把社会主义核心价值体系融入实践育人工作全过程,把实践育人工作摆在人才培养的重要位置。艺术院校学生是中国特色社会主义文化的传承者,是未来引领风尚的生力军、主力军。但由于成长经历

和专业学习的特殊性、社会交往的局限性和以往教育引导的片面性等原因,与普通院校的学生相比,其认识上的片面性、行为上的叛逆性、角色定位上的本位性和价值观上的功利性比较突出,社会责任感和历史使命感相对缺乏。艺术院校要将思想政治教育实践育人做好、做实,必须结合学生的思想实际,在实践内容的设计上,紧紧抓住社会主义核心价值体系这个灵魂,引导学生在实践中用马克思主义的立场、观点、方法指导自己的行为,以中国特色社会主义共同理想引领学生的个人理想,以民族精神和时代精神激励爱国情怀和创新精神,自觉践行社会主义荣辱观。使学生将社会主义核心价值体系作为实践观念、创作思想和价值取向,使学生通过实践,真正成为社会主义核心价值体系的坚定信仰者、积极传播者和模范践行者。

(二)艺术院校思想政治教育实践育人要以统筹联动的合力育人为格局

高校思想政治教育实践育人是全校性的系统工程,必须形成党委统一领导、党政齐抓共管、专兼职队伍结合、各职能部门和教学单位通力合作、师生全力配合的全员、全程、全方位育人的良好格局,才能发挥其最大功效。艺术院校学生不同于普通院校学生。他们一般从小就接受艺术教育,由于将大量时间和精力投入专业学习中,导致文化基础薄弱,加上受"为艺术而艺术"的职业观和"艺术超然政治"的超然论的影响,他们中大多数人轻视甚至抵触政治;由于较多地参加与经济利益交织在一起的艺术创作实践活动,价值取向日趋务实和功利化。因此,在学习中高度重视专业学习,忽视文化基础和理论学习,忽视道德水准和综合素质的提高;生活中追求享乐、追求时尚,盲目消费、高消费甚至超前消费,艰苦奋斗精神淡化;实践中遇事讲条件、讲报酬,缺乏大局意识、奉献意识;对社会、对未来重个人价值,忽视对社会所应承担的责任和义务。艺术的个性特点在于求新、求异、求变。长期的专业学习逐渐养成艺术院校不少学生标新立异的思维和行为习惯,特立独行的性格和"我行我素"的不良心理,他们对思想政治教育所倡导的共同的思想道德要求、共同的理想信念、共同的价值追求等缺乏认同甚至反感。频繁的艺术实践使他们与社会接触较多,艺术领域大量不良风气对思想开放,乐于吸收新知识但又心智不够成熟的艺术院校学生的道德判断、价值判断造成严重影响,不少艺术院校的学生荣辱观念颠倒,是非观念缺失。以上方面决定了艺术院校思想政治教育工作的难度较大,任务艰巨。这更需要艺术院校确立"大思想政治"理念,充分调动各方面力量,整合各方面资源,发挥各部门优势,各级组织相互协调、各有侧重,各个环节相互配合,全校上下拧成一股绳,以学生发展需求为切入点,以贴近实际、贴近生活、贴近学生为原则,以学校发展和学生成长为本位,教育、管理、服务各司其职,形成思想政治教育实践育人的整体合力,努力开创艺术院校全员、全程、全方位实践育人工作的新格局。

(三)艺术院校思想政治教育实践育人要以多元化实践平台为载体

思想政治教育是具有综合性、实践性和开放性的教育,思想政治教育实践育人模式的实践平台理应多元化。艺术院校校园环境优美,艺术门类齐全,专业互补性强,文化资源丰富,学生思想活跃、才艺突出、创意性强,社团活动活跃,校园文化活动丰富多彩,专业实践机会较多。艺术院校应充分利用这些资源优势,通过多种渠道,搭建多个平台,发挥教育教学各个环节、各个方面的"渠道作用",进行思想政治教育实践育人。比如:在思想政治理论课课堂实践教学中,可以结合相关的教学内容,充分发挥艺术院校学生悟性较高、想象丰富、思维活跃、富有创意、表现欲强、有一定专业特长的优势,采取热点评说、课堂讨论、辩论、演讲、情境教学、案例教学等形式多样的实践教学方法,培养学生关注社会的意识,敢于思考、善于思考的品格,分析、解决问题的能力,通过学生的自我教育,调动学生自我修养的主动性。观点的表达可以结合自己的专业,采取音乐、舞蹈、戏剧、美术、多媒体技术等丰富多彩的艺术形式,达到以歌明志、以舞激情、以戏表意、以画传神的效果。在第二课堂实践活动中,可以依托艺术院校的专业优势和文化资源优势,以建设优良的校风、教风、学风为核心,以各种社团活动、校园文化活动为载体,以树立社会主义核心价值观为导向,通过营造清新、优美、充满生机的校园环境,开展丰富多彩的校园文化活动,将文化艺术活动与大学生思想政治教育紧密结合,积极拓宽思想政治教育渠道,将艺术作品和艺术活动陶冶情操、启迪思想、塑造人格、照亮生命的过程与校园文化对师生行为观念的教育引导有机统一,使学生的技能提高与精神成长同步,锤炼高尚的艺术人格,增强艺术工作者的使命感和责任感。在社会实践活动中,可以让学生通过暑期"送戏下乡""送戏进社区""艺术支教"及"青年志愿者"等活动,深入农村乡镇、革命老区、企业、学校、社区、部队、敬老院等方式,以优秀的作品和热情的服务为人民放歌,为人民抒情,为人民呼吁,培养与人民群众的深厚感情,体现艺术为中国特色社会主义服务、为最广大人民群众服务的宗旨,提高学生把握时代脉搏的能力,强化学生服务社会、奉献社会的意识,培养学生艰苦奋斗、吃苦耐劳的品格。在专业实践中,可以消除学科界限,积极促进思想政治教育与专业教育的融合,引导学生在提高艺术专业技能的过程中体会艺术作品所包含的精神内涵和思想价值,引发学生对生活态度、人生真谛和社会责任的自觉思考,激发学生的学习热情,培养学生的团队意识和集体荣誉感,培育学生良好的职业道德与职业精神。让学生的专业实践真正成为"求真理,学真知,做真人;崇尚美,发现美,创造美;学无尽,艺无涯,精技艺;修其身,立其德,践荣辱"[②]的过程。

(四)艺术院校思想政治教育实践育人长效机制要以制度化建设为保障

教育部等七部门《关于进一步加强高校实践育人工作的若干意见》强调,高校要形成实践育人合力,着力构建实践育人的长效机制。而长效机制的构建需要制度的保障才能具备一定的可操作性。艺术院校思想政治教育实践育人工作要想真正成为常态、覆盖全员、取得实效,就需要完善的规范化的制度保障。首先,要由学校党委牵头,建立统分结合、分工明确、互相协作、层层负责的思想政治教育实践育人的组织管理机构,作为实践育人的坚强后盾,确保实践育人工作实施的系统性和有效性。其次,学校要对实践育人工作的开展提供足够的经费、时间和稳定、长效、形式多样的实践基地保障。再次,学

---

② 浙江艺术职业学院校训精神。

校要建立规范化、制度化的激励约束机制,并形成文件,保证遵照文件具体要求严格执行。学校领导、教师和辅导员的实践育人工作效果要与个人经济利益挂钩,与教师年度工作业绩考核和教师职称评定及干部业绩等挂钩。最后,要通过实践育人的课程化和学分化建设,将思想政治教育实践育人纳入教学计划,运用学分制管理模式,使思想政治教育实践育人成为经过学校正式设立的、经过课程设计的、以活动或实践形式出现的、要求每个学生完成相关任务并严格考核的一种综合性课程,形成每个学生必须选择参加相应社会实践课程并修满相应学分才可毕业的机制。当然,学生实践课程成绩要与学生综合素质评价、奖学金评定、推荐入党、评奖评优挂钩,激励学生参与实践的积极性,保证学生参与实践的广泛性、主动性和高效性,从而建立实践育人的长效机制。

参考文献

[1] 中共中央马克思恩格斯列宁斯大林著作编译局.马克思恩格斯选集:第一卷[M].北京:人民出版社,1995.

[2] 中共中央,国务院.中发〔2004〕16 号 关于进一步加强和改进大学生思想政治教育的意见[Z].2004.

[3] 中共中央宣传部宣传教育局,教育部社会科学研究与思想政治工作司,共青团中央学校部.加强和改进大学生思想政治教育文件选编[M].北京:中国人民大学出版社,2005.

[4] 胡锦涛.坚定不移沿着中国特色社会主义道路前进为全面建成小康社会而奋斗——在中国共产党第十八次全国代表大会上的报告[N].人民日报,2012-11-18.

[5] 中华人民共和国教育部,中共中央宣传部,中华人民共和国财政部,等.关于进一步加强高校实践育人工作的若干意见[Z].2012.

[6] 中共中央关于深化文化体制改革推动社会主义文化大发展大繁荣若干重大问题的决定[N].人民日报,2011-10-26.

[7] 王勤.思想政治教育学新论[M].杭州:浙江大学出版社,2006.

雷锋德性人格与审美人格特征及其德育价值①

胡卓群

2003年，在新浪网与国内数十家媒体共同推出的大型调查"20世纪十大文化偶像"评选活动中，雷锋以23138票排名第八；2012年，党的第十八次全国代表大会报告提出"推动学雷锋活动、学习宣传道德模范常态化"；2013年，毛泽东题词"向雷锋同志学习"五十周年，全国上下已然掀起学习雷锋的新高潮。"榜样的力量是无穷的"，榜样集中体现了社会的精神面貌，反映了社会主义核心价值观和行为准则，榜样以自己的精神风貌和道德行为的普遍性使他人和社会产生共鸣。榜样教育再次成为大众关注的焦点。榜样教育就是通过引导受教育者对榜样和模范产生认同，并利用这种认同进行行为模仿和精神内化，从而改造受教育者外在行为的一种教育，是德育工作的重要手段。

中央政治局常委、中宣部部长刘云山在第九届中国公民道德论坛上发表《永远的雷锋　永远的雷锋精神》的重要讲话，他明确指出弘扬雷锋精神，应当在继承优良传统的基础上，树立新的视角、确立新的思路，不断挖掘雷锋及其雷锋精神的当代价值。人格是人的特质和属性，是人的社会规定性在个体身上的体现，是个体在思想和行动上形成的稳定、持久的倾向性特征。蔡元培在《一九零零年以来教育之进步》一文中提出："教育者，养成人格之事业也。"[1]国际教育委

---

① 本文发表于2013年12月《红河学院学报》。

员会向联合国教科文组织提交的报告《教育——财富蕴藏其中》中明确指出,21 世纪的教育必须建立在四个支柱之上,即学会认知、学会做事、学会共同生活、学会生存,并且认为,教育还"应当促进每个人的全面发展,即身心、智力、敏感性、审美意识、个人责任感、精神价值等方面的发展"[2]。尽管相隔大半个世纪,他们都不约而同地强调了人格培养在德育及其榜样教育中的核心地位。榜样作为一种人格力量,在科技日新月异、功利实用观念不断强化的当代生活中,正日益凸现其独特的人性尺度指向和生命标杆指向,其本真、超越、审美等特质,为人性涵育与个体发展确立了重要的主体条件和目标价值。

本文试图挖掘雷锋的人格特质,既肯定雷锋的德性人格特征,又尝试挖掘雷锋的审美人格特征,进而得出德育中的榜样教育,需要以人格教育为中心,使同学们切身感受更加真实、更加可亲的榜样,从而彰显德育的价值。

一、雷锋德性人格的特征

雷锋作为榜样,首先具有德性人格特征。人是什么,这一直是我们苦苦思索的主题之一。德性作为人性不同于动物性的根本性内容,它一方面为人性所特有,另一方面又贯透、存在于人的一切具体现象性领域,它所标识的就是人在何种意义上超越了动物,在何种程度上成为文明的存在,正如人们在世世代代流传更替中积淀为无意识的那样,德性是人之为人的内在规定[3]。笔者认为,所谓德性人格,是个体在任何情境中都能表现出来的尊严与价值,能自觉地使自身道德素质超越社会发展和进步的要求,同时能把自己的德性扩展到社会生活中去,表征着特定历史时期整个社会的道德理想,表明其具有履行义务和承担责任的能力。德性人格是一种理想型人格,具有超越性、先进性与利他性的特点,它们展开为多样的、特殊的规定,呈现为彼此互异的各个向度,在现实的形态下,它们往往以不同的方式呈现为统一的结构,能使人依靠德性节制自己的欲望,把本能情感自觉地升华为具有社会特性的道德情感。

德性人格的超越性,要求个体不以任何自为的实利目的为前提和动机,体现了人格所向往和追求的完美境界,他们自觉自愿为社会、为他人作出奉献与牺牲。雷锋的超越性就体现在他拥有坚定的共产主义信仰,他愿意"把自己的毕生精力和整个生命为人类的解放事业——共产主义全部献出。"[4]崇高的信仰是人的精神支柱和动力,是否具有坚定信念和远大理想,将决定着个体能否成为高尚的人、有益于人民与社会的人。共产主义是远大的理想,雷锋充分体现了共产主义的世界观、人生观、价值观,是一般人在同样的情况下不愿做或不能持之以恒做的,超越性具有经久不衰的超越一切的时代影响力。

德性人格的先进性,要求个体在素质、能力和行动上起到模范作用,表征先行先导先锋的能力。雷锋的先进性体现在他拥有集体主义价值观和对祖国、党的深厚感情上。在集体和个人关系上,雷锋认为"一个人的作用,对于革命事业来说,就如一架机器上的一颗螺丝钉"[4]。国家集体是机器,他个人愿意永远做一颗微不足道的"螺丝钉","时刻都要把集体利益放在第一位"[5]。雷锋是在党的关怀下成长起来的,他对党感情深厚,他写道"亲爱的党,我慈祥的母亲……"[5]他热爱祖国,"爱护国家的财产……要比爱护自己的生命为重"[5]。雷锋顺应时代进步潮流,在思想和行动上集中体现的模范带头作用,展示了社会主义社会所崇尚的最根本的社会价值取向。

德性人格的利他性,要求个体在处理个人与社会、他人的关系上,为了社会与他人的利益而牺牲个人利益的道德原则,与利己性相对。雷锋的利他性体现在全心全意为人民服务的人生目的上。雷锋的一生没有创造惊天动地的丰功伟绩,但他把生命无私地奉献给了人民,"人的生命是有限的,为人民服务是无限的,我要把有限的生命,投入无限的为人民服务中去"[4],谱写壮丽而辉煌的人生篇章。个体仅仅为自己活着,这样的人生是渺小的,只有自觉地把个人的奋斗融入国家崛起的历史洪流中去,和人民同呼吸、共命运,这样的人生才是有价值的人生。全心全意为人民服务,是贯穿雷锋一生的最突出、最动人的主旨,是雷锋能够保持旺盛生命力和持久活力的根本原因,是构建和谐社会应当倡导的价值取向。

雷锋身上被群众所认可的崇高思想、可贵品格和人格魅力,正是其德性人格特征的体现。通过其德性人格感召力,能够启迪道德智慧,净化道德良心,激励社会形成新风尚。

二、雷锋审美人格的特征

雷锋充分地展现了德性人格的特征,但如若仅仅只看到他的德性人格,那就失去了真人的喜怒哀乐,失去了生活的原汁原味,使人觉得他是圣人,看得到却学不来。美既是人们的生活态度,又是人们的力量来源。因为有了美,世界才有生命的热情和冲动。马克思说过:"人也按照美的规律来构造。"[6]美学家布洛夫也说过:"人直接需要美,因此审美因素渗透到他的整个生活中,人不仅按照物质必然性,也按照美的规律进行创造。"[7]无论是按照"美的规律"来构造,还是按照"美的规律"来创造,都说明审美在人类生活中已是一种必不可少的需要,是指向主体自身的一种追求。人格也需要按照美的规律来塑造。雷锋是真实存在的,他具有审美人格的特征。笔者认为,所谓审美人格,是美学意义上的人格,它使个体的精神面貌具有审美特征,符合人的感性的积极自由的人格,具备自我唤醒意识和感觉寻求力,能形成一种独立、整体的现实人格状态,体现着创造性、层次性、大众性等一系列特性,是现实的人的各种优良素质在个人身上的综合体现。审美人格的这些特性相互联系、相互制约和相互渗透,它们共同构成一个有机的整体。

审美人格的创造性,体现为个体在对象身上表现出的创造才能,并按照美的规律来改变自己、贡献社会,为自己和人类服务。雷锋精神形成于 50 多年前我国社会主义制度确立后的社会主义建设时期,发展于建设中国特色社会主义的伟大实践中,是具有鲜明时代内涵的创新思想、创新精神和创新风尚。雷锋总能创造性地实践他的想法,例如,工地运水泥时,他都准备扫帚和簸箕,出车回来就把留在车厢里的水泥扫起来,倒在事先准备好的桶里,不久就积攒了 1700 多斤水泥;连队每次吃饭,他都会把掉在地上的饭粒拾掇起来送到猪食缸里;他还制作了一个节约箱,用来装平时捡到的破烂,换来的钱作为连队俱乐部的活动经费。雷锋就是这样,一直追求创造,每天都在创造,为了贡献社会、快乐他人而创造。

审美人格的层次性,体现个体在思想与行动上存在递进关系并含有相关联系。雷锋的层次性体现在他的精神既有伟大先进的一面,又有平凡大众的一面,既渗透了崇高的共产主义道德精神,又包括现阶段的公民道德基本规范。它是高尚的,但它的实质又体现在普通群众的生活中。雷锋把自己的生命融入党和人民的事业之中,立志在平凡中干出不平凡的业绩,做一颗永不生锈的"螺丝钉"。他爱岗敬业、脚踏实地、克己奉公、勤奋努力,工作在哪里,就在哪里闪光发热,竭尽所能为国家、为社会创造财富。

审美人格的大众性,体现个体的动机、思想与行为能够为普通大众所接受与认可。雷锋的大众性体现在雷锋所做的那些好事,都不是轰轰烈烈的大事,而是在日常生活中每一个人能够力所能及做到的小事。雷锋也是一个普通的大众,他到鞍山工作后总穿着农场发的带着油泥和打着补丁的衣服,有些同伴就说他寒酸,在这些同伴的影响下雷锋买下了诸如英纳格表之类略微奢侈的东西,后来雷锋认识到在当时的情况下穿戴这些东西是不合适的,就把这些东西包起来放到箱子里,并在日记里写下了"螺丝钉要经常保养和清洗才不会生锈,人的思想也是这样要经常检查才不会出毛病"。雷锋以大量的内心独白和做好人好事的行为实践,朴素地回答了怎样活着和怎样做人的命题。雷锋的大众性能够使他在人民大众、社会普通阶层中找到共鸣,雷锋精神得到传承和发扬。

审美人格与德性人格有一定的联系,这种联系体现在审美人格中也包含德性的因素,缺乏德性修养的人是称不上审美人格的。但是两者的区别也是客观存在的。审美人格是一种比德性人格更为充实的人格,也是一种更为自由的人格。在审美人格中,除了具有德性的因素以外,其他人格因素也一样受到重视和鼓励。如果说德性人格更多地表现为压抑和约束,而审美人格则更多地表现为自由和创造。雷锋之所以有巨大、无穷的力量,是因为雷锋和雷锋的事迹是具体、生动、有层次的,雷锋精神具有较强的美的感染力,他已在群众心目中树立起了鲜明的、美的形象。

三、雷锋德性人格与审美人格的德育价值

在中国，榜样教育并不是唯一的德育方法，但对我们来说，榜样教育是德育最惯用的一条途径，它能够通过树立经典的榜样形象向人们反复灌输特定政治化规范，并让人学习，造就一个完美的社会。然而，传统德育和榜样教育一个很大弱点就是"重规范、轻人格"，教育多侧重于政治、社会伦理方面的说教，制造出了完美榜样，但忽视对学生基本人格的引导，忽视对人的价值的终极关怀，忽视对人的灵魂与感受的关注，使受教育者感到不真实，不能引发他们的共鸣，德育作用也随之弱化。

创新德育工作方法，加强人格教育，强调层次性的教学，是提高大学生德育工作实效性的根本途径。德育要主动去除不实的部分，将神化的榜样请下神坛。几十年来，雷锋在亿万人民群众心中，已跨越时空的界限，成为人类高尚的精神追求和道德理念，他始终是一个光辉的榜样。榜样必须是最优秀的，较之普通人有着更丰富的德性人格特征，然而德性人格的超越性，如灿烂的星辰，高高在上，需仰视才见，但灿烂的同时太过夺目，会因其太亮而灼伤了人的眼，恐怕不能激起他人的学习欲望。雷锋是人不是神，雷锋身上所体现的审美人格特征，以及内涵的层次性、大众性等特性，把他从僵死的模式和神性中脱离出来而回归人性，释放了内在美，不再使普通人觉得雷锋高不可攀。

学生需要有血有肉的榜样，今天的德育教育与榜样学习，未必全都要一味追求毫不利己，自我牺牲，只要能实践社会主义核心价值体系，树立科学的世界观、人生观和价值观，明辨义与利、荣与辱、美与丑，增强社会责任感和历史使命感，正确处理奉献与索取的关系，通过如实、形象地介绍雷锋的工作实践和生活细节，有效地引导人民群众进行模仿。要让人们相信，普通人只要通过自己的努力也能够达到榜样的境界。如此一来，富豪捐助上千万元钱救灾是学习雷锋、农民工搀扶孕妇过马路是学习雷锋、大学生江中舍身救人是学习雷锋、赠人玫瑰是学习雷锋、大学生志愿者是学习雷锋，久而久之，人们通

过其内在的价值导向性引导过有审美的生活,并引领着思想道德觉悟程度不同的社会成员接近、达到甚至超越所期望的德性生活,进而推动公民思想道德水平的整体提升,更多的雷锋精神将会如雨后春笋般涌现,大学生德育工作实效性才能有效彰显,社会主义核心价值观的大众化才能切实实现。

参考文献

[1] 中国蔡元培研究会.蔡元培全集(第二卷)[M].杭州:浙江教育出版社,1997.

[2] 联合国教科文组织.教育——财富蕴藏其中[M].北京:教育科学出版社,2004.

[3] 高兆明."道德"探幽[J].伦理学研究,2002(2):95-104.

[4] 雷锋.雷锋全集[M].北京:人民武警出版社,华文出版社,2003.

[5] 总政治部.雷锋日记选[M].北京:解放军文艺出版社,1989.

[6] 马克思.1844年经济学哲学手稿[M].中共中央马克思恩格斯列宁斯大林著作编译局,编译.北京:人民出版社,2002.

[7] 阿·布洛夫.美学:问题和争论[M].凌继尧,译.上海:上海译文出版社,1987.

延安时期马克思主义中国化教育的大众化探析①

孙　彪

马克思主义理论本身的革命性、实践性，要求诉诸无产阶级及广大的人民群众，以实现科学理论指导革命实践的目的；无产阶级和广大群众革命思想的自发性、自在性，需要借助马克思主义理论教育去认识自身的阶级使命和本质力量。而理论如何大众化以实现"化大众"的目的，使群众的"自在性"意识转化为"自觉性"意识，离不开马克思主义理论教育这一中介。马克思主义中国化教育是马克思主义理论教育在中国特殊国情、特殊历史文化背景下的中国式表达。在中国救亡和革命的历史进程中，马克思主义中国化教育经由五四时期的发轫，大革命时期的萌芽和土地革命时期的形成与发展，到延安时期逐步成熟，由通俗化的倡导到大众化的实践，体现出大众化的特点。

一、马克思主义中国化教育的对象大众化

马克思主义大众化是指马克思主义由被少数人理解到被多数人认同的过程，它与马克思主义理论教育的对象大众化互为表征。延安时期的马克思主义中国化教育以对文化理论教育界的教育为先导，以对党员干部的教育为重点，在提高的基础上，逐步普及大众。

----

①　本文发表于 2014 年 4 月《福建党史月刊》。

(一)向文化理论教育工作者的马克思主义中国化教育倡导

在学与教、内化并外化的前后相继的过程中,"教育者本人一定是受教育的"[1]。延安前期,许多理论工作者、哲学工作者和教育工作者只是从理论本身或通俗化层面理解马克思主义,往往偏重于理论而忽视实际经验的汲取,还未能真正了解马克思主义中国化的实质。在艾思奇、张闻天、周扬等批评文艺工作者的关门主义和本本主义,宣传马克思主义文艺理论的通俗化、大众化之后,许多文艺工作者用"动的辩证"的眼光来看待文化统一战线,他们的作品开始反映群众的生活和斗争实际,尤其《在延安文艺座谈会上的讲话》发表后,越来越多的文艺工作者逐步确立了马克思主义中国化文艺观。在马克思主义中国化哲学观方面,艾思奇针对当时的哲学工作者"没有把哲学的工作在抗战的情势中具体化起来",提出开展"哲学研究的中国化、现实化的运动"[2]。徐特立教育哲学工作者要"向行动的大众学习",把马克思主义哲学教育与中国革命实际和群众实践结合起来,做"革命的实际行动家",创建"抗战新中国成立"的哲学。在马克思主义中国化教育观方面,毛泽东强调"能使马克思主义中国化的教员,才算好教员"[3]。张如心指出布尔什维克的教育家要研究中国实际问题、研究如何把马列主义的基本原则运用到中国环境中来。延安时期,经过马克思主义中国化先驱的教导,通过文化理论工作者的教育与自我教育,马克思主义中国化的理论得以提高,为马克思主义中国化教育的大众化创造了思想和主体条件。

(二)向普通党员干部的马克思主义中国化教育推进

干部教育是延安时期马克思主义中国化教育的重心和突破口。中共扩大的六中全会通过的政治决议案,强调全党要"自上而下一致地""学习灵活地把马克思列宁主义及国际经验应用到中国每一个实际斗争中来"[4]。为了贯彻此决议,《中共中央关于干部学习的指示》要求"全党干部都应当学习和研究马克思列宁主义的理论及其在中国的具体运用"[5]。张闻天在《关于抗日民族统一战线的与党的组织问题》的报告中批评党员干部的关门主义、教条主义、公式主义,教育他们要根据中国实际和当时当地的不同形势和任务,将抽象的马克思主义基本原理与具体的工作经验和群众斗争实践结合起来,将党的原则性与实际斗争策略的灵活性结合起来,"特别要注意于以马列主义的革命精神与革命方法,去教育共产党员与革命青年。并以此去研究中国革命的实际问题,研究中国历史和中国文化的各方面。要认真的使马列主义中国化,使它为中国最广大的人民群众所接受"[6]。毛泽东在延安干部会议上明确指出:"对于在职干部的教育和干部学校的教育,应确定以研究中国革命实际问题为中心,以马克思列宁主义基本原则为指导的方针。"[7]延安时期的"抗大""陕公"和"鲁艺"等干部学校,以"马列主义理论与实际来教育干部"为基本任务,以"切实地了解马列主义的精神与方法"为中心目标[5],以全党范围的整风运动为契机,结合军事干部、政治干部、文艺干部的工作实际,开展了马克思主义中国化教育,培养了大批能把马克思列宁主义灵活运用于中国实际的干部。由高级、中级领导干部到基层党员干部,在马克思主义中国化教育的链条上,普通党员干部成为马克思主义中国化教育最重要的对象。

(三)向普通群众的马克思主义中国化教育拓展

马克思主义理论只有掌握群众才能提高群众,只有普及群众,才能转化为巨大的精神和物质力量。"批判的武器当然不能代替武器的批判,物质力量只能用物质力量来摧毁。但是理论一经掌握群众,也会变成物质力量。"[1]延安时期的马克思主义中国化教育是一次具有广泛群众基础的理论教育和思想解放运动。张闻天强调要以"民族革命的精神"和"马克思列宁主义对于民族问题的理论"来"教育全中国四万万不愿当亡国奴的中国人"。[8]周扬在国防文学运动中,号召社会各阶层团结在民族统一战线的旗帜下,"在现实的革命发展中真实地具体地历史地去描写现实,以图在社会主义的精神上去教育勤劳大众"[9]。胡乔木呼吁,在广大农村"战斗着、劳动着和学习着的千百万的农民"[10],将理论学习与文化识字、生产劳动结合起来,将个人翻身与土地革命、民族解放统一起来,将阶级利益与民族利益联系起来，以响应减租减息的土地政策。

从五四时期李大钊倡导工人和青年"围绕中国实境"宣传马克思主义到抗日战争时期陈云组织青年回乡工作团践行马克思主义中国化理论；从意识到文艺工作者应该深入民众中开展马克思主义中国化文艺观启蒙到落实新民主主义文化的工农化；从《哲学讲话》《社会学大纲》的出版到党报、墙报、斗争秧歌成为民众的"红牌"；从学校教育到社会教育，从干部教育到群众教育，从冬学识字到理论教育，不仅在解放区的革命大学，而且在农民家中或田间地头的冬学课堂上，马克思主义理论教育工作者结合革命斗争实际和教育对象实际，对包括工人、农民在内的不同阶级阶层，灌输了马克思主义中国化的理论，初步实现了马克思主义中国化理论的大众化。

二、马克思主义中国化教育的内容大众化

理论满足大众需要的程度决定着理论大众化的程度，而要使理论满足大众的需要，被大众接受，不仅需要使马克思主义中国化、民族化、生活化，还需要将其整合成"少而精"的理论，以顺应民族救亡的迫切形势，满足不同阶级阶层、不同文化知识和理论水平的大众需求，以契合大众的情感体验和接受水平。"理论只要说服人，就能掌握群众。而理论只要彻底，就能说服人。"[1]延安时期的马克思主义中国化教育的内容充分体现了大众化的目标和要求。

(一)马克思主义中国化教育的内容契合大众的实际利益

"人们奋斗所争取的一切，都同他们的利益有关。"[1]马克思主义理论文本的大众性要"符合群众根本利益的真实内容"并切实地"反映民众的需求"。[11]延安时期的马克思主义中国化教育以"抗日救亡"为主题，以为工农兵服务为根本诉求，以马克思主义的物质利益原则和党的群众路线为指导，从抗日民主根据地群众的实际需要出发，将理论教育与生产劳动、民族解放和阶级斗争相结合，宣讲以"减租减息"和"大生产运动"为主的民主革命经济纲领，宣传以"抗日民族统一战线"和"三三制"为主的反对日本帝国主义的民族革命政治

纲领,宣扬民族的、科学的、大众的、民主的新民主主义文化纲领,反映了无产阶级和广大劳动人民的根本利益诉求。

《中央关于土地政策的指示》《关于在我占区加强部队和民众动员工作问题的指示》《中央宣传部关于各抗日根据地报纸杂志的指示》《中央宣传部关于各抗日根据地群众鼓动工作的指示》《中共中央关于抗日根据地土地政策的决定》《中央关于如何执行土地政策决定的指示》《中共中央宣传部为改造党报的通知》,毛泽东的《关心群众生活,注意工作方法》《反投降提纲》《抗日时期的经济问题和财政问题》《要用百分之九十的精力解决群众的困难》《为人民服务》等一系列的涉及群众切身利益的马克思主义中国化教育内容,得到了大众的接受和认同,推动了马克思主义中国化理论的大众化。

(二)马克思主义中国化教育的内容符合大众的情感心理

理论教育对象对教育内容的认知、理解、接受与教育对象的接受心理和情感体验有很大的关系。"越少从外面把这种理论硬灌给美国工人,而越多有他们通过自己亲身的经验(在德国人的帮助下)检验它,它就越会深入他们的心坎。"[12]张闻天在《党的宣传鼓动工作提纲》中强调:"必须根据群众今天所切身懂得的东西,根据群众今天的觉悟程度与文化水平来进行宣传鼓动,必须使我们的宣传鼓动能引起群众的兴趣与行动,并在这种同群众打成一片的基础上逐渐提高群众的政治觉悟。"[13]艾思奇写《哲学讲话》的目的之一是力图转变当时马克思主义哲学"教科书对于生活上急待解决的问题毫不中用"的现状。[2]陈云认为马克思主义中国化教育的内容不能"多而不精",应从群众的不满和困难讲起,最终消除不满和解决困难。

这些"反映群众的现实生活实际斗争,反映群众的思想感情"[14]的马克思主义中国化教育内容,体现了大众的阶级和民族情感。延安时期的马克思主义中国化教育的理论内容,以精要管用为价值导向,以"少而精"的理论内容为立足点,克服了理论学习时间紧、任务重、教育对象基础差的困难,基本实现了理论教育内容与革命战争实际相符合,与中国人传统的"实践理性"相通,与当时民众的心态相契合,与战时学习环境相协调。这是理论教育、理论大众化取得实效的根本前提。

(三)马克思主义中国化教育的内容满足大众的层次需求

理论教育的内容应该根据教育对象的层次性来决定。延安时期针对每个层级理论教育的逻辑起点和现实出发点,根据理论教育对象的群体层次跨度大的特点,理论教育的内容有所侧重。根据从知识分子到工农兵,从党员干部到基层群众,从理论工作者到文艺工作者,阶级立场和职业背景不同、文化理论基础和经验能力的差异,延安时期的马克思主义中国化教育展开了有层次、有针对性的教育实践。陕甘宁边区将干部分为三类,分别授以不同的理论课程。1940年3月24日,中共中央书记处发布的《关于在职干部教育的指示》中,将在职干部根据文化理论水准和工作经验分为四类并授以不同的课程。陕北公学作为培养党的干部的学校,开设了普班、高级班,并讲授不同的课程。胡乔木指出:"给在职干部编印文化课本时,不要把成人当孩子,也不要把在职干部当在校学生,要注意到他们的心理、经验和目前所从事的业务,及他们可能用到学习上的时间。"[14]鄂豫地区的地方干部学校洪山中学从斗争实际需要出发,根据学生的文化与政治理论水平及学习任务的差别而设置不同的政治理论课。

延安时期的马克思主义中国化教育将具体问题具体分析的方法论与中国传统因材施教的教育思想相结合,基本顺应了理论教育群体间、个体间的层次差别,推动了马克思主义的大众化。

三、马克思主义中国化教育的方法大众化

"我们不但要提出任务,而且要解决完成任务的方法问题。"[15]在经济文化比较落后的国家,如何把马克思主义理论灌输给普通大众,使之"成为中国无产阶级群众和全体劳动人民群众战斗的武器"是一项极为艰辛的任务[16]。延安时期的马克思主义中国化教育工作者在教育方法上也有效地实现了大众化。

(一)马克思主义理论与中国优秀民族文化形式相结合的通俗式教育

把马克思主义理论与中国民族传统文化相结合,用民族化的语言表述出来,使抽象的马克思主义具有"新鲜活泼的、为中国老百姓所喜闻乐见的中国作风和中国气派"[17],才便于中国广大群众接受。张闻天早在《论我们的宣传鼓动工作》中就强调:"只有利用一切这些活泼的、群众的宣传鼓动工作的形式,我们才能把我们的政治影响传达到工厂中、农村中、学校中、兵营中的广大的群众中去,我们才能用更多的方法来动员群众。"[13]艾思奇在《抗战文艺的动向》一文中,呼吁抗战文艺的大众化中国化的动向,依靠于每一个文艺家"能够用适当的形式表现民族抗战的生动的力量"[18],"不是死硬的模仿,而是把握了中国自己传统的精神和手法",去创作超越五四时期民族的大众的马克思主义文艺[18]。延安文艺座谈会后,文艺工作者在与大众结合的过程中,借助于民族传统文艺,从形式上的通俗化趣味化,到内容上民族化中国化,逐步达到形式与内容的有机统一。马克思主义教育工作者在汲取优秀民族传统精华,继承五四时期文学大众化的传统基础上,创造了通俗化的马克思主义中国化教育客体,增强了马克思主义理论教育的趣味性和实效性。

(二)马克思主义教育者与受教育者在大众化进程中的互动式教育

马克思主义的群众史观和党的群众观点及群众路线引导着马克思主义中国化教育活动的大众化路径。马克思主义理论教育主客体辩证统一的原理要求我们,不仅要教育群众,也要向群众学习,"先做学生再做先生"。延安时期的马克思主义中国化教育把教师的主导作用与学生的自主性结合,"创造了官教兵、兵教官、兵教兵、官教官,以及知识分子与工农互相帮助、互相学习的教学相长的新教育办法"[19]。

毛泽东在《延安在职干部教育动员大会上的讲话》中指出,在职干部的教育"是包括党、政、军、民、学的,民众团体中的工作干部和学校里的工作干部都在内"的"互相帮助学习、互相做先生、互相做学生"的学习运动[3]。"小先生制"的教学模式曾一度被运用于理论教学,"抗大"的教学民主与集体互帮互学,陕北公学的自学辅导与集体讨论,"鲁艺"的理论与实习并重、讨论与讲授并行,都在理论联系实际的过程中达到教育者与受教育者的统一、教与学的一致,形成了良好的马克思主义理论学风,也使马克思主义理论从精英扩展到大众。这种互动式的教育,是相互尊重的教育,具有明显的大众化内涵和大众化取向。

(三)马克思主义中国化理论灌输与社会调查相统一的实践式教育

如果不做社会调查,就不可能客观地了解实际,更不可能把马克思主义与中国具体实际正确地结合。只有把理论传授与社会调查统一起来,使马克思主义理论教学走出封闭的象牙塔,迈入社会、走进生活、贴近大众,才能让更多的人理解、认同、接受、应用马克思主义。延安时期马克思主义教育者,一方面在社会调查中讲解马克思主义基本理论及党的方针、政策,另一方面将调查研究所得的经验成果提升为马克思主义中国化的教学内容。《中央关于调查研究的决定》中强调"加重对于历史、对于环境、对于国内外、省内外、县内外具体情况的调查与研究"的理论联系实际的风气[5]。1941年,毛泽东重印《农村调查》并加写了序言和跋后出版,随后起草《关于调查研究的决定》,在全党掀起调查研究之风,以教育改造有主观主义倾向的人。张闻天将整风与调研结合,做了一年多的农村实地调查,总结出《出发归来记》的调查报告。陈云认为领导者要成为先生必须了解下层实际情况,向下层学习,在教育无经验者时要把理论讲授与实习调研相结合。延安时期的马克思主义中国化教育把中国传统文化的知行观与马克思主义的实践观相结合,将理论与实际统一起来,实行实习教育、批判教育和示范对比等教育方式,在与民众的结合中,寓教于"行",达到了以"行"育人、以点带面的马克思主义大众化目的。

从教育对象上看,理论教育要遵循层次递进规律,在发挥党员干部先锋模范作用的同时,也要从大众文化中汲取养料,才能形成雅俗文化的良性互动。从教育内容上看,理论教育要贴近中国实际、贴近大众生活、贴近大众心理,要实现中国化、时代化、实效化、层次化,才能符合不同层次人群的特点,顺应时代的客观要求。从教育方法上看,理论教育要实现马克思主义的民族化、通俗化,才易于被大众理解和接受;只有把理论教学与实习、与社会调查结合起来,实现教与学的双向互动,才能切实地将理论与实际紧密结合起来。总之,大众化的教育对象需要大众化的教育内容和教育方法与之相适应,延安时期理论教育内容的大众化和教育方法的大众化推动了教育对象的进一步大众化,这种大众化不仅仅是教育对象数量上的增加,更重要的是理论教育主体内在思想方法、学习方法和工作方法的提升和思维方法的转化。延安时期的中国化马克思主义在理论提高与理论普及的过程中,在理论武装与理论创新的相互促进中,在教与学的实践中不断升华、不断运用、不断完善。教育对象、教育内容和教育方法三者具有历时性、变革性,在新世纪、新形势下,采用什么样的教育方法,制订什么样的教育内容,以适合思想多变的教育对象,成为当前马克思主义理论教育亟须解决的问题之一。

参考文献

[1]　中共中央马克思恩格斯列宁斯大林著作编译局.马克思恩格斯选集(第一卷)[M].北京:人民出版社,1995.

[2]　艾思奇.艾思奇文集(第一卷)[M].北京:人民出版社,1981.

[3]　毛泽东.毛泽东文集(第二卷)[M].北京:人民出版社,1991.

[4]　中共中央书记处.六大以来(上)[M].北京:人民出版社,1981.

[5]　中央档案馆.中共中央文件选集(11)[M].北京:中共中央党校出版社,1986.

[6]　中央档案馆.中共中央文件选集(10)[M].北京:中共中央党校出版社,1985.

[7]　毛泽东.毛泽东选集(第三卷)[M].北京:人民出版社,1991.

[8]　张闻天.张闻天文集(第二卷)[M].北京:中共党史出版社,1993.

［9］ 周扬.周扬文集(第一卷)［M］.北京:人民文学出版社,1984.

［10］ 胡乔木.把我们的报纸办得更好些［N］.解放日报,1942-7-18.

［11］ 李冉.当代中国马克思主义大众化实现路径探析［J］.毛泽东邓小平理论研究,2009(7):7-11.

［12］ 中共中央马克思恩格斯列宁斯大林著作编译局.马克思恩格斯选集(第四卷)［M］.北京:人民出版社,1995.

［13］ 张闻天.张闻天选集［M］.北京:人民出版社,1985.

［14］ 胡乔木.胡乔木文集(第一卷)［M］.北京:人民出版社,1992.

［15］ 毛泽东.毛泽东选集(第一卷)［M］.北京:人民出版社,1991.

［16］ 刘少奇.刘少奇选集(上)［M］.北京:人民出版社,1985.

［17］ 毛泽东.毛泽东选集(第二卷)［M］.北京:人民出版社,1991.

［18］ 艾思奇.论文化和艺术［M］.银川:宁夏人民出版社,1982.

［19］ 朱德.朱德选集［M］.北京:人民出版社,1983.

高职院校学生社会主义核心价值观
培育和践行的路径①

王占霞

积极培育和践行社会主义核心价值观,是党的第十八次全国代表大会从坚持和发展中国特色社会主义、巩固全党全国人民团结奋斗共同思想基础的高度提出的一项战略任务。中共中央办公厅《关于培育和践行社会主义核心价值观的意见》要求"把培育和践行社会主义核心价值观融入国民教育全过程""贯穿于基础教育、高等教育、职业技术教育、成人教育各领域,落实到教育教学和管理服务各环节,覆盖到所有学校和受教育者"。习近平以"扣扣子"作比喻,强调青年时期价值观养成的重要性,号召"青年要从现在做起、从自己做起,使社会主义核心价值观成为自己的基本遵循,并身体力行大力将其推广到全社会去"。高职院校作为我国高等教育的中坚力量,应积极探索高职院校学生社会主义核心价值观培育和践行的路径。

一、社会主义核心价值观的重要地位

习近平在《青年要自觉践行社会主义核心价值观》中指出:"如果一个民族、一个国家没有共同的核心价值观,莫衷一是,行无依归,那这个民族、这个国家就无法前进。"因为"人类社会发展的历史表明,对一个民族、一个国家来说,最持久、最深层的力量是全社会共同认

---

① 本文发表于 2014 年 6 月《开封教育学院学报》。

可的核心价值观。核心价值观,承载着一个民族、一个国家的精神追求,体现着一个社会评判是非曲直的价值标准。"

西方发达国家非常重视社会核心价值观,将其称为"立国价值",并纳入宪法和法律之中,借助法律的强制力在全社会推广和普及。德国在第二次世界大战后把作为"立国价值"的核心内容写入其基本法中的第一条第一款,以示其神圣性。此后,西方有30多个国家都把"立国价值"以立法的形式确定下来。

中国共产党适应中国特色社会主义发展要求,在认真汲取中华优秀传统文化和人类文明优秀成果的基础上,凝聚全党全社会价值共识,在党的第十八次全国代表大会提出:倡导富强、民主、文明、和谐,倡导自由、平等、公正、法治,倡导爱国、敬业、诚信、友善,积极培育和践行社会主义核心价值观。将国家层面的价值目标、社会层面的价值取向、公民个人层面的价值准则高度统一,共同组成社会主义核心价值观的基本内容,为培育和践行社会主义核心价值观提供了基本的遵循原则。

二、高职院校学生社会主义核心价值观培育和践行的意义

2005年1月,胡锦涛在全国加强和改进大学生思想政治教育工作会议上深刻指出:"培养什么人、如何培养人,是我国社会主义教育事业发展中必须解决好的根本问题。"2014年5月4日,习近平在《青年要自觉践行社会主义核心价值观》中进一步指出:"青年的价值取向决定了未来整个社会的价值取向,而青年又处在价值观形成和确立的时期,抓好这一时期的价值观养成十分重要。"

高职院校学生由于知识层次较低,加上思想上的稚嫩和不成熟,有相当一部分学生缺乏敏锐的洞察力和高超的识别力。在世界大发展、大变革、大调整,各种思想文化交流、交融、交锋更加频繁的背景下,面对文化全球化背景下多质性的伦理文化及异质性的价值观的冲击,面对我国社会转型时期现代社会弊病的影响,他们不同程度地存在着政治信仰迷茫、理想信念模糊、价值取向扭曲、诚信意识淡薄、社会责任感缺乏、团结协作观念较差、心理素质欠佳、敬业精神不足、

吃苦精神不够等问题。因此,社会主义核心价值观的培育和践行具有十分重要的意义。

首先,有利于帮助高职院校学生坚定中国特色社会主义的理想信念。培育和践行社会主义核心价值观,是中国特色社会主义的"筑魂工程",可以从价值层面深入回答社会主义的本质特征,为社会长远、稳定发展提供根本价值遵循,为制度设计、决策部署、法律制定提供最终价值依托,使中国特色社会主义始终沿着正确方向全面健康发展。在当前国际形势风云变幻,世界社会主义仍处于低潮的情况下,在高职院校学生中积极培育和践行社会主义核心价值观,有利于更好地帮助学生解除思想疑虑和困惑,进一步坚定学生中国特色社会主义的理想信念。其次,有利于帮助高职院校学生形成价值共识,避免思想混乱。在高职院校学生中积极培育和践行社会主义核心价值观,可以帮助学生在各种思想差异中找到价值认同上的最大公约数,形成最广泛的价值共识,有效引领并整合纷繁复杂的社会思想意识,有效避免思想对立和混乱。最后,有利于推进社会主义核心价值体系建设。第十八次全国代表大会报告强调要用社会主义核心价值体系引领社会思潮、凝聚社会共识。社会主义核心价值体系建设是全党全社会的共同责任。在高职院校学生中积极培育和践行社会主义核心价值观,有利于引导学生增强社会主义核心价值体系建设的意识和自觉,为将来在社会上发挥"星星之火"的作用,推动社会主义核心价值体系广泛传播,在全社会唱响社会主义核心价值体系建设的时代主旋律奠定基础。

三、高职院校学生社会主义核心价值观培育和践行的路径

(一)通过主渠道、主阵地,强化学生对社会主义核心价值观的认同

作为对大学生进行思想政治教育的主阵地、主课堂和主渠道,高校思想政治理论课承载着知识传授和价值引导的责任,其教学任务之一,就是对大学生进行价值观教育。高职院校思想政治理论课首先

要把社会主义核心价值观教育作为重要内容,认真解读其深刻内涵,深刻分析"三个倡导"所彰显的时代精神、民族精神和理想与现实的诉求及折射出的包容精神,品味其所体现出的中华民族高度的文化自觉、文化自信,并通过各种形式的教学活动,加深学生对理论、观点的理解,强化学生对社会主义核心价值观的认同,进而将社会主义核心价值观内化为自己的信念和理念。

(二)打造高尚的校园文化,营造培育和践行社会主义核心价值观的良好氛围

校园文化是学校精神的体现和外化,是一种以文化为导向的现代教育模式。作为一门"隐性课程",它可以弥补课堂教学的局限性,使学生以轻松愉悦的方式,得到知、情、意、行的和谐发展,实现真、善、美的有机统一,达到润物无声的效果。高职院校应依托其专业优势,充分发挥其文化资源优势,紧紧围绕培育和践行社会主义核心价值观这个中心任务,以建设优良的校风、教风、学风为核心,以优化校园文化环境为重点,通过营造清新、优美、充满生机的校园环境,开展丰富多彩的校园文化活动,积极拓宽思想政治教育渠道,让学生在愉快的活动中提高技能、发展精神;让学生在积极向上、健康高雅的校园文化氛围熏陶中体验道德之善。

(三)利用新媒体,让社会主义核心价值观占领网络阵地

以数字化技术、互联网技术、移动通信技术为基础,以交互性、超时空、个性化、虚拟性、即时性为特点的新媒体,在"三网融合"的大背景下,对大学生的日常学习和生活方式产生越来越重要的影响,也为大学生培育和践行社会主义核心价值观提供了新的途径、新的空间。高职院校要充分认识新媒体的作用,投入必要人力、财力、物力,推进校园网络建设。要围绕社会主义核心价值观的培育和践行,将思想政治教育理论与微时代特色相结合,打造学生感兴趣的品牌专栏,营造平等、开放与互动性的教育环境,运用音视频网站、QQ 聊天、博客、微博、微信、短信、彩信、手机报等创新形式,从生活、学习、心理与就业等方面有效引领学生的思想发展,让校园网成为学生的精神家园。

（四）加强社会实践，使践行社会主义核心价值观成为自觉行动

社会实践是实现学校教育与社会教育接轨、促进学生成长成才的桥梁，是对学生进行思想政治教育的重要环节。党的第十八次全国代表大会明确提出要"培养学生社会责任感、创新精神、实践能力"。教育部等部门《关于进一步加强高校实践育人工作的若干意见》要求各高校要坚持把社会主义核心价值体系融入实践育人工作全过程，把实践育人工作摆在人才培养的重要位置。高职院校应围绕培育和践行社会主义核心价值观，把社会实践纳入教学计划，积极探索学生社会实践的长效机制，以形式多样的活动为载体，通过经常性的青年志愿者服务活动、勤工俭学、社会调查、学习参观等社会实践，使学生不断提高道德认知能力、判断能力和选择能力，自觉践行"三个倡导"，努力把核心价值观的要求变成日常的行为准则，进而形成自觉奉行的人生信念。

参考文献

[1]　习近平.青年要自觉践行社会主义核心价值观[Z].新华网，2014-5-5.

[2]　中共中央办公厅.关于培育和践行社会主义核心价值观的意见[Z].新华网，2013-12-23.

[3]　胡锦涛.第十八次全国代表大会报告[Z].新华网，2012-11-19.

[4]　王晓辉.积极培育和践行社会主义核心价值观[J].求是，2012（23）：32-35.

[5]　吴潜涛.积极培育和践行社会主义核心价值观[N].中国教育报，2012-12-7.

当前"中国梦教育"对延安时期 "中国梦教育"的借鉴与创新①

马向东　孙　彪

"中国梦"是一项实现目标和实践主体均包含人民群众的中华民族伟大复兴的工程,强化面向全体人民的"中国梦"宣传教育,是当前意识形态工作的一项极为重要的内容。如何开展好"中国梦"宣传教育,使"中国梦"深入人心,在社会意识多元化、国际社会思潮多元化的今天,仍是一项重要而艰巨的任务。虽然延安时期与当前的时代背景和时代主题不同,历史任务和教育的主客观环境也有所不同,但从历史中寻求养料,在现实中拓展"中国梦教育"的新路径值得研究,具有一定的现实意义和理论价值。

一、延安时期"中国梦教育"的经验特征

延安时期的"中国梦教育",在思想内容的时代化、大众化,在教育目标的明确化、现实化、阶段化,在教学方法的简约性、通俗性、实践性等方面,为当前的"中国梦教育"提供了可资借鉴的宝贵经验。

1. 延安时期"中国梦教育"内容的时代化

延安时期的"中国梦教育"始终围绕着救亡图存和民族独立解放的主题,体现了鲜明的时代特征。在红军长征到达陕北后,在民

① 本文系浙江省教育厅科研项目(项目编号 Y201432921)资助,2014 年浙江省教育厅大学生思想政治教育专项课题成果,发表于 2015 年 6 月《高教论坛》。

族危机逐步加深的情况下,中国共产党将马克思主义的世界性与爱国主义的民族精神相结合,将马克思主义阶级斗争学说与革命联盟理论相结合,运用马克思主义的矛盾分析方法去教育人们看清时局变化,运用马克思主义的统一战线理论去说服并教育人民将矛头指向日本帝国主义,最终建立了抗日民族统一战线,奠定了民族独立"解放梦"的坚实基础;在抗战节节失利的情况下,在"亡国论"和"悲观主义"甚嚣尘上之时,以毛泽东为首的中国共产党人运用马克思主义的军事观结合中日两国的特点,从物质基础决定武力表象的马克思主义军事观出发,剖析并预见了抗日的三个阶段,批驳了"亡国论"和"速胜论",揭露了奴化教育及日本帝国主义的险恶用心,坚定了民族独立"解放梦"的信念;在敌人采取"三光"政策对根据地进行扫荡的艰苦卓绝环境下,毛泽东用愚公精神去激励共产党员把自力更生、艰苦奋斗、自强不息的精神与对共产主义的理想信念结合,与困难作斗争,开展大生产运动,实行精兵简政,从而坚实了民族独立"解放梦"的物质和精神基础。由于国内主要矛盾的变化,党的土地政策经历了三次大的变化,因而不得不教育说服农民用变化的、辩证的观点来看待问题,充分体现了当时"中国梦教育"内容的时代化。

2.延安时期"中国梦教育"对象的大众化

"中国梦"是每个中华儿女的梦。党员干部和青年知识分子在"中国梦"宣传教育中起到了"触媒剂"的作用。延安前期,张闻天、艾思奇等人主要批评党员干部的关门主义倾向,在党员干部中开展统一战线教育。在延安高校,如抗日军政大学、陕北公学、延安鲁迅艺术文学院等学校内,分别对军政党员干部或文艺工作者进行统一战线政策教育和新民主主义教育,以适应抗战需要,坚定了他们的政治方向和共产主义信念。后来,延安时期的党员干部或理论宣传鼓动者教育在广大农村"战斗着、劳动着和学习着的千百万的农民"[1]。为了宣传当时的国内外形势和党的政策,共产党员"在农村中、兵士中、贫民中、小资产阶级与知识分子中,以至于一切革命同盟者中,进行自己的活动"[2]。从学校教育到社会教育,从干部教育到群众教育,包括冬学识字教育,延安时期民族独立解放的梦想,经由党员干部和青年知识分子逐步走向普通民众。

3.延安时期"中国梦教育"目标的明确化

延安时期"中国梦教育"具有明确的目标。其一,加强民族观教育,使群众了解民族解放与自身解放的关系,唤醒民族意识、激发民族情感、提升民族精神,消除敌人奴化教育的影响,唤醒广大群众的民族意识和反抗精神,摧毁日本帝国主义灭亡中华民族文化进而彻底占领中国的企图,来挽救民族的危亡。其二,加强民族统一战线教育,教育党员及群众厘清阶级矛盾与民族矛盾的关系,澄清不同时期中国共产党土地政策的差异性和灵活性,讲明统一战线的原则性、"三三制"政权和精兵简政策略的合理性,化解不同阶级、不同阶层人民心中的矛盾和疑惑,去构建合作抗日的思想基础,摒弃关门主义,进而巩固及壮大抗战阵营,团结一切可以团结的力量,提升群众的组织化水平,建立最广泛的抗日民族统一战线,将中华民族铸成坚不可摧的钢铁长城。其三,适时强化理想和信念教育,明晰三民主义与共产主义的共通性和差异性,使党员干部和群众把人们对胜利的强烈渴望和行动作为支点,以胜利后美好生活的希望和信念作支撑,为实现新民主主义革命和社会主义革命的胜利及最终实现共产主义远大理想而奋斗。

4.延安时期"中国梦教育"基础的现实化

理想离不开现实,没有现实支撑的理想是虚空的。未来的梦是建立在历史与当下坚实的基础之上的。延安时期的"中国梦教育"以抗日救亡为主题,以为工农兵服务为根本诉求,以马克思主义的物质利益原则和党的群众路线为指导,从抗日民主根据地群众的实际需要出发,把理论教育与生产劳动、民族解放和阶级斗争相结合,宣讲以"减租减息"和大生产运动为主的民主革命经济纲领,宣传以抗日民族统一战线和"三三制"为主的民族革命政治纲领,宣扬民族的、科学的、大众的新民主主义文化纲领,使民族独立"解放梦"现实化。延安时期"中国梦教育"用血淋淋的事实揭露日寇和伪军的罪行,激发中国人民的爱国主义情感和民族的愤懑,教育人民与侵略者作殊死斗争。延安时期的"中国梦教育"把其后的梦想转化成当时群众看得见摸得着的利益,激发了群众争取民族独立解放的热情。

5.延安时期"中国梦教育"原则的简约性

列宁强调在东方文化落后国家开展马克思主义理念教育"宁可数量少些,但要质量高些"[3]。延安时期"中国梦教育"的简约性原则与当时国人救亡压倒启蒙的急迫心态、战时艰苦的教学环境、广大人民群众的文化基础薄弱和学时短等方面相契合,运用对比教育、榜样示范、从战争中学习战争的方法,以少而精炼简约的实用内容潜移默化地影响教育对象。陕甘宁边区教育厅辛安亭根据《论持久战》编写《新三字经》,用通俗的语言把党的政策用精练,押韵的语言,用群众熟悉的"三字经"形式表述出来,既让农民学习了文化知识,又宣传了人民战争和持久战的思想,坚定了人们抗战的决心和信心。延安时期的"中国梦教育"通过简约性的原则,达到了一定的效果。

6.延安时期"中国梦教育"形式的通俗性

传播学强调传播内容的通俗性,教育学也不例外。毛泽东在延安时期,强调宣传教育工作者或艺术工作者要创造"为老百姓喜闻乐见"的宣教内容。毛泽东曾用"毛驴上山"作类比来阐明抗日民族统一战线中与国民党既联合又斗争的策略方针教育大家。艺术的通俗性是最明显的,借助艺术和传统风格创新教育形式是延安时期"中国梦教育"的一大特色。文艺工作者采用中国传统年画,吸取传统民间艺术创作如木刻艺术、剪纸、秧歌等进行抗日宣传。延安时期的"中国梦教育"融入了传统艺术和大众语言等多种形式,使越来越多的群众明白了民族独立解放的道理。

二、当前"中国梦教育"对延安时期"中国梦教育"的借鉴

当前"中国梦教育"包括对历史上"中国梦教育"的逻辑性展开,借鉴了延安时期"中国梦教育"的某些特性。它是以中国传统文化为根本养料,以民族精神为源泉动力,以理想信念为灵魂引导,兼具历史题材、现实基础、未来愿景和汲取历史教育经验的"中国梦教育"。

1.当前"中国梦教育"的通俗性

"中国梦"作为一种形象化、生动化、通俗化的话语表达方式,更易于被群众理解、认同和接受。在"中国梦教育"的语言风格上,将"理性话语""学术话语"和"政治话语"转化为"感性话语""大众话语","讲好中国故事,传播好中国声音",避免了理论宣扬的书斋化学理化倾向。在"中国梦教育"的目标上,让人民明晰"两个一百年"的"中国梦"是"国家的梦""民族的梦"和"人民的梦"的统一,在实现"民族独立,人民解放"之后,要实现"国家富强,人民富裕",最终实现"国家富强、民族振兴、人民幸福",拉近了民众与"中国梦"的距离;在"中国梦"教育的预期上,人们认清理想与现实的差距,让人们坚定信念,虽然也许我们"永远在路上",但教育普通大众做好圆梦路上直面困难的准备。当前"中国梦教育"借鉴延安时期"中国梦教育"的经验,在形式上摆脱了抽象、死板的逻辑话语范式,在内容上引入为老百姓喜闻乐见、通俗易懂的内容范例和字眼,在手法上运用民间体裁成语,而且避免了庸俗化、断裂化,增强了"中国梦教育"的通俗易懂性。

2.当前"中国梦教育"的简约性

当前"中国梦教育"通过不断阐释,"五位一体"格局、"三步走"战略,"激活和传递正能量","不断为人民造福",建设"最美中国",建设"学有所教、劳有所得、病有所医、老有所养、住有所居"的和谐社会,实现"民族复兴",来阐明"中国梦"的目标;通过辨析"不走封闭僵化的老路,不走改旗易帜的邪路","不折腾、不反复",要求党员干部"讲实话、干实事、敢作为、勇担当,言必信、行必果",根据"空谈误国、实干兴邦"等方面,来传播"中国梦"的实践路径;通过"中国梦"与"美国梦""欧洲梦"的对比,通过对比实际生活中正反两方面的事例,塑造最美典型,批驳丑恶行为,来教育人民、弘扬正能量。这种话语表征着"中国梦教育"的简约性,增强了"中国梦教育"的实效性。

3.当前"中国梦教育"的实践性

"全部社会生活在本质上是实践的。凡是把理论引向神秘主义的东西,都能在人的实践中以及对这个实践的理解中得到合理的解决。"[4]实践性是"中国梦教育"题中应有之义,也是"中国梦教育"的最终指向。延安时期的革命实践和生产实践是当时"中国梦教育"的生动写照。当前"中国梦教育"在学习延安时期"中国梦教育"的基础之上,开展了丰富的教育实践活动。2013年五四青年节,习近平号召广大青年"要勇敢肩负起时代赋予的重任,志存高远,脚踏实地,努力在实现中华民族伟大复兴"中国梦"的生动实践中放飞青春梦想。"[5]为了践行"中国梦",习近平从深圳特区到北京社区,从河北山村到甘肃山区,从国内到国外,给大家作出了表率。2013年4月8日在"中国梦"宣传教育座谈会上,刘云山强调"中国梦"宣传教育要在"把握实践要求、推动实际工作上下功夫"。如果说"空谈误国,实干兴邦"是"中国梦"的实践旨归,那么,"中国梦"主题教育活动,就是"中国梦教育"的生动实践,它们均充分体现了当前"中国梦教育"的实践性。

4. 当前"中国梦教育"的人民性

"'中国梦'是个最大公约数",是人民的梦,是为人民的梦。"中国梦教育"就是要充分反映近代中国人民追求民族独立解放的历史逻辑,也要展现中国人民进行中国特色社会主义改革和社会主义现代化建设的实践逻辑,更要体现广大人民群众根本利益和理想目标的理想逻辑。群众史观教育和群众路线教育是"中国梦教育"的重要指导思想之一。"中国梦教育"要让群众知道自己才是历史、国家和民族的主人,更是"中国梦"的践行者、受益人。当前"中国梦教育"是主观为自我、客观为社会的统一,是目的性、规律性的统一,是人民期盼、人民幸福的统一,它要摒弃极端个人主义或极权主义,从而扩展了中国特色社会主义的群众基础。"我们已经不适于做沙漠中的布道者。"[6]"中国梦教育"思想不但在党内传播,在知识分子和工农群众间的非党员干部中传播,而且要激发广大人民群众作为"中国梦"实践主体的热情;此外,在"中国梦教育"的通俗化、大众化过程中,也实现了"中国梦教育"主体层次的多元化、多样化,搭建了上下层、普通民众与知识分子之间的桥梁,因而具有广泛的人民性。

三、当前"中国梦教育"对延安时期"中国梦教育"的创新

随着时代的发展、科技的进步、教育主题的转换、教育理念的更新,随着大众文化理论水平的提升和主体意识的增强,当前"中国梦教育"在汲取延安时期"中国梦教育"的经验基础上,在吸收各学科科学理论的前提下,又在制度上、技术上和理念上有了进一步发展和创新。相对来说,当前"中国梦教育"在教育理念的把握,在教育载体的运用及教育的制度化、规范化等方面实现了创新。

1. 主体教育的个性化

"以学定教"是教育的基本原则之一。延安时期的教育对象集体本位色彩比较浓,当前教育对象的个性化凸显,与延安时期"中国梦教育"的讲授式教学和集体化、国家化倾向不同。在教育目的上,当前"中国梦教育"坚持为国家、为民族、为个人的统一,将个人创造与集体创造相结合,最终目的是人的自由、全面、和谐发展;在教育理念上,当前"中国梦教育"遵循以人为本的教育理念,坚持个体化、社会化的统一,将育人与尊重个性相结合,关注受教育者的情感、愿望、经验、动机和选择等方面的主观诉求;在教学模式上,考量受教育者的性格、心理、兴趣和基础,注重对学生的能力和社会主体性的培养和锻炼,采取双主体的、平等的、互动的个性化教学。在"中国梦"主题教育实践活动中要"走进青年,想青年之所想,急青年之所急,代表和维护青少年普遍性利益诉求"[7],贴近了青年及其实际生活,而不是一味地强调国家和民族的重要性。这种注重个体意识和独立人格及个性才能的教育,使受教育者自觉、主动、愉快地接受"中国梦"思想,激发了广大青年的创造潜力和灵性的发挥,使"中国梦教育"达到了入脑、入耳、入心的效果。

2. 教育载体的现代化

"中国梦"与公众间的交流需要借助于中介,而这个中介有主体的人及网络媒介。根据教育动力学的理论,教育对象的需要是教学动力的源泉。而当前日益个性化的教育对象的需求也必然多样化。

当最新的技术满足了这一需求的同时，实现了教育载体的创新。随着信息技术、数字化技术、网络通信技术、多媒体技术的应用及发展，教育的载体媒介手段取得了巨大进步，体现了直观性、交互性、即时性等重要特征，成为当前"中国梦教育"宣传的技术支持力量。相对于传统教育载体或媒介来说，借助于新媒体的"中国梦教育"，具有自由化、草根化、族群化特征，教育的方式更加多样化，教育的意见和反馈呈现直接、即时、多元等特征。电脑、手机等极大地便利了"中国梦"的宣传，推进了"中国梦教育"的大众化。

3. 法律保障的制度化

教育的推行与推进需要制度保障，"中国梦教育"的践行，离不开教育制度的规范，也离不开法律制度的规范和保障。延安时期，中国共产党在陕甘宁革命根据地虽然关注教育制度和纪律政策的完善，但法律制度等方面还处于草创阶段。而今我们党执政已久，已建立相对比较健全、完备的法律制度及体系，正坚定不移地走中国特色社会主义法治道路，坚决维护宪法法律权威，依法维护人民权益、维护社会公平正义、维护国家安全稳定，为实现"两个一百年"奋斗目标、实现中华民族伟大复兴的"中国梦"提供有力的法治保障。此外，法制建设、实现法治化、依法治国与以德治国结合、增强人们的法治理念和法治意识、做懂法守法用法的好公民、做依法治国的践行者，既是"中国梦教育"宣传的重要主题之一，又是"中国梦教育"的重要内容之一。

教育是一个永恒的话题，当下开展"中国梦教育"的重要性显而易见。唯有对以往成功经验加以借鉴，才有可能少走弯路，获得发展进步的最大效能。通过汲取延安时期"中国梦教育"的经验，当前"中国梦教育"能够与受教育者的基本态度和文化传承相契合，符合"中国梦"的历史逻辑，迎合人民群众的生活逻辑，引领人们的理想逻辑，反映广大人民群众的普遍利益和理想愿望，因此更易于获得信仰的确立和价值的认同，更便于理论的传扬，增强了"中国梦教育"的实效性。

参考文献

[1]　胡乔木.把我们的报纸办得更好些[N].解放日报,1942-7-18.

[2]　张闻天.张闻天选集[M].北京:人民出版社,1985.

[3]　中共中央马克思恩格斯列宁斯大林著作编译局.列宁专题文集(论社会主义)[M].北京:人民出版社,2009.

[4]　中共中央马克思恩格斯列宁斯大林著作编译局.马克思恩格斯选集(第1卷)[M].北京:人民出版社,1995.

[5]　习近平.在同各界优秀青年代表座谈时的讲话[N].光明日报,2013-5-5.

[6]　中共中央马克思恩格斯列宁斯大林著作编译局.马克思恩格斯选集(第4卷)[M].北京:人民出版社,1995.

[7]　习近平.在同各界优秀青年代表座谈时的讲话[N].光明日报,2013-5-5.

"和"思想的现代传承与回归①

马向东

　　"和"是一种状态、一种方式、一种境界、一种目标。"和为贵"是中国儒家文化一个极其重要的理念,反映人类社会几千年来所追求的理想的"和谐社会"。在中国浩如烟海的优秀传统文化中,"和"思想作为古代哲学的核心范畴之一,贯穿于中国思想发展史的各个时期和诸家学派中,并得以传承、弘扬和发展,积淀为中国古代思想文化的核心内容和基本精神。分析儒、道、释等诸多传统思想文化,可以看到,无论是儒教的"德治"管理之道、"中庸"处世之道、"正人正己"修身之道、"由道而德"教化之道,还是道家的"道法自然""为而不争""虚其心""正言若反""清静为天下正"等,皆是"和"的目标、理念、思维、途径、方式等多向层面的延伸。古代"和"思想所倡导的宇宙自然万物之间的和谐、人与自然的和谐、人与人的和谐、人自身的和谐及国与国的和谐,将宇宙世界和人类社会间的所有关系纳入这一哲学理念中,在哲学思想、文化传统上有其重要的理论价值,在维系社会稳定、促进社会进步、保持社会统一、推动社会发展中有着重要的历史作用,"和"思想也成为维护统治阶级利益,协调国家、社会和个人之间关系,保持做人根本的行为准则和精神工具。

---

　　①　本文发表于 2015 年 5 月《新西部(理论版)》。

一、"和"思想在中国传统文化中的地位和作用

儒家思想是中国古代传统文化的代表。探究"和"思想在中国传统文化中的地位,首先要考证"和"思想在孔子创立的儒学思想中的地位。关于儒学的核心,学术界历来有争论,基本上围绕孔子的"礼""仁""中庸"展开辩论。

"礼"核心说认为,孔子的治国之道是祖述尧舜,宪章文武,遵礼守纪,希望回到西周初年的和平盛世,是一种礼乐教化的文明类型,强调礼治,唯礼是从,主张以"礼"确定每个人的社会地位,规范人的行为,以礼乐陶冶心性,沟通人与人之间的情感,通过礼乐教化使国家组织和社会关系达到一种有序、和谐的状态。然而,"礼"在这里只是孔子依据周朝规定的标准和提倡的做法,是他憧憬达成和谐社会的手段、方法或标准,礼治的目的是"和",所以"礼"并非是儒学思想的核心。

"仁"核心说以《论语》有 105 处提到"仁"为依据,论证"仁"思想的重要性。"己所不欲,勿施于人"②,"己欲立而立人,己欲达而达人"③,"能行五者于天下为仁矣"④。认为孔子希望人们把仁当作是一切行动的标准和出发点,当作人类精神的最高境界,主张以爱人之心,达成和谐社会的人际关系。"仁"要求人们在人际交往中,注重人的价值,以人为本,关心人,爱护人,帮助人,与人为善,助人为乐,直至仁的最高境界——"安百姓""安天下""杀身成仁"。然而,"仁"的思想体现终究还是一种处理人际关系的方法,是解决事物矛盾的态度和手段,而非目的。所以"仁"也不是儒学思想的核心。

"中庸"核心说推崇孔子的"允厥执中"⑤思想,处理事情的办法是"无过无不及",体现出不偏不倚、辩证思维的适度性,最易解决问

---

② 《论语·颜渊》(《论语直解》,浙江文艺出版社,1997 年 5 月,第 100 页)。
③ 《论语·雍也》(《论语直解》,浙江文艺出版社,1997 年 5 月,第 50 页)。
④ 《论语·阳货》(《论语直解》,浙江文艺出版社,1997 年 5 月,第 148 页)。
⑤ 《论语·尧曰》(《论语直解》,浙江文艺出版社,1997 年 5 月,第 168 页)。

题、化解矛盾。在和平时期,尤其在经济全球化、"地球村"形成时代,共赢共生的理念使得这种思想日益得到信奉和重视,追求和谐在很大程度上取决于中庸之道的实施。"中庸"思想和"礼""仁"一样,也是处理问题、实现理想的手段和方法,不能成为儒学思想的核心。

孔子创立儒学的最终目的是吁请统治阶级和社会大众,使国家达到一种社会稳定、大同盛世的理想社会。能够描述这个理想社会状态的,就是孔子的"和"思想,这是孔子及其后人追求的最高理想境界,应当成为孔子儒学思想的核心。孔子的其他诸多哲学理念,均服从于"和":"礼之用,和为贵"说的是"礼"的用处贵在"和";"克己复礼为仁。一日克己复礼,天下归仁焉"说的是"归仁"是为了天下稳定,也就是天下大"和";"允执其中"说的是尧所崇尚的中庸精神,体现的是他的稳定统治,最终形成社会的"和"。可以看出,儒学思想最终是为了达到社会"和谐"。因此可以认为,"和"思想在中国传统文化中具有核心地位。

世界万物复杂多样,充满矛盾,却共存一体,世界是在对立和统一中存在和发展的。统一性是社会存在的前提,而统一的基础是协调和稳定。"和"思想抓住了社会发展的最根本点。传统文化赋予和谐理念极其丰富的价值内涵,使和谐理念成为中华民族根本的价值取向和追求。同样,"和"思想也形成中国传统文化中特有的关于社会稳定与和谐发展的智慧。这种思想深入人们现实生活中,成为人们最高的价值标准,促成人们追求个体身心的和谐、家庭及人际关系的和谐乃至天人之际的和谐。随着构建社会主义和谐社会的提出,认同"和"思想为儒学核心思想的观点越来越明晰,并逐渐占据优势。

二、"和"思想在中国古代的实践路径

"和"思想随儒学发展而不断发展,并得到道家、墨家等诸子学说响应。然而,实践"和"思想的路径,诸子百家各有不同。

儒家构建"和谐"的总体路径是由自身之"安身立命",而至"推己及人",再至"民胞物与",最后臻于"保合太和"而"与天地参"的境地。

即通过道德学养达到个体自身的和谐，进而推广到人与人的和谐、人与自然的和谐及自然与自然的和谐。和谐机制的适度性标准是通过"礼"来实现的。

孔子曰："礼之用，和为贵。先王之道斯为美，小大由之。有所不行，知和而和，不以礼节之，亦不可行也。"⑥说的是要实现"和"，必须用"礼"，社会各阶层应该在礼的规范下实现"和"。为了达到人际和谐，提倡"仁爱"，要求人与人之间互相关爱，诚实守信；如何做到呢？一个标准是"己所不欲，勿施于人""己欲立而立人，己欲达而达人"，即自己不想做的，就不要去要求别人做；自己能做到的，才可以要求别人去做到。对于不同社会地位、家庭地位的人而言，如何具体表现"礼"？孔子说，要"君君臣臣，父父子子"，在各种社会等级秩序中，每个成员要按其所处的地位行事，不能搞乱位置。这些关系如何相处，就是要"父子有亲，君臣有义，夫妇有别，长幼有序，朋友有信"，即"父义、母慈、兄友、弟恭、子孝"。针对这些特定的社会关系，孔子提出"忠、孝、诚、信、敬、爱、仁义、道德"等道德准则供人们遵守。在孔子的认识中，社会成员按照这些行为规范行事，社会就会稳定，人民就会和谐，最终就会形成理想的国家状态。

儒家的另一代表人物孟子对于"和谐社会"实践路径的考量，更多来源于对人的本性的挖掘。他认为人与生俱来的本性是善，人性之善是建立和谐社会秩序的根本，所谓"恻隐之心，人皆有之；羞恶之感，人皆有之；恭敬之心，人皆有之；是非之心，人皆有之"⑦。实践"和"思想，只要充分发扬人的这些先天本性，并且宣扬和推及每个人，就可以建立起良好的社会秩序。所以他提出"老吾老，以及人之老，幼吾幼，以及人之幼"⑧，用"推己及人"原则来处理复杂的人际关系，其实质是一种道德内省。

孔子和孟子是从性善论和道德修养角度论证建立和谐社会的途径，与此相反，墨子、商鞅、荀子、韩非等从性恶论和法制角度论证社

---

⑥ 《论语·学而》(《论语直解》，浙江文艺出版社，1997年5月，第6页)。

⑦ 《孟子·告子上》。

⑧ 《孟子·梁惠王上》。

会秩序。《礼记》中说："人生而有欲，欲而不得，则不能无求，求而无度量分界，则不能无争，争则乱，乱则穷，先王恶其乱也，故制礼义以分之。""欲人之爱己也，必先爱人。欲人之从己也，必先从人。无德於人，而求用於人，罪也。"主张用法律来抑制人性中的恶，使善的本性得以发扬光大，从而达到社会和谐。《中庸》论述和谐为"喜怒哀乐之未发，谓之中；发而皆中节，谓之和。中也者，天下之大本也；和也者，天下之达道也。致中和，天地位焉，万物育焉。"⑨"中"即采取正确的方法，"和"是要达到的理想目的，"中"是实现"和"的标准、途径和机制。《礼记·中庸》解释"中"为："中者，不偏不倚无过不及之名。""中也者，天下之大本也；和也者，足下之大道也；至中和，天地位焉，万物育焉。"荀子说："万物各得其和以为生，各得其养以成。""和谐"与"中道"被认定是人生的最高境界。人与人的和谐有助于人"与天地合其德，与日月合其明，与四时合其序，与鬼神合其吉凶"，达到天人间的协调统一。人不能"上逆天道"，中背人和，"下绝地理"，否则，"天不予时""人不给利""地不生财"。因此，人们只有通过"执中致和"的正确方法，才能实现美好理想，达到事物共同发展的和谐境界。

　　道家也是倡导和追求和谐的，只是道家把遵循"道"作为达到和谐目标的机制和路径，把"道"看作是宇宙的根本法则和万物存在的依据："人法地，地法天，天法道，道法自然。"⑩老子提出"万物负阴而抱阳，冲气以为和"⑪，认为和谐是阴阳二气相互冲突调和而达到的状态。庄子说："阴阳者，气之大者也；道者为之公。""道"就是这个和谐统一体里的"度"。阴阳二气尽管相互对立、冲撞却始终遵循"道"的基本原则处在"和"的统一体中。《道德经》"修之于身，其德用真"的理念，要求人们从自身做起，以修身证得大道，修心修行完善人格。

---

　　⑨　《中庸·天命》。

　　⑩　《老子》25 章（《老子庄子直解》，浙江文艺出版社，1998 年 6 月，第 16 页）。

　　⑪　《老子》42 章（《老子庄子直解》，浙江文艺出版社，1998 年 6 月，第 26 页）。

老子提出"上善若水"⑫,其意指人最好的善德像水的品德和情怀一样,滋养万物、随遇而安、清静自守、胸怀仁爱、健全身心、保持和谐。道家所提倡的"恬淡为上""少私寡欲""见素抱朴"等理念,出发点均在于缓解和协调人与人之间的矛盾与冲突,达到社会和谐状态。

三、"和"思想在当代的境遇与回归

"和"思想不仅深刻地影响中国社会的发展,还被世界各国了解和借鉴,影响和改变着这些国家的社会现状和文化观念。两千多年来,"和"思想理论不断演绎发展,其历史境遇经常发生变化。任何统治阶级对于国家和社会发展达到"和"的状态,不论其维护的是何种阶级的利益,都有着明晰的愿望。百姓大众对于"国富民安,天下太平"都有着始终如一的期盼。人类社会虽然争斗不止,但"人心思和"的愿望和"天下大同"的理想一直在传承和演化。

然而,任何事物存世,必然有其对立面,"和"思想概莫能外。以孔孟之道为代表的中国传统思想文化在现当代史上遭到两次重创,一次是五四新文化运动,另一次是"文化大革命"。

五四新文化运动是一次在"矫枉过正"理念驱使下的反封建运动,在反帝反封建的同时,《新青年》所倡导的第一把火"打孔家店",使所有的优秀传统文化包括"和"思想被封杀。这场运动对以儒学为代表的传统文化进行猛烈批判,全盘否定。如陈独秀认为儒家思想"无一不与社会现实生活背道而驰"⑬,号召青年坚决废止与"新社会、新国家、新信仰不可相容之孔教"⑭。李大钊则认为历来被封建统治阶级独尊的儒教是历代专制政治的灵魂,必须撞击之打倒之。

---

⑫ 《老子》42 章(《老子庄子直解》,浙江文艺出版社,1998 年 6 月,第 6 页)。

⑬ 《新青年》第 2 卷第 3 号(转引自阎韬《孔子与儒家》,商务印书馆,1997 年 4 月,第 132 页)。

⑭ 《新青年》第 2 卷第 3 号(转引自阎韬《孔子与儒家》,商务印书馆,1997 年 4 月,第 132-133 页)。

鲁迅在小说《狂人日记》中尖锐地指出"儒家仁义道德背后隐藏着'吃人'二字"。吴虞认为,忠孝观念是为维护专制宗法制度而设的,危害极大,提出"儒教不革命,儒学不能转轮,吾国遂无新思想、新学校,何以造就新国民?悠悠万事,唯此为大已,吁!"⑮五四新文化运动是对延续两千多年的中国传统思想文化的一次终结。这自然出于当时"为共和政制造就思想基础,非涤除有违自由平等的纲常名教不可;既然要重估价值,非评判作为传统价值本位的儒家伦理不可;既然尊孔思潮借强人政治而泛滥,非予以当头痛击不可"⑯的需要。否认儒家传统文化,致使其在中国近代开始没落,是出于推翻没落腐朽反动的封建帝制、唤起民众民主和科学意识的政治需要,政治目的性极为明确。如今重新评价五四新文化运动时,人们对于其全盘否定中国传统文化、全盘西化的片面倾向,已多有批评之声。然而,这次传统思想文化的被废止,仍是被总体肯定为反封建的必要之举。

　　"文化大革命"则是在"无产阶级专政下的继续革命"的错误思想指导下一场对于中国传统文化的浩劫,在"破四旧"的"反封建"旗帜下,不仅中国儒家传统文化被消灭殆尽,中国社会更完全进入一种不和谐状态。在评价"文化大革命"对于中国传统文化的破坏时,"文化大革命"被全盘否定,传统思想文化成为受侵害对象。从五四新文化运动到"文化大革命",同样的两次被打倒境遇,传统思想文化在劫后的遭际并不相同,虽受到不同的社会发展的大背景因素影响,但破坏后果是相似的。

　　改革开放后,中国经济持续快速发展,国力蒸蒸日上,人民生活富裕,国际地位日益提高,然而同时带来的诸如社会公平、民主法治、社会风气、国民素质、人际关系、人与自然关系等方面的不和谐因素增多,贫富差距扩大、社会道德滑坡、生态环境恶化、物欲横流、世风日下现象频现。两次对传统思想文化的颠覆,加上改革开放、经济增

　　⑮　吴虞:《儒家主张阶级制度之害》(转引自阎韬《孔子与儒家》,北京:商务印书馆,2005 年,第 133 页)。

　　⑯　毛丹:《秩序与意义》,浙江大学出版社,1999 年 10 月。

长、文化多元、西风盛行等因素所造成的优秀传统思想文化的缺失，已成为令人担忧的现实。

当今社会发展和人民生活需要和谐，"和谐社会"的重建，"和"思想被唤回以及被赋予新的内涵，对于中国来说是一个极为务实的创举。构建社会主义和谐社会的时代命题一经产生，就被广泛认同。这不仅是一个顺乎民意的发展目标，还成为一次重大理论创新。这既是对马克思主义中国化的理论和实践深化，又是对中国传统"和"思想的传承与超越。

对于中国"和"思想的运用，不少国家已有成功的范例。第二次世界大战后，国际社会总体处于和平、合作与对话状态，"和"思想引起一些发达国家和地区的重视、研究和借鉴。日本和"亚洲四小龙"中国香港和台湾地区、韩国、新加坡等经济腾飞，形成"工业东亚"，研究表明，除了美国等西方发达国家在贷款、投资、技术援助等方面的扶植因素外，其内因是这些国家和地区都有着儒学传统。美国环太平洋研究所所长弗兰克·吉布尼认为："儒家伦理与美国现代经济民主主义的巧妙结合，是日本经济成功的秘密所在。"[17]他把日本这种经济形式叫作"儒家资本主义"。日本著名企业家涩泽荣一形象地说："《论语》加算盘，是企业经营的法宝。《论语》代表儒家伦理，算盘代表资本主义经营方式。如果只注重牟利，而丢掉了仁义忠孝，是办不好企业的。"[18]以忠孝等儒家道德观念调节家庭、企业和社会成员之间的关系，较之于用行政手段或法律手段调节，更容易达到一种由内在自觉而凝成的和谐状态。同样的情形是，随着"工业东亚"的兴起，社会财富增加，西方极端个人主义、享乐主义和功利主义等对东亚各国产生影响，政界和知识界有识之士倡议"重建精神价值"，于是有了韩国的新民运动，新加坡的礼貌运动、敬老运动、推广华语运动及儒家伦理宣传运动，其核心就是把儒家伦理重新召回到现实生活中来。经过几十年的儒化教育实践，这些国家的社会风气、价值观念、人际关系都相对达到了一种和谐状态。

---

[17]　阎韬：《孔子与儒家》，商务印书馆，1997年4月，第171页。

[18]　同上。

　　20 世纪 80 年代,一批世界诺贝尔奖得主在巴黎发表宣言称:"人类要在 21 世纪生存下去,必须要从 2500 年前孔子那里去寻找智慧。"⑲美国学者欧柏廉认为:"西方的问题在于科技发达而伦理落后,有许多伦理学理论鼓励了犯罪和战争。解决当代社会伦理落后的办法和维护世界永久和平的关键,可在孔子关于仁爱与中庸的教诲中找到答案。"⑳事实如此,不少发达资本主义国家已从中国古代儒家文化中受益无穷,这些国家的受益体现在其社会发展和人民生活达到了一种"和谐"状态。

参考文献

[1]　《构建社会主义和谐社会学习读本》编写组.构建社会主义和谐社会学习读本[M].北京:中央文献出版社,2006.

[2]　张应杭.东方管理智慧[M].厦门:鹭江出版社,2007.

[3]　毛丹.秩序与意义[M].杭州:浙江大学出版社,1999.

[4]　陈德述.孔子思想的当代价值[M].成都:巴蜀书社,2000.

[5]　骆承烈.孔学研究[M].济南:齐鲁书社,2002.

[6]　来可泓.论语直解[M].杭州:浙江文艺出版社,1997.

[7]　陈庆会.老子庄子直解[M].杭州:浙江文艺出版社,1998.

[8]　阎韬.孔子与儒家[M].北京:商务印书馆,2005.

[9]　邵一江.儒家思想与构建和谐社会探析[J].科学社会主义,2007(4):96-98.

[10]　田玉敏,张雅光,赵艳芹.新加坡中小学的公民道德教育及借鉴[J].思想政治教育,2004(6):82-85.

---

　　⑲　骆承烈:《孔学研究》,齐鲁书社,2002 年 3 月,第 6 页。

　　⑳　欧柏廉:《当代伦理侏儒与原子巨人的冲突:孔子的解决办法》(转引自阎韬《孔子与儒家》,商务印书馆,1997 年 4 月,第 174 页)。

[11] 李志英.弘扬中国传统"和"文化构建社会主义和谐社会[J].学术论坛,2005(7):27-30.

[12] 张琼.儒家和谐思想的现代解读[J].理论观察,2007(3):42-43.

[13] 俞祖华.中国古代的和谐思想[N].光明日报,2005-3-7.

[14] 王四达.中国古代和谐理想与不宽容现实的历史反思[J].理论探讨,2005(6).

论法治视野下的高校学生工作管理机制①

陈　毅

传统的高校学生管理工作的理念,强调的是对大学生进行规范的管理,学校各个管理层面都扮演着管理者的角色,学生"自然"地服从于学校的管理。随着我国社会经济、文化、政治的改革与发展,依法治国已经形成了一个社会的大背景,高校教育体制改革的不断深化,高校与学生之间的关系不仅仅是"教"与"学"的简单构成,高校逐渐从管理者向服务者的角色转变。高校学生管理工作的导向必然要适应社会发展的要求,走上法治化的道路。

一、高校学生管理工作法治化的内涵

一般认为,学生管理工作法治化的内涵,应该是以法理的思维、法律的意识在管理的主体上、管理的权限上,以及管理行为的实施和监督程序的启动等整个管理活动过程中的协调,形成一个规范的管理秩序,能切实保障高校以法育人的一个实践体系。对于一个学生管理工作的体系而言,这个体系法治化的目标还应体现:学生管理工作观念的法治化、学生管理制度体系的法治化、学生管理行为实施的法治化,以及当学生个体被侵权时如何实施救济的法治化等。

将学生管理工作法治机制与学生管理工作传统机制作一个理论上的比较,一个法治化的工作机制突出的是从法律的角度,全面地指

---

① 本文发表于 2012 年 2 月《浙江青年专修学院学报》。

导、教育、管理和服务学生的日常行为。以学校的教育和学生的学习为核心规划出学生在校期间的活动半径,凡是涉及学生的学习、生活的各个方面,都相应明确地规范了法律标准,学生个体既有相应的行为权利,又必然承担相应的行为义务,从制度上规范了对学生的行为指导和管理工作过程[1]。对学生的学习、生活、社会活动等各个方面实现规范化、合法化、民主化、秩序化,使高校的教育、指导、管理、服务工作都能合法有序进行。高校学生管理法治化是一个动态的、渐进的过程,其内涵主要包括以下四方面内容。

(一)高校学生管理工作的法治化,是一个尊重法治精神和遵循法治原则的动态过程

有关学生工作的管理活动、管理程序、管理手段均应限定在法律制度许可的范围内,受法律法规的制约。学生管理工作组织与学生之间,不仅仅是行政上的管理与被管理的关系,更是民事上的平等主体之间的关系。无论处在何种法律关系的调整过程,学生管理组织在工作程序的实施中都要纳入法律所允许的范围内进行,特别是在对被管理者实施行政法律的调整过程中更应遵循"法无明文规定即禁止"的原则。因此,高校在制定相关的学生管理制度及实施条例时,应自然、自觉地尊重宪法和法律权威,在宪法和法律规定的范围内实施管理工作程序,切实保障学生的各项合法权利。

(二)高校学生管理工作的法治化,是一个规范学生管理工作的权力行使于制度程序的过程

在学生管理工作的权力行为中,关键在于实现法治化的程序。实现了管理程序的法治化,自然就实现了管理活动的法治化。以法律为基本准则,来调整学生管理者(学生管理组织)和被管理者(学生)之间的权利与义务关系。"有法可依,有法必依,执法必严,违法必究"是法治工作的必然要求。因此,高校学生管理者和学生双方都享有和承担法律所规定的各项权利和义务,任何一方违反了相关的规定,都应该承担相应的责任。高校在学生管理活动中所追求的秩

序价值与学生的自由权、财产权等权益相冲突时,应以法律为基本准绳,依公平、正义基本原则来调整双方的矛盾。

(三)高校学生管理工作的法治化,是一个法律法规教育理念在高校学生学习过程的实现

高校学生管理工作实施的每一个行为表现都应该在法律法规所限定的范围之内履行,然而,仅仅依靠学生管理规章制度体系的建设和完善,要想真正实现学生管理工作的法治化,还是有一定的距离的。学生管理组织(者)在对被管理者(学生)的管理实施过程中,严格要求遵循程序正当原则,"要良法,更要良臣"。学生管理活动中的正当程序是学生权利得到保障的基本要求。缺少正当程序,被管理者在学校中的权利就难以得到切实保障和维护,学生管理者在管理活动的实施过程中也难以实现公平、公正和公开。基于此,凡是一切学生管理活动的实施过程,必须依正当程序合法、合理地行使职权,保障学生各项权利。

(四)高校学生管理工作的法治化,是一个合理建设并完善监督机制的过程

构建高校学生管理工作法治化的进程,也必然是建设一个对学生管理法规执行实行监督机制的过程。"对执法机制的监督是实现法治化的保障"。在高校学生管理法治化的过程中,建设一个有效的执法监督机制,从一个比较理性的层面上发现和纠正高校在学生管理法治化进程中存在的"有法不依、无法可依、执法不严和违法难究"的行为和现象,把高校学生管理工作所实施的"法规依据、立法宗旨"从制度基础上转化为现实的学生管理法治行为。

二、构建高校学生管理工作法治化机制的意义

(一)确保思想政治教育实效的需要

当前高校的思想政治教育工作,在整个社会大环境生活方式的

改变、学生个体意识的不断增强的状态中,把理想的思想政治教育效果期望寄托在学生个体的道德自律和传统的说教方式上,与客观现实存在较大的距离。要寻找一条有效的高校思想政治教育工作的途径,学生管理法治化体系的介入并以此为保障,方能从"法治"的本源上来提高和评估学生管理工作的质量与效率,从而减少思想政治教育过程中的重复劳动。

(二)适应社会制度法治化的需要

"依法治国,建设社会主义法治国家"作为党的第十六次全国代表大会提出的治国大政,不仅仅在理论层面上建立、完善能涵盖全社会的法律法规体系,更有待所有社会成员能在法律意识和法治素养方面得到整体提高。为国家培养人才是所有教育机构——当然包括高校的职责,如果我们所培养的人才,在法律意识和法律素养上的表现差强人意,必然会导致对社会和对社会成员形象的负面影响,据此,在高校构建学生管理工作的法治化体系,无疑能提高整个学生层面的民主法制意识和法律素养,有利于国民整体素质的提升,必将推进我国社会主义社会的法治化进程。

(三)融入和谐社会环境建设需要

"和谐社会应该是民主法治、公平正义、诚信友爱、充满活力、安定有序、人与自然和谐相处的社会。"[2]高校是一个社会有机体,为国家、民族、社会培养人才的摇篮。高校管理体系中的各项管理要素,尤其是体现在高校学生这样一个特殊的青年群体管理工作上的意义更显重大,影响深远,涉及国家发展的机理和社会建设的成败,都有着与其不可或缺的关系[3]。

三、构建高校学生管理工作法治化机制

法治化在高校学生管理活动中的实施,主要体现在:规范和制约学生管理组织(者)的管理行为措施,在实施管理活动的过程中,保障学生的合法权益。在依法治国、依法治校的大环境下,传统的学生管

理机制显得滞后。当前,与社会法治化背景相衔接,构建高校学生管理工作法治化机制,无论从教育还是从社会意义上来阐述,都显得非常必要。鉴于此,构建高校学生管理法治化的工作机制应该是教育、教学所需,国家、社会所需。

(一)遵循法治精神,建立法治观念

法治精神统御下的法治观念,是高校每个学生管理者实施管理活动、执行管理程序的唯一前提。一个具有良好法治观念的学生工作管理者,在管理职权的行使过程中,必须牢牢记住:"法治和学生利益"是整个管理活动所体现的两维,永远是每个学生管理要素所必须尊重的。

以学校和管理者为主体的学生管理活动,在传统意义上,学校和管理者的意志贯彻在整个管理程序中,自觉或不自觉地造成对学生权利的侵害。以法的理念来改变这样一个局面,要从法治的观念上做到四个转变,即把"管理学生"的人治理念转变为"学生管理"的法治理念;把以"管理"为目的的强化理念转变到以"服务"为宗旨的柔性行为;把"行政权本位"观念转变为"学生利本位"的观念;把道德自律的救赎转变为法治他律的教化。

在一个法治社会的大环境下,学校与学生之间的关系,已经不再是一种行政权力统御下的管理者与被管理者之间的简单关系,而应该是一种相对复杂的权利与义务关系。1995年3月18日颁布的《中华人民共和国教育法》阐明了这一点。客观地看待目前的教育者与被教育者的关系,教育者与被教育者在事实上已经是一种权利与义务的法律关系,在建设法治社会的今天,毫无疑问,受教育者的合法权益理应受到尊重,而且必然是每个教育管理者的首要义务。教育管理权在运用之时不仅仅是如何"处置"受教育者,还应该更多地思考"处置"的方法、手段、程序是否合乎法治的要件构成,在管理活动的过程中要明确地体现教育管理者与被教育管理者是两个同样平等的法律主体,唯有如此,才能体现一种与时代发展相协调的要求——法治化时代的教育理念。

（二）遵循法治精神，完善管理体系

要使法治精神渗入高校学生管理活动的每一个层面，必须建立一个在内涵上能彰显规范的管理学生利益的维护；在外延上能体现形式与内容的有机统一；在具体的管理操作上能展示有序规范的流程。这样的一个学生工作管理体系方能履行"法"随时可依、"法"随人能依的管理职责。

理论上，高校学生的管理活动应该是一个比较完备的法治框架体系，体系所能体现出来的是：涉及学生管理的基本法、个案法和可供具体操作的实施法等三个梯次。在参考一些国家的学生管理工作体系时，可以发现，在这些国家里，凡涉及学生管理事务的活动，均是在各国宪法的统御下，已然是体系相对独立、程序相对完备的法务部门。这样一个在现代法治社会背景下建设的工作机制，能对执行学生管理活动所涉及的方方面面的关系，起到整合、协调和控制有效作用；同时能对高校在教育管理过程中所产生的各种行为方式对应国家行政机关的制约要件进行有效的规范和协调；可以对在管理活动过程中有可能出现的各种问题做出比较明晰的预设性的方案。高校学生管理的法治体系所涉及的工作面比较宽泛，由此而延伸，高校学生的管理活动可以拓宽到每个教学部门和管理部门。

以法治精神要求的统一原则来要求教育体系，有了立法的思想，要在完善的过程中提高立法的层次、在整合的过程中健全法制体系。在一个比较健全的学生管理法制体系内，所有的管理程序的制定都必须有相关的法律依据，所有的操作方式和实施细则都必须在宪法的统御之下。学生应有的法律权利和其正当的个体利益的表达，均应贯彻公平、公正的原则。

（三）遵循法治精神，构建程序执法

以法的精神为指导的高校学生管理机构，除了在管理活动所有过程中贯彻法律要素外，更重要的是日常的具体操作执行机制的建设（学生管理工作"执法"机构），从实体意义上说，执法机构是法律法规落到实处的必然体现，是学生管理工作法治机制的工作平台；从相

对应的程序意义上来理解,一个健全、规范、有序的学生管理的执法机构是贯彻和实施、实现法治指向程序的有力的保障。

学生管理工作的执法机构,是高校教育体系的一个配套的学生工作部门,定位于学校的党政管理(教育行政权力)部门之下,在学校的教育行政活动过程中,凡涉及学生管理的相关文件、政策的制订时,这个机构应主动地介入,在制定文件(政策)前提供调研报告;在文件(政策)试行期提供咨询、解释;在文件(政策)实施期收集反馈、进行监督,努力保障每一个学生在学校的行政管理过程中可能遭受的风险降到最低。建设科学、严谨、规范的执法机构在高校学生管理法治化过程中是极其重要的。在尊重和执行国家法律的前提下,应有一个专业的学校法务部门来制定一系列的校纪校规。法务部门依据相关法律对学生管理执法机构行政作为时所适用的法律法规进行调整,制定和补充学生管理法治方面尚未完整或完善的校规校纪,以填补学生管理执法机构行政作为的法律空白。

(四)建构法治化程序,保障实体公正

在学生管理活动每个过程细节中,唯有程序的法治化,公正的管理效率才能产生。一般的高校学生管理工作在其实施的实践过程中,基本都会出现重实体、轻程序的困惑,自觉或不自觉地淡化了对运行程序的配套建设,当没有规章制度时就会表现为无法执行,然而,有了制度化的规章也不会很严肃地执行,抑或在执行的具体过程中宽松不一,主观化和随意性表现于整个管理活动的过程中。

在我国现行的高校学生规章制度体系中,很难检视到有关学生利益、权利如何保障的程序制度。在一个完整的行政权控制的教育体系中,受教育者权利正当的保障程序的缺失,受教育者在教育行政权的制约过程中就必然成为弱势者;由于正当保障程序的缺失,管理者就不能在教育管理的过程中实施公开、公正和公平的有效管理。法治化的学生权利保障程序的建立,可以促使学生管理的执法机构及其中的每一个执法工作者,在实施管理执法的过程中,义务地遵循和行使法定程序原则来进行调整、保障学生各项权利的表达。因此,

高校学生权利能否得到保障的基本要求在于一个法的正当的保障程序能否完整到位。

评估高校学生管理法治化机制的一个重要内容,就是学生个体权利的保障救济制度是否到位。"高校学生个体权利保障救济制度"主要指的是学生的"申诉权",这一内容,在目前我国现行的法律体系中,无论是建设的途径还是实体的表达,都表现得比较模糊。"高等学校学生的合法权益,受法律保护"明确地显示在《中华人民共和国高等教育法》的第五十三条规定之中。《中华人民共和国教育法》第四十二条第四款也规定了:受教育者在对学校给予的处分不服时,有权向有关部门提出申诉;学校、教师若侵犯了其人身权、财产权等合法权益,可提出申诉或依法提起诉讼。然而,可惜的是,这些法律条文在意思的表达上非常抽象,在大多数高校学生管理实践中,要想去操作、去执行才发现,对学生实施救济保障的规则是少之又少且大多数意思表达含混不清、界限不明。即使学生要想申诉或者是提起诉讼,但通过何种方式、何种渠道(途径)才能实现自我权利的保障呢?这些在我国现行的高等教育法里都未有任何权利保障救济的途径赋予或明示。

因此,法治化的高校学生管理机制有一个重要而迫切的义务,就是要把建立和完善学生的权利保障救济制度,作为一个法治精神的要件予以保障、夯实。此举是推进依法治校、学生合法权益保障、社会主义和谐社会的人文关怀的体现,进而是实现高校学生管理法治化不可或缺的举措[4]。

构建一个适效的高校学生管理工作的法治化机制,是一个复杂的系统工程,需要一个较长的过程来建设、完善、调整、验证。随着民主与法治建设进程的普遍化,随着高校学生工作者法治素养的不断提高,随着学生管理工作法治化机制的建立和逐步完善,学生管理工作要树立依法治校、依法办事的思想和观念,在工作中切实把握好"制度明示、程序合法、权益救济、情况备案"等几个重要环节,学生管理工作一定会也必须走上法治化的轨道。

参考文献

[1] 闫伟.高校学生管理工作法制化[J].山东省青年管理干部学院学报,2005(2):96-97.

[2] 胡锦涛.在省部级主要领导干部提高构建社会主义和谐社会能力专题研讨班上的讲话[Z].人民网,2005-2-19.

[3] 李佳.高校学生管理工作法制化体系的构建研究[J].法制与社会,2009(32):248-249.

[4] 马晓丽,查志刚.高校学生管理法律体系及构建法治化工作模式的研究[J].邯郸学院学报,2007(2):94-97.

高校师生冲突的功能分析
——以科塞功能冲突论为认识途径①

王　儿

在我国的传统学校教育中,师生冲突往往被看作是与"秩序"相对立,具有破坏性的不正常现象,因而教育界对师生冲突的研究长期持一种漠视甚至回避的态度。美国的社会学家刘易斯·科塞从"社会冲突是一种基本的社会过程形式"的命题出发,明确指出在一些情况下,社会冲突具有促进社会整合,防止社会系统僵化,增强社会组织适应性等"正"向功能。本研究基于科塞的功能冲突论,通过对浙江省部分高校的师生冲突现状进行调查,在借鉴已有相关师生冲突的研究成果基础上,着重分析了高校师生冲突的原因、属性类型和功能,并据此提出了相应的对策。

一、高校师生冲突的原因

科塞在《社会冲突的功能》中定义:"冲突是有关价值、对稀有地位的要求、权利和资源的斗争。在这种斗争中,对立双方的目的是要破坏以致伤害对方。"他认为冲突产生的根源是复杂多元的,基本上可分为两类。第一类是物质性原因,主要指权利、地位和资源的分配不均;第二类是非物质性原因,主要指价值观念的不一致。其中任何

---

① 　本文发表于 2014 年 3 月《当代职业教育》。

一类都可引起冲突,而有的冲突则是上述多种原因复合作用的结果。师生关系是教师和学生在教育、教学过程中结成的相互关系,包括彼此所处的地位、作用和相互对待的态度等。从一般意义上看,师生关系的物质性冲突原因可以理解为师生双方地位和资源方面的分配不均等;师生关系的非物质性冲突原因可以理解为师生双方价值观念取向的不一致及理解沟通的不畅等。

1.师生之间存在冲突与现行的体制机制有关

随着市场经济的发展,中国教育体制也在改革,师生身上的竞争意识、自主意识也逐渐体现得淋漓尽致。学生由以前的"卖方市场"变成了现在的"买方市场",他们要求以最少的成本获取最大的收益,为自己积累更多的知识、才能,以迎接日益严峻的社会竞争及挑战。而学校也在计算教育成本,人力资源培养、师资短缺、人才流失等问题也日益严峻。此外,教学计划安排不合理、对教师的教学评价不妥当等,以及部分学生对于评优、奖学金评比、贷款等各个方面的规章制度不认同或者不理解,认为制度不合理,都容易导致师生之间的冲突。

2.师生之间价值观差异

教师一般已经形成一整套比较稳定的人生观、世界观和价值观,而大学生正处于社会化的过程中,他们的人生观、世界观和价值观都不够成熟,但是随着年龄的增长,他们接触各种社会思潮的机会增多,他们希望能获得成人的某些权利,表达一些不同的观点和看法,找到新的行为标准并渴望变更原有的社会角色,他们有些思潮容易与教师传授的价值观念相冲突。

3.学生自身因素

(1)学生之间存在个性差异。学生在学校的学习活动是以一个集体的形式进行的,不可能完全实现个性化教育,而现阶段的大学生多是独生子女,个性较强,不愿服从整个组织的规范化教育。他们每个人的特长、兴趣点不同,也各有所长,各有所短。教师的非个性化教育和学生的个性化特征导致了师生之间冲突的增多。

（2）"混文凭"心态。部分学生不尊重教师，不认真学习，对教师的认真工作不认可，根据对浙江艺术职业学院部分学生进行的调查结果显示，有一小部分学生由于家庭环境优越，上大学根本不努力学习，纯粹是为了"混文凭"，这也容易导致师生冲突。

4. 教师方面的因素

（1）师生之间沟通不畅。高校扩招后，很多高校都存在着资源紧缺的情况，学校安排合班、大班上课的情况也比较多，教师和学生在课堂上的面对面沟通与交流受到很大的限制。大学里师生之间课后的交流相对来说比较少，教师也很少有机会去耐心地倾听学生们的心声。而处于青春期的大学生，由于缺乏主动与别人沟通的意识，更缺乏沟通的技巧，虽然有时也想听听教师的建议，但面对有些教师的高姿态，他们反而会三缄其口或叛逆而行了。由此，师生冲突的发生及升级也在所难免。

（2）教师的管理方式不当。大学生的独立意识、自我意识高度崛起，自我中心思维突出显现，主要表现为不过多地关心他人，不为他人设身处地地考虑，而过分地自我关注。随着以人为本的教学理念深入人心，教师对大学生的管理也应采取以鼓励为主的方式，尽量避免采取严厉的管教方式。当然，教师对学生的管理方式与教师对学生性格、素养等的认识有关，教师要了解学生的心理特点及其发展规律，及时调整自己的教育方式。当教师对学生采取不当的管理方式时，学生易采取抵触行为而与教师发生冲突。

（3）部分教师素养不高。有些教师受市场经济利益化影响，热衷于"第二职业"，没有把更多的精力投入教学上，不顾教学与科研质量，一心向"钱"看。比如，有些教师备课不认真，上课敷衍了事，教学质量差，对学生不负责。学生认为该学到的知识没有学到，就可能导致师生之间的冲突。

二、高校师生冲突的类型特征

科塞把社会冲突分为四种类型，即现实冲突与非现实冲突、紧密关系中的冲突、群体内冲突与群体外冲突、意识形态下的冲突。其中,高校师生冲突以现实冲突和非现实冲突最为典型。

现实冲突,是指个人或群体只是运用冲突这一最有效的方法,来达到自己确定的目的和要求。现实冲突反映到高校师生关系上,主要表现为教师与学生的相处和相互作用过程中都有指向对方的特定要求。比如,教师要求学生努力学习,并设定一定的预期目标;生活作息要规律,给予一定的作息安排要求;在日常交友方面,教师也易于提出相对主观的要求。学生对教师也会有要求,比如,教师上课的内容、方式和途径、考核方式等;尤其是高校学生,在追求独立自主的过程中会对教师提出越来越多的要求,即所谓的"对学生的尊重"。除非学生遵从教师的要求并内化教师所遵循的价值目标取向,或者教师符合学生的要求,提供给学生充分、自由的多元化选择,并不要求学生遵从一定的价值目标取向,那么师生冲突的可能性为零。而不论是教师,抑或是学生,只要被要求方达不到对方的要求甚至出现抵抗,就会引发师生之间各种冲突:不理睬、不听话、争吵甚至使用暴力。这也可以看成是一场"权利争夺战",借此手段以期达成自己的一定目的。

非现实性冲突,是源于某种难以捕捉的外在因素,其对象不是冲突的根源,冲突的目的纯粹是为了宣泄敌对情绪。非现实冲突反映到高校师生关系上,主要表现为校园中的"替罪羔羊"效应,如教师会将工作或人际交往中的不顺或不满不自觉地带到工作中,同样,学生也会将学习或人际交往中的障碍或烦恼不自觉地发泄给教师。从教师一方来看,课堂纪律、学生的态度、科研压力、工作压力等的积累无法及时自我排解时,一不小心失控,便容易带到教学工作中。而从学生一方来看,学习压力、就业压力,生活不如意、友情爱情的不顺心等各种学习或交往中产生的消极情绪也很容易在学习过程中一触即发,引发师生间的非现实冲突,从而发泄与释放了自身的大部分不良情绪。

三、高校师生冲突的功能分析

科塞注重研究社会冲突的正向功能,即对社会的整合和稳定作用。他对社会冲突作肯定性的评价,指出决定冲突是正功能还是反功能,最重要的就是作为冲突对象的"问题"类型。如果冲突冲击到核心价值,就会产生消极的功能,将威胁到社会群体的存在;如果冲突并不涉及他们关系的基础,冲突就具有积极功能,即正向功能,可以成为维护结构的工具。在高校师生处于某种利益共同体的环境中,冲突对高校师生关系的正向功能具有以下几个方面。

1. 暴露教育问题,推动教育变革

不可否认,教学过程中存在普遍"病症",如部分学生不尊重教师、教师的管理方式不当、师生之间存在价值观差异、师生之间沟通不畅等。这些"病症"可能一时未转化为冲突,故而被人忽略,甚至熟视无睹。但是,不时有师生冲突的案例见诸报端,足以迫使人们痛定思痛。教师乃至社会不应该轻视乃至压制师生冲突,而应借由这些冲突,使隐藏的教育问题、师生相处问题显现于外,并顺藤摸瓜,据果寻因,从病源上肃清师生冲突的发生条件,从而在一定程度上重塑师生关系。此外,师生冲突也可以锻炼教学主体——学生和教师,提高他们的综合素养,让他们学会如何相互理解、相互尊重、相互支持,这也是社会发展的重要标志之一。

2. 调整师生关系,适应社会需要

师生关系是指教师和学生在共同的教育教学过程中,通过相互影响和作用而建立和发展起来的一种特殊人际关系。和谐的师生关系不仅是顺利完成教学任务的必要条件,还有利于学生个性和心理的健康发展。而不和谐的师生关系就很容易导致师生冲突。当然,冲突本身无褒贬之义,重要的是它进一步发展的方向。如果能够充分挖掘出师生冲突的正向功能,正确地引导师生关系的调整,从而使教师与学生的关系走向和谐共存,而不是被冲突牵着鼻子,使师生关系走向淡漠,那么,教师和学生一定能够借由师

生冲突的发生,使自己更加具有抗压力和创造力,更加适应变化着的现实社会的需要。

3.安全阀功能

在论述如何发泄不满和敌对情绪时,科塞使用了"安全阀制度"这一概念,"安全阀"可以发泄敌对情绪,转移目标,但不能解决问题,只能缓和矛盾。其实,师生之间的冲突对于他们的团结与统一具有积极的作用。在已经充满不满情绪的师生关系中,如果教师对于学生的不满情绪采取强压,或者学生对于教师的消极情绪采取直接回避,双方都人为取缔任何形式的冲突,那么不满情绪的积累有可能转化为针对对方的顽疾式偏见,这种偏见反过来又不断强化不满情绪,其后果严重;相反,一定条件下的某些冲突有助于教师和学生双方不同观点和不满情绪的发泄,防止这些敌对情绪积压,这种不一致若通过"安全阀"释放,就可以使师生双方在心理上获得安慰和缓解,维持师生关系的稳定。

四、高校师生冲突的对策

师生冲突如果处理不当,不但会破坏师生关系的和谐,影响他们的心理发展,甚至会损害学生的成长成才。针对我国师生冲突成为越来越普遍和凸显的现象,近来已有不少专家学者呼吁,要重视对这一现象尤其是对策的研究。师生冲突的正向功能为我们正确对待和利用冲突提供了前提。师生之间尤其是教师方应以一种开放的心态对待它,充分挖掘师生冲突的正向功能,促使冲突成为有利于维持校园和谐的资源。

1.端正师生冲突双方的态度

当冲突不可避免时,不论是作为教师还是作为学生,都应该铭记师生冲突的正向功能,防止师生冲突的破坏性影响,在这个方面,教师应负的责任更大。面对冲突,师生双方要如实地找出问题的起因,以积极、宽容、理性、换位思考的原则来处理好冲突,这是影响冲突正向功能发挥的关键。双方要极力避免一味地指责对方,推卸自己对冲突应负的责任。要站在对方的立场上来考虑问题。而在处理冲突的过程中,双方尤其是教师在不涉及原则的问题上的妥协和让步也非常重要,只有做到"严中有宽,宽中有爱,爱中有教",才能使双方在更高层次上实现良性互动,从而达到预期的教育效果。

2.强化师生之间的平等关系,加强教师的服务意识

个体在社会中扮演着不同的角色,对应着不同的期望和要求。然而,往往是某些框定的角色阻碍了冲突的正向功能的发挥。在师生之间,教师扮演的角色包含两个层次:"传道授业解惑的传道士角色"和"与学生和谐共处的朋友角色"。而现实生活中前者被不断强化,后者往往被忽视。传道士角色显示着过于理性的抚养、教育成才的责任光辉,一不小心便走向教师独裁;而作为朋友的角色则要求双方双向沟通、平等相处。倾听对于沟通非常重要,沟通是否成功,50%取决于是否懂得倾听别人。这种"听"不是"听听"就算,而是彼此交换意见的双向沟通,实现从以往的学生对教师的单向依赖转化为双向关系。因此,我们应该促进师生关系的调整,重视教师的朋友角色,让教师和学生成为朋友,强化他们之间的平等关系。同时要加强教师的服务意识,教师要本着为学生服务的思想,改变工作态度,站在对方的角度与立场来理解他们的处境、了解他们的想法,一切以学生为本,从学生的实际问题和实际困难出发,想他们所想,急他们所急,促进师生关系的和谐稳定。

3.整合提升教师的权力和威望

美国的克利弗顿等人认为,教师的权威主要来自于制度和个人两个方面。教师的制度性权威,主要来自于外部组织的制度上的规定和形式上的确定,它是社会赋予的。而教师的个人权威,主要来源于教师的专业知识及人格魅力。社会赋予教师教学地位和教学资源上的独特优势,并形成相应的教师权力。然而,这种教师权力在师生冲突面前常常显得苍白无力。教师不能单靠高高在上的角色来压人,这样学生容易出现对抗行为。处于青春期的大学生更迫切盼望在教师的外在权力之外能拥有学生为之折服的魅力和威望,因此,教师应该提升自身素质和格调,要以丰富的学识、充满魅力的人格来

"征服"学生,并且要以积极的方式,整合好制度性权威来行使教师的权力,建立起良好的个人威望。这样才能在师生冲突面前处变不惊,始终保证学生与自己的聚合状态。

4.合理利用"安全阀"制度

冲突的"社会安全阀"功能,就师生之间而言,教师应允许学生对教学内容、教学途径等发表意见,对他们所关心的校园问题、社会问题发表看法,即使这些意见或看法对问题的解决不能立马见效,但至少起到发泄敌对情绪、释放心理焦虑、缓和紧张关系的作用,最终有利于问题的解决。尤其是教师,要充分认识并运用好这个"安全阀",看到它显示的警报后,一定要寻找各种途径让学生表达不满,缓解与学生的敌对局势。教师一方面要及时地重新整合实现师生间更高层次的一体化,另一方面要重新思索师生关系的现状,尽快创立师生相处的新规范、新规则。

良好的师生关系,是提高学校教育质量的保证,也是社会精神文明的重要方面。新型师生关系应该是教师和学生在人格上是平等的、在交互活动中是民主的、在相处上是和谐的。以科塞功能冲突论为认识途径,对于师生冲突,我们要充分挖掘和发挥冲突的正向功能和积极作用,同时要捕捉到其消极影响并且化消极因素为积极作用,使师生关系长期处于良性互动的状态。

参考文献

[1]　[美]L.科塞.社会冲突的功能[M].孙立平,译.北京:华夏出版社,1989.

[2]　侯钧生.西方社会学理论教程[M].天津:南开大学出版社,2001.

[3]　鲁洁.教育社会学[M].北京:人民教育出版社,1992.

[4]　郭朝阳.冲突管理:寻找矛盾的正面效应[M].广州:广东经济出版社,2000.

［5］　吴康宁.教育社会学视野中的班级:事实分析及其价值选择［J］.教育研究,1999(7):42-48.

［6］　陈振中.重新审视师生冲突——一种社会学分析［J］.教育评论,2000(2):40-42.

［7］　田国秀.师生冲突的含义、类型及特征分析［J］.教育科技研究,2004(7):12-15.

［8］　蒲勃.师生冲突研究［D］.重庆:重庆师范大学,2004.

［9］　李金霞.师生冲突的正向功能［D］.北京:首都师范大学,2008.

［10］　赵慧军.管理沟通［M］.北京:首都经济贸易大学出版社,2003.

高职艺术院校跨校区思想政治教育管理模式探析

——以浙江艺术职业学院为例①

王筱芽

近年来,随着浙江艺术职业学院的转型升级,学校招生规模逐年增大,租用了分校区——东冠校区,其中部分专业涉及在不同校区分段完成教学,突破了制约学院发展的瓶颈。学院自2011年9月起美术、影视技术、文化管理二级系部的二、三年级涉及近千名学生从原校区迁至东冠校区,由于专业的特殊性和个性化特征而使得在跨校区教育中呈现比较突出的特殊性和复杂性,给学生思想政治管理上带来了一些问题和困难。正是在这种状态下,针对高职艺术院校学生在跨校区中出现的特殊状况,提高跨校区之间的学生思想政治教育的研究力度,研究与实践跨校区思想政治教育工作的规律性、时效性和协调性,积极探索出一套高职艺术院校跨校区学生思想政治管理质量保障体系。

一、高职艺术院校跨校区思想政治教育工作的薄弱面

(一)校园文化建设有所脱节

校园文化是思想政治教育工作的载体,是高校育人的基本环境,

---

① 本文发表于2011年6月《时代教育》。

是学校稳定有序的制度保障和精神依靠。高职艺术专业本身需要进行多样化、丰富性的团体活动强化专业的拓展,其学生也热衷于群体活动。而跨校区教育资源、活动场所设施还一直在完善中,其主校区的文化底蕴、校园氛围、文化传统在新校区传承也需要一个循序渐进的过程。因此,在跨校区的办学模式下,经常呈现主校区校园文化建设开展得轰轰烈烈,而跨校区却显得冷冷清清的状态,部分学生感到学习生活单调、枯燥,精神生活空虚,缺少校园文化氛围。

(二)学生管理体制不健全

主校区已经有非常完善、健全、稳定的管理体制和管理部门,在此状态下让思想政治管理部门工作人员分摊跨校区的学生工作,其超负荷工作势必引起思想政治管理部门工作人员的工作积极性下降、工作效率降低,使得学生的具体问题得不到有效的解决。两校区间的管理体制一致意味着跨校区没有具体的决策权,除了解决跨校区的日常思想政治管理工作外,重大问题必须得到主校区思想政治管理部门领导的批示,这在一定程度上造成了思想政治管理工作效率低、时间跨度大的现象,严重影响了思想政治管理工作的质量。

(三)思想政治教育资源差异性大

以浙江艺术职业学院为例,新老校区之间有一定的距离,东冠校区的配套资源和设施不如主校区,周边环境远离整体的高教园区,其杂乱无章的外部环境和规模有限的内部环境,导致学生享受不到主校区较为完善的教育资源、配套设施和文化生活,如外部生活条件、医疗服务、社团生活、图书资料、学术讲座等,很难实现教学资源的共享,难以满足教育大众化的需要。

二、高职艺术院校跨校区的学生思想政治管理模式及对策

由于高职艺术院校跨校区具有上述困难和挑战,对其进行管理就需要采取有别于单校区的管理机制。而跨校区学生管理面临的主

要挑战是：如何融合、怎样发展的问题。在融合中寻求发展，在发展中加快融合，最终形成完善的管理体系。

（一）建立健全跨校区管理组织机构，优化管理人员工作方式

深化"以学生为中心"的办学理念，学生思想政治管理要更加专门化、职业化和网络化。在学院直接领导下，在新校区搭建学生公共服务平台、学生管理服务机构，实现主校区管理职能的延伸。与各系部相关职能部门相互合作、相互协调，实现公寓管理、校园文化建设、学生日常管理的统一组织框架。对于跨校区在管理中出现的新情况、新问题和解决不了的重大问题及时与学校职能部门协商，保证各项工作有效解决，信息渠道有效、畅通。

在跨校区中打造一支管理方法科学、管理能力强劲的学生思想政治管理团队，分拨一部分人员直接入住新校区，建立跨校区的辅导员队伍、宿寝管理队伍、后勤保障队伍、学生骨干队伍等。在队伍逐步稳定的同时加大对管理队伍的培训力度，使各岗位工作人员熟悉教育教学各个环节的组织和管理，不断更新业务知识，掌握最新的管理方法，提升自身的文化修养，树立爱岗敬业的思想。

（二）拓宽载体功能，强化跨校区之间的沟通交流

跨校区与主校区之间都有一定的距离，场域区隔易造成交流的减少，从而影响情感的认同，因此需要增加校区间人员往来交流。强化多校区之间的沟通与交流，校园网络交流互动平台的扩展、根据实际情况灵活调度班车而改善校区间的交通条件、广泛运用现代信息技术交流、经常性的多校区师生互动等途径缩小跨校区与主校区之间的空间距离，逐步实现多角度、多元化的互通交流，使跨校区文化差异尽量缩小甚至消失，从而达到校区文化的融合。充分发掘校园内的有利环境，在两校区的教室、走廊上悬挂优秀学生代表照片；利用院报、学生社团小报、网络论坛，及时报道两校区的新现象、新面貌，逐步形成网上、网下的新闻体系，形成有效的交流枢纽。浙江艺术职业学院东冠校区分布的是非表演类的学生，必须与主校区通力

合作，才能形成形式多样的活动，从而达到不同层次、不同年级、不同专业的学生之间的互通交流。

（三）整合教育教学渠道，切实提高自主学习、自我管理的能力

在跨校区管理中，无论是学校自身的管理，还是大学生自我管理，纪律和秩序都非常重要。学生换了一个新的环境学习和生活，教师给予新校区学生的时间又相对较少，在心理上造成管理松散、可以无法无天的错觉，而纪律和秩序的有效建立则是要求每个人自觉地各就其位、各司其职、各遵其纪、互相约束。由学生管理中心设立跨校区分团委、分学生会、分社联会，建立学生宿舍管理委员会、青年志愿者分协会、学风督导组、民间社团等多个团学组织，制定出行之有效的奖惩机制，充分发挥学生自主学习、自我管理的作用。在搭建过程当中，学校要给予全力支持，为团学组织搭建多方位的平台，加强跨校区团学组织之间的沟通与交流，逐步促进学生的思想政治教育、素质拓展和职业技能培养。

（四）优化环境支撑，构建独特的校园文化活动

浙江艺术职业学院针对跨校区办学环境的实际情况，在"求真尚美、精艺修为"的八字校训的指引下，继承和发扬主校区一脉相承的文化底蕴、文化传统，使学生产生文化的归属感和认同感。组织一些具有专业特色，符合学生精神文化需求的校园活动，打破陈规、推陈出新地开展各种文化娱乐活动、学术讲座、公寓文化活动，营造良好的文化氛围，促进跨校区校园文化建设。学院通过充分考虑到学生刚从主校区搬离到新校区的孤独、精神空虚、抱怨的心理波动和心理落差，全面了解并掌握他们在思想、心理、学习、生活中的困难和困惑，积极组织开展各项文化娱乐活动，并在每位学生生日时送上温馨祝福等措施，营造和谐、温馨的校园文化。由于分校区的学生相比主校区少，学生参与度强，效果异常突出，营造出一种和谐、融洽的校园氛围。

参考文献

[1]　张振越.浅谈高职思想政治教育的人文关怀[J].青海教育，2012(7):127-128.

[2]　储德峰.高校"大思政"教育模式的特征及理念[J].中国高等教育,2012(20):34-36.

[3]　李春民.新升格高职院校学生思想政治教育存在的问题及对策研究[D].西安:西安大学,2012.

[4]　于文新,宋玉静.谈艺术类高职院思想政治教育中的人文关怀与心理疏导[J].辽宁高职学报,2010(7):107-109.

[5]　张海鹏,赵艳芳.多元文化背景下高职思想政治教育改革的现状与对策[J].学周刊:B,2013(3):8.

[6]　郑慧.艺术类高职学生心理健康状况探究[J].中等职业教育,2003(2):27-28.

[7]　万力.跨校区环境下高职院校学生党建工作创新研究[J].广西教育学院学报,2012(3):114-117.

[8]　黄字飞,卢银霞.浅析高校多校区办学给育人工作带来的困扰及解决对策[J].大关周刊,2012(26):121-122.

自我实现的教师素质培养模式的构想①

冀肖力

在彰显"素质教育"的背景下,参与众多教师素质培训活动的教师,其教学行为并未发生实质性变化;受过系统师范教育的教师仍然不能很好地适应和落实教育理念更新下的教师素质培养,其实践行为甚至与课程理念背离。结合教师成长的周期理论,教师成长过程如果进展不顺利,会出现教师素质的阶段性停滞,甚至脱离教师队伍的现象。上述现象的根源在于教育体制错位下的教师素质培养的先进的教育理念和自我实现的需要的缺失。

一、基于素质教育、基础教育课程改革和教师专业化发展的教师素质研究

教育体制的陈旧,"育人"理想的缺失,致使学校教育、教师教育走向机械主义和形式主义——过分强调评价体系的"可检测性",将原本动态的、多样化的、隐性的教育行为机械地用若干显性的、可定量的指标加以规约[1]——教师教育在这样的体制下呈现僵化趋势。在教学评价体系上,教师专业化坚持科学的技术化取向,导致教师约束个性特征,重视公共显性的教师群体知识的学习,不敢另辟蹊径,往往由于过度倾向于显性知识而忽视个人隐性知识的学习和应用[2],这种取向不利于教师创造性素质的培养。

---

① 本文发表于 2011 年 3 月《徐州师范大学学报(教育科学版)》。

（一）"育人"理想回归：素质教育、基础教育课程改革背景下的教师素质研究

素质教育、基础教育课程改革背景下，对教师素质的理解和培养存在滞后现象。社会对教育的需要与期望越来越高，人们更加关注教育占用的社会资源与教育对社会的实际贡献，人的个性化发展成为教育目的价值取向不可忽视的重要问题之一，这就对教师素质提出了更高的要求。

适应原有教育体制、教育评价体系的教师面临痛苦的转型：从面向"班级"的教学转向"学生个性化发展"的教学，从单一的知识传授转向创造力的开发和培养。没有树立"育人"理想的教师无疑是无法真正实践素质教育与课程改革的，不能顺利实现这一转型的教师正是课程改革的软肋。在美国学者雷道和华顿保提出的"一个教师兼有十种不同的角色"[3]的基础上，有国内学者提出教师是"新生一代灵魂的塑造者"[4]。这样的观点切合当前教育改革的要求，是对教师素质、教师职业角色的期望，也是对教师提出自我创造、自我实现的要求。

当前，教师素质培训只重"教书"而忽视"育人"的倾向，致使教师只重视教学法而忽视教育的根本目的，忽视教师职业角色在 21 世纪中的新要求，即成为促进人的全面发展的引导者和完善学生健康心灵的培育者。在教师成为教育家苏霍姆林斯基强调的学生"生活的导师"[5]之前，教师要重视"育人"与"育己"的关系，建立在育己基石上的育人才能建得更高、更坚固。

（二）教师专业化背景下的教师素质研究

教师专业化是指教师个体的专业水平提高的过程，以及教师群体为争取教师职业的专业地位而进行努力的过程和结果[6]。教师专业化是适应社会、教育发展需要的一种动态发展的历程，在我国，其发展途径包括师范教育、新教师的入职辅导、教师的在职培训和教师的自我教育。

结合当下的师范教育体制,教师专业社会化问题比较突出。比如,新任教师阶段的专业社会化是教师专业生涯发展中的关键阶段,新任教师专业社会化第一年发现问题最多,如果没有得到恰当的指导与调适,满怀热情的新教师会感到沮丧,专业能力发展受到极大的阻碍[7]。出现这种现象的原因有多种,但需要特别指出的是,较为严重的模式化、机械化倾向的"学科课程+教育学基础"的培养模式过度追求教学法,忽视教师基于自我实现的职业理想和人格形象的培养,是产生这种现象的根本原因。

教师专业发展过程中,加强科学实践教育的骨干教师培训,取得了一些成效,但单一的量化评价体系很难确认是否真正落实了教师认知结构、能力结构、专业结构等方面素质的提高。目前,教师接受培训的动机多样,对于内在学习动力相对薄弱的教师而言,这种培训模式形式大于实效,培训效果缺乏有效的检验,主要凭借的是教师的自我约束力。

而"自上而下"的大规模的短期师资培训,更多的是教育经验与教学法的传授,这种培训模式在教育理念没有更新、教师缺失自我实现的职业理想、缺乏专业化的自我建构的动力的情况下,很容易出现生搬硬套的形式主义。而在教学法为主的教师培训背景下,教师完成"教书匠"到"新文化的创造者"的转变是困难的。

二、自我实现的教师素质的培养模式

素质教育、基础教育课程改革和教师专业化发展背景下,教师素质应是教师在育人过程中,建立在一定生理条件基础上的稳定的、必备的职业品质,是教师基于自我实现的职业理想、职业形象、育人知识、育人能力的综合反映。自我实现包括认知、审美和创造的需要,它具有两方面的含义,即完整而丰满的人性的实现及个人潜能或特性的实现。

(一)"育人"理想的树立、自我实现的需要是教师素质提高的动因

任何先进的教育理念都是基于"人"的发展。基于"育人"理想的教师,其教育理念和教学行为是赋有灵魂且富有活力的,是符合学生个性化发展需求的。"育人"理想是教师个体发展的精神内核,是教育教学工作的世界观和方法论。而自我实现的需要是一种重要的学习动机,是促使教师个体进行专业学习并最终成就教师的高素质性和发展性的动力。

人本主义心理学家马斯洛认为自我实现的需要是一种最高级的需要,人们追求实现自己的能力或潜能,并使之完善化;高级需要比低级需要复杂,需要的力量也相应减弱,满足高级需要必须具备较好的外部条件,如社会条件、经济条件和政治条件[8]。这就要求在教师素质培养的过程中,一是重视自我实现需要的培养,二是必须创造良好的条件给予培养。这样的要求与当前素质教育推进困难的情况下提出"教育家办学"的思想是一脉相承的。拥有强烈自我实现需要的教师,在追求自身能力或潜力完善化的道路上,其创造力和反思力都是不可或缺的。这样的教师,是"长于洞察、敏于创新、勤于反思"[9]的,可以说,自我实现的教师成长是实现"教育家办学"的摇篮。

(二)积极的自我体验和灵魂塑造是教师实践职业角色的基础

自我实现的需要是教师素质提高的动力。实现教师的自主发展源于教师的内部需要和教师的自我实现。从动机的角度看,教师素质提高的过程,也是自我实现的过程,即通过教育素质的提升使自己的价值、潜能、个性得到更充分而完备的发挥、发展和实现。自我实现的教师素质培养过程也就实现了由重视教师专业发展的外在连续性走向内在的连续性,体现一个培养由他律走向自律的反思型教师的过程。自我实现的教师是反思实践式的教师,他们进行积极且持续不断的自我体验与探索,是自我灵魂的塑造者,是自我提升、自我

实现的人。21世纪的教师实践"新生一代灵魂的塑造者"这样的职业角色，自我实现的教师培训提供了其中一条有效路径。自我实现的教师在教学、与学生交往的过程中真诚且真实地呈现自己体验、探索、行动与反思的心路历程，更能真正引发学生的思考、学习、向往与热望，实现心灵与心灵的碰撞。事实上，研究表明，教师的本体性知识与学生成绩之间几乎不存在统计上的关系；美国"缘于科学家直接授课而选择基础研究"的跟踪调查的结果表明，正是由于科学家用自己的心灵叩开了学生的心灵之门，才使得这些学生最终加入从事基础研究的队伍。教师自我实现需要培养的意义正在于此，因为只有这样的过程才能让学生在具备理想的模仿目标的情况下有着充足的学习动力，在学习行动上则成为尝试、体验、探索、行动、反省的创造者。应该说，有这样的教师才有这样的学生，只有这样的学生才可能成为21世纪急需的创新型科技人才。

(三)实现完整而丰满的人性有助于教师人格的培养及自我调控

麦克金农关于创造性天才人物的研究表明，天才人物都具有比普通人更热情、更有决心和更加勤奋的性格。这类研究成果对于创造性人才的培养、教师性格要求和素质培养都具有借鉴意义。有研究进一步表明，良好的个性品质对于教师工作有很大的推动作用，美国教育学家罗森塔尔和雅各布森的"皮格马利翁效应"的实验说明了教师的性格特征对学生会产生巨大影响。教师的个性品质也成为有些国家教师考核的重要内容，比如英国将"适宜的个性品质"作为鉴别合格教师的五条标准的第一条。这都说明教师的人格是不可替代的，它是教育力量的活的源泉。

实现完整而丰满的人性是自我实现的内涵之一，它有助于教师人格培养，有助于教师萃取自我性格。自我实现的教师应是真实而真诚的，注重自我认知、体验、探索、反思和创造，是富有想象力、创造力、幽默感、情绪乐观、意志力强、做事负责而有条不紊的人。基于这些普遍而共同的特征，自我实现的教师的其他个性可以是类型多样、独具一格的。由这些人格特征带来的属于教师自我生活的必要组成部分的内容,成就了个性化的教师,它能够吸引学生,促进学生的学习,给学生以信心,使教师获得学生的认可与尊重,并终将促使教师继续完善自我。

对自我加以展望是有价值的,它是帮助教师有效学习的重要手段,有助于教师自我调控能力的提高。认识自我、愉快地接纳自我、延伸自我和创造自我,这一过程是自我实现的教师必然会体验的痛并快乐着的历程,它是隐秘的、个性化的、独具特色的,也是最迷人的,一旦将此与学生分享,也是最能打动并鼓励学生的。实现完整而丰满的人性伴随着教师的一生,离不开教师的自我想象、自我塑造和自我调控。而自我调控需要教师的不懈努力和不断坚持,是变革自我、塑造自我、完善自我的重要因素,具有创造功能。教师追求完整而丰满的人性,成就自己成为真正有个性的人,性格在这一过程得到创造,自我调控能力得到增强,其他人格特征也得到了培养与萃取。这些人格特征的自然流露会对学生产生积极的影响,因为教学过程是师生之间思想、情感及行为的双向交流、碰撞的过程,在这一过程中有魅力的教师能够更好、更有效地发挥教师的榜样作用,留给学生深刻而鲜明的印象,从而更有可能引领学生学习,实现真正的教育,实践性格,养成性格。因此,从人才培养的有效性来讲,创新人才更需要由自我实现的教师来培养。

(四)职业能力的自我发现与发展:基于个人潜能或特性的实现

个人潜能或特性的实现是自我实现的另一层内涵。在教师个人潜能或特性的追求与实现的过程中,教师潜在的专业能力和特性被充分发掘、发展,个人职业能力得到相应提高,教师的专业自我得以形成和发展。教师如能根据自己潜在的特性,注重个人体验中隐性知识的积累与调用,充分发挥自己的潜能,坚持探索个体的教育哲学与教学模式,就能形成教育教学的个人风格。

自我实现的教师具有勤奋、坚定、执着的个性特征,实现了教师个体潜能与特性的挖掘、探索与开发,实现个体职业能力和教学模式的开拓与深入发展。事实上,教学模式的效果与情境有关,这些情境至少包括教师特质、学生的年龄特征和知识背景、学科、班额、社会文化等[9]。这正是当前教师培养重视教育理论、教学模式、教学法却在实际应用中难以见效的重要原因。教师个人特性的实现，或是教师个人潜能的挖掘与成长，能给予教师个性化发展强有力的支持，教师在面临实现有目的的教学行为中更能调动相关的知识与才能。另外，经历了自我能力的持久发掘与发展的教师，由于自我体验的丰富性，宽容而不软弱，富有同情心而不丧失原则。教师曾经历的困难与艰辛，使得其更明白向学生提出学习的挑战、设置适度困难的学业目标、强调惯性思维的危险有利于学生的成长，以及鼓励、表扬、引导学生战胜自己的无知或者暂时的痛苦的重要性。这种特质有利于教师的教学、对学生的理解、对专业自我的开发。

自我实现的教师能够将惊喜与激情带入课堂，能够大胆地根据教学对象、教学内容及教育条件的不同，注重公共显性的教师群体知识和隐性知识的合理分配与运用，尤其是注重在特定的情境中充分显现个人特质，从而创造拥有无限可能的有效课堂，并建立起自己与学生之间合适的距离、适当的关系和角色。教师个人隐性知识的调动、应用和科学创造，可以设计出各式各样的课程教学方案和方法，形成独特的教育教学风格和特色，实现教师专业发展的持续社会化和个性化的发展历程。

参考文献

[1] 方展画."教育家办学"的诉求与教育改革的取向[N].中国教育报,2010-4-6.

[2] 周福盛.教师个体知识的构成及发展研究[D].兰州:西北师范大学,2007.

[3] 黄坚厚.教师的多重角色[J].教育科学文献,1978(8):23.

[4] 田慧生,李如密.教学论[M].石家庄:河北教育出版社,1996.

[5] [苏]B.A.苏霍姆林斯基.给教师的建议[M].杜殿坤,译.北京:教育科学出版社,2000.

［6］　王立国.基于教师专业发展的教师素质标准研究［D］.兰州:西北师范大学,2008.

［7］　董玲.有效促进新任教师专业社会化发展的策略思考［J］.当代教育论坛,2008(4):48.

［8］　彭聃龄.普通心理学［M］.北京:北京师范大学出版社,2004.

［9］　丁朝蓬.基于评价的教学改革:美国"跟进计划"的启示［J］.教育科学研究,2009(8):78.

音乐类"非遗"保护的道德困境[①]

于圣维

　　2003 年 10 月 17 日,联合国教科文组织在巴黎通过《保护非物质文化遗产公约》,2004 年中国正式加入此公约,时至今日,非物质文化遗产保护运动在中国大地上如火如荼地开展起来。这大概是中国大陆落实联合国所有公约中最迅速、最普及的一次行动,其中蕴含的深刻含义还要等这股风刮过之后数年才能显现出来。不过我们同时发现了一个有意思的现象,即入选联合国科教文组织三批"人类口头和非物质遗产代表作"名单的中国昆曲艺术、古琴艺术、新疆维吾尔木卡姆艺术和蒙古族长调都是音乐项目。那么,接下来音乐类遗产还有哪些东西可以"申遗",音乐类"非遗"应该怎样保护,似乎需要我们有更多的文化自觉[②]和更高的道德水准。本文试着结合作者自己在"非遗"音乐项目保护实际工作中的一些感受,分析其中显现的道德困境。

一、非物质文化遗产保护需要由真而善

　　对于有五千年不间断文明历史的中国来说,遗产太多了,从数量

---

①　本文发表于 2010 年 6 月《人民音乐》。

②　费孝通先生讲的文化自觉高度概括起来就是:"各美其美,美人之美,美美与共,天下大同",这十六个字,是他对于"文化自觉"理念所作的高度概括,是其一生从事文化思考和研究的升华与结晶。

上讲,恐怕世界上没有哪个国家能和它相提并论,中国因此似乎最有理由率先提出遗产保护的问题。但问题是我们真的知道什么是非物质文化遗产吗?

　　非物质文化遗产(the intangible cultural heritage)绝对是一个晚近的西方概念,如果不去学习定义,从字面上也可以对它有个大概的理解,所谓非物质文化遗产,主要是指包含民族精神、民族心理等民族精神内涵的文化遗产,至于仪式、口头、手工艺等形式上的要求,只是这些精神内涵的一个载体。所以,日本学者把它叫作"无形文化遗产"。中国学者也对这个问题有所论述:"一个民族的非物质文化遗产,往往蕴含着该民族传统文化的最深根源,保留着形成该民族文化身份的原生态,以及该民族特有的思维方式、心理结构和审美观念等。"③乌丙安先生说:"古琴,是物,它不是非物质文化遗产;古琴演奏家,是人,也不是非物质文化遗产,只有古琴的发明、制作、弹奏技巧、曲调谱写、演奏仪式、传承体系、思想内涵等,才是非物质文化遗产本体。"[1]

　　其实,判断一种文化现象是否是非物质文化遗产,是否具有价值,是否可以入选非物质文化遗产保护名录,既是一个复杂的问题,又是一个简单的问题。说它复杂,是因为这是一项需要专业知识、综合性知识和深厚文化修养的工作;说它简单,是因为判断什么不是非物质文化遗产对这些专家来说并不十分困难。理论和实践都已有先例,专家们只要对祖先的文化有足够的敬畏之心就水到渠成了。作者的意思是说,有德行的专家可能漏掉真正的非物质文化遗产,但很

---

　　③　周和平,在非物质文化遗产保护国际学术研讨会开幕式上的讲话。王文章主编,非物质文化遗产保护国际学术研讨会(2004)论文集,文化艺术出版社,2005。中国首批国家级非物质文化遗产名录共计518项,如果从"蕴含着该民族传统文化的最深根源,保留着形成该民族文化身份的原生态,以及该民族特有的思维方式、心理结构和审美观念"的角度讲,为什么"算命"(作者故意用这样的称谓)榜上无名?作者认为,"易"文化应该列在这个名录中央申报的第一项。因为《易》为五经之首,并不是封建迷信,相反,"易"文化代表了中国汉民族特有的思维方式和心理结构,甚至还有审美观点。要说迷信,还有比"清明节"的迷信成分更重的吗?可它在名录上的序号是450。

少会放过假的非物质文化遗产。甚至可以说,"是否具有高尚人品与崇高职业道德是影响遗产评估的决定性因素"[2]。

现在,各级非物质文化遗产雨后春笋般一夜之间从地下冒出来,作者曾接触到的一个"申遗"材料,就似乎有些缺少民族精神和综合文化价值。

家庭锣鼓队(××市)

1. 内容提要

据钱如松介绍:他父亲6兄弟,在场口是一支有名气的家庭锣鼓队,他从小落户常安大田,对这方面也有爱好。18岁时他和本村青年向本村鼓板师傅李元喜(男,1915年出生,已于1990年病故)学习锣鼓。由于他接受能力较快并且爱好锣鼓,在同龄人中吹打技艺突出,经常参与本村的鼓班活动。结婚后,他因家庭负担重,很少有时间参加。到20世纪70年代后期,他的爱人和村民鼓励他培养一支家庭锣鼓队。于是他就与两个儿子和三个侄子及一个比他年轻许多的娘舅一起到李元喜处学艺。此后,家庭锣鼓队成了村里文艺活动的生力军,逐渐在当地有了一定名气。

2. 项目简介

钱如松的家庭锣鼓队表演形式不拘一格,可以在舞台上表演,也可以在幕后表演;可以在农家庭院里表演,也可以一边行进一边表演。唢呐吹奏以传统曲目《将军令》等为主,有快板、慢板之分,视具体场合而定。村里有了这支家庭锣鼓队,村民的婚丧大事就有了服务团队,由于锣鼓队深深扎根于民间,生命力很旺盛。

从这个"申遗"材料上看,可以把这只家庭锣鼓队简单地总结为"能演奏《将军令》的吹打班"。如果说这些遗产丝毫没有价值,似乎又会被指责为不尊重地方文化传统,如果说有价值,但是从中又发现不了有代表性的、深厚的民族精神内涵。如果将这些传统文化事项都大而失当地列入遗产名录,保护了一些价值取向偏低的遗产,那么,非物质文化遗产的保护就会"习惯性流产"。

扼杀非物质文化遗产的办法有很多,有时用滥竽充数的办法,有时以科学的名义,有时是因为习惯性的意识形态,中国艺术研究院的苑利就此提醒说:"(在)像中国这样一个曾经经历过半个多世纪政治斗争的国家中,人们很容易将政治标准当成衡量世间万物的唯一标准。如果这种做法也混入非物质文化遗产的评估体系,并作为非物质文化遗产的重要评估标准,非物质文化遗产业就失去了它所具有的全人类性。这是许多社会主义国家在遴选非物质文化遗产,设定非物质文化遗产遴选标准时,所必须注意的……没有非物质文化遗产学方面的知识,非物质文化遗产保护的结果,很可能就是对非物质文化遗产所造成的更大规模的破坏。"[2]如果能够有"好"的专家和开放的意识形态,就可以最大限度地排除没有价值的遗产,最大限度地保护所有可能发现的真正的非物质文化遗产,这大概可以算作是在非物质文化遗产保护时应有的最基本的道德保证。一句话,对待非物质文化遗产的评估和鉴定,要相信专家,更要相信制度中的人。没有求真的制度保障,哪来善的结果?

二、保护者的"私心"

《保护非物质文化遗产公约》总则第二条第 3 款中是这样定义"保护"的:"保护"指确保非物质文化遗产生命力的各种措施,包括这种遗产各个方面的确认、立档、研究、保存、保护、宣传、弘扬、传承(特别是通过正规教育和非正规教育)和振兴。

这就是说,如果要保护一项非物质文化遗产,那么就要"确保"它的"生命力",而"确认、立档、研究、保存、保护、宣传、弘扬、传承(特别是通过正规教育和非正规教育)和振兴"都只不过是为达此目标而采取的各种措施。可以说,非物质文化遗产的保护,实际上就是"遗产"生命力的保护。说到生命力,自然首先得有生命,因此在谈到非物质文化遗产的保护问题时,大家都愿意讲"活态保护"。而活态保护主要是指保护非物质文化遗产生存的环境,就是所谓"活鱼要在水中看"。

但是,时过境迁,非物质文化遗产保护所需要的原生态环境在严格意义上讲是不可能保存下来的,而文化的特点却是以人的生命体验为文化创造力的内在驱动力的,新的环境、新的生活必定造就新的文化,所谓的保护,其实只能是一种"尊故融新",万万不可把非物质文化遗产及其传承人想象为实验室里模拟环境中的观察对象。因为这种行为里面缺乏尊重。

实际上,更大的非道德因素还隐藏在这种所谓的保护背后。下面可以通过一个例子来说明这种非物质文化遗产保护中出现的道德困境。

吴晓平、何虎在《贵州民族学院学报》2000年第1期上发表名为《民族地区旅游开发与民族社会的持续发展》的文章,其中讲到几位美国游客到黔东南苗族侗族自治州雷山县朗德寨旅游观光,在付了300元接待费后,他们经历了苗族的拦门酒礼仪,还观看了当地苗族的歌舞。这几位美国游客到此为止感觉良好,甚至还"沉醉在古朴的文化里"。但是,接下来的一幕却让他们大失所望,因为那些刚才还在轻歌曼舞的演员们,像变魔术似的不知道何时,从哪里拿出了装满礼品的篮子向他们兜售。美国游客说:"真可惜,他们的酒歌的歌词没有变,但歌词的意义已经完全没有了。"

大概很多人都会认为当地苗族人目光短浅,很多专家都会说这不是一个成功的保护案例。但是,很少有人会想到那300元接待费是如何分配的,况且,最公平的分配就是物有所值的分配吗?其实,对于大多数非物质文化遗产传承人来讲,掌握非物质文化遗产只是他们的一种谋生手段和发展机遇。

作者想说,如果非物质文化遗产的传承人因为保护非物质文化遗产而被摘除于现代化进程,而他们的幸福却在很大程度上依赖于现代化带来的物质财富的增加,那我们是不是在做一件保护非物质文化遗产却损害非物质文化遗产传承人的工作呢?

2008年5月11—14日,由教育部人文社会科学重点研究基地中央音乐学院音乐学研究所、重庆西南大学音乐学院和南京艺术学院联合举办的音乐类非物质文化遗产保护国际学术研讨会在重庆西南大学举行。这次会议由中央音乐学研究所重大规划课题之一"音乐类非物质文化遗产保护的理论与实践研究"项目组承办。其间,与会专家就多次谈到传承人实际生活困难的情况,现摘录如下。

周吉:"人在艺在,人去艺亡",这个规律在音乐类非物质文化遗产领域体现得最彻底、最鲜明。目前许多传承人或者准传承人生活非常贫困,需要经济援助,以确保他们全身心投入自己的音乐文化的传承中。

崔宪:从这次的考察中,我觉得需要考虑的是保护与脱贫的关系。当地人太穷,急于脱贫,因此不在乎自己的非物质文化传统。他们向往山外的"先进"文化。

齐易:同样是"音乐会",安庆县的活动被归在某一处,而北京的"音乐会"却被归到另一处。保护工作需要雪中送炭的情怀。大批急待保护的遗产,例如优秀乐师,他们的生活目前还非常贫困,需要救助。

崔宪:当地人的意识中,仅仅为了旅游业的开展而表演自己的传统音乐。他们的酒令歌现在仅仅几个人能唱,因为唱这些歌并不能挣钱。采风者没有钱,也无法让他们开口[3]。

《世界文化多样性宣言》第5条指出:"每个人都有权接受充分尊重其文化特性的优质教育和培训,每个人都应当能够参加其选择的文化生活和从事自己所特有的文化活动,但必须在尊重人权和基本自由的范围内。"

为了非物质文化遗产的保护而忽视传承人的发展权,这种让别人生活在"古代",保持贫困和单纯,自己却站在今天,一肚子学问似地欣赏他们的精彩和缺陷的保护方法,其结果不会是一种双赢的局面。意大利在20世纪60年代提出"把房子和人一起保护起来"的口号,似乎值得借鉴,而这种"不问人"的非物质文化遗产保护缺乏以人为本的道德基础。

三、保护性破坏和建设性破坏

作者不久前刚从广西桂林、阳朔回来,看了"歌仙刘三姐"和"印象刘三姐"两台节目,感触很深。"歌仙刘三姐"是黄婉秋自编、自演、自唱的一台歌舞,票价65元;"印象刘三姐"是张艺谋借刘三姐之名办的一台视觉艺术盛宴,票价180元。作者查了一下《首批国家非物质文化遗产名录》,广西的"刘三姐歌谣"属民间文学类别,序号是023,这让作者有些摸不着头脑。"刘三姐"如果可以申报国家非物质文化遗产,应该如何定位? 是民间文学,还是民间音乐? 广西壮族自治区政府相关部门在申报时是怎样考虑的? 作者不得而知,但是,"歌仙刘三姐"和"印象刘三姐"这两台节目,似乎又让所有人明白了些什么,就连导游也说:"两个没法儿比!"作者不知道张艺谋的"印象刘三姐"有什么文化内涵,只是能从中了解一个陕西人印象中的刘三姐及广西是什么样子。但对黄婉秋自编、自演、自唱的"歌仙刘三姐"多少有些感触。问题是,导游的意思正好和作者的感觉相反,而且导游似乎还代表了所有的年轻人。这就很可怕:十几年之后,谁还会明白"山歌好比春江水,不怕滩险湾又多"是什么意思呢? 地方政府可以对非物质文化遗产进行开发、利用,但是,首先定位要清晰,文化内涵要坚守住,否则,广西"刘三姐"十年后就会变成陕西婆姨。

当然,民间歌手出于各种目的的演出,对原生态民歌进行了某种改变。这些改变无所谓好坏,但是值得研究者、保护者的关注。作为文化遗产,民间音乐变化如果超过了临界点,很可能难以恢复。因此,我们的保护人员应该注意避免变异成"掘墓人"。

另外一个例子可以说明政府在非物质文化遗产保护中的负面作用。大家都知道,青海的花儿和花儿会在全世界都很有名,它在《首批国家级非物质文化遗产名录》中的序号是051,现在引用西北民族大学郝苏民的一段话来说明它所面临的失当保护。

"我们看到:花儿会上,自发来自编自唱,自我宣泄、陶醉,追逐知音的男女越来越少了,出外打工的新一代青壮年"出门人"越去越多了,在花儿会上播放旧有的录音带、碟越来越多了;花儿进入公、私各类型的有偿服务者(名歌手成为公家的职业者,歌手自愿变成城镇茶园的专业歌手)成为攀至难得的期盼。花儿会(或庙会)不靠公家、公费办不成了;著名花儿歌手马俊们的后代,已经上了大学求学之路,花儿家传之云,已成昔日记忆。大型花儿会、花儿擂台赛、××杯花儿歌手赛之类的举办,在隆重、热烈的气势和媒体的造势下,往往是在外表包装的后面,是官方、商界共谋家乡发展的旅游开发、招商引资的主题……"[2]

这就是前一阵子非常流行的"文化搭台、经济唱戏",中国各级政府,尤其是县级政府,非常擅长这种工作套路。那个时候还是直抒胸臆的,明确告诉大家文化就是为经济服务的。但最近情况有了新的变化,因为文化似乎可以直接赚钱了,通过非物质文化遗产保护可以得到大笔"保护费"。例如,浙江省在"十一五"期间,每年用于非物质文化遗产保护的资金就有1500万,每个项目的传承人大概可以得到8000元/年的资助。毕竟,这是政府在非物质文化遗产保护中做的具体工作和实在投入。但是,非物质文化遗产保护是一项极特殊的工作,非物质文化遗产作为有限的社会资源,从评估、确认到分级、下拨保护资金,都需要很强的专业知识和道德水准,"可以说,随着非物质文化遗产保护运动的展开,对非物质文化遗产造成致命冲击的已不是原有的外来文化,而是当地政府的过度干预"[2]。

"花儿会(或庙会)不靠公家、公费办不成了",这显然不是联合国科教文组织的初衷,甚至也不是非物质文化遗产保护者的初衷,这简直就是保护性破坏。如果说地方政府对这种结果一点预见性也没有,显然是在撒谎。各地方政府通过对这种出乎意料的保护趋势的放纵和暗中推动,使自己从中获得实利,应该更符合实际情况。

当然,在各级政府都对非物质文化遗产保护工作做了大量有益的工作的情况下,指出他们在这项工作中的制度性问题,并把它上升到道德的高度,似乎有些求全责备、勉为其难。但是,这并不能成为非物质文化遗产保护中可以忽视道德基础的理由。

参考文献

[1] 王文章.非物质文化遗产概论[M].北京:文化艺术出版社,2006.

[2] 王文章.非物质文化遗产保护与田野工作方法[M].北京:文化艺术出版社,2008.

[3] 宋瑾.在保护与传承的交织中思考[J].国际学术动态,2008(6):17-26.

社会主义道德构建中的德性与规则[①]

胡卓群

自提出并实施社会主义市场经济变革以来,我国已处于社会转型的特殊时期,整个社会从基本结构到生活世界层面,从整体文化观念到个体道德意识,都发生了深刻的转变,社会生活诸领域不同程度地存在新旧冲突和失范现象。在十七届六中全会作出的《中共中央关于深化文化体制改革推动社会主义文化大发展大繁荣若干重大问题的决定》中也明确提出要加强职业道德建设和作风建设,文化道德问题再次成为焦点。作为理论工作者,我们要适时借鉴国外道德建设的经验、继承传统道德的精华,以构建具有中国特色的社会主义道德层次。

一、西方伦理思想中德性与规则的关系

借鉴西方道德传统,德性与规则是其两种基本理论与实践范式。约翰·罗尔斯以其力作《正义论》将规范伦理学推向高潮。罗尔斯的规范伦理学从在社会基本结构的前提下构建一种"正义"的解释系统来指向社会道德规则。他认为正义的主要问题是社会主要制度分配的基本权利和义务,处于"无知之幕"背后的人们,必然会选择作为公平的正义。这一普遍的正义就是所有的社会基本价值如自由和机会、收入和财富、保证自尊等客观条件与规则。在他的论证中,"规

---

① 本文发表于 2012 年 3 月《重庆科技学院学报(社会科学版)》。

则"是最普遍的概念,社会道德规则应成为伦理学全部探究的任务。很明显,罗尔斯的正义理论是与启蒙运动以来的西方核心的自由主义至上的价值观念一脉相承的,他的《正义论》规范伦理的实质,首要的是对社会的规范。规范伦理学以规则为核心的理论,试图以简单的道德规则来解决一切问题,这种片面地追求简单化和单一化,未能反映出道德的本质概念,这些困境启发了当代的伦理学家们的进一步思考。

以阿拉斯代尔·麦金太尔为代表的德性伦理学们从文化和历史的视角重新审视和批判了整个西方规范伦理学传统,对罗尔斯的正义论提出了挑战。麦金太尔认为,在现代社会中,就是规则,特别是在各个领域中详尽的职业道德准则,使人不再具有内在统一完整的德性,那些贯穿在人生始终的德性已被人忽视,因此他坚持认为我们必须去寻求完整的而非片面的、实际的而非抽象的、具体特殊的而非普遍主义的道德德性。他认为"德性是一种获得性的人类品质,这种德性的拥有和践行,是我们能够获得实践的内在利益,缺乏这种德性,就无从获得这种利益"。有德性的个体行为体现生活本身的价值与意义,即在获得赞誉和物质利益的同时,得到一种自我的肯定和满足。麦金太尔把德性看作是有益于统一整体生活的善的品质,同时把德性与对人而言的善的追求相联系。他将目标转向传统德性伦理,从理论上恢复德性在道德哲学的统治地位,以德性为道德本体来构建道德,客观上形成了当代西方德性伦理的复兴运动。

二、社会主义道德构建的层次性

当代西方伦理学中德性与规则的争论,为我们理解道德提供了独特的视角。我们应着重审视德性与规则这两者的关系。从社会主义道德构建而言,我们认为社会主义道德应是规则与德性两个方面的有机统一体。第一,社会主义道德具有规则层面。道德规则是以人们一定的道德观念为基础而确立的,而人们的道德观念又在人们进行生产和交换的经济关系中吸取,因此道德规则的确立,是为了使人们生产和交换的经济关系得以维持并有序发展,道德规则是客观的并伴有外在的强制性。第二,社会主义道德具有德性层面。德性作为人对主客体之间价值关系的理解和把握,内含着人对外在环境和自身的本质、规律和终极目的的领悟。德性属于人的内在生活的一部分,它所诉求的更多是个人对幸福、需要、完满的自觉体验,并促使我们通过明智的选择行为和恰当的情感更好地适应人类的生活条件。

儒家伦理在其发展的历史上都强调了品格的塑造和个体美德的培养,它也有助于我们理解儒家伦理对当代德性伦理与规则伦理之间的争论可能作出的贡献。在中国传统道德范畴中,义利关系是道德观念内部基本关系,儒家学说提供了一种"以义统利"的义利观,义与利的关系并不是对等的,义对利具有绝对的制导功用,但并不是完全的取义去利,它总体上是要求人们所获取的利必须符合义,但并不是完全排斥个人利益,也主张维护百姓们获利的权利。

在市场经济的社会主义国家,道德所内含的价值精神应该与社会的价值期待相适应,我们根据规则与德性统一的原则,对义利问题进行适当转换。"义"可以理解为是合宜、合理的思想和行为规则,所谓合宜就是符合当时社会的政治经济文化和社会发展的需要,符合本群体利益的需要,而合理就是还要符合社会发展的规律。"利",指的是一定社会的经济关系及由此经济关系所表现的利益关系,利益主体可以表现为个人、群体(民族)、国家三个层次,并且利有真实和虚假之分。

如果"利"对于整个国家、整个民族的利益而言,就是一种"公利",我们也可把"义"定义为是国家之利、民族之利、社会之利,也是一种"公利",在此基础上达成真正意义上的"义利统一"。在社会主义社会中,群体、社会的利益是实实在在的共同利益,它是通过国家和人民的利益表现出来,这种整体利益具有相对性,他既属于社会集体中的每个人,又不直接属于每个人。此时发展整个国家、民族的经济利益的"公利"与提高人民的生活水平的"义"两者是完全统一的,即在社会主义国家,只有富裕(利)才是社会主义(义),进而若把这种"利"定义为群体(人民)利益,况且这种群体利益是真实的,而不是虚假的,是真正为广大人民服务的,而不是为少数的统治阶级服务的,那么这时的"利"就与"义"直接统一了。这是第一个层面上"义利统一"。又若"利"是个人的物质利益,并且该个人的物质利益是合宜合理的,它是个人价值实现的基本保障,它符合本群体的利益需要,符合社会主义社会的政治经济文化和社会需要,并为这种需要作出自己的贡献,也应属于"义"的范畴,也应"义利统一"。我们要重视个人的物质利益,特别是在国家长期忽视个人物质利益的情况下,要把重视个人的物质利益放在一个相当重要的位置。由于劳动还是个人的谋生手段,保护个人的正当、合法的物质利益,是个人价值实现的基本保证。这是第二个层面上的"义利统一"。

在现今社会主义市场经济的条件下,义利是相互包含的,"义"可以蕴涵在"利"中,"利"也可以蕴涵在"义"中"以义统利"。如果我们从后一层的意思去理解,那么在市场经济条件下的"以义统利",一方面是要"以义制利",把"利"局限在"义"的范畴下,保障"利"的真实性和合法性。另一方面要"利在义中",既要保证"公利",又要保证"私利",这种物质利益,不仅包括社会集体利益,还包括公民的正当个人利益,并把它们作为道德建设本身的内容。新时期的义利观即是对规则与德性的统一的生动诠释。

规则和德性是社会主义道德建设的两个不同的层面。规则是与义务相联系的,任何义务都意味着一种责任和担当,因为它们是以一定的权利为坐标作出规定的。马克思主义的历史观就认为世界上没有无权利的义务,也没有无义务的权利,在享受权利的同时必须履行某种义务。而德性是与卓越相联系的,这种卓越是对权利与义务范畴的超越,是一种无私的奉献精神,是完全建立在人们思想自觉与高尚境界的基础之上的,德性并不是对人们的必然性要求,而只能是倡导性要求。在这两个层次中,规则是主体,它体现着人伦社会的基本要求和基本规范;德性是统领,它既规定着底线道德规则的内容,又引领着人们高层次的趋善趋美,它对于提升主体的道德境界意义深远。然而遗憾的是,正是我们长期以来忽略了道德构建的层次性,片面拔高道德德性层面,忽视底线道德规则的巩固,致使道德的功效弱化。道德构建应讲求层次,要做到群众性与先进性相结合,实现对社会成员的伦理要求的完整、和谐、有层次。

三、社会主义道德构建中德性与规则的关系

规则是重要的,规则的约束和外在的强制力能使人们在表象化的行动中服从一定的道德规则以达到人伦社会政治、经济、文化和社会的和谐与稳定。但因为规则专注的是人的行为而非品格,关注生活的外在表现而并非内在的本质价值与意义,无法从根本上解决在现代社会人类个体精神层面上的深刻危机,因此我们必须在社会主义道德构建中赋予道德德性较高的位置,重视德性、德性力量及德性力量的彰显。

德性,是与善联系在一起的,表达了善的品质,"就它们代表着善者的品性而言,它们也不仅是一个外在的目的的外在手段,而本身也是完善的人生和至善的一部分。同样,作为德性的表现的道德行为同时也是目的的实现,而不仅是外在的手段"。它存在于人的内心中,具有内在性、自律性和超越性的特点,它直接体现着人们的价值取向,渗透到社会关系的各个角落和每个有理性的个人灵魂深处,有利于人的全面、自由、和谐发展。更为重要的是,德性在向善上具有稳定性、本原性和持久性,规则等要发挥其作用,就必须与一定的德性相容,如果人们还未形成内在的德性,还未实现真正意义上的自由道德,那么规则的意义就是不完全的,因为有可能在规则的高压下产生某种合乎规则却又违逆德性的行为。只有重视德性,才能更加发挥人民的积极性、主动性和创造性,也只有这样,才能从学理上改变传统的观念。

德性是有力量的。在康德那里,德性"是意志的道德力量",是一种能力与力量。马克思也崇尚人的德性力量。对马克思来说,德性力量具有存在意义,是人的本质力量的展示与拥有。德性力量作为人的本质力量丰富性展开的真实写照,即人们在实践活动中形成并发展出的人的本质力量的具体丰富性的写照,后来马克思又说:"只是由于人的本质的客观地展开的丰富性,主体的、人的感性的丰富性……因为不仅是五官感觉,而且所谓的精神感觉、实践感觉,一句话,人的感觉、感觉的人性,都是由于它的对象的存在,由于人化的自

然界,才产生出来的。"这里所涉及的"实践感觉",就是人们德性力量的要素。而如果缺乏主体的德性力量的参与,规则或许要反过来成为奴役人们的个性自由的工具。

德性力量是人的本质力量的深沉作用和深刻发挥,只有"当物按人的方式同人发生关系时,才能在实践上按人的方式同物发生关系"。所谓"在实践上按人的方式"正是意味着德性的个体化和人的本质力量的对象化始终是互相联系着的,人的本质力量对象化的同时,又是德性个体化的生成和发展。一方面,德性力量作为人的本质力量对象化的一种展现和拥有,即人自然本质的内在固有的、隐藏的本质力量;另一方面,作为人的本质力量对象化的价值实现,这种德性力量的事实上的产生和发展,在人的实践活动中实现德性力量的价值意义,成为人普遍存在的自我肯定方式。因此,人的本质力量对象化应始终展现其德性的力量。关注德性力量,重建生活信念,是现代道德摆脱困境的出路之一。比如全国道德模范和感动中国人物,他们具有崇高的德性、高层次的奉献精神和先进性,代表着先进文化的发展方向,代表着社会先进道德的发展方向,他们把自身的德性扩展到社会生活中去,表征着特定历史时期整个社会的道德理想,这是彰显德性力量的典范。

参考文献

[1]　中共中央马克思恩格斯列宁斯大林著作编译局.马克思恩格斯选集(第1-4卷)[M].北京:人民出版社,2012.

[2]　马克思.1844年经济学哲学手稿[M].北京:人民出版社,2000.

[3]　[美]麦金泰尔.德性之后[M].龚群,戴扬毅,等译.北京:中国社会科学出版社,1995.

[4]　[美]麦金泰尔.谁之正义? 何种合理性? [M].万俊人,吴海针,王今一,译.北京:当代中国出版社,1996.

[5]　[美]罗尔斯.正义论[M].何怀宏,何包钢,廖申白,译.北京:中国社会科学出版社,1998.

［6］　［德］包尔生.伦理学体系［M］.何怀宏,廖申白,译.北京:中国社会科学出版社,1988.

［7］　［德］康德.实践理性批判［M］.韩水法,译.北京:商务印书馆,1999.

［8］　万俊人.比照与透析:中国伦理学的现代视野［M］.广州:广东人民出版社,1998.

［9］　龚群.当代西方道义论与功利主义研究［M］.北京:中国人民大学出版社,2002.

［10］　包利民.现代性价值辨证论［M］.上海:学林出版社,2000.

［11］　刘小枫.现代性社会理论绪论［M］.上海:上海三联书店,1998.

体系化框架下的辅导员专业化制度设计[①]

吴晓栋

辅导员作为现代高校的重要组成部分,其专业队伍的制度建设是辅导员队伍专业化的根本保证。因此,加强高校辅导员队伍专业化制度建设,提升高校思想政治教育与学生管理工作的实效,必须对辅导员专业化制度进行深入剖析,构建完整的专业辅导员管理制度体系。

一、辅导员职业资格制度

相对于教师职业资格,辅导员作为一项专业性很强的工作,在其发展过程中却一直没有确立准入制度。但在现代高校中,辅导员必须具备相关法律政策知识、语言组织和演讲能力、团队组织能力、活动策划能力、心理健康疏导能力等多项能力和技能。在这些要求下,从业者必须具备专业素质方可胜任高校辅导员这一特殊岗位。因此,确立辅导员职业资格制度,实行持证上岗是非常必要的准入手段。

辅导员岗位的应聘者在应聘成功后称为"预备辅导员",在成为辅导员之前,应该经历理论学习和技能实践两个阶段。在顺利通过这两个阶段之后,发给"辅导员职业资格证书",持证上岗。

---

① 本文发表于 2014 年 4 月《戏剧之家(上半月)》。

在理论学习阶段中,须对预备辅导员进行教育法律法规、国家方针政策、大学生心理健康教育、辅导员职业道德、语言艺术等多方面的理论教育,使其基本具备辅导员的理论基础条件。理论教育结束后应进行书面测试,通过测试者可称为"准辅导员"。

在技能实践阶段中,须安排准辅导员初步介入学生管理、思想政治教育等相关工作,将上一阶段学习的理论知识用于实际工作之中。这一阶段也可称为"实习期"。另外,为求高效,这一阶段事实上可以与理论学习同时进行。在实习期结束后,应安排辅导员进行职业技能评估,评估模式可由文案撰写、案例分析、谈心谈话、班会模拟等方式组成,综合考量准辅导员的各项素质。评估合格者可发给"辅导员职业资格证书",正式成为辅导员队伍中的一员。

二、辅导员职业培训制度

当前国内高校的辅导员职业培训没有形成完整的体系,虽然有个别学校在硕士研究生培养中开设思想政治教育专业,但是远远无法满足日益增长的辅导员专业化需求。

因此在职业资格制度中设立了理论学习和技能实践作为辅导员岗前培训的主要内容,就目前的形势来看,这只能作为一种过渡方式存在。

从另一方面来看,高等教育事业的发展和辅导员职业的演进对于辅导员的知识储备和技能不断提出新的要求和挑战。因此,辅导员的继续教育也应成为辅导员职业培训的重要内容。

在辅导员继续教育方面,应参照会计年审和培训制度,设立年度培训和资格审查,于暑假时段开展培训和资格年审,培训内容可包括新的法规、理论和形势政策学习及原有理论知识的强化。对于年审不合格者须待岗重新审查,可考虑暂时保留其职位,直至审查通过为止方可恢复其职位。

三、辅导员职业分工制度

学生管理工作和思想政治工作分类繁多。就工作场所来看,其分为职能处室、驻系、驻公寓等;就工作内容来看,其分为奖助贷、纪律管理、就业指导、心理健康指导、公寓管理等;就工作对象来看,其分为学院统管、系部管理、班级管理等。因此合理地对辅导员工作进行分工,是提高学生管理工作和思想政治工作效率的重要手段。

一般高校均设学生处,该部门的主要职责在于统管学校的学生工作,指导驻系及公寓辅导员开展相关工作,组织辅导员教育培训等。就人员安排来看,该部门的人员宜精不宜多,每项工作由专人负责,增加工作专业熟练度,有效提高工作效率。

各系(二级学院)一般设辅导员若干名,主要职责是管理系部学生,开展工作。驻系辅导员的工作注重相互配合、团队协作,工作内容更为具体。人员安排通常根据本系学生数量和班主任配备情况按照一定比例而定。驻系辅导员可以身兼多职,但须做到足额配备,以备忙时相互帮助,不致拖沓贻误。

公寓辅导员主要职责是进行公寓卫生、纪律、安全等管理,同时要配合各系部做好与重点学生的沟通和跟踪工作。公寓辅导员的配备数量一般视学生公寓入住人数而定,工作时间多为夜晚。因此公寓辅导员可以由新入职的未婚年轻教师兼任,一般任期以 1～2 年为宜。

四、辅导员专业技术制度

在高校中,专任教师的专业技术等级(职称)是有明确区分的,而作为专业性很强的辅导员则没有专门的专业技术等级(职称),通常只能和行政人员一起参与行政系列职称评定。这对于学生工作开展是不利的,因为行政职称无法很好地体现辅导员的专业工作能力和水平,所以建立辅导员特有的专业技术等级评定制度是夯实学生工作基础的重要一环。

辅导员职称体系可参照现有教师职称体系,分为 4 个等级,分别为初级辅导员、中级辅导员、高级辅导员、总辅导员。其职称评定依据可包括学术方面(论文、课题)、职业道德方面、职业技能方面(案例分析、谈心谈话、法规政策等)。

参考文献

[1]　莫坷,张红勇.论辅导员队伍专业化建设的制度障碍及其解决策略[J].前沿,2012(10):162-163.

[2]　王德华.基于辅导员专业化素质结构的分层目标设计[J].高教论坛,2011(7):19-20.

[3]　王森浩.辅导员角色定位与服务学生工作研究[J].科教论坛,2013(8):20.

[4]　冯道宁,彭颖.高职院校学生辅导员专业化建设研究[J].广西教育,2013(6):61-62.

第三编

教育工作交流

新时期高等艺术院校学生工作的
创新与实践研究①

夏开堂　郑园全

随着《学位授予和人才培养学科目录（2011年）》的发布，艺术学学科成为了我国最新的第13个学科门类，艺术学的"自立门户"，从哲学思维科学层面上充分肯定了艺术在促进人的全面、自由发展中的独特地位和作用，从而再次开启了中国高等艺术教育大发展的序幕。高等艺术院校面对新形势，就如何进一步做好新时期学生工作，使学生工作在"立德、树人"中发挥更好的作用，有必要进行思考和研究。作者从自身所在的院校入手，就高等艺术院校学生特点、面临的新情况和问题进行分析，同时结合高等艺术院校学生工作的实际，提出了新时期高等艺术院校学生工作创新和实践的基本途径。

一、高等艺术院校学生特有的个性特点

艺术类大学生不仅具有新时期大学生的许多共性，还具有许多特殊个性。

（一）思想活跃，但理想信念模糊

艺术类大学生是学生中较活跃的特殊群体，他们思维敏捷，乐观向上，热烈奔放，充满激情，敢于创新，大胆追求真、善、美，并能够迅速吸收社会进步成果。但由于受市场经济负面效应及西方自由思想

---

① 本文发表于2013年4月《江西青年职业学院学报》。

等因素的影响,一些艺术类大学生在一定程度上存在着缺乏理想、信念模糊的现象。他们虽然思想活跃但缺乏深度;虽然热爱专业但很少关心时事;虽然重视专业技能训练但热衷于"自我设计""自我发展"和"为艺术而艺术",从而导致其理想不够远大,信念淡薄、模糊,世界观、人生观、价值观易偏离正常轨道。

(二)个性鲜明,但集体观念淡薄

近年来,艺术教育,特别是艺术创作和艺术实践方面都比较突出和强调学生的个性化发展,因为只有在个性化得到充分发展的前提下,才有可能谈及艺术的创新和突破,也才有可能培养和造就一批适应社会需要的艺术人才。而过多强调学生的个性张扬,容易使学生的自我意识突出,产生以自我为中心的倾向,而集体观念和团队意识比较淡薄。具体表现在喜欢夸张的穿着,对自己的评价容易脱离实际,不愿受纪律约束,缺乏集体观念,在集体利益和个人利益相冲突时过分强调个人私利等。

(三)情感丰富,但个人心理脆弱

艺术类大学生是大学生中最为敏感和最具有活力的群体,他们情感丰富,感性思维强,富有想象力,充满理想主义和浪漫主义色彩。在他们看来,"艺术就是激情",他们比其他专业的青年学生更加好恶分明,对外界刺激敏感,情绪易受环境的干扰和影响。正因为情感丰富,再加上艺术类大学生家庭普遍比较富裕,家庭成员的观念比较前卫,容易产生家庭矛盾和危机,所以在艺术类大学生中极易引发心理健康问题,如恋爱中产生的情感纠葛,单亲家庭教育不当所带来的信任危机,过分自信所形成的偏激,盲目追求而达不到目标所产生的自暴自弃等。

(四)"专业情结"浓厚,但文化基础薄弱

在家长熏陶和社会环境的影响下,艺术类学生一般从小就开始专业学习,对专业比较感兴趣;在日常教学中,往往专业课的教学时间安排比较多,有些专业,如舞蹈、声乐在训练后学生感觉十分疲乏,

没有精力和体力进行文化课学习；另外，艺术类高考录取中文化分数线偏低，也不可避免地使部分文化基础较差的学生选择了艺术类专业。因此，重专业、轻文化的现象在艺术类大学生中普遍存在。这就导致一些艺术类大学生文化基础薄弱，知识面偏窄。

（五）自立能力较强，但易受社会负面因素影响

许多艺术类大学生在初中时期就到各类艺术学校和培训机构参加专业培训，平时经常要到全国各地去参加各种专业考试，较早开始独立生活和接触社会。进入大学以后，艺术教学较强的实践性又要求学生参加较多的社会实践，如外出演出、采风等。因此，他们比其他专业的大学生有更强的独立意识、更丰富的社会经验和更强的社会实践能力。但一些学生也不可避免地受到社会不良因素的影响，养成一些不良习气，如抽烟、喝酒、早恋等。由于这些鲜明个性，艺术类大学生教育管理与一般大学生有着很大的区别，在工作中需针对学生特点，采取相应措施和特殊对策予以引导和教育。

二、高等艺术院校学生工作面临的新情况和新问题

受社会价值观念的多元化、网络技术快速普及发展、高校后勤服务社会化、社会主义市场经济进一步发展等因素的影响，高等艺术院校学生工作在新时期呈现出许多新情况和新问题。

（一）社会主义市场经济的深入发展所带来的社会问题使学生工作具有艰巨性

在新时期，随着改革开放的不断深入，社会主义市场经济体制的逐步完善，我国经济和社会发展中潜在的矛盾和问题逐步显现。正如《中共中央国务院关于进一步加强和改进大学生思想政治教育的意见》中所指出的那样：一些大学生不同程度地存在政治立场迷惘、理想信念模糊、艰苦奋斗精神淡化、团结协作观念较差、心理素质欠佳等问题。上述这些情况在高等艺术院校里或多或少存在，有些尤为突出。与其他高等院校相比，高等艺术院校办学规模普遍比较小，

学生工作机构不够健全,人员不够稳定,再加上艺术学生特定的培养模式,使高等艺术院校的学生工作相对比较薄弱。因此,这些新情况、新问题的出现使得高等艺术院校学生教育管理工作面临着严峻挑战。

(二)信息技术的发展与普及所带来的负面影响使学生工作具有复杂性

网络正极大地改变着大学生的生活方式、学习方式,甚至是语言习惯。对学生工作而言,网络是一把双刃剑,一方面,网络为高校学生管理工作提供了新的阵地和领域,给加强和改进高校学生思想政治工作带来了新机遇。另一方面,网络的虚拟性也使得网络容易成为有害信息的滋生地和传播源。艺术类大学生思想比较单纯,对新鲜事物充满好奇,对网络上一些虚假、不健康甚至反动的信息难以判别和抵御,有的上当受骗,有的沉溺于网上虚拟世界不能自拔,从而影响学习和思想健康。如何利用网络对学生进行正确引导,成为高等艺术院校学生管理工作的新课题。

(三)高等院校后勤服务社会化所带来的新情况使学生工作具有隐患性

目前,我国大多数高等院校实现了后勤服务社会化,一些后勤项目的管理者就变成了经营者,他们的主要目的是盈利。而学生认为缴纳各种费用后就应该享受更优、更多的服务,因此容易产生对立情绪,在校园内引发新的矛盾。同时,由于实行了后勤服务社会化,在后勤服务的时间和空间里,学校教育工作者很难介入,容易使学校在食堂、公寓等场所对学生教育和管理产生空白。由于艺术类学生好动、不愿被约束的个性,在公寓里很容易出现安全方面的隐患。高校后勤服务社会化使学生教育管理产生新的问题,增加了学生工作的压力。

三、高等艺术院校学生工作创新与实践的基本途径

针对在新形势下高等艺术院校学生特点、出现的新情况和新问题,学生工作者必须坚持以学生为本,大胆改革和创新,积极探索艺术类大学生教育和管理的新模式和新途径。浙江艺术职业学院是浙江省内唯一一所综合性艺术院校。建院以来,学院坚持"培养德艺双馨高素质人才,服务浙江文化强省建设"的办学宗旨,弘扬"求真、尚美、精艺、修为"的校训精神,确立人本理念,努力拓宽学生思想政治教育渠道,积极创新学生工作思路,在学生教育和管理方面取得了一定成绩。下面结合该院学生管理工作实际,谈谈高等艺术院校学生工作创新和实践的基本途径。

(一)把握时代内涵,加强学生工作队伍建设

学生工作队伍是和谐校园建设的重要力量。加强学生工作队伍建设,提高干部素质,也是做好艺术类学生管理工作的关键。在实践中应根据艺术类大学生的特点,实施学生工作二级管理机制,将工作重心下移,重点加强院(系)一级学生工作队伍建设,配足、配强学生工作干部,着力建设好学生辅导员、班主任队伍,通过各种方法和途径提高学生工作队伍的素质。

辅导员队伍是学生工作队伍的中坚力量,是学生教育管理工作的主力军。一些高等艺术院校由于历史原因,存在着辅导员数量不足和经验积累不够的问题。为了解决这个问题,一方面,应在校内安排一些能力强、经验足、素质高的教师担任兼职辅导员;另一方面,学校应在用人制度上大胆改革,面向社会招聘品学兼优的本科以上学历毕业生担任专职辅导员。这些大学毕业生在校时都是学生党员和学生干部,有一定的工作能力和管理经验,素质较高。他们有朝气、有干劲,与学生有共同语言,最了解学生需要什么,容易与学生打成一片。同时可以让这些年轻辅导员兼任学生公寓辅导员,与学生同吃同住,密切与学生之间的关系,使之成为后勤服务社会化后学生公寓里学生管理和教育的重要力量。实践证明,这些年轻辅导员思维

敏捷,敢于创新,能根据学生特点和要求及时调整工作方法和策略,工作很有成效。学校应该帮助他们消除社会保险、户籍和人事代理关系等后顾之忧,鼓励他们进修学习以提高学历,并安排他们参加教师上岗培训和给予职称初定。通过这些办法和措施,稳定辅导员队伍,有效提高辅导员素质。

为加强学生公寓管理,应在学生公寓内组建一支管理员队伍,学生公寓管理员是辅导员队伍的有力补充。他们白天检查学生宿舍安全,晚上检查学生的归宿情况,同时他们是学生的生活老师,帮助学生解决各种具体困难。他们既是管理员、辅导员,又是安全员、服务员。实践证明,后勤服务实行社会化以后,在学生公寓内组建这样一支学校自己的管理队伍,能及时处理各种事故,消除各种安全隐患,为学生排忧解难,对校园和谐、稳定起到了很大作用。

班主任队伍是学生工作队伍的重要组成部分,是学生教育和管理的基础力量。

班主任是学生工作的直接承担者和执行者,其工作做得好还是坏将对班风乃至校风产生直接的影响。艺术类大学生需要大量时间进行专业学习和训练,在此过程中他们与专业教师接触最多,关系比较密切,十分信任甚至崇拜专业教师。如果能让这些专业教师担任班主任,在学生教育和管理中往往会取得事半功倍的效果。因此,学校应动员并倡导专业教师承担班主任工作。可以通过较大幅度提高班主任津贴、规定教师在晋升职称时必须有至少担任过一届班主任并考核合格的经历等办法和措施吸引教师担任班主任。同时,经常组织班主任开展培训学习,邀请学者和学工战线专家开设讲座,组织校内外优秀班主任介绍经验。通过教育和培训,可以大大提高班主任工作的积极性,使班主任队伍的素质得到提高。

(二)以教育为引领,严格日常管理

思想政治教育是管理的基础,管理是强化教育的必要手段。对艺术生的培养,既要依靠教育,又要依靠管理,两者相辅相成,不可分割。因此,在实践中应该把积极的思想政治教育和严格的管理结合起来。在学生思想政治教育中,要坚持育人为本,德育为先,把立德树人当作根本任务,大力加强社会主义核心价值观教育,坚持将德艺双馨作为文艺人才最重要的职业素质和人才培养目标贯穿育人全过程。同时,严格学生管理,规范学生行为。

首先,牢牢把握住思想政治理论课教育的主课堂、主渠道、主阵地作用。在课时不缩水、内容不走样的前提下,老师们应积极创新,勇于实践,把文艺界德艺双馨的范例引入课堂,将思想政治课艺术化,提高学生的学习兴趣。其次,加强学生党校建设。为吸引学生参加党校学习,提高学生的学习积极性,党校的课程力求不枯燥、不呆板、不说教。党校教师要创新授课形式,通过讲革命故事来学习党史,通过看电影和演出来接受革命教育,通过参观、瞻仰烈士陵园来缅怀先烈,通过自编自排节目来歌颂共产党的丰功伟绩……让艺术学子们主动、自觉地走进党校,使党校成为培养学生党员和入党积极分子的大课堂。在积极创新学生教育方式方法的同时,在学生管理中应坚持"严"字当头,严格执行各项规章制度,对学生中出现的问题严抓严管。例如,艺术类大学生容易对自己的行为缺乏约束,为防止学生在外住宿出现意外,学校应加强公寓管理,严格控制学生走读,对于迟归旷寝的学生要严肃处理。也许刚开始执行时,有学生反感和抵触,但如果顶住压力坚持下来,学生公寓内违纪违规现象将明显减少,而且此举会得到学生家长的赞同。又如,为减少或杜绝学生考试作弊现象,可将临考前一个月作为诚信教育月,通过开讲座、座谈、诚信签名、申报无人监考班级等活动来开展学生诚信教育,让学生从思想上提高认识,营造诚信应考的良好氛围。同时,规范考场秩序,严格考试纪律,加大监考力度,一旦发现学生作弊,按照学生违纪处分条例,严肃处理,绝不姑息。通过我院实践证明,加强学生教育,严格学生管理,既保障了学院教学秩序,又规范了学生行为,促使校风、学风根本好转。

(三)确立人本理念,提升服务水平

在高等艺术院校学生管理中,应坚持一切从学生利益出发,注重强化服务学生的意识,在制度、措施、硬件条件等各个方面考虑如何做到以学生为本,全过程、全方位地为学生提供服务。

1. 建立完善的助学体系

要建立奖学金、贷学金、勤工助学、困难补助、学费减免和大病医疗保障"六位一体"的联动助学体系，使助学工作逐步完善和规范，解除家庭经济困难学生的后顾之忧，促进校园稳定。

2. 开展细致周到的服务

在日常工作中应始终坚持以学生为本的理念，在服务中做到细致、周到，让这些个性张扬但情感丰富的艺术类大学生切实感受到学校所做的一切都是为了他们，以真诚感动他们，用真情打动他们，从而让他们能自觉接受教育和管理，真正做到在服务中育人。

3. 健全心理健康教育网络

当今的大学生心理健康问题日趋普遍。而艺术类大学生由于自身的个性特点及家庭和社会环境的影响，更加容易引发心理问题。对于这些心理问题如不及时予以疏导，不但严重影响着学生自身的健康发展，而且给学校正常的教育教学工作带来巨大的困扰。学校心理健康教育部门应根据学生的特点，积极开展学生心理健康教育工作。

(四)活跃校园文化，优化育人环境

良好的育人环境，对于教育效能的发挥起着至关重要的作用，特别是在高等艺术院校，具有浓郁艺术氛围的校园环境能营造良好的学习风气，帮助学生塑造艺术人格，具有一定的教化和感染作用。丰富学生的第二课堂和活跃校园文化，是优化校园育人环境的主要途径。在实践中，要充分利用艺术院校大学生的专业特长，开展丰富多彩的文体活动和有特色、有影响的艺术活动，将社会主义核心价值体系融入校园文化建设，用艺术的形式宣传正确的人生观、价值观和世界观，让学生从中受到启迪和教育，增强集体观念、社会观念、民族意识和责任意识。

(五)转变教育观念，把握思想教育主动权

面对信息技术的发展和普及，应正确认识网络的利弊，要看到互

联网对思想政治教育的积极作用,努力突破固有的传统教育阵地。教育者应转变教育观念,在内心接纳信息时代,通过接触网络、运用网络来吸收新时代元素,确保在思想观念上与当代大学生产生共鸣。针对高等艺术院校学生特点,一方面,加强艺术类大学生的新媒体道德,引导他们树立文明高尚、自律负责的媒介道德;另一方面,提高艺术类大学生的信息鉴别能力,引导他们学会理性思辨,不盲从、不跟风、不上当受骗;同时需提高艺术类大学生的法律意识,引导他们知法、懂法,避免落入网络陷阱,能用法律武器维护自身合法权益,从而牢牢把握思想教育的主动权。总之,高等艺术院校学生工作必须坚持以学生为本,大胆探索有针对性的工作方法,创造性地开展工作,扎实有效地推进和谐校园建设。

参考文献

[1] 中共中央,国务院.中发〔2004〕16 号 关于进一步加强和改进大学生思想政治教育的意见[Z].2004.

[2] 李瑜.艺术类大学生思想特点和教育管理对策分析[J].湖南行政学院学报,2006(1):90-91.

[3] 周森.试论艺术类院校学生管理工作面临的问题和对策[J].工会论坛,2007(5):110-111.

[4] 周静.新媒体背景下加强高校思想政治教育的理路[J].学校党建与思想政治教育:理论(中旬),2011(9):44-46.

文化强国背景下艺术类高职院校辅导员队伍建设问题研究[①]

王公平　夏开堂　郑园全

中国共产党第十八次全国代表大会提出了"扎实推进社会主义文化强国建设"的目标,并指出"全面建成小康社会,实现中华民族伟大复兴,必须推动社会主义文化大发展大繁荣,兴起社会主义文化建设新高潮,提高国家文化软实力,发挥文化引领风尚、教育人民、服务社会、推动发展的作用"[1]。推进文化强国建设,不仅仅要强人文、强阵地、强基层、强产业,更要强人才、强队伍。艺术类高职院校(以下简称"艺职院校")辅导员是高校文化的建设者和学生思想政治教育的骨干力量。加强艺职院校辅导员队伍建设,对培养高素质、应用型文化艺术人才,提高艺术类大学生文化传承、创新的有效性,有力助推"强队伍"目标的实现,推进文化艺术大发展大繁荣有着重要的意义。

《中共中央国务院关于进一步加强和改进大学生思想政治教育的意见》(中发〔2004〕16 号)、教育部《关于加强高等学校辅导员班主任队伍建设的意见》(教社政〔2005〕2 号)对加强辅导员队伍建设提出了明确要求,提出"加强辅导员、班主任队伍建设,是加强和改进大学生思想政治教育和维护高校稳定的重要组织保证和长效机制,对于全面贯彻党的教育方针,把大学生思想政治教育的各项任务落到

① 本文是 2010 年浙江省教育厅高校思想政治教育研究会辅导员专项课题(项目编号:Y201018898)研究论文,发表于 2014 年 1 月《教育教学论》。

实处,具有十分重要的意义"[2]。当前,党中央提出加强提升文化自觉、增强文化自信、实现文化自强的文化强国战略,这既给各艺职院校辅导员队伍建设提供了思想指导,又提出了新的建设发展要求。

为较全面、系统了解当前艺职院校辅导员队伍的建设现状,2012年6月至12月,我们对包括浙江艺术职业学院在内的全国12所艺职院校的辅导员队伍建设情况进行了调研。调研形式为:① 问卷。其中发出调查问卷220份,收回194份,有效率为88.2%。调查对象为受访院校的中层以上党政领导(48位院领导和82位中层干部),所有调查均不记名。② 小组座谈9次。③ 个别访谈57人次。④ 通过辅导员网络交流平台(QQ群)进行网上交流。在此基础上,总结当前我国艺职院校辅导员队伍建设取得的成效,分析存在的不足及其原因,进而提出改进的对策和建议。

一、艺职院校辅导员队伍建设现状

调查统计数据显示,近年来,各艺职院校高度重视辅导员队伍建设,学生思想政治教育工作成效显著。主要体现在以下几个方面。

(一)辅导员队伍建设机制不断创新

各艺职院校高度重视辅导员队伍建设,把辅导员队伍建设纳入大学生思想政治教育师资队伍建设总体规划,并优先落实,重点保证。调查显示,大多数艺职院校都能按规定配备辅导员队伍,其中辅导员人数与学生人数比达到或超过1∶200的院校占83.33%以上。根据艺术类大学生的特点,有些学校在公寓里建立了专职的公寓辅导员队伍,确保了学生公寓的管理力量。所有受访院校都将辅导员纳入教师队伍进行管理,确保辅导员具有教师和干部的双重身份,并由学工部和系部进行双重管理。超过一半的院校在确定辅导员行政待遇时给予相应的政策倾斜,如有些院校将辅导员岗位职级待遇按同级岗位1.5倍进行聘任,有些院校优先保证辅导员的岗位津贴、办公条件、通信经费等条件。

(二)辅导员管理制度不断完善

根据调查发现,各院校十分重视辅导员管理制度建设。各院校自建校开始逐步建立健全辅导员各项管理制度,使辅导员管理更趋规范。各院校根据《中共中央国务院关于进一步加强和改进大学生思想政治教育的意见》(中发〔2004〕16 号)文件精神和教育部《关于加强高等学校辅导员班主任队伍建设的意见》,结合各自院校实际情况,相继出台了《辅导员管理办法》《辅导员工作细则》《考核细则》《辅导员队伍建设规定》等一系列规章制度,对辅导员选聘、培养、考核与管理作了相关规定。这些制度在工作实践中不断完善,具有较强的科学性和可操作性。

(三)辅导员队伍素质不断提高

各院校高度重视辅导员的选聘工作。所有受访学校的辅导员选聘工作都在学院党委的统一领导下,由院组织人事部门统一管理,公开招聘。根据招聘条件,经资格审查、笔试、面试、心理测试等程序综合考核,择优录用。同时,为加强辅导员的培养和教育,各学院积极组织各项集中培训和学习,提高辅导员的综合素质和工作能力。经调查,每年安排 2 次以上集中培训的学院占 41.7%,利用暑期对辅导员进行一周以上培训的院校占 67%,每周安排辅导员进行例会学习的院校占 25%。通过严格选聘和培养,辅导员队伍素质不断提高,各院校具有本科以上学历的辅导员占比均在 99% 以上,中级职称以上辅导员占比为 37.6%。各院校在招聘辅导员时均把是否是中国共产党党员作为必备条件,因此辅导员队伍中国共产党党员比例达到100%,进一步保证了辅导员队伍的政治素养。调查显示,目前,各艺职院校的辅导员队伍充满活力,工作热情高,有钻研精神,对艺术和人文教育充满追求,在学生的教育、管理、服务和引导工作中起到了骨干作用。

(四)辅导员工作成效日益显现

各艺职院校辅导员在学生思想政治教育、日常管理、心理健康、就业择业、职业发展与党团组织发展等方面发挥了重要作用,成绩显著。调查显示,各艺职院校辅导员能始终坚持以学生为本,做学生思想上的领路人、学业上的导师、生活中的朋友,真正成为学生的良师益友,促进了学生健康成长;坚持不断创新大学生思想政治教育形式,大力弘扬社会主义核心价值体系,教育和引领大学生树立正确的世界观、人生观和价值观,养成良好的思想品德和行为规范;坚持以就业为导向,帮助学生根据专业特点做好职业生涯设计和定位,引导学生端正学习态度,培养学生的学习兴趣和习惯,从而创建良好学风和校风;利用自身优势,以丰富的校园文化为载体,积极组织学生开展各项活动,陶冶了学生的情操,提高了学生的综合素养;以各专业为依托,建立志愿者队伍,开展以艺术表演、文化传播为途径的文化实践活动,加强学生志愿者服务和社会实践,弘扬传统文化,锻炼了学生的实践能力,提升了社会服务意识等。

二、当前各艺职院校辅导员队伍建设中存在的问题及原因

各艺职院校经过多年的实践和探索,辅导员队伍逐渐走向成熟,工作成效显著。但随着经济社会和高等教育的发展,也呈现出一些薄弱环节和问题,需要引起重视与思考。

(一)队伍不够稳定

辅导员是高等院校教育教学和学生管理工作的重要组成部分,辅导员队伍的稳定相当重要。但是,目前许多学校出现了辅导员队伍流动性大、稳定性差的现象。有些辅导员未到合同期满就离职另谋职业,有些人把辅导员工作作为在校工作的一个过渡,有机会就转岗,队伍不稳定。调查显示,选择"很喜欢辅导员岗位,想将它当作一份职业"的只占调查人数的10.8%,而选择"想将其作为在高校工作的过渡"的占41.8%,"就业困难暂时就业"的占12.9%,"辅导员对我的影响,想尝试下辅导员的工作"的占7.7%,其他原因的占26.8%。一些专业对口、工作能力强、学历高的人才,很少愿意长期留在辅导员岗位,对学生思想政治教育的开展产生不利影响。

通过对辅导员的走访与交谈,我们认为产生上述不稳定现象主要有两个方面的原因。一是辅导员工作繁杂,待遇不高。据调查,57.7%的辅导员认为"目前辅导员最苦恼的问题是工作、学习任务太重,压力大"。辅导员绝大部分工作时间和精力都用来处理一些日常性事务,除此之外,还要处理一些突发事件,经常是 24 小时待命,以至于辅导员队伍中流传着"眼睛一睁,忙到熄灯;眼睛一闭,提高警惕"的说法,工作任务既繁重又烦琐。但在这样的付出下,由于职称低、工作年限短,以及人事制度等原因却得不到相应的报酬和待遇。在调查的高校中,有 41.6%的高校辅导员实行部分事业部分合同编制的人事制度,有 33%的学校合同聘用制人员待遇为事业编制人员的一半左右,相差较大。"工作辛苦,生活清苦"的情况导致部分辅导员心理不平衡、思想不稳定,难以安心工作。二是平台较窄,发展受限。由于每天被繁重、琐碎的工作淹没,辅导员鲜有时间再次进修学习,在职称晋升等方面与专业教师相比不具备优势,这对辅导员队伍专业化、职业化建设是极为不利的。43.8%的辅导员认为"辅导员出教学、科研成果困难,发展空间受限",辅导员在个人发展等实际问题上有诸多担忧。调查中,90%的辅导员在谈到自身发展时情绪低落,感觉前途渺茫,甚至有辅导员表示会考虑换工作。

(二)职责不够明确

《普通高等学校辅导员队伍建设规定》提出了辅导员的四点工作要求与八项工作职责[3]。在许多高职类院校中,由于人手少,一个辅导员要承担规定中的全部八项内容,工作量大,每天都只能勉强应付常规工作。然而,在这八项之外,还有诸如教务、行政管理、科技创新等超出范围的工作也需要承担。辅导员俨然成为学生的"保姆"和教师的"秘书"。长此以往,辅导员便失去了工作热情和工作方向,变得被动、盲目和随意,甚至对大学生思想政治教育工作的重要性和自身价值产生怀疑。辅导员工作范围较广,虽然面铺得广,但每项都不精、不深,队伍的职业化、专业化、专家化工程较难推进。

(三)综合素质有待提高

辅导员工作的核心内容是学生的思想政治教育。要做好思想政治教育工作,要求辅导员自身要有较高的综合素质。工作方式和处事方法要紧跟时代发展脚步,融合文化发展,实现创新和突破。但据调查,57.7%以上的辅导员工作年限不足 5 年,很多辅导员是"从高校到高校"。专业背景为思想政治教育、心理学、教育学和管理学等专业的辅导员偏少,只占 12.9%。很多院校辅导员经过短期的岗前培训即上岗,年纪轻,经验少,文化素养有限,平时他们又忙于各项琐碎的工作,没有时间和精力进行钻研,因此陷入了"理论跟不上实践,思想跟不上现实,经验跟不上变化,方法跟不上要求"的境地。

(四)队伍文化还需加强

第一,艺职院校基本上都是由中专升格而来的,现有的校园文化中传承了原先中专院校优秀的文化,结合了高等院校的办学特点并融入了时代精神[4]。各种思想文化相互夹杂,管理文化不深厚,艺术思想与内涵未能很好地扎根于心中。这在一定程度上影响着工作艺术和管理文化的发展。第二,艺职院校大多在 2002 年后才开始聘用专职辅导员从事学生管理工作,各项管理办法和制度还在完善和充实中,缺少真正融入艺术学院特色文化的辅导员队伍文化。第三,目前辅导员事务性工作较多,开展创造性学生工作机会很少。致使了解学生思想不透彻,学生动态掌握不全面,活动开展不充分,创新型活动开展不足。特有的校园文化、人文情怀也将很难植入辅导员队伍当中。

(五)信息网络化和全球化,冲击传统的教育方法与方式

信息网络化和全球化,让学生足不出户就可以通过网络获取更多的学习资料,了解更多的时事政治,有助于扩展自己的知识面。但是,网络信息众多,质量良莠不齐,影响了辅导员对主流文化和正确价值观的引导,对辅导员提出了新的要求。首先,自由的网络言论让各种思想观念随意传播,对正处于思想动荡期的青年大学生产生影

响,对传统思想政治教育产生了冲击。其次,网络信息的全球化,获得信息方便、快捷,这要求思想政治教育人员既要有知识的广度,又要有深度。最后,要求辅导员能正确把握信息动态,科学运用先进的网络技术开展有效的网络思想政治教育工作,占领信息话语权。

三、加强艺职院校辅导员队伍建设建议和举措

"正视问题,分析原因,提高认识"是当前学院辅导员队伍建设寻求发展的重要途径。我们必须充分认识辅导员队伍建设的重要性,针对实践中存在的问题,探索切实可行的手段与方法,全面加强辅导员队伍建设。通过调查与研究,我们认为,应在以下几个方面加强和改进辅导员队伍建设。

(一)以社会主义核心价值体系为引领,提升政治素养

社会主义核心价值体系是构建社会主义和谐社会的精神动力,也是新时期推进文化建设和思想政治教育工作的重点和根本。辅导员应帮助学生树立正确的世界观、人生观、价值观,积极引导学生不断追求更高的目标,使他们中的先进分子树立共产主义的远大理想。加强辅导员队伍建设必须要以社会主义核心价值体系为引领,以马克思主义思想为指导,以科学发展观为统领,深入开展共产党的基本理论、基本路线、基本纲领和经验教育,不断加强政治理论学习,使辅导员正确认识社会发展规律,认识自己的社会责任,提高思想认识和精神境界,加强党性锻炼和党性修养,不断提升自己的政治素养。

(二)以择优选聘为前提,促进队伍建设职业化

辅导员选聘应当坚持如下标准:一是政治强、业务精、纪律严、作风正;二是具备本科以上学历,德才兼备,乐于奉献,潜心教书育人,热爱大学生思想政治教育事业;三是具有相关的学科专业背景,具备较强的组织管理能力和语言、文字表达能力,接受过系统的上岗培训并取得合格证书。学院在选聘辅导员时就应该严格把握标准,坚决按人事制度和程序选聘人才,做到"宁缺毋滥",严把第一道关。

一方面,要求新进的辅导员通过培训尽快了解和把握艺职院校学生特质,能较好地遵循学院管理制度并顺利开展工作,从而形成学院特有的辅导员管理制度、管理模式、教育方法和人文内涵,促进和丰富辅导员队伍文化。另一方面,学院要帮助实现辅导员队伍职业化和专业化的政治诉求[5],提高其从事辅导员职业的幸福感,使辅导员思想教育成为正式且可以长期从事的一份职业。第一,要有体制的支持,有制度的管理,有深度发展的空间,有一定的专业内涵。第二,要努力提升校园人文氛围,发挥艺术院校文化传承与创新优势,加深辅导员工作内涵,形成特有的队伍文化,进而也促进辅导员工作的职业化。第三,要引导社会增强对其职业的认可度。通过活动、表彰、赛事等让社会充分认识辅导员这个职业。

(三)以角色定位为基础,推进队伍建设专业化

辅导员工作不是简单地去管理学生,也不是简单地去迎合学生,而是要以教育、管理、引导、服务等不同的途径和方法开展学生工作。即以政治理论教育、理想信念教育、时事政治教育、公民素质道德教育和纪律法规教育为内容的思想政治教育;以班队管理、干部管理、信息管理及规范管理为内容的日常管理;以心理行为引导、思想观念引导及职业就业应对为内容的辅助引导;以权益保护、人身安全、学业安全、活动辅助为内容的学生权益保护与服务。四位一体,明确职责,确立目标,大力推进艺职院校辅导员的专业化,使其能够充分把握学生个性突出、会表现、感性、政治意识薄弱等特点,运用通俗易懂的道理讲解、形式多样的宣传方式、科学实用的引导方法、真挚的关爱服务,给学生以正确的教育和引导。

(四)以艺职院校特有的艺术积淀,彰显队伍建设的特色化

作为艺职院校辅导员,要加强对艺术文化的学习。融入艺术院校、艺术教育这个环境,增强自己在艺术院校中的认同感,主动学习艺术,成为一名辅导员队伍中的"艺术特长生",从学习艺术的过程中把握并领会艺术的特点与魅力,方便与艺术学生的沟通交流。具体来说,每个辅导员可以结合自身的条件,从"学唱一首歌""学画一幅

画""学跳一段舞""学唱一段戏"入手,既提升自己,又可拉近与学生的距离。打造艺术类辅导员队伍的的特色,甚至可以打造一批明星式辅导员。要让特色化建设成为艺术高校辅导员队伍不同于综合类大学辅导员的显著特点。艺职院校辅导员就是要有适合自己发展的"个性"。

(五)以制度建设为保障,增强队伍认同感

"健全和完善高校辅导员领导和管理机制,对辅导员进行统一管理、严格要求,是建立一支高水平辅导员队伍的保证。"[6]要真正解决辅导员的实际困难,增强辅导员的认同感。第一,完善保障制度,提高待遇。不断改善辅导员的工资、福利、津贴、住房等待遇,尽可能解决人事编制问题。即使短时间不能解决编制,也应该尽量使辅导员与在编教师实行"同工同酬",切实提高他们的待遇,实现身份的认同。第二,提供发展机会,根据艺职院校辅导员队伍的特殊性,制定专门的奖励机制、晋升机制,在职称评定、职务晋升、岗位转换等方面为辅导员提供机会,提高其工作积极性。第三,要增强辅导员在学生中的认同感。第四,明确工作职责,进一步强化辅导员的工作职责,使他们不再被各种职责范围之外的行政事务所牵绊,在完成各项日常学生工作的同时,将重心放在学生的思想政治教育工作上;把辅导员队伍建设和教学科研队伍建设放在同等重要的地位,使他们在存续上相对独立,在工作上相互配合,在教育、管理、考核等方面统一规划,统一领导,保证其共同提高和发展。

(六)以创新型管理为指导,突出个体与整体的协调性

作为艺职院校辅导员,不光要符合有爱心、耐心、细心、责任心这些辅导员工作的整体要求,更要保持激情,从各个方面武装自己,探索个人的教育方法,培养个人魅力,提高队伍的整体素质。各学院应以创新型思维为指导,以宽容的环境鼓励辅导员发挥个人特色。只有辅导员个性教育与队伍整体的协调发展,才能促使艺术类大学生思想政治教育工作真正达到"深、广、活、实"。"深",即把工作真正做到学生的心坎上,解决学生深层次思想问题上取得新突破;"广",即

把工作落实到每一名学生,在扩展广度上取得新进展;"活",即要结合形势发展与学生特点积极探索创新,在增强工作活力取得新成效;"实",即打好工作基础,解决难点问题,在增强工作实效、推动科学发展上取得新成绩。

"传之以艺、辅之以情、导之以德、圆之以梦",艺职院校辅导员要从文化强国的战略思想高度出发,学习贯彻第十八次全国代表大会精神和习近平总书记关于"中国梦"一系列重要讲话精神,从细微之处着手,加强艺职院校辅导员工作,引导广大艺术学生把个人的"艺术梦"与"中国梦"紧密联系在一起,坚定信心和决心,努力学习工作,积极投身实践,报效祖国和人民,为实现"中国梦"增添强大青春能量。因此,要加强艺职院校辅导员队伍建设,进一步发挥高校辅导员在培育学生高尚品德中的重要作用,建设一支"本领过硬、受生爱戴、特色鲜明"的艺术类大学生思想政治教育工作队伍,着力提高辅导员在辅导方面的专业技能,提升辅导员思想政治教育实效性,是推进艺职院校辅导员队伍建设的必然要求,也是推进艺术类大学生思想政治教育,引导他们发愤图强,成才报国,以行动为实现"中国梦"贡献力量的必然要求。青春灿烂,灿烂青春,让艺职院校辅导员与艺职院校共呼吸、同发展,在实现"中国梦"的生动实践中放飞青春梦想。

参考文献

[1] 本书编写组.新时期党的建设伟大工程——十八大报告辅导读本[M].北京:国家行政学院出版社,2012.

[2] 中华人民共和国教育部.教社政〔2005〕2号 关于加强高等学院辅导员、班主任队伍建设的意见[Z].2005.

[3] 中华人民共和国教育部.教育部令〔2006〕24号 普通高等学校辅导员队伍建设规定[Z].2006.

[4] 李桂华,林忠文,王宁.新建高职高专院校校园文化传承的调研分析[J].经济与社会,2010,8(7):174-176.

艺术类高职院校宗教信仰调查分析

——以浙江艺术职业学院为例①

王芳芳　郑园全

改革开放以来,随着我国经济的发展、社会的转型,宗教信仰已成为人们多元化的信仰选择之一,对高校思想政治建设提出了新的要求。艺术类高职院校作为我国高等院校的特殊群体,专门为国家培养高等艺术类职业应用型人才,是国家文化传播与传承的重要基地。艺术类高职院校大学生的思想状况影响着祖国未来文化建设的发展方向,因此,关注艺术类高职院校大学生思想动态,调查宗教信仰状况,给予理性引导,对艺术类高职院校思想政治教育工作具有十分重要的现实意义。

一、艺术类高职院校大学生宗教信仰状况调查分析

本次调查选取浙江艺术职业学院为对象,该院曾五次被评定为国家级重点艺术学校,是浙江省现代高等艺术教育和表演艺术人才培养的中心基地,在调查信息获取上有很强的代表性。本次调查随机发放 500 份问卷,回收问卷 487 份,有效问卷 465 份,问卷回收有效率为 93%。具体调查情况如下。

(一)宗教认知模糊,信仰者比例虚高

在本次调查中,在问到"您认为宗教的本质是什么"时,71.8%的

---

① 本文发表于 2013 年 7 月《新西部(理论版)》。

人选择"是一种古老的文化历史现象",24.7％选择"是愚昧和迷信,是不科学的",27.6％的人选择"唯心主义",仅10.5％的人选择"是麻醉人民的鸦片"。在问题"您认为宗教与邪教的关系是什么"的回答中,59.4％的人认为"有本质的区别",但仍然有19.6％的学生认为"邪教是'歪门邪道'的宗教"。在宗教信仰的调查中,19.3％的学生表示"有"明确的宗教信仰,78.6％的学生表示"没有"明确的宗教信仰,对于从小开始接受马克思主义无神论教育的大学生,仍然有13.5％的学生"不信教,但相信鬼神之说"。

由此可以看出,大家对宗教的认识是模糊的,学生们基本上认同了宗教的文化地位,认为它是唯心的,但是对"宗教是麻醉人民的鸦片"这一马克思经典论述,大部分学生都不清楚。部分大学生对宗教唯心主义的本质认识不清,分不清楚邪教与宗教的关系。大部分学生是不信教的,根据作者对部分信教学生的走访,他们中部分人仅是对某些教义或神话传说感兴趣,不符合信徒标准,因此19.3％的学生信仰者的数据,是有些虚高的。

(二)宗教暧昧态度显现,对宗教信仰持观望态度

在"你参加过宗教活动(不一定是信仰)吗"的调查中,7.7％的学生表示"经常"参加,38.4％的学生表示"有,偶尔",21.8％的学生"有过一两次接触"。在对问题"如果有机会,你是否会尝试宗教信仰"的问答中,59.7％的学生表示"说不清"或者"会尝试"。85.6％的学生表示自己身边有宗教信仰者,"对身边宗教信仰者的态度",40.1％的人明确表示"理解并尊重其信仰,但我不会信",13.2％的人"理解并支持,希望自己也能信教"。

由此看出,由于高职生对宗教知识的不了解,以及宗教文化固有的神秘色彩,使得超过半数的大学生都曾参加过宗教活动,宗教暧昧态度显现,对宗教信仰持观望态度。身边亲戚、朋友中普遍存在宗教信仰的人群,以及学生对宗教信仰的宽容与理解及观望的态度,更会增加接受宗教信仰的可能性。

(三)拥护国家宗教政策,但不甚理解

我国实行"宗教信仰自由"的政策,调查中 78.6% 的学生"拥护"这一政策;有 11.8% 的学生表示"不支持,不反对";9.6% 的学生表示"反对",认为这是"伪自由"的政策。政策熟悉度的调查,仅有 6.4% 的学生"完全了解"宗教政策,57.7% 的学生表示"了解一些",35.9% 的学生表示"不了解"。

由此可见,艺术类高职院校大学生拥护国家政策,但是由于学校没有针对性地开设关于国家宗教政策的宣传的讲座,思想政治课堂中没有系统地讲述马克思主义宗教观,使得大学生对于宗教本质认识不清,对国家宗教政策认识不全,对宗教持观望暧昧态度。这些都不利于艺术类高职院校大学生唯物主义世界观的养成,思想政治教育工作者对此必须重视。

二、艺术类高职院校大学生宗教认识存在问题的原因分析

(一)社会大环境的影响

社会大环境主要有国际和国内两方面因素的制约。

(1)国际环境变化的影响。20 世纪末,东欧剧变、苏联解体,对国际社会主义运动造成严重的打击。进入 21 世纪以来,国际社会主义运动也持续处于低迷状态。近年来,国际恐怖主义势力、反华势力频频与某些非法宗教组织相勾结,通过非法宗教电台、互联网等各种手段,传播一些不利于我们民族团结与稳定的不良信息,一些信仰不坚定的学生,就会受这些信息的影响,动摇自己的共产主义信仰,转而投向伪宗教的怀抱。

(2)国内社会转型的影响。改革开放以来,经济发展的多样化,催生人们思想的多元化。当代社会也处于急剧转型的时期,人们在享受改革开放、社会转型带来的经济成果的同时,放大社会转型过程中出现的各类问题,有些大学生觉悟不高,分辨能力不强,认为这些都是社会主义制度的问题,从而对共产主义信仰产生了怀疑,他们在

寻求新的答案及精神寄托的过程中接触了宗教,宗教的平等、互帮互爱等思想吸引着他们,从而产生了宗教暧昧。

(二)家庭小环境的影响

几千年来,受我国封建传统思想的影响,各个家庭对宗教还怀有特殊的感情,宗教信仰存在的基础还十分深厚,有很多家庭都有宗教信仰的传统,这样儿女在宗教家庭文化的影响下慢慢地也有了宗教信仰。问卷中"如果你信教,你是如何确立自己的宗教信仰的",44.8%的学生选择了"家庭和家人信教,所以我也跟着信教"。艺术类高职院校的收费标准一般要高于普通大学,很多大学生家里的经济来源都是靠市场吃饭的民营经济、个体经济体。这些经济体大多收益高,风险也大。在市场行情阴晴不定的情况下,就寄希望于"神明"的保护,确保收益安稳。在这样家庭环境的影响下,学生很容易接受宗教信仰。

(三)马克思主义宗教观教育滞后的影响

艺术类高职院校大学生思想活跃,敢于向传统经典发起挑战,投去怀疑的目光,在社会演进的过程中,容易发现新问题,对问题充满困惑,遗憾的是,高校的思想政治教育时常跟不上时代的脚步,不能及时解决大学生思想中的困惑,出现教育滞后的现象。

在调查中问及"您所在高校是否进行过宗教信仰方面的教育"时,59.7%的学生选择"到目前为止还没有",28.5%的学生选择"有,思想政治课曾涉及相关内容"。据作者了解,目前大多数高职院校没有专门开设宗教信仰教育的相关课程,但有些根据形势,针对共产党员或者学生中的积极分子等开设过相关讲座等。这说明高校对大学生的宗教观教育不够重视,在课堂上传授宗教知识的问题上存在缺失。

(四)艺术类高职院校大学生自身个性特点的影响

艺术类高职院校大学生,有不同于一般院校大学生的特点与个性:注重专业知识的学习,文化课程积极性较弱。艺术类高职院校大学生对待"艺术"有很强的专业性,对待文化基础知识积极性差,要求不高,甚至有些学生认为艺术课上训练强度高,上文化基础课就应该适当地"休息"。他们本来文化基础就弱,这样的心态使得他们更加不注重专业以外的基础知识的学习,因此其宗教知识认知能力和判断能力比一般的大学生更弱些。

艺术类高职院校大学生大多思维活跃,个性张扬,接受新鲜事物能力强,敢于向传统经典提出质疑。这样的特点是敢于突破传统,勇于创新的艺术学习要求,但是也极易造成信仰的变更。另外,艺术学习经常是小班教学,这便养成了他们酷爱自由、注重自我、纪律性差等特点,一些反传统的心态和不让做偏要尝试的念头使得他们很容易对宗教神秘色彩产生浓厚的兴趣,在好奇心理和叛逆心理的双重作用下,产生宗教信仰。

三、加强宗教观教育的对策及建议

(一)加强艺术类高职院校教师的马克思主义宗教观教育

在艺术类高职院校中,按照课程设置,教师分为基础课教师和专业课教师。在思想政治教育中两课教师是理论课的主体,在思想教育中发挥着重要的作用。专业课教师一般都具有深厚的专业知识和对专业前沿知识的犀利眼光,学生对专业课教师都怀着敬畏与崇拜之情,他们与学生接触时间多,教学任务也频繁,对学生有一定的震慑能力。因此,艺术类高职院校大学生科学地看待宗教现象,理性地选择科学信仰,首先要加强教师队伍的思想理论素质。根据艺术类高职院校的特殊性,不仅要加强思想政治教师理论素养,更要对专业课教师进行马克思主义宗教观教育。

(二)马克思主义宗教观内容进思想政治课教材和课堂

马克思主义宗教观是由马克思和恩格斯创立的,列宁、毛泽东和邓小平等老一辈无产阶级革命家,在社会主义革命和建设过程中不断丰富和发展的一套关于宗教和宗教问题的基本特点和原则,它是马克思主义的重要组成部分,是正确认识和处理宗教问题的科学指南。马克思主义宗教观教育的内容主要有:马克思主义宗教观基本理论,党和国家的宗教政策、法规教育,基本宗教知识的教育及科学知识和无神论的教育。

思想政治教育理论课程是系统地对艺术类高职院校大学生进行马克思主义理论教育和品德教育的主渠道和阵地,把马克思主义宗教观的基本内容通过课堂课程的方式纳入思想政治理论课中,切实加强对大学生的马克思主义宗教观教育,使他们能够系统掌握马克思主义宗教观,理解国家宗教政策法规,客观分析当前国际国内宗教局势,树立正确的宗教观。

(三)活用艺术特色传递校园文化

校园文化有很强的教育功能,寓于校园文化建设中的马克思主义宗教观教育,是在不知不觉、润物无声中影响大学生的思想和行为的。艺术类高职院校大学生对校园文化建设有天然的优势,他们比一般的大学生活动更多,内容更丰富多彩。可以充分利用这一优势,创作出能够大力宣传马克思主义宗教观的艺术形式作品,既增强了大学生的艺术创作能力,发挥学生自我教育的重要作用,又能丰富大学校园的精神文明生活,用先进文化来规范大学生的文化趋向,防御和抵制庸俗文化。把马克思主义宗教观教育活动通过各种方式,潜移默化地渗透到各类校园文化活动中,传递宗教知识,宣传宗教政策,使学生们在享受丰富而健康的文化大餐时,不自觉地接受马克思主义宗教观教育的影响,从而提高自己的思想觉悟。

(四)组织开设有导向性的宣传教育活动

知识讲座一方面不仅可以使大学生全面、客观地了解宗教,认真学习宗教知识,满足一部分学生对于宗教的好奇心理、增加宗教教学的基本知识,消除他们对于宗教信仰的盲目性和从众心理,还可以将宗教教学的有关知识与现代科学知识加以比较,使大学生辨清宗教中存在的虚妄性和欺骗性,对宗教及其活动进行辩证的思考。另一方面可以使大学生了解到我国的教育制度对学生特别是大学生的行为有严格的要求。专题教育也是一种有效的宣传途径,学校可以根据国内外宗教时事、新时期共产党的宗教方针政策及校园内的某一宗教文化现象为主题,采用专题报告、专题辩论、节日纪念等活动形式为切入点,带动大家在活动中学习马克思主义宗教观的基本知识和我国的宗教政策、法规。

(五)增强学校管理教育

宪法保障公民的宗教信仰自由,但宗教活动必须纳入正常管理范围。艺术类高职院校大学生个性不稳定,思想尚不成熟,缺乏自我约束和管理,必须辅之以必要的管理教育。高校应该对信教和不信教学生进行积极有效的管理,首先,在国家宗教政策法规的指导下,建立健全学校规章管理制度。让学生在日常的学习、生活中规范自己的行为,在管理中接受马克思主义宗教观的教育。其次,积极引导信教学生在国家规定的宗教场所参加宗教活动,不得随意在校园内组织宗教活动。引导不信教的学生理性看待信教现象,正确对待身边信教的同学和老师。对于非法的宗教活动,学校与公安、宗教事务等部门密切配合,采取有效措施,严厉制止和打击。最后,学校的管理人员要有较高的政治理论素养,熟知国家的宗教政策、法规,正确引导学生自觉接受管理教育。

参考文献

[1]　中共中央马克思恩格斯列宁斯大林著作编译局.马克思恩格斯全集(第1卷)[M].北京:人民出版社,1995.

[2]　中共中央马克思恩格斯列宁斯大林著作编译局.马克思恩格斯全集(第3卷)[M].北京:人民出版社,1995.

[3]　中共中央马克思恩格斯列宁斯大林著作编译局.马克思恩格斯全集(第4卷)[M].北京:人民出版社,1995.

[4]　吴倬.高校应重视马克思主义宗教观教育[J].清华大学教育研究,2004,25(1):103-107.

［5］ 张春兰.高职院校大学生宗教信仰的新趋向及心理成因分析［J］.学理论,2011(9):164-165.

［6］ 王锡金.高职学生宗教信仰现状调查与分析——以宁波为例［J］.浙江纺织服装职业技术学院学报,2012(1):89-92.

［7］ 徐治彬.高职生信仰宗教现状及其对理想信念教育的挑战与对策［J］.世纪桥,2012:58-60.

音乐表演专业毕业生就业现状及空间拓展①

郭义江

一、音乐表演专业毕业生就业现状

自 1999 年高校扩招以来，各大院校疯狂地进行教学场地、教学资源、招收专业和招收人数的竞赛，疯狂的竞赛一方面推进了我国高等教育从精英式教育到大众化教育的转变；另一方面大学生走下神坛，大学生就业成了不可忽视的社会问题。音乐表演专业学生不仅仅在专业性院校开始大规模招生，在综合性院校也开始增设专业或增加招生人数。音乐表演专业学生自身综合素质、专业水平和就业市场均发生不同形式的变化。

为进一步深入掌握音乐表演专业毕业生就业情况，作者对浙江省 2010—2012 届音乐表演专业毕业生发放调查问卷 600 份，其中回收问卷 536 份，回收率为 89.3%。在音乐表演专业毕业生首选就业意向调查中，选择机关、事业单位、国有企业的占 68%；选择演出、实践的占 11%；选择自主创业的占 10%；选择留学、继续深造的占 8%；其他占 3%，而首选民营企业的基本为 0。最终有 61% 的毕业生在民营企业就业，有 18% 的毕业生在机关、事业单位、国有企业就业，有8.5% 的毕业生自主创业，其他占 12.5%。从毕业生就业分布的行业

---

① 本文发表于 2013 年 9 月《大众文艺》。

来看,前三位分别是艺术、娱乐业(30%),教育业(18%),继续深造、自主创业(12%),其中不愿意就业的毕业生占2.5%。在用人单位对毕业生的满意度调查中,56%的单位对毕业生基本满意,16%的单位对毕业生非常满意,10%的单位对毕业生不太满意,18%的单位对毕业生印象不深。在毕业生工作单位的区域分布的调查中,30%的毕业生工作单位在杭州(其中非杭州户籍占45%),50%的毕业生回原籍工作(其中原籍非市区的毕业生工作单位在市区占32%),10%的毕业生在其他城市工作。在毕业生职业满意度的调查中,86%的毕业生曾经求职失败或换过工作;45%的毕业生对当前工作满意;25%的毕业生对当前工作不满意或有消极情绪(其中未从事与专业相关行业占80%)。从2010—2012届的音乐表演专业毕业生就业的岗位来看,无论在何种单位就业,一般所从事的都是一线的基层工作。

二、现状分析

通过对毕业生就业调查的结果分析,发现毕业生在就业心理、就业能力和市场空间均存在不少问题。

(一)毕业生就业心理准备不足

随着社会主义市场经济的快速发展,经济全球化,社会盛行的功利主义和实用主义正在改变大学生的价值观和择业观,毕业生更加注重生活享受和经济效益,而缺乏正确的职业定位和价值定位。

首先,音乐表演专业学生家庭条件一般较好,父母多为商人或在机关、事业单位工作等,拥有较优裕的家庭环境,加之从小接受到的"音乐教育"让学生对生活期望过高,未来理想化,导致逐渐在校园里迷失自我,学习目标淡化,对专业从好奇、感兴趣转变为以专业学习为幌子的"伪专业"学生。在毕业季真正来临时,往往没有充分准备,感觉从事自己本专业,而专业技能往往拿不出手;从事综合行政类工作却深感文化知识不够;选择一般性日常工作,在工资待遇上往往不够理想,与当初的高投入形成巨大反差,部分毕业生甚至不愿意工作。

其次,在就业去向领域,绝大多数毕业生选择去机关、事业单位和国有企业等,反映出毕业生作为当代年轻人积极向上的一面,对于工作稳定性高、工资福利偏好的单位存在巨大的倾向性。但从实际工作情况来看,绝大部分毕业生均未能通过"独木桥",顺利进入机关、事业单位和国有企业工作,这对毕业生过高的就业期望心理是一个不小打击。更因为在求职、就业过程中屡屡受挫,产生的消极择业、就业情绪,甚至出现心理问题,反映出毕业生对自身定位错位和就业心理准备不足。

最后,音乐表演专业学生的专业授课形式,不论是专业教学还是自修,都是相对独立的,在学习过程中,同学之间缺乏必要的沟通,在一定程度上容易养成性格较为独立、集体意识淡薄的"特性",这种"特性"在择业就业的过程中与强调团结、协作的现代企业精神的矛盾凸显。此外,较为独立的个性使得很多就业信息会因缺乏沟通而错失,在一定程度上都影响了毕业生的求职、就业,还有部分毕业生存在"眼高手低"的毛病,对于大单位是进不去,对于小单位是不想去,"高不成低不就"的现象并不鲜见。

种种的就业心理准备不足,在求职、就业过程中,容易形成恶性循环,最终影响毕业生成功就业。

(二)高校的教育、管理、服务粗糙化与毕业生能力提升矛盾加剧

高校扩招以来,不少院校增设音乐表演专业或进行扩招,在此过程中一方面响应了高等教育大众化的进程,另一方面各高校的水平参差不齐,有的直接把其他专业的理念方法转嫁过来,或是从其他院校照搬过来,在一定程度上造成部分高校的教育、管理、服务粗糙化,这种盲目的"响应"严重地损害了学生群体的利益。不少院校把音乐教育定义为高雅教育,无论课程设置,还是育人环境,都在"无意"营造一种"重专业、轻文化"的氛围,在无形中增加了学生的优越感。加之在各个层面上的就业指导相对比较零散,未真止形成合力,对学生起到实质性的就业帮助不大。高校教育、管理、服务相对的粗糙化,在一定程度上影响了学生的综合素质、专业能力的提高,造成部分学生缺乏应有的就业竞争力。

(三)市场需求量大,对毕业生的综合素质和专业技能要求不断提高

对于文化产业而言,浙江省近年来发展迅速。2012 年浙江省公布的文化产业数据显示,2012 年广播影视业实现经营收入 237 余亿元;2012 年新闻出版业营业收入 1510 多亿元;2012 年制作原创动画 3.64 万分钟,相当于 2600 集《喜羊羊与灰太狼》;2012 年拍摄电影 40 部,实现票房收入 13.75 亿;近年来浙江文化产生产值飞速增长,其中 2012 年杭州文化产业实现增加值 1060.7 亿,增长 15.6%,占全市 GDP 比重 13.5%,宁波实现文化产业增加值 275.5 亿,占全市 GDP 比重为 4.22%,其他城市同样增幅较大。文化产业已经成为全省经济的重要增长极。作为文化产业重要人力资源的音乐表演专业人才,其在市场的需求量是巨大的,机遇与挑战并存。一方面,文化市场存在巨大的人才缺口;另一方面,市场对人才的要求进一步提高,高素质高技能人才才能适应文化产业的快速发展。

对于用人单位而言,从"统包统分"的分配制度到"自由择业"的就业体制转变,一方面,适应了社会主义市场经济的发展;另一方面,以前用人单位为了"抢人",一律把毕业生纳入单位中来。随着社会的不断发展,原有的人才未必能够适应文化市场发展的需要,而单位内部的编制却已基本被占用,很多较优秀的人才因无法取得正式编制望而却步,而愿意"编外"过来的毕业生的专业能力和综合素质却不尽如人意,用人单位的编制限制与当代优秀毕业生的就业要求之间的矛盾开始凸显。

三、进一步拓展音乐表演专业毕业生就业空间的途径

(一)加强音乐表演专业毕业生就业的心理准备

音乐表演专业毕业生因家庭环境及个性等方面的原因,对就业心理准备不足,表现为"兴趣不大",甚至不愿意就业。这就需要从多方加强合作与引导,使其认清社会形势,不盲目、不盲从,准确为自身

定位,调整就业心理和期望值。家庭和学校应加强正确的就业观与价值观的引导,让学生在心理上认同"自主择业"与"基层就业"的社会现实。

(二)严把教学质量关,进一步提升音乐表演专业毕业生的就业核心竞争力

一般来说,就业核心竞争力在大学生能力系统中起主导作用,处于大学生能力系统中的核心层,是大学生综合能力的集中[1],应包括良好的思想道德品质、扎实的理论基础和专业技能、较强的适应能力和学习能力。音乐表演专业的就业核心竞争力体现在毕业生综合素质及专业技能在社会竞争中保持优势地位。只有根据不断变化的市场需求和人才实际,严把教学质量关,以市场为导向,不断深化教育改革,提升高校的教育、管理、服务水平,培养综合素质高、专业技能突出、适应社会需要的毕业生,才能保障音乐表演专业毕业生在就业过程中的核心竞争力,才能够让毕业生在就业过程中立于不败之地。

(三)准确把握市场,有效形成错位竞争,拓宽就业空间

面对日益严峻的就业形势,音乐表演专业人才依托专业的独特优势和核心竞争力,根据自身实际形成的有效的错位竞争是一种行之有效的措施。所谓错位竞争,简而言之,就是差异化竞争,不与竞争对手正面交锋,而是错开对手的锋芒,打造自身独特的品牌优势,从而确立相对优势的竞争地位[2]。大城市、大企事业单位人才相对集中,可以考虑中小城市及中小单位,有效形成错位竞争,进一步拓宽就业空间。

毕业生看上的"好单位",往往是人满为患,人才竞争压力大,同时由于体制等原因,很多优秀的毕业生苦于没有编制而造成不稳定。而中小单位作为文化产生重要的增长极,往往需求量最大,却很难吸引优秀的毕业生,应动员各方面力量,引导这些优秀毕业生到文化产业需要的单位去,到真正适合其发展的地方去。

另外,很大一部分毕业生选择留在较中心城市,非中心城市的毕业生回原籍后也不愿意在城镇工作,虽然城镇的工作条件相对落后,

但是城镇及乡村具有巨大的发展潜力。如何扩展这一部分市场,也是文化部门和专业人才要考虑的问题。

(四)加强创业指导,鼓励以创业带动就业

无论从社会因素、家庭因素还是从专业特性来看,音乐表演专业毕业生都较适合创业,良好的社会环境、优越的家庭条件,都符合创业的先决因素。实际上,通过对历届毕业生的回访,较早期的毕业生基本上在本行业内已经做到管理岗位,而选择创业的毕业生成功率同样较高。音乐表演专业学生已具有的天时地利条件,学校应加以引导,同时加强创业能力和技巧的培训指导,改变传统的就业理念,树立勇于创业的意识,并提供各个层面的支持,在创业过程中不断地帮助他们,实现以创业带动就业的良性机制。

参考文献

[1] 黄雪.综合性大学音乐学专业毕业生就业核心竞争力研究[J].职业指导,2012(3):87-88.

[2] 何惠湘.浅议高等职业院校的错位竞争[J].南通航运职业技术学院学报,2006,5(4):114-116.

浅析艺术院校创业教育过程中如何渗透德育教育①

胡忠丽

高等教育在不断发展的过程中,在结合当地经济发展状况的情况下,不断地进行调整以期能够适应当地经济发展的需要,浙江地区作为我国民营经济发展的中坚力量,在全民创业的过程中有着得天独厚的优势。浙江地区的艺术院校应该结合浙江经济发展的现状进行创业教育,而在创业教育的过程中,应该更好地将德育教育渗透到创业教育的全过程中。这样才能够有效地发挥德育教育在创业教育过程中的作用,指导和规整创业教育的理念、出发点,以及完善创业教育的整个过程。在创业教育过程中创新往往是创业教育的前提和条件,大学生要强化创新教育,就是要在艺术院校中不断地去培养学生的创新能力、实践能力和创业的品格教育,同时结合艺术院校大学生的特点和德育教育的现状,这就需要不断地加强大学生的创业教育,在创业教育的过程中更好地融入德育教育、真正地发挥德育教育在创业教育中的作用。

一、艺术院校创业教育开展现状

对于创业教育而言,作为培养高素质人才的艺术院校,就是要在日常的教育教学实践过程中不断地培养学生创业的意识、创业

---

① 本文发表于 2013 年 11 月《时代教育》。

的精神、创业的知识、创业的能力及在创业过程中需要的心理品质。这些都是除了学生在学校掌握必要的知识之外所必须具备的能力。艺术院校的培养目标和创业教育的目标是有着共同点的,这些共同点都是需要从对于个体和社会的作用上面来进行思考。同时需要看到的就是艺术院校中的丰富的实习实训基地,不仅仅是为学生更好地掌握知识创造了有利的条件,更多的是为学生能够亲自动手进行实践,接触到生产第一线奠定了坚实的基础。在创业教育的过程中可以看到,当前尽管学校非常重视学生的创业教育,但是真正的效果还是没有体现出来,还没有能够在学生和教师当中形成一种创业教育的理念。这也是当前艺术院校中创业教育的一个薄弱环节。

由于艺术院校大学生自己的专业和现实的实践结合得特别紧密,在这个过程中艺术院校的人才培养模式和普通高等学校还是有着一定的差距,这样在追求创业教育的过程中,往往不能够充分重视学生自身性格的发展。首先,在艺术院校中,教育管理者的创业教育理念已经深入管理者的内心,但是对于在一线从事实际教学工作的教师而言,他们还没有能够形成这样的一种创业教育理念,在日常的教学过程中,他们往往认为只要将自己的课程讲好,做好自己份内的教学工作就是完成了任务,新的社会形势和社会发展对于教学的需要已经改变了这样的格局,这就需要在一线从事实际教学工作的教师树立起创业教育的理念。其次,对于学生而言,学生是接收创业教育的主体,他们对于创业教育的认识往往是影响整个创业教育成败的关键。当前大部分的学生已经认识到了创业教育的重要性,并且已经对自己接受教育的观念有所转变,但是就当前创业教育在学生中的实际情况来看,还有很多学生没有认识到创业教育在未来教育中的重要性。最后,艺术院校还没有能够在整体的环境中,形成这样的一种创业教育的氛围,这种整体创业教育氛围的出现,往往需要艺术院校加大各种宣传的力度,让这种创业教育的理念能够深入学生和教师的内心,让学生和教师能够充分认识到创业教育的重要性所在,为今后能够更好地开展创业教育打下坚实的基础。

二、艺术院校德育教育开展现状

在经济全球化、文化多元化、创意产业不断发展的社会背景下,各种思想、价值观都在影响着大学生的思想道德观念。当前,大学生德育教育已成为高校教育工作中的一项重要任务。而在大学生的创业教育中,却正面临着德育教育的缺位,如何在创业教育中融入德育教育,真正使德育发挥作用,值得认真研究。艺术院校大学生有着自身的优势和特点,他们往往思维活跃,接收新事物和新理念比其他普通院校的学生更快,但是自身也存在缺陷,这种缺陷往往是对于文化知识的认识相对浅显,不能够深入、细致地去了解自身所需要掌握的知识,对于国家的经济和社会发展的信息的了解不够深入和细致。所以说当前艺术院校中的学生普遍存在德育教育缺失的现状,这种现状主要表现在理想和信念往往容易出现动摇,自我意识相对比较强烈,在整体的关于自己的人生观、价值观和世界观上面与社会的需要仍存在差距。

另外,还应该看到,艺术院校大学生由于受到艺术熏陶的时间相对较长一些,这些学生往往表现出对艺术更加强烈的追求,但是对于自身品格和自身的素质成长方面,往往不是那么积极,这样就导致他们容易忽视自身的形象在社会上的影响。同时应该看到德育教育是对一个人进行社会行为规范的过程,这个过程正是艺术院校学生需要不断提升自身各个方面素质的过程。由于艺术类院校的授课形式及学习和生活的方式往往和普通高校的学生存在着一定的差异,这样容易导致学生的理想、信念的淡薄,因而普遍存在轻视法纪、生活作风懒散,纪律松弛,对思想道德教育有较强的逆反心理等现象。从以上的艺术院校学生的德育教育所面临的困难和挑战可以看到,在艺术院校中对学生进行德育教育的意义非常重大,这就需要广大的学生教育管理者不断进行理想和信念的创新教育的方式和方法,不断地完善日常教育的状况,努力完善德育教育在艺术院校大学生成长中所发挥的重要作用,只有这样才能够真正为艺术院校创业教育作好铺垫,促进他们在创业教育过程中建立起更加合适的创业教育的前提条件。

三、德育教育在创业教育中的缺失分析

创业教育并不是一种单纯的教育内容，而是对于已有知识的掌握之后，更加客观、理性地对待已有知识的一个延伸的过程，在这里德育教育就在其中发挥着至关重要的作用。由于现实的社会发展的现状，受市场经济发展的影响，以及人们的思想观念转变所带来的巨大的影响，在艺术院校大学生中间出现了利己主义、拜金主义、享乐主义的思想。由于受到社会经济发展所带来的影响，家庭教育也在逐渐的发展过程中受到了一定的影响，这样就导致了整个德育教育在学校教育中没有能够得到充分的重视，不仅仅忽视了学生的共性，更忽视了学生的个性发展，这样就难以为创业教育奠定好基础。

当前的德育教育教学的方法相对比较落后，创业教育的课程的安排相对比较单一和简单，传统的德育教育的形式往往不能够适应当前艺术院校学生对于德育教育的要求。因此，可以清楚地看到，现有的创业教育课程往往都是在学生临近毕业时，或者是等到学生到了实习岗位上才进行的，这样的创业教育往往不能收到良好的效果。学生的创业教育应该从学生进入学校之后就开始，在进行创业教育的过程中，能够将那些德育教育的内容渗透到学生的创业教育的过程中。在我国艺术院校的教育过程中存在的一个现状就是创业教育的师资力量还没有能够跟上高等教育的发展，这种状况导致了创业教育的课堂不能够真正地发挥具体的作用，不能够真正地适应当前学生对于创业教育的需求。

四、如何在创业教育过程中渗透德育教育

首先，不断地培养学生的团队协作精神。对于未来将要走上创业道路的大学生而言，一个非常重要的内容就是要有团队协作的精神，这种团队协作的精神就是德育教育的首要教育内容所在，同时一个良好的创业团队最重要的就是需要具有团队协作的精神。对于创

业教育而言,在其中渗透德育教育就是要培养艺术院校的大学生的创新思维、创新的人格品质及创新的生活习惯。一个创新人格的建立需要不断地提升艺术院校教师在日常教学活动中的德育意识,只有将这样的意识建立起来了,才能够使创业教育变得更加便于操作和实践。德育教育作为我国实行素质教育的核心内容,艺术院校就需要具有团队协作精神的创新型人才,这里就需要德育教师更新自己的教育教学观念,从而在自己的教育教学过程中让学生形成良好的团队协作精神,同时需要关注学生的情感与创业教育相互结合和协调发展。在德育教育过程中不断地渗透创新创业的团队协作意识。重点培养学生的创新思维习惯、理论与实践相互结合,同时具有创造能力的综合型人才。只有在创业教育过程中运用这样的德育教育模式才能够充分发挥创业教育的优势。

其次,就是需要在创业教育的过程中不断深化对于德育教育内涵的渗透,创业教育往往是德育教育的最终归宿,在创业教育过程中德育教育发挥自身的优势,不断提升学生的团队意识、创新能力,从而成为学生今后步入社会之后进行创业活动的基本素养。所以说,对于艺术院校大学生而言就需要不断适应时代的要求,培养符合社会需要的创新型品质。另外,在德育教育过程中还需要培养学生的敬业精神、诚实守信的品质、宽宏大量的气概,这些都是需要在创业教育的过程中渗透的德育内容。所以说,艺术院校大学生的创业教育渗透着德育教育的重要作用。创业创新并不是一帆风顺的,更不是一蹴而就的,而是需要坚忍不拔的意志和坚持不懈的努力才有可能成功。因此要加强学生的挫折教育和实践出真知的教育。

最后,在加强学生创业教育的过程中,学校应该加强对于学生创业的指导,为学生创造条件,让学生积极地参与到创业、创新教育的实践中去,培养学生良好的心理品质和健全、健康的人格素养。创业教育正处于起步阶段,如何通过良好的创业教育引导学生进行创业,提高创业成功率,真正做好艺术院校的创业教育,就必须发挥德育的优势,适应时代的需求,从培养学生良好品格入手,帮助艺术院校大学生克服自身的缺点,提高思想道德品质,将德育教育与创业教育相结合,就一定能取得事半功倍的效果。通过在创业教育中不断地渗透德育教育的内容,充实德育教育的现实依据,将会为艺术院校大学生创业打下坚实的基础。

参考文献

[1] 王翠.五年制高职德育教育的对策建议[D].西安:西安科技大学,2012.

[2] 王世华.高职院校创业教育科学体系初探[J].中国高教研究,2007(2):62-63.

[3] 唐德海,常小勇.从就业教育走向创业教育的历程[J].教育研究,2001(2):30-33.

[4] 张佩芬.德育视野下的高校创业教育[J].宁波大学学报:教育科学版,2012(1):59-61.

[5] 郭耿玉.浅谈高职院校创业教育[J].长春工业大学学报:高教研究版,2003(3):69-71.

[6] 骆光林.全真环境下创业教育的研究与实践[J].荆门职业技术学院学报,2007(7):10-13.

[7] 孙立民,刘丽彤.对构建高职德育与创业教育结合体系的思考[J].职教论坛,2011(20):17-18.

[8] 李瑜.艺术类大学生思想特点和教育管理对策分析[J].湖南行政学院学报,2006(1):90-91.

[9] 张英杰,郭建锋.基于德育创新环境下的大学生创业教育研究[J].教育与职业,2009(5):104-105.

论专业特性在学风建设中的重要作用①

陈　蔚

优良的学风是高校提高教学质量,培养合格人才不可缺少的重要条件,是衡量育人环境的重要标志。教育部 1998 年印发的《高等学校教学管理要点》中指出,"学风是包括老师的治学作风和学生的学习目的、学习态度、学习纪律等方面的学习作风。"本文中的学风,特指在校学生的学习风气,是学生在受教育的过程中所表现出来的行为特征和精神风貌的总和。艺术院校作为高校的重要组成部分,其学风建设既有普通文理科院系的共性,又有其自身的特点,更有其独特的专业特性。

一、艺术专业特性及学生特点

审美性是艺术最本质的特征。在审美过程中,人们会感受到人性本源生命力的洋溢,得到思维自由释放的快感。因而艺术活动与普通教学、科研活动都不一样,教学、科研活动需要客观的数据,以经验为基础,相较于艺术活动,具有一定的局限性。"艺术是一种精神领域的思维游戏,艺术的活动是真正自由化的社会性思维活动,艺术行为所产生的效果是审美创作主体与审美客体之间共同的心理愉悦。"[1]艺术有着天然的亲和力,进行艺术活动的人,往往充满了对艺术的赤诚、纯粹、多愁善感,行事较冲动。

---

① 本文发表于 2011 年 6 月《通俗歌曲》。

艺术的另一个特性是创新性,积极求新是艺术得以延续至今的重要根基。艺术创新就其本质而言,是在对传统继承基础上的一种变革与超越。从事艺术活动的人,往往对生活充满热爱,喜欢自由驰骋,充满想象力和变化性。

艺术类大学生在情感方式、思维方式、生活理念及价值观念上也在不断产生新的变化。他们思想开放,包容社会百态,充满创新性,容易在道德认知与思维上产生偏差;情感发育早熟,身心发展成熟度的不匹配导致其个体心理脆弱;个性特征明显,个体间易产生矛盾冲突;专业情结浓厚,但人文意识淡薄,文化素养普遍较低。

二、学风建设现状分析

艺术类学生学风在总体上是积极向上的,但也有部分学生学风状况欠佳,除了表现出当今大学生普遍存在的问题,艺术类专业的学生在学风建设中普遍存在以下三个方面的问题。

(一)思想观念有所偏颇

相较于其他专业的学生,艺术类专业的学生对政治理论与文化科目学习不感兴趣的比例更高,有个别学生甚至从来不上文化课与政治理论课,导致经常出现考试不及格或取消考试资格现象。一对一专业小课的学习模式也使他们对团队活动、集体意识、交流沟通、组织协调、亲和力等综合能力的培养很不重视,较少自愿参加集体活动,对国家大事、时事不够关心。对于专业学习也有懈怠,专业一般和较差的学生在进行艺术创作与排练时,显得自由散漫,个人主义强,在不可能有机会展现自我的心理暗示下,他们放松甚至放弃专业学习。这也直接导致他们以同样的态度对待课堂的学习,表现为迟到早退,课间随意进出,甚至无故缺课等。

(二)文化理论素养较差

随着艺术类专业不断扩招,文化课录取分数相应下降,学生的基本素质整体比较低。艺术院校在进行专业设置时较偏向于对于专业的学习,课程安排以专业课程为主,这种现实给学生造成了重专业轻文化的影响,个别学生甚至把基础文化课与专业课对立起来,为了练习专业而不参加文化课的学习,完全忽视文化理论素养对增强艺术素养、提高艺术领悟力的重要作用。也有部分学生虽然认为文化与专业并重,但由于无法合理协调专业学习需要耗费大量的练习时间与平时文化课学习之间的矛盾,又缺乏一定的学习方法,即便付出努力也无法在文化课学习上取得好成绩,形成不良循环。学生只为考试而学习,失去自觉性与积极性,为求及格不惜违规舞弊,导致学风日下。

(三)个性认知有待引导

由于社会上长期的错误观念,普遍意识中认同从事艺术之人必然要与众不同,从众心理的潜在效应也使进入艺术院校的学生在无意识中认同标新立异是艺术专业所必须具有的。因此他们不断在打扮着装和言谈举止上刻意与普通学生区分开来,出现了奇装异服、多彩发色,男生长发飘飘、不修边幅,女生着装怪异、不拘举止,不少学生认为这是个性,甚至认为这才是艺术修养,他们只追求回头率,不在意褒贬色彩。他们在强烈的个性与自我意识下蔑视共性,对传统美德失去认同与自觉遵循意识,我行我素,不顾及他人及集体利益,导致矛盾不断增加。

三、专业特性对学风建设的重要作用

针对这些问题,仅仅依靠规章制度进行单一的强制管理往往收效甚微,且容易导致师生矛盾。应充分发挥专业特性在学风建设中的重要作用,从专业出发,引导激发学生对于学习的兴趣与积极性,培养学生独立的人格和自由思想。

(一)以专业教师队伍建设引导学生树立健康的人生价值观

艺术类学生对教师的综合素质和执教能力具有很高的要求,而优秀的专业教师在学生的心目中的地位十分神圣,因而专业教师的言传身教直接影响着学生是否能形成健康的人生价值观。

在师资队伍的建设中,艺术类专业除了重视现有教师的为师意识、人格魅力和学术水准等方面的职业道德教育之外,还不断加大引进和培养高素质教师的力度;继续推进讲座课程化的建设,定时定期安排大师级人物为艺术类专业学生讲学和交流,营造浓厚的艺术氛围和学术氛围,形成国内外高水平和专兼职相结合既相对稳定又合理流动的教育、教学和管理队伍。在学风建设上,启动全员育人机制,尤其重视专业教师的育人作用,积极促成导师制,专业教师除了培养学生的专业技能外,还必须关注他们的文化学习、日常生活及心理状态,提出严格的要求,不断帮助学生树立积极向上的学习态度。

(二)以专业实践与展示提升学生对学习的积极性与主动性

艺术类学生的感知、认知能力和创造性思维的培养需要在实践过程中逐渐形成[2]。从专业特性的角度出发,艺术专业学风建设的重点就是要培养这部分学生对艺术专业的热爱,并鼓励他们为之付出努力,培养他们对艺术的赤诚之心,引导他们转变错误的思想观念。通过指导学生阅读,举办讲座,课堂欣赏相关影视等方式,广泛介绍历史上的伟大艺术家的生平,帮助学生认识艺术家的责任感和对人类文明历史的巨大贡献,明白一个艺术家肩负的时代的、历史的、社会的责任,激发学生以伟大艺术家为榜样,在为专业学习不断努力的同时,注重综合素质的培养。

同时,每月组织习唱会、习奏会,以全民参与的形式,为每一位学生创造展现自我的舞台,通过专业展示激发学生对于学习的自我意识与要求,引导学生积极投入专业学习,演出时邀请文化课教师到场观摩,增进相互之间的了解与沟通。激励专业教师开展师生音乐会,将各个小专业的学生融入一个团体内进行排练,发挥团队合作精神,使平时独立自我的练习过程转化过集体的共同活动,在人际交往中获得技巧。为学生创造平台,鼓励学生参加各类专业大赛,使学生在竞争中发现与弥补自身缺陷,不断提高学生的专业自信心。积极配合学院及社会团体参加各类社会实践活动,深入基层、走向社会、体验生活,使学生体会社会生活的快乐与艰辛,从而升华人生价值观。

(三)以专业情怀引导学生感怀人类历史深厚的文化底蕴

利用艺术赏析带来的情感体验,培养学生多情和善感的专业情怀,通过对艺术和相关文化活动、知识的认知、体验、思考等,使学生热爱生活、热爱生命、热爱大自然、热爱祖国、热爱校园、热爱一切美好的事物。

从事艺术活动的人,往往都情感丰富,容易产生情感的波澜并迁移到别的事物上。因此要培养并有效转移学生丰富的审美情感,通过大力开展读书、影展、现场观摩等活动,挖掘音乐等艺术作品赏析的人文深度,使他们能身临其境感受人类文化的深厚底蕴与悠久历史,广泛涉猎人类文化中优秀的作品,帮助他们打下雄厚的知识基础,建立复合乃至综合的知识结构,形成宽广的视野,锻炼他们的形象思维能力,使他们能在专业学习之余,感怀文化理论的博大精深,成为既是精通艺术的专才,又是综合素养较高的全才。每年开展艺术节活动,组织一系列文化知识讲座、竞赛、表演、观摩赏析等活动,使学生在培养审美的同时,养成良好的个性与品格,满足学生对真、善、美的需求,使其个性得到发展与完善。

(四)以专业审美端正并鼓励学生追求美的艺术境界

美的艺术能净化人的灵魂、完善人的道德标准。在专业学习与美学课程学习中,发挥艺术引人向善的作用,陶冶美的情操,形成高尚的审美观,引导学生懂得美的真谛,使他们懂得所谓的追求个性,并不是只在外表上下功夫,真正的个性是内在精神、气质、人格、品位的自然外露,只有腹有诗书,方能气质高雅、风度翩翩,只有热爱生活、关心他人,才能真正展现个人魅力,为他人所推崇,而所谓日常生活中不羁叛逆的个性往往只是缺乏内涵和深度的表现,和艺术也毫无关系。以社团文化的形式,将这一理念贯穿整个学风建设与教学过程中,通过一系列文化礼仪活动,学生切身感受到礼貌、仪态、谦虚等多种中华民族优良传统绵延至今的浓厚魅力。

在学风建设中,还应针对不同专业的不同个体,尊重、爱护和引导学生个性发展,不可千篇一律,允许并鼓励学生大胆质疑。同时要鼓励学生不断追求浪漫、美好的艺术境界,市场经济条件下的艺术,仍然应该具有艺术的感觉和气质,艺术创作活动永远是创作真正的艺术,而来不得半点商业的奸诈[3]。一方面,通过合理的职业生涯规划指导,引导学生对就业树立正确的态度,了解市场态势,有备无患。另一方面,要让学生了解艺术的纯粹性和高贵性,要用艺术发展史和艺术大师的榜样力量引导他们,让他们学会摒弃杂念,真正投入艺术创作中,懂得艺术之美。

同时需注重良好环境与浓厚文化氛围的建设,以优雅娴静的学习环境激发学生的思维活动,开设音乐欣赏室并不断完善欣赏室环境与设施,欣赏室内可收集世界各国有关的图书资料和各种多媒体资料,供师生查阅,各类杂志、音乐光碟收藏应丰富,学生可不限量使用。开展寝室美化大赛,组织琴房检查,美化各处走廊与专业教师及办公室环境等,不断营造系部浓郁的艺术氛围,努力营造安静、整洁、美丽、艺术、和谐的学习环境,使学生不断释放对美好世界的乐观情感,端正学习态度,形成良好的学习风气。

学风建设是艺术院校将长期面临的一项重要课题,面对不同专业的学生,要做到因材施教,发挥专业特性在学风建设中的重要作用,研究并挖掘不同专业特性与学风建设的内在契合点,重视专业教师的引导作用。通过激发学生在专业学习中的内在源动力,形成学习自信心,引导学生热爱社会、热爱生活、热爱学习,从本质上改善并逐步建立艺术院校专业学生的良好学习氛围。

参考文献

[1]　黑格尔.美学(第1卷)[M].北京:商务印书馆,1979.

［2］ ［古希腊］柏拉图.柏拉图文艺对话集［M］.朱光潜,译.北京:人民出版社,1983.

［3］ 王仁勇,蔡春红.高校艺术专业创新型人才培养略论［J］.学工论苑,2009(11):65-68.

［4］ 李晓峰.论艺术素养与人格构建［J］.美与时代,2010(3):24-25.

［5］ 刘子金.艺术专业学风建设新机制研究［J］.四川教育学院学报,2011,27(5):23-26.

艺术类专业学生职业信仰现状及改进途径

——基于浙江艺术职业学院的职业观调研[①]

胡卓群

一、职业信仰的内涵及重要意义

改革开放以来,社会经济的发展对人才水平要求不断增高,尤其是世纪之交对教育投入力度进一步加大,高等教育在世纪之交短短几年中进入大众阶段,艺术院校的报考也持续升温,毕业生人数与年俱增,出现"僧多粥少"的局面,就业形势日益严峻。学生就业问题已经得到高度关注,与就业密切相关的职业观教育也日益受到重视。一般认为,职业就是个人为社会服务并且以此作为主要生活来源的工作,而职业观就是人对某职业的观念、态度和看法的总和,职业观包括职业认知、职业情感、职业责任、职业规划等。

职业信仰是人们对自己所从事职业意义、规律、原则的极度信服和尊崇,并把它奉为自己的职业行为准则和活动指南的心理现象[1],它是人类信仰的重要方面,是职业观中的核心内容,在大学生的生命和职业旅程中扮演着不可或缺的重要作用。

职业信仰能使学生更好地认同核心价值。大学生是实践和传播核心价值观的重要主体。党在第十八次全国代表大会后明确提出了

---

① 本文发表于 2015 年 2 月《辽宁高职学报》。

社会主义核心价值观,是我们党凝聚全党全社会价值共识作出的重要论断。核心价值观所体现的丰富性与层次性,不仅与中国特色社会主义发展要求相契合,与中华优秀传统文化和人类文明优秀成果相承接[2],更重要的是创新性地凸显了个人的价值主体地位。职业信仰是个人力图通过自身的职业实践活动来确证自身本质的一种自为自觉的价值追求,当与个人的生存发展和利益得失联系在一起,或人们坚守的信仰可以带来实际的个人理想时,这种理想信念的认同率和接受性就会提高,其稳定性也会增强[3]。大学生通过对职业局部价值认同转化为对人类社会伦理道德和价值取向等方面的认同,从职业过程中的生命体验和感受逐步拓展为对普遍社会事件的认知,就能更好地认同国家社会的核心价值观。

职业信仰能使学生更快地明确职业志向。信仰对于大学生的学习和工作,具有极其重要的价值,理想的滑坡是最致命的滑坡,信念的动摇是最危险的动摇。只有心中拥有坚定的理想和信念,才能始终保持坚定、正确的方向。职业信仰的确立,使学生在情感上获得强烈支持,并在经历感情深入之后,具有理智上的坚信不疑,将其自身的义务性要求转变为职业生活的自觉追求,并持久地乃至终生不渝地起作用。在全社会树立起业业皆神圣、业业皆平等,敬业光荣、不敬业可耻的舆论氛围和制度环境[1],让个体怀着崇敬之心踏实做事,钻研业务,精益求精,精神有所寄托,给予学生确定的、清晰的职业志向,能更快地确立安身立命的职业根基。

职业信仰能使学生更有效地提升精神境界。作为价值观中最高境界的理念,职业信仰是能给予学生彰显自己生命能量,提升自身精神境界的家园。当今社会,职业与谋生的等同观念已经深入人心,职业已经简化为一个"劳动者"、一个工种,仅是通过劳动获得生活资料而已。如果把职业仅仅当成是谋生的工具,缺乏从真理、神圣性的视角上思考,缺少敬畏之心,那么这种精神状况是不利于个人、企业和社会发展的。职业信仰的超越性,能引导人们超越小我,着眼大我,从而升华自己的职业追求,从根本上影响人们的精神生活和社会生活,并超越物质生活而追求心灵的释放与回归,成为幸福的生活体验。

二、艺术类大学生职业信仰现状

艺术类大学生具有一般高校学生的共性,也有自己的特性。鉴于职业信仰的重要意义,为了能更准确地把握艺术类大学生的职业观现状,我们以浙江艺术职业学院为调研样本,对学生进行了不记名调查,本次调查共发放问卷 370 份,回收问卷 360 份,占问卷总数的97.3%,其中有效问卷 350 份,占回收问卷总数的 97.2%。职业信仰是个非常内化的情感意志与精神活动,我们根据艺术类大学生身心发展特点,结合召开座谈会及个别访谈的方式,从职业认知、职业情感、职业责任、职业选择、职业规划等方面,初步总结出艺术类大学生职业信仰的现况。

(1)职业认知清晰。职业认知是对职业的认识,是树立职业信仰的起点。调查显示,有 72.9% 的学生认同职业是"个人履行社会责任并得到社会认同的载体",66.3% 的人赞同每个有能力的公民,应该通过工作为社会作贡献。学生普遍意识到职业除了谋生之外,更重要的功能是实现人生价值,为社会作贡献。调研得知,他们对职业认知是清晰与正确的,也为确立坚定的职业信仰奠定了良好的基础。当然,在对家庭、职业、休闲活动等在人生中的重要性的调查中,仅16.3% 的学生认为职业是排在第一位,46% 的学生认为职业应排在家庭生活之后的第二位,甚至有 26.3% 的学生认为职业应排在家庭生活、休闲活动之后,这也意味着学生对职业认知的重要性的认识还不够,需要我们在今后的教育中加以强化。

(2)职业情感凸显。职业情感是人们对自己所从事的职业所具有的稳定的态度和体验[4],它是职业信仰形成的前提。只有怀揣强烈的职业情感,无限热爱自己的职业和岗位,才能从内心产生一种对自己所从事职业的需求意识和深刻理解,才能形成真正的职业信仰。"台上一分钟,台下十年功",艺术类大学生很看重自己的艺术特性和专业技能,对职业有强烈的情感,专业情结深厚,79% 的学生愿意选择与本专业相关的职业,也认为是与自身专业学习相关的职业是最应受到重视的职业之一,调查也显示艺术类大学生(戏剧、音乐、舞蹈、美术)的职业情感更甚。

(3)职业责任偏弱。职业责任即个人在职业活动中所应担当的特定职责,包括必须做的工作及必须承担的义务,是职业信仰的外在表现。一般来说,一个具有坚定职业信仰的人,都体现为具有较强的责任感。调查显示,尽管艺术类大学生的职业认知还算清晰,但一旦落实到具体的行为选择时,依旧有63.7％的学生认为职业是"赚钱的行动",谋生依然成为其职业选择的最主要动力。如果仅把职业看作是谋生的手段,那么在今后的工作中就可能缺乏冲劲和拼劲,就无法形成坚定的职业信仰,稍遇阻力便止步不前,得过且过,降低工作效能。

(4)职业选择务实。职业选择是个人对于自己今后岗位就业的类型、渠道的选择与确认,它能体现职业信仰的稳定性。调查显示,学生的理想职业分别是公务员(51.4％)、教师(48.8％)、个体经营者和企业家(36.8％)、律师(32％)和金融机构人员(30.5％),这与社会的影响是密不可分的。当然,在选择适合艺术类大学生的理想职业时,学生能够根据自己的实际情况进行微调,依次为教师(51.5％)、个体经营者和企业家(46.9％)、公务员(39.2％),而对于专业要求甚高的律师、金融机构工作人员,考虑甚少,体现学生能结合自身的具体实际进行有利于自身选择。如果未能到自己中意的单位就业,有69.4％的学生选择先就业,27.4％的学生愿意自己创业,有4％的学生干脆选择不工作。在回答毕业后就业地域时,即便40.6％的学生从理性上还是赞同"愿意在杭州地区以外缺乏人才的地方就业,发展机会更多",但是当真正选择"你今后愿意就业的地点"时,排序依次是杭州(84％),沿海地区省会城市(57.7％),国外或境外(48.9％),北京、上海、广州等特大城市(44％),沿海地区中小城市(32.9％),中部地区省会城市(10.3％),中部地区中小城市(7.7％),沿海地区农村(7.1％)。杭州及其沿海地区省会城市和国外或境外排名靠前。

(5)职业规划盲目。职业规划是指个人结合自身情况及眼前的机遇和制约因素,为自己确立职业目标,选择职业道路,确定教育、培训和发展计划等,并为自己实现职业生涯目标而确定行动方向、行动时间和行动方案[5]。在问及就业前景时,64.3％的学生表示乐观,

22.9％的学生表示不清楚,7.7％的学生表示悲观,另外4.9％的学生表示无所谓,他们的认识与当前严峻的就业形势产生偏差。当问及"您是否有明确的个人职业定位和职业发展目标"时,大多数学生的回答并不确定,"非常明确"的只有12.9％,这说明学生对今后就业的规划还比较模糊,人云亦云。

(6)专业差异显著。在调查中还发现,艺术类大学生的专业差异也显示在了职业观的差异性上。问及"面对就业现实,您选择的职业是"时,我们总结出两个"最",最想做教师的系是舞蹈系(92.5％),接下来依次是音乐系、美术系、戏剧系、文化管理系和影视技术系,艺术类大学生的教师情结明显超过非艺术类学生。最有创业意愿的系数是影视技术系(68.6％),接下来依次是美术系、文化管理系、舞蹈系、戏剧系和音乐系,可见非表演类学生的创业情结明显超过表演类学生。

三、艺术类大学生职业信仰教育的基本途径

面对艺术类大学生在职业信仰上体现的职业认知清晰、职业情感凸显、职业责任偏弱、职业选择务实、职业规划盲目及专业差异显著的现状,我们需要进一步加强职业信仰教育,从心理机制、学校教育与社会因素等方面入手,探讨艺术类大学生职业信仰教育的对策与途径。

(一)研究职业信仰形成的心理机制

心理认同是确立职业信仰的前提条件。信仰的形成是一个渐进内化的心理过程,它存在于人的内心,是与个人所接受的教育程度、人生经历,生活环境等密切相关的。它不仅仅是单纯的心理要素,更是调节和支配主体思想和行为的一种心理机制,处于统摄地位。信仰形成的心理机制可分为四个过程:一是相信,即相信自己所坚持的观念和行为方式的正确性;二是仰望,即对于高尚情操与意识形态的崇敬之情;三是敬仰,即自己不会亵渎,也不允许他人亵渎那些自身对于某种事物、精神发自内心的敬重之意;四是仰仗,即依靠这种观

念或行为方式获取实际的收益或内心的满足感[6]。

职业信仰形成的心理机制亦然,我们要清楚地认识到艺术类大学生所具有鲜明的时代特色和浓烈的时代气息,他们的主体意识、个性意识不断增强并表现出较强的逆反与叛逆;我们要认真研习和准确掌握心理学的方法,将心比心,以一种尊重、爱护的方式关心他们,以一个合作者、帮助者和发现解决问题者的姿态出现,在肯定他们勇于思考、敢于质疑的同时,充分利用调研成果,晓之以理、导之以例、动之以情,有效引导他们从认知职业开始,依次递进,充分领会职业情感、职业责任、职业选择的重要性,真正从内心去认可和信服,一旦由相信内化为仰仗,就能形成坚定无比的合金——职业信仰。

(二)创新职业信仰确立的学校教学

学校教育是确立职业信仰的重要环节,要加强和改进艺术类大学生的职业信仰教育,其主渠道还是高校思想政治理论课程的常规教学,同时要整合艺术实践的各种资源,有效地将职业信仰融入丰富的各类活动之中,具体包括以下几个方面。

(1)常规教学专业化。思想政治课作为常规教学的重要途径,需要从教学内容与教学方法上进行改革。思想政治课程的教学内容尽管涉及职业道德和职业法规,但阐释过于理论化和一般化,教材内容丰富性不够。因此需要对内容进行调整,形成以职业信仰为主线,包含有辨析职业价值,坚守职业责任,领悟职业道德及规划职业生涯几个方面的职业观教育,特别是构建以"崇道尊民、修身敬业、尚美精艺、致和创新、澡雪奉献"为主要内容的艺术工作者职业道德,使得教学更具有针对性。同时,我们需要从艺术类大学生已有的知识基础和生活经验出发,选择学生最熟悉、最感兴趣、最易唤起他们想象的典型事例,运用案例教学及作品研讨,锻炼学生的表达能力,提高学生明辨是非的能力,使其对职业信仰有更深刻的认识。

(2)实践教学常态化。我们要大力开展诸如职业素质拓展训练、模拟职场、毕业展演等职业信仰教育的实践活动,让学生走出课堂,走向社区、走向农村、走向社会。特别是毕业展演、文化走亲、文化下乡等活动,它们是艺术类大学生专业实践和择业就业的有机结合,是建立常态化的实践锻炼平台的典型。综合性的毕业展演既体现了多艺术门类的综合,又体现了各系之间跨专业的团结协作,表演类学生能够真切体会到"戏比天大"的艺术真谛,非表演类学生通过竞争上岗等方式"受聘"到剧组参与舞美设计、灯光、服装、造型、音响操控及海报设计、观众组织、信息发布等剧目宣传、策划和市场营销运作,掌握剧目生产的必要流程和环节,体会创作团队的默契协同,从而在实践中升华职业信仰。

(3)订单教学规模化。订单式人才培养模式,整合各方面的社会资源,结合专业艺术院团和艺术院校的优势,在教学过程中所建立起来的相关院团和学校之间良好的互动关系,能在培养过程中兼顾专业技能训练、舞台艺术实践和综合素质提升,是一种既有别于传统师徒制和戏班制,又不同于常规艺术教育模式的人才培养模式。他们让学生不光在校内可以开展实践,还可以深入社会和院团了解实际模式,增强技能学习,更早地融入社会,适应社会需求,达到应用型人才培养要求,为学生职业信仰的培育营造全真氛围。

(三)重视职业信仰培养的社会因素

社会教学相对于学校的常规教学,是影响学生职业信仰形成和发展的一切外部因素的总和,是职业信仰教育不可忽视的环节。

(1)高度重视家庭教育。家庭教育是所有教育的基点和起点,是学校教育的延伸和补充。职业信仰教育与家庭教育息息相关,家长是孩子最早的也是最好的老师,家长的言传身教,无论在生活、学习上,还是对职业认知和工作状态上,对子女的职业信仰的形成和发展至关重要。学校需要主动加强与家长的沟通和联系,家长也需自觉提升文化层次与觉悟,学校应和家庭合作,齐心协力将职业信仰培养工作做好。

(2)深刻认识新媒体。新媒体的普及对包括艺术类大学生在内的所有大学生都产生了颠覆性的影响,也对职业信仰教育带来了机遇与挑战。新媒体的特性,既能使教育者获取海量信息,创造丰富教学形式,增强教学时效,又能使受教育者催生认知的碎片化、娱乐化的游戏心态。我们要研究艺术类大学生好奇心重、喜欢接受新鲜事物的特点,适应时代发展要求,认识、接受、研究和利用新媒体,提升新媒体素质,充分利用互联网资源优势,激活学生的认知模式,丰富大学生信仰的情感体验,提供形式多样、内容丰富的教育学习资源,建立红色新媒体,放大正能量,用积极、健康的思想文化占领新媒体阵地,使信仰教育与新媒体有效地结合起来,进而增强信仰教育的实效性。

参考文献

[1] 任者春.敬业:从道德规范到精神信仰[J].山东师范大学学报:人文社会科学版,2009(7):82-86.

[2] 中共中央办公厅.关于培育和践行社会主义核心价值观的意见[N].人民日报,2013-12-24.

[3] 胡卓群.职业理想与青年党员干部理想信念的培育[J].吉林省教育学院学报(上旬),2014(6):127-129.

[4] 杨柳.人的全面发展视域下的职业文化建设[J].高等教育研究,2013(7):45-49.

[5] 刘雪冰.对国内外职业规划教育发展状况的思考[J].四川教育学院学报,2009(3):32-36.

[6] 田璇.新时期青年医生职业信仰的塑造[J].人力资源管理,2012(12):139-140.

艺术类高校信息技术教学的美育策略①

白云晖

　　高等院校的信息技术是一门必修基础课,是推进素质教育的重点课程。由于计算机技术、网络技术、多媒体技术的发展日新月异,学生原有的知识基础不一,信息素养参差不齐,因此在信息技术课的教学中出现了许多问题,比如,有的学生不爱听课,只想玩电脑,或者本应上网搜集资料却去聊天,等级考试合格但碰到实际问题时却束手无策或者完成的作品欠缺美感等。在充满文化气息的大学校园里,美育作为素质教育的重要组成部分,越来越受到大家的重视。通过美育可改善信息技术教学现状,促进信息技术教学,同时信息技术学科里所蕴含的许多美育因素,也有助于学校美育的开展。作者所在的浙江艺术职业学院是较有代表性的艺术类高职院校,这也决定了其学生群体的特殊性,他们的专业,包括音乐、美术、舞蹈、戏剧等都与审美有关,都是艺术的重要表现形式。审美教育能促进学生审美人格的全面完善,并有助于他们在艺术类专业方面取得更长足的进步。

一、美育的价值

　　美,是人类永恒的主题,追求美是人的天性。在到处充满着美的客观存在中,我们需要具备一定的主观条件,即发现美的眼睛、欣赏

---

① 本文发表于 2011 年 10 月《中国教育技术装备》。

美的能力及创造美的心灵,因此当今的教育应该重视美育的存在。

美育(aesthetic education)是一个历史的概念,是由德国著名诗人、剧作家席勒在 1795 年的《美育书简》中正式提出的。"美育"不是狭隘的"艺术教育",而是一种审美教育,一种美感教育,一种情感教育。美育是以美的观念、美的规律、美的内容、美的形式和美的力量培养和提高人对自然美、社会美和艺术美的理解、鉴赏和评价能力,养成高尚的审美情趣、形成健康的审美情操,并通过实践去欣赏美、发现美、表现美、发展美和创造美。美育具有四个特点:第一,美育具有形象性、可感性,这是由美的事物本身的特性所决定的;第二,美育具有激发性、想象性,这是由审美者本身在审美过程中所具有的想象力所决定的;第三,美育具有自觉性、独立性,它不能脱离审美者内心的愿望和要求;第四,美育具有共同性、普遍性,因为爱美是人类的天性。

美育对人类思维的发展、创造力的培养、审美能力的提高、人格的完善、寓教于乐的实现都有着其他教育无法比拟的效果,对学生的全面发展有着不可替代的作用,没有美育的教育是不完整的教育。

二、信息技术教学的现状与成因分析

信息技术是指人类对数据、语言、文字、声音、图画和影像等各种信息进行采集、处理、存储、传输和检索的经验知识及其手段、工具的总和。高校开设的信息技术课程(有的学校还沿用《大学计算机基础》的课程名称)是大学本、专科一年级学生的必修课,是一门公共基础课,具有很强的基础性和实践性,是一门将知识传播、能力培养、素质教育融于一体的课程。课程的教学内容除了常规的计算机基础理论知识外,还介绍了 3 类应用软件:Windows 操作系统;办公软件 Office(包括 Word,Excel,Access,PowerPoint,FrontPage);互联网(包括 Internet Explorer,Outlook Express),培养学生网上浏览、电子邮件、下载软件、网上交流等能力。

课程设计的目的是培养学生的信息素养,熟练掌握计算机的基本操作技能,具有使用信息工具和信息资源的能力,包括获取信息、识别信息、加工信息、传播信息、应用信息和创造信息的能力；使学生熟悉信息化社会中的网络环境，为自主学习、终生学习，以及适应未来工作环境奠定良好的基础。在网络时代、新媒体时代，这是一门必修课。

浙江艺术职业学院是一所艺术类高职院校，作者在该课程10余年的教学中发现存在的问题主要表现在以下几个方面。

（1）浙江省教育考试院设置了高校计算机应用能力等级考试，以此来检验大学生计算机应用能力的掌握情况。因此，本课程基本围绕着考点相关内容展开，考什么教什么。这样，课程的教学模式研究着眼点在于如何把它作为一门课程来上好，尤其对于艺术类学生而言，该课程的终极目标是通过等级考试，从而忽视了信息技术课程本身的特殊性，从而造成了目前信息技术课就是学习软硬件知识的普遍现状，甚至有些学生认为开设信息技术课只是因为它是必修课，要考等级，是为了"过"而不是为了"用"，这完全成了一种新的"应试教育"。

（2）高中阶段已经开设了信息技术课程，但在部分农村中学还缺乏开展信息技术课程的软硬件条件，更重要的是在高考指挥棒下，非高考科目的信息技术课程教学也容易被忽视，其往往成为学生们自我放松、自我调节的一种手段。各地经济发展不平衡，社会和家庭提供的信息技术环境不同，学生个人的兴趣、爱好的差异，导致学生信息技术基础不一致，信息素养参差不齐。

（3）信息技术课程同其他学科的整合不尽如人意，学生在大一通过了等级考试，但是在大二、大三需要完成专业课程的一些PPT汇报、撰写毕业论文等任务时依然无从下手，这也反映了现在学生信息技术素养还不够，信息技术应用水平缺乏。

（4）信息技术课堂远没有网络游戏、聊天对学生的吸引力大，信息技术课堂上学生厌学现象严重，教师和学生对信息技术的看法严重冲突。信息技术课的开设对激发学生兴趣、提升学生信息素养的作用不大。

（5）国内虽然有不少人特别是一线教师提出过信息技术教学模式改革，但对艺术类学生如何进行信息技术教学，如何利用信息技术对学生进行信息素养的培养,还缺少普遍意义上进行推广的经验和方案,也缺少这方面的实证研究。

(6)随着互联网的日益普及,在作者所在的学校,几乎所有的学生都上过网,上网的主要内容是聊天、玩游戏、购物、看影视剧,另外就是看新闻、收发电子邮件,有部分学生能使用搜索引擎查阅所需内容,有自己的个人主页或空间。网络环境下学生的信息技术教育不仅来源于学校课堂,还来源于社会,信息技术教育比其他学科更容易受到社会各个方面的影响,部分学生能赶上时代发展的潮流,具备信息时代应有的意识,把信息技术作为一种学习、生活的工具。但同时大部分学生对信息的查找、处理和鉴别能力的提升缺乏正确的引导,从而阻碍了学生利用信息工具进行提取信息、获取知识能力的进一步提高。

(7)艺术类学生用计算机工具创作多媒体作品时,无论是文字的排版还是图片的处理,普遍缺乏美感,这和他们拥有的艺术表现技能不符合。

三、艺术类院校信息技术教学的美育实践

网络环境下的信息技术蕴藏着极其丰富的美育因素,新媒体时代的信息技术是一个充满生机和魅力的学科,信息技术的美的形态具有多样性,如形状美、结构美、色彩美、节奏美、声音美等。作为信息技术的教师除了具备较丰富的专业知识之外,还应学习相关的美学和美育的基本理论知识,培养审美能力,提高审美修养,不仅仅要把相应的信息技术知识传授给学生,更应从教学内容和教学形式中充分挖掘信息的美学因素,通过美的情感、美的言辞、美的理性、美的结构、美的气质等展现出信息技术美的特征和美的意境,不但使学生在学习中掌握信息技术的知识和能力,而且培养出他们健康的审美情趣,发展其审美能力。将强调理性和逻辑性的信息技术课与强调感性和形象性的美育相结合,必然能扬长避短,既可避免课堂的枯燥无味,顺利传授学科的知识,又能激发学生学习信息技术的兴趣,提高他们欣赏美、创造美的能力,还能从情感上与学生进行及时的沟通并加以引导,加强信息伦理教育。

在信息技术教学中融入美育,并不是要求教师把信息技术课上成美育课,而是要求教师根据学生的审美生理、心理特点,通过审美媒介提供的知识信息,借助于一定的表达方式与表现形式,达到寓教于信息技术知识中的目的。以美的法则来进行教学设计,如教学目标和谐美、教学内容整合美、教学过程变化美、教学策略科学美及反馈过程互动美等。在把握信息技术学科美的基础上,鼓励学生充分展现个性美。

(一)分析教学对象特点

艺术类学生作为一个特殊的学生群体,他们的个性特征比较鲜明,思维活跃,想象力丰富,接受新事物快,对与专业相关的知识很感兴趣。他们重视专业课而轻视文化课,文化素质相对较低,在一定程度上也会影响他们对艺术作品的感悟、分析和理解,使专业的学习和发展受到一定的制约。此外,不少艺术类学生天性自由、散漫,不喜欢按部就班坐在教室里学习文化课。

信息技术的教学课时不多,教师应在有限的课时中既能激发学生的学习兴趣,完成教学任务,又能促进学生信息素养和信息能力的提高,而不仅仅是完成应试式的课程教学。

(二)设计和谐的教学目标

(1)掌握教学大纲及等级考试所要求的教学内容。

(2)初步掌握实现形式美的方法,提高学生的审美情趣。

① 了解形状美、结构美、色彩美、节奏美、声音美的规律。

② 识别文本和图片信息的结构化、形象化处理是否恰当并具有美感。

③ 学会在 Word、PowerPoint、FrontPage 中进行文本和图片信息的结构化和形象化的处理。

(3)培养学生自主学习、互相协作的能力,激发学生学习信息技术的兴趣。

① 通过学习和实际操作,培养学生的实践能力、创新能力、想象能力。

② 培养学生的交流和评价能力。

(三)重构教学内容

(1)增加一定的审美知识和美学规律的教学内容。

美学的基础知识和规律是美育的基础,在分析教材教学内容的基础上增加相关的美学知识,如形式美的概念:形式美是指自然、社会、艺术中,各种形式元素的有规律的组合;设计的四大原则:亲密性、对比、重复、对齐;结构法则:单纯齐一律、对称均衡律、协调对比律、比例律、节奏韵律和多样统一律;颜色的互补色、三色组、分裂互补三色组、类似色运用规律;字体的协调、冲突、对比设计等。

(2)设计一些实用的、和学生的专业背景相关联的作业案例。

在案例的分析和作业的设计上充分考虑学生的兴趣点,从舞蹈的队形排列、动作搭配、戏剧身段、形体、姿态,服装及脸谱的色彩设计,音乐的节奏和音色的和谐,画面的形状结构布局等切入文本和图片信息的结构化和形象化的美感分析,选择个人简历、舞蹈作品汇报、音乐作品介绍、戏剧剧目展示、美术作品分析等作为 Word、PowerPoint、FrontPage 的作业主题内容,使学生把信息技术的形态美和他们所学的艺术类专业课程结合起来,应用信息技术的手段来展现艺术美,增加兴趣和实用性。

(四)选择恰当的教学媒体,运用美来驱动教学,创造美的氛围

教学媒体的设计是渗透美育的信息技术教学设计的重要组成部分。通过互联网平台,搜集丰富多彩的多媒体信息,借助图片、音乐、视频等直观的形象,美妙的图画,艳丽的色彩,动听的音乐来构建课堂氛围,在"视"中感受形象美,在"听"中感受音韵美,在"想"中感受

意境美。也可采用鲜明的美丑对比,来激发学生强烈的审美意识和学习热情。

(五)运用最优的教学策略

(1)像上设计课一样上信息技术课。

(2)通过作品展示来增加学生的成就感,是激励学生学习的强大动力,是影响学习效果的重要的情感因素。

(3)学生点评和教师点评相结合,构筑良好的学习交流互动平台。

四、结语

爱因斯坦说过:"只教给人一种专门知识、技术是不够的。专门知识和技术虽然使人成为有用的机器,但不能给他一个和谐人格。最重要的是人要借着教育获得对于事物和人生价值的了解与感悟。"渗透了美育的信息技术教学更具形象性、愉悦性、情感性和创造性,使学生身心愉悦地掌握知识、发展情感、训练技能,获得素质的全面提高。

作者的研究结果与教学实践表明,渗透美育的信息技术教学可以激发学生学习信息技术的浓厚兴趣、有助于学生信息素养的形成与提高,提高了信息技术教学质量,激发了学生的想象力和创新能力,提高了学生制作有美感作品的能力。

参考文献

[1] 张笑梅.当代高校的美育困境和出路[D].济南:山东师范大学,2008.

[2] 闫欢.新媒体视阈中的大学美育与媒介素养教育研究[J].现代传播,2008(2):137-138.

〔3〕 童晓娟.美育在高中信息技术教学中的渗透〔D〕.济南:山东师范大学,2006.

〔4〕 安建龙.基于网络的高校信息技术教学改革与实践〔J〕.济南职业学院学报,2007(4):63-64.

〔5〕 叶碧.论高校美育与和谐人格的关系〔J〕.教育纵横,2007(2):72-74.

〔6〕 杨昕卉.高师院校大学物理教学中的美育研究〔D〕.长春:东北师范大学,2006.

〔7〕 史晓燕.试论高校教育中的美育构建〔D〕.武汉:华中师范大学,2008.

解读新时期中职学校德育工作体系的新内容[①]

陈　毅

《国家中长期教育改革和发展规划纲要(2010—2020 年)》指出,坚持德育为先,立德树人,把德育渗透于教育教学的各个环节,贯穿于学校教育、家庭教育和社会教育的各个方面,切实加强和改进未成年人思想道德建设。同时,教育部在《中等职业学校德育大纲》中也明确提出,中等职业学校必须把德育工作摆在素质教育的首要位置[1]。针对新时期中职教育不同于此前职业化精英教育的大众化特点,中职学校应牢固树立"德育为先"的办学理念,针对中职学生的特点,探索新时期中职学校德育工作的基本规律,增强德育工作的针对性、实效性,努力构建中职学校德育工作新体系,才能进一步推进中职学生全面协调可持续发展。

一、新时期中职学校德育工作的任务

教育的根本目的是培养什么人与怎样培养人,教育工作自始至终都是不断为学生着想、为学生服务的过程。相对于本科和大专教育来说,中职教育更应以生为本、德育为先,这是构建和谐校园、促进学生健康成长成才的基本要求。

---

① 本文发表于 2013 年 5 月《长春教育学院学报》。

（一）立德树人是中职学校德育工作的根本

著名教育家陶行知曾指出："先生不应该专教书，他的责任是教人做人；学生不应当专读书，他的责任是学习人生之道。教师的职务是'千教万教，教人求真'；学生的职务是'千学万学，学做真人'。"从中不难看出，他将"教人做人"作为了"传道授业解惑"和"求知求学"二者结合的根本任务，而德育是树人的根本。

然而，在社会实用主义盛行、学生家长认知模糊、职业教育技术突出和专业教育定位单一等多种原因下，我国学校德育工作的目标在突然与应然之间存在较大的距离。特别是我国的职业教育，存在职业化教育过早、过急、形式过于单一的实际问题。中职学校的德育工作长时间游离于主体教育的外围，从而使中职学生的工具理性和实践理性过强，人文素养不高。中职学校德育工作只有立足于学生的全面发展和健全人格的塑造，坚持以德树人、以生为本的理念，完全转变重技能的"职业培训"的观念，克服僵化保守的"机械化"单一培养模式，从学生全面协调可持续发展和服务社会主义现代化建设的根本任务出发，致力于培养道德高尚、身心健康、全面和谐发展的"四有"新人，来推进学校的德育工作。

（二）重塑养成是中职学校德育工作的关键

由于每个学校所处的历史文化背景和拥有的校内外资源不同，每个学生所具有的个性和特性存在差异，因此某学校教育的逻辑出发点应该是该校及其学生的现实起点，德育工作更应从校情和学情出发。中职学校与普通中学因育人目标和生源的不同，要走养成教育之路，重塑与养成部分学生的习惯与习性是其中关键所在。

第一，从新时期中职学校的实际情况来看，一些中职学校的师资配备和导向基本是"重教弱育""尚武轻文"，再加上中职学校的角色定位还未从其原有的母体中扭转过来，势必导致一些中职学校在德育方面的式微。第二，从生源情况来看，由于特殊家庭环境和家庭教育的影响，以及现时中职的教育对象年龄小，入学成绩比较差，学科基础相对较弱等因素，个别学生存在自信心不足的自暴自弃或自以为是的实用主义倾向。有些学生由于父母离异,从小缺乏关爱,有些学生由于父母从小对其期望过高,而把父母曾经的愿望或理想强加给自己,这些原因很容易造成学生自暴自弃。第三,中职学校的路径依赖和交叉传染现象相对比较严重。刚入校的世界观、人生观还未确立的中职学生很容易被行为习惯不好的老生影响。如何重塑和养成部分中职差生的良性心理,让他们先成人,是目前学校德育工作的关键。否则,无论是素质教育,还是文化教育,无论是培养技术人才,还是培养艺术人才,都可能是空谈。

纵观近几年因家庭教育缺乏,家庭或学校的教育跟不上社会发展需要,德育教育的力度不够,学生自身修养意识不强,受外界庸俗文化,特别是网络影视中的伪文化影响较大等消极影响,中职学校承担德育工作的任务艰巨。

二、新时期中职学校德育工作的内容

根据当前中职学生的思想道德现状及中职学校德育教育中存在的问题,学校、教师在对学生实施德育的过程中必须从中职生的最近发展出发,以生为本,结合学校实际,构建具有中职特色的德育内容体系。

(一)融入生活的德育

传统的德育是以"圣人先贤"作为理想样板去引导人学习向上的,往往脱离日常生活的平凡人或平凡世界,遥不可及。当前德育教育往往与现实生活脱节,一面是教师向学生灌输抽象的"品德",一面是学生对此的不屑一顾。生活的德育就是将品德教育与生活教育、家庭教育有机结合起来,让中职学生在日常学习和生活中感受社会、家庭和学校的温暖并身体力行做应该去做的事。这种生活化、常态化的德育方式,其实是一种隐性的教育路径,将显性的教育方式融于日常生活中,以达到润物细无声的目的和效果。

(二)走近生态的德育

人从自然中来,理应到自然中去感受大自然的美和爱。一方面,可以组织中职学生到接近"原生态"的乡土中国去参加社会实践,在实践活动中回归自然;另一方面,引导中职学生学会保护大自然,爱护校园里的一草一木,也可以让学生亲手栽下成长树、校友林并用心去呵护。以此转变某些中职学生不正确的自然观、世界观、价值观、人生观,树立和谐的自然观。从人与自然相互依存、和睦相处的生态观出发,启发、引导学生为了人类的长远利益,从身边的小动物或植物出发,养成保护环境、热爱自然的道德行为和习惯,让学生通过爱自然而推己及人。

(三)体现关怀的德育

品德构建是知情意行相统一、内在与外在相一致的动态激励过程。关怀的德育主要是通过教师的爱去影响和教育中职生。教师要把关怀作为德育的内在要求,去关注学生的情感世界。教师不但要成为课上的师者,更要成为学生课下的朋友,在教与学、课上与课下的交流及沟通中去关怀自己的学生。对于那些生长在留守家庭或单亲家庭里缺乏父母关爱的学生,教师更应多关注他们的成长,关心他们的学习和生活。而且教师的"榜样"力量是巨大的,富有成效的道德教育本身就是在模仿中学会关怀。在关怀他人的体验中,学生会获得许多有益的东西。

(四)渗透智慧的德育

知性即德性是一个哲学命题,也是一个德育课题。将德育与智育统一起来具有重要意义。德育的任务是要把社会意识内化为学生的思想品德,才能转化为学生的道德认知和行为准则。这就要有一个体验和认同的过程,如果在智育教学中贯穿德育,既能增长学生的知识,又能提升学生的品德。另外,在德育过程中也需要智育的支撑。因为只有理解的东西,才会认同并践行之。完整的德育应该是智德统一的,而不是相互分离的。通过智慧的德性教育,树立中职学生的是非观、荣辱观、公平正义观,让他们在明晰什么是对的、美的、公正的基础上,将知性内化为品德,外化为行动。

德育要从中职学生的实际出发,注重发挥教师的主导作用,重视教育的社会功能,着眼于学生的发展,在天、地、人的和谐统一中渗透德育理念、德育内容和德育目标。以中职生的全面协调应用发展为依归,以立德树人为根本宗旨和任务,在发现学生的价值、发掘学生的潜能、发展学生的个性的同时,引导学生理解生活的真正意义,达到潜移默化的教育效果。

参考文献

[1] 马思援.中等职业学校必须把德育工作摆在素质教育首要位置[N].中国教育报,2004-10-29.

[2] 中华人民共和国教育部.教社政〔2005〕11 号 关于整体规划大中小学德育体系的意见[Z].2005.

[3] 邵晓枫,廖其发."以学生为本"教育理念内涵的解读[J].中国教育学刊,2006(3):3-5.

[4] 龚润恩.中职德育要让自暴自弃的孩子昂首挺胸地走向社会——访中国职业技术教育学会德育工作委员会副主任蒋乃平[N].中国青年报,2009-2-9.

[5] 马庆杰.中等职业学校学生问题与教育对策[J].新课程研究:职业教育,2008(7):174-175.

[6] 包玉琴.德育观念也要与时俱进[J].教育探索,2003,(3):77-79.

[7] 班华.现代德育论[M].合肥:安徽人民出版社,1996.

[8] 储培君.德育论[M].福州:福建教育出版社,1997.

全国大学生艺术展演对高职艺术
教育理念与教育观念的影响[①]

周应中

《学校艺术教育工作规程》(教育部 13 号令)规定:"每三年举办一次全国大学生(包括高等职业学校的学生)艺术展演活动。"据此,自 2004 年以来,我国已经成功举办了三届全国大学生艺术展演活动(以下简称"大艺展"),大艺展成为国内目前规格最高、规模最大、影响最广的大学生艺术盛会。"规格最高"主要体现在每届大艺展均由教育部和省级人民政府主办,前三届大艺展分别由教育部和北京市政府、教育部和江苏省政府、教育部和浙江省政府联合主办,中央财政专门给予经费支持。"规模最大"主要体现在大艺展的参与面广和项目齐全,三届大艺展的全国高校参加率分别达 88%、80% 和 93%,从第一届大艺展开始就设置了艺术表演类、艺术作品类和高校艺术教育科研论文等项目,其中艺术表演类涵盖声乐、器乐、舞蹈、戏剧等,艺术作品类涵盖绘画、书法、篆刻、摄影、雕塑、陶艺、工艺设计、DV 作品等。"影响最广"主要体现在大艺展宣传力度大,受到社会各界的广泛关注。

当然,这样评价大艺展的影响力,只是站在一般意义角度上的。事实上,我们认为,大艺展的影响力是多维度、多方面、多层次的,并且它对不同层次和类型的高等艺术教育的影响力也是有差别的。鉴于此,我们开展关于大艺展对高职艺术教育影响力的实证研究,并加

---

① 本文发表于 2014 年 4 月《艺海》。

以分析和讨论。研究认为,对高职艺术教育而言,大艺展虽然只是实践教学和成果展示的一种形式,但它对教师和学生的教育理念和社会各界人士的教育观念都产生了一定程度的影响,从而促进了高职艺术教育教学改革,增强了学生在教学活动中的主体意识,提升了高职艺术教育的吸引力。

一、高职艺术教育理念与教育观念

高职艺术教育的理念与教育观念是什么?这是开展本研究第一步应该明确的,是课题研究的逻辑起点。教育理念与教育观念本身是教育理论与实践研究领域中两个既常用又重要,既相联系又有区别,且会紧随高职艺术教育发展而与时俱进、变革更新的概念,因此我们通过综合相关研究成果,并听取专业研究者的建议,将高职艺术教育理念与教育观念进行了归纳。

(1)教育理念对教育活动具有强有力的导向功能。对教育理念的本质内涵有多种界定,比较有代表性的,如陈桂生认为:"教育理念是关于'教育的应然状态'的判断,是渗透了人们对教育的价值取向或价值倾向的'好教育'观念。"[1]高职艺术教育理念是教育理念在高职艺术教育领域的具体化,主要包括以下四个方面:① 育人为本理念。教育的根本任务是培养人,高职艺术教育要坚持把学生作为教学过程中的主体,作为深化人才培养模式改革的关键,要充分尊重艺术人才的成长规律,促进学生全面发展与个性和谐。② 德艺双馨理念。艺德修养程度高低始终是决定社会与观众认可和尊重艺术工作者与否的因素之一,高职艺术教育要坚持以教育德,提高学生的人文素养和人文品格,培养德艺双馨的高素质高技能人才。③ 强化实践理念。艺术教育的特殊性在于不仅要求学生从美学高度把握艺术,更集中体现为学生以体验的方式从艺术活动和艺术作品中领悟艺术的真谛,与艺术深度接触,深化艺术实践,因此,高职艺术教育要坚持实践取向,创新实践模式,提高学生的专业能力。④ 提升素养理念。艺术是人类审美追求的高级形式,是人文思想和文化精神的集中体现,即使是专业艺术教育,也必须走出技能教育的"死胡同",把培养学生对艺术的感受、体验、评价、想象和能动创造能力作为最高目标，切实提升学生的艺术素养。

（2）教育观念是指人们对教育活动的总体意识和概括形象。比较而言，教育观念的理性、深刻性和概括性不如教育理念，但教育观念比教育理念更具广泛性、群众性和社会性。高职艺术教育观念是教育观念在高职艺术教育领域的具体化，主要包括以下四个方面：① 价值观念，指对高职艺术教育的意义、价值等的看法。② 环境观念，指对高职艺术教育发展的政府支持力度、行业需求情况及社会重视程度等的看法。③ 改革观念，指对高职艺术教育应进行哪些改革创新、采取哪些举措，以及对改革创新的满意度和其他相关问题的看法。④ 发展观念，指对高职艺术教育发展的信心、信念及发展前景等的看法。

二、调查过程和结果

关于大艺展对高职艺术教育理念与教育观念的影响力的研究主要是通过问卷调查进行的。其中，教育理念属于"价值"范畴，并不仅仅局限于理论层面，而是以一种鲜活、具体、具有可操作性的形式内蕴于教师及学生的教育实践中的，因此，我们将有关大艺展对高职艺术教育理念的影响的问卷调查对象设定为参加过大艺展的高职艺术院校的教师和学生；教育观念属于"事实"范畴，广泛存在于教育的利益相关者之中，因此，我们将有关大艺展对高职艺术教育观念的影响的问卷调查对象设定为高职艺术院校的学生家长及社会人士。

明确了问卷调查对象之后，我们将高职艺术教育的四个主要理念和四个主要观念具体化为测评指标问题，每一个理念（观念）都设计了四个问题，最终编制形成了两套问卷，分别适用于教师和学生、学生家长和社会人士。测评指标问题统一采用"大艺展影响你更加重视（认为）……"的句式，每一个测评问题的核心要素详见表1。问题的回答采用"五级制"反映答卷者受影响的程度，其中"F5"表示"很强"，"F4"表示"较强"，"F3"表示"一般"，"F2"表示"几乎没有"，"F1"表示"不如从前"。

表1 对高职艺术教育理念与教育观念影响力测评问题的核心要素

理念/观念		测评核心要素	测评对象
高职艺术教育理念	育人为本理念	① 学生的主体地位 ② 学生的身心健康与和谐发展 ③ 学生就业 ④ 学生今后发展需要不断更新艺术知识和技能	教师和学生
	德艺双馨理念	⑤ 学生的全面发展 ⑥ 教学和实践中的艺德教育 ⑦ 学生的职业道德发展 ⑧ 学生的专业能力培养	
	强化实践理念	⑨ 关注艺术行业市场人才需求情况 ⑩ 学生的艺术实践 ⑪ 学生到艺术行业单位实践实习 ⑫ 教学内容和方法要与艺术行业变化相结合	
	提升素养理念	⑬ 学生对人文课程的学习和艺术素养的提高 ⑭ 提高学生的职业理想素质 ⑮ 培养学生的想象力 ⑯ 培养学生的创新素质	

续表

理念/观念		测评核心要素	测评对象
高职艺术教育观念	价值观念	① 高职艺术教育在社会文明发展中具有重要作用 ② 高职艺术教育在学生人生发展中具有重要作用 ③ 高职艺术专业教育毕业生会有较好的就业前景 ④ 学生接受高职艺术专业教育是不错的选择	学生家长和社会人士
	环境观念	⑤ 政府大力支持高职艺术教育发展 ⑥ 社会十分关注高职艺术教育发展 ⑦ 媒体十分重视对高职艺术教育的宣传 ⑧ 家长们十分关注高职艺术教育发展	
	改革观念	⑨ 高职艺术教育的改革创新取得了不错的成绩 ⑩ 高职艺术教育必须进一步深化改革 ⑪ 改革创新提升了社会对高职艺术教育的良好形象 ⑫ 高职艺术教育的学生应更多地参加表演或展示实践	
	发展观念	⑬ 社会比较满意高职艺术教育发展现状 ⑭ 高职艺术教育会有良好的发展前景 ⑮ 自己对高职艺术教育的印象更好了 ⑯ 关注高职艺术教育的发展趋势	

　　我们在三所参加了第二、三届大艺展的高职艺术学院发放了有关大艺展对高职艺术教育理念影响力的不记名调查问卷,后随机选取了 60 名教师和 120 名学生的有效答卷进行了统计。统计发现,在对 16 个问题的回答中,选择 F5、F4 或 F3 的频数(人次)加起来全部

超过或等于50,其中有9个问题的回答,仅选择F5或F4的频数(人次)加起来就超过50。由此可见,绝大多数教师认为大艺展对高职艺术教育的四个主要理念产生了较大影响,使他们更加重视学生的专业能力和艺术素养的提升,更加重视强化学生的艺术实践和创新素质的培养,更加重视学生的身心和谐发展。对120名学生的问卷调查和对60名教师的调查结果基本相同,与教师对大艺展的看法有很强的一致性。

我们面向这三所高职艺术学院的一些学生家长和第三届大艺展中参观展演的一些社会人士发放了有关大艺展对高职艺术教育观念影响力的不记名调查问卷,之后随机选取了120份有效答卷进行了统计。统计发现,大艺展得到大多数学生家长及社会人士的充分肯定。大艺展对他们的高职艺术教育观念产生了一定影响,使他们对高职艺术教育的印象更好了,他们对高职艺术教育的发展前景充满了信心和期待。

三、分析和讨论

(一)大艺展促进了高职艺术教育教学改革

举办大艺展是一项制度创新,大艺展作为高职艺术教育领域的一大盛事,本身具有诊断教育情况、激励教育热情、区分教育水准、指引教育改革和提高教育效果等教育评价功能。大艺展强调德艺并重,既是舞台(展览)上的专业展示,又是体现素质和精神面貌的德育成果,它推动了高职艺术教育理念的创新。大艺展为学生提供了一个强化训练和拓宽展演的平台,展演前一系列有目的、有步骤的集中训练,促进了"以赛促教""以赛促学"机制的成熟。各高等艺术职业学院参加大艺展时,自觉将大艺展当作一面镜子,评判自己的教学质量和水平,透视高职艺术教育发展中的问题,并以此反观教学,进一步推动教学观念转变、教学内容更新、教学方法改革和课程模式及教学体系优化,深化了高职艺术教育教学改革。

（二）大艺展增强了学生在教学活动中的主体意识

大艺展并不仅仅以开展全国性展演为最终目的,而是在注重办好现场集中展演环节的同时,把机制建设的重点放在对校级展演和省级展演的引导上。这样,大艺展既能关注优秀个体,又能面向全体,尽可能覆盖到每个专业、每位学生。很多高校都做到了"每个学生参加一项艺术活动"的要求,我们所调研的高职艺术学院皆是如此。学生的展演表现受专业知识、技能、艺术素养、综合能力、心理素质等诸多方面的影响,因此,各级展演促使学生不仅要进行扎实的专业训练,还要努力锻炼和提升综合素养和能力。在这一过程中,学生加深了对专业教育乃至整个高职艺术教育的理性认识,增强了自己在教育教学活动中的主体意识,提高了主观能动性。主体意识和主观能动性的增强,能够帮助学生拓展想象力,激发创新热情。同时,每一届大艺展都确立了鲜明突出的主题(第一届以"弘扬民族精神,肩负神圣使命"为主题,第二届以"我和祖国"为主题,第三届以"青春·使命"为主题),育人导向明确,育人功能突显,大艺展成为大学生自我成长、自我提高的有效途径。

（三）大艺展提升了高职艺术教育的吸引力

作为国家级的展演活动,大艺展首先引发了各级政府和教育主管部门对艺术展演的高度重视,推动了政府和高校切实履行发展高职艺术教育的职责。大艺展的宗旨和内容表达出的传播先进文化、弘扬民族精神、建设健康校园文化的导向,受到社会各界的广泛认可。大艺展经过连续三届历练,影响力已经基本超越"注意力模式",并且提升到"影响力模式"。在大艺展的推动下,高职艺术教育在社会文明进步中的重要价值赢得了社会的认可和支持,大学生积极向上的精神面貌给公众留下了非常深刻的印象,高等艺术教育的价值、环境、改革和发展等观念得到全面改善。高职艺术教育作为高等艺术教育中的重要部分,其发展环境氛围同样得到改善,吸引力得以提升。

参考文献

陈桂生."教育学视界"辨析[M].上海:华东师大出版社,1997.

基于项目管理的班级管理思想浅论[①]

沈　飞

所谓项目管理,就是项目的管理者在有限的资源约束下,运用系统的观点、方法和理论,对项目涉及的全部工作进行有效的管理。即从项目的投资决策开始到项目结束的全过程进行计划、组织、指挥、协调、控制和评价,以实现项目的目标。项目管理的应用从20世纪80年代仅限于建筑、国防、航天等行业迅速发展到今天的计算机、电子通信、金融业甚至政府机关等众多领域。目前在国内对项目管理认识较深,并要求项目管理人员拥有相应资格认证的主要为大的跨国公司、IT公司等与国际接轨的企业。

众所周知,高职院校的学生是高校录取的第三批,而艺术类的高职院校生源更加具有特殊性。艺术类的学生喜欢张扬自己的个性,比较感性,性格外向,正是这样的一种性格,使得他们显得尤为活泼、好动,管理的难度也较大。如何管理这些学生?作者从工作第一年起就开始思考这一问题。以前的管理大多是民主集中制,依托班委的力量,但是后来发现这样的方法不能很好地进行管理,有时候对班里的情况不能及时地了解,出现班委之间互相推诿的情况,一直也没有更好的方法来解决这些问题。

后来借鉴项目管理的思想,与班级管理相结合,利用各种资源,运用系统的观点、方法和理论,对班级管理涉及的全部工作进行有效梳理。从具体班级事务的决策到单个目标的实现,对整个过程进行

---

① 本文发表于2013年11月《无线互联科技》。

计划、组织、协调、控制和评价。做起事情来感觉比以前顺畅多了，调动了每个班级成员的积极性。这样的管理方式应用于班级管理中，我认为有以下两个方面的优势。

一、有利于完善班主任负责制

班主任负责制的实行大大调动了班主任的积极性，加大了班级管理的自主权，为涌现一些特色鲜明的班级提供了体制保证。但是也存在一些弊端。由于班主任掌握班级各项权力，什么都由班主任说了算，由班主任做决策，那么其科学、合理的决策就成为班级发展的关键。班主任一个人的能力和精力毕竟有限，可能导致决策的失误。

作者认为项目管理的理念应用在班级管理中，可以有效地防范因权力过于集中而导致的决策失误，毕竟一个良好的班级氛围对学生的成长成才具有很大的影响。班主任可以把一些重要工作作为一个个项目，通过"认领"的形式，分解给几位学生共同去完成，这既可以增加工作的透明度，又能体现民主参与的精神。此外，这样可以发挥学生工作的积极性、能动性，使最适合承担这一项目的学生发挥作用。因为班级的每位学生都有自己的专长，每位学生都有自己喜欢的课程或者学习方向，因而发挥"专长"学生的作用，会使工作实施过程更顺利，结果更完善。

项目管理的理念应用在班级管理中，改变了现行管理模式中"只重视班主任、学生干部"的做法。只要有能力，每位学生都可以承担一个或几个项目，都有机会展示自己的才能，充分发挥全班学生的积极性、能动性，培养、训练他们的策划、组织、协调、沟通、合作才能。此管理方式可以使班级的各项工作按项目进度表控制时间及规模，保质保量地完成；还可以使班主任从繁忙的班级事务中解放出来，有时间、精力去思考班级的方向和学生的发展，审视自己的班级管理思想，更快地形成属于自己的班级管理风格。

比如，在举行运动会前让体育委员总负责，任命他为"项目经理"，组织整个班级的报名、训练、参赛、后勤，具体的事务由他去调动同学组成一个团队,分工合作,有条不紊,运动会成绩也较好,最大限度地发挥了每位学生体育方面的特长。

又如带班去北京参观展览,出发前让班长拟订计划,将班级学生分成了四个组,每组又任命了一个组长,谁负责拍照、谁负责摄像、谁负责文字记录,都作了明确的分配,建立了这样的一种分工合作关系以后,作者在组织活动时明显感觉到轻松很多,一层层地找负责人就可以了,学生们都以组为单位有组织地观摩展览,通过展览获取了知识和最新的技术资料,对学生的安全也有了最大的保证。

二、有利于提高学生的专业水平和培养学生干部队伍

其一,项目管理为学生提供了更多的发展机会,因为学生本身有爱好、有自己的特长,那么有针对性地布置一些任务给不同的学生,对他们是一种促进、一种锻炼,只有做他们感兴趣的事情,他们才可以做得更好。其二,项目管理也有利于培养学生干部队伍。学生干部在执行任务过程中,其工作能力、情感态度、专业知识都会产生变化,项目管理为更多的学生成为某一领域的专才,提供实现这一变化的机会。其三,调动了班级学生的积极性,让他们体会到项目管理的理念,增强他们的团队意识和合作精神。

当然,班级项目管理不可能解决所有的问题,这些只是作者的一些粗浅的想法;很多具体的事务还应该在实际工作中进行检验,班主任应以辩证的思维,科学地认识班级项目管理。在今后的工作中,作者一定会更好地运用这个方法,希望可以做得更好。

浙江艺术职业学院科研与创作成果丛书

润 物 无 声

——浙江艺术职业学院党建与思政工作研究论文集

第四编

文化校园建设

艺术类高职院校学生社团现状及建设路径探析①

郑园全　　夏开堂

共青团中央、教育部对大学生社团工作高度重视,在《关于进一步加强和改进大学生社团工作的意见》中指出:"高校学生社团活动是实施素质教育的重要途径和有效方式,在加强校园文化建设、提高学生综合素质、引导学生适应社会、促进学生成才就业等方面发挥着重要作用。"在学生社团蓬勃发展的今天,艺术类高职院校作为专业特色鲜明的一类院校,与其他院校一样面临着社团建设问题。艺术类高职院校学生社团现状如何? 要建设什么样的社团? 如何建设社团? 本课题组通过对包括浙江艺术职业学院、江西艺术职业学院、天津艺术职业学院等10所艺术类高职院校的问卷调查和对从事学生社团管理工作教师的结构式访谈,了解到艺术类高职院校的学生社团建设在社团数量、社团结构、活动质量等方面还有很多困惑、困难和问题。探究其中的原因,探索有效途径,对艺术类高职院校学生社团建设具有重要的现实价值。

一、艺术类高职院校学生社团现状分析

为了充分了解我国艺术类高职院校学生社团现状及其存在的问题,2010 年 9—12 月,通过问卷调查和结构式访谈的形式,对我国黑

---

① 本文发表于 2012 年 3 月《浙江艺术职业学院学报》。

龙江、福建、四川、江西、天津、云南、湖南、湖北、浙江、山西10个省和地区的10所艺术类高职院校进行了调查。本次调查共发放学生调查问卷1000份,回收问卷810份,回收率为81%;社团管理教师调查问卷10份,回收10份,回收率为100%。下面对调查结果做整理和分析。

(一)参加社团动机分析

从回收的810份学生调查问卷中了解到:曾经参加过社团的学生有495人,填写问卷时还保持社员身份的学生有150人,从未参加过社团的学生有165人。我们可以看到近80%的学生参加了学生社团,表明学生最初非常愿意参加社团组织,他们都是在大一入学时加入社团的,目的是丰富自己的大学生活;结交更多的朋友;提升自己的综合素质;兴趣爱好所致;参与社会公益活动;对个人发展有利等。参加过社团组织的学生中认为参加社团对自己有一些帮助的学生占40%,认为有较大帮助的占15%,认为帮助很少的占35%,认为没有一点帮助的占10%,只有23%的学生在一学期后还继续保留社员身份。从以上数据可以看出,艺术类高职院校学生在刚踏入大学校园时,大多数学生都愿意参加学生社团,并期望通过参加社团对自己有所帮助和提高。从他们对社团作用的评价中我们发现,他们在参与社团活动中没有得到期望的效果,这极大影响了社团的吸引力,导致大多数学生在一段时间(一学期)后选择离开社团组织。

(二)社团类型分布情况

在本次调查的10所艺术类高职院校中,登记在册的学生社团总数为96个,最多的有21个,最少的有5个。其中理论学术型社团5个,占总数的5%;公益服务型社团25个,占总数的26%;艺术类社团35个,占总数的37%;体育类社团31个,占总数的32%。加入社团组织的学生中参加理论学术型社团的学生有56人;参加公益服务类社团的学生有615人;参加文艺类社团的学生有850人;参加体育类社团的学生有465人(在调查的810名学生中,有75%的学生参加了2个以上社团)。以上数据表明,理论学术型社团在艺术类高职院校学生社团中所占比率甚小,兴趣爱好型的文艺、体育类社团比较受学生欢迎,公益服务类社团参与面较广。

(三)社团活动情况

在调查中发现,坚持每周开展 1 次及 1 次以上活动的社团 5 个,占总数的 5%;坚持每月开展 1 次及 1 次以上活动的社团 58 个,占总数的 60%;坚持每学期开展 1～2 次活动的社团 33 个,占总数的 35%。参加了 1 次社团活动后还继续参加社团活动的学生为 385 人,占参加社团人数的 60%。他们对活动成效的评价:很满意占 22%,基本满意占 45%,不太满意占 24%,非常不满意占 9%。以上数据表明,社团活动基本正常开展,能坚持定期组织活动;学生对社团活动总体比较认可,只有 9% 的学生表示非常不满意;但从是否愿意继续参加社团活动的选项中,我们发现学生对继续参加活动的热情不高。

(四)学生社团利用艺术教学资源情况

在调查中,10 所艺术类高职院校都建立了学生社团管理制度,并安排教师管理,其中设有专职社团管理岗位的院校 1 所,设兼职社团管理岗位的院校 9 所。从结构式访谈中我们了解到,学院艺术类社团能得到学院艺术教学资源的支持,如舞蹈团、合唱团等社团都能通过申请,使用排练厅、合唱教室等教学场地,必要时有专业教师给予指导和帮助。在对艺术类社团负责学生所学专业的调查中,只有 10% 的负责人是相关艺术专业的高年级学生;业余爱好者占 50%;曾经学习过相关专业的占 40%。

二、艺术类高职院校学生社团存在问题分析

通过对艺术类高职院校学生社团现状分析,我们看到艺术类高职院校学生社团建设还存在许多问题,如学生社团数量不够多、理论学术型社团偏少、学生社团吸引力不够、艺术教学资源利用不够充分、社团间互补性不够等。对产生这些问题的原因加以分析是解决

以上问题所需,更是加强和促进艺术类高职院校学生社团建设所需。下面对存在问题进行分析。

(一)对社团建设不够重视

艺术类高职院校主要承担着对艺术专业学生进行艺术教育的任务,艺术生要进行艺术技能学习,虽然也渗透着思想性、文化性和审美性,但在偏重于职业教育的情况下较忽视学生综合能力的培养,因此对学生社团建设不够重视。目前我国职业艺术专业教育存在的突出问题是:"各类专业越来越细,各种艺术学科由于各自技巧的差异性被分解成一个个小的、相互间毫无联系的专业,艺术本身的综合性没有了,取而代之的是各种专业艺术院校的舞蹈学院、音乐学院、美术学院、电影学院、戏剧学院。专业化越来越强,而综合性越来越差,技术越来越好,人文素质越来越低。"[1]正是这种过于专业化的艺术教育需要学生社团活动去拓展艺术生的知识面,提高艺术生的综合素质,提升艺术生的沟通与交往能力,丰富和补充艺术生的专业学习。

(二)社团管理缺少必要的引导

在10所调查的艺术类高职院校中,设有专职学生社团管理岗位的只有1所院校,可见艺术类高职院校在学生社团数量不多的情况下,没有投入较多的人力来管理学生社团,使学生社团处于半自然生存状态。调查中发现学生社团的影响力较多地依赖于社团负责人的能力,"因人成事的现象较为普遍,一度红火的社团会因人员的变更瞬息沉寂下来"[2],社团负责人能力强则社团活力无限;反之则处于名存实亡状态;严重的干脆不了了之,一段时间后就消失了。从社团类型的分布来看,艺术类高职院校缺少管理力量,因此没有进行必要的引导,使得理论学术型社团非常少,参与这类社团的学生人数也很少。兴趣爱好所致的文艺、体育类社团虽然对丰富学生文化生活有一定的帮助,但我们绝不能忽视理论学术类社团建设。特别是艺术类高职院校的学生生性活泼好动,文化功底较弱,我们应该取长补短,引导他们多参加理论学术类社团,以提高他们的理论水平和完善知识结构,使他们能动静相宜,让他们既有专业技能,又具备较好的理论涵养。

(三)缺少一定的专业交融

从调查中发现,艺术类高职院校学生社团类型与普通高校基本一致,因此缺少针对艺术生的社团建设。而艺术生认为自己是从事艺术工作的,社团活动与自己所学重合,达不到提高自身能力的目的,所以不想参加;他们期望参加一些对自己专业学习有帮助的社团,学院却没有。而且在问卷中发现,许多艺术生认为专业学习、专业排练、专业演出已经足够多,没必要再多此一举。在对教师的非结构式访谈中发现,一些对艺术生有深度了解的专业教师比较提倡和支持专业互补性的社团活动。因此,在专业学习不能满足学生需求的情况下,社团的建设尤为重要。通过建立艺术生需要的相关专业的社团,为学生提供拓展相关专业学习的机会,以促进专业交融,提高艺术生的综合能力,促进艺术类高职院校学生的全面、协调、可持续发展。

三、艺术类高职院校学生社团建设的对策及建议

建立契合艺术类高职院校实际的社团,应针对艺术生的心理、个性体验、文化思想基础与专业背景来建立。这是由艺术类高职院校培养人才的总目标、相对比较自我的艺术生特点和社团活动与艺术专业教学优势互补规律所决定的。现提出艺术类高职院校学生社团建设的几点思路。

(一)加强制度建设和政策帮扶力度

学院在高度重视专业教学的同时,还应积极创造条件拓展学生的专业学习。不仅把社团当作学生生活的点缀和课堂教学的补充,还应把社团作为开展思想政治工作的重要载体和阵地。同时,应认识到艺术类高职院校学生自我管理能力不强,而学生社团具有很强的自发性,需要学校给予人力、财力保障,加强对学生社团的管理。

在社团组织形式、活动内容、活动方式及成立、撤销等方面建立完善的、可操作的激励机制和约束机制,让每个社团都有自己的章程,确保社团活动的开展在应有的制度约束下进行并得到健康发展。加强对社团的考核,对不符合管理规定的社团及时予以整改或撤销。通过加强制度建设和政策帮扶,为学生社团建设提供沃土,让好的社团生根发芽,"多一个健康发展的学生社团,就多一块教育的阵地,多一个展示的舞台,多一个创新的堡垒,多一批受益的学生"[3]。

(二)打造艺术社团品牌

从学生需求出发建设互补型学生社团,使艺术生在满足自身兴趣爱好之余能全面、协调、可持续发展;要充分发挥自身优势,积极参与社会实践活动,增强社团影响力,打造艺术生乐于参与的社团品牌。学舞蹈的学生应加强音乐知识的学习,能提高自己对音乐的理解,从而帮助自己更好地用舞蹈的肢体语言去诠释作品;音乐专业的学生需要加强电脑音乐制作的学习,可以按自己的理解创作音乐作品;学戏剧的学生应该懂化妆,这样演出时就不用请别人帮忙;学服装表演的学生应该具有一定的审美能力,需要一定的美术专业做支撑来提高自己对色彩、款式的敏感度。如可组建街舞社、拉丁舞社、国标舞社、健美操社、戏剧社、书画社、化妆社等与学生专业发展相关的学生社团。同时,从服务学生成长成才角度出发,加强对学生参加社团组织动机的引导教育,鼓励和引导学生参加理论学术型社团。同时应积极改变理论学术型社团传统的活动方式,采用当代艺术生乐于接受的方式,如调研、采风、演绎哲理故事等,努力提高理论学术型社团的吸引力。

(三)充分利用艺术教学资源

鼓励相关艺术专业的高年级学生担任艺术类社团负责人,这样既有利于负责人自身专业能力的提升,又能使社团在没有专业教师指导的情况下正常有序地开展活动。给社团更多更好的艺术教学资源援助,学院应协调好各类资源,无偿提供教学场所和排练场地。同时,学院应积极创造条件,安排专业教师给予指导和帮助;为社团成员提供更多更好的艺术实践活动;组织社团成员聆听相关学术报告;多为社团提供展示平台等。总之,应让学院艺术教学资源在学生社团建设中得到充分利用。

四、结语

2011年10月18日,中共中央在十七届六中全会上提出了《关于深化文化体制改革、推动社会主义文化大发展大繁荣若干重大问题的决定》,此决定将有力推动艺术类高职院校的建设和发展。在这样良好的办学环境中,艺术类高职院校应更加重视学生综合素质的培养。而加强学生社团建设是提高学生素质的重要途径,因此,应高度重视学生社团建设,使艺术类高职院校学生社团走上健康的可持续发展的道路,使学生社团在人才培养中担当更为重要的角色,使艺术类高职院校培养的人才能更好地适应当前国家文化发展和人民文化需求,为推动我国文化发展和繁荣作出更大的贡献。

参考文献

[1] 张刚.试论中国艺术教育的问题与改革发展[J].科技创业月刊,2005(5):136-137.

[2] 陈宜大.刍议新时期高校学生社团建设[J].福建农林大学学报:哲学社会科学版,2002(4):64-65.

[3] 石新明.论蔡元培先生的"扶持社团"思想[J].北京科技大学学报:社会科学版,2001,17(2):31-33.

音乐美育提升大学生人文素质的实践路径探析①

马向东

马克思说过："音乐是人类的第二类语言。"作为一种人类天然喜爱的语言，音乐同时是社会意识形态的一种具体形式，具有美育功能。音乐美育是古往今来行之有效的育人途径，历来是学校美育的重要手段之一。然而，反观当今高校教育，音乐教育的缺席较为严重，除了音乐专业课、音乐公选课和歌手比赛，高校校园里很难听到歌声，高校仅仅有组织地通过音乐美育丰富校园文化生活、提升大学生人文素质和思想品德显然非常不够，年轻大学生的生机与活力得不到良好展现。

一、《中国好声音》的启示

2012 年 7 月，一档名为《中国好声音》的新型音乐选秀节目在浙江卫视黄金时间播出，在全国范围内产生影响，创下收视新高。与以往音乐选秀节目相比，《中国好声音》以励志专业音乐评论为定位，由一线歌手担任明星导师，言传身教，进行现场点评互选，比赛过程彰显音乐灵魂、艺术追求和思想境界，从歌曲内容到演绎形式，处处显示求真尚美、激昂向上、感人肺腑的正能量。《中国好声音》的成功在于真人、真美、真情、真希望，优秀的音乐群体、诱人的音乐魅力、真诚

---

① 本文发表于 2014 年 8 月《高教论坛》。

的音乐追求、感人的音乐人生和音乐梦想,构成《中国好声音》的有机元素。

《中国好声音》使观众尽情重温经典歌曲,回忆美好往昔,那种高雅、高端的音乐欣赏,可以触及观众的灵魂,成为热爱音乐的人们精神世界中的主旋律。《在那遥远的地方》《北京北京》《回到拉萨》等旋律美妙、歌词感人、充满内涵的经典老歌,叩击着人们内心最柔软的地方。"好声音"选手平安演唱《我爱你中国》前的一段话让人感动:"我是知青的孩子,我喜欢听以前的故事。那个年代的音乐能够给父辈们带来非常大的鼓舞,让他们有如此大的奉献精神。在冰天雪地里,饿的时候就是唱歌,靠唱歌保持自己的力量。所以我从小就喜欢唱歌,我要用年轻人的声音,去表达对祖国的爱,用歌声献给像父亲那样为祖国奉献青春的人们。"导师刘欢点评:"音乐是一种传承,传承自己的特色,是非常有意义的。"这段年轻人向父辈致敬、承载父亲音乐梦想的音乐传说,不仅有音乐,更有思想、情怀、人文和历史。一首好歌的内涵是极其丰富的,音乐对于传承历史、延续梦想、提升境界的意义,通过平安和刘欢的话,得到充分展现。

《中国好声音》的成功是多方面的。从国民教育而言,它提供了一个音乐美育的成功范本。分析其成功之道:一是用"世界视野"的节目样式抒发音乐的"民族情怀"。以电视真人秀节目的西方样式对传统和当代歌曲进行时代改造,将经典歌曲融入真实、精彩和激情交融的音乐本色中。二是以"创意新颖"的载体表现音乐的"主流价值"。将传统歌曲与创新音乐完美结合,满足广大观众音乐审美需求,弘扬正能量,宣扬优秀传统文化和社会主流价值观。三是通过节目的"市场运作"提高音乐"教化功能"。改变传统的高雅音乐艺术单一的"传统公益"和"高台说教"形象,通过优势"电视商战"获得巨大经济效益,从经济和社会视角占领主流娱乐社会阵地、传播主流文化价值、实现对全社会进行人文素养和精神道德引导意图的目的,对于观众,尤其是青年学生起到良好的社会教育功能。《中国好声音》让人们再次全民式地领略和发现音乐的魅力,并深切地体会到音乐的美育作用。

二、音乐美育的内涵及作用

音乐美育属于审美教育范畴,而审美教育则是培养人们对于自然界、社会生活和艺术作品之美的感受、鉴赏、评价、创造并由此产生兴趣、爱好和情感的教育。音乐美育是指以音乐艺术为内容和实施手段对人们进行审美教育,以促进人的精神富裕和个性优化的社会实践活动。

音乐是一种独特的具有无穷魅力的艺术,为各个社会时期和各社会阶层的人们所喜爱;音乐同时是社会意识形态的一种具体形式,可以培养健全的人格,形成良好的审美,提升人文素养,涵育思想情操。音乐娱乐和教化民众的"乐教"功能自古就有,古代四大修养"琴棋书画",名列其首的"琴"即指代音乐。"乐教"的优势在于其柔和的"非强制性",使人们在享受音乐的自然状态下受到熏陶和感染。从人体接受功能而言,音乐美育具有生理和情感的天然优势。从生理上而言,人对音乐有先天的感受能力,刚出生的婴儿甚至还在母亲腹中的胎儿都能感知音乐;音乐可以最直观地打动人心。音乐旋律可以潜移默化地影响和引导人们的思想、情感、观念及志趣发生变化,好的音乐激励人们积极向上、完善人格、不断前进。音乐美育具有多元、广泛、丰富、深入等特点,这是由音乐艺术的本质特征决定的。音乐的物质媒介是旋律、曲式、节奏、音色、音响、歌词等,能强烈地刺激人们的听觉,影响人们的情绪,以达到情感的共鸣,从而获取一种凝聚力和征服力。国家有国歌,可以凝聚力量、团结奋进;军队有军歌,可以激励士气、振奋精神;运动会有会歌,可以张扬体育精神、激励选手拼搏合作;学校有校歌,可以传承学校精神,弘扬崇德笃学风尚。高尚的音乐可以让人怡养性情、陶冶情操。

音乐美育历来是学校实施美育的重要手段,音乐的旋律美、歌词美、意境美、形态美及由音乐而生出的情感美,较其他艺术更能吸引学生,成为丰富学生精神世界、陶冶学生思想情操、培养学生人文素养、提升学生道德境界的最有效的教育方式。在对某艺术院校非音乐专业学生的调查中,学生们表达出对音乐的喜爱和肯定,主要体现在以下几个方面：其一，音乐在学生中的影响。认为音乐对于大学生影响很大，融入生命，影响他们成长成才，教人明白事理。其二，音乐对学生的帮助。音乐不仅可以缓解学习和工作压力，调节心情，修身养性，归于宁静，还可以开阔思维，激发灵感，促进创作，加深体会，增加经历，通过音乐了解世界，与大师对话。其三，喜爱音乐的方式。随时随地戴着耳机听音乐，独处时听音乐，不同心境听不同的音乐，享受音乐的熏陶。

音乐对于人们的影响深刻而无处不在。苏联教育家苏霍姆林斯基说："音乐教育不是培养音乐家，首先是培养人。"著名指挥家汤沐海说："音乐是最高级的、最难的、抽象的艺术，是用音符来表达情感和思想的，是至高无上的。"音乐美育作用由此可见一斑。

三、高校音乐美育缺失的原因和特点

目前高校音乐教育现状总体不尽如人意，没有较为完善的音乐美育课程体系，音乐美育实施普遍薄弱，存在缺失。究其原因，主要包括以下几个方面。

（1）由于审美教育的软性特点或者说隐性特点决定了音乐美育未能受到应有的重视。审美教育一般周期长，见效慢，评估难度大，缺乏考评体系，相对于其他各类专业教学评估的硬性和显性要求，高校必然将主要人力、财力、物力用于其他专业教学建设，以应对各类评估，而轻视美育建设。

（2）教育主管部门缺乏对高校审美教育的指导和考核，即使有对高校在大学生思想政治教育方面的考评体系和要求，但并没有音乐审美专项内容，音乐审美教育被融于校园文化活动之中，某种程度上成为可有可无的内容。

（3）目前高校非艺术专业学生开设的音乐美育课是作为公共选修课安排的，课程设置单一，课时有限，选上音乐公选课的学生有限，从事音乐公选课的师资不足、质量不高，音乐美育教材很少，适用性强的经典教材更少，达不到音乐美育的目的。

（4）高校、教育主管部门或各级机构团体组织举办的大学生艺术类比赛活动，如大学生艺术节、大学生艺术技能比赛等，虽有音乐类项目，但其活动比赛的参与者很少，受众面有限，绝大多数大学生与艺术活动绝缘；各个高校组织举办的各类校园文化艺术活动也包括音乐类节目，同样参与者不多，覆盖面不广，既不系统又不频繁，审美教育并未作为高校大学生的必需而存在。由此造成高校审美教育尤其是音乐美育长期处于缺位状态，大学生接受音乐影响基本上处于自主自发状态。

一方面是高校审美教育中科学性、规范性、普遍性音乐教育的缺失；另一方面是社会上各类良莠不齐的流行音乐对大学生的影响，使音乐美育缺少政府调控和学校主导，处于自主自发状态，并进入某种困境中。分析高校大学生接受音乐影响的现状，可以明确这样一些特点。

（1）从音乐的量与质来看，当今社会音乐作品层出不穷，数量很多，多元的音乐作品共存于音乐市场、网络、广播、电视和人们的日常生活中，如《忐忑》《法海你不懂爱》《痒》等歌曲，歌曲歌词搞怪，推崇标新立异，泛娱乐化倾向明显；但是，具有深刻内涵、普遍审美、个性灵魂和创新理性的音乐作品不多，大多倡导主旋律、弘扬正能量的歌曲又缺乏音乐吸引力。

（2）从音乐美育的主体与客体看，在互联网时代，大学生作为音乐的受众，其接受音乐的方式发生了根本变化，他们很少通过电视、广播等官方媒介去欣赏音乐，也不会对学校音乐教育有所期待，他们更多通过网络听音乐，选择那些符合他们审美需要的音乐歌曲，包括不少思想散漫、精神颓废、情趣低下的歌曲；同时高校音乐美育方式过于传统或滞后，未能适应大学生对音乐教育趣味和心理的诉求，如单纯地进行红歌传唱并未能吸引大多数学生自主参与，举办校园歌手大赛未能实现音乐的普遍性教育。

（3）从音乐专业与非音乐专业的设置音乐课程目标来看，音乐专业教育注重音乐技术培训而忽视音乐通识教育，音乐专业学生往往只重视音乐技能学习而轻视人文底蕴培养；非音乐专业则存于虚无主义的走马观花状态，除了音乐欣赏公选课的有限音乐知识教育，缺少对非音乐专业学生的音乐美育。这样的音乐教育无法达到提升大学生人文素养的目的。

四、音乐美育提升大学生人文素质的实践路径

中共中央、国务院《关于深化教育改革全面推进素质教育的决定》首次将"美育"写进教育方针,要求"尽快改变学校美育工作薄弱的状况,将美育融入学校教育全过程",明确把"美育"作为全面发展教育中不可缺少的组成部分纳入素质教育中,从根本上解决了美育在学校教育中的地位问题。《国家中长期教育改革和发展规划纲要(2010—2020)》提出"加强美育,培养学生良好的审美情趣和人文素养"。基于音乐具有德育教育、素质教育和美育教育功能,音乐美育应当成为高校开展思想品德教育,特别是社会主义核心价值观教育,提升大学生人文素质的主要形式。

(1)改革高校公共课教学模式,将音乐美育课纳入必修课课程体系中,成为高校公共教学课体系中侧重于人文素质教育的重要课程。在教学机制和课程设置上将音乐美育课程纳入教学计划,使音乐美育课正常化、制度化、规范化。进行公共音乐课程建设,编制音乐美育课教材、教学大纲和音频视频等教辅材料。在课程体系建设上采取灵活多样性原则,根据学生的兴趣或需求,开设声乐、器乐、戏曲、音乐鉴赏、音乐实践等课程,使学生在接受音乐美育时得以激活艺术灵感和创造力,促进其专业学习取得进步。进行统一的音乐教学质量考核考评,条件成熟的可参考英语等级考试和体育素能测试进行普遍性的音乐等级考试,对大学生音乐素养进行测评。将音乐类学生社团培训、活动和比赛等内容纳入音乐美育体系中,核算相应学分。此项课程改革面向全体大学生,以提升学生综合人文素质、思想道德品质和审美品格为宗旨,组织音乐教材,选择音乐内容,培训师资力量,进行全面音乐教育。

(2)以校歌传播或征集创作为契机,将音乐美育提升到学校精神层面,通过校歌传播开展校史教育和学校精神培育。浙江省委宣传部在推进高校宣传工作"双十"举措中,明确提出要以校歌创作为契

机,以校歌传播为途径,培养大学生树立大学精神。高校灵魂是大学精神,校歌是大学精神最生动、最形象、最具凝聚力的物质和精神载体。《浙江大学校歌》是浙江大学求是精神的象征,曾荣登2014年教育部"最受网友欢迎的高校校歌"榜首。将校歌制作成MTV,广泛传唱传播,是培养学生爱校精神的最佳路径之一;对于尚无校歌的高校,要征集和创作反映学校历史和学校精神的校歌,并使全体师生广泛传唱,以音乐提升学校文化品位,开展校史教育和爱校教育。校歌征集过程是一次较好的爱校教育过程,全体师生应参与其中,或创作词曲,或积极倾听,投票评选。

(3)创新高校校园文化活动载体,将音乐美育列入校园文化活动规划中,突显音乐美育在审美教育中的主阵地、主渠道作用。构建和规范高校音乐美育提升系统工程,使学生在丰富多彩的音乐美育活动中接受熏陶,促进个性发展。在校园文化活动中突出音乐主题,构建校园音乐美育环境,创造浓厚的校园音乐美育氛围。大学生文化艺术节不仅举办歌手大赛、声乐器乐合唱比赛等竞赛类活动,还要开展普及性的系列音乐知识讲座、音乐大师课,邀请知名音乐专家或演员作讲座,用音乐家的艺术人生影响学生。学生社团中重点扶植培养音乐类社团,如合唱团、民乐社、戏剧社、话剧社、音乐沙龙等,安排专业音乐教师担任指导老师,提供必要的经费和活动场所,以及交流、培训和参赛机会。在校园文化硬件建设上,开设音乐图书馆、音乐吧;广播台开设音乐广播、校园网开设音乐网站,强化师生之间的沟通互动,将学生从单纯的网络音乐中吸引过来;校园内增设音乐主题景观、音乐公园、音乐史料馆等,利用珍贵的音乐文物及各类史料,开设小型音乐博物馆或音乐教育陈列馆。

五、结语

《中国好声音》为高校通过开展音乐美育、提升大学生人文素质提供了实践路径。在强化素质教育的大背景下,音乐美育构成了高校素质教育的重要组成部分,为培养全面发展的高素质、创新人才的教育目标发挥了重要作用。李岚清说过:"美育是贯彻德、智、体等全面发展教育方针的重要方面,是对青少年进行全面素质教育的重要内容。音乐的美育功能还不只是一般地提高审美能力和陶冶情操等,它对人的智力开发,特别是提高人的想象力和创造力、锻炼表达和解决问题的能力等方面都有帮助,音乐对社会的文明进步有着深远的影响。"高校音乐美育不仅能提高大学生的审美情趣、审美意识,启迪他们的智慧之光,还能塑造他们对美的鉴赏力,净化其心灵,提升其人文素质和道德品质,帮助大学生树立远大的理想和抱负,激发他们的创新、创造灵感,使大学生成为全面发展的人才。音乐美育理应受到重视。

参考文献

[1] 金平.开展音乐美育提升学生审美情操[J].中国高等教育,2011(19):54-55.

[2] 牛杰.论高职院校的音乐美育[J].教育与职业,2005(24):57-58.

[3] 周亚丽.高校音乐欣赏教学与大学生素质教育现状调查[J].民族音乐,2011:110.

[4] 王子嘉.《中国好声音》成功因素与启示[J].新闻世界,2012(11):33-34.

[5] 戴定澄.音乐教育展望[M].上海:华东师范大学出版社,2001.

人文素质教育与德才兼备艺术类人才的塑造[①]

金银琴

人的素质包含科学素质和人文素质两个方面。科学素质是指一个人的专业技能、学历、智力,主要体现在"做事"上;人文素质包括语言文字修养、文学艺术修养、伦理道德修养、文明礼仪修养、政治理论修养、历史和哲学修养等[1],它是一个人内在气质、外在精神和言谈举止的综合表现,主要体现在"做人"上。"做人"与"做事"同等重要,对于高素质人才的培养,二者不可偏废。

2011年10月,十七届六中全会通过《中共中央推动文化大发展大繁荣的决定》(以下简称《决定》),指出文化是民族的血脉,是人民的精神家园,文化越来越成为民族凝聚力和创造力的重要源泉、综合国力竞争的重要因素、经济社会发展的重要支撑,提出要建设"文化强国"。《决定》明确指出"推动社会主义文化大发展大繁荣,人才是关键",在此大背景下,艺术院校作为高素质文化艺术人才培养的摇篮迎来了发展的大好时机,不少学校纷纷扩招,但由于种种原因,当前我国艺术类学生的人文素质令人担忧。

---

① 本文发表于2014年2月《艺术教育》。

一、艺术类学生人文素质缺失的主要表现

(一)人文知识匮乏

艺术类学生普遍深知业务能力和水平对今后发展的重要性,因此往往能够积极、自觉地学习专业知识,但对于提高人文素质却不够重视,在人文素质方面存在明显不足,如知识面太窄,文化知识严重贫乏,尤其是文学、历史、哲学和美学方面的修养欠缺。有的学生不会写请假条、通知等,而且错别字很多;在每一届 CCTV 青年歌手电视大奖赛的素质考核环节,我们总能听到令人瞠目结舌的"神"回答。

(二)道德观念模糊

由于长期受专业学习的熏陶,艺术类学生通常个性鲜明、感情丰富,但理性思维不足,缺乏辩证分析能力和科学判断能力,看问题往往只抓住事物的外在表象,而忽略了其中蕴涵的道德价值判断。有些学生价值取向扭曲、诚信意识淡薄,团结协作观念较差,缺乏艰苦奋斗精神,酗酒作乐、打架斗殴、考试作弊、论文抄袭等不良现象屡见不鲜。

(三)人文精神淡薄

人文精神是人文素养的最高形式,它是一种关心生命情感、追求价值意义、不断超越世俗生活的自主精神和批判精神。不少艺术类学生缺少对社会、对他人的责任感,对国家和民族感情淡薄,对时事漠不关心,精神空虚,极度自私。有些学生创作的艺术作品媚俗倾向严重,把艺术创作当作游戏,玩世不恭,调侃人生等。

二、艺术类学生人文素质缺失的原因

(一)招生政策的偏差

由于艺术专业在招生时,对学生的文化课成绩要求较低,导致有

些艺术类考生过早地放松了文化知识的学习而专攻专业技能。还有相当一部分考生报考艺术专业并非是因为对艺术有浓厚的兴趣或自身专业强、艺术天赋高，而仅仅是因为文化课成绩差，没有其他更好的出路。也有些中学片面追求升学率，动员文化课成绩不理想的学生统一组成所谓的艺术班，针对艺术考试进行集中强化训练，希望学生走捷径进入大学，其目的是提高升学率，而不管学生是否具备艺术专业学习的条件。

（二）艺术教育观念的功利化

当前，就业率高低成为评判学校教育成功与否的最重要标尺。在此"指挥棒"下，现代高校办学理念日趋功利化，学科设置、教学方式等都在最大限度地迎合社会的需要。社会艺术团体要求艺术类学生一参加工作就能独当一面，受此影响，艺术教育的实用主义倾向明显。设置艺术教育课程时，大量的专业基础课、专业技巧训练占满了课程计划表，教育者关注的是学生专业技能的掌握与运用，在总课时有限的前提下，人文素质教育课时被不断挤压，教艺术类学生沉淀人文底蕴似乎是浪费时间，与找工作、求发展"对立"了起来。

（三）艺术界消极现象的影响

新媒体和互联网信息泛滥，各种报道真假难辨，艺术界各种八卦新闻吸引人的眼球，有些明星为求出名不择手段，不惜恶意炒作，这些事例被大肆宣传，都容易让学生产生一种错觉，树立一些错误的榜样。在他们看来，成功更多依靠的是运气和炒作，并不需要具备多少文化基础。

（四）教师人文素质的滑坡

近二十年来，高等教育的快速发展使得高校教师队伍发展迅速，人员素质良莠不齐。某些教师缺乏理想信念，不求学术上有所建树而沉迷于世俗享乐；某些教授、博士学术腐败，剽窃他人学术成果；某些专业教师忙于私下授课创收而应付学校教学任务，甚至有些教师收取学生好处，在考试时对学生网开一面等。教师自身不注重人文素养，给学生树立了不好的榜样。

三、提升艺术类学生人文素质的方法

(一)更新艺术教育理念

"艺术无国界",艺术从根本上说属于人文学科,它不仅仅是"技",更应表达"意";不徒有"形",更应传"神"。艺术工作者人文素质的高低直接影响其对艺术作品的演绎和艺术品位的趋向,与其今后取得的艺术成就成正比。诚如华中科技大学的杨叔子院士所说:"人文艺术教育对人的影响也许要到许多年后才看出它的重要,但它对人的价值观、道德观、想象力、创新能力及面对成功与失败的态度,有着潜移默化的影响,它决定着一个人的后劲儿。"[2]

艺术教育工作者必须更新教育理念,充分认识人文素质教育的内涵和重要性。人文素质教育不仅仅是教授学生人文知识,更重要的是培养学生主动学习与吸收人文知识的能力,传授学生理解人文、形成人文思想的方法。人文素质教育为专业技术教育提供基础,专业技术教育依托人文素质教育更好发展,人文与专业分别从不同的方面作用于艺术类学生的全面发展,给学生的全面、稳定发展以强有力的支持。艺术类学生的人文素质教育就是要结合艺术专业需要,将人类优秀的文化成果通过知识传授、环境熏陶,使其内化为艺术类学生的人格、气质、修养,成为相对稳定的内在品格[3]。

(二)改革人才培养模式

1.构建人文素质评价标准

把人文素质教育纳入人才培养整体规划,按知识、能力、素质协调发展的要求,构建人才素质的评价标准。制订详细的大学生人文素质评价方案,采取切实可行的评价手段,除课程学习成绩外,还必须将学生课外阅读和参加各种讲座、文化社团、艺术竞赛等所取得的成绩及表现纳入考核内容,作为大学生人文素质的重要评价依据。

2.增设人文素质教育选修课程

增设人文素质教育选修课,并纳入教学计划,以弥补艺术类学生文化素质先天不足的状况。在课程设置上开设面向全校的跨专业艺术选修课,如美学讲座、中外名曲赏析、书画鉴赏等选修课,通过向学生介绍、评析古今中外著名艺术作品,提高学生的审美能力和艺术鉴赏能力,引导学生把注意力从作品的艺术表现形式等感性的认识上上升到思考作品的思想内涵等理性的认识上,一方面提醒学生在进行技法训练时不能简单地进行技法模仿,而是要能够准确把握作品内涵;另一方面,为学生今后进行艺术专业教学及艺术创作提供方法指导。

3.将文学课程列为艺术专业的必修课

文学与艺术有着十分密切的关系,优秀的文学作品具有丰富的文化内涵、审美性和形象性,比如:许多中国古诗(特别是山水诗)就是"诗中有画,画中有诗"。优秀文学经典是我们进行人文素质教育的现成样本,因此可以选取那些艺术性强的文学作品开设"文学作品选讲""诗词赏析"等课程,同时,选择具有代表性和时代生命力的经典读物编成教材,指导艺术专业学生阅读经典,通过优秀文学作品来提升学生的文化品位,培养学生文学艺术修养,提高学生审美鉴赏能力和审美创造能力,使他们终身受用。

4.将人文精神教育渗透于专业课程教学过程

艺术类学生普遍重视专业学习,且专业课程教学占据了学生的大部分时间,因而如果专业教师能在专业课程教学过程中渗透人文精神教育,人文素质教育定可收到事半功倍的效果。专业教师在传授学生专业技能的同时,应引导学生认识艺术作品的文化背景与内涵,分析、了解、批评、反省艺术作品所涵盖的意义,要求学生自觉、主动地去学习这方面的知识并设置考核的标准;引导学生在创作、演绎作品时恰当地表达其观念与情感,鼓励学生质疑和合理地创新。

5.把思想政治教育和人文素质教育有机地结合起来

思想政治教育的目的是让学生树立正确的人生观、价值观、道德观,由于其重要性,教育部对于其课时有明确的规定,但思想政治课理论性强,容易变成说教,学生往往不爱听。大学生的思想政治教育和人文素质教育在大的培养目标上是一致的,如果在进行思想政治教育时,能结合当下的社会热点和难点问题,渗透人文教育的理念和知识,引导和教育学生明辨是非、明晰模糊认识,有力抵制各种错误和腐朽思想影响,使二者相互强化,必能发挥更好的效果。

(三)提高教师的人文素质

"立德树人",教师作为学生信任和敬佩的师长,应该当好学生健康成长的指导者和引路人,应该用自己的人格魅力、高尚的师德、渊博的知识、崇高的精神和强烈的社会责任感等优秀的人文素质为学生树立学习的榜样。提高教师的人文素质,一是要对教师的人文素质学习提出明确的要求,引导和激励教师不断提升自身人文素质;二是要采取切实有效的措施,鼓励和调动教师进行人文素质学习的积极性;三是要制定管理制度,对教师的不良行为进行管束,增强其工作责任心。只有多措并举才能促使每位教师主动提升自身人文素质,进而自觉将人文素质教育渗透到日常教学中,真正做到教书育人。

(四)加强校园文化建设

校园文化既包括校内的文化设施、文化组织、文化管理制度,又包括一所高校内全体师生员工所具有的共同的文化心态和文化生活方式,也是学校校风、学风和教风的外在表现[4]。校园文化对师生性情的陶冶、境界的提升、情感的升华、行为方式和价值取向都会起到一种潜移默化的影响作用,应重视创建良好的校园文化氛围。

1. 塑造校园人文环境,营造学术氛围

艺术类校园文化的建设重点是要弘扬人文精神。一方面,学校应当培植校园人文环境,及时更新图书资料和仪器设备等教学设施,结合艺术专业特点,设置优雅别致的人文景点,如艺术名家和校友名人的塑像、校训等,明确表达蕴含在校园人文环境中的人文精神与人文理想,促使学生从中汲取养分,以此来感染、熏陶和滋养学生的情操。另一方面,着力营造"百花齐放,百家争鸣"的学术氛围,学校可以经常邀请学者、名家开办涵盖多领域的学术讲座,使学生感受学科交叉与融合的氛围,置身于浓浓的学府气氛中,体会专家们的治学之道、为人之道,领略"大家"的风采,使学生的心灵受到熏陶,促进他们健康成长。

2.开展丰富的文化活动,渗透人文素质培养

开展丰富多彩的文化活动是实现高校人文素质教育的重要手段。一是开办系列旨在帮助和指导大学生如何提高自身人文素质的人文社会科学讲座。二是举办读书活动,为学生开展具有针对性、指导性的多种形式的导读活动,并辅以正确的舆论引导和强有力的管理手段,如评选优秀读者、设立课外阅读奖学金等。三是结合专业特色,开展内容丰富、健康向上的校园文化生活,如举办校园文化节、艺术节、演讲比赛、影展、文艺演出等,通过这些活动增强学生学习人文知识的兴趣,调动他们自觉充实人文知识的积极性,进而把学到的人文知识内化为人文素质。四是创建人文社团,如摄影社、书法协会、文学社等,加强对社团活动的指导,通过高品位的社团活动来陶冶学生的情操。

3.搭建多样的社会实践平台,感悟人文精神

引导学生广泛接触社会,根据专业特长,积极参与各种实践活动,如组织"送戏下乡"等艺术实践活动。在实践中融合人文素质教育,渗透人文理念和职业素养教育,增长才干、开阔视野,推动学生变被动学习为主动学习,使学生在社会实践活动中通过交流、比较、思索、磨炼,学会如何做事,如何与人相处,逐步成熟起来,增强其社会适应能力。

四、结语

艺术是人类文化的一个重要组成部分,凝聚着浓郁的人文精神。艺术工作者既是优秀文化的传承者和弘扬者,又是精神食粮的创造者,其人文素质的高低直接关系艺术品位的趋向,这就要求艺术工作者必须加强自身人文修养。艺术类学生的精神境界如何,知识创新能力如何,将直接影响我国文化强国战略的实施,因此,艺术院校在

抓好专业教学的同时,应采取多种措施加强艺术类学生的人文素质教育,使他们具备深厚的人文底蕴,为文化大发展、大繁荣培养德才兼备、锐意创新的文化艺术人才。

参考文献

[1] 杨德广.加强人文教育,提高人文素质[J].教育研究,1998(4):77-84.

[2] 杨叔子.继承传统,面向未来,加强人文素质教育[J].高等工程教育研究,1995(4).

[3] 潘赐璇,李华.高校艺术类人才培养模式的改革——人文素质在教育中的内化[J].成功(教育),2011(9):17-18.

[4] 赵华.论高校图书馆在建设和谐校园文化中的角色[J].广西警官高等专科学校学报,2008(2):84-85.

新形势下高职院校招生宣传工作长效机制的研究①

陆朝萍

近年来,教育体制改革的不断深入,各高职院校间的生源之争也越发激烈,生源的质量作为高职院校发展的基础,很大程度上取决于高职院校招生宣传工作做得是否到位。以往的宣传工作大多直接面对学生和家长,这种方式虽然最为直接,但由于每年考生的主体都会有变更,这就影响了宣传工作的延续性。由此可见,建立一套招生宣传的长效机制对于增强高职院校的知名度,提升高职院校的信誉度及吸引更多考生报考是极其有必要的。这也是一个高职院校能否长足发展的前提。

一、招生宣传工作的重要性

(1)招生宣传工作是提高高职院校知名度和信誉度的重要载体。大多数高职院校基本都是从原来办学实力强、声誉较好的中专学校升格而来的,但由于其办高等教育的资历尚浅,改了名称后更看似与其前身没什么联系了,以往的名声也很难得以延续,再加上高职院校办学层次大多为专科,社会关注度本就不高,更需要加强宣传力度来提高知名度和信誉度。

(2)招生宣传工作是促进学校长足发展的需要。众所周知,生源

---

①　本文发表于 2015 年 3 月《课程教育研究》。

是一个学校生存和发展的基础，只有吸引更多优质的生源，才有利于院校的建设和发展；而优质生源促进院校的办学成果、增强院校实力又可以吸引更多优质的生源，以促进院校的进一步壮大、发展，这是一个良性的循环过程。

（3）招生宣传工作也是应对生源危机的需要。自 2009 年起，高考的报考人数就开始全面下降，出国、复读、自考的比重不断加大，这就使得高职院校的生源日渐紧缺，招生计划普遍完不成，让各高职院校面临生存危机。针对此种情况，各高职院校急需加大招生宣传力度，强化招生宣传的长效机制，以此来吸引更多的考生报考，从而解决生源危机，让各高职院校能够持续、稳定地发展。

（4）建立招生宣传长效机制可以从根本上提高高职院校的服务意识，改善服务质量，为家长和学生全方位展示学校的办学质量、办学成果及就业前景，从而进一步提高学校的美誉度。

二、我国高考招生生源现状

自 2008 年以来，我国高考报名人数逐年下降，虽然高考人数不断下降，但是多数高校的招生计划数却呈现出逐年递增的趋势。而高职院校处于高等教育的末端，按照招生的先后顺序，高职院校处于被动地位，再加上其数量众多，竞争激烈，争取到足够的生源对其今后的生存和发展至关重要。

2008 年，全国高考人数达到历史顶峰的 1050 万人，2009 年开始下降，2013 年全国高考人数为 912 万人，五年间减少了 138 万人。而与此同时，全国各省高考的录取率在不断提高，以浙江省为例，近些年的高考录取率已提高至 85％左右，但全国高职录取人数在 2009 年达到历史顶峰的 333.6 万人之后开始下降，表明高校生源问题最早在高职院校产生影响。

浙江省作为深化考试招生制度改革的试点省份，2017 年拟考试不再分文理科，实行统一高考与高中学考、必考与选考相结合；录取不分批次，实行"专业＋学校"志愿，按专业平行投档；高校确定专业（类）选考科目范围和其他选拔条件，择优录取。这对高职院校来说既是机遇又是挑战。机遇是不分批次录取后,优质的高职院校可以争取到更为优质的生源,挑战则是院校办学实力不强,招生宣传工作做得不到位,将有更多的学校不能保质保量地完成招生计划。

三、高职院校招生宣传工作需要注意的问题

(一)高度重视招生宣传策划工作

招生宣传是一个系统性的工作,其涉及的范围广,投入的人力、物力多,持续的时间又长,如果不事先做好策划工作,很有可能会达不到预期的效果,造成资源的浪费。因此招生宣传策划工作要讲究整体性,对整个宣传工作的方方面面都要涉及,并要结合实际,设计出优秀的合适的宣传方案。

(二)确保内容真实,做好宣传资料的编印

首先,宣传资料一定要确保真实性。各高职院校不论通过哪种途径进行宣传,都需要确保发布的招生信息真实、准确、全面,如果信息失真,从而误导学生作出错误的决策,这不仅会损害学生的利益,同时会影响学校的声誉,还会进一步影响学校的发展。因此,宣传资料的真实性也是学院进行自我宣传至关重要的一点。

(三)组建宣传工作队伍

招生宣传的人员代表的是一个院校的形象,他们直接影响招生宣传的效果,责任非常重大。因此,要建立起一支积极、有效、稳定的招生宣传队伍显得尤为重要。这支队伍需要熟悉近几年的招生信息,以及本院校的优势所在,从而有目的地进行宣传。还需要针对各考生的个性特点,帮助其合理地分析形势,走出一些报考误区,扬长避短,选择合适的专业。

(四)超前性宣传原则

超前性宣传原则即在考生报考前,招生宣传工作要有一个提前

期,将考生填报志愿前的这一段黄金时期加以合理的利用,进一步加深考生及家长的印象,让他们对院校有更深入的了解,再进一步选择所要报考的院校。

四、高职院校招生宣传工作的长效机制

从长效机制的角度出发,需要结合实际,建立起一套完整的宣传制度。需要方式多样、特色突出、操作性强,以此来延长招生宣传工作的长效性。

(一)完善奖、助、贷体系

高职院校不仅肩负着教书育人的社会责任感,将一部分的宣传费用作为奖学金发放给那些品学兼优仰或是家境困难的高中学子也是一种社会责任的使然。奖学金、助学金的发放不仅解决了部分学子的燃眉之急,给学子们送去了温暖,这一做法也提高了院校的知名度及社会声誉,并且是以大家口口相传的方法来扩大学校的影响力,更能够与直接生源及间接生源建立起良好的关系。

(二)举办学校开放日

所谓开放日,是指公共项目活动之一,指一个地方或一个机构,平日里谢绝任何人的参观,但在指定的一天或半天内面向公众开放,一方面让公众能够多一些了解,另一方面由此建立起正面的公众形象。高职院校的开放日并不像幼儿园举办的家长开放日活动,高职院校的开放日不仅仅是面向家长和学生,更是立足于社会,只要是对高职院校感兴趣的各界人士都可以来参加。通过开放日让大家对高职院校有更深入的了解,同时发挥他们的辐射作用,以此来扩大高职院校的公众影响力,以达到长效宣传的目的。

(三)突出学校的特色专业

学校的特色是吸引生源重要的一点。例如,浙江艺术职业学院是目前浙江省唯一一所全日制综合性高等艺术院校,其前身浙江艺术学校与浙江省电影学校有 60 多年办学历史。以音乐表演、舞蹈表演等专业闻名,学院教育成果显著,成绩突出。该学院就是依托于学院原有特色专业——音乐表演、舞蹈表演、影视表演等专业,利用学院培养的一些国内著名演艺人员,如董卿、周迅等进行宣传,一举打响了学院的知名度,并且以点带面,推动了该院其他专业的招生工作。

(四)加强权威媒体的招生宣传

当今社会信息含量越来越大,而获取信息的途径也越来越多,权威媒体就是其中至关重要的部分。因其传播的信息准确、富有正能量,多获得大众的关注及信任,另外,其影响范围之广也是其他小媒体所不能比的。因此,只要加强权威媒体的招生宣传,以此来增强学院的影响力和号召力,相信在未来一年甚至是几年都会影响到考生的志愿填报。

参考文献

[1]　彭建章,史海松.关于建立高职院校招生宣传长效机制的思考[J].中国电力教育:上,2008(5):148-149.

[2]　夏国军.试论高职院校招生宣传方式的选择[J].无锡商业职业技术学院学报,2006,6(6).

[3]　叶柏霜.新形势下高校外宣工作的探讨与思考[J].思想政治,2008(3):103-104.

团体心理辅导在心理健康教育课程中的运用[①]

郑 慧

一、团体心理辅导概述

近年来,越来越多的心理学工作者借助于团体心理辅导(group counseling)这种心理疏导方式,利用团队的集体力量帮助人们解决自身问题。团体心理辅导可促使个体适应和学习如何在团队中与他人交流与沟通,在交流与沟通的过程中,团队中的每个个体都会对现有自我、未知的潜意识、未来全新的自我有更深和更新的认识。由此,还可促进和增强自身与他人的联结,学习到新的生活方式及行为模式,利用该团队内在的力量帮助自己及他人[1]。团体心理辅导操作起来比较简单,它有着固定的基础心理辅导模式。首先,对这次的团队活动设定一个主题,接着可试着从主题出发寻找存在相关问题和疑惑的成员作为团队的组成部分。值得注意的是,团队设定的主题必须从始至终地应用和体现在整个团体辅导的过程中,而团员自身带入的问题也将由他自身提出并解决,团体辅导师更需要对团员影响最深的问题给予重点关注。有研究显示,大学生参与团体心理辅导活动后,在自信心、情绪稳定、心理健康水平、人际关系等方面均得到了不同程度的提高[2-4]。

---

① 本文发表于 2014 年 3 月《大学教育》。

二、团体心理辅导的一般形式

(一)角色扮演

角色扮演者是指参加团体心理辅导的成员根据指定的故事和场景模仿其中的人物特征,以深入该情节下深刻体会不同的人生角色。团体辅导师认为,在团员们模仿和体验这些角色的同时,身处其中的团员们不仅可以增进相互之间的理解和沟通,还能理解他人和站在不同的角度考虑问题,该方法为我们揭示了处理人际关系的不同观念及技巧。

(二)心理剧

从当今的高校团体心理辅导的发展情况中来看,心理剧占据着越来越重要的地位,并且已经渐渐成为一种重要到不可替代的方法[5]。

就心理剧的重要地位而言,它在对改善学生的情感、情绪方面产生了很大的影响。通过学生亲身参加心理剧,扮演戏中角色来发泄不良情绪、抒发自身潜意识中的情感,均可对很多心理问题起到治疗的作用。同时,由于学生对剧中情绪情感的深刻体会,他们会获得更多感悟和对自己的内省,逐渐建立起良好的行为习惯,在思想上产生一定的共鸣,还能越来越好地调动每个团队成员的积极性,达到稳定学生情绪和情感状态的作用。

(三)游戏辅导

游戏辅导,即通过引导学生进行相关游戏的过程,分析每个团体成员在其中表现和投射出的自身情感及内心,抓住其中的问题和重点,有针对性地对他们进行心理辅导。在游戏过程中,因为游戏本身的趣味性还可提高学生对参加相关活动的积极性和兴趣,唤起他们对生活的积极态度,对朋友、亲人的关注及关爱,极大地冲击他们的人生观、价值观。

三、团体心理辅导在心理健康教育课程中的应用

当前,高校的团体心理辅导承载着作为发展性和预防性的功能,根据学生的定义及需求团体心理辅导分为压力管理团体辅导、情绪管理团体辅导、时间管理团体辅导、人际交往团体辅导、生涯规划团体辅导等方面的内容[6]。

(一)压力管理团体辅导

压力,是指人自身的内心冲突及随之而来的强烈的情绪体验,是一种认知行为体验,由心理压力源及对压力的反应共同构成。日常生活中,我们处处都会遇到及体会到不同的压力,尤其是大学生群体,同时需要处理学习、就业、生活、经济等各方面的压力。所谓的压力管理,就是假设人们需要正面面对压力,不仅不能被它打败,还要学着战胜它。心理学家相信人的思维和行为都可以直接对人的压力感受产生影响,人们对事物本身的评价才是决定压力影响的关键。肖红新[7]在对贫困大学生进行"压力管理"的心理团训中发现并证明了团体心理辅导对高效心理健康教育的作用和意义。利用压力团体辅导不仅能使大学生正面认知和感受压力,还能教会他们怎样给自己减压,最终学会并掌握压力管理的有效方法,提高学生承受挫折的能力,增强他们的自信心,使他们保持积极向上的生活态度,勇敢地笑对生活。

(二)情绪管理团体辅导

情绪,是指人们对感觉、思想、行为方面产生的心理上和生理上的状态的主观认知。情绪管理则是先引导个体认识自身及他人的情绪,进而协调、互动,最后到可以控制,在这个过程中不仅可以培养个体自身的情商及控制自身情绪的能力,还能逐渐稳定他们自身的情绪状态。尤其是近年来,抑郁、恐惧、愤怒、焦虑、自卑这些不良情绪对大学生的影响越来越大,有的甚至已经对部分学生的学习和生活都产生了长期的不良影响,任由其发展下去,这些情绪还会导致神经

症等一些身心疾病[8]。通过情绪管理的团体辅导,一方面让学生自身对情绪有一个完整和深入的认知,另一方面对自身的情绪变化更能敏锐感知,能理解控制情绪对自身各方面发展的重要作用。当然,合理地发泄不良情绪,利用一些心理学技巧及时调整自己的情绪,都是体现自身情绪管理能力的方法。

(三)时间管理团体辅导

"逝者如斯夫,不舍昼夜。"时间对于每个人而言,都很珍贵且不可重来。尤其对于处在金色年华的大学生来说,时间更是他们进一步充实自己的重要前提。如何有效地利用时间,对事件实行有效管理,首先应对要做的事情及时间有一个大概的规划,根据一些规划技巧和方法来完成既定目标。许多刚刚进入大学生活的学生,由自己支配时间突然变多,往往会迷茫失措,不知如何规划时间。很多学生因此沉迷网络游戏,热衷于社团及社会活动,无法有效地利用时间,也出现了很多学习和生活上的问题,由此诱发心理问题的出现。对大学生进行时间管理团体辅导,首先引导他们确定自身的价值观和目标,根据对任务的等级排序,按该等级处理每件计划事件,可以帮助学生形成自己的良好时间管理模式,帮助学生更好地利用时间实现自己的目标,成为一个有效的学习者和自我管理者。

(四)人际交往团体辅导

大学生均处在对人际交往的渴求和理解的心理发展期,心理健康水平也深受人际关系健康与否的影响。在人际关系中,他们要求平等,注重精神世界,情感占很大比重。人际关系较和谐的学生能从中获取安全感和归属感,也能得到精神愉悦感,从而提高心理健康水平;而人际关系有障碍的学生则会在交往过程中产生很多抑郁、紧张、焦虑、压抑的不良情绪,或是因为孤独、寂寞导致身心都受到损害。在大学生的人际交往团体辅导中,团体辅导师可通过这个过程使大学生对自己在人际交往中存在的问题有更深刻的认识,改正一些自己的认知偏见,学习如何与人建立良好、和谐的关系,提高人际交往的能力,促进身心健康发展。其中,团体活动包含对自己人际关系的认识、对团体成员的认知和接纳、自我肯定、倾听训练、学会欣赏及赞美他人等。

(五)生涯规划团体辅导

大学生生涯规划是根据每个人的兴趣、爱好、人格的不同,同时结合自身专业特点和知识结构,对自己未来的工作和生活方向进行一个初步的设想和设计,这有利于认识自我、了解自我,明确自己的方向及人生目标。大学中的生涯规划团体辅导包括对自我的深入认识、对自我未知能力的探索、对自己内心兴趣的探索、对自己未来职业和生活目标的规划,由此帮助大学生提高心理适应性与工作能力,能够更快、更好地适应职位及社会对其提出的要求;帮助大学生加深对自己的了解、对社会和职业的认知,明确自己的职业发展之路,提高求职技巧,合理入职上岗,尽快完成从"象牙塔"到社会大熔炉的转变。

四、团体心理辅导在心理健康教育中的应用成效

(一)完善学生的自我教育功能

在团体心理辅导中,团体中各成员通过不同的语言、非语言方式进行交流和沟通每个人的感受,这有利于成员的社会性的发展。另外,辅导的过程也是成员主动学习、自我整合、自我完善的过程,这些都有利于团体成员的自我教育。

(二)促进个体心理健康的发展

团体心理辅导的总目的之一就是它的发展目标,团体心理辅导活动有利于个体的社会性发展、心理健康的发展、人格的不断完善。

(三)预防心理问题的发生

团体心理辅导是预防心理问题发生的最佳途径。通过团体心理辅导,可使成员加深自我认识,发现自己的不适性行为,并加以

纠正。同时,在团体心理辅导活动中,促进了人与人之间的相互交流。

(四)团体经验在日常生活中的运用

通过团体心理辅导,促进学生之间的相互信任和尊重,还能让他们学习如何接纳他人及与自己不一样的存在,更能感知他人需要并关心他人。

参考文献

[1] 樊富珉.团体咨询的理论与实践[M].北京:清华大学出版社,1996.

[2] 官锐园,樊富珉.10名大学生人际交往团体训练前后16PF测评[J].中国心理卫生杂志,2002,(7):483-484.

[3] 孙时进,范新河,刘伟.团体心理咨询对提高大学生自信心的研究[J].心理科学,2000(1):77-79.

[4] 邢秀茶,曹雪梅.大学生人际交往团体心理辅导的实效研究[J].心理科学,2003(6):1142-1143.

[5] 李帮琼.心理剧——有效的学校团体心理咨询方式[J].教学与管理,2007(4):44-45.

[6] 李丽.团体辅导——高校心理健康教育的有效途径[J].未来与发展,2013(1):85-87.

[7] 肖红新.贫困大学生"压力管理"团体训练方法的探讨[J].福建农林大学学报:哲学社会科学版,2007,10(3):106-109.

[8] 余晓敏,江光荣.心理求助行为及其影响因素[J].中国心理卫生杂志,2004,18(6):426-428.

心理契约建构下艺术类高职学生就业心理辅导策略研究[①]

王筱芽

高职艺术院校肩负着为我国文化产业建设培养高素质应用型技能人才的重任,为践行党的十七届六中全会提出的"文化大发展大繁荣",培养面向社会,服务社会的优秀文艺工作者有着重要意义。但是,当艺术类高职学生面对当今严峻的就业形势时,不同程度地出现了就业心理不稳定、就业目标缺乏准确定位和就业期望过高或过低的迷茫状态,一方面他们因找不到工作而埋怨,另一方面诸多学生因为对工作缺乏满意度而频繁跳槽。本文试图从艺术类高职学生个体感知角度出发,探讨艺术类高职学生和就业指导老师的心理契约构成维度,旨在建立良好师生心理契约建构下的艺术类高职学生就业心理辅导策略。

一、新形势下心理契约理论对就业心理辅导的影响

"心理契约"(psychological contract)是美国著名管理心理学家施恩(E. H. Schein)正式提出的。他指出,心理契约是"个人将有所奉献与组织欲望有所获取之间,以及组织将针对个人期望收获而有所提供的一种配合"。

心理契约虽然在人力资源管理领域运用最多,但在其他领域也发挥着奇妙的作用。在高职艺术院校就业心理辅导中,引入心理契

---

① 本文发表于 2013 年 9 月《新课程学习(中)》。

约理论对解决学生学习中存在的问题、学生的满意度与学校提高就业率和就业质量的教学目标如何保持一致性具有十分重要的意义。通过各种心理暗示的方式,双方相互感知、认可各自的某些期望并形成的一种隐性权利-义务关系的主观心理约定。就业心理指导教师能够认清每个学生的发展期望,并满足他们;而每个学生则相信所在的团队能达到其期望值,并为集体的发展奉献自己的力量。由此可见,这个吸引与奉献的过程就是心理契约形成过程,它是就业心理辅导的基础,也是本文研究高职艺术院校师生心理契约的现实依据。

二、艺术类高职学生在就业心理辅导中的心理契约差异

1.个性特点

艺术类高职学生表现思维活跃、充满朝气,情绪强烈而富有感染力,但波动大,难以自制;有较强的想象能力,但也有偏激、片面的缺点;对专业具有较强的兴趣,表现欲望强烈;躯体化疲劳严重,容易产生焦虑、抑郁等心理问题和心理障碍。对于集多种特殊性于一身的艺术类高职学生来说,他们在理想和现实、主观和客观、个体和集体、学习和生活、目标和过程等方面存在的矛盾日益突出。以这样的心理状态面对越来越大的就业压力,必然导致部分学生对高校教育体制和现实社会产生质疑和排斥,阻碍学生的成长成才。

2.学习特点

艺术类专业有极强的专业性,学生对于自身专业抱有很浓的兴趣,花在专业上的时间也比较多,但对于副课,特别是近几年才逐渐规范的就业心理辅导课程却明显不够重视,对就业指导认识不足、心理需求程度不高,缺乏学习动力,认为此类学习枯燥乏味,对专业和自身发展没有任何实质性作用。因此,阻碍了师生间心理契约的建构,短时间内很难达成相同的期望值和预期的课程目标。

3.就业特点

艺术类专业倡导创新、求变、多样化的精神,导致学生本身特

质上存在着向往自由、不愿束缚的自我中心价值观,表现为重个人利益,轻社会利益,无法快速融入企业文化中。专业性比重高,导致工作期望值过高,在选择工作的范围内有一定的局限性,和工作单位的满意度上达不成相应的期望值,离职率比一般高校更高。

三、心理契约在就业心理辅导中的建构

面对艺术类高职学生主体意识越来越强的特点,迫切要求我们改变过去的管理模式,用"心理契约"的理念将其放到一个平等对话的基础上,并从方法制度上保证学生的差异化教育的实现。

(一)确立学生主体地位,创建个性化的师生心理契约

1.加强师生心理认同,建立良好的师生心理契约关系

艺术类高职学生主体意识强烈,有自己的审美观,渴望得到教师、家庭、社会的尊重和认同。因此,应在教学过程中建立相互尊重、相互平等的师生心理契约关系,为有效的教学创造良好的心理条件。第一,师生在人格上要平等。教师要把每一位学生当作有思维、有理想、有独立人格的人;第二,教师应主动拉近与学生之间的心理距离,通过各种方式传递对学生的热爱、信任和期待等积极信息,使学生感受到来自教师的认可、尊重和关怀,从而对教师产生好感和信任。

2.加强师生心理互动,营造相互依托的心理契约

教学实践证明,就业心理辅导教师是心理契约方的"学习指导者、心理辅导者",教师应在开课时明确阐述课堂的课程目标,提出对学生的期望和具体要求,对学生的择业心态进行心理测试,掌握学生的心理期望,不断调整教学内容,改善教学方法,满足学生的动态需求和期望。而作为心理契约另一方的学生,通过自己的努力,使自己的行为和学习成果满足自己、家长、教师和社会的期望。

（二）形成具有吸引力的就业心理指导体系，确保就业心理指导的质量

1.就业心理指导团队的可持续发展

教育部《关于进一步深化教育改革，促进高校毕业生就业工作的若干意见》（教学〔2003〕6号文件）中明确规定：加强毕业生就业指导，将就业指导课作为学生思想政治教育的重要组成部分，并纳入日常教学。就业心理辅导作为一门应用学科，目的是指导大学生树立职业生涯规划理念、具备正确的择业观、增强心理受挫能力、掌握就业应试技巧等。首先，需要教师具备多样化的知识体系、良好的心理学素养和辅导技能，了解就业政策和就业程序等，不断完善自身知识结构，提高就业心理辅导质量和教学水平。其次，教师要转变教学观念，研究多样性教学方法和手段，激发学生的兴趣，调动学生学习的积极性。最后，就业心理辅导需要多元化、多层次、专兼结合的工作体系，需要学校从上到下各级部门的相互配合，整合资源，形成具体的工作制度，完善就业服务体系。

2.心理契约理论的全局性研究

结合心理契约理论研究，全面理解心理契约的内容、维度、形成、调整及违背后的影响，及时了解就业指导、签约过程、就业准备阶段的心理契约管理。一是学校在就业指导中要注重培养学生树立权益与责任对等的观念；二是加强就业工作的信息管理，广泛宣传行业性和区域性就业政策，使毕业生对择业环境有全方位的了解；三是加强对毕业生对口企业的跟踪调查，帮助学生了解企业，融入企业，提高学生的就业竞争力，为就业做好准备。

3.职业生涯的科学性设计

做好科学的职业生涯设计是心理契约构建的重要内容。高校应帮助学生规划好职业生涯设计，让学生能在学习中看到自己的未来和希望，把自己全身心地融入学习中。首先确立职业生涯发展目标，指导学生形成正确的自我认知、职业认知和社会环境认知，树立职业

发展的阶段性目标和长远发展目标;其次是制订相应的工作、培训和教育计划,指导学生根据自身个体差异性、不同的兴趣和能力,有针对性地制订实施方案,确保职业生涯设计得科学、合理。

参考文献

[1] 张振华,徐鹏.心理契约与大学生就业能力培育的创新[J].中国成人教育,2010,(5):36-37.

[2] 于腾腾.新形势下大学生就业心理契约建构的教育策略[J].中国-东盟博览,2011(4).

[3] 蔡德章,高献忠.心理契约理论对高校就业指导工作的启示[J].医学教育探索,2008(3):285-286.

[4] 李林.心理契约理论视角下我国高校学生管理研究[D].曲阜:曲阜师范大学,2011.

[5] 李原,郭德俊.组织中的心理契约[J].心理科学进展,2002(1):83-90.

[6] 张菁.不同高校师生心理契约内容及其承诺度的研究[D].合肥:中国科学技术大学,2009.

[7] 孙云笑.高校毕业生就业心理辅导模式及其应用[J].大连教育学院学报,2001(2):74-78.

校园心理剧在艺术类大学生心理健康教育中的应用探索①

许 瑛 郑 慧

心理健康教育是大学生思想政治教育工作的重要内容之一。《中共中央国务院关于进一步加强和改进大学生思想政治教育的意见》明确提出,要重视心理健康教育,根据大学生的身心发展特点和教育规律,注重培养大学生良好的心理品质和自尊、自爱、自律、自强的优良品格。艺术类大学生作为高校学生中的一类特殊群体,具备显著的心理特征。而校园心理剧作为一种以现实生活为模式的团体心理辅导方式,通过特殊的戏剧化形式把学生在学习、生活、人际交往中的烦恼、困惑、矛盾等情况编成剧本进行表演[1],以其独具魅力的原创性、互动性、演绎性,足以吸引艺术类大学生积极参与其中,从而对学生产生潜移默化的心理影响,加深他们对心理健康知识的认识,以促进校园稳定、和谐。

一、艺术类大学生的心理特征

艺术类大学生心理与其他普通高校学生相比有其自身特点。

(一)个性张扬,自我意识强

艺术类大学生追求个性,崇尚潮流,通常是时尚的倡导者和先

---

① 本文是 2011 年度高等职业教育党建与思想政治工作研究成果。

行者。他们个性鲜明,以自我为中心,个性化中带有叛逆,对灌输式的教育方式有抵触心理。过于强调自身价值,自尊心强,对外界刺激敏感,思考问题较理想化,自我期望值较高,容易钻牛角尖、走极端。

(二)思维活跃,富有创造力

艺术类大学生想象力丰富,悟性高,观察能力、形象思维能力强,富有创新精神,容易接受新生事物。心理、生活需求趋向多元化,渴望参加各类比赛活动锻炼和展示自己的能力,自我表现欲望强烈,敢于尝试新事物。

(三)情感丰富,情绪不稳定

与普通高校的学生相比,艺术类大学生在内在的气质修养和外在的行为表现上,个性更为突出,他们具有时尚、前卫、开放的性格和感性化的生活态度。他们喜怒于色,敢想、敢说、敢做,毫不掩饰自己的看法,说话直接坦率,看待事物感性,易冲动,容易受内在情绪和外界环境的干扰,情绪波动大,自我约束力差。

(四)独立性强,意志力弱

随着生理特性的成熟,大学生不但从体态上感到自己已像个成年人了,而且从内心体验上加强了这种成熟感,加之部分艺术类大学生自小离家学习专业,无论对新环境的适应性还是在校期间经济上的独立性均较普通高校学生明显要强,因此他们极力摆脱学校、家长对他们的约束和干涉,强烈要求独立自主。但正由于从小缺乏与人沟通、交流,他们为人处世的能力欠缺。同时艺术类大学生心理发展存在两面性,各方面发展不平衡,内心体验不深,造成心理矛盾冲突严重,既自信又自卑,抗压能力不足,挫折感强烈,遭遇一次失败,就会产生心理阴影,灰心丧气甚至悲观失望。

（五）专业情结浓厚，人文素质薄弱

艺术类大学生通常分为三类：第一类是奋发型，他们从小进行专业训练，对艺术执着追求，进入大学后学习兴趣浓厚，学习自主性强，注重文化修养的提升；第二类是理想型，他们有远大的理想，有所谓的"明星梦"，在中学时期曾担任文艺干部，进入大学后起初对专业感兴趣，学习勤奋，但经过一段时间的努力发现自己在艺术院校中并没有任何优势，专业成绩平平，自卑感油然而生，甚至开始做白日梦；第三类是敷衍型，他们由于文化成绩差，把专业作为升学的跳板，在高考前进行专业突击，考入大学后有部分学生逐渐培养了专业学习兴趣，找到了学习动力，而另一部分学生则由于艺术专业本身的特殊性，需要有一定的悟性，很难在短时间内取得成就，从而退缩逃避，学习动力减弱，对专业、文化都不感兴趣，每天都在混日子。

二、校园心理剧的操作模式

校园心理剧由社会剧发展而来，具有戏剧小品的特点，比一般心理剧有更大的表演性，学生在教师的指导下，运用校园心理剧的基本原理和方法，借助舞台再现校园生活中类似的情景和经历，找到解决心理问题的方法[2]，从而使全体参与者受到教育启发。整个过程主要可分为剧本创作、导演与排练、演出与分享。

（一）剧本创作

校园心理剧的创作是建立在对大学生思想健康状况调查与研究基础上的艺术加工和艺术概括[3]。其包括素材收集、主题确立、时空设置、剧情编写、人物选择、剧本创作。素材可以是心理咨询中心提供的典型样本，可以是学生在日常学习、生活中所观察的心理故事，可以是网络故事改编，可以是心理剧本征集大赛中的优秀作品。创作应鼓励学生自己完成，可以成立剧本创作小组，以集体创作的形式，教师在旁作建议供参考，要充分发挥学生的主体性。

艺术类大学生灵感多、创造力强，尤其是表演类学生本身就有创作课程，对他们来说创作不成问题，关键是教师要帮助学生把握好主题，要引导学生深入寻找生活、学习、人际交往中的冲突、烦恼、困惑，提炼典型的事例素材，要防止学生从个人观点出发，偏离教育的本意，同时允许在排演的过程中随剧情的发展修改、完善和创新剧本。

(二)导演与排练

与其他院校不同，艺术类院校中包含舞台表演经验的表演专业学生、懂音乐制作的音乐专业学生、会舞台设计的美术专业学生。表演专业学生可以单独作为导演，而教师作为指导者在尊重学生自主创作的前提下，适时给予心理治疗理论和心理剧技术的指导。音乐专业学生则根据剧本要求制作各种心理剧相关的背景音乐。美术专业学生主要从舞台布景、灯光、服装设计入手做好整台剧目的辅助工作。这样既有利于提高学生排练的积极性，发挥学生的主观能动性，又可以让表演类艺术学生带动非表演类艺术学生克服语言表情艺术感、剧情发展起伏感、节奏感等台上经验匮乏的困难，同时让非表演类艺术学生帮助表演类艺术学生解决舞台空间、灯光音效等幕后实际问题，达到相互促进，共同进步，有效提高学生沟通、交流能力的目的，从而促成双赢的局面。

(三)演出与分享

校园心理剧的演出是学生在角色上进行的艺术创作和灵感发挥，既融入了他们对角色的领悟和把握，又赋予了角色自身的个性特色，演出可以在观众中普及心理健康知识。在演出过程中，要增加台上台下的互动，设计一些让观众随机参与的环节，这样既把观看的学生带进了剧情之中，让他们有身临其境的感受，提升学生兴趣，更有利于他们体验角色，认同这就是发生在身边的事，是与自己的学习经历、生活经验相结合的。同时这种台上台下的互动，可以让台上的演员感受到观众的支持，增强演员的表演欲望，使双方产生共鸣。也可以在演出结束后组织学生与演员讨论、分享，发表各自的想法。在学生热烈讨论时,教师及时加以点评,深化学生对剧情的理解,以推进演员与观众的情感宣泄。这样可以淡化教育的痕迹,在无形中实现心理教育的目标。

三、校园心理剧的应用价值

(一)层层渗透——校园心理剧与心理健康教育各种途径相结合

开展心理健康教育的途径多种多样,应结合学生特点灵活选用,以课堂教学、课外教育指导为主要渠道,充分发挥各种途径的综合作用,形成课内与课外、教育与指导、咨询与自助紧密结合的心理健康教育工作网络和体系。校园心理剧作为一种新兴的团体辅导方式,可以融入其他形式的心理健康教育中去,以达到最佳效果。其一,依托校园心理剧拓展心理健康教育课堂。艺术类教学注重创作实践,在创作实践中锻炼学生创造的基本功。艺术类学生重专业、轻文化的特性,决定了他们更愿意将实践摆在首位,校园心理剧的引入可以让学生在掌握心理理论知识的同时,得到实际体验,这样既可以调动学生学习的积极性,又可以通过编排、表演、讨论,让学生在课堂上得到心灵的洗礼和启迪。其二,校园心理剧与团体心理咨询相结合。随着对心理健康教育的逐步重视,艺术类院校学生主动去心理咨询中心找心理老师咨询的人数有所增多,针对此类情况可以由班主任摸底提出需要辅导的学生名单,由心理咨询中心归类将校园心理剧用于团体心理咨询,加大心理辅导老师与学生的互动,使学生在参与过程中学会自助,提高自我调节能力,增强对心理辅导老师的信任感。其三,开展校园心理剧比赛或将典型的心理剧本进行巡演,以推进校园心理剧深入学生日常的心理健康教育中。

(二)潜移默化——校园心理剧与学生在体验中成长相结合

校园心理剧以舞台演出的形式将心理健康教育融入其中,以感情抒发、心理宣泄、体验反思、升华刺激等不同手段帮助学生心灵成长,实现心理健康教育活动化,避免心理健康教育学科化,促进心理健康教育多元化,有利于在学生中形成共鸣。优秀的心理情景剧所呈现的人物角色,无论是对表演者还是观看者均能提供是与非的参照,是学生现实生活的真实反映,对学生树立正确的人生观、世界观、价值观有重要意义,能够促进学生自我认识,调整心态。通过艺术类学生在舞台上淋漓尽致的表演,使他们切实地体验心理上的细微变化,充分领悟其中的道理,心理学的知识原理和表演技巧潜移默化地在学生头脑里扎根,避免了枯燥的灌输式教育,学生也更易于接受这种寓教于乐、感同身受的心理教育模式。

(三)育人为本——校园心理剧与学生实现自我教育相结合

每个年龄阶段的个体均有其特定的心理特征,这些特征使其心理困惑、心理问题也具有相应的年龄特点。大学生正处于自我整合期,此阶段个体的心理问题都是与自我意识相关的问题。大学生心理问题中涉及自我意识的主题包括自尊与自卑、独立与依赖、自我价值观等。校园心理剧的引入,一方面以其生动、活泼的形式极大地吸引了学生,使学生的参与热情高涨;另一方面又将先进的团体心理辅导理念融入表演之中,使所有的参与者均能从中受益,使学生在欣赏心理剧的同时学会做人、学会交往,培养解决问题的能力和树立"助人自助"等心理理念,从而形成良好的自我审视、自我评价、自我调整,走健康自我之路。这种在体验中获得感悟的活动,不仅可以成为学生的心理减压阀,防止某些心理问题的产生,还可以让学生在演出与观看中,得到教育和熏陶,提高思想认识,优化心理品质,最终达到育人的目的。

（四）和谐发展——校园心理剧与校园文化建设相结合

丰富多彩的校园文化活动有利于学生健康心理品质的形成,有利于学生高尚情操的陶冶,有利于学生积极向上的生活态度的培养,有利于平安校园的建设。以浙江艺术职业学院为例,每年"525心理健康月"都会举办校园心理剧大赛,把学生自编、自导、自演的心理剧搬上舞台,不仅为学生带来了校园文化大餐,还给学生分享各种心理问题提供了交流机会。三年来涌现出众多优秀剧目,为心理咨询中心收集心理剧本集打下良好的基础。同时以浙江省大学生科技创新项目为平台,鼓励学生积极申报,进一步推动了校园心理剧的创作与实践。目前已有一部校园心理剧《天黑请闭眼》成功申报大学生科技创新项目,并已结题,这对学生是极大的鼓舞。如今校园心理剧的创作与演出已成为校园文化中一道亮丽的风景线,促进了校园文化建设和谐发展。

参考文献

[1] 秦娟.校园心理剧[J].中国职业技术教育,2005(23):29-31.

[2] 史蓉蓉.校园心理情景剧操作手册[M].北京:中国人民大学出版社,2009.

[3] 李建中.试论"校园心理剧"在大学生心理健康教育中的作用[J].西南交通大学学报,2000,1(2):102-105.

艺校学生心理健康初探[①]

王慧芳

在青少年学生的教育中,心理健康教育无疑是一项重要内容。尽管我国心理学界、医学界和教育界已日益重视对青少年心理健康问题的研究,并将研究成果逐渐应用到实践中去,但对中职学校学生,尤其是中职艺校学生这一特殊群体的心理健康问题的研究,并没有得到足够的重视。本文试就中职艺校学生的心理健康问题进行初步探索,以期引起中职艺校教育者和家长们对中职艺校学生心理健康问题的重视,以创造一个良好的艺术校园氛围,培养学生良好的心理品质、心理卫生习惯及自我心理调适能力,促使学生心理的健康发展。

一、艺校学生心理特征、心理健康问题及原因

(一)艺校学生心理特征及心理健康问题

在中职学校中,艺术学校是一种特殊的类型,艺校学生也具有特定的心理特征,而不同于一般中学生及其他中专学生。

(1)情感特征。情感是人心理生活的一个重要方面,它是伴随着认识过程而产生的,是人对客观事物的另一种反映形式,即人对客观事物与人的需要之间的关系的反映。不同年龄阶段的人有不同的情

[①] 本文发表于 2012 年 3 月《长江大学学报(社会科学报)》。

感。人的情感极其复杂。艺校学生情感丰富、敏锐、冲动、起伏大,既有易受感染、易感动的一面,又有追求个性情感需求的一面。例如,当参加演出比赛团体获奖时,他们既有为校争光的集体荣誉感,又有排练时吃苦情景涌上心头的真实感,于是,他们会抱成一团,热泪盈眶,百感交集,情感外泄。

(2)意志特征。如意志是自觉地确定目的,根据目的来支配和调节行动,从而实现预定目的的心理过程。艺校学生从小酷爱艺术,为了艺术事业,他们可以牺牲一切,表现了坚强的意志。例如,练琴时手指磨出了血泡,他们可以不叫苦、不叫累,同时能承受住失败的痛苦。然而,对待生活和文化学习,艺校学生却表现出不同的态度,反映出与艺术专业学习截然不同的意志特征。劳动时怕苦怕累,冬天怕冷逃避晨跑。有些文化学习不好的学生,害怕背外语单词,得过且过,不懂得艺术事业的成功需要有扎实的文化知识,这一切都导致了他们不健康的学习心理。

艺校学生人际交往体现出如下特征:一是交流艺术,探讨学习体会;二是远离父母和原来的伙伴,来到艺校新的环境,在交往中寻找自己的位置,以排解内心的孤独;三是艺校学生处于特定的年龄段,使他们产生了强烈的交往欲望,希望自己有知心朋友。多数艺校学生能够较快地适应艺校生活,形成自己的朋友圈。其中,学生干部的社会活动能力强,在处理同学间的人际关系中常常起协调作用。但是,"处于青春期的艺校学生自尊心和好胜心都很强,加之他们有着作为独生子女的优越感,这使得他们对人际关系十分敏感"[1],因此,也有一部分学生不能很快适应新的陌生环境,内心苦闷,无精打采,甚至有早恋的倾向,因而在人际交往上存在着一定的心理问题。

(二)心理特征及心理健康问题形成原因

形成艺校学生一般心理特征及心理健康问题的原因,可以归结为以下三个方面。

1.艺校特定环境的影响

由于艺术学习的专业需要,艺校学生在校的学习时间参差不齐,需要 3～5 年甚至更长时间而且全部住校,以校为家。同时,由于艺校学生的人生观、世界观基本在艺校形成,因此艺校教育对学生心理的发展影响极大。艺校学生普遍具有艺术天赋,从小受到良好的艺术熏陶,对艺术充满憧憬和热爱,但不同专业的学生会表现出不同的心理特色。例如,音乐专业分得很细,需从小刻苦训练。音乐专业的学生往往比较聪明,专业学习时较能吃苦,讲求个性张扬,也崇拜自信有能力的人。除了乐理、视唱练耳、音乐史等共同课程外,音乐专业基本上是一对一个别教学,即一名教师一堂课教 1～2 名学生,师生关系十分密切,专业教师的性格和喜好对学生心理影响很大。舞蹈专业是男女分班,平时男生班和女生班分开上专业课,排练和演出前再合班上课,所以舞蹈专业的学生集体荣誉感强,团结协作,专业学习上意志坚强。戏剧专业则是分行当教学,排练的多半是成人剧目,学生多少会受到剧目内容的影响。由于艺校学生接受特定的艺术教育,又具有一技之长,因此他们普遍对未来生活充满幻想,而且较为自信。艺校因为其教育目标的独特性,课程设置大致分为专业技巧、专业理论及文化课三部分。从理论上讲,三类课程是紧密联系、相互作用,不可分割的,它们共同构成中职艺术教育体系。但是由于专业技巧最先显示学生的教育成果,专业理论和文化课教学的成果也要通过专业技巧的展示而显现出来,因此专业技巧的高低,往往很容易被片面地作为衡量学生接受艺术教育程度高低的尺度,从而导致了艺校学生心理上轻理论、重技巧,轻文化、重专业的倾向。

2. 家庭教育的影响

奥地利著名心理学家弗洛伊德说:"一个人的发展深受早期经验的影响。在正常情况下,最有影响力的早期经验肯定是孩子的家庭环境与亲子关系。"家庭教育方式与孩子心理发展关系密切。在社会、学校、家庭共同构成的系统中,存在着多层次、多环节的互动作用。社会结构、意识形态、价值取向都会不同程度地影响到每个家庭成员;同时,父母的态度、期望、偏好及家庭生活的气氛和教育方式等,又直接对孩子的人格发展和心理施加影响。由于我国提倡计划生育,因此,现在的艺校学生多数是独生子女。这些在父母过分照顾下长大的孩子,不仅依赖心理很强,还很任性,同时缺乏在生活中吃苦的精神,在学校的值日和大扫除活动中,表现得尤为突出。加上一些家长一味地给钱,致使少数艺校学生花钱大手大脚,从而影响和荒废了学业。

3.社会因素的影响

随着物质生活水平的提高,人们越来越追求精神上的需求和满足,社会上向往艺术生活已经成为一种时尚,更多的人喜爱艺术,懂得欣赏艺术,使得艺术工作者的劳动价值得到了充分的体现。艺校学生因为在艺术上有一技之长,毕业后或者在舞台上成名,或者在社会辅导演出中经济收益不菲,再加上文艺界明星的包装和宣传,往往使艺校学生心理上崇拜明星,模仿明星做派,幻想有一天自己也能抓住机会,一夜成名。这种种因素,必然会对艺校学生的心理产生一定的影响。

二、应对艺校学生心理健康问题的对策

心理健康问题大多数是青少年在成长过程中受到社会和家庭各种因素影响而逐渐累积形成的。为了解决艺校学生心理健康的问题,促使他们的心理得以健康发展,我们必须认真研究并采取相应对策。

(一)创造有利于学生心理健康的氛围

当代一些教育家认为,只有当学校创造一种有利于学生认知与情感健康发展的气氛时,教育才能成为真正名副其实的教育,因为正是在这种教育下,学生才有可能成为一个心理健康的人。尽管艺校是一种特殊类型的学校,但是,在使学校具有一种有利于学生心理健康的氛围上应该是与其他学校相同的。具体来讲,艺校应该强调培养学生成为一个整体的人,即不仅在身体、精神、感觉、情感和理智各方面都得到发展,还在人的内部世界和外部世界的联系方面达到和

谐一致。由此出发,艺校应该给学生营造最佳的学习气氛,注意认知和情感两方面在艺校教育中的作用,努力发展学生的潜能和创造力,使他们具有一种创造性的人格和健康心理。这样,艺校学生在不断获取新体验和探求新事物的过程中,才能既达到自己的最佳状态,又使自己的心理处于健康的状态。

(二)重视教师对学生心理健康的影响和作用

今天的艺校学生,自我意识强,喜欢按自己的意愿行事,希望教师以诚恳之心与他们交流,像对待成人那样对待他们,因此,简单说教或粗暴压制都是无济于事的,如果再加上冷嘲热讽,就会加深师生间的隔阂。例如,不能把学生本身音乐素质的好坏说成是有没有用心练琴的结果。教师随口说一句"以后练好了再来上课",就有可能扼杀了学生心中刚刚萌发的求知欲望。

在教学过程中,教师应"结合教学实际,把心理健康教育渗透到每一节课、每一个教学环节、每一次个别辅导中,从而为学生的健康心理养成提供丰富的营养"[2]。教师有责任帮助艺校学生确定奋斗的目标,使自己的期望成为他们学习的动力,引导他们克服学习中的心理障碍。同时教师应正确估量学生的艺术才能,循序渐进,耐心诱导,既让学生明确学习目标,看到自己的差距,又要保护学生的自尊心,力争不同层次的学生都能在原有的基础上有较大的提高。

教师是多种角色的扮演者。他们既是全面技能和技巧的传授者,又是帮助学生健康成长的保健医生。教师不仅要教给学生知识,还要教给学生学习方法和如何做人等。由于学生中普遍存在的个体差异,因材施教无疑是必要的。

一位西方著名教育家曾这样说过:教育的主要原则是爱。因此,教师只有用真诚去关心和感染学生,才能使教育达到预期的效果。教师必须克服以教育者自居的观念,要明白知识的传授是与情感的教育分不开的,努力在师生间形成一种民主氛围,鼓励学生敢于在教师面前暴露自己的真情实感,并通过正确的人生观、价值观、世界观的教育,帮助学生实现自己的梦想。

此外,教师还应该学习儿童、青少年心理学,成为儿童心理和青少年心理方面的专家,及时发现艺校学生的心理障碍,帮助他们走出心理阴影。鉴于艺校学生和教师的特殊关系,教师自己首先应该具有健康心理,从而达到对学生潜移默化的影响作用,真正成为学生的良师益友。

(三)汲取国外心理健康教育经验

当今世界上发达国家的心理咨询服务得到了很大的发展,并越来越为广大民众所接受和认可。在美国,心理咨询和服务工作已合法并成为一种职业,许多机构和团体经常给心理学咨询和服务方面的研究提供经费,不但学校里有心理咨询工作者,而且心理健康教育已成为学校教育的一个组成部分。英国对心理健康教育也十分重视,并在学校中开设课程,由受过专业训练的心理健康教师执教;心理健康教育的教材有学习指导的内容,各年级不同,但一般都涉及日常行为规范、友谊、信仰、环境、就业等问题,教材编排图文并茂、深入浅出、可读性强,能引起学生的思考,进而得出正确结论。这些国家在心理健康方面的做法和经验可以给我们不少有益的启示。借鉴国际经验,并根据联合国教科文组织规定:"每700个学生就应该有一个专业的心理咨询教师。"[3]我国艺校也应配备专职心理咨询教师,开展学生心理健康状况调研,开设心理健康教育课程,及时与学生沟通,以消除其心理障碍。

(四)开设心理健康教育课程

心理健康教育是教育者有意识地对学生的心理发展施加影响并和学生心理自主结构相互作用的一个互动过程,因此,开设心理健康教育课程,无疑是艺校加强心理健康教育的一个好方法。为了使心理健康教育课程更为有效,有必要编写艺校学生心理健康教育教材。这种教材不但应该具有时代性,适应时代的要求,以培养学生关心、帮助、奉献等意识与能力,而且应该具有艺校特色,可编入一些具有艺术特色的事例,以供学生学习讨论和思考。在心理健康教育课程中,教师可以引导学生讨论或开展角色扮演活动,使学生在主动参与学习的过程中,接受教育,独立思考,寻求对心理健康问题的正确答案。通过"把学校教育、家庭教育和社会教育有机地结合在一起,形成一体化的心理健康教育网络"[4],定能"加强艺校学生的心理健康教育,促进他们的身心健康、人格健全,更好地培养创新型文艺人才"。

参考文献

[1] 华桂春.浅析中职学生的心理健康教育[J].卫生职业教育,2010(20):152-153.

[2] 吕萌.做好心理健康教育的三条途径[J].河南教育:基教版,2010(10):57.

[3] 方秋堂.高职学生心理健康教育问题及对策研究[J].教育艺术,2010(11):68.

[4] 苑冀,钟向阳.关于艺术类大学生心理健康教育课程改革的思考[J].大舞台,2010(7):185.

[5] 徐洁.艺校学生心理健康状况调查分析及调节手段探索[J].绍兴文理学院学报,2009(11):94-97.

高等院校绿色校园建设的初探①

郑士香

随着社会发展,生态平衡遭到严重破坏,环境问题日益严重,为保护环境,人们越来越关注"绿色""环保""低碳""绿色思潮"等理念,绿色社区、绿色家园等绿色呼声高涨,绿色校园建设应运而生。绿色校园的相关研究,从 20 世纪 90 年代中期逐渐开始,1996 年《全国环境宣传教育行动纲要》中首次提出了"绿色校园"的理念,进入 21 世纪后,其研究逐年增多,随着研究的深入,绿色校园的建设逐渐成为学术界关注的重点。

一、高等院校绿色校园建设的重要性

绿色校园的建设是指基于可持续发展理念,全面实现学校教育功能,将环境管理措施纳入学校日常管理工作中,以加强保护环境和减少污染为宗旨,充分利用校内外的一切可能和资源提供适用、健康、高效的校园环境。

学校是教书育人、传播文化的学习场所,也是学生形成价值观和行为养成的重要场所,学校对学生有着潜移默化的影响作用,学校在完成基础教育的同时,也要将可持续发展绿色理念融入教育中,培养学生建立可持续发展的思想,这对于国家倡导的可持续发展战略具有深远的影响。

---

① 本文发表于 2015 年 6 月《经济研究导刊》。

(1)对于师生,绿色校园可以使师生透彻地理解环境问题,帮助师生树立绿色环境的意识,形成可持续发展的价值观,强化素质教育,培养师生的绿色意识、绿色态度、绿色行为,无论是在校园中,还是在个人和家庭生活中,充分发挥师生的辐射作用,重视环境问题。

(2)对于环境,高校的发展,必定带来教学场所、教学设施、学生宿舍等的建设,由此带来能耗的增大和废弃物的增多,绿色校园建设可以尽可能减少由此对环境带来的不利影响,真正做到垃圾分类,尽可能回收可用资源并对其充分利用,营造良好的学习、生活环境,有利于教师和学生的身心健康,同时促进社会大环境健康发展。

(3)对于社会,学校可以通过绿色校园的建设提升自己的形象,有利于学校自身的发展,同时影响师生及其家庭,并由此影响社区,通过社区又影响并带动社会公众参与到绿色环境的建设中来,发挥学校教育的影响作用,推动全社会绿色理念的形成。

二、绿色校园建设现状分析及存在的问题

1. 缺乏绿色理念,意识淡漠

绿色校园是以绿色校园理论为基础,通过建设绿色校园,要将绿色理念传递给校园中每一个人,让师生了解绿色校园的意义。然而,据了解,实际情况不尽如人意,大部分高等院校在建设校园的过程中,忽视了与师生的沟通和交流,使得大部分师生并不了解绿色校园内涵,极少数甚至认为绿色校园就是多种花草、打扫卫生等,对绿色校园的认识肤浅且片面。

2. 缺乏绿色教育,认识不足

在高等院校中,只有涵盖环境类、经济类和能源类等专业才会有绿色校园的相关课程,其他专业很少有这方面的课程,没有相关专业背景的学生,很难接触到该类教育,所以师生对绿色校园的建设认识不足,绿色教育不是很普及,使得大部分学生缺少该方面的知识,绿色教育的缺乏阻碍了绿色校园的建设。

3.缺乏绿色活动,参与太少

任何校园的社团活动都是校园文化重要的一部分,除去正常的教学课堂,它是学生的第二课堂。据了解,目前高校里常见的社团有舞蹈团、体育社、记者团、吉他团,礼仪社和反邪教社团等,通过走访发现,缺乏有关环保、绿色活动的社团,即使有,也存在主题形式单一的缺陷,又由于宣传不够,参加者也是寥寥无几。就目前而言,高等院校中绿色活动并没有形成一种文化,缺乏氛围,在众多的社团活动里绿色活动融合得不够,这使得学生无法真正参与到绿色校园的建设中去。

三、绿色校园建设的策略

在复杂的教育体系中,高等院校是重要的组成部分之一,无论对于教师、学生还是社会公众,高等院校绿色校园的建设都有着非常重要的作用。许多高等院校逐步接受了绿色校园的理念,如何更好地建设绿色校园,是每一个高等院校面临的挑战。

1.创建一种节能环保、绿色和可持续发展的文化理念

高等院校应当加强绿色校园文化理念的传播,引导师生参与到绿色校园的建设当中,例如校方可以邀请专家、学者举办专题讲座,开展有针对性、实效性的教育宣传活动,培养师生树立环保意识,形成可持续发展的思想,加强与师生的交流和沟通,让绿色校园建设不再是学校单方面的行动,而是全体师生共同参与的建设。同时,高等院校要制订和完善绿色校园文化建设的方案、制度、政策和措施,推进绿色文化建设深入发展。

2.加强绿色教育

教育是一种文化传播的重要途径,绿色校园的建设与教育是不可分离的,应将相关绿色知识融入教学实践的环节中。作为高等院校,可将有关环境、可持续发展的相关知识和绿色校园理念作为新生入学教育的第一课,培养学生的绿色环保意识,同时,定期开展绿色校园宣传活动,结合身边发生的环境事件制作一些专题片,例如,有

关雾霾的,有关污水排放的,有关浪费的,等等,将其融入学生的日常教育中。除此之外,培养学生树立"绿色道德"的观念,通过校园网、宣传栏、橱窗、广播站宣传绿色校园建设的重要性、必要性和紧迫性,召开主题班会,以多种多样的形式宣传绿色校园建设,引导学生增强环境保护和节约意识。

3.拓展绿色活动

学校不仅仅是学习知识的殿堂,更可以为学生提供丰富的实践活动。高等院校可以深入展开绿色实践活动,例如,利用世界环境日、世界地球日、世界卫生日等环境纪念日制订相关环保主题,呼吁学生参与,让学生在亲身实践中体验,培养学生正确的价值取向。学生对参与社团有着很高的积极性,并且校园社团文化氛围有着很广泛的影响力,可以通过建立绿色活动社团,制订绿色活动计划,开展丰富多彩、形象生动的活动,从开展节约一滴水、节约一度电、节约一张纸的点滴做起,让大家认识到自己在建设绿色校园中的责任和使命。

4.推广绿色科技

(1)注重环保节能材料的应用。通过使用环保节能材料,可以减少能源消耗,降低综合成本,延长使用寿命,还可以回收再利用,在校园的建设中,环保节能材料是实现绿色科技的主要途径之一,体现绿色校园建设的意义。

(2)注重可再生能源的利用。可再生能源即绿色能源,主要包括风能、太阳能等,其优势就是可以不断重复利用。学校教室、食堂、公寓、办公用房、实训室等能耗量大,学校可将使用了可再生能源的建筑、设施等作为绿色校园建设的宣传媒介,让教师、学生真正体会由此带来的益处,从而,进一步推广使用可再生能源,形成良性循环。

四、结语

推进绿色校园建设任重而道远,高等院校应发挥自身知识性强的优势,担负起绿色校园建设的社会责任,在文化传播中扮演促进绿色环境保护的重要角色。绿色校园的建设对绿色社区、绿色家园等的发展将会起到积极的促进作用,不仅将绿色理念渗透进整个校园,还将绿色理念、绿色意识和习惯带入社会,充分发挥对全社会的示范作用。

参考文献

[1] 苏瑜,董洪湘,张振华.高职院校绿色校园建设研究[J].宁夏农林科技,2013(8):125-126.

[2] 刘万里,鞠叶辛.绿色校园发展建设策略研究[J].沈阳建筑大学学报:社会科学版,2014(3):235-239.

[3] 朱晟炜,谭洪卫,陈淑琴,等.我国高校绿色校园文化建设现状调查及分析[J].建筑节能,2014(4):95-99.

[4] 王向亮,王雪.浅析高师院校绿色校园文化建设[J].读书文摘,2014(8):57-58.